Leadership

Theory, Application, and Skill Development

Robert N. Lussier
Christopher F. Achua

리더십 7e

차동옥 · 심원술 · 서재현 · 이호선 공역

한 경 사
SAGE Publishing

Leadership: Theory, Application, & Skill Development, 7th Edition
by Robert N. Lussier, Christopher F. Achua

저자 머리말

접근법

우리는 단순히 효과적인 리더십 사례만을 적용해서 리더십 이론을 가르치는 것이 아니다. 우리는 다음과 같은 Benjamin Franklin의 원칙에 따라 학생들을 참여시킨다: "Tell me, and I forget. Teach me, and I remember. Involve me, and I learn." 미국 AACSB가 역량(지식, 능력, 기술)을 요구하기 전인 초판부터, 우리는 학생들을 학습에 참여시키면서 리더십 개념(지식)과 개념(능력)을 적용하여 리더십(기술)을 개발하는 방법을 가르쳤다.

책의 구성

이 책은 리더십 분석 수준과 리더십 이론 패러다임별로 정리하였다. 1부에서는 개인을 리더로 제시하고 2부에서는 리더의 개인적인 기술을 다룬다. 3부에서는 팀 리더십을 다루고, 4부에서는 조직 리더십을 다룬다. 리더십 패러다임은 특성에서 행동으로, 상황에서 통합 패러다임으로 발전한다.

특징들 – 주요 핵심 요약

우리의 목표는 학생들에게 리더십을 가르칠 뿐만 아니라, 학생들이 개인적이고 직업적인 삶에서 리더가 될 수 있도록 돕는 학습 기능을 제공함으로써 학생과 교수 모두를 성공적으로 만드는 것이다. 다음은 우리가 '아는 것'과 '실행하는 것' 사이의 차이를 좁히는 특별한 방법이다.

- 이 책의 세 가지 접근법(이론, 응용, 기술 개발)을 익히고 이러한 세 가지 영역에 대해 평가함
- 리더십 이론 및 개념을 종합적으로 학습함(지식)
- 학생들의 개인적, 직업적 삶에 사용할 수 있는 리더십 기술을 길러주는 고유한 기술 개발 자료를 익힘(기술)
- 리더십 개념과 이론을 적용하는 데 있어 비판적 사고 능력을 개발하기 위해 고유한 응용 자료를 익힘(능력)

- 다양한 산업에 종사하며 서로 다른 인구 통계학적 배경을 가진 리더들에 관해 학습하여 리더십 이론의 적용 가치를 높임
- 효과가 있는 적절한 리더십 기술의 일부 또는 전부를 사용하는 유연성을 높임

개정판의 새로운 사항들 – 책 전반에 걸쳐 이루어진 변화

- 조직 리더십 부분이 개정되었고, 리더십 기술에서 새로운 부분이 추가되었다.
- 7판의 참고문헌은 완전히 새롭게 정리되었다.
- 코로나19의 세계적인 유행과 리더십이라는 주제를 포함하여 몇 가지 새로운 개념과 주제가 7판에서 확장되거나 추가되었다.
- 7판에 새로운 연습문제가 추가되었으며, 장(chapter)당 평균 9개의 연습문제가 주어졌다.
- 새로운 '자기평가(Self-Assessment)' 연습이 추가되었다.
- '개념응용'의 항목도 추가되었다. 개념응용의 새로운 질문은 질문에 대한 답변을 변화시켰다.
- AACSB 표준은 2020 AACSB 비즈니스 인증 표준을 사용하여 업데이트되었다.
- 7판에서 모든 장 끝에 사례연구(end-of-chapter case)가 새로 추가되었다.

Robert N. Lussier (Ph.D.), 미국 Springfield College 교수
Christopher F. Achua (Ph.D.), 미국 University of Virginia's College at Wise 교수

역자 머리말

우리는 글로벌 시대에 살고 있다. 글로벌 환경은 인터넷을 기반으로 점점 더 빠르게 변화하고 있다. 변화의 크기와 속도가 점점 빠르게 증가하고 있으므로 기업이나 국가가 환경 변화에 적응하고 살아남기 위해서는 유능한 리더를 필요하다. 왜냐하면 리더십이 기업 조직뿐만 아니라 한 국가의 생존과 발전에도 매우 큰 영향을 미치기 때문이다. 개인도 마찬가지다. 오늘날 리더십이 부족하면 개인이 조직 내에서 살아남고 성공하기가 어려울 것이다.

따라서 리더십에 대한 관심은 시간이 지날수록 점점 더 커지고 있다. 학계에서는 효과적인 리더십이란 무엇인가를 밝히려고 연구하고 있으며, 기업에서는 치열한 경쟁에서 생존, 발전하기 위해 조직을 이끌어나갈 뛰어난 리더를 찾고 있다. 또한 기업은 조직구성원들의 리더십 개발을 위해서 많은 투자를 하고 있다. 그렇다면 효과적인 리더십은 무엇이며, 훌륭한 리더는 어떤 사람인가? 그리고 리더십은 선천적인 것인가? 아니면 후천적으로 개발될 수 있는가? 이 책은 독자들에게 이러한 질문에 대한 해답을 제시한다.

그런데 리더십의 정의는 리더십을 연구한 학자들의 수만큼 매우 다양하다. 그래서 사람들이 '리더십'이라는 용어를 사용할 때 그 의미가 서로 다른 경우가 많다. 이 책에서는 리더십을 '리더와 추종자들이 변화를 통해 조직의 목표를 달성하도록 영향력을 행사하는 과정'이라고 정의한다. 다시 말해서, 리더십이란 리더가 다른 사람에게 영향력을 행사해서 목표달성을 위해 필요한 행동을 하게 만드는 것이라고 볼 수 있다.

지금까지 리더십과 관련된 연구들을 종합해보면 리더십은 후천적으로 개발될 수 있다. 선천적으로 훌륭한 리더십 역량과 특성을 갖고 태어난 사람들도 있다. 그러나 우리가 꾸준히 노력하고 훈련과 학습을 한다면 리더십을 후천적으로 얼마든지 개발할 수 있다. 그렇다면 리더십 훈련은 어떻게 할 것인가? 이러한 질문들에 대한 해답을 이 책에서 찾을 수 있다.

이 책은 리더십의 개념과 함께 효과적인 리더십과 실패한 리더십의 특성에 대해서도 상세히 설명하고 있다. 그리고 리더가 갖추어야 할 역량 즉 동기부여, 커뮤니케이션, 갈등관리, 협상 그리고 변화관리 등을 다루고 있다. 또한 전통적 리더십 이론인 특성이론, 행위이론과 상황이론을 포함하여 리더-구성원 교환(LMX)이론, 변혁적 리더십 이론, 카리스마 리더십 이론, 서번트 리더십 이론, 윤리적 리더십 이론, 진정성 리더십 이론, 전략적 리더십 이론 및 위기리더십과 같은 현대적 리더십 이론에 대해서도 빠짐없이 설명하고 있다.

각 장의 구체적인 학습내용은 다음과 같다.

이 책의 1장에서는 "리더십이 왜 중요한가?" 또는 "리더십을 왜 공부하는가?"와 같은 질문과 함께 리더십과 관리의 차이점, 리더십의 다섯 가지 핵심요소, 세가지 리더십 기술, 특성이론, 행위이론, 상황이론 등에 대해 학습한다. 2장은 효과적인 리더의 특성과, BIG Five 성격 차원, 성취동기이론과 리더동기 프로파일 이론(LMP), 그리고 윤리적 리더십을 다룬다. 3장에서는 리더의 행동과 스타일에 대해 살펴본다. 아이오와대학, 미시간대학과 오하이오 주립대학의 리더십 모델 및 리더십 그리드 이론을 학습하며 내용이론, 과정이론, 강화이론 등과 같은 동기부여 이론에 대해 공부한다. 4장에서는 리더십 상황이론에 대해 학습하며, 경로-목표 리더십 이론과 규범적 리더십 등에 대해 배우게 된다. 5장은 리더가 갖추어야 할 기술인 커뮤니케이션, 코칭 및 갈등관리 기술 등을 설명하며, 6장에서는 영향력 행사와 관련된 권력, 조직정치, 네트워크 개발 그리고 협상에 대해 살펴본다. 그리고 7장은 짝연계이론과 리더-구성원 교환이론 및 팔로워십을 다룬다. 8장에서는 효과적인 팀의 특성과 팀 유형, 팀 리더십, 팀 의사결정 및 자율관리팀을 배우게 된다. 9장에서는 변화관리와 위기리더십에 대해서 학습하며, 10장에서는 카리스마 리더십, 변혁적 리더십 및 서번트 리더십 이론을 배우게 된다. 11장은 조직문화, 진정성 리더십, 다양성 및 포용에 대해서 설명한다. 마지막으로 12장에서는 전략적 리더십과 고성과 조직 및 학습조직에 대해서 공부하게 된다.

그리고 이 책은 다양한 리더십 이론들을 일목요연하게 정리하여 제시할 뿐만 아니라 이론을 실제로 응용하여 리더십을 개발할 수 있도록 구성되어 있다. 역자들은 이 책을 번역하면서 쉽고 명확하게 내용을 전달하기 위해 노력했다. 그러나 언어의 차이로 인해서 부득이하게 의미가 명료하게 전달되지 못한 부분이 있다면 그것은 역자들의 책임이다.

이 책이 출판되기까지 많은 분들이 큰 도움을 주었다. 먼저 이 책의 편집과 디자인을 위해서 수고하신 한경사 편집실 직원분들께 진심으로 감사를 드린다. 그리고, 번역의 시작부터 최종 단계까지 리더십 이론에 관한 전문적 지식을 바탕으로 원고를 꼼꼼하게 검토하고 다듬어준 한국리더십연구원의 박천웅 선생, 김주영 선생과 권아현 선생께도 깊은 감사를 드린다. 이 책이 리더십에 관심을 갖고 리더십 역량을 개발하고 실천하고자 하는 모든 분들에게 도움이 되길 바란다.

2023년 2월　역자 일동

차례

PART 2 ◆ 리더십 스킬

PART 3 ◆ 팀 리더십

PART 4 ◆ 조직 리더십

PART 01

개인 리더십

CHAPTER 1
리더는 누구이고 어떤 기술을 필요로 하는가?

CHAPTER 2
특성이론과 윤리

CHAPTER 3
행위이론과 동기부여

CHAPTER 4
리더십 상황이론

CHAPTER 1

리더는 누구이고 어떤 기술을 필요로 하는가?

©iStockphoto.com/Lawrence Glass

학습목표

이 장을 학습한 후에는 다음을 할 수 있어야 한다.

1.1 개인적으로 그리고 직업적으로 리더십 개발의 중요성을 설명한다.

1.2 리더십의 다섯 가지 핵심 요소를 간략하게 설명한다.

1.3 세 가지 리더십 기술을 구분하고 정의한다.

1.4 세 가지 카테고리를 기준으로 10개의 관리 역할을 나열한다.

1.5 리더십 분석 수준들 사이의 상호 관계를 설명한다.

1.6 특성이론, 행위이론, 상황이론 및 통합이론과 같은 리더십 이론을 비교하고 대조한다.

1.7 이 책의 세 가지 목적과 구성에 대해 설명한다.

Jeff Bezos, Amazon

Jeff Bezos는 기존의 거대 소매업체들과 맞서겠다는 약자의 야심으로 자신의 차고에서 Amazon.com Inc를 설립했다. 오늘날 그는 거대 기업으로서 굶주린 스타트업처럼 Amazon을 운영하고 있다. Bezos는 Fortune 선정 세계 50대 리더 중 1위를 차지했으며, Forbes는 그를 미국에서 가장 혁신적인 리더로 1위에 올렸다. 어떻게 그렇게 될 수 있었을까? Amazon은 우리가 살고 일하는 방식을 바꾸어 놓았다. 먼저, Bezos는 우리가 책을 사는 방식, 그리고 킨들, e북리더기와 대중화된 태블릿(Fire)으로 책을 읽는 방식, 그리고 우리가 온라인으로 쇼핑하는 방식을 바꿨다. 오늘날 Amazon.com에서 대부분의 모든 것을 살 수 있으며, 아마존은 전자상거래의 선두주자이다. Amazon은 가상 비서(Echo, Alexa), 오리지널 쇼(Amazon Prime Video, IMDb), 음악 스트리밍(Amazon Music), 우주 여행(Blue origin) 등에서도 선두를 달리고 있으며, 자체 트럭으로 패키지를 배달하고 있다. Amazon은 또한 택배를 배달하기 위해 무인 자동차, 트럭, 배, 자전거, 드론을 개발하고 있다.

Amazon은 트위터, 에어비앤비, 우버 등 스타트업에 투자하는 사업(Bezos Expeditions)에도 진출해 새로운 벤처 영역으로의 진입을 이어가고 있다. Bezos는 Amazon을 세계 10대 기업, Fortune 500대 기업(종업원 110만 명 이상, 시가총액 약 1조 6,000억 달러) 2위로 성장시켜 순자산 1,790억 달러를 보유한 세계 최고의 부자로 등극했으며, Amazon은 글로벌 유통망 확대에 따라 여전히 많은 인력 채용을 하고 있다(2020년 10월).

도입사례에 관한 질문들

1. Amazon이 이토록 성공한 이유는 무엇인가?
2. Amazon은 이 책에서 제시한 리더십 정의를 사용하는가?
3. Amazon의 CEO인 Jeff Bezos는 어떤 관리적 리더십 기술을 가지고 있는가?
4. Amazon의 CEO인 Jeff Bezos가 맡은 관리적 리더십의 역할은 무엇인가?
5. Amazon CEO인 Jeff Bezos는 어떤 수준의 분석에 주로 관심을 가지고 있는가?

다음 질문들에 대답할 수 있는가? Amazon과 Amazon의 리더십에 대한 질문들에 대한 해답은 이 장을 통해 찾을 수 있을 것이다. Amazon에 대해 더 알고 싶다면, Amazon 회사의 웹사이트 http://www.amazon.com를 방문해보자.

사례 및 질문의 출처: B. Dumaine, "How Amazon Reshaped the World," *INC.* (May/June, 2020), 12; B. Dumaine, "Amazon Was Built for the Pandemic," *Fortune* (June/July, 2020), 87–92; "The *Fortune* 500," *Fortune* (June/July, 2020), 147–148); "World's Largest Companies," *Fortune* (August/September 2020), 137; "The Top 20," *Forbes* (October 2020), 23; "America's Most Innovative Leaders," *Forbes* (September 30, 2019): 87; D. Mattioli, "Amazon's Problem: It's a Giant Acting Like a Startup," *The Wall Street Journal* (December 23, 2020): A1; Amazon.com, accessed January 4, 2021; D. Mattioli, "Amazon Founder Bezos to Leave CEO Post," *The Wall Street Journal* (February 3, 2021): A1, A2; *NEPM* radio news broadcast (February 3, 2021).

들어가는 글

이 책에서 리더십은 기업(GE, IBM), 정부기관(스프링필드 경찰서), 비영리단체(적십자)의 공식적인 조직 환경의 맥락에서 다루어진다. 조직에서는 주로 두 가지로 구성원을 분류할 수 있다. 즉, 부하에게 지시를 내릴 수 있는 공식적인 권한을 가진 관리자와 그렇지 않은 종업원이다. 이 장에서는 리더십의 의미와 이 책의 전반적인 부분에 대해 이해할 수 있도록 돕는 것에 초점을 맞춘다.

리더십과 리더십 개발

학습목표 1.1
개인적으로 그리고 전문적으로 리더십 개발의 중요성을 설명한다.

리더십은 모든 사람의 일이므로 몇 가지 주요 질문에 답하는 것으로 시작한다.

- "리더는 선천적인가, 만들어지는가?"
- "리더십이 왜 중요한가?"
- "리더십을 왜 공부하는가?"

리더는 선천적인가 아니면 만들어지는가?

리더는 타고나는 것인가? 아니면 만들어지는 것인가? 또는 무엇이 리더십을 결정하는가? 어려운 질문이라고 생각할 수도 있다. 왜냐하면 연구자들은 둘 다 옳다고 말하기 때문이다. 효과적인 리더는 단순히 태어나거나 만들어지지 않는다. 그들은 리더십 역량을 가지고 태어나서 역량을 발전시킨다. 연구자들은 리더십의 30%는 선천적인 것으로 추정하지만, 반면 70%는 개발되는 것으로 추정한다.[1] 몇몇 연구자들은 리더는 선천적으로 타고나는 것이 아니라 후천적으로 만들어지며, 모든 사람들은 리더십 기술을 개발할 수 있는 동등한 잠재력을 가지고 있다고 주장한다. NFL Green Bay Packers의 전설적인 축구 감독 Vince Lombardi는 "리더는 선천적으로 타고나는 것이 아니라 후천적으로 만들어진다. 리더는 열심히 노력함으로써 개발되는 것이다"라고 말했다. 현재 가진 리더십 역량이 무엇이든 간에 그것을 개발하기 위해 투자할 수 있다. 우리는 이 장의 마지막 절에서 더 논의할 것이다.

업무응용 1.1

당신은 당신이 타고난 리더라고 믿는가? 당신은 업무 성과를 향상시키기 위해 당신의 리더십 기술을 개발할 수 있다고 믿는가?

리더십이 왜 중요한가?

여기 리더십이 왜 중요한지 몇 가지 이유가 있다. 최고 수준의 관리자는 조직 전체의 기조와 방향(비전, 미션 및 전략 계획)을 개발하며, 이러한 결정은 성공 또는 실패 가능성을 높인다.[2] Steve Jobs나 Elon Musk가 없었더라면 오늘날의 Apple과 Tesla가 될 수 있었을까? 하위 수준의 관리자와 종업원이 전략 계획을 실행한다. 따라서, 모든 수준의 리더십이 조직의 성공에 영향을 미친다.[3] 대다수의 사람들은 그들이 하는 일에 만족한다. 그러나 그들은 관리되는 방식 때문에 일을 그만두게 된다.[4] 분명히 리더십 개발은 중요한 목표로 여겨진다.[5] 조직은 종업원들에게 리더십을 가르치기 위해 많은 노력과 자원을 소비한다. 리더십 개발은 중요한 우선사항으로 자주 거론된다. 이에 대한 투자는 긍정적인 수익을 가지고 올 뿐만 아니라, 경쟁우위로 간주되기 때문이다. 따라서 관리자는 모든 종업원의 리더십 기술을 개발할 필요가 있다.[6]

리더십을 왜 공부하는가?

현 시점에서 다음과 같은 질문에 대한 생각을 하는것은 자연스러운 것이다. "이 책에서 내가 무엇을 얻을 수 있는가?" 또는 "나와 무슨 상관이 있는가?" 이러한 질문들은 좀처럼 직접적으로 질문되거나 답변되지 않는다. 간략한 답변을 하자면, 여러분은 사람들과 함께 일을 더 잘할 수 있다. 그리고 개인적인 삶과 직장생활 모두에서 보다 성공할 수 있다. 만약 당신이 관리자이거나 또는 언젠가 관리자가 되고 싶다면 리더십 기술이 필요하다. 당신이 관리자가 되는 것에 관심이 없더라도, 오늘날의 직장에서 성공하기 위해서는 여전히 리더십 기술이 필요하다.[7]

관리자가 종업원들에게 할 일을 말해주는 과거와 같은 직장의 모습은 이제 없다. 오늘날 조직에서는 종업원들이 자기 주도적으로 팀에서 일하고 의사결정 및 기타 관리 업무를 공유하기를 기대한다.[8] 고용주들은 리더십 기술을 가진 사람들을 모집하고 있다.[9] 그래서 커리어 준비는 리더십과 같이 소프트 스킬을 보여주는 것을 포함한다.[10] 왜냐하면 리더십은 커리어 준비의 핵심 역량이기 때문이다.[11] 안타깝게도 비즈니스 리더들은 대졸자들이 직장에서 성공할 준비가 잘 되어 있지 않다고 말하고,[12] 학생들은 리더십을 제대로 갖추지 못했다고 말한다.[13] 리더십에 대한 연구는 당신의 사생활에도 직접적으로 적용된다. 여러분은 매일 사람들과 소통하고 교류한다. 그리고 여러분은 개인적인 계획과 결정을 하고, 목표를 세우고, 여러분이 할 일의 우선순위를 정하고, 다른 사람들이 여러분을 위해 무언가를 하도록 만든다. 당신은 가족이나 친구들과 갈등을 빚어본 적이 있는가? 리더십 기술은 직장에서뿐만 아니라 다른 영역에서도 적용할 수 있으며, 이 책을 통해 여러분이 리더십 기술을 개발하는 데 도움을 줄 수 있다.

리더십 개발에 대한 자기인식의 필요성

자기인식은 리더십 개발의 일부이다.[14] 경력 관리는 핵심 역량으로, 직업적인 성장에 필요한 지식, 기술 및 영역을 식별하고 명확하게 설명할 수 있는 능력이다.[15] "너 자신을 알라." 여러분이 고용주, 동료, 친구들에게 제공할 수 있는 것이 무엇인가?[16] 정직한 자기평가는 면접시험에 합격하는 데 도움이 된다. 그래서 자기 인식은 리더십 개발을 위한 첫 번째 단계이다.[17] 리더십 역량이란 무엇인가? 바로 이 과정의 모든 것이다.

도입사례 응용

1. Amazon이 이토록 성공한 이유는 무엇인가?

창업자 겸 최고경영자(CEO) Jeff Bezos가 Amazon 성공의 열쇠다. Bezos는 직원들이 새로운 제품과 프로세스의 고객 서비스 및 혁신에 집중하고 빠르게 성장할 수 있도록 동기를 부여했다. 또한 Bezos는 직원들의 리더십 기술을 개발함으로써 직원들을 또 다른 자신으로 복제했다. Amazon 성공의 많은 부분은 Bezos가 그의 회사의 의사결정 과정과 제품에 데이터, 머신 러닝, 사물 인터넷, 인공지능을 효과적으로 통합함으로써 Amazon이 직관과 의견이 아닌, 사실에 의해 움직이도록 하는 것에 기반을 두고 있다. Amazon은 1995년에 시작한 이래로 사업 첫 달 동안 책을 국제적으로 판매했던 세계적인 기업이다. Amazon에서 개발한 음성비서 Alexa는 알바니아부터 잠비아까지 80여 개국 소비자들에게 응답해, 2019년에 하루 평균 5억 건의 질문을 받아냈다(Global View). 그러나 몇 년 동안 Bezos는 매일 똑같이 하는 업무에 거의 관여하지 않았고, 현재부터 2~3년 간의 혁신에 초점을 맞추고 있다. 일상적인 업무에서 더 나아가기 위해 그는 CEO에서 물러나 이사회 의장이 되었다. CEO Andy Jassy와 함께 그의 고위 경영진 팀은 Amazon의 일상적인 운영을 책임지고 있다. 그러나 Bezos는 여전히 책임을 지고 모든 주요 결정을 내리거나 관여할 것이다. 글로벌 고객 만족 담당 부사장 Alicia Boler Davis(Fortune 500대 기업 중 경영진으로 승진한 몇 안 되는 흑인 여성 중 한 명)는 일상적인 비즈니스 운영 측면을 관리한다. Boler Davis는 전 세계적으로 수백 개의 Amazon 창고를 운영하는 엔지니어이며 고객 서비스를 담당하고 있다. Davis는 온라인 쇼핑이 크게 증가함에 따라 코로나19(COVID-19) 팬데믹으로 인해 발생한 하루에 수백만 개의 패키지를 이동하면서 Amazon이 전 세계적으로 기록적인 비즈니스 성장 속도를 유지하도록 도운 공로를 인정받고 있다.[18] (글로벌 뷰)

관리에서 리더십 패러다임으로

어떻게 관리(management)와 리더십(leadership)이 같지 않은지, 그리고 전제적 리더십에서 서번트 리더십을 활용한 참여적 리더십으로 전환되었는지에 대해 이해관계자 관점에서 논의해보자. 첫 번째로, **리더십 패러다임(leadership paradigm)**은 리더십에 대해 생각

리더십 패러다임은 리더십에 대해 생각하고, 공부하고, 연구하고, 이해하는 방법을 나타내는 공유된 사고방식이다.

하고, 연구하고, 조사하고, 이해하는 방법을 나타내는 공유된 사고방식이다.

사람들은 관리자(manager)와 리더라는 용어를 번갈아가며 사용하는 경향이 있다. 그러나 그 사용법은 정확하지 않다. 관리와 리더십은 관련이 있지만 다른 개념이다.[19] 조직은 의사결정을 내릴 수 있는 권한을 부여하는 관리직의 계층을 형성한다.[20] 관리자들은 다섯 가지 주요 기능을 수행한다: 계획, 조직, 충원, 지휘, 그리고 통제. 조직의 성공은 유능한 경영자에게 달려 있으며, Amazon은 Drucker 연구소가 선정한 가장 효과적으로 경영하는 미국 기업 1위에 올랐다.[21] 리더십은 관리자의 책임 중 하나일 뿐이라는 점에 유의해야 한다. 지금으로서는 단순하게 표현하자면, **지휘(leading)**는 다른 사람에게 영향을 미치는 능력이다.

지휘는 다른사람에게 영향을 미치는 능력이다.

이 책에서는 관리자와 리더라는 용어를 서로 바꾸어 사용하지 않는다. 우리가 관리자라는 단어를 사용할 때, 우리는 공식적인 직함과 권한을 가진 사람을 의미한다. 우리가 리더라는 용어를 사용할 때, 우리는 관리자 또는 관리자가 아닌 사람을 의미한다. 리더는 다른 사람들에게 영향을 줄 수 있는 능력이 있고, 관리자는 그렇지 않을 수도 있다. 따라서, 리더는 반드시 관리자와 같이 공식적인 지위를 가진 사람은 아니다. 다른 사람에게 영향을 줄 능력이 없기 때문에 리더가 아닌 관리자(코치)들이 있다. 몇몇 훌륭한 리더들은 관리자가 아니다. 책임지고, 이슈를 제기하고, 변화를 시작하는 그룹 구성원이면서 새롭게 등장한 비공식 리더가[22] 대표적인 예이다. 당신은 당신의 동료 중 1명이 부서에서 관리자보다 더 많은 영향력을 행사하는 상황에서 일했을 수도 있다. 모든 그룹 또는 부서 내에서 누구나 리더가 될 수 있으며, 팀의 모든 사람은 리더가 될 것으로 기대받는다. 따라서 당신의 지위와 상관없이, 당신이 리더십을 공유하길 기대받는다.[23] 그래서 리더십은 지위가 아니고 개인의 자질과 능력이며, 우리는 모두 리더십을 발휘할 기회를 가지고 있다.[24]

비록 우리가 관리자와 리더를 비교했지만, 성공적인 조직에는 관리자와 리더가 모두 필요하다는 것을 깨달아야 한다. Apple의 창업자 CEO Steve Job는 다른 사람들에게 좋은 제품을 만들도록 영향력을 행사하는 능력의 선두주자로 여겨졌지만, 그는 좋은 관리자로 여겨지지 않았다. 최고운영책임자인 Tim Cook은 Apple에서 대부분의 경영을 수행했으며, 오늘날 CEO로서 그는 훌륭한 관리자이자 훌륭한 리더로 평가받고 있다.[25] 실제로 Cook은 2015년에 Fortune으로부터 "세계에서 가장 위대한 리더"라는 칭호를 받았다.[26] 이 책에서는 관리와 리더십을 어떻게 통합할 것인가, 또는 관리자와 종업원의 리더십 기술을 개발하는 데 중점을 둔다. 단순히 사람들을 관리자나 리더로 정형화하는 것은 리더십에 대한 이해를 증진시키는 데 거의 도움이 되지 않는다. 또한, 관리자라는 용어는 직업적인 호칭이기 때문에, 관리자에 대한 부정확하고 부정적인 고정관념을 조장하는 것은 확실히 우리의 의도가 아니다.

전제적에서 참여적 경영으로

우리는 리더십을 전제적인 파워와 통제라고 생각하도록 길들여졌을지도 모른다.[27] 그러나 전제적이고 수직적인 관리구조에서 참여적 리더십으로의 전환이 있었다.[28] 왜 그런가? 관료적이고 전제적인 모델에서는 제도가 우선이다. 개인은 말 그대로 제품, 서비스, 수익을 창출하는 데 사용되는 인적자원이다. 사람들은 도구로 취급받을 경우에 최선을 다하지 않고, 오늘날의 성공적인 조직 모델은 규정 준수를 극대화하기보다, 조직에 대한 구성원들의 기여도를 극대화하는 데 초점을 맞추고 있다.[29]

공식적인 계층적 차별화는 팀의 특정 구성원이 공식적인 관리직이나 리더직에 임명될 때 발생하며, 이는 성과에 중요한 영향을 미친다.[30] 공식적인 팀 관리자가 있는 명확한 관리 권한체계는 팀의 적응력과 혁신을 감소시키며; 참여적인 비공식 리더십을 가진 팀은 그렇지 않은 팀보다 더 나은 결과를 만든다.[31]

관리 계층을 제거하여 조직을 수평화하는 방향으로 전환하고, 더 많은 종업원이 1명의 관리자에게 보고하게 됨으로써 전제적으로 관리하기가 매우 어려워졌다.[32] 관리자들은 모든 사람들을 통제할 수 없으므로, 참여적이고 공유적 리더십 스타일을 사용하여 사람들에게 권한을 부여할 필요가 있다.[33] 협력적인 의사결정은 성과를 향상시킨다.[34] 오늘날 관리자는 자신보다 스스로의 업무에 대해 더 잘 알고 있고, 직접 만나기 힘들거나 만날 수 없는 종업원을 두고 있으며, 여러 국가의 사람들과 함께 일할 수도 있다.[35] (글로벌뷰) 모든 계층의 사람들은 프로세스와 제품을 보다 혁신적으로 개선하기 위해 창의적인 방법으로 실험할 자유가 있다고 느껴야 한다.[36]

오늘날, 리더십은 동시에 진행되는 상호 영향 과정의 일부로서 공식적 및 비공식적 리더의 연속적인 출현이다. 리더십은 오늘날 모든 사람에게 권한을 부여함으로써 공유되고 있고,[37] 모든 사람이 필요할 때 리더십을 발휘할 것으로 기대된다.[38] 성공적인 관리자는 언제 앞에서 이끌어야 하고, 또 언제 종업원들에게 맡겨야 할지 알고 있다.[39] 4장에서는 주어진 상황에서 어떤 수준의 참여도를 사용해야 하는지 배우게 된다.

주주에서 이해관계자 관점으로

대기업 경영에 대한 오래된 접근 방식은 주주들의 주식 가치를 높이기 위해 이윤 창출에만 초점을 맞추는 것이었다. 반대로 오늘날의 기업 관리자는 이해관계자의 관점을 취함으로써 사회적 요구를 해결하면서, 동시에 수익을 창출하는 데 초점을 맞추고 있다.[40] 이해관계자의 관점에서, 의사결정을 할 때, 관리자는 모든 관련 이해당사자들에게 윈-윈(win-win) 상황을 만들어주려고 노력한다. 그래서 모든 사람들이 의사결정으로부터 혜택을 받는다. 이해관계자는 종업원, 고객, 공급업체, 지역사회, 정부 및 더 거대한 사회와 같은 결정에 영향을 받는 모든 사람을 포함한다. 대기업 최고경영자(CEO)들로 구성된 Business Round Table은 기업의 리더들이 '모든 이해관계자'[41]를 고려해야 한다는 입장을 밝혔다. 181개 기업의 CEO들은 Business Round Table 공식문서에 서명하여 "모든 이해관계자들의 요구를 충족시키기 위해 진정으로 헌신한다"고 선언했다.[42] Airbnb는 "장기적으로 우리의 모든 이해 관계자들에게 이익을 줄 것"이라는 비전을 가지고 있다.[43] 불행하게도, 서로 다른 이해관계자들의 경쟁적인 요구의 균형을 맞추는 것은 어렵고,[44] 의도하지 않은 결과가 있을 수 있다.[45] 기업이 정리해고를 하는 경우와 같이 항상 윈-윈할 수 있는 상황을 만들 수는 없다. 알기 쉽게, 종업원들은 그들이 직장을 잃었을 때 이길(win) 수 없다. 그리고 지역사회 또한 종업원들의 소득이 줄어서 그 결과 소비를 줄이고 정부에 납부하는 세금도 감소하기 때문에 어려움을 겪게 된다.

이기주의에서 서번트 리더십으로

베스트 셀러 리더십 저자이자 컨설턴트인 Ken Blanchard에 따르면 리더에는 이기적인 리더와 서번트 리더의 두 가지 유형이 있다.

이기적인 리더는 자기 자신의 이익에 초점을 맞추고 리더십에 접근하는 사람이며, 다른 사람들은 그들을 섬겨야 한다.

이기적인 리더(self-serving leaders)들은 그들이 원하는 것을 얻기 위해 다른 사람들이 그들을 섬기도록 하는 것이 리더십의 전부라고 생각한다.[46] 그들은 조직과 종업원들에게 무엇이 최선인지보다는 그들 자신의 이익에 초점을 맞춘다. 이기적인 사람들은 모든 사람을 존중, 배려 및 공정하고 올바르게 대하지 않는다. 모든 이해 관계자들은 자신이 이기고 상대방은 지는 환경을 형성한다. 조직들이 관리자들을 해고하는 때는 종종 이기주의 리더들인 경우이다.[47] 지속적인 우수한 기업 성과는 전략적 팀 리더십을 기반으로 하며, 오너 및 이해 관계자의 이익을 고려하지 않고 자기 잇속만 챙기는 이기적인 리더십으로는 불가능하다.[48]

서번트 리더는 다른 사람들을 돕는 것에 초점을 두고 리더십에 접근하는 사람이며, 다른 사람들로부터 섬김을 받지 않는다.

서번트 리더(servant leaders)는 다른 사람들에게 섬김을 받기보다는 다른 사람들을 돕는다. 기본적으로, 그들은 다른 사람들을 자신보다 위에 놓는 것으로 조직도를 거꾸로 뒤집는다. 그들은 모든 이해관계자가 목표를 달성하고 과업을 완료할 수 있도록 돕는다. 그들은 모든 사람들을 올바르게 대하고, 윈-윈 환경을 조성한다. 서번트 리더십은 높은 성과를 내는 조직을 이끄는 엔진으로 볼 수 있다.[49]

만약 여러분이 다른 사람들과 관계를 위해 섬기는 것에 집중한다면, 스스로가 얼마나 성공할 수 있는지에 놀랄 것이다. 위대한 서번트 리더의 예로는 Mahatma Gandhi, Tenzin Gyatso(Dalai Lama), Malala Yousafzai 등이 있다. Mother Teresa(1910~1997)는 진정한 서번트 리더였고 부, 권력, 지위에 관심이 없었다. Mother Teresa는 돈을 요구하지 않았지만, 그녀의 목회는 모든 '가난한 사람들 중에서 가장 가난한 사람들'을 돕기 위한 재정적 지원을 받았다. 그녀는 인도에 자선선교회를 설립했고 5천 명 이상의 자선 수녀들과 전 세계 가난한 사람들을 돕는 수천 명의 비종교인들과 함께 139개국에서 750개 이상의 선교단, 학교, 보호소를 운영하며 성장했다. Mother Teresa는 세계 어디를 가든 최고의 지위로 대우받았고, 노벨평화상 등 많은 상을 받았으며 성인으로 공표되었다. Mother Teresa에 대한 더 많은 정보를 원하면 https://www.motherteresa.org를 방문하라. (글로벌뷰)

사진 1.1 2012년 10월, Malala Yousafzai는 파키스탄에서 여학생들의 교육을 공개적으로 지지한 것에 대한 보복으로 학교에서 집으로 돌아오는 길에 총에 맞았다. 암살 시도는 항의를 불러일으켰고 그녀의 대의에 대한 지지를 얻게 했다. Malala는 자신의 대의를 계속 알리기 위해 노력하였으며, 또한 소녀들이 교육받는 목표를 달성하는 것을 돕기 위한 기금을 모으는 Malala Fund를 설립했다.

Arif Ali/AFP via Getty Image

물론 위대한 서번트 리더는 거의 없지만 많은 경영자들이 다른 사람들을 섬기는 데 초점을 맞추고, Nike의 CEO인 John Donahoe처럼 스스로를 서번트 리더라고 부른다.[50] 또한, 항상 서번트 리더가 되는 사람은 매우 적기 때문에, 서번트 리더에 대해 생각하는 좋은 방법은 1-10의 척도로 셀프 리더십에서 서번트 리더십으로 가는 연속선 위에 있는 것으로 본다. 여러분은 이기적인 리더와 서번트 리더 중에 누구와 일하는 것을 선호하는가? 지금까지 여러분을 이끌어왔던 관리자에 대해 생각하라. 1~10점의 척도에서 그 관리자는 어

윤리적 결정: 리더십이 정말 중요한가?

1.1 윤리적 및 사회적 영향

Scott Adams는 만화 캐릭터 딜버트(Dilbert)의 작가이다. Adams는 경영자들을 놀리는데, 부분적으로 그가 최고경영자들을 불신하기 때문이다. 그는 리더십은 허튼소리라고 한다. 그는 리더십이란 사람들이 하기 싫은 일을 하게 하기 위해 사람들을 조종하는 것이며, 그들을 위하는 것이 아무것도 없을 때라고 말한다. Adams에 따르면, CEO들은 기본적으로 점쟁이들과 같은 사기를 치는데, 점쟁이들은 많은 추측을 하고 우연히 한 가지 추측이 맞았을 때, 당신이 다른 오류들을 잊기를 바란다. 먼저, CEO들은 나쁜 일에 대해 전임자들을 비난하고 나서, 주변의 모든 것을 이리저리 바꾸다가, 새로운 전략 프로그램을 시작하고, 기다린다. CEO임에도 불구하고, 일이 잘 풀리면 CEO가 자신의 공로를 내세우고 다음 일로 넘어간다. Adams는 우리가 DNA의 일부로서 리더십에 집착할 수도 있다고 말한다. 우리는 항상 누군가를 다른 사람들보다 우선시하려고 노력해온 것으로 보인다.[52]

1. 리더십이 허튼소리라는 Scott Adams의 말에 동의하는가?
2. 우리는 CEO를 필요로 하는가?
3. 전제적인 관리는 오늘날 효과적이고 윤리적인가?
4. CEO는 사회에 어떤 영향을 미치는가?

디에 있는가? 여러분의 동료들과 친구들은 어떤가? 그리고 여러분은 이기적인 리더인가, 서번트 리더인가? 스스로에게 몇 점을 줄 것인가?

매일 우리는 이기적으로 행동할지, 섬기는 행동을 할지 선택할 수 있다. 우리는 모두 집, 직장, 지역사회에서 서번트 리더가 될 수 있다. 성과가 높은 조직은 조직의 모든 수준에서 서번트 리더십을 가지고 있다. 리더십은 리더십이 공유되면서 어디에서나 드러난다. 전문성을 갖춘 사람들은 목표나 과제를 달성하기 위해 그들의 역량이 필요할 때 앞에서 이끈다. 사람들은 언제 이끌어야 하고 언제 따라가야 하는지 안다.[51]

리더십을 정의하는 다섯 가지 핵심 요소

학습목표 1.2

리더십의 다섯 가지 핵심 요소를 간략하게 설명한다.

리더십은 변화를 통해 조직 목표를 달성하기 위한 리더와 팔로워 간의 영향을 미치는 과정을 의미한다.

리더십에 대한 보편적인 정의는 없다. 그리고, 리더십은 복잡하고, 서로 다른 정의를 바탕으로 서로 다른 방식으로 연구되고 있다. 이 책에서는 리더십 패러다임을 바탕으로 리더십을 정의하고 리더십의 다섯 가지 요소를 논의한다.

리더십(leadership)은 변화를 통해 조직 목표를 달성하기 위해 리더와 팔로워 사이에서 영향을 미치는 과정이다. 우리의 리더십 정의에 대한 다섯 가지 핵심 요소에 대해 논의해보자. 도표 1.1을 참조하라.

리더-팔로워

리더십은 일반적으로 리더와 팔로워들이 공식적이고 비공식적인 리더들과 공식적인 그룹 멤버십을 공유하는 것으로 이해된다.[53] 여러분이 관심도 없고 책임지려는 의지도 없다면 팔로워가 되기에 더 적합하다. 리더십은 공유되고, 여러분은 많은 리더를

도표 1.1 리더십의 다섯 가지 구성요소

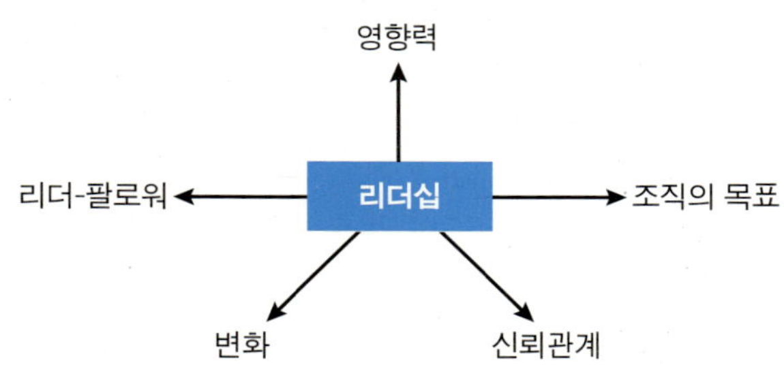

가져야 하기 때문에[54] 리더십은 단일적인 개념이 아니라, 다원적인 개념이다. 좋은 팔로워는 필요하다면 리더십 역할도 수행한다.[55] 그리고 팔로워들은 리더들에게 영향을 미치는 아이디어, 제안, 관심사 또는 의견을 말한다.[56] 따라서, 이 책에서 리더십은 리더와 팔로워 사이에서 영향력을 행사하는 과정이며, 리더가 팔로워에게 미치는 영향이 아닌 양방향의 영향으로 정의한다. 리더십은 해야 할 업무와 누가 그 업무를 완수하기 위한 역량과 책임을 가지고 있는지의 사이에서 바뀐다.[57] 좋은 리더가 되기 위해서는 좋은 팔로워가 되어야 하기 때문에 여러분이 리더십 기술을 알고 발전시키는 것이 더 나은 리더와 팔로워가 될 수 있을 것이다.[58] 좋은 팔로워들은 리더에게 아이디어를 제공하고 영향을 준다. 만약 여러분이 효과적인 팔로워가 되기를 원한다면, 자신의 아이디어를 다른 사람들과 공유할 필요가 있다. 또한, 여러분은 다른 사람들의 말을 경청하고 그들의 아이디어를 실행해야만 효과적인 리더가 될 수 있다.[59] 그러므로 여러분이 리더가 되고 싶든 아니면 팔로워가 되고 싶든 간에 이 책은 도움이 될 것이다.

영향력

영향력 행사(influencing)는 리더가 아이디어를 전달하고, 그것들을 받아들이게 만들고, 추종자들이 변화를 통해 아이디어를 지지하고 실행하도록 동기를 부여하는 과정을 의미한다. 리더십의 본질은 영향을 미치는 것이다. 여러분이 개인적 또는 직업적인 삶에서 목표 달성을 향한 다른 사람들의 생각, 말, 행동(태도)에 영향을 미칠 때마다, 여러분은 리더십에 관여하고 있다.[60] 현실을 직시하자. 우리 모두는 영향력을 미치는 자신의 길을 가고 싶어한다.

영향력 행사는 리더가 아이디어를 전달하고, 그것들을 받아들이고, 팔로워들이 변화를 통해 아이디어를 지지하고 실행하도록 동기를 부여하는 과정을 의미한다.

맥도널드의 창립 CEO인 Ray Kroc은 리더의 자질은 그들이 스스로 정한 기준에 반영된다고 말했고,[61] Peter Drucker는 리더십이 다른 사람들에게 그들의 성과 수준을 더 높은 수준으로 올릴 수 있도록 영향을 미치고 있다고 말했다.[62] 여러분이 관리직의 위치에 올랐을 때, 다른 사람들에게 영향을 미칠 수 있는 더 많은 힘을 갖게 된다. 하지만 효과적인 팔로워도 다른 사람들에게 영향을 미친다. 다른 사람에게 영향을 미치는 능력은 개발될 수 있다. 영향력은 권력, 정치, 그리고 협상을 포함한다; 여러분은 6장에서 다른 사람들에게 영향을 미치는 방법에 대해 더 배우게 된다.

영향력은 또한 리더와 팔로워 사이의 관계에 관한 것이다. 관리자들은 부하들에게 그들의 행동에 영향을 미치도록 강요할 수 있지만, 리더들은 그렇지 않다. 리더는 리더십을 공유하면서 영향을 받기를 원하는 팔로워들의 헌신과 열정을 이끌어낸다. 좋은 리더는 모든 팀원의 의견을 구한다.[63]

조직목표

종업원들은 그들의 조직이 어떤 입장을 취하고 있으며 어떤 방향으로 나아가고 있는지, 업무 목표가 무엇인지 알아야 한다.[64] 최고경영자는 구성원의 결정을 안내하는 조직에 대한 톤과 방향(비전, 미션 및 전략 계획)을 설정한다.[65] 모두를 위한 비전은 여러분이 어디로 가고 있는지 알고, 거기에 도달하기 위한 목표와 계획을 세우는 것이다.[66] 목표는 최종적인 결과이며, 계획은 이를 달성하기 위한 수단이다.[67] Women Presidents' Organization의 Marsha Firestone 박사는 "리더십은 많은 자질이 서로 만나는 교차로다. 리더는 비전을 가지고 있고, 그것을 효과적이고 열정적으로 전달할 수 있으며, 다른 사람들이 그 꿈의 일부가 되도록 동기를 부여할 수 있다. 진정한 리더는 창의적이고 정보에 기반을 둔 모험가(risk-taker)이다. 그 중에서도 그들은 팀을 만드는 사람들이다. 성공한 모든 기업가는 그들의 뒤에 지원해주는 팀이 있다."[68]

효과적인 리더는 팔로워에게 조직 전체에 걸쳐 공유된 목표를 달성하기 위해 무엇을 해야 하는 지에 대해 영향을 미친다. 모든 좋은 성과는 명확한 목표에서 시작한다.[69] 만약 여러분의 목표가 성공을 위해 무엇이 중요한 것인지를 나타낸다면, 여러분의 리더십이 성과에 미치는 영향을 대폭 증가시킬 수 있다.[70] 효과적인 리더들은 그들의 팀과 함께 명확한 목표를 세운다. 앞으로 여러분은 3장에서 목표를 설정하는 방법을 학습하게 된다.

변화

리더가 혁신적 변화에 대한 목표를 설정하는 것처럼, 영향력을 행사하고 목표를 설정하는 것은 변화에 대한 것이다.[71] 기술은 우리가 일하는 방식과 살아가는 방식을 지속적으로 변화시키고 있기 때문에[73] 기술은 주요한 비즈니스 과제다.[72] 이러한 과제는 새로운 비즈니스 기회를 창출하고 기존 비즈니스의 변화를 요구한다.[74] 경쟁력을 유지하기 위해 기업은 도요타와 같이 작업 프로세스를 지속적으로 개선하고 3M과 같은 새로운 혁신적인 제품과 서비스를 개발해야 한다. 혁신은 개선을 위한 종업원들의 창의적인 아이디어를 구현하는 공유 리더십에서 비롯된다.[75] 따라서 종업원들은 지속적으로 변화해야 한다.[76] 그래서 리더로서 변화에 대한 저항을 극복하고, 팀에 도움을 요청하는 것에 대해 뒷받침 하는 합리적인 이유를 제시해야 한다.[77] 글로벌화는 지역의 중소기업에도 영향을 미친 것과 같이 세계를 변화시켰으며, 글로벌 기업들과 지속적으로 경쟁하기 위해서는 변화가 필요하다.[78] (글로벌뷰)

업무응용 1.2

일하는 곳의 관리자들은 종업원들에게 변화를 가져올 수 있도록 영향력을 행사하는 데 효과적인가? 설명해보자.

효과적인 리더와 추종자가 되기 위해서는 변화에 개방적이어야 한다.[79] 마지막으로 새롭고 색다른 일을 한 때가 언제인가? 여러분은 11장에서 변화를 이끄는 것에 대해 더 배우게 된다.

신뢰관계

리더십에 대한 이 책의 정의에서 사람들(people)이라는 용어가 특별히 언급되지는 않았지만, 다른 요소들에 대해 배운 후에, 여러분은 리더십은 관계를 통해 사람들을 이끄는 것이라는 것을 깨달아야 한다. 왜냐하면 사람들은 회사의 가장 가치 있는 자산이기 때문이다.[80] 목표를 설정하고 달성하는 것은 사람들이다. 그래서 리더로서 여러분의 가장 중요한 일은 관계를 발전시키는 것이며,[81] 관계는 신뢰[82] 위에 형성된다. 왜냐하면 신뢰는 모든 좋은 관계의 기초이기 때문이다.[83] 조직은 사람들이 개인의 성과[84]와 팀 성과에 중요한 관계를 발전시키는 사회적 장소다.[85] 신뢰 관계가 강하고[86] 구성원들이 팀 목표를 달성하기 위해 협력할 때 팀으로서 효과적으로 일하는 것이 더 쉽다.[87]

종업원들은 소속감을 갖기를 원하고 관리자들이 자신들의 최선의 이익을 보살펴 줄 것이라고 믿고 싶어한다.[88] 안타깝게도 그렇게 할 것이라는 경영진에 대한 신뢰 수준은 감소하였다. "당신은 당신의 관리자를 믿는가?" "당신의 관리자는 당신을 믿는가?" 이것은 중요한 질문이다.[89] 그렇지 않을 경우에는 승진과 진급의 가능성은 적다.

다른 사람들을 신뢰해야 하며, 그 신뢰는 그들이 성과를 높일 수 있도록 힘을 실어준다.[90] 사람들은 자신을 배려하는 다른 사람들과 어울리기를 원한다. Wegmans는 종업원들을 배려하는 조직 문화를 구축했다.[91] 여러분의 가장 친한 상사, 코치, 선생님에 대해 생각하라. 그 사람들이 당신을 신경 썼는가? 사람들이 당신을 믿게 하려면, 당신은 그들을 아끼고 그들을 도울 용의가 있다는 것을 확신시켜야 한다(서번트 리더십).[92] 다행히 신뢰를 쌓는 것은 효과적인 개방과 정직한 의사소통으로 시작하는 잘 학습할 수 있는 기술이라는 것이다.[93] 신뢰를 구축하는 데는 수년이 걸릴 수 있지만, 거짓말 같은 단 한번의 신뢰 배반이 신뢰를 무너뜨릴 수 있다. 오늘날 거의 모든 일에 효과적이려면, 사람들과 함께 잘 일할 수 있어야 한다.[94] 여러분은 이 책을 통해 어떻게 여러분의 대인관계 기술을 발전시킬 수 있는 것인지에 대해 배우게 된다.

도입사례 응용

2. Amazon은 리더십에 대한 이 책에서 제시한 정의를 사용하는가?

Jeff Bezos는 분명히 Amazon의 리더이지만, 그는 또한 그의 팔로워들로부터 아이디어를 얻는다. Bezos가 개인적으로 Amazon의 제품/서비스 및 프로세스를 모두 발명한 것은 아니지만 그는 매우 영향력이 있다. 그는 또한 투자자들을 설득하여 Amazon을 성장시키고, 그의 웹사이트를 통해 다른 사업체들이 제품과 서비스를 제공하도록 하고, 고객들이 그 제품들을 구매하도록 한다. Bezos는 회사에 대한 명확한 공유된 비전과 목표를 가지고 있다. Amazon은 근본적으로 사람들의 살아가는 방식과 일하는 방식을 바꾸고 있다. Amazon 리더십은 직원, 공급업체 및 고객과의 신뢰 관계를 기반으로 한다.

리더십 기술

학습목표 1.3

세 가지 리더십 기술을 구분하고 정의한다.

이 부분에서는 성공에 필요한 세 가지 기술에 대해 논의하고, 추가로 대인관계 기술에 대해 중점을 두고, 리더십 프로파일로 마무리한다.

기술 접근법

리더십 성공은 개인적인 특성과 기술에 기초한다.[95] 개인적 특성은 리더가 누구인지(2장에서 다루어짐)이며 기술은 리더가 성취할 수 있는 것을 말한다. 효과적인 리더가 되기 위해서는 기술이 필요하다. 리더십 기술은 배우고 개발될 수 있으며, 이것은 리더십을 모든 사람들이 사용할 수 있게 만들어준다.[96] 기술 접근법은 개별적인 리더십 개발에 관해 리더중심의 관점을 갖는다. 이는 이 책의 처음 두 파트인 리더로서의 개인(1~4장) 및 리더십 기술(5~6장)의 기초가 된다. 따라서, 이 책은 리더십 기술 개발을 제공한다.

세 가지 리더십 기술

1995년 Robert Katz는 리더십에 대한 기술 접근법의 기초가 되는 "유효한 관리자의 기술(Skills of an Effective Administrator)"을 출판했다.[97] Katz는 세 가지 관리 기술을 전문적(technical), 인간(human), 개념(conceptual)으로 구분했다.[98] 우리는 용어를 기술, 대인관계 및 의사결정과 같은 리더십 기술로 업데이트했다. 그것들은 도표 1.2에 나열되어 있고 여기서 논의된다. 또한 우리는 관리 수준에 따라 필요한 기술의 차이를 주목한다.

도표 1.2 리더십 기술

세 가지 기술	주요 초점
전문적 기술	사물
대인관계 기술	사람
의사결정 기술	개념적 아이디어

전문적 기술

전문적 기술(technical skills)에는 작업을 수행하기 위해 방법과 기술을 사용하는 능력이 포함된다. 여기에는 방법, 프로세스, 절차 및 기법에 대한 지식, 작업을 수행하기 위해 도구와 장비를 사용하는 능력이 포함된다. 예를 들어, 관리자가 예산 문제를 해결할 때 Microsoft Excel과 같은 스프레드시트 소프트웨어를 사용하기 위해 컴퓨터 기술이 필요할 수 있다. 대부분의 종업원들은 주로 전문적 기술 때문에 첫 번째 관리직으로 승진한다. 전문적 기술은 직무마다 천차만별이며, 세 가지 관리 기술 중 가장 쉽게 개발할 수 있다. 따라서, 이 책에서는 전문적 기술 개발에 집중하지 않는다.

전문적 기술에는 작업을 수행하기 위해 방법과 기술을 사용하는 능력이 포함된다.

대인관계 기술

대인관계 기술(interpersonal skills)은 효과적인 관계를 발전시킴으로써 개인과 집단을 이해하고 소통하여 일을 잘하는 능력을 포함한다. 대인관계 기술은 인간관계 기술, 사람을 다루는 기술, 소프트 기술이라고도 불린다. 우리가 다른 사람들과 교류하면서, 우리의 대인관계 기술을 사용하고 있다. Diane Von Furstenberg는 자신의 성공을 대인관계 기술 덕분이라고 이야기했다. "저는 좋은 CEO는 아니지만, 창업자의 열정과 힘을 가지고 있으며, 따라서 저는 일을 성사시킬 수 있습니다. 저는 사람들에게 영감을 주고, 동기를 부여할 수 있습니다."[99] 대인관계 기술은 신뢰 관계를 기반으로 사람들과 함께 일하는 능력이다.[100] 효과적인 대인관계 기술은 왜 사람들이 그런 식으로 반응하는지 이해하고, 그리고 목표를 달성하기 위해 그들에게 영향을 미치는 능력을 포함한다.[101]

대인관계 기술은 효과적인 관계를 개발함으로써 개인과 집단을 이해하고, 소통하고, 잘 협력하는 능력이다.

의사결정 기술

의사결정 기술(decision-making skills)은 상황을 개념화하고 문제를 해결하고 기회를 활용할 수 있는 대안을 선택하는 기술이다. 의사결정은 일반적으로 문제를 해결을 위해 이루어진다. 그러므로, 리더는 문제해결 능력을 가질 필요가 있다.[102] 큰 그림을 보고 대안들로 문제를 어떻게 해결할 것인가를 판단하기 위해서도 개념적 능력은

의사결정 기술은 상황을 개념화하고 문제를 해결하고 기회를 활용할 수 있는 대안을 선택하는 기술이다.

중요하다. 지난 몇 년 동안 여러분이 내린 결정은 오늘날 여러분이 누구인지에 영향을 미치고, 기회를 이용하려는 여러분의 현재와 미래의 결정은 여러분의 직업적 성공에 영향을 미칠 것이다.[103]

좋은 결정을 내리는 데 있어 중요한 부분은 비판적인 사고(critical-thinking)이다. 많은 고용주들이 비판적 사고 기술이 전문적 기술보다 더 중요하다고 말했기 때문에 비판적 사고 기술은 직장에서 많이 요구되고 있다.[104] 비판적 사고 기술은 향후 5년 동안 중요성이 증가할 것이다.[105] 그래서 고용주들은 비판적 사고 기술을 가진 대학 졸업자들을 원한다.[106] 따라서 비판적 사고는 커리어 준비의 핵심 역량이다.[107] 안타깝게도, 고용주들은 비판적 사고 능력이 좋은 후보자를 찾는 데 어려움을 겪고 있다고 말한다.[108]

의사결정 기술은 진단, 분석, 정량적 추론, 시간관리 기술뿐만 아니라 창의적이고 트렌드를 지각하며 변화를 예측하고 문제와 기회를 인식하는 능력을 포함한 다양한 기술을 기반으로 한다. 공유된 리더십을 통해 협력적으로 의사결정을 내리면 성과가 향상된다.[109] 책 전반에 걸쳐 의사결정 기술에 대해 논의하며, 이 과정을 통해 의사결정 기술을 키울 수 있는 기회를 가질 수 있다.

업무응용 1.3

관리자(가급적이면 상사이거나 상사였던 사람)를 선택하고 그 사람이 업무에서 사용하는(사용했던) 구체적인 관리 기술을 서술해보자.

개념응용 1.1 리더십 기술

다음의 활동 중 어떤 유형과 관리기술이 일치하는지 확인해보자.

a. 전문적 기술
b. 대인관계 기술
c. 의사결정 기술

_____ 1. 관리자는 대출 신청서를 작성한다.

_____ 2. 관리자는 왜 아직도 배달이 발송되지 않았는지 알아내려고 노력한다.

_____ 3. 관리자는 자신의 스마트폰으로 문자 메시지를 보낸다.

_____ 4. 관리자는 복사기에서 방금 끝낸 보고서를 복사한다.

_____ 5. 관리자는 일을 잘 끝낸 종업원을 칭찬한다.

_____ 6. 관리자는 다음 주까지 완료해야 할 주문들의 우선순위를 결정한다.

관리 수준에 따라 필요한 기술

관리자는 세 가지 기술을 모두 필요로 하지만 각 기술의 필요성은 관리 수준에 따라 다르다. 최고 수준의 관리자들은 전문적 기술보다 대인관계기술과 의사결정 기술에 대한 요구가 더 크다. 중간관리자들은 이 세 가지 기술 모두를 균형있게 갖추도록 요구받고 있다. 낮은 직급의 관리자는 의사결정 기술보다 전문적 기술과 대인관계적 기술에 대한 필요성이 더 크다.

도입사례 응용

3. CEO Jeff Bezos는 Amazon에서 어떤 리더십 기술을 사용하는가?

Jeff Bezos는 첨단 기술 개척자로서 최초의 온라인 서점을 개발했을 만큼 전문적 기술이 있다. 그는 회사의 성과와 고객 서비스를 확장하는 종업원들의 기술 운영에 지속적으로 도전하고 있다. Bezos는 종업원들에게 도전하는 까다로운 상사로 그동안 혹평을 해온 것으로 알려졌다. 그러나 그의 목표에 대한 비판은 대부분 성과가 개선되는 결과를 가져왔다. Bezos는 직원들이 지속적으로 사업을 성장시키도록 동기를 부여하는 대인관계 기술을 가지고 있다. 그는 성공적인 비즈니스 모델을 개발하고 이를 지속적으로 변화시켜 새로운 제품과 공정으로 회사를 성장시킬 수 있는 개념적 능력을 갖춘 사람이기 때문에 의사결정 기술을 확실하게 가지고 있다.

대인관계 기술

우리는 리더에게 세 가지 기술이 필요하다고 말했다. 이 책에서는 주로 대인관계나 소프트 기술에 초점을 맞춘다. 왜 그럴까? 리더십은 대인관계 기술에 기반을 두고 있다.[110] "관계는 조직 생활의 구조에서 실타래와 같다."[111] 관계는 성과[112]와 이직률에 영향을 미친다.[113] 더 많은 팀워크를 지향하는 트렌드에 따라 대인관계 기술의 중요성은 높아진다.[114] 고용주들은 소프트 기술을 가진 대학 졸업생들을 원하고,[115] 그리고 대인관계 기술은 향후 5년 동안 더 중요해질 것이다.[116] 높은 수준의 사회적 상호작용을 요구하는 미국의 직업은 과학, 기술, 공학 및 수학(science, technology, engineering, math, STEM) 관련 직업보다 더 빠른 속도로 성장하고 있다.[117] 전문적 기술은 빠르게 전환되므로 고용주들은 뛰어난 소프트 기술을 가진 빠르게 학습하는 사람을 찾고 있다.[118] 그러므로 대인관계 기술은 커리어 준비의 핵심 역량이다.[119]

비록 대인관계 기술은 사람들과 잘 협력하는 것이 전부이지만, 많은 기술들이 전문적 또는 의사결정 기술보다는 대인관계 기술로 분류될 수 있다. 그러므로 책의 2장은 리더십 기술이라는 제목이 붙는다. (1) 5장과 6장에서는 효과적으로 소통하는 커뮤니케이션 기술, (2) 다른 사람을 높은 수준의 성과를 올리도록 하는 코칭 기술, (3)직업을 얻고, 다른 사람이 여러분의 목표를 달성하는 데 도움이 되도록 하는 네트워크 기술 같은 리더십 기술을 개발할 수 있다. 여러분은 (4) 권력과 권력을 윤리적으로 증가시키는 방법 및 (5) 조직정치 환경에서 일하는 방법에 대해 배우게 된다. 또한 (6) 급여와 임금 인상을 협상하는 기술, 그리고 (7) 관계를 해치지 않고 갈등을 해

사진 1.2 관계를 구축하고 효과적으로 신뢰하고 소통할 수 있는 능력은 오늘날의 비즈니스 세계에서 높이 평가되고 있다.

결하는 기술을 개발시킬 수 있을 것이다. 이러한 일곱 가지 리더십 기술은 당신의 개인적이고 전문적인 삶에서 성공하도록 도와줄 것이다.

리더십에 대한 관점

모든 사람들은 리더십과 그들이 리더로 생각하는 사람에 대해 서로 다른 견해를 가지고 있다.[120] 리더십은 여러분 안에서 셀프 리더, 즉 리더십에 대한 여러분의 생각, 태도, 신념 및 인식으로 시작된다. 효과적인 리더는 명확한 리더십 관점을 가지고 있다. 즉, 그들이 노력해서 되고 싶은 리더의 유형에 대한 비전이다.[121] 진로 결정은 여러분이 내려야 하는 가장 중요한 선택들 중 하나이다.[122] 리더십과 관련된 중요한 질문 유형은 다음과 같다. 당신에게 리더십이란 무엇인가? 리더를 어떻게 묘사하겠는가? 당신은 당신이 리더라고 생각하는가?[123] 서번트 리더십에 대한 당신의 생각은 무엇인가?[124] 리더십 관점을 발전시키기 위해서는 리더십에 대한 지식을 기반으로 하여 자기평가, 시간, 그리고 성찰이 필요하다.[125] 여러분이 되고자 노력하는 리더의 유형을 바탕으로 리더십 기술을 개발해야 한다. 이 책을 학습하면서, 2장은 중요하다. 리더십 스타일은 자신의 성격에서 반영되기 때문에, 자신의 리더십 관점을 다듬어야 한다. 따라서 리더십 관점을 개발하는 것은 "스스로에 대한 교육 과정!"으로 간주될 수 있다.[126]

리더십 관리적 역할

학습목표 1.4

세 가지 카테고리를 기준으로 10개의 관리적 역할을 나열한다.

이 부분에서는 리더가 업무에서 수행하는 역할, 즉 관리적 역할에 대해 설명한다. 기술은 전이할 수 있고 우리가 사용하며, 심지어 종종 자신도 모르게 사용하지만, 반면에 역할은 명확하게 정의된다. 여기서 논의된 10가지 역할을 사람들이 얼마나 잘 수행하는지는 기술, 즉 전문적 과제를 수행하는 능력과 대인관계, 그리고 각 역할을 수행하는 동안 의사결정을 내리는 능력에 기초한다. 예를 들어, 정량적, 컴퓨터, 읽기 및 기타 기술은 리더가 관리적 역할을 더욱 효과적으로 수행하는 데 도움이 된다.

관리적 역할 범주는 대인관계, 정보적 및 의사결정적으로 나누어진다.

Henry Mintzberg는 리더가 조직 목표를 달성하기 위해 수행하는 10가지 관리적 역할을 제시하였다.[127] 그는 이 역할들을 세 가지 범주로 분류했다. **관리적 역할 범**

도표 1.3 관리적 역할		
대인관계 역할	**정보 역할**	**의사결정 역할**
리더 대표자 연결자	모니터 정보전달자 대변인	기업가 위기관리자 자원분배자 협상가

주(managerial role categories)는 대인관계 역할, 정보 역할 및 의사결정 역할이다. 도표 1.3은 세 가지 범주에 기초한 10가지 관리적 역할을 보여준다.

대인관계 역할

대인관계적 리더십 역할(interpersonal leadership roles)은 명목상의 대표자, 리더 및 연결자를 포함한다. 대인관계를 성공적으로 수행하기 위해서는 대인관계 기술이 필요하다.

대인관계적 리더십 역할은 회사의 얼굴, 리더 및 연결자를 포함한다.

- **리더 역할**은 관리자 유닛을 효과적으로 운영하여 조직 목표를 달성하는 관리 기능(기획, 조직, 충원, 지휘, 통제)을 수행하는 것이다. 따라서 리더 역할은 리더가 다른 역할을 수행하는 방식에 영향을 미친다. 여러분은 이 책을 통해 리더십 역할에 대해 더 많이 학습할 것이다.
- 리더는 법적, 사회적, 의식적, 상징적 활동에서 조직이나 부서를 대표할 때 회사의 얼굴 **대표자 역할**을 수행한다. 회사의 대표자 역할에는 몇 가지가 있다: 공식 문서에 서명하기, 공식 및 의례적인 이벤트로 클라이언트 또는 고객을 접대하기, 사람들에게 비공식적으로 이야기하고 외부 회의에 참석하기, 회사 대표로서 회의를 주도하기.
- 리더는 조직 외부의 사람들과 교류할 때 **연결자 역할**을 수행한다. 연락을 담당하는 행동에는 관계를 발전시키고 유지하기 위한 네트워킹, 조직 외부 구성원과의 위원회 활동, 업계/동업조합 외부 회의 참석 등이 포함된다.

정보 역할

정보적 리더십 역할(informational leadership roles)에는 모니터, 정보전달자 및 대변인이 포함된다. 정보 역할의 성공은 또한 대인관계 기술에 기초한다.

정보적 리더십 역할은 모니터, 정보전달자 및 대변인을 포함한다.

- 리더는 다른 사람과 대화하거나(메모, 보고서, 전문적/상업계 간행물, 신문 등), 회

의 참석, 경쟁사 시설 방문 등을 통해 정보를 수집하는 **모니터 역할**을 수행한다.

- 리더는 조직 단위 내의 다른 사람에게 정보를 보낼 때 **정보전달자 역할**을 수행한다. 조직을 발전시키는 기술로 바꾼 정보를 사용하는 것은 이제 종종 지식경영이라고 불린다.
- 리더는 조직 단위 외부의 사람들에게 정보를 제공할 때 **대변인 역할**을 수행한다. 사람들은 그들의 상사와 다른 부서, 고객, 공급업체 등에 정보를 보고해야 한다.

의사결정 역할

의사결정적 리더십 역할은 기업가, 위기관리자, 자원분배자 및 협상가를 포함한다.

의사결정적 리더십 역할(decisional leadership roles)은 기업가, 위기관리자, 자원분배자 및 협상가를 포함한다. 의사결정 기술은 중요하며 의사결정 역할에서 성공하기 위해 필요하다.

- 리더는 신규 또는 개선된 제품 및 서비스를 혁신하고 비즈니스 프로세스 개선을 시작할 때 **기업가 역할**을 수행한다.
- 리더는 천재지변과 같이 업무를 방해하는 위기 상황이나 중요한 기계/장비의 고장이나 필요한 자재가 예정대로 도착하지 않는 비상 상황에서 시정 조치를 취할 때 **위기관리자 역할**을 수행한다. 리더는 일반적으로 위기를 겪는 기간 동안 다른 모든 역할보다 이 역할을 우선시한다.
- 리더는 일정 수립, 승인 요청 및 예산 책정 활동을 수행할 때 **자원분배자 역할**을 수행한다. 제한된 자원을 누가 얻는지 결정하는 것은 중요한데, 사람들이 조직에 가장 좋은 이익이 아니라 자신들의 개인적 이익을 추구할 수 있기 때문이다.
- 리더는 제품/서비스의 판매 또는 구매, 직원의 급여 또는 자신을 위한 임금 인상과 같은 정해진 경계선을 포함하지 않는 거래를 하는 동안 자신의 조직 단위를 대표하며 **협상가 역할**을 수행한다.

업무응용 1.4

세 가지 범주의 각각에 대해 각 범주 내에서 10가지 관리 역할 중 하나를 수행할 때, 자신 또는 다른 리더가 수행한 특정 행동의 예를 하나 제시해보자. 선택한 각 역할에 대해 리더가 자신인지 혹은 다른 사람인지를 밝히고, 어떤 역할인지 그리고 이와 관련된 특정 행동은 무엇인지 제시해보자.

관리자는 10가지 역할에 대한 책임이 있지만, 어떤 관리적 역할이 가장 중요하고 또한, 관리자와 다른 리더들이 각각 어떤 역할들을 수행하는지는 관리자의 업무와 조직 환경에 따라 달라진다. 여러분은 이제 조직 내에서의 직함과 관계없이 리더십 역할을 수행한다는 사실을 인식하기 시작해야 한다.

도입사례 응용

4. CEO Jeff Bezos는 Amazon에서 어떤 관리적 리더십 역할을 수행하는가?

좋은 리더인 모든 관리자들처럼, jeff Bezos는 10가지 역할을 모두 수행하고, 그는 이러한 역할을 그의 팔로워들에게 위임한다. 그의 대인관계 역할은 문서 서명, 고객 접대, 회의 운영 및 참석, 리더십 개발 및 팔로워 평가, 위원회 및 이사회에서 일하는 것을 포함한다. 그의 정보 역할에는 광범위한 의사소통이 포함된다. Bezos는 모니터링 역할에서 정보를 지속적으로 분석하고, 자신의 정보전달자 역할에서 정보를 보내고 있으며, 의사결정 역할 카테고리에서 회사의 대변인을 맡고 있다. Bezos는 기업가이다. 그의 다른 역할은 경쟁에서 앞서기 위해 새로운 제품을 개발하고 국내 및 해외 정부의 비즈니스 관련법 및 규정에 의해 야기된 혼란을 처리하는 것이다.

개념응용 1.2 리더십 관리적 역할

리더십 역할에 따라 다음 17가지 행동을 각각 구분하라. 각 항목 앞에 해당하는 문자를 빈칸에 써 보자.

대인관계 역할
- a. 리더
- b. 대표자
- c. 연결자

정보 역할
- d. 모니터
- e. 정보전달자
- f. 대변인

의사결정 역할
- g. 기업가
- h. 위기관리자
- i. 자원분배자
- j. 협상가

_____ 7. 관리자는 초과 근무를 해서 초과 수당을 받을 종업원을 뽑고 있다.

_____ 8. 관리자는 초과 근무를 해서 초과 수당을 받게 될 종업원에게 말하고 있다.

_____ 9. 일선감독자는 중간관리자로 승진되었고, 새로운 직무에 따른 임금을 논의하고 있다.

_____ 10. 일선감독자는 한 종업원에게 근무 중 흡연에 대해 훈육하고 있다.

_____ 11. 리더는 경쟁사의 가격을 알기 위해 경쟁사의 웹사이트를 방문하고 있다.

_____ 12. 리더는 유지보수 담당 직원들에게 작업장의 고장 난 배관을 고치고 범람한 물을 퍼내고 청소하는 작업을 시키고 있다.

_____ 13. 관리자는 계산대의 처리속도를 높이기 위해 50달러 미만의 신용카드 영수증에 대해 고객의 서명을 받지 않기로 결정했다.

_____ 14. 관리자는 두 종업원 간의 싸움을 말리고, 다른 종업원들을 업무에 복귀하도록 했다.

_____ 15. 관리자는 다음 주의 작업 시간을 알려주기 위해 종업원들에게 이메일을 보내고 있다.

_____ 16. 생산 부문의 관리자는 시설 관리자에게 부서 장비의 일상적인 유지보수에 대해 말하고 있다.

_____ 17. 한 종업원이 회사를 그만두고 관리자는 그 사람을 대체하고 있는 중이다.

_____ 18. 관리자는 새로운 장비의 구매 주문서에 서명하고 있다.

_____ 19. 홍보 담당자는 지역 신문사에 홍보자료를 보내고 있다.

_____20. 관리자에게 1,000달러가 주어졌고 20명의 종업원 중 2명에게 보너스로 지급되었다.

_____21. 구매 담당자는 고가의 새로운 기계의 가격과 설치, 그리고 유지보수 계약 거래에 대해 의논하고 있다.

_____22. 회사 연례회의에서 CEO가 우수한 성과에 대한 상을 수여하고 있다.

_____23. 관리자는 월간 비즈니스 잡지를 읽고 있다.

리더십 이론의 분석 수준

학습목표 1.5

리더십 분석 수준들 사이의 상호관계를 설명한다.

리더십 이론의 분석 수준은 개인, 집단 및 조직이다.

리더십과 연구를 분류하는 한 가지 유용한 방법은 분석 수준에 의해 결정된다.[128] **리더십 이론의 분석 수준(levels of analysis of leadership theory)** 세 가지는 개인, 집단, 조직이다. 대부분의 리더십 이론은 이 세 가지 수준 중 하나에서만 프로세스의 관점에서 설명된다.[129] 여러분은 이 부분에서는 각 단계와 각 단계 간의 상호관계에 대해 간략하게 학습하고, 책 전체에 걸쳐서 세부 사항을 학습한다.

세 가지 분석 수준

- 리더십에 대한 **개인수준의 분석**은 변화를 통해 목표를 달성하기 위해 다른 사람들에게 영향을 미치는 개별적인 과정에 초점을 맞춘다. 1, 2부에서 '리더로서의 개인(1~4장)' 및 '리더십 스킬(5~6장)'에서는 개인수준의 분석에 초점을 맞춘다.
- 리더십에 대한 **집단 또는 팀 수준의 분석**은 2명 이상의 개인 간의 관계에 초점을 맞춘다.[130] 이 두 번째 단계는 집단 프로세스이다. 집단 리더는 팀원들의 활동을 조정하고[131] 팀워크 기술을 사용하여 협력적으로 일을 하도록 해야 한다.[132] 3부 '팀 리더십(7~8장)'에서 팀 리더십 기술에 대해 배우고 개발한다. 집단 프로세스의 중요한 부분은 회의이다. 8장에서는 생산적인 회의를 진행하는 방법을 배우게 된다.
- **조직수준의 분석**은 이익 등 조직의 성과에 초점을 맞추며 조직적 프로세스라고도 한다. 여러분은 4부 '조직 리더십(9~12장)'에서 조직 성과의 결정 요인에 대해 더 많이 학습하게 된다.

도입사례 응용

5. Amazon의 CEO인 Jeff Bezos의 분석 수준은 무엇인가?

Bezos는 CEO로서 조직 전체의 성과와 Amazon이 전 세계적으로 고용하고 있는 약 80만 명의

윤리적 결정: 윤리와 사회적 영향

1.2 임원에 대한 보상

임원에 대한 보상은 복잡하면서 논쟁의 여지가 있는 주제이다. 임원의 관리기술은 회사의 성공에 직접적인 영향을 미친다. 최고경영자는 수백만 달러의 보상을 받아야 한다. 왜냐하면 효과적인 최고경영자가 없었다면 회사는 매년 수백만 달러의 이익을 내지 못할 것이기 때문이다. 그들은 그들이 만드는 것을 도운 파이 한 조각을 받을 자격이 있다. 운동선수들처럼, 극소수가 고액 연봉의 전문직 종사자처럼 받는다. 자본주의 국가에서, 프로 스포츠에서처럼 재능 있는 CEO들은 그들의 연봉을 받을 권리가 있다. 그러나 최고경영자들은 지나친 보상을 받는다고 비난을 받는다. 지난 10년간 S&P 500개 기업의 CEO 보수는 2019년 연평균 1,480만 달러로 연간 34만 달러 이상 증가했다. 한편, 평균 생산직 및 비감독직 근로자는 연간 836달러의 임금 인상을 보였으며, 2019년에는 평균 41,442달러를 버는 데 그쳤다. S&P 500 기업의 CEO 대 근로자 평균 임금 비율은 264대1이었다.[133] Alphabet(Google)의 CEO인 Sundar Pichai가 2억 8,062만 1,552달러로 가장 높았고, 2위부터 10위까지 6,693만 5,100달러부터 4,404만 5,070달러까지 지급됐다.[134] 어떤 사람들은 최고경영자들이 과도한 임금을 받고 있다고 말한다.

1. 최고경영자들은 평균적인 일반사원보다 264배를 벌 자격이 있는가?
2. 관리자들이 종업원들을 해고시키는 기간에 또는 오직 적은 금액만 급여인상을 해주면서 자신들은 상당한 급여인상을 받는 것이 윤리적인가?
3. 회사가 최고경영자에 대한 값비싼 보상을 지불할 때 회사는 사회적 책임이 있는가?
4. 이러한 임금 격차의 사회적 영향은 무엇인가?

복지를 책임지고 있다. 따라서, 그는 주로 조직수준 분석에 초점을 맞춘다. 그러나 Bezos는 그가 감독하는 혁신적인 제품과 프로세스에 관여하는 많은 팀뿐만 아니라 그에게 직접 보고하는 개인들을 보유하고 있다. (글로벌뷰)

분석수준 간의 상호관계

개인은 팀에서 독립적이며 상호의존적으로 일하고 공유된 업무성과는 결국 조직 성과로 이어진다.[135] 협업은 높은 성과를 내는 개인, 팀 및 조직을 만들며, 오늘날의 글로벌 환경에서는 협업이 매우 중요하다.[136] (글로벌뷰) 도표 1.4는 리더십 분석 수준 간의 상호관계를 보여준다. 집단 및 조직 성과는 개인 성과에 기반하므로 개인은 삼각형의 맨 아래에 배치된다. 조직은 모든 개인적 거래의 총합이라고 한다. 여러분이 일하는 집단 및 조직의 크기에 따라, 여러분의 개인 성과는 집단과 조직의 성과에 긍정적이거나 부정적으로 영향을 미칠 수 있다.

조직 전반에 걸쳐 개인성과가 저조하면 기반이 탄탄하지 못하거나 실적이 저조하기 때문에 삼각형이 무너진다. 삼각형의 집단 부분은 조직 측면을 지원한다. 따라서

도표 1.4 리더십 이론의 분석수준 간 상호연관성

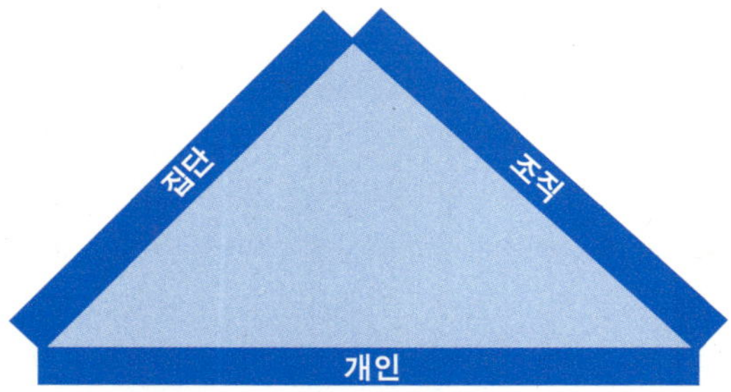

집단이 효과적이지 않으면 삼각형이 무너지거나 조직의 성과가 저하될 수 있다. 동시에, 집단과 조직의 성과는 개인의 성과에 영향을 미친다. 만약 집단이 상당히 동기부여가 되고 생산적이라면(또는 그렇지 않다면), 개인 또한 생산적인(또는 그렇지 않을) 가능성이 있다. 성공은 전염되는 경향이 있다. Google과 같은 승리하는 조직에서 일하는 것은 정상을 유지하기 위해 개인들이 최선을 다하도록 동기를 부여하는 경향이 있다. 그러나 조직과 조직의 성과는 개인과 집단의 단순한 합보다 더 크다.

리더십 이론 패러다임

학습목표 1.6

특성이론, 행위이론, 상황이론 및 통합이론과 같은 리더십 이론을 비교하고 대조한다.

리더십 이론은 리더십의 어떤 측면에 대한 설명; 이론은 성공적인 리더십을 더 잘 이해하고, 예측하고, 통제하기 위해 사용되기 때문에 실무적인 가치가 있다.

리더십 이론 범주는 특성이론, 행위이론, 상황이론 및 통합이론을 포함한다.

먼저 해야 할 일은 이 절의 중요한 개념을 정의하는 것이다. **리더십 이론**(leadership theory)은 성공적인 리더십을 더 잘 이해하고, 예측하고, 통제하기 위해 사용되기 때문에 실무적인 가치가 있다. 그래서, 이론의 주된 목적은 현실에서 성과를 향상시키기 위해 리더십 이론들을 사용하는 것이다. 리더십 이론에는 리더십을 설명하기 위해 사용되는 연구 접근법이라고도 불리는 네 가지 주요 분류가 있다. **리더십 이론 범주**(leadership theory classifications)는 특성이론, 행위이론, 상황이론 및 통합이론이 포함된다. 이번 절에서는 각각의 범주에 대해 토론하고 나중에 자세하게 다루기 위해서 각각의 범주가 이 책에서 어디에 해당되는지 알려줄 것이다.

리더십 패러다임은 리더십이 연구된 기간 동안, 60여 년에 걸쳐서 변화해 왔다. 리더십 이론의 네 가지 주요한 범주들은 리더십 패러다임에 있어서 변화를 보여준다.

리더십 특성이론의 패러다임

1900년대 초에는 리더십 연구는 리더가 만들어지는 것이 아니라 태어난다는 가정에 기초했다. 연구원들은 리더와 팔로워를 구별하거나 효과적인 리더와 비효율적인 리더를 구별하는 일련의 성격이나 특성을 확인하고자 했다. **리더십 특성이론(leadership trait theories)**은 리더십 유효성을 설명하는 차별화된 특성들을 설명하는 것이다. 연구자들은 성공한 모든 리더들이 갖고 있는 특성들을 확인하기 위해서 높은수준의 에너지, 외모, 적극성, 자립심, 설득력, 지배력 등과 같은 물리적이고 심리적인 특성들을 분석했다. 이러한 특성들은 승진후보자들을 리더십을 필요로 하는 자리에 승진시키기 위한 선행조건으로 사용되었다. 이렇게 확인된 특성들을 갖고 있는 후보자들만이 리더십을 필요로 하는 자리에 오를 수 있을 것이다. 2장에서 특성이론에 대해 좀 더 학습하게 될 것이다.

리더십 특성이론은 리더십 유효성을 설명하는 차별화된 특성들을 설명하는 것이다.

리더십 행위이론 패러다임

1940년대에 이르러 대부분의 리더십 연구는 특성이론에서 리더가 직무에서 무엇을 하는지(행동)에 초점을 맞추면서 패러다임을 바꾸었다. 모든 상황에서 최선의 리더십 스타일을 찾기 위한 지속적인 탐구에서 연구자들은 효과적인 리더와 비효과적인 리더의 행동에서 차이를 확인하려고 시도했다. 리더십 행위이론의 또다른 하위 범주는 관리 업무의 특성에 초점을 맞춘다. 따라서 **리더십 행위이론(behavioral leadership theories)**은 효과적인 리더들이 사용하는 스타일을 설명하고 업무의 특성을 정의하기 위해 노력한다. Mintzberg의 10가지 관리적 역할은 리더십 행위이론에 대한 하나의 예이다. 행위이론은 리더십을 이해하는 데 도움을 주는 행동들을 분류하는 방법을 찾아내는 데 중점을 둔다. 3장에서는 가장 많이 알려진 리더십 행위이론에 대해서 배우게 된다.

리더십 행위이론은 효과적인 리더들이 사용하는 스타일을 설명하고 업무의 특성을 정의하기 위해 노력한다.

업무응용 1.5

여러분의 과거 또는 현재의 관리자를 성공적인 리더로 만드는데 도움을 준 특징과 행동의 예시를 제시하라.

리더십 상황이론 패러다임

특성이론과 행위이론은 모두 모든 상황에서 최선의 리더십 스타일을 찾으려는 시도였다. 그래서 그 이론들은 보편적 이론이라고 불린다. 하지만 상황에 따라 정답은 달라진다. 따라서, 리더십 패러다임은 1960년대에 상황이론으로 전환되었다. **리더십 상황이론(contingency leadership theories)**은 리더, 팔로워 및 상황에 따라 적절한 리더십 스타일을 설명하려고 시도한다. 즉 상황 변수가 주어졌을 때 어떤 특성이나 행위가 성공적인 리더십을 발휘하게 하는가? 4장에서 주요한 리더십 상황이론에 대해 학습하게 될 것이다.

리더십 상황이론은 개인의 리더십 스타일이 과업지향적인지 관계지향적인지, 상황(리더-구성원 관계, 과업 구조, 직위권력)이 리더의 리더십 스타일과 일치해 성과를 극대화하는지를 판단하는 데 사용되는 리더십 이론이다.

리더십 통합이론 패러다임

리더십 통합이론은 특성, 행위 및 상황이론을 결합하여 상호영향을 주는 성공적인 리더-팔로워 관계를 설명하는 리더십 이론이다.

1970년대 중반에서 후반에, 리더십 패러다임은 리더십의 모든 이론을 함께 연결하여 통합이론 또는 신카리스마 이론으로 전환되기 시작했다. 이름에서 암시하고 있듯이, **리더십 통합이론**(integrative leadership theories)은 성공적이고 영향력이 있는 리더와 팔로워 관계를 설명하기 위해서 특성이론과 행위이론, 그리고 상황이론을 통합하려고 한다. 통합이론은 리더의 유효성을 촉진시키는 행위와 특성을 확인하고 상황에 따라서 리더의 동일한 행동이 추종자들에게 서로 다른 영향을 미치는 이유를 탐색한다. 최근의 연구들은 10장에서 논의된 카리스마 리더십과 변혁적 리더십[137]과 서번트 리더십[138]을 다루고 있다. 리더십 통합이론 패러다임은 우리가 내린 리더십 정의에서 강조되고 있고 이 책 전체에, 특히 6장에서 12장까지 영향을 준다.

개념응용 1.3 리더십 이론

각 리더십 이론 패러다임에 따라 각 연구의 접근법을 구분한다. 각 항목 앞에 해당하는 문자를 빈칸에 써보자.

a. 특성이론
b. 행위이론
c. 상황이론
d. 통합이론

______24. 연구자는 구직자에게 성격 테스트를 하고 있다.

______25. 연구자는 어떤 리더십 스타일이 가장 적합한지 알아내려 하고 있다.

______26. 연구자는 관리자들이 종업원들과 상호작용하는 행동들을 관찰하고 있다.

______27. 연구자는 관리자들이 어떻게 종업원에게 높은 수준의 성과를 달성하도록 하는지 이해하려고 노력하고 있다.

______28. 연구자는 관리자의 옷 입는 스타일과 리더십 유효성 간에 관계가 있는지 확인하려고 하고 있다.

책의 목적 및 구성

학습목표 1.7
이 책의 세 가지 목적과 그것이 어떻게 구성되었는지 설명한다.

이 절에서는 책의 세 가지 목적을 논의하고 책의 두 가지 구성 방식을 설명한다.

책의 목적

이 책의 세 가지 목적에 대한 근거부터 시작하자면, 고용주들은 리더십 기술[139]을 가진 학생들을 모집하기 때문에 리더십은 커리어 준비의 핵심 역량이다.[140] 안타깝게도 85% 이상의 사업가들은 대학 졸업자들이 직장에서 성공하는데 필요한 기술을 가지고 있지 않다고 말하며,[141] 학생들은 리더십에 대한 준비가 되어 있지 않다.[142] 그러므로, 학생들은 상호작용적인 학습에 참여하기를 원하며,[143] 실용적인 직무 기술을 개발하기를 원한다.[144] 우리는 리더십 지식, 능력, 기술을 포함한 개인적인 역량을 지원할 필요가 있다.[145] 이 책의 중요한 목표는 부제에 반영되어 있듯이 이론과 응용 그리고 기술개발이다. 이것을 '세 가지 접근법'이라 부르며, 다음과 같은 목표들을 다룬다.

- 리더십 지식의 개념과 이론을 가르친다.
- 비판적인 사고를 통해서 리더십 이론을 적용할 수 있는 능력을 개발한다.
- 개인적인 삶과 직장생활에서의 리더십 기술을 개발한다.

학생들에게 개념들을 실제 적용하는 방법을 가르치고 학생들이 리더십 기술을 개발하도록 하기 위해 연구와 실천(앎과 실행)사이의 격차[146]를 줄이려는 요구가 있다. 다른 책들과는 달리 이 책은 그 요구에 부응하기 위해 초판 이래로 단순히 리더십 이론만을 가르치지 않는다. 이 책은 이론 응용 능력을 개발하고 실제로 기술들을 개발한다. 이 책은 각각의 목표들과 관련된 몇 가지 중요한 특징들을 제공한다(도표 1.5 참조). 이 책을 통하여 많은 것을 얻을 수 있도록 하기 위해서, 이 책의 서문으로 다시 돌아 가서 이 책을 쓴 목적과 특징들을 읽어보기를 권한다.

리더십 이론

이론은 리더십의 방법, 시기 그리고 특히 이유에 대한 질문에 답한다. 개념적 지식은 응용과 기술개발의 토대이다.[147] 여러분이 무언가를 이해하지 못한다면, 여러분은 어떻게 그것을 응용하고 기술을 개발할 수 있는가? 이 책을 통해 여러분은 몇 가지 리더십 이론과 그 이론의 기초가 되는 개념에 대해 배우게 된다. 도표 1.5에서 나타나는 것처럼, 이 책은 리더십 이론을 학습하는 데 도움을 주는 여섯 가지 특성을 제공한다. 학습하게 될 이론들과 개념들은 증거기반 관리(EBM)을 둔 것들이며, 나중에 설명하겠지만 중요하게(AACSB) 고려되는 것들이다.

증거기반 관리

연구에 기초한 지식은 실제적인 적용과 관련이 있고 유용하다. 그리고 증거기반 관리는 이론을 실제로 업무 행위에 적용하는 것이다. **증거기반 관리(evidence-based management, EBM)**란 의사결정과 조직관리가 최선의 이용가능한 과학적인 증거에 기반을 두고 있다는 것을 의미한다. 이 책에서 배우게 될 이론과 개념들은 과학적인 연구에 기초한 것들이다(개인적인 의견이나 시대에 뒤떨어진 연구 및 신화가 아니다). 이 책의 뒤에 있는 참고문헌을 보게 되면 AoM(Academy of Management)과 같은 주요 전문학

증거기반 관리는 최선의 과학적 증거를 기반으로 한 의사결정 및 조직 관행이다.

도표 1.5 세 가지 접근법: 이 책의 특징		
이론	응용	기술개발
• 연구 • 참고문헌 • 학습목표 • 핵심용어 • 요약 • 연습문제	• 적용사례 • 기업예시 • 업무응용 • 개념응용 • 비판적 사고 문제 • 사례 • 윤리적 문제	• 자기평가 연습 • 단계별 행동모델 • 행동 모델링 훈련

술지와 실제로 리더와 관련된 논문과 내용을 참고했다는 것을 알 수 있을 것이다. 그러나 AoM같은 전문학술지와는 달리 학생들이 읽고 이해하기 쉽게 이론과 개념들을 기술했다.

우리의 목적은 여러분이 의사결정을 할 때 개인적인 선호와 비체계적인 경험에 기초한 의사결정에서 증거기반 관리로 향하는 의사결정을 하게 되는 것이다. 그래서 문제는 "이 책을 통해 리더십 능력을 키울 수 있는가?"가 아니라 "여러분이 리더십 역량을 키울 수 있는 일을 수행할 것인가?"에 대한 것이다. 좀 더 공부해서 증거기반 관리(EBM)를 적용하게 된다면, 개인적인 삶과 직장 생활에서 더 좋은 의사결정과 리더십 기술을 개발할 수 있을 것이다.

AACSB 2020 경영교육 인증

리더십 역량을 키우는 것이 중요하다. 그렇다면 어떤 리더십 역량이 여러분의 경력 성공에 중요한지 어떻게 알 수 있을까? 답을 찾기 위해, 우리는 미국 경영대학 인증위원회(AACSB)로 눈을 돌렸다. AACSB 인증을 받으려면 대학은 학습자 성공에 대한 보장을 검증해야 하며 역량 표준을 설정해야 한다. 이 표준에 걸쳐서 AACSB 역량은 지식, 기술, 능력을 광범위하게 포함하는 것으로 합의된다.[148] AACSB는 의사소통 기술, 분석적 사고, 윤리적 추론, 대인관계와 팀워크, 지식의 적용과 같은 효과적인 리더가 가진 기술의 중요성을 지지한다. 점점 더 중요해지는 두 가지 분야에는 다문화 기술을[149] 포함하여 다양한 사람들과 함께 일하는 것과 글로벌 마인드를[150] 갖는 것이 포함되는데, 이는 11장에서 논의할 것이다. (글로벌뷰)

리더십 이론의 적용

AACSB는 지식의 적용[151]을 강조하며, 지식의 적용은 비판적인 사고력을 필요로 한다. 비판적 사고 기술은 종종 전문적 기술[152]보다 더 중요하다고 여겨지기 때문에 직장에서 수요가 높으며, 향후 5년 동안 계속해서 중요도가 증가할 것으로 보인다.[153] 학생들은 실제 사례를 통해 개념의 적용을 이해할 수 있다.[154] 우리는 학술 연구와 비즈니스 사례의 균형을 맞추기 위해, Business Week, Forbes, Fortune 및 The Wall Street Journal과 같은 인기있는 간행물들을 참고하여 책에서 전반적으로 비즈니스 사례를 제공한다. 그러나 독서를 하는 것은 개념을 적용하는 한 가지 방법일 뿐이다. 이 책과 온라인 자료에는 개념과 이론을 적용하는 실습을 할 수 있는 여덟 가지 기능(도표 1.5 응용부분 참조)이 있다.

리더십 기술 개발

고용주들은 리더십 기술을 가진 대학졸업생들을 원한다.[155] 그러므로, 학생들에게 리더십 기술을 연습할 기회가 주어져야 한다. 리더십 기술 개발 연습에는 AACSB 일반 스킬 영역이 명시되어 있다.

이를 위해서, 이 책은 리더십 기술을 개발하도록 돕기 위해서 여섯 가지 특징들을 제공한다(도표 1.5 응용부분 참조). 또한, 우리는 다음으로 모델 대 도표, 행동 모델링, 실습의 필요성에 대해서 다룰 것이다.

모델 대 도표

이 책에 있는 모든 행동 모델은 구체적이고 단계적인 지침을 제공하고, 간단한 표현으로 모델이라고 한다. 또한 이러한 모델을 '처방적 모델'이라고 한다. 구체적인 지침이 없이 일반적인 충고를 할 때 이러한 가이드라인을 '도표'라고 하였다. 그리고 모델과 도표를 제시하는 목적은 성과를 향상시키도록 돕는 데 있다.

행동 모델링 리더십 기술 훈련

몇몇 장에서, 도표 1.5에 나열된 기능들은 행동 모델링 기술 훈련에서 결합된다. 이러한 연습에서는 자기평가를 수행하고, 단계별 모델을 읽고, 스킬-개발 연습을 통해 모델을 사용하는 연습을 할 수 있다.

실습

인생에서 단순히 어떤 것을 한번 읽거나 시도하는 것만으로는 숙련될 수 없다. Vince Lombardi는 리더는 노력하고 열심히 일해서 만들어진다고 말했다. 만약 여러분이 리더십 기술을 개발하기를 원한다면 리더십 개념을 학습하고 그 개념을 적용하고, 준비하고 기술개발 연습을 해야 한다. 그렇지만 가장 중요한 것은, 성공하기

도표 1.6 이 책의 구성
파트1. 리더로서 개인(분석수준: 개인 – 특성이론, 행위이론, 상황이론)
1. 리더는 누구이고 어떤 기술을 필요로 하는가?
2. 리더십 특성과 윤리
3. 리더십 행위과 동기부여
4. 리더십 상황이론
파트2. 리더십 기술(분석수준: 개인 – 특성이론, 행위이론, 상황이론)
5. 커뮤니케이션, 코칭 및 갈등관리
6. 영향력 행사: 권력, 정치, 네트워킹 및 협상
파트3. 팀 리더십(분석수준: 집단 – 리더십 통합이론 응용)
7. 리더-구성원 교환이론과 팔로워십
8. 팀 리더십과 자율관리팀
파트4. 조직 리더십(분석수준: 조직 – 리더십 통합이론 응용)
9. 변화관리와 위기리더십
10. 카리스마 리더십, 변혁적 리더십 및 서번트 리더십
11. 문화, 다양성 및 포용에 대한 리더십
12. 전략적 리더십과 고성과 조직

위해서는 개인적인 삶과 직장생활에서 리더십 기술을 사용하기 위한 실습을 하고 꾸준히 반복해야 한다. 리더십 개발을 스포츠처럼 생각해야 한다. 만약 연습하지 않으면 시간이 지날수록 가지고 있는 리더십 기술을 잃게 되며, 잘하지 못할 것이다. 여러분은 리더십 기술을 개발하는 데 전념하고 있는가?

유연성

이 책은 한 학기 동안 배울 수 없을 만큼의 많은 내용을 담고 있다. 담당 교수가 학습 목표와 시간에 맞게 내용을 선택하여 사용할 것이다. 강의실에서 배우지 못한 내용을 스스로 학습할 수도 있고, 또는 다른 사람들의 도움을 받으면서 배울 수 있다.

이 책의 구성

이 책은 리더십 분석 수준과 리더십 이론 패러다임으로 구성되어 있다.

도표 1.6은 책의 구성을 나타낸 것이다.

요약

이 장에 대한 요약은 1장에서 다루는 일곱 가지 학습 결과에 답하도록 구성하였다.

1.1 리더십 개발의 개인적 및 전문적 중요성을 설명한다.

조직 내 리더는 조직의 기조와 방향을 발전시키고, 중요한 결정을 내리고, 전략적 계획을 수립한다. 성공과 실패는 주로 이러한 요소들에 기반한다. 사람들과 더 좋게 일할수록, 여러분은 개인적인 삶과 직업적인 삶 모두에서 더 성공할 수 있다.

1.2 리더십의 다섯 가지 핵심 요소들을 간략하게 설명한다.

1. 리더와 팔로워 — 리더는 팔로워의 행동에 영향을 미치며, 팔로워 역시 리더에게 영향을 미친다.
2. 영향력 — 역할을 달리하는 리더와 팔로워 간의 관계를 의미한다.
3. 조직목표 — 리더와 팔로워가 달성하고자 하는 성과를 의미한다.
4. 변화 — 목표를 달성하기 위해 필요하다.
5. 신뢰관계 — 리더십은 사람들을 이끄는 것이다.

1.3 리더십 기술을 세 가지로 구분한다.

1. 전문적 기술은 직무를 수행하기 위한 방법과 기술을 사용하는 능력을 포함한다.
2. 대인관계 기술은 효과적인 관계를 발전시킴으로써 개인과 집단을 이해하고 소통하며 협력하는 능력을 포함한다.
3. 의사결정 기술은 상황을 개념화하고 문제를 해결하고 기회를 활용할 수 있는 대안을 선택하는 능력에 기반한다.

1.4 세 가지 카테고리로 10가지 관리역할을 나열한다.

1. 리더는 대표자, 리더, 연결자 역할을 할 때 대인관계 역할를 수행한다.
2. 리더는 모니터, 정보전달자, 대변인 역할을 할 때 정보 역할을 수행한다.
3. 리더는 기업가, 위기관리자, 자원분배자, 협상가 역할을 할 때 의사결정 역할을 수행한다.

1.5 리더십 분석 수준 간의 상호관계를 설명한다.

리더십 분석의 세 가지 수준은 개인, 집단 및 조직이다. 개별 성과는 집단 및 조직 성과에 영향을 미친다. 집단 성과는 조직 성과에 영향을 미친다. 그리고 집단과 조직 모두 개인의 성과에 영향을 미친다.

1.6 특성, 행위 및 상황이론과 같은 리더십 이론을 비교하고 대조한다.

리더십 특성이론과 리더십 행위이론의 유사점은 둘 다 보편적인 이론이거나, 모든 상황에서 하나의 최선의 리더십 스타일을 찾고 있다는 것이다. 차이점은 리더십의 효과성을 결정하는 접근법이다. 특성이론은 효과적인 리더의 개인적 특성을 설명하려고 시도하며, 반면 행위이론은 리더가 실제로 업무에서 무엇을 하는지 설명한다.

상황이론은 특성이론과 행위이론을 활용하여 리더, 팔로워 및 상황을 기반으로 가장 적합한 리더십 스타일을 결정하기 때문에 특성이론과 행위이론과 밀접하게 연관이 되어있다. 통합이론은 이러한 이론들 사이에 연결을 시도한다.

1.7 이 책의 세 가지 목표와 책의 구성 방법에 대해 설명한다.

이 책에서 다루는 세 가지 목표는 (1) 리더십의 이론과 개념을 가르치는 것, (2) 비판적 사고를 통해 리더십 이론을 적용할 수 있는 능력을 개발하는 것, (3) 개인적이고 전문적인 리더십 기술을 개발하는 것이다.

이 책은 두 가지 방식으로 구성되어 있다. (1) 개인에서 집단으로, 조직 수준으로 이어지는 리더십 분석 수준에 따라 구성된다. (2) 처음 1, 2장인 리더로서의 개인과 리더십 기술은 주로 특성, 행위 및 상황적 리더십 패러다임을 기반으로 한다. 3장과 4장의 팀 리더십과 조직 리더십은 주로 리더십 통합 이론 패러다임에 기초한다.

핵심용어

관리적 역할 범주	리더십 이론	리더십 패러다임	이기주의적 리더
대인관계 기술	리더십 이론 범주	리더십 행위이론	전문적 기술
대인관계적 리더십 역할	리더십 이론의 분석수준	서번트 리더	정보적 리더십 역할
리더십	리더십 통합이론	영향력 행사	증거기반 관리(EBM)
리더십 상황이론	리더십 특성이론	의사결정적 리더십 역할	지휘

연습문제

1. 리더십이 왜 중요한가?
2. 우리의 리더십 정의에서 다섯 가지 주요한 요소들은 무엇인가? 어떻게 이러한 요소들이 상호 연계되어 리더십 정의를 구성하는가?
3. 리더는 타고나는가 아니면 만들어지는가? 그리고 리더십 기술을 개발할 수 있는가?
4. 대인관계 역할을 나열하고 정의해보자.
5. 정보 역할을 나열하고 정의해보자.
6. 의사결정 역할을 나열하고 정의해보자.
7. 리더십 이론의 분석수준을 나열하고 정의해보자.
8. 리더십 이론 패러다임을 나열하고 정의해보자.
9. 관리 패러다임에서 리더십 패러다임으로 전환이 되면 어떤 부분에서 관리직 종사자에게 도움이 되고 피해를 주게 되는가?
10. 이 책의 목표에 대한 세 가지 접근법은 무엇인가?

비판적 사고 문제

다음의 질문들은 비판적인 사고가 요구되며, 커뮤니케이션 기술을 개발하기 위해서 강의 시간에 토론하거나 과제로도 활용할 수 있다. 질문에 답해보자.

1. 리더십은 관리자의 직무이어야 하는가? 아니면 하나의 공유된 과정이어야 하는가?
2. 당신은 리더십을 공유하는 것에 관심이 있는가? 아니면 추종자가 되는 것을 더 선호하는가?
3. 어떤 사람들은 하드 스킬(예: 재무, 정량분석)이 소프트 스킬(예: 대인관계 기술)보다 관리자에게 더 중요하다고 말한다. 그리고 어떤 사람들은 그 반대가 옳다고 말한다. 어떻게 생각하는가?
4. 리더십 훈련과정은 학생들에게 리더십을 가르치는 것에 대해 중점을 두어야 하는가? 아니면 학생들이 리더가 되도록 가르쳐야 하는가?
5. 대학생들은 정말로 대학의 정규과정에서 리더십 기술을 개발할 수 있는가? 그 이유는 무엇인가? 또는 그렇지 않은 이유는 무엇인가?
6. 리더십 역량은 보편적인가? 다시 말해서, 어떤 상황에서 일을 잘하는 훌륭한 리더가 다른 상황에서도 효과적인가? 예를 들어, 어떤 산업(예: 병원)에서 일하는 리더가 다른 산업(예: 은행)에서도 성공할 수 있는가?

사례연구: 리더십 기술로 홈런을 친 Kim Ng

Kim Ng은 2021시즌을 앞두고 메이저리그(MLB) 마이애미 말린스의 제너럴 매니저(GM)로 영입됐다. 그녀는 동아시아 계통에서 첫번째로 MLB 팀을 운영하게 되었고, 북미의 모든 남자 프로 리그에서 GM으로 기여를 한 첫 번째 여성이 되었다. 프로 야구에서의 30년을 통해, 그녀는 도전적이고 복잡한 상황에서 다른 사람들에게 영향력을 행사하기 위해 그녀의 리더십 기술을 사용할 수 있었다.

배경

시카고대학교의 야구 코치는 Kim Ng을 "정말 타고난 리더"라고 묘사했다. Kim Ng은 시카고대학교에서 1990년에 공공정책학 학사 학위를 받고 화이트삭스에서 무급 인턴으로 경력을 시작했다.[156] 2015년, Forbes는 스포츠에서 가장 영향력 있는 소수민족 목록에서 Kim Ng은 13위로 선정되었고, 3년 후 그녀는 스포츠에서 가장 영향력 있는 여성 목록에서 5위를 차지했다.[157, 158] 2020년 11월 Derek Jeter가 마이애미 말린스를 감독하기 위해 Kim Ng을 기용했을 때, 그녀는 메이저 리그 베이스볼 팀을 운영하는 데 동아시아 계통의 사람 중 첫 번째 사람이자, 북미의 남자 프로 리그에서 GM으로서 일하는 첫 번째 여성이라는 영예를 얻었다. 〈표 1.1〉은 MLB를 시작한 시카고 화이트삭스에서의 무급 인턴십부터 마이애미 말린스에서의 현재 위치까지 Kim Ng의 승진을 살펴볼 수 있다.

리더가 만들어졌느냐, 태어나느냐에 대한 논쟁이 커 보이지만, Kim Ng이 프로 야구 비즈니스에서 성공하기 위해 필요한 리더십 기술을 의도적으로 개발했다는 것에 대한 의문은 적다. 그녀는 효과적인 리더십이 천성(예: 타고난 성격)과 교육(예: 기술 개발)의 기능이라는 두 주장 모두의 장점을 분명하게 보여주었다. 그녀가 프로야구의 반열에 오른 것은 수많은 권위 있는 직책을 포함했지만, 그녀의 타이틀을 설득의 무기로 사용하는 것보다 더 중요한 것은, 그녀는 팀과 리그에 영향을 미치는 중대한 결정과 정책에 관해 다른 사람들에게 영향을 미치기 위해 다양한 소프트 스킬과 하드스킬을 사용하는 데 성공했다는 점이다.

관리적 접근법은 리더십 기술을 (1) 전문적, (2) 대인관계적, (3) 의사결정적(또는 개념적)의 세 가지 차원으로 나눈다. 특히, 특별한 상황에서 업무와 개인에 대한 영향력을 진정으로 주장하려면, 리더들은 이 세 가지 차원 모두에서 협력적으로 이끌어내야 한다. 리더십 기술의 3차원은 다이아몬드 모양의 야구 경기장 1, 2, 3루 베이스로 상징적으로 표현할 수 있으며, 홈플레이트는 특히 도전적인 개인과 상황에 대한 성공적인 영향력을 나타내며, 영향력은 세 가지 기술을 모두 적용하여 습득된다(그림 1.1 참조).

표 1.1 Kim Ng의 직장경력

1990~1996	시카고 화이트삭스	인턴, 전력 분석가, 운영부 국장
1996~1997	아메리칸 리그	웨이버즈 앤드 레코드 이사
1998~2001	뉴욕 양키스	부단장
2001~2011	LA 다저스	부사장, 부단장
2011~2020	메이저 리그 베이스볼	야구부 수석 부사장
2020~	마이애미 말린스	단장

그림 1.1 리더십 스킬에 대한 야구 다이아몬드 접근법

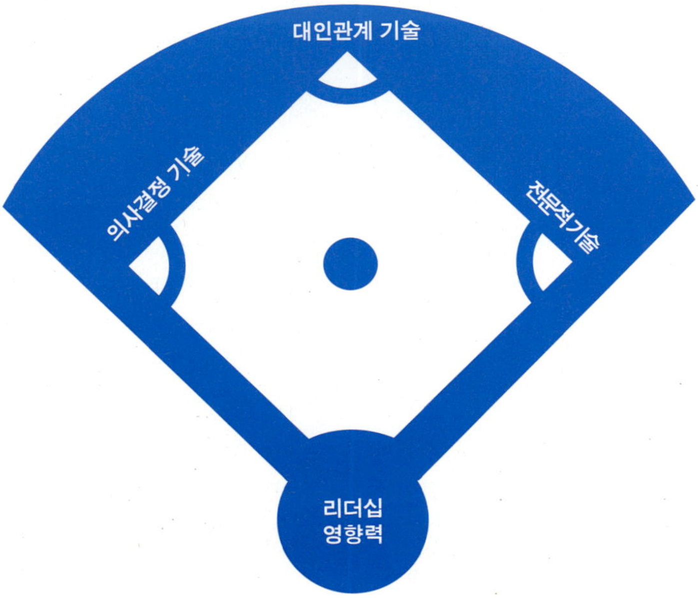

1루: 전문적 기술

전문적 기술에는 업무 수행에 대한 방법, 도구, 절차 또는 기술을 사용하고 적용할 수 있는 능력이 포함된다. 일반적으로 조직의 가장 일선에 있는 종업원은 역할 배치 또는 직무에 필요한 전문적 기술(예: 기계류 또는 소프트웨어 운영)에 능숙하거나 전문적으로 훈련되어 있다. 본질적으로 일반적이거나(예: 디지털 기술에 대한 이해와 활용 능력; 세력장 분석을 고안함) 또는 특정 산업(예: 응급처치 관리; 스코어보드 관리)의 전문적 기술은 일반적으로 대학교 강의실에서 접할 수 있게 되고, 직업적 환경과 직업 훈련을 통해 실습하게 된다. 리더와 임직원은 시간이 지남에 따라 업무 관련 경험을 통해 전문적 기술을 축적하고 기능적 운영에 비교적 익숙해지지만, 중간관리직이나 말단 종업원에 이르는 수준까지 일상적인 절차에 계속 관여하는 경우는 거의 없다.

Kim Ng은 1990년 시카고 화이트삭스에서 무급 인턴으로 자원봉사를 하면서 차트 작성, 스카우트 보고서 작성, 정교한 컴퓨터 프로그램 통계 기록 등을 하면서부터 프로야구에서 비즈니스 관련 전문적 기술에 대한 노출이 시작되었다. 1996년까지 화이트삭스와 함께 계속한 직책인 특별 프로젝트 분석가 및 당시 야구 운영부 국장의 역할로 승진되었을 때 그녀는 스카우트 소프트웨어와 데이터 캡처 분석의 사용에 더 능숙해졌다. 아메리칸 리그 협회 사무실의 웨이버 및 기록 책임자로서, 그녀는 기민한 연구 기술을 발전시켰고 드래프트 보고서 작성과 문서 관리에 필요한 구체적인 전문적 기술 지식을 발휘했다. 그녀가 뉴욕 양키스 조직과 로스앤젤레스 다저스의 부단장 직위를 맡았을 때, Kim Ng은 선수 계약, 드래프트 제 절차, 자유 계약 및 이민 프로토콜과 관련된 기술들을 배우고 강화하였다. 또한 그녀는 다저스와 함께 메이저 리그와 마이너 리그 선수들이 타수를 검토하기 위한 비디오 시스템을 설치하는 데 전문적 기술들을 적용하였다. 다양한 역할에서의 경험을 통해 축적된 전문적 기술의 깊이는 다른 사람들에게 진정으로 의미 있는 영향력을 행사할 수 있는 Kim Ng의 능력에 추가되었다.

2루: 대인관계 기술

대인관계 기술은 때때로 개인과 집단과 효과적으로 소통하고 이해하고 상호작용하는 능력을 전제로 하는 관계적 또는 '사람' 기술이라고 한다. 서면(예: 이메일, 메모, 제안서)과 구두(예: 대화, 회의, 스피치, 연설)를 통해 명확하고 강력하며 정확하게 의사소통하는 능력은 리더가 최대한 효과적으로 운영하기 위해 필요하지만 바람직한 결과를 위해 영향력이 필요한 상황에서 어려움을 겪고 있을 때 관계적 기술은 특히 높게 평가되는 자원이다. 효과적인 대인관계 기술을 통해 리더는 중요하거나 복잡한 결정에 영향을 미치거나, 반대 관점을 가진 개인의 생각을 바꾸는 데 중요한 관계를 발전시킬 수 있다. 이러한 관계적 기술은 정서조절, 공감, 자기인식, 사회적 인식, 사회적 판단, 표현력, 문화간 역량, 감수성, 타인을 개발시키는 능력과 같은 광범위한 개인적 적성이 해당된다. 권한 위임은 적절하게 사용될 경우 미래의 리더를 발전시키는 중요한 대인관계 기술이다. 영향력을 발휘하기 위해 필요한 수단인 다른 사람들을 동기부여하는 능력도 대인관계 기술에 속한다.

다저스의 부사장 겸 부단장으로서, Kim Ng은 봄 훈련 동안 아시아계 선수들과 프런트 사무실 직원들을 위해 정기적으로 저녁 만찬을 마련하는 것으로 알려졌다.[159] 다저스 프랜차이즈가 서로 다른 영역에 걸쳐 있는 민족 집단 간의 대화를 촉진하기 위한 환경을 만드는 것은 대인관계 기술이 조직 내에서 열린 의사소통을 방해하는 계층으로 인해 발생되는 구조적 장벽을 어떻게 줄일 수 있는지의 예시가 되었다. 또한 그녀는 일요일 오후 경기가 끝난 후, 골프 회동에서 남자들의 티에서 플레이 하거나 남자 동료들을 위한 야외 파티를 주최하는 등 그녀의 능숙한 대인관계 기술을 보여주었다.[160]

강력한 대인관계 기술은 협상에 필수적이며, Kim Ng은 다저스와 뉴욕 양키스에서의 경력 중 많은 부분을 연봉 협상 중재 사례들을 감독하는 것을 포함했다. 중재하는 자리에서 오너를 대표하거나 제3자 판매업체와 계약하는 것과 같은 비즈니스 협상 자리에서 바람직한 결과에 영향을 미치기 위하여, 성공적인 리더들은 그들의 대인관계 기술을 사용하여 협상의 특정 조건에 대한 정당성이나 합리적 근거를 효과적으로 전달한다. Kim Ng는 협상 과정에서 신뢰와 신용에 긍정적인 영향을 미치는 수단으로 관계를 발전시키고, 활용하기 위해 그들의 대인관계 기술을 사용하는 수많은 성공한 리더들과 다르지 않다. Kim Ng은 다른 사람들을 편안하게 해주는 타고난 능력을 가지고 있었고 그러한 능력은 MLB에서 일하는 모든 단계에서 그녀에게 도움이 되었다. 전직 상사는 "그녀는 아마도 그 방에서 가장 똑똑한 사람일 것이고, 모든 사람들이 그렇게 느끼게 할 필요도 없었습니다"라고 언급했다.[161, 162] 그러나 동료나 직원들과 함께 일하는 것과 다른 접근법을 필요로 할 때, 중국, 인도, 도미니카 공화국, 그리고 그녀가 MLB의 부회장으로서 종종 그랬던 것처럼 국제적인 스카우트 및 개발을 감독했던 다른 라틴 아메리카 국가의 당국들과 자주 만나는 동안 좌중을 휘어잡는 것이 목격되었다. Kim Ng의 대인관계 기술은 외유내강으로 성공한 리더들을 연상시키는 맹렬하지만 인정 깊은 성격을 말해주는 증거이다.

3루: 의사결정 기술

의사결정 기술에는 상황을 개념화하고 문제를 해결하고 기회를 활용할 수 있는 대안을 선택하는 능력이 요구된다. 의사결정 기술에는 목표 설정, 시간 관리, 분석적 사고, 정량적 추론, 예측, 비전 수립, 사전계획 수립, 문제 인식, 기회 및 위협 분석, 솔루션 구축, 아이디어 평가, 혁신, 위험 평가, 창의성, 지략 및 전략 수립이 포함된다. 트렌드를 인지하고, 변화를 예측하고, 전략을 실행하는 능력은 모두 의사결정의 기능과 관련된 필수적인 리더십 기술이다.

Kim Ng의 의사결정 능력은 화이트삭스, 양키스, 다저스에서의 역할에서 그녀가 선수 계약과 중재 사건에 영향을 미쳤을 때 분명히 보여주었다. 아메리칸 리그 사무실에서 그녀는 팀 거래를 승인했고 MLB 본부에서 그녀는 국제 계약 규칙과 관련된 정책을 만들고 시행했다. 각 프로야구 조직의 운영부나 경영구조 내에서 그녀의 다양한 지위가 그녀에게 결정을 내릴 수 있는 권한을 제공했지만, Kim Ng은 여전히 앞에서 언급한 의사결정 과정과 관련된 모든 기술을 모두 보여주었다.

홈 플레이트: 리더십 영향력

리더십 영향력은 다른 사람들의 생각, 결정, 행동, 선택, 태도에 영향을 미치는 능력이다. 오직 전문적, 대인관계적, 그리고 의사결정적 기술의 결합된 적용을 통해서만, 복잡하고 복합적인 상황과 반대 견해를 가지고 있거나 변화에 회의적인 개인에 대한 영향력을 행사할 수 있는 가능성을 증가시킬 수 있는 리더가 될 수 있다.

Kim Ng은 MLB에서 30년 동안 연봉협상 중재 케이스를 성공적으로 마무리한 최연소 사장이며 또한, 그녀가 연봉협상 마감일 전에 9명의 선수들과 진심 어린 합의에 도달했을 때 또는 캐리비안 겨울리그 시즌을 개편했을 때 자신이 우월한 리더십 영향력을 갖고 있음을 증명했다.[163] 그녀는 MLB 다양성, 형평성, 포용위원회의 위원장으로서 영향력을 행사하고, 카리브해 겨울리그 전체를 쇄신했던 리그 본부에서 국제적으로 야구 성장에 영향을 미치는 힘이 되어왔다.[164] 이제 Kim Ng는 기대를 뛰어넘어 마이애미 말린스의 총감독으로서 그녀의 리더십 영향력을 발휘해야 하는 과제에 직면해 있다.

결론적으로 야구 프레임워크는 리더십 기술을 세 가지 영역으로 체계화하는데, 이 기술들이 집합적으로 적용될 때 리더십의 영향력이 나온다. 그녀의 세 가지 영역의 기술 적용을 탐구하는 것은 특히 새로운 이민 프로토콜과 같은 기념비적인 변화를 시행하거나 라틴 아메리카 국가를 위한 겨울리그 전체를 쇄신하기 위해 다른 사람들에게 영향력을 행사할 때, 리더십의 복잡성에 대한 통찰력을 제공한다. Kim Ng은 산업 지식과 지적 능력, 자신이 타고난 개인적 속성이 어우러져 복잡한 상황에서 영향력을 효과적으로 행사하는 능력을 입증하면서도 시간이 흐르면서 꾸준하게 발전해 온 리더의 우수한 사례다.

— Tiffin University의 Bonnie Tiell이 제공한 사례

CHAPTER 2

특성이론과 윤리

©iStockphoto.com/krblokhin

학습목표

이 장을 학습한 후에는 다음을 할 수 있어야 한다.

2.1 효과적인 리더의 특징의 보편성을 설명한다.

2.2 BIG 5 성격 차원에 대해 설명한다.

2.3 성취동기이론과 리더동기 프로파일 이론을 비교하고 대조한다.

2.4 네 가지 리더십 스타일을 개발하기 위해서는 태도가 어떻게 사용되는지 설명한다.

2.5 윤리적 행동에 영향을 미치는 세 가지 요소와 사람들이 비윤리적인 행동을 어떻게 정당화하는지 설명한다.

2.6 윤리적 행동에 대한 일곱 가지 가이드를 식별한다.

Deepa Narayan, 국제 고문

Deepa Narayan 박사는 25년간 세계은행과 유엔 시스템, 시민사회에서 여성의 빈곤 퇴치와 평등을 홍보하는 선임고문으로 일했다. 그녀는 Foreign Policy가 선정한 100대 글로벌 사상가 중 1명으로 선정되었다. 오늘날, Deepa는 독립적인 국제적인 조언자, 작가, 그리고 TED Talks 연사이다. Deepa는 '사람 우선'과 지역 커뮤니티 주도 변화에 대한 접근에 초점을 맞추고 있다. 그녀는 빈곤지향 프로그램과 사회적 기업의 구현과 재설계에 있어 전략적 조언을 제공한다. 그녀는 또한 청소년과 여성의 역량 강화를 위해 창의적 예술을 활용한 체험 워크숍을 진행한다. Deepa는 "획기적인 CHUP: 인도의 여성에 대한 침묵을 깨는 것"을 포함하여 17권의 책을 썼다. 이 책은 여성의 권한 부여, 기업가정신, 리더십에 대한 현재의 접근방식이 세계적으로 거의 영향을 미치지 않고 성공할 가능성이 낮은 이유를 보여준다. 양성평등에 대한 우리의 지적인 믿음에도 불구하고, 불평등은 여전히 미국과 전 세계적으로 존재하며, 양성평등을 가지기 위해서는 세계적인 집단적 노력이 필요할 것이다. 이 책은 오늘날 소녀와 여성을 억압하는 남성과 여성 모두가 사용하는 (종종 자신도 모르게) 일곱 가지 습관을 중심으로 구성되어 있다. Deepa는 성차별주의가 우리가 하는 모든 일에 영향을 미치고 있으며, 성 불평등을 야기하는 이 일곱 가지 일상 습관을 버리고 바꾸기 위해 교육받은 사람들이 힘을 모아야 한다고 말한다. 일곱 가지 습관의 목록을 보려면, Deepa의 웹사이트 http://deepanarayan.com를 방문하여 그녀의 TED Talk를 시청하라. 여러분은 또한 Chup Circle에 참여하고 자신들의 삶에서 경험한 성 불평등을 논의하는 그룹에 가입할 수 있다.

출처: Deepa Narayan website, http://deepanarayan.com; Interviews, http://blog.juggernaut.in/tag/deepa-narayan; https://spp.ceu.edu/files/interview-deepa-narayan-widespread-gender-inequality; https://www.powerinpraxis.com/post/interview-with-dr-deepa-narayan-on-her-new-book-chup-breaking-the-silence-about-india-s-women. Accessed January 3, 2021.

도입사례에 관한 질문들

1. Deepa Narayan이 가지고 있는 다섯 가지 성격 특징은 무엇인가?
2. Deepa Narayan은 유능한 리더의 성격 프로파일을 가지고 있는가?
3. '태도'가 우리의 성평등 행동에 어떤 영향을 미치는가?
4. Deepa Narayan의 자아개념이 그녀의 리더십에 어떤 영향을 미치는가?
5. 성차별은 세계적으로 윤리적인가?

다음 질문에 대답을 할 수 있는가? 이번 장을 통해 다음 질문에 대한 답을 찾고, 이번 장 내내 Deepa Narayan의 리더십에 대해 더 배울 것이다.

들어가는 글

리더십의 특성이론이 리더십 연구의 기초였다는 것을 기억하라. 연구는 계속해서 효과적인 리더의 특정한 특성의 중요성을 지지한다.[1] 성격 특성에 대해 배우기 전에, Big Five 성격 프로파일에서 당신의 선호도를 식별하는 데 도움이 되는 **자기평가 2.1**을 완성하라. Penn State 웹 사이트 http://www.personal.psu.edu/~j5j/IPIP/를 방문하여 IPNEO(NEO PI-R™의 국제 성격 항목 풀 표현)에서 사용할 수 있는 성격 평가(글로벌뷰) 중 하나를 수강하라. 이 장을 통해, 왜 사람들이 그러한 행동을 말하고 행하는지를 이해하는 데 도움이 되는 성격 특성에 대한 지식을 늘릴 것이다. **자기평가 2.1**의 결과를 참조하여 토론하라.

자기평가 2.1 Big Five 성격 프로파일*

이 자기평가에 정답이나 오답은 없으므로 정직하게 응답하면 자신의 자기인식을 더 높일 수 있을 것이다. 응답하기 전에 복사를 하거나 연필로 적기를 권한다. 이유는 다음에 설명할 것이다.

25개의 문항들이 당신을 얼마나 정확하게 설명하고 있는지에 따라서 다음의 척도를 이용하여 각각의 점수를 부여해보자. 각 문항 앞에 1부터 7까지의 점수를 넣어보자.(1-매우 그렇지 않다, 7-매우 그렇다)

Like me	Some what like me	Not like me
7	6 5 4 3	2 1

_____ 1. 나는 리더가 없는 상황에서 책임을 지고 도움을 주기 위해 나선다.

_____ 2. 나는 다른 사람들과 잘 지내는 것에 대해 관심이 있다.

_____ 3. 나는 자제력이 있다. 나는 감정적이거나 화를 내거나 소리를 지르지 않는다.

_____ 4. 나는 신뢰할만하다. 내가 뭔가를 하겠다고 할 때는 잘 해냈고 제시간에 했다.

_____ 5. 나는 성과를 향상시키기 위해서 좀 다르게 일을 하려고 노력한다.

_____ 6. 나는 경쟁하고 이기는 것을 즐긴다. 지는 것은 괴롭다.

_____ 7. 나는 많은 친구들을 갖고 싶고 파티에 참석하는 것을 즐긴다.

_____ 8. 나는 중압감을 느껴도 일을 잘한다.

_____ 9. 나는 성공하기 위해 열심히 일한다.

_____ 10. 나는 새로운 장소에 가고 여행하는 것을 즐긴다.

_____ 11. 나는 갈등이 있을 때 사람들과 기꺼이 마주하고자 하는 활달한 성격이다.

_____ 12. 나는 다른 사람들의 관점으로 사물을 보고자 노력한다.

_____ 13. 나는 상황의 긍정적인 면을 보는 낙천적인 사람이다(컵의 물이 반이나 차있네0

_____ 14. 나는 매우 계획성이 있는 사람이다.

_____ 15. 나는 새로운 식당에 갈 때 전에 먹어 보지 않은 음식을 주문한다.

_____ 16. 나는 내가 할 수 있는 한 회사의 높은 자리로 승진하고 싶다.

_____ 17. 나는 다른 사람들이 나를 좋아하고 나를 정답게 대해주기를 원한다.

_____ 18. 나는 사람들에게 칭찬과 격려를 많이 한다. 나는 사람들을 깎아내리거나 비판하지 않는다.

_____ 19. 나는 조직의 규칙과 정책을 준수한다.

_____ 20. 나는 일에 있어 최초로 새로운 과업을 수행하고 배우기를 자발적으로 한다.

_____ 21. 나는 다른 사람들이 내 방식을 따르도록 영향력을 행사하려고 노력한다.

_____ 22. 나는 혼자 일하는 것보다 다른 사람들과 함께 일하기를 즐긴다.

_____ 23. 나는 나를 신경이 예민하고 불안하지 않고 여유있고 안정적인 사람으로 본다.

_____ 24. 나는 사람들을 위해 일을 해내고 또 한 잘하기 때문에 신뢰할만하다고 여겨진다.

_____ 25. 나는 사람들이 일을 다르게 할 것을 제안할 때, 그들을 지원하고 돕는다. 나는 "그렇게는 안 될 거야", "우리는 전에 그것을 해보지 않았어," "아무도 그것을 할 수는 없어," "우리는 그것을 할 수가 없어"와 같은 말을 하지 않는다

자신의 성격 프로파일을 확인하기 위해서는 (1) 다음의 빈칸에 각 서술문항마다 자신의 점수를 나타내도록 1부터 7까지 점수를 넣어 보자. (2) 각 열을 더해보자. 총점은 최소 5점부터 최대 35점이 되어야 한다. (3) 숫자등급에 당신의 총점에 가장 근사한 숫자에 동그라미를 해보자. 아래의 각 열은 특정한 성격 차원을 나타낸다.

총점이 높을수록 자신의 성격을 설명하는 성격 차원이 더 강한 것이다. 가장 강한 차원은 무엇인가? 가장 약한 차원은 무엇인가? 다섯 가지 차원 각각에서 당신의 성격 특성을 알기 위해서 이 장을 계속 읽어보자. Big Five 성격평가를 위한 50개 또는 100개 항목을 완성하려면 http://ipip.ori.org를 방문해보자.

외향성	친화성	적응성	성실성	개방성
35	35	35	35	35
_____ 1. 30	_____ 2. 30	_____ 3. 30	_____ 4. 30	_____ 5. 30
_____ 6. 25	_____ 7. 25	_____ 8. 25	_____ 9. 25	_____ 10. 25
_____ 11. 20	_____ 12. 20	_____ 13. 20	_____ 14. 20	_____ 15. 20
_____ 16. 15	_____ 17. 15	_____ 18. 15	_____ 19. 15	_____ 20. 15
_____ 21. 10	_____ 22. 10	_____ 23. 10	_____ 24. 10	_____ 25. 10
_____Total 5	_____Total 5	_____Total 5	_____Total 5	_____Total 5
_____ Scale	_____ Scale	_____ Scale	_____ Scale	_____ Scale

성격과 특성

학습목표 2.1

효과적인 리더의 보편적 특성을 설명한다.

왜 어떤 사람은 활발하고 어떤 사람은 수줍어하며, 누군가는 시끄럽고 누군가는 조용할까? 왜 어떤 사람은 마음이 따뜻하고 어떤 사람은 차가울까? 이런 행동들이 모여 개인의 특성을 이룬다.

성격과 특성은 다르지만 관련이 있다.

특성(traits)은 개인의 성격과 구별된다. 우리의 이미지는 대개 성격적 특성에 기반을 두고 형성된다.[2] 특성은 리더십에 영향을 미치는데,[3] 그들이 사람들이 어떻게 그리고 왜 특정한 방식으로 이끄는지를 설명하는데 도움을 주기 때문이다.[4] **성격(personality)**은 개인의 행동을 구분하는 특성의 조합이다. 긍정적인 특성은 긍정적인 결과로 이어지는 경향이 있다.[5] CEO와 본질적으로 모든 관리자는 관찰 가능한 성격 특성이 기업 실적에 영향을 미친다.[6]

특성은 개인의 성격과 구별된다

성격은 개인의 행동을 구분하는 특성의 조합이다.

성격은 유전과 환경적 요소를 바탕으로 개발된다. 태어나기 전에 받은 유전자가 현재의 성격 특성에 영향을 미친다. 가족, 친구, 학교와 직장 또한 성격에 영향을 미친다. 따라서 성격의 일부는 타고난 측면이나, 일부는 학습을 통해 형성되기에 성격을 바꾸기 위해서는 시간과 노력이 요구된다.

왜 성격을 이해하는 것이 중요한가

성격은 지각과 태도뿐만 아니라 행동에 영향을 미치기 때문에 사람들의 성격을 이해하는 것은 중요하다.[7] 사람의 성격을 이해하는 것이 중요한 이유는 성격이 인식과 태도뿐만 아니라 행동에도 영향을 미치기 때문이다.[8] 성격에 대한 이해를 통해 타인의 행동과 직무 성과를 설명하고 예측할 수 있다. 성격 테스트는 직무에 적합한 사람을 찾는 데 사용된다.[9] 그것은 직장 성과를 예측하는 데 사용될 수 있다.[10] 간단한 예로, 만약 어떤 사람이 수줍음을 많이 탄다는 것을 알고 있다면, 그 사람이 낯선 사람들을 만날 때 조용한 이유를 더 잘 이해할 수 있을 것이다. 또한 그 사람이 낯선 곳에 가서 새로운 사람들을 만날 때 조용할 것이라고 추측할 수 있다. 그리고 왜 그 사람이 영업사원 같은 일을 찾지 않는지도 잘 이해할 수 있다. 그리고 그 사람이 영업사원이 된다면 성공하기 힘들 것이라는 것 역시 추측할 수 있다. 그러므로, 여러분은 자신의 성격에 따라 직업과 직업을 찾아야 한다.[11]

성격 프로파일과 테스트

성격 프로파일(personality profiles)은 개인이 가지고 있는 강한 특성들과 약한 특성들을 구분한다. 자기평가 2.1을 마친 학생들은 자신의 성격 프로파일을 갖게 된다. 이 프로파일은 다섯 가지 차원에 대한 점수를 나타낸다. 자신의 성격 프로파일을 검토해 보자. 어느 성격 차원에서 높은 점수(강한 특성)을 나타내고 어느 성격 차원에서 낮은 점수(약한 특성)을 나타내는가? 마이어브릭스 성격유형 지표(MBTI, Myers-Briggs Type

성격 프로파일은 개인이 가지고 있는 강한 특성들과 약한 특성들을 구분한다.

Indicator), 미네소타 다면 인성 검사(MMPI, Minnesota Multiphasic Personality Inventory)와 같은 다양한 성격 테스트가 존재한다. 자신의 강점과 선호도, 성격유형을 설명하는 16가지 성격유형을 파악한 Jung과 Briggs, Myers의 유형별 64문항 성격 자기평가테스트를 무료로 참여할 수 있으며, 휴먼메트릭스(www.humanmetrics.com)에서 자신의 성격유형에 가장 적합한 커리어와 직업을 발견할 수 있다. 이 웹사이트는 또한 다른 특성 기반 자기평가도 포함하고 있다.

자신을 아는 것의 가치를 기억하라.[12] 성격 테스트를 통해 스스로의 강한 특성과 약한 특성에 대해 알아감으로써 자기인식을 높일 수 있다. 하지만 성격 테스트는 현실적인 평가로 이루어져야 하며, 이를 통해 스스로의 강점과 약점을 수용하고 행동을 개선하기 위해 노력해야 한다. 우리는 다른 사람들과는 다르며, 앞서 말한 바와 같이, 관계를 개선하고 리더십 스킬을 개발하기 위해 행동을 변화시킬 수 있다.

Big Five와 리더십의 상관관계

연구자들은 Big Five 성격 차원과 리더십의 상관관계를 조사한 73개의 기존 연구들을 결합하여 메타분석을 실시하였다. 리더십과 외향성이 가장 높은 상관관계를 갖는 것으로 나타났으며(0.31), 그 다음이 성실성(0.28), 경험에 대한 개방성(0.24) 순이었다. 친화성(0.08)은 낮은 상관관계를 보였으며, 적응성(−0.24)는 리더십과 부적상관관계를 나타냈다.[13] 다시 말해서, 외향성이 높은 사람들은 열심히 일하고 변화를 일으키는 등 리더답다고 인식된다. 그들은 인기에 연연하거나 다른 사람을 기쁘게 하기 위해 노력하지 않으며, 안정적이거나 지나치게 감성적이지도 않다.

실패한 리더십 특성

리더십 실패의 원인이 된 특징들을 알아보자. 한 연구가 진행되었고 실패한 임원들은 기존의 성공을 바탕으로 계속 성공할 수 있을 거라는 예상과 달리 승진에서 제외되거나 해고, 혹은 조기 퇴직을 강요당했다. 도표 2.1은 실패한 여섯 가지 주요 원인을 보여준다.[14] 전반적으로, 실패한 리더의 문제는 대인관계 기술의 미흡에 있다.

업무응용 2.1

현재나 과거의 관리자를 선택하고, 그 관리자가 실패한 여섯 가지 특성을 가지고 있는지 찾아보자. 그 점에 대한 세부적인 예를 들어보자.

도표 2.1 임원들이 실패한 이유

- 위협적이고 무감각하며 거칠게 대하는 행동과 같은 괴롭히는 스타일을 사용한다.
- 차갑고, 냉담하며, 이기적인 사람으로 여겨진다.
- 개인적인 신뢰를 저버린다.
- 자기중심적이고 지나치게 야망이 크며 그 다음 직무를 생각한다.
- 실무에서 구체적인 성과에 대한 문제점을 갖고 있다.
- 지나치게 간섭하고 권한위임이나 팀빌딩을 하지 않는다.

우리는 개선할 수 있다

언급한 바와 같이, 우리는 행동을 더욱 효과적으로 바꿀 수 있다. 성공에 이르는 열쇠는 가지고 있는 성격의 강점과 약점을 평가하고, 대인관계와 리더십 스킬의 개선을 위해 행동을 어떻게 변화시킬 것인가에 대한 계획을 세우는 것이다.[15] 어떤 행동을 개선해야 할지가 결정되면 이를 위해 신중한 노력이 필요하다. 이 책에서 배우는 내용을 통해 우리는 성격과 전문적인 삶을 적용시킬 수 있는 기회를 얻게 될 것이다.

보편적인 리더십 특성

1940년대 후반부터 2000년대까지 리더십 특성의 중요성을 검증하거나 리더십 특성의 보편성을 뒷받침하는 다양한 (3, 5, 6, 8, 10, 13) 특성들을 연구하는 많은 연구들이 있었다. 그러나 리더가 성공하기 위해 필요한 보편적 특성 목록은 합의되어 있지 않다.[16] 많은 성공한 리더들이 가지고 있는 특성이 있다는 것을 기억해야 하지만, 이러한 특성들이 반드시 리더가 성공하기 위해 갖춰야 한다고 합의되지는 않았다. 따라서 성공한 리더가 되기 위해서 이러한 특성들을 모두 갖춰야 하는 것은 아니다.

모든 특성에는 예외가 있다. 예를 들어, 성공한 리더는 일반적으로 외향적이지만,[17] Yahoo의 전 CEO Marissa Mayer와 투자가인 Warren Buffet, Charles Schwab를 포함한 많은 CEO는 스스로를 내향적이라고 묘사하였다. 또한, 특정한 성격 특성은 일부 집단에서 중요하게 보이지만, 다른 곳에서는 아니다.[18]

특성이론을 적용할 때, 우리는 많은 성공한 리더들이 가지고 있는 특성이 있다는 것을 기억할 필요가 있으며, 우리는 Big Five와 함께 다음 주요 절에서 그것들을 논의할 것이지만, 여러분이 성공적인 리더가 되기 위해 그것들을 모두 가질 필요는 없다. 그러나, 긍정적인 리더십 특성은 개발될 수 있고,[19] 그것은 다른 환경으로 이전될 수 있는 기술이다.[20]

Big Five에 포함된 효과적인 리더의 특성

학습목표 2.2

Big Five 성격 차원을 기술한다.

성격을 분류하는 방법은 매우 다양하다.[21] 그 중에서도 성격 특성의 Big Five 모델은 연령, 성별, 인종 및 언어 집단 등을 통틀어서 신뢰성이 높으며 성격 연구에 대한 강한 지지를 받고 있기 때문에 가장 널리 인정받고 있다.[22] Big Five 모델은 상대방을 묘사하기 위해 자신이 알고 있는 모든 특성이 아닌, 다섯 가지 성격 차원으로 충분히 범주화시키는 것을 목적으로 만들어졌다. 따라서, Big Five의 각 성격 차원은 복합적인 특성들을 포함하고 있다. **성격의 Big Five 모델(Big Five model of personality)**은 특성을 외향성, 친화성, 적응성, 성실성 및 경험에 대한 개방성의 다섯 가지 차원으로 분류한다. 각 차원은 도표 2.2에 제시되고 각 절에서 설명되어 있다.

성격의 Big Five 모델은 특성을 외향성, 친화성, 적응성, 성실성 및 경험에 대한 개방성의 다섯 가지 차원으로 분류한다.

언급했던 것과 같이, 몇몇 연구자들은 다섯 가지 성격 차원에 대해 약간씩 다른 용어를 사용한다.[23] 또한, 각각의 효과적인 리더십 특성은 Big Five 모델과 겹치기도 하지만, 다섯 차원 중 어느 차원으로 분류해야 하는지에 대해서는 의견이 다를 수 있다.

외향성

외향성 성격 차원(surgency personality dimension)은 주도성(dominance), 외향성(extraversion), 높은 에너지와 결단력(determination)을 포함한다.

외향성 성격 차원은 주도성, 외향성, 높은 에너지와 결단력을 포함한다.

- **주도성.** 성공적인 리더는 관리자가 되기를 원하며 책임을 맡길 원한다.[24] 만약 리더가 되기를 바라지 않는다면 효과적인 관리자도 되지 않을 가능성이 있다. 즉, 주도성은 효과적인 리더의 다른 모든 특성들에게 영향을 미친다. 당신은 리더가 되기를 원하는가?
- **외향성.** 외향성과 내향성은 분할할 수 없는 하나의 연속체이다. 내향성을 지닌 사람이 수줍어하는 것에 비해, 외향성을 지닌 사람은 활발하며, 새로운 사람을 만나는 것을 좋아하고, 자기 주장이 강하고, 사람들 앞에 나서는 것을 꺼려하지 않는다. 외향성이 높은 사람은은 리더의 자리로 자주 선택된다.[25] 여러분은 얼마나 활발한가?
- **높은 에너지와 결단력.** 리더들은 목표를 달성하기 위해 최선을 다하는 높은 에너지와 긍정적인 추진력을 가지고 있으며, 상대방에게서 에너지를 발생시킨다.[26] 그들의 긍정적 태도와 낙관성은 인내를 통해 장애를 극복하려고 노력하기 때문에 좌절에 대한 인내심과 지구력에 긍정적인 영향을 끼친다. 그들은 쉽게 포기하지 않는다. 여러분은 높은 에너지와 결단력을 가지고 있는가?

친화성

친화성 성격 차원(agreeableness personality dimension)은 사회성(sociability)과 감성지능(emotional intelligence)을 포함한다. 친화성 차원은 고용주가 신입사원 채용에서 추구하는 대인관계 기술(1장)에 기초한다.[27] 다음은 친화성의 중요한 차원에 대해 논의하자.

친화성 성격 차원은 사회성과 감성지능을 포함한다.

- **사회성.** 사회성이 높은 사람들은 사회적 관계 속에서 즐거움을 찾으려는 성향이 있다. 강한 사회성을 가진 사람들의 특성은 친절하고, 공손하며, 누구와도 잘 어울리며, 사교적이다.[28] 좋은 사회적 관계를 맺는 것은 당신에게 얼마나 중요한가?
- **타인에 대한 민감성.** 타인에 대한 민감성(sensitivity)은 사회성의 한 부분이다. 이는 집단구성원을 개별로 이해할 때 요구된다.[29] 앞서 다룬 실패한 CEO의 원인에 타인에 대한 무감각이 있는 것을 기억해보자. 만약 여러분이 자기 자신만을 생각하고 타인을 이해하지 못한다면 크게 성공할 수 없을 것이다. 여러분은 타인의 감정에 민감한가?
- **감성지능.** EQ(감성지수, 또는 감성지능 — EI)는 IQ로부터 파생되었다. 감성지능은 다른 사람들과 잘 일할 수 있는 능력을 말한다.[30] 긍정적인 감정은 긍정적인 결과로 이어지고 그 반대의 경우도 마찬가지이다.[31] Oracle의 Safra Catz는 기술력보다 EI에 높은 가치를 둔다.[32] 다음은 EQ의 네 가지 구성요소이다.[33]
  1. **자기인식**은 감정이 여러분의 개인적이고 직업적인 삶에 어떻게 영향을 미치는지를 인식하는 것과 관련이 있다. 자기인식은 모든 통찰력의 초석이다. 여러분의 강점과 한계점을 정확하게 평가하기 위해 자기인식을 활용해보자(책 안의 연습문제들이 이를 도와줄 것이다). 이는 높은 자신감을 가질 수 있게 여러분을 이끌어 줄 것이다.
  2. **사회적 인식**은 타인을 이해하는 것과 관련이 있다. 공감은 스스로를 타인의 상황에 대입하는 능력인데, 그들의 감정을 느끼고 그들이 인식하는 것을 통해 이해하는 것이다.
  3. **자기관리**는 자신과 타인의 파괴적 감정을 조절할 수 있는 능력이다. 성공적인 리더는 스스로 동기부여 되며 목표 달성을 방해할 수 있는 부정적인 감정(걱정, 근심, 공포, 분노)을 허용하지 않는다.
  4. **관계관리**는 다른 사람들과 일을 잘해나갈 수 있는 능력과 관계 있으며, 감성지능의 다른 세 가지 하위차원과는 독립적이다. 이 책의 대부분은 관계관리 스킬의 개발에 초점을 맞추고 있다. 여러분은 감성지능의 네 가지 하위차원에 높은 스킬을 가지고 있는가? Global Leadership Foundation 웹사이이

트 https://globalleadershipfoundation.com/을 방문하라. 사이트 하단 배너에 있는 링크(Free emotional intelligence assessment)를 클릭해 40개 항목으로 구성된 EI 테스트를 수행하라. 점수가 어떻게 되는가? 당신의 강한 특성과 약한 특성은 무엇인가? 자신의 약한 특성을 어떻게 개선할 수 있는가? (글로벌뷰). Xerox의 Ursula Burns는 "친절하다고 해서 항상 웃고 행복한 것은 아닙니다. 친절함은 당신이 서로에게 진실하고 건설적인 일종의 토론을 할 수 있다는 것을 의미합니다. 친절함은 서로에게 진실하고 건설적인 것을 가질 수 있다는 것을 의미하고 나는 그것을 빠르게 진행되는 토론이라 부릅니다. 그래서 반혼조직을 많이 만들지 않고도 그런 일이 일어나도록 관계를 구축해야 합니다."[34]

적응성

적응성 성격 차원은 정서적 안정성과 자신감을 포함한다.

적응성 성격 차원(adjustment personality dimension)은 정서적 안정성(emotional stability)과 자신감(self-confidence)을 포함한다.

- **정서적 안정성/자기통제.** 리더와 추종자의 상호작용에서 감정이 발생한다. 그렇다면, 이러한 감정을 어떻게 조절할 수 있을까? 적응성은 정서적으로 안정된 상태와 불안정한 상태의 연속선상에 있다. 안정적인 상태는 자기통제를 잘하고 평온하며, 스트레스를 잘 견디며 느긋하고 안전하며, 긍정적이고, 다른 사람을 칭찬하는 것을 말한다. 불안정한 상태는 조절을 못 하고 스트레스를 견디지 못하며, 초조하고 불안해하고 부정적, 적대적이며 타인의 개선을 위해 돕기보다는 비난하는 것을 말한다. 여러분의 정서는 얼마만큼 안정적인가?
- **나르시시즘.** 나르시시즘(Narcissism)은 불안정한 상태와 연결되며, 점점 증가하는 추세이다.[35] 나르시시스트(narcissist)들은 자기 자신에 몰두하며, 타인의 욕구를 무시하고, 과장된 자부심을 가지고 있다. 또한 그들은 다른 사람이 한 일에 대해 자신의 공로를 주장하고, 거짓말을 하거나 다른 사람을 조종하려 한다.[36] 지금은 파산한 Theranos의 전 CEO인 Elizabeth Holmes의 경우, 그녀의 나르시시스트 성격 때문에 결국 기소되었다.[37] 여러분은 주변에서 나르시시스트를 알고 있는가?
- **친화성/감성주의.** 기분 좋은 사람은 감정을 통제하는 경향이 있고 기분 나쁜 사람은 신경증적인 경향이 있기 때문에 기분 좋은 것과 감정적인 것은 함께 가는 경향이 있다. Apple의 Steve Jobs와 Microsoft의 Bill Gates는 사업에서 경쟁하면서 서로를 도와줬기 때문에 적이었다. Gates는 감성적인 반면, Jobs는 불쾌

한 신경증 환자일 수 있다. Jobs가 화가 나서 Gates를 모욕을 했을 때, Gates는 감정적으로 반응하지 않았고, Jobs가 이성적인 대화를 계속하기 위해 진정될 때까지 매우 침착하고 부드럽게 말하곤 했다.

- **자신감.** 자신감은 강함과 약함의 연속선상에 놓여 있으며, 자신의 판단, 의사결정, 아이디어 및 능력을 스스로 확신하고 있는지를 나타낸다. 스스로가 할 수 있다는 것을 믿지 않는다면 어떻게 성공할 수 있겠는가? 자신감은 성공을 위한 목표를 설정하고 이를 달성하게 한다. 효과적인 자신감은 우리의 강점과 약점에 대한 정확한 인식을 기반으로 자기 개선의 방향으로 이끈다.[38] Steve Jobs는 Apple이 세상을 바꾸는 제품을 만드는 회사가 되어야 한다는 비전을 제시했는데 모든 사람들이 불가능하다고 생각했다. 그러나, 그의 자신감은 Apple의 직원들로 하여금 그러한 제품들을 개발하게 만들었다.[39] 당신은 효과적인 자신감을 가지고 있는가?

사진 2.1 Ursula Burns의 관계를 육성하고 발전시키는 능력이 리더십 성공의 핵심이다.

출처: Jemal Countess/Getty Images for Time Inc.

성실성

성실성 성격 차원(conscientiousness personality dimension)은 신뢰성(dependability)과 진실성(integrity)을 포함한다. Dwayne "The Rock" Johnson은 성공은 위대함에 관한 것이 아니라 일관성에 관한 것이라고 말한다. 즉, 일관된 노력이다.[40] 꿈을 실현하기 위해서는 더 열심히 일해야 한다. 성실성은 직장에서의 성공을 예측하는 요인이다. Facebook의 최고운영책임자인 Sheryl Sandberg처럼 효과적인 리더들은 성실하다.[41]

성실성 성격 차원은 신뢰성과 진실성을 포함한다.

성공을 위한 당신의 염원은 얼마나 강한가?

- **신뢰성.** 신뢰성(dependability)은 책임감이 있는(믿을 수 있는) 것과 책임감이 없는(믿을수 없는) 것 사이의 연속선상에 있다. 매우 신뢰할 수 있는 사람들은 직무를 완료하고 충성스러운 사람으로 여겨지며 동료와 조직에 헌신적이다. 당신은 신뢰할만한가?
- **진실성.** 진실성(integrity)은 정직과 윤리적, 혹은 그렇지 않은 성격과의 연속선상에 놓여있다. 진실성은 신뢰(trustworthiness)를 형성한다.[42] 여기서는 정직에 초점을

윤리적 결정: 윤리와 사회적 영향

2.1 구조조정과 시간제 및 계약직 근로자

기업들이 글로벌 경제에서 치열하게 경쟁하면서 많은 회사들이 구조조정을 하고 있다. 구조 조정은 생산성 향상을 위한 자원 감축의 과정이다. 감축의 주된 영역은 인적자원으로, 이는 곧 해고로 이어진다. 경비를 줄이는 또 다른 방법은 복리후생(의료비)을 받지 않는 파트타임 근로자를 정규직원 대신 이용하는 것이다. Wall-Mart는 경비 절감을 위해 정규직원 대비 파트타임 근로자의 비율이 높은 것으로 유명하다. Wall-Mart는 슈퍼마켓 체인점들과 직접적인 경쟁을 통해 식료품 아이템의 판매를 늘리고 있다. Wall-Mart의 가격이 낮은 이유 중 하나는 대부분 파트타임 근로자들이 최소한의 임금으로 복리후생 지원 없이 일하기 때문이다. 대부분 슈퍼마켓 체인 직원은 노조가 있고 높은 임금과 다양한 혜택을 받는다. 하지만 슈퍼마켓 체인점들은 Wall-Mart와의 경쟁을 위해 더 많은 임금을 지불할 수 없다고 주장한다.

1. Walmart를 진실한 회사라고 생각하는가?
2. 구조조정은 윤리적이고 사회적 책임이 있는 것인가?
3. 정규직이 아닌 시간제와 계약직 근로자를 사용하는 것이 윤리적인가?
4. 이러한 유형의 고용이 사회에 미치는 영향은 무엇인가?

맞추고 윤리에 대해서는 2장의 마지막 절에서 더 자세히 다룰 것이다. 진실성은 정직함에 관한 것이다. 거짓말이나 속임수, 도둑질을 하지 않는[43] 효과적인 리더가 되기 위해서 진실해야 한다는 것은 명확하다.[44] 당신은 진실한가?

경험에 대한 개방성

개방성 성격 차원은 유연성, 지능 및 내부적 통제위치의 특성이 포함된다.

개방성 성격 차원(openness-to-experience personality dimension)에는 유연성(flexibility), 지능(intelligence) 및 내재적 통제위치(internal locus of control)의 특성이 포함된다.

- **유연성.** Z세대(1990년대 중반에서 후반부터 2010년 초 사이에 출생) Snapchat 앱 사용자들의 말에 따르면, "너 다워져라"[45] 아니면 진실되어라[46]라고 한다. 그러나 고용주들은 다양한 상황에 맞춰 신속하게 발전하고 적응할 수 있는 빠른 학습자를 찾고 있다.[47] 유연성이 없다면 성공할 수 없을 것이다. 당신은 얼마나 변화하고자 하고, 새로운 것을 시도해보려고 하는가? 당신은 유연한가?
- **지능.** 비판적으로 생각하고 문제를 해결하며 의사결정을 하는 인지적 능력을 의미한다. 지능은 일반적으로 정신적 능력의 지능지수(IQ)를 의미한다. 지능은 또한 직무 성과를 예측하고 리더십 성공을 예측하는 데 가장 좋은 지표다.[48] OPRAH Winfrey(HARPO), Sergey Brin(Google), Indra Nooyi(PesiCo)와 같은 리더들은 리더로서 성공을 이끄는 높은 지능을 가진 것으로 유명하다.

- **문화지능(CI).** IQ의 파생물인 문화지능(CI, cultural intelligence)은 IQ와 EQ 측면을 결합해 다양한 문화를 이해하고 다양한 문화적 관행에 따라 행동하고 적절한 언어와 비언어적 행동을 하는 능력을 말한다. 오늘날 글로벌 경제에서 CI 스킬은 해외 인턴십이나 취업, 또는 국내에서 다양성이 요구되는 팀에서 일하길 원하는 졸업생에게 필수적인 기술이다.[49] (글로벌뷰)
- **지능과 감성지능, 그리고 문제해결의 실마리.** 성공에 있어서 높은 지능이 중요한 것으로 알려졌지만, 그것만으로는 충분하지 않다. 우리는 강력한 대인관계 기술과 더불어 높은 감성지능 역시 필요하다. 이와 더불어 우리는 우리가 수행해야 할 목표와 어떻게 직무를 수행할 것인지(계획, 조직, 통제)에 대한 실마리도 가지고 있어야 한다. 지능이 있으나 대인관계 기술이 부족하다거나 무엇을, 어떻게 해야 할지 모르는 사람이 효과적인 리더가 될 수 있겠는가?
- **통제위치.** 통제위치(locus of control)는 개인의 운명을 통제하는 것은 내부에 있다는 내적 믿음과 운명을 통제하는 것은 외부에 있다는 외적 믿음 간의 연속선상에 있다. 외재론자들은 스스로 운명을 통제하지 못하고 자신들의 행동이 성과와 관련이 없다고 믿는다. 내재론자들은 스스로 운명을 통제할 수 있으며 자신들의 행동이 직접적으로 성과에 영향을 미친다고 믿는다. 효과적인 내재론자적 리더는 자신의 행동과 성과 및 조직의 성과에 책임을 진다. Tesla와 Space X의 창업자인 Elon Musk와 같은 성공적인 리더들은 내재론자이다. 내재론자와 외재론자에 대해 알고 있는가? 당신은 내재론자에 가까운가, 외재론자에 가까운가?

Big Five 성격 차원과 12가지 리더십 특성을 검토하기 위해 도표 2.2를 참조해라. 도표 2.2는 개념응용 2.2의 답변으로 사용되는 알파벳(a ~ l)이 포함되어 있다.

업무응용 2.2

현재나 과거의 관리자를 선택하고, 그 관리자의 효과적인 리더의 특성(외향성, 친화성, 적응성, 성실성, 개방성)을 평가해보자. 관리자들의 특성이 주도성이 강한지, 약한지 외향적인지 그리고 높은 에너지와 결단력을 가지고 있는지 세부적인 상황의 예를 들어보자

도입사례 응용

1. Deepa Narayan은 어떤 Big Five와 리더십 성격을 가지고 있는가?

Deepa Narayan은 Big Five의 강한 성격을 가진 성공적인 리더이다. 그녀는 남성이 지배하는 워싱턴 D.C.에 있는 세계은행의 선임 고문이 되기 위해 기업의 사다리를 오르는 데 도움이 되는 주도적인 성격이 필요했고, 그녀는 자신의 컨설팅 사업을 시작했다.

Deepa는 '사람 우선'에 초점을 맞추고 지역사회중심의 변화 접근방식에 우호적이다. 그녀는 감성지능과 강한 대인관계 기술을 가지고 있으며, 사람들과 잘 어울린다. 그녀는 또한 사교적이며 다른

도표 2.2 유능한 리더의 특성을 포함한 Big Five

Big Five 성격 모델	Big Five 내의 리더십 특성
외향성	a. 주도성 b. 외향성 c. 에너지/결단력
친화성	d. 사회성/민감성 e. 감성지능
적응성	f. 정서적 안정과 나르시시즘 g. 자신감
성실성	h. 신뢰성 i. 진실성
개방성	j. 유연성 k. 지능 l. 내재적 통제위치

사람들에게도 민감하다. 그녀는 성실하게 일을 완수한다. 훌륭한 성과를 거두면서 매우 신뢰할 수 있다는 것은 그녀의 성공의 초석이다. 또한 Deepa는 높은 수준의 진실성을 가진 것으로 간주된다. Deepa는 잘 적응한다. 그녀는 자제력과 자신감이 있고, 침착하고, 압박감을 잘 견디고, 편안하고, 안정감이 있으며, 긍정적이다. Deepa는 성차별을 줄이기 위해 여성과 남성 모두와 잘 어울린다. Deepa는 세계적으로 성차별을 극복하기 위한 도전을 혁신하고 이끌어 왔기 때문에 개방적인 성격을 가졌다고 볼 수 있다. 아이오와주립대학교에서 박사 학위를 취득한 그녀는 매우 똑똑하며, 내재적 통제위치 성격을 가지고 있으며, 가정과 지역사회 및 직장에서 전 세계적으로 변화를 가져올 책임을 맡고 있다.

개념응용 2.1 Big Five 성격 차원

각 성격 차원에 따라 다음 9개의 특성/행동을 각각 표시해보자. 각 항목 앞의 빈칸에 알맞은 알파벳(a~e)을 써보자.

a. 외향성
b. 친화성
c. 적응성
d. 성실성
e. 개방성

_____ 1. 영업 담당자는 판매를 위해 고객에게 거짓말을 하고 싶은 유혹을 피했다.

_____ 2. 부하직원은 발전기의 출력을 높이는 훌륭한 방법을 생각해냈다.

_____ 3. 리더는 부하직원들이 회의에 참석했을 경우 따뜻하고 정답게 인사를 한다.

_____ 4. 리더는 신제품 개발에 대해 부하직원들과 브레인스토밍을 한다.

_____ 5. 부하직원이 문제에 대해 큰 소리로 불평을 할 때 리더는 침착하게 해결 방법을 설명한다.

_____ 6. 리더는 예상외의 방문객과 마주쳤을 때 침착하게 말한다.

_____ 7. 리더는 부하직원들과 갈등을 피하기 위해 그들의 방식대로 직무를 수행하게 한다.

_____ 8. 리더는 부하직원들에게 업무에 대해 자세한 설명을 한다.

_____ 9. 구매담당자는 평상시처럼 제때에 월례 보고서를 제출했다.

개념응용 2.2 유능한 리더의 성격 특성

각 특성에 따라 다음 8개의 행동에 각각 표시해보자. 리더는 효과적인 행동할 수도 있지만 그 반대의 행동을 할 수도 있다. 〈도표 2.2〉의 'Big Five 리더십 특성'을 활용하여 각 항목 앞의 빈칸에 알맞은 알파벳(a~l)을 써보자.

_____ 10. 퇴임하는 리더가 부서 회의에서 모든 이야기를 하고 있다.

_____ 11. 리더가 상사에게 작업을 마감기한에 맞추어 끝낼 수 있다고 말하고, 상사가 실제 상황을 알기 전에 작업을 끝낼 수 있도록 계획을 세운다.

_____ 12. 리더가 종업원에게 매우 구체적인 지침을 제공하면서 과업을 부여하고, 또다른 과업에 대해서는 그 종업원이 원하는 방식대로 과업을 수행하게끔 한다.

_____ 13. 리더가 고장 난 기계를 고친다.

_____ 14. 리더가 부하직원에게 새로운 과업을 부여할 때 매우 초조하게 행동한다.

_____ 15. 리더가 부하직원에게 정오에 점심을 먹을 수 있다고 말한다. 그러나 15분 후에 리더는 점심시간은 1시라고 말한다.

_____ 16. 리더가 부하직원들의 불만을 들은 뒤, 자신이 불만에 대해 정확하게 이해했는지 역으로 불만사항을 부하직원에게 되물어 본다.

_____ 17. 13번의 상황에 있는 리더가 3시간째 아직도 기계를 고치고 있다.

_____ 18. 리더가 성과가 낮으며 개선된 점이 없는 점에 대해 양해를 구한다.

유능한 리더의 성격 프로파일

학습목표 2.3

성취동기이론과 리더동기 프로파일이론(LMP)이 어떤 연관성과 차이점이 있는지 명시한다.

효과적인 리더들은 공통된 성격 프로파일을 가지고 있다. 특성이론을 다룬 David McClelland의 성취동기이론과 리더동기 프로파일이론은 연구분야와 리더의 사례에 관련되어 강한 지지를 얻고 있다. McClellnad는 성취동기이론에서 욕구라고 지칭한 세 가지의 주요 특성을 제시하였다. 리더동기 프로파일이론은 효과적 리더의 성격 프로파일을 규명하였다.[50] 이번 절에서는 두 가지 이론에 대해 학습하게 될 것이다.

성취동기이론

성취동기이론은 개인의 성취욕구와 권력욕구 및 친화욕구에 기초하여 행동과 성과를 설명하고 예측하는 이론이다.

성취동기이론(achievement motivation theory)은 개인의 성취욕구와 권력욕구 및 친화욕구에 기초하여 행동과 성과를 설명하고 예측하는 이론이다. 무의식적인 과정을 통해 우리의 행동은 욕구를 충족시키기 위해 동기부여된다. McClelland는 욕구가 성격에 기반을 두고 환경과 상호작용하면서 개발된다고 하였다. 리더십은 특성에 기반하고 있다.[51] 리더십 특성은 성과에 영향을 미친다.[52] 모든 사람은 이 세 가지 욕구를 가지고 있으나 그 정도는 다양하다.

성취욕구

성취욕구는 개인의 노력을 통한 성취의 탁월함에 대한 관심이다. 높은 성취욕구는 신뢰성이 높은 성실성이라는 Big Five 차원으로 분류되지만, 그 사람이 반드시 진실성이 높은 것은 아니다. 성취욕구가 높은 사람은 문제 해결을 위해 개인적인 책임을 지고 싶어하는 경향이 있다. 이들은 목표지향적이며 온건하고 현실적이며 달성 가능한 목표를 설정한다. 이들은 도전과 우수성, 개성을 추구하고, 계산된 중간 정도의 위험을 감수하며, 성과에 대한 구체적인 피드백을 받기를 바라며, 열심히 노력한다. McClelland의 연구에 따르면 미국 인구의 약 10%만이 성취에 대한 매우 '강한' 지배적 욕구를 가지고 있다. 일반적으로, 높은 성취욕구와 높은 성과 간에는 상관관계가 존재한다.

권력욕구

권력욕구는 타인에게 영향을 미치고 권위있는 지위를 찾는 데 대한 관심이다. 높은 권력욕구는 Big Five 차원의 외향성으로 분류된다. 권력에 대한 욕구가 높은 사람들은 상황을 통제하기를 원하고, 타인에 대한 영향력이나 통제를 원하고, 이길 수 있는 경쟁을 즐기고(패배하는 것을 좋아하지 않음), 다른 사람들과 기꺼이 맞서고, 권위와 지위가 있는 직위를 찾는 경향이 있다. 권력욕구가 높은 사람들은 야망이 있지만 친화욕구와 친화성은 낮은 경향을 보인다. 그들은 성공적인 리더십의 본질은 권력과 정치라고 생각하며, 관리자의 자리를 찾는 경향이 있다.

친화욕구

친화욕구는 친밀한 대인관계를 발전, 유지 및 회복하는 데 대한 관심이다. 높은 친화욕구는 Big Five 차원의 친화성으로 분류된다. 친화욕구가 강한 사람들은 사회성/민감성이 높은 특징이 있으며 종종 감성지능(EI)이 높다. 친화욕구가 높은 사람들은 다른 사람들과 긴밀한 관계를 찾고, 다른 사람들로부터 호감 받기를 원하며, 많은 사회활동을 즐기고, 친화를 추구하는 경향이 있다. 그래서 그들은 집단과 조직에 가입한다. 친화욕구가 높은 사람들은 자신의 길을 가는 것(다른 사람에게 영향을 미치는)보다 다른 사람들이 자신에 대해 어떻게 생각하는지에 대해 더 걱정한다. 친화욕구는 리더십과 부정적인 관계가 있다. 친화욕구가 높은 사람들은 권력욕구가 낮으며, 집단의 리더보다는 구성원으로 있는 것을 선호하기 때문에 사람들을 관리하는 자리를 회피하는 경향이 있다.

업무응용 2.3

성취욕구, 권력욕구, 친화욕구가 어떻게 함께 일하는 사람들의 행동과 성과에 영향을 미치는가? 예를 들어 설명해보자.

개념응용 2.3 성취동기이론

아래 5개의 행동에 관계되는 욕구를 각각 표시해보자. 각 항목 앞의 빈칸에 알맞은 알파벳을 써보자. 강한 욕구에 근거하여 행동할 수도 있고 약한 욕구에 따라 정반대의 행동을 할 수도 있다. 또한 행동이 욕구에 어떻게 부응하며 성과를 예측하는지 서술해보자.

a. 성취욕구
b. 권력욕구
c. 친화욕구

_____ 19. 어떤 사람은 위원회의 의장이 되는 것을 거절한다.

_____ 20. 어떤 사람은 의견불일치가 있던 동료 종업원과의 갈등을 해결하기 위해 가까이 대화를 한다.

_____ 21. 어떤 종업원은 갈등을 해결하기 위해 먼저 움직이지 않기로 했다. 그러나 상대방이 다가와서 화해하면 받아들일 것이다.

_____ 22. 재무 전공자가 수업 발표를 위한 그룹 시뮬레이션 재무 분석을 하기로 받아들였다.

_____ 23. 경영학 전공자가 평균 A학점을 유지하기 위해 많은 시간을 열심히 공부한다.

_____ 24. 개별 프로젝트 또는 팀 프로젝트 중 하나를 선택하라는 요청을 받은 사람이 혼자 일하는 것을 선택한다.

동기 프로파일

McClelland는 Big Five 성격 차원의 적응성과 경험에 대한 개방성을 분류하는 것이 필요하지 않다고 언급했다. 그는 적응성과 개방성은 욕구가 아니라고 보기 때문이다. 개인은 높거나 또는 낮은 성취욕구, 권력욕구와 친화욕구를 가지고 있는데 비해, 대해 높거나 낮은 욕구를 가지고 있으며 적응을 잘하거나 못할 수 있고 경험에 대해 개방적이거나 폐쇄적일 수 있다. 따라서 적응성과 개방성의 두 가지 성격 차원은 성취동기이론의 성격 프로파일에서 제외되었다. 당신의 동기 프로파일을 알아보기 위해서 자기평가 2.2를 작성해보자.

자기평가 2.2 동기 프로파일

〈자기평가 2.1〉로 돌아가서 Big Five 프로파일에서 성실성, 외향성, 친화성에 대한 점수를 살펴보자. 각 욕구에 해당하는 여러분의 총점을 기입해보자.

성취욕구 (성실성)	권력욕구 (외향성)	친화욕구 (친화성)
점수 _____	점수 _____	점수 _____

이 프로파일에 정답이나 오답은 없다. 점수를 해석하기 위해 세 가지 욕구 점수 사이에 큰 차이가 있는지 살펴보자. 만일 세 욕구 모두 점수가 비슷하다면, 하나의 욕구가 다른 욕구들보다 더 강력하지 않다는 것이다. 만약 점수의 변화가 있다면, 하나의 욕구가 다른 욕구보다 더 높은 것이며 이는 더 강력한 또는 지배적인 욕구이며, 낮은 점수는 더 약한 욕구이다. 예를 들어 2개의 강력한 욕구와 하나의 약한 욕구 또는 그 반대와 같은 다른 조합을 가질 수도 있다. 당신이 가진 더 강한 욕구와 약한 욕구는 무엇인가?

동기 프로파일을 아는 것은 행동과 성과를 설명하고 예측할 수 있기 때문에 유용하다. 효과적인 리더의 동기 프로파일이 있는지 확인하려면 계속 읽어보아라.

리더동기 프로파일이론

리더동기 프로파일이론은 개인의 성취, 권력 및 친화에 대한 개인의 욕구를 기반으로 리더십 성공을 설명하고 예측하려고 시도한다.

리더동기 프로파일(LMP)은 친화욕구와 적절한 수준의 성취욕구보다 더 높은 수준의 사회화된 권력욕구를 포함한다.

리더동기 프로파일이론(leader motive profile theory)은 개인의 성취, 권력 및 친화에 대한 개인의 욕구를 기반으로 리더십 성공을 설명하고 예측하려고 시도한다. McClelland는 유능한 리더가 일관되게 동일한 동기 프로파일을 가지고 있으며, 리더동기 프로파일은 리더의 효과성을 예측할 수 있는 신뢰할 수 있는 지표라는 사실을 발견했다.[53] 먼저 유능한 리더의 프로파일을 정의한 다음 왜 성공으로 이어지는지 논의하겠다. **리더동기 프로파일**(leader motive profile, LMP)은 친화욕구와 적절한 수준의 성취욕구보다 더 높은 사회화된 권력욕구를 포함한다. 성취욕구 점수는 일반적으로 권력욕구 점수와 친화욕구 점수 사이의 어느 한 가운데 있으며, 그 이유는 다음과 같다.

- **권력.** 권력은 추종자들에게 영향력을 행사하는 수단이기 때문에 리더에게 필수적이다. 권력이 없으면 리더십도 없다. 성공을 위해서 리더들은 리더십 역할 속에서 강한 에너지와 결단력을 가지고 우월함과 책임감을 가질 필요가 있다. 추종자들이나 동료, 높은 직급의 관리자들에게 영향력을 행사하기 위해 권력을 필요로 한다. 어떻게 권력을 얻고 조직 내 정치에서 성공하는지는 5장에서 논의한다.
- **사회적 권력.** McClelland는 권력이 선도 아니며 악도 아니라 규명했다. 권력은 다른 사람들을 희생시키면서 개인의 이익을 얻는 데 이용될 수도 있고(개인적 권력), 자기 자신과 다른 사람들을 돕는 데 사용될 수도 있다(사회적 권력).[54] 사회적 권력(socialized power)은 나중에 윤리와 함께 다시 논의할 것이다. 효과적 리더는 타인에 대한 민감성, 안정성과 좋은 감성지능 관계 및 Big Five 모델의 적응성이 포함된 사회적 권력을 사용한다. 따라서, 친화욕구가 낮은 사람일지라도 타인에 대한 민감성은 높을 수 있다. Girls Who Cod 설립자이자 CEO인 Reshma Saujani는 사회적 권력을 사용해 기술 분야에서 여성을 위해 성별 격

차를 구별하고 좁히려 노력했다.[55] 따라서 친화욕구가 낮은 사람도 타인에 대해 높은 민감성을 가질 수 있다. McClelland의 연구는 경영자들에 부정적 특성인 개인적 권력에 의존하기 때문에 이들이 실패한다고 설명한다. 사회적 권력은 동기 프로파일에 포함되지 않는다. 사회적 권력이 포함된 동기 프로파일을 결정하기 위해 자기평가 2.3을 해보자.

자기평가 2.3 사회적 권력이 포함된 동기 프로파일

〈자기평가 2.1〉을 확인해보고, 〈자기평가 2.2(동기 프로파일)〉에 나타난 점수를 다음 빈칸에 넣어 보자.

성취욕구 (성실성)	권력욕구 (외향성)	사회적 권력 (적응성)	친화욕구 (친화성)
점수 _____	점수 _____	점수 _____	점수 _____

이 프로파일에 정답이나 오답은 없다. 적응성 점수는 당신의 권력이 좀 더 사회적인지 아니면 개인적인지를 판단할 아이디어를 줄 것이다. 또한 〈자기평가 2.1〉의 (3, 8, 13, 18, 23번) 질문들은 전적으로 사회적 권력에 맞춰져 있지 않다는 것을 인식해야 한다. 따라서 만약 당신이 타인에 대한 높은 민감성을 가지고 있다고 믿는다면, 리더동기 프로파일(사회적 권력)의 점수는 높을 것이다. 리더동기 프로파일은 리더십 정의에 포함되어 있다. 우리의 리더십 정의는 다섯 가지 구성요소를 갖고 있다(도표 1.1 참조). 즉, 우리의 리더십 정의는 영향력과 리더-추종자들(권력; 외향성), 사람들과 사이좋게 지내는 것(사회적 권력; 적응성과 친화성), 조직의 목표(성취; 성실성), 변화(개방성)를 포함한다.

- **성취.** 효과적이기 위해, 리더는 일반적으로 보통 수준의 성취욕구를 가지고 있어야 한다. 리더는 높은 에너지, 자신감, 경험에 대한 개방성 등을 갖고 있으며 믿을만하다(Big Five의 성실성). 높은 수준이 아니라 보통 수준의 성취욕구, 즉 낮은 권력욕구인 이유는 개인적 권력이라는 위험 때문이다. 높은 성취욕구를 가진 사람은 개인적인 성취를 추구하는 경향이 있으며, 이들이 리더가 되는데 관심이 없을 때, 개인적 권력을 행사하고 정도에서 벗어나 실패할 확률이 높다.
- **친화.** 효과적인 리더는 추종자들과의 관계가 그들에게 영향을 미치는데 방해가 되지 않게 하기 위해서 권력욕구보다 친화욕구에 더 관심을 갖는다. 만약 성취욕구 점수가 친화욕구 점수보다 낮다면, 다음과 같은 문제점이 발생할 가능성이 증가한다. 높은 친화욕구를 가진 리더는 낮은 권력욕구를 가지고 있어서 추종자들에게 변화와 같은, 그들이 원치 않는 것을 하도록 훈계하거나 영향을 주는 등의 '나쁜 사람' 역할을 하려 하지 않는다. 리더는 친구들에게 보이는 친근한 행동을 추종자들에게 보인다. 그러나 효과적인 리더는 사회적 권력을 갖고 추종자들에게 관심을 갖는다는 것을 기억하기 바란다.

도입사례 응용

2. Deepa는 효과적인 리더의 성격 프로파일을 가지고 있는가?

LMP 점수 없이는 정확하기 어렵다. 그러나 권력에 대한 그녀의 욕구는 World Bank의 선임 고문이 되기 위해 기업의 사다리를 올라가면서 잘 설명된다. 그녀는 단순히 자신의 힘보다는 관계에 더 의존하기 때문에 사회적 권력욕구를 가지고 있다. Deepa는 지속적인 성공으로 이어지는 박사 학위 취득과 같은 성취욕구를 갖고 있다. 그녀는 또한 친화욕구가 높아서 양성평등을 위해 전 세계 사람들과 원활하게 협력하고 있다.

리더십 태도에 대해 논의하기 전에 Big Five 성격 모델, 효과적인 리더의 아홉 가지 특성, 성취 동기이론 및 LMP를 종합하여 도표 2.3에서 지금까지 다룬 내용을 검토해 보겠다.

도표 2.3 Big Five 특성과 욕구의 결합

Big Five	Big Five 내의 리더십 특성	성취동기이론 및 리더동기 프로파일(LMP)
외향성	a. 주도성 b. 외향적 c. 에너지/결단력	권력욕구
친화성	d. 사회성/타인에 대한 민감성 e. 감성지능	친화욕구
적응성	f. 정서적 안정성과 나르시시즘 g. 자신감	사회적 권력(LMP)
성실성	h. 신뢰성 i. 진실성	성취욕구
개방성	j. 유연성 k. 지능 l. 통제의 위치	별개의 욕구로 나눠지지 않음; 다른 욕구에 포함됨

자기평가 2.4 리더십에 대한 관심

리더십에 대한 당신의 관심을 가장 잘 기술해 주는 번호를 골라보자.

_____ 1. 나는 관리자나 리더가 되고 싶다.

_____ 2. 나는 관리자가 아닌 리더가 되고 싶다.

_____ 3. 나는 리더가 되는 것에 관심이 없다. 나는 추종자이기를 원한다.

만약 당신이 리더가 되기를 원한다면, 리더십 스킬은 개발될 수 있다는 연구결과를 기억해보자.

1번을 선택한 당신은 리더동기 프로파일(LMP)을 가지고 있는가? 만약 대답이 '예'라고 해도 당신이 기업에서 승진할 수 있다는 것을 보장받지는 않는다. 그러나 LMP를 가지고 있다는 것은 기회를 증대시키는 것을 의미한다. 왜냐하면 그것은 리더십 성공의 예측변수 이기 때문이다. 이와 반대로 LMP가 충분하지 않다면, 성공하기 위해서는 리더십 스킬이 필요하다. 만약 〈자기평가 2.3〉의 점수가 LMP를 가지고 있다는 것을 나타내지 않는다면, 〈자기평가 2.1〉로 돌아가서 1, 6, 11, 16, 21번의 질문을 검토해보자. 그 질문들에 정확하게 점수를 매겼는가? 가장 중요한 질문은 16번이다. 만약 당신이 LMP를 가지고 있다고 믿는다면, 당신의 프로파일은 McClelland의 LMP 설문지를 사용한다면 달라질 수 있다는 것을 인식해보자. 또한 모든 성공적인 리더가 LMP를 가지고 있지는 않다는 것을 기억해보자. LMP가 없어도 성공적일 수 있다. 리더십 스킬을 노력하여 개발하는 것은 리더십 성공의 기회를 증대시켜줄 것이다.

만약 2번을 선택했다면, 당신의 LMP에 대해서 신경을 쓰지 않아도 된다. 리더십 스킬을 개발하는 것에 초점을 맞춰야 한다. 그러나 성격 프로파일은 향상시켜야 할 영역을 확인하기 위해 당신의 강점과 약점을 더 잘 이해할 수 있도록 도와줄 수 있다. 이것은 1번을 선택한 사람들에게도 해당된다.

만약 3번을 선택했다고 해도 괜찮다. 대체로 대부분의 사람들은 이 번호를 선택했을 것이다. 대단한 직업과 수입을 갖는 많은 전문가들은 추종자들이다. 그리고 그들은 관리자가 되는데 관심이 없다. 그러나 연구결과, 리더와 추종자들은 같은 기술을 필요로 한다는 것을 기억해야 한다. 즉, 조직은 리더십 스킬을 가진 종업원을 찾고 있고, 조직은 모든 계층에서 종업원들에게 리더십 스킬을 훈련시키고 있다. 성공적이고 만족스러운 경력기회를 증대시키기 위하여 당신은 리더십 스킬의 개발을 원할 수도 있다. 언젠가는 리더와 관리자가 될 거라고 당신의 생각을 바꿀 수도 있다. 당신의 권력에 대한 욕구와 LMP는 당신이 선택한 번호에 관계없이 리더십 스킬 수준과 리더십 그리고 관리에 대한 당신의 관심에 따라 시간이 지나면 바뀔 수 있다.

리더십 태도

학습목표 2.4
네 가지 리더십 스타일을 개발하는 데 태도가 어떻게 사용되는지 설명하라.

이번 절에서는 '리더십이 추종자의 행동에 어떻게 영향을 미치는가?'[56]라는 중요한 질문에 대해 논의할 것이다. 먼저 리더십 태도가 어떻게 X이론과 Y이론에 연관되어 있는지, 피그말리온 효과가 추종자의 행동과 성과에 어떤 영향을 미치는가 하는 문제에서 시작해보자. 그 후, 자아개념에 대해 논의하고 자아개념이 어떻게 리더의 행동과 성과에 영향을 미치는지를 알아보자. 마지막으로 추종자들에 대한 리더의 태도와 자아개념이 리더의 리더십 스타일에 미치는 영향에 대해 생각해볼 것이다.

태도는 사람, 사물, 문제에 대한 긍정적이거나 부정적인 감정이다.

태도(attitudes)는 사람, 사물 및 이슈에 대한 긍정적 혹은 부정적 감정이다. 우리는 모두 생활, 업무, 학교, 리더십 그리고 그 밖의 모든 것에 대해 호의적 혹은 긍정적인 태도와 비호의적 혹은 부정적인 태도를 가지고 있다. Marriot Corporation의 W. Marriot, Jr. 사장은 기업의 성공이 다른 어떤 요소보다도 구성원의 태도에 달려있다고 언급했다. 전설적인 미식축구 코치인 Lou Holtz도 태도야말로 이 세상에서 가장 중요한 것이며, 우리는 각자의 태도를 선택할 수 있다고 말했다. 즉, 긍정적 혹은 부정적인 사람이 되는 것은 자신의 선택인 것이다. 성공적인 리더는 긍정적이고 낙관적인 태도를 가지고 있다. 여러분의 태도도 그러한가?

X이론과 Y이론

X이론과 Y이론은 추종자에 대한 리더의 태도를 바탕으로 리더십 행동과 성과를 설명하고 예측하려고 시도한다.

X이론과 Y이론(theory X and theory Y)은 추종자에 대한 리더의 태도를 바탕으로 리더십 행동과 성과를 설명하고 예측하려고 시도한다. Douglas McGregor는 태도 또는 신념체계를 분류했는데, 그는 이것을 'X이론과 Y이론'이라고 불렀다.[57] X이론의 태도를 가진 사람들은 종업원들이 업무 수행을 싫어하기 때문에 그들의 업무를 자세히 감독해야 한다고 주장한다. Y이론적인 태도를 취하는 사람들은 종업원들은 일 자체를 좋아하기 때문에 그들의 업무를 자세히 감독할 필요가 없다는 입장이다..

종업원에게 영향을 미치는 X이론 및 Y이론 리더십 스타일

X이론의 태도를 가진 관리자는 부하에 대해 부정적이고 비관적인 견해를 가지고 있으며 위협이나 처벌과 같은 외부통제를 이용한 강압적이고 전제적인 리더십 스타일을 보이는 경향이 있다. Y이론의 태도를 가진 관리자는 부하를 보는 관점이 긍정적이고 낙관적이며 내적 동기와 보상을 이용한 참여적인 리더십 스타일을 보인다.

일반적으로 Y이론의 태도를 가진 관리자가 X이론의 태도를 가진 관리자보다 더욱 생산적이라는 게 널리 받아들여지고 있다.[58] 실패한 리더의 여섯 가지 특성은 X이론을 반영하고 있다. X이론을 믿는 경향이 있다고 해서 당신이 효과적인 리더가 될 수 없다는 의미는 아니다. 대규모 생산업체나 숙련도가 낮은 부하들에게는 권위적인 리더십 스타일이 더 효과적일 수 있다. 성격 특성으로서 태도를 노력해서 바꿀 수 있다. 다만, 권위적인 리더가 되어서는 안 된다.

피그말리온 효과는 리더의 추종자들에 대한 태도와 기대가 추종자의 행동과 성과를 설명하고 예측한다고 주장한다.

피그말리온 효과

피그말리온 효과(Pygmalion effect)는 추종자들에 대한 리더의 태도와 기대 및 대우를 통해 추종자들의 행동과 성과를 설명하고 예측할 수 있다고 주장한다. 조직은 직원

평가를 통해 성공하고 발전할 것으로 예상되는 개인과 성공적인 경력을 쌓지 못할 개인을 정한다.[59] 경영에서의 기대는 목표와 기준으로 표현할 수 있다. Lou Holtz는 코치나 교사, 부모 혹은 리더가 할 수 있는 가장 나쁜 행동은 기대를 낮추고 낮은 기준을 설정하는 것이므로, 높은 기준을 설정하라고 조언한다. Wegmans는 종업원들을 잘 대우하고, 높은 기준을 세우고, 회사의 이익을 활용하여 더 많은 식료품점을 오픈했다.[60]

업무응용 2.4

어떤 사람(부모, 친구, 교사, 코치, 관리자)이 당신이 과업을 잘 수행하거나 실패하기를 기대하고 그렇게 당신을 대우해서, 그 결과 성공 또는 실패로 이어진 사례를 제시해보자.

도입사례 응용

3. '태도'는 양성평등 행동에 어떤 영향을 미치는가?

Deepa가 전 세계적으로 양성평등을 개선하기 위해 열심히 노력한 주된 요인은 긍정적인 태도인 Y이론이다. Deepa는 자신이 세상의 태도와 성차별적 행동(내제적 통제)을 변화시키는 데 영향을 미칠 수 있다고 믿고 있다. 성차별은 다른 성역할의 전통적인 고정관념에 기반한 태도 또는 행동으로 소녀와 여성에게 불평등을 유발한다. 성차별에 대한 우리의 태도는 우리의 행동에 영향을 미친다.

여성에게 교육과 좋은 일자리를 제공하는 것만으로는 충분하지 않다. 그 이유는 여성은 여전히 성차별에 직면하고 직장에서의 경력기회, 특히 리더십 역할과 최고 수준의 경영진으로 발전하기 어렵기 때문이다. Deepa는 우리가 문화적 가치를 바꿔야 하고 우리 모두는 부정적인 성차별적 태도와 행동을 멈춰야 한다고 말한다. 불행하게도 문화를 바꾸는 것은 여성에게 더 나은 일자리를 제공하는 것보다 훨씬 어렵고 훨씬 더 오래 걸린다.

소녀와 여성에 대해 부정적으로 고정관념을 갖게 하는 사회적으로 학습된 규범에서 비롯된 자신의 성차별적 태도와 행동을 바꾸는 것부터 시작하여 우리 모두가 노력한다면 더 큰 양성 평등을 만들 수 있다. (좋은 동기로 의도하지 않았을 수도 있음). 친구, 부모, 교사, 상사 및 다른 사람들에 대해 생각해보라. 그들은 남자와 여자가 어떻게 행동해야 하는지 나타내는 말과 행동을 하는가? 다른 사람들이 믿는 대로 여러분이 생각하고 행동해야 한다는 압박감을 보거나 느낀 적이 있는가?

Deepa는 우리가 좋은 남자와 여자의 정의를 바꿔야 한다고 말한다. 남녀의 차이에 대한 고정관념을 멈추고 사람들에게 사회적 성역할을 하도록 압력을 가해야 한다. 아직 시청하지 않았다면 Deepa의 13분짜리 TED 강연(http://deepanarayan.com)을 시청하고 그녀의 일곱 가지 습관을 검토해라. (1. 몸매에 신경쓰지 않는다. 2. 침묵해야 한다. 3. 다른 사람들을 기쁘게 해야 한다 4. 섹슈얼리티가 없다. 5. 여성들을 믿지 마라. 6. 욕망보다 의무를 중시한다 7. 다른사람/남성에 의존하고, 잘못된 것을 버리고 올바른 습관에 따라 산다.

자아개념

지금까지는 추종자에 대한 리더의 태도를 논의했다. 이제 리더 자신에 대한 태도를 알아보자. **자아개념(self-concept)**은 사람들이 자신에 대해 가지고 있는 긍정적 혹은 부정적 태도를 의미한다.

자아개념은 사람들이 자신에 대해 갖는 긍정적 또는 부정적 태도를 의미한다.

자아개념은 당신의 성과와 당신을 향한 다른 사람들의 태도가 합쳐진 함수이다(피그말리온효과).[61] 만약 스스로를 능력 있는 사람이라고 생각하는 긍정적인 관점을 가지고 있다면, 긍정적인 자아개념 특성을 보유한 것이다. 자기효능감(self-efficacy)은 특정한 상황에서 자신이 그 일을 해낼 수 있는 능력이 있다는 믿음으로 자아개념과 자신감에 기초한다.

우리가 생각하는 것이 우리에게 일어나는 일을 결정한다. Henry Ford가 말했듯 "할 수 있다고 생각하면 할 수 있고, 할 수 없다고 생각하면 할 수 없다." 긍정적인 자기효능감이 있었고 성공했거나 부정적인 자기효능감이 있어서 실패한 시간을 회상해보라. 리더가 될 수 있다고 믿지 않는다면 아마 성공하지 못할 것이다. 또한 다른 사람들이 나를 리더로 여기고 나를 따르도록 하기 위해서는 긍정적인 자기개념을 투영해야 한다.[62] 다시 말하지만, 훌륭한 리더는 언제 이끌어야 하고 언제 따라야 하는지를 안다.

자기애주의적 성격유형을 가진 사람들이 자아개념을 평가하는 것은 다른 사람들처럼 자신들을 보지 않기에 어렵다. 나르시스트들은은 자아개념을 가지고 있다 생각하지만 자신의 능력을 과장하는 경향이 있고 자기 파괴적인 행동을 할 수 있고 자신과 타인을 해칠 수 있으며 부정적인 태도를 바꿀 필요가 없다고 생각한다.[63] 거의 모든 사람들은 나르시스트들이 타인에 대한 태도와 행동을 더욱 긍정적으로 바꾸어야 한다는 사실을 알고 있다.

도입사례 응용

4. Deepa Narayan의 자아개념은 그녀의 리더십에 어떤 영향을 미치는가?

긍정적인 자아개념이 없었다면 Deepa는 자신감이 없었을 것이다. 특히 남성과 여성 (아버지와 어머니)이 소녀와 여자에 대한 고정관념을 가지고 일곱 가지 나쁜 습관을 따르도록 압력을 가하는 남성이 지배하는 성차별 사회 인도에서 자랐기 때문이다. 그녀는 자기효능감을 가지고 있어서 박사학위를 취득하고, World Bank의 선임고문으로 승진하고, 전 세계적으로 성차별을 바꾸기 위해 자신의 사업을 시작할 수 있었다.

긍정적인 태도와 자아개념 개발하기

우리의 행동과 성과는 우리가 스스로를 바라보는 방식과 일치할 것이다. 승자처럼 생각하고 행동한다면 그렇게 될 것이다. 자기인식과 자기개발이 도움이 될 것이다. 다음은 여러분의 태도를 변화시키도록 돕고 더욱 긍정적인 자아개념을 개발하기 위한 몇 가지 조언들이다.

1. **의식적으로 긍정적이고 낙관적인 태도를 유지하려고 노력해라.** 긍정적인 태도가 없다면 무의식적인 생각과 행동이 그 원인일 수 있다. 의식적인 노력을 통해서만 자아개념을 향상시킬 수 있다.
2. **낙관적 생각, 즉 자신과의 대화(self-talk)를 하라.** 모든 행동은 생각으로 시작된다. 긍정적인 생각을 할 때마다 몸과 마음과 정신이 반응한다. 자신에게 말하는 방식보다 더 강력한 것은 없다.[64] 긍정적인 자기대화를 하라. 나는 일을 잘해낼 것이다. 또는 그 일을 제 시간에 완수할 것이다 등등. 또한 정신적 이미지를 사용하라. 자신이 목표를 달성했다고 상상해 봐라. 자신에 대한 긍정적인 생각만 하면 더 긍정적인 자아개념을 발전시키는 데 도움이 된다. 그래서, Zig Ziglar가 말했듯 악취가 나는 생각은 없다.[65]
3. **부정적인 혼잣말, 불평 또는 어떤 식으로든 부정적 생각에 사로잡히면 일단 멈추고 긍정적인 태도로 바꾸어라.** 시간이 지남에 따라 자신에 대해 더 긍정적으로 변할수록 부정적인 생각에 빠지는 빈도가 줄어들 것이다.
4. **긍정적인 부분을 찾아라.** Lou Holtz가 말했듯이, 우리는 행복하고 낙관적이거나 슬프고 비관적인 것을 선택하며 대체로 우리가 원하는 것을 찾는다. Zig Ziglar는 긍정적인 것을 찾으면 더 행복해지고 삶에서 더 많은 것을 얻을 수 있다고 말한다. 왜 부정적인 것을 찾고 불행해 지려고 하는가?
5. **부정적인 사람, 특히 자신에 대해 부정적으로 느끼게 만드는 사람은 피하라.** 긍정적인 자아개념을 가진 사람들과 어울리고 긍정적인 행동을 취하는 사람들과 어울려라.
6. **목표를 설정하고 달성하라.** 달성할 수 있는 단기 목표(일별, 주별, 월별)를 설정하라. 구체적인 목표를 달성하면 자아개념이 향상된다.
7. **성공에 집중하고 실패에 연연하지 마라.** 우리는 모두 실수를 저지르고 실패를 겪게 될 것이다. 6골 중 5골을 달성했다면 5골에 머물면서 놓친 골은 잊어버려라. Lou Holtz는 행복은 당신에게 일어나는 나쁜 일들에 대한 기억력 부족에 지나지 않는다고 말한다.
8. **성과를 과소 평가하거나 자신을 다른 사람과 비교하지 마라.** 목표를 달성하고 어쨌든 쉬웠다고 말하면 당신은 부정적인 사람이다. 자신을 다른 사람과 비교하고 그들이 더 낫다고 말하면, 당신은 부정적인 사람이다. 아무리 잘해도 더 잘한 사람은 거의 항상 있다. 그러니 최고가 아니라는 이유로 자신에 실망하기보다는 자신이 할 수 있는 최고가 되는 데 집중하라.
9. **칭찬을 받아들여라.** 누군가 당신을 칭찬할 때, 고맙다고 말하자. 이것은 자아개념을 만든다. 그것이 별거 아니라고 말하거나, 누구라도 그렇게 했을 것이라고

말한다면 성장할 수있는 기회를 잃게 될 것이다.

10. **타인과 자신에 대한 부정적이고 비관적인 태도가 도움이 되는 경우가 없다는 것을 인식해라.** 원한을 품고, 걱정하고, 실패를 두려워하는 것이 성공하는 데 도움이 되는가?
11. **긍정적인 역할 모델이 되어라.** 긍정적인 태도는 추종자의 태도를 개선할 수 있다. Y이론과 긍정적인 피그말리온 태도는 다른 사람들의 자아개념을 발전시키는 데 도움이 된다.
12. **일이 잘못되어 기분이 우울할 때, 자신보다 더 어려운 사람을 돕기 위해 무언가를 하라.** 그렇게 나쁘지는 않다는 것을 깨닫게 될 것이고, 더 많이 줄수록 더 많이 얻을 수 있다는 것을 깨닫게 될 것이다. 병원과 급식소에서 자원 봉사를 하거나 다른 사람들을 위해 큰 형 또는 큰 언니가 되는 것은 태도를 바꾸는 데 도움이 될 수 있다. 이것은 또한 외로움을 치료하는 훌륭한 치료법이다.

자기평가 2.5를 완료하여 자아개념을 평가하고 개선해라.

자기평가 2.5 자아개념

여러분이 자기자신과 성공할 수 있는 여러분의 능력에 대해 얼마나 자주 부정적인 생각을 하는지 생각해보자. 자아개념을 1(부정)에서 10(긍정)까지의 척도로 평가해보자. 당신을 잘 아는 다른 사람들이 여러분의 자아개념을 평가하도록 한다. 다른 사람들이 여러분을 보는 것처럼 스스로를 바라보고 있는지 알아보도록 하자. 자아개념을 개선하는 데 도움이 되는 12가지 제안을 검토해보자. 제안 사항 중 몇 가지를 선택하고 여기에 ______ 숫자를 적어보자. 어떤 행동 계획을 갖고 있는가?

자신의 행동에 대한 메모/알림을 작성하고 하루를 시작할 때와 일과 중에 검토하고, 하루가 끝날 때 여러분이 얼마나 잘했는지 평가하는 것과 같은 개선을 위한 구체적인 아이디어를 실천에 옮겨보자.

태도가 리더십 스타일을 발전시키는 방법

이제 타인에 대한 리더의 태도(X이론과 Y이론)와 자신에 대한 리더의 태도(자아개념)을 종합하여 두 가지 태도가 어떻게 네 가지 리더십 스타일로 발전되는지에 대해 알아보자. 리더동기 프로파일(LMP)와 태도를 결합해보면, 효과적인 리더는 Y이론의 태도와 긍정적인 자아개념을 가지는 경향이 있다는 것을 알 수 있다. 도표 2.4를 보면 자신과 다른 사람에 대한 태도가 어떻게 리더십 스타일에 영향을 미치는지 알 수 있을 것이다.

도표 2.4 태도에 기초한 리더십 스타일

	Y이론 태도	X이론 태도
긍정적 자아개념	리더는 대개 긍정적 피드백을 주고받으며, 다른 사람들이 성공하기를 기대하고 참여적 리더십 스타일을 사용한다.	리더는 대개 으스대고, 나서기 좋아하며, 참을성이 부족하다. 비판을 많이 하고 전제적 리더십 스타일을 사용한다.
부정적 자아개념	리더는 대개 의사결정을 어려워하고, 소극적이며, 일이 잘못되었을 때 스스로를 비판한다.	리더는 대개 일이 잘못되었을 때 타인을 비판하고, 개인이나 조직의 문제를 해결할 때 비판적이며, 추종자들 사이에 절망감을 조장한다.

윤리적 리더십

학습목표 2.5

윤리적 행동에 영향을 미치는 세 가지 요소와 사람들이 어떻게 비윤리적 행동을 정당화하는 것인지 설명하라.

윤리의 발전은 최소한 플라톤과 아리스토텔레스로[66] 거슬러 올라가며, 전 세계적으로 계속되는 비즈니스 및 정부 스캔들로 인해 윤리적 리더십에 대한 관심이 계속 커지고 있다.[67] 따라서 윤리적 리더십[68]과 도덕적 리더십[69]은 오늘날 중요한 이슈이다. 윤리적 리더십에 대해 논의하기 전에 자기평가 2.6을 완료하여 행동이 얼마나 윤리적인지 더 잘 이해하라. 이 절에서는 윤리가 무엇이고 윤리적 행동이 어떤 영향을 미치는지, 그리고 성격 특성과 태도, 도덕적 발달 및 상황이 어떻게 윤리적 행동에 영향을 주는가 또한, 사람들이 비윤리적 행동을 어떤 방식으로 정당화 하는가를 논의한다.

자기평가 2.5 당신의 행동은 얼마나 윤리적인가?

이번 연습에서는 동일한 문항 세트를 두 번씩 사용할 것이다. 처음에는 각 문항마다 당신이 그것을 사용하는 빈도와 당신의 행동에 초점을 맞추어 응답해보자. 문항번호 앞의 밑줄 부분에 얼마나 자주 당신이 그런 행동을 "과거에 했다", 기회가 있다면 "그렇게 할 것이다" 또는 "지금 그런 행동을 하고 있다"를 나타내도록 1점부터 4점까지 점수를 넣어보자.

당신의 윤리 수준은 이 점수들에 의해 결정될 것이다. 당신은 수업시간에 점수를 다른 사람에게 두려움 없이 솔직하게 말해야 한다. 윤리점수를 공유하는 것이 이 연습의 주된 부분은 아니다.

매우자주			절대 없음
1	2	3	4

두 번째는 같은 문항을 사용하여, 당신이 일하고 있는, 또는 일했던 조직에서 다른 사람을 초점에 맞추어 응답해보자. 만일 누군가가 그런 행동을 하고 있는 것을 보았다면, 문항 뒤에 있는 밑줄 부분에 "O"를 써 넣어보자. 또 조직 내부에서나 외부에서 당신이 이런 행동을 신고했다면(내부고발), 밑줄에 "R"이라고 써 넣어보자.

O—보았음 R—신고하였음

1—4 O—R

대학

____ 1. ____ 숙제를 베끼는 것

____ 2. ____ 시험에서 부정행위 하는 것

____ 3. ____ 다른 사람이 작성한 과제를 자신이 한 것처럼 제출하는 것

직장

____ 1. ____ 원하는 것을 얻거나 문제를 피하기 위해 다른 사람에게 거짓말을 하는 것

____ 2. ____ 늦게 출근하고, 일찍 퇴근하고, 긴 휴식/점식식사를 하면서 보수를 받는 것

____ 3. ____ 해야 할 일 하고, 그에 대한 대가를 받기보다는 사교 활동을 하거나, 장난을 치거나 개인적 일을 하는 것

____ 4. ____ 아프지 않을 때 휴식을 위해 병가를 요청하는 것

____ 5. ____ 회사의 전화, 컴퓨터, 인터넷, 복사기, 우편, 자동차 등을 개인적인 용도로 사용하는 것

____ 6. ____ 회사 도구/장비를 무단으로 개인이 사용하기 위해 집으로 가져갔다가 반환하는 것

____ 7. ____ 집으로 회사 용품 또는 상품을 가져와 보관하는 것

____ 8. ____ 회사 물품이나 상품을 친구에게 주거나 아무 말 없이 가져가게 하는 것

____ 9. ____ 식사 및 여행 비용 또는 실제로 먹거나 섭취하지 않은 내용을 회사에 비용으로 청구하는 것

____10. ____ 배우자/친구를 데리고 외식을 하거나 출장 중에 동행을 해서 회사 비용 계정에 청구하는 것

____11. ____ 고객/공급자에게 사업을 제공하는 대가로 선물을 받는 것

____12. ____ 세금을 속이는 것

____13. ____ 배송 날짜 단축과 같은 방법으로 고객이 상품을 사도록 호도하는 것

____14. ____ 고객 또는 공급체인척하는 것과 같이 경쟁업체와 경쟁하는 데 사용할 정보를 얻기 위해 경쟁업체를 호도하는 것

____15. ____ 자신을 좋아보이게 하거나 다른 사람을 나쁘게 보이게 하기 위해 데이터를 조작하는 것

____16. ____ 커미션을 받기 위해 고객이 필요한 것보다 더 많은 제품을 파는 것

____17. ____ 승진을 위해 자신을 돋보이게 하기 위해 또는 더 많은 더 많은 매출을 올리기 위해서 동료와 경쟁자에 대해 거짓 소문을 퍼트리는 것

____18. ____ 요청/지시 받았을 때 상사를 위해서 거짓말을 하는 것

____19. ____ 자신을 나쁘게 보이게 하는 정보를 삭제하거나 결과보다 더 보기 좋게 보이도록 정보를 변경하는 것

____20. ____ 허위 정보가 포함된 문서에 서명하라는 압력을 받거나 다른 사람에게 압력을 가하는 것

____21. ____ 부적절하다고 간주될 수 있는 정보 또는 결정이 포함되어 있을 수 있는 사실을 인지하고도 읽지도 않은 문서에 서명하라는 압박을 받거나 또는 다른 사람에게 압력을 가하는 것

____22. ____ 함께 일하면서 사이가 좋지 않은 사람에게 이 평가를 하게 한다면, 그 사람은 당신의 답변에 동의하겠는가? 숫자 22 앞의 줄에 YES 4-1 척도를 사용하고 O나 R을 건너뛰어라.

다른 비윤리적 행동:

관찰한 다른 비윤리적인 행동을 추가해라. 당신이 그러한 행동을 신고했다면 R을 기입하라.

____

____

____

____

____

____

주석: 〈자기평가 2.5〉는 윤리적 행동을 정밀하게 측정하는 것은 아니다. 윤리에 대한 당신의 생각뿐 아니라, 당신의 윤리적 행동과 타인의 행동도 알아보기 위해 고안된 것이다. 정답이나 오답은 없다. 그러나 이런 각각의 행동들은 대부분의 조직에서 비윤리적인 행동으로 여겨진다. 이 연습과제에서 또 하나의 윤리적인 이슈는 비윤리적 행동의 빈도를 매겼을 때 당신의 정직성이다. 당신은 얼마나 정직한가?

점수: 윤리점수를 알아보기 위해서, 1점부터 4점까지의 점수를 더해보자. 총점은 25점과 100점 사이에 있을 것이다. 여기에 당신의 점수를 기입해보자. 그리고 아래 연속선상에 당신의 점수를 넣어보자. 점수가 높을수록 당신의 행동은 윤리적인 것이고 점수가 낮을수록 그 반대이다.

비윤리적 25 — 30 — 40 — 50 — 60 — 70 — 80 — 90 — 100 **윤리적**

윤리적 리더십이란 무엇인가?

윤리(ethics)는 행동에 영향을 미치는 옳고 그름의 기준이다. 윤리는 리더십의 핵심이라고 불린다.[70] 특히 문화에 따라서 어떤 행동이 윤리적이고 또는 비윤리적이라고 생각하는 것이 달라질 때 선물을 받는 것(윤리적)과 뇌물을 받는 행동(비윤리적)과 같은 윤리적 행동과 비윤리적인 행동을 구별하는 것이 항상 쉬운 것은 아니다. (글로벌뷰). 따라서 윤리란 옳고 그른 행동과 그 차이를 아는 것 그리고 사람과 리더로서 윤리적으로 생각하고 행동하는 것에 관한 것이다.[71]

윤리는 행동에 영향을 미치는 옳고 그름의 기준이다.

의사결정의 윤리

윤리적 리더십은 실제로 이론이 아니다. 모든 의사결정 상황에는 암시적 또는 명시적 윤리적 문제가 관련되어 있다. 따라서 윤리적 리더십은 오히려 윤리적 결정을 내리는 데 지침이 된다.[72]

윤리적 관점

윤리를 보는 세 가지 방법을 소개한다. (1) 공리주의적 관점(Utilitarian view)은 윤리적 결정이 사회에 더 큰 이익을 창출하는 것(행동의 결과/결과에 따라 가장 많은 사람들에게 더 큰 이익을 제공)에 기반해야 한다고 명시하고 있으며, (2) 권리 관점(Rights view)은 윤리적 결정이 개인의 권리(사생활 보호 권리, 언론의 자유)를 존중해야 한다고 명시하고, (3) 정의 관점(Justice view)은 모든 사람을 공평하고 공정하게 대우하기 위해 윤리적 결정을 내려야 한다고 명시하고 있다(차별하지 마라. 그리고 11장을 참고하라). 그러나 상황에 맞추어 이 세 가지 관점을 모두 구현하려고 노력해야 한다.

윤리적 행동이 효과가 있는가?

그렇다. 장기적으로는 윤리적인 것은 가치가 있고 윤리는 가르칠 수 있다.[73] 또한 예비 MBA 학생들은 책임감있고 윤리적인 리더십을 길러주는 커리큘럼을 원한다고 말한다.[74] 개인, 기업, 정부 및 글로벌 분석 수준에서 윤리에 대해 논의해보자.

개인 차원의 윤리

첫째, 우리는 조직이 윤리적이거나 비윤리적인 것이 아니고, 개인과 집단이 윤리적으로 또는 비윤리적으로 행동할 수 있음을 인식해야 한다. 비윤리적인 조직행동은 개인의 비윤리적인 '나쁜 사과'의 영향에 기인한다. 나쁜 사과 비윤리적인 리더는 좋은 사과 추종자들보다 강한 영향을 미치는 경향이 있으며 전체(집단, 부서, 조직)를 망칠 수 있다. 따라서 많은 회사들이 입사 지원자들에게 청렴성을 요구하고 심지어 윤리 테스트를 실시한다는 점을 기억하라.

리더십 성공은 리더십의 성공은 성실성이라는 개인적 특성과 신뢰 관계를 발전시키는 능력에 기반한다. 사람들에게 정직하지 않고 그들을 이용한다면 그들은 당신을 신뢰하지 않을 것이다. 그리고 당신은 그들에게 영향을 미칠 능력이 없을 것이다. 사람들을 이끌려면 사람들에게 정직해야 한다.[75] 그러니 진실은 절대적으로, 명백하게 중요하다.[76] 결국은 진실이 제일 중요하다.[77]

비윤리적인 행동을 하면 단기적으로 이익을 얻을 수 있지만, 장기적으로는 자신을 방해하는 것이다. 왜냐하면 자신만을 돌보고 비윤리적인 행동만을 하는 것은 결국은 할리우드의 Harvey Weinstein과 같이 적발되어 징계 조치를 받으며 해고되고 감옥에 가게 된다.[78] 따라서 윤리적인 것과 유능한 사람이자 리더가 되는 것 사이에는 직접적인 연관성이 있다.

비즈니스 수준에서의 윤리

회사 평판이 좋은 것은 비즈니스에 좋다.[79] 스캔들로 인한 나쁜 평판은 곧 고객 손실로 이어진다.[80] 미국의 Uber, Wells Fargo, Enron, 그리고 독일의 Wirecard(20억 달러 손실) 같이 법률 및 윤리 기준을 어긴 기업은[81] 이러한 기업과 사회에 큰 피해와 손실을 초래했다.[82]

종업원을 윤리적으로 공정하게 대하는 기업은 그렇지 않은 기업보다 성과가 더 좋다.[83] 상사가 불공평하다고 생각하는 직원은 좋은 일을 하고 관리자를 도우려는 동기가 줄어들고 성과가 떨어진다.[84] 거의 모든 주요 기업은 윤리강령을 가지고 있으며 관리자에게 윤리적으로 이끄는 방법과 이해관계자에게 서비스를 제공하는 방법을 교육한다.[85] 왜 그런가? 시간과 돈을 투자하면 스스로 투자하는 것 이상으로 비윤리적인 행동이 줄어들기 때문에,[86] 세계에서 가장 윤리적인 기업들이 다른 기업들보다 재무적인 성과가 우수하다.[87]

정부 차원의 윤리

정부는 기업을 정직하게 유지하기 위해 법률을 제정하고 시행해야 하지만, 비즈니스 업계에서 보듯이 비윤리적인 공무원과 스캔들이 존재한다. 미국 의회는 2002년 Sarbanes-Oxley 법을 통과시켜 기업 윤리에 영향을 미치는 법률을 강화했다. 여기에는 비윤리적 행동을 폭로한 사람('내부 고발자')에 대한 보복 없이 금융 부조리에 대한 불만사항들이 드러나게 하고 이에 대해 신속하게 조치를 취할 수 있도록 돕는 것이 포함된다.

글로벌 수준의 윤리

부패는 글로벌 사회가 직면한 중대한 과제 중 하나이다. 부패로 인해 국제 프로젝트 비용을 10% 이상 증가시키는 것으로 추정된다. 또한 일부 국가에서는 부패로 인해 조달 계약 비용이 최대 25%까지 늘어날 수 있다. 전 세계 부패로 인한 비용은 막대하다.

세계 경제 포럼(World Economic Forum)은 매년 1조 달러 이상이 뇌물로 지불되고 있다고 추산했다. "부패로 인해 세계 GDP가 5% 이상 감소한다"고 추정했다. 돈이 사회적 생활 수준을 높이거나 제품 생산 원가를 줄이는데 사용되는 대신, 부패한 개인들에게 뇌물로 전달되어 제품가격을 인상시킨다.[88] (글로벌뷰)

전 세계 부패를 막기 위해 미국에는 해외 부패 방지법(Foreign Corrupt Practices Act)이 제정되어 있다. 이 법은 미국 기반 또는 미국 상장 기업이 비즈니스에 대한 대가로 외국 공무원에게 뇌물을 주는 것을 금지하고 정확한 장부와 기록을 보관하도록 요구한다. GE는 전 세계적으로 사업을 수행하면서 뇌물을 주지 않는 것을 자랑스럽게 생각한다고 밝힌 바 있다.[89] (글로벌뷰)

좋은 사람들이 왜 나쁜 행동을 하는가?

대부분의 사람들은 옳고 그른 행동을 이해하고 양심을 가지고 있다. 그럼 왜 좋은 사람들이 나쁜 것을 하는 걸까? 대부분의 경우 사람들이 비윤리적으로 행동하는 것은 그들의 성품에 결함이 있거나 잘못된 심성을 가지고 태어났기 때문이 아니다. 비윤리적인 행동을 하고 싶은 유혹이 믿기 힘들만큼 엄청나게 많을 수 있다. 거의 모든 사람이 부정직할 수 있다. 1%의 사람들은 항상 정직하고, 1%는 항상 부정직하고, 98%는 때때로 비윤리적이지만 약간만 비윤리적일 것이다.[90]

인센티브

우리는 '인센티브'에 반응하며 적절한 인센티브를 찾으면 일반적으로 윤리적으로나 비윤리적으로 행동하도록 조종될 수 있다.[91] 기업들은 때때로 비윤리적인 행동으로 이어지는 인센티브 시스템을 개발한다.[92] Wells Fargo 은행의 경우 재무적 인센티브를 지급함으로써 직원들이 고객들이 승인하지 않은 계정에 사인을 해서 고객 계좌를 불법적으로 늘리게 만들었다.

비윤리적인 행동의 동기는 일반적으로 다른 사람들보다 먼저 우리 자신의 이익을 추구하는 것이며, 일반적으로 어떤 식으로든 다른 사람에게 피해를 입히며[93] 개인적인 이득을 위한 것일 수 있고 손실을 피하거나 곤경에 빠지는 것을 피하기 위한 것일 수도 있다. 어떤 인센티브가 당신을 비윤리적으로 행동하라고 유혹했는가?

윤리적 행동에 영향을 미치는 요인

다음에는 사람들이 윤리적 또는 비윤리적 행동을 취하는 세 가지 이유에 대해 논의한다.

성격 특성 및 태도

윤리적 행동은 개인적인 진실한 성격 특성과 관련이 있다. 어떤 사람들은 높은 도덕적 기준을 가지고 있으며, 종교적인 가치관이 행동에 영향을 미치기도 한다.[94] 하지만 성격만으로는 비윤리적 행동에 대한 좋은 예측변수가 될 수 없다. 외향성(주도성)을 가진 리더에게는 개인적 이익을 위해 권력을 이용하거나 사회적 권력을 사용하는 두 가지의 선택권이 있다. 개인의 이익을 위해 비윤리적인 권력을 사용하거나 다른 사람을 돕기 위해 사회적 권력을 사용하는 것이다. 나르시스트들은 종종 자신의 권력을 키울 목적으로 비윤리적인 행동을 취한다.[95]

다른 사람들에 대해 민감한 친화적 성격을 갖는 사람들은 대중이 윤리적인 행동을 하든지, 비윤리적인 행동을 하든지 상관없이 그들을 따라가게 된다. 외재적 통제위치를 가지고 있고, 정서적으로 안정되지 않은 적응성이 높은 사람들은 비윤리적 행동을 더 많이 하는 경향이 있다.

윤리에 대해 긍정적인 태도를 보이는 사람들은 윤리에 대해 부정적이거나 약한 태도를 가진 사람들보다 더 윤리적인 경향이 있다. 어떤 사람들은 부정직하고 일관되게 거짓말을 하는 데 아무런 문제가 없다고 생각한다. 심지어 관련이 없는 것에 대해서도 말이다. 타인을 희생시키면서 자기 이익을 위해 비윤리적인 행동을 하는 성격 유형과 특성, 그리고 모든 것이 '내가 우선이다'라는 태도를 가진 사람을 알고 있나? 당신은 그들을 좋아하나? 윤리에 대한 당신의 성격 유형과 태도는 어떤가?

도덕적 발달

윤리적 행동에 영향을 미치는 두 번째 요소는 도덕적 발달로, 옳고 그른 것을 이해하고 도덕적 정체성을 가지고 옳은 일을 하기로 선택하는 것을 말한다. 윤리적 선택을 하는 우리의 능력은 우리의 도덕적 발달 및 판단수준과 관련이 있다.[96] 도표 2.5에서 논의한 바와 같이 개인의 도덕적 발달에는 세 가지 수준이 있으며, 우리는 성품(character) 개발을 향상시킬 수 있다.[97]

첫 번째 관습 전 수준에서는 관습에 얽매이지 않고 우리는 자신의 이익과 그 결과(보상 및 처벌)에 따라 옳고 그른 행동을 선택한다. 두 번째 관습적 수준에서는 기존의 윤리적 추론을 통해 우리는 예상되는 기준을 유지하고 다른 사람들의 기대에 부응하기 위해 노력한다. 한 사람은 다른 사람들이 하는 일을 하며, 종종 집단 구성원으로 받아들여진다.[98] 세 번째 단계인 관습 후 수준에서 우리는 리더나 집단 윤리에 관계없이 도덕적 원칙을 정의하기 위해 노력한다. 우리 대부분은 도덕적 발

도표 2.5 도덕적 발달 단계

3. 관습 후 수준
행동은 옳고 그름이라는 보편적 원칙에 의해 동기가 부여된다.
리더 또는 그룹의 기대에 관계없이 어떤 식으로든 개인이나 조직이 피해를 입더라도 옳은 일을 하려고 한다.
"나는 옳지 않기 때문에 고객에게 거짓말을 하지 않는다."

2. 관습적 수준
타인이 정의한 수용 가능한 행동에 대한 기대에 부응하는 것은 의무와 책무를 이행하기 위한 행동을 하게 만들어 주는 동기가 된다. 추종자가 리더와 집단 구성원의 행동을 모방하는 것은 일반적이다. 집단이 거짓말, 부정 행위, 도둑질 등을 용인한다면 이해관계자를 대할 때 개인도 마찬가지다.
반면에 이러한 행동이 받아들여지지 않으면 개인도 그렇게 하지 않을 것이다.
동료 집단의 압력은 집단 규범을 시행하는 데 사용된다.
"다른 판매 담당자들도 그러기 때문에 고객에게 거짓말을 한다."

1. 관습 전 수준
처벌을 피하기 위하여 규칙을 준수하고 권위에 복종하는 반면에,
자기이익을 추구하려는 동기가 보상을 얻고싶은 욕구를 충족시키는 행동을 하게 만든다.
"나는 더 많은 제품을 판매하고 더 높은 수수료를 받기 위해 고객에게 거짓말을 한다.".

달의 세 번째 수준인 탈 관습적 수준에 도달할 수 있는 능력을 가지고 있지만 그렇게 하는 사람은 많지 않다. Martin Luther King, Jr는 불공정한 법을 어기고 모든 사람을 위한 보편적인 존엄성과 정의를 추구하며 감옥에서 시간을 보냈다.

대부분의 사람들은 기존의 두 번째 수준에서 행동하지만 일부는 틀에 얽매이지 않는 첫 번째 수준 이상으로 발달하지 못했다. 비윤리적이라는 또래 집단의 압력을 어떻게 감당하는가? 당신은 어느 정도의 도덕적 발달을 이루고 있는가? 윤리적 도덕적 발달을 위해 무엇을 할 수 있는가? 윤리적 리더가 되는 데 도움이 되는 지침에 대해 논의해볼 것이다.

업무응용 2.5

도덕적 발달의 세 가지 수준 각각에서의 행동 조직에서 이루어지는 행동의 예를 제시해보자.

상황

윤리적 행동에 영향을 미치는 세 번째 요소는 상황이다. 사람들은 윤리적 행동을 결정할 때 상황의 힘을 고려한다. 그 중 일부는 다음과 같다.

- 경쟁이 심한 상황은 운동능력 향상 약물을 사용하는 선수와 같이 경쟁에서 이기기 위해 비윤리적인 행동을 하게 만드는 인센티브를 제공할 수 있다.[99]
- 경쟁자가 비윤리적인 행동을 하고 있다는 인상(진실 여부에 상관없이)은 경쟁력을 높이기 위해 약물 복용과 같은 행동을 모방해야 한다는 압박으로 이어질 수 있다.[100]
- 비윤리적인 행동은 성과가 열망한 수준 아래로 떨어지고 어떤 식으로든 처벌을 받을 때 발생할 가능성이 더 높다. Wells Fargo 종업원 중 일부는 실직을 두려워하여 고객들이 승인하지 않은 새 계좌에 비윤리적으로 고객을 등록했다.
- 감독을 받지 않는 상황은 적발되지 않을 가능성이 높기 때문에 비윤리적인 행동을 할 확률을 높아진다.
- 비윤리적인 행동은 조직차원에서 공식적 윤리 정책이나 윤리강령이 없을 때 더 자주 발생한다.
- 비윤리적인 행동은 처벌받지 않을 때 더 흔하며, 특히 보상을 받을 때 더 널리 퍼진다.

요약하면, 사람들은 높은 수준으로 성과를 내라는 압력을 받거나, 감독을 받지 않고, 잡히거나 처벌받지 않을 것이라고 믿을 때, 특히 비윤리적인 행동에 대해 보상을 받을 때 비윤리적일 가능성이 더 높다.

내부고발. 사람들은 위반이 심각하지 않다고 인식할 때, 가해자의 친구이거나 상사나 동료의 보복을 두려워 할 때 비윤리적인 행동(내부고발)을 할 가능성이 적다. 더 발전된 관습 후 수준에서의 행동에서 보듯이 내부 고발자가 되려면 높은 도덕적 책임감이 요구된다. 내부 고발자는 일반적으로 옳은 일을 하는 데 약간의 부정적인 결과를 초래한다. 혹시 내부고발을 해본 적이 있는가?

통합. 윤리적 행동에 영향을 미치는 요인들을 하나로 묶기 위해서는 사람들이 어떤 식으로든 개인적인 이익을 위해 비윤리적인 행동을 취한다는 것을 깨달아야 한다. 그리고 올바른 인센티브가 주어지면 거의 모든 사람들이 비윤리적인 행동을 취한다는 것을 깨달아야 한다. 또한 성격 특성, 태도 및 도덕적 발달은 상황과 상호작용하여 주어진 시간과 장소에서 윤리적 또는 비윤리적 행동을 사용할지 여부를 결정한다.

도입사례 응용

5. 성차별은 전 세계적으로 윤리적인가?

성차별은 일반적으로 대부분의 국가에서 비윤리적인 것으로 간주되며, 일부 유형의 성차별적 행동은 미국을 포함한 일부 국가에서는 불법이지만 일부 국가의 문화권에서는 다른 국가보다 더 심하게 여성이 부정적인 성차별적 역할을 하도록 압력을 가하고 있다. 안타깝게도 성차별은 여전히 미국과 전 세계에 존재한다. Deepa가 지적한 문제의 큰 부분은 성차별이 문화에 내재되어 있다는 것이다. 일반적으로 선한 의도를 갖고 있는 사람들이 잘 모르는 채 소녀들과 여성들에게 불평등을 야기하는 성차별적 고정관념을 가지고 생각하고 행동하도록 다른 사람에게 압력을 가하고 있다. 다시 한 번 Deepa의 일곱 가지 부정적인 습관을 버려라.

사람들이 비윤리적 행동을 정당화하는 방법

자신의 이익을 추구할 때, 우리 대부분은 유혹에 넘어가 때때로 잘못된 행동을 한다. 우리 모두는 자신을 긍정적으로 보기를 원한다. 거짓말을 하거나, 속이거나, 도둑질을 조금만 해도 우리는 여전히 우리가 진실성 있다고 느낄 수 있다.[101] 따라서 비윤리적으로 행동할 때 우리는 대개 행동에 대한 합당한 이유가 있다고 스스로 합리화하여 우리가 한 행동을 정당화함으로써 우리가 기분 나쁘게 생각할 필요가 없다.[102] **도덕적 정당화**(**moral justification**)는 비윤리적 행동이 사용되는 이유를 합리화하는 사고 과정이다. 비윤리적 행동을 정당화하는 데 사용되는 몇 가지 사고 과정에 대해 논의해 보겠다.

도덕적 정당화는 비윤리적 행동이 사용되는 이유를 합리화하는 사고 과정이다.

- **높은 목적**은 더 높은 목적으로 부도덕한 행동을 합리화하는 것이다. "더 큰 이익을 위한 것이다." 사람들은 조직, 부서 또는 종업원의 이익을 위한 것이라고 주장하며 거짓말을 하고, 속이고, 도둑질한다.

- **책임의 전가**는 자신의 비윤리적인 행동을 다른 사람의 탓으로 돌리는 과정이다. "나는 단지 명령을 따르고 있었는데, 상사가 그 수치를 부풀리라고 했다."
- **책임의 분산**은 한 사람도 책임지지 않고 집단이 비윤리적인 행동을 하는 과정이다. "이건 내 결정이 아니야." "다들 한다." "우리는 모두 뇌물/리베이트를 받는다. 그것이 우리가 사업을 하는 방식이다." 또는 "우리 모두 물건을 집으로 가져간다(훔친다)." 다른 사람들이 무엇인가를 하고 있다는 소식을 들으면 당신도 비윤리적이라는 유혹을 받는 경향이 있다.[103]
- **유리한 비교**는 자신을 더 나쁜 사람과 비교하는 과정이다. "내가 아프지 않을 때 병가를 내는 것은 일년에 단지 몇 번뿐이다. 톰과 엘런은 늘 그렇게 한다." "우리는 경쟁사보다 덜 오염시킨다."
- **결과 무시와 왜곡**은 비윤리적 행동으로 인한 피해를 최소화하는 과정이다. "내가 수치를 부풀려도 아무도 피해를 받지 않고 잡히지 않을 것이다." 그리고 "만약 잡히게 되어도 가벼운 처벌만 받을 것이다."
- **비난의 귀인**은 비윤리적인 행동이 다른 사람의 행동으로 인한 것이라고 주장하는 과정이다. "동료들이 나를 그렇게 하도록 만들었다. 동료들의 압박이다."[104] "내가 그를 때린 건 내 동료 잘못이야. 그는 나에게 전화를 걸어 나를 xxx라고 불렀기 때문에 나는 그를 때렸다."
- **완곡한 표현**은 '미사여구'를 사용하여 행동을 수용가능하게 만드는 과정이다. 테러리스트 집단은 나쁘게 들리지만 자유의 투사는 정당하게 들린다. 거짓말을 하는 것보다 오도하거나 은폐하는 것이 더 낫다. "간음하는 게 아니라 바람을 피우는 것이다."

업무응용 2.6

비윤리적 행동과 정당화 과정에 대한 조직에서의 사례를 최소한 두 가지 이상 제시해라.

개념응용 2.4 비윤리적 행동의 정당화

비윤리적 행동을 정당화하는 데 사용되는 각 사고 과정을 아래에서 구분해보자.

a. 도덕적 정당화
b. 책임의 전가
c. 책임의 분산
d. 유리한 비교
e. 결과 무시 또는 왜곡
f. 비난의 귀인
g. 완곡한 표현

______ 25. 내가 그걸 보관중이다. 내가 찾아냈고, 회사는 그것을 절대 다시 잃어버리지 않을 것이다.

______ 26. 상사가 하라고 시켰기 때문에 고객에게 거짓말을 했다.

______ 27. 내 상사는 결혼했지만 그것이 그녀와 사장과의 불륜관계를 멈추게 하지는 못했다.

윤리적 결정: 윤리와 사회적 영향

2.2 성, 폭력, 성차별

정부는 미디어(온라인 인터넷 콘텐츠, 텔레비전 방송, 음악 노래 및 비디오, 비디오 게임 등)를 규제할 권한이 있다. 더 많은 규제를 지지하는 사람들(Parents Television Council, National Viewers and Listeners Association, Mediawatch-UK)은 Tic Toc 및 MTV 리얼리티 쇼와 같이 폭력 행위, 욕설 및 성적 콘텐츠가 담긴 미디어를 어린이가 연중 무휴로 쉽게 이용할 수 없어야 한다고 말한다.

또한 일부 지지자(남성 및 여성 모두)는 비디오 게임 Grand Theft Auto와 같이 미디어에서 소녀와 여성을 성적 대상과 폭력 대상으로 묘사하는 것을 멈추거나 줄여야 한다고 주장한다. 지지자들은 연구 결과에 따르면 여성을 성적대상으로 나오는 장면을 보게 되면 전체 사람들에 대해 편협한 시각을 갖게 된다고 말한다. 성적으로 매력적이지 않은 소녀들은 더 부정적인 자기인식을 가질 수 있고, 소년들은 소녀들을 단순히 성적인 대상으로 볼 수 있다. 또한 여성에 대한 폭력을 듣고 지켜보는 것은 여성에 대한 더 많은 폭력으로 이어질 수 있다.

그러나 규제 반대자들(National Coalition Against Censorship)은 검열이 언론의 자유를 침해하기 때문에 검열을 전혀 원하지 않는다. 그들은 아이들이 듣고 시청하는 것을 승인하거나 미디어에 대한 접근을 제한하는 것은 부모와 성인에게 달려있다고 주장한다.

1. 미디어는 사회의 가치에 어떤 영향을 미치는가? (많은 어린이들이 하루에 5시간 이상 미디어에 참여하며 그것이 그들의 가치와 행동에 영향을 준다는 점을 생각해보자.)
2. 성, 폭력, 성차별을 포함하는 미디어는 종교적, 사회적 가치를 반영하는가?
3. 성적 콘텐츠, 욕설, 폭력, 성차별을 담은 미디어가 어린이들이 24시간 연중무휴로 쉽게 접할 수 있도록 하는 것이 윤리적이고 사회적으로 책임이 있는가?
4. 미디어에서 여성을 성적 대상으로 묘사하고 여성에 대한 폭력을 묘사하는 것은 윤리적이고 사회적으로 책임이 있는가?
5. 미디어가 비윤리적 행동의 일곱 가지 정당화 방법 중 성, 폭력, 성차별을 옹호하기 위해 사용하는 방법은 어떤 것인가?
6. 정부가 미디어를 규제해야 하는가? 그렇다면 어디까지 규제해야 하는가? 미디어에서 성, 폭력, 성차별을 완화하게 해야 하는가? 아니면 콘텐츠에 더 많은 제한을 가해야 하는가?

______28. 이기기 위해 다른 팀의 작전표를 가져와야만 한다.

______29. 나는 사탕을 가끔 하나씩 먹는다. 하지만 Jean은 매일 사탕을 먹는다.

______30. 모두 사탕을 계산하지 않고 가져왔다. 하지만 모두 다 같이 사탕을 가져왔으니 걱정하지 말자.

______31. 그건 내 잘못이 아니다. Kevin이 먼저 깨트리기 시작했고, 나는 단지 동참했을 뿐이다.

비윤리적 행위의 증가에 대한 주의

우리는 절대적인 진리나 옳고 그른 것이 없다고 말하는 대중적인 상대주의와 윤리적 혼란에 직면하고 있다.[105] 규칙이나 진실을 바꾸고 개인적인 이익을 위해 비윤리적으로 행동하며 행동을 정당화하고 싶은 유혹이 있다. 그러나 '당신에게 효과가 있는' 것을 하는 것, '기분을 좋게 만드는' 것을 하는 것 그리고 '필요한 것은 무엇이든 하는 것'은 종종 비윤리적인 행동으로 이어진다.

Enron, Wirecard 및 다른 기타 회사들의 사람들이 거짓말을 하고, 속이고, 훔칠 계획을 세우기 시작했는가? 대부분은 그렇지 않았다. 회사가 목표치에 도달하지 못하고 종업원들이 "이번 분기에 부풀려진 수치를 제시하면 다음 분기에는 만회할 것이다. 아무도 알지 못하거나 어떤 식으로든 다치지 않을 것"이라고 생각하는 경향이 있다. 문제는 몇 분기 동안 같은 일이 발생하여 적발될 때까지 비윤리적/불법적 행동을 인정할 수 없거나 기꺼이 인정할 의사가 없게 된다는 점이다.

작은 하얀 거짓말은 작은 것이 아니다. 우리가 처음으로 비윤리적인 행동을 하는 것은 더 어렵지만 점차로 쉬워지고 한 번의 거짓말은 다른 거짓말로 이어진다.[106] 그래서 우리는 그 행동을 반복하여 습관이 될 수 있다.[107] 잡히고 벌을 받지 않으면 사람들은 시간이 지남에 따라 비윤리적 행위가 증가하는 경향이 있지만, Bernie Madoff가 투자 폰지 사기죄로 감옥에 가는 것과 Jordan Belfort(영화 "울프 오브 월 스트리트")처럼 결국 잡히고 처벌을 받아야 끝이난다. 그래서 한 번 비윤리적인 행동을 하기 시작하면 되돌아오기 어렵다.

비윤리적인 행동이 어떻게 당신을 사로잡을 수 있는지에 대해 이해하는 것이 중요하다. 우리가 반복적으로 하는 일이 우리의 윤리적 성품을 결정한다.[108] 이 이야기의 교훈은 비윤리적인 행동의 증가로 이어지는 첫 번째 단계를 수행하지 않는다는 것이다. 지금까지 정당화 과정을 사용한 적이 있는가? 어떤 정당화 절차를 사용하지 않음으로써 어떻게 당신의 윤리적 행동을 개선할 수 있는가?

윤리적 행동 지침

학습목표 2.6
윤리적 행동에 대한 일곱 가지 지침을 인지하라.

이 마지막 절에서는 개인 및 조직 분석 수준에서 윤리적으로 행동하는 방법과 윤리 지침을 적용하는 방법에 대해 설명한다.

개인적 윤리 지침

개인 및 직장 생활에서 매일 윤리적이거나 비윤리적인 선택을 할 수 있는 결정에 직면한다. 옳은 일을 하는 것이 항상 쉬운 일은 아니며 옳고 그른 선택이 명확하지 않은 상황이 있다.[109] 논의한 바와 같이, 당신은 성격 특성과 태도, 도덕적 발달 수준 및 상황에 근거해서 이러한 선택을 하게 된다

기업 윤리는 당신으로부터 시작된다.

비즈니스를 보다 윤리적으로 만들기 위해서는 우리 자신부터 시작해야 한다.[110] 공식적 또는 비공식적 리더로서 문제들에 대해 도덕적 입장을 취하고 모범을 보일 수 있다.[111] 우리는 모두 윤리적 성품을 발전시킬 수 있다.[112] 다음의 네 가지 지침을 따르면 윤리적 결정을 내리는 데 도움이 될 수 있다.

1. **황금률.** 대부분의 종교는 어떤 형태의 성경적 황금률(golden rule)을 가지고 있다. "다른 사람이 당신에게 해주기 원하는 대로 다른 사람에게 해주어라." 또는 다른 방법으로 표현한다면, "다른 사람이 당신에게 하기 원하지 않는 행동을 하지 마라.", "당신이 이끌고 싶은 대로 다른 사람을 이끌어라.", "당신이 대접받고 싶은 대로 사람들을 대해야 한다." 사람들이 당신에게 거짓말을 하거나, 당신을 속이거나, 당신의 것을 훔치는 것을 좋아하는가? 우리 모두가 이 간단한 행동 지침을 따른다면 직장과 세상이 하룻밤 사이에 바뀔 수 있다.
2. **Four-way 테스트.** Rotary International은 전 세계 지역사회를 개선하기 위해 국제적으로 일하는 120만 명의 인구로 구성된 글로벌 네트워크이다.[113] (글로벌뷰). Rotary International은 비즈니스로 인해 발생하는 교환관계에 대한 조언을 제공하기 위해 생각과 행동에 대한 네 가지 질문 형태의 테스트를 개발했다. 네 가지 질문들은 (1) '그것은 진실인가?', (2) '그것은 모두에게 공평한가?', (3) '그것은 선의를 구축하고 좋은 관계를 만들 수 있는가?', (4) '그것은 모두에게 유익한가?'로 구성되어 있다. 결정을 내릴 때 이 네 가지 질문에 '예'라고 답할 수 있다면 아마도 윤리적일 것이다. Rotary의 모토는 "자아의 봉사"이다. 이기적인 행동보다는 서번트 리더십에 먼저 집중하고,[114] 다른 사람들의 최선의 이익을 고려하고 그들이 목표를 달성할 수 있도록 돕는다면,[115] 여러분은 Rotary 조직 윤리의 한 형태를 취하게 될 것이다.
3. **윤리에 대한 이해관계자 접근법.** **윤리에 대한 이해관계자 접근법(stakeholder approach to ethics)**은 의사결정의 영향을 받는 관련 당사자에게 윈-윈 상황을 만든다. 또한, 조직이 대리인 이론을[116] 통해 자기이익과 소유자이익을 일치시키는 것

윤리에 대한 이해관계자 접근법은 의사결정에 영향을 받는 관련 당사자들에게 윈-윈 상황을 조성한다.

을 의미한다.[117] 윈-윈 상황은 조직과 종업원 및 기타 이해관계자의 욕구를 충족하므로 모든 사람이 의사결정에서 이익을 얻는다. 이해관계자에는 의사결정에 의해 영향을 받는 모든 사람이 포함된다. 이해관계자 접근법 관점에서 볼 때 자신의 결정이 윤리적인지 아닌가를 판단하는 데 도움이 되는 간단한 질문 하나를 스스로에게 할 수 있다. "관련 이해관계자들에게 자랑스럽게 나의 의사결정을 전할 수 있는가?" 그렇다면, 당신의 의사결정은 아마도 윤리적일 것이다. 자랑스럽게 다른 사람들에게 자신의 결정을 말하지 못하거나, 계속 정당화한다면 그 결정은 윤리적이지 않을 수 있다. 정당화는 일반적으로 책임회피이다. 정리해고와 같이 여러 이해관계자들의 이해가 상충하는 경우가 많기 때문에,[118] 항상 모든 사람을 위한 승리를 만들 수는 없지만 시도해볼 수는 있다.

4. **통찰과 조언.** 즉각적인 결정을 내리는 것은 비윤리적인 행동을 할 가능성을 증가시키는 반면, 결정을 숙고하고 조언을 얻기 위해 다른 사람과 이야기하는 시간을 갖는 것은 윤리적 행동의 가능성을 증가시킨다.[119] 의사결정이 윤리적인지 확신이 서지 않으면 직속상사와 차상급자 및 높은 윤리적 기준을 가진 사람들과 상의하라. 다른 사람들에게 조언을 구하는 것이 꺼려진다면 그들의 대답이 마음에 들지 않고 당신의 의사결정을 계속 정당화할 것이며, 아마도 그 결정은 윤리적이지 않을 것이다. 한 국가에서 비윤리적이라고 간주되는 것이 다른 국가에서는 윤리적인 것으로 받아들여 질 수 있기 때문에 조언을 구하는 것은 글로벌 경제에서 특히 중요하다. (글로벌뷰)

조직적 윤리 지침

경영진의 임무는 회사 내 모든 사람이 윤리적 행동을 취하도록 돕는 것이다. 대부분의 주요 기업에는 윤리 및 준법감시인과 같은 직함을 가진 윤리 담당자가 있다. 3M, HP, L'Oreal을 비롯한 일부 조직은 윤리를 매우 진지하게 생각하며 세계에서 가장 윤리적인 기업으로 등재되기 위해 경쟁하기도 한다.[120] 확실하게 종업원들이 윤리적 행동을 하도록 만드는데 도움이 되는 세 가지 윤리 지침이 있다.

1. **윤리강령.** 조직은 개인의 행동을 윤리적으로 이끌기 위해 윤리강령을 개발한다. 행동강령이라고도 하는 행동 강령은 윤리적으로 비즈니스를 수행하는 것의 중요성을 명시하고 지침(해야 할 것과 하지 말아야 할 것)을 제공한다. 효과적인 윤리강령은 무엇이 적절한 행동으로 간주되는지 결정하고,[121] 도덕적 경계를 설정한다.[122] 그리고 관리자가 행동 규칙을 시행한다.[123] 대부분의 대기업은 윤리강령을 가지고 있으며, 많은 기업이 종업원을 위한 윤리교육을 제공한다.[124] 대학이

나 기업의 웹 사이트에서 윤리 강령을 검색해보라.

2. **모범을 보여줘라.** 종업원의 행동에 대한 궁극적 책임은 관리자에게 있으며 종업원은 자신의 행동을 모방하는 경향이 있기에[125] 윤리적 모범을 보여야 한다.[126] 명확한 윤리적 가치를 가진 서번트 리더는 윤리적 행동을 보장하는데 도움이 된다.[127]

3. **윤리기준 시행.** 윤리 위반이 처벌되지 않을 때, 특히 보상을 받는 경우 반복되는 경향이 있다는 점을 기억하라.[128] 윤리적 행동을 강화하는 수단으로서 종업원은 내부고발자가 되도록 권장해야 한다. 일부 조직에서는 내부고발자가 모든 직급에서 다른 종업원의 보복을 당하지 않도록 보호하기 위해 익명으로 위반 신고를 하는 방법을 제공한다. 비윤리적인 행동을 목격하는 종업원은 그 직장을 그만둘 가능성이 높으며,[129] 따라서 좋은 종업원을 잃게 된다.

사진 2.2 L'Oreal은 2021년 Ethisphere에 의해 12번째로 세계에서 가장 윤리적인 기업 중 하나로 선정되었다. 투명성, 용기, 존중 및 청렴이라는 윤리 원칙이 핵심 가치와 윤리강령(https://www.loreal.com/en/articles/commitments/code-of-ethics)에 반영되어 있다.

출처: Carlos Alvarez/Getty Images

개념응용 2.5 윤리적 행동 지침

개인적·조직적 차원의 윤리적 행동 지침 목록에서 논의되었던 일곱 가지 구체적인 지침들을 숫자 1~7로 표기하라. 그리고 다음과 같은 윤리적 행동들이 각각 어떤 윤리 지침에 해당되는지 구별해보자.

_____32. 나는 Rotarian이기 때문에 결정을 내릴 때, Four-Way 테스트 방법을 사용한다.

_____33. 회사는 우리가 올바른 일을 하게 만들기 위해서 필요한 지침을 우리 모두에게 제공했다.

_____34. 나는 당신을 위해 거짓말하지 않을 것이다. 거짓말하는 건 내 종교적 신념에 반하는 것이다.

_____35. 나는 사람들이 나에게 대해 주기를 바라는 방식으로 대하려고 다른 살마들을 노력한다.

_____36. Hank의 윤리적 행동은 우리가 어떻게 윤리적인 결정을 내려야 하는지를 잘 보여준다.

_____37. Husanin, 이 상황을 처리하려면 어떤 결정을 내려야 하나?

_____38. Carla, 그렇다. 당신은 윤리 규칙을 어긴 것에 대해 징계를 받고 있다.

_____39. 나는 내 결정에 영향을 받는 모든 사람이 공정한 거래를 할 수 있도록 노력한다.

_____40. 나는 중요한 결정을 서두르지 않는다. 나는 시간을 내서 그것에 대해 생각해 본다.

윤리적 지침 적용

윤리적 지침을 사용하지 않고 결정을 내리면 윤리적인 선택이 줄어든다. 반면, 결정을 내릴 때 윤리 지침을 사용하면 당신이 정직해 지도록 만드는데 도움이 된다. 따라서 관계를 발전, 유지, 개선하려면 결정을 내릴 때 윤리적 지침을 사용하는 습관을 들이고 윤리적인 사람이 되어라.[130] 지금 그렇게 하겠다고 약속하겠는가? 어떤 구체적인 윤리적 지침을 사용하여 윤리적 행동하고 윤리적인 사람이 되겠는가?

규칙준수: 직장 윤리에 대한 무료 비디오 시리즈

이 무료 비디오 시리즈는 Public Media에서 개발하여 Uber, Adidas, Wells Fargo, Citigroup 및 Volkswagen이 입은 대규모 손해와 손실과 법률 위반 및 윤리기준 위반으로 유죄 판결을 받은 Enron 기업의 부상과 역사적 몰락을 조명한다. 각 에피소드는 이러한 상황에서 무엇을 할 것인지 생각해 보도록 도전한다.[131] 여러분은 wliw.org/ethics에서 에피소드들을 직접 볼 수 있다.

요약

2.1 효과적인 리더의 특성의 보편성을 설명한다.

가장 효과적인 리더가 가진 특정한 특성이 존재한다는 점에서 특성은 보편적이다. 그러나 모든 연구자가 인정하는 특성 목록이 하나도 없으며 모든 효과적인 리더가 모든 특성을 가진 것은 아니라는 점에서는 특성이 보편적이지 않다. 따라서, 사람들은 효과적인 리더의 몇몇 특성을 필요로 하지 않지만 효과적인 리더가 되기 위해 어떤 특정한 특성 목록을 가질 필요는 없다.

2.2 Big Five성격 차원을 설명한다.

외향성 성격 차원에는 리더십과 외향성 특성이 포함된다. 친화성 성격 차원에는 사람들과 잘 어울리는 것과 관련된 특성이 포함된다. 적응성 성격 차원에는 정서적 안정성과 관련된 특성이 포함된다. 성실성 성격 차원에는 성취와 관련된 특성이 포함된다. 경험의 개방성 성격 차원에는 기꺼이 변화하고 새로운 것을 시도하려는 것과 관련된 특성이 포함된다.

2.3 성취동기이론과 리더동기 프로파일이론(LMP)을 비교하고 대조한다.

성취동기이론과 LMP이론은 둘 다 성취, 권력 및 친화의 욕구에 기반하기 때문에 서로 관련이 있다. 성취동기이론은 행동과 성과를 설명하고 예측하는 일반적인 동기프로파일이고 LMP는 리더십의 성공을 구체적으로 설명하고 예측하는 하나의 프로파일이기 때문에 서로 다르다.

2.4 네 가지 리더십 스타일을 개발하는 데 태도가 어떻게 사용되는지 설명한다.

X이론과 Y이론의 개념은 피그말리온 효과와 비슷하다. 두 이론 모두 추종자에 대한 리더의 태도에 초점을 맞추고 있기 때문이다. 피그말리온 효과는 리더의 기대와 추종자를 대하는 방법을 포함시키고, 이 정보를 사용하여 추종자의 행동과 성과를 설명하고 예측함으로써 X이론 및 Y이론 태도를 확장한다. 반대로 X이론과 Y이론은 리더의 행동과 성과에 중점을 둔다. 두 접근

방법은 모두 타인에 대한 리더의 태도를 조사하기 때문에 자아개념과 다르며, 자아개념은 자신에 대한 리더의 태도와 관련이 있다. 자아개념은 리더의 자신에 대한 태도가 리더의 행동과 성과에 어떻게 영향을 미치는지에 초점을 맞추기 때문에 다르다.

2.5 윤리적 행동에 영향을 미치는 세 가지 요소와 사람들이 비윤리적 행동을 정당화하는 방법을 설명한다.
사람들은 일반적으로 개인적인 이익을 위해 또는 문제에 빠지는 것을 피하기 위해 비윤리적인 행동을 사용한다. 행동에 영향을 미치는 세 가지 요소는 성격 특성과 태도 (어떤 사람들은 더 성실하다.), 도덕적 발달 수준 (관습 전, 관습적, 관습적 이후) 및 상황 (때로는 비윤리적인 것에 대한 유인이 더 많음) 이다. 사람들은 비윤리적인 행동을 할 충분한 이유가 있다는 것을 합리화함으로써 자아개념을 보호하기 위해 자신의 행동을 정당화한다.

2.6 윤리적 행동에 대한 일곱 가지 지침을 확인한다.
윤리적 행동을 보장하는 데 도움이 되는 일곱 가지 지침은 황금률("누군가가 당신에게 하는 것을 원하지 않는 것을 누구에게도 하지 마라")을 따르고 Four-Way 테스트의 네 가지 질문에 답하는 것이다. (진실인가? 모든 관계자에게 공평한가? 선의와 우정을 쌓을 수 있는가? 모든 관계자에게 도움이 되는가?) 이해관계자의 접근 방식으로 모든 사람이 의사결정의 혜택을 누릴 수 있도록 모든 관련 이해 관계자에게 윈-윈 상황을 조성하고 통찰하고 조언을 받아서 행동이 윤리적인지 고려하고 다른 사람들에게 윤리적인지 묻는다. 조직은 또한 종업원들이 윤리적으로 행동하는 방법을 알 수 있도록 윤리강령을 개발하고, 관리자는 모범을 보이고 윤리 기준을 적용해야 한다.

핵심용어

개방성 성격 차원	성격의 Big Five 모델	윤리	친화성 성격 차원
도덕적 정당화	성격 프로파일	윤리에 대한 이해관계자 접근법	태도
리더동기 프로파일	성실성 성격 차원		특성
리더동기 프로파일이론	성취동기이론	자아개념	피그말리온 효과
성격	외향성 성격 차원	적응성 성격 차원	X이론과 Y이론

연습문제

1. Big Five 모델은 무엇인가?
2. 성격 프로파일의 주요 사용목적은 무엇인가?
3. 높은 에너지를 가진 사람들의 특성은 무엇인가?
4. 통제위치는 리더에게 중요한가? 그 이유는 무엇인가?
5. 지능과 리더십은 어떤 관계가 있는가?
6. 타인에 대한 민감성은 추종자들이 원하는것을 리더가 해주는 것을 의미하는가?
7. McClelland는 권력이 선하지도 악하지도 않다고 말했다. 그 이유는 무엇인가?
8. 리더는 성공하기 위해 주도적인 성취욕구를 가져야만 하는가?

9. 태도는 리더십 스타일을 어떻게 개발시키는가?
10. 어떤 성격 특성이 윤리적 혹은 비윤리적 행동과 더 밀접한 관계가 있는가?
11. 사람들은 상황에 따라 도덕적 발달의 수준을 변화시킬 수 있는가?
12. 사람들은 왜 비윤리적 행동을 정당화하는가?

비판적 사고 문제

다음의 질문들은 비판적인 사고가 요구되며, 커뮤니케이션 기술을 개발하기 위해서 강의 시간에 토론하거나 과제로도 활용할 수 있다. 질문에 답해보자.

1. 높은 친화성 성격 차원을 가진 사람이 컴퓨터 프로그래머로 성공할 것으로 예측하는가? 그 이유는 무엇인가?
2. McGregor는 X이론과 Y이론을 30여 년 전에 발표했다. 우리 주변에 여전히 X이론 유형의 관리자가 있는가? 왜 그렇게 생각하는가?
3. 피그말리온 효과와 관련하여 Lou Holtz는 더 높은 기준을 만들어야 한다고 주장했다. 지난 5년간 학교, 사회 및 직장 내 기준들이 증가했는가, 혹은 감소했는가?
4. 만약 윤리적 행동을 한다면 장기적인 이익이 있을 것이라 믿는가?
5. 윤리는 배우고 학습할 수 있는가?
6. 정당화 방법 중 무엇이 가장 자주 사용되는가?
7. 윤리적 행동에 대한 간단한 지침들과 관련하여, 당신은 이것들이 어떻게 적용되기를 바라는가?

사례연구: 행복 최저임금 — Dan Price와 Gravity Payments 스토리

2015년 당시 31세에 불과했던 젊은 기업 임원인 Dan Price는 Gravity Payments의 종업원들에게 연봉을 모두 7만 달러로 인상하고(3년 이상에 걸쳐 단계적으로 인상), 몇몇 종업원의 급여는 2배로 인상하고 자신의 연봉을 110만 달러에서 7만 달러로 줄이겠다고 발표했다. 뿐만 아니라, Price는 발표 당일 모든 종업원의 연봉을 5만 달러로 인상했다.[132] 발표 당시 Price는 Gravity에서 지급한 평균 연봉 4만 8천 달러의 23배를 벌고 있었다. 이 비율은 종업원들의 급여 수준을 높이기 위해 자발적으로 변경한 비율이었다.

Gravity Payments는 중소기업을 위한 신용 카드 처리 회사로, Dan Price가 이전에 록밴드의 멤버로 공연을 하고 단골이었던 지역 카페에 재정적 구제를 제공하기 위한 초기 노력의 결실이었다. Price는 거기에서의 경험을 통해 신용 카드를 통한 지불을 수락하기로 동의했을 때 이 사업이 직면한 문제인 높은 수수료와 불규칙한 서비스에 대해 알게 되었다. Price는 결제 과정과 신용 카드 지불이 이 사업에 주는 위험을 이해하게 되면서 더 능률적이며 저렴한 차별화된 접근 방식에 대한 비전의 구체적인 모습이 형성되기 시작했다. Price는 중소기업에 신용 카드 처리 서비스를 제공하는 비즈니스 모델을 개발했으며, 신용 카드 처리 수수료를 10%에서 15%까지 낮추는 완전히 투명한 수수료 구조를 구축하였다.[133] 이 서비스에 대한 대가로 Price는 소액의 수수료를 받았다. Gravity Payments가 공식적으로 출범했을 당시 Dan은 겨우 19세였으며 시애틀 퍼시픽대학교의 대학생이었고, 그의 형제 Lucas(당시 그의 파트너)는 24세였다. 2015년까지 Gravity Payments는 약 12,000개의 중소기업에 서비스를 제공하고, 연간 약 70억 달러에 달하는 신용 카드 거래를 처리했으며, 120명의 종업원을 고용했다.[134]

Price가 근로자의 급여뿐만 아니라 자신의 급여를 대폭 변경하기로 한 결정은 미국 비즈니스 커뮤니티로부터 지속적으로 열정적인 반응을 불러 일으켰다. Price의 놀라운 결정에 영향을 준 몇 가지 요인에는 Price의 회사인 Gravity Payments가 대불황 동안 겪었던 상당한 침체에서 회복한 후 Price가 직원 보상을 적절하게 늘리지 못했다고 느낀 종업원과의 대립이 있다. 또한 연 4만 달러를 벌면서 월 200달러의 임대료 인상으로 인해 새로운 재정적 문제와 상당한 스트레스에 직면한 그의 친구와의 대화에 큰 영향을 받았다. People 잡지 인터뷰에서 Price는 "그녀의 삶은 완전 혼란에 빠지고 말았습니다. 나는 그녀와 그 이야기를 나누었고, 그녀가 자신의 모든 의무를 수행하고 아들을 돌보는데 필요한 금액은 7만 달러의 급여라고 생각했습니다."[135]

같은 기간 동안 Price는 2010년 노벨상 수상자 Daniel Kahneman과 Angus Deaton가 개인을 대상으로 연구한 행복 수준과 소득 수준 간의 상관 관계를 다룬 기사를 읽었다. 두 경제학자는 설문조사 응답자의 소득이 증가함에 따라 응답자들이 더 높은 수준의 '정서적 웰빙'을 경험한다고 보고 했으나, 이러한 증가는 연간 약 7만 5천 달러의 급여 수준에서 정체되었음을 발견했다.[136] 증거를 검토한 후 Dan Price는 재정적으로나 정서적으로나 어려움을 겪고 있는 종업원 및 친구들과의 대화를 통해 종업원 연간 급여를 7만 달러로 인상하고 종업원들이 더 행복하고 만족스러운 삶을 살수 있기를 희망했다.

5년 후 프라이스의 과감한 움직임이 그의 열망을 성취한 것으로 보인다. Gravity Payments는 매출을 3배로 늘렸고 종업원과 고객의 수를 2배로 늘렸다. 종업원들은 주택 구입, 가족 창업, 퇴직 저축 증대(평균 개인 401(k) 기여도 155% 증가), 부채 상환 등 삶을 크게 개선할 수 있었다. Gravity의 종업원들은 자신이 재정적으로 안전하다고 생각한다. 재정적 문제로 인한 스트레스와 부담없이 종업원들은 더 생산적이고 창의적으로 일할 수 있었다. Gravity 종업원 중 76%가 회사일에 몰입하고 있다고 보고했다.[137]

Dan Price가 자신을 오너로 인식했을 때, 그는 자신이 지급한 임금이 정당하다고 느꼈다. 대신에 그의 관점이 바뀌고 대신 종업원들과 자신을 동일시했을 때, 결과는 근로자의 삶의 질을 향상시키기 위한 임금이 크게 증가한 것이었다. Price는 자신의 관점 변화를 다음과 같이 설명한다. "나는 사람들이 자신만을 위해 부를 얻을 때, 다른 사람들이 필요로 하는 것을 갖기가 더 어려워진다는 것을 사람들이 깨닫지 못한다고 생각합니다. 나에게 가장 큰 깨달음은 내가 문제의 일부라는 것이었습니다."[138] Price는 오너로서 자신의 순자산 문제에 초점을 맞추면 종업원들의 욕구를 충족시키는 데 사각 지대가 생겼다는 것을 깨달았다. Price의 관점이 바뀌고 종업원들의 개인적인 재정적 현실을 더 잘 파악하기 시작하면서 Price는 큰 대가를 치르더라도 종업원들의 삶에 도움이 될 임금 변경을 시도하려는 의욕이 생겼다. Price의 목표는 종업원들이 생활에 꼭 필요한 지출을 할 수 있고 추가로 자신과 가족을 위해 저축을 할 수 있는 정도의 급여 수준을 파악하는 것이 되었다.[139]

언론에서는 Dan Price가 회사에서 이러한 임금을 변경하려는 동기에 대해 광범위하게 탐구하였다. 예를 들어 Bloomberg는 "모든 사람에게 7만 달러의 급여를 지불하는 CEO는 무엇인가 숨길 것이 있는 사람이다"라는 제목의 기사를 출판했는데, 저자는 "Dan Price와 Gravity Payments의 전체 이야기가 사실이라고 믿기 힘들 정도이다"라고 주장했다.[140] 이 기사는 Dan Price의 형제이자 전 파트너였던 Lucas의 소송을 다루었다. Dan을 상대로 소송을 제기하여 Lucas가 경영진의 잘못된 관리에 대해 경제적 보상을 요청했다. 이 소송은 Dan Price에게 유리하게 해결되었으며, Lucas는 경제적 보상을 거부당했고 Dan Price에게 상당한 금액의 소송관련 비용을 배상하라는 명령을 받았다.

Esquire의 한 기사에 따르면 Price가 추구했던 것은 돈이 아니라 명성과 존경이었다.[141] 최저 임금 7만 달러에 관한 발표 당일부터 Dan Price와 Gravity Payments에 관한 수십 개의 기사를 훑어보면 Price는 영웅, 경영의 모범, 윤리적 리더, 뛰어난 기업가, 무모한, 희망이 없는, 사회주의자, 비민주적, 개혁적 자본가 등 다양한 모습으로 묘사된다. Dan Price와 그의 이야기는 Rorschach 테스트의 잉크

얼룩과 다소 비슷해 보인다. 그 테스트에서 각 과학자는 사진에서 약간 다른 것을 보게 된다.

Dan Price는 자신에게 귀속되는 속성과 동기에 관계없이 고용주가 거의 해본 적이 없는 일을 했다. 잠시 이러한 변화로 인해 Price가 입은 금전적 및 평판 비용을 고려해보자. 동기에 관계없이 이 젊은 기업가에게는 이것이 진정으로 비용이 많이 드는 노력이었다는 것이 분명해진다. Price는 모든 종업원에게 7만 달러의 임금을 지급하기 전에 연간 110만 달러의 연봉을 받았다.[142] 조직 전체의 급여를 인상한다는 목표를 달성하기 위해 Price는 자신의 급여를 7만 달러로 삭감했고, 그 첫 해에 90만 달러(81.8%) 이상의 개인 급여를 삭감했다. 그 후 몇 년 동안에는 수십만 달러를 더 삭감했다. Inc.잡지에서 발행한 기사에서 저자는 Price가 자신의 회사의 급여 규모를 급격하게 늘리는데 발생한 비용을 다음과 같이 추정하였다.

- 3년 동안 180만 달러의 임금 인상
- 연간 급여 손실 100만 달러
- 개인 자산 300만 달러 청산 (주식, 퇴직저축, 주택 재담보)[143]

Dan Price의 동기가 복잡하고 다각적이라고 추측하는 것은 확실히 타당해 보인다. 그러나 사업주로서 Dan Price가 회사 홍보 및 개인적 관심을 위한 단순한 연극으로 수십만 달러, 잠재적으로 수백만 달러를 포기할 가능성이 높아보이는가? 적어도 Dan Price는 불충분한 수입으로 인한 그의 친구와 종업원들이 겪는 재정적 어려움에 진정으로 공감하였다. 그리고 그는 이러한 행동을 하면서 도덕적이고 정신적인 주제에 대해 지속적인 대화를 나누는 또 다른 사람이 되었다. 그리고 그는 종업원의 임금을 결정하는데 공정한 접근법을 채택하게 되면 잠재적으로 사회적, 경제적 이득이 뒤따른다는 것을 인지하였다.

동기가 무엇이든 Dan Price는 분명히 자신의 입으로 말했던 것을 유형적이고 정량화할 수 있는 방식으로 종업원의 삶을 개선하고자 하는 계획을 실천에 옮겼다. 따라서, Dan Price의 동기에 대한 질문은 계속 탐구되지만 Dan Price가 이 행동 방침을 선택하는 데 드는 막대한 개인적 비용을 추정하는 데 실패했을 것 같지는 않다. Dan Price는 큰 위험을 감수하면서, 자신의 조직을 위해 다른 유형의 경험을 창출하였다. 이 경험은 그의 조직을 이익 동기에만 초점을 맞추는 제한적 경계를 넘어서게 만들었다.

Grivity Payments의 Dan Price와 그의 팀은 지속적으로 봉사하고 가치를 창출하며 커뮤니티를 만드는 방법을 모색하고 있다. 많은 이들에게 희망을 주는 놀랍고 흔치 않은 이야기라 해도 과언이 아닌 것 같다.

— Trinity Christian 대학교의 Kelly Nyhoff 박사가 제공한 사례

© iStockphoto.com/Sjo

CHAPTER 3

행위이론과 동기부여

학습목표

이 장을 학습한 후에는 다음을 할 수 있어야 한다.

3.1 리더십 특성, 행동 및 리더십 스타일 간의 관계를 설명한다.

3.2 미시간대학과 오하이오주립대학의 리더십 모델 유사점과 차이점을 설명한다.

3.3 오하이오주립대학의 리더십 모델과 리더십 그리드 간의 유사점과 차이점을 토론한다.

3.4 동기부여 과정과 성과 공식을 설명한다.

3.5 세 가지 내용이론들 간의 주요 유사점과 차이점에 대해 토론한다.

3.6 세 가지 과정이론들 간의 주요 유사점과 차이점에 대해 토론한다.

3.7 강화의 네 가지 유형을 설명한다.

3.8 내용이론, 과정이론 및 강화이론들 간의 주요 차이점을 설명한다.

Elon Musk, Tesla

Elon Musk는 전기자동차를 대중에게 선사하고, 우리를 화성으로 데려가고, LA 교통문제를 해결하고, 전 세계 태양광 발전을 공급할 것을 약속하는 선구적인 기업가이다. Musk는 우리의 사업 방식과 지구촌에서의 생활 방식을 변화시키면서 불가능한 것을 가능하도록 만들고 있다. 다음은 Musk가 재정 또는 경영적으로 설립, 공동설립 또는 기여해온 회사 목록이다. Zip2, X.com, Space X, Tesla, SolarCity, Hyperloop, Neuralink, 그리고 Boring Co. 그는 Tesla와 Space X의 CEO이지만, 우리는 그의 Tesla 관점에서의 리더십에 초점을 맞출 것이다.

Musk는 의심할 여지없이 지능적이고, 때때로 호전적이고, 놀랍도록 탄력적이며, 훌륭한 전략적 의사결정자로 여겨진다. Elon Musk는 또다른 Steve Jobs라고 불린다. 하지만 Microsoft와 Gates 재단의 공동 설립자인 Bill Gates는 이들 사이에 차이점이 있다고 말한다. Musk는 제품을 직접 만드는 엔지니어에 더 가깝고, Steve는 디자인 분야의 천재이며, 사람들을 선발해서 마케팅을 하게 만들었다.

Musk는 성공적인 비즈니스 리더가 된다는 것이 무엇을 의미하는지 재정의하고 있다. 그는 2021년 올해의 Fortune 비즈니스 인물로 선정된 영예를 안았다. 그는 2021년 초에 개인 재산이 195억 달러에 달한 세계에서 가장 부유한 인물이다. 틀에 얽매이지 않는 그를 그렇게 효과적인 리더로 만든 요소가 무엇일까? 다음은 비즈니스 전문가와 전직 동료들이 그에게 부여한 네 가지 주요 교훈이다.

1. 현 상태에서 절대 혁신하지 마라. (GM과 Ford와 달리 Tesla는 전기자동차 회사로 시작했다.)
2. 뛰어난 인재를 고용하고 성공에 도전해라. (Musk는 사람들이 창의력을 발휘하고 불가능한 문제를 해결할 수 있도록 동기를 부여한다.)
3. 고객의 문제를 이해해라. (Musk는 트위터를 통해 고객과 고객의 니즈를 이해한다.)
4. 매너를 중요시해라. (잔인할 정도로 정직하다는 그의 뻔뻔한 명성에도 불구하고, 그는 예의 바르며 매너있게 행동하기에 많은 협상을 할 수 있다.)

도입사례에 관한 질문들

1. 논의된 미시간대학, 오하이오주립대학, 리더십 그리드, 세 가지 모델을 기반으로 할 때, Elon Musk는 어떤 리더십을 활용하는 경향이 있는가?
2. Tesla는 직원들에게 동기를 부여하는 어떤 조직 문화를 가지고 있으며, 이것이 그 성과에 어떤 영향을 미치는가?
3. Tesla는 내용이론에서 다루어지는 종업원의 욕구를 어떻게 충족시키는가?
4. Elon Musk는 리더동기 프로파일(LMP)을 가지고 있는가?
5. 세 가지 동기부여이론 중에서 Elon Musk의 초점으로 보이는 이론은 무엇이며, Tesla는 항상 오늘날과 같은 성공을 거두었는가?
6. Tesla는 종업원들을 동기부여하기 위해서 강화이론을 어떻게 사용하는가?

다음 질문에 대답할 수 있는가? 이번 장을 통해 다음 질문에 대한 답을 찾고, Tesla와 그 리더십에 대해 자세히 배울 수 있다.

Tesla에 대해 자세히 알아보려면 회사 웹사이트 http://www.tesla.com을 방문해라.

이 장에서의 사례 및 답변 출처: A. Nusca and M. Lev-Ram, "Business Person of the Year," *Fortune* (December/January 2021): 135–143; "The Worlds' Most Innovative Companies," *Forbes* online, accessed January 14, 2021; "The Future 50: The List 2021," *Fortune* (December/January 2021): 122; "Musk Enters Stratosphere as Richest Person," *The Wall Street Journal* (January 3, 2021): B1; E. Schatzker, "Debrief, "Bill Gates Interview," *BusinessWeek* (September 21, 2020): 47–49; T. Higgins, "Musk Says He Sought Tesla Sale to Apple, *The Wall Street Journal* (December 23, 2020): A1, A2.

들어가는 글

이 장에서는 리더십 행동과 동기부여라는 두 가지 관련 주제에 대해 논의하고자 한다. 효과적인 리더는 팔로워가 조직 목표를 달성하도록 영향을 미치고 동기를 부여한다.[1] 따라서 리더의 행동은 팔로워들을 동기부여하기 위해 사용된다.[2] 이 장에서는 네 가지 리더십 행위이론과 일곱 가지 동기부여 이론에 대해 설명한다.

리더십 행동 및 스타일

학습목표 3.1
리더십 특성 행동 및 리더십 스타일 간의 관계를 이해한다.

이 절에서는 리더십 행동과 오하이오주립대학의 리더십 스타일에 대해 논의하고자 한다.

리더십 특성에서 행동으로

고용주는 리더십 기술을 갖춘 졸업생을 모집하고 있으며,[3] 리더십은 리더십 특성과 행동에 기반한 핵심 역량이다.[4] 이 장에서는 특성이론 패러다임(1, 2장)을 행위이론 패러다임으로 전환한다. 리더십 행위이론이 리더십 연구에 중요한 기여했음도 불구하고, 가장 좋은 리더십 스타일을 찾고자 하는 목표를 달성하지 못했다. 그러나 오늘날의 연구는 직장 내 행동에 대한 더 나은 이해를 찾기 위해 지속적으로 이루어지고 있다.[5]

리더십 행동은 특성에 기초한다

행위이론가들은 행동에 초점을 맞추고 있지만 리더의 행동은 리더의 특성과 기술에 기초하고 있다는 것을 이해하는 것이 중요하다. 관리자의 리더십 성격 특성과 태도는 리더의 행동 및 종업원과의 관계에 직접적인 영향을 미친다. 피그말리온 효과는 특성, 태도, 기대 그리고 관리자의 종업원에 대한 대우에 기반을 두고 있으며, 이는 결과적으로 추종자의 행동과 성과를 결정한다.[6] 행동은 특성보다 배우거나 변화하기 더 쉽다. 미국 특허청 전 청장인 Michelle Lee는 다음과 같이 이야기한다. "저는 제 리더십 경험을 다양한 스펙트럼에서 바라보고 싶습니다. 많은 사람들에게 일어나는 리더십 경험은 처음에는 작은 리더십의 역할을 맡아, 자신을 입증한 후에 점차로 성장해 가면서, 더 크고 영향력이 있는 역할을 맞게 된다는 것입니다."

리더십 행동

리더십 패러다임은 리더의 말과 행동, 즉 행동에 초점을 둔다. 행위이론 학자들의 목표는 사람들이 직장에서 업무를 하는 이유를 설명하는 것이다. 솔선수범은 관리자에게 중요하다. 솔선수범은 추종자들이 리더의 행동을 관찰하고 모방하게 만든다. 또한 추종자의 행동은 리더와 타인의 행동에 영향을 미친다.[7] 따라서, 행위이론은 기본적으로 리더가 말하고 행동하는 모든 것에 적용된다.[8]

IQ와 EQ의 중요성을 기억하라. 그리고 문화지능(CQ)까지 확장될 수 있음을 상기하라.[9] CQ에는 네 가지 영역이 포함된다.[10] 인지적 CQ는 다양한 문화의 법률 시스템과 같은 상황별 업무에 대한 지식이다. 행동적 CQ는 악수, 인사 또는 다른 것과 같은 다양한 문화적 관행에 따라 행동하는 능력이다. 동기부여적 CQ는 낯선 상황에 대처하는데 사용되는 에너지로, 언어와 문화에 관심이 있고, 그것을 즐기고, 배우고 싶다는 것을 보여준다. 메타인지 CQ는 문화적 차이를 이해하고 문화에 적합한 행동을 선택할 수 있는 능력이다. (글로벌뷰) 150년이 넘는 역사를 자랑하는 Harper's Bazaar의 첫 번째 컬러 편집장인 Samira Nasr는 다양한 사고와 문화 속에서 출판계의 변화를 주도할 기회를 가졌다. 그녀의 임명은 이 미디어 기관에 변혁이 될 수 있다.

리더십 스타일

리더십 스타일은 리더가 추종자들과 상호작용하면서 사용하는 특성, 기술, 행동의 조합이다.

특성에 기반한 리더십 행동은 리더십 스타일에 영향을 미친다. **리더십 스타일(leadership style)**은 리더가 추종자들과 상호작용하면서 사용하는 특성, 기술, 행동의 조합이다. 리더십 스타일은 특성과 기술에 기초하고 있음에도 불구하고, 리더를 특정짓는 행동은 일반적으로 일관된 모습이기 때문에 중요한 요소는 행동이다. 그러므로 리더십 유효성은 하나의 특정한 행동이 아니라 습관이다.[11]

아이오와대학의 리더십 스타일

행위이론이 보편화되기 전인 1930년대 Kurt Lewin과 그의 동료들은 아이오와대학에서 관리자의 리더십 스타일을 중점적으로 연구했다.[12] 그들의 연구는 두 가지 기본적인 리더십 스타일을 규명했다.

- **전제적 리더십 스타일:** 전제적 리더는 자신이 의사결정을 하고, 종업원들에게 해야 할 일을 지시하며, 종업원들을 면밀히 감독한다. Martha Stewart는 Martha Stewart Living Omnimedia를 운영하기 위한 세부지향적이고 세심한 접근 방식을 보여준 전제적 리더의 좋은 예시이다.[13]

도표 3.1 아이오와대학의 리더십 스타일

전제적	--	민주적

출처: Adapted from K. Lewin, R. Lippett, and R. K. White. 1939. "Patterns of Aggressive Behavior in Experimentally Created Social Climates." *Journal of Social Psychology* 10:271–301.

- **민주적 리더십 스타일:** 민주적 리더는 의사결정의 참여를 장려하고, 무엇을 할지 결정하기 위해 종업원들과 함께 일하며, 종업원들을 밀착해서 감독하지 않는다. 2장에서 언급한 Indra Nooyi가 직원들을 배려한 민주적 리더의 훌륭한 예시이다.

도표 3.1에서 나타난 것처럼 전제적 리더십과 민주적 리더십 스타일은 연속선 상의 양쪽 끝에 놓여 있다. 따라서 리더십 스타일은 보통 두 스타일 사이의 어느 한 곳에 위치한다. 아이오와 연구는 행위이론에 기여했고, 특성연구보다 행위연구 시대를 이끌었다. 오늘날까지 사용되는 리더십 행동의 분류 또는 구분이 시작되었다.[14]

업무응용 3.1

현재나 과거의 관리자를 회상해보자. 아이오와대학의 리더십 스타일 중 관리자가 가장 자주 사용하거나 자주 사용했던 것은 무엇인가? 관리자의 행동을 설명해보자.

미시간대학과 오하이오주립대학의 리더십 모델

학습목표 3.2

미시간대학과 오하이오주립대학의 리더십 모델을 비교하고 대조한다.

리더십 연구는 1940년대 중반에서 1950년대 중반 사이에 오하이오주립대학과 미시간대학에서 동시에 수행되었다. 이 연구들은 앞서 연구됐던 전제적/민주적 리더십 스타일에 기반을 둔 것이 아니라 효과적인 리더들의 행동을 결정하기 위해 노력했다. 이 절에서는 두 대학에 의해서 입증된 리더십 스타일에 대해 논의한다.

연구자마다 우리에게 대중적인 용어인 업무와 관계 행동이라고 언급하는 두 가

도표 3.2 연구 모델 전반의 행동 유형

행동명	미시간대학	오하이오주립대학	Blake와 Mouton
과업	**직무**중심	**구조**주도	**생산**에 대한 관심
관계	**종업원**중심	**배려**	**사람**에 대한 관심

지 유형의 행동에 동의한다.[15] 하지만 연구자들은 이 두 차원에 다른 명칭을 부여한다(도표 3.2).

미시간대학: 직무중심과 종업원중심 행동

미시간대학의 서베이연구센터는 Rensis Likert 학장의 주도로 리더가 작은 집단 내에서 어떠한 기능을 하는지 결정하기 위한 연구를 수행했다. 연구자들은 '조직 설문조사'라고 불리는 설문지를 개발하였고, 리더십 스타일에 대한 데이터를 수집하기 위한 인터뷰를 실시했다. 그들은 관리자의 행동을 바탕으로 종업원들에게 설문지를 작성하도록 했다.

연구자들의 목표는 (1) 생산성이 높은 조직과 생산성이 낮은 조직의 리더들의 행동을 비교하여 효과적인 리더와 비효과적인 리더를 분류하고, (2) 효과적인 리더십을 결정하는 것이었다.[16] 이렇게 하여 **미시간대학의 리더십 모델(University of Michigan Leadership Model)**은 직무중심과 종업원중심이라고 불리는 두 종류의 리더십 스타일을 확인하였다. 두 가지 리더십 스타일 사이에 1차원의 연속체로 나타난 미시간대학 리더십 모델을 설명한 **도표 3.3**을 보자.

미시간대학의 리더십 모델은 직무중심과 종업원중심이라는 두 가지의 리더십을 구별한다.

- **직무중심 리더십 스타일:** 직무중심 리더십 스타일은 목표 강조와 업무 촉진의 두 가지 직무중심적 행동을 측정하는 척도를 갖고 있다. 직무중심적 행동은 리더가 과업을 완수하기 위해 책임지는 정도에 대한 것이다. 리더는 명확한 역할과 목표를 가지고 부하들에게 철저하게 지시하는 반면에, 관리자는 그들이 무엇을 어떻게 해야 하는지를 말한다.
- **종업원중심 리더십 스타일:** 종업원중심 리더십 스타일은 지원적 리더십과 상호작용 촉진이라는 두 가지 종업원중심적 행동을 측정하는 척도를 갖고 있다. 종업원중심적 행동은 리더가 관계를 발전시키면서 종업원의 인간적 욕구를 어느 정도까지 충족시키느냐에 관한 것이다. 리더는 부하들에게 민감하게 반응하고, 그들의 복지에 관심을 기울이면서 신뢰를 구축하고 지원하며 존중하도록 의사소통한다.

도표 3.3 미시간대학의 리더십 모델 : 1차원, 두 가지 리더십 스타일

직무중심 리더십 스타일	------------------------------	종업원중심 리더십 스타일

출처: Adapted from R. Likert, *New Patterns of Management* (New York: McGraw-Hill, 1961).

개념응용 3.1 University of Michigan Leadership Styles

다음의 다섯 가지 행동에 대해서 각각의 리더십 스타일을 표시해보자. 각 항목 앞의 빈칸에 알맞은 알파벳을 써보자.

a. 직무중심적
b. 종업원중심적

_____ 1. 관리자는 종업원에게 기계 작동 방법을 가르친다.

_____ 2. 관리자는 종업원들이 촉박한 마감일을 맞출 수 있도록 동기부여한다.

_____ 3. 관리자는 부하들이 직무를 올바르게 수행하고 있다고 생각할 수 있도록 자세한 설명을 제공한다.

_____ 4. 관리자는 종업원들이 수행하는 직무들을 조용히 관찰한다.

_____ 5. 관리자는 직무를 성공적으로 수행한 종업원들을 칭찬한다.

_____ 6. 관리자는 사무실에서 다음 주 종업원 업무스케줄을 계획한다.

오하이오주립대학 : 구조주도와 배려 행동

오하이오주립대학의 인사연구위원회는 Ralph Stogdill의 주도하에 효과적인 리더십 스타일을 규명하는 연구를 시작했다. 이 연구자들은 LBDQ(Leader Behavior Description Questionnaire)라고 알려진 도구를 개발했다. LBDQ는 1,800개의 리더십 기능으로부터 좁혀진 최고의 리더 행동에 대한 예문이 150개가 포함되어 있다. 설문지 응답자들은 결국 구조주도와 배려라는 2개의 명백한 척도 또는 리더십 스타일로 리더의 행동을 인지한다.[17]

- **구조주도 행동:** 구조주도 리더십 스타일은 본질적으로 직무중심 리더십 스타일과 같다. 구조주도 행동은 과업을 완수하는 데 관심을 두고 있다.
- **배려 행동:** 배려 리더십 스타일은 본질적으로 종업원중심 리더십 스타일과 같다. 배려 행동은 사람들의 욕구를 충족시키고 관계를 발전시키는 데 관심을 두고 있다.

오하이오주립대학의 리더십 모델은 낮은 구조와 높은 배려, 높은 구조와 높은 배려, 낮은 구조와 낮은 배려, 그리고 높은 구조와 낮은 배려의 네 가지 리더십 스타일로 설명된다.

리더는 구조주도와 배려가 높을 수도 있고 낮을 수도 있기 때문에 네 가지 리더십 스타일로 설명된다. **오하이오주립대학의 리더십 모델**(Ohio State University Leadership Model)은 낮은 구조와 높은 배려, 높은 구조와 높은 배려, 낮은 구조와 낮은 배려, 그리고 높은 구조와 낮은 배려의 네 가지 리더십 스타일로 설명된다. 도표 3.4은 네 가지 리더십 스타일과 두 가지 척도에 대한 설명이다.

높은 구조와 낮은 배려 행동을 보이는 리더들은 한방향 커뮤니케이션을 사용하고 관리자에 의해 의사결정이 이루어지지만, 높은 배려와 낮

업무응용 3.2

현재 또는 과거 관리자를 떠올려보자. 당신의 관리자는 오하이오주립대학의 네 가지 리더십 스타일 중 어떠한 스타일을 빈번하게 사용하였는가? 그 관리자의 행동을 설명해보자.

은 구조를 가진 리더들은 양방향 커뮤니케이션을 사용하고 의사결정을 공유하는 경향이 있다.

리더십 모델의 차이점, 기여, 적용

여기서는 이 세 주제에 대해 각각 논의해 본다.

모델 간의 차이점

오하이오주립대학과 미시간대학의 리더십 모델에서 미시간대학은 두 가지 리더십 행동을 같은 연속선상의 양쪽 끝에 놓는 1차원을 사용한다는 점에서 다르다. 오하이오주립대학의 모델은 두 가지 행동을 서로 독립적인 것으로 생각하고 2차원을 사용하여 네 가지 리더십 스타일을 갖는다. 오하이오주립대학의 리더십 모델은 도표 3.4를 참조하라.

행동 모델의 기여도

행동 연구의 기여도는 특성이론 패러다임을 행위이론 패러다임으로 발전시켰다는 것이다. 행위이론에 대한 비평가들은 상황에 따라 다양한 리더십 스타일을 사용하는 것이 효과적이라고 제안했다. 그래서 행동 연구를 통해 패러다임이 상황이론으로 전환되었다. 4장에서 배우게 되겠지만, 상황이론은 리더십 스타일로 발전하는 과업과 관계 행동에 대한 행위이론을 기반으로 한다. 상황적 리더십 모델은 상황에 가장 잘 맞는 기존의 리더십 행동 스타일을 사용하도록 규정한다.

두 대학의 리더십 연구 이전에는 많은 조직들이 일을 완수하는 것에 중점을 두

도표 3.4 오하이오주립대학의 리더십 모델: 두 가지 차원, 네 가지 리더십 스타일

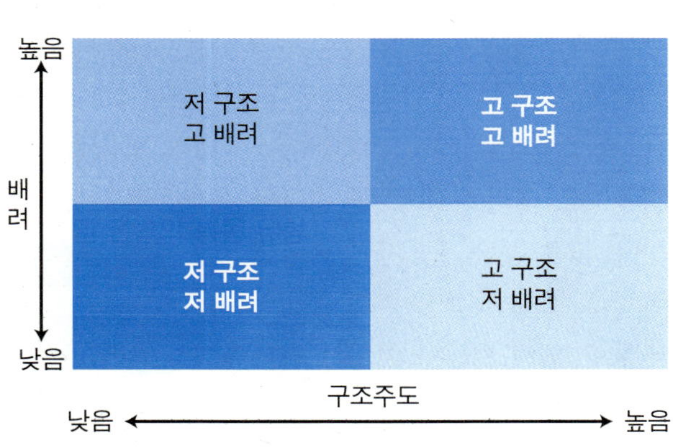

지 않았고, 종업원의 욕구를 충족시키는 데에도 관심이 거의 없었다. 그래서 생산성을 증가시키기 위해 조직의 인간적 측면을 좀 더 강조하는 인식의 변화가 있었다. 행복한 근로자들이 생산성이 높은 근로자들이라는 말은 이 연구가 이루어지는 동안 파생되었으며, 여전히 오늘날까지 실증연구에 의해 뒷받침되고 있다.[18]

또 하나의 중요한 연구결과는 대부분의 리더십 기능들이 집단의 공식적인 리더 외에도 누군가에 의해 수행될 수 있다는 것이다. 따라서 많은 조직들이 오늘날 널리 사용되고 있는 참여적 리더십 스타일을 활용하기 위해 관리자 교육을 시작했다.[19]

다음 절에는 리더십 그리드 행동 모델을 살펴보자. 그 모델은 미시간대학과 오하이오주립대학 모델과 비슷하다. 리더십 그리드 모델은 두 가지 행동 차원을 적용하고 있으며 기여도가 거의 같다.

모델의 적용

두 가지 모델은 리더가 어떻게 행동해야 하는지에 대해 언급하고 있지 않지만, 행동이 과업과 관계를 통해 다른 사람들에게 영향을 미치고 있다는 것을 상기시킬 수 있는 분류체계를 제공한다. 많은 리더십 개발 프로그램은 행동 스타일 접근법에 따라 개발되었고, 관리자들에게 그들의 직무행동 및 추종자들과의 관계적 행동을 평가할 수 있는 설문문항을 제공한다. 관리자들은 그들의 전반적인 리더십 스타일을 향상시킬 수 있도록 "내가 리더로서 어떻게 지내고 있는가"라는 질문에 답한다.[20]

진행중인 자기평가를 통해서 어떻게 다른 사람을 이해하고, 직무를 수행하며, 관계를 개발할 때 행동을 어떻게 더욱 더 효과적으로 변화할 것인지를 결정할 수 있다. 이 책은 관계를 발전시키고 유지하는 데 사용되는 대인관계 기술을 평가하고 개발하도록 돕는 데 초점을 둔다.

리더십 그리드

학습목표 3.3
오하이오주립대학의 리더십 모델과 리더십 그리드 간의 유사점과 차이점에 대해 토론한다.

이 절에서는 사람에 대한 높은 관심과 생산에 대한 높은 관심(9,9 팀형 리더)유형의 리더십 스타일에 관한 연구 및 기여를 포함한 리더십 그리드 이론을 논의할 것이다.

Robert Black와 Jane Mouton은 텍사스대학에서 관리 그리드를 개발해서 1964년에 출간하고, 1978년과 1985년에 그 내용을 갱신했으며, 1987년에 사망한 Mouton을 대신하여 1991년에 Anne Adams McCanse에 의해 리더십 그리드로 명명되었다. Blake와 Mouton은 그들의 이론을 설명한 다수의 논문과 약 40권의 책을 출간했다.[21]

리더십 그리드는 오하이오주립대학과 미시간대학의 연구에 기초를 두고 있다.

이는 두 가지 리더십 차원에 기초하고 있으며, Blake와 Mouton은 그것을 '생산에 대한 관심'과 '사람에 대한 관심'으로 불렀다. 사람과 생산에 대한 관심은 설문지를 통하여 1에서 9까지의 척도로 측정된다. 그래서 그리드는 생산과 사람에 대한 관심의 81개의 가능한 조합을 갖고 있다. 그러나 **리더십 그리드(Leadership Grid)**는 무관심형 리더(1,1), 권한순응형 리더(9,1), 컨트리클럽형 리더(1,9), 중간형 리더(5,5), 그리고 팀형 리더(9,9)의 다섯 가지 리더십 스타일을 제시한다. 리더십 그리드의 적용을 위한 도표 3.5를 보자.

리더십 그리드는 무관심형 리더(1,1), 권한순응형 리더(9,1), 컨트리클럽형 리더(1,9), 중간형 리더(5,5), 그리고 팀형 리더(9,9)의 다섯 가지 리더십 스타일을 설명한다.

- **무관심형 리더(1,1)**는 생산과 사람에 대해 둘 다 낮은 관심을 갖고 있다. 리더는 직위를 유지하는 데 요구되는 최소한의 일만 한다.
- **권한순응형 리더(9,1)**는 생산에 대해서는 높은 관심을 갖고 사람에 대해서는 낮은 관심을 갖는다. 리더는 사람들을 기계처럼 취급하며 과업을 완수하는 데 초점을 맞추고 있다.
- **컨트리클럽형 리더(1,9)**는 사람에 대한 높은 관심과 생산에 대한 낮은 관심을 갖고 있다. 리더는 생산에 대한 고려 없이 우호적인 분위기를 유지하기 위해 노력한다.
- **중간형 리더(5,5)**는 생산과 사람에 대한 균형적이고 중간적인 관심을 갖고 있다. 리더는 만족스러운 성과와 사기를 유지하기 위해 노력한다.

도표 3.5 리더십 그리드

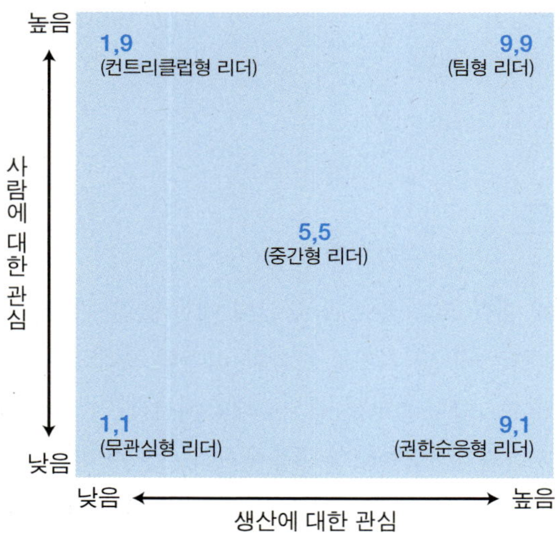

출처: Adapted from Robert R. Blake and Jane S. Mouton, *The Managerial Grid III* (Houston: Gulf, 1985); and Robert R. Blake and Anna Adams McCanse, *Leadership Dilemmas-Grid Solutions* (Houston: Gulf, 1991), 29.

- **팀형 리더(9,9)**는 생산과 사람에 대해 둘 다 높은 관심을 갖고 있다. 이 리더는 최대의 성과와 종업원 만족을 위해 노력한다. Blake와 Mouton 및 McCanse에 따르면, 팀 리더십 스타일은 일반적으로 모든 상황에서 사용하기 적합하다.

도입사례 응용

1. 논의된 세 가지 모델, 즉 미시간대학과 오하이오 주립대학의 리더십 스타일 그리고 리더십 그리드를 기반으로 하면, Elon Musk는 어떤 리더십 스타일을 사용하는 경향이 있는가?

Elon Musk는 큰 성공을 거두었지만 무모하게 트위터를 한다고 비판받고 있으며, 종종 다른 사람의 말을 듣지 않는 독재적이고 까다로운 상사라고 불렸기에 논란의 여지가 있다. 따라서 그는 관계지향적인 것보다 과업지향적인 경향이 있다. 이는 그가 종업원중심의 행동보다 미시간주립대학의 과업중심의 행동을 더 많이 사용하고, 오하이오 주립대학에서 고려하는 구조주도를 사용하며, 리더십 그리드의 관점에서는 생산에 대한 관심이 더 높다는 것을 나타낸다.

개념응용 3.2 리더십 그리드

다음의 다섯 가지 문항에 대하여 각각의 리더십 스타일을 표시해보자. 각 항목 앞의 빈칸에 알맞은 알파벳을 써보자.

a. 1,1 (무관심형)
b. 1,9 (컨트리클럽형)
c. 9,1 (권한순응형)
d. 5,5 (중간형)
e. 9,9 (팀형)

_____ 7. 관리자는 본질적으로 전제적이며 마감일을 반드시 준수한다.

_____ 8. 팀원들은 사내 다른 부서와 비교할 때 평균 수준의 생산성을 가진다.

_____ 9. 팀원들은 리더를 좋아하지 않고 사내에서 사기가 매우 낮은 편이지만, 팀은 고성과 팀에 속한다.

_____ 10. 팀원들은 일과 팀원들에 대해 관심이 없는 리더와 일한다.

_____ 11. 팀원들은 자신들을 적극적으로 지원해 주면서 일에 대해 최고 수준의 성과를 기대하는 리더와 일한다.

_____ 12. 팀원들의 사기는 매우 높은 편이지만 사내에서 팀은 저성과 팀에 속한다.

리더십 그리드와 High-High형 리더 연구

High-High형 리더는 생산과 사람 두 가지 모두에 관심을 갖고 있다. 이것이 팀 리더십 스타일이다. Blake와 Mouton은 10년을 전후로 수익성을 측정하기 위한 실증적 연구를 수행했다. 연구자들은 팀 리더십이 일반적으로 성과를 향상시키고 낮은 결근율과 낮은 이직률 그리고 높은 종업원 만족도를 나타낸다고 주장했다. 또한 오늘날 팀워크 스킬은 높은 수준의 성과를 내는 데 매우 중요하다.[22]

그러나 다른 연구자들은 High-High형 리더십을 하나의 신화라고 여기면서 이러한 연구결과에 동의하지 않았다. 좀 더 객관적인 메타분석(많은 선행 연구들의 결과를 통합적으로 연구)을 통해 과업과 관계 행동이 부하의 성과와 정적인 상관관계가 있다는 것을 발견했음에도 불구하고, 상관관계는 전반적으로 약하다.[23] 다시 말해 High-High형 리더십 스타일이 보편적 이론으로서 일부 지지를 받지만, 모든 상황에 적용 가능한 가장 좋은 스타일로 받아들여지지는 않는다.

동기부여로 넘어가기 전에 2장의 성격 특성을 지금까지 다룬 내용과 연결해 보겠다. 자기평가 3.1을 완료해보자.

자기평가 3.1 당신의 성격 특성 및 리더십 스타일

우리는 첫 번째 절에서 특성이 리더십 행동에 영향을 준다고 언급했다. 이것은 당신에게 어떻게 관련이 되는가? 미시간대학의 리더십 모델에서는 대체로 2장의 〈자기평가 2.1〉의 Big5 외향성 차원(높은 지배적 특성, 높은 권력욕구)에 대해 높은 성격점수를 보였다면, 당신은 아마 과업(직무중심적) 리더십 스타일에 높은 점수를 얻을 것이다. 만약 친화성(타인에 대한 민감성, 높은 친화욕구)에 높은 점수를 보였다면, 아마 관계(종업원중심적) 리더십 스타일에 높은 점수를 얻을 것이다. 나의 미시간대학 리더십 스타일은 주로

____

____

____

____

리더십 그리드의 경우 1~9까지의 척도를 사용하여 외향성과 친화성을 평가할 수 있다. 그 다음 그리드에서 결합해본다. 나의 리더십 그리드 유형은 주로

____

____

____

____

오하이오주립대학의 리더십 모델에 관해서 당신은 외향성과 친화성의 성격을 높게 또는 낮게 점수화해야 한다. 그 후 점수를 더하면 이러한 성격 점수는 일반적으로 네 가지 리더십 스타일 중 하나에 해당하는 동일한 두 차원의 행동을 제공한다. 나의 오하이오주립대학 리더십 스타일은 주로

____

____

____

____

만약 리더동기 프로파일을 점수화했는데, 과업에 대한 점수가 대체로 관계에 대한 점수보다 높다면, 이는 당신이 친화욕구보다는 권력욕구를 더 많이 가지기 때문이다. 그러나 오하이오주립대학 모델에서 당신의 리더십 스타일이 높은 구조주도와 높은 배려를 보일 수도 있다. 왜냐하면 이는 사회적 권력을 의미하기 때문이다. 당신은 또한 리더십 그리드의 (9,9)형 팀형 리더 점수를 가질 수도 있다. 나의 리더동기 프로파일은 주로

____

____

____

____

업무응용 3.3

현재 또는 과거 관리자를 떠올려보자. 다섯 가지 리더십 그리드 스타일 중 어떠한 스타일을 빈번하게 사용하였는가? 그 관리자의 행동을 설명해보자.

리더십과 동기부여

학습목표 3.4

동기부여 과정과 성과 공식을 설명한다.

이 절에서는 동기부여와 리더십, 동기부여 과정, 그리고 동기부여 이론의 세 가지 분류에 대해 설명한다.

동기부여, 몰입 및 리더십

리더십이 성공하기 위해서는 개인[24]과 팀을[25] 동기부여 시키는 것이 필요하다. 성공적인 리더들은 타인에 대한 관심을 보이고 추종자들과 관계를 개발하여 추종자들에게 동기를 부여해야 한다.[26] 따라서 여러분들은 스스로를 알아야 하고 스스로에게 동기를 부여하는 방법을 알아야 한다.[27] 그리고 대인관계 기술을 사용하여 다른 사람들을 동기부여 할 수 있어야 한다.[28] **동기부여(motivation)**는 어느 특정한 결과를 추구하는 행동에 영향을 미치는 어떤 것이다. 동기부여는 감정이며 우리 행동이 우리에게 동기를 부여하는 데 도움이 될 수 있지만, 단순히 우리 자신과 다른 사람들에게 동기부여가 되도록 강요할 수는 없다.[29] 비즈니스 결과는 일반적으로 조직 목표이며 목표를 달성하려면 동기부여가 필요하다.[30]

동기부여는 어느 특정한 결과를 추구하는 행동에 영향을 미치는 어떤 것이다.

Salt Fat and Acid Heat의 셰프인 Samin Nosrat는 그녀의 경력 초기에 행동과 동기부여를 연결한다. 주방을 운영하는 리더로서 첫 번째 역할에서 그녀는 자신의 접근 방식에서 매우 수동적이고 공격적인 것을 인정한다. "아, 내가 친절하고 참을성 있게 설명한다면 듣지 않을 건가요? 내가 못되게 구는 것이 당신이 들을 수 있는 유일한 방법일 수도 있어요. 나는 그게 자랑스럽지 않아요. 그것은 결국 저와 제 동료들을 잡아먹는 암이 될거에요"[31] 그녀는 여러분과 같은 가치관을 가진 사람들을 고용하는 것이 중요하다고 강조한다. "내가 사람들을 대하는 방법, 우리가 서로를

사진 3.1 Samin Nosrat는 사람들을 존중하고 대우하며 가치를 공유하는 종업원들과 함께 일해야 한다는 것을 강조한다.

출처: Emma McIntyre/Getty Images for Netflix

대하는 방법, 그리고 우리가 하는 일에 대한 느낌, 그게 가장 중요한 것이에요."[32]

몰입 및 조직시민행동

직무몰입(work engagement)은 유행어 또는 진언이 되었다.[33] 이는 단순한 직무 요구 사항을[34] 넘어 직원들이 높은 수준의 조직 성과를 달성하도록 동기를 부여하는 것이다. 리더는 다양한 문화를 가진 협업 팀을 구성해야 하며, 이것은 오늘날의 글로벌 환경에서 매우 중요하다.[35] (글로벌뷰)

안타깝게도 몰입의 정도가 높은 종업원의 평균 비율은 34%에 불과하다. 그러나 성공적인 기업들은 93%의 높은 비율을 보이는 WD-40같은 회사에서 보듯이 더 높은 비율을 가지고 있다.[36] 그런데 진정으로 위대한 리더들은 추종자들이 조직시민행동(OCB)에 참여하도록 한다. 즉, 추종자들이 팀이나 조직의 이익을 위해 자신의 이기심을 넘어서는 행동을 하게 만든다.[37]

무엇이 우리를 동기부여 하는가?

우리는 자기 이익을 충족시키기 위해 만족을 추구하는 경향이 있다.[38] 따라서 다른 사람들을 동기부여 시키려면 종종 묻지 않는 그들의 질문에 답을 해야 한다. "그것이 내게 어떻게 좋을까요?" 우리가 사람들에게 원하는 것을 주면 그들은 결국 우리가 원하는 것을 우리에게 주는 경향이 있을 것이다. 한 가지 필요한 것은 지원적 협력 관계이다.[39] 성과를 높이기 위해 기업은 종업원들을 참여시킬 수 있는 더 나은 방법을 찾아야 하며, Amazon과 Pepsi를 포함한 기업들은 지속적으로 그러한 노력을 하고 있다.[40]

동기부여 과정

동기부여 과정은 사람들은 욕구에서 동기, 행동, 결과, 만족 또는 불만족으로 간다.

동기부여 과정(motivation process)을 통해 사람들은 욕구에서 동기, 행동, 결과, 만족 또는 불만족으로 간다. 예를 들면, 당신이 목이 마르면(욕구) 음료를 마시고 싶은 동인(동기)을 갖는다. 음료를 마시고(행동) 갈증을 해소(결과와 만족)한다. 그러나 만약 음료를 마실 수 없거나 진정으로 원하는 음료가 아니라면 불만족하게 될 것이다. 만족은 보통 오래가지 못한다. 음료에 만족하더라도 조만간 다른 음료가 필요할 수 있다. 이러한 이유로 동기부여 과정은 피드백 고리를 가지고 있다. 동기부여 과정의 설명은 도표 3.6를 보자.

어떤 욕구나 결핍은 모든 행동에 동기를 부여한다. 그러나 욕구와 동기는 복잡하다. 즉, 욕구가 무엇인지 또는 하려는 것을 왜 하는지 항상 알 수 없다. 어떠한 것

도표 3.6 동기부여 과정

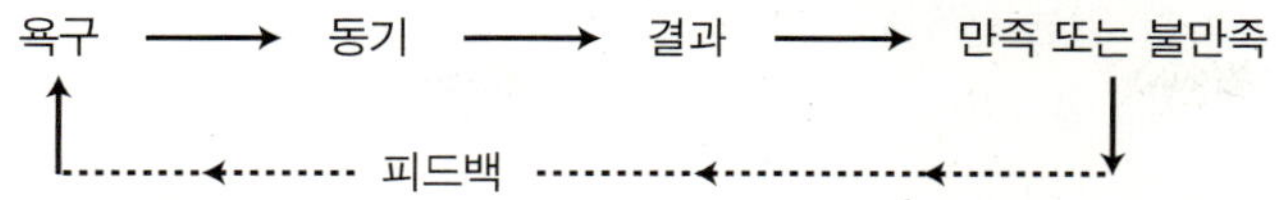

을 하고 왜 했는지 알지 못한 적이 있는가? 욕구에 대한 이해는 동기부여와 행동을 이해하는 데 도움을 주고, 또한 사람들이 합리적인 자신의 이익을 위해 행동하는 이유를 이해하는 데도 도움을 줄 것이다.

동기는 특성처럼 관찰될 수 없지만 행동을 관찰하고 그 사람의 동기가 무엇인지 추론할 수 있다(귀인이론). 그러나 사람들은 동일한 일을 서로 다른 이유를 가지고 하기 때문에 왜 사람들이 그런 방식으로 행동하는지를 알기는 쉽지 않다. 또한 사람들은 종종 한 번에 여러 개의 욕구를 만족시키기 위한 시도를 한다. 따라서 무엇이 사람들을 동기부여하는 것인가에 대해 두루 적용되는 가설은 없다.[41]

안타깝게도, 전 세계적으로 유행하는 팬데믹은 경제 및 사회 생활 거의 모든 측면에 막대한 영향을 미쳤다.[42] 이로 인해 불안과 공포가 생겨났다.[43] 불안감으로 인해 일부 사람들의 감정이 고갈되어 동기부여가 저하되었다. 따라서 동기부여를 높이기 위해서 리더는 지원해야 하고, 종업원들이 일을 할 때 우선순위를 파악하게 도와주고 또는 그들과 함께 일을 해야 한다.[44] (글로벌뷰)

도입사례 응용

2. Tesla는 종업원들을 동기부여하기 위해서 어떤 것들을 하고, 이는 성과에 어떠한 영향을 미치는가?

Tesla는 빠른 변화 속에 적용가능한 완벽한 창의력을 요구하는 문화로 인해 해고될 것을 우려한 경영진들의 이직률이 높다. Musk가 부하들에게 자신들의 아이디어에 도전하도록 끊임없이 요구하기 때문에, Musk를 위해 일을 하려면 정신적 강인함이 많이 필요하다. 그러나 스스로 떠났거나 해고당했던 사람들은 Musk를 위해 일했던 것을 후회하지 않고 다음 직장에서 그 경험을 활용한다고 말한다.

Tesla는 2019년 중반부터 현재까지 수익을 증가시켜왔다. 2021년에는 전 세계 전기자동차 판매에서 약 33%의 시장 점유율을 차지했다. Tesla는 매년 전 세계적으로 2천만대의 완전 자율주행 차량을 생산하고 배터리 비용을 낮춰 2만5천달러의 전기차를 생산하는것을 목표로 하고 있다(목표하는 기한은 없다). Fortune은 Tesla를 투자자들에게 평균 이상의 수익을 제공할 수 있는 최고의 입지를 갖춘 상위 20대 기업 중 하나로 선정했다. Forbes는 계속해서 Tesla를 세계에서 가장 혁신적인 기업 중 하나로 선정하고 있다.

동기부여 및 성과 공식

일반적으로 의욕이 있는 종업원은 의욕이 없는 종업원보다 훌륭한 일을 하기 위해 더 많은 노력을 기울일 것이다. 동기부여와 능력은 성과에 영향을 미친다.[45] 그러나 성과는 단순히 동기부여에 근거한 것이 아니다. 세 가지의 주요 상호의존적 요소가 개별 성과 수준을 결정하며 다음과 같은 성과 공식으로 표현된다.

$$\text{성과} = \text{능력} \times \text{동기부여} \times \text{자원}$$

그렇다. 다른 요인들이 성과에 영향을 주지만 이러한 요인들이 개인 성과의 핵심 요인이다. 예를 들어 프로 운동 선수가 되기 위한 사람들은 열심히 하려는 의욕이 높다. 그러나 많은 사람들은 뛰어난 능력을 보유하고 있지 않기 때문에 프로로 나가지 못한다. 반면, 충분한 선천적 능력을 갖추지 못한 많은 사람들은 의욕을 가지고 열심히 노력하여 성공적인 고등학교, 대학교 및 스포츠 경력을 쌓고 스포츠 산업 내에서 코치 또는 기타 직업으로 성공적으로 일을 하고 있다. 모든 수준의 선수들이 성과를 향상시킬 수 있도록, 스포츠 장비 회사는 테니스 라켓, 골프클럽, Nike ZOOMX 러닝화와 같은 제품을 지속적으로 개선해 나가고 있다.[46] 모든 유형의 회사는 제품의 성능을 높이기 위해 기술 자원을 지속적으로 확대하고 있다.

모두가 알다시피, 성과를 극대화하려면 세 요소가 모두 높아야 한다. 성과가 최적이 아닌 경우 개선해야 할 성과 요인을 결정해야 한다. 성과가 예상보다 낮거나 부족한 변수가 능력이라면 어떤 동기부여도 성과를 향상시킬 수 없다. 종업원들에게 적절한 교육을 제공하고, 그래도 향상되지 않는다면 다른 업무/직무를 제공해야 한다. 이 장의 나머지 부분에서는 능력과 자원이 존재한다고 가정하고 동기부여에 초점을 맞출 것이다.

커리어 성공의 열쇠는 자신이 무엇을 하고 싶은지(동기부여), 자신이 잘하는 일(능력), 목표를 달성하는 데 필요한 자원(예를 들면 대학 학위)을 파악하는 것이다. 이 책은 성공적인 경력을 쌓는 데 도움이 되는 리더십 능력을 향상시키기 위해 고안되었다.

동기부여 이론의 세 가지 주요 분류에 대한 개요

사람들을 동기부여시키는 방법이나 동기부여 이론들을 분류하는 방법에 대해서 일반적으로 받아들여지는 유일한 방법은 없다. 동기부여 이론들과 그 이론들을 사용하여 자신과 다른 사람들을 동기부여시키는 방법에 대해 논의할 것이다. 다음 절에서는 내용이론과 과정이론 및 강화이론에 대해 학습하게 될 것이다. 학습하게 될 주

도표 3.7 주요 동기부여 이론	
동기부여 이론의 세 가지 분류	**구체적인 동기부여 이론**
내용이론은 종업원의 욕구 동기부여에 기초하여 행동을 설명하고 예측하는 데 초점을 둔다.	• 욕구단계이론은 종업원들이 생리적, 안전, 사회적, 존경, 자아실현의 다섯 가지 욕구를 통해 동기부여된다고 주장한다. • 2요인 이론은 종업원들은 위생요인(하위수준 욕구)보다는 동기요인(상위수준 욕구)에 의해 동기부여된다고 주장한다. • 성취욕구이론은 종업원들은 성취, 권력, 그리고 친화욕구에 의해 동기부여 된다고 주장한다.
과정이론은 종업원들이 그들의 욕구를 충족하기 위해 어떻게 행동을 선택하는가에 초점을 둔다.	• 공정성이론은 종업원들의 인지된 투입과 산출이 같을 때 동기부여된다고 주장한다. • 기대이론은 종업원들이 그들의 과업을 완수할 수 있고, 이에 대한 보상을 받을 것이라고 믿으며 그 보상이 노력할 만한 가치가 있다고 믿을 때 동기부여된다고 주장한다. • 목표설정이론은 성취가능하고 어려운 목표가 종업원들을 동기부여시킨다고 주장한다.
강화이론은 행동의 결과를 통하여 행동이 설명되고 예측되고 통제된다고 주장한다.	**강화의 유형** • 긍적적 강화: 종업원들이 원하는 보상 제공한다. • 회피: 특정 행동을 줄이는 규칙을 설정한다. • 소거: 행동을 무시하거나 긍정적인 보상을 주지 않는다. • 벌: 바람직하지 않은 행동에 대해 부정적인 강화를 한다.

과정이론은 사람들이 욕구를 충족하기 위해 취하는 행동을 선택하는 방법을 이해하는 데 중점을 둔다.

요 동기부여 이론들의 목록을 포함한 일반적으로 사용되고 있는 분류에 대해 도표 3.7을 보라.

모든 이론들을 개별적으로 학습한 후에, 이론들 간의 관계를 알아보기 위해 통합적인 동기부여 과정을 사용하여 그 이론들을 통합할 것이다. 여러분은 사용할 한 가지 이론을 선택할 수 있으며, 몇몇 이론들을 활용하여 여러분 자신의 이론을 만들거나, 또는 구체적인 상황에 가장 적합한 이론을 적용할 수 있다.

내용이론

학습목표 3.5
세 가지 내용이론들 간의 유사점과 차이점을 토론한다.

전반적인 내용이론을 소개하기 전에 내용이론에 대해 간단히 논의해보자. **내용이론 (content motivation theories)**은 사람들의 욕구에 기초한 행동을 설명하고 예측하는데 중점을 두고 있다. 사람들이 어떤 행동을 하는 주요한 이유는 자신들의 욕구와 원하는 것을 충족시키고 만족하기 위한 것이다.[47] 그래서 욕구(내용)이론을 이해하는 것

내용이론은 사람들의 욕구에 기초한 행동을 설명하고 예측하는데 중점을 둔다.

이 중요하다. 성공적인 리더십의 핵심은 주로 관계를 통해서 상생하는 상황을 조성하고 조직 목표를 달성하면서 종업원의 욕구를 충족시키는 것이다.[48]

욕구단계이론

1940년대 Abraham Maslow는 네 가지 주요 가정을 기초로 한 욕구단계이론을 개발했다. (1) 충족되지 않은 욕구만이 동기부여시킨다. (2) 사람들의 욕구는 기본적인 욕구에서 복잡한 욕구로 중요성(단계)에 따라 배열되어 있다. (3) 사람들은 최소한의 하위 수준 욕구가 충족되지 않으면 상위수준의 욕구를 충족하기 위한 동기부여가 되지 않을 것이다. (4) Maslow는 사람들이 하위수준에서 상위수준의 욕구단계 순서로 5단계의 욕구를 갖고 있다고 가정했다.[49]

욕구단계이론은 사람들이 생리적, 안전, 소속, 존경, 자아실현 등 다섯 가지 수준의 욕구를 통해 동기부여된다고 제안한다.

욕구단계이론(hierarchy of needs theory)은 사람들이 생리적 욕구, 안전욕구, 소속욕구, 존경욕구, 자아실현욕구라는 다섯 가지 욕구 수준을 통해 동기부여 된다고 제안한다.

1. **생리적 욕구:** 공기, 음식, 주거, 고통 해소 또는 회피 등과 같이 사람들의 기본적이고 주요한 욕구이다.
2. **안전욕구:** 생리적 욕구가 일단 충족되면 사람들은 안정과 안전에 대해 관심을 갖는다.
3. **소속욕구:** 안전욕구가 충족되면 사람들은 사랑, 우정, 수용, 애정 등을 추구한다. 소속욕구는 '사회적 욕구'로도 표현한다.
4. **존경욕구:** 소속욕구가 충족되면 사람들은 자아, 지위, 자기존중, 성취를 위한 인식, 자신감, 위신 등에 중점을 둔다.
5. **자아실현욕구:** 욕구의 가장 높은 수준은 자신의 최대 잠재력을 개발하는 것이다. 그것을 위해서 사람들은 성장과 성취 및 향상을 추구한다.

Maslow의 욕구단계이론은 오늘날에도 여전히 인기 있다.[50] 그러나 Maslow의 연구는 사람들이 다른 측면의 삶에 근거하여 각자 다른 욕구수준에 있을 수 있다는 것을 고려하지 않았기 때문에 비판받았다. Maslow는 사람들이 하위수준의 욕구로 되돌아갈 수 있다는 것도 언급하지 않았다.

오늘날 Maslow의 추종자들은 욕구가 단순히 다섯 단계 계층 위에 있지 않다는 것을 깨달았다. 최근 이러한 식견이 반영되어 Maslow의 가정의 내용이 보완되었고, 오늘날 많은 조직들은 그가 30년 전에 제안한 다양한 관리방법을 사용하고 있다.[51] 또한 Maslow는Douglas McGregor, Renis Likert, 그리고 Peter Drucker 등 경영저술가들에게도 많은 영향을 준 것으로 여겨지고 있다.

욕구단계이론으로 종업원을 동기부여시키기

이 이론의 중요한 공헌은 사람들이 단순히 급여뿐만 아니라 더 많은 욕구를 가지고 있다는 점을 인식한 것이다. 종업원들은 조직이 자신을 지원하고[52] 인식할 때 더 많이 동기부여된다.[53] 보상을 제공할 수 있는 돈이 많이 없다면 바비큐파티와 같이 비용이 적게 드는 친목회나 비용이 전혀 들지 않는 칭찬을 할 수 있다.[54]

사람들은 자신감, 동료의 인정과 같은 높은 수준의 욕구를 충족하길 원한다. 리더의 주요 권유사항은 종업원의 하위수준 욕구가 종업원의 동기부여 과정을 지배하지 않도록 하기 위해서 종업원의 하위수준 욕구를 충족시키는 것이다. 사람들의 욕구를 알고 이해해야 하며 성과를 증대시키는 수단으로서 욕구를 충족시켜야 한다.[55] 관리자가 이런 다섯 가지 욕구를 충족시키기 위해 시도할 수 있는 방법에 대해서는 도표 3.8을 참조하라.

도표 3.8 Maslow의 욕구단계이론으로 동기부여 시키는 방법

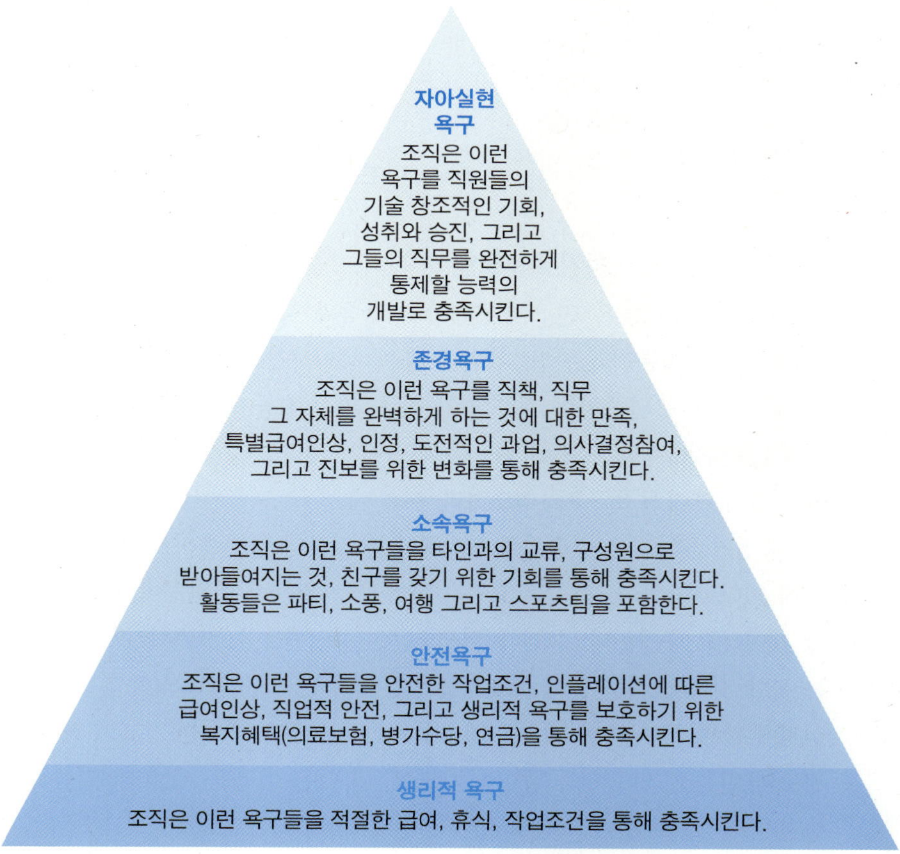

2요인이론

1960년대 Frederick Herzberg는 2요인이론을 발표했다.[56] Herzberg는 하위수준의 욕구를 위생요인 또는 유지요인이라고 부르는 하나의 범주로 하고, 상위수준의 욕구를 동기요인이라고 부르는 하나의 범주로 결합했다. **2요인이론**(two-factor theory)은 사람들이 위생요인보다는 동기요인들에 의해 동기부여된다고 제안한다.

2요인이론은 사람들이 위생요인보다는 동기요인들에 의해 동기부여된다고 제안한다.

- **위생요인-외적 요인:** 동기부여가 개인과 일이 아닌 다른 요인들로부터 오기 때문에 위생요인은 외적요인이라 불린다. 외적 동기요인에는 급여, 직업적 안정, 직무환경, 복지혜택, 관계 등을 포함한다. 이런 요인들은 하위수준의 욕구를 충족시키는 것과 관련이 있다.
- **동기요인-내적 요인:** 동기부여가 일 그 자체를 통하여 개인 내부에서부터 오기 때문에 동기요인은 내적 동기요인이라고 불린다.[57] 내적 동기요인은 성취, 인정, 도전, 승진 등을 포함한다. 이러한 요인들은 상위수준의 욕구를 충족시키는 것과 관련이 있고, 외적 요인들보다 동기부여에 있어 더 뛰어나다.[58] 따라서 내적 요인을 사용하여 자신과 다른 사람들에게 동기를 부여하라.[59]

업무응용 3.4

현재 또는 과거 직무를 떠올려보자. 당신은 위생요인들에 불만족하거나 불만족하지 않았었던 적이 있었는가? 당신은 동기요인들에 만족하거나 만족하지 않았던 적이 있었는가? 당신이 만족했거나 또는 만족하고 있는 특정 위생요인들과 동기요인들을 찾아보고, 이에 대해 설명해보자.

Herzberg의 2요인 동기부여 모델

Herzberg와 동료들은 연구에 근거하여 만족과 불만족이 하나의 연속선상의 양쪽 끝에 있다는 전통적인 관점(1차원 모델)에 동의하지 않았다. 환경(위생)에 불만족하지 않는 것과 불만족하는 것 그리고 직무 그 자체(동기요인)에 만족하는 것과 만족하지 않는 것(2차원 모델)이라는 두 연속체가 있다고 주장했다. Herzberg의 동기부여 모델에 관해 도표 3.9를 참조하라.

종업원들은 그들의 환경에 불만족하는 것부터 불만족하지 않는 것까지 연속선상에 있다. Herzberg는 위생요인을 제공하는 것은 종업원들이 불만족하지 않도록 할 것이라고 주장했다. 그러나 위생요인은 종업원들을 만족시키거나 동기부여하지는 못할 것이다. 예를 들어 종신직을 얻은 교수는 직무 안정성(위생)을 갖고 있고, 종신직에 관해서는 불만이 없다. 그러나 종신직을 얻은 후에는 그 교수가 현재와 같은 정도의 일을 하거나 일을 줄이는 대신에, 더 나은 교육을 위해 더 열심히 일하려는 동기가 진정으로 있다고 생각하는가?

도표 3.9 2요인 동기부여 이론

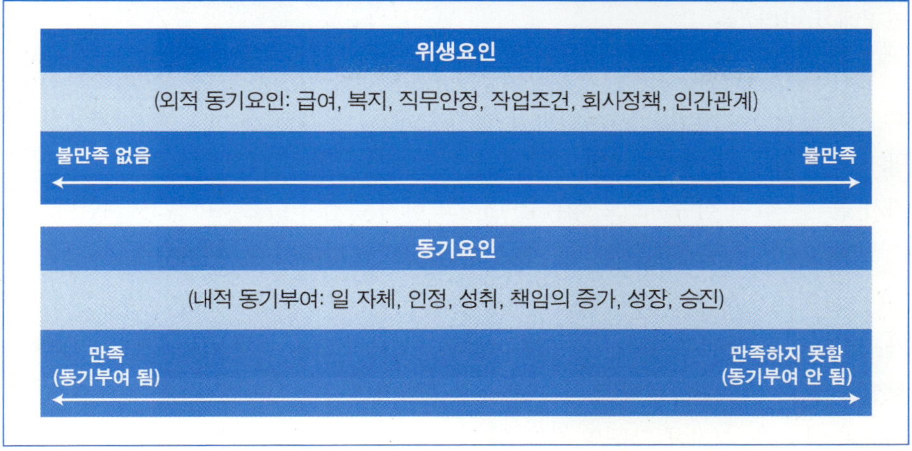

직무만족

오늘날 CarMax 및 Target을 포함한 소매 체인점을 포함하여 종업원의 행복을 최우선으로 생각하여 직무만족에 초점을 맞추고 있다고 말하는 기업이 늘어나고 있다.[60] Amazon, Blue Cross Blue Shield, Ford, Hilton, PepsiCo 같은 성공적인 기업들은 다음과 같은 동기부여 요인을 사용하여 종업원의 직무 만족도를 보장하고 있다.[61] Wegmans는 행복한 직원이 행복한 고객을 만든다고 말한다.[62]

자기결정이론. 위생요인과 동기요인은 오늘날에도 여전히 연구되고 있다.[63] 연구자들은 위생요인과 동기요인이 모두 조직시민행동(OCB)에 영향을 미친다는 것을 이해하는 데 중점을 두고 외적/내적 동기에 기반한 자기결정이론을 개발하고 있지만,[64] 내적 동기요인에 초점을 맞추고 있다.[65] 서번트 리더는 먼저 서번트가 되어야 한다.[66] 그들은 위생요인으로 인해 종업원들이 불만족하지 않도록 함으로써 종업원들의 최선의 이익을 찾는 동시에 신뢰 관계를 발전시켜 종업원들을 동기부여시키는데 집중한다.[67]

동기요인으로서의 돈. 동기요인으로서의 돈에 대한 현재의 관점으로는 모든 사람들이 아닌 몇몇 사람들만이 돈을 다른 요인들에 비해 더욱 중요하다 생각하기 때문에, 돈은 몇몇 종업원들에게만 동기부여 효과가 있다. 어떤 사람들은 내적 동기를 얻기 위해 임금 같은 외적 보상을 기꺼이 포기할 의향이 있다.[68] 적극적으로 새로운 일자리를 찾는 사람들은 승진기회를 급여 만큼이나 중요하게 평가한다.[69] 많은 종업원들은 아무리 급여 및 고용안정성이 훌륭하더라도 이와 관계없이 직무에 만족하지 못하면 조직에 머물지 않을 것이다.[70] 따라서 개인의 욕구에 맞게 외적 및 내적 요인을 조정해야 한다.[71]

경쟁사보다 높은 임금을 지불하는 회사는 종업원의 만족도가 높고, 낮은 임금을 지급하면서도 높은 이윤을 내는 회사는 종업원의 불만족도가 높은 경향이 있다.[72] 또한 임금 격차는 정당한 것으로 인식되어야 하며, 그렇지 않으면 저임금 근로자가 불만족하여 적극적으로 성과를 내려고 하지 않거나 다른 회사로 이직한다.[73]

그러나 돈이 종업원들을 더욱 열심히 일하도록 반드시 동기부여시키는 것은 아니다. 급여를 인상받은 적이 있는가? 더 많이 동기부여가 되고 더 많이 생산적이었는가? 또한 돈은 동기부여시킬 수 있는 능력이 제한적이다. 예를 들어, 커미션 형태로 보상을 받는 종업원들은 안정적인 단계에 들어서면 추가적으로 돈을 벌기 위해 노력하지 않는다. 심지어 그들은 시간 외 근무로 보통 급여의 2배를 받을 수있음에도 불구하고 시간 외 근무를 원하지 않는 단계에 이른다.

구직. 개인적인 측면에서, 구직활동을 할 때 지원서 작성과 면접 보는 것은 내적 동기요인에 초점을 맞춰야 한다. 취업을 하려는 동기요인은 무엇이며, 그 직무를 수행할 수 있는 자격은 어떻게 갖추고 있는가? 일반적인 권장 사항은 급여 및 복리후생 같은 위생요인에 초점을 맞추거나 논의하지 않는 것이다. "급여는 얼마이고 복지 혜택은 어떻게 되나요?" 라고 묻는 경우 면접관은 당신이 도전적인 업무가 아니라 주로 급여에 의해 동기부여 된다고 생각하는 경향이 있고, 당신을 뽑지 않을 것이다. 급여와 복리후생을 제기하지 말고 면접관이 주제를 제기할 때까지 기다리는 것이 좋다.[74]

2요인이론으로 종업원을 동기부여시키기

Herzberg는 관리자가 먼저 종업원원의 급여 수준 및 기타 위생요인이 적절한지 확인해야 한다고 말한다. 일단 종업원들이 급여(다른 위생요인들을 포함하여)에 불만족하지 않으면, 직무를 통해 동기부여될 수 있다. Herzberg는 직무를 좀 더 재미있고 도전적으로 만듦으로써 직무 그 자체를 동기요인으로 구축하는 과정인 직무충실화(job enrichment)를 개발했다.

오늘날 관리자들은 종업원들의 욕구를 충족할 수 있는 방식으로 업무를 설계하여 직무 만족도와 성과를 높이고 있다.[75] 직무충실화는 AT&T, GM, IBM, Maytag 및 Travelers를 포함한 많은 조직에서 종업원들을 높은 수준의 성과를 내도록 동기부여시키는데 성공적으로 이용되어 왔다.[76] 조직은 직무특성모델(job characteristics model)을 비롯한 구조화된 방법을 통해 직무를 설계하고 있다.[77]

도입사례 응용

3. Tesla는 욕구단계이론과 2요인이론에서 제기된 종업원들의 욕구를 어떻게 충족시키는가?

Tesla는 좋은 임금과 복리후생, 생산직 근로자에게 비교적 안전한 장소, 사회적 상호작용을 제공함으로써 욕구 계층을 충족시키지만, 주요 초점은 존경 및 자아실현 욕구를 충족시키는 데 있다. Tesla는 2요인 중 위생요인을 충족하고, 도전적인 업무를 제공하여 동기요인에 중점을 둔다.

학습된 욕구이론

학습된 욕구이론은 사람들이 그들의 성취, 권력, 그리고 친화욕구에 의해 동기부여된다고 주장한다.

학습된 욕구이론(acquired needs theory)은 사람들이 그들의 성취, 권력, 그리고 친화욕구에 의해 동기부여된다고 주장한다. 이것은 본질적으로 2장 성취동기이론(achievement motivation theory)과 같은 정의이다. David McClelland가 이러한 욕구들에 대해 가장 먼저 연구한 것은 아니다. 그런데 그는 욕구는 선천적으로도 타고나지만 주로 성장하면서 후천적으로 학습되고 개발되었다고 보았기 때문에 성취동기이론은 학습된 욕구이론으로도 불린다. 이미 McClelland의 이론에 대해 학습했기 때문에 여기서는 간단하게 설명할 것이다.[78]

학습된 욕구이론에 의하면, 모든 사람들은 서로 각기 다른 정도의 성취욕구와 권력욕구 및 친화욕구를 가지고 있다고 말한다. McClelland의 친화욕구는 Maslow의 소속욕구와 본질적으로 같다. 그리고 권력욕구와 성취욕구는 존경욕구과 자아실현욕구 및 성장욕구와 관련이 있다. McClelland의 동기부여 이론은 하위수준의 욕구인 안전욕구와 생리적 욕구를 포함하지 않는다. 종업원들의 주요 욕구들을 기반으로 하여 그들을 동기부여시키기 위한 아이디어에 대해 알아보자.

- **높은 성취욕구를 가진 종업원의 동기부여:** 그들에게 명확하고 달성 가능한 목표로 새롭고 도적적인 과업을 제시하라. 그들의 성과에 대해 빠르고 빈번한 피드백을 제공하라. 그들에게 새로운 일을 하기 위한 책임을 지속적으로 더 많이 주어라. 그들의 방식을 이해하려고 노력하라.
- **높은 권력욕구를 가진 종업원의 동기부여:** 그들이 자신들의 직무에 대해 가능한 많이 기획하고 통제하도록 하라. 특히 그들이 의사결정에 의해 영향을 받을 때 그들을 의사결정에 참여시키기 위해 노력하라. 그들은 팀 구성원으로서보다는 혼자서 업무를 가장 잘 수행하는 경향이 있다. 그들에게 단지 과업의 일부분보다는 전체 과업을 할당하려고 노력하라.
- **높은 친화욕구를 가진 종업원의 동기부여:** 그들이 팀의 일원으로서 일할 수 있도록 보장하라. 그들은 직무 그 자체보다는 함께 일하는 사람들로부터 만족을 얻

는다. 그들에게 칭찬을 많이 하고 인정을 많이 해줘라. 그들에게 새로운 종업원을 적응시키고 교육시키는 책임을 위임하라. 그들은 위대한 친구와 멘토가 된다.

도입사례 응용

4. Elon Musk는 리더동기 프로파일(LMP)을 가지고 있는가?

Elon Musk는 LMP가 있다(2장). 그는 성취와 권력에 대한 욕구가 매우 높으며 친화에 대한 욕구는 낮다.

도표 3.10 내용이론의 비교

욕구단계이론 (Maslow)	2요인이론 (Herzberg)	학습된 욕구이론 (McClelland)
자아실현욕구	동기요인	성취와 권력
존경욕구	동기요인	성취와 권력
소속욕구	위생요인	친화
안전욕구	위생요인	분류 안 됨
생리적 욕구	위생요인	분류 안 됨
욕구는 계층적 순서에 의해 충족되어야 한다.	위생요인은 구성원들을 동기부여시키지 못한다.	구성원들은 자신들이 갖고 있는 욕구에 기초하여 다르게 동기부여 된다.

직업적 욕구와 개인적 욕구 간의 균형을 위한 필요성을 논의하기 전에 동기부여의 세 가지 내용이론을 비교한 도표 3.10을 보자.

개념응용 3.3 내용이론

종업원들에게 동기를 부여하는 방법에 대한 다음 문항과 관련이 있는 이론을 골라보자.

a. 욕구단계이론
b. 2요인 이론
c. 학습된 욕구이론

_____ 13. "Kelly, 내가 지금까지 당신에게 위임한 작업을 수행하는 방법을 말해 왔지만, 앞으로는 목표를 제시하고 당신이 원하는 방식으로 일을 할 수 있게 해주겠어요."

_____ 14. "Lomita, 당신은 다른 사람들과 일하는 걸 좋아해요. 신입 직원 Wanita에게 우리가 여기서 어떻게 일을 하는지 안내해주겠습니까?"

_____ 15. "Sandy, 우리는 열심히 일하지만 팀으로서 함께 일하는 것도 즐거워요."

_____ 16. "HR부서에서는 우리 부서가 직원들이 서로를 더 잘 알아가고 동기부여가 되는 팀워크를 다질 수 있도록 더 많은 소셜 이벤트를 개최할 것을 권장하고 있습니다."

_____ 17. "Kevin, 여기 Skating World에서는 아이들을 사랑하고 멋진 생일 파티를 원하는 사람들을 고용하는 데 초점을 둡니다. 이 직업이 당신에게 흥미롭게 들리나요?"

_____ 18. "당신은 정말 믿을 수 있어요, Carla. 내가 당신에게 위임한 모든 과제에서 성공하고 싶다는 당신의 태도에 깊이 감사드립니다."

일-생활 욕구의 균형

일-생활 균형은 일-가정 그리고 일-가족 균형이라 불린다. 논의했던 것처럼 모든 사람들은 개인적 생활 욕구와 일 욕구를 가지고, 두 가지 욕구는 상충되거나 서로 간에 영향을 미친다.[79] 긍정적인(또는 부정적인) 가족 경험은 일에 긍정적(또는 부정적인) 일에 영향을 미칠 수 있으며 그 반대의 경우도 마찬가지다.[80] 따라서 일과 생활의 균형이 중요하다.[81] 어떤 사람들은 더 나은 일과 생활의 균형을 이루기 위해 이직한다.[82] 안타깝게도 최근에 고용한 대학 졸업생 중 약 30%만이 일과 생활의 균형을 이루고 있다고 보고되고 있다.[83]

기술은 직장과 직장 밖 생활 사이의 전통적인 경계를 뒤흔들고 있다.[84] 사람들은 기술이 업무를 수행하는 데 도움이 된다고 말하지만, 인터넷 사용자의 약 44%가 정기적으로 직장 밖에서 일부 작업을 수행하기 때문에 결국 더 많은 시간을 일하게 된다.[85] 24시간 내내 일하는 조직들이 글로벌 시장에서 경쟁하고 있다. 더 적은 인원으로 더 많은 일을 할 수 있도록 하는 데 초점을 맞춘 세계 시장에서, 시간대가 다른 곳이면 어디에서든 휴대폰을 쉽게 확인하고 밤낮으로 일할 수 있는 기술로 인해 많은 사람들의 삶과 일이 흐려지고 있다. 일부 국가에서는 다른 국가보다 일과 생활의 균형을 이루기가 더 어렵다. 중국에서는 Alibaba Group에서 일하고 싶다면 주 6일 오전 9시부터 오후 9시까지 일해야 한다.[86] 그곳에 지원하겠는가? (글로벌뷰)

사진 3.2 친구 및 가족과 시간을 보내면 직장에서의 생산성에 긍정적인 영향을 미칠 수있다.

어린이집과 학교가 폐쇄되고 재택 근무로 인해 전 세계적으로 코로나19(COVID-19) 팬데믹이 일-생활 균형에 부담을 주고 있다. 불균형의 부정적인 결과(일-생활 갈등이라고도 함)에는 스트레스와 감기, 체중 증가, 수면 장애, 우울증, 위장 문제, 등, 목, 어깨 통증 등의 정신 및 신체 건강 문제가 포함된다. 40% 이상의 근로자가 지쳤다고 답했고, 24%는 휴식이 필요해서 병가를 냈다고 답했다.[87] 스트레스는 직업, 가족, 생활에 불만족을 야기할 수 있다. 균형은 많이 요구되지만 거의 이루어지지 않은 상태이다.

종업들이 개인적인 욕구를 충족할 수 있도록 돕기 위해 기업에서 수행하는 두 가지 주요 업무는 근무현장에 어린이집을 제공하는 것이다. 또는 종업원에게 좋은 어린이집 및 노인 돌봄센터를 찾는 데 도움이 되는 정보를 제공하고 유연근무제를 제공하는 것이다. 일부 리더들은 종업원들에게 늦기 전에 퇴근하여 "생활을 가져라"라고 말하고 있다. Campbell Soup와 Lowe's를 비롯한 일부 회사는 일과 생활의 균형을 더 잘 맞추는 방법에 대한 가족 친화적 관행, 직원 지원 프로그램, 세미나 및 워크샵을 제공하고 있다. 자세한 내용과 도움이 필요하면 가족과직장연구소 웹 사이트 www.familesandwork.org를 방문해라.

과정이론

학습목표 3.6
세 가지 과정이론들 간의 유사점과 차이점을 토론한다.

과정이론은 욕구를 충족하기 위해 사람들이 어떻게 행동을 선택하는가를 이해하는데 중점을 둔다.

과정이론은 내용이론보다 더 복잡하다. 내용이론은 단순히 사람의 욕구를 입증하고 이해하는데 초점을 맞추고 있다. **과정이론(process motivation theory)**은 왜 사람들이 다른 욕구를 가지고 있는지와 사람들이 자신의 욕구를 충족하기 위해 어떻게 행동을 선택하는 가를 이해하는 데 중점을 둔다. 여기서 공정성이론, 기대이론, 목표설정이론이라는 세 가지의 과정이론에 대해 논의해보자.

공정성이론

당신은 공정한 대우를 받길 원하는가? 동기부여는 직무만족과 성과에 긍정적 또는 부정적인 영향을 미치는데 이는 종종 공정성에 대한 인식에 기반한다.[88] 공정성에 대한 인식은 관계의 영향을 받는다. 상사를 신뢰하지 않는 종업원은 상사가 불공평하다고 생각하는 경향이 있으며, 이는 종업원의 성과에 부정적인 영향을 미친다.[89]

공정성이론은 사람들의 인지된 투입과 결과가 같을 때 동기부여된다고 주장한다.

공정성이론은 주로 J. Stacy Adams의 동기부여 이론을 사용하며, 사람들은 그들의 성과(투입)에 대한 받는 보상(산출)에서 사회적 공정성을 추구한다고 설명한다.[90] **공정성이론(equity theory)**은 사람들의 투입과 산출이 같다고 생각할 때 동기부여된다고 주장한다.

투입과 산출 비교

공정성이론 과정을 통해 사람들은 그들의 투입(노력, 경험, 충성도, 몰입, 연공서열 등)과 산출(재무적 보상, 칭찬, 인정 등)를 관련된 다른 사람들의 투입 및 산출과 비교한다. 관련된 사람들은 같은 조직이나 다른 조직 심지어는 가상적인 상황에서의 동료나 종업원 집단이 될 수 있다.

- **인식.** 공정성의 정의는 실제가 아닌 인지된 투입에 대한 인지된 결과이다. 인식을 기반으로 한 공정성 비교는 정확할 수도 있고 정확하지 않을 수도 있다.[91] 다른 사람들은 공정성이 실제로 존재하고 불공정성에 대해 불평하는 사람이 잘못이라고 인식할 수도 있다. 그러나 정확하든 그렇지 않든, 자신이 공정하게 대우를 받는다고 생각하는 종업원은 조직시민행동(OCB)에 적극적이고,[92] 반대로 자신이 부당한 대우를 받는다고 인식하는 종업원은 그렇지 않다.[93] 조직에서 급여의 공정한 분배는 중요하다.[94] 불행하게도 많은 종업원들은 그들 스스로가 다른 사람들과 비교할 때 그 자신들의 노력과 성과를 부풀리는 경향이 있다. 다른 사람들이 자신이 잘하지 못한다고 생각할 때 자신은 무언가를 잘한다고 생각하는 사람을 알고 있는가? 또한, 종업원들은 다른 사람들이 얻는 것을 과대평가하는 경향이 있다.
- **공정성 결정.** 사람들은 다른 사람들과 비교할 때 더 적게 받고 있거나, 더 많이 받고 있거나 또는 공정하게 받고 있다는 세 가지 결론 중 하나에 이른다. 불공정성을 인지할 때 종업원들은 투입을 감소시키거나(예: 노력을 덜하는 것) 산출(예: 급여가 오르는 것)을 증가시킴으로써 균형을 맞추고자 한다.

공정성 이론으로 동기부여하기

자신들이 과대보상을 받고 있다고 믿는 사람들은 보통 그들의 행동을 변화하지 않는다. 대신에 그들은 종종 자신들이 그 결과물을 받을만하다고 합리화한다. 공정성의 한 가지 관점은 Herzberg의 위생요인과 같은 것이다. 종업원들이 불만족하지 않을 때 활발하게 동기부여되지 않지만 그들이 과소보상을 받거나 공정하게 대우받지 못하고 있다고 생각하면 의욕을 상실한다.[95] 왜냐하면 종업원들이 누구와 비교하는지도 모르고 비교대상의 투입과 산출에 대해서도 정확하게 알 수 없기 때문이다. 그러나, 공정성이론은 유용한 일반적인 지침을 제공해준다. 즉, 공정성은 사람들의 인식에 기초하며, 공정하게 보상을 해야 하고, 고성과자들을 확실하게 보상하여 그들이 지속적으로 높은 성과를 내도록 만들어야 한다는 것이다.

기대이론

기대이론은 사람들이 그들이 과업을 완수할 수 있고 보상을 받을 것이며, 과업을 완수한 것에 대한 보상이 노력할 만한 가치가 있다고 믿을 때 동기부여된다.

기대이론은 Victor Vroom의 공식에 기초하고 있으며, 도표 3.11에 설명되어 있다. **기대이론**(expectancy theory)은 사람들이 그들이 과업을 완수할 수 있고 보상을 받을 것이며, 과업을 완수한 것에 대한 보상이 노력할 만한 가치가 있다고 믿을 때 동기부여된다고 주장한다. 이 이론은 '내적(욕구) 요소와 외적(환경) 요소 둘 다 행동에 영향을 준다'는 가정에 기초하고 있다. 행동은 개인의 결정이다. 사람들은 각자 다른 욕구와 욕망 및 목표를 가지고 있다. 그리고 사람들은 결과물에 대한 그들의 인식에 기초하여 의사결정을 한다.[96]

세 가지 변수들

동기부여가 되려면 Vroom 공식에 제시된 세 가지 변수 조건이 충족되어야 한다.

- 기대(expectancy)는 목표를 달성하기 위한 능력(가능성)에 대한 개인의 지각으로 자기효능감이다. 일반적으로 자신에 대한 기대감이 높으면 높을수록 동기부여될 기회는 더 많아진다.[97] 종업원들이 스스로 목표를 달성할 수 있다고 믿지 않을 때 그들은 최선을 다하겠다는 시도를 하지 않을 것이다. 이 과목에서 기대하는 성적은 얼마인가? 여러분은 스스로가 A학점을 받을 능력이 있다고 믿는가?
- 수단성(instrumentality)은 성과가 보상을 가져올 것이라는 믿음이다. 만약 종업원들이 보상을 받을 것이라고 확신한다면 그들은 아마도 동기부여될 것이다. 확신하지 않을 때에는 동기부여되지 않는다. 여러분은 열심히 공부하면 이 과목의 교수님으로부터 A학점을 받을 수 있다고 생각하는가?
- 유의성(valence)은 결과 또는 보상에 대해 개인이 부여하는 가치이다. 일반적으로 보상과 결과의 가치(중요성)가 높으면 높을수록 동기부여될 가능성이 더 높다. 이 과목에서 A학점을 받는 것이 당신에게 얼마나 중요한가?

도표 3.11 기대이론 공식

동기부여 =	기대 ×	수단성 ×	유의성
목표를 달성하고 보상을 받으려면 얼마나 동기부여가 되어야 하는가?	나는 그 목표를 달성할 수 있는가?/ 보상을 받을 수 있는가?	내가 그 일을 하면 실제로 목표를 달성할 수 있는가?/보상을 받을 수 있는가?	그 보상은 목표를 달성하기 위해 나의 시간과 노력을 들일만한 가치가 있는가?

참고: 세 가지 변수 중 하나라도 낮으면 동기부여가 낮아진다.

여러분은 스스로가 A(B) 학점을 받을 수 있다고 믿는가?, 그것을 얻기 위해 열심히 노력한다면 A(B) 학점을 받을 수 있다고 믿는가? 그리고 A(B) 학점이 당신에게 중요한가?

기대이론에 따르면 이 세 가지 모두에 대해 "예"라고 대답하면 동기부여가 된다. 여러분은 어떻게 대답했는가?

기대이론으로 동기부여하기

기대이론이 실질적으로 동기부여를 시킬 수 있도록 만들기 위해 다음과 같은 사항들이 실행되어야 한다.

1. 목표와 목표를 달성하기 위해 필요한 성과를 명확하게 정의하라.[98]
2. 성과와 보상을 연계하라. 높은 성과는 보상되어야 한다. 어떠한 종업원이 다른 종업원들보다 더 많이 생산하기 위해 더 열심히 일했을 때 보상받지 못한다면, 그 종업원은 생산성을 줄일 것이다. Anne M. Mulcahy(제록스의 회장)는 "여러분은 실제로 무엇이 회사를 변화시킨다고 믿습니까? 저는 정말 명확합니다. 그것은 고객과 직원들에 관한 것입니다. 다른 모든 것은 뒤따라 옵니다. 고객을 돌보고 동기부여가 된 직원이 있다면 다른 모든 것이 뒤따를 것입니다."[99]
3. 보상이 종업원에게 가치 있다는 것을 확신시켜라. 관리자는 개인이 원하는 보상이 무엇인지 알아야 하며[100] 팀의 보상언어를 학습해야 한다.[101] 그리고 고용주가 종업원들에게 원하는 좋은 대인관계 기술을 개발한다.[102]
4. 말한 것을 행동으로 보여줄 것이라고 종업원들이 믿게 만들어라. 예를 들어, 종업원들이 열심히 일한다면 그들에게 성과급을 제공할 것이라고 믿게 만들어야 한다.
5. 기대를 높이기 위해 피그말리온 효과(2장)를 사용하라. 당신의 높은 기대는 종업원들이 자기충족적 예언(self-fulfilling prophecy)을 하게 만든다.[103] 기대수준이 증가함에 따라 성과도 증가할 것이다.

업무응용 3.5

기대이론이 당신의 동기부여나 당신과 함께 일하거나 함께 일한 다른 사람의 동기부여에 어떻게 영향을 미쳤는지에 대한 예를 들어라. 반드시 기대와 유의성을 명시하라.

목표설정이론

모든 좋은 성과는 명확한 목표에서 시작하기 때문에 목표설정은 리더가 가지고 있는 가장 강력한 동기부여 수단이다.[104] 목표설정이론은 주로 Edwin Locke에 의해 제기되고 개발되었으며, 이후 Gary Latham을 비롯한 여러 학자들에 의해 목표설정이

목표설정이론은 구체적이고 어려운 목표가 사람들을 동기 부여시킨다고 주장한다.

강화이론은 행동에 대한 결과를 통해, 사람들은 미리 결정된 방식으로 행동하도록 동기부여될 것이라고 주장한다.

론의 유용성과 타당성이 입증되었다. **목표설정이론(goal setting theory)**은 구체적이고 어려운 목표가 사람들에게 동기를 부여한다고 제안한다. 피그말리온 효과와 자기충족적 예언을 이끌어내는 높은 기대의 중요성을 기억하라.[105] Latham이 주장했듯이, 더 높고 구체적인 목표는 더 높은 수준의 성과로 이어진다.[106] 여러분의 목표설정을 평가하려면, www.mindtools.com에 가서 "목표설정이 얼마나 좋은가"를 검색하고, 18개의 질문에 답하여 점수를 받고, 얼마나 잘했는지 평가하라. 어떻게 개선할 수 있겠는가? 여러분의 점수와 상관없이, 아래 목적설정모델(objective setting model)을 사용하여 목적을 설정하고 과업을 시작하면 목표설정이론을 사용하여 성과를 향상시킬 수 있다.

목표, 목적 및 계획

목표, 목적 그리고 계획은 다르다. Stabucks의 목표는 전 세계에 새로운 매장을 열면서 성장하는 것과 같이, 목표(goal)는 일반적이고 달성되어야 할 광범위한 타깃을 겨냥한다. 목적(objective)은 구체적이지만, 달성시한이 정해진 측정 가능한 결과이다. 목적은 최종 결과이다. 목적은 어떻게 달성되어야 하는가 즉, 계획 또는 수단을 명시하지 않는다.[107] 목적을 갖는 것은 중요하다.[108] 목적 설정 및 계획이 성과를 가져오는 가장 중요한 원동력 중 하나이기 때문이다.[109] 불행하게도, 팬데믹은 미래에 무슨 일이 일어날 것인가에 대한 모든 불확실성으로 인해서 목적을 설정하고 달성하는 것을 더 어렵게 만들었다.[110] 여러분은 성공은 바쁘게 일하고 동시에 여러 가지 일을 하는 데서 오는 것이 아니라는 것을 깨달아야 한다. 성공은 중요한 일을 하고 목표를 달성하기 위해 당신이 쏟는 노력에서 오며, 탁월함은 최선을 다하는 것에서 온다. 동기부여와 노력이 부족하다는 것에 대한 핑계거리는 없다.[111] 따라서 목적을 설정하고 중요한 목표와 과업을 달성하기 위한 계획을 개발하라.

SMART 목표

GE는 SMART 목표(Specific, Measurable, Achievable, Results-based 및 Time-specific)라는 용어를 만들고, 도전적인 목표를 설정해서 더 높은 수준의 성과를 달성하도록 동기를 부여했다는 공로를 인정받았다. Microsoft는 SMART 목표를 고성과기반 문화의 일부분으로 SMART목표를 설정하였다. Ken Blanchard는 SMART 목표를 약간 다르게 정의했다(구체적이고 측정 가능한 목표, 동기부여시키는 목표, 달성 가능한 목표, 관련 있는 목표, 목표달성도를 파악가능한 목표 및 시한이 있는 목표).[112]

모델 3.1 효과적인 목표작성 모델				
	(1) ~을/를 위해 +	(2) 행위 동사 +	(3) 성취할 수 있고 구체적이며 측정 가능한 단일한 결과 +	(4) 목표마감일
Aldi	~을/를 위해	열다	2,500개의 매장	2022년 말까지[114]
VW	~을/를 위해	팔다	2,800만대의 전기자동차	2028년 연말까지[115]
GM	~을/를 위해	팔다	연간 2백만 대의 차량	2030년까지[116]

목표를 작성하기

기준을 충족시키는 효과적인 SMART 목표를 작성하는 것을 돕기 위해 다음의 모델을 사용하라. **목표작성 모델**(writing objectives model)은 (1) ~위해 + (2) 행위동사 + (3) 성취할 수 있는 단일적이고 구체적이며 측정 가능한 결과 + (4) 목표마감일로 구성되어 있다. 이 모델은 Max E. Douglas의 모델을 변형한 것으로 **모델 3.1**에 제시되어 있다. 목표를 달성할 수 있도록 하기 위해 정기적으로 목표를 기록하고 검토하는 것이 좋다. 기업가이자 Shark Tank TV 스타인 Daymond Joun은 목표지향적이며 매일 아침 목표 리스트를 읽는다.[113]

목표작성 모델은 (1) ~위해 + (2) 행위동사 + (3) 성취할 수 있고 구체적이며 측정 가능한 단일한 결과 + (4) 목표마감일로 구성되어 있다.

목표의 기준

목표가 효과적이기 위해서 목표작성 모델의 3단계와 4단계에 언급된 네 가지 기준을 포함해야 한다.

1. **단일한 결과:** 각 목표는 혼돈을 피하기 위해서 적어도 하나의 최종결과를 포함해야 한다. 다수의 목표가 함께 기록되어 있을 때에는 하나는 충족될 수 있지만 나머지는 충족되지 않는다.
2. **구체적인:** '리더십 교육에서 많은 것을 학습한다'와 같이 목표가 모호해서는 안 된다.[117] 'A학점을 받는다'처럼 기대되는 성과의 정확한 수준을 명시해야 한다.
3. **측정가능한:** '측정되는 것이 완수되는 것이다'라는 격언은 사실이다. 만약 사람들이 목표를 성취하려 한다면 진행상황을 살피고 목표가 충족되었는지 결정하기 위해서 그들의 진행상황을 정기적으로 관찰하고 측정할 수 있어야 한다. 진정으로 중요한 것을 측정하면 리더십의 영향력이 증가되며,[118] 개인의 계량적 분석방법 즉 메트릭스를 발전시킬 수 있다.[119]
4. **목표마감일:** 목표를 달성하기 위해서 구체적인 날짜가 정해져야 한다. 사람들은 보통 마감일을 가지고 있을 때 정해진 날짜에 과업을 완수하기 위해 좀 더 열심히 일한다. 만약 사람들이 그것을 할 수 있을 때 간단하게 하겠다고만 말한다

면, 끝내야 할 때까지 완료하지 않는 경향이 있다. 사람들은 언제 시작되고 언제 끝내야 하는지를 잊어버릴 수 있기 때문에 2주 후처럼 기간을 정하는 것보다는 2023년 10월 29일처럼 구체적인 날짜를 정하는 것이 좀 더 효과적이다. 그러나 어떤 목표들은 계속 진행되는 것이 때문에 목표마감일을 필요로 하지 않는다. 30분마다 100개 제품을 생산하도록 하는 목표처럼 그것이 변경될 때까지는 목표마감일의 기한이 없는 경우이다.

개념응용 3.4 목표

각각의 목표에 대하여 어떠한 필수기준이 부합하지 않는지 표시해보자.

a. 단일한 결과
b. 구체적인
c. 측정가능한
d. 목표마감일

_____ 19. 2022년 카니발에서 핫도그 5%와 탄산음료 2%를 더 팔 것

_____ 20. 2025년 매출을 증가시키는 것

_____ 21. 2030년 말까지 필라델피아 지역에서 최고의 호텔로 인식될 것

_____ 22. 3주 이내에 개인 목표를 작성하는 것

_____ 23. 중국에서 10만 대의 컴퓨터를 생산하는 것

_____ 24. 2033년 말까지 매출을 2배로 늘리는 것

모델에서 제시하는 네 가지 기준뿐만 아니라, 모델에서 항상 적합하지는 않지만 또 다른 세 가지 기준이 있다.

1. **어렵지만 성취가능한:** 연구에서는 개인들이 (1) 쉬운 목표, (2) 너무 어려운 목표 또는 (3) 단순히 '최선을 다하라'라고 말한 때보다 도전적인 목표를 설정할 때 더 잘 수행한다는 것을 보여준다.[120]
2. **참여적 설정:** 목표를 설정하는 데 참여한 사람들은 일반적으로 목표를 부여받은 사람들보다 더 뛰어난 성과를 내는데, 이는 몰입을 하는 데 도움을 주기 때문이다.
3. **몰입:** 목표를 달성하기 위해서 종업원들은 그 목표를 수용해야 한다. 만약 종업원들이 다른 기준을 충족시킬지라도 목표달성을 위해 전념하지 않는다면, 목표를 달성하지 못할 수 있다.

종업원들을 동기부여하기 위해서 목표설정이론을 사용하기

위의 지침을 따르는 것 이외에도 목표를 설정하기 위해 다른 것들에 대해 더 말하는 것이 필요한가? 의지력에 의존하는 것은 실패할 수밖에 없는 최악의 전략이며, 이는 극소수의 사람들만이 새해 결심을 지키는 것을 통해서도 알 수 있다.

윤리적 결정: 윤리와 사회적 영향

3.1 학업 기준

전 노트르담 미식축구팀 코치인 Lou Holtz는 목표설정의 힘은 높은 경기력을 위한 최고의 동기요인이라고 말했다. 성공하기 위해서는 우리는 더 높은 기준을 세울 필요가 있다고 말했다. 다른 대학들이 그의 충고를 따랐는가?

지난 몇 년 동안 학업 기준이 떨어지거나, 유지되었는가 또는 향상했는가? 단위시간 학점제도는 대학과 선수단이 학생들이 학위를 받기 위해 수행하는 노력에 대해 동등한 기대를 갖게 하기 위해서 오래전에 전국 대학간에 공식적인 기준을 정한 것이다. 또한 이것은 같은 기준이 충족되었다는 가정 하에 대학간에 다른 대학의 학점을 인정하고, 학생들의 학점교류를 가능하게 했다.

단위시간 학점제는 학생들이 수업마다 두시간의 준비를 하도록 편성됐다. 그래서 5개(3학점)의 과목을 모두 수강하는 학생은 15시간의 수업을 위해 30시간 또는 주당 40시간 이상을 수업 준비에 소요해야 한다.

1. 당신과 다른 학생들은 매주 수업 준비를 위해 수업 이외에 평균적으로 몇 시간을 할애하는가?
2. 오늘날의 전국에 있는 대학 교수들은 매 시간 수업을 위해 학생들에게 2시간씩의 수업 준비를 부여하는가? 그렇지 않다면 교수들은 왜 그 기준을 지키지 않는가?
3. 대학에 재학 중인 학생들이 경력개발에 소요하는 시간(20~30시간)보다 대학 졸업생들이 경력개발 준비에 더 많은 시간(40~60시간)을 소요하는가?
4. 교수들이 학업기준을 낮추는 것은 윤리적으로 그리고 사회적으로 책임이 있는가? 5년, 10년, 또는 20년 전보다 오늘날에는 공부를 적게 하는데도 불구하고 학위를 수여하는 대학은 윤리적으로 그리고 사회적으로 책임이 있는가?
5. 학업기준 저하로 인한 사회적 영향은 어떤 것인가?

목표를 설정하는 것은 단지 첫 번째 단계일 뿐이다. 다음 단계는 우리가 특정한 목표를 설정하고 어떻게 그것을 성취할지 계획을 세우는 것이 더 중요하다. 예를 들어 체중감량 목표에서 얼마나 많은 체중을 뺄 것인지, 어떤 다이어트 계획인지, 그리고 언제까지 할 것인지를 정해야 한다. 우리는 '행동변화'라는 세부 항목에서 목표와 계획을 연결하기 위한 자세한 설명을 할 것이다.

도입사례 응용

5. 세 가지 과정이론 중 어느 것이 Elon Musk의 초점으로 보이며, Tesla는 항상 오늘날과 같은 성공을 거두었는가?

Musk는 매우 목표지향적이며 지나치게 약속을 한다고 한다. 그는 도전적인 목표를 너무 높게 설정해서 Tesla가 그것들을 때때로 충족시키지 못하는 경우가 있다. 2018년에 Model 3의 도입으로 Tesla는 파산 지경에 이르렀다. Musk는 Tesla를 Apple에 팔겠다고 제안했다. 그러나 Apple의 CEO Tim Cook은 거절했다. 몇 년 동안 생산 일정을 놓치는 생산 지연으로 골머리를 앓았다. 2021년에도 Tesla는 여전히 약속했던 완전 자율주행 차량을 출시하지 못했고, 판매량이 계속 늘고 있지만 Tesla는 자신들의 판매 목표치에는 계속 미달하고 있다.

개념응용 3.5 과정이론

각 문항에 대해 과정이론 중 가장 관련성이 높은 것이 무엇인지 표시해보자.

a. 공정성이론
b. 기대이론
c. 목표설정이론

_____ 25. 관리자는 종업원들에게 달성 가능한 힘든 마감일을 제시하고 그들이 무엇을 하기를 원하는지 말한다.

_____ 26. 관리자는 모든 사람들을 동기부여시키기 위해 공정하게 대한다.

_____ 27. 관리자는 종업원의 가치를 알고 있기 때문에, 종업원들이 달성 가능한 업무 성과를 달성할 때 동기를 부여할 수 있는 보상을 제공한다.

_____ 28. 나는 당신이 기대를 뛰어넘었고 임금 인상을 받을 만하다는 것에 동의하기 때문에, 인사부서에 나의 추천서과 함께 당신의 요청사항을 보낼 것이다.

_____ 29. 당신이 피곤해서 내일 쉬길 원하지만, 미안하게도 우리는 처리해야 할 밀린 주문들이 있다. 내일은 다른 사람들이 모두 근무하기 때문에 당신의 요청을 받아들일 수 없다.

강화이론

학습목표 3.7

강화의 네 가지 유형과 두 종류의 강화 스케줄을 설명한다.

B. F. Skinner는 강화이론을 발전시킨 공로를 인정받고 있다.[121] 이 부분에는 6개의 하위항목이 있다. 강화이론이 무엇인지, 강화의 유형과 스케줄, 강화한 것을 얻는 방법, 강화를 사용하여 동기부여를 하는 방법 그리고 칭찬하는 방법에 대해 논의한다.

강화이론은 무엇인가?

강화이론가들은 종업원들을 동기부여하기 위해서 욕구를 확인하고 이해할 필요가 없다고 주장한다. 성과는 결과와 관련이 있다.[122] 사람들은 자신의 이익을 추구하기 때문에, 적절한 인센티브를 주면 대체로 원하는 행동을 이끌어 낼 수 있다는 것을 기억하라.[123, 124] 따라서 관리자들은 행동과 그 결과 사이의 관계를 이해한 다음 바람직한 행동을 강화하고 바람직하지 않은 행동을 억제하는 상황을 준비할 필요가 있다. **강화이론(reinforcement theory)**은 사람들은 행동에 대한 결과를 통해 미리 정해진 방식으로 행동하도록 동기부여된다고 주장한다. 유감스럽게도, 보상은 때때로 비윤리적인 행동으로 이어졌다.[125]

강화이론은 사람들은 행동에 대한 결과를 통해 미리 정해진 방식으로 행동하도록 동기부여된다고 주장한다.

현실을 직시하면, 모든 조직은 종업원 행동을 통제할 수 있는 시스템을 개발하는데 이것이 바로 강화이론의 전부다. 강화이론은 행동 수정(강화이론을 적용하여 종업원들이 원하는 것을 하도록 함)과 조작적 조건화(강화 유형과 스케줄)를 사용한다. Skinner는 긍정적인 결과와 부정적인 결과의 경험을 통해 행동을 학습한다고 말

도표 3.12 강화이론의 구성요소

자극 →	반응행동 →	행동의 결과
(법적속도제한)	(과속)	**강화**(경찰관이 과속한 사람에게 반복적인 행동을 막기 위해 속도위반 고지서나 벌금과 같은 부정적인 결과를 준다.)
(불법약물 사용금지 규정)	(불법약물 검사 양성반응)	**강화**(종업원은 해고되고 다른 사람이 불법 약물을 사용하는 것을 막기 위해 메시지를 보낸다.)

했다. 종업원들은 구체적인 행동의 결과로서 무엇이 바람직한 행동인지 아닌지를 학습한다. Skinner 이론의 세 가지 구성요소는 도표 3.12에 나타나 있다.

강화의 유형

강화의 네 가지 유형은 긍정적 강화, 회피, 소거 및 벌이다. 도표 3.13은 강화의 네 가지 유형을 설명하고 있다. 공정성이론에 의하면, 바람직한 행동을 최적수준으로 이끌어 내려면 종업원들이 강화의 결과가 공정하다고 인식해야 한다는 것이다.[126]

긍정적 강화

지속적인 행동을 독려하는 방법은 바람직한 성과에 대해 매력적인 결과(보상)를 제공하는 것이다. 종업원들은 목표를 달성한 것에 대해 어떤 식으로든 보상을 받아야 한다.[127] 긍정적 강화는 급여, 승진, 휴식 등이 있다.[128] 칭찬하는 것은 긍정적 강화이고, 이 절의 끝에서 칭찬하는 방법에 대해 학습할 것이다.

도표 3.13 강화의 유형

서신을 작성하는 데 많은 실수를 하는 부하가 있다. 관리자의 목표는 부하와 상의하여 2023년 6월 4일 금요일까지 실수율을 50% 감소시키는 것이다. 부하의 성과에 기초하여 관리자는 부하의 작업을 다음에 검토할 때 사용할 수 있는 네 가지 강화 유형을 가지고 있다.

종업원의 행동	강화의 유형	관리자 행동(결과)	종업원의 행동 수정(미래)
1. 향상된 성과 →	긍정적 강화 →	향상을 칭찬함 →	질적 업무를 반복함*
2. 향상된 성과 →	회피 →	어떤 질책도 하지 않음 →	질적 업무를 반복함
3. 향상되지 않은 성과 →	소거 →	보상하지 않음 →	잘못된 일을 반복하지 않음
4. 향상되지 않은 성과 →	벌 →	경고장 작성 등의 징계 행위 →	잘못된 일을 반복하지 않음

* 부하가 성과를 향상시켰다고 가정하면, 긍정적 강화는 최고의 동기부여수단이다.

보상으로 동기부여하기. 당근(보상) 또는 채찍(벌) 사용에 대해서 논쟁이 진행되고, 전반적인 합의는 가능하다면 보상을 사용하라는 것이다. 앵그리버드(Angry Birds) 게임에 대해 들어본 적 있는가? 앵그리버드 성공의 가장 큰 요소는 이 게임이 많은 긍정적 강화를 주고, 게임 참가자들을 처벌하지 않는다는 것이다. 그러므로 자기자신과 다른 사람들을 동기부여시키기 위해서는 가능한 보상을 사용하라.

회피

회피(avoidance)는 부정적 강화(negative reinforcement)라고도 부른다. 위반에 대한 처벌규칙은 종업원들이 특정한 행동을 회피하도록 설계된다. 종업원들은 규칙을 따르는 것을 반드시 원하지 않지만 대체로 처벌의 부정적 결과를 회피하고자 한다.

회피로 동기부여하기. 조직은 규칙을 만드는 것이 필요하지만 규칙 그 자체가 처벌을 뜻하는 것은 아니다. 벌은 오직 규칙을 어겼을 때에만 주어지며, 사람들은 이러한 일이 발생하는 것을 원하지 않는다. 그래서 회피를 하면 실제로 어떠한 처벌도 발생하지 않는다는 것에 주목해야 하며, 행동을 통제하는 것은 처벌의 '위협'이다. 그러므로 필요할 때는 성과에 기여할 수 있는 규칙을 세워라.

벌

벌은 바람직하지 않는 행동에 대해 부정적인 결과를 제공하는데 이용되었다. 벌은 괴롭힘, 특권 박탈, 보호 관찰, 벌금부과, 강등, 해고 등을 포함한다.

벌로 동기부여하기. 벌은 종업원들을 직무를 잘 수행할 수 있도록 동기부여하는데 가장 논란이 많고 비효과적인 방법이다. 벌은 바람직하지 않는 행동을 감소시킨다. 하지만 벌을 남용하면 사기저하, 생산성저하, 절도행위 또는 방해 행위와 같은 바람직하지 않는 행동을 야기한다. 그러나 리더는 규칙을 시행해야 하며, 오직 처벌만이 효과적인 때가 있다. 그러므로 규칙을 위반했을 때는 처벌해야 한다.

소거

바람직한 행동을 장려하는 것과는 달리, 소거(extinction)와 벌은 바람직하지 않은 행동을 감소시키거나 억제하기 위해 시도한다. 또한 소거는 종업원이 어떤 행동을 멈추도록 리더가 그 행동을 무시하는 것을 포함한다. 그리고 소거는 바람직하지 않은 행동을 멈추게 하기 위해서 어떤 보상을 주지 않기도 한다. 부모(외출금지), 코치(경기출전 제외), 관리자(급여인상 제외)도 때때로 소거를 사용한다. 또 다른 관점에서 볼 때, 관리자가 좋은 성과를 보상하지 않는다면 좋은 성과는 더 이상 나타나지 않을 것이다. 다시 말해서, 종업원의 훌륭한 성과를 무시하면, 종업원들은 '만약 내가 어떤 식으로든 보상을 받지 못한다면, 내가 왜 열심히 일해야 하는가?'라고 생각하기 때문에 그 좋은 성과는 중단된다.

소거로 동기부여하기. 바람직하지 못한 행동을 무시하는 것은 일회성 폭발처럼 어떤 상황에서는 효과가 있지만, 바람직하지 못한 행동은 계속될 수 있고 문제가 더 커질 수 있으며, 나중에 중단시키기가 더 어려워질 수 있다. 종업원이 보상을 받을 자격이 갖춰지지 않을 때 또는 바람직하지 못한 행동을 할 때는 보상을 주지마라. 예를 들어 관리자는 종업원이 기준에 맞는 성과를 달성할 때까지 임금인상과 같은 가치 있는 보상을 보류해야 한다. 그렇다고 좋은 성과를 무시하지 마라.

개념응용 3.6 강화의 유형

각 종업원에게 동기를 부여하는 방법을 서술한 아래의 문항과 관계있는 강화 유형을 표시해보자.

a. 긍정적 강화/보상
b. 회피
c. 벌
d. 소거

_____30. Joel은 매니저에게 방해가 된다는 것을 알았기 때문에 종종 소리를 내곤 했다. 그래서 관리자는 그것을 무시하기로 결정했다.

_____31. Wanita는 주문을 잘 처리해 준 직원에게 고맙다고 한다.

_____32. Ted, 당신은 규칙을 알고 있다. 만약 당신이 늦는다면, 우리는 당신의 급여에서 한 시간 해당 금액을 줄인다. 변명할 여지는 없다.

_____33. Carla, 지난번 당신의 주문 처리가 늦어져서 나는 야근수당을 당신에게 주지 않을 것이다.

_____34. 나는 Helen이 동료들에게 부정적인 말을 하는 것을 그만두기를 바랐지만, 그것은 일주일째 계속되고 있다. 그래서 나는 그녀와 그것에 대해 이야기해야 할 것이고, 그것은 나에게 거북한 일이다.

_____35. 우리는 새로운 규칙을 시행하고 있다. 한 달에 3일 지각하는 사람은 누구나 해고될 것이다.

강화 스케줄

행동을 통제하는 데 있어서 강화의 두 번째 고려사항은 성과를 언제 강화할지 결정하는 것이다. 두 가지 주요 스케줄 유형은 연속적 강화와 단속적 강화이다.

연속적 강화

지속적인 방법으로 모든 바람직한 행동이 강화된다. 이 방법의 예로는 언제든지 종업원들에게 제품이 정확히 얼마나 생산되었는지를 알려주는 자동계측기가 달려있는 기계와 모든 판매에 대한 커미션을 받는 영업사원이 있다.

윤리적 결정: 윤리와 사회적 영향

3.2 세금 인버전 및 조세 회피행위

지난 2016년 Pfizer(미국)와 Allergan(아일랜드)은 1,600억 달러 규모의 기록적인 거래로 합병해 현재 코로나19 백신 약을 만드는 거대 제약회사를 만들어 당시 세율이 미국 법인세율의 절반 수준이었던 아일랜드에서 세금을 내기 위한 세금 인버전(tax inversion)을 하는 것으로 합의했다.

세금 인버전이란 법인이 현재의 모기업(화이자)이 외국 모기업(알러간)으로 대체되고, 원모기업(화이자)이 외국인 모기업(알러간)의 자회사가 되어 조세거주자를 외국(아일런드)으로 옮기는 조세 회피의 한 형태다. 임원들과 운영본부는 미국의 다국적 기업 Pfizer라는 이름으로 미국에 머물렀다. 화이자가 앨러건과 결합하게 된 동기는 세금 절감을 위한 장려책이었다. Apple을 포함한 다른 회사들도 돈에 대한 세금을 내지 않기 위해 다른 나라에 돈을 보관해 왔다. 기업 임원들은 세금을 피하는 것이 합법적이고 윤리적이라고 말한다. 반대로 정치인을 포함한 많은 미국인들은 Pfizer, Apple, 그리고 여러 회사들이 수백만 달러의 이익을 내고 있으며 미국에 정직하게 세금 전액을 내야 한다고 말한다.

1. 조세 회피는 합법적이지만 윤리적인가?
2. 기업은 조세 회피 방법을 사용하지 않아야 하고 세금 전액을 내야 하는가?
3. 당신이라면 개인 납세자로서 조세 회피 방법을 현재 사용하거나 또는 미래에 사용할 것인가?
4. 만약 당신이 기업들이 조세 회피를 해서는 안 된다고 말했지만, 당신이 하게 된다면, 당신은 어떻게 당신의 달라진 대답을 정당화할 것인가?
5. 정부는 세금 인버전을 막기 위한 법이나 세금을 피하기 위해 사용되는 방법들을 만들어야 하는가?
6. 세금 인버전 및 조세 회피의 사회적 영향은 무엇인가?

연속적 스케줄로 동기부여하기. 연속적 강화는 일반적으로 바람직한 행동을 유지하는데 더 좋다. 이것은 표준 속도 이상으로 성과를 내게 하는 인센티브로써 잘 작용한다. 예를 들면 생산품 1개당 1달러의 성과급 또는 모든 판매에 대한 10% 커미션이 있다.

단속적 강화

보상은 시간의 흐름 또는 결과를 기준으로 하여 주어진다. 보상이 시간의 흐름을 기준으로 주어질 때, 이를 간격 스케줄(interval schedule)이라고 부른다. 결과를 기준으로 주어질 때에는 비율 스케줄(ratio schedule)이라고 부른다. 단속적 강화를 선정할 때 다음과 같이 네 가지 대안을 갖게 된다.

1. **고정간격 스케줄:** 매주 급료를 지급하거나 매일 같은 시간에 휴식을 주고 식사를 제공
2. **변동간격 스케줄:** 매우 가끔 칭찬하고, 갑작스러운 검사나 예고 없는 시험을 실시

3. **고정비율 스케줄:** 할당량 이상을 생산했을 때에는 성과급 또는 보너스를 제공
4. **변동비율 스케줄:** 일을 잘 했을 때 칭찬하거나 정해진 근무시간 동안 자리를 비우지 않는 종업원들을 위해 복권이나 상품권을 제공

단속적 스케줄로 동기부여하기. 칭찬을 하는 것처럼 연속적 강화는 항상 가능하거나 알맞지 않다. 좀 더 효과적이기 위해서, 칭찬은 일반적으로 오직 일상적이 아닌 예외적인 성과가 있을 때만 줘야 한다. 이와 반대로 칭찬을 반복적으로 주게 되면 효과가 상실되는 경향이 있다. 비율 스케줄은 일반적으로 간격 스케줄보다 더 좋은 동기부여 기법이다. 그리고 그 중에서 변동비율 스케줄이 행동을 유지하기 위한 가장 강력한 기법이다.

> **업무응용 3.6**
>
> 현재 또는 과거의 직무에서 사용한 강화 유형 및 강화 스케줄에 대해 하나 이상의 예시를 제시해 보자.

여러분이 강화한 것을 얻을 수 있다

이 책에서 배워야 하는 중요한 것 중의 하나는 사람들은 무언가를 하기 위해 강화되어야 한다는 것이다. 사람들은 어떤 행동이 강화되는지에 관한 정보를 찾고, 그러한 것들을 하거나(또는 적어도 하려는 척을 하거나) 종종 강화되지 않은 활동들에 대해서는 배제하기도 한다. 물론, 이것이 발생되는 정도는 제공되는 보상의 매력과 행동에 대한 처벌의 정도에 달려 있다.

예를 들어, 만약 교수가 "이 장에서 A, B, C가 중요하고 이와 관련하여 시험을 보겠지만 X, Y, Z는 시험에 출제되지 않을 것이다"라고 말한다면, 학생들은 두 종류의 시험범위에 대해서 똑같은 시간을 할애하겠는가? 업무환경에서 관리자가 품질이 중요하다고 반복적으로 강조하면서 시간에 대한 보상, 질 높은 직무를 수행하는 노력에 대한 보상 또는 낮은 품질에 대한 처벌이 없다면 많은 종업원들은 품질에 대한 관심을 가지지 않을 것이다.

여러분의 커리어에 초점을 맞추면, 여러분의 관리자들은 여러분에게 어떤 행동이 보상을 받을 수 있고, 승진과 진급을 할 수 있을 것인지 분명히 알려줄 수도 있고, 아닐 수도 있다. 관리자들은 특정한 행동이 중요하다고 말할 수도 있지만, 그것이 실제로 보상을 받지 못하는 것일 수도 있다. 하지만 어떤 경우에도 조직에서 발전하기 위해서는 무엇이 필요한지 파악해야 한다. 그리고 여러분이 발전하기 위해서는 바람직한 행동에 참여해야 한다. 여러분은 6장에서 사내정치를 다루는 법을 학습할 것이다.

강화이론으로 동기부여하기

강화를 사용하기 위한 일반적인 지침들이 있다.

1. 종업원들에게 기대되는 것이 정확히 무엇인지 확인시켜라. 명확한 목표를 세워라(목표설정이론).
2. 강화의 적절한 유형을 선택하라. 어떤 사람에게는 보상이 효과적이고, 다른 사람에게는 회피, 벌 또는 소거와 같은 방법이 더 효과적일 수 있다. 종업원의 욕구를 이해하라.
3. 적절한 강화 스케줄을 선택하라(어떤 상황에서는 연속적 강화, 다른 상황에서는 단속적 강화).
4. 평범하거나 좋지 않은 성과에는 보상하는 대신 소거를 사용하고, 규칙을 어겼을 때에는 처벌하라.
5. 부정적인 것과 비판에 중점을 두기보다는 긍정적인 것을 찾고 칭찬하라. 사람들의 말을 경청하고 그들이 스스로에 대해 좋게 느끼도록 만들어라(피그말리온 효과).
6. 종업원과 동료가 잘 한 일에는 진심어린 칭찬을 하라.
7. 종업원들을 위해서 일하면 그들의 생산성이 증가하는 것을 보게 될 것이다.

만약 우리의 행동이 변화하길 원한다면, 스스로 새로운 행동에 대해 익숙해지도록 노력함으로써 새로운 습관이 형성될 수 있도록 우리의 뇌를 재훈련하는 것이 필요하다. 행동을 변화시키기 위해 강화를 사용할 때 몇 가지 조언이 있다. 그 조언은 다음과 같은 개인적 예시를 포함하고 있는데, 이는 전문적 행동변화와 같은 과정이다.

1. **목표 세우기.** 목표설정이론을 사용하여 목표를 세우고 시작해라. 예를 들어, 일주일에 3일 30분 동안 운동을 하여 몸매를 가꾸는 것을 시작한다(구체적인 날짜를 기입해라).
2. **계획 세우기.** 당신의 계획에 누가, 무엇을, 언제, 어디서, 그리고 어떻게 하는지 명시해라. 나는 매주 월요일, 수요일, 금요일, 아침 6시, 학교/회사에 가기 전 헬스장에 갈 것(집에서 운동할 것)이다.
3. **조언.** 그 뒤에는 전반적인 계획 내에서 다음의 아이디어를 실행함으로써 계획을 더 개발해라.
   - 방해받지 않고 새로운 행동에 중점을 둘 수 있도록 가능하다면 다른 생활 스트레스를 줄여라. 나는 Chris와의 관계를 중단할 예정이다.

- 당신을 실수하게 만드는 것들을 미리 생각하고, 이러한 것을 피할 수 있도록 계획을 짜라. 왜 당신은 운동을 하지 않았는가?
- 좌절과 실수를 예상하고, 계획의 일환으로서 어떻게 회복해 나갈 것인지 생각하라. 다음의 조언이 도움을 줄 수 있다.
- 당신의 강화에 대해 계획하라. 원하지 않는 행동에 대한 스스로 벌을 주어라. 만약 운동을 거른다면 그 날은 TV를 보지 않거나 다른 날 운동을 해야 할 것이다. 바람직한 행동을 하면 자신에게 보상을 하라. 일주일에 3일 운동을 하고 난 뒤에는, 나는 아이스크림을 먹을 수 있을 것이다.

칭찬하기

급여는 성과를 높일 수 있지만 그것은 유일하지도 또한, 반드시 성과를 위한 최상의 강화요인도 아니다.[129] 종업원들은 조직이 그들의 기여가 가치있다는 것을 알아주고, 신뢰관계를 통해 조직이 그들의 행복에 대해 관심을 가지길 원한다.[130] 칭찬하는 것은 종업원에게 긍정적인 자아개념을 발달시키고 더 좋은 성과로 이끌 수 있다는 메시지를 준다(피그말리온 효과와 자기충족적 예언). 칭찬은 존경, 자아실현, 성장과 성취를 위한 종업원들의 욕구를 충족시키기 때문에 위생요인이 아니라 동기요인이다. 칭찬하는 것은 윈-윈(win-win) 상황을 만들고, 많을 시간을 필요로 하지 않으며, 어떠한 비용도 들지 않는다. 칭찬은 아마도 가장 강력하고 단순하면서 최소의 비용이 드는 방법이며, 아직까지 많이 사용되지 않은 동기부여 기법일 것이다.

Ken Blanchard와 Spencer Johnson은 1980년대 그들의 베스트셀러인 "1분 관리자"를 통하여 칭찬하기를 대중에 널리 알렸다. 그들은 '1분 칭찬 피드백 주기' 기법을 개발했다. 모델 3.2는 칭찬하기를 변형시킨 것이다. **칭찬 모델(giving praise model)**의 단계는 다음과 같다. (1) 종업원에게 올바르게 행해진 일을 정확하게 말하라, (2) 종업원에게 그 행동이 왜 중요한지를 말하라, (3) 잠깐의 침묵을 위해 멈춰라, (4) 지속적으로 성과를 내도록 격려하라. Blanchard는 이것을 1분 칭찬이라고 부르며, 그 이유는 칭찬을 하는데 1분 이상 걸리지 않아야 하기 때문이다. 종업원이 무언가를 말하는 것은 반드시 필요하지 않다. 4단계는 다음에 설명되어 있으며 모델 3.2에 도표로 나타나 있다.

칭찬 모델은 (1) 종업원에게 올바르게 행해진 일을 정확하게 말하라, (2) 종업원에게 그 행동이 왜 중요한지를 말하라, (3) 잠깐의 침묵을 위해 멈춰라, (4) 지속적으로 성과를 내도록 격려하라.

단계 1. 종업원에게 올바르게 행해진 것이 무엇인지 정확하게 말하라. 칭찬을 할 때 그 사람의 눈을 봐라. 시선을 마주치는 것은 진지함과 관심을 나타낸다. 매우 구체적으로 묘사하는 것이 중요하다. '당신은 좋은 종업원이다'와 같이 일반적인 표현은 효과적이지 않다.

모델 3.2 칭찬하기

단계 1	단계 2	단계 3	단계 4
종업원에게 올바르게 행해진 것이 무엇인지 정확하게 말하라.	종업원에게 그 행동이 왜 중요한지를 말하라.	침묵을 위해 잠시 멈춰라.	지속적인 성과를 내도록 격려하라.

단계 2. 종업원에게 그 행동이 왜 중요한지를 말하라. 그 행동이 조직과 개인에게 어떻게 이득이 되는지 간단하게 말하라. 또한 그 행동에 대해 어떻게 느끼는지 말하는 것도 유용하다. 구체적으로 서술해야 한다.

단계 3. 침묵을 위해 잠시 멈춰라. 침묵하는 것은 많은 관리자들에게 어려운 일이다. 침묵의 원인은 종업원에게 칭찬의 영향을 느낄 수 있는 기회를 주는 것이다. 이것은 '상쾌함을 주는 잠깐의 멈춤' 같은 것이다. 목마를 때 청량 음료수를 한 모금 마시거나 쭉 들이켰을 때, 잠시 후 갈증이 해소된 것을 느끼며 "아!"라고 감탄할 것이다.

단계 4. 지속적으로 성과를 내도록 격려하라. 이것은 종업원이 바람직한 행동을 지속하도록 동기부여하는 강화이다.

알고 있는 것처럼 칭찬은 쉬우며, 1원의 비용도 들지 않는다. Big Y슈퍼마켓의 한 관리자는 어떤 종업원이 진열대에 깡통을 쌓는 데 시간을 보내고 있었다고 말했다. 그는 일을 천천히 한다고 비난(처벌)하기보다는 깡통을 매우 똑바르게 쌓는 것에 대해 종업원을 칭찬했다. 종업원은 칭찬을 받고 매우 기뻤고 진열작업의 생산성은 거의 100% 증가하였다. 일을 할 때 가장 먼저 긍정적으로 칭찬을 하는 것은 종업원들에게 좋은 분위기를 갖도록 해주고 성과를 향상시킬 수 있다. 글로벌 환경에서 개인적으로 칭찬하는 것이 항상 가능하지 않으므로 사람들이 면대면으로 보지 못할 때에는 이메일을 포함한 서신 커뮤니케이션을 사용한다. 개인적인 친필 쪽지는 특별한 것으로 간주된다. Disney사의 전 CEO인 Bob Iger는 심지어 전혀 만나보지도 못한 종업원들을 칭찬하기 위해서 Disney 편지지에 자필로 쪽지를 쓴다. 그는 간단한 쪽지를 쓰는 것은 사람과의 관계를 오랫동안 유지시킨다고 말한다.

도입사례 응용

6. Tesla는 종업원들에게 동기를 부여하기 위해 강화이론을 어떻게 사용하는가?

공포를 함유한 문화와 마찬가지로, 어떤 종업원들은 해고되는 처벌을 받고, 어떤 종업원들은 그 문화에서 탈출하기 위해서 떠난다. Tesla는 종업원들에게 좋은 급여와 임원 보너스로 보상하기도 하는데, 물론 종업원들에게 처벌을 피하도록 유도하는 규정이 있고, 목표를 달성하지 못한 임원들에게 보너스를 지급하지 않는 소거를 사용할 수 있다. 영업사원은 성과에 따라 지속적으로 강화된다. 화이트칼라 근로자들은 정해진 간격으로 급여를 받는다. Musk는 칭찬을 한다. 그리고 스스로 상이나 인정받기를 원하지 않는다. Musk는 그가 인정받은 혁신에 종업원들이 책임을 가지고 있다고 주장한다.

동기부여 과정에 동기부여 이론을 통합하기

학습목표 3.8
내용이론, 과정이론 및 강화이론의 주요한 차이점을 설명하라.

이 시점에서 다음과 같은 것이 궁금할 것이다. 어떻게 이런 이론들이 모두 함께 조화를 이룰 수 있는가? 어느 이론이 최고의 이론인가? 주어진 상황에서 올바른 이론을 선택하기 위해 노력해야 하는가? 사실 이론들은 상호보완적이다. 각각의 이론들은 동기부여 과정에서 서로 다른 단계를 언급한다. 각각의 이론들은 다른 문제에 대해 대답한다. 내용이론은 '종업원이 조직에서 일을 할 때 충족되어야 하는 종업원들의 욕구는 무엇인가?'라는 질문에 답을 준다. 과정이론은 '종업원들은 그들의 욕구를 충족하기 위해서 어떤 행동을 하는가?'라는 질문에 답을 준다. 강화이론은 '관리자들은 종업원들이 조직목표를 충족시키기 위해 행동하도록 만들기 위해 무엇을 해야 하는가?'라는 질문에 대해 답한다. 이 장에서 여러분은 동기부여 과정이 욕구에서 동기, 행동, 결과, 만족 또는 불만족으로 바뀌었다는 것을 학습하였다. 이제 동기부여 이론을 통합하거나 앞에 나온 질문에 대답함으로써 동기부여 과정을 조금 더 복잡하게 만들어 보자. 도표 3.14를 보자.

강화이론에 의하면 행동은 결과를 통해 학습되기 때문에 4단계에서 3단계로 역으로 되돌아간다. 강화이론은 욕구, 동기 또는 만족에 대해 고려하지 않으며 관리자가 제공한 결과를 통해 종업원들이 미리 정해진 방식에 따라 행동하도록 하는데 초점을 맞추기 때문에 4단계는 1단계와 2단계로 돌아가지 않는다. 또한 욕구를 충족시키는 것은 끝이 없는 과정으로 계속 진행 중이기 때문에 5단계는 1단계로 다시 연결될 수 있다. 결론적으로 2요인 이론에 따르면 5단계(만족 또는 불만족)는 하나의 연속체 위에 있는 것이 아니라 충족되는 욕구의 수준을 기반으로(동기 또는 위생) 2개의 분리된 연속체 위에 있다(만족에서 만족하지 않는 것 또는 불만족에서 불만족하지 않는 것).

도표 3.14 동기부여 과정과 동기부여 이론

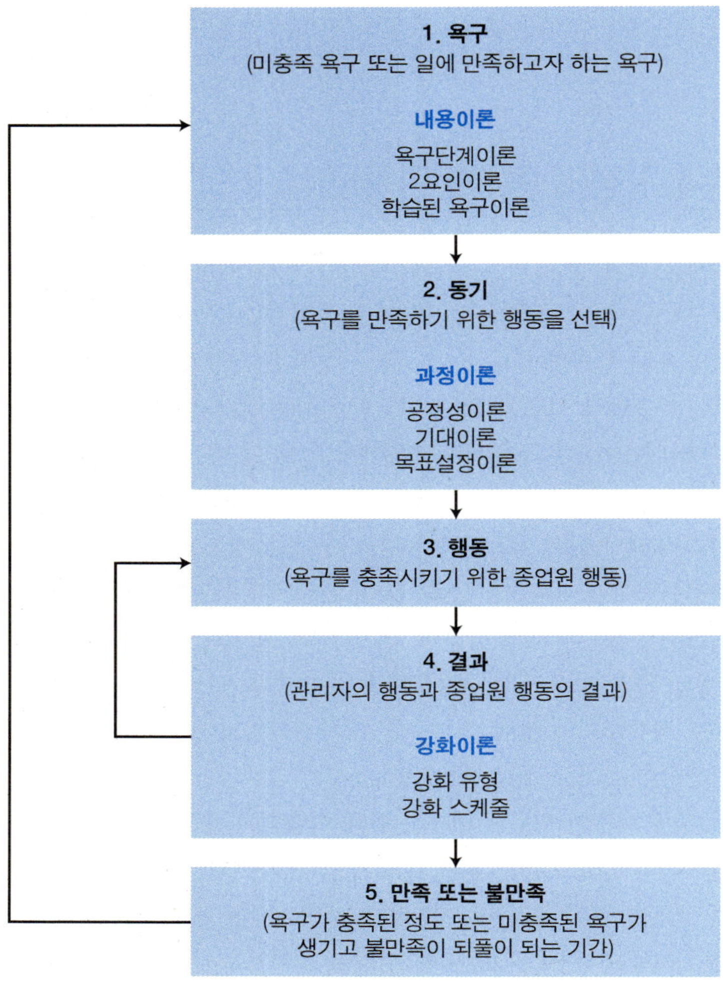

요약

3.1 리더십 특성, 행동 및 스타일의 관계에 대해서 설명한다.

리더십 패러다임은 리더의 말과 행동, 즉 행동에 초점을 맞춘다. 리더십 행동은 그들의 행동과 종업원들과의 관계에 직접적인 영향을 미치는 특성에 기반한다. 효과적인 리더는 행동을 통해 추종자들에게 조직 목표를 달성하도록 동기를 부여한다. 특성에 기초한 리더십 행동은 리더가 팔로워들과 상호작용할 때 사용하는 특성, 기술 및 행동의 결합물인 리더십 스타일에 영향을 미친다.

3.2 미시간대학과 오하이오주립대학의 리더십 모델의 유사점과 차이점을 설명한다.

미시간대학과 오하이오주립대학의 리더십 모델은 두 모델이 두 가지 리더십 행동에 대해 다른 용어를 사용하고 있음에도 불구하고 둘 다 동일한 2개의 뚜렷한 리더십 행동을 기반으로 하기 때문에 유사하다. 미시간대학의 모델은 직무 또는 종업원중심의 행동을 기반으로 두 가지 리더십 스타일을 설명하기 때문에 다르다. 오하이오주립대학 모델은 리더가 높거나 또는 낮은 구조주도와 배려를 사용하고 이러한 두 가지 행동들이 네 가지 유형의 리더십 조합을 만들어 낸다고 말한다.

3.3 오하이오주립대학의 리더십 모델과 리더십 그리드 간의 유사점과 차이점을 토론한다.

두 이론 모두 같은 리더십 행동에 기초하고 있지만 2개의 차원에 대해 다른 명칭을 사용한다. 이 이론들은 리더십 그리드가 중간형 리더를 포함한 5개의 리더십 스타일을 설명하기 때문에 서로 다르다. 반면 오하이오주립대학의 모델은 네 가지 리더십 스타일을 설명한다. 또한 리더십 그리드는 2개의 차원의 행동에 대한 각각의 조합을 한 가지 리더십 유형으로 명명했다. 그렇게 한 것에 대한 보상은 노력할만한 가치가 있다. 목표설정이론은 달성 가능하고 어려운 목표가 종업원들에게 동기를 부여한다고 주장한다.

3.4 동기부여 과정과 성과 공식을 설명한다.

동기부여 과정은 욕구를 충족시키기 위한 행동에 동기를 부여하는 욕구에서 시작되며, 이는 결과를 초래하고 욕구를 충족시키는 것에 만족 또는 불만족한 상태로 이어진다. 성과 공식: 성과 = 능력 x 동기부여 x 자원, 이 세 가지 변수가 모두 높아야 최상위 수준의 성과를 얻을 수 있다.

3.5 세 가지 내용이론의 유사점과 차이점을 논의한다.

내용이론들 간의 유사점은 종업원의 욕구를 설명하고 이해하는 데 중점을 두고 있다는 것이다. 세 가지 이론들은 유사한 욕구를 설명하지만 욕구를 분류하는 방식이 다르다. 욕구단계이론은 생리적, 안전, 소속, 존경과 자아실현욕구를 포함한다. 2요인 이론은 동기요인과 위생요인을 포함한다. 학습된 욕구이론은 성취욕구와 권력욕구 및 친화욕구를 포함하는데 다른 2개의 이론과 달리 하위수준의 욕구는 포함하지 않는다.

3.6 세 가지 과정이론의 주요 유사점과 차이점을 논의한다.

세 가지 과정이론들 간의 유사점은 종업원들이 그들의 욕구를 충족하기 위한 행동을 어떻게 선택하는가를 이해하는 데 초점을 두고 있다는 것이다. 그러나 과정이론들은 종업원들이 어떻게 동기부여되는가에 대한 인식에 있어 매우 다르다. 공정성이론은 종업원들의 인지된 투입과 산출이 같을 때 동기부여된다고 제안한다. 기대이론은 종업원들이 그들의 과업을 완수할수 있다고 믿을 때 동기부여된다고 설명한다. 목표설정이론은 성취가능하고 어려운 목표가 종업원들을 동기부여시킨다고 제안한다.

3.7 강화의 네 가지 유형과 두 가지 강화 스케줄을 설명한다.

(1) 긍정적 강화는 종업원들에게 기대되는 행동의 수행에 대한 보상 결과를 제공한다. (2) 회피는 종업원들에게 부정적 결과를 피하기 위해 기대되는 행동을 수행하도록 장려한다. (3) 소거는 종업원들에게 바람직하지 않은 행동을 멈추게 하기 위해 긍정적 결과를 제거한다. (4) 벌은 종업원들이 바람직하지 못한 행동을 멈추게 하기 위해 부정적 결과를 주는 것이다. 두 가지 강화 스케줄은 (1) 연속적(continuous)은 모든 바람직하거나 또는 바람직하지 않은 행동이 강화되는 것을 의미한다. (2) 단속적(intermittent)은

시간/간격 스케줄 또는 결과/기준 스케줄을 통해 강화하는 것을 의미한다.

3.8 내용이론, 과정이론 그리고 강화이론들 간의 주요 차이점을 설명한다.
내용이론은 종업원들의 욕구를 설명하고 이해하는 데 초점을 두고 있다. 과정이론은 한 단계 더 나아가 종업원들이 그들의 욕구를 충족시키기 위해 어떻게 행동을 선택하는가를 이해한다. 강화이론은 종업원의 욕구에 대해 관심을 두지 않는다. 강화이론은 관리자가 종업원들의 행동을 유도하기 위해 제공한 결과를 통해 종업원들이 관리자가 원하는 행동을 하게 만드는데 초점을 두고 있다. 강화결과물의 사용은 종업원들을 동기부여시키기 위한 수단이다.

핵심용어

강화이론	동기부여	목표작성 모델	욕구단계이론
공정성이론	동기부여 과정	미시간대학의 리더십 모델	칭찬 모델
과정이론	리더십 그리드	오하이오주립대학의 리더십 모델	학습된 욕구이론
기대이론	리더십 스타일		2요인이론
내용이론	목표설정이론		

연습문제

1. 특성이론에서 행위이론으로 패러다임이 전환된 이유는 무엇인가?
2. 리더십 행동은 어떻게 특성에 기초하는가?
3. 아이오와대학의 리더십 스타일은 무엇인가?
4. 미시간대학의 리더십 스타일은 무엇인가?
5. 오하이오주립대학의 리더십 스타일은 무엇인가?
6. 미시간대학과 오하이오주립대학 연구의 세 가지 중요한 공헌은 무엇인가?
7. 리더십 그리드 스타일은 무엇인가?
8. 리더십 그리드 이론과 High-High형 리더 연구의 세 가지 중요한 공헌은 무엇인가?
9. 동기부여는 무엇이고, 종업원들을 동기부여시키는 방법을 아는 것이 왜 중요한가?
10. 내용이론은 무엇인가?
11. 과정이론은 무엇인가?
12. 강화이론의 유형과 강화 스케줄은 무엇인가?

비판적 사고 문제

다음의 질문들은 비판적 사고가 요구되며, 커뮤니케이션 기술을 개발하기 위해서 강의시간에 토론하거나 과제로도 활용할 수 있다. 질문에 답해보자.

1. 선호하는 리더십 모델은 어느 것인가?
2. 미시간대학의 모델(두 가지 리더십 스타일) 또는 오하이오주립대학의 모델(네 가지 리더십 스타일)에 동의하는가?
3. 최적의 리더십 스타일은 팀형 리더(9,9)라는 그리드 모델의 주장에 동의하는가?
4. 세 가지 내용이론 중에 선호하는 이론은 어느 것이며 그 이유는 무엇인가?
5. 세 가지 과정이론 중에 선호하는 이론은 어느 것이며 그 이유는 무엇인가?
6. 당신의 동기부여이론은 무엇인가? 관리자로서 동기부여와 성과를 증가시키기 위해 직무에서

사용할 계획인 주요 방법과 기법은 무엇인가?

7. 강화이론은 종업원들을 조종하기 위해 사용되기 때문에 비윤리적이다. 이 말에 동의하는가? 자신의 생각을 설명해보자.

8. 리더로서 어떤 강화 유형과 강화 스케줄을 가장 자주 사용할 계획인가?

9. 당신은 정말 당신이 강화하는 것을 얻고 있는가? 설명해보자.

사례연구: Vishen Lakhiani — 마음챙김을 통한 동기부여

Vishen Lakhiani는 자신을 마음챙김(Mindfulness)라고 불리는 사고 리더십(thought leadership) 분야의 전문가라고 설명한다. 그는 전 세계 사람들이 최고의 삶을 살 수 있도록 돕는 것을 목표로 온라인 학습 플랫폼인 Mindvalley를 설립했다. 그는 학습을 평생 노력해야 하는 것으로 본다. Lakhiani의 리더십에 대한 접근법과 믿음은 여러 해 동안의 노력과 다른 것들을 시도하면서 성장했다. 그의 성공과 실패는 다음을 포함한다. 그의 이야기는 투쟁과 끈기에 관한 것이고, 그의 미래는 인류에 대한 그의 희망과 꿈에 관한 것이다. 그는 전 세계 10억 명 이상의 사람들이 그의 믿음을 받아들이도록 고무시키는 것을 희망한다.

그의 이야기는 우리와 같은 사람들처럼 시작되는데, 그는 그가 다녔던 학교와 그들의 접근 방식에서 많은 도전과 함께 고군분투하는 학생이었다. 그는 마침내 미국에서 대학을 다닐 수 있었고, 학위를 취득했으며, '현실 세계'에서 일하기 시작할 수 있었다. 여기까지는 그에게 기대했던 길이며, 우리가 일반적으로 학생들에게 기대하는 길이었다. 초등학교에 다니고, 고등학교를 졸업하고, 전문대학이나 대학교에 간다. 그것은 그를 위한 소명이나 목적의식은 결코 없었고, 사회적 기대로부터 만들어진 것이었다. 사회적 기대에는 표준화된 교육, 취업 및 매일 출근하기 등이 포함되어 있다.

일과 생활에 대한 일반적인 접근법은 그에게 잘 맞지 않았기 때문에 그는 그 길에서 벗어났다. 다양한 전통적인 노력 끝에, Lakhiani는 명상 강사가 되었고 마침내 그의 천직이 되었다. 처음에는 직업적인 횡재가 아니었지만, 그것은 결국 그의 회사인 Mindvalley를 시작하도록 이끄는 리더십 커뮤니티에서 기반을 마련하는 데 도움이 되었다. 이 시점까지는 리더십, 동기부여 및 경영, 또는 그러한 부분에 대해 자세히 설명할 수 있는 것이 많지 않다. Mindvalley 이야기는 몇 년이 지나야 동기부여와 영감에 관한 이야기로 변한다.

Mindvalley의 핵심을 파고들면서, 그것이 즉각적인 성공이 아니었음을 주목하는 것이 중요하다. 손익분기점을 넘기려면 상당한 시간과 시련이 필요했다. 그래도 Lakhiani는 녹화 수업, 직접 참여하는 행사, 세미나, 그리고 심지어 Mindvalley 대학을 포함한 여러 종류의 프로그램과 제공물로 기반을 세울 수 있었다. 그는 이제 Mindvalley가 개인들에게 성공한 14,000개가 넘는 실제 사례들을 자랑한다. 그는 멘토링, 팟캐스트, 라이브 세미나, 인터뷰 등 여러 매체를 통해 고등교육의 메시지를 공유한다. 그가 제공하는 핵심 상품은 교육의 미래를 중심으로 한다. 그가 제공하는 커리큘럼은 마음, 수행, 신체, 영혼, 커리어, 기업가정신, 관계 및 가족(아이, 부모, 관계)을 중심으로 한 수업활동을 포함하고 있다. Mindvalley의 주력상품인 Be Extraordinary 세미나는 600만 명 이상을 달성한 대표적인 사례다. Lakhiani와 그의 공인된 트레이너들은 그들의 교육 프로그램에 명상을 중점적으로 사용한다. 그의 접근법은 참가자들이 뇌의 사용하지 않는 부분을 자극하고 개인의 잠재력을 극대화하면서 그들의 의식 수준을 높일 수 있는 프레임워크를 가르치는 것이다.

그의 프로그램은 참가자들이 그들의 사명과 목적에 대해 명확성을 얻고, 풍부한 정신 상태에 도달하고, 특별한 삶을 만들 수 있도록 할 것을 약속한다. 다른 관점에서 도전에 접근함으로써, 그는 당신이 놀람고 높은 결과를 달성할 수 있을 것이라고 설명한다. 그는 그 프로그램을 당신을 안주하고 있는 상태에서 벗어나게 하기 위한 '개인적 파괴 프로그램'이라고 부른다.

Lakhiani는 그가 20년 이상의 작업을 통해 이 학습 디자인 프로그램을 구축했다고 말한다. Be Examinary 프로그램은 다음과 같은 내용을 제공한다.

자아개념
자신감
존재
초점
목표달성
동정심
용서
직관력

Mindvalley와 같은 프로그램은 동기부여 강화에 대한 긍정적 강화, 부정적 강화(회피), 벌 또는 소거와 같은 전통적인 접근법에서 성공하지 못한 개인에게 변화를 일으키도록 영감을 주기 위해 고안되었다. 리더로서 여러분의 역할은 학습 스타일과 다른 사람에게 영향력을 행사하고 동기부여시키는 방법을 잘 아는 것이다. 또한 궁극적으로 여러분을 위해 일을 할 미래의 리더 즉, 여러분의 부하직원들도 다른 사람들에게 영향력을 행사하고 동기부여시키는 방법을 익히도록 도와주어야 한다.

Lakhiani는 자신의 프로그램과 명상적 마인드를 중점으로 구축되어 있는 영향력과 동기부여의 감각을 가지고 있다. 그의 동기부여는 사람들이 기대했던 결과를 바꾸는 것을 믿고 더 많은 것을 성취하도록 돕는 것을 목표로 한다. 그는 앞에서 여러분이 읽은 것(예: 물질보다 마음)처럼 동기부여의 복잡성을 활용하는 능력을 고취시킨다. 내재적 동기부여에 영향을 미치는 그의 접근 방식은 관습적으로 보이지 않을 수 있지만, 그는 그것을 무서워하며 피하지 않는다. 그의 시스템은 어린 시절 그에게 효과가 없었던 전 세계적인 교육 시스템은 고장 났고 인간을 효과적으로 가르칠 준비가 되어 있지 않다는 믿음에 기반을 두고 있다. 개인의 내적 동기부여에 대한 생각을 바꿈으로써, 그는 우리가 새로운 높이에 도달하는 것과 이전에 우리 의식의 미개척 부분에 접근할 수 있는 새로운 방법을 찾는데 도움을 줄 수 있다.

리더는 다양한 방식으로 종업원에게 영향을 미칠 수 있다. 마음가짐으로 그들과 함께 일하는 것과 다른 사람들을 동기부여시키는 방법을 배우는 것은 예술이자 학습된 기술 세트이다. 우리가 더 많이 관찰하고, 배우고, 고려할수록, 우리의 리더십 도구 상자에 더 많은 도구가 있을 것이다.

— Build Better Culture, buildbetterculture.com의 오너 Tom Schin이 기고한 사례

사례실습과 역할놀이

준비: 여성들이 조직에서 승진할 수 있는 더 많은 기회를 주어야 하고, 주어서는 안 되는 이유를 생각한다.

학급 내 그룹: 4명에서 6명의 멤버로 구성된 그룹으로 나누고 여성들에게 더 많은 승진 기회를 주는 것에 대한 찬성과 반대 이유의 목록을 작성한다.

역할극: 한 사람(찬성 그룹 대표)은 여성에게 더 많은 진출 기회를 주는 이유를 제시하고, 다른 사람(반대 그룹 대표)은 이에 반대하는 이유를 제시한다.

CHAPTER 4

리더십 상황이론

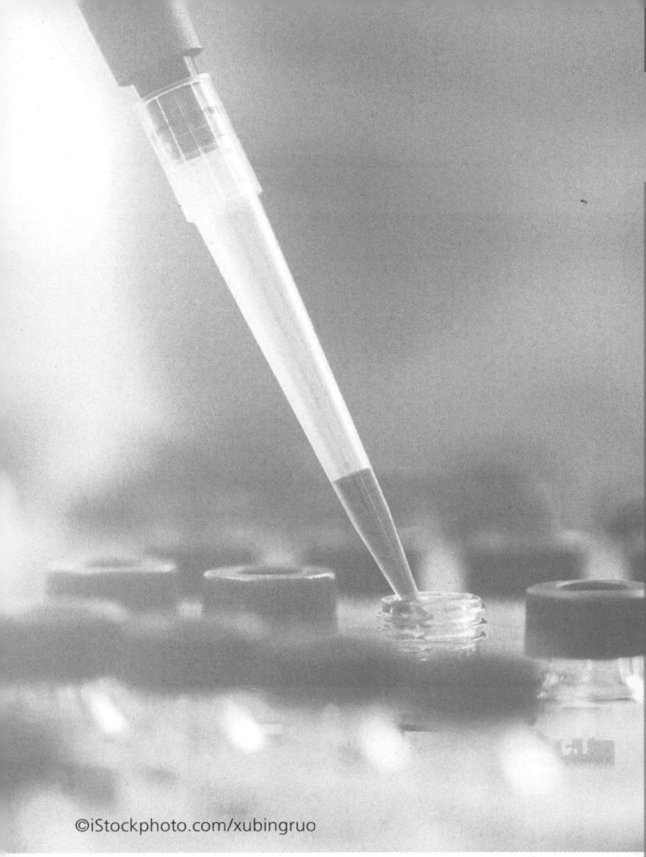

학습목표

이 장을 학습한 후에는 다음을 할 수 있어야 한다.

4.1 리더십 행위이론과 리더십 상황이론의 주요 차이점을 설명하고, 행동적 특징이 상황적 이론에 미치는 영향을 설명한다.

4.2 상황적 리더십 모델 스타일과 변수를 파악한다.

4.3 리더십 연속성 모델의 주요 스타일과 변수를 설명한다.

4.4 경로-목표 리더십 모델 스타일과 변수를 파악한다.

4.5 규범적 리더십 모델 스타일과 변수의 수를 언급한다.

4.6 각 리더십 모델을 처방적 관점과 기술적 관점에서 비교한다.

4.7 리더십 대체요인과 중화제를 설명한다.

Nora Khaldi와 Nuritas

Nora Khaldi는 더블린 트리니티 칼리지에서 분자 진화 및 생물정보학 박사 학위를 취득한 수학자이다. 그녀는 다세프 종 간의 유전자 전달을 보여준 최초의 과학자였다. 이 획기적인 발견은 오늘날 사용되는 많은 계통발생학적 기존의 방법에 의문을 제기하였다. Khaldi의 연구는 주로 단백질 진화와 비교 유전체학에 중점을 두었다. 그녀의 논문 중 일부는 생물학 및 의학 분야에서 출판된 기사의 상위 2%에 해당된다. 경력 전반에 걸쳐 Nora의 야망은 새로운 사고 방식, 빅 데이터 및 새로운 알고리즘을 도입하여 기술이 부재한 영역에서 창조적 돌파구를 여는 것이었다.

순수한 수학, 생물학, 과학에 대한 열정으로 Nora Khaldi는 Nuritas의 창업자이자 CEO가 되었다. Nuritas의 사명은 자연의 혜택을 누리고 수십억 명의 삶을 개선하는 것이었다. 아일랜드 더블린에 본사를 두고 보스턴에 사무실을 두고 있는 Nuritas는 인공지능(AI)과 유기구조를 결합하여 전 세계적으로 파트너 회사 제품에 사용되는 놀라운 건강상의 이점을 지닌 생리 활성 유기물 구조를 발견하는 세계적 수준의 과학자 팀을 보유하고 있었다. 연구 팀은 16개 국가 출신이었고, 남녀 비율은 50:50이었다. 데이터 과학자, 생물학자, AI 엔지니어, 화학자, 상업화 및 운영 팀은 업무상 혁신, 열정 및 유연성을 지니고 있었다.

도입사례에 관한 질문들

1. 다양한 상황에서 다양한 리더십 기술의 필요성은 Nora Khaldi와 어떤 관련이 있는가?
2. Nora Khaldi는 지역, 국가 또는 글로벌 사고 방식을 가지고 있는가?
3. Nora Khaldi는 자신이 한 가지 리더십 스타일만 사용하며 자신의 리더십 스타일이 아니라 상황을 바꿔야 한다고 주장한다. 이런 점에서 보면 Nora Khaldi는 Fiedler의 주장에 동의하고 있는가?
4. Nuritas는 어떤 연속성 리더십 스타일을 사용하는 경향이 있는가?
5. Nuritas는 어떤 경로-목표 리더십 스타일을 사용하는 경향이 있는가?
6. Nora Khaldi는 Nuritas에서 어떤 규범적 리더십 스타일을 사용하는가?
7. Nuritas에는 대체 리더십이 있는가?

Nora Khaldi와 Nuritas에 대해 자세히 알아보려면 https://www.nuritas.com/을 방문하면 된다. 홈페이지에서 회사 개요 2분 15초짜리 동영상을 볼 수 있으며, Khaldi의 웹사이트나 YouTube의 "Our Story" 링크에서 Khaldi의 TED 강연을 볼 수 있다.

출처: Nuritas website, https://www.nuritas.com/, accessed January 22, 2021.

들어가는 글

리더십 특성이론 및 리더십 행위이론은 둘 다 하나의 최고의 리더십을 찾으려는 시도였다. 1960년대까지 연구자들은 모든 상황에 적합한 리더십 스타일은 존재하지 않는 다는 점에 동의했다. 따라서 리더십 상황이론은 제3의 리더십 이론의 패러다임이 되었다. 상황이론에 사용되는 리더십 스타일은 리더십 행위이론과 관련된 과업과 관계 스타일을 기반으로 한다.

리더십 상황이론과 모델에 대한 행위이론의 기여

학습목표 4.1
리더십 행위이론이 리더십 상황이론에 기여한 바를 설명한다.

본 절에서는 리더십 상황이론, 상황적 이론에 관한 요인과 범용적인 리더십 상황이론 개발 필요성에 대해 리더십 행위이론이 기여한 바에 관하여 토론한다.

행위적 리더십과 상황적 리더십 사이의 상관관계

관리자는 상황에 적합한 리더십 행동 스타일을 사용할 필요가 있다. 따라서, 상황적 모델이 가치가 있는 이유는[1] 창의적인 사고와 의사결정을 내릴 때 도움이 되는 상황적 요인을 고려해야 하기 때문이다.[2] 개인이 리더십을 발휘할 때, 집단, 부서, 조직에 의해 영향을 받기도 하고, 영향을 주기도 한다.[3] 따라서, 부하들이 적극적으로[4] 모범적인 조직시민행동(OCB)을 보이도록 영향을 미치는 것은 리더의 행위이지만, 추종자들이 그러한 행동을 보이도록 하는 리더의 행위는 다양하기 때문에 상황적 접근이 필요하다고 할 수 있다.[5] 리더는 상황에 따라 언제 명령을 내려야 하는지, 언제 개입하지 말아야 하는지, 또는 언제 타인에게 위임해야 하는지를 알고 있을 필요가 있다.[6]

상황에 따라 다른 리더십 기술의 필요성

몇 가지 예를 소개한다. 보잉 737 MAX 여객기는 2건의 추락 사고에 연루되어 탑승자들이 사망하고 보잉에 위기를 일으켰다. 그래서 회사를 위기에서 벗어나게 하기 위해 CEO를 교체했다.[7] Facebook이 법 위반으로 정부 조사를 받았을 때 CEO인 Mark Zuckerberg는 그의 리더십 스타일을 통합적으로 바꾸는 결정을 내렸다.[8] Twitter의 CEO인 Jack Dorsey는 주요 결정을 위임했다는 이유로 언론에서 비판을 받았다.[9]

사진 4.1 Mark Zuckerberg가 의회청문회에서 증언을 하고 있다.

출처: NICHOLAS KAMM/AFP via Getty Images

새로운 회사는 창업 CEO와 함께 소규모로 시작하는데, 그들은 기업가 정신을 유지하려고 노력할 수 있지만 소규모 회사를 관리하는 것은 대기업과 동일하지 않다. 따라서 많은 기업의 창업자들은(Under Armour의 Kendra Scott[10]과 Kevin Plank[11]을 포함하여) CEO 자리에서 물러나고 대기업에서 풍부한 경험을 쌓은 전문 경영자를 고용한다. 사임을 거부하는 설립자는 때때로 이사회에서 해고되기도 한다. Groupon의 Andrew Mason가 이러한 사례에 해당된다.

도입사례 응용

1. 다양한 상황에서 다양한 리더십 기술의 필요성은 Nora Khaldi와 어떤 관련이 있는가?

Nora Khaldi가 가진 첫 번째 리더십은 기술에 관한 것이다. 그녀는 수학, 생물학 및 과학에 관련된 기술을 활용하여 건강상의 이점을 향상시켰다. 어떤 상황에서는 세 가지 기술 중 하나가 다른 것보다 더 많이 필요한 경우도 있었다. Khaldi는 Nuritas의 CEO로서 공식 리더이자 다른 국가에 있는 동료와 연구를 수행하는 비공식 리더로서 대인관계 기술을 사용하였다. 과학자로서 Khaldi는 수십억 명의 건강을 향상시키기 위해 의사결정 기술을 사용하여 지속적으로 문제를 해결하였다.

리더십 이론과 리더십 모델

리더십 모델은 주어진 상황에 적합한 리더십 스타일을 선택할 때 사용되는 이론의 짧은 요약이다.

1장에서 정의한 바와 같이 리더십 이론은 리더십의 일부 측면에 대한 설명이다. 이론은 성공적인 리더십을 더 잘 이해하고 예측하고 통제하는 데 사용되기 때문에 실용적인 가치가 있다. **리더십 모델(leadership model)**은 주어진 상황에 적합한 리더십 스타일을 선택할 때 사용되는 이론의 요약본이다. 모델은 관리자가 인지하는 세계를 나타내는 데 사용되며 많은 학문적 리더십 모델이 있다.[12] 이 장에서는 주어진 상황에서 모델을 사용하여 리더, 부하 또는 둘 모두의 성과를 향상시키는 방법에 대해 논의한다.

이 장에서 설명하는 모든 리더십 상황이론은 리더십 모델을 제공하고 있다. 리더십 이론은 주어진 상황에서 사용되는 변수와 리더십 스타일을 설명하고 있다. 리더십 모델은 주어진 상황에 적합한 리더십 스타일을 선택할 때 사용되는 이론의 요약본이라고 할 수 있다. Situational Leadership®의 공동 저자인 Paul Hersey는 이러한 방식으로 모델을 야구와 비교했다. 모델이 매번 안타를 칠 수 있도록 가르칠 수는 없지만 타율을 향상시키도록 도움을 줄 수 있다.

상황이론과 모델의 변수

상황이론이란 적합한 리더십 유형은 '상황에 따라' 달라진다라는 의미이다. 리더가 효과적이기 위해서는 리더의 행동과 스타일, 추종자들과 상황 사이에 적절한 적합성이 있어야 하는 것이다.[13] 리더십 상황이론은 리더, 추종자와 상황을 고려하여 적절한 리더십을 설명하려고 시도한다는 것을 1장에서 간단하게 설명한 바 있다. 최근 상황이론에 관한 연구는 팀 리더십에 초점을 맞추고 있는 경우가 많은데,[14] 그러한 팀 리더에 관한 연구에서는 리더가 직면한 상황에 따라 적절한 리더십을 선택해야 하는 경우가 관심을 보이고 있다.[15]

리더가 어떻게 행동해야 하는지는 상황에 따라 다르다.[16] Colin Powell은 상황적 리더십을 예로 들며 "고정관념에 여러분의 행동을 맞추지 마십시오. 유행을 쫓지 마십시오. 리더가 팀의 임무를 잘 완수하도록 하는데 필요한 리더십은 결국 상황에 의해 결정됩니다"라고 하였다. 상황에 맞는 리더가 되려면 새로운 상황에 따른 적합한 리더십 스타일이 필요하므로[17] 리더는 적극적으로 상황에 대해 학습하고 적응할 필요가 있다.[18] 따라서 개인 및 상황적 변수를 이해하면 직원 성과를 예측하는 데 도움이 된다.[19] 도표 4.1은 상황적 리더십 전반에 걸친 변수를 나열했으며 이 변수는 모든 상황적 리더십 모델을 분석하는 데 사용된다. 지금부터 소개되는 각각의 리더십 모델에 포함된 변수는 도표 4.1에 소개되고 있다.

글로벌 상황적 리더십

세계화로 인해 관리자의 업무가 더욱 복잡해짐에 따라 리더십에 대한 요구 사항이 변화하고 있다.[20] 따라서, 글로벌 관점을 취해야 하는 리더에 대한 요구가 증가하고 있다.[21] 리더십은 전 세계 비즈니스 스쿨에서 가장 널리 가르치는 과목 중 하나이다.[22] Fortune 500대 기업은 현재 효과적인 글로벌 리더가 부족하다고 보고했으며, 85%는 자사에 유능한 글로벌 경영진이 충분하지 않다고 동의했다.[23] 모든 이론에 대해 본격적으로 학습하기 전에 상황적 리더십이 오늘날 글로벌 경제에서 얼마나 중요한지 잠시 알아보도록 한다.

도표 4.1 상황적 리더십 변수

부하	리더	상황
역량	개인적 특성	과업
근무의욕(동기)	행위 경험	구조 환경

윤리적 결정: 윤리와 사회적 영향

4.1 성별과 리더십

리더십에서 성별 차이는 상황적 변수가 되어야 하는가? 리더십 능력을 개발한다는 것은 젊은 관리자, 특히 젊은 여성 관리자들에게는 쉽지 않은 일이다. 남성과 여성의 리더십에는 차이가 있는가? 어떤 학자들은 여성은 보다 참여적이고 관계지향적인 리더이며, 남성은 보다 과업지향적인 리더라고 주장한다. 그러나 다른 연구에 의하면 남녀 리더는 유사하다고 한다.

1. 남성과 여성의 리더십은 같은 것인가, 다른 것인가?
2. 윤리적 리더십과 사회적 책임을 다하는 리더에 남녀 차이가 존재하는가?
3. 당신은 직속상관으로 남성을 선호하는가? 아니면 여성을 선호하는가?
4. 성별로 어느 한쪽이 보다 나은 리더가 된다고 말하는 것은 윤리적이고 사회적으로 책임 있는 발언이라 생각하는가?
5. 남녀가 동등한 권력을 가지고 있는 나라에서는 여성을 경영자로 임명하지만 그렇지 않은 나라에서는 여성을 경영자로 임명하지 않는다. 이러한 정책은 글로벌 기업이 추구해야 하는 정책인가?
6. 기업에서 매우 소수이며, 성별 차별에 직면하고 있는 여성들은 어떠한 사회적 영향력을 가지고 있는가?

세계화 시대에 적합한 다양한 리더십

전 세계적으로 다양한 리더십이 존재한다.[24] 다국적 기업은 '일률적' 리더십에 대한 집착을 오래전에 포기했다. HP CEO인 Meg Whitman은 상황에 맞는 리더십을 매우 중요하게 생각한다고 말했다.[25] McDonald, GM, FedEx와 같은 글로벌 기업은 전 세계에서 비즈니스를 수행하고 있으며 성공적인 리더십 스타일은 지역에 따라 크게 다를 수 있음을 알고 있다. 고인이 된 저명한 경영 컨설턴트 Jack Welch는 기술의 향상과 세계화로 인해 적합한 리더십이 바뀌었다고 말했다. 서양에서 개발된 경영기법을 일방적으로 사용할 수 없는 시대가 되었다.[26] 유럽 및 기타 지역에서 관리자는 직원들 사이에서 다양한 가치 체계와 종교적 배경을 접하기 때문에 기술적인 변수보다 문화적 변수에 관심을 가져야 한다. 일부 국가의 직원들은 전제적인 독재적 리더를 선호하는 반면, 다른 국가에서는 보다 민주적이고 참여적인 리더십 스타일을 선호한다.

문화에 영향을 받는 효과적인 리더십 스타일

'문화지능'은 세계화 시대에 중요한 변수로 작용하고 있으며, '문화지능'은 국가와 문화의 차이를 기반으로 하며 상황에 맞는 다양한 행동과 리더십 스타일을 요구한다.[27] IBM을 포함한 기업은 성공적인 글로벌 플레이가 되기 위해 다양한 외국인과 협력하도록 관리자를 교육하고 있다. 미국 기업을 예로 들면, 문화적으로 유사한 국가(예:

호주, 캐나다 및 영국)에서는 미국인이 적응을 위한 문화적 조정의 필요성이 적은 반면, 문화가 미국과 상당히 다른 국가(예: 중국, 인도 및 일본)에서는 더 큰 조정이 필요하다.

글로벌 위기와 리더십

코로나19(COVID-19)로 인해 세계보건기구(WHO)를 통한 협조와 조정을 통해 이를 퇴치하기 위한 전 세계적인 노력이 요구되고 있다.[28] 전 세계적으로 현재의 코로나19 팬데믹에 대한 불안과 두려움이 존재할 뿐 아니라,[29] 기후 변화, 금융위기, 불평등의 증가,[30] 식량과 물 부족 및 빈곤[31]으로 인한 치명적인 위기의 가능성에 대한 불안 또한 존재한다. 인류는 기업, 정부 및 사회의 통합적인 협조를 통하여 상황에 맞는 리더십을 발휘할 것을 요구받고 있다.[32] 9장에서는 위기리더십에 관하여 학습하도록 되어 있다.

이 책은 보다 좋은 경영과 조직을 만들기 위한 고품질에 연구결과를 활용하여 학습에 도움을 제공하고자 한다.[33] 경영진과 조직을 모두를 위해 더 좋게 만들 수 있는 고품질 연구에 중점을 두고자 한다. 지금부터 상황적 리더십에 관하여 학습해 보도록 한다.

도입사례 응용

2. Nora Khaldi는 지역, 국가 또는 글로벌 사고 방식을 가지고 있는가?

세계 인구가 79억 명에 가까워짐에 따라[34] 수십억 명의 건강을 개선하는 것은 분명히 전 세계적인 사명이다. Khaldi는 연구 경력 전반에 걸쳐 70개 이상의 연구 기관 및 회사에서 오늘날까지 사용하고 있는 수많은 혁신적인 소프트웨어를 개발했다.그녀는 학술 및 산업 환경에서 전 세계의 국제 연구팀을 이끌었으며 건강에 유익한 새로운 분자 발견 및 상업화에서 능력을 입증한 바 있다. Nuritas는 식품, 건강 보조 식품, 화장품, 동물 및 식물 건강 산업을 위한 새로운 천연 활성 성분을 발견하고 개발하는 혁신적인 방식으로 접근했다. Nuritas의 유기물 구조에 관한 포트폴리오는 과학적으로 입증된 천연 건강상의 이점으로 제품을 풍부하게 하기 위한 것으로, 전 세계 많은 연구원들이 사용하고 있다. 그녀의 유기물 구조에 관한 포트폴리오는 근육 건강, 항염증, 장 건강, 피부 관리, 포도당 관리 및 식품 보존을 포함한 다양한 영역에서 사용된다.

리더십 상황이론과 모델

학습목표 4.2

상황적 리더십 모델 스타일과 변수를 파악한다.

1951년 Fred E. Fiedler는 상황적 변수가 리더의 성격 및 행동과 어떻게 상호작용하는지 연구함으로써 최초의 리더십 상황이론을 개발하기 시작했다. 그는 이 이론을 '효과적 리더십 상황이론'이라고 불렀다.[35] 그는 리더십 스타일과 직무 간의 적합성에 관한 모델을 최초로 개발했다. Fiedler는 리더십 스타일은 성격(특성이론)과 행동(행위이론)을 반영하는 것이며, 리더십 스타일은 변하지 않는다고 주장했다. 즉, 리더는 자신의 리더십 스타일에 맞는 직무를 선택해야 하며, 리더십 스타일을 바꾸기보다는 그에 맞는 직무환경을 바꾸어야 한다고 믿었다. **상황적 리더십 모델(contingency leadership model)**은 개인의 리더십 스타일이 과업 또는 관계지향적인지, 상황(리더-구성원 관계, 과업 구조 및 직위 권력)이 성과를 극대화하기 위해 리더의 스타일과 일치하는지를 판단하는 데 사용된다.

상황적 리더십 모델은 개인의 리더십 스타일이 과업 또는 관계지향적인지, 상황(리더-구성원 관계, 과업 구조 및 직위 권력)이 성과를 극대화하기 위해 리더의 스타일과 일치하는지 판단하는 데 사용된다.

이 절에서는 Fiedler의 이론과 모델을 적용하는 3단계 프로세스에 대해 설명한다. 먼저, 리더십 스타일을 결정하고, 두 번째로 상황에 대한 선호도를 결정한 다음, 1단계와 2단계를 기반으로 적절한 리더십 스타일을 파악한다. 도표 4.2는 Fiedler의 모델이 어떻게 상황적 리더십 변수 틀에 위치하고 있는지를 보여주고 있다.

리더십 스타일과 LPC

여러 유형의 부하들을 관리할 때 그들의 특징에 맞게 리더십 행동을 변경할 수 있을지라도(Fiedler는 그것이 가능하지 않다고 생각했지만), 사람들은 그들만의 리더십 스타일을 가지고 있다. Fiedler의 모델을 사용하는데 고려해야 하는 첫 번째 요인은 자신이 과업중심의 리더십 스타일 또는 관계중심의 리더십 스타일을 가지고 있는지 파악하는 것이다.

Fiedler의 모델을 사용하여 리더십 스타일을 결정하려면 LPC(최소 선호 동료) 척도를 완료해야 한다. LPC는 본질적으로 "당신은 과업지향적입니까? 아니면 관계지향적입니까?"라는 질문에 답한다. 3장에서의 과업 또는 관계지향적 리더십 스타일에 대한 자신의 선호도를 다시 한번 점검할 것을 권한다. 어느 리더십 스타일도 최고의 스타일이 아니다. 사용할 적절한 리더십 스타일은 상황에 따라 결정되며, 이러한 주제에 관하여 이제 시작한다.

도표 4.2 Fiedler의 상황적 리더십 모델 변수

부하	리더	상황
	리더십 스타일	
리더-부하 관계	과업 관계	리더-부하의 관계 과업구조 직위권력

상황적 호의성

자신의 리더십 스타일을 확인한 후 상황적 호의성을 파악한다. 상황적 호의성은 상황과 리더의 관계가 적합하여 부하에 대한 영향력을 행사하기 좋은 정도를 의미한다. 리더가 부하에게 더 많은 통제력을 발휘할수록 리더에게 상황은 유리하다. 중요도의 순서대로 세 가지 변수를 소개한다.

1. **리더-부하 관계.** 이것은 모든 상황적 호의성 중에 가장 강력한 변수이다. 리더-부하의 관계가 좋은가(협력적이고 우호적)? 또는 나쁜가(적대적이고 어려운)? 부하가 상사를 신임하고, 존경하고, 수용하고, 상사에 대한 신뢰를 가지고 있는가(좋은 상태)? 상사와 부하 간에 많은 긴장이 존재하는가(나쁜 상태)? 부하와 좋은 관계를 가지고 있는 리더는 보다 많은 영향력을 가지게 된다. 관계가 좋으면 좋을수록 상황은 더 호의적이다.
2. **과업구조.** 이것은 두 번째로 중요한 변수이다. 과업이 구조화되어 있는가? 아니면 비구조화되어 있는가? 과업이 반복적이며 구체적이며 표준화되어 있어 종업원들이 쉽게 이해할 수 있는가? 구조화된 상황에서 리더는 보다 많은 영향력을 발휘한다. 과업이 구조화될수록 상황은 호의적이다.
3. **직위권력.** 이것은 가장 약한 변수이다. 직위권력이 강한가? 또는 약한가? 리더가 강한 권력을 가지고 있어 업무를 배정하고 보상과 벌을 줄 수 있고, 해고와 파면을 할 수 있으며, 연봉 인상과 승진을 시킬 수 있는가? 리더가 강한 직위권력을 가지고 있으면 보다 많은 영향력을 발휘한다. 권력이 많을수록 상황은 더 호의적이다.

위의 세 가지 변수의 상대적인 가중치를 합하면 리더가 가지고 있는 상황적 호의성을 판단할 수 있다. Fiedler의 표에 의하면 각 변수는 1(매우 호의적)부터 8(매우 비호의적)까지 중 점수를 매기게 되어 있다. 해당 모델을 이해하기 위해 **도표 4.3**을 참조하라.

적절한 리더십 스타일 파악하기

자신의 과업지향적 리더십 또는 관계지향적 리더십이 적절한지 알아보기 위해, 도표 4.3 Fiedler의 상황적 리더십 모델에 포함되어 있는 상황적 호의성에 관한 세 가지 질문에 답하면 된다. 처음 질문1에서는 관계의 '좋음/좋지 않음'의 정도를, 질문2에서는 과업이 '반복적임/반복적이 아님', 질문3에서는 여덟 가지 상황 중 한 가지를 선택하도록 되어 있다. 만약 LPC 리더십 스타일이 일치한다면, 그것은 그 상황에서 가장 효과적인 리더십을 찾은 것이라고 할 수 있다.

도표 4.3 상황적 리더십 모델

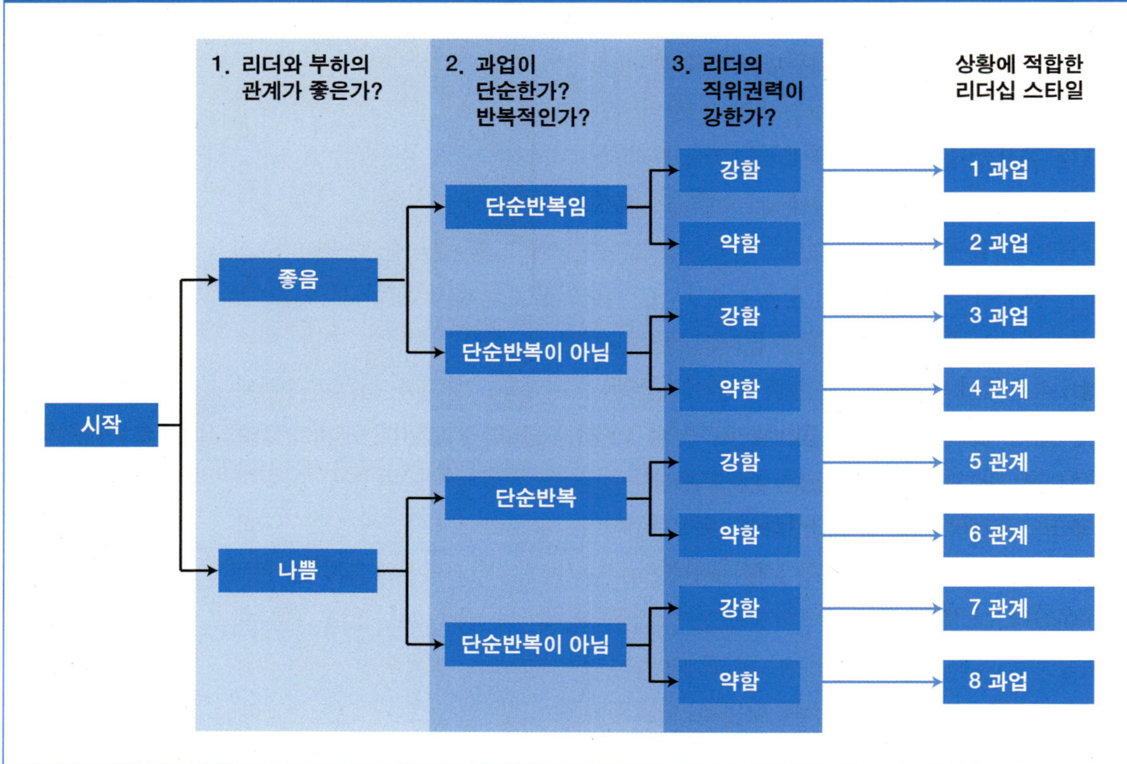

개념응용 4.1 리더십 상황이론

〈도표 4.3〉의 모델을 사용하여 상황을 파악하기 위해 모델 상단의 세 가지 질문에 답한다(1~8번). 모델의 마지막 열에 있는 적절한 스타일에 따라 상황 번호를 해당 리더십 스타일(과업 또는 관계)과 함께 결정한다. 모델에서 얻은 답을 바탕으로 각 질문 앞의 빈칸에 적절한 숫자와 문자를 선택한다.

상황번호	1 2 3 4	5 6 7 8
리더십 스타일	A. 과업지향	B. 관계지향

_____ 1. Shawn은 모든 종류의 앱을 고객에게 제공하는 업무를 하는 직원들에게 호평을 받고 있다. 그는 고용, 승진, 징계 및 해고 결정을 내린다.

_____ 2. 관리자인 Juan은 인사 부서에서 일하고 있으며, 타 부서가 직무설명서를 작성하는 데 도움을 주는 일을 하고 있다. Juan은 다양한 타 부서에 대한 이해가 낮다는 여론이 있으며, 직원들이 그를 대할 때 무례한 경향이 있다.

_____ 3. 관리자인 Sally는 은행의 취소된 수표 처리 업무를 감독하는 위치에 있다. 직원들은 그녀를 좋아하며, Sally는 직원을 고용하고 성과를 평가하는 것을 즐긴다.

_____ 4. 교장인 Latasha는 교사를 수업에 배정하고 다양한 기타 업무를 담당하고 있으며, 대체로 학교의 분위기는 긴장되어 있다. 그녀는 교사들에 대한 고용 조건 및 임기에 대한 결정권한을 가지고 있다.

_____ 5. HR 위원회의 위원장인 Edwardo는 여러 부서에서 자원한 구성원들로부터 존경을 받고 있다. 위원회는 소수민족 구성원들에 대한 고용과 승진에 관한 결정을 하는 업무를 한다.

_____ 6. Tania는 펜을 조립하는 대량생산 업무를 감독한다. 그녀는 보상하거나 처벌할 수 있는 권한이 있으며 매우 까다로운 관리자로 간주된다.

상황 바꾸기

리더십 스타일이 상황에 맞지 않으면 리더가 비효율적일 수 있다. 한 가지 선택은 리더십 스타일에 맞는 방향으로 직무를 바꾸는 것이다. Fiedler는 리더십 스타일보다 상황을 바꾸도록 권장한다.

연구, 비판 및 응용

상황적 이론의 획기적인 시작에도 불구하고 Fiedler의 작업은 약한 통계 결과로 비판을 받았다. 그러나 2개의 종합적 분석은 연구가 모든 상황에 해당하는 것은 아니고 실험실 연구만큼[36] 현장 연구에 대해 강력하지 않더라도 연구 모델을 지지하는 경향이 있다고 결론지었다. Fiedler는 이와 같은 비판에 동의하지 않고 자신의 주장을 피력하는 2편의 논문을 발표한 바 있다.[37]

또 다른 주요 비판은 리더십 스타일을 바꾸지 말고 업무의 맥락을 바꿔야 한다는 Fiedler의 견해이다. 일반적으로 업무의 맥락을 바꾸는 것보다 업무의 맥락에 맞게 스타일을 바꾸는 것이 훨씬 쉽다는 데 많은 연구자들이 동의하고 있다. 또한 Fiedler의 모델은 직무와 직무환경을 바꾸는 방법을 제시하지 않고 있다. 이 장에 소개된 많은 학자들은 직무보다는 리더십 스타일을 변경할 것을 제안하고 있다.

여러 비판에도 불구하고, Fiedler는 다른 상황이론 개발에 도움을 주었다. 다양한 유형의 조직에서 개인의 리더십에 대한 다양한 질문에 대답하는 데 사용할 수 있으며, 왜 열심히 일하는 관리자가 특정 업무에서 효과적이지 않은지 설명하는 데 도움이 될 수 있다.

업무응용 4.1

알고 있는 관리자 중 1명을 선택하여 그의 스타일이 LPC 평가 중 어느 부분이 가장 강한지 평가해보자. 〈표 4.3〉에서의 Fiedler의 모델을 사용하여 해당 관리자가 어디에 해당되는지 평가해보자. 이 관리자는 어떠한 상황에 적합한 리더십을 가지고 있는가?

관리자의 리더십 스타일과 상황을 연관시켜 설명할 수 있는가? 자신에 대해서도 같은 평가를 시도해보자.

도입사례 응용

3. Nora Khaldi는 자신이 한 가지 리더십 스타일만 사용하며 자신의 리더십 스타일이 아니라 상황을 바꿔야 한다고 주장한다. 이런 점에서 보면 Nora Khaldi는 Fiedler의 주장에 동의하고 있는가?

아니다. Khaldi는 공식적으로 CEO이자 전 세계 연구원의 비공식 리더이다. 이 두 가지 역할은 서로 다른 리더십 기술과 리더십 스타일을 요구한다. Khaldi는 상황이 아니라 리더십 스타일을 바꾼다고 말했다.

리더십 연속성 이론과 모델

학습목표 4.3

리더십 연속성 모델의 주요 스타일과 변수를 설명한다.

Robert Tannenbaum과 Warren Schmidt도 1950년대에 리더십 상황이론을 개발했다.[38] 그들은 리더십 행동이 상사중심과 부하중심의 연속선 선상에서 한 부분에 속한다고 주장했다. 그들은 주로 누가 주도적으로 의사결정을 내리는가에 초점을 맞추었다. 그들의 주장에 따르면 리더가 자신의 리더십 스타일을 결정할 때 리더로서 자신의 힘, 부하의 힘, 상황의 힘을 고려한다는 것이다. 도표 4.4에는 이 변수들이 어떻게 상황적 리더십 변수 틀에 위치하고 있는지 알 수 있다.

Tannenbaum과 Schmidt는 리더는 일곱 가지 주요 리더십 스타일을 제시하고 있는데, 도표 4.5에서 나열하고 있다. **리더십 연속성 모델**(leadership continuum model)은 일곱 가지 리더십 스타일 중 어떤 것을 선택할 것인지의 결정에 도움을 준다. 이 모델은 최대의 성과를 달성하기 위해 상황(상사, 부하, 상황/시간)을 고려하여, 상사중심의 리더십과 부하중심의 리더십 사이의 연속선 선상에서 어떤 것을 선택할 것인지에 관한 정보를 제공한다.

리더십 연속성 모델은 일곱 가지 리더십 스타일 중 어떤 것을 선택할 것인지의 결정에 도움을 준다. 이 모델은 최대의 성과를 달성하기 위해 상황(상사, 부하, 상황/시간)을 고려하여, 상사중심의 리더십과 부하중심의 리더십 사이의 연속선상에서 어떤 것을 선택할 것인지에 관한 정보를 제공한다.

리더십 연속성 모델은 매우 인기가 있었지만, 상황적 리더십 모델과 같은 연구

도표 4.4 Tannenbaum과 Schmidt의 리더십 연속성 모델 변수

부하	리더	상황
부하직원	상사	상황(시간)
	리더십 스타일	
	연속선 선상에서 상사중심의 리더십부터 부하중심의 리더십까지 일곱 가지 리더십 스타일이 있음 (도표 4.5 참조)	

도표 4.5 Tannenbaum과 Schmidt의 리더십 연속성 모델의 일곱 가지 리더십 스타일

전제적	1. 토론없이 의사결정을 내린다.
↑	2. 의사결정을 일단 내리고, 부하들에게 그것이 좋은 결정이라고 설득한다.
	3. 이미 내린 결정을 소개하고 질문을 받는다.
	4. 이미 내일 결정에 대해, 다른 의견이 제시되면, 이를 바탕으로 변경할 수 있다고 언급한다.
	5. 상황을 설명하고, 다양한 의견을 요청한 다음에 의사결정을 한다.
↓	6. 일정한 가이드라인을 내에서 부하들이 의사결정을 내리도록 허용한다.
참여적	7. 부하들에게 지속적으로 의사결정을 내리도록 권한을 준다.

출처: Adapted from *How to Choose a Leadership Pattern* by Robert Tannenbaum and Warren H. Schmidt, May–June 1973.

를 통한 검증을 거치지 않았다. 이 모델에 대한 한 가지 주요 비판은 리더십 스타일을 선택할 때 고려해야 할 세 가지 요소가 매우 주관적이라는 것이다. 즉, 어떤 스타일을 언제 사용할지 결정하는 것이 모델에서 명확하지 않다.

개념응용 4.2 리더십 연속성 모델

〈도표 4.5〉를 이용하여 다음 여섯 가지 질문에 대해 리더십 스타일에 의거하여 1~7 중에 한 가지 점수를 매겨, 각 질문의 왼쪽 빈칸에 적어보자.

1	2	3	4	5	6	7

_____7. "나는 작업속도를 높이는 방법에 대한 좋은 아이디어를 생각해냈는데, 당신이 작업을 수행하는 새로운 방법을 정말 좋아할 것이라고 확신합니다."

_____8. "이것이 우리가 선택한 작업 방법이라고 생각합니다. 다른 의견있습니까?

_____9. "여기에 유급휴가 날짜 목록이 있습니다. Tony, 당신은 7일의 유급휴가가 남아 있습니다. 원하는 날짜를 골라보세요."

_____10. "문제 해결 방법에 대한 아이디어를 원합니다. 그러나 내가 최종 결정권을 가지고 있습니다."

_____11. "Tania, 나는 당신에게 부여할 새로운 과업을 결정했습니다. 여기에 대해 질문이 있습니까?"

_____12. "Heather, 나는 당신의 보고서가 마음에 듭니다. 그 보고서를 당장 부사장님에게 보내주세요."

업무응용 4.2

〈도표 4.5〉에 설명되어 있는 리더십 연속성 모델을 이용하여, 당신의 상사가 가장 빈번하게 사용하는 리더십 스타일을 숫자, 설명과 함께 파악해보자. 파악된 리더십 스타일이 상사, 부하 및 상황에 가장 적절한 스타일인가? 설명해보자.

도입사례 응용

4. Nuritas 어떤 연속성 리더십 스타일을 사용하는 경향이 있는가?

Nuritas는 팀을 기반으로 한 조직 구조를 사용하며, 팀은 펩타이드를 개발하기 위해 함께 일하면서 리더십을 공유한다. 따라서 여기에서 사용되는 리더십 스타일은 부하직원중심의 참여 리더십 스타일이다.

경로-목표 리더십 이론과 모델

학습목표 4.4

경로-목표 리더십 모델 스타일과 변수를 설명한다.

경로-목표 리더십 이론은 Robert House 교수가 개발하여 1971년도에 발표했다. 이 이론은 M. G. Evans 교수의 초창기 이론에 기반을 두고 있다.[39] House는 상황변수를 포함하는 방식으로 Evans의 이론을 보다 정교하게 만들었다. House의 의도는 과업지향적 리더십 행동과 관계지향적 리더십 행동에 관한 상충되는 연구결과를 해소하려는 것이었다. House의 이론은 과업지향적 리더십, 관계지향적 리더십과 그 영향 사이에 상황적 조절변수를 구체화했다. House는 어떠한 방법으로 리더의 행동이 부하의 성과와 직무 만족에 영향을 미치는지 설명하고자 했다. House의 모델이 상황적 리더십 변수의 틀에 어떻게 위치해 있는지를 보려면 도표 4.6을 참고해보자. 그 전의 상황적 리더십 모델과 달리 House의 모델에는 리더의 특성과 행동변수가 포함되어 있지 않다. House의 주장에 따르면 특성 및 행동에 관계없이 리더는 네 가지 리더십 스타일 중 적절한 한 가지를 사용한다는 것이다.

경로-목표 리더십 모델은 성과와 직무만족을 최대화하기 위해서 상황(부하와 환경)에 적합한 리더십 스타일(지시적, 지원적, 참여적, 또는 성취지향적)을 선택하는 데 활용할 수 있다.

경로-목표 리더십 모델(path-goal leadership model)은 성과와 직무만족을 최대화하기 위해서 상황(부하와 환경)에 적합한 리더십 스타일(지시적, 지원적, 참여적, 또는 성취지향적)을 선택하는 데 활용할 수 있다. 경로-목표 리더십 이론은 목표설정이론과 기대이론 등 동기부여이론을 기반으로 하여 개발되었다. 리더는 부하들의 동기를 증대시켜 개인과 조직의 목표를 달성해야 한다. (1) 부하들에게 보상을 받을 수 있는 경로를 명확히 하고, (2) 부하들이 바라는 보상을 증가시키는 방법으로 리더는 동기수준을 높일 수 있다. 경로를 명확히 한다는 것은 부하들에게 적절한 업무행동을 학습하도록 하여 성공적으로 과업을 완수하고 보상받을 수 있도록 한다는 것을 의미한다.

경로-목표 모델에 의하면, 리더는 네 가지 리더십 스타일 중 하나를 사용하여 부하들에게 목표를 부여하고 그 목표를 달성하도록 유도해야 한다는 것이다. 종업원이 자신의 업무목표와 목표달성 방법을 어떻게 인지하느냐가 성과에 많은 영향을 미치

도표 4.6 House의 경로-목표 리더십 모델 변수

부하	리더	상황
종업원 (권위적, 통제위치, 능력)	해당사항 없음	환경 (과업구조, 공식적 권한, 작업집단)
	리더십 스타일	
	지시적 지원적 참여적 성취지향적	

며 이는 리더의 영향력에 의해 결정되는 경우가 많다. 이것이 이 모델의 주요 초점이다. 도표 4.7에서 제시된 바와 같이 상황적 요소는 리더십 스타일을 결정하고, 리더십 스타일은 성과와 직무만족을 통하여 목표달성에 영향을 미치게 되는 것이다.

상황요인

상황적 요인은 부하 또는 환경에 관한 것이다.

- **부하.** 부하의 상황적 특성은 다음과 같다.
  1. 권위적 요인은 상사의 말을 존중하고 상사의 지시에 따라 일하는 것을 선호하는 정도를 말한다.
  2. 통제위치는 목표달성이 자기의 노력에 의해서 결정되거나(내재적 통제위치) 또는 환경에 의해서 결정된다고(외재적 통제위치) 믿는 종업원의 인식 정도를 말한다.
  3. 능력은 목표달성을 위해 필요한 종업원의 업무수행 능력 정도를 말한다.
- **환경.** 환경적 상황요인은 다음과 같다.
  1. 과업구조는 반복적 업무 정도를 말한다.
  2. 공식적 권한이란 리더의 직위권력 정도를 말한다. 여기서 말하는 과업구조와 공식적 권한은 Fiedler 모델에서 제시하는 것과 동일하다.
  3. 작업집단은 동료 종업원들이 직무만족과 인간관계에 영향을 미치는 정도를 말한다. House는 상황변수로서 작업집단을 포함시켰다. 그러나 상황모델에서는 이것을 부하의 변수로 간주한다.

도표 4.7 House의 경로-목표 리더십 모델

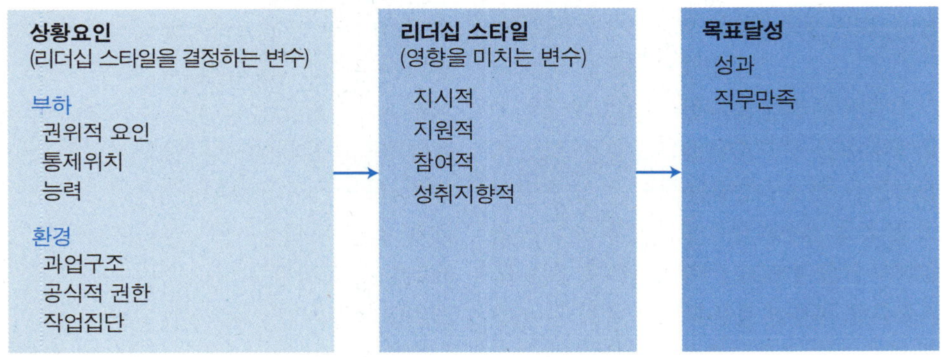

출처: Adapted from R. J. House, "A Path-Goal Theory of Leader Effectiveness," *Administrative Science Quarterly* 16(2), 1971: 321–329.

리더십 스타일

리더는 경로-목표 모델의 상황적 요인을 기반으로 각 스타일에 대한 다음 일반 지침을 사용하여 가장 적합한 리더십 스타일을 선택할 수 있다.

- **지시적 리더십.** 리더는 높은 구조화된 지시를 한다. 부하가 권위적 리더십을 원할 때, 외재적 통제위치를 가지고 있을 때와 부하의 능력이 낮을 때 지시적 리더십이 적절하다. 또한 과업이 복잡하거나 모호한 성격을 띠고 있을 때, 권위가 상당히 공식화되었을 때와 작업집단이 높은 직무만족을 가지고 있을 때에도 지시적 리더십이 적절하다.
- **지원적 리더십.** 리더는 상당한 수준의 배려를 보여준다. 부하가 권위적 리더십을 원하지 않을 때, 강한 내적 통제위치를 가지고 있을 때와 높은 능력을 소유할 때에는 지원적 리더십이 적절하다. 과업이 단순하거나 권위의 공식화가 미약할 때와 작업집단이 직무만족을 가지고 있지 못할 때에도 지원적 리더십이 적절하다.
- **참여적 리더십.** 리더는 의사결정에 직원의 의견을 반영한다. 참여적 리더십은 부하가 참여하기를 원하고, 강한 내적 통제위치를 가지고 있고, 능력이 높을 때 적합하다. 직무가 복잡하고, 리더의 권위가 강하거나 또는 약할 때, 동료들의 직업 만족도가 높거나 또는 낮을 때 참여적 리더십이 적절하다. 전 Westpac의 CEO인 Gail Kelly는 참여형 리더십을 보여주었는데, "이 회사는 매우 우량기업이며, 직원들은 고객에 대한 배려가 깊고, 고객들은 지역사회에 관심이 깊습니다. 직원들은 조직의 비전을 이해하고 고객에게 긍정적인 변화를 주기 위해, 지

윤리적 결정: 윤리와 사회적 영향

4.2 의약품 연구

Glaxo-SmithKline(어린이용 우울증 치료약 생산)과 Merck(관절염 통증 개선제)를 포함한 몇몇 제약 회사는 상황에 따라 유리한 연구결과를 발표하여 비난을 받았다. 연구결과가 의약품 사용을 지지하는 것으로 나왔을 때에는 결과를 발표하고 그렇지 않을 때에는 결과를 발표하지 않았다. 모든 의약품에는 부작용이 있기 마련이지만 일부 환자들은 이 회사들의 약을 먹고 사망했다. 그 결과 미국 식품안전청은 의약품의 허가와 안전에 대한 모니터링에 관하여 비난을 받아왔다.

1. 식약청의 허가를 받을 수 있는 결과만을 보고하는 것은 윤리적이고 사회적으로 책임 있는 행동인가?
2. 당신이 제약회사에 일하고 있고 부정적인 연구결과가 보고서에 포함되어 있지 않다면 어떻게 하겠는가?
3. 당신이 제약회사에 일하고 있고 직속상사가 당신에게 부정적인 결과를 긍정적인 것으로, 또는 기존의 결과를 더 좋은 것으로 변경하라고 했다면 어떻게 하겠는가?
4. 상사에게 약에 관하여 부정적인 보고서를 전달했으나 나중에 그 결과가 긍정적인 것으로 변했다면 어떻게 하겠는가?
5. 미국 식품안전청과 기타 정부기관은 코로나19 백신의 배포와 이러한 약물의 안전성을 잘하고 있는 것인가? 그렇지 않다면 또 무엇을 해야 하는가?
6. 코로나19 백신의 신속한 승인이 사회적으로 어떤 영향을 미치는가?

역 사회 내에서 긍정적인 변화를 만들기 위해 매일 노력하는 사람들이며 항상 올바른 일을 하는 사람들입니다."[40]

- **성취지향적 리더십.** 리더는 어렵지만 달성 가능한 목표를 설정하고 부하에게 이를 최대한 달성하기를 기대하며 달성도가 높을 때에는 그에 상응하는 보상을 제공한다. 이 경우 리더는 상당히 높은 지시적 리더십과 동시에 상당히 높은 지원적 리더십을 발휘하는 것이다. 부하가 권위적인 리더십을 잘 받아들이고, 외재적 통제위치를 가지고 있고, 부하의 능력이 높을 때 참여지향적 리더십이 적합하다. 과업이 단순하고 상사의 권위가 강하고 동료로부터의 직무만족이 상당히 높거나 또는 상당히 낮을 때에도 성취지향적 리더십이 적절하다.

사진 4.2 Gail Kelly와 그녀의 딸은 새로운 연구와 Register4 프로그램의 새로운 단계를 시작하는 것을 기념하고 주목을 끌기 위해 그들의 손자국을 벽에 남겼다.

출처: Brendon Thorne/Getty Images

개념응용 4.3 경로-목표 리더십

〈도표 4.7〉을 보고 제시된 여섯 가지 상황에 적절한 리더십 스타일을 파악해보자. 각 질문의 왼쪽에 적절한 답을 적어보자.

a. 지시적 리더십
b. 지원적 리더십
c. 참여적 리더십
d. 성취지향적 리더십

_____ 13. 직원이 규칙을 어겼고 관리자가 직원을 훈계하고 훈련시키고 있다.

_____ 14. 관리자가 불확실성이 큰 업무를 수행할 업무팀을 구성하고 있으며, 해당 직원들은 서로 알지 못한다.

_____ 15. 관리자는 불안정한 심리상태를 가지고 있는 직원에게 새로운 과업을 부여하기로 했으나, 이 직원은 새로운 업무를 두려워하는 경향을 보인다.

_____ 16. 영업팀은 분기별 실적을 양호하게 완수하였다. 강한 직위권력을 가지고 있는 관리자는 보다 도전적인 목표에 해당되는 영업실적을 부여하였다.

_____ 17. 관리자는 지각을 하는 지원에 대해 이를 바로 잡는 조치를 하였다.

_____ 18. 관리자는 새로운 직무를 수행해야 하나, 경험이 부족한 상태이다. 직원들은 이러한 직무에 관한 경험이 많고, 참여하기를 좋아한다.

연구, 비판 및 적용

120개의 과거 연구를 종합적으로 검토하여 본 결과 경로-목표이론이 근거가 있음을 발견했다. 그러나 연구결과가 일관성이 있는 것은 아니었다. 또한 리더의 행동과 결과 사이에 존재하는 조절변수에 관한 연구를 광범위하게 검토한 결과 확실한 결론을 발견하지 못했다.[41]

경로-목표이론이 리더십 연속성 모델보다 더 복잡하고 구체적이지만 언제 어떤 형태의 리더십을 사용하는지에 대해 알기 어렵기 때문에 관리자들로부터 비판을 받아왔다. 언제 특정 리더십 스타일을 사용해야 하는지에 대한 지침과 꼭 맞는 여섯 가지 요인이 존재하지 않는 경우가 많다. 이러한 경우에는 필요에 따라서 자의적인 판단에 의해 선택해야 한다. House는 필요에 따라 경로-목표 리더십 모델에 사용자들이 원하는 변수를 추가 적용하여 사용할 것을 권한다.

경로-목표 모델은 여러 가지 문제점에도 불구하고, 경로-목표모델은 잠재적으로 관련성이 있는 상황변수를 파악하도록 연구자들에게 지침을 제공할 수 있는 개념적인 틀을 제공했다는 점에서 리더십 연구에 중요한 기여를 하였다. 경로-목표 리더십 이론은 1976년 카리스마 리더십이론으로 발전하게 되었다.

경로-목표 이론은 범위가 상당히 확대되었고 1996년 House는 이를 가치기반 리더십 이론이라

업무응용 4.3

자신의 상사가 가장 빈번하게 사용하는 경로-목표 리더십 스타일을 파악해보자. 당신은 주어진 상황요인에 파악된 리더십 스타일이 가장 적절하다고 말할 수 있는가? 설명해보자.

고 칭하였다. 9장에서 가리스마 리더십과 가치기반 리더십에 관하여 학습할 것이다. 경로-목표이론은 또한 리더들로 하여금 부하들을 동기부여시킬 수 있는 유용한 방법을 제공한다.

도입사례 응용

5. Nuritas는 어떤 경로-목표 리더십 스타일을 사용하는 경향이 있는가?

팀 구조의 조직에서는 리더십이 공유된다. 따라서, 다양한 팀원들은 다양한 리더십 스타일을 사용한다. 고도로 숙련된 리더는 지시적 스타일을 사용하지 않는 경향이 있다. 반면에 지원적 스타일을 사용하여 팀원들이 목표달성을 위해 열심히 일하도록 격려한다. 의사결정을 할 팀에 의한 참여적 스타일을 사용하며, 팀원들은 성취지향적이다.

규범적 리더십 이론과 모델

학습목표 4.5

규범적 리더십 모델 스타일과 변수의 수를 언급한다.

오늘날 중요한 리더십에 관한 질문은 "언제 관리자가 주도적으로 행동해야 하며, 또 언제 팀이 자율적으로 의사결정을 내리도록 해야 하는가?"에 관한 것이다. 1973년 Victor Vroom(기대 이론을 개발한 동일 인물)은 의사결정에 관한 이론을 발표하였는데,[42] Vroom과 Jago는 모델을 다듬어 1988년에 4개 모델로 확장했다.[43] 2000년에 Vroom은 "리더십과 의사결정 과정"이라는 제목으로 개편된 이론을 발표하였다. 이 책에서는 그 중 최신이론을 소개한다.[44]

규범적 리더십 모델(normative leadership model)에는 시간중심 및 개발중심 의사결정 나무가 있으며, 이를 통하여 다섯 가지 리더십 스타일 중(리더결정형 의사결정, 개별협의형 의사결정, 집단합의형 의사결정, 참여유도형 의사결정, 위임형 의사결정) 주어진 상황에 적합한 의사결정 형태 한 가지를 선택할 수 있도록 하여 의사결정의 효과를 최대화할 수 있도록 한다. 규범적 리더십 모델이 어떻게 상황적 리더십 틀에 맞아 들어 가는지를 알아보기 위해서 도표 4.8을 참고한다. 규범적이론에 의하면, 주어진 상황에 가장 적합한 리더십 스타일을 파악하기 위해, 일정한 규칙에 의한 일련의 질문에 대한 답을 하도록 되어 있다.

규범적 리더십 모델에는 시간중심 및 개발중심 의사결정 나무가 있으며, 이를 통하여 다섯 가지 리더십 스타일 중(리더결정형 의사결정, 개별협의형 의사결정, 집단합의형 의사결정, 참여유도형 의사결정, 위임형 의사결정) 주어진 상황에 적합한 의사결정 형태 한 가지를 선택할 수 있도록 하여 의사결정의 효과를 최대화할 수 있도록 한다.

규범적 리더십을 잘 활용하기 위해서는 구체적인 의사결정 사항이 있어야 하고 의사결정에 관한 권한이 있어야 하며 의사결정에 참여하는 부하가 구체적으로 존재해야 한다.

도표 4.8 Vroom의 규범적 리더십 모델 변수		
부하	**리더**	**상황**
개발중심 의사결정 모델	3. 리더의 전문성	시간중심 의사결정 모델
	리더십 스타일	
2. 몰입의 중요도	리더결정형 의사결정	1. 의사결정 중요도
4. 몰입 가능성	개별협의형 의사결정	
5. 목표에 대한 집단의 지지	집단협의형 의사결정	
6. 집단의 전문성	참여유도형 의사결정	
7. 팀의 역량	위임형 의사결정	

참여적 리더십 스타일

Vroom은 부하의 참여 정도에 따라 다섯 가지 리더십 스타일을 아래와 같이 파악하였다.

- **리더결정형 의사결정.** 리더는 혼자 의사결정을 내리고 이를 부하들에게 발표한다. 때로는 부하들의 협조를 얻기 위해서 자신이 내린 의사결정의 장점을 홍보하기도 한다. 리더는 구체적인 문제점을 언급하지 않고 집단의 외부나 내부로부터 정보를 수집한다.
- **개별협의형 의사결정.** 리더는 문제점을 부하 개개인에게 말하고 정보와 제안을 수집한 다음 의사결정을 내린다.
- **집단협의형 의사결정.** 리더는 집단이 참여하는 회의를 소집하고 부하들에게 문제점에 대해서 언급함과 동시에 정보나 제안을 받은 다음 의사결정을 내린다.
- **참여유도형(촉진형) 의사결정.** 리더는 집단 회의를 개최하고 문제점을 규정하고 주어진 상황에서 의사결정이 내려지도록 중재자의 역할을 한다. 리더는 집단 구성원의 의견을 방해하지 않고 모든 사람들의 참여를 유도한다.
- **위임형 의사결정.** 리더는 집단으로 하여금 문제점을 규정하도록 하며 일정한 범위 내에서 집단이 의사결정을 하도록 한다. 리더의 주된 역할을 구성원의 질문에 답하고 격려하며, 동시에 필요한 자원을 제공하는 것이다.

적절한 리더십 스타일을 파악하기 위한 질문

가장 적절한 리더십 스타일을 파악하기 위해 일곱 가지 변수에 기반을 둔 질문에 대답한다. **도표** 4.8에 제시된 일곱 가지 변수는 **도표** 4.9와 **도표** 4.10에 반복된다.

두 모델을 사용할 때, 변수를 기반으로 하여, 대답할 수 있는 방법은 아래와 같다.

1. **의사결정의 중요도.** 프로젝트나 조직의 성공을 위해 의사결정이 얼마나 중요한가? 이 의사결정은 매우 중요한가(H)? 또는 덜 중요한가(L)? 의사결정이 매우 중요할 때 리더가 개입할 필요가 있다.
2. **몰입의 중요도.** 의사결정을 실행할 때 부하의 몰입 정도가 얼마나 중요한가? 효과적인 실행을 위하여 부하들이 의사결정 결과를 받아들이는 정도가 성공적인 실행에 심대한 영향을 미친다면, 중요도는 매우 높은 것이다(H). 그렇지 않다면 (L)로 표시한다. 부하들의 몰입이 매우 요구되는 의사결정 상황에서 부하들이 그 의사결정을 좋아하지 않거나 실행에 참여하지 않을 위험이 있다면 부하들을 의사결정에 참여시키는 것이 좋다.
3. **리더의 전문성.** 해당 의사결정에 대하여 리더에게 요구된 지식과 전문성은 얼마나 되는가? 지식과 정보의 요구 정도가 높다면 (H)로 표시하고 낮다면 (L)로 표시한다. 리더의 전문성이 높으면 높을수록 부하의 참여에 대한 필요성은 낮아진다.
4. **몰입 가능성.** 리더가 혼자 의사결정을 내려도 부하들이 그 의사결정에 따를 가능성이 높으면 (H), 낮으면 (L)로 표시한다. 부하들이 그 의사결정을 좋아하고 실행에 참여하기를 원할 때 부하들을 의사결정에 관여시켜야 하는 필요성은 낮아진다.
5. **목표에 대한 집단의 지지.** 문제해결을 위해 팀이나 조직의 목표에 대해 부하들이 얼마나 지지하는가? 지지의 정도가 높다면 (H), 낮다면 (L)로 표시한다. 지지의 정도가 높다면 높은 참여를 허락할 필요가 있다.
6. **집단의 전문성.** 부하들이 개별의사결정에 관하여 얼마나 많은 지식과 전문성을 가지고 있는가? 전문성이 높다면 (H), 낮다면 (L)로 표시한다. 부하들이 보다 높은 전문성을 가지고 있다면 보다 많은 부하들의 참여가(개별적으로 또는 집단적으로) 허용될 수 있다.
7. **팀의 역량.** 집단 차원에서 문제해결을 위한 업무를 수행할 때, 개별 구성원의 능력이 높다면 (H), 낮다면 (L)로 표시한다. 집단의 역량이 높을 때에는 보다 많은 참여가 허용될 수 있다.

도표 4.9 시간중심의 규범적 리더십 모델

지시문: 이 모델은 의사결정 나무이다. 문제점을 명확히 하고 난 다음 왼쪽부터(H) 오른쪽(L)으로 이동하면서 질문에 대한 대답을 한다. 해당사항이 없을 때는 질문을 건너뛸 수 있다. 제일 마지막 줄에는 의사결정에 가장 적합한 참여 정도를 위한 리더십을 보여주고 있다.

	1. 의사결정의 중요도	2. 몰입의 중요도	3. 리더의 전문성	4. 몰입 가능성	5. 목표에 대한 집단의 지지	6. 집단의 전문성	7. 팀의 역량	리더십 스타일
문제점	H	H	H	H	—	—	—	리더결정형 의사결정
				L	H	H	H	위임형 의사결정
							L	집단협의형 의사결정
						L	—	
					L	—	—	
			L	H	H	H	H	참여유도형 의사결정
							L	개별협의형 의사결정
						L	—	
					L	—	—	
				L	H	H	H	참여유도형 의사결정
							L	집단협의형 의사결정
						L	—	
					L	—	—	
		L	H	—	—	—	—	리더결정형 의사결정
			L	—	H	H	H	참여유도형 의사결정
							L	개별협의형 의사결정
						L	—	
					L	—	—	
	L	H	—	H		—	—	리더결정형 의사결정
				L	—	—	H	위임형 의사결정
							L	참여유도형 의사결정
		L	—	—	—	—	—	리더결정형 의사결정

출처: Adapted from Victor H. Vroom, "Leadership and the Decision-Making Process," *Organizational Dynamics* 28 (2000): 88.

도표 4.10 개발중심의 규범적 리더십 모델

지시문: 이 모델은 의사결정 나무이다. 문제점을 명확히 하고 난 다음 왼쪽부터(H) 오른쪽(L)으로 이동하면서 질문에 대한 대답을 한다. 해당사항이 없을 때는 질문을 건너뛸 수 있다. 제일 마지막 줄에는 의사결정에 가장 적합한 참여 정도를 위한 리더십을 보여주고 있다.

<table>
<tr><th></th><th>1. 의사결정의 중요도</th><th>2. 몰입의 중요도</th><th>3. 리더의 전문성</th><th>4. 몰입 가능성</th><th>5. 목표에 대한 집단의 지지</th><th>6. 집단의 전문성</th><th>7. 팀의 역량</th><th>리더십 스타일</th></tr>
<tr><td rowspan="15">문제점</td><td rowspan="12">H</td><td rowspan="8">H</td><td rowspan="8">—</td><td rowspan="4">H</td><td rowspan="3">H</td><td rowspan="2">H</td><td>H</td><td>위임형 의사결정</td></tr>
<tr><td>L</td><td>참여유도형 의사결정</td></tr>
<tr><td>L</td><td>—</td><td rowspan="2">집단협의형 의사결정</td></tr>
<tr><td>L</td><td>—</td><td>—</td></tr>
<tr><td rowspan="4">L</td><td rowspan="3">H</td><td rowspan="2">H</td><td>H</td><td>위임형 의사결정</td></tr>
<tr><td>L</td><td rowspan="2">참여유도형 의사결정</td></tr>
<tr><td>L</td><td>—</td></tr>
<tr><td>L</td><td>—</td><td>—</td><td>집단협의형 의사결정</td></tr>
<tr><td rowspan="4">L</td><td rowspan="4">—</td><td rowspan="4">—</td><td rowspan="3">H</td><td rowspan="2">H</td><td>H</td><td>위임형 의사결정</td></tr>
<tr><td>L</td><td>참여유도형 의사결정</td></tr>
<tr><td>L</td><td>—</td><td rowspan="2">집단협의형 의사결정</td></tr>
<tr><td>L</td><td>—</td><td>—</td></tr>
<tr><td rowspan="3">L</td><td rowspan="2">H</td><td rowspan="2">—</td><td>H</td><td>—</td><td>—</td><td>—</td><td>리더결정형 의사결정</td></tr>
<tr><td>L</td><td>—</td><td>—</td><td>—</td><td>위임형 의사결정</td></tr>
<tr><td>L</td><td>—</td><td>—</td><td>—</td><td>—</td><td>—</td><td>리더결정형 의사결정</td></tr>
</table>

출처: Adapted from Victor H. Vroom, "Leadership and the Decision-Making Process," *Organizational Dynamics* 28 (2000): 88.

일곱 가지 변수/질문이 모든 결정과 관련이 있는 것은 아니다. 주어진 상황에서 가장 적절한 리더십 스타일을 선택하려면 7개 또는 적어도 2개의 질문에 답을 해야 한다. 이 모델의 가장 큰 장점은 관련된 변수를 묶어 주어진 상황에 가장 적합한 리더십 스타일을 결정하는 데 도움을 준다는 점이다.

시간중심 모델과 개발중심 모델을 선택하는 기준

주어진 상황이 의사결정의 신속함을 요구하는 것인지 부하들의 개발을 요구하는 것인지를 판단하여 적절한 모델을 선택하는 것이 첫 번째 단계이다. 의사결정의 특징은 (1) 중점, (2) 가치, (3) 성향으로 구성되어 있다.

시간중심 모델

도표 4.9를 보면, 다음의 세 가지 특징을 알 수 있다.

1. **중점.** 이 모델은 최소의 비용으로 효과적인 의사결정을 하는 것에 관한 것이다. 리더 혼자서 의사결정을 내리는 것보다 집단이 의사결정을 내리면 보다 많은 시간이 걸리게 되며 이때 시간에 관한 비용은 높아진다.
2. **가치.** 이는 주로 시간에 가치를 매기게 되는 것으로 부하의 개발에 가치를 부여하지 않는다.
3. **성향.** 이 모델은 단기간의 관점을 가지고 있다.

개발중심 모델

도표 4.10을 보면, 다음의 세 가지 특징을 알 수 있다.

1. **중점.** 이 모델은 부하들의 개발을 최대화하는 측면에서 효과적인 의사결정을 내리는 것이다. 부하들의 개발은 투여된 비용만큼 값어치가 있다는 것이다.
2. **가치.** 부하들의 개발에 가치를 매기는 것으로 시간에 대해서는 가치를 부여하지 않는다.
3. **성향.** 부하들의 개발은 장시간을 요하는 것으로 이 모델은 장기적인 관점을 가지고 있다.

컴퓨터화된 규범적 모델

Vroom은 이 모델을 컴퓨터 CD-ROM화했고, 그 결과 보다 복잡하지만 더 정확하고 쉽게 사용할 수 있게 되었다. CD-ROM에는 시간중심의 모델과 개발중심의 모델이 하나의 모델로 되어 있고, 11가지 변수/질문(원래 모델은 일곱 가지 변수/질문)과 다섯 가지 척도(원래 모델은 H 또는 L로만 되어 있음)로 구성되어 있다. 이 모델을 사용할 때 사용자가 이용하기 쉽도록 상황과 예를 분석하는 절차를 통하게 되어 있다.

업무응용 4.4

자신과 자신의 상사가 처해 있던 구체적인 의사결정 상황을 다시 생각해보자. 그 상황은 시간이 중요한 상황이었는가? 또는 능력개발이 중요한 상황이었는가? 〈표 4.9〉 또는 〈표 4.10〉을 이용하여 적절한 참여 스타일을 선택해보자. 답변한 질문과 각 질문에 답변한 방법(H 또는 L)을 설명해보자.

연구, 비판 및 적용

여기서 소개된 규범적 모델은 100,000명 이상의 관리자가 의사결정을 내리는 리더십과 의사결정 과정에 대한 예일대학교(Yale University)의 Vroom과 동료들의 연구를 기반으로 하고 있다.[45] 다른 연구자들이 많은 연구를 통하여 규범적 리더십 모델을 실증적으로 검증했으며, 모델의 효과를 지지하는 연구결과 발견하였다.[46] 과거에 수행된 많은 연구 결과를 요약하면 Fiedler의 주장과는 달리 관리자는 상황에 맞게 스타일을 변경하고 있다는 것이며, 규범적 모델에서 권장하는 의사결정 스타일을 사용하는 관리자는 모델에서 권장하지 않는 결정을 사용하는 관리자보다 성공할 가능성이 거의 두 배였다. 고위 관리자는 의사결정에 더 많은 부하들의 참여를 허용하며, 거의 모든 관리자는 부하들보다 더 많은 참여적 리더십 스타일을 보이는 것으로 나타났다. 25년 동안의 연구를 통해 발견한 것은, 관리자들은 더 높은 수준의 참여, 더 큰 권한 부여 및 팀 조직을 활용한다는 것이다.[47]

이 모델에 비평가가 없는 것은 아니다. Vroom은 결정을 한 시점에서 발생하는 하나의 별개의 건으로 취급하지만, 중요한 결정은 그러한 방식으로 결정되지 않는다는 것이다. 중요한 결정에는 종종 다양한 사람들과의 여러 회의가 포함되며, 리더는 최종 결정이 내리기 전에 다른 시간에 다른 사람들과 일련의 다른 결정 절차를 사용한다는 것이다. 또한 리더는 다섯 가지 리더십 스타일 각각을 사용하는 데 필요한 기술을 가지고 있다고 가정하지만, 리더가 가지고 있어야 하는 필요 기술에 관하여 언급되고 있지 않다.

Vroom 및 Vroom Yetton/Jago 모델은 연구를 기반으로 하고 복잡하기 때문에 학계에서 인기 있는 경향이 있다. 모델을 고르고 선택해서 결정을 내려야 할 때마다 7개의 질문으로 구성된 의사결정 나무를 따르는 것이 번거롭다는 점 때문에 관리자들에게 그다지 인기가 없다.

도입사례 응용

6. Nora Khaldi는 Nuritas에서 어떤 규범적 리더십 스타일을 사용하는가?

Khaldi는 내린 결정에 따라 종종 다른 사람들과 상의하고 협의를 한다. 그녀는 일상적인 관리 결정을 내릴 때 리더 주도 의사결정 스타일을 사용한다. CEO로서 그녀는 Nuritas에 영향을 미치는 주요 결정에 대한 최종 결정을 내리지만, 제품개발에 관한 결정에 관하여는 그녀의 의견을 제시하고, 격려를 하며 필요한 자원을 지원하면서, 해당 팀에게 권한을 위임한다.

리더십 행위이론과 리더십 상황이론의 통합

학습목표 4.6

각 리더십 모델을 처방적 관점과 기술적 관점에서 비교한다.

도표 4.11을 보면 위의 두 가지 리더십 행동에서 나타나는 같은 개념을 상이한 단어로 설명하고 있다. 이 도표를 보면 같은 개념임에도 불구하고 해당 번호와 이름이 상이함을 알 수 있다. 그러므로 모든 리더십 스타일은 결국 두 가지 행동에 기반을 두고 있음을 명심할 필요가 있다. 도표 4.11과 4.12에서는 리더십 상황이론과 리더십 행위이론을 종합적으로 보여주고 있다. 이 2개의 도표를 통하여 두 가지 이론의 유사점과 차이점을 보다 잘 이해할 수 있다.

도표 4.11 동일한 리더십 행동 개념에 붙여진 명칭

	리더십과 행동/스타일		행동을 기반으로 한 리더십 스타일의 개수
행위이론			
아이오와대학	전제적	민주적	2
미시간대학	직무중심	종업원중심	2
오하이오주립대학	구조주도	배려	4
리더십 그리드®	생산에 대한 관심	사람에 대한 관심	5
상황이론			
Fiedler의 상황적 리더십 모델	과업	관계	2
리더십 연속성 모델	상사중심	부하중심	7
경로-목표 모델	지시적	지원적	4
규범적 모델	전제적	집단중심	5

도표 4.12 리더십 행위이론과 상황이론의 통합

행위이론	리더십 스타일				상황요인	상황 변화	원하는 결과
미시간대학 (도표 3.2)	직무중심		종업원중심				
오하이오주립대학 (도표 3.3)	높은 구조/ 낮은 배려	높은 구조/ 높은 배려	낮은 구조/ 높은 배려	낮은 구조/ 낮은 배려			
리더십 그리드 (도표 3.5)	권한순응형 리더(9,1)	팀형 리더(9,9) 중간형 리더(5,5)	컨트리클럽형 리더(1,9)	무관심형 리더(1,1)			
상황이론							
Fiedler의 상황적 리더십 모델(도표 4.3)	과업		관계		상사/부하관계 과업구조 직위권력	상황	성과
리더십 연속성 모델 (도표 4.5)	1 지시적	2&3 성취지향적	4&5 지원적	6&7 참여적	관리자 부하 상황/시간	리더십 스타일	성과
경로-목표 모델 (도표 4.7)	지시적	성취지향적	지원적	참여적	부하(권위적 성향, 통제위치, 능력) 환경(과업구조, 공식적 권한, 작업집단)	리더십 스타일	성과 직무만족
규범적 모델 개발중심 모델 (도표 4.9) 시간중심 모델 (도표 4.10)	리더 결정형	개별협의형 또는 집단협의형 의사결정	참여유도형 의사결정	위임형	질문: (1) 의사결정의 중요성 (2) 몰입의 중요성 (3) 리더의 전문가적 능력 (4) 몰입의 가능성 (5) 목표에 대한 집단의 지지 (6) 집단의 전문가적 능력 (7) 팀의 역량	리더십 스타일	의사결정

처방적 리더십과 기술적 리더십

처방적 리더십은 주어진 상황에서 어떠한 리더십 스타일을 사용할 것인지에 대해 구체적으로 중요한 충고를 하고 있다.

기술적 리더십은 주어진 상황에서 어떠한 리더십 스타일을 사용해야 하는지에 대해서 구체적으로 언급하지 않고, 상황적 변수와 그에 따른 리더십 스타일을 파악한다.

아직까지 설명하지 않은 2개 모델의 차이에 관한 것은 처방적 리더십과 기술적 리더십이다. 상황적 리더십과 규범적 리더십(normative leadership)은 **처방적 리더십(prescriptive leadership models)**에 해당되는데, 이는 주어진 상황에서 어떠한 리더십 스타일을 사용할 것인지에 대해 구체적으로 중요한 충고를 하고 있다. 처방적 리더십은 유행처럼 나타난 상황에서 필요한 리더십 스타일을 정확히 말해준다. 연속성 리더십과 경로-목표 리더십은 기술적 리더십에 해당된다. **기술적(記述的) 리더십(descriptive leadership models)**은 주어진 상황에서 어떠한 리더십 스타일을 사용해야 하는지에 대해서 구체적으로 언급하지 않고, 상황적 변수와 그에 따른 리더십 스타일을 파악한다. 다른 말로 하면, 기술적 리더십에서는 사용자가 주관적 판단에 의해서 적절한 리더십 스타일을 선택하도록 되어 있다. 모든 리더십 모델을 검토해보면 이를 알 수 있다.

많은 경영자나 관리자들은 처방적 리더십을 더 선호한다. 이러한 이유로 조직 차원에서 수행되는 리더십 교육훈련 과정에서 기술적 리더십보다는 처방적 리더십이 더 많이 사용된다. 반면에 학자들은 처방적 리더십 모델에 냉소적인 눈길을 보내고, 복잡한 기술적 리더십 모델을 선호한다. 그 이유는 기술적 리더십이 견고한 이론적 기초에 의한 것이기 때문이다.

업무응용 4.5

1. 자신이 선호하는 상황적 리더십 모델을 선정하고 그 이유를 언급해보자.
2. 자신이 직장에서 보이고 싶은 리더십의 스타일을 설명하고, 구체적 행동을 제시함과 동시에 보이고 싶지 않은 행동도 설명해보자.

리더십 대체이론

학습목표 4.7

리더십 대체요인과 중화제를 설명한다.

리더십 대체요인으로는 리더의 필요성을 대체하거나 또는 리더의 행동을 중화시키는 조직, 부하, 과업의 특성을 들 수 있다.

앞에서 소개한 네 가지 리더십 이론은 일정한 상황에서 일정한 리더십 스타일이 효과적이라는 가정을 전제로 한다. 그러나 리더십 상황이론에서와 같은 맥락에서 보면, 리더의 통제 밖에 있는 요인들이 리더십보다 훨씬 더 결과에 영향을 미친다. 일정한 상황적 요인은 부하들로 하여금 업무를 하도록 만드는 촉진제 역할을 하여, 리더의 역할을 불필요하게 만들기도 한다. Steven Kerr와 John Jermier의 주장에 따르면 어떤 상황적 변수는 리더로 하여금 부하의 태도와 행동에 영향을 미치지 못하게 한다는 것이다.[48] **리더십 대체요인(substitutes for leadership)**으로는 리더의 필요성을 대체하거나 또는 리더의 행동을 중화시키는 조직, 부하, 과업의 특성을 들 수 있다. 이것은 자율관리팀 조직에서 동기부여를 위한 중요한 시사점을 제공하고 있으며, 자율관리팀에 관하여는 8장에서 논의한다.

도표 4.13 Kerr와Jemier의 리더십 대체이론의 변수

부하	리더	상황
부하	해당사항없음	과업 조직

대체요인 및 중화요인

리더십 대체요인은 리더십을 불필요하게 만든다. 경험이 풍부한 부하들은 과업중심의 리더십 행동을 필요로 하지 않는다. 이러한 요인은 리더십 효과를 저하시키거나 제한한다. 예를 들면, 리더와 부하가 멀리 떨어진 곳에서 근무하면 리더의 과업중심적인 행동을 발휘할 기회자체가 없는 것이다. 도표 4.13은 상황적 리더십 틀에 리더십 대체이론이 어떻게 위치하는지 보여주고 있다. 리더십 대체요인은 다음과 같다.

1. **부하의 특성.** 능력, 지식, 경험, 훈련 정도. 독립적으로 근무해야 하는 필요성, 전문가적 성향, 조직차원에서의 보상에 대한 무관심
2. **과업의 특성.** 명확성, 단순 반복성, 차이가 없는 과업수행방법, 성과에 대한 피드백 제공 여부, 내적 만족도. 이러한 특징은 이미 소개한 Fiedler와 그 밖의 이론에서의 과업행동과 유사
3. **조직의 특성.** 공식화 정도(명시화된 계획, 목표, 책임범위), 비유연성(예외 없는 내부규정과 절차). 세밀하게 규정화되어 있는 조직구성원들의 역할과 기능, 내부적으로 긴밀하게 결합되어 있는 집단. 리더의 권한 밖에 있는 조직차원의 보상, 리더와 부하들 간의 물리적 거리

리더십 스타일

리더는 상황을 잘 분석하고 위에서 설명한 요인이 어떻게 리더십을 대체 또는 중화시키는지를 잘 이해해야 한다. 이러한 이해를 바탕으로 리더는 상황에 적합한 리더십을 발휘할 수 있는 것이다. 리더의 역할은 과업, 집단, 조직차원에서 충족되지 않고 있는 지시적 리더십과 지원적 리더십을 제공하는 것이며, 존재 가능한 차이를 메우는 것이다.

업무응용 4.6

자신이 알고 있는 관리자를 생각해보고 이 사람의 리더십을 대체할 수 있는 부하 과업, 또는 조직의 특성을 파악해보자. 리더십 대체 요인이 존재하는 경우에도 리더의 역할이 필요했는가?

연구, 비판 및 적용

기존연구를 분석하는 종합적 연구가 수행되었으며, 이 연구에서는 리더의 행동, 리더십 대체요인, 부하의 태도, 역할에 관한 인식, 성과 간의 1:1 연관성을 조사하였고, 이러한 변수 간의 관계가 얼마나 강력한지를 검토하였다. 이 연구는 36개의 독립변수, 22개의 연구에서 435개의 관계를 기반으로 하여 분석을 실시하였다. 그 결과 리더십 대체이론에서 주장하는 바가 대부분 입증되었다.[49]

그러나 이 이론 또한 비판의 대상이 되고 있다. 다른 이론과 마찬가지로, 이제까지의 결과가 일관성을 보여주지 못하는 면이 있다. 공식적인 리더의 행동은 단순히 비슷한 리더십 행동에 의해 대체되거나 동료나 비공식적인 리더가 그러한 행동을 하고 있어서 대체되는 것이 아니라는 것이다. 리더십은 여전히 존재한다는 것이다.

리더십 대체이론을 적용할 때 다음과 같은 점을 고려해야 하는데, 그것은 상황변수는 직무만족과 동기부여에 직접적인 영향을 끼친다는 점이다. 이미 논의했듯이, 상황을 변화시킨다는 것은 리더십 대체이론의 핵심이 되는 응용방법이다.

도입사례 응용

7. Nuritas에는 어떠한 리더십 대체 요인이 있는가?

첫째, 부하의 특성. 과학자들은 대부분 박사학위를 가지고 있는 전문가이며, 대부분은 밀접한 감독을 통하여 지시를 내릴 필요거 없는 사람들이다. 둘째, 이들은 긴밀한 관계 속에서 함께 일하고, 수십억 명의 건강상의 이점을 제공하는 제품을 개발하고 도움을 제공하는데 내적인 만족감을 경험하고 있다. 셋째, 조직의 특성. 과학자들은 유연하고 긴밀하게 짜여진 응집력 있는 작업팀에서 일하고 있으며, 창의성에 관심을 가지고 리더십을 공유하고 있으며, 제품을 개선하기 위한 혁신적인 새로운 유기물 구조를 공유하는 유연한 팀 구조를 가지고 있기 때문에 리더십을 대체할 수 있다.

이 장을 마치면서, 자기평가 4.1을 시도해보면 성격이 어떻게 리더십 상황이론의 활용에 영향을 미치는지를 알 수 있다.

자기평가 4.1 성격과 리더십 상황이론

〈자기평가 4.1〉에서 과업지향적었는가? 아니면 관계지향적이었는가? 과업지향적인 것 또는 관계지향적인 것은 성격에 그 바탕을 두고 있다. 높은 권력욕구를 가지고 있다면 이는 외향성에 바탕을 두고 있으며 직무지향적 리더십 행동을 보일 가능성이 높다. 만약 높은 관계욕구를 가지고 있다면 이는 친화성에 바탕을 두고 있으며, 리더십 또한 관계지향적 행동을 보일 가능성이 많다. 높은 성취욕구를 가지고 있다면 이는 성실성에 바탕을 두고 있으며 과업지향적 리더십 행동을 보여 이를 자신의 방식으로 확실하게 완수하는 경향을 띨 것이다.

당신의 성격 프로파일에 기반을 두고 생각할 때, 자신의 성격은 Fiedler의 리더십 상황이론과 적합관계를 이루고 있는가? 높은 권력욕구를 가지고 있다면 전제적(1-3) 리더십 스타일, 지시적 및 성취지향적 스타일, 리더결정형 및 협의형의 리더십 스타일을 사용하는 경향이 있는가?

당신이 높은 친화욕구를 가지고 있다면 당신은 참여적 리더십 스타일, 지원적 및 참여적 경로-목표 스타일, 참여유도형 및 위임형 리더십 스타일을 사용하는 경향이 있는가?

〈자기평가 4.3(선호하는 규범적 리더십 스타일 파악하기)〉을 완성한 후에는 자신이 어떠한 리더십 스타일을 사용하는 경향이 있는지를 보다 잘 이해할 수 있을 것이다. 〈자기평가 4.4〉에서는 리더십 스타일 연속성과 경로-목표이론을 탐구할 것이다. 당신의 성격이 리더로서의 행동에 영향을 미치는 것을 명심할 필요가 있다. 그러나, 처한 상황에 적절한 리더십스타일을 선택할 수도 있다.

요약

4.1 리더십 행위이론과 상황적 리더십의 주요 차이점을 설명하고, 행동적 특징이 상황적 이론에 미치는 영향을 설명한다.

리더십 행위이론은 모든 상황에서 필요한 최적의 리더십을 파악하려고 한다. 리더십 상황이론은 모든 상황에서 가장 좋은 리더십은 존재하지 않는다고 주장한다. 리더십 행위이론에서 주장하는 여러 리더십 스타일이 상황적 리더십 모델에 사용된다는 점에서 상황적 리더십에 기여하고 있다.

4.2 상황적 리더십 모델 스타일과 변수를 파악한다.

적합한 리더십 스타일을 설명하는 데 사용되는 상황적 리더십 변수는 리더, 부하, 상황으로 구성되어 있다. 리더십 요인으로는 리더의 성격적 특성, 행동, 경험이 있다. 부하 요인으로는 부하의 역량, 동기수준이 있으며, 상황 요인은 과업, 구조, 상황이 있다.

4.3 리더십 연속성 모델의 주요 스타일과 변수를 설명한다.

두 가지의 리더십 연속성 모델은 양극에 상사중심과 부하중심으로 이루어져 있다. 여기에 포함되는 변수는 (1) 상사, (2) 부하, (3) 상황(시간)이다.

4.4 경로-목표 리더십 모델 스타일과 변수를 파악한다.

경로-목표 리더십 모델에는 지시적, 지원적, 참여적, 성취지향적 리더십이 포함되어 있다. 리더십 스타일을 결정짓는 변수는 부하와 환경이다.

4.5 규범적 리더십 모델 스타일과 변수의 수를 언급한다.

규범적 리더십 모델에는 다섯 가지 형태가 있는데, 이는 리더결정형 의사결정, 개별협의형 의사결정, 집단협의형 의사결정, 참여유도형 의사결정, 위임형 의사결정이며 여기에는 일곱 가지 변수가 포함되어 있다.

4.6 각 리더십 모델을 처방적 관점과 기술적 관점에서 비교한다.

상황적 리더십 모델과 규범적 리더십 모델은 규범적이라고 할 수 있는데, 그 이유는 이들 모델이 주어진 상황에서 어떤 리더십 스타일을 사용하고 있는지를 구체적으로 밝히고 있기 때문이다. 연속성 리더십 모델과 경로-목표 리더십 이론은 설명적인 성격을 띠고 있는데, 그 이유는 사용자들이 주어진 상황에서 적절한 리더십을 선택하는데 자신의 주관적 판단을 이용하도록 권하고 있기 때문이다.

4.7 리더십 대체요인과 중화제를 설명한다.
리더십의 대체요인으로서 부하, 과업, 조직의 특징이 포함되는데 이 요인들은 리더십 행동을 불필요하게 만든다. 중화요인은 리더 행동의 효과를 저해하거나 제한하는 요인을 말한다.

핵심용어

경로-목표 리더십 모델	기술적 리더십 모델	리더십 모델	상황적 리더십 모델
규범적 리더십 모델	리더십 대체요인	리더십 연속성 모델	처방적 리더십 모델

연습문제

1. 이론과 모델의 차이점은 무엇인가?
2. 모든 이론에 공통적인 상황적 리더십 변수는 무엇인가?
3. 세계화된 경제는 상황적 리더십과 어떠한 관련이 있는가?
4. 두 가지 리더십 상황이론 형태는 무엇인가?
5. Fiedler의 리더십 이론에서 상황이 우호적일 때와 그렇지 않을 때 적합한 리더십 스타일은 무엇인가? 여기에 해당되는 리더십이 왜 바람직한 효과를 나타낼 것인지에 관하여 설명해보자.
6. 상황적 리더십, 연속성 리더십 모델, 경로-목표 모델의 결과에서 중요한 차이점은 무엇인가?
7. 경로-목표 모델에서 제시하고 있는 부하와 환경적 상황에 관련된 세 가지 요인은 무엇인가?
8. 경로-목표이론의 리더십 스타일은 무엇인가?
9. 규범적 리더십 이론에서의 리더십 스타일은 무엇인가?
10. 상황적 리더십 모델과 그 외의 리더십 모델(리더십 연속성 모델, 경로-목표 모델, 규범적 리더십 모델)과의 주요 차이점은 무엇인가?
11. 세 가지 리더십 대체요인은 무엇인가?

비판적 사고 문제

다음의 질문들은 비판적인 사고가 요구되며, 커뮤니케이션 기술을 개발하기 위해서 강의시간에 토론하거나 과제로도 활용할 수 있다. 질문에 답해보자.

1. Fiedler는 사람은 한 가지 특징적인 리더십을 가지고 있고 이를 변화시킬 수 없다고 주장한다. 이러한 주장에 동의하는가? 자신의 주장에 대한 설명을 제시해보자.
2. 오늘날 관리자들은 과거보다 더 상사중심 또는 부하중심의 리더십을 사용한다고 믿는가?
3. 주어진 상황에 대하여 적합한 리더십을 선택하는데 시간이 중요한 요인이라는 주장에 동의하는가? 그 이유를 설명해보자.
4. 규범적 리더십 모델은 가장 복잡하게 구성되어 있다. 더 많은 변수가 포함되어 있다는 것은 모델이 보다 더 효과가 있다는 것을 의미하는가?
5. 일부 학자들은 Fiedler의 상황적 리더십 모델이 가장 충실하게 실증적으로 입증되었다고 믿고 있다. 그러나 다른 학자들은 Fiedler의 리더십 모델이 규범적 리더십 모델이라고 주장하고

있다. 현재까지의 연구에 의하면 어떤 모델이 실증적으로 입증되었다고 생각하는가? 그 이유는 무엇인가?

6. 어떤 리더십 상황이론이 가장 뛰어나다고 생각하는가?

7. 어떤 상황적 리더십 모델을 현장에서 실제로 사용할 계획을 하고 있는가? 그 이유는 무엇인가? 현재까지 제시된 리더십 스타일을 사용할 의향이 없다면 그 이유를 설명해보자.

사례연구: Jose Andres와 그의 신속 대응 리더십

2020년 2월 카니발 크루즈선인 다이아몬드 프린세스호가 일본 해안에 정박했다는 뉴스가 나왔을 때 마치 이 세상일이 아닌 것 같았다. 이 배에 승선한 거의 700명의 승객들은 정체불명의 바이러스에 감염되어 일본 근해의 항구에서 2주 동안 검역을 받고 있었다. 그 과정에서 8명이 사망하였다. 이 소식은 대부분의 미국인들에게는 관심밖의 일이 었다. 그러나, 한 달도 채 되지 않아 또 다른 프린세스 크루즈선인 그랜드 프린세스호가 유사한 발병으로 미국 항구에 입항이 거부되자 미국인들은 조금 더 많은 관심을 갖기 시작했다. 이 새로운 코로나바이러스는 그랜드 프린세스호가 미국을 떠나기 전에 이미 바이러스에 감염되어 있었고, 감염된 승객들을 태운채 샌프란시스코로 돌아가고 있었다. 이 새로운 바이러스는 현실적인 문제가 된 것이다. 2020년 3월 20일 그랜드 프린세스호는 3,000명의 사람들을 태운채 입항했고, 그중 122명의 승객이 양성 반응을 보였고 7명이 사망했다.

대부분의 사람들이 야간 뉴스를 집에서 보거나 인터넷에서 이에 대해 읽는 동안 셰프 Jose Andres가 행동에 옮겼다. 재난 지역에 계속 등장하는 셰프로 알려진 Jose는 자신의 비영리 조직인 WCK(World Central Kitchen)을 나중에 미국에서 코로나바이러스 전염병의 최전선으로 동원했다. 그는 승객과 승무원이 격리된 캘리포니아 항구의 부두에 이동식 주방을 설치했지만 이 상황이 그와 그의 조직이 도움을 받아 대응한 이전의 다른 모든 자연 재해와 비슷할 것이라고 가정하지 않았다. Jose Andres는 항상 현상 유지적 사고를 벗어나려고 노력했고, 또한 상대방의 입장에서 현실에 접근하여, 다음과 같은 질문을 스스로 하였다. 그들은 무엇을 필요로 하는가? 그들의 무엇을 걱정하는가? 가용한 자원은 무엇인가? 그의 목표는 배안의 승객에게 건강한 음식을 제공하는 것이었지만 팬데믹 상황에서는 모든 것이 달라질 수밖에 없었다.

과거의 경험을 통해 Jose는 자연 재해가 발생했을 때 전통적인 사고 방식과 운영 방식의 통하지 않는 다는 것을 알고 있었다. 사람들은 돈도 없고 필요한 물건도 없는 상황에서 자선단체도 새로운 상황에 대해 고군분투할 수 밖에 없었다. 재난과 위기 상황에서 굶주리는 사람들에게는 즉시 올바른 조치가 필요했다. 급박한 시간이라는 환경에서 실수도 용납되지 않는 상황인 것이다. 식량과 물을 공급하는 일은 매우 중요한 리더십이다. 그러나 그것이 전염병이라는 상황에서는 다른 접근 방법이 필요하지만, 바이러스의 전염과 격리된 사람들의 합병증, 그들의 요구 사항을 탐색하고 다루는 경험을 Jose는 해본 적이 없는 것이었다.

Jose Andres는 요리 비전, 혁신 및 리더십으로 유명한 국제적으로 인정받고 수상 경력에 빛나는 셰프다. 그는 독특한 기회와 도전을 가진 5성급 레스토랑에 이르기까지 푸드트럭을 포함한 다양한 식품 시장에서 성공적으로 주도권을 가지고 활동했다. 그는 2012년과 2018년에 Time지의 "가장 영향력 있는 100인" 중 1명으로 선정되었다. 그는 30개 이상의 레스토랑을 보유한 ThinkFoodGroup의 CEO이자 공동 창립자이다. ThinkFoodGroup의 사명은 "음식의 힘으로 세상을 바꾸는 것"이고, ThinkFoodGroup의 핵심 가치는 진정성, 혁신, 열정, 서비스 및 수익성이었다. 그러나 Jose Andres가 다른 '유명' 셰프와 다른 점은 그와 그의 아내가 2010년에 설립한 비영리 조직인 WCK이다. WCK의 사명은 음식의 힘을 사용하여 ThinkFoodGroup의 미션을 확장하여, 위기에 직면한 지역사회에 영양을 공급하고 경제회복에 기여하는 것을 포함하였다. 처음 몇 년 동안 WCK는 청정 연료 스토브, 요리 교육 프로그램 및 사회적 기업 벤처 제공에 중점을 두었으나, 파괴적인 허리케인이 지나간 후 푸에르토리코에 있는 사람들에게 식사를 제공하라는 부름에 응답했을 때 이 모든 것이 바뀌었다. 위기에 처한 사람들에게 식사를 제공하는 것으로 초점을 완전히 바뀌었다. Jose의 리더십을 통해 그들은 화재, 홍수, 토네이도와 같은 자연 재해의 영향을 받은 사람들에게 신선하고 따뜻한 식사를 제공하기 위해 이동식 야외 주방을 설치하는 데 집중하기 시작했다. 그렇게 함으로써 그들은 또한 위기 동안 수천 개의 지역 식당을 지원했다. 이동식 주방으로 여러 허리케인과 지진에 대응하고 예상치 못한 자연 재해와 식량 불안정에 직면한 사람들에게 무료 식사를 제공하였다. 이러한 인류애적인 공로를 인정받아 그는 백악관으로부터 2015년 의미있는 상을 받은 바 있다. WCK는 Our Food Producer Network를 통해 지역 사회와 계속 협력하여 미래의 재난에 직면한 사람들에게 식량을 제공하여 사회적 회복에 큰 기여를 하였다.

2020년 4월, Jose는 WCK 팀을 뉴욕시의 전염병의 진원지로 데려갔다. Jose는 바로 이 순간을 위해 준비했다. 리더로서 그는 어떤 리더도 단독으로 차이를 만들 수 없다는 것을 이해하고, 그는 "당신은 주변에 있는 팀만큼만 훌륭합니다", "사람들이 성공할 수 있도록 권한을 부여해야 합니다"라고 말한 것으로 알려져 있다. 그는 상하소통이 수월한 단순한 조직 구조에 초점을 맞추고 이것이 참여와 민첩한 문제 해결을 장려한다고 믿었다. 그는 부하들을 포용하고, 그들의 의견이 반영되도록 하는데 집중하였다. Jose의 리더십 성공의 또 다른 핵심 요소는 작업을 효율적이고 효과적으로 수행하기 위해 그의 매핑 기술에 의존하는 것이었다. 그는 각 임무의 세부 사항, 일정 및 목표를 설명하기 위해 큰 실제 지도를 사용한다. 이 지도는 모든 사람들이 접근할 수 있고, 또한 팀의 각 구성원에게 필요 정보가 전달되도록 하였다. 지도는 현재 위기에 대한 계획을 전파하는 역할을 하며 각 상황에 따라 다르게 접근하는 것을 물론 필요 시 유연하게 변화를 줄 수 있도록 운영하였다.

다양한 상황에 유연하고 적응력을 발휘하는 것이 그의 리더십 성공의 열쇠였다. Jose는 음식을 배달해야 하는 방법에 대해 상상력을 동원하였고, 대규모 푸드 뱅크와 커뮤니티 키친을 위해 폐쇄된 경기장과 컨벤션 센터를 활용하였다. 그는 음식이 문제가 아니라 해결책이어야 한다는 생각에 집중했으며, 재난과 위기에 대한 그의 대응은 지역 자원을 활용하고 지역 파트너에게 권한을 위임하는 민첩하고 능동적 리더십을 보여주었다. Jose에 따르면 위기시 음식은 생계를 유지하는 것이 아니라 영혼과 영혼에도 영양을 공급 것이어야 하며, 그거은 희망과 낙관을 만들어 낸다고 믿었다. 코로나19 팬데믹이 시작된 이후 WCK는 미국 34개 주에서 1,600만 명이 넘는 사람들에게 식사를 제공한 것으로 추산된다.

Jose Andres를 효과적인 리더로 만든 것은 무엇인가? 전통적인 리더십 이론은 리더는 타고나는 것이지 만들어지는 것이 아니라는 생각을 지지해왔다. 리더십에 대한 최근의 견해는 리더는 타고나는 것이 아니라 만들어지는 것이며 성격과 개인적 특성의 조합이 다양한 상황에서 리더의 스타일과 효율성에 중요한 역할을 한다는 주장을 지지해왔다. Jose의 성격은 카리스마 있고 충동적이며 재미 있고 무뚝뚝하고 추진력이 있는 것으로 묘사되었다. 그의 개인적 특성은 공감, 관대함, 연민 및 충성심을 중심으로 이루어졌다고 설명되고 있다. "공감 없이는 아무것도 작동하지 않습니다"라고 Jose Andres는 말했다. 그는 분쟁 지역의 기아 퇴치 및 평화 조건 개선을 위한 ThinkFoodGroup의 노력으로 2020년 노벨 평화상을 수상했다. Jose는 또한 WCK와의 공로로 2019년에도 노벨 평화상 후보로 지명되었다. John

Delaney 미국 하원의원에 따르면 그의 지명 이유로 "세계의 고대 문제 중 하나를 해결하고 세계 지도자들에게 미래에 보다 효과적인 재난 구호를 제공하기 위한 새로운 로드맵을 제공하는 놀라운 정신과 혁신적인 마음"으로 설명되었다.

Jose는 타고난 리더였는가? 아니면 위기 상황을 읽고 평가하고 대처하는 능력이 그를 효과적인 리더로 만들었는가? Jose는 각 상황에서 무엇이 필요한지 정확히 아는 방법에 대해 자주 언급하였다. 국가재난에 대한 공식적인 자세한 대책이 없는데 어떻게 다양한 상황에서 위기와 재난을 효과적으로 이끌 수 있었는가? 리더십 상황이론에 따르면 효과적인 리더십은 상황과 리더의 행동 간의 상호작용에서 나온다. 리더십상황이론에서는 가장 효과적인 리더는 다양한 상황에서 다양한 스타일의 리더십을 채택하고 적응하는 방법을 알고 있다고 주장해왔다.

이러한 리더들은 과거에 리더십에 대한 한 가지 접근 방식이 효과적이었다고 해서 상황이나 작업이 동일하지 않을 때 다시 작동한다는 의미는 아니라는 것을 알고 있다. 사람이 다르고, 상황이 다르고, 상황이 다르고, 그룹의 역동성이 다르며, 성공적인 리더는 상황에 핵심적인 요인을 파악하고, 그에 걸맞는 리더십 행동을 파악하고 실행에 옮긴는 것이다.

Gill(2011)은 다음과 같이 설명한다. "상황이론에 따르면 최고의 리더십 스타일은 존재하지 않는다는 것입니다. 성공적이고 지속적인 리더는 주어진 상황과 부하들의 성향에 적합하게 다양한 스타일을 사용합니다." 이 말은 모든 상황에 적합한 단 한 가지의 리더십은 존재하지 않고, 한 가지 리더십을 가지고 모든 상황에 사용하려 한다면 실패하게 된다는 것을 의미한다. 리더는 부하들이 필요한 것을 독단적으로 결정할 수는 없다. 반면에 리더는 부하들의 의견에 귀를 기울이고 부하들이 처한 상황에 그들이 필요한 것을 파악해야 하다. 최고의 리더는 주어진 상황에서 중요한 요인을 파악하고, 그 요인을 상황과 일치시킨다.

상황적 리더십과 관련된 다수의 이론이 있으며, Fiedler의 상황이론, 리더십 상황이론, 경로-목표 이론, 의사결정 이론이 포함된다. 이러한 이론들은 상황과 과업에 따라 효과적인 리더십이 결정된다는 점에서는 유사한 면이 있으나, 주어진 상황에서 어떠한 요인이 효과적인 리더십을 결정짓느냐에 관하여는 이론별로 특징을 보여주고 있다.

Fiedler의 성향과 성격이 리더십이론은 효과적인 리더십이 리더가 사용하는 스타일뿐만 아니라 상황에 대한 통제력 정도에 따라 결정된다는 것이다. 또한, 리더십의 능력을 결정 짓는 특징으로서 리더의 성향과 성격에 중요성 부여한다. Fiedler에 따르면 리더의 성공에서 가장 중요한 요소는 리더-부하의 관계이다. 또한, 리더는 성공하기 위해 수행되어야 하는 작업을 명확히 함과 동시에 확실한 목표를 제시해야 한다는 것이다. 이 이론은 리더의 집단에 대해 감독 권한이 가능하거나 필요한 경우와 주직의 구조와 권한이 분산되어 있지 않은 경우에 가장 효과적이다. 상황적 리더십은 주어진 상황에서 효과적인 리더십은 부하들의 성숙도에 리더십을 적응시키거나 일치시키는지에 달려 있다는 것이다. 여기서 말하는 성숙도는 부하들의 업무수행 상의 낮은 역량과 약한 업무수행 의지에서 높은 수준의 업무수행 능력과 강한 업무수행 의지 사이의 해당 정도를 말한다. 경로-목표 이론은 효과적인 리더는 부하들이 목표달성을 하도록 돕는다는 생각에 기초를 하고 있다. 각각의 목표는 주어진 상황에 따라 독특한 특성을 가지고 있으며, 목표을 달성하고자 하는 노력에서 발생할 수 있는 장애요인을 파악함과 동시에 어떠한 자원이 가장 필요한지 파악하여야 한다. 규범적 리더십 이론에서는 리더가 상황을 파악하고 상황에 필요한 자원, 지원 및 노력에 따라 리더십 스타일을 조정한다는 것이다. 이러한 모든 리더십 상황이론의 공통점은 '리더십의 효과는 상황과 관련된 여러 요인과 이러한 요인에 적응하는 리더의 능력에 달려 있다'는 것이다.

극한 상황에서의 리더십은 학술적 차원에서 보면 널리 연구된 영역이 아니다(Hannah et al., 2009). 동시에 자연 재해 및 위기는 모든 상황에서 동질성이 결여된 결과, 그에 맞는 리더십 또한 달라질 수 밖에 없다. 이러한 위기는 존재하는 환경, 문화, 자원 및 위험에서 고유하며 본질적으로 매우 상황에 따라 매우 다르기 때문에, 위기에 대한 정부의 리더십 실패와 관료주의적 전통적 대응이 실패하는 이유이기도 하다. 위기와 자연 재해에 대한 Jose Andres의 리더십은 적응력이 뛰어나고 유연하며 사람의 필요와 개별 상황 및 자원에 따라 달라지는 신속 대응 리더십을 특징으로 하고 있었다.

출처: Gill, R., *Theory and practice of leadership* (London: SAGE, 2011); Hannah, Sean T., Uhl-Bien, Mary, Avolio, Bruce, and Cavarretta, Fabrice L., "A framework for examining leadership in extreme contexts," *Management Department Faculty Publications 39*(2009), https://digitalcommons.unl.edu/managementfacpub/39; Ping, Wenjie, Cui, Tingru, and Pan, Shan-Ling, "Strategies of Crisis Management From Contingent Perspective" (2011), Faculty of Engineering and Information Sciences—Papers: Part A, 4765, https://ro.uow.edu.au/eispapers/4765; The World Central Kitchen, https://wck.org; The Think Food Group, https://thinkfoodgroup.com/jose-andres/; Gregory, Sean, "Apart Not Alone, How Jose Andres Plans to Feed the World Amid COVID-19 Crisis," *Time* (March 26, 2020).

사례 제공: 이스턴 오리건대학교, Laura Gow-Hogge

자기평가 4.2 선호하는 규범적 리더십 스타일 파악하기

다음의 12가지 상황에 따라 주어진 각각의 상황에서 당신은 어떤 행동을 할 것인지를 가장 비슷하게 설명하고 있는 것을 선택한다. 바람직한 것을 선택하는 것이 아니라 당신이 정말로 취할 행동과 비슷한 것을 선택해보자. a, b, c, d 중 하나를 선택하여 표시해보자.

1. 당신이 데리고 있는 유망한 종업원은 나날이 발전하는 것 같고 따라서 지시와 감독을 보다 덜 필요로 하고 있다. 이러한 상황에서 당신이 취하고자 하는 행동은 무엇인가?
   a. 문제점을 발견하지 않는 한 지시와 감독을 중단한다.
   b. 개인적으로 친해지기 위해 시간을 할애한다. 그리고 일정한 성과를 반드시 유지하도록 한다.
   c. 업무가 잘 돌아가도록 조취를 취하고 동시에 지속적으로 지시와 감독을 유지한다.
   d. 종업원이 관심을 가지고 있는 새로운 과업에 대해 논의하기 시작한다.

2. 당신은 팀원인 Jill에게 구체적인 업무 지시를 하였다. 그러나 Jill은 의도적으로 당신이 원하는 방법을 업무를 하지 않고, 상사로서 당신의 지시를 무시하는 경향을 보이고 있다. 그 결과 고객이 기대하는 수준의 결과를 도출하지 못하는 상황이다. 이러한 문제는 이번뿐만 아니고 과거에도 그랬다. 당신은 어떠한 조치를 할 것인가?
   a. Jill의 입장에서 의견을 들어보고, 일이 완수되도록 한다.
   b. Jill에게 올바른 업무추진 방법을 다시 지시하고, 면밀하게 감독한다.
   c. Jill에게 고객이 용납하지 않을 것이라고 통보하고, 마음대로 하라고 얘기한다.
   d. 문제점에 관하여 대화하고 가능한 해결방안을 찾아본다.

3. 당신이 리더로 일하고 있는 부서는 매우 좋은 실적을 올리고 있고, 진정한 의미의 팀으로 일하고 있다. 그러나 교통 혼잡으로 발생되는 문제점에 대해 사장은 부서원들에게 신축적인 근무시간 운용을 허락하였다. 그 결과, 당신은 근무시간을 조정할 수 있는 권한을 가지게 되었다. 다수의 팀원들은 현재상태에서의 변화를 제시하고 있다. 당신은 어떤 행동을 취할 것인가?
   a. 팀원들이 근무시간을 결정하도록 한다.
   b. 새로운 근무시간을 결정하고 나서, 종업원들에게 그 이유를 설명하고 질문을 받는다.
   c. 회의를 열어 종업원들의 의견을 들어보고, 가장 바람직한 시간을 당신의 허락 하에 결정한다.

d. 당신이 선호하는 시간을 언급하는 메모를 회람시킨다.

4. 당신은 Bill이라는 종업원을 채용했다. 그런데 한 달의 교육훈련 후 보여준 이 종업원의 근무실적이 별로 좋지 않다. 업무를 배우는 속도가 매우 느린 스타일의 종업원으로 생각된다. 당신이 취하고자 하는 조치는 무엇인가?
   a. 어떤 업무가 어떻게 완수되어야 하는지에 대해 정확히 설명하고 면밀히 감독한다. 적절한 절차에 대해 논의하고 지원과 격려를 제공한다.
   b. 교육훈련이 끝났으므로, 자기 스스로 알아서 해야 한다고 통보한다.
   c. Bill의 업무철차를 검토해보고 철저히 감독한다.
   d. 훈련기간이 끝났음을 알리고, 문제가 있으면 언제든지 와서 상의하라고 말해준다.

5. Helen은 평소에 탁월한 성과를 보여 왔으나, 최근 실적이 저조해졌다. 알아본 결과 가정에 어려운 문제를 경험하고 있음을 알게 되었다. 당신은 어떤 조치를 취할 것인가?
   a. 일을 제대로 하라고 말하고 감독을 철저히 한다.
   b. Helen과 문제점에 관하여 논의하여, 개인의 문제점이 회사의 업무에 영향을 미치고 있음을 알도록 한다. 그리고 상황을 개선하기 위한 방법을 논의하고, 지원과 격려를 아끼지 않는다.
   c. Helen에게 생산성이 저하됨을 알리고 스스로 정상으로 되돌아 오게끔 한다.
   d. Helen과 문제점과 해결방안에 관하여 토론하고, 철저히 감독한다.

6. 당신이 근무하는 회사는 금연정책을 집행하고 있다. 그런데, Joan은 일을 무척 잘하는 종업원인데, 어느 날 회사정책에 반하여 흡연하는 모습이 발견되었다. 어떤 조치를 취할 것인가?
   a. 담배를 끄라고 말하고, 자리를 뜬다.
   b. 왜 담배를 피우는지에 대해 논의해보고, 어떻게 할 것인지 물어본다.
   c. 흡연에 관해 충고를 하고, 향후 관찰한다.
   d. 담배를 당장 끄도록 하고, 이를 확인함과 동시에 미래에 흡연하지 않도록 감시한다.

7. 당신이 책임자로 있는 팀에서는 평소에는 종업원들이 사이좋게 단합하여 일을 잘 한다. 그런데 최근 Sue와 Tom이 개인적인 갈등을 하고 있어, 이것이 문제가 되고 있다. 어떤 조치를 취할 것인가?
   a. Sue와 Tom을 호출하여, 갈등이 업무에 어떤 영향을 미치고 있는지에 대해 알도록 한다. 그리고 이 문제를 어떻게 해결할 것인지에 대해 논의한 다음, 향후 철저한 감독을 통하여 문제가 반드시 해결됨을 확인한다.
   b. 팀 차원에서 갈등을 해결하도록 한다.
   c. Sue와 Tom이 함께 문제를 해결하도록 하고, 상사로서 적극적인 지원을 하여 문제가 해결되도록 한다.
   d. Sue와 Tom에게 스스로 문제를 해결하라고 말하고 밀접하게 감독한다.

8. Jim은 약간의 격려와 감독을 하면 일을 비교적 잘하는 편이다. 그러나 가끔 그는 심한 두통을 경험하는데 이러한 경우 일에 집중할 수가 없게 되며, 다른 종업원들은 추가적인 일을 해야 함에 따라 불평을 하곤 한다. 어떠한 조치를 취할 것인가?
   a. 이 문제를 Jim과 상의하고 가능하면, 본인이 해결 방법을 가지고 오면 도움을 제공한다. 그리고 지원을 아끼지 않는다.
   b. Jim에게 자기가 할 일을 하라고 말하고, 감독을 철저히 한다.
   c. Jim에게 본인의 문제 때문에 동료들에게 부담을 주고 있다는 점을 주지시키고 스스로 문제를 해결하도록 촉구한다.
   d. 지원을 아끼지 않고, 업무 부담을 최소화해 주고 이를 달성하도록 한다.

9. Babara는 경험이 아주 많고 일을 매우 잘하는 종업원으로서 하루는 당신에게 와서 부서의 생산성을 높일 수 있는 최소의 비용으로 실행에 옮길 수 있는 구체적인 아이디어를 가지고 왔다. 그녀는 현재의 업무와 더불어 새로운 업무도 감당할 수 있다고 하며, 당신도 이를 매우 좋은 아이디어라고 생각하게 되었다. 어떻게 이 일을 추진해 갈 것인가?
   a. 다수의 목표를 동시에 설정하고 격려와 지원을 아끼지 않는다.
   b. Babara에게 목표를 주고, 그녀가 이에 동의하도록 한다. 그리고 그녀의 노력에 대한 지원을 제공한다.
   c. Babara에게 도움이 필요로 하면 이를 보고하고 당신에게 요청하도록 한다.
   d. Babara로 하여금 일에 대해 자주 보고하도록 하고, 업무에 대한 감독을 하도록 한다.

10. 당신의 상사는 특별한 보고서 작성을 지시하였다. Frank는 당신의 부하로서 능력이 있고 평소에는 감독을 하지 않아도 알을 무난하게 처리하는 능력을 가지고 있다. 그러나 이번 일을 하도록 지시하였으나, 호의적으로 응하지 않고 있다. 그 이유는 이제까지 그러한 보고서를 작성해본 적이 없기 때문이다. 어떻게 일을 추진할 것인가?
   a. Frank에게 일을 하도록 지시하고 지시와 감독을 한다.
   b. Frank에게 업무에 대해 설명하고, 자신의 방법대로 일을 하도록 한다.
   c. Frank에게 이번 일을 잘하면 받을 수 있는 혜택에 대해 설면하고, 그의 아이이어를 요청하여 일을 추진하며 감독은 유지한다.
   d. 이번 일을 잘할 수 있는 방법에 대해 토론하고 지원과 격려를 제공한다.

11. Jean은 당신의 부서에서 일을 가장 잘하는 팀원이다. 그러나 그녀의 월간 보고서는 항상 늦고 에러가 많이 발견된다. 당신의 고민에 빠지게 된다. 왜냐하면 그녀는 다른 일은 감독이나 지원이 없이도 잘해내기 때문이다. 어떠한 조치를 취할 것인가?
   a. 과거의 보고서를 Jean과 함께 검토하고 무엇이 문제점인지를 알게 한다. 그리고 다음 보고서에 관하여 회의를 열어 함께 검토하도록 한다.
   b. Jean과 문제점에 관하여 토론을 하고, 그녀에게 어떻게 문제를 해결할 것인지에 대해 물어봄과 동시에 지원을 제공한다.
   c. 보고서의 중요성을 설명하고, 무엇이 문제점인지 물어본다. 그리고 다음 보고서는 정시에 에러 없이 제출할 것을 지시한다.
   d. Jean에게 에러 없이 정시에 보고서를 제출해야 함을 상기시킨다.

12. 당신이 리더로 있는 부서의 팀원들은 일을 잘하고 의사결정에 참여도 적극적으로 하고 있다. 부서에서는 새로운 기술도입을 위해 외부 컨설턴트를 초빙하였다. 어떻게 일을 추진할 것인가?
   a. 팀원들에게 컨설턴트의 방법을 설명하고 팀원들이 이를 어떻게 집행할 것인지에 대해 결정하도록 한다.
   b. 팀원들에게 새로운 방법을 가르쳐주고 철저히 감독한다.
   c. 새로운 방법에 대해 설명하고, 이것이 왜 중요한지 인지하도록 한다. 그리고 세부적으로 지도를 한 다음 배운 대로 일을 하는지에 대해 감독한다. 질문에 대해서는 적극적으로 대답을 제공한다.
   d. 새로운 방법에 대해 설명하고, 팀원들이 의견을 취합하여 개선할 수 있는 방안을 모색함과 동시에 현장에 적용한다.

당신의 선호하는 규범적 리더십을 파악하기 위해 다음과 같은 해본다.

1. 개별적인 상황에 대하여 당신이 동의하는 바를 표현한다.

S1~S4는 당신이 선택하는 리더십 스타일이다.

S1 = 혼자 결정한다.

S2 = 팀원들과 상담한다(개별적으로 또는 집단적으로).

S3 = 의견을 모으고 촉진자 역할을 한다.

S4 = 위임한다.

	S1D	S2C	S3F	S4DL
1	c	a	d	a
2	b	a	d	c
3	d	b	c	a
4	c	a	d	b
5	a	d	b	c
6	d	c	b	a
7	d	a	c	b
8	b	d	a	c
9	d	b	a	c
10	a	c	d	b
11	a	c	b	d
12	b	c	d	a
합계				

2. 표시한 숫자의 합을 상하로 합한 다음, 가장 높은 합계 숫자가 당신이 선호하는 리더십이다. 물론 옳고 그른 답은 없다는 점을 알아둘 필요가 있다. 다음은 각 리더십에 관한 설명이다.

   S1 혼자 의사결정하는 리더십 스타일. 스스로 의사결정을 하며, 때로는 지시적 또는 강압적으로 종업원들에게 결정된 지시를 집행하도록 하며 기대한 성과를 반드시 달성하도록 한다. 또는 종업원들이에 해야 하는 업무를 지시하고 이것이 반드시 준수해야 함을 확인한다.

   S2. 협의하는 리더십 스타일. 이러한 스타일은 리더가 의사결정을 하기 전에 개인 또는 집단차원에서 부하들 의견을 들어본다. 의사결정을 한 다음에는 부하들이 일을 집행해야 하는 방법에 대해 지시를 내리고, 일을 잘하고 있는지에 대한 감독을 하여 좋은 성과가 달성되도록 한다. 동시에 격려와 지원을 아끼지 않는다.

   S3. 촉진자 역할을 하는 리더십 스타일. 집단차원의 회의를 열어 구성원들의 의견을 경청하며 집단이 동의한 결정을 지원한다. 당신이 리더로서 설정한 범위 내에서 의사결정이 이루어지도록 한다. 그러나 최종결정권은 역시 리더로서 당신이 가지고 있다. 당신은 지원과 격려를 아끼지 않으며, 집단구성원들이 의사결정을 하고 집행하도록 도움을 제공하고 격려한다.

   S4 위임하는 리더십 스타일. 위임형 스타일은 일정한 범위 내에서 부하들이 의사결정을 하도록 자율권을 부여하는 것이다. 의사결정과 집행 시 어떠한 지시로 내리지 않는다.

리더십을 변경할 수 있는 유연성 정도를 알아보기 위해 다음을 검토한다. 각각 세로줄의 점수합계를 보면, 각 점수의 합이 균등하게 분포되어 있으면, 당신의 보다 많은 유연성 가능성을 가지고 있다고 할 수 있다. 세로줄 점수의 합계가 상대적으로 많거나 적다면 이는 당신이 상당히 선호하는 또는 회피하고 싶은 스타일을 말해주고 있다.

참고: 옳고 그른 답은 존재하지 않는다. 평가의 결과는 선호하는 리더십 스타일과 유연한 정도를 알려주고 있을 뿐이다.

자기평가 4.3 리더십 연속성과 경로-목표 리더십 스타일

LPC 리더십 스타일과 자신이 선호하는 규범적 리더십을 상기해보라(자기평가 4.2). 〈자기평가 4.3〉을 이용하여 자신이 선호하는 여타의 리더십 스타일을 파악할 수 있다. 즉, 첫 번째 축에서 자신이 선호하는 규범적 리더십 스타일을, 같은 줄에서, 오른쪽 축에서 자신이 선호하는 연속성, 경로-목표 리더십 스타일을 파악할 수 있다.

규범적 리더십 스타일	리더십연속성 스타일	경로-목표 리더십 스타일
리더결정	1 (상사중심)	지시적
협의	2 또는 3	성취지향
참여유도	4 또는 5	지원적
위임	6 또는 7 (부하중심)	참여적

PART 02

리더십 스킬

CHAPTER 5

커뮤니케이션, 코칭, 갈등관리기법

CHAPTER 6

영향력 행사: 권력, 정치, 네트워크 개발, 협상

©iStockphoto.com/UWMadison

CHAPTER 5

커뮤니케이션, 코칭 및 갈등관리기법

학습목표

이 장을 학습한 후에는 다음을 할 수 있어야 한다.

5.1 의사소통의 흐름과 대인 커뮤니케이션 프로세스를 설명한다.

5.2 구두 메시지 발신 과정의 단계를 나열한다.

5.3 메시지 수신 과정의 세 부분을 나열하고 설명한다.

5.4 패러프레이징을 설명하고 피드백을 얻기 위한 두 가지 일반적인 접근 방식을 식별하고 그것이 효과적으로 작동하지 않는 이유를 설명한다.

5.5 비판과 코칭 피드백의 차이점을 설명한다.

5.6 코칭모델의 단계를 나열한다.

5.7 다섯 가지 갈등관리 스타일을 정의한다.

5.8 충돌 해결 모델을 시작하는 단계를 나열한다.

Pete and Korby Clark, The Ranch Golf Club

모든 선수가 그날의 특별한 손님으로 대접받는 Ranch Golf Club은 매사추세츠(Messachusetts) 주 사우스윅(Southwick) 소재하며, 2001년에 개장하였으며, 회원과 비회원 모두에게 개방된 많은 상을 받은 바 있는 준 프라이빗 골프장이었다.

그렇다면 목장은 어떻게 시작되었는가? 이곳은 골프 클럽이 되기 전에는 Hall 가족이 소유한 낙농장이었다. Hall 가족은 프로젝트 코디네이터인 Rowland Bates의 도움으로 농장을 골프 클럽으로 만들고 싶어했고, Hall은 토지를, 투자자는 자본을 제공했다.

Peter와 Korby Clark은 거의 50개에 달하는 엔진오일 교체 서비스회사인 Jiffy Lubes의 일부 소유자였으며 1991년에 대부분을 Pennzoil에 매각했다. Bates는 Peter Clark에게 새 골프 클럽을 만들고 관리하는 데 도움을 줄 기회를 제공했다. Clarks는 골프를 잘 쳤지만 골프가 아니라 새로운 코스를 만들고 관리하는 데 지속적으로 참여하는 도전에 관심을 보였다. Bates는 추가 자금을 제공하기 위해 Bernard Chiu와 Ronald Izen이라는 2명의 투자자를 더 찾았고 Halls, Clarks, Chiu와 Izen이 1/3의 소유권을 갖게 되었다.

Clarks는 Willowbend의 전문 골프 관리팀은 골프 클럽을 관리한 경험이 없고 Ranch에서 풀타임으로 일할 필요가 없기 때문에 일상적인 운영을 운영하게 되어 기뻤다.

그러나 2005년 Willowbend는 골프 코스 관리를 중단했다. 그때까지 Clarks는 목장을 운영하는 데 충분한 경험을 얻었고 더 이상 전문 관리가 필요하지 않았다. Peter Clark은 미식축구와 야구의 시간제 코칭을 중단하고 관리 역할을 확대하여 관리 파트너가 되어 일상적인 운영을 감독했으며 Korby도 풀타임으로 목장을 원활하게 운영하기 위해 필요한 모든 일을 하고 있었다. .

코로나19(COVID-19) 팬데믹 동안 Ranch Golf Club은 연방 및 주 지침을 충실하게 준수하여, 손님들과 직원들에게 가능한 한 가장 안전한 경험을 제공하기 위해 골프와 식당 운영에 많은 변화를 주었다.

도입사례에 관한 질문들

1. Ranch Golf Club의 경영진에게 커뮤니케이션은 왜 중요한가?
2. Ranch Golf Club에서 그들은 어떻게 피드백을 이용했는가?
3. 오일 교체 사업, 골프장, 스포츠팀의 경영 방법에 차이가 있는가? Peter Clark은 Ranch Golf Club을 경영하면서 코칭을 어떻게 사용했는가?
4. Peter Clark은 Ranch Golf Club 경영에서 어떤 갈등관리 방법을 사용했는가?
5. Clark 가족이 Ranch Golf Club 경영에서 나타나는 갈등을 어떤 방법으로 해결했는가?
6. 위의 질문들 중 어떤 질문에 답할 수 있는가?

이번 장을 통해서 질문들에 대한 해답을 찾고, Ranch Golf Club에 대해 더 배우게 될 것이다. Ranch Golf Club에 대해 더 알고 싶으면, Ranch Golf Club의 웹사이트(http://www.theranchgolfclub.com)를 방문해보자.

들어가는 글

강력한 리더는 강력한 핵심 기반 기술을 가지고 있다. 5장에서는 이들 중 일부에 초점을 맞출 것이다. 이 장에서는 효과적인 리더의 핵심 기술인 커뮤니케이션의 역할을 먼저 소개한다. 그런 다음 코칭 기술이 관계구축과 어떤 관련이 있는지 논의할 것이며, 마지막으로 갈등관리 기술이 인간관계 유지와 직원의 동기부여에 어떠한 중요한 역할을 하는지에 관하여 설명할 것이다.

커뮤니케이션과 리더십

이 절에서는 조직 및 개인 간의 커뮤니케이션 과정과 리더십에서 커뮤니케이션의 중요성에 대해 논의한다.

학습목표 5.1

커뮤니케이션의 흐름과 개인 간 커뮤니케이션의 과정을 설명한다.

커뮤니케이션 흐름

여기서는 사용할 중요한 의사소통 어휘에 대한 명확한 이해부터 시작한다. 데이터는 조직화되지 않은 사실과 수치인 반면 정보는 사람들이 결정을 내리고 업무를 수행하는 데 도움이 되는 형태로 변환된 데이터이다. 정보는 관련 사실 데이터에 기반해야 한다.[1] **커뮤니케이션**(communication)은 정보와 의미를 전달하는 과정이며, 메시지는 전달된 정보와 의미를 말한다. 진정한 커뮤니케이션은 모든 당사자가 동일한 관점(의미)에서 메시지(정보)를 이해할 때에만 이루어진다. 커뮤니케이션 채널은 메시지(구두, 서면, 비언어적)를 보내고 받는 데 사용되는 방법이며, 세 가지 중요한 방향으로 진행된다.

커뮤니케이션은 정보와 의미를 전달하는 과정이며, 메시지는 전달된 정보와 의미를 말한다.

- **수직적 의사소통**은 공식적인 조직 명령 체인을 통해 하향(관리자로부터 직원에게로) 및 상향(직원으로부터 관리자에게로) 정보의 흐름이다. 관리자의 의사소통 시간의 대부분은 부하 직원과 함께 한다.[2]
- **수평적 의사소통**은 동료와 측면 동료 간의 정보 흐름이다.[3] 공식적인 의사소통이지만 명령 체계를 따르지는 않으며 여러 방향으로 진행된다. 부서 내, 팀원 간, 다른 부서 간의 조정이 필요하므로 수직 및 수평으로 작업하게 된다.[4]
- **그레이프바인**(Grapevine)은 조직 전체에서 모든 방향으로 데이터와 정보가 비공식적으로 흐르는 것이다. 비공식적이고 관리자의 통제하에 있지 않다. 이것을 흔히 소문과 가십이라고 한다. 그레이프바인 정보는 조직의 누구든지 시작할 수 있으며 모든 방향으로 흐를 수 있다.

개념응용 5.1 커뮤니케이션의 흐름

이러한 각 의사소통 진술에 대해 의사소통의 흐름을 식별해보자.

a. 수직적(하향)
b. 수직적(상향)
c. 수평적
d. 그레이프바인

_____ 1. John, 우리 CEO인 Tom Jones가 비서와 스캔들이 있다는 소문을 들었습니까?

_____ 2. Kyle, 이것을 바로 우편 처리 사무실에 갖다 놓으세요.

_____ 3. Ted, 여기로 와서 이 기계를 고칠 수 있도록 도와주세요

_____ 4. Tina, 당신의 다음주 근무 일정이 여기에 있습니다.

_____ 5. Edwina, 당신이 지난 주에 저에게 지시하신 보고서를 제출합니다.

_____ 6. Robert, 회사의 이익이 줄어들고 있고, 직원해고에 관한 소문을 들었습니까?

개인 간 소통의 과정

정보를 처리하는 방법은 우리가 내리는 결정의 중요한 결정 요소이다.[5] 메시지는 직무중심 및 관계중심의 의사소통을 사용하는 리더십 스타일에 따라 달라진다.[6] 도표 5.1에서 개인들이 메시지를 주고받는 커뮤니케이션 과정을 통하여 어떻게 커뮤니케이션이 이루어지는지 알아보자.

개인적으로, 졸업생은 취업을 하기 위해 리더십과 커뮤니케이션,[7] 경청, 대인관계 기술과 같이 고용주가 원하는 기술이 필요하다.[8] 따라서 커뮤니케이션 기술은 취업 준비를 위한 핵심 역량이다.[9] 불행히도 비즈니스 리더는 대학을 졸업한 구직자들이 성공적인 직장생활을 하는데 필요한 기술을 보유하고 있다고 생각하지 않는다.[10] 기존의 관리자들과 구직자들 중에는 커뮤니케이션 능력을 잘 갖추고 있지 않은 경우가 있다.[11] 따라서 이 장에서의 학습을 통하여 커뮤니케이션 기술을 향상시킬 수 있다.

2장에서는 성격 유형을 이해하기 위해 16가지 성격 유형을 식별하는 Jung,

도표 5.1 개인 간 소통과정

1. 발신자
발신자는
메시지를 개발하고
채널을 선택한다.

→

2. 커뮤니케이션의 흐름
채널을 통해서
메시지가 전달된다.

→

3. 수신자
수신자는
메시지를 해석하고
채널을 선택한다

↓

4. 피드백, 반응 또는 새로운 메시지가 채널을 통해 전달된다.
발신자와 수신자는 커뮤니케이션을 하면서 역할을 지속적으로 바꾼다.

Briggs Myer Typology의 64개 질문를 통하여 성격 진단을 한 바 있다. 이 진단결과를 분석해보면 성격 유형에 따른 의사소통 및 학습 스타일에 대해 알 수 있다. HumanMetrics(www.humanmetrics.com)에서 테스트를 다시 해보면 자신의 커뮤니케이션 스타일을 이해하는 데 도움을 받을 수 있다. 이 웹사이트에 다른 자기평가 자료도 수록되어 있다.

리더십에서 커뮤니케이션의 중요성

의사소통 기술은 리더십에 매우 중요하다.[12] 왜? 리더십은 기본적으로 다른 사람에게 영향을 미치는 일이며,[13] 커뮤니케이션은 다른 사람들이 하지 않았을 일을 하도록 동기를 부여하는 수단이다. 5장과 다음 6장에서 제시하는 코칭, 갈등, 권력, 조직정치, 네트워킹 및 협상 리더십 기술은 모두 다른 사람에게 영향을 미치는 효과적인 의사소통 기술을 요구한다. 따라서 먼저 5장에서는 의사소통 기술 개발에 관심을 가지고 학습한다.

종업원들은 좋은 관리자를 기대한다. 그들은 소속감을 원하고, 자신의 직업을 좋아하며, 관리자와의 신뢰관계를 구축하기를 원하면서, 관리자들이 종업원들을 위한 최대한의 혜택을 주도록 노력하기를 원한다.[14] 의사소통은 다른 사람들에게 개방적이고 정직한 윤리적 관계 행동에 기반한 신뢰의 기초이다.[15] 리더-종업원과의 관계를 통해 종업원은 업무 관련 아이디어, 우려 사항 및 성과를 향상시키는 의견을 관리자에게 자유롭게 말할 수 있다.[16] 효과적인 리더는 다른 사람의 정보를 종합하고 성과 개선에 대한 합의를 유도한다.[17] Abigail Johnson이 Fidelity Financial Services 사의 사장이 되었을 때 그녀는 리더로서의 발전의 일환으로 커뮤니케이션 기술의 중요성을 언급했다.[18]

사람과 기술 시스템 간의 정보 교환이 점점 더 많아지고 있다.[19] 오늘날의 기술은 계속해서 전 세계적으로 더 빠르고 쉽게 의사소통할 수 있도록 도움을 준다. 그러나 잘못된 의사소통은 같은 국가와 문화를 가진 사람들 사이에서도 흔히 발생하며, 문화와 언어가 다른 경우에는 더욱 그렇다. 예를 들어, 같은 단어가 다른 것을 의미할 수 있고, 같은 것에 다른 단어가 사용될 수 있으며, 한 언어의 어떤 것은 다른 언어로 잘 번역되지 않는다. 다시 한 번 말하지만, 문화지능은 중요하며 쓰기와 말하기가 어려울 수 있지만 적절한 비언어적 의사소통을 사용하는 것은 훨씬 더 어렵다.[20] 글로벌 관점을 갖는 것은 문화와 언어를 초월하여 효과적으로 의사소통하도록 동기를 부여하는 데 도움이 될 수 있다.[21] 다른 언어와 문화를 이해하는 것은 구직자들에게 중요한 취업역량으로 간주되고 있다.[22] (글로벌뷰)

메시지 발신과 지시사항

학습목표 5.2
구두 메세지 전달 단계를 나열한다.

리더는 구두, 서면 및 비언어적으로 다양한 메시지를 보낸다. 관리자의 업무 중에 중요한 일은 메시지를 통해서 작업지시를 내리는 것이다. 리더로서 지시를 얼마나 잘 내리느냐는 성과에 직접적인 영향을 미친다. 그러나, 메시지를 보낼 때 주의해야 하는 점이 있다. 예를 들면 James Damore가 성차별적인 내부 메모를 보낸 이유로 Google에서 해고되는 것과 같이 부적절한 커뮤니케이션을 보내면 해고될 수 있기 때문이다.[23] 간혹 관리자가 "이건 내가 원하는 것이 아니잖아!"라고 언급하는 것을 들은 바가 있을 것이다. 이것은 관리자가 지시를 제대로 수행하지 못할 때 발생하는 경향이 있다. 이러한 문제를 피하는 방법에 대해 논의해 보자.

메시지 계획

메시지를 보내기 전에 간략한 규칙을 기억하면서 계획을 세워야 한다. 계획을 세울 때 다음의 질문에 답을 해보라. 내 메시지의 목표는 무엇인가? 누가 내 메시지를 받게 되는가? 내 메시지는 언제 전송되는가? 내 메시지는 어디로 전송되는가? 메시지를 어떻게 보내질 것인가?

수신자를 염두에 두고 그가 메시지를 이해할 수 있도록 전달하는 방법을 계획해야 한다. 청중과 상황에 적합한 방법을 선택해야 한다.

구두 메시지 발신 과정

사람들과 이야기하는 것은 정보를 얻고 제공하는 좋은 방법이다.[24] 구두 대면 커뮤니케이션은 당사자 간의 대화와 회의를 통해 최대한 많은 정보를 전달할 수 있기 때문에 가장 풍부한 채널이다. 그다음 효과적인 수단은 화상전화(예: Zoom), 전화 통화라고 할 수 있다.[25] 이러한 수단은 다른 채널에 비해 큰 장점은 그 커뮤니케이션 참여자들의 비언어적 의사소통을 읽을 수 있다는 것이다. 이메일 등 전자 통신 수단에서는 이러한 개인적인 대면상의 감각을 잃게 된다.[26]

구두 메시지 전송 과정은 다음과 같다.
(1) 우호적인 관계를 조성한다.
(2) 커뮤니케이션 목표를 확실히 한다.
(3) 메시지를 전송한다.
(4) 수신자의 제대로 이해하고 있는지 확인한다.
(5) 메시지 수령자가 지시를 충실하게 행동에 옮기고 있는지 확인한다.

정보를 제공하고 작업을 완료하도록 지시해야 할 때가 있다.[27] **구두 메시지 전송 과정(oral message-sending process)**에서 다음 단계를 따르는 것이 도움이 된다. (1) 우호적인 관계를 조성한다. (2) 커뮤니케이션 목표를 확실히 한다. (3) 메시지를 전송한다. (4) 수신자의 제대로 이해하고 있는지 확인한다. (5) 메시지 수령자가 지시를 충실하게 행동에 옮기고 있는지 확인한다. **모델 5.1**은 다음 단계를 소개하고 있다.

모델 5.1 메시지 전달 단계

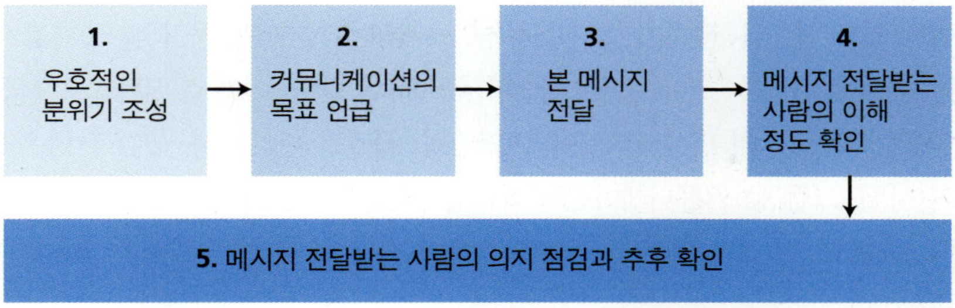

- 1단계. **우호적 관계를 조성한다.** 약간의 인사나 잡담으로 수신자를 편안하게 한다. 그것은 그 사람이 메시지를 받을 준비를 하는 데 도움이 된다.
- 2단계. **커뮤니케이션 목표를 명확하게 한다.** 모든 세부 사항을 다루기 전에, 수신자가 해당 지시문의 성공적인 결과를 잘 이해하게 하는 것이 도움이 된다.
- 3단계. **메시지를 전송한다.** 모호한 메시지를 피해야 한다.[28] 사람들에게 당신이 그들이 하기를 원하는 것을 명확하게 말하고 지시를 내린다. 작업 완료 기한을 설정한다. 정보 과부하가 발생하지 않도록 단계별로 하나하나 진행한다. 위임은 중요하므로[29] 위임에 관하여는 다음 6장에서 다룬다.
- 4단계. **수신자의 이해도를 확인한다.** 직접적인 질문을 하거나 상대방이 지시문을 어떻게 이해하고 있는지에 대해 언급하도록 한다. "궁금하신 사항이 있으신가요?"라고 간단히 물어보는 것은 이해도를 확인하는 적절한 방법이 아니다. 그 이유는 곧 설명하도록 한다.
- 5단계. **지시문이 행동으로 잘 옮겨지고 있는지 확인한다.** 지시를 이행하는 직원들이 마감일까지 업무를 완성할 수 있는지 확인한다.

업무응용 5.1

상사가 자신에게 지시한 구체적 업무를 생각해보자. 구두지시를 하는 경우 관리자가 사용했던 단계별 이행사항과 사용하지 않았던 단계별 사항을 나열해보자.

서면 커뮤니케이션과 도움말

모바일 기술의 사용이 계속 증가할 것이기 때문에 서면 커뮤니케이션 기술이 그 어느 때보다 중요하다.[30] 사람들이 당신이 잘못된 문법을 사용하고 있다고 직접 말하지 않더라도 당신을 평가하고 당신이 지적이지 않다고 결론을 내릴 수 있다. 그래서 여기서는 작문을 향상시키는 데 도움이 될 수 있는 간단하지만 중요한 몇 가지 팁을 소개한다.

- 조직적으로 문서를 작성하는 것은 문서작성에 중요한 부분이다. 글쓰기를 시작하기 전에 의사소통의 목표를 설정하고, 상대방을 염두에 두고 시작한다. 그들이 무엇을 하기를 원하는지를 마음속으로 명확하게 한다. 문자 및 숫자를 사용하여 전달하려는 주요 요점의 개요를 확실하게 한다. 이제 본격적으로 서면 작성을 시작한다. 첫 번째 단락은 의사소통의 목적을 나타낸다. 중간 단락은 구체적 사실, 그림 등 커뮤니케이션의 목적을 뒷받침한다. 마지막 단락은 주요 요점을 요약하고 자신과 다른 사람들이 취해야 할 조치가 있는 경우 이를 명확하게 명시한다.
- 감동을 주기 위해서가 아니라 소통하기 위해 글을 쓴다. 메시지는 짧고 간단하게 유지한다. 1-5-15 규칙을 따른다. 각 단락을 단일 주제와 평균 5개의 문장으로 제한하고, 한 문장은 평균 15단어로 제한단다. 단락 및 문장 길이를 변경한다. 수동태(권장됩니다…)보다는 능동태(권장합니다…)로 쓰도록 한다.
- 작성된 문서를 편집하고 필요한 경우 다시 작성한다.[31] 문장과 단락을 개선하려면 완전한 의미를 전달하기 위해 필요 내용을 추가하고, 불필요한 단어와 구문을 잘라내고, 단어를 재배열한다. 컴퓨터 맞춤법 및 문법 검사기로 작업을 확인한다. 이력서와 같은 중요한 문서는 다른 사람들이 편집하고 수정하도록 한다.

비언어적 커뮤니케이션

문자 메시지는 일부 사람들이 의사소통에 사용하는 가장 일반적인 방법이지만 비언어적 단서를 잃게 된다.[32] 대면 소통을 통해 얻게 되는 관계적 교류를 하기 어렵다.[33] 그러나 이모티콘을 사용하여 텍스트와 이메일로 비언어적 메시지를 전달할 수는 있다.

우리 모두는 말하고 아이디어를 발표할 때마다 비언어적 커뮤니케이션을 사용한다.[34] 비언어적 커뮤니케에션은 말 없이 보내는 메시지로 구성된다. 여기에는 의사소통의 환경(물리적 환경) 및 신체 언어 설정이 포함된다. 신체 언어에는 (1) 얼굴 표정(눈맞춤, 미소 또는 찡그린 얼굴), (2) 음성(말하는 방식 — 침착하거나 긴급하게, 빠르거나 느리게, 부드럽게 또는 크게), (3) 제스처(예: 손 움직이기, 가리키기 및 신호 보내기, 머리 끄덕임) 및 (4) 자세(똑바로 앉기 또는 구부리기, 뒤로 또는 앞으로 기울이기, 팔 및 다리 교차). Zoom 회의 중에도 비언어적 단서를 찾기 위해 사람의 눈 접촉에 초점을 맞춘다.[35]

비언어적 의사 커뮤니케이션에 주의를 기울이고 구두 커뮤니케이션과 일치하는지 확인한다. 구두 커뮤니케이션사이 비언어적 커뮤니케이션과 충돌하면 사람들은 비언어적 커뮤니케이션에 더 많은 비중을 두는 경향이 있다. 말보다 행동이 더 중요시 한다.[36] 상사가 "나는 당신을 배려합니다"라고 말하지만 실제로는 실망스러운 대우를 한다면, 그것을 믿겠는가?

당신은 상대방의 비언어적 커뮤니케이션을 통하여 그들의 감정과 태도를 알고 싶어한다. 그것은 상대방이 말하는 것이 실제로 의미하고자 하는바가 아닐 수 있기 때문이다.[37] 바디랭귀지에 주목하고,[38] 그들이 말하는 것과 말하지 않는 것에 주목해야 하며 행간을 읽도록 노력한다. 배우

사진 5.1 사람들에게 말을 할 때 그들이 사용하는 신체적 언어와 비언어적 신호를 알고 있어야 한다.

©iStockphoto.com/DjelicS

윤리적 결정: 윤리와 사회적 영향

5.1 광고

많은 회사들은 구두, 비언어적, 서면 커뮤니케이션을 이용하여 자사의 제품을 광고한다. 제품이나 서비스를 판매하기 위하여 가장 적합한 단어를 선택하는 것이 중요하다. 그러나 광고에서 사용하는 단어가 잘못되었거나, 사실을 왜곡하는 경우가 있다.

예를 들면 백설탕을 함유한 제품과 같이 많은 가공을 거친 식품을 광고할 때 '자연적'이라는 말을 사용한다. 그러나 많은 사람들은 '자연적'이라는 단어에 의구심을 보인다. 소비자들이 흔하게 먹는 과자는 '모두 자연적'이라고 광고하고, 소비자들은 그 제품이 건강에 좋은 것이라고 생각하지만 실제로는 저급 식품인 경우가 많다. 비만이 국민건강의 중요한 문제가 되고 있기 때문에 식약청(FDA)은 이와 같이 소비자를 오도하는 라벨과 광고를 단속하며 규정을 어긴 생산자들에게 경고와 벌금을 부과하고 있다.

1. 식품회사가 소비자를 오도할 수 있는 '자연적'이라는 단어를 사용하여 판매와 이익을 증대시키려 한다면 이것은 윤리적이고 사회적으로 책임 있는 행동인가?
2. 회사들이 법의 저촉을 받지는 않지만 소비자를 오도할 가능성이 있는 단어를 써야 하는가?
3. 당신은 '자연적'이라는 말을 어떻게 정의하는가?
4. 소비자를 오도하여 실제로는 그렇지 않으나 소비자가 건강에 좋다고 생각할 수 있는 '자연적'이라는 단어를 식약청(FDA)은 어떻게 정의내려야 하는가?
5. 오도된 광고의 사회적 영향은 무엇인가? 그것은 비만의 원인이라고 할 수 있는가?

Alan Alda는 이 점 강조하는 책을 썼다. '만약 내가 당신을 이해하고 있다면, 그러한 것을 얼굴 표정으로 나타낼까요?'[39]

사람들과 이야기할 때 비언어적 표현을 사용하여 메시지에 대한 개방성을 전달한다. 3~5초 동안 미소를 지으며 상대방을 바라보고 적절한 눈맞춤을 한다. 당신이 듣고 있고 관심이 있다는 것을 알리기 위해 몸을 약간 앞으로 기울이고 자주 몸짓을 한다.[40] 팔이나 다리를 꼬지 말고(소통에 마음을 닫고 있다는 표시), 유쾌하고 차분한 어조로 말하라.

거친 어조나 불쾌한 표정은 말보다 더 효과적이거나 또는 공격적일 수 있다.[41] Lovie Smith는 NFL 시카고 베어스의 헤드 코치였는데, 그는 화를 낼 때 말없이 앞만 바라보는 식이었다. 선수들은 그것이 코치의 '전매특허 표정'이라고 불렀고, 이는 다른 코치들처럼 화를 내며 소리치는 것보다 더 무서운 독려와 경고에 가깝다고 말했다.

개념응용 5.2 메시지 전달 방법

아래 10가지 커뮤니케이션 상황에서 메시지를 전달하는 가장 적합한 채널을 선택해보자. 각 항목 앞의 빈칸에 가장 적절한 알파벳을 써넣으면 된다. 힌트: 모든 답변은 한 번만 사용한다.

구두 의사소통	서면 의사소통	
a. 대면	e. 메모	h. 게시판
b. 회의	f. 편지	i. 포스터
c. 발표	g. 보고서	j. 뉴스레터
d. 전화		

_____ 7. 다른 부서에서 새로운 작업을 수행할 4명의 직원이 있다. 그들에게 프로젝트를 설명해야 한다.

_____ 8. 직원 중 한 명이 회의 중에 방해하지 말도록 조치하다.

_____ 9. 당신은 주요 프로젝트의 마감일내에 완성하도록 최선을 다하였고, 상사가 이것을 염두에 두고 다음 인사고과 시 반영될 수 있도록 한다.

_____ 10. 자녀가 기금 마련을 위해 직장에서 사탕을 팔도록 요청했습니다. 그러나, 당신은 누구에게도 개인적으로 이러한 부탁을 하고 싶지 않다.

_____ 11. 당신은 직무와 관련된 재무 정보 제공할 것을 요청 받았다.

_____ 12. 당신은 노동조합 회의에서 발언하도록 요청받았다.

_____ 13. 당신은 문장력이 좋다고 정평이 나서 사내 정보를 공유하는 직무에 공식적으로 참여할 것을 권유받았다.

_____ 14. 당신은 공급업체로부터 민원에 관한 문서에 응대할 것을 요청받았다.

_____ 15. 당신은 중요한 편지가 도착하기를 기다리고 있는데, 그 편지가 우편취급 부서에 도착했는지 알고 싶다.

_____ 16. 당신은 사람이 없을 때 휴게실의 전등을 꺼서 전기를 절약하기를 원한다.

메시지 수신

학습목표 5.3

메시지 받은 과정의 3개 부분을 나열하고, 설명한다.

리더는 메시지를 듣고 응답하는 것을 포함하여 메시지 수신에 관여한다.

멀티태스킹은 경청을 방해한다

누군가가 당신이 좋은 경청자냐고 묻는다면 대부분 그렇다고 대답할 것이다. 스마트폰은 시간을 절약해 주지만 반대로 주의를 산만하게 하고 멀티태스킹에 시간을 낭비하게 하기 때문이다.[42] 간단히 말해서, 멀티태스킹은 생산성을 떨어뜨린다.[43] 그 이유는 무엇인가? 지속적인 멀티태스킹(화면 확인 포함)은 주의를 산만하게 하고 듣는 능력을 저하시킨다. 듣기에는 집중이 필요하며, 주의가 산만해지면 집중을 잃는다. 잘 듣는 사람은 주의가 산만하지 않다.[44] 가장 큰 문제는 눈과 마음이 분리된다는 것이다.[45] 누군가와 이야기를 하고 다른 곳을 바라보고 있으면(예: 전화기) 효과적으로 경청할 수 없다.

많은 사람들이 스마트폰에 중독되어 끊임없이 스마트폰을 본다.[46] 전화를 보거나 벨소리나 진동을 듣는 것만으로도 주의가 산만해지고 스트레스를 받게 되며 특히 전화를 받을 수 없는 경우 집중하기 어렵게 만든다.[47] 얼마나 오랫동안 학교와 직장에서 집중하여 경청을 할 수 있는가? 다음에 교과서를 읽기 시작할 때 다른일을 관심을 끄고 얼마나 오래 집중할 수 있는지 확인해 볼 것을 권한다. 집중할 수 있는 시간을 늘리고, 방해요인을 멀리하는 것이 필요하다. 말하는 사람고 얼굴을 맞대고 집중하고 진정성 있게 경청하는 것이 중요하다. 아래의 메시지 수신 과정을 사용하면 더 나은 청취자가 될 수 있다.

메시지 수신 과정

다른 사람의 아이디어를 경청하면 실력이 향상된다.[48] 스스로에게 물어볼 수 있는 좋은 질문은 "나는 실제로 얼마나 많은 시간을 경청하는 데 사용하고 있는가?"이다.[49] 다른 사람들이 말할 때 그들이 보내는 언어적 및 비언어적 커뮤니케이션이 일관성이 있는지 확인할 필요가 있다. 필요할 때만 이야기하여 다른 사람들이 말하는 것을 듣고 '볼' 수 있다. 다음 팁을 적용하면 듣기 능력이 향상된다. 팁은 메시지 수신 과정에 대한 설명에 나와 있다(도표 5.2). **메시지 수신 과정**(message-receiving process)에는 듣기, 분석 및 이해 확인이 포함된다.

메시지 수신 과정에는 듣기, 분석 및 이해 확인이 포함된다.

도표 5.2 메시지 수신 과정

경청하기	→	분석하기	→	이해 정도 점검하기
1. 주의 기울이기 2. 산만함을 피하기 3. 상대방과 보조 맞추기 4. 섣부른 가정과 말 끊기를 하지 않기 5. 비언어적 커뮤니케이션에 주의를 기울이기 6. 질문하기 7. 메모하기 8. 의미전달하기		9. 생각하기 10. 경청 후까지 기다린 다음 평가하기		11. 다른 말로 바꾸어 재표현하기 12. 비언어적 커뮤니케이션에 주의를 기울이기

경청

경청은 말하는 사람에게 온전히 주의를 기울이는 과정이다. 상대방이 메시지를 보낼 때 다음과 같이 들어야 한다.

- **주목하기.** 사람들이 끼어들면 하던 일을 멈추고 대화를 시작하기 전에 완전히 주의를 기울인다.
- **산만함을 피하기.** 말하는 사람에게서 눈을 떼지 않는다. 펜을 돌리거나 종이를 만지작거리는 등 산만한 행동을 하지 않는다. 중요한 메시지를 들을 때에는 전화기가 울리지 않도록 한다. 장소가 소음이 있거나 산만할 때에는 조용한 장소로 이동할 것을 제안한다.
- **상대방과 보조 맞추기.** 상대방이 발언하거나 교수가 강의할 때 마음을 딴 곳에 두지 않는다. 만약 주의가 다른 곳에 가 있을 때는 이를 바로잡고 상대방에게 집중하도록 한다. 상대방이 마음에 들지 않거나 상대방의 발언에 동의하지 않는다고 해서 말하는 사람에게서 관심을 돌리는 것은 피해야 한다. 상대방이 말한 주제가 너무 어렵다면 관심을 돌리기보다는 질문을 하는 것이 좋다. 상대방의 반응에 대하여 어떻게 대답할지 미리 생각하지 말고 우선 경청하는 것이 좋다.
- **섣부른 가정과 말 끊기를 하지 않기.** 상대방이 무엇을 말하려고 하는지 본인이 이미 알고 있다고 가정해서는 안 되며, 상대방이 말을 시작하자마자 섣부른 결론을 내서는 안 된다. 사람들이 가장 흔하게 하는 실수는 상대방의 말을 몇 마디 듣고 나서 마음속으로 이미 결론을 내리고 나머지 부분을 듣지 않는다는 것이다. 상대방의 말을 끊지 않고 전부 경청하는 것이 중요하다.

- **비언어적 커뮤니케이션에 주의를 기울이기.** 상대방의 메시지 내용과 메시지 안에 녹아있는 감정을 이해할 필요가 있다. 사람들은 가끔 말하는 것과 실제 의미하는 것이 다른 경우가 있다. 따라서 상대방의 눈빛, 몸짓, 얼굴표정이 상대방의 말과 일치하는지를 주의 깊게 볼 필요가 있다. 상대방의 메시지와 비언어적 표현이 다를 경우에 질문을 하여 발언하는 사람의 의도를 확인한다.
- **질문하기.** 상대방의 발언 중 중요한 부분이 빠졌거나 말의 앞뒤가 맞지 않거나 또는 이해하지 못하는 것이 있을 때 직접적인 질문을 하여 상대방이 충분히 설명하도록 한다.
- **메모하기.** 경청의 중요한 일부분은 메모하여 나중에 기억하도록 하며, 필요할 때 문서화하는 데 도움이 된다. 특히 메모하는 것은 다른 사람의 지시를 받을 때 중요하다. 이럴 경우에 필기도구와 메모지를 항상 지참하도록 한다.
- **의미전달하기.** 말하는 사람에게 경청하고 있다는 것을 보여주는 것이 중요하다. 이런 경우 "예", "그렇군요"라는 언급을 할 수 있다. 또한 비언어적인 표현을 활용할 수 있는데, 시선 집중하기, 적절한 얼굴표정, 고개 끄덕이기, 의자에 앉아 있을 때 몸을 상대방 쪽으로 약간 기울이기 등으로 자신이 상대방의 발언에 관심이 있고 경청하고 있다는 것을 보여줄 필요가 있다.

> **업무응용 5.2**
>
> 당신의 경청기술은 어떤 점이 가장 취약한가? 이를 개선할 수 있은 방법은 무엇인가?

분석하기

분석하기란 상대방의 메시지에 대해 생각하고 의미를 파악하고 평가하는 과정이다. 상대방이 발언할 때 다음을 할 필요가 있다.

- **생각하기.** 말하는 속도와 듣는 속도에 차이를 극복하기 위해서 긍정적인 방향으로 사고의 속도를 활용할 필요가 있다. 즉 듣는 과정에서 마음속으로 상대방의 말을 논리적으로 상대방이 의도하는 바를 보다 더 정확하게 이해하게 된다.
- **끝까지 경청 후에 평가하기.** 상대방의 말을 경청하면서 동시에 평가하려고 하면 메시지의 일부 또는 전부를 놓치게 된다. 따라서 상대방 말을 전부 경청을 하고나서 결론을 내릴 필요가 있다. 상대방의 의사결정을 평가할 때 편견보다는 사실에 근거하여 결론을 내릴 필요가 있다.

이해 정도 점검하기

이해 정도 점검하는 것은 피드백을 주는 과정이다. 상대방의 메시지를 경청하고 난 다음, 또는 메시지가 너무 길 때 경청하면서 당신의 이해 정도를 점검하려면 다음 사항을 시도하면 도움이 된다.

- **다른 말로 바꾸어 패러프레이징하기.** 상대방에게 피드백을 주는 발언을 하고 상대방의 메시지를 나름대로 정리하여 핵심내용을 다른 말로 바꾸어서 상대방에게 말한다. 이 내용이 정확할 때에는 상대방에게 경청을 잘했고 상대방을 잘 이해해고 있다는 것을 전달하게 되는 것이다. 이런 과정을 통하여 상대방에게 자신의 생각, 조언, 문제해결, 본인의 의사결정을 전달하게 되는 것이다.
- **비언어적 커뮤니케이션에 주의를 기울이기.** 발언하면서 상대방의 비언어적인 힌트에 주의를 기울일 필요가 있다. 상대방이 당신이 말하는 것을 잘 이해하지 못하는 것처럼 보인다면 대화를 마치기 전에 자신의 의도를 다시 한 번 명확히 확인할 필요가 있다.

도입사례 응용

1. Ranch Golf Club의 경영 사례에서 커뮤니케이션이 중요한 이유는 무엇인가?

Ranch Golf Club의 성공 비결은 Clark과 Willowbend 경영팀이 공동 경영을 하면서 자신의 기대치에 관하여 솔직한 커뮤니케이션을 했다는 점이다. Clark은 자기의 공동 경영자와 관리자들과 지속적으로 커뮤니케이션을 했고 항상 주간 경영 회의 시 얼굴을 맞대고 커뮤니케이션하여 지속적으로 경영을 개선하도록 노력했다. 각 부서 단위의 회의에서는 조직구성원들이 서로 '최고의 서비스 제공'이라는 경영철학의 중요성을 끊임없이 커뮤니케이션했다. 전문가적인 수준의 경영철학을 커뮤니케이션하기 위하여 모든 종업원들은 골프 클럽의 유니폼을 착용했고 최고의 서비스를 제공하는 방법에 대한 훈련을 받았다. 심지어는 전문가적인 서비스를 제공하기 위하여 사용하는 단어조차도 조심스럽게 선택했다. 예를 들면 Ranch Golf Club에는 골프회원들에 대한 플레이어 보조자가 있었고, 골프 카트가 아닌 골프 자동차, 그리고 프로샵이 아닌 골프샵이 있었다.

개념응용 5.3 경청

〈도표 5.2〉의 12가지 듣기 요령에서 번호(1~12)로 각 문장을 식별해보자. 힌트: 모든 답변은 한 번만 사용된다.

_____ 17. "나는 당신이 말한 것의 시작을 놓쳤습니다. 다시 시작해주세요."

_____ 18. "당신은 다소 혼란스러워 보입니다. 조금 다르게 설명하겠습니다."

_____ 19. "요약하자면, 당신은 내가 ……하기를 원합니다."

_____ 20. "업무를 완료하는 데 얼마나 걸립니까?"

_____ 21. "그정도면 충분합니다. 더 이상 자세한 정보는 필요 없습니다."

_____ 22. "좋은 생각입니다. 그러나 우리는 그것을 실행에 옮길 예산이 없습니다."

_____23. "이제 잘 알겠습니다. 보고서 작성 방법을 잘 이해합니다."

_____24. "잠깐만요. 잊어버리지 않도록 기록해 두도록 하겠습니다."

_____25. "방금 읽어야 할 문자가 왔네요. 방금 뭐라고 했죠?"

_____26. "당신은 창 밖을 내다보고 있네요. 제 말을 듣고 있습니까 아니면 다른 생각하고 있습니까?"

_____27. "지금까지 말씀하신 계획을 잘 이해하겠습니다. 계속하시죠… 이제 말씀이 끝났군요. 이제까지 하신 말씀을 다시 요약 정리하면 다음과 같습니다."

피드백

학습목표 5.4

피드백에 관한 두 가지 일반적인 방법을 나름대로의 해석에 의해 설명한다.

이 절에서는 피드백의 중요성, 피드백을 받는 일반적인 접근 방식(및 작동하지 않는 이유), 피드백을 받는 방법에 대해 설명한다. 다음 절에서는 코칭의 일부로 피드백을 제공하는 방법에 대해 설명한다.

피드백의 중요성

피드백은 직원들이 성과를 개선하도록 동기를 부여할 수 있다.[50] **피드백(feedback)**은 메시지를 확인하고 목표가 충족되고 있는지 확인하는 프로세스이다. 7장에서는 리더-팔로워 성과 피드백에 대해 논의한다.

피드백은 메시지를 확인하고 목표가 충족되고 있는지 확인하는 프로세스이다.

메시지 확인에서 피드백의 역할

수신자의 이해도를 확인하는 것이 구두 메시지 발신 과정의 4번째 단계라는 것을 기억할 필요가 있다. 커뮤니케이션이 이루어졌는지 확인하는 가장 좋은 방법은 질문과 말을 바꾸어 메시지 수신자로부터 피드백을 얻는 것이다. **패러프레이징(paraphrasing)**은 수신자가 메시지를 자신의 말로 다시 말하게 하는 프로세스이다. 메시지 수신자가 질문에 답하거나 메시지를 바꾸어 말할 수 있으면 의사소통이 이루어진 것이다.

패러프레이징은 수신자가 메시지를 자신의 말로 다시 말하게 하는 프로세스이다.

목표 달성에서 피드백의 역할

사람들은 자신이 어떻게 하고 있는지 알 수 있는 방법이 필요하다.[51] 직원에게는 자주 피드백을 제공할 필요가 있다.[52] 리더는 성과를 개선하기 위한 조치를 취하고 결과에 대한 피드백을 받는다.[53] 따라서 리더는 측정 가능한 구체적인 목표(3장)를 설정하고 지속적인 피드백을 통해 프로세스를 모니터링해야 한다. 목표 달성에 대한 동기를 증가시키기 위해.[54] 또한 피드백은 양호한 성과를 인정하는 데 사용된다.[55] 7장의 효과적인 리더 피드백을 위한 지침을 참조하라.

피드백에 대해 열린 마음을 가지고 있어야 하는 필요성 — 비판

성과를 개선하고 조직에서 앞서 나가려면 일반적으로 비판이라고 하는 피드백에 개방적이어야 한다. 우리가 어떻게 일을 하고 있는지 알 수 있도록 적극적으로 피드백을 요청해야 하며,[56] 이것은 신뢰구축에 도움을 준다.[57] 그러나 사람들은 듣고 싶어 하는 말을 하는 경향이 있기 때문에 개선 방법[58]에 대해 정직한 피드백을 주기가 어려울 수 있다.[59]

개인적인 피드백을 요청하는 경우, 피드백 내용이 우리를 놀라게 하거나 화나게 하거나 모욕하고 감정을 상하게 할 수 있는 것들을 포함하고 있다는 것을 기억해야 한다. 우리는 상사를 비난하고 그들이 틀렸다고 말해서는 안 되며, 요구되는 변화를 거부해서도 안 된다.[60] 비판을 수용하고 개선하기 위해 변화해야 한다.[61] 우리가 방어적이고 감정적으로 변한다면, 공격받는 느낌 — 피드백이 멈추고, 개선하지 않는 한 개선 및 발전 능력도 중단된다.[62]

피드백은 고통스러운 경향이 있기 때문에 그것이 건설적일지라도 관리자, 동료 또는 다른 사람들로부터 비판받는 것을 즐기지 않는다. 그러나 비판에 관해서는 "고통스러운 과정을 커쳐야 좋은 일도 생긴다"는 말을 염두에 두어야 한다. 원하든 원하지 않든 비판을 받을 때, 침착함을 유지하고(상대방이 감정적일지라도), 방어적이 되지 않아야 하며, 다른 사람을 비난하지 말아야 한다.[63] 그것을 개선할 기회로 보고, 피드백이 모호한 경우 성과를 개선할 구체적인 행동이 무엇인지 문의해야 한다.[64] 행동을 바꾸는 것은 어렵지만 성과를 개선할 수 있는 유일한 방법이다.

피드백에 대한 일반적 접근방법 — 왜 효과가 없는가?

피드백이 무시되는 이유는 메시지 모두를 먼저 보내놓고 그 메시지가 상대방에게 잘 이해되었다고 가정하는 것이다. 메시지가 무시되는 두 번째 이유는 메시지 전부를 쏟아붓듯이 전달하고 나서 나중에 형식적으로 "질문 있습니까?"라고 묻는 것이다. 사람들은 질문을 하지 않는 경향이 있기 때문에 피드백 과정이 발생하지 않는 것이 대부분이다.

관리자가 메시지를 보내고 질문이 없냐고 물어본 다음, 또다른 실수가 발생한다. 즉, 질문이 없는 경우 소통이 잘되었고, 상호 간에 이해가 잘 되었다고 관리자가

윤리적 결정: 윤리와 사회적 영향

5.2 성적 채점

성적은 피드백의 일종이며 비평적인 성격을 띤다(3장의 '학업 기준'이라고 소개된 〈윤리적 결정〉을 상기하기 바란다). 성공적인 경영자는 모든 종업원에 대하여 높은 기대치를 가지고 있다. 최근 학생들은 과거보다 공부를 더 열심히 하지 않음에도 불구하고 성적이 계속 올라가는 경향이 있다. 이것을 학점 인플레이션이라고 부른다. 과거의 대부분의 대학은 평균 성적 기준을 정하여 우수 학생을 가려냈다. 그러나 지금은 대부분의 대학이 학생들 간의 랭킹을 통하여 평점을 매기는 시스템을 사용하고 있다. 이는 학점 인플레이션으로 인하여 우수한 성적으로 졸업하는 학생의 숫자를 제한하고자 하기 때문이다.

1. 자신이 원하거나 기대했던 것보다 더 낮은 학점을 받았을 때 어떤 반응을 보이는가?
2. 피드백을 통하여 자신의 학점을 높이려는 시도를 하는가? 그 이유를 제시해보자.
3. 5년, 10년, 20년 전에 비하여 최근 교수들이 보다 높은 학점을 주고 있는데 그 이유는 무엇이라고 생각하는가?
4. 최근 학생들은 노력을 많이 하지 않고 학점은 더 좋게 받는데, 이들이 졸업 후 보다 높은 수준의 경력개발에 준비가 잘 되어 있다고 생각하는가?
5. 5년, 10년, 20년 전에 비하여 최근 교수들은 점수 기준을 낮추고, 대학은 과거보다 높은 점수를 주어 학위를 수여하는 경향이 있다. 윤리적 또는 사회적 책임이라는 측면에서 이를 어떻게 생각하는가?
6. 학점 인플레이션의 사회적 영향은 어떤 것인가?

가정하는 경우이다. 실제로, 메시지는 잘못 이해되는 경우가 많다. "이것은 내가 원했던 바가 아닌데?"라고 관리자가 언급하는 경우가 종종 발생하는데, 이런 경우에는 처음부터 또 다시 소통을 시작해야 하며, 이는 시간, 자원 및 노력을 낭비하는 결과를 초래한다.[65]

메시지가 소통으로 이어지지 않는 중요한 원인은 상호이해를 확인할 수 있는 피드백이 부족하게 때문이다. 질문과 소통을 요약하는 방법을 잘 사용하면 메시지의 효과적인 소통에 도움을 주게 된다.[66]

메시지에 대한 피드백을 받는 방법

메시지에 대한 피드백을 받을 때 관리자들이 사용할 수 있는 네 가지 지침은 다음과 같다.

- **피드백에 열려 있어야 한다.** 이 세상에 멍청한 질문은 없다. 누군가가 질문을 할 때, 반응을 보이고, 참을성 있게 질문에 대답하고, 사물을 명확하게 설명해야 한다. 사람들이 질문을 했을 때 우리가 불편해 한다고 느끼면 그들은 질문을 하지 않는다.

- **비언어적 의사소통에 주의를 기울인다.** 비언어적 커뮤니케이션이 피드백을 장려하는지 확인할 필요가 있다. 예를 들어, "나는 질문을 권장합니다"라고 말하지만 사람들이 질문을 할 때 어리석은 것처럼 보거나 조바심내는 행동을 하면 사람들은 질문하지 않는 법을 배울 것이다. 또한 사람들의 비언어적 의사소통을 인식하고 읽어야 한다. 예를 들어, Larry에게 작업을 설명하고 있는데 그가 어리둥절한 얼굴을 하고 있다면 그는 아마도 혼란스러워 할 수 있지만 그렇게 말하고 싶지는 않을 것이다. 이러한 경우 계속하기 전에 중지하고 상황을 명확히 해야 합니다.[67]
- **질문을 한다.** 조치를 취하기 전에 메시지를 상대방이 이해했는지 여부를 아는 것이 좋다. 단순히 "질문이 있습니까?"라고 묻는 것이 아니라 이해[68]를 확인하기 위해 구체적으로 질문을 할 필요가 있다. 제공한 특정 정보를 다루는 직접적인 질문은 수신자가 경청했는지 여부와 직접 응답할 만큼 충분히 이해했는지 여부를 나타낸다. 응답이 정확하지 않으면 반복하거나 더 많은 예를 제시하거나 메시지에 대해 더 자세히 설명할 필요가 있다.
- **패러프레이징**(paraphrasing)**을 사용한다.** 이해의 가장 정확한 지표는 상대방으로 하여금 요약설명을 하도록 하는 것이다. 우리가 수신자에게 요약설명을 요청하는 방식은 수신자의 태도에 영향을 미칠 것이다. 예를 들어, "Joan, 내가 방금 말한 내용을 다시 한번 설명해보세요. 그러면 평소처럼 실수하지 않을 것입니다"라고 말하면 Joan이 방어적인 행동을 하게 될 것이다. 그리고 아마도 실수를 할 것이다. 다음은 요약설명에 대한 적절한 요청의 두 가지 예이다.

"이제 당신이 무엇을 할 것인지 말해주세요. 그러면 우리가 어떤 점에서 합의하고 동의하는지를 확인할 수 있을 것입니다."

"제가 메시지를 절 전달했는지 확인하는 차원에서 저의 메시지를 요약정리 해주실 것을 요청합니다."

두 번째 진술은 직원의 부담을 덜어준다. 직원들은 그들의 능력을 점검하고 있다는 방위적인 태도에서 벗어나 자기 스스로의 전달 능력을 점검한다고 생각하게 되어, 메시지와 발신자에 대한 긍정적인 태도로 이어진다.

업무응용 5.3

당신이 알고 있는 또는 알고 있었던 관리자 1명을 상기해보자. 이 관리자는 피드백을 받는데 일반적인 접근 방법을 사용하고 있는가? 관리자는 피드백에 대해 개발적인 자세를 가지고 있는가? 또한 비언어적인 커뮤니케이션에 대해 알고 있는가? 관리자는 질문을 할 때 당신이 질문을 패러프레이징하도록 유도하고 있는가?

도표 5.3 360도 피드백 원천

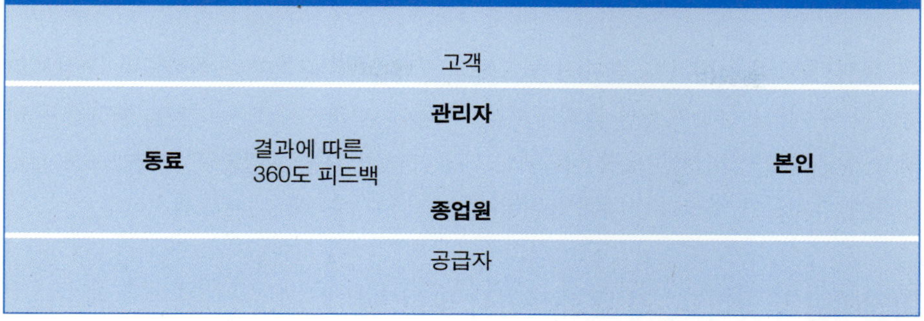

360도 다중 피드백

이름에서 알 수 있듯이 **360도 피드백**(360-degree feedback)은 다양한 사람들의 성과 평가를 기반으로 한다. 비공식적인 팀 피드백[69] 및 공식 평가가 포함된다. 일반적으로 360도 평가 양식은 평가 대상인 사람, 관리자, 동료 및 부하 직원(해당되는 경우)이 작성한다. 더 나아가 고객, 공급업체 및 기타 외부인도 해당되면 평가에 참여하는 경우도 있다. 360도 피드백 프로세스에 대한 설명을 위해 도표 5.3을 참고하라.

360도 피드백은 다양한 사람들의 성과 평가를 기반으로 한다.

자신이 긍정적이고 미래지향적이라면, 관리자와 다른 평가자의 피드백을 중시하고, 공식 성과 평가를 받기 위해 그에 해당되는 항목을 개선하려는 노력을 해야 한다. 관리자의 도움을 받아 다음 평가기간에 긍정적 점수를 받을 수 있도록 구체적이고 계획적인 개선 조치를 위해야 한다.[70]

도입사례 응용

2. Ranch Golf Club에서는 어떻게 피드백을 이용했는가?

Ranch Golf Club에서 성공을 위한 피드백은 중요하다. Clark과 Willowbend 경영팀은 골프장 고객들이 좋은 서비스를 받고 어떻게 하면 서비스를 개선할 수 있는지를 알기 위해 피드백을 이용했다. Clark, Willowbend 경영팀, 종업원들은 고객의 비판에 열린 태도를 가졌다. 왜냐하면 서비스를 개선하는 유일한 방법은 고객의 목소리에 귀를 기울이고 변화를 시도하여 성과를 높일 수 있다는 것을 인식했기 때문이다. 실제로 Peter와 Korby Clark은 Ranch Golf Club에서의 대부분의 시간을 고객과 커뮤니케이션하면서 보냈으며 그 커뮤니케이션 내용은 고객의 서비스 이용 경험과 개선 방법에 관한 것이었다. Clark과 Willow- bend 경영팀은 명확한 목표를 정하고 종업원들과 정기적으로 미팅을 하여 피드백을 주고받으면서 목표달성을 위해 회사가 얼마나 근접하고 있는지를 점검했다.

The Ranch Golf Club은 소규모 사업체이지만 여름에는 80여 명이 근무하며 코스운영, 코스 유지보수 및 식음료부서의 3개 부서에 대한 정교한 정보 시스템을 갖추고 있었고, 지속적인 개선을 위해 모니터링을 통해 성과지표에 의해 평가되고 있었다.

코칭

학습목표 5.5

비판과 코칭 피드백의 차이점을 설명한다.

코칭은 성과를 유지하고 개선하기 위해 동기부여 피드백을 제공하는 프로세스이다.

이 절에서는 먼저 비판에 관하여 토론하고, 그리고 직원들이 개선하도록 진정으로 동기를 부여하는 데 비판이 효과가 없는 이유에 대해 논의한다. 둘째, 동기를 부여하고 성과를 향상시키는 코칭 피드백을 제공하는 방법을 설명한다.[71] **코칭(coaching)**은 성과를 유지하고 개선하기 위해 동기부여 피드백을 제공하는 프로세스이다.

비판이란 무엇이고, 왜 효과적이지 못한가?

누군가를 탓하고 다른 사람을 난처하게 만들며 한 개인에게 집중하는 것은 비난에 속한다.[72] 비난이 효과적일 때란 거의 없다. 비난이란 한 사람의 옳고 그름에 대해 판단하는 것이다. 또한 비난은 한 사람의 실수를 지적하며 그 사람을 궁지에 모는 일이다.

한 사람의 잘못된 것을 직접 또는 간접적으로 지적하게 되면 네 가지 현상이 발생한다. (1) 사람들은 방어적이 되고 자신의 행동을 정당화하거나 자기의 잘못을 다른 사람 또는 다른 일의 탓으로 돌리게 된다. (2) 사람들은 남탓을 하거나 이유를 다른 곳으로 돌린다. (3) 소위 건설적인 피드백에 진정으로 귀를 기울이지 않는다. (4) 사람들은 난처해하고 기분이 상하며 자신들을 실패자라고 여기게 된다. (5) 그 사람들은 비난하는 사람들뿐만 아니고 일 자체도 싫어하게 된다.[73] 사람들은 비난을 받으면 받을수록 보다 방어적이 된다. 사람들에게 소리를 지르게 되면 상황이 더욱 악화되며, 소리를 지르게 된 것을 후회하게 된다. 반면에, 사람들은 피드백을 받은 것에 대해 긍정적인 기분을 느끼게 되면, 자신의 행동을 변화시키는 것에 대해 열린 마음을 가지게 되고, 이는 곧 성과향상으로 이어지게 된다.[74]

근무의욕 저하

과도하게 비난을 하는 관리자들과 함께 일하는 종업원들은 "우리 부서장은 나에 대해 관심이 없고 내가 일을 잘해도 이것을 알아주지 않는다. 따라서 내가 일을 잘해봐야 무슨 소용이 있는가?"라는 태도를 가지게 된다. 따라서 이들은 최소한의 업무만 하고 위험부담을 지지 않으며 실수를 안 하는 데만 관심을 가지고 실수를 은폐하여 비난을 받지 않는 등 안전한 방법으로만 일을 하려고 한다. 이렇게 되면 종업원들은 관리자가 다가오기만 해도 스트레스를 받고 접촉을 꺼리게 된다. 그들은 "이번에는 내가 무엇을 잘못했을까?"라고 생각하게 된다.

비판과 코칭 피드백의 차이

코칭 피드백(coaching feedback)은 양호하고 지원하는 관계에 기반을 두고 있으며, 구체적이고 기술적이다. 또한, 사람을 판단하는 비판은 해당되지 않는다. 코칭은 종업원들로 하여금 스스로 자기를 평가하는 방법을 사용하기도 한다. 비판은 종업원들이 스스로 패배자라고 생각하게 만들지만, 칭찬과 코칭 피드백은 종업원들이 승리자라고 생각하게 한다. 좋은 코치만큼 성공에 이르도록 하는 좋은 방법은 없다.[75]

코칭 피드백은 양호하고 지원하는 관계에 기반을 두고 있으며, 구체적이고 기술적이다. 또한, 사람을 판단하는 비판은 해당되지 않는다.

코칭 피드백 제공하는 방법

사람들은 코칭이라는 단어를 들을 때 종종 운동선수를 떠올리지만, 관리자도 꾸준한 성과와 지속적인 개선을 위해 코칭한다.[76] Home Depot사의 Ann-Marie Campbell은 코칭을 사용하여 다른 사람들이 성공할 수 있도록 리더십을 발휘한다. 수석 부사장으로서 그녀는 정기적으로 매장을 둘러보고 기회를 더욱 발전시킬수 있는 직원을 찾아 나선다. 아래에는 우리는 효과적인 코치가 되는 데 도움이 될 10가지 지침에 대해 논의한다. 지침은 도표 5.4에 요약되어 있다. 이 지침은 일을 잘하지만 성과가 떨어지거나 실수를 자주 범하는 직원들에게 주로 사용하도록 설계되었다.

코칭은 훈육을 하는 것과는 다르며, 이는 성과 향상에 중점을 둔다. 그리고 코칭은 상황이 더 나빠지지 않도록 하는데 필요하며, 훈육을 해야 하는 단계로 진입하지 않도록 하는 역할을 한다.[77] 직원들 성과가 수준 이하라는 말을 듣지 않도록 하는 것이 코칭의 운영 방법이다. 성과 문제가 심각하여 해고당한 직원들의 경우에는 더욱 그러하다.[78]

도표 5.4 코칭을 위한 지침

1. 지원적인 업무관계를 개발한다.
2. 칭찬과 인정을 한다.
3. 상대방을 비난하거나 난처하게 하지 않는다.
4. 사람이 아닌 행동에 집중한다.
5. 종업원들 스스로 자신의 성과를 평가하도록 한다.
6. 구체적이고 설명이 포함된 피드백을 제공한다.
7. 코칭 피드백을 제공한다.
8. 모델링과 훈련을 제공한다.
9. 유연한 피드백을 적시에 제공한다.
10. 사람들이 피드백을 요청하도록 한다.

지원적인 업무관계를 개발한다

코칭은 직원들과의 관계는 개인으로서 그들에 대한 진정한 관심이 있다는 것을 전달하는 것이며, 또한 코칭은 그들이 성공하도록 돕는 것을 기반으로 한다.[79] 신뢰를 기반으로 한 좋은 관계가 있다면 사람들은 코칭 제안을 듣고 개선하기 위해 변화하는 데 더 개방적이 된다.[80] 코칭을 할 때 더 나은 업무 수행을 돕기 위해 우리가 할 수 있는 일이 있는지 직원들에게 정기적으로 물어보아야 한다.[81] 관리자로서의 임무는 때로는 개입할 필요가 있으며, 직원들 개개인과 부서가 성과를 향상시킬 수 있도록 걸림돌을 제거하는 것이다.

칭찬과 인정을 한다

3장에서는 칭찬의 중요성과[82] 칭찬 모델을 사용하는 방법을 학습했다. 칭찬과 인정의 중요성은 아무리 강조해도 지나치지 않다. 사람들(상사, 동료, 친구, 가족)이 옳은 일을 하는 것을 보고 칭찬하라.[83]

상대방을 비난하거나 난처하게 하지 않는다

우리는 모두 의도하지 않은 실수를 하기 때문에 유능한 리더는 실수를 배움의 경험으로 간주한다.[84] 비난을 퍼붓고 사람을 기분 나쁘게 만드는 모든 행동은 도움이 되지 않는다. 예를 들어, 직원이 실수를 하고 그것을 깨닫고 그들이 그것을 반복하지 않을 것임을 알고 있다면 그것을 말로 표현할 필요가 없다. 그렇게 하면 기분만 나빠질 뿐이다. 당신이 그 사람을 좋아하지 않더라도 "나는 당신이 XYZ를 해서 놀랐다" 또는 "당신에게 실망했어요"와 같은 말은 피해야 한다.

사람이 아닌 행동에 집중한다

행동 변화에 초점을 맞춘 코칭과 사람에 초점을 맞춘 코칭의 차이점을 예를 들어 설명한다. 사람에 초점을 맞춰 언급하게 되면 비난하게 되고 직원들을 당혹스럽게 하는 경향이 있으며, 이는 사람들을 위축시킨다.

- **상황 1.** 직원 한 개인이 회의에서의 토론을 장악한다.
  - ▶ 개인에게 초점 — 당신은 너무 말이 많습니다. 다른 사람에게도 기회를 좀 주십시오.
  - ▶ 행동에 초점 — 다른 사람들이 어떤 의견을 가지고 있는지 듣고 싶습니다.

- **상황 2.** 직원이 또 다시 회의에 늦는다.
    - ▶ 개인에게 초점 — 당신은 항상 회의에 늦는군요. 다른 사람들처럼 시간을 좀 지키십시오.
    - ▶ 행동에 초점 — 당신은 두 번째로 회의에 늦었습니다. 우리는 회의를 시작할 때 당신의 의견이 필요합니다. 시간을 지킬 수 있습니까?

종업원들 스스로 자신의 성과를 평가하도록 한다

다음의 예는 비판과 자기평가 코칭 피드백의 차이를 보여준다.

- **상황 3.** 종업원 한 사람이 최근 더 많은 실수를 한다.
    - ▶ 비판 — 당신은 요새 성과가 좋지 않습니다. 제대로 일을 좀 하십시오.
    - ▶ 자기평가 — 이번 주에 일어났던 당신의 실수에 대해서 자평을 좀 해보십시오.

- **상황 4.** 종업원 한 사람이 보고서를 제출하게 되어 있다. 보고 마감일자는 이틀이 남았으나 이것을 맞출 것 같지 않다.
    - ▶ 비판 — 보고서를 제때 제출할 수 있겠습니까?
    - ▶ 자기평가 — 목요일까지 해야 하는 원가 절감에 관한 보고서 작성은 잘되고 있습니까? 내가 도와줄 일은 없습니까?

구체적이고 설명이 포함된 피드백을 제공한다

모호한 피드백이나 주관적 피드백은 성과 향상에 도움이 되지 않는다.[85] 개인이 무엇을 변경해야 하는지 정확히 알도록 하려면 구체적인 피드백이 필요하며, 업무상 변화를 통하여 성과를 향상시키려면 그 방법에 관하여 설명적인 피드백이 필요하다.[86] 구체적이지 않은 비판적 피드백과 자기평가를 유도하는 구체적인 피드백을 비교해 볼 필요가 있다.

설명적인 피드백은 사실이나 추론을 기반으로 할 수 있다. 사실을 관찰에 의한 것이고 증명을 할 수 있으나, 추론은 그렇지 않다. 상황 3에서 관리자는 직원이 지난 주보다 이번 주에 더 많은 오류를 범했음을 관찰하고 증명할 수 있다. 그러나 관리자는 그 이유를 관찰하거나 증명할 수는 없지만, 게으름, 질병, 개인 문제 등과 같은 변화된 행동에 대한 많은 이유를 추론할 수는 있다.

상황 4에서 관리자는 보고가 미래에 늦어질 것임을 증명할 수 없다. 관리자는 늦어질 것이라고 선불리 추론하고 정시에 완료되도록 종업원을 지도하려고 한다.

코칭피드백 제공한다.

자기평가는 효과가 좋은 편이다. 그러나, 과다하고 사용하면 항상 적합하지 않고, 효과가 제한적일 수 있다. 비난과 대비 될 필요가 있는 코칭의 예는 아래와 같다.

- **상황 5.** 종업원이 올바른 방법을 잘 알고 있음에도 불구하고 상자를 옮기는 잘못된 방법을 이용하는 것을 상사로서 목격했다.
    - ▶ 비판 — 상자 드는 방법이 잘못 되었잖아요. 내가 이런 경우를 다시 발견하는 일이 없도록 하시오.
    - ▶ 코칭 피드백 — 허리 부상을 당하지 않으려면 허리를 쓰지 말고 다리를 이용하세요.

모델링과 훈련을 제공한다

좋은 관리자는 모범을 보인다. 직원이 관리자가 효과적으로 일을 하는 것을 보면 관리자를 따라하는 경향이 있다. 상황 4와 5에서 설명된 것처럼 코칭은 종종 훈련을 필요로 한다.[87] 널리 사용되는 직무훈련 방법에 대한 요약을 참조할 것을 권한다(모델 5.2) **직업 교육 훈련**(job instructional training) 단계는 다음과 같다: (1) 훈련생이 사전 준비 과정을 거친다. (2) 트레이너가 과제를 제시한다. (3) 훈련생이 작업을 수행한다. (4) 트레이너가 후속 조치를 취한다. 우리가 잘 알고 있는 작업은 매우 간단해 보이지만 일반적으로 새 훈련생에게는 어려운 작업임을 기억할 필요가 있다.

직업 교육 훈련 단계는 다음과 같다:
(1) 훈련생이 사전 준비 과정을 거친다.
(2) 트레이너가 과제를 제시한다.
(3) 훈련생이 작업을 수행한다.
(4) 트레이너가 후속 조치를 취한다.

- **1단계. 훈련생은 사전 준비 과정을 거친다.** 훈련생들에게 과업에 대한 흥미를 유발시키고 질문을 유도하는 방법으로 마음을 편하게 한다. 또한 요구되는 작업의 양과 질, 왜 이것이 중요한지를 설명한다.
- **2단계. 트레이너가 과업을 부여한다.** 트레이너 스스로 각 단계를 여러 차례 설명하면서 천천히 과업을 수행한다. 훈련을 받는 사람들이 각 단계를 기억하고 있는 것처럼 보이면 과업을 다시 수행해 보이면서 각 단계를 설명하도록 한다. 복잡한 과업인 경우 거쳐야 하는 각 단계를 문서화하여 이를 훈련생에게 이용하도록 하는 것도 도움이 된다.

모델 5.2 직무 훈련 방법 단계

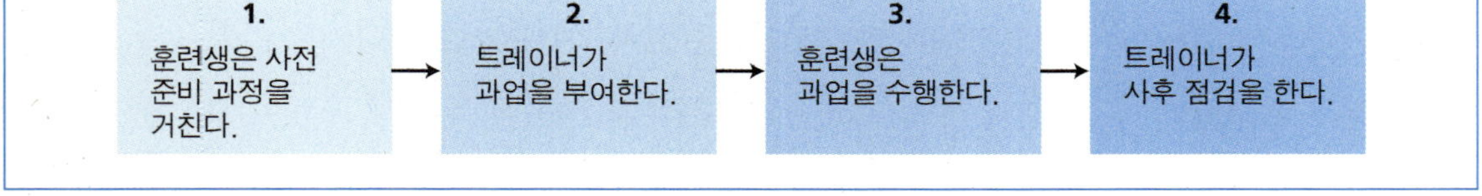

- **3단계. 훈련생은 과업을 수행한다.** 훈련생들이 천천히 각 단계를 설명하면서 과업을 수행하도록 한다. 오류를 수정해가면서 인내심을 가지고 훈련생들이 어려운 과정을 수행할 때 도움을 제공한다. 훈련생이 능숙한 단계에 이를 때까지 이 과정을 계속한다.
- **4단계. 트레이너가 사후 점검을 한다.** 훈련생들이 도움이 필요로 할 때 누구에게 물어봐야 할지 알려주고 스스로 그 일을 해보도록 점진적으로 유도한다. 수시로 작업의 질과 양을 시작단계에서 자주 점검을 해보고 난 다음 훈련생의 숙련도에 따라서 점검을 줄여 나간다. 작업의 숙련도가 습관화되는 정도에 이를 때까지 과업 수행을 관찰하고 실수를 수정해준다. 이 때 트레이너는 인내심을 가지고 격려를 하는 것이 중요하다.

유연한 피드백을 적시에 제공한다

행동이 관찰된 후 가능한 한 빨리 피드백을 제공해야 한다.[88] 예를 들어, 상황 5에서 직원이 상자를 잘못 들어 올리는 것을 보자마자 코칭 피드백을 제공해야 한다. 며칠 후에 직원에게 피드백을 제공하게 되면 직무상 행동개선에 덜 영향을 미치게 되며, 이미 직원은 부상을 입었을 수도 있다.

유연성 부분은 두 가지 방식으로 작동한다. (1) 전체 코칭 작업을 수행할 시간이 없어, 향후에 실행하고자 할 때와 (2) 감정이 고조되어 관련자들의 마음을 진정시킨 다음 문제를 논의할 필요가 있을 때이다.

사람들이 코칭 피드백을 요청하도록 한다.

사람들은 무엇을 하라는 지시를 받는 것을 좋아하지 않는다. 당신은 어떠한가? 언급한 바와 같이 단순히 사람들에게 그들이 뭔가 잘못하고 있다고 말하면, 그들은 종종 방어적이 되어 타인의 말을 듣지 않고 행동을 개선하지 않는다. 그러나 누군가가 당신에게 피드백을 요청하면 당신이 권장하는 대로 듣고 행동을 변경할 가능성이 매우 높다.

- **상황 6.** 작업을 완료하는 동료가 잘못된 방법을 사용하거나 과도하게 시간을 소요하는 방식으로 작업을 완료하는 것을 본다.
  - ▶ 비판 — 당신은 그 일을 하는 데 시간을 많이 낭비했습니다. 올바른 방법으로 하는 방법을 알려드리겠습니다.

업무응용 5.4

자신이 겪어본 최고와 최악의 관리자를 기억해보자. 어떤 관리자와 가장 좋은 관계를 맺었는가? 어떤 관리자가 당신이 잘한 일에 대해 가장 큰 격려와 칭찬, 인정을 했는가? 어떤 관리자와 일할 때 자신의 성과가 보다 많은 향상을 기록했는가?

▶ 코칭 피드백 — 해당 작업을 완료하는 더 빠른 방법을 보여드릴까요?

여기에 제시된 간단한 지침을 따르면 훌륭한 코치가 될 수 있다. 이 지침은 모든 리더십 상황에 적용될 수 있으므로, 바로 코칭을 시작할 수 있다.

개념응용 5.4 비난 또는 코칭 피드백

아래 다섯 가지 진술을 비판이나 코칭 피드백으로 식별하고, 비판에 대해서만 이를 대체할 코칭 피드백 진술을 작성해보라.

a. 비판
b. 코칭 피드백

_____28. 다음 단계로 나가기 전에 이번에는 맞춤법 검사를 사용하는 것을 잊지 마십시오.

_____29. 크고 화난 목소리로: 뭐하는 거예요?

_____30. 더 빨리 끝내는 방법을 알고 싶습니까?

_____31. 이것은 여전히 더럽습니다. 다시 청소하십시오.

_____32. 앞으로 이와 같은 문제를 최소화할 수 있는 방법을 말씀해 주시겠습니까?

코칭모델과 멘토링

학습목표 5.6
코칭모델의 단계를 나열한다.

코칭은 직원들이 잦은 실수를 하고 성과가 기대 수준 이하로 떨어질 때 필요하다.[89] 피드백을 줄 때 코칭 지침 10가지 모두가 중요하며, 직원들은 최선의 일대일 코칭을 필요로 한다. 이러한 상황에서는 인내심을 가지고 임할 필요가 있고, 직원들에 대해 일관성을 유지해야 한다. 절대로 포기해서는 안 된다.[90] 이 절에서는 코칭모델과 멘토링의 개요를 제시한다.

코칭모델

코칭모델을 다루기 전에, 코칭모델에 영향을 미치는 귀인이론과 성과 공식에 대해 토론한다.

귀인이론

귀인이론은 관리자가 효과적인 또는 비효과적인 성과의 이유를 파악하고 그것을 어떻게 바로잡을지에 대한 사고의 과정을 설명하는 데 이용된다.

귀인이론(attribution theory)은 관리자가 효과적인 또는 비효과적인 성과의 이유를 파악하고 그것을 어떻게 바로잡을지에 대한 사고의 과정을 설명하는 데 이용된다. 성과가 나쁠 경우 관리자는 2단계의 반응을 거치게 된다. 첫째, 관리자는 나쁜 성과의 원인을 파악하려고 하며 그 다음 이를 바로 잡을 수 있는 행동을 선택한다. 저조한

모델 5.3 성과 공식

$$성과(f)^{*} = 능력 \times 동기수준 \times 자원$$

* (f) = 결과에 영향을 주는 변수와의 관계

성과의 원인을 파악하는 데 도움이 되는 성과 공식을 제공하고 저조한 성과의 원인을 바로잡기 위해 필요한 코칭모델을 소개한다.

저조한 성과의 원인파악과 개선을 행동

3장에서 성과 공식에 대해 논의한 바 있다. **성과 공식(performance formula)**은 성과를 능력, 동기, 자원의 함수로 설명한다(모델 5.3 참조). 낮은 성과의 원인을 파악하고 원인에 따라 시정 조치를 취하는 데 이 공식이 도움이 된다. 직원의 능력이 최적의 성과를 내지 못하는 이유일 때 시정 코칭 조치는 교육훈련이다. 동기가 부족하면 코칭이 필요하며, 자원이 부족한 경우에는 자원보충이 해결 방법이다. 성과를 방해하는 장애물이 문제의 원인이라면 이를 제거하는 노력이 필요하다.

성과 공식은 성과를 능력, 동기, 자원의 함수로 설명한다.

코칭모델을 이용한 성과개선

코칭모델을 이용하는 단계는 아래와 같다.

- **1단계. 현재 성과를 설명한다.** 구체적인 예를 이용하여 변화를 주어야 하는 현재의 행동을 자세히 설명한다. 예를 들면, 능력 또는 동기수준의 문제일 경우 "이런 방법을 이용하여 상자를 옮겨 나르면 다칠 가능성을 낮출 수 있다"와 같이 말한다.
- **2단계. 기대하는 수준의 성과를 정한다.** 종업원들에게 구체적이고 세밀하게 기대하는 성과 수준을 정확히 알려준다. 이 경우 종업원들의 능력이 문제라면 직무 훈련 방법을 이용하여 종업원을 훈련시키면 적절하다. 종업원들이 이미 적절한 방법을 알고 있다면 저조한 성과의 원인은 동기 수준일 가능성이 많다. 이러한 경우 적절한 업무수행 방법을 보여주는 것은 필요하지 않고 다만 왜 높은 성과가 필요한지를 언급하며 기대하는 성과 수준을 설명할 필요가 있다. 예를 들면, 능력—"허리를 쓰는 대신 몸을 낮추어 다리를 이용하여 상자를 들어 올리는 방법이 더 쉬울 뿐 아니라 부상을 입을 가능성도 적습니다. 내가 한 번 시범을 보일 테니까 잘 보세요." 동기수준—"허리를 쓰는 것보다 몸을 낮추고 다리를 사용하여 상자를 들어야 하는 이유를 아세요?"

모델 5.4 코칭모델

1. 현재 성과를 설명한다. → **2.** 기대하는 수준의 성과를 정한다. → **3.** 현재 성과와 목표 성과의 차이를 메우기 위한 노력을 하게 한다. → **4.** 사후점검을 한다.

- **3단계. 현재 성과와 목표 성과의 차이를 메우기 위한 노력을 하게 한다.** 부진한 성과의 원인이 능력에 기인하면서 종업원들이 열심히 할 의도를 가지고 있을 때에는 목표달성을 위한 노력을 하라고 말할 필요가 없다. 그러나 종업원들이 잘못된 업무 방법을 고수하려고 할 때는 현재의 방법이 비효과적이고 제시하는 방법이 옳다고 설명할 필요가 있다. 합리적인 조언에 대해 종업원들이 동의하지 않으면 강압적 권력을 동원하여 그들을 훈육한다는 차원에서 그들의 다짐을 받아낼 필요가 있다. 만약 동기수준이 문제가 된다면 이것은 중요한 문제이다. 왜냐하면 종업원들이 새로운 방법을 채택할 의지가 없다면 권장하는 방법은 현실화되지 않기 때문이다.

  예를 들면, 능력—종업원들이 방법을 바꿀 의지가 있는 경우에 이 단계는 건너뛴다. 동기수준—"다음부터 허리를 쓰지 말고 몸을 낮추어 다리를 사용할 것입니까?"
- **4단계. 사후점검을 한다.** 일부 종업원들은 관리자가 기대하는 것이 아니라 관리자가 조사하는 것을 수행하는 경향이 있다는 것을 잊지 말아야 한다. 기대대로 종업원들이 행동하고 있다는 것을 확인하는 사후점검을 해야 한다.

  저조한 실적이 능력 때문이고 종업원들이 당신의 권고를 받아들인다면 3단계를 생략하고 아무 말도 할 필요가 없다. 그러나 미래 업무가 올바른 방법으로 수행되었는지 관찰하여 확인할 필요가 있다. 필요하면 재차 코칭한다. 동기수준에 문제가 있는 경우에는 종업원들에게 사후점검이 있을 것이고 성과 문제가 다시 발생하면 어떤 조치를 취할 것인지를 언급할 필요가 있다.

  예를 들면, 능력—아무 말도 하지 않고 관찰한다. 동기수준—"허리를 써서 상자를 드는 것은 위험합니다. 그렇게 일하는 것을 내가 다시 목격한다면 적절한 조치를 취할 것입니다."

코칭모델의 각 단계를 재검토하기 위해서 **모델 5.4**를 참조한다.

멘토링

멘토링(mentoring)은 경험이 많은 관리자가 경험이 부족한 직원을 돕는 코칭의 한 형태이다. 따라서 코칭을 위한 10가지 팁이 멘토링에 적용된다. 그러나 멘토링에는 코칭 이상의 것이 포함되며 코칭보다 더 개인적이며 관여의 정도가 더 깊다. 공식 멘토는 일반적으로 높은 경영진이 되는 경우가 대부분이고 직원의 직속 상사가 하는 역할이 아니다. 때로는 가족, 친구, 동료들도 멘토가 될 수 있다. 좋은 멘토와 네트워킹은 경력을 발전시키는 데 도움이 될 수 있으며,[91] 다음 장에서 네트워킹 방법을 배우게 된다.

사진 5.2 Dawn Staley가 "Catch the Stars" 프로그램 참여자들과 이야기를 나누고 있다. 이 프로그램은 Dawn Staley Community Leadership Award를 수상한 Tamika Catchings가 설립하였다.

출처: Ron Hoskins/NBAE via Getty Images

멘토링의 일차적인 책임은 직원들에게 경력에 필요한 조언을 제공하고, 성공적인 경력개발을 위해 필요한 리더십 기술개발을 돕는 것이다. 코칭과 멘토링은 특히 Fortune 500대 기업에서 수적으로 차별을 받아 온 여성과 유색인종 직원들이 상위직으로 진출하는데 특히 중요한 도움을 준다.[92] University of South Carolina의 수석 코치 Dawn Staley Lady Gamecocks는 멘토링을 통해 자신이 받은 도움에 멘토링을 제공하는 방법으로 보답하는 것이 중요하다고 생각한다. Dawn Staley Foundation을 통해 그녀는 위험한 환경에 처한 청소년을 위한 멘토링 프로그램을 설립했으며, 운동선수들이 높은 학업 수준을 달성할 수 있도록 지원했으며, 대학 간 운동 경기 내에서 여성과 유색인종을 위한 다양성과 기회를 옹호한다.[93, 94] American Express의 Licenia Rojas는 남성우위 산업에서 여성이 중역직위에 진출하기 위해서는 멘토링과 역할 모델이 중요하다고 믿고 있다. 여성들이 적극적으로 멘토링의 도움을 찾아 나서고, 받은 혜택을 다른 후배 여성직원들에게 멘토링을 통해서 돌려 주는 역할을 하는 것이 중요하다고 여기고 있다.[95]

멘토링은 경험이 많은 관리자가 경험이 부족한 직원을 돕는 코칭의 한 형태이다.

우리 모두는 멘토가 필요하므로 누군가가 당신에게 멘토링을 해주겠다고 할 때까지 기다릴 필요가 없다. 좋은 멘토를 스스로 찾아 나서는 것이 중요하다.[96] 조직에서 공식적인 멘토링 프로그램이 있다면 즉시 등록할 것을 권한다. 비공식적 멘토링의 경우, 멘토링에 대해 주변에 수소문 해서 구할 수 있으며, 다른 조직에서 멘토를 구할 수도 있다. 글로벌 경제에서 e-멘토링이 대중화되고 있음을 기억할 필요가 있다. 멘토에게 직무관련 질문

업무응용 5.5

자신의 현재 또는 과거의 멘토를 생각해보자. 멘토와의 관계와 그로부터 받은 충고를 설명해보자.

또는 경력 관련 질문을 할 수 있고 조언이 필요할 때마다 멘토에게 문의할 것을 권장한다. FOCUS Brands의 COO인 Kat Cole은 비공식적인 접근 방식을 제안한다. 멘토는 동료, 신입사원, CEO 등이 될 수도 있다. “당신이 이런 일을 잘 처리했다고 저는 들은 바 있는데, 저도 같은 일을 할 예정입니다. 당신이 배운 바에 대해 조언을 듣고자 합니다. 나는 당신의 조언이 무엇인지 알고 싶고 당신이 배운 한 가지를 듣고 싶습니다”라고 부담없어 접근할 수 있으며, “멘토링은 공식적인 절차를 통하지 않고, 가벼운 마음으로, 5분이라는 짧은 시간동안에, 정수기 옆에서, 짧은 전화통화로도 이루어질 수 있습니다”라고 그녀는 조언한다.[97]

도입사례 응용

3. 엔진오일 교환 사업, 골프장, 스포츠팀 사이에 차이가 있는가? Peter Clark은 Ranch Golf Club에서 어떻게 코치를 이용했는가?

Peter Clark는 자동차 엔진 교환 사업, 골프장, 스포츠팀 코치 사이에 차이점보다는 유사점이 많다고 한다. 이 사업들의 관심사는 좋은 품질의 서비스라는 공통점이 있다. 고객을 올바로 대접하는 것이다. Clark은 3I 코칭철학을 위 모든 3개의 사업에서 동일하게 사용했다. 올바른 서비스를 제공하기 위해 집중력(Intensity), 아무도 보지 않을 때 일을 올바로 하기 위해서 도덕적 정직성(Integrity), 팀으로 일하기 위한 친밀감(Intimacy)이 필요하다는 것이다. 한 사람이 자기 일을 제대로 하지 않으면 그 밖의 다른 사람들이 부정적인 영향을 받는다. 일반 사업과 스포츠에서 항상 최고가 되기 위해 노력해야 하며 항상 도전적인 목표를 정하고 목표달성을 위해 매진할 필요가 있다.

다른 사람들과 앉아 커뮤니케이션을 나누고 진심으로 그들의 말에 경청을 하는 등 우호적인 업무관계를 개선하고 긍정적으로 일해야만 하는 필요성에 관하여 Clark은 상당한 신념을 가지고 있다. 그는 또한 양호한 교육훈련의 필요성을 믿었다. Ranch Golf Club에서는 고품질의 서비스를 제공하기 위하여 종업원들에게 완전한 교육훈련을 제공했고 현재 성과를 유지하고 향상시키기 위해 지속적으로 코칭을 제공한다. Ranch Golf Club에서는 공식적인 멘토링 프로그램은 없지만 Clark은 멘토링이 자기에게 주어진 중요한 역할이라고 믿고 있다.

갈등관리

학습목표 5.7

다섯 가지 갈등관리 스타일을 정의한다.

사람들이 의견 불일치와 반대에 있을 때마다 갈등이 존재한다.

부적절한 의사소통, 피드백 및 코칭은 갈등으로 이어질 수 있다. 사람들이 의견 불일치와 반대에 있을 때마다 **갈등(conflict)**이 존재한다. 갈등은 우리의 행동, 관계, 성과에 영향을 미친다.[98] 협업과 팀워크 위주로 일하는 추세와 함께,[99] 갈등 기술[100]이 점점 더 중요해지고 있다.[101] 이 정에서는 갈등해결을 위해 심리적 계약과 우리가 사용할 수 있는 다섯 가지 갈등관리 스타일에 대해 논의한다.

심리적 계약

모든 인간관계는 심리적 계약에 의존한다.[102] 심리적 계약(psychological contract)이란 인간관계에 포함되어 있는 사람들이 가지고 있는 묵시적인 기대이다.[103] 직장에서 일하면서 직장에 어떤 방법으로 기여(노력, 시간, 기술 등)해야 하는지에 대해 당신은 일종의 기대치를 가지고 있다. 가끔 기대치가 충족되지 않을 때까지는 이러한 기대치를 알지 못하는 경우도 있다(예를 들면, 상사가 당신을 어떻게 다루는지 알 때까지).

심리적인 계약을 파기하면서 갈등은 발생한다

심리적인 계약은 두 가지 주요 이유에 의하여 파기된다. (1) 우리의 기대치를 명확하게 하지 않고 다른 사람들이 어떤 기대를 하고 있는지 알아보지 않았을 때, (2) 다른 사람들이 우리와 같은 기대치를 가지고 있다고 가정할 때 다른 사람들이 우리의 기대치를 만족시킬 때에는 문제가 없으나 우리의 기대치가 만족하지 않을 때에는 갈등이 생기게 된다.[104]

조직은 공정한 행동을 유도하기 위해 조직의 가치와 규범을 가지게 되고, 이를 바탕으로 심리적 계약이 형성된다. 또한 정보를 공유하고 기대치를 적극적으로 조정하는 것이 중요하다.[105] 다른 사람들에 대한 기대치를 그들이 알지 못할 때 이를 어떻게 해결할 수 있는가?

갈등은 긍정적 또는 부정적 영향을 미칠 수 있다

갈등은 부정적인 결과와 긍정적인 결과를 모두 초래할 수 있다.[106] 갈등이 조직 목표의 달성을 방해하는 경우 이는 부정적이거나 역기능적인 갈등이다. 순기능적 갈등은 변화와 조직 목표의 달성을 지원할 때 존재한다. 생각이 달라 발생하는 경우는 기능적인 경향이 있는 반면, 개인 간의 갈등은 부정적인 경향이 있다. 중요한 질문은 갈등을 어떻게 관리하는가 하는 것이다. 이 장의 나머지 부분은 갈등관리 기술을 개발하는 데 도움을 주고자 한다.

갈등관리 스타일

갈등이 있을 때 선택할 수 있는 다섯 가지 갈등관리 스타일이 있다. 다섯 가지 스타일은 두 가지 차원의 관심을 기반으로 하는데, 그것은 다른 사람의 필요에 대한 관심과 자신의 필요에 대한 관심이다. 이러한 태도는 수동적, 공격적, 독단적이라는 세 가지 유형의 행동을 낳는다. 각 갈등 스타일의 행동은 서로 다른 승패 상황의 조합을 초래한다. 관심사항 및 승패 조합에 의한 다섯 가지 스타일은 **도표 5.5**에 제시되

도표 5.5 갈등관리 스타일

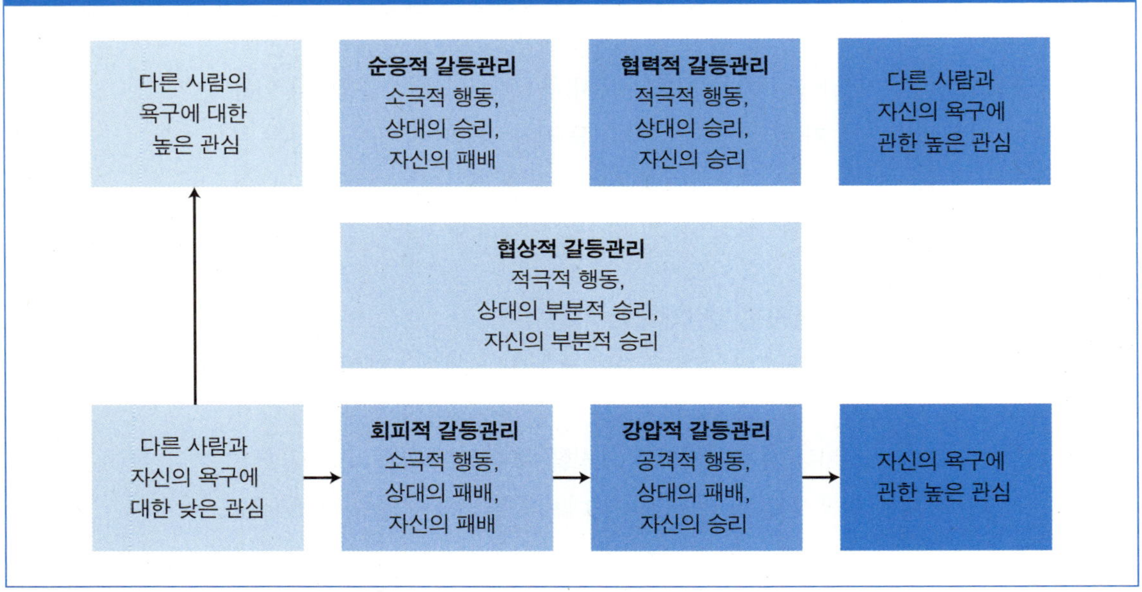

어 있으며 여기에서 수동, 공격적, 독단적 행동의 순서로 논의된다. 우리가 가장 많이 사용하는 갈등 스타일은 성격과 리더십 스타일에 기반한다. 모든 상황에 가장 적합한 갈등관리 스타일은 없다. 아래에는 다섯 가지 갈등관리 스타일 각각의 장단점과 적절한 사용을 제시하고자 한다.

회피적 갈등관리 스타일

회피적 갈등관리 스타일은 갈등을 해결하기보다는 수동적으로 무시하는 것을 말한다. 사람들은 대책 수립을 거절하거나 정신적으로 피하고 물리적으로 갈등 현장을 떠남으로써 갈등으로부터 도피하는 방법으로 회피한다.

회피적 갈등 스타일의 장·단점. 갈등해결을 통해 상처를 받을 수 있는 관계를 유지할 수 있다는 장점이 있다. 이 스타일의 단점은 갈등이 해결되지 않기 때문에 회피가 최선의 선택이 아닌 경우가 많다. 문제를 피한다고 해서 문제가 사라지는 것은 아니며, 문제는 대개 더 악화된다.[107] 그리고 다른 사람과 맞서는 것을 지연 시킬수록, 맞서는 행동을 하기가 더욱 어렵게 된다.

회피적 갈등 스타일의 적절한 사용방법. (1) 갈등이 사소하여 논쟁을 피하는 경우, (2) 문제에 대한 우리의 이해관계가 높지 않은 경우, (3) 맞서 대결하는 것이 중요한 관계를 손상시킬 수 있는 경우, (4) 갈등을 해결할 시간이 없는 경우 또는 (5) 관련자들의 감정이 격한 경우에 상대방과의 맞서 대결하는 것을 나중으로 미루어야 한다. 그러나 너무 화가 나서 결국 다른 사람(들)에게 소리칠 때까지 대립을 반복적으로 피하지 말아야 한다. 이러한 수동적-공격적 행동은 인간 관계에 상처를 주어 상황을 악화시키는 경향이 있다. 종종 사람들은 자신이 상대방을 폐를 끼치는 일을 하고 있다는 사실을 깨닫지 못하고(우리가 갈등을 겪고 있다는 사실을 깨닫지 못하고)있다. 갈등에 관하여 적절하게 접근하면 상대방이 기꺼이 변화를 시도할 용의가 있는 경우에 회피 스타일을 사용하는 경우가 여기에 해당된다.

순응적 갈등관리 스타일

순응적 갈등관리 스타일을 사용한다는 것은 상대방에게 수동적으로 양보하여 갈등을 해결한다는 것이다. 이러한 형태를 사용할 때 당신은 자기주장을 내세우지도 않고 협력적이지도 않다. 상대방을 만족시키고 자신의 욕구에 신경을 쓰지 않아 상대방이 자기의 몫을 차지하도록 하는 것이다. 상대방의 비위를 맞추려고 노력하면서 결국 상대의 승리-나의 패배 상황이 전개되는 것이다.

회피적 갈등관리와 순응적 갈등관리의 차이점. 회피적 갈등관리와 순응적 갈등관리의 일반적인 차이점은 행동에 있다. 회피적 스타일에서는 어떠한 일도 할 필요가 없으며, 순응적 스타일에서는 하기 싫은 행동도 취하게 된다. 예를 들면, 본인이 동의하지 않는 주장을 하는 상대방과 이야기할 때 회피 스타일에서는 아무 말도 하지 않거나, 주제를 바꾸거나, 대화를 멈추게 된다. 가령 예를 들면, 상대방이 "이런 식으로 진열합시다"라고 주장했을 때 이에 동의하지는 않지만 참고 있다고 생각해보자. 만약 상대방의 주장대로 하기를 원치 않으면서 아무 말도 하지 않고 그 사람의 주장을 마음속에 담고 있기만 한다면 당신이 바라지 않는 바를 하는 것이다.

순응적 갈등관리 스타일의 장·단점. 순응적 스타일의 장점은 상대방의 방법대로 일을 함으로써 관계가 유지된다는 것이다. 단점은 더 좋은 방법을 알고 있지만 자기주장을 포기함으로서 바람직한 결과가 나오지 않는다는 점이다. 이러한 스타일을 과도하게 사용한다면 상대방에게 이용당하고 유지하고자 하는 관계마저도 잃어버릴 수 있다.

순응적 갈등관리 스타일의 적절한 사용 방법. 순응적 스타일은 (1) 상대방을 따라가기를 좋아할 때, (2) 그 어떤 것보다도 상호 관계유지가 중요할 때, (3) 상대방에게 동의하는 사항이 본인에게는 그다지 중요하지 않고 상대방에게는 중요할 때, (4) 갈등해결을 위한 시간이 제한적일 때와 같은 경우에 적절하다. 강압적인 권력을 휘두르는 독재적인 관리자의 경우에 부하의 입장에서는 이러한 형태를 유일하게 사용할 수 있는 경우가 많다.

강압적 갈등관리 스타일

강압적 갈등관리 스타일은 자신의 방법을 공격적으로 이용하여 갈등을 해결하는 것이다. 필요하다면 상대방을 희생하여 자신의 욕구를 충족시킬 수 있는 행동을 공격적이고 비협력적으로 하는 것이다. 강압적 스타일은 권위, 위협, 위축시키는 것, 자신의 승리가 명백한 경우에도 다수결을 요구하는 것 등을 포함한다. 본인은 변화할 생각이 없으면서 다른 사람을 변화시키려 할 때 다른 방법이 존재함에도 불구하고 강압적 스타일을 사용하며 이 경우 본인의 승리와 상대방의 패배의 상황이 되는 것이다.

강압적 갈등관리 스타일의 장·단점. 강압적 스타일의 장점은 당사자가 옳다는 것을 확신하고 타협에 의한 의사결정이 효과가 낮을 경우 조직 차원에서 의사결정을 할 수 있다는 것이다. 단점은 이 형태를 과도하게 사용하면 상대방의 적대감과 분노를 유도한다는 점이다. 이러한 방법을 사용하는 사람들은 대개 인간관계가 좋지 않은 경향이 있다.

강압적 갈등관리 스타일의 적절한 사용방법. 어떤 관리자들은 자신의 직위권력을 이용하여 자기가 원하는 것을 상대방이 하도록 강요한다. 이러한 스타일은 (1) 중요한 사안에 관하여 인기가 없는 결단을 내려야 할 때, (2) 해당되는 사안을 실행에 옮길 때 상대방의 몰입 정도가 중요하지 않을 때, 다른 말로 하면 본인이 하고 싶은 바대로 일을 추진해도 상대방이 저항하지 않을 때, (3) 인간관계가 중요하지 않을 때, (4) 갈등해결이 위급할 때와 같은 상황에서 적절하다.

협상적 갈등관리 스타일

협상적 갈등관리 스타일은 적극적이고 양보를 주고받는 방법으로 갈등을 해결하는 것을 말한다. 이것은 또한 타협 스타일이라고도 부른다.

협상적 갈등관리 스타일의 장·단점. 협상적 스타일의 장점은 갈등이 상대적으로 신속하게 해결되며 업무상 관계가 유지된다는 점이다. 단점은 타협이 차선의 의사결정과 같이 비생산적인 결과에 이를 수 있다는 점이다. 이 방법을 과도하게 사용하게 되면 실제로 자기가 원하는 것보다 더 많은 것을 요구하는 등 상대방을 속이게 된다는 것이다. 이러한 방법은 노사 협상에서 일반적으로 사용된다.

협상적 갈등관리 스타일의 적절한 사용방법. 협상적 스타일은 (1) 핵심 쟁점이 복잡하고 중요하여 단순하고 명확한 해결책이 존재하지 않을 때, (2) 협상에 관여되어 있는 사람들이 가지고 있는 권력이 비슷하고 상호 상이한 해결책에 관심이 있을 때, (3) 해결책이 일시적일 때, (4) 시간이 없을 때와 같은 상황에 적절하다.

협력적 갈등 해결 스타일

협력적 갈등 해결 유형 사용자는 적극적으로 상대방과 갈등을 공동으로 해결하려고 시도한다. 모든 당사자가 동의할 수 있는 최상의 문제 해결 스타일이라고도 한다. 비록 회피적 스타일은 다른 사람의 필요에 관심을 갖고 강압적 스타일은 자신의 요구에 관심을 가진다. 협력적 스타일은 문제에 대한 모든 사람들이 만족해하는 최상의 해법을 찾는 데 관심을 가진다. 강압적 스타일과는 달리 협력적 스타일은 보다 좋은 해결방안이 발견되면 자신의 입장을 기꺼이 변경한다. 협상스타일은 때로는 비밀 정보를 기반으로 하는 경우가 많지만 협력적 스타일은 개방적이고 정직한 의사소통을 하고 진정한 윈-윈 상황을 만드는 유일한 스타일이다.

협상적 스타일과 협력적 스타일의 차이점. 협상적 스타일에서는 이번에는 한쪽의 이익을 양보하면, 다음에는 다른 쪽의 이익을 내어주는 식으로 절충하여 어느 정도 승자와 패자가 존재할 수 있다. 협력적 스타일에서는 두 당사자가 함께 일하여 정직하고 열린 커뮤니케이션 통하여 양자가 모두 좋아하는 방법을 찾아 낸다. 이것은 두당사자의 의견을 종합한 것 이거나, 한사람의 의견에 대한 설명을 듣고 다른 당사자가 이 방법이 좋다는데 동의하여 이루어 지게 된다. 협력적 스타일의 핵심은 합의를 본 해결 방법이 최고의 선택이라는데 동의한다는 것이다.

협상적 갈등관리 스타일의 장·단점. 협상적 스타일의 장점은 갈등이 상대적으로 신속하게 해결되며 업무상 관계가 유지된다는 점이다. 단점은 이러한 스타일은 다른 스타일에 비해 보다 많은 기술, 노력 및 시간이 소요된다는 점이다. 협력적 스타일을 사용하기 어려울 때와 강압적 스타일로 인하여 상황이 허락하지 않을 때에, 협상적 스타일을 사용하는 경우가 생긴다. 협력적 갈등관리 스타일은 개인, 집단 및 조직차원에서 가장 이점이 많은 형태이지만, 항상 가능한 것은 아니다.

협력적 갈등관리 스타일의 적절한 사용방법. 협력적 스타일은 (1) 핵심 쟁점이 복잡하고 중요하여 단순하고 명확한 해결책이 존재하지 않을 때, (2) 협상에 관여되어 있는 사람들이 가지고 있는 권력이 비슷하고 상호 상이한 해결책에 관심이 있을 때, (3) 관계유지가 중요할 때, (4) 시간이 충분할 때, (5) 갈등이 동료 간의 문제일 때.

다섯 가지 스타일 중 비교적 사용하기 쉬운 스타일은 회피형과 수용형이다. 적절할 때 피하고 수용하는 스타일을 사용하지 않는 경향이 있다면 말하거나 아무것도 하지 않거나 다른 사람의 방식에 따라 다른 사람에게 양보하는 일을 하라. 일반적으로 강압적 스타일을 사용하지 않기를 원한다. 필요한 기술의 복잡성과 수준으로 인해 성공적으로 구현하기 가장 어려운 것은 협력적 스타일이다. 따라서 협력적 스타일을 개발하는 방법은 다음 절에서 자세히 다룰 것이다. 협상기술에 대해서는 다음 장에서 학습한다.

업무응용 5.6

자신이 같이 근무했던 현재 또는 과거 관리자를 상기해보자. 그 관리자가 가장 자주 사용한 갈등관리 스타일은 무엇인가? 대표적인 예를 들어 설명해보자. 다섯 가지 갈등관리 스타일 중 자신이 가장 자주 사용하는 스타일은 무엇인가? 자신의 대답에 대해 설명해보자.

개념응용 5.5 갈등관리 스타일 선택

이 여섯 가지 갈등 상황 각각에 대해 가장 적절한 갈등관리 스타일을 선택하라. 각 항목 앞의 빈칸에 선택한 바를 적어 넣는다.

a. 회피
b. 순응
c. 강압
d. 협상
e. 협력

_____33. 당신은 관리자이고 직원이 규칙을 어기는 것을 방금 목격했다.

_____34. 당신은 임시 위원회에 합류했다. 당신의 임무는 위원회 내에 낮은 성과를 내는 부분을 찾아내는 것이다. 위원회의 다른 위원들은 당신과 반대되는 제안을 하고 있으며, 당신은 자신의 의견이 맞다는 확신을 가지고 있으나, 상대방은 강압적 스타일을 사용하고 있다.

_____35. 당신은 새로운 회사 스마트폰을 선택해야 하는 태스크 포스에서 일하고 있다. 사람들이 고려하지 있지 않은 다른 선택을 하면 모든 문제(브랜드, 가격, 서비스)가 해결될 수 있다.

_____36. 당신은 영업 관리자이다. 유능한 영업사원 중 한 명인 Jose는 대규모의 계약을 하려고 한다. 당신과 Jose는 미래에 다가올 계약건에 관하여 논의하고 있다. Jose가 현재의 계약건에 사용하고 있는 영업전략에 동의하지 않고 있다.

_____37. 당신은 이미 늦었지만 다음 중요한 회의에 가야 하는 상황이다. 당신이 떠나려할 때, 직원 중 1명이 일을 하지 않고 엉뚱한 짓을 하고 있는 것을 발견했다.

_____38. 가게에 손님이 많지 않아서 아르바이트를 하고 있는 Tony에게 일찍 퇴근하라고 말했으나, Tony는 돈이 필요하기 때문에 더 머물고 싶다고 말했다.

언어와 문화적 갈등

다문화 관계는 이문화의 아이디어와 관점의 다양성을 증가시켜 성과를 향상시킬 수 있는 잠재력을 가지고 있다.[108] 그러나 업무와 관련하여 문화의 차이로 인한 인간관계와 갈등으로 인하여 그와 같은 이점이 현실화되지 않을 수 있다.[109] 특히 조직 규범이 문화가 다른 지역의 조직에서의 규범과 충돌할 경우에는 더욱 더 그러하다.[110] 따라서 문화지능은 국내 및 전 세계적으로 다양한 팀에서 일하면서 갈등[111]을 피하는 데 도움이 될 수 있다.[112]

우리와 같은 문화를 공유하는 동료들을 대하면서 갈등을 겪는다. 그러나 모국과 다른 언어와 문화를 가진 다른 나라 사람들과 함께 일할 때, 다른 구어 및 비언어적 언어[113]와 관습에 능숙하지 못하기 때문에 갈등의 가능성이 높아진다. 우리 행동에 대한 그들의 반응에 세심한 주의를 기울여야 한다.[114] 그렇지 않을 경우 상대방이 주도권을 가지고 갈등해결을 시작한다. 그래서 우리는 글로벌뷰(Global View)를 가지고 활동하면서 더욱 기꺼이 상대방을 수용하고 때로는 기꺼이 사과를 하는 마음을 가져야 한다.

도입사례 응용

4. Clark은 Ranch Golf Club을 경영할 때 어떤 갈등관리 스타일을 사용했는가?

Ranch Golf Club를 경영할 때 3명의 투자자와 경영 전문 회사의 갈등은 불가피하였다. Clark은 협력적 갈등관리 스타일을 사용하기를 선호했고 그 이유는 열린 커뮤니케이션과 지원적인 업무관계를 그가 매우 중요하게 생각하고 있었기 때문이며, 항상 함께 문제를 의논을 하고 문제해결에 동의하는 방법을 취했기 때문이다. 그는 갈등문제가 있을 때 이를 회피하면 문제해결이 안 된다고 믿었다. Clark이 Willowbend 경영팀과 갈등관계에 있을 때 단순히 상대방의 요구에 순응하지는 않았으나 골프코스의 폭포를 건축하는 사안과 같은 문제에서는 상대방의 요구에 양보했다.

그는 강압적 갈등관리 스타일을 사용하는 것을 좋아하지는 않았으나 때로는 받아들이기 어려운 비싼 폭포를 운영하는 등에 관한 사안에 관해서는 분명한 반대의사를 표명했다. 이러한 반대의사는 다음과 같은 질문에 대한 그의 반응에 기반을 두고 있다. '그렇게 돈을 투자하는 것이 고객의 만족을 높여 투자를 회수할 수 있을 것인가?' 그는 외부조직과도 협상을 해야 한다.

협력적 갈등관리 스타일 모델

학습목표 5.8
갈등해결 모델의 다섯 가지 단계를 나열한다.

역기능적인 개인 갈등은 팀 효율성에 부정적인 영향을 미친다.[115] 우리는 갈등을 겪고 있는 사람들과 단호하게 맞서고 관계를 손상시키지 않으면서 갈등을 해결하는 기술을 개발할 수 있다. 이 마지막 절에서는 직장 안팎에서 충돌 해결을 시작, 대응 및 중재할 때 따를 수 있는 단계를 모델에 제공한다.

갈등해결의 시작

갈등해결을 시작하는 사람은 갈등해결을 위하여 상대방에게 반대의견을 개진하고 논쟁을 유도한다. 상대방과 정면으로 맞서는 것은 회피와 순응보다 갈등해결에 더 좋은 방법이다. 실수를 했거나 일을 잘못했을 때 변명보다는 상사에게 사과하는 것이 근무평가에 도움이 된다. 협력적 스타일을 이용하여 갈등해결을 시도할 때 다음의 모델을 이용하기를 권장한다. **갈등해결 모델**(initiating conflict resolution model)에는 다음의 네 가지 단계가 있다. (1) 문제의 주도권을 유지하도록 하는 BCF 발언(B=Behavior, C=Consequences, F=Feeling)을 준비한다. (2) BCF 발언을 한 다음 갈등의 존재에 대해 동의한다. (3) 여러 가지 갈등해결 방법을 요구하고 제시한다. (4) 변화를 위한 합의를 이끌어낸다.

갈등해결 모델에는 다음의 네 가지 단계가 있다.
(1) 문제의 주도권을 유지하도록 하는 BCF 발언을 준비한다.
(2) BCF 발언을 한 다음 갈등의 존재에 대해 동의한다.
(3) 여러 가지 갈등해결 방법을 요구하고 제시한다.
(4) 변화를 위한 합의를 이끌어낸다.

1단계. 문제해결에 대한 주도권을 유지하는 BCF 계획

일단 먼저 계획으로 시작한다. 문제의 주도권을 유지하는 것이 무엇을 의미하는지 설명하는 것으로 시작한다. 당신이 담배를 피우지 않으나, 누군가 담배를 피우면서 당신을 방문한다고 가정해 본다. 당신과 흡연자 중 누가 문제인가? 담배는 그 흡연자가 아니라 당신을 괴롭히고 있다. 이것은 당신의 문제이다. 따라서 우리는 우리의 문제를 해결하는 데 도움이 되도록 흡연자에게 맞서는 방식으로 문제해결에 대한 협조요청을 해야 한다. 이러한 방식은 상대방의 방적 자세를 감소시키면서 인간관계를 유지하는 문제 해결 분위기를 조성한다.

성격 갈등 같은 건 없다. 갈등은 사람들이 당신을 괴롭히는 특정한 행동을 하거나 말하기 때문에 존재한다. 따라서 그 사람에게 당신을 괴롭히는 구체적인 행동을 말하라. 저급한 욕설을 해서는 절대 안 된다.

BCF 계획문에 포함해서는 안 되는 세 가지가 있다.

1. 사람들은 판단받는 것을 좋아하지 않으며, 자신이 틀렸다는 말을 듣는 것도 좋아 하지 않는다.[116] 이것은 상대방이 잘못했다고 말하지 말고, 상대방을 가르치려고 하지도 말고, 누가 잘못했는지에 대해 판단하는 언급도 해서는 안 된다. 행동을 바로잡으려는 시도와 잘잘못을 따지려는 시도는 상대방을 방어적으로 만들고, 잘잘못에 대한 논쟁을 유발하려, 갈등해결에 도움이 되지 않는다. 따라서 다음과 같은 언급을 해서는 안 된다. “담배 피우지마세요”, “당신이 더럽혔으니까 청소하세요”, “당신이 잘못한 거예요”, “무슨말을 하는지도 모르고 지껄이네요”.

2. 위협을 가하지 않는다. "상사에게 당신에 대해 말할 것입니다"라고 말한다면 결국 관계를 손상시킬 것이다. 위협적인 언급은 어쩔 수 없는 상황에서 사용할 수도 있지만, 일상적인 상황에서 선택할 수 있는 것은 아니다.
3. "당장 금연하세요"라는 등의 문제해결 방법을 제시하지 않는다. 3단계에서 언급된 바와 같이 해결방법을 먼저 제시하는 것으로 시작해서는 안 된다.

BCF 모델(BCF model)은 갈등을 행동, 결과 및 감정의 관점에서 설명한다. B(행동)를 하면 C(결과)가 일어나고 나는 F(감정)를 느끼는 순서대로 진행한다. BCF 계획의 내용이 길수록 충돌을 해결하는 데 더 오래 걸리므로, 시작 BCF를 짧게 유지하는 것이 좋다. 예를 들면, 내 방에서 담배를 피우면(행동), 숨이 가쁘고 구역질이 나고(결과), 불편하고 짜증이 난다(느낌)는 식이다. BCF 결과는 변경할 수 있다. 예를 들어, 나는 광고가 효과가 없을 것(행동), 그리고 우리가 돈을 잃을 것(결과)이 두려워(느낌)진다.

BCF 모델은 갈등을 행동, 결과 및 감정의 관점에서 설명한다.

자신을 다른 사람의 입장에 놓으려고 노력할 필요가 있다. 즉, 당신이 언급하고 있는 BCF를 상대방이 당신에게 적용하는 상황을 상상해보라. 당신이 방어적인 태도를 취하게 된다면? 그렇다면 내용을 변경할 필요가 있다. 상대방과 대결하는 식으로 맞서야 한다면, 미리 연습을 해야 한다. 또한, 갈등해결을 위해 다른 대안이 있는지를 생각해본다.

2단계. 당신의 BCF에 대한 진술과 갈등에 관한 합의

계획된 BCF 진술를 짧게 한후 상대방이 응답하도록 한다. 상대방이 문제를 이해하지 못하거나 갈등의 존재에 관하여 인정을 하지 않는다면, 상대방이 인정할 수 있도록 BCF 내용을 다른 방법으로 시도해본다. 상대방이 이를 인정하거나, 아니면 희망이 안보일 수도 있다. 그러나 쉽게 포기해서는 안 된다. 집중적으로 다시 시도해본다. 때로는, 접근 방식을 변경하고 다른 네 가지 갈등관리 스타일 중 하나를 사용해야 할 수도 있다.

3단계. 대안적 갈등해결을 요청 및 제공

갈등을 해결하기 위해 무엇을 할 수 있는지 상대방에게 물어보는 것으로 시작한다. 양자가 모두 동의하면 제일 좋다. 그렇지 않다면 당신이 생각하는 해결책을 제시하라. 그러나 상대방을 바꾸려는 것이 아니라 협력하는 것임을 기억해야 한다. 상대방이 문제를 인정하지만 해결에 반응하지 않는 경우, 공동의 목표에 호소할 필요가 있다. 갈등을 해결하는 과정을 통해 상대방이 얻을 수 있는 이점을 깨닫게 한다.

4단계. 변화에 대한 동의구하기

목표는 이기는 것이 아니라 동일한 오류, 실수 또는 문제가 다시 발생하지 않도록 행동 계획에 동의하는 것이다. 갈등을 해결하기 위해 양자가 함께 취할 구체적인 조치에 대해 동의를 얻어낸다. 갈등해결을 위해 모든 당사자가 필요로 하는 특정 행동 변화를 명확할 필요가 있고, 때로는 복잡한 변화가 필요한 경우는 더욱 그러하지만 기록을 사용하여 명확하게 해둔다. 다시 말하지만, 이것은 상호 협력을 하고자 하는 것이지 상대방에게 강요를 가하는 것은 아니다. 모델 5.5에 단계별로 나열되어 있다.

업무응용 5.7

BCF 모델을 사용하여 자신이 직면한 갈등과 경험했던 갈등을 설명해보자.

갈등해결에 대한 반응

갈등해결의 상대방이 당신에게 맞서는 반응을 보이는 경우, 상대방을 불편하게 한 당신의 행동에 관하여 순응하는 태도를 보이거나 사과를 하는 것이 적절할 경우가 있다.

순응하기

누구도 직장에서 골치아픈 존재가 되는 것을 피하고 싶어한다. 당신도 마찬가지가 아닐까? 당신이 상대방을 불편하게 하는 말을 했거나 행동을 한 경우, 상대방이 여기에 대한 언급을 하는 경우에는 당신에게 중요하지 않지만 상대방에게 중요한 경우에 순응하는 자세를 취하는 것이 좋다. 즉, 이는 당신의 행동을 바꾸고 좋은 관계를[117] 유지할 수 있는 기회가 되는 것이다.

사과하기

잘못된 행동이나 말을 하여 다른 사람에게 상처를 주거나 실수를 했다면 사과해야 한다. 다른 사람들에게 미안하다고 말하는 것은 관계를 구축하고 유지하는 데 매우 유익하다. 잘못했거나 실수를 했을 때 자신의 행동을 변호하려고 하기보다 상사(및 다른 사람들)에게 사과하는 것이 업적평가에도 도움이 된다.[118]

충돌에 대응하기

대부분의 사람들은 갈등해결 모델을 따르지 않는다. 따라서 더욱더 책임감을 가지고 모델 5.5에 나열된 갈등해결 모델 단계를 따를 필요가 있다.

모델 5.5 협력적 갈등관리 스타일 모델

갈등해결의 시작	갈등해결에 대한 반응	갈등해결의 조정
1단계. 문제의 주도권을 유지하도록 하는 BCF 발언을 준비한다. 2단계. BCF 발언을 한 다음 갈등의 존재에 대해 동의한다. 3단계. 여러 가지 갈등해결 방법을 요구하고 제시한다. 4단계. 단계변화를 위한 합의를 이끌어낸다.	1단계. 경청하고 BCF 모델을 이용하여 갈등을 패러프레이징한다. 2단계. 불평의 일정부분에 관하여 동의한다. 3단계. 갈등해결를 위한 다른 방법을 요구하고 자신의 생각을 제공한다. 4단계. 변화에 동의한다.	1단계. 각 집단의 불만을 BCF 모델을 이용해 나타낸다. 2단계. 갈등문제에 합의한다. 3단계. 갈등해결의 대안을 개발한다. 4단계. 변화에 대한 동의를 만들어낸다. 5단계. 갈등이 해결됨을 확정하고 이에 따른다.

1. **BCF 모델을 이용하여 경청하며, 갈등에 대해 나름대로 다시 설명한다.** 갈등을 이해하고 갈등에 동의하려면 자신의 말로 갈등을 진술해야 한다.
2. **불만 사항의 일부 측면에 동의한다.** 한쪽 당사자에게만 문제가 있는 경우는 드물다. 따라서 자신이 틀렸다고 생각하지 않더라도 갈등이 해결될 수 있도록 최소한 동의를 할 필요가 있다.
3. **대안적 갈등해결을 요청 또는 제공한다.** 이는 위에서 논의한 갈등해결 시작의 3단계와 동일하다. 당신은 행동에 대해 사과하고 행동을 바꾸겠다고 말하거나 적어도 노력하겠다고 말할 수 있다.[119] 사과를 할 때 당신의 행동을 변호하거나 남탓을 하지 말라. 그것은 진정한 사과가 아니기 때문에(미안합니다. 그러나 당신 때문에 내가 그렇게 행동한 것이죠), 당신은 진짜로 사과하지 않은 것이 된다.
4. **변화에 동의한다.** 이는 위에서 설명한 갈등해결 시작의 4단계와 동일하다.

갈등해결의 조정

종종 충돌하는 당사자는 분쟁을 혼자 해결할 수 없다. 이러한 경우 조정자를 사용해야 한다. **조정자(mediator)**는 갈등을 해결하는 데 도움을 주는 중립적인 제3자이다.

조정자는 갈등을 해결하는 데 도움을 주는 중립적인 제3자이다.

갈등 당사자를 모으기 전에 공동 회의로 시작할지 개별 회의를 진행할지 결정해야 한다. 한 직원이 민원을 제기하러 왔으나 상대방과 대면하지 않았거나 해당직원들의 인식에 심각한 불일치가 있는 경우에는 함께 모이기 전에 각 당사자와 1:1로 만난다. 반면에 양측이 문제에 대한 인식과 해결 동기가 비슷할 때 모든 당사자가 침착한 상태에서 합동 회의를 시작할 수 있다.

충돌하는 당사자를 모을 때 모델 5.5에 나열된 갈등 조정 모델 단계를 따른다. 리더는 심판자가 아니라 중재자가 되어야 한다. 당황하지 말고, "두 분에게 실망했어요" 또는 "애처럼 굴어요"와 같은 말을 하면 안 된다. 어느 한쪽이 상대방을 탓한다면, "우리는 갈등을 해결하기 위해 왔습니다. 비난하는 것은 생산적이지 않습니다"라고 설득한다.

갈등이 당사자와 다른 사람들에게 어떤 영향을 미치는지 설명하라. 성격이 아닌 특정 행동을 다루면서 문제를 논의한다. 조정자는 가능한 경우 모든 당사자가 동의할 수 있는 방향으로 문제에 대한 인식을 하도록 노력한다.

중재자는 갈등을 해결하기 위해 구속력 있는 결정을 내리는 중립적인 제3자이다.

충돌이 해결되지 않은 경우 중재자가 사용될 수 있다. **중재자(arbitrator)**는 갈등을 해결하기 위해 구속력 있는 결정을 내리는 중립적인 제3자이다. 중재자는 법적 구속력이 있는 결정을 내리는 심판관이므로 결정을 따를 의무가 있다. 그러나 중재는 협력적 갈등 스타일이 아니므로 최소한으로 사용해야 한다.

이 장을 마치면서 의사소통, 피드백, 코칭 및 갈등해결이 모든 조직에서 효과적 리더십 얼마나 중요한지 이해해야 한다. 자기평가 5.1은 당신의 성격 특성이 의사소통, 피드백, 코칭, 갈등관리 스타일에 어떤 영향을 미치는지 이해하는 데 도움이 될 것이다.

도입사례 응용

5. Ranch Golf Club를 경영할 때 Clark은 어떤 갈등해결 방법을 사용했는가?

Ranch Golf Club를 경영할 때 Clark은 갈등해결의 주도권을 잡기보다는 갈등에 반응하는 경우가 많았다. 그 이유는 문제가 발생할 때 문제해결을 해달라는 요청을 받거나 또는 일정한 행위를 허가해달라는 요청을 받았기 때문이다. 또한 Clark은 파트너들 간, 또는 관리자와 부하들 간의 갈등을 조정해야 했다.

자기평가 5.1 성격 특성, 커뮤니케이션, 피드백, 코칭, 갈등관리 스타일

2장에서 소개된 성격 특성을 5장에서 소개된 내용과 통합해본다. 먼저 자신의 성격이 어떻게 커뮤니케이션, 피드백, 코칭, 갈등에 영향을 미치는 데 대해서 일반적인 설명을 한다. 각각의 영역에서 해당 정보가 자신과 어떻게 연계되는지 파악해보면 도움이 된다. 이렇게 하면 행동의 강점과 취약점을 보다 잘 이해하게 되고 개선해야 할 영역을 알게 될 것이다.

커뮤니케이션

당신이 높은 정열성 성격을 가지고 있다면 외향적이고 다른 사람과의 관계를 시도하고 커뮤니케이션하는 데 어려움을 경험하지 않을 것이다. 그러나 다른 사람과의 커뮤니케이션에서 상대방의 말을 경청하지 않고 열린 태도를 취하지 않는 등 군림하는 모습을 보이게 될 가능성이 있다. 이럴 경우 커뮤니케이션을 원하는 바를 얻어내는 수단으로만 사용하지 않도록 조심해야 한다. 상대방에게 관심을 가지고 그들이 원하는 바에도 신경을 써야 한다. 외향성이 약한 편이라면 조용하고 대화 시 별로 말이 없을 가능성이 있다. 이러한 경우 자기의 목소리를 더 낼 필요가 있다.

친화성이 강하다면 경청과 커뮤니케이션을 잘하는 경향이 있을 것이다. 적응수준이 커뮤니케이션의 감정적인 수준에 영향을 끼칠 것이다. 대화도중 감정적이 되는 경향이 있다면 감정을 통제할 필요가 있을 것이다. 일반적으로 감정을 통제할 수는 없으나 행동을 통제할 수는 있다. 만약 성실성이 강하다면 신뢰할 만한 커뮤니케이션을 하는 경향이 있다. 만약 이러한 성격을 가지고 있지 않다면 받은 메시지에 신속하게 응답하는 훈련을 해야 할 것이다. 새로운 경험에 대한 개방성을 가진 사람들은 대화에 주도권을 보인다. 그 이유는 커뮤니케이션이란 새로운 경험에 일부분이기 때문이다.

피드백과 코칭

강한 외향성을 가지고 있다면 자기통제를 필요로 한다. 피드백을 주기는 하지만 피드백을 잘 받아들이지 않는 경향을 보인다. 상대방을 비난하지 않도록 주의를 기울여야 한다. 만약 약한 외향성을 가지고 있다면 보다 많은 피드백을 제공하고 보다 많은 코칭을 하려 할 것이다. 만약 친화성이 강하다면 사람을 좋아하고 다른 사람을 코칭하는 것을 즐길 것이다. 그러나 관리자로서는 필요한 경우에 상대방을 강하게 훈련해야 하는데, 이러한 활동이 어려울 수도 있다. 만약 강한 적응성을 가지고 있다면 긍정적으로 코칭을 하는 경향을 보일 것이다. 이러한 성격이 약한 사람들은 대개 부정적인 비판을 받지 않기 위해서 조심하는 편이다. 만약에 성실성이 강하고 동시에 성취욕구가 높다면 자신의 성공에 보다 많은 관심을 보일 것이다. 이러한 경향은 강한 외향성을 가진 사람에게도 마찬가지이다. 리더십의 중요한 일부분은 다른 사람을 코칭하는 것이다. 성실성이 약하다면 효과적인 코치가 되기 위해 추가적인 노력을 해야 할 필요가 있다. 경험에 대한 개방성은 다른 사람들의 피드백에 귀 기울이고 행동의 변화를 기할 수 있는 용의가 있는지 여부에 영향을 미친다.

갈등관리 스타일

일반적으로 최선의 갈등관리 스타일은 협력이다. 만약 외향성이 강하면 갈등이 존재할 때 다른 사람에게 맞서는데 별문제가 없다. 그러나 다른 사람에 대해 강압적 형태를 사용하지 않도록 조심해야 한다. 이때 사교적인 권력을 사용하는 것이 좋다. 만약 친화성이 강하다면 다른 사람과 잘 어울릴 수 있다. 그러나 상대방과의 정면대응을 피하기 위해 회피나 순응적 스타일을 사용하지 않도록 조심해야 한다. 자신의 욕구 또한 충족시켜야 할 필요가 있기 때문이다.

적응성은 갈등상황을 다루는 방법에 영향을 줄 것이다. 적응에 소극적이거나 과도하게 감정에 치우치지 않도록 조심할 필요가 있다. 성실성을 가지고 있다면 갈등해결을 잘하며 다른 사람들의 욕구를 또한 충족시키는 조심할 필요가 있다. 경험에 대한 개방성도 갈등에 영향을 미친다. 그 이유는 갈등성격에 따라 해결 방법이 바꾸며 이때는 새로운 상황에 개방적일 필요가 있다.

액션플랜

성격에 따라 커뮤니케이션, 피드백, 코칭, 갈등관리 스타일을 향상시키기 위해 어떤 조치를 취할 것인가?

요약

5.1 구두로 메시지를 전달하는 과정의 단계를 나열한다.
구두 메시지 전달과정의 5단계는 (1) 우호적인 분위기 조성, (2) 커뮤니케이션의 목적 언급, (3) 본 메시지 전달, (4) 메시지 전달받는 사람의 이해정도 확인, (5) 메시지 전달받는 사람의 의지 점검과 추후 확인이다.

5.2 메시지를 보내는 과정에 대한 단계를 설명한다.
구도로 메시지를 보내는 과정에 대한 다섯 가지 단계는 (1) 우호적인 관계 개발하고, (2) 커뮤니케이션의 목적을 언급하고, (3) 메시지는 보내고, (4) 수신자의 이해정도를 확인하며, (5) 수신자의 의지를 확인하고 후속 조치를 한다.

5.3 메시지 수신 과정의 세 부분을 나열하고 설명한다.
메시지 수신 과정의 세 부분은 듣기, 분석 및 이해 확인하는 것이다. 경청은 말하는 사람에게 온전히 주의를 기울이는 과정이고, 분석은 메시지에 대해 생각하고 해독하고 평가하는 과정이며, 이해를 확인하는 것은 피드백을 제공하는 과정이다.

5.4 패러프레이징을 설명하고 피드백을 얻기 위한 두 가지 일반적인 접근 방식을 식별하고 작동하지 않는 이유를 설명한다.
패러프레이징은 메시지를 전달 받은 수신자가 이해를 잘 하고 있는지를 확인히기 위해 그로 하여금 받은 메시지를 자신의 말로 다시 설명하게 하는 프로세스이다.

첫 번째 일반적인 접근 방식은 전체 메시지를 보내고 피드백을 받지 않고 상호 이해 하에 메시지가 전달되었다고 가정하는 것이다. 두 번째 접근 방식은 전체 메시지를 제공한 다음 "질문이 있습니까?"라고 묻는 것이다. 사람들은 질문을 하지 않는 경향이 있거나 무엇을 물어야 할지 모르기 때문에 일반적으로 피드백이 행해지지 않는다.

5.5 비판과 코칭 피드백의 차이를 설명한다.
비판은 잘못된 행동에 관하여 판단이 개입된 피드백을 주는 것이다. 코치를 하기 위한 피드백은 지원적인 관계를 기반으로 하여 구체적이고 사실 묘사적인 정보를 제공하여 성과를 향상시키는 것이다. 비판은 실수를 지적하는 데 반하여 코치를 하기 위한 피드백은 긍정적으로 행동하면 어떤 좋은 결과가 나오는지를 지적한다.

5.6 코칭모델의 단계를 설명한다.
성과모델의 네 가지 단계는 (1) 현재성과를 설명하고, (2)바람직한 성과를 설명하며, 변화에 대한 의지를 확인하고, (4) 실행과정을 모니터링 및 추적한다.

5.7 갈등관리의 다섯 가지 스타일을 정의한다.
(1) 갈등을 회피하는 사람들은 갈등을 해결하기보다는 외면하는 경향을 보인다. (2) 협상스타일을 가진 사람들은 타인에게 양보하는 수동적인 방향으로 갈등을 해결하려고 한다. (3) 강압적인 스타일을 가진 사람들은 자신만의 방법을 사용하여 공격적인 방법으로 갈등을 해결하려고 한다. (4) 협상 스타일을 가진 사람들은 적극적인 방법으로 줄 것을 주고받을 것은 받는 방법으로 갈등을 해결하려고 한다. (5) 협조스타일을 가진 사람들은 모든 관련자들이 동의하는 최선의 방법을 동원해 함께 갈등을 해결하려는 적극성을 보인다.

5.8 갈등해결 모델의 다섯 가지 단계를 나열한다.
(1) 문제의 주도권을 유지하도록 하는 BCF 발언(B=Behavior, C=Consequences, F=Feeling)을 준비한다. (2) BCF 발언을 한 다음 갈등의 존재에 대해 동의한다. (3) 여러 가지 갈등해결 방법을 요구하고 제시한다. (4) 변화를 위한 합의를 이끌어낸다.

핵심용어

갈등	멘토링	커뮤니케이션	360도 피드백
갈등해결 모델	성과 공식	코칭	BCF 모델
구두 메시지 전송 과정	조정자	코칭 피드백	
귀인이론	중재자	패러프레이징	
메시지 수신 과정	직업 교육 훈련	피드백	

연습문제

1. 메시지를 전달하기 위한 계획에는 어떤 것이 포함되어야 하는가?
2. 서면화된 개요의 세 부분은 무엇인가?
3. 평균적으로 한 문장에 몇 개의 단어가 포함되어야 하며 한 문단에는 몇 개의 문장이 포함되는 것이 바람직한가?
4. 피드백에 개방적이지 못한 사람들의 성격적인 특징은 무엇인가?
5. 메시지에 대한 피드백을 받는 네 가지 지침은 무엇인가?
6. 360도 피드백은 무엇인가? 많은 조직이 이를 활용하고 있는가?
7. 직무상 지원적인 관계는 진정한 의미의 인간관계여야 하는가?
8. 왜 비판이 효과를 발휘하지 못하는가?
9. 모든 관리자는 멘토가 되어야 하는가?
10. 자신이 갈등 상황에 있다는 것을 어떻게 파악하는가?
11. 건설적인 갈등과 그렇지 않은 갈등의 차이는 무엇인가? 또한 이러한 갈등이 어떻게 성과에 영향을 미치는가?
12. 문제에 대한 주도권을 유지한다는 것은 무엇을 의미하는가?
13. BCF 모델은 어떻게 사용되는가?
14. 조정자와 중재자의 차이는 무엇인가?

비판적 사고 문제

다음의 질문들은 비판적인 사고가 요구되며, 커뮤니케이션 기술을 개발하기 위해서 강의시간에 토론하거나 과제로도 활용할 수 있다. 질문에 답해보자.

1. 조직 내에서의 커뮤니케이션을 어떻게 평가할 수 있는가? 조직 내에서 효과적인 커뮤니케이션과 그렇지 않은 커뮤니케이션의 예를 제시해보자.
2. 피드백을 제공하는 관리자를 어떻게 평가할 수 있는가? 구체적으로 피드백 제공 방법을 개선하기 위해 관리자는 어떤 일을 해야 하는가?
3. 360도 피드백은 실제로 상사에 의한 평가보다 더 효과적인가? 자신이 관리자의 입장이라면 360도 피드백을 사용할 것인가?
4. 당신은 "비판하지 마라"는 말에 동의하는가? 관리자들은 일반적으로 비판 또는 코치를 하기 위한 피드백을 사용하는 경향이 있는가? 관리자는 어떻게 이를 개선할 수 있는가?
5. 여성들은 남성에 비해 멘토를 가지고 있는 경향이 미약하다. 여성들은 보다 적극적으로 멘토를 모색해야 하는가? 당신은 멘토를 구할 것인가?

6. 상사와 동료들에 대한 당신의 심리적 계약에 대한 기대는 무엇인가? 작장에서 당신의 기대치가 충족되지 않아 발생했던 갈등의 예를 들어보자.

7. 관리자들이 근무시간 중 실제로 몇 퍼센트를 협력적 갈등관리 스타일에 사용한다고 생각하는가? 관리자가 협력적 갈등관리 스타일을 사용한 구체적인 예를 들어보자.

사례연구: Adar Cohen and the Art of Gaining Understanding

협상과 갈등은 일상적인 비즈니스와 정치 생활의 일부이다. 그것은 또한 우리 개인적인 삶의 일부이다(직장, 가족, 친구, 적 등). 우리는 긴장, 스트레스, 원한으로 가득 찬 이 영역을 탐색하기 위해 최선을 다한다. 더욱더 나쁜점은 종종 우리는 억지 미소를 지으며 돌아올 수 없는 지점을 지날 때까지 참는다는 것이다.

Adar Cohen에 관한 얘기를 해본다. 그는 갈등해결에 관한 전문가이다. 그는 트리니티 칼리지 더블린에서 분쟁 해결 박사 학위를 받았으며 이 분야의 중재자이자 사상가이다. 그는 갈등을 중재하고 해결했으며 전 세계를 대상으로 집단의 차이를 좁히고 극복하도록 돕는 일을 했다. 일리노이주 시카고의 쿡 카운티 감옥 시스템부터 북아일랜드와 중동지역에서 적대적 그룹 사이에 협력을 유도하기도 하였고, 갱단원, 교육자, 심지어 목숨을 앗아간 사람들과도 함께 일한 그의 거칠고 불가능에 가까운 대화 경험은 사실이라고 믿기 어려운 것을 해내었다.

그는 보통 사람에게는 낯익은 사람일지 모르지만 많은 사람들에게는 분명히 성공적인 성과를 거둔 사람이다. 인간은 일반적으로 갈등을 피한다. 힘들고 스트레스가 많으며 피부가 거칠어진다.. 어떤 사람들에게는 특히 이유와 상관없이 분노로 생각이 가득찬 사람들에게 갈등이란 벽에 머리를 부딪치는 것과 같다. Cohen의 작업과 메시지는 갈등을 헤쳐 나가려는 사람들에게, 겸손, 재치, 우아함을 동원하여, 갈등은 단순화하고 희망을 안겨다 준다.

2019년 11월의 "거친 대화를 이끄는 방법"이라는 제목의 TEDx에서 그는 자신의 경험과 갈등을 해소하기 위한 접근 방식에 대해 이야기했다. 그는 자신의 접근 방식을 (1) 갈등을 향해 나아가기, (2) 백지 상태에서 시작하기(알고 있어도 모르는 척), (3) 침묵을 유지하기라는 세 가지 쉬운 단계로 설명했다. 때로는 공포스러운 사람들이 관련된 어려운 상황에 뛰어드는 다소 무모한 접근 방식을 취하였다. 그의 전략이 잘 먹혀 들어 갔고, 양자가 의미있는 상호 이해를 하도록 대회를 이끌었던 관련된 시나리오에 관하여 설명했다. 모든 중재가 갈등의 해결로 끝나는 것은 아니지만, 상대방이 이해하도록 하는 것은 중요한 성과이다.

그가 TEDx에서 논의한 주요 사례 중 하나는 제도적 지원없이 사회에 석방되는 수감자의 어려움, 교도소 직원의 좌절, 석방 후 성공의 기회를 가질 수 있는 길을 만드는 것이었다. 그는 교도소 시스템 안팎의 이해 관계자 그룹을 포함하여 잘못된 것을 바로 잡으려고 시도했다. 그의 이야기는 교도관과 갱단 리더와 함께 계속된다. 그는 "사람들이 당신이하는 일에 대해 무엇을 잘못 생각합니까?"라고 질문하여 교정 담당자(이 시점까지 '개입'에 대해 침묵을 지켰다)를 얻을 수있는 기회의 창을 찾았다. 경계심을 누그러 뜨린 경찰관은 "내 직업에 정상적인 것은 없습니다"라고 대답했다. 회의의 나머지 과정을 열어준 것은 일대일 대화였다. 그는 다른 참가자들이 Cohen에게 같은 질문에 답하도록 했으나 모두가 답을 듣고 들을 수 있었다. 이러한 협력을 통해 석방된 재소자들에게 일자리와 희망을 제공할 수 있는 길을 마련했다.

그의 스타일과 접근 방식에 대해 더 자세히 읽어보면 관찰자들은 그가 성공한 이유 중 하나가 갈등 당사자 간의 대화를 연결하고 인간다운 방법을 찾았기 때문이라는 사실을 깨닫기 시작할 것이다. 이 장의 앞부분에서 커뮤니케이션의 흐름에 대해 배웠다. 정보 발신자는 정보를 전송할 채널을 선택해야 하며, 해당 채널 선택에 대해 신중하지 않으면 메시지가 의도한 대로 수신되지 않을 수 있다. Cohen은 자신의 메시지를 전달할 일관된 방법과 채널을 찾았다. 청중과의 작업과 관련하여 그는 사람들을 메시지의 저자 대 증인으로 만든다. 이것은 그들이 고통스러운 경험을 통해 보고, 느끼고, 듣고, 감지한 것을 포함하여 그들에게 일어난 일에 대한 감정적 연결을 표현하고 있음을 의미한다. 게다가 그는 마치 백그라운드에서 재생되는 라디오 방송국에서 방송되는 것처럼 수신자가 동일한 채널을 듣게 하는 방법을 찾았다. 그가 자신을 설명하면서 그는 참가자들이 서로가 아닌 자신의 이야기를 바로 그에게 말하게 하고 다른 참가자들은 그 반응을 듣고 관찰할 수 있었다. 이것은 정서적 연결을 구축하는 데 도움을 준다.

그는 중재 세션을 준비하는 것에 대해 이야기하는데, 그가 다루는 여러 단계 중 5단계(대화 시작)에서 본질적으로 TEDx 작품의 1단계인 '갈등을 향하여(head TOWARD)'를 지목한다.

그의 작업의 많은 경험을 통해, 그는 효과적이고 능동적인 경청 기술의 조합하여 사용하고 개방형 질문을 사용하여 고객이 보다 생산적인 대화를 할 수 있도록 이해를 할 수 있다고 한다.

Cohen은 몇 가지 핵심 요소를 중심으로 중재 관행을 구축한다. 첫 번째는 힘든 대화를 나누는 것인데, 그것은 그가 말했듯이 갈등으로 접근하는 것이다. 그는 여러 관련 기사에서 이것이 가장 스트레스가 많은 일중 하나라고 설명한다. 누군가는 그것을 "반창고를 제거"하는 일이라고 부를 수도 있다. 다음은 동의가 아니라 이해를 위한 질문을 한다. 조정을 거치는 당사자들은 이미 주장이 일치하지 않은 상태에 있으며, 이것이 그들과의 작업의 목표가 아니다. 그는 세 가지 수준의 목표를 가지고 있는데, 첫 번째는 이해를 위한 것이다. 그는 앞서 설명한 대로 사람들이 그의 두 번째 목표인 마음을 열도록 잘 계획된 질문과 전략으로 개발된 정서적 연결을 통해 이를 수행한다. 세 번째는 상충되는 당사자가 경청하도록 하는 것이다. 그는 그들과 협력하여 그들이 경험한 것, 느꼈던 것, 최종 결과가 무엇인지에 대한 다른 사람의 관점을 이해하고 경청하도록 한다.

이 과정에서 그는 결정적인 언급이 나오도록 유도한다. 그는 이것을 '보석과 같은' 언급이라고 부른다. 이것은 근본적인 문제가 무엇인지 깨닫는 것인데, 결정적인 언급이 나오도록 한다는 것은 비난을 붙일 필요가 없는 근본 문제가 무엇인지에 대한 설명만 있는 것이다. 이러한 중재 세션은 말과 감정 사이의 격차를 해소하는 데 도움이 된다.

Cohen은 사람들이 서로를 이해하는 데 시간이 걸린다는 사실을 깨닫지 않고도 (커뮤니케이션 프로세스의 핵심 구성 요소) 경청하도록 하는 방법을 잘 알고 있다. 의견 불일치로 논쟁하는 두 사람들은 대부분 이해하려고 하지 않고 자신의 주장을 하고, 자신의 입장을 변호하고, 자신의 입장을 견지하기 위해, 상대방에게 말하는 경우가 많다. 그들은 들으려 하지 않는다. 이 장에서 배운바 있듯이, 쟁점에 관하여 대화의 당사자들이 잘 알지 못하거나, 이해하지 못한다면 해결방법에서도 진척이 별로 이루어지지 않는다. 경청은 갈등해결에 중요한 일이며, 상대방의 의견에 귀를 기울이지 않으면, 어떤 변화도 일어나지 않는 것이다.

사례 제공: Tom Schin, Owner,, Buildbetterculture.com

자기평가 5.2 당신이 선호하는 커뮤니케이션 스타일 알아보기

다음의 12가지 상황에서 자신이 취할 행동을 가장 잘 설명하고 있는 것을 선택하여 자신에게 가장 적합한 커뮤니케이션 스타일을 알아보자. 여기서 선택하는 것은 옳고 그름이 있는 것은 아니라는 것을 염두에 두고 a, b, c, d 중 하나를 선택해보자.

1. Wendy는 업무지식이 풍부한 관련 부서의 팀원인데, 엔지니어링 부서의 주임인 당신을 찾아와서 특별한 제품을 그녀가 원하는 내역대로 개발해줄 것을 요청하고 있다. 당신이 취할 행동은 무엇인가?
   a. 대화의 주도권을 행사하여 Wendy를 위해 어떤 일을 해줄 수 있는지 말한다.
   b. Wendy에게 그 제품을 설명하도록 요청하고, 설명하는 바를 이해한 다음, 자기 생각을 제시하여 그녀로 하여금 당신이 배려와 관심을 가지고 있음을 알게 한 후 도움을 제공할 용의가 있음을 알린다.
   c. 당신이 Wendy의 입장을 이해하고 지원해줄 용의가 있음을 알린다. 당신이 해줄 수 있는 부분을 명확히 알려주고 아이디어를 제공한다. 그러나 Wendy가 자기 스스로 일을 추진하도록 한다.
   d. 당신이 알아야 할 바를 파악하고 Wendy가 요청하는 대로 일을 해줄 수 있다는 것을 알린다.

2. 당신이 일하고 있는 부서는 제품을 디자인하는 업무를 주로 하고 있으며, 디자인된 제품은 Saul이 속한 부서에서 제조하고 있다. Saul은 당신보다 더 고참팀원이며 자기가 속한 부서의 업무를 잘 알고 있다. Saul은 당신에게 찾아와 이미 디자인이 완료된 제품의 디자인 변경을 요구한다.
   a. 변경요구사항을 들어보고 Saul의 의견이 합리적이라면 변경을 수락한다. 만약 그렇지 않다면 원래의 디지인이 더 좋은 이유를 설명한다. 필요하다면 당신의 주장이 옳다는 것을 고집한다.
   b. Saul에게 자기 방법대로 이미 디자인된 대로 제조하라고 말한다.
   c. 당신이 바쁘다고 말하고, 기존의 디자인된 대로 제조하라고 말하며, Saul과 다툴 시간적 여유가 없다고 말한다.
   d. Saul에게 지원을 해주며 한 팀으로서 함께 디자인 변경을 추진한다.

3. 최고경영진이 어떤 의사결정을 해야 하는 상황이다. 그들은 당신을 불러 문제해결을 위한 정보를 제공해달라는 지시를 하였다. 당신은 어떤 반응을 보일 것인가?
   a. 개인적인 지원을 아끼지 않을 것임을 알리고 문제해결을 위한 다른 방안도 제공할 것이다.
   b. 요청받은 바에 대한 답변만 제공한다.
   c. 문제해결 방안에 대해 설명한다.
   d. 문제해결 방법에 대해 설명을 하여 관심을 보이며 그것이 왜 효과적인 방법인지를 아울러 설명한다.

4. 당신은 일상적인 작업주문을 문서가 아닌 구두로 내릴 예정이고 3일 내에 완성되어야 한다. 작업주문을 받아 수행할 Sue는 경험이 풍부한 팀원이며 대단히 협력적이다. 당신은 다음과 같은 방법을 취할 것이다.
   a. 당신이 필요로 하는 바를 설명하고 Sue가 작업주문에 관한 의사결정을 하도록 한다.
   b. Sue에게 당신이 원하는 바를 말해주고 그 이유를 설명한다.
   c. Sue와 함께 작업주문에 대해 의사결정을 내린다.
   d. 별다른 설명없이 Sue에게 작업주문을 내린다.

5. 통상적인 작업주문을 완수하는 데는 3일이 걸린다. 그러나 긴급한 작업주문이 생겨 당장 오늘 완수해야 하는 상황이다. 당신이 잘 아는 동료인 Jim은 해당 부서의 책임자로 있으며 작업에 대해 잘 알고 협력적인 편이다. 당신은 다음과 같이 행동할 것이다.
   a. Jim에게 오늘 오후 3시까지 결과물이 필요하고 그시간에 결과물을 인수하러 갈 것이라고 말한다.
   b. 상황을 잘 설명하고, 회사가 왜 그렇게 급히 결과물을 필요로 하는지, 그렇게 하면 회사에 어떤 성과가 있는지를 아울러 설명함과 동시에 도와줄수 있음을 알린다.
   c. 상황을 설명하고 Jim에게 언제 결과물이 완성될 수 있는지 질의한다.
   d. 상황을 설명하고 함께 문제를 해결하자고 제안한다.

6. 당신의 동료인 Danielle은 평소에 아주 높은 성과를 보여왔다. 그러나 최근 그녀의 생산성이 급격하게 하락하고 있다. 그녀의 문제가 당신의 성과에 직접 영향을 주고 있다. Danielle은 가족문제로 고심하고 있음을 당신은 알고 있다. 당신은 다음과 같은 행동을 취할 것이다.
   a. Danielle과 문제에 관하여 대화를 하고, 그녀의 문제점이 자신뿐만 아니라 당신의 업무에도 영향을 주고 있음을 인식하게 함과 동시에 문제해결을 위한 방법에 관하여 지원을 하겠다는 의사를 표명한다.
   b. 부서 책임자에게 문제점을 알리고 그가 의사결정을 내리도록 한다.
   c. Danielle에게 정신 차리고 일상적으로 일을 하라고 충고한다.
   d. Danielle과 문제점에 대해 대화를 하고, 문제해결 방법을 알려줌과 동시에 도와주겠다는 의사표시를 한다.

7. 당신은 업무지식이 많은 부서의 책임자이다. 당신은 원자재를 협력상의 유능한 영업팀원인 Peter로부터 정기적으로 원자재를 주문해 왔다. 당신은 일주일에 한번 정도 주문을 해왔다. 당신은 다음과 같이 행동할 것이다.
   a. 당신이 원하는 바를 설명하고 상호 협조적인 관계를 개발한다.
   b. 당신이 원하는 바를 설명하고 Peter가 적합한 제품을 추천하도록 한다.
   c. 일방적으로 주문을 한다.
   d. 상황을 설명하고, Peter가 주문을 하는데 참여하도록 한다.

8. 관련 부서에 근무하고 있는 유능한 팀원인 Jean은 당신에게 자신이 원하는 바 대로 도움을 제공할 것을 요청해 왔다. 당신은 다음과 같이 결정한다.
   a. 그냥 Jean이 요청하는 대로 질문없이 도움을 제공한다.
   b. Jean에게 해왔던 대로 하겠다고 말한다.
   c. Jean에게 당신이 무엇을 해줄 것인지와 그 이유를 설명한다.
   d. 도움을 제공할 것을 알리고, 다른 접근 방법을 함께 말해준다.

9. 영업사원인 Tom은 당신이 일하고 있는 부서에 아주 짧은 납품시간을 주면서 주문을 하였다. Tom의 조건은 주문대로 해주든지 포기하든지 둘 중에 하나를 선택하라는 것이었고, 3~4분 안에 대답을 해줄 것을 요구하였다. 당신은 어떤 반응을 보일 것인가?
   a. Tom과 상의하여 납품시간을 늦춰줄 수 있도록 한다.
   b. Tom이 요구하는 대로 예스, 노를 분명히 한다.
   c. 상황을 설명하고, 당신에게 주문을 맡길 것인지 Tom이 결정하도록 한다.

d. 다른 납품일정을 제안함과 동시에 개인적인 관계를 돈독히 하려고 노력하고 그가 필요한 지원을 제공한다.

10. 당신은 작업시간 및 작업행동 분석 전문가이다. 당신은 작업기준에 관한 팀원들의 불평에 관하여 조사해달라는 요청을 받았다. 작업의 모든 과정을 분석해본 결과, 작업의 일부는 보다 많은 시간이 배정되어야 하고, 또 다른 부분은 작업시간을 줄여도 되는 것으로 판명되었고, 전체적으로는 작업시간을 줄여도 되는 것으로 나타났다. 당신은 다음과 같은 결정을 내린다.
   a. 작업자와 작업반장에게 전체적인 작업시간을 줄여야 한다고 통보하고 그 이유를 설명한다.
   b. 작업자의 불평에 동의하고 표준 작업시간을 늘려준다.
   c. 분석결과를 설명하고 작업자와 작업반장이 협상을 하며, 새로운 표준시간을 반드시 준수할 것을 약속받는다.
   d. 작업자와 함께 새로운 표준시간을 개발한다.

11. 당신은 프로젝트 예산배정하는 일을 하고 있다. 예산수립에 관한 유능한 사원인 Marie가 찾아와서 업무에 관하여 상의하고자 한다. 당신은 어떤 행동을 취할 것인가?
   a. 예산을 검토 및 수정하고, 우호적인 방법으로 그 이유를 설명한다. 상대방의 우려에 공감을 표하면서도 자신의 주장을 유지한다.
   b. 예산을 검토하고 변경이 필요한 부분을 제시한다. 그리고 필요한 경우 Marie와 함께 예산을 조정한다.
   c. 제시된 예산을 검토하고 수정한 후, 이를 설명한다.
   d. Marie의 질문과 우려에 대한 답을 하고, 예산을 승인한다.

12. 당신은 영업부의 관리자이다. 고객이 다가와 제품구매 계약을 하자고 한다. 그런데, 납품기간이 평소보다 상당히 짧아 2일밖에는 시간이 없다. 이 계약은 조직과 개인차원에서 상당한 이익이 보장되고 있다. 계약상 납품기일을 잘 맞추어 이 프로젝트를 잘 추진하기 위해서는 생산부서의 협조가 절대적으로 필요하다. 생산부서의 책임자인 Tim과 당신은 사이가 별로 좋지 않은데 그 이유는 당신이 이러한 요청을 과거에 거듭했기 때문이다. 당신의 다음과 같은 행동을 취할 것이다.
   a. Tim을 접촉하여 그와 함께 계약사항을 완수할 것이다.
   b. 계약조건을 수락하고, Tim과의 우호적으로 대화하여 납품기일을 맞춘다.
   c. Tim에게 상황을 설명하고, 그에게 계약조건을 수락할 것인지를 물어보고, 그가 결정하도록 한다.
   d. 계약을 받아들이고, Tim에게 계약조건을 수락하라고 말한다. 그가 반발하면, 그의 상사와 문제를 해결하겠다고 말한다.

당신의 커뮤니케이션 스타일을 결정하기 위해서, (1) 상황 1~12에서 당신이 선호하는 바를 a, b, c, d중 선택하여 표시한다. 아래의 채점표에 세로줄에 해당되는 것이 당신을 대표하는 스타일을 나타내는 것이다. (2) 세로줄의 숫자를 합산한다. 합산 총계가 12을 넘어서면 계산이 잘못된 것이다. 가장 높은 합계 숫자가 당신이 가장 선호하는 커뮤니케니션 스타일을 말해주는 것이다. 합계가 비교적 균등하게 배분되어 있다면, 당신은 비교적 유연한 커뮤니케이션 스타일을 가지고 있음을 의미한다. 세로줄에서 합계가 0이나 1로 집계되면, 이는 당신이 이 스타일을 사용하기를 꺼려함을 의미하거나, 또는 이 스타일 사용이 요구되는 상황에서도 사용하지 못함을 의미하기도 한다. 커뮤니케이션은 다음에 나열된 바와 같이 다섯 가지로 분류된다.

	권위형 (S1A)	협의형 (S2C)	참여형 (S3P)	임파워먼트형 (S4E)
1.	a	b	c	d
2.	c	a	d	b
3.	c	d	a	b
4.	d	b	c	a
5.	a	b	d	c
6.	c	d	a	b
7.	c	a	b	d
8.	b	c	d	a
9.	b	d	a	c
10.	a	c	d	b
11.	c	a	b	d
12.	d	b	a	c
합계				

상황 커뮤니케이션 모델

이것은 기술개발 6.2-상황적 커뮤니케이션을 위한 준비이다.

쌍방향 프로세스 시스템

커뮤니케이션에는 다음과 같은 다섯 가지 차원이 있으며, 각각의 연속성 선상에서 평가 할수 있다.

시작—응답

- 시작. 보낸 사람이 통신을 시작하고, 보내는 사람은 첫 번째 메시지에 대한 응답을 기대할 수도 있고 그렇지 않을 수도 있다.
- 응답. 보낸 사람의 메시지에 대한 받는 사람의 회신이다. 수신자는 주도권을 가지고 과정을 개시할 수 있으며, 쌍방향 커뮤니케이션이 이루어지면서 발신자(송신자)와 응답자(수신자)의 역할이 달라질 수 있다.

발표—답변유도

- 발표. 보낸 사람의 메시지는 구조적이거나 지시적이거나 정보를 한다. 응답이 필요하지는 않지만 조치가 필요할 수 있다. ("우리는 내년 예산을 준비하기 위해 만납니다" "문을 열어주세요")
- 답변유도. 발신자는 메시지에 대한 응답을 초대한다. 조치가 필요할 수도 있고 필요하지 않을 수도 있다. ("얼마나 많은 예산이 필요합니까?" "문을 열어 두어야 한다고 생각하십니까?")

닫힘—열림

- 닫힘. 발신자는 수신자가 메시지를 따르기를 기대한다. ("이것은 작성해야 하는 새로운 양식입니다. 주문이 있을 때 마다 제출하세요.")
- 열림. 발신자는 수신자의 입력을 고려하는 수단으로 응답을 유도한다. ("주문할 때마다 이 새로운 양식을 사용해야 합니까?")

거절—수락

- 거절. 수신자는 발신자의 메시지를 수락하지 않는다. ("나는 주문할 때 마다 이 새로운 양식을 사용하지 않을 것입니다!")
- 수락. 수신자는 발신자의 메시지에 동의합니다. ("주문할 때 마다 새로운 양식을 작성하겠습니다!!")

강함—약함

- 강함. 보낸 사람은 메시지가 지시된 대로 작동하도록 강제 또는 권한을 사용한다. ("새로운 양식을 사용하세요. 그렇지 않으면 해고됩니다.")
- 약함. 보낸 사람은 메시지가 지시된 대로 작동하도록 하기 위해 권력을 사용하지 않는다. ("가능할 때 양식을 작성하십시오.")

상황에 따른 커뮤니케이션 스타일

다음은 쌍방향 과정에 관한 것이다. 모든 스타일에서 수락 또는 거절이 발생할 수 있다. 수락 또는 거절은 어떤 스타일로부터도 발생할 수 있다. 그이유는 상당부분 이것이 발신자의 통제에 벗어나 있기 때문이다.

권위적 커뮤니메이션 스타일 (S1A). 이스타일은 높은 과업중심/낮은 관계중심(HT-LR)을 보여주며, 닫힌 발표 성향을 나타낸다. 상대방은 정보가 거의 없고 낮은 수준의 능력을 보여준다.

- 시작/응답. 당신은 커뮤니케이션을 주도적으로 시작하고 통제하며, 반응은 거의 없다.
- 발표/답변유도. 당신은 발표를 통하여 다른 당사자들에게 당신의 메시지에 순응할 것을 기대하고 있다는 것을 알게 한다. 답변유도는 거의 없다.
- 닫힘/열림. 당신은 닫힌 프레젠테이션을 한다.당신은 수신자의 의견을 고려하지 않을 것이다.

상담 커뮤니케이션 스타일(S2C). 이 스타일은 높은 과업중심/높은 관계중심(HT-HR)을 보여주며, 과업에 관해 닫힌 발표를 관계에 관해서는 열린 답변유도 성향을 보여준다. 상대방은 중간정도의 정보와 능력을 가지고 있다.

- 시작/응답. 당신은 주도적으로 커뮤니케이션을 시작한다. 당신은 상대방이 당신의 영향력 범위에 들어오기를 원한다. 당신은 어느정도 응답을 기대한다.
- 발표/답변유도. 둘 다 사용된다. 당신은 답변유도를 통하여 커뮤니케이션의 목표 달성을 기한다. 예를 들면, 상황을 파악하고 발표를 통하여 환경을 이해한다. 발표의 목표가 알려질 EO에는, 과업에 관한 답변유도는 거의 필요하지 않다. 상대방의 관심과 메시지의 수락여부를 파악하기 위해 관계 위주의 커뮤니케이션에 관한 답변을 유도한다. 열린 답변유도를 통하여 당신이 상대방의 견해에 관심이 나타나도록 하며, 상대방이 의욕적으로 당신의 영향력을 따르도록 한다.
- 닫힘/열림. 당신은 메시지를 받아들이는 것(작무)에 대해 닫혀 있지만 그 사람의 감정(관계)에는 열려있다. 상대방의 감정을 공감한다.

참여적 커뮤니케이션 스타일(S3P). 이 스타일은 낮은 작무중심/높은 관계중심의 행동(LT-HR), 열린 답변유도, 약간의 주도적 시작, 제한적인 발표로 설명된다. 상대방은 높은 수준의 정보와 능력을 보여준다.

- 시작/응답. 당신은 약간의 주도적인 시작으로 응답한다. 당신은 상대방이 문제해결을 하도록 도움을 주고자 하며, 또는 상대방으로 하여금 당신이 문제를 해결할 수 있도록 도움을 제공하도록 한다. 당신은 도움이 되고 개인적인 지원을 전달한다.
- 발표/답변유도. 답변유도는 제한적인 발표와 함께 이루어 진다. 당신의 역할은 목표달성을 위해 상대방의 아이디어를 유도하는 것이다.
- 닫힘/열림. 열린 커뮤니케이션을 사용한다. 당신이 참여를 잘하면, 상대방은 당신이 수락하는 해결방안을 제시할 것이다. 그렇지 않다면, 당신은 상대방의 메시지를 거절해야 할 것이다.

임파워먼트 스타일(S4E). 이 스타일은 낮은 직무중심/낮은 관계중심(LT-LR)을 보여주고 있으며 열린 발표 성향으로 응답한다. 상대방은 우수한 정보와 능력을 가지고 있다.

- 시작/응답. 당신은 지극히 제한된 주도권을 사용하여, 상대방에게 응답한다.
- 발표/답변유도. 당신은 발신자가 원하는 대로, 상대방에게 구조화된 정보를 제공한다.
- 닫힘/열림. 열려있는 태도를 취하고, 당신은 상대방이 주도권을 가지고 있음을 알린다. 당신은 상대방의 메시지를 수락한다.

상황 변수

적절한 커뮤니케이션 스타일을 선택할 때 다음 네 가지 변수를 고려해야 한다.

시간, 정보, 수용정도 및 능력. 이러한 각 변수와 관련된 질문에 답하면, 상황에 맞는 적절한 스타일을 선택하는 데 도움이 될 수 있다.

시간. 쌍방향 커뮤니케이션(예 또는 아니오)을 사용할 충분한 시간이 있는가? 없을 때 다른 세 가지 변수는 고려되지 않는다. 이 경우 권위형 스타일이 적절하다. 시간이 가용한 경우, 세가지 변수에 따라, 다른 스타일 중 어떤 스타일도 무방하다. 시간은 상대적인 용어이다어떠한 경우에서는 수분의 시간이 짧을 수 있지만, 다른 상황에서는 한달의 시간이 짧을 수 있다.

정보. 나는 내 메시지를 전달하고 결정을 내리고, 행동을 취하는데 필요한 정보를 가지고 있는가? 필요한 모든 정보가 있으면 권위형 스타일이 무방할 수 있다. 필요한 정보을 일부만 가지고 있는 경우 협의형 스타일이 적절할 수 있다. 정보가 거의 없는 경우 참여 또는 임파워먼트 스타일이 적절할 수 있다.

수용정도. 상대방이 자신의 의견개진이 없이 내 메시지를 수락할까? 수신자가 이를 받아들일 경우 권위적 스타일이 적절할 수 있다. 수신자가 이를 꺼려한다면 협의형 스타일이 적절할 수 있다. 수신자가 메시지를 거부하면 참여 또는 임파워먼트형 스타일이 수용을 얻는 데 적절할 수 있다. 변화를 실행에 옮기는 경우 수용정도가 성공에 중요한 영향을 끼치는 경우가 존재한다.

능력. 기능에는 두 부분이 있다. 능력: 상대방이 경험이 있거나 양방향 커뮤니케이션에 참여하기 위한 경험과 지식을 가지고 있는가? 수신자는 개인의 목표과 펼요보다 조직의 목표를 우선시 하고 있는가? 동기: 상대방이 참여하기를 원하는가? 상대방의 능력이 낮을 때는 권위형 스타일이 적절할 수 있고, 능력이 보통 수준인 경우에는 협의형 스타일이 적절할 수 있다. 또한 높은수준의 능력을 가지고 있는 경우에는 참여형 스타일이, 능력이 뛰어난 경우에는 임파워먼트형 스타일이 적절할 수 있다. 그러나 능력이라는 것은 상황에 따라 달라 질수 있다. 예를 들면, 어떤 교수들은 강의실 수업 능력은 뛰어나지만 학생지도에 필요한 능력을 충분히 가지고 있지 못한 경우가 있다.

커뮤니케이션 스타일 선택

성공적인 관리자는 상황에 따라 다양한 커뮤니케이션 스타일에 의존한다. 주어진 상황에서 적절한 커뮤니케이션 스타일을 선택할 때 따라야 할 세 가지 단계가 있다. 이 단계에 관하여 읽고 〈모델 5.6〉을 살펴본 후, "상황 1에 대한 적절한 커뮤니케이션 스타일 결정"에 관한 절에서.이 선택 프로세스를 연습한다.

1단계. 상황을 진단한다. 네 가지 상황 변수 (시간, 정보, 수용 정도 및 능력) 각각에 대한 질문에 답한다. 이 절의 시작부분에 있는 〈자기평가 5.2〉에서, 당신은 12가지 상황에 관한 적절한 하나의 대안에 관한 선택을 하도록 요청을 받았다. 또한, 당신은 일부 정보에 관하여는 무시해도 좋다는 말을 들었다.

2단계. 상황에 맞는 적절한 커뮤니케이션 스타일을 선택한다. 네 가지 변수를 분석한 후 상황에 적합한 커뮤니케이션 스타일을 선택한다. 어떤 상황에서는 해당 변수가 상충할 수 도 있다. 이러한 경우, 상황에 가장 중요한 변수의 스타일을 선택해야 한다. 예를 들어, 능력이 탁월할 수 있지만(S4E), 당신이 필여하 정보를 가지고 있으면, 필요한 정보(S1A). 정보가 더 중요한 경우 권위형 스타일을 사용한다. 리더십 기술 개발에 관한 연습2를 교실에서 수행할 때 커뮤니케이션 스타일에 관한 적절한 문자(S1A, S2C, S3P, S4E)를 (S ______)에 적어 넣는다.

3단계. 상황에 맞는 적절한 커뮤니케이션 스타일을 사용한다. 네 가지 커뮤니케이션 중 하나를 식별한다. S ______ 라인에 S1A, S2C, S3P 또는 S4E 중 적절한 하나를 선택하여 적어 넣는다. 열두가지의 상황 각각에 대해 적절한 커뮤니케이션 스타일을 나타내는 대안(a, b, c 또는 d)을 선택하여,상황 번호 앞의 줄에 적어 넣는다.

〈모델 5.6〉은 이러한 연습에 관한 내용을 요약하고 있다. 〈모델 5.2〉를 이용하여 주어진 상황에 적합한 스타일을 파악하여 사용하도록 한다.

모델 5.6 상황적 커뮤니케이션

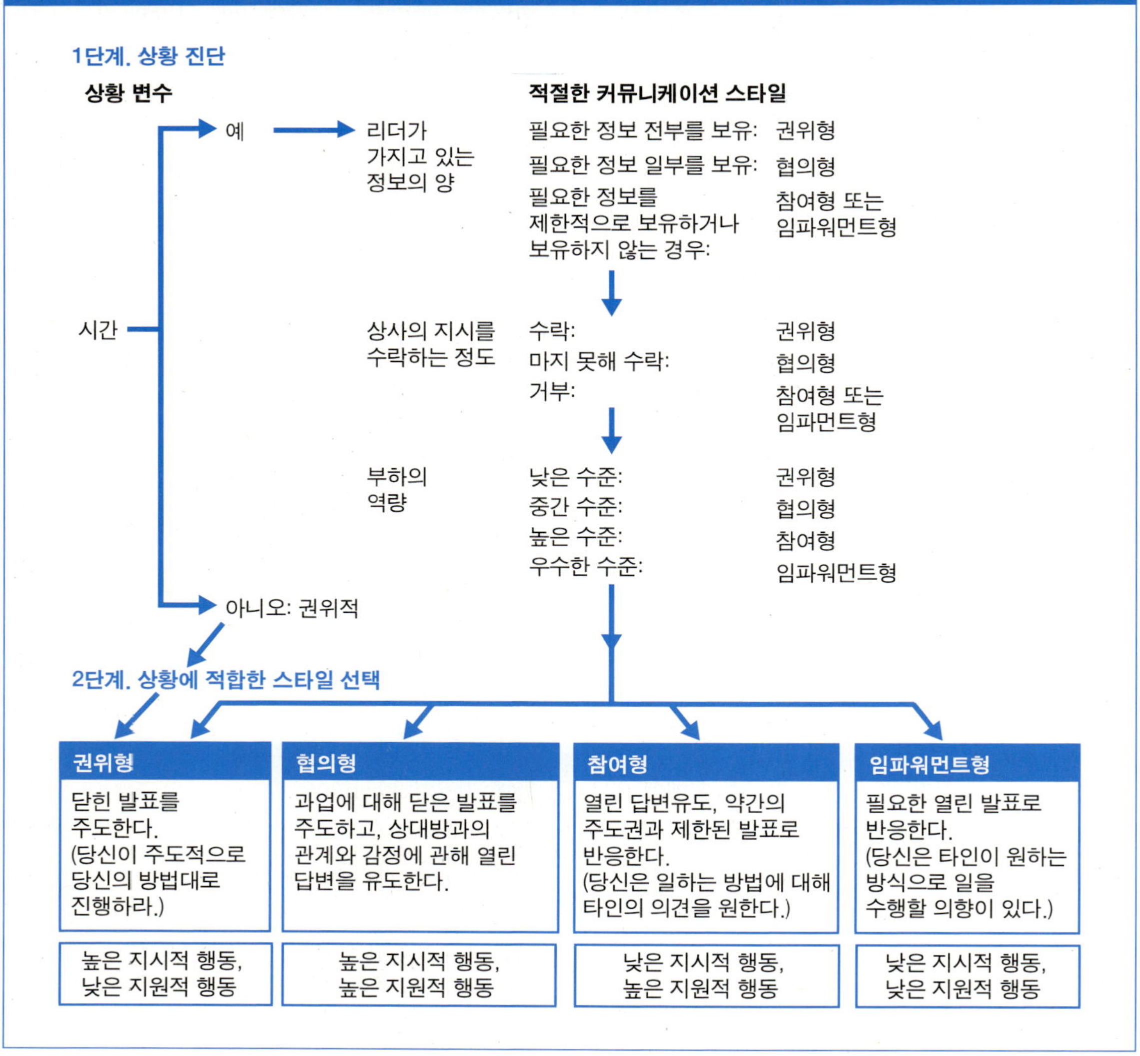

상황1에 관한 적절한 커뮤니케이션을 결정한다.

1단계. 상황을 진단한다. 상황 1에서 네 개의 변수에 관한 질문에 답하면서, 해당 상황의 밑줄에 적절한 문자를 적는다.

1. 타 부서에 근무하고 있는 Wendy(업무지식이 풍부함)가 엔지니어링 디자인 업무를 담당하고 있는 당신에게 찾아와, 그녀가 원하는 사양에 따라 특별한 제품을 설계해 달라고 요청한다.

당신은:

시간 _____ 정보

수용정도 _____ 능력

커뮤니케이션 스타일

a. 대화를 통제하고 Wendy에게 그녀를 위해 무엇을 할 것인지 말한다. S _____

b. Wendy에게 제품에 대해 설명해달라고 요청한다. S _____

c. Wendy에서 잘 이해하겠으며, 도와주겠다고 말한다. 그녀에게 무엇을 해 줄수 있는지를 명확히 설명하고, 그녀의 방식대로 여러 가지 아이디어를 제공한다. S ______

d. 당신이 알아야 되는 바를 파악하고, 그녀가 원하는 방식으로 일을 해주겠다고 말한다. S ______

2단계. 상황에 맞는 적절한 커뮤니케이션 스타일을 선택한다. 네 가지 변수를검토한다. 모두 일관성이 있으면 하나의 스타일을 선택한다. 상충하는 경우 가장 중요한 것을 선택한다. 적절한 문자(S1A, S2C, S3P 또는 S4E)를 해당 스타일 밑줄에 적는다.

3단계. 상황에 맞는 적절한 커뮤니케이션 스타일을 사용한다. 네 가지 대안을 검토한다. 각각에 대해 커뮤니테이션 스타일을 파악하고 S ______에 해당 문자를 적어 넣고, 각각의 번호 앞에 있는 밎줄에 적절한 문자(a, b, c, d)를 적는다.

당신이 어떻게 했는지 살펴보자.

1. 시간: 시간이 가용하다 (또는 예, 시간이 있다). 어떤 스타일이든 될 수 있습니다. 정보: 당신은 정보가 거의 없기 때문에 참여형 또는 임파워먼트형 스타일을 사용하여 Wendy가 무엇을 원하는지 알아볼 필요가 있다(S3P 또는 S4E). 수용정도: 당신은 Wendy방식이 아닌 자신의 방식으로 일을 추진한다면, 그녀는 그러한 시도를 거부할 것이다. 이러한 경우 당신은 참여형 또는 암파워먼트 스타일(S3P 또는 S4E)을 사용해야 한다. 능력: Wendy는 지식이 풍부하고 높은 수준의 능력(S3P)을 가지고 있다.

2. 네 가지 변수를 검토하면 S3P와 S4E가 혼합되어 있음을 알 수 있다. 당신은 엔지니어 이기 때문에, Wendy와 함께 참여하여 그녀에게 필요한 것을 제공하는 것이 적절하다. 따라서 선택은 S3P이다.

3. 대안 (a)는 S1A이다. 이것은 권위적 스타일이며, 높은 직무중심/낮은 관계중심이다. 대안 (b)는 S2C이고; 이것은 협의 스타일이며, 높은 직무중심/높은 관계중심이다. 대안 (c)는 S3P이고 이것은 참여적 스타일이며, 낮은 직무중심/높은 관계중심이다. 대안 (d)는 S4E이고; 이것은 임파워먼트 스타일이며, 낮은 직무중심/낮은 관계중심이다. (c)를 선택한 경우, 상황에 가장 적합한 조치를 선택했다고 할 수 있으며, 3점에 해당되는 답변이었다. 만약에 답으로 (d)를 선택했다면. 이것도 좋은 대안이며. 2점에 goerkd된다.. 만약 (b)를 선택하면 이것은 과도한 지시적 스타일에 해당하며, 1점이 부여된다. (a)를 선택한 경우 0점을 받는다. 이것 극단적으로 과한 지시적 스타일이며 의사 소통을 해칠 가능성이 크다.

커뮤니케이션 스타일을 상황에 더 잘 맞출수록 당신은 더 효과적이 될 수 있다. 당신은 다른 11가지 상황에 관하여, 〈자기평가 5.2〉에서의 다른 11가지 상황에 대해 모델에서 배운 바를 적용해 볼 것이다.

CHAPTER 6

영향력 행사: 권력, 정치, 네트워크 개발, 협상

학습목표

이 장을 학습한 후에는 다음을 할 수 있어야 한다.

6.1 영향력에서 직위권력과 개인권력 및 윤리의 차이점을 설명한다.

6.2 권력의 두 가지 원천의 유사점과 차이점을 설명하고, 권력의 일곱 가지 유형과 전술의 사용에 관하여 토론한다.

6.3 돈과 정치가 어떻게 비슷한 용도로 사용되는지 설명하고 세 가지 정치적 행동을 정의한다.

6.4 네트워크 개발 프로세스의 단계와 협상 시 해야 할 두 가지 주요 사항을 나열하고 설명한다.

6.5 협상 과정의 단계를 나열한다.

6.6 세계시장에서 타인에게 영향력을 미치는 행동을 이해하는데 유용한 네 가지 GLOBE 차원을 설명한다.

Maria Gonzalez, 조직의 권력과 정치

히스패닉계 여성인 Maria Gonzalez는 회계학 박사 학위를 받은 후 많은 관심을 받았다. 현재 그녀는 중서부의 작은 대학에서 종신 교수로 재직하고 있다.

회계학과(DA)에는 9명의 교수진이 있었고, 경영대학(SB)의 5개 학과 중 하나였다. 회계학과의 학과장은 과장근무 1년차인 Helen Canton이었으며, Maria를 포함한 6명의 교수진은 Helen보다 더 오래 학과에 근무하였다. Helen은 교수진이 공식적인 학사지침에 의해 일하는 것을 좋아하였으나, 그당시에는 단과대학 차원에서의 대학원 학생 조교활용에 대한 공식적인 정책이 없었다. Helen은 정책에 대해 경영대학의 학장에게 질의를 하였고, 학장은 교무처장과 논의한 후 학장은 Helen에게 단과대학 차원의 정책이 없다고 말했다. 부총장과 학장은 대학원 학생 조교가 자신의 위치에서 할 수 있는 것과 할 수 없는 것에 대해 개별 학과에서 자체 정책을 개발하도록 제안했다. 그래서 Helen 대학원 학생 조교에 대한 정책을 을 학과 회의의 안건으로 삼았다.

회계학과 회의에서 Helen은 대학원 조교가 해야 하는 일과 안 되는 일과 해서는 안 되는 일에 대한 교수들의 의견을 물었다. 그녀는 부서가 정책에 대한 합의에 도달할 수 있기를 바랬다. Maria는 대학원 조교를 사용하여 시험을 채점하는 유일한 교수임이 밝혀졌다. 다른 두 교수는 시험을 채점하는 것이 교수의 임무라고 생각하였다.

Maria는 자신이 직접 채점하는 일을 하지 않아도 되는 상황을 희망하면서 몇 가지 의견을 말했다. 그녀의 시험은 객관식이어서 자신이 시험을 채점할 필요가 없다고 생각했다. Maria는 또한 캠퍼스 전체와 전국적으로 다른 교수진이 대학원 조교를 사용하여 전체 과정을 가르치고 주관적인 논문과 시험을 수정하고 있다고 지적하며, 다른 교수들이 모두 그렇게 하고 있는데 대학원 조교를 사용하여 객관식인 시험을 채점할 수 없다는 것은 공정하지 않다고 주장하였다.

Maria는 또한 학과에 공식적인 정책이 필요하지 않다고 말하고 학과에 정책을 설정하지 않도록 요청하였다. 그러나 Helen은 정책이 필요하다고 주장하였다. Maria는 대학원 학생 조교가 시험을 채점할 수 있도록 허용하는 것에 찬성하는 유일한 사람이지만 다른 세 사람은 어느 쪽에도 언급하지 않았다. 그러나 회의가 끝난 후 회의 중에 아무 말도 하지 않은 Joel Corman이라는 다른 교수는 Maria에게 이렇게 대학원 조교를 사용하는 것을 거부하는 것은 불공평하다는 Maria의 주장에 동의한다고 말했다.

Helen이 희망한 대로의 합의를 교수회의에서 볼 수 없었다. Helen은 향후 학과회의에서 논의될 학과 정책의 초안을 작성할 것이라고 말했다. 다음날 Maria는 다른 교수들이 캠퍼스 전체에서 사용하는 것과 동일한 조교지원이라는 자원을 거부하는 것이 윤리적이고 합법적인지 묻는 메모를 학과 교수들에게 보냈다. Maria는 또한 부서에서 객관식 시험을 채점하기 위해 대학원 조교를 더 이상 사용할 수 없다는 정책이 정해진다면, 학장, 부총장 및 총장에게 이의를 제기할 것이라고 말했다

도입사례에 관한 질문들

위의 사례는 사례 질문에 대한 답변을 제공하기 때문에 다른 사례와 동일하다. 그러나 질문에 대한 대답을 강의시간에서의 토론 대상으로 사용될 수 있다는 점에서 다르기도 하다.

1. (a) Helen은 어떤 권력의 원천을 가지고 있으며, (b) 그녀는 어떤 유형의 권력을 사용하고 있는가? (c) 회의 중에 Helen이 사용하는 영향력 있는 전술은 무엇인가? (d) 이 상황에서 협상 전술이 적절한가? 아니면 (e) 교환 전술이 적절한가?
2. (a) Maria는 어떤 힘의 원천을 가지고 있으며, (b) 그녀는 회의 중에 어떤 종류의 힘을 사용하고 있는가? (c) Maria가 회의 중에 주로 사용

하는 두 가지 영향력 있는 전술은 무엇인가? (d) Maria가 메모와 함께 사용하는 전술은 무엇인가? (e) 메모는 Maria에게 현명한 정치적 움직임인가? 그녀는 그것을 보내 무엇을 얻고 잃을 수 있는가?

3. 자신이 Helen이라면 어떻게 하겠는가? (a) Maria가 정책 결정에 이의를 제기하겠다고 말한 것을 학장에게 알릴 것인가? (b) 이 토론에는 어떤 전술이 포함되어 있는가? (c) 토론은 어떤 정치적 행동을 나타낼 것인가? (d) 대학원 학생 조교를 객관식 시험을 채점하는 데 할용할 수 없다는 정책을 직접 작성할 것인가? (e) (d)의 답변은 (a)의 답변에 영향을 받을 것인가?

4. (a) 당신이 Maria라면 회의 중에 구두 지지자가 없다는 것을 알고도 계속 자신의 입장을 주장했겠는가, 아니면 대학원 학생 조교 사용을 중단하는데 동의했겠는가? (b) Maria가 메모를 보내는 것에 대해 어떻게 생각하는가? (c) 종신 교수인 Maria는 고용보장에 관한 걱정을 할 필요가 없으나, 만약 미래에 승진을 해야 하는 경우라면 대답이 바뀔 것인가?

5. (a) 당신이 Maria라면 Helen이 정책 초안을 작성하고 학과 교수들이 이에 동의했다면 어떻게 하겠는가? 결정에 대해 학장에게 이의를 제기하겠는가? (b) 다시 말하지만, 승진을 해야 하는 경우라면 답변은 바뀔 것인가?

6. 대학교의 부총장이 단과 대학 전체에 걸친 정책을 수립하는 것을 원하지 않고 있다. 당신은 경영대학의 학장으로서 이러한 사실을 알고 있고 있는 상황에서, Maria가 당신에게 어필했다면 어떻게 하겠는가? 경영대학 차원의 정책을 세울 것인가?

7. 대학원 학생 조교 정책은 어느 수준(단과 대학별, 학과별)에서 설정해야 하는가?

8. (a) Joel Corman은 회의 중에 Mria를 변호하기 위해 목소리를 냈어야 하는가? (b) 당신이 Joel이었다면 다른 일곱 교수의 의견에 반하는 태도를 표명하고 Maria의 편을 들었을 것인가? (c) 당신이 Maria와 친구였든 아니든, 그리고 종신 교수였든 아니든 당신의 대답은 바뀌었겠는가?

참고: 이것은 실제 사례이지만 기밀 유지를 위해 대학 및 인명을 변경했다.

들어가는 글

5장에서는 의사소통, 코칭 및 갈등관리 기술을 개발하는 데 중점을 두었다. 이 장에서는 커뮤니케이션에 관한 지식을 기초로 하여, 권력, 정치, 네트워크 개발 및 협상의 리더십 기술을 개발한다.

역량과 전문성은 경력을 발전시키는 데 중요하지만 충분하지 않다. 직장에서 사람들로부터 원하는 것을 얻는 것은 주로 다른 사람의 눈에 보이는 존경, 존중, 명성과 같은 지위에 기반을 둔다.[1] 조직생활에서 더 진일보하기 위해서는 리더십이 필요하며,[2] 리더십 기술에는 다른 사람에게 영향을 미치는 설득 기술이 포함된다.[3] 기업의 높은 자리에 오르기 위해서는 사람들에게 영향력을 행사할 수 있는 지위가 필요하다.[4] 권력을 얻고, 조직정치를 하고, 네트워크를 형성하고, 원하는 것을 얻기 위해 협상하는 것은 모두 리더십 기술의 일부이다.[5] 이러한 관련 개념에 관한 기술을 이 장에서 학습한다.

영향력 행사와 권력

학습목표 6.1

윤리적으로 영향력을 행사하기 위한 직위권력과 개인 권력의 차이를 설명한다.

이 절에서는 영향력과 윤리적으로 영향력을 행사할 필요성, 조직에서의 권력의 원천에 대해 논의한다. 리더십에 대한 우리의 정의(1장)에서 리더십은 변화를 통해 조직의 목표를 달성하기 위해 '영향력을 미치는' 과정에 관한 것이다. 리더와 부하는 서로에게 영향을 미치므로[6] 영향력은 쌍방향으로 진행된다.

윤리적으로 영향력 행사하기

권력, 정치, 네트워크 개발, 협상은 원하는 것을 얻기 위해 지위를 높이는 데 사용할 수 있는 영향을 미치는 모든 방법이다.[7] 권력만으로는 부패하지 않는다. 부패하는 것은 권력에 거짓말을 더하고 권력에 탐욕을 더한 것이다.[8] 여러분이 직면한 질문은 다음과 같다. 이러한 리더십 방법을 윤리적으로 사용할 것인가, 비윤리적으로 사용할 것인가? 우리가 원하는 것을 얻기 위해 비윤리적인 행동을 하는 것은 매우 유혹적일 수 있지만 장기적으로 대가를 치르게 된다는 점을 기억할 필요가 있다. 따라서 윤리적 지침을 사용하여 행동에 영향을 미치는 것이 중요하다(2장).

서번트 리더십(servant leadership)은 권력을 윤리적으로 사용하고,[9] 신뢰하고 지지하는 관계를 기반으로 하는 다른 사람들의 최선의 이익을 추구한다.[10] 비윤리적인 행동은 신뢰를 어기고, 관계를 손상시키고, 권위를 떨어뜨려 원하는 것을 취할 수 없게 만들고,[11] 경력에 해를 끼치게 된다.[12] 따라서 정직하게, 정직한 의사소통을 하는 리더십을 발휘해야 한다.[13] 원하는 것을 얻기 위해 비윤리적인 조작 방법을 사용하지 않도록 도덕적 판단을 사용하라.[14] 윤리적인 리더십을 발휘하여, 이해 관계자들 모두가 승자가 되는 상황을 만들어내는 방향으로 조직을 관리해야 한다.

윤리적 결정: 윤리와 사회적 영향

6.1 Facebook이 Google을 타겟으로 하여 기업을 선정하다.

소셜 네트워크 개발 전문회사는 홍보회사 Burson-Marsteller를 비밀리에 고용하여 Google의 개인정보보호 관행에 대한 비판적인 기사를 퍼뜨리고 온라인 개인정보에 대한 스포트라이트가 자체회사로부터 경쟁사인 Google로 집중되도록 했다. 그러나 논란의 여지가 있는 전략은 블로거와 언론인들이 Facebook의 배후 역할을 공개하면서 역효과를 냈고, 이 회사는 Facebook에 대한 설명해야 했다.

Facebook은 '비방 캠페인'을 승인하거나 실행할 의도는 없지만 Facebook이 소셜 네트워크 계정에서 Google의 데이터 수집을 승인하지 않았다는 점을 강조하고 싶어했다.

비영리단체 미국홍보협회(Public Relations Society of America)는 Burson-Marsteller사가 Facebook에 대해 공개하지 않은 것은 '기만적'이며 윤리적 기준을 위반했다고 말했다.

Burson-Marsteller는 Facebook이 단지 공개적으로 이용 가능한 정보를 밝히기 위해 이름을 공개하지 않기를 요청했다고 말했다. 그러나 Facebook의 이름을 공개하지 않는 것은 회사의 정책에 위배되는 것이며 해당 조건에 대한 이러한 사업상 의뢰는 거부되어야 했던 것이다.

Google은 뉴스 기사에 대한 논평 요청에 응답하지 않았다.[15] Facebook이 Burson-Marsteller를 고용하여 온라인 개인정보보호에 대한 스포트라이트를 자체에서 벗어나 경쟁사 Google에게로 관심을 돌리도록 한 것은 윤리적, 사회적으로 책임져야 하는 일인가? Facebook이 자기회사의 개인정보 스캔들에 관한 정보를 감추고, Google에 대한 '비방 캠페인'을 실행하여 자기회사에 관한 뉴스가 헤드라인에 나오지 않게 하려고 했다고 생각하는가? 혹시 상사가 Burson-Marsteller를 고용해달라고 하면 어떻게 하겠는가?

Burson-Marsteller가 Facebook을 공개하지 않은 것은 '기만적'이며 비윤리적인 사업 전략이라는 미국홍보협회의 성명에 동의하는가?

Burson-Marsteller가 Facebook로부터의 의뢰를 받아들인 것은 사회적으로 책임져야 하는 일이라고 생각하는가? Burson-Marsteller가 단순히 실수를 한 것인가? 아니면 회사가 자기회사의 정책에 위배되는 것을 알면서도 의뢰를 받아들였다고 믿는가? 상사가 회사 정책에 반하여 Facebook을 비방하는 사람이 되라고 요청했다면 어떻게 하겠는가?

Google이 요청을 받았을 때 이에 응답하지 않는 것이 윤리적이고 사회적으로 책임이 있는가? 자신이 Google의 CEO라면 라이벌인 Facebook과 Burson-Marsteller의 행동에 대해 어떤 코멘트를 하겠는가?

권력의 원천

권력은 부하들에 대한 리더의 잠재적 영향력이다.

권력은 다른 사람들에게 영향력을 행사하는 것이다. 즉, **권력**(power)은 부하들에 대한 리더의 잠재적 영향력이다. 권력은 영향력을 행사할 수 있는 잠재력이기 때문에 다른 사람들에게 영향력을 행사하기 위해 실제로 권력을 사용할 필요는 없다. 종종 다른 사람들에게 영향을 미치는 것은 권력의 실제 사용보다 권력에 대한 인식이다. 사람들이 당신을 리더로 인식하고 있는가? 권력에는 두 가지 원천이 있는데 그것은 직위권력과 개인적 권력이다.

직위권력

직위권력이란 최고경영진으로부터 나오며 명령체계를 통하여 하위로 위임된 형태로 존재한다. 사람들이 차지하고 있는 조직 내의 직위에 의해 권력을 부여받는다.[16] 따라서 관리자의 경우 일반 종업원들보다 더 많은 잠재적인 권력을 가지게 된다. 조직 구성원들이 평소에 하지 않던 일도 권력에 의한 명령 때문에 수행하게 된다는 점에서 권력의 중요성을 인식할 필요가 있다. 권력을 활용하면 리더는 자기가 원하는 일을 타인이 하도록 할 수 있고, 동시에 타인에게 영향을 미칠 수 있다. 이러한 측면에서 타인이 행하는 일을 조작할 수 있기 때문에 부정적으로 인식되고 있다.[17] 즉, "권력은 부패하고, 절대 권력은 절대 부패한다"는 속담이 이러한 인식을 반영하고 있다.

그러나 권력의 속성을 긍정적인 측면에서 인식할 필요가 있다. 즉, 조직 내에서 권력을 사용하지 않고서 관리자는 조직목표를 달성하기 어렵다. 따라서, 리더십과 권력은 같은 맥락에서 이해되어야 한다. 관리자는 권력을 이용하여 업무를 완수하게 된다. 사회화된 권력을 사용할 수 있다는 것을 2장에서 학습한 바 있다.

개인적 권력

개인적 권력은 리더의 행동을 기반으로 부하로부터 파생된다.

개인적 권력(personal power)은 리더의 행동을 기반으로 부하로부터 파생된다. 어떤 사람들은 조직에서 무력감을 느끼지만[18] 모든 사람이 상사와 동료에게 영향력을 행사할 수 있는 권력이 있다. 따라서 권력을 갖기 위해 관리자가 될 필요는 없다. 진정한 권력은 직위가 아니라 영향을 받는 사람들에게서 나온다.[19] 일부 비공식적 리더는 공식적 리더보다 다른 사람에게 더 많은 영향력을 행사할 수 있다.[20] 권력은 남에게 빼앗지 않고 얻을 수 있다. 일반적으로 권력은 적극적으로 나서서 좋은 결과를 도출해내는 사람에게 주어진다.

관리자는 직위권력만 가질 수 있거나 직위와 개인적 권력을 모두 가질 수 있지만 관리자가 아닌 경우 개인적 권력만 가질 수 있다. 오늘날의 성공적인 리더는 조직 내에서 권력을 공유하고 의사결정을 위양함으로서,[21] 더 생산적인 경우가 많다.[22] 전 NBA 코치인 Phil Jackson은 좋은 경기를 하려면 선수에게 권한을 부여하고 임파워먼트해야 한다고 주장했다.

권력의 종류와 영향력 행사 전술

학습목표 6.2
일곱 가지 권력의 종류와 전술사용의 유사성과 차이점을 설명한다.

권력은 일반적으로 원하는 것을 얻고 조직의 목표를 달성하는 데 사용되며 영향력 행사 관련 전술 행동을 사용하여 권력을 얻는다.[23] 이 절에서는 권력의 유형과 권력을 부여하는 전술에 대해 논의하고 권력을 증가시키는 방법을 배우게 될 것이다. 도표 6.1에는 일곱 가지 유형의 권력이 권력의 원천 및 영향을 미치는 전술에 관해 설명되어 있다.

어떤 유형의 권력과 전술을 사용해야 하는가? 상황적 리더십 스타일과 마찬가지로 사용할 수 있는 최고의 권력과 전술은 없다. 상황을 분석하고 최상의 조합을 선택해야 한다. 선택을 돕기 위해 전술과 함께 각 유형의 권력이 적절한 시기, 사용 방법 및 각 유형의 권력을 높이는 방법에 대한 지침이 제공되어 있으며, 제대로 사용하면 모든 사람들이 승자가 될 수 있다.[24]

합법적 권력과 전술

합법적 권력(legitimate power)은 조직에서 부여한 사용자의 직위권력을 기반으로 한다. 사람들에게 직무 범위 내에서 무언가를 하도록 요청할 때 사용하는 것이 적절하다.

합법적 권력은 조직에서 부여한 사용자의 직위권력을 기반으로 한다.

도표 6.1 권력의 유형과 원천 및 전술

원천	직위권력 →			← 개인적 권력			
유형	합법적	보상적	강제적	관계적	정보적	전문적	준거적
전술	합법적 수단 협의 합리적 설득	교환	압력	제휴	합리적 설득 영감적 호소	합리적 설득	개인적 호소 영감적 호소 환심사기

대부분의 일상적인 관리자-직원 간의 상호작용은 합법적 권력을 기반으로 한다. 이 합법적 권력이 없다면 그들은 반복적으로 부하들에게 영향을 미칠 수 없다.

합법적 권력의 적절한 사용

합법적 권력은 합법적으로 영향력을 행사하는 전술이다. 관리자는 작업을 할당하고, 코치는 누가 플레이할지 결정하고, 교사는 점수를 부여한다. 이러한 직책에는 조직의 공식 권한이 부여된다. 직원들은 업무 범위 내에서 관리자가 말한 대로 수행해야 할 의무를 느끼는 경향이 있다.

합법적 권력을 사용할 때 협의적 영향력 행사 전술을 사용하는 것도 도움이 된다. 상담을 통해 목표 달성에 대한 다른 사람의 의견을 구하고 목표 달성을 위한 계획을 함께 개발할 수 있다. 이 프로세스를 참여적 관리라고도 한다.

권위가 미치지 못하는 사람들에게 영향을 미치고자 할 때는, 합리적 설득을 포함한 영향력 행사 전술을 사용하는 것이 종종 도움이 된다. 여기에는 논리적 사고가 포함된다.[25] 문제를 분석하기 위해 건전한 추론을 실행하고 다른 사람들이 내가 권장하는 바를 실행하도록 설득하기 위해 지식, 데이터 및 사실적 증거로 논리적 주장을 제시한다.[26]

합리적 설득을 할 때는 상대방의 필요에 따라 설득력 있는 사례를 개발해야 한다. 나에게 논리적이고 합리적으로 보이는 것이 다른 사람들에게는 그렇지 않을 수 있다. 여러 당사자들이 존재할 때는 각기 다른 요구를 충족시키기 위해 다른 논리적 주장이 이루어질 필요가 있다. 논리적 논증은 일반적으로 감정보다 이성적인 행동을 하는 사람들과 잘 맞는다.

합리적인 설득을 개발할 때 다음 지침을 따른다.

- 목표를 달성해야 하는 이유를 설명한다.
- 목표를 달성함으로써 그 사람이 어떤 이점을 얻을 수 있는지 설명한다. 상대방이 자주 묻지 않는 질문을 생각해 보고, 그것이 나에게 어떤 나에게 어떤 의미가 있는지 고려해본다.
- 목표를 달성할 수 있다는 증거를 제공한다.
- 잠재적인 문제와 우려 사항을 처리하는 방법을 설명한다. 잠재적인 문제와 우려 사항을 알고 합리적 설득으로 처리한다.

더 많은 합법적 권력을 확보하기

합법적 권력을 높이려면 다음 지침을 따른다.

- 합법적 권력을 가지려면 관리자가 되거나 동료와 함께 하는 팀 프로젝트에서 책임자가 되어야 한다.
- 정기적으로 권위를 행사하고, 목표가 달성되었는지 확인하기 위해 후속 확인 조치를 취한다.
- 영향을 미치는 행동을 사용하기 위한 지침을 따른다.

보상적 권력과 전술

보상적 권력(reward power)은 상대방이 가치 있다고 생각하는 것을 가지고 영향력을 행사하는 사용자의 권력을 기반으로 한다. Fiedler의 상황이론(4장)에서 관리자의 권력은 직원에게 보상하고 처벌하는 능력의 정도에 따라 달라진다는 것을 학습한 바 있다. 상대방의 행동에 영향을 미치기 위해 강화이론(3장)을 사용할 필요가 있다.

보상적 권력은 상대방이 가치 있다고 생각하는 것을 가지고 영향력을 행사하는 사용자의 권력을 기반으로 한다.

보상적 권력의 적절한 사용

직원이 일을 잘하면[27] 상호 관계를 통해 보상을 받아야 한다.[28] 보상은 교환 관계를 의미한다. 조직을 위해 일하면, 그에 대해 조직은 보상을 제공한다.[29] 상위 관리자나 권위가 미치지 못하는 사람들을 다룰 때, 우리의 목표달성을 돕는 대가로 교환적 영향력 행사 전술을 사용할 수 있다. 교환에 대한 인센티브는 희소한 자원, 정보, 다른 작업에 대한 조언 또는 지원, 경력 및 정치적 지원과 같이 가치 있는 모든 것이 될 수 있다.

더 많은 보상적 권력 확보하기

보상적 권력을 높이려면 다음 지침을 따른다.

- 직원의 성과를 평가하고 직원의 급여인상, 승진 및 기타 보상을 결정하는 데 대한 통제권을 확보하고 유지한다.
- 사람들에게 당신이 보상을 통제한다는 것을 알리고 보상을 제공하는 기준을 명확하게 명시한다.
- 다른 사람의 말을 경청하고 그들이 원하는 방식을 고려하여 보상을 제공한다.[30]

강압적 권력과 전술

강압적 권력(coercive power)의 사용은 규정 준수에 영향을 미치기 위해 처벌을 하고 보상을 보류하는 것을 포함한다. 견책, 관찰, 정직 또는 해고에 대한 두려움으로 인해

강압적 권력의 사용은 규정 준수에 영향을 미치기 위해 처벌을 하고 보상을 보류하는 것을 포함한다.

직원들은 종종 관리자의 요청에 따라 행동한다. 강압의 다른 예로는 언어적 학대, 굴욕, 배척이 있다. 집단 구성원은 집단 규범을 시행하기 위해 강압적 권력(동료 압력)을 사용하기도 한다.

강압적 권력의 적절한 사용

강압적 권력은 규율을 유지하고 규칙을 집행하는 데 사용하는 것이 적절하다. 이는 강압적 영향을 미치는 전술이다. 강압적 권력은 직원들이 요청한 대로 하려고 하지 않을 때 규정 준수를 위한 유일한 방법일 수 있다. 직원들은 관리자의 강압적 권력 사용에 분개하는 경향이 있다. 따라서 강압적 권력은 최후의 수단으로만 사용하며 최소한 수준으로 유지한다.

더 많은 강압적 권력 확보하기

강압적 권력을 더 많이 확보하기 위해 다음의 지침을 따른다.

- 처벌을 사용하고 보상을 보류할 권한을 얻는다.
- 성급한 위협을 하지 않는다. 다른 사람을 조종하거나 개인적인 이익을 얻기 위해 강압을 사용하지 않는다.
- 끈기 있게 행동한다. 부하들에게 무언가를 하도록 요청하면 완료되었는지 확인하기 위해 후속 확인 조치를 취한다.

전문적 권력과 전술

전문적 권력은 사용자의 기술과 지식을 기반으로 한다.

전문적 권력(expert power)은 사용자의 기술과 지식을 기반으로 한다. 전문가가 되면 다른 사람들이 당신에게 의존하게 된다. 사람들은 종종 전문가를 존경하며, 전문 지식을 가진 사람이 적을수록 전문가는 더 많은 권한을 갖게 된다. 전문성 때문에 고용되는 사람들에게, 사람들은 그들이 빨리 배우며 지침이 거의 또는 전혀 없이 업무를 완수하기를 기대한다.[31] 사람들은 전략적 경영 전문가의 능력을 바탕으로 대기업의 CEO가 되는 경향이 있다.[32] 조언을 구하러 오는 사람이 많을수록 보다 많은 전문적 권력을 누리게 된다.

전문적 권력의 적절한 사용

전문가들은 합리적으로 설득하는 식으로 영향력을 발휘하는 전략을 사용한다. 그 이유는 사람들이 전문가들이 자신이 말하는 내용에 대해 잘 알고 있다고 생각하고 그것이 옳다고 생각하기 때문이다.

윤리적 결정: 윤리와 사회적 영향

6.2 상사의 명령을 반드시 따라야 하는가?

군인들은 계급이라는 권력에 의해 움직이는 위계질서 조직이다. 군인들이 부하들에게 내리는 명령은 대개 합법적 권력에 속한다. 부하들이 명령을 충실히 따를 때 보상이 주어진다. 또한 부하들이 명령을 수행하도록 강제적인 권력도 동원된다. 군인들은 권위라는 권력을 인정하고 명령대로 행동하며, 권위를 의심하지 않도록 습관화되어 있다.

1. 군대나 그 외 조직에서 권위를 무조건 복종하도록 가르치는 것이 사회적으로 책임 있고 윤리적인 것인가?
2. 상사가 비윤리적이라고 생각되는 지시를 내렸을 때 어떻게 해야 한다고 생각하는가? (다음과 같은 행동이 있을 수 있다. 지시대로 행동하기, 아무 말도 하지 않고 행동도 안 하기, 상사의 의도를 의심해보기, 상사의 지시에 대해 면밀히 검토해보기, 상사에게 직접 가서 윤리성에 대해 질문해보기, 상사에게 못하겠다고 말하기, 상사보고 직접 하라고 말하기, 비윤리적인 지시를 공개하기)
3. 비윤리적인 관행을 상사의 지시에 따라 행동하는 것이 정당화될 수 있는가?

특히 낮은 직급의 관리자가 종종(항상 그런 것은 아니지만) 부서 내 전문가인 경우가 있다. 새로운 관리자는 조직 운영 방식에 대한 전문 지식이 있고 일을 정치적으로 처리하는 방법을 알고 있는 직원에게 자주 의존한다. 따라서 부하들은 이러한 방식으로 리더에 대해 상당한 영향력을 가질 수 있다. 다른 부서 및 조직의 사람들과 함께 일하는 직원에게 전문적 권력은 필수적이다.

더 많은 전문적 권력의 확보

전문적 권력을 높이려면 다음 지침을 따른다.

- 전문가가 되려면 조직에서 제공하는 모든 교육 및 교육 프로그램을 이수한다.
- 업계 또는 전문 협회 회의에 참석하고 해당 분야의 최신 동향을 파악하기 위해 출판물(잡지 및 저널)을 읽는다. 게시물을 작성하고, 조직 내에서 책임자가 된다.
- 최신 기술을 따라 잡고, 새로운 것을 가장 먼저 배운다.
- 긍정적인 자아를 개발하고(2장), 전문성을 가지고 있다는 평판을 듣도록 한다. 사람들에게 전문 지식을 가지고 있다는 것을 알린다.

준거적 권력과 전술

직원들은 자신의 말을 들어줄 관리자와 좋은 관계를 원한다.[33] **준거적 권력(referent power)**은 사용하는 사람과 상대방과의 개인적인 관계를 기반으로 한다. 또한 사람 간

준거적 권력은 사용하는 사람과 상대방과의 개인적인 관계를 기반으로 한다.

의 친밀한 관계를 바탕으로 하여 목표달성을 위해 다른 사람들이 우리가 원하는 일을 하도록 하는 것이다. 카리스마를 가진 리더도 준거적 권력을 가지고 있다고 할 수 있다.[34]

준거적 권력의 적절한 사용

준거적 권력은 상대방에 대한 직위 권력이 약하거나 없는 사람들 사이에서 사용하면 적절하다. 리더십이 공유되어야 하는 자율관리팀에는 준거 권한이 필요하다. 감정은 우리의 성격(2장)과 관계의 일부이며,[35] 감정에 호소하는 것이 권력의 일부라는 것을 기억할 필요가 있다.[36] 당신은 직원들의 감정과 열정을 통하여 가치와 이상에 호소하는, 개인 간에 호소하는 전술을 사용한다.

이성적 설득은 논리를 사용하는 반면 영감에 호소하는 전술은 감정과 열정을 사용하는 것이다. 사람들은 항상 합리적인 것은 아니며 때로는 사실을 고려하지 않는다.[37] 따라서 일반적으로 영감에 호소하는 행동은 논리적 사고보다 감정의 영향을 더 많이 받는 사람들에게 잘 적용될 수 있다.

우리가 권한을 사용할 수 없는 사람들에게 일을 하도록 설득하려면, 그들이 기분이 좋은 때 호소하는 이러한 전술을 사용하는 것이 도움이 된다. 평소에 업무에 대한 요구를 하기 전에 이러한 접근을 해두는 것이 적절하다. 이러한 접근은 비용이 드는 것은 아니지만, 과도하게 사용하면 역효과가 난다는 점을 유념할 필요가 있다. 그것은 필요할 때만 인간관계를 사용한다는 인상을 줄 수 있기 때문이다.

더 많은 준거적 권력을 확보하는 방법

준거적 권력을 높이려면 다음 지침을 따른다.

- 모든 장에서 다루는 대인관계 기술을 개발한다. 준거적 권력은 관리자만 사용하는 것은 아니라는 점을 기억할 필요가 있다.
- 관리자 및 동료들과 평소에 좋은 관계를 개발하고 유지한다.

정보적 권력과 전술

정보적 권력은 다른 사람들이 원하는 사용자의 데이터를 기반으로 한다.

정보적 권력(information power)은 다른 사람들이 원하는 사용자의 데이터를 기반으로 한다. 오늘날의 조직은 직원들이 정보를 공유하여 함께 조직이 지속적으로 성과를 개선할 수 있기를 바란다.[38] 정보적 권력에는 중요한 정보 보유와 지식에 대한 접근 및 배포에 대한 통제권한이 포함된다. 관리자는 종종 부하 직원이 접근할 수 없는 정보에 접근할 수 있고, 이것이 결국 정보적 권력이 되는 것이다. 또한 관리자는 정보 획득을 부하에게 의존하는데, 이러한 경우는 부하들이 정보적 권력을 갖는 것이다. 예를 들면, 경영지원 업무를 담당하는 일부 직원들은 관리자보다 더 많은 정보를 가지고 있으며 관리자들이 궁금해 해는 사항에 대해 도움을 제공하는 역할을 하는데, 이것이 권력이 되는 것이다.

정보적 권력의 적절한 사용

관리자의 업무에서 중요한 부분은 정보를 전달하는 것이다. 직원들은 관리자에게 무엇을 어떻게 해야 하는지에 대한 정보를 얻기 위해 종종 찾아온다. 리더는 합리적 설득을 할 때 정보적 권력을 사용하고 종종 영감을 주는 호소력을 발휘하게 된다.

더 많은 정보적 권력을 확보하는 방법

정보적 권력을 높이려면 다음 지침을 따른다.

- 정보가 당신을 통해 흐르게 한다.
- 조직에서 무슨 일이 일어나고 있는지 파악한다. 정보를 제공하고 사람들 간의 관계적 권력을 높일 수 있는 기회를 제공하는 위원회에 참여한다.
- 정보 원천의 네트워크를 개발하고 여기에서 정보를 수집한다. 이 장의 뒷부분에서 네트워크 연결 방법을 배우게 된다.

관계적 권력과 전술

관계적 권력(connection power)은 사용자와 영향력 있는 사람들의 관계를 기반으로 한다. 관계적 권력은 조직정치의 한 형태이기도 하며, 다음 주요 절에서 다루게 된다. 사람들과의 관계형성이 잘되면 그것이 권력이 되거나 적어도 권력이 있다는 인상을 줄 수 있다. 당신이 권력을 가진 사람들과 우호적 관계라는 것을 사람들이 알게 되면 당신의 요구를 더 잘 들어줄 것이다.

관계적 권력은 사용자와 영향력 있는 사람들의 관계를 기반으로 한다.

관계적 권력의 적절한 사용

이것은 사람과의 관계를 발전시켜 나가는 것에 관한 것이다.[39] 취업이나 승진을 할 때 인맥이 중요한 도움이 될 수 있다. "당신이 무엇을 아느냐가 중요하지 않다. 당신이 누구를 아느냐가 중요한 것이다." 관계적 권력은 당신이 필요로 하는 자원을 얻는 데 도움이 될 수 있다.

목표달성을 위해 타인과 힘을 합하는 제휴관계구축이 도움이 될 수 있다. 때로는 혼자 힘으로는 영향력을 발휘하여 상대방에게 원하는 바를 얻어 낼 수 없는

사진 6.1 Shirley Chrisholm이 미국 의회 내의 흑인의원 모임인 완전고용 포럼에서 Nelson Rockefeller와 환담하고 있다.

출처: Warren K. Leffler/Library of Congress/Getty Images

경우가 있다. 제휴 전술을 사용하면 영향력 있는 사람들을 사용하여 다른 사람들이 목표 달성에 협조하도록 설득할 수 있다. 보다 많은 사람들이 당신의 편(동맹)에 들수록, 보다 많은 영향력을 타인에게 행사할 수 있다. 제휴는 조직 정치의 전략이기도 하며, 관련 전술에 대해서는 이 장의 뒷부분에서 다시 논의할 것이다. 하원의원으로 선출된 최초의 흑인 여성 의원인 Shirley Chrisholm은 7번의 임기 동안 제휴관계를 통한 협업연맹 구축을 활용했다.[40]

더 많은 관계적 권력을 확보하는 방법

관계적 권력을 높이려면 다음 지침을 따른다.

- 권력을 가진 중요한 관리자와 인맥을 넓힌다.
- 사람들과 어울릴 수 있는 동호인 모임과 협회에 가입한다. 골프와 같은 스포츠에 참여하면 영향력 있는 사람들을 만나는 데 도움이 될 수 있다.
- 제휴에 영향을 미치는 전술을 사용하기 위한 지침을 따른다. 무언가를 원할 때, 그것을 성취하도록 도울 수 있는 사람들을 파악하고, 연합전선을 형성하고, 그들을 자신의 편으로 끌어들인다.
- 사람들에게 자신의 이름을 알린다. 자신을 홍보할 수 있는 모든 것을 시도한다. 권력을 가진 사람들에게 자신의 업적을 알린다. 비굴하지 않은 선에서 적극적으로 업적을 전파한다.

업무응용 6.1

1. 자신이 경험한 현재 또는 과거 관리자를 생각해 보고, 그 관리자는 어떤 유형의 권력을 가장 자주 사용하고(또는 사용했는지) 설명해보자.
2. 위에 제시된 더 많은 권력을 확보하기 위한 방법 중에 자신에게 가장 관련성이 있는 것 한두 가지를 선택하고, 설명해보자.

이제 일곱 가지 유형의 권력 내에서 아홉 가지 전술에 대해 **도표 6.1**을 참조한다. 개념응용 6.1 및 6.2에서 이를 적용할 수 있는 능력을 테스트한다. 그런 다음 **자기평가 6.1**을 완료하여 자신의 성격 특성이 권력과 전술 사용 방식에 어떻게 관련되는지 더 잘 이해한다.

개념응용 6.1 정치적 전술

다음에 소개되어 있는 상황에 대하여 어떻게 대처할 것인지에 대해 가장 적절한 답을 골라보자. 선택한 대처방안(a, b, c, d, e, f, g, h, j, i)을 각 항목의 왼쪽에 적어 넣어보자.

a. 합리적 설득
b. 영감적 호소
c. 협의
d. 환심사기
e. 개인적 호소
f. 교환
g. 제휴
h. 합법적 수단
i. 압력

_____ 1. 나는 이 문제를 어떻게 해결해야 할지 모르겠다. 당신은 어떤 아이디어가 있는가?

_____ 2. 당신의 직원은 "나에게 별 혜택이 주어지지도 않는다"라고 생각하고, 동료를 돕는 것을 거부하고 있다.

_____ 3. 자존심이 강하고 때때로 매우 변덕스러운 직원 Sonia가 있다. 당신은 그녀가 일정보다 일찍 과제를 완료하기를 원한다.

_____ 4. 당신은 급여 인상에 합당한 일을 성취했다고 생각한다. 그래서 당신은 관리자에게 급여 인상을 요구하기로 결심했다.

_____ 5. 다음 주에 당신이 속한 위원회에서 임원을 선출할 예정이다. 지명 및 선출 동시에 조치가 이루지도록 되어있다. 당신은 위원장에 선출되는 것에 관심이 있으나, 스스로 자신을 추천하고 싶지는 않다. 그렇다고 해서, 일단 출마한 이상 낙선하고 싶지도 않다.

_____ 6. 직원 Nikki는 매번 업무를 늦게 완성한다. 이번에 Nikki에게 부여하는 업무는 매우 중요한 것이라서, 그녀는 제시간에 완성해야 한다.

_____ 7. 당신은 부서의 성과를 높이는 방법에 대한 좋은 아이디어를 가지고 있다. 그러나, 그것이 효과가 있을지 또는 직원들이 아이디어를 좋아할지 확신할 수 없다.

_____ 8. 당신은 생산 관리자이며 회사가 새로운 첨단장비를 구매할 것이라는 소문을 들었다. 당신은 그것이 사실인지 알고 싶고, 사실이라면 그렇다면 당신에게 배정되기를 바라고 있다. 당신은 구매 부서의 한 사람을 알고 있으므로 그 사람에게 연락하여 알아 보기로 결정했다.

_____ 9. 상황 8의 구매 담당자는 당신이 원했던 정보를 제공하였다. 그녀는 자신이 필요로 하는 정보를 당신에게 요청하고 있다.

_____ 10. 직원들 중 일부는 오늘 출근하지 않았다. 판매담당자는 당신 부서에게 배정된 대량 주문이 오늘 출고되어야 한다고 알려왔다. 그러나, 지금 인력으로는 출고예정 물량을 감당할 수가 없다.

_____ 11. 상황 10에서, 근무 중인 직원들은 어떻게 해서라도 오늘 출고되어야 하는 물량을 맞추어 보겠다고 동의하였다. 당신은 자신 뿐만 아니라 추가적인 인력을 통한 도움을 제공하고자 한다. 주문 물량과는 관련이 없는 업무를 담당하고 있는 직원 한 명이 있다. 그는 노조에 가입하지 않은 이 직원에게 도움을 줄 수 있는지 문의해보기로 했다.

개념응용 6.2 정치적 전술

다음의 각 상황에서 당신이 사용하고자 하는 권력을 보기에서 파악하여 각 항목의 왼편에 a, b, c, d, e로 표시해보자.

a. 강압적 권력
b. 관계적 권력
c. 보상적 권력 또는 합법적 권력
d. 준거적 권력
e. 정보적 권력 또는 전문적 권력

_____ 12. 방금 직원이 규칙을 어기는 것을 보았고 향후 규칙위반 재발을 방지하기 위해 조치를 취해야 한다.

_____ 13. 당신의 지시가 거의 필요하지 않은 최고의 일꾼 중 한 명인 Juan은 업무성과가 미진한 것으로 나타났다. 개인적인 문제가 그의 업무에 영향을 미치고 있다고 생각된다.

_____ 14. 매우 정치적인 위원회는 자원에 대한 자금을 할당한다. 당신은 직원들의 생산성을 높이는 데 도움이 되는 새로운 대형 트럭구입을 원하고 있다.

_____ 15. 최고의 직원 중 한 명인 Latoya는 관리자가 되고 싶어한다. 그녀는 당신에게 승진 준비에 관한 도움을 요청하고 있다.

_____ 16. Shane은 오늘 일을 제대로 하고 있지 않다. 때때로 일어나는 것처럼, 그는 자신이 컨디션이 좋지는 않지만 그렇다고 해서, 일당을 벌지 않고 일을 쉴 수는 없다고 한다. 우리 부서에서는 오늘 반드시 마쳐야 하는 업무가 있다.

_____ 17. Carleen에게 일하는 구체적 방법을 제시하면서 업무를 배당했다. 그러나, 그녀는 당신의 지시를 무시하고 업무를 한 결과 고객의 요청을 충족시키지 못하는 결과를 초래하게 되었다. 그런데, 이런 일은 처음이 아니다.

자기평가 6.1 영향력 행사전술, 권력, 성격상 특성

아홉 가지 영향력 행사전술을 복습하고, 자신에게 가장 해당되는 상황을 결정해보자. 2장의 자기평가 중 성격 특성 부분을 다시 살펴보면 도움이 된다.

진취적 성격/높은 권력욕구

높은 권력욕구를 가지고 있다면, 타인에게 영향력을 행사하려는 경향이 강하고 이를 즐기게 된다. 또한 경쟁에서 지거나 얻고 싶은 것을 얻지 못하는 상황을 싫어한다. 압력권력, 제휴권력, 합법적 권력과 같은 강한 방법을 선택하는 경향을 보인다. 또한 합리적 설득을 사용하기를 좋아하며, 타인들이 왜 자신과 같이 사물을 인식하고 또한 생각하지 못하는지 이해하지 못한다. 이러한 경우에는 타인에게 영향력을 미치기 위해 개인적 권력을 사용하는 것보다 사회적 권력을 사용하는 것을 조심해야 한다.

관계지향적 성격/높은 관계욕구

높은 관계욕구를 가지고 있다면, 권력을 획득하고 타인에게 영향력을 행사하는 것보다 남과 잘 어울리려는 경향을 가지고 있다. 따라서 개인적 매력, 감성적 접근방법, 호감사기와 합리적 방법과 같은 부드러운 방법을 선택할 가능성이 높다. 이러한 경우에는 권력을 획득하려는 시도를 하지 않거나, 심지어는 권력을 회피하는 경향을 보일 것이다.

양심적 성격/높은 성취욕구

높은 성취욕구를 가지고 있다면, 타인에게 영향력을 행사할 때 두 가지 방법 중에 하나를 선택할 가능성이 높다. 업무완결을 위해 뚜렷한 목표를 설정하고 이를 달성하려고 노력한다. 이러한 과정에서 타인에게 영향력을 행사하게 된다. 그러나 권력을 위한 권력획득을 시도하지 않고, 필요할 때만 권력을 필요로 한다. 규정을 지키면서 업무를 수행하고자 하며 합리적 설득을 자주 사용한다.

앞에 제공된 정보를 바탕으로, 타인에게 영향력을 발휘할 때 자신의 성격이 어떻게 영향을 미치는지 간단히 설명해보자.

____

____

____

____

____

도입사례 응용

1. (a) Helen은 어떤 힘의 원천을 가지고 있으며, (b) 그녀는 어떤 유형의 권력을 사용하고 있는가? (c) 회의 중에 Helen이 사용하는 전술은 무엇인가? (d) 이 상황에서 협상 및 (e) 교환 전술이 적절한가?

(a) Helen은 직위권력을 가지고 있다. (b) 그녀는 공식적인 정책개발에 대한 합법적 권력을 사용하고 있다. (c) 회의 중에 Helen은 상담 전략을 사용하여 정책이 어떠해야 하는지에 대한 구성원의 의견을 구한다. (d) 및 (e) 특히 Helen이 정책에 대한 합의를 원하기 때문에 Maria와 다른 모든 사람 사이에 분명한 갈등이 있어 협상과 교환을 선택 사항으로 만들고 있다. Helen은 전원합의를 원하기 때문에 협상과 상호교환이 필요한 상황이다.

2. (a) Maria는 어떤 힘의 원천을 가지고 있으며, (b) 그녀는 회의 중에 어떤 유형의 힘을 사용하고 있는가? (c) Maria가 회의 중에 주로 사용하는 두 가지 전술은 무엇인가? (d) Maria가 메모와 함께 사용하고 있는 전술은 무엇인가? (e) 메모를 보내는 것은 Maria에게 현명한 정치적 조치인가? 그녀는 그것을 보내서 무엇을 얻고 무엇을 잃을 수 있는가?

(a) Maria는 개인적인 권력만 가지고 있다. (b) 그녀는 회의 중에 준거적 권력을 사용하고 있다. 그녀는 직위에 의한 합법적 권력은 없지만 대학원 조교를 쓸 정당한 권리가 있다고 주장하고 있다. (c) Maria는 회의 중에 합리적 설득과 개인적인 호소에 영향을 미치는 전술을 사용하려고 노력하고 있다. (d) Maria는 더 이상 대학원 조교를 사용하여 시험을 채점할 수 없다는 정책이 제시되면 정책 결정에 대해 학장, 부총장 및 회장에게 항소하겠다고 위협함으로써 압력을 가하는 전술을 사용하고 있다. (e) 여기에는 간단한 답은 없다. 그러나 Helen과 학과에 그녀가 이의를 제기할 것임을 알림으로써, Helen이 다음 회의를 위해 학과 내에서 그녀의 입장을 반대하는 연합전선을 구축할 수 있는 기회를 제공하고 있는 것이다. 또한 학장과도 연합전선을 구축할 수 있는 것이다. Maria는 Helen 및 학과의 다른 교수들과의 관계를 손상시킬 수 있다. 솔직히 말하면, 그녀는 학과 내에서 입지를 잃을 수 있고, 학과에 대한 충성도가 없고, 단체행동에 반하는 인물이라고 비추어지게 된다.

조직정치

학습목표 6.3

세 가지 정치적 행동을 정의하고 그들이 권력을 어떻게 행사하는지 설명한다.

일곱 가지 유형의 권력 내에서 아홉 가지 전술(도표 6.1 참조)이 사용되는 것처럼, 전술은 조직정치에서도 사용된다. 이 절에서는조직정치와 정치적인 행동의 속성과 정치적 기술 개발을 위한 지침에 관하여 토론한다.

조직정치의 속성

정치는 조직에서 권력을 획득하고 사용하는 과정이다.

권력과 정치는 관련이 있다. **정치(politics)**는 조직에서 권력을 획득하고 사용하는 과정이다. 권력과 마찬가지로 정치도 악용되기 때문에 부정적으로 보는 경향이 있다.[41] 어떤 사람들은 정치를 이용하여 남을 비윤리적으로 조종하기도 하고[42] 권력 다툼에도 이용한다.[43] 그러나 정치적 기술은 상대방을 의용하거나, 상대방을 희생시키면서 자신의 이익 달성을 하려고 하는 것이 아니다. 그것은 조직의 목표달성을 위한 도움을 받을 수 있도록 관계를 발전시켜나가는 것이다.[44]

정치 및 성공적인 경력개발

정치적인 게임을 할 필요가 없고 단지 업무 성과에 따라 승진할 것이라고 생각한다면 다시 생각해 볼필요가 있다. 연구 결과는 기업의 사다리를 오르거나 최소한 쫓겨나지 않으려면 정치적 기술이 필요하다는 점을 뒷받침하고 있다. 많은 유망한 관리자들의 경력이 열악한 정치 기술로 인해 경력개발 과정에서 탈락했다.[45] 정치의 양과 중요성은 조직마다 다르다. 그러나 규모가 큰 조직은 더 정치적인 경향이 있으며, 상위경력으로 올라갈수록 정치가 더 중요해진다.

자신이 얼마나 정치를 잘하는지가 경력 성공에 영향을 미치므로 그것을 피해서는 안 된다.[46] 불행하게도 대부분의 사람들은 정치적인 기술을 갖추지 못하고 대학교를 졸업한다.[47] 따라서 정치 기술을 개발하려면 아래에 소개되어 있는 내용을 계속 읽어 내려가기를 권한다.

교환의 매개체로서의 정치

정치를 바라 보는 긍정적인 방법은 정치가 단순히 사회적 교환 매체라는 것을 깨닫는 것이다.[48] 정치는 단순히 목표를 달성하기 위해 일을 처리하는 시스템이다. 실제로 일이 이루어지도록 하는 방법이다.[49] 경제에서 돈은 교환의 매개체(유형 통화)인 것과 같이 조직에서 정치는 교환(정치적 행동)의 매개체이다. 호의는 통화와 같은 것으로서 생산성을 높이는 수단이고, 선의를 얻는 수단이기도 하다.

정치란 게임의 규칙으로서 승리하기 위해 따라야 하는 것으로 생각할 수 있다. 그러나 직장에서 정치를 가르치거나 논의하는 경우는 거의 없다.[50] 따라서 정치를 배우는 주요 방법은 다른 사람들을 관찰하여 사람들이 일을 어떻게 처리하는지 알아보는 것이다. 이 절에서 정치적 기술을 개발하는 것과 관련하여, 자신에게 도움이 되는 질문을 해보도록 하자.

서번트 리더십과 정치적 속성

자신을 이기적인 리더로 생각하지 말고, 섬기는 리더로서 상사와 다른 사람들이 필요로 하는 것에 초점을 맞춘다.[51] 당신의 상사(및 다른 사람들)를 도우면 그들도 당신을 도울 것이다.[52] 일부 회사는 개인이 다른 사람을 돕는 데 얼마나 영향력이 있는지 측정하기 위해 직원 네트워크를 조사하기도 한다. 일을 완수하기 위해 다른 사람들이 도움을 요청하는 직원은 '찾아가는 직원'이라고 불린다.[53] 전문적 권력이 있으면 도움이 된다. 얼마나 다른 사람들이 작업을 완료하기 위해 당신의 도움을 받으러 오는가? Dolores Huerta는 다른 사람을 돕는데 '스크린 뒤에서의 리더십'이 어떻게 대의를 촉진할 수 있는지에 대한 좋은 예이다. Huerta는 Cesar Chavez와 긴밀히 협력하여 농업에 종사하는 이민자들의 근무 조건과 권리를 개선하기 위해 노력한 United Farm Workers Association을 설립했다. 그녀는 이민 노동자를 위한 더 나은 근무 조건을 만들기 위한 법안을 통과시키기 위해 로비, 협상 및 조직화하는 데 중요한 역할을 했다.[54]

도움을 요청하기

어떤 사람들은 무능해 보일까봐 두려워서 도움을 요청하는데 주저하지만, 연구에 따르면 대부분의 사람들은 기꺼이 도움을 줄 마음이 있고, 직장에서 제공되는 도움의 90%는 도움을 요청한 후에야 이루어진다는 것이다.[55] 현실은 사실상 직원 모두가 업무를 수행하기 위해 다른 사람(상사, 부하 직원, 동료, 기타 부서)의 도움을 필요로 한다. 도움을 요청할 때 도움을 받게 되거나, 최악의 경우 도움을 받지 못할 수도 있다는 것을 유념할 필요가 있다. 이것은 적어도 손익분기점을 넘기는 일이고, 손해볼 것이 없다는 것이다.[56]

그러나 도움을 요청하는 방법은 도움을 받는 데 중요하다. "혹시 바쁘신가요?"와 같은 관련 없는(멍청한) 질문으로 시작하지 말 것을 권한다. 왜냐하면 우리 모두는 항상 바쁘니까. "내가 …를 필요로 해"라고 말하는 것부터 시작하는 것은 설득력이 있으며 필요한 지원을 받는 데 도움이 되고 정확히 필요한 것을 구체적으로 설명하는 데 도움이 된다. "Juan, 이 무거운 상자를 창고로 운반하는 데 도움이 필요합니다. 지금 도와주시겠습니까?" "Ted, 새 세금 양식을 작성하는 방법을 배워야 합니다. 지금 가르쳐 주실 수 있겠습니까? 아니면 시간을 정할 수 있습니까?"

호의라는 단어를 사용하는 옵션에 유의한다. 그 단어를 언급하는 것만으로도 사람들이 자신을 돕도록 설득할 수 있기 때문이다. 많은 사람들이 호의 요청에 대해 기계적으로 대답한다. "그래, 그래, 그게 무엇이죠?" 따라서 "나의 부탁을 들어 주시겠습니까?"라는 문구로 시작할 수 있다. 그런 다음 필요한 것을 구체적으로 언급한다.

정치적 행동

네트워크 개발, 호혜성 및 제휴는 일반적인 조직의 정치적 행동이다. 그것들은 다른 사람들이 자신과 조직에 이익이 되도록 영향을 미치는 데 사용할 수 있는 개인적인 행동이다.[57]

네트워크 개발

네트워크 개발은 사교와 정치 활동을 목적으로 관계를 발전시키는 과정이다.

네트워크 개발(networking)은 사교와 정치 활동을 목적으로 관계를 발전시키는 과정이다. 성공적인 관리자는 일반 관리자보다 네트워크 개발에 더 많은 시간을 할애하므로, 목표를 달성하는 데 도움이 되는 지속적인 인맥 네트워크를 구축하기 위해 손을 내밀 필요가 있는 것이다. 네트워크 개발은 경력 성공에 매우 중요하기 때문에 다른 정치적 기술에 대한 논의를 마친 후 다음 절에서 논의할 것이다.

호혜적 관계

호혜적 관계를 사용하면 목표를 달성하기 위해 교환 관계를 만드는 것이 포함된다.

호혜적 관계(reciprocity)를 사용하면 목표를 달성하기 위해 교환 관계를 만드는 것이 포함된다. 인간관계(친구관계)의 좋은 점은 서로에게 호의를 베푸는 것이 아닐까? 사회적 교류에 영향을 미치는 전술이 상호주의와 함께 사용된다는 점에 유의할 필요가 있다.[58] 사람들이 당신을 위해 무언가를 할 때, 당신은 그들이 갚을 것으로 기대할 수 있는 의무를 부담하게 된다("나는 당신에게 하나의 빚을 지고 있으므로, 그것을 갚는 차원에서 호의를 베풀겠다"). 당신이 다른 사람들을 위해 무언가를 하면 나중에 부탁이 필요할 때 되받을 수 있는 빚을 상대방에게 지우게 된 것이다("당신은 나에게 빚을 졌다. 부탁 하나를 빚지고 있는 것이다"). 따라서 지속적인 상호 관계는 신뢰와 협력을 발전시키고,[59] 교환적 의무 공동체를 구축하고,[60] 상호 원조 문화를 창출한다.[61]

제휴

호혜와 네트워크 개발은 일반적으로 지속적인 목표를 달성하는 데 사용되는 반면 제휴는 특정 목표를 달성하기 위해 개발된다. 많은 결정이 제휴관계에 의해 이루어지며, 의사결정을 할 때마다 새로운 연합이 구축되어 애초와는 다른 선택을 하도록 한다.[62] 제휴 대상이 되는 새로운 파트너를 구하게 되는 방법은, 당신이 원하는 것을 상대방이 지원하면 그들도 원하는 것을 얻을 수 있다는 점을 강조하는 것이다. 강력한 연대를 구축하면 달성하고자 하는 여러 가지 목표를 성취하는 등 원하는 바를 지속적으로 얻어낼 수 있다.[63] 이러한 관계 역학은 응집력이 강한 집단을 구축하게 되어[64] '그들의 집단'과 대비되는 '우리의 집단'을 탄생시켜 유리한 의사결정에 영향을 주게 된다. 이러한 집단을 본 적이 있는가?

조직 생활의 현실은 중요한 결정은 공식 회의 밖에서 제휴에 의해 이루어진다는 것이다. 예를 들어, 당신이 어느 운동팀에 속해 있고 팀 구성원의 추천과 투표로 주장이 선출되었다고 가정해보자. 만약 당신이 주장이 되고 싶다면 가까운 팀원들에게 누구에게 투표할 것인지 물어봄으로써 그들의 표를 얻기 위해 정치적으로 행동할 수 있다. 그리고 그들이 당신을 지지한다면 다른 사람들에게도 당신을 주장으

도표 6.2 정치적 행동과 기술개발을 위한 지침

정치적 행동	네트워킹 호혜 제휴
정치적 기술개발을 위한 지침	• 조직문화를 분석하고 파워맨 파악하기 • 사람들(특히 직속상사)과 업무상 좋은 관계 맺기 • 충직하고 정직한 팀 플레이어되기 • 인정받기

로 뽑아 달라고 부탁할 수 있다. 팀의 대다수가 당신에게 투표하겠다고 말한다면, 코치가 지명, 투표를 하는 회의를 시작하기도 전에 기본적으로 당신은 선거에서 승리한 것이다. 만약 가까운 팀의 구성원들과 다른 사람들의 지원을 받지 못한다는 것을 알게 되면, 패배할 것을 미리 알게 되는 것이고 따라서 제휴관계를 구축하려는 노력을 중단할 수 있다. 제휴 구축 프로세스는 모든 유형의 결정에 영향을 미치는데 사용될 수 있다.[65] 아래에 소개되는 지침은 세 가지 정치적 행동 중 하나와 함께 사용할 수 있다. 정치 기술을 개발하는 방법을 고려하기 전에 도표 6.2에서 정치적 행동 및 지침 목록을 검토한다.

업무응용 6.2

직장에서 네트워크 개발, 상호호혜, 제휴를 활용하여 조직의 목표를 달성할 수 있었던 예를 제시해보자.

정치적 기술 개발을 위한 지침

여기에 제시된 행동 지침을 잘 실행에 옮기면 보다 많은 정치적 기술을 사용하게 된다. 그러나 특정 정치적 행동에 동의하지 않는 경우 사용할 필요가 없다. 조직 내에서 일하면서, 여기에 제시된 지침을 적용하는데 어떠한 노력이 필요한지를 배워나갈 필요가 있다.

조직문화와 누가 권력을 가지고 있는지 파악하라.

정치적인 활동을 통하여 관계적 권력을 개발하라. 일반적으로, 특히 젊은 사람들은 조직에서 근무할 때 순수하게 합리적인 접근방법을 사용하며 정치적인 측면을 별로 고려하지 않는다. 그러나 현실은 그렇지 않다. 많은 경영상의 의사결정은 합리적으로 이루어지지 않고, 오히려 권력과 정치에 의해 이루어진다. 조직의 문화(11장), 공유가치, 믿음을 배우고 동시에 직장에서 정치가 어떻게 작동하는지를 배울 필요가 있다. 조직 내에서 벌어지고 있는 일이 무엇을 의미하는지에 대한 미묘한 함의를 배울 필요가 있다.

모든 조직 내에는 권력을 가진 주요인물이 있게 마련이다. 당신에게는 부서장이 주요인물이 되는 것이다. 누가 권력자인지 아는 것만으로는 충분하지 않다. 권력을 가진 주요인물의 마음에 들게 하려면 어떻게 해야 하는지를 파악할 필요가 있다.[66] 그들을 이해해야만 그들이 좋아하는 방법으로 자신의 생각을 전달할 수 있는 것이다.[67] 어떤 사람들은 자세한 숫자를 좋아하는가 하면, 간단한 보고를 좋아하는 사람도 있다. 또한 어떤 사람들은 항상 부하들이 수시로 보고하는 것을 좋아하는 반면, 수시로 보고하는 것을 귀찮게 생각하는 사람들도 있다. 아래 사항을 검토해본다.

- 나는 취업과 승진을 위해 개인적인 관계를 이용한다.
- 나는 모든 조직 부서에서 무슨 일이 일어나고 있는지 알아내려고 노력한다.
- 나는 권력자들과 같은 방식으로 옷을 입고 같은 관심사를 가진다(스포츠 관람 또는 참여, 같은 동호인 모임에 가입 등).
- 나는 의도적으로 상위 관리자와 인맥과 네트워크를 모색한다.
- 상위 경영자가 나에게 급여인상 및 승진을 제안하면서, 다른 지역으로 옮겨 근무할 것을 권할 때, 나는 원하지 않더라도 '예'라고 대답할 것이다.

이러한 전술을 사용하여 정치적 기술을 향상시킬 수 있다. 권력을 가진 사람들과 네트워크를 강화하고, 그들에게 도움이 되는 호의를 베푼다. 제휴 전술을 사용할 때 개발할 때 핵심 권력자가 자신의 편에 서도록 유도하고, 멘토를 정할 때 조직정치에 능한 사람을 선정하고, 자신이 배울 수 있도록 한다.[68] 또한 조직 내에서 정치를 잘하는 사람들을 관찰하고 그들의 행동을 모방한다.

우호적인 업무관계를(특히, 부서장과) 개발하라.

우리가 관리자에게 영향을 미치기는 하지만 좋은 리더가 되려면, 좋은 부하가 되어야 한다.[69] 신뢰를 기반으로 다른 사람들과 잘 협력하는 능력은 경력 성공에 매우 중요하다.[70] 그리고 그것은 정치의 중요한 기반이 된다. 사람들이 당신을 좋아하고 존경할수록, 더 많은 권력을 획득하게 되는 것이다. 관리자는 비공식적인 리더를 개발하여 그의 동료를 감독하기도 한다. 오늘날 직무 만족도의 상당 부분은 상사와의 관계에 의해 영향을 받으므로, 이에 집중한다.[71] 성공하려면 이기적인 데 집중하지 말고 섬기는 리더가 되어 다른 사람을 도와야 한다.[72]

- **상사와의 우호적 관계.** 상사와 우호적인 관계를 맺을 필요가 있는가? 상사의 유형에 따라 그러한 관계는 자신에게 도움(편애, 또는 보상 제공)이 될 수도 있고, 또는 상처를 줄 수 있다(상사가 당신에게 편애를 보여 주기 때문에 더 힘들어진

다).[73] 또한 직원들은 당신을 좋아하지 않을 수도 있다.[74] 좋은 업무 관계란 실제로 친구가 되는 것 또는 친구를 사귀는 것이라기보다는, 사람들이 당신을 좋아하고 존경하며 함께 일하고 싶어하는 것이다. 그리고, 내키지 않더라도 상사와의 업무상 교류를 할 때 존경하는 태도를 취해야 한다.[75]

- **상사와 진정한 친구가 될 수 없다.** 왜? 상사의 직무상 책임은 당신에게 코칭을 제공하고, 훈육을 하며 직원들에 대한 공식적인 평가를 하기 때문이다. 당신은 친구에게 좋은 친구가 되는 법을 코칭하고 훈육을 하는가? 당신은 친구가 얼마나 일을 잘하고 있는지를 공식적인 평가양식을 이용하여 평가하는가?
- **승진.** 당신이 회사에서 잘 나가기 위해서는, 속해 있는 부서장과 좋은 관계를 맺을 필요가 있다. 당신의 부서장은 성과를 평가하는 권한을 가지고 있는데, 이것은 연봉인상과 승진에 제일 중요한 역할을 한다. 공정한 평가이건 그렇지 않은 평가이건 간에 평가는 상사와 당신의 개인적인 관계에 의해 영향을 받는다.[76] 부서장이 당신을 좋아하면, 아무래도 좋은 평가를 받을 가능성이 많으며, 따라서 높은 연봉인상과 승진의 가능성도 그만큼 높아지는 것이다. 만약 상사의 지지를 상실한다면, 승진에서 불이익을 받을 것이다. 상사를 칭송하는 말을 연습해 보면 도움이 될 것이다.
- **상사가 요구하는 것보다 더 많은 것을 달성하라.** 나쁜 상사에 대한 가장 일반적인 불만은 자신의 기대치를 명확하게 표명하지 않는다는 것이다.[77] 따라서 상사의 기대치를 이해하고, 질문하고, 지시를 요약정리한 다음 실행에 옮길 필요가 있다.[78] 어떻게 일을 더 잘할 수 있는지를 상사에게 물어볼 필요가 있다.[79] 기한보다 더 일찍, 최소한 기한을 지켜야 하고, 절대 놓쳐서는 안 된다. 상사로부터 요청받은 것보다 더 많은 일을 하고, 추가적으로 할 일이 있는지 상사에게 문의한다.
- **나쁜 소식도 상사와 공유하라.** 나쁜 소식을 상사에게 보고하는 것을 미루는 것은 흔한 일이다. 그러나 당신이 직무상 문제점을 가지고 있다면 보고하는 것을 미루지 말아야 한다. 대부분의 관리자와 동료들은 문제가 있을 때, 상담하는 것을 좋아한다. 만약 당신이 하는 일에 중요한 일정을 맞추지 못하고 업무가 예정보다 진도가 늦어지고, 상사가 다른 사람을 통하여 이를 알게 된다면, 이것은 대단히 수치스러운 일이며, 특히 상사가 다른 부서의 관리자로부터 이러한 사실을 알게 되었을 때는 더욱 그러하다. 또한 회의석상과 같은 공개석상에서 상사에게 자기자랑을 삼가해야 한다.[80]
- **직속상사를 통하지 않고 차상위 상사에게 접근하지 마라.** 당신이 부서장과 잘 지내지 못하고 갈등관계에 있다 하더라도, 부서장의 상급자에게 이를 알리면 안 된다. 그렇게 하면 두 가지 문제에 봉착하게 된다. 첫째, 그 차상급자와 부서장

은 좋은 인간관계를 가지고 있을 수 있다. 설사 당신의 주장이 맞다 할지라도, 차상급자는 부서장의 평을 듣게 될 가능성이 많다. 차상급자는 당신의 행동을 부서장에게 알려줄 수 있다. 이렇게 되면, 의식적이든 무의식적이든 부서장은 당신에 대한 평가를 나쁘게 할 가능성이 많으며 이는 경력에 부정적인 영향을 미치게 되는 것이다.

아래 사항을 검토한다.

- 나는 누구와도 사이좋게 지낸다. 심지어 사이좋게 지내기 어렵다고 여겨지는 사람들도 마찬가지다.
- 나는 칭찬을 통해 사람들이 중요하다고 느끼게 하려고 노력한다.
- 나는 남에게 호의를 베풀고, 받은 호의에 보답하며 감사를 표한다.
- 나는 관리자와 좋은 업무 관계를 발전시키기 위해 노력한다.
- 나는 관리자와 다른 사람들에게 조언을 구한다.
- 누군가가 나를 반대하더라도 나는 여전히 긍정적인 업무 관계를 유지하기 위해 노력한다.
- 나는 다른 사람들을 예의바르게 대하고 상냥하며 긍정적이다.

이러한 전술을 사용하여 정치적 기술을 향상시킬 수 있다. 네트워크에 상사를 포함시킨다. 당신이 상사에게 칭송하는 언급을 마지막으로 한 것이 언제인가? 다른 사람들에게 감사 또는 축하 메세지를 마지막으로 보낸 것이 언제인가?

충직하고 정직한 팀 플레이어가 되라

많은 관리자들은 자신에게 충성을 보이는 부하들에게 보상을 제공한다.[81] 조직정치에서 윤리적인 행동은 매우 중요하다.[82] 험담과 중상모략하는 일부 사람들은 그러한 행동을 통해 단기적인 이익을 얻을 수는 있지만, 궁극적으로는 다른 사람들이 보복하기 때문에 일반적으로 성공하지 못한다.[83] 어떤 조직에서든 사람들로부터 존경, 신뢰, 신뢰를 얻어야 한다.[84] 효과적인 그룹이나 팀의 지원 없이 목표를 달성할 수 있는 일은 거의 없다.[85] 세계적인 추세는 팀워크 위주로[86] 일을 하는 것이므로, 자신이 팀 플레이어가 아니라면 아래의 사항을 검토해야 한다.

- 상사가 실수를 하면 공개적으로 잘못을 지적하지 않는다.
- 나는 경쟁적(나는 내 방식대로 하려고 노력함)보다 협력적(타협적)이다.
- 나는 사실을 정직하게 말한다.
- 나는 상사와 그 외 다른 사람들에 대해 뒤에서 부정적인 말을 하는 것을 피한다.

이러한 전술을 사용하여 정치적 기술을 향상시킬 수 있다. 자신의 네트워크를 구축할 때, 또한 호혜관계를 구축할 때, 제휴전술을 사용할 때, 충성스럽고 정직한 팀플레이어가 되어야 한다.

인정받기

좋은 업적을 달성했다고 해도, 아무도 그것에 대해 알지 못하고, 당신이 누구인지 모른다면 조직에서 앞서가는 데 도움이 되지 않는다. 저자 Ken Blanchard는 이렇게 말한다. "중요한 것은 당신이 누구를 아느냐가 아니라, 누가 당신을 알고 그들이 당신에 대해 어떻게 생각하느냐입니다."[87] 인정받는 것과 권력자를 아는 것은 함께 이루어 져야 한다. 당신이 얼마나 조직에 기여하는지를 윗사람들이 알게 하도록 한다.[88] 물론 그것은 허풍을 떠는 것처럼, 또는 자신이 모든 것을 다한 것처럼 과장해서는 안 된다. 자신을 옹호하는 기회를 항상 모색할 필요가 있다.[89] 경력 발전을 위해 다른시람들에게 자신이 어떤 일을 성취하였는지 명확히 알린다.[90]

아래 사항을 검토한다.

- 나는 계속해서 나를 소개함으로써 사람들이 내 이름과 얼굴을 알 수 있도록 노력한다.
- 만족한 일부 고객과 내 업무를 아는 사람들에게 나의 실적에 대해 나의 상사가 알수 있도록 해달라고 요청한다.
- 각종 경진대회에서 우승하고 상을 받으려고 노력한다.
- 상위 관리자들에게 또는 회사 내에 나의 성과를 뉴스레터를 통해 홍보한다.

이러한 전술을 사용하여 정치적 기술을 향상시킬 수 있다. 자신의 네트워크에 있는 사람들, 호혜전술에 포함되는 사람들과 제휴전술에 해당되는 사람들에게 자신의 업적을 알린다. 될 수 있으면 각종 위원회에 참여하여 간부직함 얻어 이름을 알릴 필요가 있다.

도입사례 응용

3. 자신이 Helen이라면 어떻게 하겠는가? (a) Maria가 이의를 제기하겠다고 말한 것을 알리겠는가? (b) 여기에서 사용되는 전술을 어떤 것인가? (c) 여기에서의 토론에는 어떠한 정치적 행동이 개입될 것인가? (d) 대학원학생 조교가 객관적인 시험을 채점하는 데 활용될 수 없다고 직접 명시하는 정책 초안을 작성할 것인가? (e) (d)에 대한 답이 (a)에 대한 답에 의해 영향을 받을 것인가?

(a) Helen이 학장의 지지를 획득했다는 것을 알게 되었다면, 학장과 대화하는 것은 현명한 정치

적 움직임이다. (b) Helen은 제휴전술을 사용하게 된다. (c) 정책을 만들기 전에 행하는 정치적인 행동은 '제휴전략'이다. (d) 학장이 지원하는 경우에만 그럴 것이다. (e) 그렇다.

4. (a) 자신이 Maria라면, 회의 중에 구두로 지지하는 사람이 없다는 것을 알고 있었더라도, 계속 자신의 입장을 고수할 것인가, 아니면 대학원학생 조교 사용을 중단하기로 동의할 것인가? (b) Maria가 메모를 보낸 것에 대해 어떻게 생각하는가? (c) 종신정교수로서 Maria는 평생 고용이 확보된 상태이다. 그러나, 만약 종신교수직을 아직 받지 못했거나 승진 결정 전이라면 대답은 바뀔 수 있는가?

(a) 상황에 따라 답변은 달라질 수 있다. (b) 상황에 따라 답변은 달라질 수 있다. (c) 상황에 따라 답변은 달라질 수 있다. 그러나 정년을 보장 받기 전에 정치적인 행동을 하는 것은 효과적이지 못하다.

5. (a) Joel은 회의 중에 Maria를 변호하기 위해 말했어야 하는가? (b) 자신이 Joel이라면, 다른 교수들과 맞서 Maria 편을 들었겠는가? (c) 만약 친한 친구 여부에 따라, 혹은 종신교수직 보유 여부에 따라 대답이 달라 질 것인가?

(a) 상황에 따라 답변은 달라질 수 있다. (b) 상황에 따라 답변은 달라질 수 있다. 일반적으로 패배하는 제휴편에 서지 않는 것이 좋다; 권력을 잃게 되거나 승진에 문제가 될 수 있다. (c) 상황에 따라 답변은 달라질 수 있다.

개념응용 6.3 정치적 행동

다음의 각 상황에서 나타난 행동이 효과적인지 아니면 비효과적인지를 판단하여, 해당되는 a 또는 b를 표시해보자.

a. 효과적
b. 비효과적

_____ 18. Harris 부사장님, 저는 제 상사인 Tony에 대해 불평하려고 왔습니다. 그는 나에게 평균정도의 평가 점수를 주었습니다. 저는 우수한 평가를 받을 자격이 있다고 생각합니다. Tony에게 평가 점수를 바꾸라고 지시해주시겠습니까?

_____ 19. 관리자인 Sonia는 정오까지 제출해야 하는 보고서를 11시에 제출하고, 업무상 필요한 중역을 만나러 간다. 그런데, 최근 Breonna는 보고서를 정오경 점심 먹으러 가는 길에 제출한다. Breonna와 비교하여 Sonia의 행동은?

_____ 20. Juan은 중역들이 속해 있는 회사 내의 골프 그룹에 참여하여 골프 레슨을 받는다.

_____ 21. 관리자가 잘못된 결정을 내렸고 Chris는 관리자의 상사에게 그 사실을 알렸다.

_____ 22. Leila는 일을 정말 잘하고 싶어서 직장에서 사람들과 어울리는 것을 피한다.

_____ 23. Jamal은 자신에 대한 매우 긍적적인 결과를 담은 고과 평정표를, 관련이 별로 없는 3명의 중역들에게 보냈다.

네트워크 개발

학습목표 6.4

네트워크 개발의 과정을 단계별로 설명한다.

권력, 정치, 네트워크 개발 간에는 공통점이 있는데, 그것은 목표 달성을 위한 관계를 돕는 관계구축이다. 관계형성은 매우 중요하며, 네트워크 연결은 직장을 그만두는 것을 포함하여 업무 결과에 영향을 준다.[91, 92] 네트워킹이 정치의 일부임을 다시

도표 6.3 네트워크 개발 과정

1. 자기평가를 하고 목표를 세운다.
2. 1분 간 자기소개를 준비한다.
3. 네트워크를 개발한다.
4. 네크워크 개발을 위한 면담을 연습한다.
5. 네트워크를 잘 유지한다.

한번 상기할 필요가 있다. 그리고 네트워킹을 통해 전문가로 성장할 수 있는 힘과 영향력을 개발할 수 있다.[93] 긍정적인 직업적, 개인적 관계의 네트워크는 전문가적인 상담 제공을 가능하게 하며, 동료를 사귈 수 있는 등 여러 가지 이점을 제공한다.[94] 많은 사람들은 네트워크를 통하여 취업을 하는데, 이러한 방법은 그 어떤 방법을 합한 것보다 유용하게 사용되고 있는 것이다.[95]

진로 결정은 인생에서 내려야 할 가장 중요한 선택 중 하나이며,[96] 관계를 맺은 사람들은 취업에 관해 도움을 주고, 궁극적으로 성공적인 경력에 이르도록 도움을 줄 수 있다.[97] 이러한 노력에서 능동적으로 행동할 필요가 있다.[98] 성공적인 네크워크 개발을 통하여 멘토를 얻을 수 있고, 경력상 진전을 이룰 수 있게 된다.[99]

기업들은 소셜 미디어 사이트 LinkedIn이나 Facebook과 같은 소셜미디어를 통하여 인재를 채용해 왔다. 당신도 소셜미디어에 가입하여 친구들과 소통하고 있을 것이다. 그러나, 경력에 관련이 되어 있는 소셜미디어는 그 이상의 역할을 한다. 이 절에서는 경력개발에 도움을 줄 수 있는 네크워크개발 과정에 관한 방법을 제공하고자 하며, 그것은 도표 6.3에 요약되어 있다.

자기평가를 실행하고 목표를 설정하라

자기평가를 하면 자신의 기술, 역량, 지식 등에 대해 정확히 알 수 있다.[101] 또한 자기평가를 통하여 자신이 가지고 있는 역량을 파악하고 취업에 필요한 능력의 종류에 대해 안목을 기를 수 있다.[102] 취업에 필요한 능력의 종류를 나열하고 이를 다시 우선순위화하면 자신이 향후 어떤 직업에 적합한지에 대한 이해를 높일 수 있다.

고려해야 할 요인은 산업, 회사의 규모, 소재지, 성장성, 출퇴근 시간, 연봉과 후생복지, 업무량, 승진가능성이다. 또 다른 종류의 요인은 경영방침, 조직문화, 근무형태 등이 있다. 경력만족도에 중요한 요인은 자신의 능력을 발휘할 수 있는지, 그 분야에서 얼마나 성장할 수 있는지, 자신이 가장 잘하는 바를 할 수 있는 기회가 주어질 것인지 등이다. 여러 가지 자기평가표가 존재하지만, 우선순위화되어 있는 간단한 리스트를 만들어보는 정도면, 자신의 자질과 유망한 직업을 설명할 수 있다.

업적

보다 좋은 기회를 위해 자기 홍보를 할 필요가 있다.[103] 자기평가를 마친 후에는 자신의 자질을 업적으로 변환시킬 수 있는 단계에 도달할 것이다. 자신의 직장과 대학에서 달성한 결과는 자신의 역량을 나타내는 최선의 근거가 된다. 당신을 채용하는 회사는 당신의 과거 행동에 관한 정보를 가지고 미래 행동을 예측하게 되며, 과거의 업적에 대한 정보는 미래에 어떤 성과를 보여줄 것인지에 대한 예측기준이 된다. 과거 업적을 명확하고, 자세하게 그리고 확실하게 표현하면 이는 당신의 기술과 능력에 대한 증거가 된다. 적어도 두세 가지의 과거 업적을 이력서에 포함시킨다. 현재 직업을 찾고 있지 않다 하더라도, 지속적으로 이력서에 최신 정보를 포함시켜 자신의 현재 상태를 반영해야 한다.

취업면담에서 과거업적을 표현하기

취업면담 시 자신의 역량을 바탕으로 한 업적을 언급하게 된다. 대부분의 면담은 "자신에 대해 말해보시오"와 같은 일반적인 질문으로 시작한다. 이때 일반적으로 후보자는 자신의 업적에 관하여 깊은 인상을 주는 말을 하지 않는다. 다음 단계에서 자신이 달성한 업적을 설명하고 자신이 해결했던 문제에 대해 소개하게 된다. 또한 자신의 역량을 발휘한 경험과 어떻게 역량을 이용했는지에 대해 말하게 된다.

네트워크 개발 목표를 설정하라

예를 들면, 멘토 얻기, 직장을 얻기 위해 필요한 전문지식, 역량, 그 밖에 요구사항 파악하기, 이력서에 대해 피드백 받기, 직장에 취업하기 위한 준비 등이다. 3장에 수록되어 있는 **모델 3.1**을 이용해서 자신의 목표를 명확히 기술해본다.

1분간의 자기PR을 준비하라

1분간의 자기PR은 네트워크에서 사용되는 모든 발언에 해당되며, 간략하게 자신의 경력과 경력계획에 대한 요점을 언급한다.

다음 단계는 목표달성에 도움이 되게 1분간의 자기PR을 준비하는 것이다. 이 **1분간의 자기PR**(one-minute self-sell)은 네트워크에서 사용되는 모든 발언에 해당된다. 1분 자기PR에서 간략하게 자신의 경력과 경력계획에 대한 요점을 언급한다. 1분 자기PR은 간결하고, 명확하며 설득력이 있어야 한다. 이러한 발언을 통하여 상대방은 당신의 배경, 업적, 다음 직업가능성에 대해 이해하게 된다. 또한 상대방은 당신이 무엇을 어떻게 계획하고 있는지도 이해하게 된다. 또한 이러한 1분간의 자기PR 후 도움이 되는 네트워크에 관하여 물어보면서 자연스럽게 후속 대화로 연결된다.

- **1부. 과거배경:** 과거 경력요약, 현재까지 경력 설명으로 시작한다. 여기에는 최근 직업과 학력 및 인턴십, 대학에서 들었던 과목을 포함한다. 또한, 관심이 있는 산업과 조직도 포함하면 좋다.
- **2부. 계획:** 다음에는 목표로 하는 직업, 선호하는 산업, 맞고 싶은 구체적 역할 등에 관해 언급한다. 또한, 목표로 하고 있는 조직과 이유에 관해서도 언급한다.
- **3부. 질문:** 마지막으로 양방향 의사소통을 촉진하기 위한 질문을 한다. 질문의 내용은 자신의 목표와 1분간의 PR을 하는 이유에 따라 다르다. 예를 들면, 다음과 같다.
  - 저와 같은 경험을 가진 사람들에게는 어떤 분야에서 기회가 있을까요?
  - 제 역량과 학위를 사용할 수 있는 분야가 또 어떤 곳이 있을까요?
  - 조직에서 제 역량이 사용될 수 있는 자리가 또 어떤 것이 있을까요?
  - 제가 목표로 하는 미래 직업은 합리적으로 들리는지요? 저의 교육과 역량과 그 직업이 서로 맞는 것 같은가요?
  - 혹시 제가 바라는 직업의 취업기회를 알고 계신가요?

업무응용 6.3

네트워크 개발 목표를 기술하고, 이를 달성하기 위한 1분간의 자기PR을 작성해보자.

1분간의 자기PR을 적어 놓고 연습하라

1분간의 자기PR을 적는다. 여기서 명심할 것은 자신의 과거배경, 계획, 질문을 분리해 적어야 하고, 질문은 상대방에 맞게 작성해야 한다는 것이다. 예를 들면, "제 이름은 Will Smith입니다. 지금 스프링필드대학교 3학년에 재학 중이며 마케팅을 전공하고 있습니다. 저는 Big Y 슈퍼마켓의 마케팅 부서에서 인턴십을 한 경력이 있으며, 앞으로 식품회사의 영업직에 취업하고자 합니다. 식품산업에서 저에게 가능한 직업이 어떤 것이 있는지 알려주시면 감사하겠습니다." 이런 발언을 가족이나 친구를 대상으로 연습하고, 피드백을 받아 개선한다. 이런 자기소개를 할 기회가 많으면 많을수록, 더 쉽게 할 수 있다.

사진 6.2 개인 생활 차원에서와 직업 차원에서 네트워크를 개발하기 위해 온라인 방법을 활용해 본다.

네트워크를 개발하라

자신이 현재 아는 사람들을 중심으로 시작한다. 대부분의 사람들은 직업과 개인적인 관계를 통하여 200명 정도의 리스트는 만들 수 있다. Facebook, LinkedIn과 같은 사이트에서 이미 네트워크를 가지고 있을 수 있으며 또는 이메일 주소를 보면 자신이 가지고 있는 네트워크를 알 수 있다. 즉, 개인 전화번호 리스트가 현재의 네트워크라고 할 수 있는데 지속적으로 갱신할 필요가 있다. 이메일 주소는 사람들과 쉽게 접촉할 수 있기 때문에 자신이 가지고 있는 네트워크 명단에 상대방의 정보를 추가할 수 있는 좋은 수단이다.

한 가지 조심해야 할 것은 온라인 대화(화상대화 포함)를 하게 될 때 의상을 잘 갖추어 입지 않거나 이상한(너무나 꾸밈없는) 행동을 하는 등 사실 그대로의 모습을 상대방이 보게 되면 오히려 도움을 얻는 데 실패할 수 있다는 점이다.

직업상의 네트워크는 과거와 현재의 동료, 직업관련 협회 또는 협의회, 동창회, 협력업체, 멘토, 동료, 직업상 알게 된 사람들을 포함한다. 개인적인 네트워크는 가족, 이웃, 친구, 종교모임, 그 밖의 서비스제공자(의사, 치과의사, 보험대리인, 증권사 직원 등)가 포함되며, 이 또한 지속적으로 갱신할 필요가 있다. 이러한 과정을 계속하면 네트워크는 급속히 확장될 것이고, 당신을 채용하는 의사결정권자에게 근접하는 결과를 경험하게 될 것이다. 요즘과 같은 취업시장에서는 네트워크를 이용한 취업노력이 중요하며, 최근 이력서를 항상 준비해놓고 있어야 한다.

그 다음에는 리스트를 현재 모르는 사람으로 확대할 필요가 있다. 네트워크를 확대하기 위해서는 어디로 가야 하는가? 사람이 모이는 곳은 어느 곳이나 기회가 있다. 되도록 많은 사람들과 대화를 할 필요가 있는데 그 이유는 누가 누구에게 연결되어 있는지 알지 못하기 때문이다. 구체적으로 말하자면, 관련 협회, 협의회, 동종업계 모임에 더 적극적으로 참여할 필요가 있다. 이러한 집단은 대개 학생회원을 받아들이거나, 대학생 소모임을 가지고 있다. 경력에서 좋은 평가를 받기를 원한다면 그런 집단에서 그냥 회원이 아니고 리더로서의 역할을 하는 것이 중요하다. 그런 집단에서 각종 위원회나 분과위원회에서 자원봉사를 하거나 발표를 하는 등 활발하고 적극적인 역할을 할 필요가 있다. 현재 모르는 사람들과의 네트워크에는 상공회의소, 대학동창회, 라이온스클럽 또는 로터리클럽과 같은 사회봉사단체, 동종업계 전시회, 자선단체, 각종 스포츠 모임이 포함된다.

또 중요한 점은 사람들의 이름을 외우는 능력을 길러야 한다는 것이다. 만난 적이 없거나 대충 알고 있는 사람들에게 깊은 인상을 주려면, 그들의 이름을 호칭하는 것이 중요하다. 사람들에게 다가가서 소개를 받은 후 그들을 이름이나 친근한 호칭으로 부르고 또한 자신을 잘 알릴 수 있도록 약 1분간 자기소개를 할 필요가 있다. 자신이 다른 사람에게 소개될 때 대화 중 두세 차례 상대방이 친근감을 느낄 수 있는 방법으로 호칭할 필요가 있다. 만약 상대방이 자신에게 도움이 될 만한 사람이라면, 일반적인 대화에 머물지 말고, 약속을 하거나 개인적으로 친해질 수 있는 식사 자리를 만드는 것도 좋다. 그들의 명함을 받아 자신의 네트워크에 포함시키고, 자신의 명함을 주는 것도 좋다. 기회가 되면 자신의 이력서를 주는 것도 고려할 필요가 있다.

네트워크 면담을 실행하라

코로나 팬데믹 사태로 인해 최근 추세는 온라인을 통한 소통이 주된 방법이지만,[104] 개인 접촉을 통한 네트워크 개발이 여전히 중요하다. 목표달성을 위해, 가지고 있는 네트워크를 이용하여 면담을 해보는 것도 좋은 생각이다. 궁극적인 목표인 취업을 하기 위해서는 많은 면담을 해야 할 것이다. 정보수집을 위한 면담은 전화 통화를 할 수도 있고 관심이 있는 분야에 직접적인 경험을 가지고 있는 사람들과 직접 만나서 할 수도 있다. 이 경우 (취업면접과는 달리) 자신이 면담의 주도권을 가지게 되며, 목표로 하고 있는 취업면접 분야에 관하여 상대방에게 물어볼 질문을 구체적으로 마련해야 한다. 대화 주제를 간략하게 하고 가장 중요한 사항에 집중할 필요가 있다.[105] 약 15~20분 정도의 시간 할애를 요청하면 많은 사람들은 요청을 수락할 것이다.

만난 사람이 원하는 조직에서 근무하는 사람이거나 관심 있는 분야에서 일하는 사람이라면 많은 도움이 될 것이다. Zoom이나 또는 직접 만나서 하는 20분간의 면담은 가치가 충분하다. 상대방이 면담 후 당신을 기억할 것이고 그만큼 취업할 가능성이 높아지는 것이다. 면담 후 감사의 말을 전하고 자신의 취업노력의 진전 상태를 지속적으로 알려주면 상대방과의 관계를 공고히 할 수 있다.

네크워크개발은 관계를 개발하는 것이며,[106] 좋은 첫인상을 주는 것이 중요하며,[107] 솔직하게[108] 그리고 전문가적으로 접근해야 한다. 면담은 다음과 같은 단계를 거친다.

- **1단계. 동질감 형성 분위기 조성.** 간단한 자기소개와 시간을 내준 것에 대해 감사를 표시한다. 면담의 목적을 명확하게 말하고,[109] 취업시켜달라는 부탁을 하기 위해 면담요청을 한 것이 아님을 확실히 말한다. 자신의 PR성 발언을 자제하고, 상대방에게 관심을 표명한다. 예를 들면 상대방의 성과를 언급하여 호의적인 인상을 갖도록 한다. 예를 들면, "로터리클럽에서 하신 연설을 감명 깊게 들었습니다."

- **2단계. 1분간의 자기PR.** 상대방이 이미 알고 있더라도, 다시 한 번 언급한다. 이를 통해 자신의 배경과 취업방향에 대해 짤막하게 요약정리를 하게 된다.
- **3단계. 준비된 질문하기.** 면담에서 물어볼 질문을 사전에 준비할 필요가 있다.[110] 질문의 내용은 자신의 목표, 상대방과 상대방이 어떻게 자신의 취업을 도울지에 따라 달라진다. 질문의 예는 다음과 같다.
  - 이 분야에서 취업하기 위해 저의 자격은 어떻습니까?
  - 이 분야에 많은 지식을 갖고 계신데, 어떤 취업기회가 있다고 예상하십니까?
  - 이 분야에 취업하거나 취업을 해서 경력을 쌓는 데 어떤 충고를 해주실 수 있습니까?
  - 저처럼 이 분야를 탐색하신다면, 누구와 면담을 추진하겠습니까?
  - 면담을 하는 도중에 상대방이 취업에 장애물을 언급하면, 어떻게 그것을 극복할 수 있는지를 물어본다.
- **4단계. 네트워크 개발을 위해 추가적으로 사람 소개받기.** 추가적으로 누구와 접촉하면 좋은지 질문한다.[111] 대부분의 사람들은 3명 정도는 추천할 수 있는데, 상대방이 1명만 언급하면 2명 정도의 이름을 더 알려달라고 요청한다. 그리고 이 3명을 자신의 네트워크에 추가한다. 상대방이 면담시간을 연장하자는 말을 하지 않으면, 주어진 시간을 초과하지 않도록 조심한다. 취업기회가 나타날 것을 대비하여 명함이나 이력서를 남기도록 한다.
- **5단계. 상대방에게 어떻게 자신이 도움을 줄 수 있는지 물어보기.** 상대방에게 자신의 잡지 기고문 또는 신문 기고문을 제공하여 상대방이 필요로 하는 정보를 제공한다. 또한 자신이 다른 사람에게 잠재적으로 도움을 줄 수 있다는 것을 알릴 필요가 있다.[112] 또한, 때로는 젊은 사람들이 연장자인 멘토에게 새로운 기술을 지도할 수도 있다.[113]
- **6단계. 감사의 말을 전하고 취업노력의 진전 상태를 알리기.** 면담이 끝난 다음 감사의 글이나 또는 추가적으로 명함과 이력서를 같이 보내고, 추후 취업노력의 진전 상태에 대해 알려주면 이것은 상대방과의 관계를 지속하고 미래를 위해 관리하는 결과가 되는 것이다.

네트워크 개발 면담이 끝난 후 이미 언급한 다섯 가지 단계별로 면담 결과를 평가할 필요가 있다. 우호적인 분위기를 잘 조성했는가? 면담의 목적을 명확히 했는가? 질문을 포함하여 1분간의 자기PR을 했는가? 사전에 준비된 추가질문을 하였는가? 사람들의 이름을 추가로 입수했는가? 면담 후 감사의 글을 보냈는가? 확장된 네트워크를 관리하기 위해 전화, 면담, 함께 자리를 하는 방법을 사용할 필요가 있다.

네트워크를 관리하라

네트워크를 구축했으면 이를 관리하는 것이 중요하다. 자신의 네트워크에 속에 있는 사람들에게 취업에 얼마나 진전이 있었는지 지속적으로 알려주는 것이 중요하다. 어떤 사람이 자신의 취업에 도움이 된다면, 그들에게 구직노력의 결과를 반드시 알려줄 필요가 있다. 또한, 도움에 대해 감사의 표시를 전하면 인간관계를 더 돈독히 할 수 있고, 미래에 추가적인 도움을 얻는 데 도움이 된다.

취업했을 때 네트워크에 있는 사람들에게 연락처와 함께 소식을 전하는 것을 권한다. 취업을 했다고 해서 네트워크 개발을 끝내서는 안 된다. 취업 후에도 경력개발의 도움을 얻기 위해 네트워크 개발에 더욱 몰입할 필요가 있다. 지속적으로 동종업계 전시회나 모임 등에 참석하여 새로운 친구를 만들고, 네트워크 내용을 갱신하며 새로운 사람들을 추가하여 네트워크를 확장한다. 언제나 감사의 표시를 전달하는 것을 잊어서는 안 된다.

네트워크를 개발한다는 것은 또한 멘토나 다른 사람들에게 도움을 제공하는 것이기도 하다. 도움을 받는 동시에 도움을 주기도 하는 것이다. 다른 사람을 도와주면 이것이 자신에게 돌아오는 것을 보고 네트워크의 효과에 놀라게 될 것이다. Land O'Lake사의 Jack Gherty 사장은 다른 사람들이 잘되도록 도와주는 것에 대한 보답으로 성공할 수 있었다고 말하고 있다. 적어도 1년에 한번 정도는 네트워크에 있는 사람들에게 접촉(이메일이나 카드를 이용하여)하여 그들의 최근 업적을 축하해주라. 과다하게 500명 정도를 동시에 접촉할 필요는 없지만, 약 150명 정도와의 접촉을 유지하는 것이 좋다.

직장에서 사회적 네트워크 개발하기

일단 직장을 구한 다음에는, 직장 내외에서의 네트워크 개발을 모두 해야 하는가? 아니면 일부를 해야 하는가? 최근 기술의 발전을 통하여, 개인생활과 직장에서의 소통 수단에는 차이가 없어지는 경향이 있다. 여기서 말하는 소통 수단이란 Facebook이나 Twitter와 같은 SNS를 포함한다. 최근 기업에서는 SNS 사용을 권장하고 있지만, 이러한 경향을 또다른 도전을 가져 오고 있다. SNS는 개인용인가? 아니면 업무용인가? 이러한 문제점에 대해 기업은 내부 규정을 만들어 시행하고 있다. 따라서, 새로운 직장에 취업을 하면, 회사의 정책을 잘 이해하고 이를 따를 필요가 있으며, 상사나 회사에 대해 언급하는 데 주의를 기울여야 한다.

협상

학습목표 6.5

협상과정의 단계를 나열한다.

협상이란 다수의 대상자나 집단이 가지고 있는 것을 타인이 원하는 경우 서로 간에 합의를 도출하는 과정이다.

협상기술은 리더십의 인간관계 부분에 해당된다.[114] 우리는 우호적인 결과를 얻어내기 위해 협상을 한다. 이 협상은 중요한 경력상의 기술이다.[115] 왜냐하면 더 많은 연봉인상이나 승진과 같은 유리한 결과는 효과적인 협상능력을 가진 사람들에게 주어지기 때문이다.[116] 믿거나 말거나, 좋아하거나 그렇지 않거나, 현실적으로 알고 있거나 그렇지 않거나 간에, 우리는 매일 원하는 것을 얻고자 협상을 한다.[117] **협상(negotiating)**이란 다수의 대상자나 집단이 가지고 있는 것을 타인이 원하는 경우 서로 간에 합의를 도출하는 과정이다.

영향력 행사의 전술, 권력과 정치는 협상과정에서 흔히 동원된다. 이 절에서는 협상을 통해 타인에게 영향력을 행사함으로서 얻고자 하는 바를 획득하는 과정을 집중적으로 조명해보도록 한다.

협상

협상은 가격이나 타결점을 미리 정하지 않고 다음의 모든 상황에서 적절하게 활용할 수 있다. 예를 들면, 노사협상, 구매활동, 채용조건, 연봉협상 등의 상황을 가상해 볼 수 있다. 자신의 입장을 완고하게 고수하면 협상이란 성립되지 않는다. 실제로 협상은 정치적인 또는 관계에 관한 기술을 사용하는 관계를 관리하는 것이다.[118, 119] 갈등관리(5장)에서 토의한 바대로, 협상은 일종의 갈등관리를 한다고 볼 수 있으며, 관련자 모두에게 혜택이 돌아가도록 협상을 통하여 협조를 유도하는 것이다.[120]

모든 참여자들이 유리한 협상 결과를 얻었다고 믿도록 해야 한다

협상은 가끔 승자독식의 형태가 되기도 한다. 예를 들면, 자동차를 구입할 때, 값을 깎는 만큼 딜러는 손해를 본다. 이러한 경우 윈-윈의 진정한 협조를 얻어내지 못하는 것이다. 권력, 정치와 마찬가지로 협상이란 남을 이용하는 것이 아니라 상대방과 관계를 구축하여 서로 도움을 주고받는 방법으로 본인들이 원하는 것을 획득하는 것이다.[121]

협상은 참여한 모든 사람들의 입장에서 조명해야 하는 것이고, 이해당사자들 모두가 윈-윈의 결과를 얻었다고 생각하게 해야 한다.[122] 파이를 어떻게 나눌 것인가를 가지고 서로 싸우는 것보다 파이를 크게 만들 필요가 있다.[123] 노사 협상에서 노조는 잃은 것이 많고, 사측이 많은 것을 가져갔다고 생각하게 되면, 종업원들의 불만이 커질 것이고 장기적으로 성과저하로 이어질 것이다. 고객이 터무니 없는 가격을 지불했다고 생각하면, 다시 물건을 사러 오지 않을 것이다.

협상에서의 남녀차이

일반적으로 여성은 남성보다 협상을 더 꺼리지만,[124] 더 협력적인 경향이 있다.[125] 남성은 일반적으로 협상에 더 공격적인 경향이 있다.[126] 남성이 여성보다 급여 등에 관하여 더 공격적으로 요구하고, 그것을 획득할 가능성이 더 높다.[127] 따라서, 여성들은 보다 적극적으로 협상에 임하여 그들의 몫을 얻어내도록 할 필요가 있다.[128] 성과에만 의존하지 말고, 관계적 권력, 정치와 네트워크 개발을 보다 적극적으로 사용할 필요가 있다.[129]

협상기술은 배울 수 있다

리더십 개발에는 협상 기술이 포함될 수 있다.[130] 모든 사람들이 협상력을 타고난 것은 아니며 개발이 가능하다.[131] 다음에 소개되는 협상 프로세스에 관한 단계를 거치면 협상기술을 개발할 수 있다.

협상 프로세스

협상에는 계획, 협상, 연기, 협상타결/미타결이라는 3~4개의 단계가 있다. 이 네 가지 단계는 모델 6.1에 요약되어 있고, 이 절에서 소개할 것이다. 모델 6.1은 단계적으로 필요한 지침을 소개하고 있다. 물론, 여기서 소개되어 있는 내용은 상황에 따라 약간씩 변형하여 적용할 필요가 있을 것이다.

모델 6.1 협상 프로세스

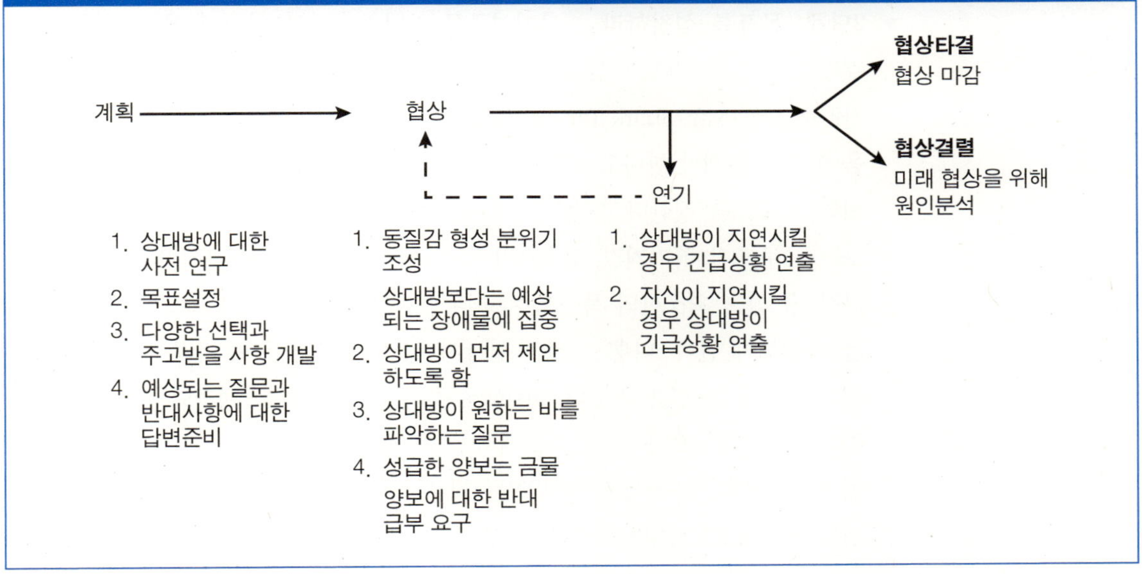

계획

모든 협상의 핵심은 준비이다. 따라서 협상을 위한 계획을 수립해야 한다.[132] 그러나 어떤 것이 협상을 통해 가능한 것인지, 어떤 것이 그렇지 않은지를 파악해야 한다. 가격, 배송시간, 판매량 등이 협상의 대상이 될 수 있다. 자신에게 "내가 원하는 것인 정확히 무엇인가?"하고 스스로 질문을 할 필요가 있다.

- **1단계. 상대방을 조사한다.** 좋은 거래란 무엇인지에 대한 상대방의 인식을 연구한다. 그것은 당신이 생각하는 것과 다를 수 있다.[133] 상대방의 입장에서 거래를 바라 볼 필요가 있다.[134] 그들의 입장에서 생각하고 그들의 머리속으로 들어가 생각해 볼 필요가 있다.[135] 협상을 시작하기 전에 상대방이 원하는 것이 무엇인지, 무엇을 포기하고 또는 무엇을 절대로 포기하지 않을 것인지를 알아보는 것이 중요하다.[136] 협상을 시작하기 전에, 해당 거래가 어느 정도 가치가 있는지 연구할 필요가 있으며, 과거에 상대방과 협상을 해본 경험이 있는 사람들을 통하여 상대방의 성격과 협상스타일도 파악할 필요가 있다. 관찰력을 동원하여 미국의 여성 국무장관 Albright와 러시아의 Putin와의 협상을 살펴보자. Albright는 "Putin은 매우 똑똑하고 냉혹한 것처럼 보였다. 그는 누구에게나 자화자찬을 하였다. 그를 지켜 보는 것은 흥미로운 일이었다"라고 첫 번째 미팅에서의 인상을 회상하였다.[137] 가능하면 협상 전에 상대방과 개인적인 관계를 맺는 것이 좋다. 만약에 상대방과 함께 일한 경험이 있으면(예: 상사 또는 잠재 고객), 과거에 효과가 있었던 것과 효과가 없었던 것이 무엇이었는지를 검토해 보자.
- **2단계. 목표를 설정하라.** 사전연구를 바탕으로 협상에서 무엇을 기대하는지 결정할 필요가 있다. 협상에서 이끌어내야 하는 가장 중요한 한 가지는 무엇인가? 유명한 TV쇼, Shark Tank의 Kevin O'Leary는 협상에서의 최고의 선택을 마음 속으로 정해야 한다고 주장했다.[138] 최종 목표, 최소한의 목표, 협상 시초에 제시하는 목표를 정한다.[139] 많은 경우에 목표는 가격에 관한 것이기는 하지만, 때로는 근무조건, 휴가기간, 고용보장 등이 될 수도 있다. (a) 관철이 안 되면 걸어나갈 수 있는 최소한의 목표를 정한다. 이 최소한의 목표달성이 어렵다면 협상을 마감해야 한다. 나쁜 조건의 협상이 될 수밖에 없다면, 미련 없이 협상장을 떠날 준비를 할 필요가 있다. (b) 상호 공정한 협상이라고 생각되는 목표치를 정한다. (c) 기대치보다 높은 수준에서 초기 제안을 해볼 것을 권한다.[140] 그 제안이 받아들여질 가능성이 전혀 없는 것은 아니다. 상대방도 같은 전략을 구사할지도 모르므로, 상대방의 첫 제안이 최종적인 것이 아닐 수 있다는 것을 명심할

필요가 있다. 성공적인 협상이란 참여자들이 자신들의 최소 목표와 바라는 목표 사이에서 타결되어, 모든 참여자들이 윈-윈하는 것이다.

- **3단계. 여러 선택안을 개발하고 양보할 수 있는 것과 양보받을 것을 파악한다.** 물건을 사거나 구직을 할 때, 물건을 팔려고 하는 사람들이 다수일 경우, 자신이 원하는 가격으로 협상할 수 있는 유리한 위치에 서게 된다. 이 경우 물건을 파는 사람들에게 여러 가지 가격 중에서 최저가격 보다 더 싸게 팔수 있는지를 물어보게 되는 것이다.

  일방적으로 양보를 한다면, 원하는 바를 얻을 수 없는 결과에 도달한다. 양보하는 대신 반대급부를 요구해야 한다.[141] 예를 들면, 원하는 만큼의 연봉인상이 어렵다면, 더 많은 휴가, 추가적인 퇴직금, 더 좋은 사무실, 더 좋은 조건의 업무지원 등을 요구할 수 있는 것이다. 더 많이 알면 그만큼 좋을 협상을 할 수 있게 되는 것이다.[142] 협상에 임하기 전에 행한 사전 준비를 바탕으로, 어떤 것을 주고받을지에 대해 점검을 해볼 필요가 있다.

- **4단계. 상대방의 질문과 반대를 예상하고 답변을 준비하라.** 제품이나 서비스를 판매한다면, 상대방은 왜 그 제품을 팔려고 하는지, 제품이 어떻게 작동하는지, 장점과 특징은 무엇인지 알고 싶어 할 것이다. 기본적으로 제품을 구매하려는 사람들은 "이 제품을 구매하면 나에게 어떤 이익이 있을까?"라는 질문을 하게 된다. 이럴 때 "이 협상을 통해 내가 원하는 바를 얻어내자"라고 생각하지 말고, "이 협상을 통해 상대방이 어떻게 이익을 얻어내도록 할 것인가?"에 초점을 맞출 필요가 있다.[143] '상대방'과 '우리'가 주요 관심사가 되어야 하고 '나'만을 생각하는 것은 피해야 한다. 협상의 당사자로서 상대방이 구체적으로 반대를 표명하지 않고 반대의 마음을 가지고 있는 경우가 있다. 이때에는 상대방의 말 속에 숨어있는 의미를 면밀하게 파악할 필요가 있으며, 질문을 하여 상대방이 말을 하도록 유도하여 합의에 이르는 데 장애요인이 무엇일지 발견할 필요가 있다. 이러한 과정에서 상대방의 반대에 부딪힐 가능성이 많다. 보통 이러한 이유 때문에 협상이나 판매가 결렬되는 경우가 많다. 노사협상 시 노조가 연봉인상을 요구할 경우, 사측은 경영상의 어려움으로 인하여 여유가 없다고 거부하는 경우가 많다. 노조는 사전의 연구와 조사를 통하여 분기별 회사의 이익에 관한 정보를 가지고 사측의 반대를 극복한다. 일반적으로 협상에서 상대방은 반대를 위한 반대를 하고 있는지 진정으로 반대를 하고 있는지 알 수 없다. 이러한 경우 상대방의 주장을 경청하고 질문을 통해 협상타결에 장애물이 무엇인지 파악할 필요가 있다.[144]

협상

준비가 끝난 후에 협상을 시작하게 된다. 협상방법 중 대면협상을 가장 권장할 만하다. 그 이유는 대면협상을 하게 되면 상대방의 비언어적인 행동을 잘 관찰할 수 있고, 상대방의 반대를 보다 잘 이해할 수 있기 때문이다. 물론, 전화나 문서상의 협상도 무난하다. 어떤 경우라도 상대방이 무엇을 선호하는지를 파악할 필요가 있다. 협상에는 아래와 같이 네 단계가 있다.

- **1단계. 우호적인 분위기를 조성하고, 상대방보다는 있을 수 있는 장애물에 초점을 맞추어라.** 모든 협상에서 먼저 우선시 되는 것은 나 자신을 잘 보여주는 것이다.[145] 상대방의 입장에서는 내가 협상에 관한 권한을 가지고 있다고 믿게 할 필요가 있다.[146] 협상에 들어가기 전 상대방을 맞이하면서 웃음 띤 표정으로 상대방이 좋아하는 호칭을 사용한다.[147] 웃음 띤 표정은 상대방에게 호감을 가지고 있다는 인상을 준다. 날씨와 같은 가벼운 담소로 대화의 말문을 트고, 본 협상으로 들어가기 전에 어느 정도 시간을 할애해야 하는지는 상대방의 협상 스타일에 따라 달라질 수 있다. 어떤 사람들은 지체 없이 본 협상을 시작하는 것을 선호하고, 또 어떤사람들은 경우에는 본 협상에 들어가기 전에 상대방 개인에 대하여 알고 싶어 한다. 그러나 상대방이 먼저 제안하기를 바라는 경우에 너무 지체하는 것은 바람직하지 않고, 너무 과도하게 지체하면 협상의 기회를 상실하는 경우도 있다. "협상 상대방보다는 장애물에 초점을 맞추라"는 말은 상대방에 대한 인신공격성 발언을 자제하고, "그렇게 어처구니없는 가격을 요구하는 것은 당치도 않습니다" 같은 부정적인 말로 상대방을 공격하는 발언을 하지 말라는 것이다. 만약 그렇게 발언한다면, 상대방으로부터 논쟁을 유발하는 것이고, 결과적으로 합의에 이루지 못하게 된다. 상대방이 논쟁을 시작한다고 해서, 상호비방에 이르는 것은 바람직하지 않다. "제가 부르는 가격이 너무 높다고 생각하나요?"정도의 발언을 하여 상대방의 마음을 가라 앉힐 필요가 있다.
- **2단계. 상대방이 먼저 제안을 하도록 하라.** 상대방이 먼저 제안을 하도록 하면 유리한 점이 있다. 상대방이 목표치보다 더 좋은 제안을 하면, 거기서 협상을 타결지을 수 있는 것이다. 예를 들어, 연봉협상에서 35,000달러를 최적의 목표치로 잡고 있었는데, 상대방이 40,000달러를 제안했다고 하면, 이를 거절하겠는가? 반면에, 먼저 30,000달러를 제안하고 나중에 이것이 너무 낮다고 느꼈을 때, 이를 높이려면 어려운 노력을 해야 한다. 예를 들면 다음과 같은 질문을 할 수 있다. "가능한 연봉범위가 어떻게 되나요?" "이렇게 좋은 제품에 얼마를 지불할 의사가 있습니까?" 가격에만 집중하여 협상하는 것은 피하는 것이 좋다. 상대방이

다음과 같은 질문을 하면서 먼저 제안을 하도록 압박을 가하는 경우가 있다. "원하는 가격을 제안해보시죠. 그럼 그 가격을 받아들일 수 있는지 말씀드리겠습니다." 이런 경우에는 다음과 같은 발언을 하면 된다. "어느 정도의 가격을 생각하고 계십니까?" 또는 "합리적인 가격선은 어느 정도입니까?" 이런 발언이 먹혀들지 않으면, "일반적으로 우리가 거래하는 선은 xxx정도입니다. 먼저 가격을 제안하면 받아들일 수 있는지 말씀드리죠"라고 언급한다. 1단계와 2단계가 순조롭게 진행되면, 여기서 협상을 마무리하면 된다. 이 단계에서 협상타결에 이르지 못하면, 다음 단계를 진행한다.

- **3단계. 상대방의 주장을 경청하고 상대방이 원하는 것에 초점을 맞추어라.** 상대방이 마음속에 담고 있는 유보사항이나 반대를 언급할 수 있는 기회를 열어준다. 너무 덤비지 말고,[148] 과장해서도 안 되며,[149] 상대방의 관심사를 경청하는 것이 좋다.[150] 마음속에 있는 정보를 열어 보인다고 말하면서, 동시에 질문을 하고 상대방의 의견을 듣게 된다. 이렇게 하면 상대방의 반대를 극복할 수 있는 방안이 생길 수 있다. 일방적으로 제안하는 것의 특징에 대해 계속 언급하고, 상대방의 관심사를 파악하지 못하면, 결국 협상을 실패하고 만다. 다음과 같은 발언을 하면 도움이 된다. "이 가격은 대략의 가격인가요?" "이 정도면 충분히 신속하게 처리되는지요?" "혹시 당신의 기대치에 비추어 보면 빠진 것이 있나요?" 만약 상대방의 반대가 다소 아쉬운 부분 때문이라면, (구직활동에서 2년의 경험을 기대하는데 당신은 1년의 경험밖에는 없는 경우) 상대방이 기대하는 능력을 파악하여 가지고 있는 능력으로 적은 경험을 보완할 수 있음을 강조하면 양호한 협상결과를 기대할 수 있다. 상대방의 반대를 충족시킬 수 없다면, 시간을 낭비하지 말고 협상을 끝내는 것이 현명할 수 있다. 그러나 여기서 말하고자 하는 것은 반대가 절대적이어야 한다는 것이다. 만약, 회사가 2년 경험이 있는 사람들을 채용하고자 하는데, 그러한 경험이 있는 사람들이 지원자 중에 없다면 어떻게 될 것인가? 아마도 당신에게 채용제안을 할 수도 있다. 상대방이 거짓말을 하거나 반드시 알아야 하는 정보를 숨기고 있는 경우에는 자신을 보호하는 취지에서, 다음과 같이 물어 볼 수 있다. "제가 알아야 하는 중요한 정보 중에 당신이 알려주지 않은 것이 있습니까?"
- **4단계. 너무 서둘러 양보하지 말고 반드시 반대급부를 요구하라.** 요구하는 사람들이 더 많은 것을 얻는 것이 일반적이다. Sheryl Sandberg는 Facebook의 초빙에 응하면서 이러한 염두에 구고 협상에 임하였다. 그녀의 배우자와 가족의 격려로 용기를 얻은 그녀는 이러한 방법으로 보다 좋은 근무조건을 얻어 냈다.[151] 단순히 협상타결을 위해 양보하는 것은 바람직하지 않다. 절대로 포기해서

는 안 된다. 자신의 경쟁적 우위가 서비스에 있음에도 불구하고, 낮은 제품가격으로 양보하여 협상하게 되면, 중요한 경쟁력을 일순간에 상실하는 것이다. 협상에서는 원칙적으로 너무 많은 양보를 하지 않고 상대방을 만족시키는 것이 좋다. 더구나, 최저가격으로 협상하지 말아야 한다. 때로는 현실적으로 생각하여 협상테이블에서 걸어 나올 준비도 되어 있어야 한다.[152] 협상에서 얻고자 하는 바를 얻지 못할 때, 다른 선택권도 준비하면 협상력을 높이는 데 도움이 된다. 협상테이블에서 걸어 나오면, 상대방이 다시 테이블로 돌아오라고 요청할 수도 있고, 적어도 (항상 그렇다는 말은 아니지만) 같은 가격으로 다시 협상에 임할 수 있다. 어떤 경우라도 상대방이 당신이 다급한 상황에 있고, 협상에서 약자의 입장이고 낮은 가격에 응할 것이라고 생각하면, 이용당하기 쉽다. 가끔 매장에서 "급매. 현찰이 필요함!"이라고 쓰여 있는 제품이 실제로 얼마에 팔리는지를 생각해보면 된다. 자신이 판매자의 입장이라면, "이 가격이 농담이죠? 너무 비쌉니다!"라는 말에 기죽을 필요는 없다. 그러나 많은 판매자들은 이러한 언급에 재빨리 가격을 추가적으로 낮춘다. 이런 협상이 일어나지 않도록 해야 한다. 그러나 노사협상과 같은 복잡한 경우에는, 선제적으로 양보를 하면 상대는 의무감을 느끼게 된다. 이때 양보한 것보다 더 많은 것을 얻어낼 수 있는 안을 가지고 협상테이블에 다시 돌아올 수 있는 것이다. 어떠한 경우라도 일방적인 양보는 바람직하지 않다. 계획된 양보를 가지고 있어야 한다.[153] 만약 상대방이 낮은 가격을 요구하면, 당신은 더 많은 구매량, 더 긴 배송시간, 덜 인기 있는 색깔 등의 양보를 요구할 수 있다. 일방적으로 양보하지 않는다는 것을 상대방이 알도록 해야 한다.

연기

시간을 여유있게 잡을 필요가 있다.[154] 협상의 진전이 없을 때 때로는 협상을 연기하는 것도 바람직하다.

상대방이 협상을 연기하려 하면, 당신은 긴박한 환경을 만들어낼 수 있다. 상대방이 "다음에 얘기해 봅시다"라고 하면, 당신은 얻고자 하는 바를 획득하지 못하게 된다. 이때 긴급한 상황을 만들어낼 수 있다. 예를 들면, "이 제품은 세일 중인데, 세일은 오늘 끝납니다." 그러나 정직하게 말하는 것 또한 최선임을 잊지 말아야 한다. 사람들이 당신과 협상하고자 하는 것은 그들이 당신을 신뢰하고 존중하기 때문이다. 상호 신뢰관계를 가지고 협상을 마감하는 것은 일차적으로 신경을 써야 하는 부분이다. 정직성과 도덕성은 협상자가 가져야 하는 제일 중요한 덕목이다. 그런 선택을 할 여지가 없다면, 상대방으로 하여금 그러한 상황에 처하도록 유도할 수 있다. "저는 다른 회사에서 채용제안을 받았습니다. 언제 채용 여부를 알려줄 것입니까?"같이 언급할 수 있는 것이다.

그러나 이러한 긴박한 상황연출에도 상대방이 "나중에 생각해 봅시다"라는 발언으로 효과를 보지 못하는 경우가 있다. 이런 경우 "좋은 생각입니다"라고 답하면서 당신이 제안한 핵심내용 중 상대방이 좋아하는 것을 다시 한 번 살펴보고, 당신의 제안이 상대방의 필요에 부응하는지 물어볼 수 있다. 이때 상대방이 협상에 동의할 수도 있다. 그래도 효과를 보지 못할 경우가 있다. 상대방이 언제 접촉할지 말해주지 않으면, 먼저 질문을 던질 수 있다. "언제 채용 여부를 들을 수 있을까요?"와 같이 구체적인 날짜를 받아내려는 노력을 할 필요가 있다. "그 날짜까지 연락을 받지 못할 경우 제가 연락을 드리겠습니다." 정말 진지하게 관심이 있다면, 협상 후 감사의 뜻을 이메일, 카드 등을 통해 전할 수 있다. 이때 상대방이 호감을 가지고 있는 당신의 특징을 다시 강조하고, 혹시 협상 중 잊은 것이 있다면 해당 정보를 추가하여 연락할 수 있다.

한 가지 명심해야 할 것은 상대방이 협상에 완강한 태도를 보일 경우 적극적인 행보가 통하지 않을 것이라는 점이다. 상대방이 답을 하도록 압력을 가하면 좋은 결과가 나오지 않는 경우가 많다. 오히려 기다리면 더 좋은 기회가 올 수도 있다. 부서장과 협상을 할 때, "한 번 생각해보기를 부탁드립니다. 그러고 시간나실 때 말씀을 나누시죠"라고 말하면서 보다 유리하고 우호적인 시간을 잡는 것도 바람직하다.

다른 사람들, 특히 다른 문화권 출신과의 협상에서 행간의 의미를 읽을 줄 알아야 한다. 어떤 사람들은 협상이 결렬되었음을 말하지 않는 경우가 있다. 어떤 사람들은 협상결렬을 직접적으로 언급하지 않는 경우도 있다. 그러나 끈질기게 협상에 도달하려는 노력을 하되, 협상을 이루지 못할 것이 확실한 경우에 매달리며 시간을 낭비할 필요는 없다.

당신이 협상을 연기하려 하면, 상대방은 긴박한 상황을 연출할 수도 있다. 다른 사람의 영향에 의해 서둘러서도 안 되며 스스로 조급하게 일을 처리해서도 안 된다. 협상에 만족하지 않거나, 더 좋은 조건을 찾아보고 싶다면, 상대방에게 다시 한 번 생각해 보겠다고 말할 수 있다. 이런 경우 협상을 끝내기 전에 부서장이나 그 외 도움을 줄 만한 사람들과 의논을 해볼 필요가 있다. 상대방이 긴박한 상황을 만들어내면, 이것이 얼마나 진정성이 있는지 가늠해볼 필요가 있다. 많은 경우 이전과 동일한 만족하지 않는 조건의 협상으로 되돌아간다. 상대방의 압력에 굴복하게 되면 여전히 만족하지 않은 결과를 초래하거나 나중에 후회하는 일이 생길 수 있다. 만약 협상을 연기하고자 한다면, 상대방에게 언제 다시 협상테이블에 돌아오겠다는 것을 알려주고, 더 깊이 있고 광범위한 협상준비를 한다. 그렇지 않으면 상대방에게 더 이상 협상을 진행할 수 없다고 통보한다.

협상타결

협상에 이르게 되면, 이를 문서화하게 된다. 협상후속 작업으로 감사의 뜻을 전달하게 되는데, 이때 협상내용을 다시 한 번 언급하고 상대방이 마음을 바꾸지 않았는지 확인한다. 협상이 마무리가 되었으면 대화의 주제를 개인적인 것으로 방향을 바꾸거나 협상장소를 떠나면 된다. 상대방이 개인적인 관계를 돈독히 하고 싶어 한다면, 대화를 더 지속할 수 있다.

그렇지 않은 경우에는, 협상을 종료해야 한다.

협상결렬

우리의 목표는 합의에 도달하는 것이지만 거부, 거절, 실패는 우리 모두에게 일어나게 되어 있다. 협상에서의 슈퍼스타와 패자 사의의 차이점은 결과에 대해 대응하는 방식에 있다. 성공한 사람들은 지속적으로 시도하고, 실수로부터 배우고, 끈기있게 노력한다. 실패란 끝이 있게 마련이다. Winston Churchill은 "거듭되는 실패에도 불구하고 열정을 가지고 임할 때 이는 하나의 능력이 됩니다"라고 언급했다. 이력서를 여러 번 발송했는데도 합격하지 못한 경우, 취업 면접에서 합격 못한 경우에도 열정을 유지할 필요가 있다. 만약 열정을 가지고 구직활동을 하지 않거나, 면접에 실패할 것이라고 생각하는 태도를 가지고 임하게 되면, 걱정하는 대로 부정적인 결과가 현실이 될 수 있다(자기실현적 예언 self-fulfilling prophecy, 3장).

협상이 결렬되면, 상황을 분석하고 무엇이 잘못되었는지 파악하는 노력을 하면 미래에 향상된 결과 도출에 도움이 될 수 있다. 취업 면접에서 성공하지 못했을 경우, 담당자에게 충고를 요청할 수도 있다. "저는 면접에 성공하지 못한 것을 알고 있습니다. 그러나 저를 위해 귀한 시간을 내주신 것에 대해 감사드립니다. 저의 이력서와 면접 기술을 개선하기 위해, 이 분야에서 취업을 하기 위해 도움이 되는 말씀을 해 주실 수 있습니까?"

개념응용 6.4 협상 행동

아래의 각 상황에서 효과적인 행동과 비효과적인 행동을 파악하여, 각항목의 왼쪽에 있는 공란에 a 또는 b를 기입한다.

a. 효과적
b. 비효과적

_____ 24. 자신 위주로 생각하고, 자신이 얻고자 하는 것에 집중한다.

_____ 25. 세 가지 목표가 분명히 세운다.

_____ 26. 만약 무언가를 포기해야 하거나 정확히 원하는 것을 얻을 수 없다면 그 대가로 다른 것을 요구할 준비를 한다.

_____ 27. 바라는 협상 조건을 가지고 바로 시작한다.

_____ 28. 협상에서 먼저 제안을 한다.

_____ 29. 거래 성사에 진전이 없다면 협상을 다음 기회로 연기한다.

_____ 30. 합의에 이르면, 모든 협상 행동을 중단한다.

도입사례 응용

6. (a) Helen이 정책 초안을 작성했고 부서 구성원이 이에 동의했다면, Maria로서 당신은 무엇을 하겠는가? 결정에 대해 학장에게 어필하겠는가? (b) 교수로서의 고용보장을 아직 받지 못하였고, 정교수로 승진하지 못한 입장이라면, 변화에 순응하겠는가?

(a) Helen이 학장에게 확인을 받았다고 가정하면 학장에게 어필해도 소용이 없는 일이 된다. 게다가, 학장들은 일반적으로 학과장을 제치고 특정 교수의 입장을 옹호하지 않는다. (b) 고용보장이 되지 않는 상태에서 학과의 결정에 반대하는 것을 좋지 않다.

7. 당신이 경영대학 학장이라면 부총장이 대학 전체 정책을 수립하기를 원하지 않는다는 것을 알고 있고, 또한 Maria도 당신에게 어필했다면 어떻게 하겠는가? 경영대학 차원의 정책을 공식화하겠는가?

위에서 언급한 바와 같이, 학장은 아마도 학과 편을 들 것이며 경영대학 차원의 정책을 수립하지 않을 것이다. 단과대학 차원에 공식적인 정책을 세운다면, 대학차원의 정책을 공식화하라는 압력을 받고 있지만 그렇게 하기 싫어 하는 부총장과의 사이가 나빠질 것이다.

8. 어떤 수준(단과대학 또는 학과별)에서 대학원 학생 조교 활용에 관한 정책이 세워져야 한다고 생각하는가?

일관성이 있는 입장을 취하면서 모든 사람들을 공정하게 대하려면, 단과대학 차원의 정책 개발이 최선일 것이다.

세계화

학습목표 6.6

세계화 추세 속에서 다른 문화권 사람들에게 영향력을 행사하는 것에 대한 이해도를 높이기 위해 GLOBE의 네 가지 차원을 설명한다.

문화에 따라 사람들은 다르게 생각하고, 문화적 행동 규범이 다르다.[155] 문화는 권력, 정치, 네트워킹, 협상을 통한 커뮤니케이션을 통해 영향력 행사하여 어떻게 리더십 스킬을 사용하는 방법에 영향을 준다. 윤리적 기준은 전 세계적으로 다양하므로 사회적으로 용납이 되는 영향력 행사와 관련된 행동도 다르다.[156] 어러한 차이는 지역별로 적용되는 경영 정책이나 경영 관행에 반영되어야 한다.[157] 따라서, 세계화된 환경에서 일을 하려면, 세계화 마인드를 가지고,[158] 문화지능을 높이는 것이 중요하다.[159]

GLOBE

GLOBE(Global Leadership and Organizational Behavior Effectiveness; 다문화 리더십 연구 모델)에서 아홉 가지의 문화적 차원을 제시하고 있으나.[160] 여기서는 그중 네 가지 차원에 초점을 맞추어 간략하게 설명한다. 자세한 내용은 GLOBE 웹 사이트를(https://globeproject.com.) 방문하기 바란다.

'적극적 문화'에서는 사람들이 거칠고 대립적이며 경쟁적이다. 그래서 스위스나 뉴질랜드 사람들에 비해 이스라엘과 미국사람들을 다룰 때 자기 주장이 강한 경우를 접하게 된다.

'권력거리' 차원에서 보면, 권력거리가 큰 문화권에서는 사람들이 불평등을 받아들이는 경향을 보인다. 따라서, 중국과 같은 나라 사람들과 협상할 때에는 자기 주장이 강하고 고압적인 태도를 보이는 사람들을 만나게 될 가능성이 많다.

'집단주의' 차원에서 보면, 집단주의 문화가 강한 일본보다 개인주의 문화가 강한 미국은 보다 개인주의적이고 대립적이다.[161] 다양성으로 인해 더 많은 갈등이 발생하는 상황에서 집단주의 문화에서는 개인주의 문화보다 갈등해결을 주도하려는 경향이 적다.[162]

'내집단주의' 문화권에서 인해 사람들은 사회의 일원으로서 자부심을 가지고 정치에 참여하는 경향을 보인다. 이러한 문화적 차원은 덴마크와 뉴질랜드에서는 정치적 행동이 낮은 경향이 있는 이유를 설명해준다. 아시아 문화권에서는 협상의 형식이 중요하고 협상이 느리게 진행되는 경향을 보인다. 중국과 일본에서는 거래를 하기 전에, 리더와 만나기 위해 네트워크 연결을 갖는 것이 일반적이며 관계를 발전시키는 것이 중요하다.

세계적 교역과 협상

세계 경제는 협상에 기반을 두고 있으며, 이는 권력, 정치, 네트워크 개발에 의해 영향을 받는다. 기업과 정부 차원에서 연간 4조 달러를 초과하는 무역 거래를 위한 협상이 이루어진다.[163] 따라서 국제 협상을 수행하려면 문화적 차이를 이해해야 한다.[164] 여러 국가들은 미국-멕시코-캐나다(USMCA), 유럽 연합, 아시아-태평양 경제 협력체들과 협상을 해왔다. 세계무역기구(WTO)는 글로벌 자유무역을 전담하는 국제기구이며, 무역 협정을 협상하기 위한 정부의 포럼이다.[165] 자세한 내용은 www.wto.org를 참조하면 된다.

Donald Trump 전 미국 대통령은 중국과의 협상에서 강경한 태도를 보였다. 그는 근본적으로 무역 전쟁을 시작했으며 시진핑 주석도 대하기 쉽지않은 협상가의 모습을 보였고 실제로 보복무역을 행하였다, Trump는 중국이 WTO 지침을 따르지 않고 있으며 중국이 국가 간 더 많은 자유 무역을 허용하도록 조치를 취하지 않은 WTO를 비난하였다. 세계 경제의 양대 리더인 Joe Biden 미국 대통령과 Xi Jinping 중국 국가주석 간의 협상은 협상은 다를 것이며 협상은 세계 무역에 영향을 미칠 것이다.[166] 이 책을 쓰는 지금, 취임 두 달째인 Biden 미국대통령이 미국이 처한 문제를 얼마나 개선할 수 있을 것인지, 미국-중국 간의 무역협정의 문제를 얼마나 잘 풀어나갈수 있는지 여부는 시간이 자나봐야 알수 있게 될 것이다.

검토

우리는 이 책의 1부와 2부, 1~6장을 마쳤다. 1부에서는 개별 리더에 관심을 가지고, 리더십을 정의하고, 리더가 되는 방법에 대해 논의했다. 또한, 리더십에 관한 기본적인 안목에 변화를 줄 수 있는 지식을 소개하였다. 또한 성격, 태도, 윤리 및 리더십 행동 및 스타일, 동기부여 방법; 리더를 바꾸는 방법에 관한 자기평가를 실시하였다.

이 책의 2부에서 계속해서 개별 리더에게 초점을 맞추어, 목표달성을 위해 타인에게 영향력을 행사하는 리더십 기술과 의사소통에 관하여 학습을 하였다. 당신은 커뮤니케이션, 코칭, 갈등해결 및 영향력 행사 전술 등에 관한 기술을 개발하였다. 또한, 당신은 권력, 정치, 네트워킹 및 협상등에 관하여 어떻게 윤리적으로 행동해야 하는지에 관하여 학습하였다.

보다 생산적인 팀원과 팀 리더가 되기 위해, 개별 리더로서의 학습한 지식을 기반으로 하여 이 책의 3부를 진행한다. 4부에서는 조직차원의 리더십을 발전 시키기 위한 방향으로 학습을 진행할 예정이다.

요약

6.1 윤리적으로 영향력을 행사하기 위한 직위권력과 개인적 권력을 사용하는 것의 차이점을 설명한다.

직위권력은 최고경영진으로부터 나오는 것이며 명령계통을 통하여 아랫사람들에게 위임되는 것이다. 따라서 조직의 최상위계층에 있는 사람들은 하위직급 사람들보다 더 많은 권력을 가지게 된다. 개인적 권력은 리더의 행동에 기반을 두고 하급자들로부터 나오는 것이다. 모든 관리자는 직위권력을 가지고 있으나 개인적 권력은 가지고 있을 수도 있고 그렇지 않을 수도 있다. 관리자가 아닌 사람들은 직위권력은 없으나 개인적 권력을 가지고 있을 수 있다.

얻고자 하는 것을 얻기 위해 비윤리적으로 행동을 하도록 유혹을 많이 받게 된다. 따라서, 타인에게 영향력을 행사할 때는 윤리적 지침을 따르는 것이 중요하다.

6.2 일곱 가지 권력 유형과 전술의 유사점과 차이점을 논한다.

합법적 권력, 보상적 권력, 강압적 권력은 모두 직위권력의 일종이다. 이들 권력은 기본적으로 보상과 벌을 주는 권력과 전술에 해당된다. 그러나, 준거적 권력, 전문적 권력, 정보적 권력 및 관계적 권력을 가진 사람들은 보상과 벌을 줄 수 있는 직위권력을 가지고 있을 수도 또는 가지고 있지 않을 수도 있다. 개인적 권력은 관계에 기반을 둔 권력과 전술을 사용하에 부하들에게 영향력을 행사하는 것을 말한다. 여기에 관련된 전술은 권력을 얻기 위해 사용하는 행동으로서 합법적 설득, 상담, 합리적 설득, 교환, 압력, 영감적 호소, 호감사기, 제휴를 포함하다.

6.3 세 가지 정치적 행동과 권력을 그것이 어떻게 권력에 영향을 주는지 정의한다.

세 가지 정치적 행동에는 다음 세 가지가 포함된다. 네트워크 개발은 사교와 정치활동을 목적으로 관계를 발전시키는 과정이다. 호혜성에는 상대방에게 심리적인 의무감을 지우는 것으로, 이를 바탕으로 동맹관계 개발하여 목표를 달성하는 것이다. 연합은 힘을 합하여 함께 목표를 달성하는 것이다.

6.4 협상 과정의 단계를 나열한다.

협상 과정의 첫 번째 단계는 협상을 계획하는 것이다. 두 번째 단계는 실제 협상을 하는 것인데, 이는 실제 합의에 이를 수도 있지만, 연기될 수도, 결렬될 수도 있다. 또한, 원하는 것을 얻지 못한 경우 대가로 다른 것을 요구할 수 있다.

6.5 세계화된 환경에서 영향력을 행사하는 행동을 이해하기 위해 사용되는 GLOBE의 네 가치 차원을 설명한다.

권력, 정치, 네트워킹 및 협상의 영향력을 행사하는 방법은 각국의 문화에 따라 달라질 수 있다. GLOBE 문화적 차원은 네 가지가 있다. '적극적 문화'가 강한 국가의 사람들은 거칠고, 매력적이고, 경쟁적이다. '권력 거리'가 강한 국가의 사람들은 사회적 불공정성을 받아들이는 경향이 있다. '집단주의' 문화권에 사는 사람들은 사회적 소속감에 대한 강한 프라이드를 가지고 있다.

핵심용어

강압적 권력	관계적 권력	네트워크 개발	전문적 권력
개인적 권력	권력	보상적 권력	정보적 권력

정치	합법적 권력	호혜적 관계
준거적 권력	협상	1분간의 자기PR

연습문제

1. 일곱 가지 형태의 권력은 무엇인가?
2. 아홉 가지 영향력 행사전술은 무엇인가?
3. 환심사기 영향력 행사란 무엇인가?
4. 영감적 호소를 통한 영향력 행사와 개인적 호소를 통한 영향력 행사의 차이점은 무엇인가?
5. 권력과 정치의 관련성은 무엇인가?
6. 세 가지 정치적 행동과 정치적 기술 개발을 위한 네 가지 치침은 무엇인가?
7. 네트워크 개발을 위한 면담을 위해 몇 가지 질문을 준비해야 하는가?
8. 네크워크 개발을 위해 추가적인 연결을 하기 위해 '네트워크 면담 수행'의 어떤 단계에 집중해야 하는가?
9. 협상목표와 관련된 상황의 유형은 무엇인가
10. 협상의 단계는 무엇인가?
11. 협상준비 단계는 무엇인가?
12. 협상과 갈등, 전술, 권력, 정치 간의 관련성 무엇인가?

비판적 사고 문제

다음의 질문들은 비판적인 사고가 요구되며, 커뮤니케이션 기술을 개발하기 위해서 강의시간에 토론하거나 과제로도 활용할 수 있다. 질문에 답해보자.

1. 권력이란 조직을 위해 긍정적인 것인가? 아니면 부정적인 것인가?
2. 어떤 영향력 행사전술을 가장 많이 사용하고, 또 가장 적게 사용하는 경향이 있는가? 영향력 행사전술을 사용하여 자신의 영향력 행사능력을 어떻게 바꾸고 발전시킬 수 있는가?
3. 자신의 정치적 기술을 스스로 어떻게 평가할 수 있는가? 어떤 정치적 행동을 가장 많이 사용하는가? 어떻게 정치적 기술을 바꾸고 개발할 수 있는가?
4. 현재 또는 과거의 상사와의 관계를 어떻게 평가할 수 있는가? 상사와의 관계를 더 좋게 하기 위하여 미래에 어떻게 다르게 행동할 것인가?
5. 회사의 경영진들은 조직 내에서 권력과 정치의 사용을 금지시킬 수 있는가?
6. 사람들을 그들의 사회적인 기술로 판단해야 하는가?
7. 자신의 네트워크 개발 기술을 스스로 어떻게 평가할 수 있는가? 네트워크 기술을 개선하기 위해 미래에 어떻게 다르게 행동할 것인가?
8. 문서화된 네트워크 리스트가 정말로 필요한가?
9. 자신의 협상기술을 스스로 어떻게 평가할 수 있는가? 협상기술을 개선하기 위해서 미래에 어떻게 다르게 행동할 것인가?
10. 대부분의 관리자들은 회사의 이익을 위하여 영향력(권력, 정치, 네트워크, 협상)을 행사하는가? 아니면 개인적인 이익을 위하여 영향력을 행사하는가? 자신의 의견은 어떤 것인가? 관리자들이 영향력을 행사할 때 보다 윤리적인 방법을 선택하도록 하기 위해서 어떠한 조치가 필요하다고 생각하는가?

사례연구: LeBron "King" James — 운동선수, 박애주 의자, 리더

LeBron James하면 무엇이 떠오르는가? 그는 2016년 NBA 결승전에서 클리블랜드 캐벌리어스팀을 NBA우승으로 이끌었고, 클리블랜드 팀이 52년 만에 처음으로 프로 스포츠 타이틀을 획득는데 주된 역할을 했다.[167] 그는 NBA 역사상 3개의 팀에서 MVP로 뽑힌 유일한 선수였다.[168] 또한 그는 NBA 역사상 최초로 1,000경기 연속 10점 이상 득점한 선수였다.[169] 많은 팬들이 역대 농구 선수중에 그를 최고로 여긴다.[170]

James의 프로농구 생활

LeBron James는 초등학교 5학년 때 오하이오주 애크런에서 농구를 시작했다. 그는 먼저 고등학교 1학년 때 주목받았다. 3학년이 시작될 무렵 그는 다음과 같은 주목을 받기 시작했다. SLAM 잡지는 "현재 미국 최고의 고등학교 농구 선수"로 선정되어,[171] "킹" James(성경에서 James 왕의 이름을 따서)라는 별명을 얻게 되었고, Sports Illustrated의 표지에 등장하는 최초의 고등학교 농구선수가 되었다.[172]

James의 고향팀인 클리블랜드 캐벌리어스는 2002년 드래프트 전체 1순위로 그를 지명했다. 그해에는 NBA 올해의 신인상을 받으며 시즌을 마무리했다.

그 후 몇 년 동안 James는 슈퍼스타로 급부상했다. 2005년 James는 처음으로 NBA 올스타로, 2008년 두 번째로 올스타로 선정되었다. 2010년 James는 캐벌리어스팀을 우승으로 이끌고 MVP가 되었다.

그러나, 2010년 James는 마이애미히트로 이적하여 전국적으로 많은 관심을 끌었다. 특히, 캐벌리어스팀이 좋은 성적을 기록한 시즌 끝에 팀을 떠나게 되어, 고향팀은 떠난 그에게 고향의 패들은 배신감을 느끼는 등 그의 행보는 눈길을 끌었다. 그는 자유계약선수가 되었는데, 마이애미로 옮기기 전에 소속팀과의 계약을 종료하였다. 그는 첫해 마이애미히트에 뛰면서 팀을 "Super Team"으로 이끌었다. 그는 2013~2014년 마이애미히트팀에서 활약하였고,[173] 2015년 7월 다시 캐벌리어스팀으로 돌아가 2016년 팀을 MBA 우승으로 이끌었다.[174]

2018년 7월, 그는 LA레이커스(LA Lakers)로 또 다른 이적을 했다. 그의 에이전트에 따르면 이번 선택은 전적으로 개인적인 것이었는데, 그가 마이애미히트로 이적한 것은 우승에 대한 열망 때문이었고, 2014년 클리블랜드로 돌아 간 것은 약속을 지키기 위한 것이 었고, LA 레이커스로 이적한 것인 개인의 선호에 의한 것이었다는 것이다.[175] Forbes 잡지에 그는 2021년 세계에서 다섯 번째로 연봉을 많이 받는 운동선수로 보도되었다.[176]

Jame와 Jordan

LeBron James는 종종 전설적인 Michael Jordan과 비교되고 비교된다.[177] 미국 프로농구 선수로 세계적인 문화 아이콘이 Jodan은 NBA에서 15시즌을 뛰었고 시카고불스에서 6번의 우승을 차지했다.[178] 그는 6개의 NBA 최우수 선수상, 14개의 NBA 올스타 게임 선정, 3개의 올스타 게임 MVP 상을 수상했다. Jodan은 네이스미스 기념 농구 명예의 전당은 2009년과 2010년에 두 번, 그리고 2015년에는 FIBA 명예의 전당 회원이 되었다.

Jodan은 존경받은 리더로 간주된다.[179] 전 세계 젊은이들은 그의 결단력과 탄력성에 영감을 받았다.[180] 그들은 실패를 귀중한 배움 기회로 바꾸는 그의 능력을 존경한다. 그러나 농구 코트에서 Jodan은 가차없고 무자비했다. 팀의 다른 선수들이 더 잘할 수 있도록 지속적으로 압력을 가하였지만, 그들이 실수를 통하여 스스로 자신의 방법을 터득할 수 있는 여유조차 허락하지 않았다. 그는 팀원을 괴롭혔고, 높은 기대치를 설정했으며, 많은 것을 요구했다. 그는 자신이 생각하는 '강한 사랑'으로 동료들에게 다가갔지만, 노골적인 수치심을 유발하고, 심리적인 배척감도 느끼도록 했다. 팀 동료 Scott Williams에 따르면,

"그가 언어적으로나 물리적으로 심하게 팀의 여타 선수들을 다루어서 병이 날 지경이었다"라고 말했다.[181] Jodan은 아주 거칠게 리더십을 발휘했다.

Jodan의 커리어가 끝나갈 무렵 막 커리어를 시작한 James는 매우 다른, 훨씬 더 다양한 리더십 스타일을 발휘하여, Jodan과 달리 그는 그의 팀 선수들과 우호적인 관계를 가졌다. 그는 때로는 팀 선수들에게 목소리를 높이고 소리를 지르는 경우도 있었지만, 기본적으로 긍정적이고 그들은 지원하는 리더십을 보였다.[182] 그는 자신의 스타일을 사람과 상황에 맞게 자신을 적응하는 리더십을 보였다. 그는 근본적으로 팀워크를 개발하는데 역점을 두었고, 포용하는 태도를 보였다. 체육관 내에서의 훈련과 옥외 훈련에서 팀에 대한 책음을 강조하였고, 서로에게 유대 관계를 형성하도록 장려하였다. 그는 솔선수범하는 방식으로 자신들이 설정한 목표를 달성할 수 있도록 지원했다.[183]

James는 Jodan에 비해 더 현대적이고 발전된 리더십을 보였다. 그는 최근 추세적으로 변화를 보여온 근본적이고 발전된 혁신적 리더십을 보였다.

사업가로서의 James

James는 각종 기업의 품을 인증하는 방법으로 엄청난 성공을 거두었다. James가 인증한 기업들은 Audemars Piguet, Beats, Coca-Cola, 삼성, Dunkin' Brands, McDonald, Nike, State Farm Insurance[184]로서, NBA에서 받은 수입의 2배 가량을 벌어 들였다.[185] 2021년에 그는 NBA 최초의 년간 10억 달러 소득을 올리는 억만장자의 대열에 올라 서게 되었다.[186]

James는 이렇게 벌어 들인 수입을 효과적으로 투자하였다. 그는 2012년 상대적으로 작은 투자를 Pasadena에 기반을 둔 소규모 패스트 캐주얼 레스토랑 체인점인 Blaze Pizza(100만 달러 미만)에 하였다. 이러한 소규모 투자는 2017년에 약 3,500만 달러의 가치로 성장하였다.[187]

2021년 3월 그는 보스톤 레드삭스 농구팀의 일부 소유주가 되면서 한 걸음 더 나아갔다.[188] 이러한 성공적인 투자는 그로 하여금 일생은 꿈인 NBA 팀을 소유에 한 걸음 더 다가가게 하였다.[189]

관대한 자선 활동

James는는 운동선수이자 사업가로서 수익을 올리면서 그는 일상적으로 자선 활동을 통해 그 이익을 공유했다. 그의 리더십 특징 중 하나는 그의 수입을 사회에 환원하는 것인데, 이것은 한 개인의 성공은 사회로부터 받았기 때문에 가능한 것이라는 믿음에서 기인한다. John Donne가 "사람은 혼자 떠 있는 섬과 같은 존재가 아니라, 거대한 전체의 일부이다"[190] 라고 주장하는 것처럼, 이러한 정신은 James의 경력에 대한 접근하는 방법에 깔려 있는 철학이기도 하다.

박애주의에 대한 그의 접근 방식은 개인과 기업에 교훈을 제공한다. 첫째, 그는 그는 특정 집단과 대의명분(즉, 위험에 처한 청소년을 위한 교육 아크론에서)에 집중했다. 둘째, 그는 그가 지원대상의 목표로 삼고 있던 지역사회에 대해 광범위하게 점진적으로 프로그램을 구축했다. 셋째, 그는 개인 기부자와 기관을 포함한 다른 사람들과의 협력을 이끌어 냈다. 넷째, 그는 가시적인 결과를 낳기 위해 지역사회가 필요한 것이 무엇인지를 역사적인 관점에서 검토하였다. 결과적으로 그는 의미있는 변화를 창조할 수 있었다.

James는 그가 농구경력을 시작했을 때와 거의 같은 시기인 2004년에 LeBron James 가족 재단을 설립했다. 그 이후 지속적으로 그는 프로농구와 제품 인증으로 벌어 들인 수입으로 재단에 기부하였다. 그는 농구에 대한 재능을 스스로 인정하면서도, 이러한 성공은 지역사회에 제공해 준 기회를 발판으로 삼을수 있어서 가능했던 것이라고 믿고 있었고, 자신이 받은 기회에 대해 감사했다.[191] 그는 그의 고향인 오하이오주 애크런을 포함하여 지역사회에 환원하기 위한 기반을 만들었다. 그는 재단을 통해 구체적인 사회변화의 주제를 파악하고, 아낌없이 지원하고 격려하였다. 재단의 미션에 따르면, "지역사회의 의미를 재정의하고 더 강한 가족을 만들기 위해 재단은시간, 자원 및 열정을 투자한다. James의 고향인 애크런시에 살고 있는 청소년들과 가족을 위한 세대 변화를 만드는 일에, 특히 교육 및 교과 과정 교육 변화에 중점을 둔다"라고 되어 있다.[192]

재단은 James의 박애주의적 헌신을 인정하는 것 이상으로 시작되었다. 지역 사회에 환원하기 위해 그가 기부할 자금을 마련해 두는 통로 역할을 하고, 2008년과 2010년 사이에 재단은 단순한 자선 활동을 벗어나는 일을 하었다. 즉, 에크론시에 거주하는 가족들에게 긍정적인 경험을 제공하기 위한 행사를 후원함으로써 변화를 창출하기 위한 목소리를 내기 시작했다. 이러한 행사 중 첫 번째는 가족 친화적인 행사인 "2008 자전거 마라톤"으로서 애크런시의 청소년들에게 재미를 만끽하는 하루를 보내도록 하였다.

2011년 James는 보다 재단의 힘을 보다 집중적으로 활용했다. 그는 재단의 노력을 교육에 집중하여 "I PROMISE"라는 프로그램을 만들었다. 학생들과 가족들에게 자원, 인센티브, 학업 및 정서적 지원을 제공하였고, 더 나아가서는 2015년 에크론대학교와 파트너십을 체결하여 자격을 갖춘 학생들에게 4년 전액 장학금을 지급했다.[193]

2017년과 2019년 사이에 "I PROMISE"는 그 이상으로 확장되어, 자체 학교를 오픈하고, 특색있는 시스템을 도입하였다. 2018년 7월 30일, 240명의 첫 학급을 위한 혁신적인 커리큘럼을 선보였는데, 학교의 사명은 에크론시에 거주하는 가장 어려움에 처한 학생들에게 특화된 서비스를 제공하는 것이었다. "우리는 모두 한가족입니다"라는 정신을 교육에 접근하였다. "I PROMISE" 프로그램은 학생들에게 무료 수업료, 무료 유니폼, 무료 자전거 및 헬멧은 물론 무료 교통(2마일 이내), 무료 식사를 제공하였다. 또한, 가족들을 위하여 음식창고를 통해 음식을 제공하였고, 동시에 그들에게 필요한 교육과 취업지도를 하였다. "I PROMISE" 프로그램은 도시의 새로운 공교육 모델을 제공할 수 있게 되었다.[194]

James의 단순한 자선 기부는 의미 있는 변화를 만들어냈다. 그렇게 함으로써 그는 솔선수범을 통하여 사회에 대한 리더십을 발휘할 수 있는지를 보여준 것이다. 그는 사회적은 책임을 통한 리더십에 대한 모범을 보여 주었을 뿐만 아니라 재단이 제공하는 각종 지원과 자원을 통하여 잠재적 리더를 키울 수 있는 에크론시와 그 외 지역에 살고 있는 새로운 세대들에게 미래의 길을 열어 준 것이다.

사회운동

James는 그의 사업 및 자선 활동을 통하여 일종의 사회운동에 합류했다. 2007년에 그는 Maverick Carter와 협력하여 멀티미디어 회사인 SpringHill을 설립했다. 이 회사의 목표는 "힘을 실어주는 위대함 … 가장 문화적으로 영감을 받은 브랜드, 엔터테인먼트 제품을 창조"하는 것이었다.[195] SpringHill은 영화, 다큐멘터리, 오리지널 시리즈를 개발 및 제작하여, Netflix, HBO, Disney+, Apple+, ABC, CBS, NBC, 그리고 ESPN을 통해 방영하였다. SpringHill은 촬영 및 제작을 위해 Warner Bros와 파트너 관계를 맺어, Jam: A New Legacy와 1996년 Space Jam의 흥행에 성공하였다. SpringHill은 최근 유니버설 영화사와 계약을 체결하여, "크리에이터가 스토리를 말할 수 있도록 지원할 것입니다. 유니버설은 비전에서 실행에 이르기까지 믿을 수 없을 정도로 협력적인 사고 파트너이며 가치가 있음이 분명합니다. 그들은 다양한 이야기를 들려줍니다. 유니버설 영화사와 협력하게 된 것을 자랑스럽게 생각합니다. 다양한 이야기를 들려주는 것은 선택이 아니라 의무입니다"라고 발표하였다.[196]

James의 멀티미디어 진출은 그의 자선 활동과 유사한 발자취를 남기고 있다. 그는 문자 그대로 다양한 목소리가 엔터테인먼트에서 발언권을 가질 수 있는 길을 열어주고 있는 것이다. UCLA의 2020년 할리우드 다양성 보고서에 따르면 이 업계에서 유색 인종이 차지하고 있는 주요 직위가 9%정도였다.[197] James는 이 숫자를 늘리는데 상당한 기여를 하였다. James는 트위터를 통하여 다음과 같이 언급하였다. "우리는 거의 5년 전에 이 회사를 만들기 시작했고 나는 우리가 말하는 모든 프로젝트와 이야기를 사랑합니다. … 저는 우리 팀이 가장 자랑스럽습니다. 100명 이상의 직원들과 평균 25%인 업계에서 64%의 유색 인종과 40%의 여성을 고용하고 있습니다."[198]

James는 SpringHill을 통하여 사회적 및 인종적 행동주의를 위한 시발점을 제공했다. 그는 'NBA의 얼굴'[199]로서의 자신의 위치를 사용해 경찰 폭력, 인종 평등, 지역 사회의 권한 부여와 같은 문제에 대해 목소리를 내왔다.[200] 그는 2020년 미국 대통령 선거를 앞두고 "투표 그 이상의 것을 위하여"라는 운동을 전개하여, 흑인 운동선수와 예술가가 함께 인종차별적인 억압과 싸우기 위해 체계적인 노력을 하였다.[201]

이러한 노력을 통해 James는 흑인운동선수들이 활동하는데 차별을 받고 있던 '유리천장'을 부숴 버리고, 다른 운동선수를 성공적인 새로운 미디어 벤처로 이끄는 촉매제 역할을 했다.[202] 이러한 노력에 힘입어, 슈퍼스타 Kevin Durant는 Thirty Five Venture 스타트업을 창업했고, Blake Griffin과 Chris Paul도 미디어 회사에 진출했다.[203] Michael Strahan과 Tom Brady는 또한 Religion of Sports Media라는 기업의 출범에 합류했다.[204]

미래 전망

LeBron James는 모든 곳의 젊은이들, 특히 젊은 소수 민족의 롤 모델이다. 그는 노력, 결단력, 끈기로 무엇을 할 수 있는지 보여주었다. 그는 그는 자선 활동과 사회 활동을 통해 사회평등를 실현하는데 기여하였다. 지난 20년 동안 그의 업적과 경력을 돌이켜 보면, 앞으로도 기대할 것이 많다는 것을 말해준다. James는 Twitter를 통해 "바라건데 언젠가는 내가 농구게임에 임하는 자세뿐만 아니라, 흑인으로서의 삶을 대하는 방법에 관하여 사람들이 기억했으면 좋겠다"라고 언급하였다.[205]

– Tara J. Radin에 의한 기고문, 소속: 펜실베이니아대학교 경영대학, 라이스대학교 경영대학원 및 조지워싱턴대학교 경영대학원

PART 03

팀 리더십

CHAPTER 7

리더-구성원 교환과 팔로워십

CHAPTER 8

팀 리더십과 자율관리팀

©iStockphoto/Joel Carillet

CHAPTER 7

리더-구성원 교환과 팔로워십

학습목표

이 장을 학습한 후에는 다음을 할 수 있어야 한다.

7.1 수직적 짝연계 이론에서 형성될 수 있는 2개의 하위 집단에 대해 설명한다.

7.2 LMX 이론에서 리더와 추종사 사이에 일어 날 수 있는 두 종류의 관계를 정의한다.

7.3 LMX 관계에 영향을 주는 리더와 추종자의 역할을 설명한다.

7.4 LMX 이론에 내재된 편견을 설명하고, 어떻게 이것이 의도하지 않은 결과들로 이어질 수 있는지 설명한다.

7.5 Kelley 모델이 찾아낸 두 가지 행동과 이에 따른 다섯 종류의 추종자 형태를 설명한다.

7.6 추종자의 영향력을 강화할 수 있는 세 가지 요소들을 간단히 설명한다.

7.7 리더가 위임해야만 하는 세 가지와 위임하지 말아야 하는 세 가지를 확인한다.

Carnival Corporation의 CEO. Arnold Donald

2013년 7월 Arnold Donald는 Carnival Corporation의 CEO로 임명되었다. Carnival Corporation은 9개의 브랜드 라인과 107개의 크루즈 선박을 운영하고 있다. 이 회사는 세계에서 가장 큰 크루즈 선단을 가진 회사 중 하나다. 2019년에는 전 세계 크루즈 승객의 거의 절반이 Carnival Corporation의 브랜드를 가진 배에 승선하였다.

Donald는 회사가 중대한 위협과 역풍에 직면했을 때 CEO로 임명되었다. 그가 Carnival의 지휘관이 되기 직전에 회사는 두 가지 큰 위기를 맞았다. 첫 번째는 1년 전 배 중 하나가 이탈리아의 해변에 전복되어 32명의 사망자가 발생했을 때였다. Donald가 오기 직전인 2013년 초에 두 번째 위기가 닥쳤다. 선박 중 하나의 기계고장이 4,200명의 승객을 하수오물에 노출시키는 결과로 이어졌다. 이 사고로 인한 여론은 회사의 이미지에 매우 부정적 영향을 미쳤다. 이 두 사고는 고객의 신뢰를 약화시켰으며 고객의 예약과 회사의 주가를 곤두박질시켰다.

배의 수익성을 바로잡기 위해 Donald를 데려왔다. Donald는 크루즈 회사를 운영해본 적이 없었지만, 그는 12년간의 이사로서 활동하며 이 회사의 상황을 이해했으며, 상황을 돌릴 수 있다고 느끼고 있었다. 그가 재임한 5년 동안 회사의 시가 총액은 270억 달러에서 440억 달러로 뛰어 올랐으며, 투자 자본은 2배로 증가했다. CEO로 임명되며 Donald가 실행했던 성공적인 회생의 열쇠 중 하나는 경청 여행이었다. 한 작가가 지적했듯이, 새로운 리더십 직책을 가정하는 대부분의 CEO들은 고위 경영진을 자신의 사람들로 대체하기 위해 빠르게 움직일 것이다. Donald의 경우는 그렇지 않았다. 대신, 그는 (일부 직업을 유지하길 원하는) 현재의 리더십과 조직 전체의 추종자들에게 듣고 싶다는 것을 분명히 했다. 그는 자신의 비전에 대한 추종자들의 신뢰와 구매를 확보하기를 원했다.

CNNMoney.com의 Octavio Blanco는 인터뷰에서 Donald가 그의 어린 시절을 엿볼 수 있는 추억에 대해 언급하였다. 어린 Donald는 루이지애나의 9번째 구역의 일부분인 루이자 스트리트에서 성장하였다. 그의 성장 경험을 회상하면서, Donald는 9번째 구역에서의 생활을 재미있었지만 살인, 칼에 찔리는 사건, 총기사고가 많이 발생했다고 말했다. “하지만 당신이 그 안에서 성장할 때는 그것이 전부라는 것을 알지 못합니다.” “이것은 변화의 시간이었다”라고 그는 말했다. 분리된 남부에서 성장한 Donald는 학대와 그와 같은 유색인종들이 받는 고정관념을 기억한다. 그는 다음과 같이 설명했다, “사회는 흑인인 우리에게 우리가 열등하다고 말합니다. ‘당신은 이 물을 마실 수 없다. 당신은 이 목욕탕을 이용할 수 없다. 당신은 버스의 이 좌석에는 앉을 수 없다.’” 이러한 차별의 문제들을 해결하기 시작했던 민권법이 통과되었다 할지라도, 다른 도전들이 생겨났다. Donald에 따르면, 가장 중요한 문제는 열망과 자신감이었다. “당신은 운이 좋으면 이 직업을 갖게 될 것이다. 대학에 가는 것은 차치하고, 당신은 운이 좋으면 고등학교를 마치게 될 것이다” 등은 흑인들이 반복적으로 듣는 부정적 메시지에 포함되어 있었다. Donald는 이러한 도전을 극복하기로 결심하였다. 고등학생 시절에, Donald는 자신의 꿈이 언젠가는 글로벌 Fortune지 선정 과학 분야 50대 기업의 총책임자가 되는 것이었다. 그의 가족 중 사업을 하는 사람은 없었다. 그는 CEO를 만나 본적이 없었다, 그러나 그는 교육에 초점을 맞춘 계획을 세웠다. 그의 교육 여행은 그를 처음에는 칼튼칼리지(Carleton College)에서 경제학 학위를 취득한 다음 워싱턴대학교에서 공학사를 받게 하였다. 그는 여기서 멈추지 않았다. 그는 계속해서 시카고대학교의 경영대학에서 MBA를 취득하였다. 기회의 문이 열렸다. 워싱턴대학교 공대 학장의 조교로서 Donald의 업무는 학생들을 위해 여름 일자리를 찾아주는 것이었다. 이 일은 그를 다음 직장으로 인도하였다. Donald에 따르면, 다수의 학생들을 Monsanto에 성공적으로 취업시킨 이후에, 이 프로그램의 담당자는 물었다, "당신은 어떻습니까?" 한 업무가 다른 업무로 이어졌으며, 그 여름 그는 Monsanto에서 일하게 되었다. 회사의 회장 겸 CEO와 언제 어떻게 만나야 한다고 상사가 말하는 것을 듣고 긴장했었다고 그는 회상하였다. "너는 CEO와 무작정 약속만 잡을 수는 없다"라고 상사가 말했다.

Donald는 인상적이었으며 이로 인해 그가 회사에 합류하게 되었다는 것은 분명하다. 또한 그가 Monsanto에서 근무할 때 상사와 좋은 관계를 구축한 것도 명확하다. 그 결과, 그가 경영대학을 졸업할 때, Monsanto는 그가 다른 회사에 갈 것을 두려워했으며 따라서 그에게 정규직을 제안하였다. 그는 직업윤리, 추진력, 그리고 재능으로 주목받고 있었다. Donald는 모든 수준의 직업적인 여정에서 자신의 상사와 질적으로 높은 관계를 발전시키는 것이 자신의 경력에 영향을 미친다고 생각하였다. 그는 자신의 상사에게 어떻게 인식되는지에 자신의 역할이 있다는 것을 알고 있었다. 그는 직업적 경력을 쌓고 자신이 리더가 됨에 따라 추종자들과 높은 질적 관계를 발전시키는 것의 중요성을 이해했다. 그를 잘 아는 사람들은 그의 성격을 사교적이고 자기 비하적이라고 묘사한다. 그는 자신에게 "나는 뉴올리언스 출신이 아니다, 나는 사람을 좋아한다"라고 말했다. 그는 다른 사람들에게 매우 관심이 많으며, 이는 추종자들과 좋은 관계를 맺는데 도움을 주는 특성이다. 사람들이 그에 대해 무엇을 알기를 원하느냐고 물으면, Donald는 "나는 보잘 것 없이 출발하였으며, 나는 빈민가에서 성장하였고, 나는 사랑하는 가족이 있고, 나는 사람들을 즐기며, 진정으로 그들을 걱정합니다"라고 말한다.

도입사례에 관한 질문들

1. Arnold Donald와 그의 동료들 사이의 LMX 관계의 질에 대해 설명해보자.
2. Arnold Donald가 갖고 있는 리더의 자질은 무엇인가? 그리고 이러한 그의 자질들이 Carnival Corporation에서 LMX 관계의 질에 어떻게 영향을 미쳤는가?
3. Arnold Donald는 '구식' 리더중심의 지지자라고 생각하는가? 아니면 상호 영향을 미치는 리더-팔로워 리더십 모델이라고 생각하는?
4. 이 책에서 추종자의 영향을 미치는 잠재력을 강화할 수 있는 세 가지 요소들에 대해 논의하였다. Arnold Donald의 경력 여정에 적용할 때, 당신의 의견으로는 어떤 요소(들)가(이) 그가 자신의 이익을 위해 상향 및 수평적 영향력을 행사하도록 도와주었는가?

이러한 질문들에 대해 답할 수 있는가? 이 장을 통해서 이러한 질문들에 대한 답을 찾게 될 것이며 Arnold Donald 및 그의 리더십 접근법에 대해 더 많이 알게 될 것이다. Donald와 Carnival에 대해 더 알고 싶다면 웹사이트(http://www.carnival.com)를 방문해보자.

출처: J. P. Donlon, "Sea Changes: Carnival Cruise Corporation CEO Arnold Donald on Transformation," September 16, 2019, https://chiefexecutive.net/; O. Blanco, "From New Orleans' Ninth Ward to CEO of Carnival Corp," *CNN Money*, June 23, 2016.

들어가는 글

기존 리더십 이론과 LMX(Leader-Member Exchange)의 차이점은 전자는 주로 리더에게 초점을 맞추었지만 후자는 리더십 과정에서 추종자의 역할을 공식적으로 인식하기 위해 최초로 시도한 리더십 연구 중 하나였다. 조직에서 리더십과 팔로워십이 생각하는 것보다 조직의 성공에 더 중요한 역할을 한다는 인식이 증가하고 있다.[1] 이러한 현대적인 견해는 러더십을 영향력을 미치는 지위에 있는 사람의 행동 이상으로 보고 있다. 이것은 그 결과가 팀과 조직의 결과에 기여하는 리더와 추종자 사이의 역동적이며 공동 창조적 과정이다.[2, 3] 리더와 팔로워 사이의 협력과 조정은 중요하다. 리더십과 팔로워십은 조직의 모든 수준에서 능동적이며 역동적인 역할을 나타낸다.[4]

LMX 이론의 기본 명제는 리더는 관리하는 사람들과 차등적인 관계의 질을 맺으며, 이런 관계의 질이 업무수행을 예측한다는 것이다. 이 이론과 관련된 초기 연구는 Graen과 Uhl-Bien의 연구 Graen, Scandura, Cummings와 Staw의 연구를 포함하고 있다.[5] 효과적인 리더십은 리더와 추종자 사이의 대인관계의 함수라고 LMX는 제안한다. 이 장에서는 리더와 추종자 사이의 복잡한 관계에 대해 탐험하게 될 것이다. 리더와 추종자 사이에서 생겨나는 이 관계는 추종자의 직무만족, 조직몰입, 성과 등과 같은 결과에 영향을 준다. 종종 구성원이 직장을 떠나는 이유 중 하나는 리더와 좋은 업무관계를 맺지 못하는 것이다. 사실, 신입사원에게 LMX 관계는 직무만족과 조직에 남아 있기(이직의도)를 결정하는 중요한 요소이다.[6, 7]

여기서는 LMX 이론과 팔로워십에 대해 논의할 것이다. 이 장은 당신의 위임하는 기술을 개발하는 데 도움을 줄 수 있는 모델을 포함한 위임에 대한 논의로 끝을 맺는다.

수직적 짝연계 이론에서 리더-구성원 교환이론으로

학습목표 7.1
수직적 짝연계 이론에서 형성될 수 있는 2개의 하위집단에 대해 설명한다.

리더와 추종자 사이의 교환관계의 본질은 학자와 실무자 모두에게 흥미 있는 주제가 되어 왔다. 이 주제에 대한 선도적인 학자들은 리더의 특성이나 행동보다 추종자의 성과를 더 잘 예측할 수 있는 리더와 추종자 사이의 사회적 교환의 질을 주장하면서 추종자에게 가장 중요한 관계 중 하나라고 주장하였다.[8, 9, 10]

수직적 짝연계(vertical dyadic linkage, VDL) 이론은 리더와 추종자 사이의 관계 상태가 리더십 과정에 영향을 미친다는 인식에 초점을 맞추고 있다.[11] 그들의 획기적인 연구에서, Dansereau, Graen과 Haga는 VDL이 추종자의 참여와 의사결정 과정에서의 영향력에 집중한다는 사실을 확고히 하였다.[12] 1980년대에 이 이론은 리더-구성원 교환 이론으로 재명명되었다.[13] 우리는 VDL 이론과 LMX 이론으로의 진화를 좀 더 자세히 살펴본다.

수직적 짝연계 이론

리더-추종자 상호작용은 짝의 관계 기능으로 간주되었다.[14, 15] VDL 이론 이전에는, 모든 추종자를 향한 리더의 행동은 일정하며 구체적이지 않다는 묵시적인 가정이 있었다. 추종자와 리더의 상호작용은 평균적 리더십 형태(Average Leadership Style: ALS) 접근법으로 묘사되었다. ALS에 반대하는 비판은 리더와 추종자 사이의 개인적 관계의 질에 가치를 적게 두거나 아예 두지 않았다. 또한 추종자의 행동이 리더-추종자 관계의 성격에 영향을 받는다는 인식이 거의 또는 전혀 없었다.

따라서, VDL은 ALS(모든 추종자가 동등하게 취급 받음)에서 작업집단 또는 부서와 리더의 관계를 일련의 수직적 짝으로 취급하는 짝의 관계의 리더십으로 패러다임이 변화하는 것을 의미한다.[16, 17] 짝은 리더와 추종자 사이의 단순한 짝을 의미한다. 따라서, **짝 관계**(dyadic relationship)는 일하는 현장/조직에서 한 리더와 추종자 각자 사이의 개인화된 관계로 정의한다.[18] 짝 관계와 업무 역할은 리더와 추종자 사이의 일련의 교환을 통해 오랜 시간을 두고 개발되고 협상된다.[19] **짝 이론**(dyadic theory)은 리더십을 리더와 추종자 사이에서 오랜 시간을 두고 발전하는 교환관계로 접근한다.

짝 관계는 일하는 현장/조직에서 한 리더와 추종자 각자 사이의 개인화된 관계이다.

짝 이론은 리더십을 리더와 추종자 사이에서 오랜 시간을 두고 발전하는 교환관계로 접근한다.

발전 단계 및 추종자 역할에 관한 설명

VDL 이론은 1명의 리더는 추종자에 따라 다른 관계를 형성한다고 주장하며 짝 관계의 이질성에 집중한다. 리더의 이러한 차별적인 관계는 추종자들이 역할 만들기, 역할 수행, 그리고 일상화의 단계 동안 얼마만큼의 성과를 내는가에 의해 결정 된다.[20] 리더의 이러한 차등적인 대우는 작업집단 또는 팀의 다양한 구성원을 차등적으로 대우하는 상황을 만든다. 리더는 회사생활의 사회적 또는 일과 관련된 부분에서 추종자들을 차등적으로 대우하며 자원과 보상을 차등적으로 분배한다.[21, 22] 역할 형성 및 역할 설명의 세 가지 발전단계는 역할 수행, 역할 만들기, 그리고 일상화이다.

역할 수행

이것은 팀 구성원이 집단에 처음 합류할 때 발생한다. 낯선 단계라고도 한다. 리더는 신입 사원의 기술, 직업윤리, 그리고 능력을 평가하기 위해 이 시간을 사용한다.

사진 7.1 리더와 팀 구성원 사이의 상호작용은 오랜시간을 두고 역할과 업무를 중심으로 발전한다.

역할 만들기

이것은 업무가 배정되고 팀/작업집단에 의해 완성되는 일반적인 업무일정의 정상적인 과정에서 일어난다. 새로운 구성원들이 업무에 배정되고 완성하는 과정을 통해 리더 및 다른 팀원들과 친해지게 되기 때문에 친화의 단계라 칭해진다. 이 단계에서, 일반적으로 관리자들은 새로운 팀원들이 열심히 일하고, 충성하며, 새로운 역할을 수행할 때 신뢰할 수 있을 것으로 기대한다. 리더의 목표 중심지향성과 추종자의 과업 성과지향성이 면밀하게 탐색되는 것이 바로 이 단계이다. 일부 추종자들은 목표를 달성하기 위해 필요한 업무를 수행할 것이며 다른 사람들을 수행하지 않을 것이다.[23] 이 단계 동안 리더는 일반적으로 (종종 무의식적으로) 새로운 팀원을 두 집단(내집단과 외집단) 중 하나에 배정하기 시작한다고 VDL 이론은 주장한다. 이런 차등적인 대우는 새로운 구성원의 직업윤리/업무성과, 성격, 태도, 그리고 다른 사회적 속성에 대한 리더의 관찰에 기초한다.[24]

내집단은 상호 간의 높은 신뢰, 존경, 충성심, 그리고 호혜성이 특징인 지원적인 관계 속에서 리더와 강한 사회적인 유대감을 갖고 있는 추종자를 포함한다.

내집단(in-group)은 상호 간의 높은 신뢰, 존경, 충성심, 그리고 호혜성이 특징인 지원적인 관계 속에서 리더와 강한 사회적인 유대감을 갖고 있는 추종자를 포함한다. 리더는 내집단 구성원들에게 중요 업무에 대한 책임을 배정하는 경향이 있다. 내집단 구성원들은 부서/작업집단의 목표달성을 위해 기꺼이 노력하는 사람들이란 인식이 있다. 추종자의 업무수행 행동은 리더의 목표중심적 행동과 일치한다. 리더는 추종자에게 고마움과 감사함을 느끼며, 따라서 리더가 반대급부를 주고 싶은 욕망을 갖게 한다.[25, 26] 리더는 내집단 추종자들에게 강한 지지, 긍정적 피드백, 그리고 많은 배려를 하는 경향이 있다. 내집단 구성원들의 지배 원칙들은 사회적 계약으로 확대된다. 리더들은 내집단 구성원들에게 영향을 미치기 위해 '소프트' 권력(설득)을 우선 사용한다.[27, 28]

외집단은 낮은 교환과 상의하달식 영향력이 특징인 오직 일과 관련된 관계 속에서 리더와 사회적 유대가 거의 없거나 전혀 없는 구성원들을 포함한다.

외집단(out-group)은 낮은 교환과 상의하달식 영향력이 특징인 오직 일과 관련된 관계 속에서 리더와 사회적 유대가 거의 없거나 전혀 없는 구성원들을 포함한다. 리더의 목표중심적 행동과 추종자의 업무성과 행동 사이에 차이가 있다. 추종자는 리더의 기대를 충족시키는 수준의 성과를 내지 못하는 경향이 있다. 사실, 외집단 구성원들은 조직에 대한 자신들의 개인적 노력과 공헌을 제한하는 상호작용을 선택할 수 있다. 이것이 정형화됨에 따라, 리더는 그러한 추종자들을 중요한 의사결정에 참여시키지 않거나 중요한 책임감을 주지 않는 경향이 있다. 리더들은 주로 외집단 구성원들에게 영향력을 행사하기 위해 직위권력을 사용한다. 외집단 구성원들의 행동을 변화시키려 할 때, 그들은 강제력을 활용하는 경향이 있다.[29] 결국 리더와 외집단 구성원들 사이의 관계는 고용계약의 규정과 리더의 공식적 권한에 의해 규정된다. 그러한 요구사항을 충족시키는 한 외집단 구성원은 (임금과 같은) 직무에 따른 표준적인 보상만을 받는다.

일상화

마지막 단계에서, 신입 팀원과 관리자 사이의 일상화가 형성되고 공식화된다. 또한 이 단계는 성숙한 협력자 단계라고 불린다. 이제 신입 구성원, 또는 '초보자'는 정규 팀원이며 일부(내집단 구성원)는 '클럽'의 구성원으로 완전히 승인받으며 반면에 다른 사람들(외집단 구성원)은 팀원으로 받아들여지지만 진심으로 받아들여지지는 않는다.

업무응용 7.1

내집단과 외집단이 존재하는 근무했던 작업집단 또는 조직을 회상해보자. 내집단 구성원과 외집단 구성원에 대한 관리자의 차등적인 행동 방식에 대해 설명해보자.

도입사례 응용

1. Arnold Donald와 그의 추종자 사이의 LMX 관계의 질을 설명해보자.

Donald를 잘 아는 사람들은 그의 성격을 다정하고 자기 비하적이라 설명한다. 그는 자신에게 "나는 New Orleans 출신이며, 나는 사람을 좋아한다"라고 말한다. 그는 다른 사람에게 강한 호기심이 있으며, 이런 그의 특성은 추종자들과 좋은 관계를 맺는 것을 도와준다. 이런 설명은 Donald가 추종자와 높은 질의 LMX 관계를 맺고 있다는 것이다.

개념응용 7.1 내집단 대 외집단

부하들이 말하는 다음의 문장에 기초하여, 그들이 속하는 집단을 표시해보자. 각 문장의 앞 부분에 그들이 속하는 집단을 나타내는 문자를 써보자.

a. 내집단 b. 외집단

_____ 1. 합법적이고 업무와 관련되었다 할지라도 공식적인 직무기술서를 벗어나는 어떤 일도 요구되어서는 안 된다고 생각한다.

_____ 2. 나의 상사는 내가 사회적 또는 개인적 목표를 충족시키도록 도와 준다.

_____ 3. 나는 업무와 회사에 몰입하고 활력을 얻기 때문에 나는 최고의 아이디어와 성과로 보답한다.

_____ 4. 이 부서에는 편애로 이어질 수 있는 상사에 대한 애교떨기가 너무 많은 것으로 느껴진다.

_____ 5. 내가 수행하는 직무가 잘못되지 않는 한 나는 나의 상사와 직접적인 접촉을 거의 하지 않는다.

_____ 6. 비판을 받는 것이 두려워서 나는 주어진 직무를 뛰어 넘는 일을 찾아서 성공적으로 완성하기 위한 주도적 행동을 하지 않는다.

_____ 7. 만일 리더가 프로젝트의 완성을 위해 좀 더 머물 것을 요구한다면 나는 부서의 이익을 위해 예라고 답해야 한다고 믿는다.

_____ 8. 내가 공을 인정받지 않는다 해도 나는 상사가 좋은 이미지를 가질 수 있도록 도와준다.

리더-구성원 교환 (LMX) 이론

학습목표 7.2

LMX 이론에서 리더와 추종사 사이에 일어 날 수 있는 두 종류의 관계를 정의한다.

리더-구성원 교환 이론은 짝 사이의 상호작용을 최적화하기 위한 관계, 의사소통, 영향력의 중요성에 초점을 맞춘다.[30] Graen과 Uhlbien은 LMX 이론의 주요 옹호자이다. 그들의 연구에 기초하여, 그들은 LMX 이론이 구성원의 성과, 직무만족, 임파워먼트, 조직몰입, 구성원 이직, 작업 분위기, 혁신, 그리고 조직시민행동 등과 같은 결과와 관련 있다는 것을 제시하였다.[31] LMX 이론 근저에는 리더 또는 상사는 한정된 사회적, 개인적 그리고 조직적인 자원(예를 들어, 에너지, 시간, 관심, 재량)을 갖고 있으며 그 결과 추종자에게 선택적으로 분배한다는 가정이 깔려 있다. 리더와 추종자 사이의 이러한 차별화된 관계는 LMX 이론의 기본이다. 리더는 팀내 추종자들과 차별적인 질적 관계를 발전시킨다(LMX 차별화라 명명됨).[32, 33]

리더-구성원 교환(LMX)은 리더와 추종자 사이의 교환 관계의 질이다.

LMX는 리더와 추종자 사이에 발전하는 교환관계의 질에 초점을 맞춘다.[34] 따라서 **리더-구성원 교환**(leader-member exchange, LMX)은 리더와 추종자 사이의 교환 관계의 질이라 정의된다.[35] 리더는 항상 추종자들과 좋은 관계를 맺고 있지 않으며, 그 결과 궁극적으로 질적으로 다양한 LMX 교환 형성을 낳게 된다.[36] 리더는 일부 구성원들과 (신뢰와 호감에 기초하여) 높은 질의 사회적 교환을, 다른 구성원들과는 낮은 질의 경제적 교환을 형성한다.[37] 일반적으로 높은 질의 LMX 관계는 낮은 질의 LMX 관계보다 리더를 위하여 더 열심히 일하며 더 많은 노력을 기울인다고 주장되었다. 이런 추종자 특성을 '역할외 업무수행(ERT)' 행동이라 언급하며, 한 연구는 낮은 질의 관계를 맺고 있는 구성원들이 높은 질 관계를 맺고 있는 구성원들 보다 ERT를 좀 더 무모한 것으로 여긴다는 것을 발견했다.[38, 39]

높은 질의 LMX 관계

이것은 공식적인 고용계약을 넘어서는 관계이다. 또한 사회적인 LMX(SLMX) 라고 언급되기도 한다.[40] 높은 질의 LMX 관계는 상호 신뢰, 존경, 충성, 그리고 호혜성의 특징을 갖고 있다.[41] 또한 이런 관계를 검증한 연구들은 부하들이 상사에게 감정적인 투자를 한다는 것을 발견하였다.[42, 43]

리더와 높은 질의 관계를 맺고 있는 추종자들은 더 높은 직무만족, 더 높은 성과, 더 낮은 이직, 더 높은 조직몰입, 창의성, 혁신성 그리고 조직시민행동 등과 같은 긍정적인 결과를 경험하게 될 것이다.[44, 45, 46]

낮은 질의 LMX 관계

낮은 질의 LMX 관계는 공식적인 고용계약 이상으로 확대되지 않는다. 리더와 추종자 사이에는 사회적 유대감이 없다. 이것은 단순히 경제력에 기초한 교환관계(ELMX)이다.[47] 낮은 질의 LMX 교환은 신뢰, 충성, 그리고 호혜성이 결여되었다는 특징이 있다. 경제적 교환에 기초한 관계와 사회적 교환에 기초한 관계를 구분하는 장벽은 침투성이 매우 높으며 관계를 발전시키고 변화시킬 수 있다는 것을 알아야 한다.[48]

낮은 질의 LMX 관계는 반대되는 결과를 경험한다. 추종자들은 직무불만족, 높은 이직, 낮은 몰입, 그리고 덜 창조적이며 혁신적인 경험을 더 많이 하는 경향이 있다.

그런 차별화된 리더십이 개인과 조직의 효과성에 영향을 미친다는 증거가 증가하고 있다. 높은 질의 LMX 관계와 낮은 질의 LMX 관계가 섞여있는 LMX의 차별화된 이끌기가 조직의 집합적인 조화와 유대감에 치명적이라는 것은 합리적인 주장이다. 당신은 필연적으로 활용도가 낮고 소외감을 느끼는 일부 노동력(낮은 질의 LMX 관계)을 갖게 된다.[49]

윤리적 결정: 윤리와 사회적 영향

7.1 근무현장에서의 LMX

리더-구성원 교환이론은 각각의 작업집단에서 일부 구성원은 내집단에 속하고 다른 사람들은 외집단에 속한다고 설명한다. 당신의 현재 또는 과거의 직장을 생각해 보라. 당신은 내집단원과 외집단원을 구분할 수 있는가? 당신은 어느 집단에 속했었는가?

1. 구성원들을 내집단에서 제외시키는 것이 윤리적인 것인가?
2. 내집단원들은 제외시키는 것이 윤리적이라 생각하며 외집단원들은 제외시키는 것이 비윤리적이라 생각하는 경향이 있는가?
3. 질문 1에 대한 답은 자신이 내집단 또는 외집단의 구성원이라는 것에 근거한 것인가?
4. 모든 구성원들이 내집단에 속하는 것이 가능한가?
5. 모든 구성원들을 내집단원으로 포함시킴으로써 관리자들은 LMX이론을 극복하기 위해 노력해야만 하는가?

도입사례 응용

2. Arnold Donald는 어떤 리더십 자질을 갖고 있으며, 이러한 자질이 Carnival Corporation에서 LMX 관계의 질에 어떻게 영향을 미쳤는가?

Donald는 그의 모든 직원들과 가깝다. 그는 사교적이고 사려 깊다. 그는 자신의 가장 위대한 자질은 그가 좋은 경청자라고 말한다. 그는 높은 청렴성과 지성, 그리고 자신감을 소유한 리더처럼 보인다. Donald와 그의 추종자 사이의 교환관계의 질은 매우 높은 것처럼 보인다.

개념응용 7.2 VDL에서 LMX로

다음 설명은 어떤 개념을 나타내고 있는가? 각 문항에 적절한 문자로 표시해보자.

a. 수직적 짝연계 이론
b. 리더-구성원 교환 이론

_____ 9. 리더와 추종자 사이의 상호작용뿐만 아니라 그런 관계의 질에 초점을 맞춘다.

_____ 10. 리더는 모든 추종자와 동일한 상호작용을 하지 않고 질적으로 다양한 관계형성에 초점을 맞춘다는 개념이다.

_____ 11. 리더와 추종자 사이의 관계는 직무만족, 이직, 성과 등과 같은 결과에 영향을 미친다는 인식이다.

_____ 12. 리더와 추종자로 구성된 짝의 관계를 검토하는 것이 리더십을 더 잘 이해할 수 있다는 이론이다.

_____ 13. 리더와 추종자 쌍(또는 짝)이 발전하는 수직적 관계이다.

_____ 14. LMX 관계는 리더와 추종자를 더욱 친밀하게 만드는 사회적 관계를 포함하기 위하여 경제적 교환을 초월한다는 이해한다.

_____ 15. 리더-추종자 상호작용이 내집단과 외집단을 만드는 관계이다.

LMX 관계의 질에 영향을 주는 요소들

학습목표 7.3

LMX 관계에 영향을 주는 리더와 추종자의 역할을 설명한다.

높은 질의 LMX 관계는 높은 수준의 호혜성을 발전시키는 신뢰에 기초한 사회적 교환이다.[50] LMX 관계는 상호의존을 의미하는 사회적 교환에 기초하고 있다. 각 당사자는 상대방이 중요하다고 여기는 무엇인가에 기여해야만 한다. LMX 이론에 따르면, 리더는 각각의 추종자와의 대인관계 질에 따라 행동을 변화시킨다. 같은 작업집단 내에 높은 질의 LMA 관계와 낮은 질의 LMX 관계가 존재할 수 있다.[51] 리더와 추종자의 행동은 적대적이든 또는 지지적이든 두 당사자 사이에 발생하는 관계 유형의 핵심이다.[52]

리더의 영향력

리더의 관계형성 기술, 진정성, 자원 강도, 리더십 스타일 등은 리더와 추종자 사이의 교환관계의 질에 영향을 미칠 수 있는 요소이다. 추종자와 경제력에 기초한 교환(엄격한 계약적 성격인)을 뛰어 넘어 사회성에 기초한 교환(우정, 상호신뢰, 충성심, 그리고 리더와 추종자 사이의 존경으로 특징지어짐) 관계를 갖는 업무관계를 발전시키려는 리더의 진정성 또는 자발성은 추종자와 높은 질의 관계를 형성할 가능성을 증가시킨다.[53, 54] 전문가들이 조직몰입 또는 조직시민행동이라 묘사하는 것을 보여주기 위해 조직의 사명 등에 진심으로 몰입한 추종자들이 있다. **조직시민행동 (organizational citizenship behavior, OCB)**은 공식적인 보상체계에서 직접적 또는 현시적으로 인정받지 못하는 분별력 있으며, 총합적으로 조직의 효과적인 기능을 증진시키는 개인행동으로 정의된다.[55] 이것은 한 구성원에게 요구되는 의무사항들을 뛰어넘는 행동이다. 열심히 일하며 자발적으로 초과 근무를 하는 것으로 리더에게 지각된 구성원들은 게으르거나 초과근무를 싫어한다고 지각된 사람들보다 리더와 더 높은 질의 교환관계를 갖게 되는 경향이 있다. Hedley and Bennett의 CEO인 Ellen Bennett는 회사의 조직문화가 되어버린 그녀의 열정과 진정성을 이용해 양질의 구성원을 유인할 수 있었다. 그녀가 성장을 경험하기 시작하고 무언가를 팀에 추가해야 했을 때 그녀는 팀을 모아 재능 있는 팀으로 만드는 데 도움을 주기 위해 만든 조직문화를 인정했다. "내가 식탁에 가져온 색, 생동감, 그리고 열정과 무에서 무언가를 구축하는 이러한 독특한 접근방식… 사람들이 원하는 마법, 그것들은 무언가를 만들려는 아이디어에서 번성합니다."[56]

조직시민행동(OCB)은 공식적인 보상체계에서 직접적 또는 현시적으로 인정받지 못하는 분별력 있으며, 총합적으로 조직의 효과적인 기능을 증진시키는 개인행동으로 정의된다.

리더의 자원 강점은 추종자와의 교환관계 질에 영향을 미치는 중요한 요인이다. 추종자들에게 바람직한 결과에 대한 리더의 통제는 리더의 보상적 권력을 증가시킨다. 예를 들어, 리더는 승진 추천, 임금 인상, 특별한 혜택의 제공(더 큰 사무실, 더 나은 업무 일정), 멘토링, 더 많은 의사결정 참여 등을 통해 추종자의 경력에 도움을 주는 보상으로 추종자 행동에 영향을 미칠 수 있다. 이러한 혜택의 대가로 높은 질의 LMX 관계의 구성원들은 낮은 질의 LMX 관계를 맺고 있는 구성원들에게 요구되는 것 이상의 특정 의무와 기대가 있다. 높은 질의 LMX 관계에서 구성원들은 리더에 대한 충성심, 더 많은 몰입, 더 열심히 일하며, 리더의 행정적 의무의 일부를 공유할 것이 기대된다.

또한 리더의 스타일이 구성원중심적인가 또는 업무중심적인가(3장)가 LMX 관계의 질에 영향을 미치는 핵심적인 역할을 한다. 리더의 구성원중심적인 리더십 스타일은 작업집단의 구성원들 사이에 긍정적인 사회적 교환관계를 촉진하는 작업환경을 조성할 가능성이 더 높다. 또한 리더십 스타일은 종종 추종자의 심리적 임파워먼트와 관련된다.[57] 심리적 임파워먼트는 진정성 리더십 행동과 조직몰입, 조직시민행동, 구성원 직무열의 등과 같은 구성원의 직무수준 결과 사이를 매개한다고 알려져 있다.[58] 따라서 리더십 스타일은 상호 신뢰, 정직, 우정, 존경, 개방성의 업무 분위기를 만들 수 있다. 이것은 리더와 추종자 사이(LMX)뿐만 아니라 팀 구성원 교환(TMX)이라고도 알려진 구성원들 사이의 높은 질의 LMX 관계를 형성하는 기초이다. 이것이 구성원들이 자신의 사회적 정체성을 조직/집단의 정체성과 정렬하게 만드는 업무환경의 형태이다. **사회적 정체성**(social identity)은 집단의 구성원들이 집단과 근접한 사회적 유대감을 맺으며 이것이 순차적으로 집단원들 내에서 그리고 집단원들 사이의 상호작용에 영향을 미치는 정도이다.[59]

사회적 정체성은 집단의 구성원들이 집단과 근접한 사회적 유대감을 맺으며 이것이 순차적으로 집단원들 내에서 그리고 집단원들 사이의 상호작용에 영향을 미치는 정도이다.

LMX는 사회적 자본과 업무 성과 사이를 완전매개하는 것으로 밝혀졌다.[60] 2020년 11월 비극적으로 사망한 Tony Hsieh가 이러한 리더십 스타일을 진정으로 구현한 리더이다. 그는 나중에 Amazon에 12억 달러에 매각된 온라인 소매업체인 Zappos의 공동 창업자이자 CEO였다. 그는 행복한 직원이 만족한 고객으로 가는 통로라는 생각에 근거한 경영철학을 발전시켰다.[61]

업무응용 7.2

고용계약을 넘어서는 일이 요구되었던 업무 상황을 회상해보자. 관리자의 요구에 어떻게 반응하였는가? 그리고 그들과의 관계는 어떻게 되었는가?

추종자의 영향력

LMX 관계의 질에 영향을 미치는 추종자의 능력은 잠재적인 부정적 영향에 대한 두려움 없이 상향식 영향력을 발휘하는 추종자의 자신감에 달려있다.[62, 63] 이들은 동료들에 비하여 높은 준거 또는 전문적 권력(5장)을 가진 추종자이다. 이러한 특성을 가진 추종자들은 리더에게 영향력을 행사할 수 있다.[64] 예를 들어, 추종자의 피드백을 구하는 행동과 자기 촉진적인 성격은 LMX 관계에 긍정적 또는 부정적 영향을 미칠 수 있다. 자신의 역할 기대와 이를 성공적으로 수행하는 방법에 대한 정보와 피드백을 능동적으로 찾는데 시간을 할애하는 선행적인 추종자는 업무 관계뿐만 아니라 리더와 높은 질의 관계를 형성하기 위한 분위기를 조성한다.[65] 이러한 추종자들은 자신의 직접적 책임영역 밖에서도 주도성을 보여주며, 단위집단의 목표에 강한 몰입을 하며, 단위집단의 성공에 대한 더 큰 책임감을 보여준다. 요약하면, 그들은 올바른 태도를 갖고 있으며 리더는 짝 관계의 역할 만들기 단계 또는 친밀감 형성 단계에서 그들과 빠르게 사랑에 빠진다.[66] "태도가 계급(altitude)에 영향을 미친다"는 말이 있다. 리더와 긍정적 관계를 형성하길 원하는 선행적 추종자는 '주도권 잡기' 전술을 얼마든지 사용할 수 있다. 여기서는 인상관리, 환심사기, 그리고 자기촉진이라는 세 가지의 전술을 논의한다. 효과적인 추종자는 LMX 관계의 질에 영향을 주기 위해 이러한 전술을 사용할 수 있다.

추종자의 피드백 찾는 행동

리더와 긍정적 관계를 형성하기 위해 노력하는 구성원들은 종종 어떻게 그들의 업무성과를 개선할 것인가에 대한 피드백을 원하는 사람들이다.[67] 연구자들은 추종자의 피드백을 원하는 행동과 관련된 두 가지 종류의 동기안 성과주도 동기와 인상주도 동기를 발견하였다. 성과주도 동기는 업무성과 증진에 도움을 주는 리더로부터 정보를 얻기 위한 추종자의 진실된 시도인 반면에, 인상주도 동기는 리더에게 어떻게 보일 것인가를 통제하고 싶은 욕망을 의미한다.[68] 이것은 다른 사람들이 인상관리라고 설명한 것과 같다. **인상관리(impressions management)**는 즉각적인 이득을 얻거나 또는 리더와의 장기적인 관계를 개선하기 위하여 좋은 이미지를 주기 위한 추종자의 노력이다. 이 전술은 추종자의 강점과 성과를 돋보이게 할 수 있는 귀중한 도구이다.

인상관리는 즉각적인 이득을 얻거나 또는 리더와의 장기적인 관계를 개선하기 위하여 좋은 이미지를 주기 위한 추종자의 노력이다.

추종자의 환심사기 행동

환심사기 영향전술은 호의표시와 동조행동을 포함한다. 이 경우, 추종자들은 리더에게 서비스를 제공하며 그들의 행동을 리더의 기대에 부합시키기 위해 요구되는 의무 이상의 행동을 한다. **환심사기(ingratiation)**는 지지적이고, 감사하며, 그리고 존경하는 것처럼 보이기 위한 노력이다. 연구는 추종자의 환심사기와 추종자에 대한 리더의 애정(또는 좋아함) 사이에 긍정적인 상관관계를 발견하였다. 순차적으로, 상호 간의 애정은 교환관계의 질과 추종자의 역량, 충성도, 헌신 및 직업윤리에 대한 리더의 평가와 긍정적 관계를 맺고 있다. 이 전술은 리더와 추종자 사이의 관계의 질을 높일 수 있는 소중한 도구이다.

환심사기는 지지적하며, 감사하며, 그리고 존경하는 것처럼 보이기 위한 노력이다.

추종자의 자기촉진 행동

"자신의 나팔을 불다"라는 관용적 표현이 여기에 적용된다. 추종자들은 자신의 성취와 역량이 리더에게 알려지도록 적극적이어야 한다. 따라서 **자기촉진(self-promotion)**은 유능하며 믿음직스럽게 보이려는 노력이다. 리더와의 긍정적 관계는 추종자가 유능하고, 열심히 일하며, 목표지향적이고, 동기가 있고, 신뢰가 있다고 인식될 때 더 가능해진다. 이것은 순차적으로 리더가 지지와 위임을 더 많이 보여주고, 더 많은 재량권을 허용하며, 그리고 추종자와 열린 의사소통에 참여하도록 영향을 준다. 이런 호혜성은 LMX 관계를 강화한다. 높은 질의 LMX 관계는 직무만족을 증가시킬 뿐만 아

자기촉진은 유능하며 믿음직스럽게 보이려는 노력이다.

니라 이직을 낮추며 조직몰입을 증가시킨다.

이 모든 것이 좋지만, 만일 리더가 이러한 행동을 너무 이기적인 것으로 인식하면 LMX 관계에 부정적 영향을 미칠 수 있다는 위험도 있다. 또는 일부 사람들은 '아첨하기'라 말했다.[69]

LMX의 기여도 및 비판

학습목표 7.4

LMX 이론에 내재된 편견을 설명하고 어떻게 이것이 의도하지 않은 결과들로 이어질 수 있는지 설명한다.

LMX는 리더와 추종자 사이의 짝 관계의 본질에 대한 정의를 내리는 것을 도와주는 신뢰, 충성심, 정직, 지지, 그리고 존경이란 관계 특성들에 초점을 맞추며 관계에 기초해 리더십에 접근한다. LMX는 리더와 추종자를 강조하지만 더 중요한 것은 일부가 아닌 모든 추종자와 높은 질의 관계를 구축해야 할 책임이 리더에게 있다는 강조한다. 이것은 팀 리더십 접근법(8장)을 가정한다. 사회적 교환 이론은 팀 기반 맥락에서 리더-구성원 교환(LMX)과 팀-구성원 교환(TMX)의 동시 상호작용에 중점을 둔다. 사실, 예견되는 낮은 질의 LMX 관계의 부정적 결과들이 높은 질의 TMX 관계의 질 때문에 나타나지 않는 사례를 발견하는 것은 드문 일이 아니다.[70]

LMX 이론의 핵심 주장은 리더와 높은 질의 관계를 맺고 있는 추종자들은 더 높은 직무만족, 더 향상된 동기부여, 탁월한 성과, 더 낮은 이직, 더 강한 고용몰입, 그리고 조직에 대한 충성도(조직시민행동, OCB)와 같은 긍정적 결과를 보여준다는 것이다.[71] 어떤 사람들은 OCB를 '개인-조직 적합도'라고 설명했으며, 이 개념은 연구에 따르면 구성원의 창의성 수준을 높이는 결과를 낳았다.[72] 이러한 동일한 긍정적 결과를 보여주는 모든 추종자의 누적효과는 고성과 팀 문화이다. 관련된 모든 사람들, 즉 리더, 추종자, 그리고 조직이 윈-윈하는 것이다.

LMX는 직장에서 다른 사람들과 함께 일하는 일상적인 경험을 검증한다. 이것은 리더십 과정의 중심을 짝의 관계에 초점을 맞춘 독특한 리더십 접근방식이다. 높은 질의 LMX 관계는 모든 당사자들에게 이익이 되는 호혜적 교환을 만든다. 이러한 호혜적인 강화의 순환이 중단되지 않는 한 관계는 지속된다.[73]

또한 높은 질의 LMX 관계에서 리더와 추종자 사이에 존재하는 특별한 관계가 리더에게 특정한 의무와 제약을 초래한다는 것에 주목해야 한다.[74] 리더는 관계의 질을 위태롭게 하지 않는 강제 또는 강압적인 영향을 주는 접근법에 의존할 수 없다. 편향적 경향 또는 리더를 덜 공격적이거나 덜 강제적인 영향력 전술(부드러운 힘의 영향력)을 사용하는 방향으로 이끄는 것이라 다른 사람들이 묘사하는 리더의 공감적 관심이 있다.[75] 이러한 상황에서 차등적인 대우를 받는 추종자들은 직장 내 사회적 자본을 얻었다고 말한다. **사회적 자본**(social capital)은 일부가 앞서 가거나 더 나은

사회적 자본은 일부가 앞서 가거나 더 나은 대우를 받는데 도움을 주는 집단 구성원들 사이의 관계구조에 내재하는 일련의 무형의 자원이다.

대우를 받는데 도움을 주는 집단 구성원들 사이의 관계구조에 내재하는 일련의 무형의 자원으로 정의된다.[76]

LMX 이론에 대한 비판

LMX의 질을 측정하기 위한 측정도구의 결여가 문제로 제기되었다. 리더와 추종자 사이의 교환관계의 질은 LMX-7이라는 설문지를 통해서 측정된다. LMX-7 설문지는 다음과 같은 구조화된 문항을 포함하고 있다.

- 리더는 당신의 직무와 관련된 문제와 욕구를 얼마나 잘 이해하고 있습니까? (전혀, 조금, 보통, 조금 많이, 아주 많이)
- 리더는 당신의 가능성을 얼마나 잘 이해하고 있습니까? (전혀, 조금, 보통, 대부분, 완전히)
- 리더와 일하는 관계를 어떻게 특징지을 수 있습니까? (매우 비효과적, 평균보다 못함, 평균, 평균보다 좋음, 매우 효과적)

리더-구성원 교환의 질을 정확히 측정하기 위한 LMX-7의 타당성에 대한 의문이 제기되었다.

LMX에 대한 또 다른 비판은 내집단 구성원들을 편애하는 귀인편견이다. 의식적이든 또는 무의식적이든 이것은 직장 내에서 차별과 공정성 결여의 메시지를 보낼 수 있다. 한 연구 결과에 따르면, 추종자들이 자신의 관리자가 작업집단 내에서 차별적인 관계를 (내집단과 외집단) 갖고 있는 것을 지각하면, 구성원들은 자신의 직무에 덜 만족하고, 이러한 부정적 관계는 상사의 공정성에 대한 구성원의 인식으로 설명된다.[77] 예를 들어, 자신의 생활을 좀 더 쉽게 만들어주기 위해 항상 초과근무를 하는 내집단원에게 감사하는 리더는 그런 구성원들에게 우호적인 성과평가와 피드백을 줌으로 보답할 수 있다. 그러면 긍정적인 업무평가 등급은 한 개인의 고용기록의 일부가 된다. 한 구성원의 고용기록은 궁극적으로 미래의 선발, 개발, 그리고 승진 의사결정을 정당화하는 자원으로 사용된다. 많은 경우에, 승진하는 사람들은 성과평가에서 지속적으로 높은 점수를 받은 사람들이다. 따라서 리더가 좋아하지 않고, 리더와 친밀하지도 않으며, 리더를 잘 알지 못하는 외집단 구성원들의 개발과 경력 승진은 위태로워질 수 있다.[78] 외집단 구성원들은 내집단 구성원들과 같은 사회적 위치나 리더와의 개인적 관계를 갖지 못한 것에 대한 대가를 치를 수 있다. 이들은 리더를 향해 좀 더 일탈행동을 하는 경향이 있는 구성원들이다.[79] 시스템 내에 내재된 이런 편견은 모든 구성원을 대우하는 과정에서의 공정성과 동일성에 대한 의문을 제기한다.[80]

또한 공정성과 편견에 대한 비판과 관련하여 다른 문화 또는 민족적 배경을 가진 구성원의 경험이 있다. 세계화로 인해 직장은 다양한 민족적·종교적 배경을 가진 다양한 문화의 용광로가 되었다. 조직이 다양한 노동력의 이점을 포용하고 다문화 및 민족적 배경을 초월하는 인재 모집을 위해 채용관행을 개선하고 있다 해도, 통합의 과제는 여전히 남아있다. 다양한 인종과 민족적 배경을 가진 근로자들이 새롭고 혁신적인 관점을 직장에 도입한 것에 대해 축하받는다 할지라도, 종종 그들은 사회적으로나 직업적으로 주류 집단으로부터 소외되었다고 느낀다. 이를 '섬 효과'라 부른다. 일부 소수자들은 주류에 잘 통합될 수 있지만 다른 소수자들은 LMX 이론의 외집단 범주의 희생양이 되어 소외된다는 연구 증거가 있다. 외집단 구성원으로서, 그들은 각 조직의 리더 및 핵심 구성원들과 친밀한 관계를 교환함으로써 혜택을 받을 기회가 더 적은 경험할 수 있다.[81] (글로벌뷰)

마지막으로, LMX 이론의 예측력에 대한 비판이 있다.[82] 예를 들어, 참모들의 이직에 대한 연구결과는 기껏해야 영향력 유무가 혼합되어 있으며, 사용된 성과척도와의 관계는 보류상태이다.

팔로워십

학습목표 7.5

Kelley 모델이 찾아낸 두 가지 행동과 이에 따른 다섯 가지 종류의 추종자 형태를 설명한다.

과거의 리더십 연구는 리더에 초점을 맞추었으며 조직의 성공 또는 실패를 설명하는데 추종자의 역할을 무시하였다.[83] 이 결과로 현존하는 리더십 이론들이 너무 '리더중심적'이었다는 비판을 받게 되었다. 리더를 영웅시 숭배하는 현상이다.[84, 85] 이런 이론들은 거의 독점적으로 리더의 특성과 행동이 조직의 성과에 미치는 영향력에 초점을 맞추었다. 그러나 리더십 과정에서 추종자의 역할을 검증하는 것에 대한 관심이 증가하고 있다.[86] 이러한 학자들의 공통점은 팔로워십이 효과적인 리더십의 기초이며 두 가지가 함께 가야 한다는 관점이다. 좋은 팔로워십은 '상향적 영향력'에 관한 것이다. 리더들은 자신의 자아를 옆에 내려놓고 어떻게 진행할 것인가에 대해 추종자의 조언을 경청하고 받아들여야 할 때가 있다는 것을 이해해야 한다. 이것은 일부 사람들에게는 도전이 될 수 있는 사고방식의 변화이며 따라서 최고 경영진의 지지가 중요하다.

팔로워십의 인지, 속성, 행동 및 맥락을 적절히 이해하기 위해 이 절에서는 팔로워의 행동, 팔로워 분류, 효과적 추종자의 태도, 그리고 효과적 팔로워가 되는 지침과 같은 내용을 다룬다.

팔로워의 행동

사진 7.2 종종 추종자들의 생각과 아이디어를 경청하는 것은 리더들에게 이익이 된다.

팔로워십은 조직 내 공식적 권한을 가진 사람의 지시를 맹목적으로 따르는 단순한 부하직원의 행동이 아니다. 팔로워에 대한 사회적 관점은 팔로워십에 대한 잘못된 이해에 크게 기여했다. 조직 내 리더십에 대한 초기 연구들은 추종자들의 역할에 대해 거의 또는 전혀 언급하지 않았으며 훌륭한 리더 때문에 조직이 성공한다고 보고 했거나 또는 기껏해야 암시했다. 추종자는 정당한 경우 질문하거나 문제를 제기하지 않고 리더의 지시를 수행하는 것이 유일한 의무인 사람이었다.[87] 추종자 없는 리더는 없기 때문에, 리더는 이원성의 한부분일 뿐이라는 것이 새로운 현실이다. 효과적인 리더십에는 효과적인 팔로워십이 필요하다. Robert Kelley와 Ira Chaleff는 리더십 과정에서 추종자의 역할에 초점을 맞춘 2명의 초기 개척자이다. 어떤 작업 단위 또는 조직된 노력도 추종자 없이는 성공하고 유지될 수 없다. Kelley에 따르면, 이것이 팔로워십의 힘이다.[88] Chaleff는 효과적인 추종자들 또한 특정 행동을 보이는 경향이 있는 용감한 추종자들이라는 사실에 대해 논의했다. 그는 책임을 받아들이는 용기, 봉사할 용기, 질문할 용기, 참여하는 용기, 필요한 변화의 일부가 되는 용기, 그리고 필요할 때 도덕적 입장을 취할 용기 등의 행동을 다섯 가지의 용기로 규정했다.[89]

효과적인 추종자들은 리더가 제시한 비전과 리더가 설정한 목표를 충족시키는 것 이상을 한다. 그들은 비전과 목표달성의 동반자이다.[90] 그들은 자신의 행동에 대해 책임을 지고, 문제를 해결하는 데 주도권을 가지며, 그들이 틀렸다고 생각할 때 리더에게 질문한다. Kelley에 따르면, "효과적인 추종자는 숲과 나무를 모두 볼 수 있는 능력, 다른 사람과 잘 어울릴 수 있는 사회적 능력, 영웅적 지위 없이 번성할 수 있는 성격의 힘, 어느 쪽에도 비용을 들이지 않고 개인과 기업의 목표를 추구하기 위한 도덕적 및 심리적 균형, 그리고 무엇보다도 더 큰 목표 달성을 위한 팀 노력에 참여하려는 욕망을 갖고 있다."[91] 따라서 **팔로워십(followership)**은 리더-추종자 상호 간에 영향을 미치는 관계의 결과에서 나타나는 추종자의 행동을 의미한다. 이것은 추종자의 역할을 낮은 지위, 수동적 역할에서 팀의 사명, 비전, 목표, 전략 및 실행계획의 공동 생성자로 역할을 재구상하는 관점이다.[92] 이러한 추종자들은 행동이 선행적이다. Nasty Gal의 Sophia Amoruso는 블랙프라이데이의 쇼핑 성수기에 그녀의 창고

팔로워십은 리더-추종자 상호 간에 영향을 미치는 관계의 결과에서 나타나는 추종자의 행동을 의미한다.

책임자가 떠난 후에 이러한 관계의 효과를 발견했다. 그녀의 많은 구성원들은 초과 근무를 했으며 상자를 포장하며 주문 처리를 도와주었다.[93]

도입사례 응용

3. 당신 의견으로 볼 때, Arnold Donald는 '구닥다리'식 리더-중심적 접근법의 지지자인가 아니면 리더십의 리더-추종자 상호영향을 미치는 모델의 지지자인가?

Donald는 후자를 믿는 사람이다. Carnival의 CEO를 맡았을 때, 그가 가장 먼저 한 일은 아래에 있는 사람들에게 초점을 맞추는 것이었다. 그가 말했듯이, "나는 듣는 일을 했다. 내가 최고위 리더들을 한 자리에 모았을 때, 나는 내 팀을 갖는 데 관심이 없음을 분명히 했다. 나는 몇 가지 개선이 필요한 것을 볼 수 있었다. 그러나 유람선을 운영해본 적이 없어서 내가 알지도 못했던 수많은 것들이 제대로 진행되고 있었다." 이것은 상향적 영향력의 중요성을 이해하고 감사해하는 리더의 명백한 예이다.

추종자 분류

추종자 역할에서 팔로워십 구성과 행동 모두에 영향을 미칠 수 있는 맥락적 영향이 있다. 예를 들어, 복종, 의견의 표현, 그리고 주도권 잡기 등과 같은 개인적 자질은 다른 형태의 추종자들 사이에서 가장 다르게 발견되었다.[94] 또한 추종자들이 자신의 역할을 보는 방식과 리더의 결정에 동의하지 않으려는 의지에 영향을 줄 수 있는 문화적 가치와 규범이 있다.[95, 96] Barbara Kellerman은 "팔로워십: 추종자들이 변화를 만들고 리더를 변화시키는 방법"이란 제목의 자신의 책에서 참여의 수준에 기초하여 추종자들을 고립자, 방관자, 참여자, 행동주의자, 그리고 완강한 저항자라는 다섯 가지 범주로 분류하였다.[97] 또 다른 추종자 형태 분류는 Robert Kelly의 것이다.[98] 비판적으로 생각하는 지적 능력과 조직의 일에 관여하는 수준에 기초하여 Kelley는 추종자들을 다음에 자세히 설명할 5개의 집단으로 구분한다.

도표 7.1은 비판적 사고와 관여라는 2개의 행동차원을 설명한다. 독립적인 비판적 사고자는 조직 생활에서 중요한 사항들을 검토하고, 분석하고, 평가할 수 있는 추종자를 의미한다. 반대로, 이런 사람의 반대는 비판적으로 사고하는 능력이 낮은 사람이다. 이들은 낮은 지적 호기심을 보여주는 사람들이다. 두 번째 행동 차원인 관여는 조직의 업무에서 눈에 잘 뜨이며 능동적으로 행동하는 추종자를 나타낸다. 이들은 매우 참여도가 높은 추종자이다. 이런 사람의 반대는 조직업무에서 뒤에 있는 것을 선호하며 수동적인 역할을 하는 사람이다. 그들은 많은 관심사나 중요한 문제에 관여하지 않는다.

Kelly에 따르면, 다섯 가지 추종자 형태인 소외된 추종자, 수동적 추종자, 동조적 추종자, 실용적 추종자, 효과적 추종자는 도표 7.1을 참조하라.

- **수동적 추종자.** 왼쪽 아래쪽 상한은 수동적 추종자이다. **수동적 추종자**(passive follower)는 관여와 비판적 사고 모두 낮은 사람이다. 수동적 추종자는 모든 사고와 행동을 하지 않기 위해 리더와 다른 사람에게 의존하며 관여하지 않는다. 팀에 대한 주도권 및 몰입이 결여되기 때문에, 이 눈에 보이지 않는 추종자는 지속적인 감독이 요구되며 결코 직무기술서에서 규정한 것 이상을 하지 않는다. 종종 리더는 그들이 게으르다, 동기부여가 되어 있지 않다, 무능하다고 묘사한다. 보통 그들은 외집단에 속한다.

수동적 추종자는 관여와 비판적 사고 모두 낮은 사람이다.

- **동조적 추종자.** 왼쪽 위쪽 상한은 동조적 추종자이다. **동조적 추종자**(conformist follower)는 관여는 높지만 비판적 사고가 낮은 추종자들이다. 환언하면, 동조자들은 조직의 '예스맨'이다. 그들은 결과를 고려하지 않고 모든 명령을 수행한다. 동조자는 갈등을 피하기 위해 무슨 일이든 한다. 권위적인 리더는 동조적 추종자를 좋아한다.

동조적 추종자는 관여는 높지만 비판적 사고가 낮은 추종자들이다.

- **효과적 추종자.** 오른쪽 위쪽 상한은 효과적 추종자이다. **효과적 추종자**(effective follower)는 비판적 사고와 관여 모두 높은 사람이다. 효과적 추종자는 위험을 회피하지 않고 갈등을 겁내지 않는다. 그들은 변화를 주도하는 용기가 있으며, 조직이 최고의 이익을 보도록 하기 위해 자신들을 위험에 처하게 하거나 다른 사람, 심지어는 리더와 갈등에 처하게 한다. 그와 같이 그들은 선제적인 행동을 한

효과적 추종자는 비판적 사고와 관여 모두 높은 사람이다.

도표 7.1 추종자 형태

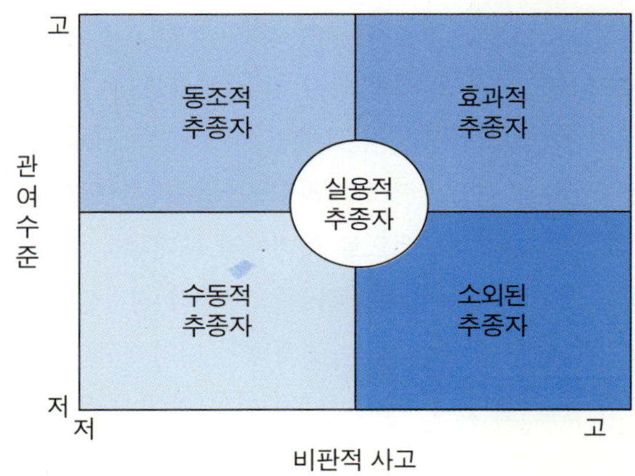

다고 묘사된다. 그들은 리더를 보완해 주며 리더의 많은 직무를 덜어 줄 수 있는 의존할 만한 사람이라는 점에서 관리자들의 최고의 자산이다.[99] 그들은 일반적으로 내집단에 속한다.

소외된 추종자는 관여는 낮지만 비판적인 사고가 높은 추종자들이다.

- **소외된 추종자.** 오른쪽 아래쪽 상한은 소외된 추종자이다. **소외된 추종자**(alienated follower)는 관여는 낮지만 비판적인 사고가 높은 추종자들이다. 소외된 추종자는 뛰어난 업적에 대하여 조직에서 기만당했거나 보상받지 못했다고 느끼는 사람이다. 종종 자신의 행동에 냉소적인 소외된 추종자는 능력은 있지만 문제에 대한 해결책 개발에 자발적으로 참여하지 않는다. 그들은 조직생활이 진행되는 한 부정적인 것에 집착하고 긍정적인 것은 즐겁게 무시한다.

실용적 추종자는 현재의 상황에 맞는 스타일이 무엇인가에 따라 네 가지 스타일을 모두 조금씩 보여준다.

- **실용적 추종자.** **실용적 추종자**(pragmatic follower)는 현재의 상황에 맞는 스타일이 무엇인가에 따라 네 가지 스타일을 모두 조금씩 보여준다. 실용적 추종자는 대부분의 경우 '중간에 끼어' 있다. 그들이 주어진 문제에 어떤 위치를 취해야 하는지 분별하는 것이 어렵기 때문에, 그들은 긍정적, 부정적 측면의 모호한 이미지를 표방한다. 긍정적 측면에서, 조직이 절망적인 시간을 겪고 있을 때, 실용적 추종자는 '일을 완수하기 위하여 시스템을 작동하는' 방법을 알고 있다. 부정적인 측면에서, 같은 행동이 '정치적 게임을 하는' 것 또는 자신의 이익을 극대화하기 위해 조정하는 것으로 해석될 수 있다.

효과적인 추종자의 모습

추종자로서 자신의 역할을 보는 방식은 그들이 어떻게 기능해야 하는지 알려준다. 일부 학자들은 추종자의 정의를 수동성, 존중, 복종 등의 개념으로 정의를 구성하는 반면에, 다른 학자들은 리더에게 건설적으로 질문하고 도전하는 추종자의 중요성을 강조한다.[100] 효과적인 추종자가 되기 위하여 2개의 반대되는 추종자 역할을 혼합하는 기술습득이 중요하다. 첫째, 리더에 의해 결정된 사항을 실행하는 것, 그리고 둘째, 잘못 인도되거나 비윤리적인 것처럼 보이는 의사결정에 대해 문제를 제기하는 것이다. 이것은 종종 '권력에 진실을 말하기'라고 언급된다.[101] 항상 실행하기 어렵다고 할지라도, 추종자들은 그러한 피드백으로 리더에게 불쾌감을 주는 위험을 기꺼이 감수해야 한다. 원칙에 기초하여 입장을 취하려는 도덕적 진정성과 자발성은 효과적인 추종자의 특징이다.[102] 효과적인 추종자는 효과적인 리더가 될 수 있는 매우 큰 잠재력을 갖고 있다고 주장할 수 있다. 리더와 추종자 사이에 높은 수준의 상호 신뢰 및 존중을 발전시키는 것은 리더의 호의를 잃을 위험을 완화시킬 수 있다. 그러한 관계에서 리더는 비판과 반대의견을 개인적인 의견차이나 불충성의 표현으로 여기기보다는 공유된 목표달성을 촉진하기 위한 정직한 노력으로 보는 경향이 있다.

효과적인 추종자는 비효과적인 추종자에 비해 높은 자신감과 자기효능감을 갖고 있다. **자기효능감(self-efficacy)**은 일정 수준의 성과를 낼 수 있다는 자신의 능력에 대한 한 개인의 믿음이라고 정의된다.[103] 자기효능감은 느끼고, 생각하고, 그리고 자신을 보는 시각을 결정한다. 이런 시각은 순차적으로 그들의 행동과 직업윤리에 영향을 준다.

자기효능감은 일정 수준의 성과를 낼 수 있다는 자신의 능력에 대한 한 개인의 믿음이라고 정의된다.

추종자들이 리더를 지각하는 방식은 리더가 성장하고 성공할 수 있도록 도와주는 리더의 능력이 주요한 역할을 담당한다.[104] 리더가 추종자의 역량에 대해 귀인하듯이, 추종자는 리더의 역량, 윤리, 그리고 의도에 대해 귀인한다.[105] 추종자들은 리더의 일차적 동기가 추종자의 복지 향상과 조직의 복지 보다 자신의 이익 또는 경력 상승을 위한 것인지 평가한다.[106] 리더가 추종자에게 강요하기보다는 자신의 아이디어에 대한 지지를 얻기 위해 희생할 때 신뢰도가 높아지고 추종자 몰입이 강화된다.[107] 불성실해 보이거나 개인적 이득만을 추구하는 리더는 2개의 반대되는 추종자의 역할을 통합하는 것이 불가능한 분위기를 만든다. 이런 경우, 추종자들은 리더의 의사결정과 행동에서 요구되는 경우에도 건설적인 비판을 제공하지 않고 리더의 기대에 순응하는 수동적인 역할을 한다. 최악의 경우 추종자들이 직장을 그만둘 수 있다.[108]

효과적인 추종자가 되는 지침들

효과적인 추종자의 모습에 대한 논의를 위하여, 이 절은 효과적인 추종자와 관련된 구체적인 행동에 초점을 맞춘다. 최고의 성과를 내는 팀의 구성원과 미미한 성과를 내는 팀의 구성원들은 이런 행동들로 구분된다. 이러한 행동들은 효과적인 추종자가 되길 열망하는 다른 사람들을 도울 수 있는 특정한 지침서 또는 권장사항을 보여준다.[109] 도표 7.2는 효과적인 추종자가 되는 가이드라인을 제시하고 있다.

리더를 지지하기

훌륭한 추종자는 조직/작업 단위에서 시도되는 필요한 변화에 대한 저항에 직면한 리더에게 지원과 격려를 표현하는 방법을 찾는다. 이러한 추종자들은 자신의 개인적인 참조인, 전문가, 또는 인맥을 기꺼이 사용한다. 그들은 동료들을 리더의 대의나 비전에 집결시킬 수 있다. 성공적인 조직은 추종자의 작업 윤리와 철학이 조직과 리더의 윤리 및 철학과 일치하는 특징을 보인다.

도표 7.2 효과적인 추종자가 되기 위한 가이드라인
a. 리더에게 지지를 표시할 것
b. 주도권을 잡을 것
c. 적절할 때 리더를 상담하고 코치할 것
d. 필요할 때 문제를 제기하고 관심을 보일 것
e. 리더의 솔직한 피드백을 구하고 격려할 것
f. 자신의 역할과 기대를 명확히 할 것
g. 감사를 표시할 것
h. 리더에게 정보를 제공할 것
i. 리더의 부적절한 영향력에 저항할 것

주도권 잡기

효과적인 추종자들은 일반적으로 할당된 임무를 넘어서는 일뿐만 아니라 지시 없이 필요한 일을 주도적으로 수행한다. 추종자들은 조직의 목적에 긍정적인 영향을 줄 수 있는 기회를 찾는다. 목적달성을 위한 조직의 능력을 방해하는 심각한 문제가 발생했을 때, 리더에게 문제를 지적하며, 대안적인 해결책을 제안하며, 필요하다면 즉시 문제를 해결하며 효과적인 추종자는 수정하는 행동을 주도하는 기회를 잡는다. 종종 주도권을 잡는 것이 위험을 내포하고 있는 반면에, 주의 깊고 적절하게 실행되면, 이것은 추종자들을 팀의 소중한 부분으로 만들고, 리더의 신뢰받는 내집단 구성원으로 만들 수 있다.

적절할 때 리더를 상담하고 코치할 것

리더가 모든 답을 갖고 있다는 신화와는 반대로, 특히나 리더가 신참이고 경험이 없을 때, 추종자를 포함하여 대부분의 사람들은 리더를 상담하고 코치할 기회를 갖는다는 것을 인식한다. 이것이 상향적 영향력이다. 리더와 상호 신뢰하는 관계는 상향적인 상담과 코칭을 촉진한다. 효과적인 추종자는 도움되는 충고를 제공하거나, 질문을 하거나, 리더가 모든 것을 털어 놓을 사람이 필요할 때는 단순히 좋은 경청자가 되는 기회에 대해 경계해야 한다. 어떤 리더들은 도움을 요청하는 것을 꺼려하기 때문에, 그러한 상황을 인식하고 적절한 시기에 다가서는 것은 추종자의 책임이다. 예를 들어, 다른 추종자와의 대인관계가 리더가 의도했던 것과는 다른 효과를 보이는 것을 경험한 리더는 그의 접근법 또는 스타일의 비효과성을 이해하기 위해 또 다른 추종자로부터 상담을 받을 수 있다. "당신이 이야기한 것은 Bob에게 시간을 지키는 것의 중요성을 인식시키기 위한 것이라고 확신합니다… 그러나 그는 그렇게 받아들이지 않습니다." 존경심을 갖고 리더를 상담하고 코칭할 때가 가장 효과적이다. 리더와 추종자 사이의 관계를 포함한 모든 종류의 관계에서 존경심이 대칭, 공감, 그리고 연결을 만든다.

필요할 때 문제를 제기하고 관심을 보일 것

리더의 계획과 제안서에 잠재적인 문제나 결점이 있을 때, 이런 문제나 우려사항을 밝히는 추종자의 능력은 매우 중요하다. 추종자가 이러한 문제를 제기하는 방법이 매우 중요하다. 왜냐하면 종종 리더들은 부정적인 피드백에 방어적 반응을 보이기 때문이다. 추종자들은 리더의 우월적인 지위를 인정하며, 개인적 이득보다는 조직목표를 달성하는 데 도움이 되고 싶다는 바람을 진지하게 전달함으로서 그러한 방어적인 모습을 극소화시킬 수 있다. 리더의 결점이 있는 계획과 제안서에 도전할 때 추종자는 일반적인 막연함보다는 구체적인 사항을 지적하며, 개인적 비판을 피하는 것이 중요하다. 이 가이드라인은 높은 관여를 하며 주도권 및 잘 개발된 책임의식과 함께 매우 독립적인 사고를 하는 용기 있는 추종자에 대한 일반적인 견해와 일치한다.

리더의 솔직한 피드백을 구하고 격려할 것

추종자들은 리더가 그들을 평가하는 방식에서 건설적인 역할을 담당할 수 있다. 어떤 리더들은 추종자의 성과에 대한 부정적인 관심을 표현하는 것에 편안함을 느끼지 못한다. 따라서 그들은 추종자의 강점에만 초점을 맞추는 경향이 있다. 추종자가 이런 경향을 극복하는 한 방법은 긍정적·부정적 피드백 모두를 방어적이지 않은 방식으로 기꺼이 수용하는 모습을 보여주는 것이다. 업무수행의 강점과 약점을 모두 지적하도록 리더를 격려한다.

자신의 역할과 기대를 명확히 할 것

역할모호성이나 직무 기대치에 대한 불확실성의 증거가 있는 경우 이 문제를 리더와 함께 분명히 해야 한다. 효과적인 팀을 이끌기와 관련된 8장에서 언급하는 것과 같이, 추종자에 대한 역할기대를 분명히 전달해주는 것은 리더의 책임이다. 그럼에도 불구하고, 어떤 리더들은 직무 기대, 권한과 책임의 영역, 성과목표, 그리고 마감 일정 등을 분명하게 전달하지 못한다. 추종자들은 이러한 영역에 대한 리더의 명확한 설명을 강조해야 한다. 어떤 경우에는 역할갈등이 문제이다. 리더는 부하에게 상호 배타적인 작업수행을 지시하고 동시에 모든 작업에 대한 결과를 기대한다. 추종자들은 역할모호성과 역할갈등을 해결하는 데 단호하면서도 외교적으로 주장해야 한다.

감사를 표시할 것

리더를 포함한 모든 사람들은 다른 사람들에게 이익이 되는 좋은 행동을 했을 때 칭찬받기를 좋아한다. 추종자의 이익을 보호하기 위해 도움을 주거나 또는 추종자의 경력을 육성하고 촉진하는 등 리더가 추종자를 돕기 위하여 특별한 노력을 했을 때, 추종자가 감사를 표시하는 것은 적절한 것이다. 비록 리더의 행동이 직접적으로 특정한 추종자에게 이익이 되는 것이 아니라 조직의 중요한 성과를 위한 것이라 할지라도, 추종자들이 리더에 대하여 그들의 감사와 존경심을 표시하는 것은 적절한 것이다. 이런 종류의 인정은 바람직한 리더의 행동을 강화한다. 어떤 사람들은 리더를 칭찬하는 것이 리더에게 쉽게 영향을 미치기 위해 사용할 수 있는 아첨하기의 한 형태라고 주장하지만, 진심일 때는 긍정적인 리더-추종자 교환관계형성에 도움을 줄 수 있다.

리더에게 정보를 제공할 것

정확하고 시기적으로 적절한 정보는 리더가 좋은 의사결정을 할 수 있게 해주며, 조직 내 상황에 대해 완벽하게 파악할 수 있게 해준다. 조직에서 어떤 일이 진행되고 있는지 모르는 것처럼 보이는 리더들은 그들의 동료와 상사들 앞에서 무능하게 느끼고 무능해 보인다. 리더가 자신이 책임지고 있는 조직 단위에서 일어난 일 또는 변화에 관해 다른 사람으로부터 전해 듣는 것은 당혹스러운 일이다. 리더에게 정보를 전달해야 하는 이러한 책임에는 긍정적인 정보와 부정적인 정보 모두 포함된다. 어떤 추종자들은 리더에게 부정적인 소식은 전달하지 않고 유보하는 경향이 있다. 이것은 정보를 전혀 전달하지 않는 것만큼 치명적인 것이다.

업무응용 7.3

당신 또는 당신과 함께 일했던 구성원 중에서 효과적인 추종자가 되기 위해서 제시된 가이드라인을 어떻게 사용하는지 예를 들어보자.

리더의 부적절한 영향력에 저항할 것

리더는 자신의 권력을 부적절한 (법적 또는 윤리적으로) 방법으로 사용하여 추종자에게 영향을 미치려는 유혹에 빠질 수 있다. 리더와 추종자 사이의 권력의 격차에도 불구하고, 리더가 영향력을 부적절하게 행사할 때나 착취하여 악용할 때도 동조할 필요 없다. 효과적인 추종자들은 굳건하고, 세련되며, 외교적인 방식으로 리더에게 도전한다. 추종자는 리더에게 윤리적 책임감을 상기시키기, 자신의 권리를 강조하기, 동조하는 것의 부정적인 결과를 지적하기 등과 같은 다양한 방법을 활용하여 리더의 부적절한 영향력 행사에 저항할 수 있다. 리더의 행동이 습관이 되기 전인 행동초기에 도전하며 개인적인 적의 없이 하는 것이 중요하다.

개념응용 7.3 효과적인 추종자가 되기 위한 가이드라인

〈도표 7.2〉의 알파벳(a~i)을 사용하여 각 가이드라인을 표시해보자.

_____ 16. 나는 지시된 사항을 단순히 실행하기보다는 리더 의사결정 지혜에 대해 내면적인 의문을 정당히 밝힌다.

_____ 17. 나는 리더의 욕구, 목표, 관심사항을 이해하며, 이것들을 충족시키기 위해 열심히 일한다.

_____ 18. 나는 도움이 필요한 임신한 동료의 우려사항을 해결하는데 상사가 어려움을 겪고 있다는 것을 알고 있다. 나 또한 재직하는 동안에 임신을 해 보았기 때문에, 나는 상사에게 기분 상하지 않으면서 그녀를 도울 수 있는 방법을 제안하였다.

_____ 19. 리더가 나의 전문가적인 또는 개인적인 선호도에 상반되는 일을 할 것을 요구할 때, 나는 아주 편안하게 "아니오"라고 말한다.

_____ 20. 나는 항상 문제에 대해 새롭고 독창적인 해결책을 찾는다. 특히 우리의 목표달성에 도움을 줄 수 있다는 것을 알 때 더욱 그렇다.

_____ 21. 우리는 오늘 새로운 프로젝트를 시작했지만, 나는 무엇을 해야 하는지, 나에게 기대되는 것이 무엇인지 이해하지 못했다. 그래서 상사에게 이것에 대해 얘기하러 갔다.

_____ 22. 나는 중요한 문제에 대하여 리더와 정기적으로 상의하며 리더가 작업단위에서 일어나는 일에 대해 은폐하지 않도록 하려고 노력한다.

_____ 23. 우리는 새로운 상사를 맞이 했으며, 나는 그녀에게 우리 부서의 업무방식을 설명하고 있다.

_____ 24. 상사가 성적 관계를 암시해서, 그녀에게 나는 행복한 결혼생활을 하고 있다는 것을 상기시켰으며, 그런 일에 흥미 없으며 다시는 언급하지 말 것을 분명히 이야기했다.

_____ 25. 우리는 성과평가를 일 년에 한 번만 한다. 그러나 나는 상사가 나의 업무수행에 대해 어떻게 생각하는지 더 빨리 알고 싶었기 때문에, 성과에 대해 논의하기 위해 회의를 했다.

추종자의 영향을 미칠 수 있는 잠재력

학습목표 7.6

추종자의 영향력을 강화할 수 있는 세 가지 요소들을 간단히 설명한다.

모든 조직 또는 작업 현장에서 일부 추종자들은 다른 사람에 비하여 동료들(심지어는 그들의 리더에게)에게 더 많은 영향력을 갖고 있는 것처럼 보인다. 이런 추종자들이 리더를 포함한 모든 사람들의 존경, 복종, 그리고 충성심을 받는 추종자들이다. 그러한 위상의 추종자가 집단의 리더보다 더 큰 영향력을 다른 추종자들에게 행사하는 것은 드문 일이 아니다.[110] 이런 '추종자-추종자' 사이의 역동성을 이해하는 리더들은 이것을 자신에게 이익이 되게 활용할 수 있다. 효과적인 리더는 이러한 유형의 추종자를 자신의 지위에 대한 위협이 아니라 핵심 자산으로 본다.

영향력 있는 추종자들이 그들의 영향력을 항상 적절하게 사용하는 것은 아니다. 어떤 사람들은 리더가 나쁘게 보이거나 리더의 업무를 어렵게 만들기 위하여 부

도표 7.3 추종자의 잠재적 영향력을 강화할 수 있는 요소들

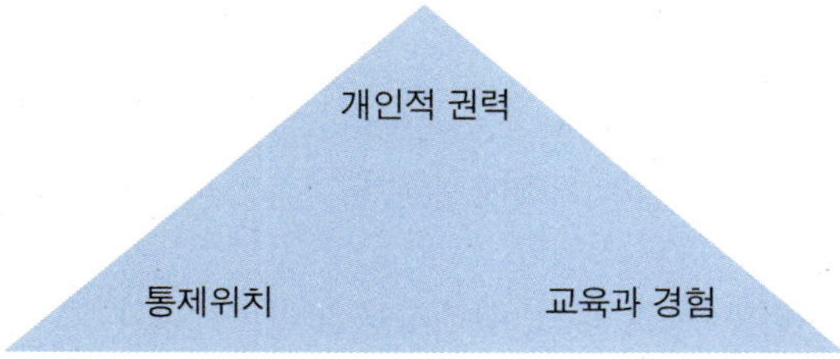

정적인 방법으로 자신들의 영향력을 활용한다. 그들은 리더나 조직에 대한 방해 또는 지원하지 않는 것에 대한 전략적 사고방식을 갖고 있다.[111] 다음 절에서는 추종자가 잠재적 영향력을 강화하는 것으로 밝혀진 세 가지 핵심 요소를 검토한다. 즉, 추종자의 개인적 권력, 통제위치, 그리고 교육과 경험에 대해 논의한다(도표 7.3 참조).

추종자의 개인적 권력

리더는 자신이 더 이상 자신의 작업 단위 내에서 권력과 영향력을 행사할 수 있는 유일한 존재가 아니라는 것을 이해할 필요가 있다. 직장 내에서 구성원들이 어떤 지위에 있더라도, 그들은 변화를 위한 세력이 될 수 있다. 어떤 추종자들은 종종 자신을 혁신가, 자기관리자, 위험감수자로 차별화한다. 이러한 단어들은 전통적으로 추종자가 아니라 리더를 설명하기 위해 사용되었던 용어들이다. 어떤 추종자들은 상향적 또는 수평적 영향력을 증대시키는 데 사용될 수 있는 준거적, 전문적, 정보, 또는 관계적 권력(일반적으로 개인적 권력이라 일컬음)을 갖고 있다. 이러한 권력의 원천들에 대해서는 5장에서 언급하였다. 이러한 형태의 권력 중 어떤 것이라도 추종자들에게 조직의 다양한 수준에 있는 다른 사람에게 영향을 줄 수 있는 능력을 줄 수 있다.[112]

점점 더 많은 구성원들이 정보 및 전문지식을 위해서, 또는 단순히 개인적인 성격 때문에, 특정한 추종자에게 의존하게 됨에 따라, 그 추종자의 상대적인 직위권력은 증가한다. 이런 추종자들은 성과달성을 늦추고, 공식적으로 불평을 호소하고, 시위를 하고, 또는 심지어 태업하도록 다른 추종자들에 영향을 미칠 수 있다. 이러한 모든 행동은 리더의 명성에 해를 끼칠 수 있다. 또한 추종자들은 리더를 돕기 위한 행동을 할 수 있다.

추종자의 통제위치

2장에서 논의했던 것과 같이, **통제위치(locus of control)**는 한 개인의 운명에 대해 누가 통제를 하고 있는가에 대한 외적 믿음과 내적 믿음의 연속선상에 있다. 자신이 '자기 운명의 주인'이라고 믿는 사람은 내적 통제위치를 갖고 있는 사람들이다. 그들은 자신들이 직장 내 사람과 사건에 영향을 미칠 수 있다고 믿는다. '운명에 저당 잡혀 있다고(외적 통제위치)' 믿는 사람은 직무에 대한 아무런 영향력 또는 통제력이 없다고 믿는 경향이 있다.

통제위치는 한 개인의 운명에 대해 누가 통제를 하고 있는가에 대한 외적 믿음과 내적 믿음의 연속선상에 있다.

대부분의 연구결과는 리더십 자질은 압도적으로 내적 통제위치를 가진 사람에게서 나타난다는 견해를 지지한다.[113] 내적 통제위치를 가진 추종자들은 리더와의 정직하고 공개적 의사소통, 의사결정 참여, 그리고 창의적일 수 있는 기회를 촉진해주는 작업환경을 선호한다. 그들은 외적 통제위치를 가진 사람들 보다 다른 추종자에게 더 많은 영향력을 행사하는 경향이 있다.

추종자의 교육과 경험

모든 추종자들이 동일한 수준의 교육과 경험을 소유하고 있지는 않다. 이러한 차이가 추종자의 영향력에 중요한 영향을 줄 수 있다. 가치 있는 기술과 경험을 갖고 있는 추종자들은 다른 추종자들 심지어는 리더에게 영향을 주기 위해 그들의 전문적 권력을 사용할 수 있다. 리더들은 추종자들을 포함한 다른 사람들로부터 학습할 수 있는 기회를 만들어야 한다. 오늘날의 노동력은 30년 전의 노동력보다 훨씬 잘 교육받고, 유동적이고, 다양하며, 그리고 더 젊다. 리더보다 경험 많고 교육받은 추종자가 다른 추종자들에게 더 많은 영향력을 행사할 수 있다. Accenture의 Julie Sweet는 평생학습이 자신의 개발과 리더로서의 성공에 핵심이었다고 느낀다. 그녀가 CEO 역할을 시작했을 때, 그녀는 분기별 학습 의제와 그녀가 학습한 것을 공유하기 위한 CEO 학습 위원회(CEO Learning Board)를 수립했다. 그녀는 구성원에게 학습이 모든 수준에서 필요하다는 것을 보여주는 것이 조직 전체를 학습자로 만드는 데 도움을 준다고 강하게 믿고 있다.[114]

근로자들의 교육과 경험이 상승됨에 따라, 그들은 상의하달식의 지시적인 리더십 스타일을 거부하는 경향이 있다. 이런 사실을 무시하는 리더들은 높은 수준의 구성원 불만족과 이직률에 직면하게 될 것이며 효과적인 추종자의 재능을 활용하는 이점을 놓치게 될 것이다.

추종자의 잠재적인 영향력이 증가함에 따라, 그들은 리더와 추종자라는 두 가지 역할을 하는 자신들을 발견하게 된다. 하루 일과 중에 리더로서의 역할과 추종

업무응용 7.4

자신의 교육과 경험 때문에 상사보다 직무에 더 적합하다고 느꼈던 직무관련 사건을 회상해보자. 어떻게 이런 특성이 상사에게 영향을 미칠 수 있게 했는지 설명해보자.

자로서의 역할을 몇 번씩 번갈아가며 수행하는 것이 전혀 드문 일이 아니다. 리더는 추종자들의 충고를 듣고 따르는 용기를 가져야 한다. 이것은 상향적인 동시에 하향적인 관계적 영향이다.[115] 이런 역할의 균형을 성공적으로 유지하는 것은 어려운 일이나 효과적인 리더가 하는 일이다.

개념응용 7.4 추종자 영향력의 결정요인들

다음의 각 문장에 대하여 구체적인 추종자 영향력의 특징을 찾아보자.

a. 개인적 권력
b. 통제위치
c. 교육과 경험

_____26. 항상 다른 사람을 탓하기보다 행동에 대해 책임지는 것이 더 좋다. 그러한 자기성찰은 실수로부터 학습할 수 있게 한다.

_____27. 나의 기술적 배경과 훈련을 감안할 때, 나는 기술적 지원에 대해 질문하는 동료를 돕는 것을 좋아한다.

_____28. 많은 문제에서 내 의견을 믿어주는 동료들의 신뢰와 존경 때문에, 나는 항상 구성원들 사이의 대인갈등을 해결해 달라는 도움을 요청 받았다.

_____29. 앞서기 위해 무슨 시도를 하든 간에, 항상 나를 반대하는 사람이나 사건이 있다고 나는 믿는다.

_____30. 나는 우리 부서 내에서 새로운 기계를 가지고 성공적으로 일할 수 있도록 훈련받은 유일한 사람이기 때문에 많은 동료들이 기술적 지원을 위해 나에게 의존한다.

_____31. 동료에게 나의 견해를 이해시킬 시점이 올 때, 부서 내의 연륜과 인기 때문에 나는 그들이 상사의 견해보다는 나의 견해를 쉽게 이해할 수 있게 한다.

도입사례 응용

4. 이 장에서 추종자의 잠재적 영향력을 강화할 수 있는 세 요인들에 대해 설명했다. Arnold Donald의 경력 여정에 응용해 볼 때, 당신 의견으로는 어느 요인(들)이 그의 이익을 위해 상향적 수평적 영향을 행사하는 데 도움을 주었나?

세 가지 영향요인 모두가 Donald가 자신의 경력을 발전시키는 데 도움이 되었다는 것이 사례에서 분명하다. 분리된 남부에서 자란 Donald는 그와 같은 흑인이 겪었던 학대와 고정관념을 기억한다. 그는 선생님을 통해 "스스로 지원하고 자기합리화를 하지 않으면 무엇이든 될 수 있다"는 것을 배웠다.

워싱턴대학교 공과대학 학장의 조교로서 Donald의 업무는 학생들을 여름 일자리에 배치하는 것이었다. 다수의 학생들을 Monsanto 성공적으로 배치한 후 그 프로젝트의 책임자가 "글쎄, 너는 어떤가?"라고 물었다. 한 가지 일이 다른 일로 이어졌고 그는 그해 여름에 Monsanto에서 일하게 되었다. 이것은 분명히 그의 경험, 노력, 헌신이 더 높은 위치에 있는 사람의 주목을 받은 경우이다. 그는 Monsanto의 하급 직원으로서 상사에게 자신이 회장이자 CEO를 만났다고 말했을 때 어떻게 그의 상사를 놀라게 했는지 이야기한다. 상사는 "CEO와 약속만 잡을 수는 없다!"고 말했다. 이것은 자신의 개인적 카리스마를 사용하여 깊은 인상을 주며 자기 홍보를 하는 Donald의 능력을 보여준다.

Donald가 그의 상사와 좋은 관계를 구축했다는 것은 분명하다. 그 결과, 그가 경영대학원을 졸업할 때, Monsanto는 그가 다른 직장으로 갈까 두려워했으며 따라서 그에게 정규직을 제안했다. 하나의 경력 승진은 다음 경력으로 이어졌고 곧 그는 조직의 핵심 권력자들과 관계를 맺었다. 그는 그의 추진력과 재능으로 주목을 받았다. 확실히 Donald는 전문가로서의 여정 모든 단계에서 높은 질의 LMX 관계를 개발하는 것이 자신의 경력에 미치는 영향을 인식하고 있는 것 같았다. 그는 상사, 동료, 추종자들과 높은 질의 관계를 구축하는 방법(상향, 수평 및 하향적 영향력)을 알았다.

위임

학습목표 7.7

리더가 위임해야만 하는 세 가지와 위임하지 말아야 하는 세 가지를 확인한다.

위임은 목표달성에 대한 책임과 권한을 배정하는 과정이다.

위임은 리더의 업무량을 줄여줄 뿐만 아니라 작업이 위임된 추종자의 기술/능력을 향상시킨다.[116] **위임**(delegation)은 목표달성에 대한 책임과 권한을 배정하는 과정이다. 구성원들에게 설계된 직무의 일부를 수행하도록 하는 것은 명령을 내리는 것이지 위임을 하는 것이 아니다. 위임은 구성원에게 새로운 직무를 주는 것을 의미한다. 새로운 직무는 재설계된 직무의 일부가 되거나, 일회성인 직무가 될 수 있다. 위임의 진정한 예술은 위임될 수 없는 것과 위임해야만 하는 것을 아는 관리자들의 능력에 있다. 가장 많이 하는 10가지의 관리적 실수를 중에서, 위임의 실패는 그 10가지 중 하나라고 어떤 관리전문가들은 믿고 있다.[117] 이 절에서는 위임하기, 위임의 결정, 그리고 모델을 활용한 위임에 대하여 논의한다.

위임하기

리더는 효과적으로 위임하기 위하여 위임을 하기 전에 직무, 시간적 제약, 그리고 추종자 특성 등과 관련된 여러 요소들을 주의 깊게 고려할 것을 요구한다. 우선적으로 처리해야 할 직무 수행시간이 충분하지 않을 때, 추종자들이 더 많은 도전과 기회를 갈망할 때, 그리고 직무가 추종자의 기술수준 및 경험과 일치할 때, 리더는 직무를 위임해야만 한다. 또한 리더는 직무에 적절한 사람을 찾아서 주의 깊은 지시를 제공해야 한다.[118] 효과적인 위임은 사람들에게 자신만의 독특함을 발전시킬 수 있게 해준다. General Dynamics의 Phebe Novakovic은 의사결정을 적절한 최하수준에게 위임하는 것에 대한 확고한 믿음을 갖고 있다. 그녀는 이것이 빠르고 정확한 결정을 내리는 가장 좋은 방법이라 느낀다. 전술적 수준에서 구성원들은 무엇을 기대하고 실행할 수 있는지 이해한다.[119]

위임의 유익함, 위임에 대한 장애물 및 위임이 너무 적은 징후에 대해 논의하는 것으로 시작해 보자.

위임의 이점

관리자들이 위임을 할 때, 그들은 높은 우선순위를 갖고 있는 직무를 수행할 더 많은 시간을 갖는다. 위임은 직무를 완성시키고 생산성을 증대시킨다. 위임은 추종자들을 임파워먼트시켜 주며 그들에게 더 많은 자신감을 준다.[120] 책임과 권한을 동시에 위임하는 것은 의사결정을 사다리 아래로 밀어 내는 것이며, 문제에 가장 가까이 있는 현장 구성원의 의견개진을 격려하며, 참여적인 작업환경을 촉진하는 것이다. 리더 혼자 할 때보다 자원을 더 활용하게 해주며 더 좋은 결과를 확보해 준다. 위임은 관리자의 스트레스와 부담을 경감시킬 뿐만 아니라, 구성원을 훈련시키며 구성원의 자신감을 증진시킨다. 책임을 위임함으로써, 리더들은 많은 업무를 덜 효과적으로 수행하기보다는 적은 업무에 집중할 수 있다. 결과적으로, 그들은 자신을 대신할 다른 사람들을 훈련시키는 반면에, 관리와 리더십 잠재력을 증진시킨다. 이것은 구성원들의 직무를 충실화시켜서 구성원들을 개발하는 수단이다. 조직의 입장에서, 위임하는 것은 성과와 업무 결과물의 증진이라는 결과를 낳게 된다. 또한 이것은 리더와 구성원 사이에서 더 많은 의사소통을 하게 만들며, 따라서 작업환경을 어떻게 개선할 것인가에 대한 구성원의 의견을 제시하도록 격려하게 된다.[121 122]

위임의 장애물

관리자들은 스스로 일을 하는 것에 익숙해있다. 그들은 "다른 사람을 통해 업무를 완수하는 것"이 리더십의 일부라는 것을 망각한다. 어떤 관리자들은 구성원들이 직무완수를 실패할까봐 두려워한다. 책임과 권한을 위임할 수 있으나, 자신의 책임을 위임할 수는 없다. 관리자들은 다른 사람들보다 자신들이 직무를 더 효율적으로 수행할 수 있다고 믿는다. 어떤 관리자들은 위임이 자기 직무의 중요한 부분이라는 것을 인식하지 못하며, 또 다른 사람들은 무엇을 위임해야 할지 모르며, 어떤 사람들은 위임하는 방법을 모른다. 효과적인 위임은 효율성과 효과성이 저하되는 리더의 시간 관리를 크게 향상시킨다.

너무 적은 위임의 징후

특정 행동은 부하에게 위임하기 꺼려하는 리더들과 관련이 있다. 이러한 행동들은 리더들이 너무 적게 위임하고 있다는 징후이다. 집으로 일감을 갖고 가는 것, 구성원의 직무를 수행하는 것, 예정보다 늦게 일을 진행하는 것, 지속적인 압박과 스트레스를 느끼는 것, 작업완료 일정을 맞추기 위해 허둥대는 것, 그리고 구성원들에게 행동하기 전에 허락 받기를 요구하는 것 등이 이런 행동들이다. 사무실을 떠나지 못하며 책임과 권한을 위임하지 못하는 리더들은 의사결정하고 자신들의 행동에 대해 책임을 지는 구성원들의 자신감을 저해한다.[123, 124]

불행히도, 오늘날의 비용을 절감하는 많은 환경에서 일부 직무를 위임할 수 있는 사람이 항상 있는 것은 아니다.[125]

> **업무응용 7.5**
> 업무에서 관찰한 것 중 위임에 대한 장애물 또는 위임이 너무 적은 징후를 설명해보자.

위임의 결정

앞에서 언급한 것과 같이, 위임의 중요한 부분은 위임해야 할 직무를 아는 것이다. 위임의 성공 여부는 종종 위임해야 할 직무선택과 위임할 사람의 선택에 의해 결정된다.

위임해야 할 것

일반적인 가이드라인은 다음과 같다. 우선순위가 고려된 할 일의 리스트를 활용하며, 고유한 지식과 기술 때문에 자신이 개인적으로 참여할 필요가 없는 것을 위임한다. 다음과 같은 것들이 포함될 가능성이 있다.

- **서류작업:** 다른 사람들이 보고서, 메모, 편지 등을 준비하게 할 것
- **단순반복적인 작업:** 재고조사, 스케줄 짜기, 구매하기 등을 위임할 것
- **기술적인 일들:** 유능한 구성원들이 기술적인 질문과 문제를 해결하게 할 것
- **개발 잠재력이 있는 직무:** 구성원에게 새로운 것을 배울 기회를 줄 것, 그들의 직무를 충실화시켜서 승진을 준비시킬 것
- **구성원들의 문제들:** 구성원들이 자신들의 문제를 해결할 수 있도록 훈련시키고 그들의 능력이 떨어지지 않는다면 절대 그들의 문제를 해결해주지 말 것

위임하지 말아야 할 것

일반적인 가이드라인은 다음과 같다. 고유한 지식과 기술 때문에 자신이 개인적으로 참여해야 할 필요가 있는 것은 위임하지 않는다. 다음과 같은 전형적인 예를 들 수 있다.

- **개인적인 일:** 인사고과, 상담, 훈계, 해고, 갈등해결 등
- **비밀이 요구되는 행동:** 위임에 대한 허락을 받지 않는 한 위임하지 말 것

- **위기:** 위임할 시간이 없음
- **당신에게 개인적으로 위임된 직무:** 예를 들어, 당신이 특정 위원회에 배정되었다면, 허락 없이 다른 사람을 그 위원회에 배정하지 말 것

누구에게 위임할 것인가에 대한 결정

일단 어떤 직무를 위임할 것인가가 결정되면, 그 직무를 수행할 구성원을 선택해야 한다. 위임할 구성원을 선택할 때, 그 구성원이 정해진 날짜까지 그 직무를 완수할 능력이 있는지 확실히 해야 한다. 선택을 할 때는, 구성원의 재능과 흥미를 고려해야 한다. 최후의 선택을 하기 전에, 구성원들의 흥미를 알아보기 위해 몇몇 구성원에게 자문을 구할 수 있다.[126]

성격과 팔로워십 및 위임

모델을 사용하여 위임하는 방법을 배우기 전에 성격이 팔로워십과 위임에 어떤 영향을 미칠 수 있는지 알아보자. 일반적으로, 만일 당신이 Big Five 성격차원 중 높은 소속욕구인 친화성을 갖고 있다면, 모든 사람과 좋은 관계를 맺는 것이 자신의 욕구 충족을 도와줄 수 있기 때문에 상사와 좋은 관계를 맺을 것이다. 만일 권력에 대한 낮은 욕구를 갖고 있다면, 리더보다는 추종자가 되는 것을 선호한다. 일반적으로, 자발적으로 권한을 위임할 것이다.

만일 당신이 외향성/높은 권력욕구를 갖고 있다면, 관리자와 함께 지내는데 약간의 문제가 있을 것이다. 통제하는 위치에 있기를 좋아하거나, 추종자보다는 리더가 되기를 선호한다. 그러나 만일 관리자와 잘 지내지 못한다면, 회사 내에서 승진하는 데 어려움을 겪을 것이다. 통제하는 위치에 있는 것을 좋아하기 때문에, 권한을 위임하는 것을 주저할 것이다—위임할 때는 통제력의 일부를 잃는다.

만일 당신이 성실성/높은 성취욕구를 갖고 있다면, 직무완성을 위해 자신이 원하는 것을 얻는 것 이외에는, 관리자와의 관계에 관심이 없을 수 있다. 그러나 만일 관리자와 잘 지내지 못한다면, 자신이 원하는 것을 얻는데 어려움이 있다. 또한 다른 사람에게 직무수행을 시키기보다는 스스로 수행하는 것 자체에서 만족을 얻기 때문에 수행하기 좋아하는 직무를 위임하는 것을 꺼려할 것이다.

또한 잘 적응하는 것이 관리자와 좋은 관계를 맺는 데 도움을 준다. 내적 통제 위치(2장)를 포함하는 경험에 열려 있는 것은 새로운 것을 기꺼이 시도하기 때문에 다른 사람과 잘 지내는 데 도움이 된다.

윤리적 결정

7.2 권력의 남용

2011년 5월 3일, 네바다주의 상원의원 John Ensign은 사임했다. Ensign은 2009년에 과거 선거 참모이자 상원 보좌관인 Doug Hampton의 부인인 Cynthia Hampton과의 불륜을 인정했다. Ensign의 선거법 위반에 대한 2년간의 조사에서, 상원 윤리위원회는 그가 선거자금 관리법을 위반했으며 자신의 일을 은폐하기 위해 정의를 흐리게 했다는 것을 발견했다.

Ensign의 친구이며 그의 간통에 대해 맞섰던 오클라호마의 상원의원 Tom Coburn은 Ensign과 Doug Hampton의 중재자로 개입했다. Doug Hampton은 사건을 맡게 된 직후에 Ensign과 일종의 금전적 합의를 모색했다고 한다. 상원의원 Coburn은 합의안을 도출하는 중개인이었다. 보고서에 따르며, 결국 Ensign의 아버지는 Hampton에게 선물로 96,000달러를 주었으며, 윤리위원회는 이것이 선거자금 관리법을 위반한 것으로 결정하였다.[127]

1. 선거자금 관리법을 위반한 것으로 보이는 거래에서 상원의원 Ensign이 Hampton에게 돈을 주도록 도와준 친구이자 상원의원 Coburn은 윤리적으로 책임이 있는가?
2. 조직이 잘못했다는 증거를 상사가 숨기도록 요구한다면 어떻게 하겠는가? (다음과 같은 대안이 있다; 그냥 한다, 아무 말도 하지 않고 하지 않는다, 동기를 물어본다, 파괴를 요청 받은 것에 대해 자세히 알아본다, 해도 좋은지 확인하기 위해 차상급 상사에게 간다, 상사에게 안한다고 말한다, 상사에게 스스로 할 것을 요청한다, 정부 또는 언론 등과 같은 외부 기관에 폭로한다.)
3. 상원의원 Coburn이 했던 것과 같은 위반 사항을 은폐하기 위하여 법정에 갔다면, 당신은 "나는 직접적으로 관련되지 않았다"라고 말함으로써 올바른 윤리적 변호를 받을 수 있다고 믿는가?

성별의 차이

비록 예외가 있을지라도, 일반적으로 여성은 남성이 선호하는 수준보다 더 개인적인 수준에서 관계를 맺으려는 성향이 있다. 예를 들어, 함께 일하는 두 여성은 두 남성에 비하여 자신들의 가족생활에 대하여 더 많은 대화를 하는 경향이 있다. 남성은 사회적 모임을 갖지만, 그들은 운동과 같은 다른 흥미에 관해 더 많은 대화를 한다. 수개월 동안 함께 근무한 여성의 경우 수년 동안 함께 근무한 남성들보다 서로의 개인생활과 가족생활에 대해 더 많이 아는 것이 이상한 것은 아니다. 자신의 개인생활에 대해 이야기하는 것을 즐기는 남성은 남성과의 짝 관계보다는 여성과의 짝 관계에서 가족에 대해 더 많은 이야기를 하는 경향이 있다. 남성이 여성과 함께 일하는 것을 즐기는 이유 중 하나는 여성이 개인수준의 관계를 직장으로 끌어 들이기 때문이다.

모델을 사용한 위임

위임 모델의 단계는 (1) 위임의 필요성 및 위임할 구성원을 선택한 이유를 설명한다. (2) 책임감, 권한의 수준, 완성 일정이 포함된 목표를 정한다. (3) 계획을 세운다. (4) 통제를 위한 체크포인트를 결정하고 구성원이 책임지게 한다.

누구에게 무엇을 위임할 것인가를 결정한 후에, 계획을 세워서 직무를 위임해야 한다. **위임 모델**(delegation model)의 단계는 (1) 위임의 필요성 및 위임할 구성원을 선택한 이유를 설명한다. (2) 책임감, 권한의 수준, 완성 일정이 포함된 목표를 정한다. (3) 계획을 세운다. (4) 통제를 위한 체크포인트를 결정하고 구성원이 책임지게 한다.[128] 이 네 단계를 따르는 것은 성공적으로 위임할 가능성을 높일 수 있다. 이 책을 읽어감에 따라, 위임 모델이 직무특성 모델, 핵심적인 직무의 차원, 그리고 성과 및 업무의 결과에 영향을 주는 중요한 심리적 상태와 함께 어떻게 사용되는지 알게 될 것이다.

- **1단계. 위임의 필요성을 설명하고 위임할 구성원을 선택한 이유를 설명할 것.** 왜 부여된 직무가 완수되어야 하는지 이해하는 것이 구성원에게는 도움을 준다. 다시 말하면, 부서 또는 조직이 어떤 이익을 얻는가? 구성원에게 정보를 제공하는 것은 그들이 직무의 중요성을 (의미 있는 직무 대한 경험) 이해하는 데 도움을 준다. 구성원에게 위임의 대상으로 선택된 이유에 대해 이야기하는 것은 그들이 가치 있다고 느끼게 한다. "지저분한 일인데, 누군가 해야 한다"식의 접근법을 사용하지 말아야 하고, 긍정적이어야 한다. 구성원들이 주어진 업무로부터 어떤 이득을 취할 수 있는 알게 한다. 만일 1단계가 성공적으로 완료되면, 구성원들은 직무를 수행할 동기가 부여되었거나, 최소한 자발적 직무수행 의지가 있어야 한다.
- **2단계. 책임감, 권한의 수준, 완료 일정이 포함된 목표를 정할 것.** 목표는 특정 마감일까지 구성원이 책임을 지고 달성해야 할 결과물에 대해 분명하게 명시해야 한다. 또한 구성원이 갖게 되는 권한의 수준을 정의해야 한다. 다음과 같은 예를 들 수 있다.
  - 모든 공급자의 명단을 만들어서 매주 금요일 2시에 제출할 것(통보 권한)
  - 물품 구매요청서를 작성해서 매주 금요일 2시에 제출할 것(추천 권한)
  - 공급자를 위한 구매요청서를 작성해서 서명하고 구매부서에 보내고, 복사본을 매주 금요일 2시까지 내 문서보관함에 넣을 것(보고 권한)
  - 공급자를 위한 구매요청서를 작성해서 서명하고 금요일 2시까지 구매부서에 보내고, 복사본을 보관할 것(완전한 권한)
- **3단계. 계획을 수립할 것.** 목표가 정해지면, 목표달성을 위한 계획이 요구된다. 권한의 수준과 계획을 구체화하는 서면으로 작성된 목표가 도움을 준다. 계획을 수립할 때는, 목표를 달성하는 데 요구되는 자원을 찾아내어, 자원을 획득하

모델 7.1 위임과정의 단계

1단계 위임의 필요성을 설명하고 특정 구성원을 선택한 이유를 설명한다. → **2단계** 책임, 권한 수준, 완성 일정 등과 관련된 목표를 설정한다. → **3단계** 계획을 만든다. → **4단계** 통제점검표를 만들고 구성원이 책임을 지게 한다.

는 데 필요한 권한을 구성원에게 확실히 주어야 한다. 모든 관련자들에게 구성원의 권한과 구성원이 함께 일하는 대상에 대해 알려준다. 예를 들어, 만일 구성원이 마케팅 보고서를 쓰고 있다면, 마케팅 부서에 연락해서 그 구성원이 필요한 정보에 접근할 수 있어야 한다고 이야기해야 한다.

- **4단계. 통제 체크포인트를 만들고 구성원이 책임을 지게 함.** 간단하고, 쉬운 과업은 통제점검표 없이 완료 일자를 정해주는 것이 적절하다. 그러나 여러 단계를 거치거나 또는 완성하는데 시간이 걸리는 업무에 대해서는 사전에 정해진 시점(통제 체크포인트)에 진척 사항을 점검하는 것이 바람직하다. 이것은 처음부터 높은 곳에서 낮은 곳으로 위임체계의 정보의 흐름을 만든다. 구성원과 배정한 업무의 보고형식(전화, 방문, 메모, 또는 자세한 보고서) 그리고 보고 시점(매일, 매주 또는 특정한 단계를 완료한 후 다음 단계로 옮겨가기 전에)에 대해 합의해야 한다. 통제할 때는 구성원의 능력수준을 고려해야 한다. 능력이 낮을수록 더 자주 점검하고, 능력이 높을수록 덜 점검한다.

운영계획서를 만들 때, 통제 검사점을 나열하여 서면으로 작성하는 것이 도움이 된다. 계획서가 완성되면 복사본을 만들어서 관련된 이해당사자들과 위임하는 관리자로서 당신이 참고할 수 있도록 한다. 더욱이, 관련된 모든 이해 당사자들은 통제 검사점을 그들의 달력에 표시해야 한다. 만일 업무를 위임받은 구성원이 일정대로 보고를 하지 않으면, 보고를 하지 않는 이유를 알아보고 정보를 수집한다. 각각의 점검 시점에 성과를 평가해야 하며, 업무를 완성하면 업무 결과에 대한 지식을 제공하는 피드백을 제공한다.

추종자의 성과를 평가하기

대부분의 상사들에게 요구되는 책임은 정기적으로 구성원을 검토하는 것이다. 평가와 피드백은 일반적으로 상사가 구성원에게 제공하며 배정된 업무 관련 구성원의 성과와 노력에 대한 평가를 나타낸다. 일부 관리자들에게는 성과를 평가하는 것이 우연이거나 기껏해야 매우 주관적인 작업일 수 있으므로 효과적인 구성원 성과검토 업무를 수행하기 어렵게 만든다. 이러한 평가는 정상적인 리더십 훈련 및 개발 프로그램의 일부가 되어야 하는 중요한 리더십 책임이다.[129] 일부 추종자들은 평가를 받을 때 방어적인 경향이 있다. 특히 평가가 그다지 긍정적이지 않거나 평가가 객관적이지 않은 기준에 근거한다고 믿을 때 그렇다.[130] 일부 추종자에게 부정적인 평가는 그들의 능력에 의문을 제기하고 자신감을 위협한다. 일부 리더는 이러한 감정과 추종자와의 관계를 해칠 수 있다는 두려움 때문에 저성과 추종자들과 대면하는 것을 불편해한다.[131] 그럼에도 불구하고 추종자의 성과 미달을 언급하는 것은 추종자의 약점 해결에 도움을 주기 위해 요구된다. 그러나 언급하는 방식은 리더-추종자 관계를 유지하거나 긴장시킬 수 있다.[132]

추종자는 평가과정에서 정직, 동정, 이해, 공감을 보이는 리더를 존중하고 존경한다는 것에 의심의 여지가 없다. 또한 추종자들은 평가가 공정하고 효과적이란 확신을 갖길 원한다. 이것이 360도 다면평가 방식을 강하게 추천하는 이유이다. 이 평가도구는 한 개인을 평가하기 위해 다양한 원천의 평가자(자기, 동료, 상사, 고객, 공급자 등)를 사용한다.[133] 이것은 360도 피드백, 다중원천 피드백, 다원천 성과 검토 등의 다양한 이름으로 불린다.

리더는 추종자들이 부정적인 평가에 대하여 과도한 행동을 할 때 차분한 전문가로 남아 있는 것을 배워야 한다. 리더는 부족한 점을 말할 때는 구체적이여 하며, 차분하게 저성과가 팀 또는 조직 목표에 미치는 영향을 설명하며, 부정적 평가의 이유를 찾는데 구성원을 참여시키며, 변화를 위한 치료법을 제안하기 위해 추종자와 함께 노력한다. 구성원의 성과 검토가 끝나면, 추종자는 리더가 도움을 주기 위해 진정한 열망을 보여주었으며 양 당사자가 개선을 위한 구체적인 행동에 대해 서로 동의했다는 믿음을 갖는 결과가 되어야 한다. 평가와 피드백을 통하여 추종자의 자신감이 산산이 부서지기보다는 본래대로 남아 있거나 또는 강화되어야 한다. 이것이 평가가 잘되었을 뿐만 아니라 리더와 추종자 사이의 피드백이 동등하게 효과적이었다는 표시이다.

효과적인 평가는 최소한 다음 다섯 가지를 달성해야 한다.

- 구성원에 대해 리더가 관찰했거나 데이터를 갖고 있는 행동, 성과, 그리고 결과를 설명한다. 객관성이 중요하다.
- 구성원이 명시된 목표/기대를 충족시켰거나 초과한 영역을 표시한다.
- 구성원이 명시된 목표/기대에 미치지 못한 영역을 식별한다.

도표 7.4 효과적인 성과 검토 및 피드백

준비 단계

- 리더는 시간과 장소를 구체화시키는 일정표를 만든다.
- 리더는 추종자의 성과에 대한 정확한 사실을 수집한다.

성과 검토 단계

- 리더는 내포를 형성해야 한다.
- 리더는 구성원의 강점과 업적을 강조한다.
- 리더는 부족한 성과에 대해서 구체적으로 설명한다.
- 리더는 낮은 성과가 다른 사람들/시스템에 미치는 부정적 영향을 설명한다.
- 리더는 추종자가 낮은 성과의 원인을 찾아서 소유하도록 권장한다.
- 리더는 추종자에게 개선 방법을 제안하도록 요구한다.
- 리더는 구체적인 행동 단계에 대한 상호 간 동의에 도달한다.

성과 검토 후 단계

- 리더는 행동 단계가 실행되는 것을 확인한다.
- 리더는 추종자에게 도움이 되길 희망한다는 것을 전달한다.

- 부족한 점을 해결하기 위한 행동계획에 대해 논의하고 합의한다.
- 긍정적으로 회의를 끝내고 지원을 제안한다.

주의 깊은 계획, 실행, 과정의 점검이 요구된다. 따라서 도표 7.4는 성공적인 평가를 실행하기 위한 3단계를 제시한다. 준비 단계는 평가 전 행동들을 포함하고, 성과 검토 단계는 실제로 평가를 진행하는 동안에 해야 할 행동들을 포함하며, 성과 검토 후 단계는 평가를 마친 후 검토하는 단계에서의 행동을 포함한다. 여기서는 6장에서 피드백에 대한 확장된 논의가 있었음을 주목해야 한다. 피드백을 제공하기 위한 다른 접근방법으로 코칭의 일부가 제시되었다.

요약

7.1 수직적 짝연계 이론에서 형성될 수 있는 2개의 하위 집단에 대해 설명한다.

리더들은 내집단이라고 알려진 선택된 일부 추종자와 긍정적 사회적 교환을 한다. 다른 추종자 집단은 외집단이라 불리며, 리더들은 이들과 경제력에 기초한 권위관계를 발전시킨다. 리더들은 내집단 구성원에게 영향력을 행사하기 위하여 전문적, 준거적, 그리고 보상적 권력을 우선 사용한다. 외집단원들은 고용계약의 요구사항에 따라 관리되는 경향이 있다. 계약사항에 순종하는 한, 외집단의 추종자들은 직무에 대한 표준적 보상(임금과 같은)만을 받는다.

7.2 LMX 이론에서 리더와 추종사 사이에 일어 날 수 있는 두 종류의 관계를 정의한다.

리더들은 어떤 구성원들과는 (신뢰와 좋아함에 기초하여) 높은 질의 사회적 교환을, 나머지 구성원들과는 낮은 질의 경제적 교환을 형성한다.

7.3 LMX 관계에 영향을 주는 리더와 추종자의 역할을 설명한다.

리더의 역할. 경제적인 것에 기초한 교환관계(성격상 전적으로 계약임)를 뛰어 넘어 사회적인 것에 기초한 교환관계(우정, 상호신뢰, 충성심, 그리고 리더와 추종자 사이의 존경심이 특징임)로 추종자와 업무관계를 발전시키려는 리더의 능력과 자발성이 LMX 관계에 중요한 영향을 미친다. 리더의 자원 확보에서의 강점, 통제 영역 그리고 지지적인 작업 분위기 또는 환경을 만드는 능력 등과 같은 다른 요소들 또한 LMX 관계에 많은 영향을 미친다.

추종자의 역할. 리더와의 LMX 관계에 영향을 미치길 원하는 선행적인 추종자들은 인상관리, 환심사기, 그리고 자기 축진 등과 같은 전술을 사용할 수 있다.

7.4 LMX 이론에 내재된 편견을 설명하고 어떻게 이것이 의도하지 않은 결과들로 이어질 수 있는지 설명한다.

선택된 집단의 구성원들이 충성, 헌신 및 신뢰를 보일 때, 그들은 리더의 호감을 얻으며 나중에 리더는 그들에게 더 높은 성과 등급을 부여한다. 실제 성과와 연결될 수도 연결되지 않을 수도 있는 이런 등급은 구성원의 평판에 영향을 미치며 종종 기록의 문제가 된다. 이러한 등급은 (업무 성과에 관계없이) 리더와 유사하지 않고, 친숙하지 않으며, 리더가 좋아하지 않는 다른 집단의 구성원들을 제외시키며 공식·비공식적으로 미래의 선발, 개발 및 승진 결정에 사용될 수 있다. 따라서 높은 질의 LMX 관계를 발전시키는 것은 리더와 내집단 구성원들과 동일한 사회적 형평성을 유지하지 못한 것에 대한 대가를 지불할 수 있는 외집단 구성원들에 대한 부정적 결과와 차별을 초래할 수 있다.

7.5 Kelley 모델이 찾아낸 두 가지 행동과 이에 따른 다섯 가지 종류의 추종자 형태를 설명한다.

두 종류의 행동 조합—비판적 사고와 조직 업무에 대한 관여—을 이용해서 Kelley는 추종자들을 다섯 부류로 분류하였다. 독립적인 비판적 사고 변수는 저에서 고, 관여의 수준 또한 저에서 고의 연속선상에 있다. 다섯 종류의 기본적인 추종자 형태는 소외된 추종자, 수동적 추종자, 동조적 추종자, 실용적 추종자, 효과적 추종자이다.

7.6 추종자의 영향력을 강화할 수 있는 세 가지 요소들을 간단히 설명한다.

1. 개인적 권력 — 추종자들 역시 리더들에게 영향을 미친다는 것을 리더들은 이해할 필요가 있다. 보통 이것은 추종자의 직위권력이 아니라 개인적 권력에 기초하고 있다.

2. 통제위치 — 추종자들은 누가 자기 운명의 지배자인가에 대한 믿음에 기초하여 내적 또는 외적 통제위치를 가질 수 있다. 따라서 리더-구성원 교환은 통제위치에 따라 달라진다.
3. 교육과 경험 — 리더들은 추종자들이 다른 수준의 교육과 경험을 가질 수 있으며 그들을 차별적으로 감독해야 한다는 것을 이해할 필요가 있다.

7.7 리더가 위임해야만 하는 세 가지와 위임하지 말아야 하는 세 가지를 확인한다.

관리자가 위임할 때, 그들은 우선순위가 높은 업무를 수행할 더 많은 시간을 가질 수 있다. 위임은 구성원을 임파워먼트시킬 수 있으며 그들에게 더 많은 자신감을 준다. 책임과 권한 모두를 위임하는 것은 의사결정이 사다리를 타고 아래로 내려가게 하며, 문제에 가장 가까이 있는 운영담당 구성원의 의견개진이 권장되며, 참여적인 작업환경을 촉진한다. 이를 통해 리더들은 자원을 동원하여 혼자 할 때보다 더 좋은 결과를 낳게 한다. 위임은 구성원을 교육시키고 그들의 자신감을 향상시킬 뿐만 아니라 관리자의 스트레스와 부담을 덜어준다. 책임을 위임함으로써 리더는 많은 작업을 덜 효율적으로 수행하는 대신 몇 가지 작업을 잘 수행하는 데 집중할 수 있다.

리더는 서류정리, 단순반복적인 업무, 기술적인 일들, 개발 잠재력이 있는 업무, 구성원 자신의 문제들 등을 위임해야 한다. 리더는 개인적인 업무(성과 검토, 훈육, 해고, 갈등해결), 비밀업무, 위기 관리 및 상사가 리더에게 위임한 업무 등은 위임하지 말아야 한다.

핵심용어

내집단	수동적 추종자	자기촉진	팔로워십
동조적 추종자	실용적 추종자	자기효능감	효과적 추종자
리더-구성원 교환	외집단	조직시민행동	환심사기
사회적 자본	위임	짝 관계	
사회적 정체성	위임 모델	짝 이론	
소외된 추종자	인상관리	통제위치	

연습문제

1. 내집단과 외집단의 차이점은 무엇인가?
2. 높은 질의 리더-구성원 교환의 관계가 추종자 행동에 어떤 영향을 미치는가?
3. LMX 이론에 내재된 편견을 설명하고 어떻게 이것이 의도하지 않은 결과를 가져올 수 있는지 설명해보자.
4. 추종자-영향력 특성이라고 설명된 교육과 경험이 효과적인 팔로워십에 어떻게 영향을 미치는가?
5. 위임의 이점은 무엇인가?
6. 리더가 위임을 하지 말아야 할 것은 어떤 것인가?

비판적 사고 문제

아래에서 제시한 비판적인 사고가 요구되는 문제들은 의사소통 기술을 개발하기 위해서 강의시간에 토론하거나 과제로도 활용할 수 있다. 모든 질문에 답해보자.

1. 리더는 자신의 작업집단 또는 팀 내의 일부 구성원들과 내집단(그의 사교 모임에 안에 있는 사람)과 외집단(그의 사교모임 밖에 있는 사람)에 대한 인식 없이 개인적인 우정을 유지할 수 있는가?
2. 작업집단 내에 내집단과 외집단이 있다는 인식 또는 잘못된 지각을 없애기 위해서 리더가 해야 할 것이 무엇인가?
3. 높은 질의 LMX 관계는 추종자들은 자신을 지지해주는 리더를 위해 더 많은 노력을 해야 한다고 느끼며, 리더들은 추종자의 충성심을 유지하기 위해 더 많은 지원과 혜택을 제공해야 한다고 느끼는 상호 호혜적인 고리를 만든다. 이것이 현실세계의 사례라고 믿는가, 아니면 현실은 조금 다르다고 믿는가?
4. 감옥 또는 대학의 환경을 다루는 영화는 종종 다른 죄수 또는 학생들에게 간수 또는 행정직원보다 더 많은 영향력을 발휘하는 한두 명의 죄수 또는 학생을 묘사한다. 이와 같은 1개의 사례를 생각해내서 왜 특정인이 죄수 또는 학생에게 영향력을 발휘하는지 설명할 수 있는가?
5. 리더의 관심을 끌기 위해서 추종자들이 사용하는 전술(예를 들어, 인상관리, 환심사기, 그리고 자기촉진)에 대하여 창피하고, 이기적이며, 피해야 한다고 주장하는 사람들에게 무슨 말을 해주겠는가?
6. 효과적인 추종자가 되기를 열망하는 사람이 성공적인 경력을 쌓을 수 있는가? 설명해보자.
7. 리더로서 소외된 추종자를 어떻게 동기부여 하는가?

사례: Thasunda Brown Duckett — 사람에 집중하며 승리하는 팀 만들기

2021년 5월 1일 Thasunda Brown Duckett은 TIAA의 사장겸 CEO가 되었다. 이 회사는 고등 교육 및 의료 분야에서 근무하는 수백만 명의 사람들에게 안전한 은퇴 및 결과중심 투자 솔루션을 제공하는 Fortune 100대 기업이다. TIAA의 사명은 재정적 포용과 기회로 정의된다. Duckett이 경력 전반에 걸쳐 지지한 목표와 가치이다. 그녀는 6,000억 달러 이상의 예금과 50,000명의 직원 근무하는 은행 네트워크를 감독했던 Chase Consumer Banking의 CEO로 재직한 후 TIAA에 합류했다. 그 전에, 그녀는 미국에서 자동차 금융의 선두 주자 중 하나인 Chase Auto Finance의 CEO로 근무했으며, 4,000명의 모기지 은행가를 관리했던 Chase Mortgage Banking의 National Retail Sales를 담당한 임원이었다.[134] Duckett은 현재 Fortune 500대 기업을 이끌고 있는 두 번째 흑인 여성이자 Fortune 500대 기업 CEO를 역임한 역사상 4번째 흑인 여성이다.

리더십에 대한 그녀의 접근 방식을 설명하면서 Duckett은 그녀가 먼저 자신을 코치라고 생각한다고 지적한다. "강력한 팀을 구축하고, 승리 전략을 설계하고, 팀이 승리하도록 탁월하게 전략을 실행하는 것이 내 책임입니다"라고 그녀는 말했다. 그녀는 Chase Auto Finance의 CEO가 되었을 때 그녀가 취한 가장 중요한 단계 중 하나가 사람에 집중하고 승리하는 팀을 구축한 것이라고 설명한다. Duckett은 "승리는 팀 스포츠"라는 모토를 가진 리더이다. 그녀가 일부 구성원하고 높은 질의 교환 관계를 맺는 리더-구성원 교환 관계를 믿지 않는다고 가정하는 것이 안전하다. 일부 사람들은 자신을 '내집단'에 속하고 다른 사람들은 '외집단'에 속한다고 인식하는 직장을 받아들이기 어려울 정도로 그녀의 배경과 가치관은 겸손하다. 그녀는 팀을 구성할 때 사람들의 네 가지 주요 특성을

찾는다. 네 가지 특성은 열정, 좋은 성격, 지적 호기심이 많은 사람, 팀 플레이어이다.[135]

2016년 Duckett은 "Lessons in Life and Leadership"이라는 제목의 기사를 발표했다. 그 글에서 그녀는 C-suite로 가는 길을 설명했다. 그녀가 말했듯이 CEO가 되는 길은 기껏해야 파격적이었다. "나는 아주 겸손하게 시작했습니다. 그러나 어렸을 때부터 부모님은 내가 크게 생각하고, 위험을 감수하고, 내게 오는 기회를 잡으라고 격려하셨습니다. 경제적 지위가 나를 규정하기보다 학교에서 열심히 공부하고, 뛰어나게 운동하고, 대학에 진학하고, 직업 훈련 및 개발 프로그램에 참여했습니다. 나는 Inroads라는 기업 인턴십 프로그램에 합격하였으며 그 프로그램은 나와 급우들에게 전문가 네트워크를 구축하고 유지하는 것의 진정한 가치를 가르쳐주었습니다. 이러한 연결을 통해 나는 Fannie Mae에 첫 직장을 얻었고, 그 결과 주택 업계에서 15년의 경력을 쌓았으며 결국에는 JPMorgan Chase로 이직했습니다."

CNBC의 최근 인터뷰에서 Duckett은 대학 졸업 후 더 낮은 제안을 수락한 이유를 설명했다. 그녀는 다음과 같이 말했다 "냉장고 속의 베이킹 소다를 보는 것이 어떤 것인지 또는 조명을 끄는 것이 어떤 것인지 알 때는 개인적 대출이 중요합니다." Fannie Mae에서 그녀는 유색인종이 저렴한 주택 담보 대출을 받는데 도움을 주었다.[136] Duckett은 네트워킹과 지속적인 우정을 쌓는 것이 전문가로 성장하는데 중요한 역할을 했다고 믿는다. "다양한 배경을 가진 멘토, 친구, 동료들로부터 진정으로 많은 도움을 받았습니다"라고 그녀는 말한다.[137] Duckett은 추종자일 뿐만 아니라 그녀가 언급한 유익한 멘토십과 오래 지속되는 관계를 유지하는 효과적인 추종자라고 가정하는 것은 무리가 아니다. 정상을 향한 그녀의 경력 여정은 이 장에서 논의된 효과적인 추종자가 되기 위한 가이드라인의 일부를 예로 보여주는 일화/이야기로 가득하다. 예를 들어, Duckett은 JPorgan Chase에 있을 때 있었던 상황을 설명한다. 그녀는 미국 북동부의 지역 영업 담당 임원 역할을 맡도록 요청받았다. 그것은 그녀에게 중요한 경력 발전이 될 것이다. 그녀는 수십만 고객에게 서비스를 제공하는 800명이 넘는 대출담당 은행가와 관리자로 구성된 영업 팀을 이끌 것이다. 당시 그녀는 임신 6개월이었기 때문에 대출업계의 변화가 한창인 시기에 두 자녀, 새로운 역할, 광범위한 책임 사이의 균형을 맞출 수 있는 자신의 능력에 대해 의문을 갖게 되었다. 그녀는 이것을 자신이 맡을 준비가 된 것인지 궁금해 했다. 그녀는 말했다, 나의 경력 동안 "나는 열심히 일했고 분석적이고 전략적인 기술을 연마할 수 있는 새로운 직책을 지속적으로 맡았습니다. 나는 지금이 내 시간이라고 느꼈고, 남편과 많은 동료들의 도움으로 나는 그 역할을 수락했습니다." Duckett이 출산 휴가를 떠나기 몇 주 전, 그녀는 새로운 책임 외에도 엄격한 운영체제를 구축하여 관리자들이 그녀의 부재중에도 조직을 이끌고 공격적인 비즈니스 목표를 달성할 수 있었다. 그녀는 그것이 어떤 결과를 낳았는지 회상하면서 다음과 같이 말했다. "당신의 팀에게 명확한 기대치를 설명하고 목표, 측정 기준 및 필요한 도구가 포함된 로드맵을 제공하면 그들은 팀이 자신 있게 이끌 수 있게 될 것입니다." 계획은 효과가 있었고, 그녀는 그 역할을 2년 더 계속했다.[138] 이것은 전적으로 그녀 자신이 주도했었다.

Duckett은 '선불하는 것'을 믿는다. 그녀는 이렇게 말했다. "나는 내 경력에서 경험한 기회에 대해 너무 감사하며 다른 사람들을 돕고 영감을 주는 것이 인생의 목적이라고 믿습니다. 그 대가를 치르기 위해 내가 줄 수 있는 최고의 선물은 내가 인생을 살며 받은 유용한 조언을 계속해서 나누는 것입니다."[139] 이것은 LMX 관계의 질, 특히 리더의 역할에 영향을 미치는 요인과 관련된 논문들에 대한 타당성 검증이다.

Duckett은 금융 지식의 중요성에 대해 다른 사람들을 교육할 뿐만 아니라 해당 분야에 진출하는 인재의 파이프라인을 다양화하기 위해 끊임없이 노력했다. 그녀의 역할에서 그녀는 JPMorgan Chase의 Advancing Black Pathways 프로그램의 임원 후원자로 일했다. 이 이니셔티브는 흑인 미국인들이 부, 교육 및 경력 기회의 역사적 성취도 차이를 좁힐 수 있도록 돕는 것에 초점을 맞추고 있다. 또한 그녀는 여성에게 경력 및 사업 기회의 제공뿐만 아니라 금융 교육을 제공하기 위해 일하는 은행의 Women on the Move 이니셔티브의 위원회 리더로 활동했다.[140] 그녀는 다양성, 평등, 그리고 포용을 강하게 옹호한다.

Duckett은 부모님을 기리기 위해 Rosie and Otis Brown Foundation을 설립했으며, 이 재단은 평범한 수단을 사용하여 지역 사회에 힘을 실어주고 비범하게 향상시키는 사람들을 인정하고 보상하기 위한 것이다. 그녀는 유색인종 지역사회가 부의 창출, 교육 결과 및 경력 성공 등의 성취도 격차를 좁히도록 돕는 데 열정적이다.[141]

사례실습과 역할연기

준비: 당신은 매년 말에 구성원들의 성과평가를 하는 조직의 일원이다. 모든 리더와 관리자들이 당해 연도의 평가를 완결되어야 하는 달이 다가오고 있다. 당신의 업무는 추종자들을 평가하는 리더의 역할을 담당하며, 그리고 다음으로 관리자에 의해서 평가받는 추종자의 역할을 한다. 효과적인 리더의 성과 검토 및 피드백 대안 논의와 효과적인 팔로워십을 위한 가이드라인에 대한 이해에 기초하여, (1) 효과적인 성과검토 세션과 비효과적인 성과검토 세션에 대한 시나리오를 제시하고, (2) 효과적인 팔로워십과 비효과적인 팔로워십의 시나리오를 제시할 것.

역할연기: 교수는 학생들을 리더-추종자 쌍을 만들어주고 모든 쌍이 시나리오 1과 2를 나머지 수강자들 앞에서 연기하도록 한다. 각 시나리오에 대한 연극을 마친 후, 수강생들은 연극을 한 학생들이 자기주장을 위해 사용하고 있는 요인들을 찾아내서 두 가지 접근법(효과적 대 비효과적인 성과검토)을 비교한다. 두 시나리오 모두에서 학생 팀들은 다른 팀과 중복되지 않는 차별적인 요소를 활용하여 연기를 해야 한다.

CHAPTER 8

팀 리더십과 자율관리팀

출처: Scott Kowalchyk/CBS via Getty Images

학습목표

이 장을 학습한 후에는 다음을 할 수 있어야 한다.

8.1 팀 효과성의 개념과 비효과적인 팀과 구별되는 효과적인 팀의 특징들을 간단히 설명한다.

8.2 기능팀과 비교할 때 교차기능팀의 장점에 대해 설명한다.

8.3 팀중심 결정을 선호하는 네 가지 조건과 팀중심 의사결정의 장단과 단점을 설명한다.

8.4 효과적인 회의진행의 세 부분을 설명한다.

8.5 전통적 팀과 자율관리팀 사이의 차이와 자율관리팀의 도전에 대해 설명한다.

Stacey Abrams, 팀 빌더이자 선구자

Stacey Abrams은 여러 개의 모자를 쓰고 있다. 그녀는 정치 지도자, 변호사, 여러 시민 비영리단체의 CEO이자 설립자이며 작가이다. 2018년에 그녀는 조지아 주지사가 되기 위해 출마했다. 당시 국무장관이었던 Brian Kemp에게 적은 표차로 패배했지만, 그녀는 주 역사상 다른 어떤 민주당원보다 더 많은 표를 얻었다. 또한 Abrams는 미국 주요 정당의 주지사 후보가 된 최초의 흑인 여성이며 국정연설(State of the Union)에서 연설한 최초의 흑인 여성이자 최초의 조지아 출신으로서 역사를 만들었다. Abrams는 주지사에 출마하기 전에 2007년부터 2017년까지 조지아 하원에서 근무했으며 2011년부터 2017년까지 소수당 대표를 역임했다.[1]

2018년 주지사 선거 관리 방식에 대한 불만으로 그녀는 유권자 억압을 종식시키려는 비영리 투표권 보호 단체인 Fair Fight Action을 시작했다. Fair Fight의 사명은 모든 미국인이 선거 시스템에서 목소리를 낼 수 있도록 하는 것이다. Abrams의 단기 목표는 2020년 선거를 준비하기 위해 전쟁터인 20개 주에서 유권자 보호 팀에 자금을 지원하고 교육하는 것이었다. 조지아주에 집중하면서 Abrams는 많은 사람들이 놓친 승리의 길을 보았다. 그녀는 민주당이 불변하는 백인 유권자의 마음을 변화시켜 수십만 명에 달하는 격차를 좁히려 하지 않는다고 말했다. 그들은 유권자를 재편하고, 가장 어린 백인 조지아인, 산발적으로 투표하는 흑인 유권자, 다른 지역에서 조지아로 이주하는 흑인 유권자, 증가하는 라틴계 및 아시아계 미국인 인구와 같이 잠재적인 민주당 유권자의 범위를 확장시켜 표를 확보할 것이다. 전 조지아주 민주당 의장이자 Abrams의 멘토였던 Dubose Porter는 다음과 같이 말했다. "Stacey는 새로운 유권자를 확보하고, 그들을 등록시키고, 그리고 그들에게 투표해야 하는 이유를 제공한다는 비전을 갖고 있었다."[2] 간단히 말해서, Abrams의 전략은 결정하지 못하고 온건하며 종종 백인인 유권자들을 설득하는데 계속 초점을 맞추는 것과는 반대로, 참여하지 않는 유색인 유권자에게 초점을 맞추는 것이었다.

Politico의 이 헤드라인, "Stacey Abrams와 그녀의 신자집단이 조지아를 푸른색으로 바꾼 방법"이 모든 것을 말해준다. 그녀는 팀 빌더이자 리더일 뿐만 아니라 선구자이다. 조지아주의 애틀란타 교외에서 급속하게 변화하는 인구 통계는 주를 '파란색' 또는 '보라색'으로 바꾸는 것을 현실로 만들었다. 흑인, 라틴계 및 아시아계 미국인 유권자의 흥분과 참여와 더불어 민주당으로 기울어지는 더 많은 젊은 백인 유권자들은 함께 승리하는 연합의 자질을 만들었다. 이러한 경향을 Abrams은 놓치지 않았다. 짙은 붉은색 주에서 한때 불가능해 보였던 결과를 매듭짓기 위해 2021년 1월 5일 실시된 조지아주의 상원 2석을 위한 결선 투표에서 민주당 후보인 Jon Ossoff와 Raphael Warnock 목사가 승리하여 그들의 정당이 의회 전체를 장악하는 결과를 낳았다. 의심의 여지없이, 많은 사람들은 조지아주를 새로운 민주당 주로 만드는데 가장 책임이 있는 것으로 널리 알려진 한 사람, Stacey Abrams를 꼽았다.[3]

팀 리더십은 공통 미션, 비전, 핵심 가치, 공유 목표 및 목표 달성을 위한 전략에 팀을 집중시키는 것이다. Abrams는 조지아에서 승리하기 위한 열쇠는 "새로운 유권자를 참여시키고, 인구 통계학적으로 변화하는 조지아 교외 지역에 거점을 구축하고, 투표소에 대한 유권자의 접근을 보호하는 것"이라고 적었다.[4]

도입사례에 관한 질문들

1. 팀 리더십에 대한 Stacey Abram의 철학에 대해 설명해보자.
2. Stacey Abrams가 구성한 매우 효과적인 시민 활동가 팀의 특징은 무엇인가?
3. Stacey Abrams는 팀 리더십과 팀 성공 간의 관계를 이해하고 있음을 어떤 방식으로 보여주었는가?

4. 효과적인 팀의 특성 중 하나는 현재 문제에 대한 창의적인 해결책을 찾는 것이다. Stacey Abrams가 이러한 특성을 수용하고 팀원들에게 이러한 특성을 장려한다는 증거는 무엇인가?
5. 당신은 Stacey Abrams가 자율관리팀 개념을 수용하는 유형의 리더라고 생각하는가? 당신의 대답을 설명해보자.

이상의 질문에 답할 수 있는가? 이 질문에 대한 답을 찾고 Stacey Abrams와 그녀의 리더십 스타일에 대해 이 장 전체에서 자세히 알아볼 수 있다. Abrams에 대해 자세히 알아보려면 검색 엔진(Google)에서 그녀의 이름을 검색해보자.

출처: Biography.com, "Stacey Abrams," https://www.biography.com/political-figure/stacey-abrams, accessed May 16, 2021; B. Barrow & K. Stafford, "Stacey Abrams Credited for Boosting Democrats in Georgia," *AP News*, November 8, 2020, https://apnews.com/article/election-2020-joe-biden-stacey-abrams-georgia-atlanta-1d265f35303be8ca59836a1a95018d82; R. Fausset, "Georgia's Governor Condemns the Pro-Trump Mob that Invaded the Capitol as Un-American," *New York Times*, January 6, 2021, https://www.nytimes.com/live/2021/01/06/us/georgia-election-results.

들어가는 글

모두가 함께 더 많은 것을 성취한다는 가치를 강조하기 위해 팀이라는 단어는 약어로 제시된다. Hawthorne이 연구를 진행한 시기와 산업화 시대의 여명기에 인간관계 운동이 시작되면서부터, 비공식 그룹이 구성원 성과에 중요한 역할을 한다는 것은 분명했다.[5] 그 이후로, 이 주제에 대한 주요 학자들은 다른 유형의 조직 구조에 비해 팀과 팀워크가 더 많은 생산성과 장기적인 성장을 위한 최상의 방법을 제공한다고 주장하며 이 개념을 공식 팀으로 확장하였다.[6] 팀과 팀워크의 시너지 효과에 대한 광범위한 지지가 있다. 경제의 모든 부문—공급망, 제조, 도매 또는 소매—에서 직원이 작업을 실행하고 목표를 달성하기 위해 조직되는 주요 구조가 팀이라는 것은 당연한 것이다.[7] 실제로, 조직에서 팀을 사용하면 생산성이 크게 향상되고, 비용이 절감되며, 수익성이 향상되는 것으로 밝혀졌다.[8] "2020년 주목해야 할 10가지 새로운 직장 동향"이라는 제목의 기사에서 자칭 직업 미래학자 Dominic Price(또한 자칭 개방형 근무 관행의 전도사라고도 부름)는 직장 동향 #6를 팀 수준에서의 성취에 대한 더 많은 인정으로 언급한다. Price에 따르면 "조직의 90%가 그들이 해결하는 문제가 너무 복잡해서 팀에 의존하여 작업을 완료합니다"라고 말한다. 그는 "'고독한 천재'라는 것은 모두 신화"라고 덧붙였다.[9] 오늘날, 그것은 '공유 리더십'에 관한 것이다.[10] 점점 더 많은 고용자들은 신입 사원에게 팀 환경에서 잘 기능할 수 있다는 증거를 보여 달라고 요구한다. 이제 팀 리더십 역량은 새로운 리더와 관리자를 고용하는데 핵심 요구 사항이 되고 있다.[11]

이 장의 전반부는 팀 개념에 초점을 맞춘다. 기능적 계층 구조에서 팀 구조 모델로의 패러다임 전환에 대해 논의하고, 더 인기 있는 일부 팀의 유형을 검토하고, 팀 내 의사결정을 탐구하고, 효과적인 팀 회의를 계획하고 수행하는 방법을 설명한다. 이 장의 후반부는 자율관리팀(SMT)에 중점을 둔다. 자율관리팀이 전통적인 팀과 어떻게 다른지, 이 개념에 대한 조직 차원의 지원을 보장할 때 고위 경영진의 역할, 자율관리팀에서 리더십의 변환된 역할, 성공적인 자율관리팀 운영의 내부 과제 등에 대해 논의한다.

기능적 위계로부터 팀 구조 모델로의 전환

학습목표 8.1

팀 효과성의 개념과 비효과적인 팀과 구별되는 효과적인 팀의 특징들을 간단히 설명한다.

이러한 사고방식의 전환은 위에서부터 시작되어야 한다. 팀 기반 문화와 구조를 구축할 때 자주 발생하는 문제는 고위 경영진 자체가 통합된 팀으로 운영되지 않을 수 있으며 따라서 아래에 있는 부하에게 변화를 가져오게 할 지식과 경험이 부족하다는 것이다. 팀워크의 중요성을 강화하기 위해, 조직은 평가 및 보상 시스템 또한 재고해야 한다. 측정 가능한 팀 목표 달성에 기초한 성과평가와 팀 기반 보상 체계는 반드시 제정되어야 한다. 이것은 완전한 문화적 변혁이다. 그러나 이것은 많은 조직에 여전히 도전 과제로 남아 있으며 낮은 결과를 초래하는 이유 중 하나이다.[12] 이러한 문제를 극복하려면 팀 개념에 대해 더 깊이 파고 들어야 한다. 관련 주제에는 조직 내 팀 활용 현황, 팀 효과성, 효과적 팀 또는 고성과 팀의 특성, 팀 리더의 역할, 조직 내 창의성 함양, 그리고 마지막으로 팀의 장점과 한계 등이 포함된다.

조직 내 팀의 활용

모든 조직의 핵심 자산은 사람이며 역할을 수행하기 위해 조직화되는 방식이 변하고 있다.[13] 기능적 장벽을 허무는 것부터 구성원들의 더 많은 성취를 돕는 것까지, 팀과 팀워크는 조직이 끊임없이 변화하는 세상에서 경쟁력을 유지할 수 있도록 하는 중요한 조직구조이다.[14] "조직 성과: 그것은 팀 스포츠"라는 제목의 기사에서는 오늘날 기업의 근본적인 변화 중 하나는 "기능적 계층 구조에서 팀중심 및 네트워크 기반 조직 모델"로의 꾸준한 전환이라고 지적한다.[15, 16] 팀워크의 기본 메시지는 팀이 증가된 생산성과 이익의 형태로 더 향상 된 조직성과를 낼 수 있는 최고의 기회를 제공한다는 것이다. 다시 말해, 팀워크의 시너지 효과를 통한 이득은 서로 협력하여 일하는 팀 구성원이 독립적으로 일하는 구성원보다 더 많은 성과를 달성할 수 있다는 것이다.[17] 그 결과, 더 많은 조직에서 팀 리더십 기술을 갖춘 리더를 찾고 있다. 사용자는 대학이 팀에서 효과적으로 일할 수 있도록 졸업생을 준비시키는 최전선에 있기를 기대한다. 그들은 팀워크 기술과 능력을 갖춘 지원자를 적극적으로 찾고 있다.[18] United Healthcare의 Gail Boudreaux는 그녀의 시간을 팀 환경에서 이끌 수 있는 능력을 소유한 농구코트의 팀 구성원이었다고 평가한다. "나는 타운 홀 미팅과 많은 소통을 통해 연락을 유지하려 노력했습니다. 그리고 농구팀 동료들이 어떻게 하면 최고의 기술을 최대한 발휘하며 경기할 수 있을지 생각하는 것처럼, 나는 이제 비지니스 팀을 살펴보고 모든 사람의 재능과 일부 구성원에게 더 나은 성과를 내기 위해 새로운 역할이 필요한지 여부에 대해 생각합니다."[19]

그러나 팀으로의 전환에는 여전히 어려움이 있다. 많은 조직이 여전히 교차기능 팀을 관리하는 데 그다지 효과적이지 않다. 디지털, 가상, 애자일, 네트워크 및 자율관리팀 등과 같은 다양한 팀에 대한 풍성한 연구에도 불구하고, 대규모 조직 전체가 고성과 팀을 통해 작업을 완료하는 것은 여전히 어려운 목표이다. 모든 팀 노력이 성공으로 이어지는 것은 아니다. 따라서 무엇이 효과적인 팀을 만들며 효과적인 팀 구성하는 방법에 대한 질문에 답을 찾는 것은 중요하다.

효과적인 팀이란 무엇인가

효과적인 팀의 개념을 살펴보기 전에, 집단과 팀을 구분하는 것이 중요하다. 모든 팀은 집단이지만 모든 집단이 팀인 것은 아니다. 관리자가 사람들의 집단을 구성할 수 있다 할지라도 결코 팀을 구성할 수는 없다. **집단(group)**은 각 구성원이 자신의 책임영역에서 업무를 수행할 수 있도록 정보를 공유하며 의사결정을 내리기 위해 우선적으로 상호작용하는 개인들의 모임이다. 이와 같이, 집단의 성과는 각 집단 구성원의 개인적 공헌의 단순한 합이다. 거기에 시너지는 없다. 집단은 개인의 성과와 목표, 그리고 개인 능력에 대한 의존 등에 초점을 맞추는 반면에, 팀은 다음과 같은 것에 초점을 맞추는 집단적 사고방식을 보유한다. (1) 공유된 사명감; (2) 공동의 목적; (3) 정보, 예지력, 그리고 시각을 공유하기; (4) 각 개인이 자신의 일을 더 잘 할 수 있도록 지지하는 의사결정하기; (5) 서로 간의 노력을 강화하기이다.[20] 집단의 리더십 스타일은 상사중심가 되는 경향이 있는 반면에, 팀에서는 좀 더 참여적이거나 임파워먼트지향적인 경향이 있다. 팀에서 인센티브는 팀을 단위로 한다. 반대로 집단은 "내 몫은 얼마지?"라는 생각의 개인 이익으로 특징지어지는 경향이 있다. 최고의 팀에서는 스타가 없으며, 모든 사람은 전체의 이익을 위해 개인의 자아를 억제한다.

집단은 각 구성원이 자신의 책임영역에서 업무를 수행할 수 있도록 정보를 공유하며 의사결정을 내리기 위해 우선적으로 상호작용하는 개인들의 모임이다.

팀은 시너지를 만든다. 환언하면, 구성원들의 집단적 노력은 개인별 투입의 합보다 더 큰 성과 수준을 가져온다. 즉, 전체는 부분의 합보다 크다(1+1=3). 팀은 다양한 배경을 가진 개인을 모아 집단 결과물에 기여한다. 팀 구성원은 팀 결과에 대해 개인적 및 집단적 책임이 있다. **팀**(team)은 스스로 책임을 지는 공동의 목적 및 일련의 성과 결과물과 공동의 기대에 몰입하는 보완적인 기술을 가진 독립적인 개인들의 구성단위라고 정의된다.[21] 작업집단과 팀에 대한 포괄적인 연구에서, Kozlowski와 Bell은 팀들을 "조직에게 적절한 직무수행을 위해 존재하고, 하나 이상의 공동 목표를 공유하고, 사회적으로 상호작용하고, 업무적 상호의존성을 보이고, 경계를 유지 및 관리하고, 그리고 경계를 설정하고 팀을 제한하고 더 넓은 조직의 다른 부서와의 교환에 영향을 미치는 조직에 내재된 집합체"라고 설명했다.[22] 공동의 목표를 위해 응집력 있게 함께 일하고 긍정적인 작업 분위기를 조성하며 팀 성과를 향상시키기 위해 서로를 지원하는 사람들의 집단으로 정의되는 **팀워크**(teamwork)는 팀에서 나온다.[23] 팀워크는 팀 구성원 간의 몰입, 협업, 의존성, 동기부여 및 책임을 촉진한다. 팀중심의 조직에서는 팀 구성원은 팀장뿐만 아니라 서로 간에 긍정적인 교환관계를 형성할 수 있어야 하며, 구성원 사이의 교환관계를 TMX라고 한다. **팀-구성원 교환**(team-member exchange, TMX)은 아이디어, 지원, 동료애 및 피드백 등의 상호 교환 측면에서 팀원과 동료들 사이의 사회적 교환으로 정의된다.

팀은 스스로 책임을 지는 공동의 목적 및 일련의 성과 결과물과 공동의 기대에 몰입하는 보완적인 기술을 가진 독립적인 개인들의 구성단위이다.

팀워크는 공동의 목표를 위해 응집력 있게 함께 일하고 긍정적인 작업 분위기를 조성하며 팀 성과를 향상시키기 위해 서로를 지원하는 사람들의 집단이다.

팀-구성원 교환은 아이디어, 지원, 동료애 및 피드백 등의 상호 교환 측면에서 팀원과 동료들 사이의 사회적 교환이다.

그렇다면 분명한 질문은 무엇이 한 팀을 효과적이거나 고성과로 만들며, 다른 팀을 비효율적이거나 성과가 저조하게 만드는가? 팀 효과성의 한 모델은 그룹 학습, 팀 효능감, 셀프 리더십, 상호 의존 및 팀 응집력과 같은 내부 팀 프로세스에 초점을 맞춘다.[24, 25] 이 모델에 따르면 언급된 모든 영역에서 뛰어난 팀이 효과적이라 한다. 다른 모델은 팀 효과성의 결정 요인으로 3개의 상황적 요인—팀 설계, 조직 자원 및 보상, 프로세스 지원—을 검토했다.[26] 이 두 가지 관점에서 팀 효과성에 대한 포괄적인 정의가 도출됐다. 여기서는 **팀 효과성**(team effectiveness)을 세 가지 차원으로 구성된 개념으로 제시한다. (1) 업무성과 — 팀의 산출물(제품 또는 서비스)이 그것을 사용하는 사람들의 요구와 기대를 충족시키는 정도; (2) 집단 과정 — 시간이 지남에 따라 팀이 점점 더 함께 일을 잘할 수 있도록 구성원이 상호작용하거나 관계를 맺는 정도; (3) 개인의 만족 — 균형적으로 그룹 경험이 팀 구성원에게 좌절감을 주기보다 만족스러운 정도이다.[27, 28, 29]

사진 8.1 팀 효과성 요인은 업무성과, 집단 과정, 개인 만족을 포함한다.

이 정의는 다른 사람들이 팀 효과성 평가를 위해 기초로 사용한 여러 성과 결과를 구현한다. 네 가지 성과 결과는 혁신, 효율성, 품질, 그리고 직원 만족도이다. (1) 혁신적인 팀은 새로운 문제와 변화에 대해 창의적인 해법으로 신속하게 대응하는 능력을 소유한 팀이다. 그들은 팀 학습의 예술과 과학을 마스터한 팀이다. **팀 학습**(team learning)은 지식의 집합적 획득, 조합, 생성 및 공유이다. (2) 효율적인 팀은 더 적은 것으로 더 많은 것을 성취한다(투입물보다 더 큰 산출물). (3) 품질은 고객의 기대를 충족하거나 초과하는 결과물을 생산하는 팀의 능력이다. (4) 만족도는 팀의 목표를 달성할 뿐만 아니라 팀 구성원의 개인적 욕구를 충족시키는 팀의 능력을 측정한다.

팀 효과성은 세 가지 차원으로 구성된 개념으로, (1) 업무성과 — 팀의 산출물(제품 또는 서비스)이 그것을 사용하는 사람들의 요구와 기대를 충족시키는 정도; (2) 집단 과정 — 시간이 지남에 따라 팀이 점점 더 함께 일을 잘할 수 있도록 구성원이 상호작용하거나 관계를 맺는 정도; (3) 개인의 만족 – 균형적으로 그룹 경험이 팀 구성원에게 좌절감을 주기보다 만족스러운 정도이다.

팀 학습은 지식의 집합적 획득, 조합, 생성 및 공유이다.

업무응용 8.1

과거나 현재 직업을 생각해보자. 그룹과 팀의 사이의 차이점에 대한 지식을 바탕으로 당신은 팀 또는 집단 중 무엇이었다고 말할 수 있는가? 설명해보자.

도입사례 응용

1. 팀 리더십에 대한 Stacey Abram의 철학을 설명해보자.

팀 리더십은 공통의 사명, 비전, 핵심 가치, 공유 목표, 그리고 목표를 달성하기 위한 전략에 초점을 맞춘다. 이것이 바로 Abram의 모든 것이었다.

개념응용 8.1 집단 또는 팀

각각의 설명에 기초하여, 집단의 특징인지 또는 팀의 특징인지 구분해보자. 각 문항 앞에 적절한 문자를 적어 넣어보자.

a. 집단
b. 팀

_____ 1. 나의 보상은 기본적으로 부서의 성과에 기초하고 있으며 우리부서는 책임감을 공유한다.

_____ 2. 우리 부서에서 보상은 부서의 결과가 아니라 개인에게 배정된 업무 성과에 기초하여 개별적으로 결정된다.

_____ 3. 우리는 공유된 사명감에 초점을 맞춘 집합적인 정신력을 갖고 있다.

_____ 4. 우리는 우리의 에너지와 자원에 초점을 맞춘 공통의 목표를 갖고 있다.

_____ 5. 여기서는, 작업집단의 다른 사람들이 아니라 각자가 자기 자신의 업무에 대해 책임을 진다.

_____ 6. 우리는 배치받은 프로젝트에서 개별적으로 일하는 약 30명의 집합체라고 인식한다.

_____ 7. 우리 업무는 상호 연결되어 있으며, 각 개인의 업무수행을 더 잘 할 수 있도록 지지해 주는 의사결정을 한다.

매우 효과적인 팀의 특징들

팀 접근 방식은 여러 면에서 유익하지만 조직에 많은 과제를 안겨준다. 효과적인 의사소통의 필요성; 성격 갈등과 자아 해결; 통일된 목표, 방향 및 초점 설정; 적절한 보상 및 인센티브 시스템의 구체화; 효과적인 팀 리더십 제공; 적절한 팀 구성, 자율성, 그리고 책임감 등이 이러한 과제에 포함된다.[30] 이러한 문제를 효과적으로 해결하지 못하면 종종 팀이 역기능을 하거나 매우 비효과적인 팀이 된다.[31] 1980년대 초반부터 현재까지 관리 및 의사결정 팀에 대한 연구에서는 매우 효과적인 팀을 결정하는 것으로 밝혀진 여러 변수를 확인했다. 이 연구는 변수를 4개의 범주로 구분하였다. (1) 입력 요소들 — 팀의 상대적으로 안정적인 특성(팀 목적, 팀 업무, 팀 크기, 팀 구성 및 보상 체계); (2) 프로세스 요인 — 팀이 작동하는 방식을 의미(목표 달성, 의사소통, 갈등해결, 정치적 행동, 외부 관계, 팀 학습 및 팀 리더십); (3) 나타나는 상태 — 팀 구성원의 상호작용(팀 심리적 안전, 팀 응집력 및 기능적 팀 규범)에서 나타나는 인지적, 동기부여 및 정서적 상태; (4) 결과 요소들 — 팀이 달성한 다양한 종류의 결과(업무 수행, 개인의 웰빙 및 성장)를 설명하는 것으로 구분하였다.[32] 도표 8.1은 위의 연구에서 언급된 많은 변수와 일치도가 높은 매우 효과적인 팀의 10가지 주요 특성을 강조한다.[33, 34] 효과적인 팀은 일반적으로 고성과 팀이라고도 한다. 다음은 10가지 특성 각각에 대한 간략한 설명이다.

도표 8.1 매우 효과적인 팀의 특성들

1. 팀 헌장과 규범
2. 널리 공유된 팀 목표
3. 팀 응집력과 업무의 상호의존성
4. 팀의 구성과 크기
5. 분명히 정의된 구성원의 역할과 책임
6. 긍정적인 대인관계
7. 분명하게 작성된 운영절차
8. 효과적인 갈등해소 전략
9. 높은 수준의 대인 간 의사소통
10. 강한 최고경영층의 지지

팀 헌장과 규범

팀 헌장은 팀 구성원들이 함께 개발하여 그들을 지배하는 규칙들을 명시해 놓은 지배용 서류이다. 규범은 팀 헌장으로부터 발전되어 팀 내 의사결정의 프레임워크가 되며, 따라서 팀 응집력의 토대를 제공한다. **팀 규범**(team norms)은 팀 구성원들이 공유하는 수용할 만한 행위의 표준이다. 예를 들어, 팀 규범은 경쟁적 행동에 우선하여 협력적 행동을 명시할 수 있다. 이것은 공동의 추구, 목표, 그리고 개인의 이익보다는 상호 간의 이익 등을 구성원들이 중요시 여기는 정도에 반영할 수 있다. 보상의 구조는 이러한 협력적 규범과 일치해야만 한다.

팀 규범은 팀 구성원들이 공유하는 수용할 만한 행위의 표준이다.

윤리적 결정: 기업의 사회적 책임(CSR)

8.1 규범

1명 또는 몇 명의 구성원들이 규범을 어기면 조직뿐만 아니라 전체 산업에 재앙을 가져올 수 있다. 반대로, 1명 또는 몇 명의 구성원들은 불법적이며 비윤리적인 사업관행을 폭로하기 위해 내부 고발을 할 수 있다. 이것은 Enron에서와 같이 비윤리적 행동을 감소시킬 수 있다. 팀 수준에서 구성원들은 규범을 발전시키고 집행하는 것을 통하여 서로서로의 행동에 영향을 미친다. 우리는 이것을 동료압력이라고도 부른다.

1. 집단 규범의 집행 없이도 구성원들은 자신의 일을 할 수 있어야만 하는가?
2. 팀이 규범을 발전시키고 집행하는 것은 윤리적이며 사회적 책임을 지는 것인가?

널리 공유된 팀 목표

효과적인 팀은 구체적이고, 측정 가능하며, 달성 가능하고, 타당하며, 시간에 민감한 목표를 갖고 있다. 팀 구성원 모두가 동일한 목표를 공유하며 각 구성원이 목표 달성을 돕는 자신의 역할을 명확하게 이해할 때, 성과는 향상된다. 팀 목표가 갈등할 때 팀 내 긴장이 나타나는 경우가 자주 있다. 따라서 팀 목표를 설정하는 것은 포괄적인 과정이야 한다. 효과적인 팀은 팀 목표에 대한 합의, 일관성 및 동의를 위해 노력한다. 팀의 목표에는 주인 의식이 내포됨으로 팀 활동에 대한 더 큰 책임감이 있다. 공유된 팀 목표는 팀 구성원이 서로 다른 목적으로 작업할 위험을 줄여주며 효과적인 협업을 촉진한다.

팀 응집력과 업무의 상호의존성

팀 응집력(team cohesion)은 팀 구성원들이 함께 단결하여 팀의 목표를 달성하기 위해 몰입되어 있는 정도이다.[35] 팀 구성원들이 비슷한 목표, 태도, 규범, 강한 대인관계 및 팀 심리적 안전이라고도 불리는 팀과의 자기 동일시 등을 공유할 때, 팀 응집력은 증가된다.[36] 팀 구성원들 사이에 높은 정도의 일체감을 보이는 팀들이 또한 더 높은 수준의 응집력과 팀 성과를 보여준다. 팀원들 사이에는 높은 수준의 신뢰와 협력이 있다.[37] 팀 구성원이 자신의 작업을 완료하기 위해 정보, 자원 및 기타 투입물에 대해 서로 의존하는 정도는 작업 상호의존성을 만든다.[38] 상호의존도가 높으면 높을수록, 구성원들이 서로에 대해 느끼는 책임감이 커진다. 상호 의존성과 함께 팀이 통합된 전체로서 확실히 기능하기 위해서 조정이 필요하다.[39]

팀 응집력은 팀 구성원들이 함께 단결하여 팀의 목표를 달성하기 위해 몰입되어 있는 정도이다.

팀 구성과 크기

효과적인 팀은 목표를 달성하기 위해 많은 사람들을 단순히 한 곳에 모아놓은 그 이상이다. 팀의 인구통계학은 팀 구성원의 문화, 지식, 기술, 성별, 성격, 배경, 그리고 경험의 다양성에 초점을 맞춘다. 함께 일하는 것을 경험한 팀들이 더 높은 업무숙달과 팀워크의 효과성을 보여주는 경향이 있다. 팀 구조의 다양성은 더 많은 창의성과 혁신의 결과를 낳을 수 있다. Atlassian에서 근무하는 동안, Aubrey Blanche는 Balanced Teams Diversity Assessment Tool(https://www.atlassian.com/team-playbook/plays/balanced-teams) 개발에 도움이 되었다. 이 도구는 소속감을 높이고 다양한 작업팀 사이의 마찰을 줄이는 데 도움이 될 수 있다. 이 도구는 소외된 지역사회 출신의 '유일한' 팀 구성원이기 때문에 고립감을 느낄 위험에 처한 구성원을 식별하는 데 도움을 줄 수 있다. 그 도구는 격차를 식별한 다음 회사가 소속감을 향상시키기 위하여 사람들을 다른 사람들과 연결하게 해준다.[40, 41]

크기는 팀 구성원들이 다른 구성원들과 친근한 대인관계를 형성하는 능력에 영향을 미친다. 보통 8명이 안 되는 작은 팀들은 일반적으로 큰 팀들보다 더 효과적이다. 작은 팀에서는 갈등과 상이함을 관리할 수 있다. 더 큰 팀에서는 구성원들이 서로서로 상호작용하고 아이디어를 공유하는 것이 훨씬 더 어렵다. 일반적으로, 현재 수행하는 직무에 비해 팀이 너무 작거나 또는 너무 크다고 참여자들이 인식하는 팀들은 크기 시험을 실패한 것으로 간주되며 일반적으로 덜 효과적이다.

분명히 정의된 팀 구성원의 역할과 책임

팀 구성원들이 자신의 역할과 책임을 분명히 이해할 때, 팀의 목표와 목적을 달성할 더 큰 기회를 갖는다.[42] 환언하면, 팀 구성원은 자신의 구체적인 작업과 각 개인의 역할이 다른 사람과 어떻게 관련되어 있는지 알고 있다. 분명하게 정의된 역할과 책임을 갖는 것의 장점은 팀 구성원들이 개인적 책임을 수용하며 일이 잘못될 때 비난을 하지 않는 경향이 높다는 것이다. 그들은 자신의 행동에 더 책임을 진다. 이러한 팀들은 팀 구성원들이 자신을 가장 혹독하게 비판하는 경향이 있다.

긍정적인 대인관계

팀 구성원들 사이에 상호 간의 존경과 신뢰, 지지, 포용, 협력, 그리고 개방적이며 정직한 의사소통이 있을 때 긍정적 대인관계가 나타난다. 팀으로부터의 고립—정보를 얻지 못하는 것, 팀 미팅에서 제외되는 것, 당신의 직무수행에 주목하지 않음, 당신의 제안에 대한 무응답, 또는 팀 리더가 편애를 함—은 나쁜 또는 부정적인 대인관계의 징후이다. 이것은 불안정, 낮은 자신감, 그리고 심지어 우울함을 느끼게 할 수 있다. 긍정적인 대인관계는 구성원들에게 팀에 소속감을 부여하여 팀 내에 더 높은 수준의 정신력(비공식적 관계 및 사회적 유대감)을 가져다준다.

분명하게 작성된 운영 절차

효과적인 팀은 어떻게 함께 일을 할 것인가를 결정하는 운영 규칙과 절차를 정하는 것으로 출발한다. 팀의 규칙과 운영 절차를 만들고 지키는 것은 팀 구성원 사이의 행동의 일관성을 보장하며 팀 성공을 위험하게 할 수 있는 실수 또는 갈등의 기회를 감소시킨다.

효과적인 갈등해소 전략

갈등은 다른 사람들과 함께 일하는 데서 오는 피할 수 없는 결과이다. 그러나 꼭 역기능적일 필요는 없다. 어떤 팀에서든지, 목표, 욕구/열망, 의견, 가치관, 그리고 성격 등의 차이는 의견불일치와 갈등의 충분한 근거를 제공한다. 의견불일치는 팀 효과성에 긍정적 결과와 부정적 결과 모두 미칠 수 있다. 긍정적인 면에서, 건설적인 의견불일치는 팀이 아주 효과적일 수 있는 실질적인 이유의 일부이다. 의사결정에 더 많은 시각과 견해가 제공될수록, 더 좋은 결과를 얻는다. 부정적인 면에서, 과도해지는 의견불일치를 허락하는 것은 불필요한 분란의 원인이 될 수 있으며, 업무관계의 붕괴로 이어질 수 있다. 그러한 붕괴는 팀 내 갈등, 의사소통의 결여, 그리고 궁극적으로 팀 정신의 결여라는 결과를 낳을 수 있다. 효과적인 팀은 균열이나 결함을 봉인하는 갈등해결 전략을 선제적으로 개발한다.[43]

높은 수준의 대인 간 의사소통

의사소통은 사람 몸의 순환계와 같다. 효과적인 팀들은 팀원들과 리더 사이에 개방적이며 정직한 의사소통을 한다. 효과적인 의사소통은 무엇을 말하는가 뿐만 아니라 어떻게 말하는가를 포함한다. 상처를 주고 무신경한 방식의 의사소통은 팀 내 관계에 피해를 줄 수 있다. 효과적인 의사소통의 다른 장애요인들은—정보 과다, 여과 부족, 방어성, 그리고 문화적 차이—효과적인 경청, 피드백의 응용, 다른 사람들에게 민감하기, 그리고 의사소통의 단순화 등으로 극복할 수 있다.

최고경영층의 지지

효과적인 팀은 최고경영층의 강한 지지를 받는 팀이다. 결국, 팀의 자원과 보상은 최고경영층으로부터 나온다. 팀이 기대되는 결과를 달성하지

> **업무응용 8.2**
>
> 자신과 함께 일했던 효과적인 팀을 기억해보자. 〈도표 8.1〉에 제시되고 논의된 특성 중 그 팀이 소유한 특성은 무엇인가?

윤리적 결정: 작업 문화

8.2 그는 팀 플레이어가 아니다

이 이야기는 공항에서 응시자를 데리고 온 구성원의 피드백 때문에 응시자를 면접보지 않기로 과감한 결정을 한 회사에 관한 것이다. 이 회사는 직원과 업무수행에 대한 팀워크 접근방식을 높게 평가하는 문화에 대한 자부심을 갖고 있다. 구성원의 행복을 심각하게 고려하며 모든 사람이 재미를 사랑하는 팀의 일부라는 것을 느끼는 것이 이 회사의 문화이다. 리더의 지위에 응시한 사람과 함께 회사 본부로 돌아오는 길에, 응시자가 그녀를 인정하게 하거나 또는 그녀의 '잡담'에 응답하게 하려는 노력에 실패하였다. 응시자는 자신보다 훨씬 낮은 지위에 있는 사람을 인정하거나 대화에 참여하는 것을 꺼리는 것 같았다. 본부에 도착한 구성원은 자신의 감정을 상사에게 보고했다. 그녀는 응시자가 좋은 팀 플레이어가 되거나 또는 개방적이고, 친절하며, 재미를 사랑하는 회사 문화에 어울리지 않는다고 말했다. 그것이 응시자가 공항으로 돌아가는 데 필요한 전부였다.

1. 성공한 구성원이 되기 위해 팀 플레이어가 되는 것이 진정으로 필요한가?
2. 이 사례에서 좋은 팀 플레이어라고 생각되지 않기 때문에 응시자를 거절하기 하는 것이 윤리적이며 회사의 사회적 책임을 다하는 것인가?
3. 만일 당신이 응시자를 데리고 온 운전자라면 같은 방식으로 행동하겠는가?

못할 때, 최고경영층은 문제의 원인을 결정하고 빠르게 대처해야 한다. 최고경영층은 팀워크를 지지하며 팀 행동을 동기부여하고 강화하는 보상 프로그램을 갖고 있는 조직문화를 만들 책임을 갖고 있다.

도입사례 응용

2. Stacey Abrams가 구성하여 매우 효과적이었던 시민 활동가 팀의 특징은 무엇인가?

팀 다양성 — 흑인, 남미계 및 아시아계 미국인 유권자와 더 많은 민주당 성향의 젊은 백인 유권자

공유된 임무 — 일반적인 유색인종과 특히 흑인의 투표권 확대

명확하고 구체적인 목표 — 다음 선거에서 승리하기; Abrams 자신이 메시지에 머무르며, 추종자를 매료시키고, 흥분시키는 효과적인 리더십

팀 리더십의 역할

복잡한 업무를 수행하기 위하여 팀에 대한 조직의 의존도가 증가함에 따라 팀 성과 개선에서 리더의 역할을 이해하는 것에 대한 관심이 증가하고 있다. 팀 리더는 팀의 작업을 계획하고 조직하며, 팀 목표가 회사 목표와 동기화 또는 정렬되도록 하고, 팀 구성원을 동기부여하며, 코칭하며, 참여시키고, 결과를 제공하고, 기타 다른 많은 중

요한 작업을 수행하는 일을 담당한다. 리더-구성원 교환(LMX) 이론(7장)에서 학습했듯이, 리더가 모든 추종자들과 높은 질의 관계를 개발하고 육성할 때, 추종자 성과와 관련된 결과는 극적이다.[44] 리더와 팀 구성원 사이의 업무 관계의 질을 높이는 요소를 완전히 이해하기 위해서는 팀 전체를 향한 일반적인 리더십 스타일에 대한 관심뿐만 아니라 다양한 팀 구성원들을 향한 그의 구체적인 행동에 관심을 기울이는 것도 중요하다. 팀 리더의 임파워먼트시키는 스타일 또는 지시적인 리더십 스타일은 팀 성과에 영향을 줄 것이다.[45, 46] 리더십 스타일 또는 유형(예: 카리스마, 독재적, 또는 배려적)은 팀 성과에 영향을 미친다.[47, 48] 팀 리더는 단순히 업무뿐만 아니라 다양한 기능적 문화적 경계에 걸친 팀 구성원 관계도 관리해야만 한다.[49] 효과적인 팀 리더가 없으면,[50] 팀은 진로에서 벗어나 너무 멀리 가거나 또는 충분히 멀리 가지 못할 수 있으며, 그들의 사명을 잊게 되며, 그리고 대인 간 갈등으로 엉키게 된다. 효과적인 팀 리더는 다른 모자를 쓰거나 또는 팀이 높은 수준의 성과를 낼 수 있도록 다양한 역할을 수행한다. 여기 몇 가지 예가 있다.

- **주된 동기부여자로서 팀 리더.** 리더의 지지, 격려, 그리고 훈련을 통해, 추종자들은 자부심, 감사, 일에 대한 가치를 느끼며 그들은 높은 성과로 보답한다. 이러한 관계가 성숙해짐에 따라, 전체 작업집단은 더욱 더 응집력을 보이며, 이익은 증가되기만 한다.
- **코치와 멘토로서 팀 리더.** 팀에 기초한 조직들은 추종자들, 특히나 신입 구성원들은 코칭과 멘토링에 능한 리더를 필요로 한다. 좋은 코치는 팀 과정에 대한 경험과 지식을 갖고 있으며 팀 구성원들에게 신뢰와 팀워크 규범을 발전시킬 수 있는 능력이 있다.[51]
- **역할 모델로서 팀 리더.** 팀 리더는 팀 구성원들이 행동하기 바라는 행동의 모델이 되어야 한다. 예를 들어, 리더의 자기희생적인 행동과 자신감 과시는 팀 구성원들에게 영향을 미친다. 자기희생적 리더들은 기대되는 것 이상을 하는 리더들이다. 그들은 단순히 명령만 내리지 않는다. 그들은 일을 만들어 가는데 참여한다. 역할 모델이 된다는 것은 리더에 대한 신뢰, 몰입, 자신감 형성에 도움을 준다.
- **문화 집행자로서 팀 리더.** 팀 리더는 팀의 목표와 운영전략을 지원하는 팀 문화를 육성하는 데 주도적인 역할을 한다. 팀 문화는 팀 구성원들의 행동을 지배하는 표준과 가치관을 구체화한다.
- **치어리더로서 팀 리더.** 강한 사회적 기술을 보유한 리더들은 더 커다란 영향력을 미치는 능력을 갖고 있으며 팀 구성원들과 좋은 관계를 맺는 경향이 있다.

팀을 이끄는 치어리더로서, 리더는 팀 구성원들이 더 높은 수준의 성과를 달성하도록 고취시키고 동기부여한다.

- **자원제공자로서 팀 리더.** 팀 리더의 역할은 팀의 요구를 이해하고 시기적절하게 그것을 해결해 주는 자원제공자이다. 팀 능력에 대한 팀 리더의 지식은 부족한 점을 보충할 수 있게 해주며 따라서 팀이 더욱 더 효과적이며 효율적으로 기능할 수 있다.

업무응용 8.3

축구코치나 농구코치처럼 함께 일했거나 또는 알고 있는 팀 리더를 인터뷰해보자. 이 책에서 언급된 팀 리더의 역할 중 1~2개를 선택하여 어떻게 실행하였는지 물어보자.

비록 어떤 사람들은 이런 모든 분야에서 능숙하며 타고난 팀 리더인 것처럼 보일지라도, 대부분의 야심에 찬 리더들은 팀 리더십 효과성을 평가하고 증진시키도록 설계된 팀 리더십 개발 프로그램으로부터 많은 혜택을 볼 수 있다.

도입사례 응용

3. Stacey Abrams는 팀 리더십과 팀 성공 간의 관계를 이해하고 있음을 어떤 방식으로 보여주었는가?

그녀의 멘토인 Dubose Porter는 다음과 같이 말했다. "Stacey는 새로운 유권자에게 다가가 유권자를 등록하고, 이야기하고, 투표할 이유를 제공하는 비전을 가지고 있습니다." 그것에 대해 계획만 하는 것이 아니라 실행으로 옮기는 것이다. Abram의 리더십은 민주당이 대선에서 조지아를 차지한 주요 원인으로 널리 찬사를 받고 있으며 주 상원의원 2명도 민주당원이다.

팀 창의성 육성하기

더 많은 기업들이 물질적 또는 재무적 자원에만 기초하기보다는 지식에 기초한 경쟁적 우위를 갖기 때문에 오늘날의 경제는 '지식에 기초한 경제'라고 적절히 설명할 수 있다. 오늘날 경제는 경쟁적이기 위해 물질적·재무적 자원들과 창의적인 노동력 모두를 필요로 한다. 창의성은 혁신을 낳고 혁신은 고객에 제시된 기업의 가치를 향상시킨다. 이것들은 모든 유형의 사업에서 성공하기 위한 요소들이다(영리 또는 비영리). 특히 변동성이 크고, 경쟁이 치열하며, 역동적인 시장 환경에서 운영되는 조직을 위한 것이다.[52] 계층적 기능 구조에서 팀 기반 구조로 전환한 조직에서 창의적인 프로세스를 장려하기 위해, 공유 및 임파워먼트시키는 리더십은 필수적이다.[53, 54] 지식 생성 프로세스는 팀 구성원이 직간접적인 경험에서 지식을 학습하고 습득하며 이러한 경험을 이해하고 의미를 부여하는 것이다.[55] 팀 상황에서 지식 생성 및 조정을 관리하는 것은 어려운 일이다.

팀 창의성은 복잡한 정신적 과정이다. 이 과정은 전체적인 정서적 경험(긍정적 및 부정적)과 이에 따른 개인의 결과 인지를 필요로 한다.[56] 일반적으로 창의성은 아이디어와 정보를 교환하는 개별적 구성원의 행동으로 간주된다. 팀 기반의 환경에서 팀 창의성은 팀 기능을 효과적으로 수행하기 위한 각 구성원의 고유한 재능/인지에 접근하고 사용할 수 있는 능력을 수반한다. 팀 구성원 각각의 창의성을 활용하는 것이 팀 창의성의 전부이다.[57] 팀은 다양한 미디어를 통해 수집된 아이디어의 효과적인 교차 수정을 통해 창의성을 촉진한다.[58, 59] 구성원의 아이디어를 창의적인 혁신 또는 솔루션을 동적으로 통합할 수 있는 팀은 지식 통합 능력을 갖고 있다고 한다. 지식 통합 능력은 직원의 타고난 창의적 재능을 발휘하게 한다. 이러한 창의적인 아이디어는 조직의 혁신과 변화를 위한 기초요소가 된다.[60]

따라서, **팀 창의성(team creativity)**을 복잡한 사회체계 내에서 함께 일하고 있는 구성원들에 의해서 가치 있고, 유용하고, 기발한 무엇인가를 창조하는 것으로 정의한다. 고위 경영층은 학습과 창의성의 문화를 육성하는데 중요한 역할을 담당한다.[61] 창의성을 지지하고 격려하는 조직문화를 창조하는 것은 팀 구성원들이 창의적 위험성을 감수하는 데 필요한 보호를 제공한다.[62] 실패는 처벌받지 않는다. 개인이 아니라 팀이 책임을 진다. 팀 창의성에 영향을 주는 또 다른 조직적 요소는 팀 다양성에 대한 몰입이다. 다양한 팀은 팀 구성원들 사이의 사고방식, 지식, 기술, 가치관, 성별 및 문화 등의 차이를 특징으로 하며, 연구 결과는 이러한 차이들이 항상 더 좋은 아이디어와 문제해결책을 제공하는 것으로 나타났다.[63]

팀 창의성은 복잡한 사회체계 내에서 함께 일하고 있는 구성원들에 의해서 가치 있고, 유용하고, 기발한 무엇인가를 창조하는 것이다.

팀 간의 경쟁을 장려하는 것은 팀이 최선을 다하도록 하기 때문에 창의성을 자극한다. 목표는 팀 내 및 팀 간에 협력적이고 경쟁적인 행동이 동시에 존재하는 팀 문화를 창조하는 것이다. 이러한 이중 경쟁 모델은 교차기능팀 구성원들 사이에서 높은 질의 지식 창조 및 공유를 주도할 것이다. 따라서 팀의 창의성과 혁신을 촉진하는 조직 문화를 만드는 것은 고위 경영층의 어깨에 달려 있다. 그러한 문화는 공유된 팀 목표지향성, 팀중심 인정 및 보상 프로그램, 팀중심 자원 할당 정책, 유연한 운영 절차, 팀 다양성 및 팀중심 리더십 개발 프로그램 등의 특징을 보여줄 것이다.[64]

도입사례 응용

4. 효과적인 팀의 특성 중 하나는 현재 문제에 대한 창의적인 해결책을 찾는 것이다. Stacey Abrams가 이러한 특성을 수용하고 팀원들에게 이러한 특성을 장려한다는 증거는 무엇인가?

Abrams는 상자 밖에서 생각할 수 있는 능력을 보여주었다. 조지아주의 정치에 집중하면서 그녀는 많은 사람이 놓친 승리의 길을 보았다. 그녀는 민주당이 기존의 백인 유권자들의 마음을 바꿔서는 수십만 표의 격차를 좁히지 못했을 것이라고 말했다. 그들은 유권자를 재편하고 잠재적인 민주당 유권자의 확장된 세계를 만들어 나갔다. 여기에는 최연소 조지아 출신의 백인, 산발적으로 투표하는 흑인 유권자, 다른 지역에서 조지아로 이주하는 흑인 유권자, 성장하는 라틴계 및 아시아인이 포함된다. 유권자를 재편하는 것은 다른 많은 정치 전문가들이 실행가능한 해결책으로 무시했거나 평가절하했던 접근법이다. Abrams는 그들이 틀렸다는 것을 증명했고, 그들의 마음을 바꾸게 했다.

개념응용 8.2 창의적인 팀 관리하기

팀 창의성을 더 향상시키거나 또는 해칠 수 있는 설명을 찾아보자.

a. 팀 창의성을 더 향상시킨다.
b. 팀 창의성에 상처를 준다.

_____ 8. 우리 조직은 의미 있는 위험을 감수하는 팀을 인정하고 보상하는 프로그램이 있다.

_____ 9. 팀 정책이 표준 운영절차의 엄격한 적용을 지시한다.

_____ 10. 우리 팀에는 제안함이 있으며 팀 구성원들은 좋은 아이디어에 대해 최고 500달러의 상품권을 받을 수 있다.

_____ 11. 근무시간의 일정부분은 우리가 원하는 무엇이든 할 수 있도록 우리에게 재량이 주어진다. 예를 들어, 새로운 아이디어의 실험하기 및 공유하기이다.

_____ 12. 이 팀의 근무 스케줄은 '상자 밖으로' 나오기 위한 생각을 할 수 있는 여력이 전혀 없게 너무 바쁘고 통제되어 있다.

_____ 13. 우리 조직은 잠재적인 내부 갈등 때문에 신제품 소개를 위한 팀 간 경쟁을 억제한다.

팀과 팀워크의 장점 및 제약점

팀워크는 모든 팀 구성원의 공통 목표에 대한 이해와 몰입이다. 팀의 수용성 및 활용의 증가는 팀이 많은 혜택을 제공한다는 것을 시사한다. 그러나 팀의 활용에는 고유한 제약점이 있다. 팀에서 근무하는 것의 장점으로 시작하기로 하자.

팀 활용의 장점

팀은 팀이 아닌 제도가 제공하지 못하는 시너지 효과를 제공한다. 시너지는 팀의 총 산출물이 다양한 구성원의 기여도의 합을 초과하는 경우이다. 이것은 혼자 일하는 개인의 능력을 넘어서는 무언가를 성취하기 위해 함께 일하는 사람들의 창조적 협력을 포함한다.[65]

1. 팀원들은 중대한 오류를 피하도록 서로서로 도울 수 있다. 상호 지원 및 아이디어에 대한 동료 검토의 이러한 경향은 팀이 더 나은 결정을 내리는 데 도움을 주며 파괴적인 놀라움에 대한 면역을 조직에 제공할 수 있다.[66]

2. 팀원들은 서로서로를 신뢰하는 법을 배우고 기꺼이 위험을 감수하기 때문에 팀은 혁신을 촉진하는 새로운 아이디어에 대한 더 많은 기회를 제공한다.[67] 팀은 팀 구성원들이 임파워먼트되었다고 느끼고 업무에 만족하는 근무환경을 제공한다. 직무만족은 다른 개인적인 이점과 관련 있다. 예를 들어, 자신의 직무에 만족하는 구성원들은 이직할 가능성이 낮아지고, 결근을 덜하고, 그리고 조직시민행동을 할 가능성이 더 높아진다.[68] 팀의 구성원이 되는 것은 소속에 대한 사회적 욕구를 충족시키는 것이 가능해 진다. 팀 구성원은 서로서로에 대한 신뢰를 발전시키며 팀은 다른 욕구를 충족시키기는 사회적 네트워크로 보게 된다.[69]

사진 8.2 팀 구성원의 사회적 나태는 효과적인 팀에 부정적 영향을 줄 수 있다.

©iStockphoto.com/Shoko Shimabukuro

팀 활용의 제약점

팀 접근법을 활용하는 것은 조직, 팀 자체, 개별적 팀 구성원들에게 잠재적인 단점이 있다.

1. 구성원들은 성과 및 행동과 관련된 집단의 기준이 개인 또는 조직의 이해관계에는 맞지 않을지라도 동조해야 한다는 압박감에 직면할 가능성이 있다. 예를 들어, 팀의 목표가 생산속도를 낮추는 것이라면, 팀 구성원은 그의 동료들보다 더욱 생산적이라는 것 때문에 배척당할 수 있다. 이것은 팀 내 갈등으로 이어질 수 있다.
2. **사회적 나태**(social loafing)라고 알려진 개인 책임의 회피는 팀의 또 다른 단점이다. 사회적 나태는 일부 팀 구성원들이 자신이 개인적으로 책임을 지지 않는 집단의 목표를 향해 노력을 하지 않음으로써 의식적, 무의식적으로 책임을 회피하려는 경향이다.[70] 팀 프로젝트를 수행한 많은 학생들은 사회적 나태를 하는 학생에 직면한다. 사회적 나태는 개인의 노력이 인정되지 않으며 평가받지 못할 때 생겨나는 경향이 있다. 개인수준의 성과평가는 팀 구성원 각자에게 배정된 업무를 책임지게 함으로써 사회적 나태를 감소시키는 데 도움을 줄 수 있다. 그러나 이것은 강한 팀 정체성을 위해서 팀 단위의 성과평가가 필요하다는 주장에는 배치되는 것이다. 개인의 책임성을 도입하는 것이 사회적 태만을 줄이는 데 도움

사회적 나태는 일부 팀 구성원들이 자신이 개인적으로 책임을 지지 않는 집단의 목표를 향해 노력을 하지 않음으로써 의식적, 무의식적으로 책임을 회피하려는 경향이다.

이 될 수 있지만, 효과적인 팀의 중요한 특성인 공유목표에 대한 팀 책임성을 위태롭게 할 위험이 있다는 점에서 수수께끼이다.

집단사고는 집단의 구성원들이 집단의 장점에 기초하여 의사결정에 동의하는 것이 아니라 다수의 견해에 대한 이의를 제기하거나 반대의견을 제시하는 것이 거절되는 위험을 기꺼이 감수하려 하지 않기 때문에 동의하는 것이다.

3. 팀과 관련된 널리 알려진 또 다른 단점은 **집단사고**(groupthink)라고 알려진 마음가짐이다. 집단사고는 집단의 구성원들이 집단의 장점에 기초하여 의사결정에 동의하는 것이 아니라 다수의 견해에 대한 이의를 제기하거나 반대의견을 제시하는 것이 거절되는 위험을 기꺼이 감수하려 하지 않기 때문에 동의하는 것이다. 팀은 올바르게 문제를 해결하는 것보다 함께 잘 지내는 것을 가치 있게 여긴다. 집단은 종종 다양한 행동을 객관적으로 평가하기보다는 만장일치를 위해 노력하는 것에 관심을 보인다. 반대하는 견해는 합의를 선호하기 때문에 억압당한다.
4. 앞에서 팀 다양성의 장점에 대해 논의했지만 이 개념에는 또 다른 측면이 있다. 인구 통계학적 차이(나이, 민족, 교육, 성별)는 종종 팀의 잘못된 경로 또는 벽의 활성화로 이어져 하위 집단을 형성할 수 있다. 지배력을 위해 싸우는 각 팀(파벌)은 '파벌'문화를 발전시킨다. 구성원들에게는 파벌의 편에 서서 어떤 희생을 치르더라도 자기 팀의 목표를 달성해야 한다는 압박감이 있다. 일련의 하위집단 구성원들이 동일한 속성을 공유하는 반면에 다른 하위집단의 구성원들은 일련의 다른 속성을 공유하는 잘못된 경로를 갖고 있을 때, 팀의 효과성은 위태롭게 된다.[71] 또한 교차기능팀의 경우 일부 구성원들은 수행하는 팀 프로젝트보다 자신이 속한 부서에 충성심을 가질 수 있다. 이것은 교차기능팀 설계의 목적을 무효화시킨다.[72]

결국 효과적인 팀 리더는 팀의 장점을 극대화하고 단점을 최소화할 수 있는 방법을 발견해야 한다. 이를 달성하기 위해 제안된 방법에는 도표 8.1에 제시된 효과적인 팀의 특성 채택하기를 비롯하여 잘못된 경로 인식하기, 적절한 리더십 스타일 사용하기, 팀 인센티브 및 보수를 개발하기, 팀 내 의사소통의 효과적인 사용하기 등이 포함된다.

팀의 형태

학습목표 8.2

기능팀과 비교할 때 교차기능팀의 장점에 대해 설명한다.

구조적 적응은 오늘날 조직의 생애주기에서 하나의 상수처럼 보인다. 안정적인 설계로 알려진 기존의 조직 구조는 외부 기회와 위협에 더욱 빠르게 대응할 수 있는 보다 유동적인 설계로 변화하고 있다. 오늘날의 전형적인 회사에는 업무를 수행하기 위해 활용하는 다양한 유형의 팀이 있다. 예를 들면 품질 개선 팀, 고객 서비스 팀,

자율관리팀, 교차기능팀, 기술 통합팀, 가상팀, 신제품 개발팀, 안전팀 등 많은 팀들이 있다.[73] 이 절에서는 오늘날의 조직에서 공통적으로 사용하는 4개의 팀 형태에 초점을 맞춘다—기능팀, 교차기능팀, 가상팀, 자율관리팀.

기능팀

수백 년 전에, '과학적 관리의 아버지'라고 불리는 Frederick Taylor는 관리자들이 기능적 전문가가 되고, 업무과정을 단순반복적인 업무로 분화시키고, 그리고 근로자들을 상호 교환할 수 있는 부품으로 취급하는 리더십 접근법을 지지하였다.[74] 기능팀은 대부분 기능 관리자와 그 부서 내의 일선 근로자들로 구성된 작은 집단으로 구성되어 있다. 기능 관리자의 책임은 지시와 지지, 목표설정, 성과관리, 그리고 인력의 채용과 해고를 하는 것이다.[75] 따라서 **기능팀(functional team)**은 마케팅, R&D, 생산, 인적자원, 또는 정보시스템 등과 같이 동일한 목적을 소유하고 있는 같은 기능적 부서에 속하는 구성원 집단이다.

기능팀은 마케팅, R&D, 생산, 인적자원, 또는 정보시스템 등과 같이 동일한 목적을 소유하고 있는 같은 기능적 부서에 속하는 구성원 집단이다.

시간이 지남에 따라, 반복적인 업무 성격으로 인해 구성원들이 지루함을 느끼기 때문에 이러한 접근법의 단점이 분명해졌다. 기능팀의 구조는 일반적으로 더욱 더 위계적이다. 기능적 리더가 모든 의사결정을 하며 구성원들은 결정된 사항을 실행하는 것이 기대된다. 기능팀의 또 다른 단점은 의도하지는 않았을지라도, 팀 구성원들이 편협적인 자신들의 전문분야에 초점을 맞추며 조직 전체의 사명을 무시하거나 경시하는 경향이 있다. 이것은 조직 전체의 성과를 나쁘게 하는 기능팀 사이의 협력 결여를 초래할 수 있다. 사실, 서로서로 상호작용을 하지 않는 기능팀들 사이에는 협력보다는 경쟁관계가 형성된다.

오랜 시간에 걸쳐, 기능팀의 활용은 감소하고 있다. 교차기능팀은 회사들이 조직구조를 더욱 더 유연하고 경쟁력을 갖추도록 재조정하기 시작하였던 1980년대 후반에 유행하기 시작하였다.

교차기능팀

오늘날의 역동적인 사업 환경에서, 조직들은 시장과 경쟁적인 도전에 효과적으로 반응하기 위해서 기능적 경계를 넘어선 협력과 협업이 있어야 한다는 것을 이해하고 있다. 교차기능팀은 구성원의 생산성을 강화하기 위한 효과적인 수단으로 간주된다. 연구결과에 따르면, 교차기능팀은 더 높은 사기, 신뢰, 팀원들 사이의 응집력 등의 효과를 창조하며 더 많은 생산성과 더 적은 비용의 결과를 낳는다(효율성 효과).[76] 결과적으로, 고위급 리더들은 조직의 목표달성을 위한 목적으로 기능적 단위를 구분하는 벽을 허물고 교차기능팀을 구성해야 한다는 압력을 받고 있다.[77] 우리는 **교차기능팀**(cross-functional team)을 새롭고 단순 반복적이지 않은 제품 또는 서비스를 만드는 독특한 업무수행을 위하여 조직의 다른 기능적 부서에서 온 구성원들로 조직된 팀으로 정의한다. 또한 팀 구성원들은 공급자, 고객, 그리고 합자회사 파트너와 같은 조직 밖의 대표자들을 포함할 수 있다.

교차기능팀을 새롭고 단순 반복적이지 않은 제품 또는 서비스를 만드는 독특한 업무수행을 위하여 조직의 다른 기능적 부서에서 온 구성원들로 조직된 팀으로 정의한다.

교차기능팀 개념의 매력은 다른 기능 영역의 사람들 간의 상호작용, 협력, 조정, 정보 공유 및 아이디어의 교차 수정 등이 더 짧은 개발 주기로 더욱 좋은 품질의 제품/서비스와 같은 더 나은 결과를 생성한다는 것이다.[78, 79] 교차기능팀의 다른 장점은 올바른 인적구성은 팀에게 풍부하고 다양한 지식기반과 단일 기능팀이 보유할 수 있는 것을 훨씬 상회하는 잠재적 창의성(지식 다양성)을 제공한다는 사실이 있고,[80] 구성원들은 자신들의 기능 단위와 후속 팀으로 다시 갖고 가는 새로운 기술을 학습하며, 효과적인 교차기능팀의 시너지는 팀 구성원들의 성과의 합을 훨씬 초과하는 성과수준 달성을 돕는 것 등이 있다.[81]

교차기능팀은 종종 더 많은 구성원의 참여와 임파워먼트를 향한 조직의 첫 걸음이다. 이러한 팀들은 조직이 직면하는 경쟁적 도전 또는 기회의 형태에 따라 점진적으로 가상팀, 자율관리팀으로 진화할 것이다.

업무응용 8.4

당신과 다른 분야 또는 기술적으로 다른 전문성을 가진 사람과 함께 일했거나 또는 지금 현재 함께 일하고 있는 경험을 생각해보자. 이런 사람들과 어떻게 지냈는가? 경험의 긍정적면과 부정적인 면을 설명해보자.

가상팀

가상팀(VT)은 아마도 21세기의 가장 최근의 구조적 혁신이다. 가상팀은 멀리 떨어져서 사업 회의와 토론을 실시간으로 진행하기 위하여 정보기술(IT)에 의존하는 조직들에 의해 형성되었다. 점점 더 많은 조직들은 인적자원의 유연성, 고객 서비스 응답성, 혁신, 그리고 프로젝트 완료속도 등을 제공하기 위해 활용한다.[82] 코로나 바이러스로 인해 더 많은 조직에서 직원들이 안전한 거리에서 일할 수 있도록 온라인 가상팀을 제공한다. 가상팀은 성과 및 경쟁력을 강화하기 위한 작업구조로 수용되고 있다.[83]

글로벌화와 기술적 발전은 조직들이 가상팀을 채택하도록 몰아가고 있다.[84] 분명한 이유 때문에 글로벌하게 운영을 하고 있는 기업들에서 가상 교차기능팀은 훨씬 빠른 속도로 성장하고 있다. 가상팀은 시간과 공간의 장애물을 제거하여 조직이 구성원들과 구성원이 아닌 사람들의 재능과 전문성을 모을 수 있게 해준다. 새롭고 발전된 기술(예를 들어, Zoom, Microsoft Teams)은 분산되어 있으며 (다른 장소에서 수행되며) 비동시적(다른 시간에 수행되는)이지만 아직도 한 팀의 형태를 실행하며 일할 수 있는 수단을 제공한다.[85] 가상팀은 기능 또는 교차기능에 따라 조직화될 수 있다. **가상팀(virtual team)**은 구성원들이 지역적으로 다양하게 퍼져 있으며, 최소한의 면대면 상호작용을 하며, 기술적 플랫폼 활용하여 함께 일하는 것이 요구되는 팀이라 정의된다. (글로벌임팩트)

가상팀은 구성원들이 지역적으로 다양하게 퍼져 있으며, 최소한의 면대면 상호작용을 하며 기술적 플랫폼 활용하여 함께 일하는 것이 요구되는 팀이라 정의된다.

가상팀은 협동, 의사소통, 그리고 리더십 도전을 제시한다. 만일 이것들이 적절히 다루어지지 않으면 팀의 성공에 중요한 팀의 응집력, 정보공유, 그리고 지식의 통합을 잠재적으로 방해할 수 있다.[86] 가상팀에 대한 신뢰를 구축하고 유지하는 것은 이렇게 분산된 구성원들에게 매우 중요하다. 팀 리더십 스타일(업무 또는 관계 중심적)은 가상팀의 성공이나 효과성에 영향을 미친다.[87] 글로벌 가상팀 리더는 신뢰 기반 관계구축하기, 구성원들이 다른 문화와 언어에 대한 존중 표시를 장려하기, 약점이 아닌 팀 강점으로 다양성을 촉진하기와 같은 성공적인 접근방식을 사용하도록 조언을 듣는다.[88, 89] (글로벌뷰)

자율관리팀(SMT)

많은 현대인의 직장에서 새로운 패러다임의 전환이 일어나고 있다. 그것은 기능적 작업팀을 자율관리팀(SMT)으로 점진적으로 재구성하는 것이다. 자기 주도 또는 자율관리팀(SMT)은 고위 리더들은 목표를 부여하고 이를 달성하는 방법에 대한 결정은 팀의 자체 재량에 맡겨진다. SMT 구성원들은 서로의 작업을 계획, 조정 및 평가하기 위해 리더 없이 함께 작업한다.[90] 그들은 자율적이다. 여기서는 **자율관리팀(self-managed teams, SMT)**을 구성원들이 공유 또는 순번으로 리더십의 책임을 지며 고위 관리자들이 제시한 일련의 성과목표에 대해 스스로 상호 간의 책임을 지는 상대적으로 자율적인 팀이라 정의한다. SMT 개념은 이 장의 뒷부분에서 깊이 있게 다룬다.

자율관리팀(SMT)은 구성원들이 공유 또는 순번으로 리더십의 책임을 지며 고위 관리자들이 제시한 일련의 성과목표에 대해 스스로 상호 간의 책임을 지는 상대적으로 자율적인 팀이다.

개념응용 8.3 팀의 형태

다음 각각의 설명에 알맞은 팀 형태를 선택해보자.

a. 기능팀
b. 교차기능팀
c. 가상팀
d. 자율관리팀

_____ 14. 우리는 주문을 처리하는 속도를 높이기 위해 다중 전문성을 가진 팀을 개발하고 있으며, 우리는 다른 두 부서를 포함시키고 있다.

_____ 15. 우리는 마케팅 부서에 있으며 고객 관련 문제를 해결하는 것이 우리의 우선적 업무이다.

_____ 16. 우리 팀의 구성원들은 전국, 심지어는 해외에 퍼져 있으나, 인터넷과 화상회의 기술을 사용하여 회의도 하고 우리의 업무를 완성한다.

_____ 17. 우리 팀에는 진정한 전통적인 의미의 리더는 없다. 대신에 우리는 리더십 책임을 공유한다.

_____ 18. 우리 팀은 3개월 내에 신제품 개발을 책임지고 있으며, 우리는 우리가 원하는 어떤 형태로든 만들어내야 한다.

_____ 19. 우리 부서에서는 일을 어떻게 해야 토론과 업무과정에 외부인을 참여시키지 않을 것인가에 많은 관심을 갖고 있다.

_____ 20. Solomon Technology Solutions에서 R&D, 디자인, 재무, 고객 서비스 및 품질 관리의 구성원으로 구성된 통합팀이 대규모 고객을 위한 야심찬 정보 시스템을 감독했다.

_____ 21. 나는 리더십 역할이 순환되고 공유되며, 팀의 계획 및 계획 실행을 자체적으로 책임지고 있는 팀에 배정되었다.

_____ 22. 가구공장에서 관리자가 이끄는 품질관리부서는 완성된 모든 가구의 샘플을 검사하여 소매 소비자에게 가는 불량품이 없는지 확인하는 업무를 담당하고 있다.

팀 내 의사결정

학습목표 8.3

팀중심 결정을 선호하는 네 가지 조건과 팀중심 의사결정의 장단과 단점을 설명한다.

점점 더 조직들은 리더중심의 의사결정 모델이 팀중심이 될 것이라 공언하는 조직에서 잘 작동하지 않는다는 것을 발견했다. 대신에 팀중심의 의사결정 모델에 대한 훨씬 더 많은 수용과 감사가 존재한다. 작업팀이 효과적이기 위하여, 리더들은 의사결정 책임의 일부를 팀 구성원에게 양도해야 한다. 이것을 어떻게 정확하고 효과적으로 할 수 있는가가 이 절의 초점이다.

4장에서는 규범적 리더십 모델에 대해 논의하였다. 규범적 모델(도표 4.8 및 4.9)은 그룹 의사결정에 적용된다. 왜냐하면, 주어진 결정에 대한 추종자의 참여 수준을 결정하는 데 이 모델들이 사용되기 때문이다. 그것은 단순한 모델이며 주어진 상황에서 사용할 수 있는 적절한 참여수준 결정을 도와주기 위해 상황적 의사소통과 동일한 리더십 유형을 사용한다.

규범적 리더십 모델

규범적 리더십 모델은 사용자가 의사결정의 결과를 극대화하기 위해 상황에 적합한 5개의 리더십 스타일(리더결정형, 개별협의형, 집단협의형, 참여유도형, 그리고 위임형) 중 하나를 선택할 수 있게 하는 시간위주와 개발위주의 의사결정 나무를 갖고 있다. 5개의 리더십 스타일은 각각 의사결정에서 추종자들의 참여수준에 영향을 준다. '참여유도형'과 '위임형'의 리더십 스타일을 갖고 있는 리더들은 의사결정에 더 많은 팀 참여를 허락한다. 이것은 일부 사람들이 임파워먼트시키는 리더십이라고 설명한 것이다. 분명한 명령과 지시를 통하여 엄격하게 구조에 집착하는 것을 목표로 하는 행동이 특징인 지시적인 리더십과는 다르게 임파워먼트시키는 리더십은 팀 구성원들에게 의사결정의 더 큰 자유와 함께 업무에 대한 심리적인 주인의식을 준다.[91]

팀중심의 의사결정 모델

(a) 적절한 정보와 전문성이 많은 구성원들이 산재해 있을 때, (b) 필요한 몰입을 얻어내기 위해 참여가 필요할 때, (c) 한 개인에게 힘이 집중되는 것이 팀에 해가 될 때, 그리고 (d) 좋아하지 않는 의사결정을 내릴 필요가 있을 때는 4장에서 언급된 것처럼, 팀중심의 의사결정 모델을 선호한다. 팀중심 접근법은 의사결정을 내리고 후속 조치를 취하기 위해 팀 구성원에게 임파워먼트를 한다. 임파워먼트는 좀 더 헌신적이며, 에너지가 넘치며, 창의적인 노동력을 만든다. 팀중심 의사결정 모델에서 리더는 팀을 위한 자문관, 조언자, 코치, 또는 촉진자 역할을 한다. 팀 구성원이 팀 의사결정을 내릴 수 있도록 임파워먼트시키는 것이 그러한 권한을 한 개인에게 집중시키는 것보다 훨씬 더 좋은 접근 방식이라는 견해에 대한 더 큰 지지가 있다.

팀중심 의사결정의 장점

- 의사결정의 질을 향상시킬 수 있다.
- 팀 의사결정에 노출되는 것은 개인 의사결정의 질에 강한 긍정적인 영향을 미친다.
- 운영상의 결정이 리더로부터 멀리 이동되어 그들이 좀 더 전략적 이슈에 초점을 맞출 수 있도록 자유롭게 해준다.
- 책임감을 여러 사람에게 분산되게 하며, 따라서 인기는 없는 없지만 필요한 의사결정에 대한 지지를 촉진시킨다.
- 리더 혼자 의사결정한 것과 비교해 볼 때, 팀 구성원들이 의사결정을 실행할 때 더 높은 몰입을 보이는 결과는 낳는다.

팀중심 의사결정의 단점

- 관리자 혼자 결정을 내리는 것보다 더 오랜 시간이 걸릴 수 있다.
- 만일 팀 구성원들이 팀 또는 조직과 다른 목적이나 우선순위를 갖고 있다면, 이기적이 될 수 있으며 조직의 최대 이익과는 반대될 수 있다.
- 팀 구성원들이 스스로 합의할 수 없을 때는 최적의 해결책이 선택되기보다는 나쁜 타협으로 끝날 수 있다.

- 대부분 또는 모든 팀 의사결정을 내리는 것에 익숙한 리더들은 이런 권력을 포기하기 원하지 않거나 또는 만일 포기한다면 그들이 나약하고 무능하게 보일 것을 두려워한다. 이것이 팀에 혼란과 갈등을 야기할 수 있다.
- 또한 팀 내에서 리더십 기능에 대해 더 많은 책임감을 원하지 않는 팀 구성원들은 저항할 수 있다.

업무응용 8.5

참여했던 팀 의사결정을 생각해보고 마지막 의사결정에 이르는 과정에서 리더가 담당한 역할을 설명해보자. 이 의사결정 과정을 리더중심이라 하겠는가? 또는 팀중심이라 하겠는가?

성격 특성과 팀 의사결정

또한 팀중심 의사결정의 성공은 팀 구성원의 성격 특성에 의해 영향을 받는다. 비슷한 특성과 경험을 가진 팀 구성원은 의사결정을 내릴 때 준거의 틀이나 관점을 공유할 가능성이 더 크다.

아래 두 질문에 답해보자. 그리고 성격 프로파일이 팀워크에 어떤 영향을 미치는지 읽어보자.

1. 나는 팀의 일부인 것을 즐기며 혼자 일하기보다는 다른 사람과 함께 더 많이 일한다.

   7 ----- 6 ----- 5 ----- 4 ----- 3 ----- 2 ----- 1
   강하게 찬성함 강하게 반대함

2. 나는 개인적인 성과보다는 팀의 목표달성을 즐긴다.

   7 ----- 6 ----- 5 ----- 4 ----- 3 ----- 2 ----- 1
   강하게 찬성함 강하게 반대함

이 두 문장에 더 강하게 동의할수록, 좋은 팀 플레이어일 가능성이 더욱 높다. 그렇다고 해서 낮은 점수가 좋은 팀 플레이어가 아니라는 것을 의미하지는 않는다. 다음은 Big Five 성격차원들과 이와 관련된 동기적 욕구가 팀워크에 어떤 영향을 줄 수 있는가에 대한 약간의 정보이다.

- **외향성** — 높은 힘의 욕구: 만일 높은 힘의 욕구를 소유하고 있다면, 팀 리더든 아니든, 당신은 집단을 지배하지 않도록 조심해야 한다. 다른 사람의 의견을 구하고, 그리고 언제 이끌고 언제 따를지를 알아야 한다. 심지어 당신이 좋은 아이디어를 갖고 있을 때도, 주변의 다른 사람들을 민감하게 관찰해서 당신이 그들

을 위협하지 않는다고 느끼게 해야 하며, 당신이 그들에게 영향을 미쳐도 조용히 있어야(적응해야) 한다. 당신이 개인화인 힘보다는 사회화인 힘을 사용한다는 것을 확실히 하기 위하여 당신의 동기를 알게 해야 한다. 영향을 미치는 리더십 기술을 통해 당신은 팀에 긍정적인 공헌을 할 수 있는 잠재력을 갖게 된다. 만일 낮은 힘에 대한 욕구를 소유하고 있다면, 자기주장을 통해 다른 사람이 당신을 이용하지 않도록 하며, 좋은 아이디어를 갖고 있으면 발표해보자.

- **친화성** — 높은 소속의 욕구: 만일 높은 소속의 욕구를 갖고 있다면, 좋은 팀 플레이어일 가능성이 있다. 좋은 아이디어를 갖고 있을 때 관계가 상처받을 수 있다는 두려움 때문에 팀에 영향을 미치는 것을 주저하지 말라. 다른 사람에게 너무 빨리 양보하지 마라. 더 좋은 아이디어를 갖고 있어도 실행되지 않으면 팀의 성과에 도움이 되지 않는다. 다른 사람과 함께 일을 잘하며 그들을 중요한 사람이라고 느끼게 만드는 기술로 공헌함에 따라 당신은 팀에 중요한 자산이 될 수 있는 잠재력을 갖고 있다. 만일 당신이 낮은 소속의 욕구를 갖고 있으면, 다른 사람에게 민감하게 반응하도록 주의해야 한다.
- **성실성** — 높은 성취욕구: 만일 높은 성취욕구를 갖고 있으면, 팀지향적이기보다는 더욱 개인주의적인 자연스러운 자신의 성향에 주의해야 한다. 자신의 목표를 갖는 것은 좋다. 그러나 팀과 조직이 실패하면, 당신도 실패한다. 항상 한 가지 이상의 일을 하는 방식이 있다는 것을 기억해야 한다. 당신의 방식이 항상 최고는 아니다. 이와 관련해서, 완벽주의자가 되지 말라. 왜냐하면 팀 구성원들과 문제 일으킬 수 있기 때문이다. 당신은 성실성을 통하여 팀이 일을 잘하며 최대의 잠재력을 발휘할 수 있도록 도울 수 있는 잠재력이 있다. 만일 당신이 낮은 성취욕구를 갖고 있으면, 집단에 가치 있는 공헌자가 되도록 노력하거나 또는 당신의 능력에 맞는 일을 해야 한다.

효과적인 팀 회의진행을 위한 리더십 기술

학습목표 8.4

효과적인 회의진행의 세 부분을 설명한다.

팀을 지향하는 근무환경에서, 리더들은 회의를 하는데 많은 시간을 소비한다. 회의에 대한 가장 공통적인 불만은 회의가 너무 많고, 너무 길고, 비생산적이라는 것이다. 회의를 진행하는 리더십 기술은 더욱 더 생산적인 회의가 될 수 있게 한다.[92] 따라서 효과적인 팀 회의 진행에 대한 욕구는 어느 때보다 강하다. 회의의 성공은 업무를 관리하는 리더의 기술에 달려 있다.

회의를 계획하기

리더와 구성원의 회의 준비는 회의에 직접적인 영향을 미친다. 준비되지 않은 리더는 비생산적인 회의를 하는 경향이 있다. 최소한 다섯 가지 영역에서 계획이 필요하다. 회의 목적 정하기, 참석자에 통보하기 및 일 배분하기, 회의 안건 정하기, 회의를 위한 시간과 장소 선정하기, 그리고 리더십 제공하기이다. 글로 쓴 계획의 복사본이 회의 전에 참석자에게 보내져야 한다(도표 8.2 참조).

목표

회의를 소집하는 사람들이 하는 하나의 가장 큰 실수는 종종 회의에 대한 분명한 아이디어도 없고 목적도 없다는 것이다. 회의를 요구하기 전에, 회의의 목적을 분명하게 정의하고 회의를 통해 달성해야 할 목표를 설정한다. 유일한 예외는 정기적으로 정보를 유포하거나 또는 브레인스토밍을 위한 회의다.

도표 8.2 회의 계획

- **시간**. 일시, 장소(만일 가변적이면), 그리고 시간(시작과 끝나는 시간).
- **목적**. 회의의 목표나 목적을 설명한다. 다른 부분에서 분리하여 설명하는 것보다는 아래 예와 같이 목표는 회의 안건과 함께 나열될 수 있다. 그러나 목표가 구체적이어야 한다는 것을 명심해야 한다.
- **참여와 일의 배분**. 만일 모든 참여자들이 같은 일을 해야 한다면, 그것을 나열해라. 만일 다른 참여자들이 다른 일을 갖고 있다면, 그들의 이름과 일을 나열하라. 일의 배분은 회의 안건과 함께 나열하라. 아래 Ted와 Karen의 업무 배정을 참조하라.
- **회의 안건**. 우선순위에 따라 대략의 시간배정과 함께 토론해야 할 각 내용을 열거한다. 이전 회의의 메모 내용을 수용하는 것이 회의 안건이 될 수 있다. 다음은 회의 안건의 예이다.

제목	황금 팀 회의		
시작시간	20xx년 1월 22일 금요일	9:00 AM	동부시간(미국과 캐나다)
종료시간	20xx년 1월 22일 금요일	10:00 AM	동부시간(미국과 캐나다)
장소	골드 룸		

참가자 및 업무 배정

모든 구성원들은 회의에 참석하며, 회의 전에 첨부된 6쪽의 컴퓨터 설명서를 읽어야 한다.
자신의 선호도를 토론할 수 있도록 준비한다.

회의 안건

1. PC 담당자가 팀에 필요한 PC 2대를 구매하기 위해 토론하고 선택한다 — 45분.
   (이것이 주요 목표임을 숙지한다. 실제 선택은 나중에 할 것이다).
2. Ted가 Venus에게 프로젝트와 관련된 보고를 할 것이다 — 5분.
3. Karen은 토론 없이 제품 생산 과정을 조금 변화시키는 것에 대한 아이디어를 발표할 것이다 — 5분.
   아이디어에 대해 구성원들이 조금 더 생각해본 후 토론은 다음 회의에서 할 것이다.

참여자와 업무배정

회의를 소집하기 전에, 누가 회의에 참석해야 하는지를 정해야 한다. 더욱 더 많은 구성원이 회의에 참석할수록, 작업이 완성될 기회가 더욱 더 낮아진다. 전체 집단/팀이 회의에 참석할 필요가 있는가? 집단구성원이 아닌 특정한 전문가의 의견을 듣기 위해 초정해야 하는가? 논쟁의 여지가 있는 문제에 대해서, 리더는 문제에 대한 토론을 하기 전에 핵심구성원을 만나는 것이 현명하다는 것을 알고 있다. 참여자들은 회의 전에 그들에게 기대되는 것이 무엇인지를 알아야 한다. 만일 어떤 준비가 필요하다면(자료를 읽고, 약간의 조사를 하고, 리포트를 작성하는 등), 그들은 사전에 적절한 통보를 받아야 한다.

회의 안건

회의를 소집하기 전에, 목표를 달성하기 위해 회의가 진행되는 동안에 해야 할 활동을 찾아내라. 회의 안건은 구성원들에게 기대되는 것이 무엇이며 회의가 어떻게 진행될 것인가를 말해준다. 각 안건에 시간제한을 설정하는 것이 집단이 목표에 집중하는 것을 돕는다. 필요 없는 토론이나 주제에서 벗어나는 일은 회의에서 종종 일어나는 일이기 때문이다. 그러나 당신은 유연해야 하며 필요하다면 더 많은 시간을 허락해야 한다. 또한 구성원들은 회의 안건을 제출할 수도 있다. 만일 행동이 요구되는 회의 안건들을 받았다면, 그것들에는 반드시 목표가 있어야 한다.

회의 안건을 우선순위대로 나열한다. 만일 모든 내용을 토론할 시간이 없다면, 이런 방식으로 가장 중요하지 않은 안건을 앞으로 가져와 먼저 해결한다. 회의 안건의 우선순위가 정해져 있지 않은 회의에서 리더는 소위 말해 빨리 처리할 수 있는 안건을 먼저 처리하는 경향이 있다. 이런 일이 벌어지면, 집단은 막다른 골목에 이르러 중요한 문제를 서둘러 처리하거나 또는 다음으로 미룬다.

날짜, 시간, 장소

주중 어느 날 몇 시에 회의를 하는 것이 가장 좋을까를 결정하기 위해 구성원들의 의견을 물어라. 구성원들은 하루 중 이른 오전에 좀 더 집중하는 경향이 있다. 구성원들이 가까이 있으면, 구성원들이 같은 사무실 또는 근처에서 근무한다면, 1개 또는 몇 개의 주제에 초점을 맞춘 짧은 회의를 더 자주 갖는 것이 좋다. 그러나 구성원들이 여행을 해야 한다면, 더 적은 횟수의 더 긴 회의가 필요하다. 회의를 위해 적절한 장소를 선택해야 하며, 회의 참여자의의 물리적인 편안함을 위한 계획을 세워야 한다. 규모가 작은 집단토론을 위해서 눈맞춤을 할 수 있는 자리배치여야 하며, 구성원들이 서두르지 않도록 충분한 시간을 갖게 계획해야 한다. 만일 회의 장소에 대한 예약이 필요하다면, 적절한 회의 장소를 확보하기 위해 충분한 시간을 갖고 예약을 해야 한다.

기술의 발전과 함께, 전화회의와 화상회의가 매우 보편화되고 있다. 이러한 기술들은 여행 경비와 시간을 절약하게 하며, 더 좋고 더 빠른 의사결정을 할 수 있게 해주었다. 오늘날 (크고 작은) 다수의 회사들이 화상회의와 전화회의를 사용하고 있다. Robert's Rules of Order 이후로 개인 컴퓨터는 회의를 진행하는 가장 유용한 도구로 여겨지고 있다. 개인 컴퓨터는 회의의 결과를 극적으로 변화시킬 수 있는 큰 화면을 가진 '인공지능의 칠판'으로 전환될 수 있다. 메모(마지막 회의에서 일어났던 일에 대한 기록)가 개인 컴퓨터로 작성될 수 있으며 회의가 끝날 때 참석자에게 배포될 수 있다.

리더십

리더는 회의를 위한 적절한 리더십 스타일을 결정해야 한다. 리더는 회의 내용에는 영향을 미치지 않으면서 회의진행 과정을 안내하는 촉진자의 역할을 담당할 것을 추천한다. 각각의 회의 안건은 다르게 취급할 필요가 있다. 예를 들어, 어떤 안건은 단순한 정보 배포를 요구하며, 다른 안건은 토론, 투표, 또는 의견일치를 요구한다. 반면에 다른 안건은 구성원의 단순하고 빠른 보고를 요구한다. 집단구성원의 능력을 개발하는 효과적인 방법은 매 회의마다 집단의 중재자/리더의 역할을 순환하는 것이다.

회의를 진행하기

팀 리더는 첫 번째 회의에서 분위기를 설정해야 한다. 리더는 대면 회의가 필요할 때만 개최하며 회의 안건에 따라 진행되도록 설정해야 한다. 회의에 집중하지 않고 멀티태스킹을 하는 리더는 올바른 모범이 되지 못한다.[93] 리더는 회의에 대한 통제력을 행사해야 하지만 유연성도 허용해야 한다. 예를 들어, 회원들에게 서로서로를 알아가는 시간을 할애할 기회가 주어져야 한다. 간단하게 사용할 수 있는 기술은 각자의 소개로 시작해서 팀의 목적과 목표 및 구성원의 업무로 이동하는 것이다.

회의의 세 부분

각 회의는 다음 사항을 실시해야 한다.

1. **목표를 확인하라:** 회의를 정시에 시작한다. 늦게 오는 구성원을 기다리는 것은 정시에 온 구성원을 불리하게 하는 것이며 늦게 오는 것에 대한 규범을 발전시

킨다. 현재까지의 진행 과정, 집단의 목표, 그리고 특정 회의의 구체적인 목적/목표를 검토하며 시작한다. 만일 기록된 메모가 있다면, 보통 다음 회의를 시작할 때 그것들을 승인한다. 대부분의 회의에서 메모를 작성하는 서기를 지정할 것을 추천한다.

2. **회의 안건을 모두 처리한다:** 회의 안건을 우선순위에 따라 처리하는 것을 잊지 말아야 한다. 대략의 시간도 지키기 위해 노력해야 하지만, 유연해야 한다. 만일 토론이 건설적이며 구성원들이 더 많은 시간을 필요로 하면, 필요한 시간을 주어야 한다. 그러나 토론이 파괴적인 논쟁이 되면, 다음 안건으로 넘어간다.
3. **업무 분담을 요약하고 검토한다:** 회의를 정시에 마친다. 리더는 회의 중에 일어난 일을 요약해야 한다. 회의의 목표가 달성되었는가? 회의 중에 주어진 모든 업무를 검토한다. 각각의 구성원이 다음 회의 또는 특정한 미래의 회의를 위해 해야 하는 일에 몰입하도록 유도한다. 서기 또는 리더는 모든 업무배정을 기록해야 한다. 만일 배정된 일에 대한 책임감과 후속조치가 없으면, 구성원들은 그것들을 완성하지 않을 수도 있다.

팀 리더는 집단의 구조, 과정, 그리고 개발에 초점을 맞출 필요가 있다. 언급된 것과 같이, 리더십 스타일은 집단의 개발 수준에 따라 변화될 필요가 있다. 리더는 필요시 적절한 업무 및 유지하는 행동을 반드시 제공해야 한다.

문제 구성원을 처리하기

팀이 성과를 잘 낼 뿐만 아니라 함께 잘 일할 수 있는 작업 환경을 만들기 위해, 팀에 적합한 성격 유형이 필요하다. 특정 성격 유형은 조화로운 작업 환경 주변 사람들에게 스트레스를 줄 수 있으며 적절하게 처리되지 않으면 팀 성과에 부정적인 영향을 미칠 수 있다.[94] 집단에 있을 수 있는 문제 구성원의 종류는 침묵자, 수다쟁이, 방랑자, 지루해하는 사람 그리고 논쟁자이다.

침묵자

완전하게 효과적인 회의를 위해서는 모든 집단구성원들이 참여해야 한다. 만일 구성원들이 침묵을 지키면, 집단은 투입물에서 나오는 이익을 얻을 수 없다. 침묵하는 구성원들이 참여하도록 너무 드러나지 않고 과도하지 않게 격려하는 것이 리더의 책임이다. 리더가 사용할 수 있는 한 가지 방법은 모든 구성원들이 순번대로 돌아가며 자신의 생각을 내 놓는 순환방법이다. 이 방법은 직접 사람의 이름을 부르는 것보다 일반적으로 덜 위협적이다. 그러나 순환방법은 항상 적절한 것은 아니다. 침묵을 지키는 구성원들의 자신감을 높여주기 위하여, 그들이 쉽게 대답할 수 있는 질문을 한다. 당신이 그들이 확신을 갖고 있다고 믿을 때, 그것을 표현하도록 그들에게 요구한다. 그들의 비언어적인 동작을 언제 그들에게 기회를 줄 것인가를 결정하는 지표로 활용해야 한다. 만일 자신이 침묵하는 사람이라면, 더 자주 참여하기 위해 노력하고, 언제 자신의 견해를 제안하며 주장할 것인가를 알아야 한다. 일반적으로 침묵자는 좋은 리더가 되지 못한다.

수다쟁이

수다쟁이는 모든 것에 대해 무엇인가 할 말이 있다. 그들은 토론을 지배하는 것을 좋아한다. 그러나 그들이 지배하면, 다른 구성원들은 참여를 하지 않는다. 수다쟁이는 낮은 응집력이나 갈등과 같은 집단 내 문제의 원인이 될 수 있다. 수다쟁이의 입을 다물게 하지는 않더라도 자제시키는 것이 리더의 책임이다. 그들이 집단을 지배하지 않도록 해야 한다. 또한 순환방법이 수다쟁이에게 효과적이다. 그들은 그들의 순서를 기다려야 한다. 순환방법을 사용하지 않을 때는, 수다쟁이가 말할 때 부드럽게 끼어들어 당신의 아이디어를 제시하거나 또는 다른 구성원들에게 그들의 아이디어를 제시할 것을 요구한다. 또한 "아직까지 대답하지 않은 사람에게 기회를 주기로 합시다"와 같은 말로 질문을 시작하는 것은 수다쟁이를 자제시킬 수 있다. 만일 당신이 말을 많이 하는 경향이 있다면, 자제하기 위해 노력해야 한다. 다른 사람들이 발언하고 스스로 일을 할 수 있는 기회를 주도록 해야 한다. 좋은 리더는 이 분야에서 다른 사람의 능력을 개발시킨다.

방랑자

방랑자는 회의 안건으로부터 집단을 이탈시킨다. 그들은 주제를 바꾸는 경향이 있으며, 종종 불만을 이야기하는 것을 좋아한다. 집단이 원래의 안건에서 벗어나지 않게 유지하는 것은 리더의 책임이다. 만일 방랑자들이 사교적인 대화를 하려하면, 중지시켜야 한다. 친절해야 하며 구성원들의 공헌에 감사를 표시하며 원래의 주제로 돌아오기 위해서 집단에게 질문을 던져야 한다. 만일 방랑자가 합법적이며 해결 가능한 불만을 이야기하면, 집단에게 그것을 토론하도록 한다. 집단 구조 이슈는 토론을 통해 반드시 해결되어야 한다. 그러나 이슈가 해결될 수 없는 것이라면, 집단이 원래의 주제로 돌아오도록 해야 한다. 어떤 해결도 하지 못하면서 문제를 붙들고 늘어지는 것은 성과달성을 위한 사기와 몰입을 감소시키는 경향이 있다. 만일 방랑자가 해결될 수 없는 이슈를 갖고 불만을 이야기하면, "우리의 임금이 너무 낮을지도 모릅니다. 그러나 우리는 임금에 대한 통제력을 갖고 있지 않습니다. 불만을 이야기하는 것이 우리의 임금을 인상시키지 못합니다. 현재의 안건으로 돌아갑시다"와 같이 말한다. 만일 자신이 방랑자인 경향을 갖고 있다면, 자신의 행동을 인식하고 현재의 주제에 머물기 위해 노력해야 한다.

지루해하는 사람

집단은 업무에 흥미를 느끼지 못하는 1명 이상의 구성원들을 갖고 있다. 지루해하는 사람은 다른 일에 몰두하며 집단의 회의에 관심을 보이지 않거나 또는 참여하지 않는다. 지루해하는 구성원은 또한 우월감을 느낄 수 있으며 집단이 명백한 일에 왜 그렇게 많은 시간을 보내는지 궁금해 할 수 있다. 리더는 구성원들을 동기부여시킬 책임이 있다. 지루해하는 구성원에게 아이디어를 칠판에 적는 일 및 회의록을 적는 일 등과 같은 것을 배정한다. 지루해하는 구성원을 초청해 그들을 집단으로 돌아오게 한다. 만일 그들이 무관심하게 앉아 있는 것을 허락한다면, 일은 더욱 나빠지며 다른 사람들조차도 참여하지 않는다는 결정을 할 수 있다. 만일 자신이 지루해하는 경향이 있다면, 스스로를 동기부여시킬 수 있는 방법을 찾도록 노력해야 한다. 좀 더 많은 참을성을 기르고 다른 사람에게 부정적인 영향을 미칠 수 있는 행동을 통제하기 위해서 더욱 노력해야 한다.

논쟁자

수다쟁이와 같이, 논쟁자는 관심의 중심에 서기를 좋아한다. 이런 행동은 대안적인 행동을 개발하고 선택하는데 도움이 되는 악마의 옹호자 접근법을 사용할 때 일어날 수 있다. 그러나 논쟁자는 집단을 도와주기보다는 논쟁을 위한 논쟁을 즐긴다. 그들은 모든 일을 win-lose 상황으로 바꾸며, 그들은 지는 것을 참지 못한다. 리더는 갈등을 해결해야만 한다. 그러나 논쟁적인 방법으로 해결해서는 안 된다. 논쟁자와 논쟁을 해서는 안 된다. 이것이 정확히 그들이 원하는 것이다. 만일 논쟁이 시작되면 다른 사람들을 토론에 참여시킨다. 만일 사적인 논쟁이면, 중지시킨다. 사적인 공격은 집단에 상처를 줄 뿐이다. 토론이 원위치로 돌아오게 한다. 만일 자신이 논쟁자적인 성향이 있다면, 자신의 견해를 공격적인 논쟁이 아니라 주장하는 토론의 형태로 제시하기 위해 노력해보자. 다른 사람의 견해를 듣고 그들의 의견이 더 좋으면 기꺼이 변화하라.

개념응용 8.4 집단 내 문제아

불행히도 일부 팀에는 '문제 구성원' 범주에 속하는 개인이 있다. 아래의 각 설명은 특정 유형의 문제 있는 팀 구성원을 설명한다. 문제의 형태를 밝혀내 보자.

a. 침묵자
b. 수다쟁이
c. 방랑자
d. 지루해하는 사람
e. 논쟁자

_____23. 팀이 위기를 해결하기 위해 노력하는 과정에서, Johnny는 모든 사람에게 사주와 우편국의 여사무원에 대한 정보를 제공하려는 것에 초점을 맞추었다.

_____24. 보통 매우 적극적인 팀 구성원인 Frank는 오늘 매우 멍해 보이며 토론에 적극 참여하지 않는다. 다른 구성원들은 모두 토론하며 업무배정에 자발적으로 참여한다.

_____25. Charlie는 자신의 아이디어 제공에 항상 1등 아니면 2등이다. 그는 자기 생각을 제시하는데 장황하며, '실마리 없는' 그의 태도는 다른 사람들의 속삭임을 초래한다.

_____26. Marcy는 보통 그녀의 아이디어를 다른 사람과 공유하길 꺼려한다. 그녀의 아이디어에 대해 자세히 말해 줄 것을 요구하면, Marcy는 종종 어깨를 으쓱이며 더 이상 언급하길 거절한다.

_____27. David는 모든 이슈에서 구성원들의 견해에 도전하는 것을 너무 즐겨서 다른 팀 구성원들이 그에게 진정으로 좌절하는 만든다.

집단구성원들과 일하기

집단으로 일을 할 때는, 구성원들이 당신을 아무리 화나게 해도, 당황하지 말고, 위협하지 말고, 또는 논쟁하지 말아야 한다. 만일 이런 행동을 하면, 그 결과는 집단 내에서 그들은 순교자가 되고 당신은 화내는 사람이 될 것이다. 만일 앞에서 언급한 기법에 반응하지 않는 심각한 문제 구성원이 있다면, 집단 밖에서 개인적으로 그들을 만나라. 그들이 협조적인 방법으로 일하는 것에 동의하게 하라. 이 장의 나머지 부분은 팀이란 개념이 혁신적으로 확대된 자율관리팀에 초점을 맞추게 될 것이다.

업무응용 8.6

참석했던 회의를 기억해 보라. 회의 전에 안건을 받았는가? 리더는 얼마나 회의진행을 잘했는가? 회의를 어떻게 개선할 수 있는지 아이디어를 제시해보자. 회의 참석자 중 문제 있는 사람이 있었는가? 리더는 그들을 얼마나 잘 다루었는가?

자율관리팀

학습목표 8.5

전통적 팀과 자율관리팀 사이의 차이와 자율관리팀의 도전에 대해 설명한다.

자율관리팀(SMT)은 팀의 개념을 혁신적으로 확장한 것이다. SMT의 제안자들은 중요한 업무 관련 의사결정에 대한 통제를 공유하는 형태의 자율성은 SMT가 전통적인 팀보다 더 많은 성과를 내도록 해준다고 주장한다. 그런 자율성을 갖고 있는 SMT의 구성원들은 과정에 더 많은 투자를 한 것으로 느끼며 언급된 목표달성에 헌신하게 되는 경향이 있다는 믿음이 있다.[95] 자율관리팀은 많은 다른 이름으로 불린다. 자기 지시적, 자율적, 자기 주도적, 자기 유지적, 그리고 자기 규제적인 팀이다.[96] 역사적으로 팀이 성공하기 위해서 리더의 중심적 역할에 초점을 맞추었음에도 불구하고, SMT의 사용이 증가되는 것은 팀에 리더가 필요한지 여부에 대한 문제가 아직 해결되지 않았음이 분명해진다.[97] 이 절은 SMT와 전통적 팀의 차이, SMT 활용의 장점, SMT의 효과성을 높이기 위한 가이드라인, SMT 개념에서 리더십의 역할, 그리고 조직 구조에 SMT를 편입시키는 것의 도전 등을 강조하며 SMT의 성격을 검토한다.

SMT는 전통적인 팀과 어떻게 다른가?

자율관리팀은 전통적인 팀과 여러 가지로 다르다. 전통적인 팀에서는 팀에 지시를 내리며 일 관련 의사결정에 대한 통제를 유지하는 리더의 손에 의사결정이 달려 있다. 팀 리더가 유일한 권한을 가진 사람이다. 반대로, SMT는 많은 양의 의사결정권을 갖는다. 구성원들은 자기 자신을 관리하고, 인사고과를 하고, 일을 계획하고 일정을 짜며, 생산 또는 서비스 관련 의사결정을 하며, 동료평가를 하며, 그리고 갈등을 해결하는 것과 같은 의무가 있다. 구성원들은 스스로 팀 목표를 달성하는 방법을 준비하는 책임을 진다. 공동 또는 공유 권한을 갖는다. 최고의 SMT에는 할당된 작업과 관련하여 다양한 직무기술(다중 기술)을 가진 교차 훈련된 구성원들이 있다.[98] 전통적인 팀에서는 구성원 기술은 전문분야에 중점을 둔다. 구성원 간의 상호의존성이 거의 또는 전혀 없는 매우 업무중심적인 전통적인 팀에 비해 SMT에는 더 높은 수준의 업무 상호의존성이 있다.

SMT에서 리더십 기능은 전통적 팀과 다르다. 자율관리팀 구성원들은 리더십 책임을 공유하거나 순번제로 담당하며 팀 목표달성 대하여 자신들이 상호 간에 책임을 진다. 구성원들이 리더뿐만 아니라 추종자의 역할을 학습함에 따라 자주 역할을 번갈아 담당한다.[99] SMT 구성원들은 전문화되기보다는 팀 내의 다양한 직무를 수행하는데 매우 유연하게 만드는 다중기술 역량을 개발한다. 자율관리팀은 모든 팀 구성원들이 직무설계와 관련된 의사결정에 목소리를 내게 할 뿐만 아니라 업무성과에 대한 자율성과 재량을 준다. 구성원들은 직접적인 관리적 감독를 받지 않고 운영한다. 한 세대 전에는 거의 생각하지도 못했던 아이디어이다.[100]

SMT의 본질은 개인적인 임파워먼트와 책임보다는 팀이 중심이라는 것이다.[101] 팀 책임감은 중요한 책임감이다. 왜냐하면 SMT 구성원들은 자신의 성과뿐만 아니라 다른 팀 구성원의 성과조차도 책임지기 때문이다. 성공적인 SMT에서, 구성원들은 그들이 집단으로 성취한 것이 그들이 개인적으로 달성할 수 있었던 것보다 더욱 크다는 것을 알게 된다. SMT에서 일을 잘하는 사람들은 유능한 문제해결자이며, 효과적인 의사소통가이며, 갈등에 잘 대처할 수 있으며, 매우 적응력이 높으며, 그리고 내적 통제위치를 보유하고 있다.

의사결정의 형태에 따라서, 팀에게 주어진 권한의 양은 조직마다 크게 차이가 난다. 예를 들어, 어떤 조직에서는 구성원을 고용하고 해고하며, 인사고과를 실시하며, 그리고 보상을 결정하는 (사전에 결정된 한계 내에서) 인사적인 의사결정의 일차적인 책임이 팀에 주어진다. 다른 조직에서 그런 의사결정은 고위경영자의 몫으로 남겨진다. 예를 들어 보통 팀에는 사전허락 없이 물자와 장비 구매를 위한 적은 경비 지출만이 허락된다. 대부분의 조직에서와 같이, 대규모 구매와 관련된 모든 행동은 최고경영자의 허락을 받아야 한다. 도표 8.3은 전통적인 팀과 SMT 사이의 핵심적인 차이를 요약한다.

자율관리팀의 장점들

SMT가 이 장의 앞부분에서 논의한 팀워크의 일반적인 장점을 나타내는 것에 주목해야 한다. 전통적인 팀이 SMT로 대체되면 이러한 장점이 얼마나 더 지속될 것인가

도표 8.3 전통적 팀과 자율관리팀 사이의 차이점

특징	자율관리팀	전통적 팀
리더십	공유됨/분배됨	하나/유일함
팀 구성원 역할	교환될 수 있음	고정됨
책임감	팀	개인
업무설계	상호의존함	업무지향적
직무기술서	유연함	고정됨
기술	다중기술화	전문화
목표지향성	공유/공동	리더 지시적

는 의문이다. 유연한 작업배정과 임파워먼트, 더 좋은 작업 분위기, 증가된 정서적 조직몰입, 더 높은 구성원 보유비율, 더욱 강화된 조직성과 등은 특별히 SMT와 관련 있는 장점의 일부이다.[102] 예를 들어, SMT는 조직 전반에 걸친 관리계층의 감축 때문에 전통적인 팀보다 생산비용을 더 낮출 수 있다.

업무응용 8.7

자신의 경험 또는 SMT에서 근무했던 사람에게 질문한 것에 기초하여, 전통적 팀과는 다르게 진정한 SMT를 만드는 행동들에 대해 설명해보자.

도입사례 응용

5. 당신은 Stacey Abrams가 자율관리팀 개념을 수용하는 유형의 리더라고 생각하는가? 당신의 대답을 설명해보자.

그렇다. Abrams는 SMT의 개념을 포용하는 유형의 리더이다. 그녀는 유권자에게 투표에 참여할 것을 강조하였다. 그녀의 경력을 통해서, Abrams는 투표권, 유색인종 청소년의 훈련 및 고용, 주 및 국가 차원의 사회적 문제 해결에 전념하는 여러 조직들을 설립했다. Fair Fight 2020과 같은 프로그램을 통해 그녀는 전쟁터가 된 20개 주에서 유권자 보호 팀에게 자금을 지원하고 교육을 실시했다. 2019년에 그녀는 2020년 인구 조사의 정확성과 더 많은 시민연대의 참여를 보장하기 위해 Fair Count를 시작했다. 분명히 Abrams는 자신이 교육하고 자금을 지원하고 다양한 주에 배치한 팀이 자율적으로 관리할 것을 기대한다. 그녀의 리더십 유형은 임파워먼트에 초점을 맞추고 있다. 이것이 최근의 선거주기에서 그녀의 인상적인 성공의 핵심 요소일 수 있다.

SMT의 효과성을 증진시키기

SMT의 장점에 대한 많은 보고에도 불구하고, 이것의 효과성 또는 성공률을 증가시키기 위해서 아직 많은 것을 할 필요가 있다. SMT가 성공하기 위해서는 최고경영자의 강하며 지속적인 지지가 있어야 한다. SMT의 도입은 팀 리더가 아니라 팀원으로 일할 것이 요구되는 관리자들의 지위를 위협한다. 직원들 중 일부는 SMT가 그들에게 부여하는 책임, 권한, 설명의무를 처리할 준비가 되어 있지 않을 수 있다. SMT 개념은 조직이 업무를 처리하는 오래된 방법과는 반대로 가는 것이며 따라서 구성원들로부터 저항, 심지어 태업에 부딪친다. 이것은 중요한 패러다임의 전환이다. 따라서 고위 경영진은 SMT 이니셔티브를 지지하며, 지속적 학습을 위한 환경을 조성하며, 적절한 행동을 모델링하기 위해 적절한 인력, 재무 및 기술적 자원을 제공하는 것이 중요하다.[103]

자율관리팀에서 리더십 역할의 변화

분배된 리더십은 다수의 리더들이 같은 SMT 내에서 전문성 또는 흥미 분야에 따라 순환하며 상호보완적인 리더십 역할을 맡는다.

자율관리팀의 구성원들은 채용, 훈계, 해고, 동기부여, 인사고과, 그리고 훈련 등과 같은 리더십 책임을 해결하도록 고도의 훈련을 받아야 한다. 팀이 요구하는 필요성에 따라 팀을 이끄는 사람이 바뀐다. 이것을 분배된 또는 공유된 리더십이라고 부른다. **분배된 리더십**(distributed leadership)에는 다수의 리더들이 같은 SMT 내에서 전문성 또는 흥미 분야에 따라 순환하며 상호보완적인 리더십 역할을 맡는다. 환언하면, SMT의 구성원들은 상황 및 업무요구에 따라 다른 리더십 역할을 담당한다고 가정한다.[104] 이것을 일부 사람들은 동료 또는 창발적 리더십이라고 설명한다.[105, 106]

SMT 촉진자는 자율관리팀의 외부 리더이다. 그의 업무는 최적의 작업환경을 만들어서 팀 구성원들이 생산적으로 일하며 복잡한 문제를 스스로 해결하도록 책임을 진다.

일부 조직에서, 고위 경영진은 필요시 SMT를 돕기 위한 촉진자를 배정한다. 촉진자의 목적은 SMT를 위한 '광범위한 매개변수'를 정의하며, SMT 경로상의 장애물을 제거해주며, 필요 시 조언과 상담을 제공한다. **SMT 촉진자**(SMT facilitator)는 자율관리팀의 외부 리더이다. 그의 업무는 최적의 작업환경을 만들어서 팀 구성원들이 생산적으로 일하며 복잡한 문제를 스스로 해결하도록 책임을 지게 하는 것이다. SMT 촉진자의 팀 구축 활동에 대한 요약이 도표 8.4에 제시되어 있다.

자율관리팀 도입과 관련된 내부 문제들

직장에서 매우 효과적인 SMT를 관찰하는 것은 진정으로 볼만한 광경이다. 그러나 이 개념을 실행에 옮기는 것은 어렵다. 여기에는 많은 이유가 있다. 그 중 가장 적은 이유는 관리가 일반적으로 방해가 되지 않는다는 사실이다. 어떤 관리자는 SMT를 자신들의 미래에 대한 위협으로 생각한다. 어떤 관리자는 자율관리팀을 사용하는 것이 중간 관리자의 종말을 알리는 신호라고도 생각한다. 이것은 매우 논쟁의 여지가 있다.

도표 8.4 SMT 촉진자: 팀 구축 행동들

- 개인 간 갈등해결을 위한 수단을 제공한다.
- 사회적 상호작용을 위한 기회를 만든다.
- 팀 구성원들 사이의 응집력과 협동을 증가시킨다.
- 팀 구성원들 사이에 높은 수준의 의사소통을 촉진한다.
- 팀 구성원들의 차이점이 아니라 상호 간의 이득을 강조한다.
- 기념식, 의식 그리고 상징물 등을 활용하여 팀 주체성과 결속을 증가시킨다.
- 팀 정신을 육성하기 위하여 팀 위주의 인센티브를 사용한다.

관리직에 있지 않은 구성원들에게도 SMT로 자리를 옮기는 것은 관리자만큼이나 많은 잠재적인 좌절과 스트레스를 일으켰다. 새로운 구조와 새로운 일상, 팀 책임감에 적응하는 것에 익숙하지 않기 때문이었다. 팀 구성원들은 새로운 행동을 학습해야 한다. 팀워크의 정의가 일부 구성원에게는 너무 과도할 수 있는 근본적인 사고방식의 조정을 요구하여 성격과 행동 갈등으로 이어지는 새로운 작업 배치에 적응할 필요가 있다.[107] 가장 큰 도전은 전통적인 리더가 없으며 새로운 구성원의 권한 및 책임 때문에 필요해지는 새로운 행동 기대를 설정하고 집행하는 데 있을 수 있다.

이 장의 앞부분에서 토론된 팀으로 일하는 것의 일반적인 단점들은—예를 들어, 사회적 나태와 집단사고—잘못 설계된 SMT에서 생겨날 가능성이 있다. 조직 내 직무의 리엔지니어링을 위한 도구로 SMT를 사용한다는 의사결정은 항상 성공을 보장하는 것은 아니다. 이것은 조직 전체구성원들, 특히나 고위 관리자들의 많은 몰입과, 노력, 그리고 지지를 요구한다. 조심스럽게 계획한 조직에서는 이전 관리자가 SMT의 촉진자가 되며 이전에 했던 역할과는 다르게 기능하도록 재훈련받는다.

SMT와 관련된 많은 어려움들은 관리자들이 전통적인 명령과 통제의 리더십 역할에서 자율관리팀의 공유된 역할로 전환하는 어려움에서 생겨나는 것이다. 궁극적으로, 현재 SMT의 일부분으로 근무하고 있는 전직 관리자들이 자신들의 자아에 대해 많은 걱정을 하며 다른 사람들과 의사소통을 회피할 때, 그들은 다른 팀 구성원들에게 잘못된 예를 보여주는 것이다. 이것은 직장 내 갈등과 정치적 행동, 악의를 증가시키며 사기를 감소시키게 될 것이다. 따라서 SMT를 실행할 때 가장 중요한 도전은 오래된 태도와 마음가짐을 변화시키는 것이다.

전통적인 관리에 익숙해 있으며 왔다가 지나가는 관리적 유행에 매우 피곤해진 관리자들은 SMT 실시에 저항하거나 음해할 수 있다. 장기적으로, 구성원 사기, 생산성, 품질, 그리고 경제적 절약 등과 같은 SMT의 이득은 성장통을 감수할 가치가 있다.

요약

8.1 팀 효과성의 개념과 비효과적인 팀과 구별되는 효과적인 팀의 특징들을 간단히 설명한다.

팀 효과성은 세 가지 차원으로 구성된 개념이다. (1) 업무성과 — 팀의 산출물(제품 또는 서비스)이 그것을 사용하는 사람들의 요구와 기대를 충족시키는 정도; (2) 집단 과정 — 시간이 지남에 따라 팀이 점점 더 함께 일을 잘할 수 있도록 구성원이 상호작용하거나 관계를 맺는 정도; (3) 개인의 만족 — 균형적으로 그룹 경험이 팀 구성원에게 좌절감을 주기보다 만족스러운 정도이다. 이 정의는 다른 사람들이 팀 효과성 평가를 위한 기초로 사용한 여러 성과 결과를 구현한다. 혁신, 효율성, 품질, 그리고 직원 만족도가 성과결과에 포함된다. 혁신적인 팀은 새로운 문제와 변화에 대해 창의적인 해법으로 신속하게 대응하는 능력을 소유한 팀이다. 그들은 일부 사람들이 '팀 학습'이라 언급하는 것을 마스터한 팀이다. 효율적인 팀은 더 적은 자원으로 조직의 목표달성을 가능케 해준다. 품질은 고객의 기대를 충족하거나 초과하는 결과물을 생산하는 팀의 능력이다. 만족도는 팀의 목표달성(팀 만족도)뿐만 아니라 팀 구성원의 개인적 욕구도 충족시키는 팀의 능력을 측정한다. 효과적인 팀과 비효과적인 팀을 구분하는 특징들에 대해서는 〈도표 8.1〉과 각각의 특징에 대한 이 책의 내용을 참고하라.

8.2 기능팀과 비교할 때 교차기능팀의 장점에 대해 설명한다.

교차기능팀은 기능팀에서 흔히 볼 수 없는 많은 잠재적 이점을 제공한다. 예를 들면 다음과 같다.

- 적절한 사람들의 조합을 통해 팀은 단일 기능팀이 생각해 낼 수 있는 것보다 훨씬 더 풍부하고 다양한 지식 기반과 창의적인 잠재력을 갖게 된다.
- 개별 단위로 작업하기보다는 서로 다른 기능적 전문 분야의 사람들이 프로젝트에서 함께 동시에 작업할 때 조정이 개선되고 많은 문제가 방지된다.
- 팀을 교차 기능적으로 구성하는 것은 자신의 기능적 전문 분야 이외의 정보, 관점, 연락처 등의 다양한 원천을 갖는 이점을 제공한다. 이는 세계적으로 경쟁이 치열한 첨단 기술 시장에서 성공하는 데 매우 중요하다.
- 구성원은 자신의 기능적 단위 및 후속 팀에서 활용될 수 있는 새로운 기술을 배운다.
- 효과적인 교차기능팀에서 발생하는 긍정적인 시너지 효과는 구성원 개별성과의 합을 훨씬 능가하는 수준의 성과를 달성하는 데 도움이 될 수 있다.

8.3 팀중심 결정을 선호하는 네 가지 조건과 팀중심 의사결정의 장단과 단점을 설명한다.

팀중심의 의사결정 모델은 다음과 같은 상황에서 선호된다. (a) 적절한 정보와 전문성이 많은 구성원들이 산재해 있을 때, (b) 필요한 몰입을 얻어내기 위해 참여가 필요할 때, (c) 한 개인에게 힘이 집중되는 것이 팀에 해가 될 때, 그리고 (d) 좋아하지 않는 의사결정을 내릴 필요가 있을 때이다.

팀중심 의사결정의 장점은 다음과 같다.

- 의사결정의 질을 향상시킬 수 있다.
- 팀 의사결정에 노출되는 것은 개인 의사결정의 질에 강한 긍정적인 영향을 미친다.
- 운영상의 결정이 리더로부터 멀리 이동되어 그들이 좀 더 전략적 이슈에 초점을 맞출 수 있도록 자유롭게 해준다.
- 책임감을 여러 사람에게 분산되게 하며, 따라서 인기는 없는 없지만 필요한 의사결정에 대한 지지를 촉진시킨다.

- 리더 혼자 의사결정한 것과 비교해 볼 때, 팀 구성원들이 의사결정을 실행하는데 더 높은 몰입을 보이는 결과는 낳는다.

팀중심 의사결정의 단점은 다음과 같다.

- 관리자 혼자 결정을 내리는 것보다 더 오랜 시간이 걸릴 수 있다.
- 만일 팀 구성원들이 팀 또는 조직과 다른 목적이나 우선순위를 갖고 있다면, 이기적이 될 수 있으며 조직의 최대 이익과는 반대 될 수 있다.
- 팀 구성원들이 스스로 합의할 수 없을 때는 최적의 해결책이 되기보다는 나쁜 타협으로 끝날 수 있다.
- 팀 의사결정을 내리는 것에 익숙한 대부분 또는 모든 리더들은 이런 권력 포기를 원하지 않거나 또는 만일 포기한다면 그들이 나약하고 무능하게 보일 것을 두려워한다. 이것이 팀에 혼란과 갈등을 야기할 수 있다.

8.4 효과적인 회의진행의 세 부분을 설명한다.

각각의 회의는 다음 사항을 실천해야 한다.

1. 목표를 확인하라: 회의를 정시에 시작한다. 늦게 오는 구성원을 기다리는 것은 정시에 온 구성원을 불리하게 하는 것이며 늦게 오는 것에 대한 규범을 발전시킨다. 현재까지의 진행 과정, 집단의 목표, 그리고 특정 회의의 구체적인 목적/목표를 검토하며 시작한다. 만일 기록된 메모가 있다면, 보통 다음 회의를 시작할 때 그것들을 승인한다.
2. 회의 안건을 모두 처리한다: 회의 안건을 우선순위에 따라 처리하는 것을 잊지 말아야 한다. 대략의 시간도 지키기 위해 노력해야 하지만, 유연해야 한다. 만일 토론이 건설적이며 구성원들이 더 많은 시간을 필요로 하면, 필요한 시간을 주어야 한다. 그러나 토론이 파괴적인 논쟁이 되면, 다음 안건으로 넘어간다.
3. 업무 분담을 요약하고 검토한다: 회의를 정시에 마친다. 리더는 회의 중에 일어난 일을 요약해야 한다. 회의의 목표가 달성되었는가? 회의 중에 주어진 모든 업무를 검토한다. 각각의 구성원이 다음 회의 또는 특정한 미래의 회의를 위해 해야 하는 일에 몰입하도록 유도한다. 서기 또는 리더는 모든 업무배정을 기록해야 한다.

8.5 전통적 팀과 자율관리팀 사이의 차이와 자율관리팀의 도전에 대해 설명한다.

SMT는 여러 면에서 전통적인 팀과 다르다. SMT에서는 구성원들이 리더뿐만 아니라 추종자가 되는 것을 학습함에 따라 역할이 자주 바뀐다. SMT 구성원은 자신의 전문 부서에서 기능하기보다는 팀 내에서 다양한 작업을 수행하는 데 매우 유연하게 만드는 다중기술 능력을 개발한다. SMT의 본질은 개인의 임파워먼트와 책임보다는 팀 임파워먼트와 책임에 있다. 특히 SMT 구성원들은 업무를 완성하기 위해 자신들을 조직하는 방법을 결정하고 자신의 성과뿐만 아니라 다른 팀 구성원의 성과에 대해서도 책임을 지기 때문에 팀 책임은 중요한 책임이다. 〈도표 8.3〉을 참조하라.

SMT 구현의 많은 문제는 전통적인 명령 및 통제의 작업 환경에서 SMT로 전환하는 어려움에서 비롯된다. 기존의 전통적이며 전제적인 관리에 익숙해 있으며 사용하다 사라지는 관리적 유행에 지친 관리자들은 팀 접근 방식에 저항하거나 훼손할 수 있다. 심지어는 비관리자들에게도 SMT로의 전환은 관리자에게 만큼이나 많은 좌절과 문제를 일으킬 가능성이 있다. 이것을 보통 새로운 구조 및 새로운 일상과 팀 책임에 적응하는 것에 익숙하지 않기 때문이다. 가장 큰 도전은 전통적인 리더의 부재와 새로운 구성원의 권한과 책임이 존재하기 때문에 필요해진 새로운 행동의 기대치를 설정하고 실행하는데 있을 수 있다.

핵심용어

가상팀
교차기능팀
기능팀
분배된 리더십
사회적 나태
자율관리팀
집단
집단사고
팀
팀-구성원 교환
팀 규범
팀워크
팀 응집력
팀 창의성
팀 학습
팀 효과성
SMT 촉진자

연습문제

1. 집단사고란 무엇이며, 어떤 상황에서 가장 잘 발생할 수 있는가?
2. 일반적으로 높은 수준의 팀 응집력에 기여하는 요소들을 설명해보자.
3. 창의성은 일반적으로 개인의 특징 중 하나로 생각된다. 그러나 어떤 팀들이 다른 팀들보다 더욱더 창의적인가?
4. 팀중심의 리더십이 무엇이며, 리더중심의 접근법과 다른 점이 무엇인가?
5. 리더가 비생산적인 회의를 피할 수 있는 방법을 설명해보자.
6. 자율관리팀에서 흔히 볼 수 있는 의사결정 권한의 수준을 설명해 보자.
7. 자율관리팀을 사용하는 것의 잠재적인 장점과 단점을 간단히 설명해보자.

비판적 사고 문제

다음 비판적 사고 문제는 비판적 사고능력 개발을 위해 수업 토론 또는 서면 과제로 사용될 수 있다. 모든 질문에 완벽하게 답해보자.

1. 종종 팀은 개인보다 더 좋은 의사결정을 하는 것으로 믿어지지만, 아직도 집단사고의 비난을 받는다. 집단사고 현상의 희생자가 되지 않는 효과적인 팀을 만들기 위한 전략은 무엇인가?
2. 자신이 속했었거나 또는 알고 있는 특정 팀, 아니면 모든 구성원들이 수긍하는 팀워크에 대한 강한 규범을 갖고 있는 팀을 찾아서 설명해보자. 이것을 가능하게 만들기 위하여 팀 리더들은 어떤 역할을 담당했는가?
3. 팀의 역기능을 보여주는 핵심지표는 무엇인가?
4. 팀 구성원들이 팀의 이익을 자신들의 기능적인 이익보다 먼저 생각하는 교차기능팀을 만드는 핵심이 무엇인가?
5. 멀리 떨어져서도 가상팀이 함께 일을 잘할 수 있는 방법은 무엇인가?
6. 팀 리더십이 해야 할 것과 하지 말아야 할 것은 무엇인가?
7. 문화, 구조, 그리고 리더십 철학이 창의성 및 혁신을 명백하게 지지하는 조직을 설명해보자.

사례: Jess Kutch — Coworker.org에서 노동을 조직화하는 새로운 방법

현대 조직과 리더십은 보다 전통적인 활동 패턴에서 벗어난 다양한 형태를 취할 수 있다. Jess Kutch는 Coworke.org의 공동 설립자로서 조직과 리더십의 변화에 앞장서고 있다. Kutch는 자신의 팀과 현장에서 조직변화를 청원하기 위해 서명한 수많은 근로자들과 함께 일하면서, Kutch는 점점 더 연결되는 세계를 기반으로 조직화하는 새로운 방법을 사용하며 조직 내 갈등의 본질에 대한 설명을 하고 있다.

Coworker.org의 형성

2013년 Kutch는 Michelle Miller와 함께 대부분의 사람들이 기술을 통해 밀접하게 연결되어 있지만 또한 동일한 기술로 인해 점점 더 분리되는 시대에 전통적인 노동의 조직화에서 목격한 도전에 대한 응답으로 Coworker.org를 시작했다. 사람들은 관심이 필요하다고 생각하는 사물에 관심을 끌기 위하여 인터넷과 소셜 미디어 채널을 통해서 스스로 조직화했다. 그러나 동시에 인터넷 기술은 기업이 널리 분산된 인력을 만들 수 있게 해주었다. 여기서 사람들은 점점 더 독립적이며, 시간제로 근무하며, 관리적 의사결정에 덜 연결되었다.[108, 109]

Coworker.org—무엇인가?

Kutch와 Miller는 네트워크 기술을 활용하여 이 새로운 경제 및 기술 환경에서 구성원들의 목소리를 관리자에게 보다 효과적으로 전달하기 위해 Coworker.org를 만들었다. 이전에 Kutch가 일했던 Change.org의 온라인 청원에 대한 초기 노력에서 영감을 받아, 두 사람은 회사 관리자에게 우려 사항을 제기하고 변화에 영향을 주기 위해 구성원을 연결하는 플랫폼으로 Coworker.org를 만들었다. Kutch는 그것을 근로자가 정보 및 동료지원에 접근하고, 자원을 모으고, 함께 힘을 키우고 작업의 질을 향상시키는 실험을 하는 일종의 '실험실'이라고 설명했다.[110] 특정 영역에 대한 관심 또는 회사의 특정한 문제를 발견한 근로자는 이 사이트를 통해 '캠페인'을 구성할 수 있다.

그러면 근로자들은 Coworker.org에 접속을 통해 지지하는 자원들과 서로서로에 대한 연결을 찾을 수 있다. 이 사이트는 고도로 분산된 근무 환경의 근로자에게 특히 유용하다. 사이트를 통해 제공되는 협업은 조직화와 관련된 어려움과 좌절을 완화할 수 있다. 예를 들어 근로자가 지리적으로 격리되어 있는 경우 그들은 다른 사람들이 그들이 보는 것과 같은 문제를 보고 있다는 사실조차 인식하지 못할 수 있다. 교대근무의 다른 시간대에 근무하는 개인과 같이 서로 다른 시간에 근무하는 근로자는 동일한 고통을 겪는다. 공간과 시간의 분리로 인한 세분화는 또한 근로자를 고립시키는 영향을 미치므로, 그들이 근무하는 조직에 영향을 줄 수 있는 능력이 제한적이라고 느끼게 만들 수 있다. Coworker.org를 통해 Kutch는 이러한 한계를 개선하여 직원들에게 경영진에 대한 더 큰 목소리를 낼 수 있게 해주었다.

구조

이 사이트는 캠페인에 상당한 관심을 끌 수 있지만 Coworker.org는 대부분 가상으로 운영된다. 이 조직은 공식 본부가 없으며, Kutch는 노스캐롤라이나에서 운영하며 Miller는 뉴욕시에 있고 다른 사람들은 샌프란시스코, 워싱턴 D.C. 등과 같은 장소에 분산되어 있다.[111] 이 조직은 사명을 수행하기 위한 다양한 역할을 팀원들에게 의존한다. Coworker.org 팀의 사람들 중에는 다른 노동 조직에서 볼 수 있는 것처럼 캠페인 조직자, 전략가, 법률 및 정책 전문가를 볼 수 있다. 그리고 웹을 활용하여 구성원들 사이의 연결과 회사 관리자들과 더 잘 일할 수 있게 하려는 이 조직의 노력이 반영된 디지털 기술 전문가도 찾을 수 있다.

Coworker.org가 회사들에 영향을 미치기 위한 노력을 주도하는 것으로 보고 싶은 유혹이 있지만, 캠페인을 수립한 개별 근로자가 프로세스를 통제하고 주도하며 스스로의 행동을 통제한다. Kutch는 Coworker.org가 구성원들에게 서로 교류하며 상황 및 할 수 있는 일에 대해 학습할 수 있는 장소를 제공한다고 설명했다.[112] 특정 조직의 근로자를 함께 연결하는 것을 넘어서, 이 사이트는 노력을 도와 줄 수 있는 다른 그룹에 대한 연결을 제공할 수도 있다. 효과가 있었던 것과 그렇지 않은 지식을 신입사원과 공유할 수 있는 과거 경험을 가진 근로자에서 정보공유를 돕거나 또는 단순히 다른 사람과 연대를 표시하는 집단들에 이르는 연결 노력을 제공한다.[113]

Kutch와 Coworker.org가 직원들과 팀을 이루는 것에 대해 더 광범위하게 하는 말

Kutch와 Coworker.org는 조직이 팀과 같이 서로 다른 아이디어를 공유하고 갈등을 처리하는 메커니즘이 종종 부족한 경우가 많으며, 그로인해 근로자들은 그들의 업무지원에 필요한 팀을 구성하기 위하여 회사의 전통적인 경계를 벗어나는 결과를 낳는다. 그녀는 구성원들이 문제를 제기하거나 경영진이 인식하지 못한 문제를 제기할 때, 이것은 그 직장에서 권력을 가진 사람들에 대한 도전이라고 지적했다. 많은 조직에서 이러한 문제는 갈등을 야기하는 불편한 상황이다.[114]

이러한 경향에도 불구하고, 그녀는 또한 차이점이 심각하게 고려될 때 갈등이 종종 생산적일 수 있다고 지적했다. "근로자들이 디지털 커뮤니티에 함께 모여 그들이 직면한 문제에 대해 논의하기 시작하면 1명의 근로자에게는 그리 분명하지 않을 수 있는 문제를 표면화할 수 있다."[115] 갈등을 수용함으로써 경영진이 인식하지 못하는 문제에 대한 관점들이 나타날 수 있으며 근로자의 목소리를 인식한 관리자는 조직에 그들의 가치를 전달한다.[116] 결과로 나타나는 몰입은 회사에 매우 효과적일 수 있다는 것을 증명할 수 있다.

> 우리가 함께 할 때 우리는 위대한 일을 달성할 수 있다. 한 회사에서는 복장 규정 변경에서 합법적인 안전 문제에 이르기까지 직원들이 50개 이상의 캠페인을 벌였다. 그리고 이것을 이해하라. 이 회사는 해당 부문의 주요 체인 중 가장 낮은 자발적 이직률을 갖고 있다. 또한 생산성 비율도 더 높은 것 중 하나이다.[117]

PART 04

조직 리더십

©iStockphoto.com/HJBC

CHAPTER 9

변화관리와 위기리더십

학습목표

이 장을 학습한 후에는 다음을 할 수 있어야 한다.

9.1 Kurt Lewin의 세력-장 변화모델을 활용하여 변화관리 과정과 의미를 설명한다.

9.2 인지적, 감성적, 행동적 차원의 변화에 대한 저항을 각각 설명한다.

9.3 리더를 새로 채용할 때 위기리더십 역량을 중요하게 고려해야 하는 이유를 설명한다.

9.4 위기 계획수립 및 실행 3단계를 간략하게 설명한다.

9.5 위기발생 시 적기의 효과적인 의사소통의 중요성을 설명한다.

Satya Nadella, Microsoft의 CEO

Satya Nadella는 Microsoft의 CEO이다. 1992년에 입사했으며 2014년 2월 CEO가 되기 전에 Microsoft Business Division의 부사장 겸 Microsoft's Cloud and Enterprise 그룹의 부사장을 역임했다. 그는 클라우드 인프라 및 서비스 비즈니스로의 전환을 주도했으며, 이로써 시장을 주도하고 경쟁업체의 시장 점유율을 빼앗았다. 그는 회사의 약 40년 역사상 회사의 공동 설립자인 Bill Gates와 Steve Ballmer에 이어 세 번째로 최고경영자 자리를 차지한 사람이다.[1]

CEO로서 Nadella는 Microsoft를 성공적으로 회생시킨 공로를 인정받고 있다. 그는 회사의 문화를 변화시킬 수 있었다. 주가가 급등하면서 시장 가치가 1조 달러를 넘어섰는데, 이는 역사상 그 수준에 도달한 몇 안 되는 금액 중 하나이다. 이와 같은 역대급 기록으로 인하여, Nadella는 "사람들이 우리를 신이 인류에게 주신 선물이라고 생각하며 캠퍼스를 돌아다닐 것"이라고 말했다. 그는 그들에게 그러한 오만함이 위대한 제국을 파괴한 것이라는 것을 재빨리 상기시켰다. 대신, 그는 그들에게 '모든 것을 아는' 회사가 아니라 '모든 것을 배우는' 유형의 회사가 될 것을 간청했다.[2]

Nadella는 2020년 9월 22일 "Microsoft Ignite 2020"이라는 제목으로 Microsoft 직원들을 대상으로 한 연설에서, 전 세계적인 유행병으로 모든 것이 정지될 것처럼 보였을 때 계속 앞으로 나아갈 수 있도록 도와준 직원들에게 감사했다. Nadella는 "여러분 모두는 지난 6개월 동안 모든 나라의 사람들과 단체들이 가장 어려운 상황에서 적응하는 것을 돕기 위해 노력해왔습니다. 감사합니다"라고 말하며 그들의 헌신을 기렸다. 팬데믹으로 인해 모든 사람이 변화하고 적응하는 가운데, Nadella는 현재 상황의 현실과 긴급성에 대해 논의하고 Microsoft뿐만 아니라 다른 회사들에게도 직원들에게 권한을 부여하고, 하이브리드 작업의 새로운 문화를 지원하고, 고객을 새로운 방식으로 참여시키고, 새로운 비즈니스 모델에 맞추어서 지능적이고 가상적으로 제품과 서비스를 혁신하고, 고객과 직원의 안전 및 보안을 보장하기 위해 운영을 최적화할 것을 촉구했다. Nadella에 따르면, 이러한 변화는 업계에서 '기술 집약도'로 알려진 것에 해당하며, 혁신은 물론 사업의 회생에서도 핵심적인 것이다. 기술 집약도는 조직이 (1) 최신 기술을 수용하여 자체 조직으로 통합하고, (2) 수용된 기술을 사용하여 고유한 디지털 기능을 구축하며, (3) 기술에 대한 신뢰와 비즈니스 모델 정비에 대한 신뢰 모두를 발전시키는 세 가지 사항을 시행할 수 있는 능력이다. Nadella는 이러한 모든 도전이 Microsoft가 "지구상의 모든 사람과 조직이 더 많은 것을 성취할 수 있는 힘을 실어준다"는 회사의 사명을 실현할 수 있는 기회를 제공한다고 설명한다. 그리고 리더들이 부하들에게 필요한 변화 이니셔티브를 수용하고 행동할 수 있는 권한을 부여하는 것으로 시작된다.[3]

CEO인 Nadella의 탁월한 리더십 철학은 다면적이다. 그가 생각하는 것처럼, 리더들은 조직의 사명과 행동이 새로운 문제를 만드는 것이 아니라 세계의 문제를 해결하는 데 도움이 되도록 방향을 설정해야만 한다는 것이다. Fortune 500대 기업이나 동네 구멍가게에서 모두 사용할 수 있도록 최신 기술에 대해 접근할 수 있도록 의식적으로 노력해야 한다. 그리고 그것을 하는 방법은 10억 명의 장애인을 포함한 모든 개인에게 힘을 실어주는 해결책을 만드는 것이다. 그는 기업 경영자들이 오늘날의 능력뿐만 아니라 미래의 업무에 필요한 기술을 활용할 수 있도록 인적 자본에 투자할 것을 간청한다. 컴퓨터가 할 수 있지만 하지 말아야 할 것이 무엇인가 하는 것과 같은 어려운 질문을 통해서 인공지능(AI)을 책임감 있게 구축해야 한다. Nadella는 기업들이 증가하는 사이버 위협으로부터 고객들, 특히 가장 취약한 고객들을 보호해야 한다고 강조한다. "사생활은 기본적인 인권"이라는 것이 그의 신념이다.[4] 사회적 약자들의 요구에 대한 그의 세계적인 견해와 민감성은 부분적으로 그의 풍부한 유산에 의해 설명될 수 있다. Nadella는 인도의 하이데라바드 출신인데, 그곳은 사람과 관계중심으로 문화적 가치가 형성되는 곳이다.

도입사례에 관한 질문들

1. 궁극적으로 조직의 변화는 인간의 행동 변화에 관한 것이다. 사례에서 Satya Nadella가 이 개념을 이해하고 있다는 증거는 무엇인가?
2. 성공적으로 변화를 이끌어내기 위해서 리더는 변화의 필요성과 시급성을 확립해야 한다. 사례에서 Satya Nadella가 이것이 필수적이라는 것을 이해하고 거기에 능숙하다는 증거는 무엇인가?
3. Kurt Lewin의 세력-장 변화모델을 사용한 변화 계획 및 실행 프로세스는 해빙, 변화, 재결빙의 3단계 프로세스이다. 이 개념을 사례에서 예를 들어 설명할 수 있는가?
4. Satya Nadella가 그의 행동을 통해 Microsoft에서 효과적인 변화의 리더가 되었다고 생각하는가? 간단하게 설명해보자.
5. 본문에서 사람들이 변화를 거부하는 몇 가지 이유를 제시하고 있다. Satya Nadella가 이러한 가능성을 이해하고 명시적 또는 암시적으로 문제를 해결하려고 노력하고 있음을 보여주는 사례를 하나 들어보자.
6. Satya Nadella는 Fortune지 선정 500대 기업과 동네 구멍가게 모두에서 최신 기술에 대해 누구든지 접근할 수 있도록 의식적으로 노력해야 한다고 주장한다. 이 주장은 변화에 저항하는 것과 관련된 세 가지 차원 중 어느 것을 의미하는가?
7. Satya Nadella는 사례 전반에 걸쳐서 변화에 대한 저항을 최소화하기 위한 예로 해석될 수 있는 아이디어를 제시한다. 저항을 최소화하기 위한 권고 사항을 제시한 〈도표 9.3〉을 검토해보고 그 중 어느 사항에 해당하는지 제시해보자.
8. 이 사례에서는 Microsoft의 구체적인 위기나 위기리더십 문제를 다루지는 않지만, Microsoft가 위기를 경험한다면 Satya Nadella가 효과적인 위기관리 리더가 될 것이라고 생각하는가?

위의 질문들 중 어떤 질문에 답할 수 있는가? 이번 장을 통해서 질문들에 대한 해답을 찾고, Microsoft가 팬더믹으로 인한 세상의 변화와 적응을 돕기 위해 노력하도록 이끄는 Satya Nadella의 리더십에 대해 더 배우게 될 것이다. Microsoft에 대해 더 알고 싶으면 웹사이트 http://www.microsoft.com을 방문해보자.

들어가는 글

우리는 격동과 끊임없는 변화로 특징지어지는 세계에 살고 있다. 격동과 변화는 종종 위기를 발생시키며, 이로 인해 이 장의 초점인 변화와 위기리더십의 필요성이 강조된다. 이 장의 전반부에서는 조직변화의 필요성, 변화실행에서의 리더십의 역할, 변화관리 과정, 사람들이 변화에 저항하는 이유 및 변화에 대한 저항을 최소화시키는 전략 등에 대해서 논의할 것이다.

조직변화 이끌기

학습목표 9.1

Kurt Lewin의 세력-장 변화모델을 활용하여 변화관리 과정과 의미를 설명한다.

변화가 빠른 속도로 일어나고 있어 누구나, 특히 조직의 새로운 비전을 만드는 책임을 지고 있는 리더들이 따라가기 어렵다. 가상 현실, 인공지능, 증강 현실, 로봇 공학, 유전학, 자동화 등은 우리가 사업을 하는 방식을 바꿀 것이다. 이것이 변화를 주도하는 것들을 중요한 논의해야 하는 이유이다. 조직은 이러한 새로운 기술에 적응해야 하며, 그렇지 않으면 경쟁력을 잃게 된다. 21세기의 필수적인 기술은 적응력이라고 말할 수 있다.[5] 기업, 정부 또는 비영리조직 어디에서 일하든 변화는 우리 사회의 모든 부문에 영향을 미치고 있다. 오늘날의 리더들은 현상 유지에서 새롭게 상상되는 미래를 구축하는 것으로 초점을 전환해야 한다.[6] 조직변화를 구현하는 것이 전략적 리더의 중요한 책임이라는 것에는 의심의 여지가 없다.[7] 리더는 변화하는 환경 조건이나 추세에 맞는 필요한 시스템, 구조 및 프로세스 변화를 만들 준비가 되어 있어야 한다. 필요한 변경사항을 성공적으로 구현하면 비즈니스에 활력을 불어넣을 수 있는 반면, 실패하면 경제적 손실뿐만 아니라 직원들 사이에서 신뢰를 상실할 수도 있다.[8] 예전에 Nutrisystem의 Dawn Zier는 "나의 리더십의 핵심적인 철학? 변화를 끌어안는 것입니다. 편안한 영역을 벗어나 변화를 받아들이는 것을 두려워하지 마세요. 처음에는 본능적이지 않지만, 그럴 때 열리는 기회에 놀라실 것입니다. 오늘날의 동태적 환경에서는 유연하고 민첩하며 또한 기꺼이 자신을 파괴시키는 것이 매우 중요합니다"[9]라고 말했다.

조직변화는 획기적일 수도 있고 점진적일 수도 있으며, 때로는 점진적인 변화가 애초에 기대했던 것보다 훨씬 크거나 급진적인 변화로 증폭될 수 있다. 획기적인 변화는 조직의 전체적인 비즈니스 모델을 변화시키는 것처럼 급진적일 수도 있고 회사의 정책을 변경하는 것처럼 단순할 수도 있다. 여기서는 전반적으로 조직에 영향을 미치는 조직변화에 초점을 둔다.

결국 조직변화는 사람 행동의 변화에 관한 것이다. 예를 들면, 경영 관행을 리엔지니어링하거나, 새로운 프로세스나 시스템을 학습하거나, 새로운 기술을 받아들이거나, 새로운 기능이나 능력을 습득하는 것처럼, 사람들이 일하는 방식을 달리하는 것에 관한 것이다.

도입사례 응용

1. 궁극적으로 조직의 변화는 인간의 행동 변화에 관한 것이다. 사례에서 Satya Nadella가 이 개념을 이해하고 있다는 증거는 무엇인가?

Nadella는 회사 안팎에서 의견을 표명할 때 항상 직원들에게 감사를 표하고, 회사가 시장에 올바른 제품과 서비스를 제공할 수 있도록 직원들의 변화에 대한 공로를 인정하는 것으로 시작하기 때문에 이러한 개념을 분명히 이해하고 있다. 그는 직원들이 필요한 변화를 수용하고 행동할 수 있도록 권한을 부여한다고 믿는다. 이것은 그가 직원들의 행동에 긍정적인 영향을 미치려는 시도이다.

조직변화의 필요성

변화관리에서 중요한 첫 번째 단계는 리더가 변화의 필요성을 확인하고 이를 부하들에게 설명하는 것이다. 리더들은 변화의 '무엇'과 '어떻게'를 빠르게 전달하지만 '왜'는 전달하지 않는다. 변화의 필요성을 전달하는 것은 모든 개인, 특히 변화를 구현할 책임이 있는 개인을 위해 변화를 이해하는 첫 번째 단계가 되어야 한다. 부하들은 조직이 변화하려는 이유를 알고 싶어한다. 또한 중간관리자들이 아닌 최고경영진들로부터 직접 듣기를 원한다.[10] 변화의 필요성은 조직 내부 환경의 취약성 아니면 외부 환경의 위협으로 인해 시발될 수 있다.[11]

외부적인 유인

외부적으로는 주요 경쟁자와의 직접 경쟁, 회사의 기존 기술이나 공정을 진부화시키는 새로운 기술과 혁신, 경제의 취약성과 그로 인한 조직성과에 미치는 영향, 조직에서 전략적으로 감안해야 할 새로운 규제, 회사의 제품이나 서비스 수요에 부정적으로 영향을 미치는 소비자의 태도 및 구매행위의 현격한 변화 등의 형태로 위협이 나타난다. 또한 변화에 대한 요구는 회사가 준비하지 못했거나 발굴할 수 없었던 새로운 기회가 외부 환경에서 갑자기 나타남으로써 유발될 수도 있다. 예를 들어, Black Lives Matter와 여성 참정권 운동과 같은 사회 운동은 작업장의 정책과 절차의 변화를 통해 조직과 직원들에게 영향을 미쳤다.[12]

내부적인 유인

조직 내부적으로는 오랫동안 재직한 CEO가 퇴임하고 새로운 CEO가 취임하거나 혹은 현재의 CEO가 부진한 실적으로 해고되는 경우와 같이 리더십의 변화에 의해 변화의 필요성이 유발될 수도 있다. 이때는 새로운 CEO에 의해 저절로 조직 내부의 많은 분야에서 변화(인사, 문화, 전략 등)가 추진될 수 있다. 회사의 내부 평가 결과를 통해 능력이나 역량에서 취약한 면이 드러나서 변화의 필요성이 제기될 수도 있다.[13] 예를 들어, 최신 기술을 따라가지 못한 조직은 이러한 약점을 해결하기 위한 조치를 취하고 있다. 따라서, 조직에 의한 디지털 기술의 광범위한 구현과 채택은 상당한 변화를 가져왔고, 이로 인해 많은 조직의 내부 운영과 프로세스에 영향을 미칠 수 있는 잠재력을 가져왔다. 이러한 변화는 다른 내부 산출물 창출 프로세스에 영향을 미쳐 조직구조와 운영에 변화를 촉발한다.[14] 기업의 장기적인 목표를 달성할 수 있는 능력을 약화시키는 실적 감소 추세를 보이는 성과지표도 내부로부터의 변화촉발 유인이 된다. Alphabet의 Ruth Porat이 최고재무책임자(CFO)로 취임하면서 집중한 것은 내부로부터의 변화촉발 유인이었다. 그녀는 회사를 구조조정하고, 군살을 빼며, 투자 회수 및 투자 지연 정책을 통하여 변화를 주도적으로 이끌었다. 예를 들어, 그녀가 취임하면서 Google은 광섬유 인터넷 및 텔레비전 서비스 사업분야에서 물러섰다.[15]

도입사례 응용

2. 성공적으로 변화를 이끌어내기 위해서는 리더는 변화의 필요성과 시급성을 확립해야 한다. 사례에서 Satya Nadella가 이것이 필수적이라는 것을 이해하고 거기에 능숙하다는 증거는 무엇인가?

Nadella는 직원들과의 회의에서 다음과 같은 성명을 통해 현재 상황의 현실과 긴급성을 설득력 있게 보여준다. "모든 조직이 전례 없는 제약의 세계에서 성공하려면 직원들에게 권한을 부여하고, 하이브리드 작업의 새로운 문화를 육성하고, 고객을 새로운 방식으로 지능적이고 가상세계에 참여시켜야 하며, 새로운 비즈니스 모델로 제품과 서비스를 혁신하며, 고객과 직원의 안전을 확보하기 위해 운영을 최적화해야 할 것이다." "모든 조직이 전례 없는 제약의 세계에서 성공하기 위해서, 또한 팬데믹으로 인한 전례 없는 제약과 같은 긴급성…", 이러한 표현에서 변화의 필요성을 분명히 하고 있다.

개념응용 9.1 변화촉발 유인

다음 7개의 문장이 변화의 외부촉발 유인인지 내부촉발 유인인지를 판단해보자.

a. 외부촉발 유인
b. 내부촉발 유인

_____ 1. 변화하는 소비자 구매 행동으로 인해 매출이 감소하고 있으므로 판매 전략을 조정해야 한다.

_____ 2. 우리의 현재 제품 라인은 구식이다.

______ 3. 우리의 비용이 너무 높아서 우리의 이익을 잠식한다.

______ 4. 광고비에 돈을 많이 들이는 새로운 경쟁사가 등장함으로써, 우리 고객들이 이동하고 있다.

______ 5. 직원들에게 새로운 평가와 보상 시스템을 도입하고자 하는 새로운 CEO가 취임했다.

______ 6. 안면 마스크 착용과 사회적 거리두기에 관한 새로운 연방 규정은 우리가 식당을 운영하는 방식에 큰 영향을 미칠 것이다.

______ 7. 지난 3분기 동안 우리의 이익률에 약점이 드러났고 운영 전략의 변화가 필요하다.

변화 계획수립 및 실행 과정

변화추진 방안이 모두 성공하는 것은 아니다. 어떤 것은 처참하게 실패한다.[16] 변화 계획을 수립하고 실행하는 과정은 실패 가능성을 완화시키는 하나의 방안이다. 변화는 현재 상태에서 다른 상태 또는 선호하는 상태로 이동하는 것을 의미한다. 현재 상태나 상황이 조직의 성과와 장기적인 전망에 부정적인 영향을 미치는 문제나 결함을 제기하여, 더 나은 다른 상태로의 변화가 요구되는 경우가 종종 있다. 따라서 변화하거나, 아니면 현재와 동일한 경로로 계속 진행하여 유사한 결과를 얻거나 더 나쁜 결과를 얻을 것인지에 대한 선택을 해야 한다. 무엇을 변화시켜야 하는지(문제의 진단) 아는 것은 변화를 실행하는 방법만큼이나 중요하다.[17]

무엇을 변화시켜야 하는지 알고 변화사항을 실행하는 작업을 수행하기 위한 많은 접근법이 있다. 변화는 상황에 따라 다르므로, 서로 다른 변화 시나리오는 서로 다른 변화 모델이나 접근방식이 필요할 수 있으며, 이를 무시하는 것은 근시안적이고 위험하다. 조직의 변화는 지속적이며 정적 솔루션이 아닌 동적 솔루션이 필요하다.[18] 변화 실행은 조직이 갖고 있는 문제나 약점 또는 결함을 해결하는 혁신적인 해결안을 채택하는 것이다. 여기서는 하향식, 상향식 접근방법과 하향식, 상향식 통합적 접근방법에 중점을 둔다.

하향식, 상향식 개별적 접근방식

이 접근법의 이면에는 성공적인 변화를 위해서는 하향식 접근법과 상향식 접근법의 조화와 통합이 필요하다는 생각이 있다. 고위 경영진은 하향식 접근 방식을 통해 문제(변화의 필요성)를 정의한 다음, 한 발짝 물러서서 해결안 개발 프로세스가 상향식으로 진행되도록 한다. 이를 통해 문제에 가장 근접한 직원들로 구성된 팀이 대안 해결안을 브레인스토밍하고, 각각의 장점에 대해 토론하고, 문제에 가장 적합한 해결안을 선택할 수 있다. 그리고 나서 이것은 최고경영진에게 다시 전달된다. 최고경영진은 적절한 자원이 적절한 시기에 적절한 인력에게 배포되도록 실행단계를 조정한다.[19]

하향식, 상향식 통합적 접근방식

다른 접근방식을 취하면, 변화 계획수립과 실행을 처음부터 끝까지 통합된 협업 프로세스로 보는 것이다. 문제 정의(변화의 필요성) 및 해결안 도출은 문제의 직접적인 영향을 받는 모든 사람(모든 수준의 리더 및 직원)에 의해 구성된 팀에서 이루어진다. 예를 들어, 'Canvas 변화'에서는 통합적 협업 접근방식을 보여준다. 시각적이고 순차적인 10단계의 성찰 프로세스를 갖춘 Canvas 변화는 포용성 원칙과 지속적인 학습 주기 때문에 오늘날의 조직에서 변화 계획을 수립하고 실행하는 방법 면에서 발전된 도구이다.[20]

Kurt Lewin의 세력-장 변화모델

이러한 두 접근방법의 특징을 결합한 변화 계획수립 및 실행 모델로서 가장 널리 사용되는 대표적인 것이 세력-장 변화모델로 알려져 있는 Kurt Lewin의 계획적 변화의 고전적 이론이다. **세력-장 변화모델(force-field model of change)**에서는 변화 과정을 (1) 현재의 상태를 '해빙'하고, (2) 새롭고 원하는 상태로 이동하며, (3) 새로운 상태를 '재결빙'하는 세 단계로 나타낸다.[21, 22] 이 모델에 대해서 알아보자(도표 9.1).

세력-장 변화모델에서는 변화 과정을 (1) 현재의 상태를 '해빙'하고, (2) 새롭고 원하는 상태로 이동하며, (3) 새로운 상태를 '재결빙'하는 세 단계로 나타낸다.

1단계: 해빙

변화의 필요성을 조성하기 위해 초기에 논의하는 것이 현재 상태를 해빙하는 주된 부분이다. 여기서 중요한 점은 조직이 직면하고 있는 위협으로 인해 변화가 긴급하게 필요한 것을 밝히는 것이다. 변화의 초기 단계에 시간을 들여서 위협에 대한 것뿐만이 아니라 위협의 근본적인 원인까지도 설명하는 것이 중요하다. 이 단계는 위에서 설명한 문제 정의(변화 필요성) 및 해결방안 수립 프로세스가 이루어지는 단계이다.

부하들이 변화의 필요성을 확신하지 못하거나 이해하지 못할 때는 저항을 할 가능성이 더 높아진다.[23] 변화의 필요성을 효과적으로 전달하는 것이 변화에 영향을 미치는 중요한 첫 번째 단계이다.[24] Karen Lynch는 Aetna와 Coventry Health를 통합할 때 이 문제의 중요성을 이해했으며, "직원들과 솔직하고 개방적인 대화를 통해 직원들이 이러한 변화를 더 쉽게 수용할 수 있었고 따라서 직원들에게 훌륭한 서비스를 제공하는 데 집중할 수 있었다고 생각합니다"라고 말했다.[25]

2단계: 변화

이 단계는 변화의 실행 및 추진에 관한 부분이다. 주안점은 의도하는 변화와 일치하

도표 9.1 변화모델

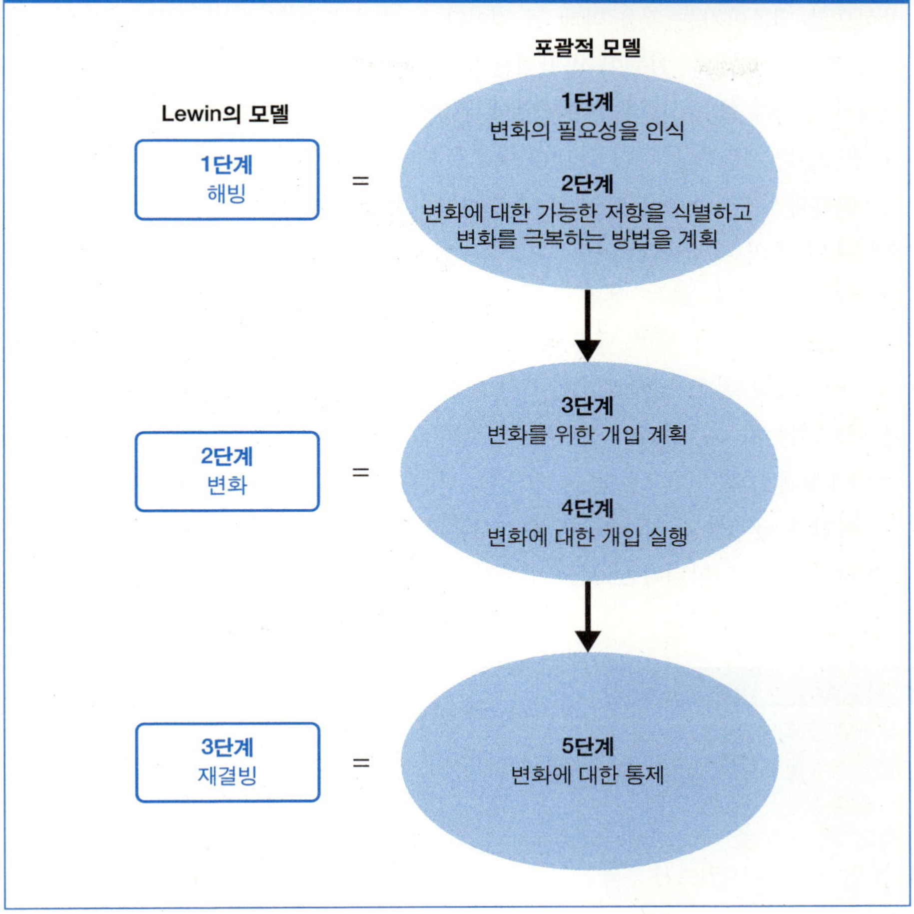

는 새로운 태도와 가치 및 행동을 개발하는 것이다. 사람들은 리더에게서 행동계획을 기대한다. 몇 가지 구체적인 행동을 제시하면, 강력한 지원 세력을 구축하고, 변화를 정당화하는 근거를 일관성 있게 소통하고, 부하들에게 변화실행에 대한 권한을 부여하고, 필요한 자원을 가용할 수 있도록 하고, 단기적인 성과를 축하하며, 더 큰 변화를 위해 결실을 강화하는 것이다. 여기에는 위에서 설명한 하향식·상향식 개별적 접근방식 또는 하향식·상향식 통합적 접근방식이 사용된다.

3단계: 재결빙

어떤 변화이든지 조직의 일상생활에 영구적으로 수용되려면, 리더는 새로운 변화를 재결빙하는 마지막 단계까지 계속해서 점검해야만 한다. 이를 달성하기 위해 할 수 있는 다양한 노력에는 새로운 변화를 제도화하고 바람직한 행동을 증가시키기 위한 규범, 관행, 전통, 규제 및 보상제도 등이 포함된다. 이를 통해 변화실행 이후에 옛날 방식으로 되돌아가는 것을 막게 될 것이다. '오래된 습관은 좀처럼 없어지지 않는다'라는 격언에서 알 수 있듯이, 바람직한 변화가 습관적인 행동으로 될 때만이 완전히 변화한 것이라 할 수 있다. 변화단계에서 무마되었던 저항이 변화를 지지하고 변화에 몰입하는 사람들에 대한 불평의 형태로 다시 부상할 수 있다.

변화과정에서의 세 단계들은 대개 겹쳐지지만, 각 단계들은 성공에 결정적인 요소이다. 기존의 태도와 행동은 그대로 둔 상태에서 현 상황의 문제를 거론하여 변화를 실행하려고 시도하는 것은 강한 저항에 부딪칠 것이다. 사람들은 변화가 필요하다는 것을 확신해야 하며, 맹목적으로 리더를 새로운 태도와 행동을 재결빙하지 않으면 변화실행 이후 곧바로 변화 이전으로 되돌아가는 결과를 낳을 수 있다. 변화를 꾀하려는 리더는 변화의 전 과정에 걸쳐서 올바른 판단을 해야 하기 때문에 이러한 단계들을 이해하는 것이 중요하다.[26]

이러한 단계들을 밟아가는 것이 성공의 가능성을 높여주는 것뿐이지, 성공을 보장해주는 것은 아니라는 것을 염두에 두어야만 한다. 그것은 조직구성원의 대다수가 변화에 저항하기보다는 동참할 가능성을 높인다. 변화실행에 최선의 노력을 하는 경우에도 몇 사람은 항상 변화에 저항할 것이다. 그러나 이렇게 저항하는 사람들도 주변의 대다수 동료들이 변화에 동참하게 되는 상황이 되거나 또는 변화의 긍정적인 효과를 보기 시작하게 되면 의견을 바꾸는 것이 일반적이다.

업무응용 9.1

자신이 근무하거나 근무했던 조직의 주요 변화 계획이 성공 또는 실패했던 경우를 생각해보자. 성공 또는 실패의 원인이 될 수 있는 이유를 파악하고, 그 이유를 변화모델의 세 단계 중 하나 이상(해빙, 변화 및 재결빙)의 단계와 연계시켜보자.

개념응용 9.2 Kurt Lewin의 3단계 세력-장 변화모델

아래의 각 문장이 변화의 어느 단계를 나타내는지 표기해보자.

1단계 – 해빙(기존 상태)
2단계 – 변화(새로운 바람직한 상태로 전환)
3단계 – 재결빙(새로운 상태)

_____ 8. 우리는 고객 불만 사항을 처리하기 위해 이 새로운 절차를 따라야 할 것이다.

_____ 9. 이제부터 모든 사람의 보상은 새로운 운영 기준을 어떻게 일관되게 충족시키느냐에 따라 결정될 것이다.

_____ 10. 기존 고객 중 상당수가 떨어져 나간 사실을 알고 계십니까? 무슨 일이 일어나고 있나요?

_____ 11. 우리의 핵심 가치와 우리의 방식에 대한 전체 문화가 우리의 새로운 고객 서비스 전략을 반영하고 있는지 확인해야 한다.

_____ 12. 공장 운영을 위해 구입한 소프트웨어와 기계에 대한 교육을 위해 다음 주에 매장을 닫습니다.

_____ 13. 갑자기 퇴사 신고가 쇄도하고 있는데 이런 추세의 원인을 조사해 주셨으면 합니다.

도입사례 응용

3. Kurt Lewin의 세력-장 변화모델을 사용한 변화 계획 및 실행 프로세스는 해빙, 변화, 재결빙의 3단계 프로세스이다. 이 개념을 사례에서 예를 들어 설명할 수 있는가?

사례에서 Nadella는 기술 집약도를 (1) 최신 기술을 채택하여 자체 조직에 통합하는 것, (2) 채택된 기술을 사용하여 고유한 디지털 능력을 구축하는 것, (3) 기술에 대한 신뢰와 비즈니스 모델 일치성에 대한 신뢰 모두를 발전시키는 것 등 세 가지를 수행하는 조직의 능력으로 설명한다. 최신 기술을 채택하는 것은 오래된 기술에서 새로운 기술로의 변화의 필요성을 인정하는 것이라고 주장할 수 있다. 채택된 기술을 사용하여 조직의 고유한 디지털 능력을 구축하는 것은 변화 그 자체이다. 그리고 마지막으로, 기술에 대한 신뢰와 비즈니스 모델 일치성에 대한 신뢰를 발전시키는 것이 재결빙인 것이다.

변화관리에서 최고경영진의 역할

제도적 변화에 대한 연구에서는 일반적으로 새로운 아이디어, 비전, 기대 및 신념을 부하들의 사고방식과 전반적인 문화에 어떻게 불어넣을 필요가 있는지에 초점을 맞추어, 변화를 효과적으로 계획하고 실행하는 데 있어 최고경영진의 역할을 강조해 왔다.[27, 28] 효과적인 변화 리더는 사전 예방적인 동시에 사후 대응적이다. 즉 이들은 잠재적인 문제가 구체화되기 전에 식별할 수 있으며, 예상치 못한 문제가 발생했을 때 신속하게 대응할 수 있다. 그들은 단지 변화를 위한 사례를 만드는 것뿐만 아니라 변화 실행을 촉진하는 데 있어서도 탁월하다. 이를 위해서는 적절한 인력을 확보하고 변화에 투입해야 한다. Deborah Lee James 전 공군 장관은 “특히 변화기에 최고의 리더들은 사람을 최우선으로 하는 리더들입니다… 조직이 성공하게 하거나 혹은 실패하도록 하는 것은 사람들입니다”라고 했다.[29] 최고경영진의 역할은 변화 계획안을 지지하는 집단 행동을 결집하고 부하들의 롤 모델이 되도록 하는 것이다.[30] 현격한 변화가 있어야 한다고 말하는 것과 그것을 성공적으로 실행하는 것은 완전히 다른 것이다.[31, 32] 최고경영진이 해야 할 지원 활동 및 역할 모델로써 다음과 같은 사항들을 논의한다.

지원 활동

변화가 확실하게 성공적으로 실행되도록 하기 위해서, 유능한 리더는 다음과 같은 사항들을 염두에 두고 행동으로 옮겨야 한다.

- 변화가 반드시 필요한 이유를 계속해서 언급할 것
- 변화 노력을 저해하는 정책, 절차 및 행동들을 없앨 것

- 인적자원, 재무 자원 및 원자재 등을 적절하게 유지할 것
- 어떤 반대에도 대항할 지지자와 전문가 집단을 형성할 것
- 중간과정에서 나타나는 중요한 결실에 대해 축하할 것
- 난관이 있어도 진로를 지킬 것
- 근로자들을 인정과 보상으로 장려할 것
- 프로세스를 투명하게 유지할 것[33, 34]

역할 모델로서의 최고경영진

유능한 리더는 변화를 위한 역할 모델이 된다. 리더는 부하들에게서 보기 원하는 변화를 자신의 몸에 체화시켜야만 한다. 자신이 그렇게 하지 않으면서 부하들이 바뀔 것이라고 기대하지 마라. Gandhi는 "만약 우리 자신을 바꿀 수 있다면, 세상도 변할 것입니다. 사람이 자신의 본성을 바꾸게 되면, 그를 대하는 세상의 태도도 바뀝니다"라고 말했다.[35] 본질적으로, Gandhi는 '솔선수범'하는 미덕을 옹호하고 있다. 우리는 우리가 보고 싶은 변화가 되어야 한다. 효과적인 변화 담당자는 경청을 잘 해야 한다. 리더가 개방성과 협업을 지향하는 업무 문화의 변화를 요구한다면, 부하들이 임원진에서도 개방성과 협업을 볼 필요가 있다. 경청은 리더가 저항의 근본 원인을 더 잘 이해할 수 있도록 도와준다.[36] 조직화되고 체계적인 변화 관리 프로세스는 변화를 성공적으로 이행할 가능성과 더 많은 사람들이 변화를 거부하기보다는 지지하고 헌신할 가능성을 높인다. 변화 계획안의 추진력을 유지하기 위해서는 리더십의 지속적인 지원이 중요하다. 다음 절에서는 변화에 대한 저항을 최소화하기 위한 다양한 방안에 대해 다루고자 한다.

결국, 저항을 현실적이고 정당한 관심사가 아닌 방해물로 여기는 리더들은 변화 관리 모델의 첫 단계를 넘어서기 어려울 것이다. 효과적인 리더들은 모델의 단계를 따를 뿐만 아니라 직원들의 저항을 최소화하기 위한 최선의 전략을 사용할 것이다.

도입사례 응용

4. Satya Nadella가 그의 행동을 통해 Microsoft에서 효과적인 변화의 리더가 되었다고 생각하는가? 간단하게 설명해보자.

그렇다. Nadella는 이미 몇 가지 주요 변화를 통해 Microsoft를 이끌었고 CEO로서 계속 그렇게 하고 있는 효과적인 변화의 리더이다. 그는 2014년 CEO로 임명되기 전까지 Microsoft Business Division의 부사장과 Microsoft's Cloud and Enterprise 그룹의 부사장을 역임했다. 그는 Microsoft의 클라우드 인프라와 서비스 사업을 변화시켜, 시장에서 우수한 실적을 올리고 경쟁사들로부터 시장 점유율을 빼앗은 공로를 인정받고 있다.

윤리적 결정: 사업수행에서의 정직함

9.1 업그레이드를 통한 변화

독일에 본사를 두고 있는 SAP사는 세계적인 소프트웨어 업체이다. Fluor사는 엔지니어링, 조달, 건설 및 설비보수 서비스 조직 등을 갖고 있는 세계 최대 공기업 중 하나이다.

Fluor사와 다른 기업들은 SAP사와 다른 소프트웨어 기업들이 그들의 소프트웨어를 업그레이드시키라고 강요한다고 고소했다. Fluor사는 SAP사의 업그레이드 수준이 때때로 대수롭지 않은 수준이며 또 필요치 않은 부분이지만, 업그레이드된 것을 구매하도록 요구받았다고 주장한다. 사실상 Fluor사는 SAP사로부터 인가된 제품 중 일부분을 사용 중지하였고, 1,300만 달러를 들여 최고정보관리자(chief information office)를 고용하여 자사의 소프트웨어를 개발하여 이를 대체하고자 노력했다. 그러나 SAP사는 Fluor사에게 새 버전을 설치하거나 아니면 업데이트와 버그 해결 및 SAP사의 기술자와의 접촉 등을 위해 그보다 더 많은 비용을 연간 지불하도록 요구했다.

1. 기업이 단지 돈을 더 벌기 위해 업그레이드된 제품을 선보인다고 생각하는가(때때로 계획적 진부화라 불린다), 아니면 기업은 정직하게 혁신하는데 고객이 단지 변화에 저항하는 것이라고 생각하는가?
2. 판매원으로써 당신은 판매수수료를 받기 위해서 실제로 업그레이드 된 제품이 필요하지 않은 고객에게 업그레이드 된 제품을 팔고자 밀어붙일 것인가?
3. 만약 상사가 불필요한 업그레이드를 판매하도록 압력을 가한다면 어떻게 할 것인가?
4. 제품이나 서비스 사용을 지속시키기 위해 업데이트를 '요구'하는 것은 윤리적이고 사회적 책임이 있는 것인가?

변화에 대한 저항

학습목표 9.2
인지적, 감성적, 행동적 차원의 변화에 대한 저항을 각각 설명한다.

장기적으로 경제적인 성장을 위해 불가피한 것이라도, 조직변화는 저항에 부딪치는 경우가 빈번하다. 많은 조직에서 변화를 추진할 때 실패율이 높은 것이 정상적인 상황이다.[37] 변화에 대한 저항을 검토하는 것은 이러한 실패율을 개선하기 위해 무엇을 할 수 있는지를 더 잘 이해할 수 있는 유망한 방법 중의 하나이다.[38]

변화에 저항하는 이유

변화는 현 상태를 파괴하고 종종 스트레스, 불편함, 심지어는 혼란까지도 야기할 수 있다. 이러한 부정적인 상황들은 종종 사람들이 변화에 저항하게 만든다. 문화적인 관성 역시 심각한 요인이 될 수 있다. 문화적 관성이란 어떤 새로운 것이나 현재 유지되는 것과 다른 것에 대해 경직적이고 동떨어진 대응을 하는 문화이다. 개인적인 요인 때문이든 문화적인 관성 때문이든, 조직에서 자신들의 이익을 지키려고 하는 사람들에게는 저항이 자연스러운 반응이다.[39] 이러한 직원들 입장에서는 변화가 승

도표 9.2 변화에 저항하는 이유

a. 자신의 이해관계에 대한 위협
b. 불확실성
c. 변화가 성공할 것에 대한 신뢰 부족
d. 변화의 필요에 대한 확신 부족
e. 리더십에 대한 불신
f. 기존의 문화적 가치에 대한 위협
g. 속임수에 당한다는 두려움

자-패자의 방식으로 인식된다. 리더와 부하들 모두에게 변화가 승자-승자의 방식으로 인식되게 해야만 한다. 즉 경영자의 이해관계와 직원들의 이해관계가 균형을 맞추도록 해야만 한다.[40] 변화에 저항하는 이유들을 도표 9.2에 정리하였다.[41]

자신의 이해관계에 대한 위협

종업원이 자신의 권력, 지위, 특권, 급료 및 회사로부터 받는 혜택 등을 보호하려는 자신의 이해관계가 변화를 반대하는 주요한 이유이다. 조직이 새로운 전략을 추구하는 것 같은 중요한 변화에 착수할 때는, 조직 내의 개인이나 집단에서 상대적인 권력구조나 지위에 변동을 야기하는 경우가 많이 있다. 예컨대 업무설계나 기술에서의 변화는 종업원들이 현재 갖고 있지 않은 지식과 기술을 요구하기도 한다. 이러한 종업원들은 직업이나 지위를 잃을까 두려워하여 조직에 유리한 것과는 상관없이, 변화에 저항하는 주요한 촉진력이 된다. 새로운 기술이나 능력을 배워야만 한다는 공포감이 학습불안을 야기시킬 것이다. 변화관리의 대표적인 학자인 Edgar Schein 교수에 의하면, 무언가 새로운 것을 배워야 한다고 생각하게 되면 '학습불안'이 일어난다. **학습불안(learning anxiety)**은 새로운 기술, 능력 또는 지식을 배워야만 하는 데서 오는 심리적 불편함이다. 그러므로 변화의 긴박감을 커뮤니케이션하는 것이 요긴하지만, 리더는 새로운 기능과 기술에 대한 학습으로 인해 조성될 수 있는 불안에 대해서도 인정해야만 한다. 학습불안을 방치하게 되면, 생존욕구가 높은 경우일지라도 강력한 저항이 생길 수 있다.[42] 이러한 공포감이 감당할 수 없는 저항을 유발시킬 수 있다.[43]

학습불안은 새로운 기술, 능력 또는 지식을 배워야만 하는 데서 오는 심리적 불편함이다.

불확실성

불확실성은 알지 못하는 것에 대한 두려움을 말한다. 시작된 변화에 대한 정보의 부족은 불확실성을 만들어 낸다. 종업원들이 제안된 변화가 그들에게 어떤 영향을 줄지 충분히 모를 때, 그들은 변화를 덜 지지하고 저항할 가능성이 더 높다. 특히 조직이 위기 상태에 있을 때 변화의 필요성을 전달하는 것은 리더의 책임이다. 사람들은 변화가 필요하다는 것과 그 변화에 개인적으로 어떤 영향을 받을지에 대해 알아야 할 필요가 있다.

사진 9.1 의사소통은 변화에 대한 직원의 반응을 유발하는 데 가장 중요한 요소이다.

변화가 성공할 것에 대한 신뢰 부족

제안된 변화는 오래된 사업방식을 급격히 변화시키는 것이기 때문에 어떤 사람들은 성공 가능성에 대해 의문을 가질 것이다. 이런 경우에 문제점과 변화의 필요성을 전반적으로 인정할지라도, 변화가 성공할 것이라는 신뢰가 부족하면 저항을 낳게 될 것이다. 또한 과거 실패사례가 있다면, 이것은 장래의 변화계획에 대해 냉소주의와 의구심을 낳게 할 수도 있다. 이러한 냉소주의는 변화를 위한 어떠한 제안하더라도 거기에 대한 종업원의 태도와 행동에 영향을 미치게 된다.

변화의 필요에 대한 확신 부족

앞에서 변화관리 과정의 해빙 단계에서 설명한대로, 리더가 변화의 긴급성과 필요성을 명확히 표명하지 못하면 사람들은 변화에 저항할 수 있다. 종업원들이 현재의 전략이 제대로 되고 있고 변화시킬 필요가 없다고 믿는 경우에 특히 그렇다. "고장나지 않았으면 고치지 마라"라는 격언이 이를 말하는 것이다. 사람들은 변화가 지금, 그리고 왜 필요한지 알아야 한다. 리더는 절박감이나 Schein 교수가 말한 '생존불안'을 만들어내야 한다. **생존불안**(survival anxiety)은 조직이 변화하지 않으면 사업을 접거나 중요한 목표를 달성하지 못할 것이라는 느낌이다. Schein은 생존불안이 변화의 필요성에 대한 수용을 증가시키지만 학습불안은 그것을 저항으로 되돌리는 강력한 대항력이 될 수 있다고 경고한다.

생존불안은 조직이 변화를 주지 않으면 사업을 접거나 중요한 목표를 달성하지 못할 것이라는 느낌이다.

리더십에 대한 불신

당사자들 간의 신뢰는 모든 관계를 유지하는데 기본적인 요구사항이다. 경영진이 밝히지 않은 숨겨진 결과나 동기가 있다고 사람들이 의심하게 되면 변화는 저항을 받는다. 신뢰는 리더가 가져야 할 귀중한 자산이다. 왜냐하면, 신뢰는 변화로 인해 개인적인 손실을 겪을 수도 있는 종업원들에게 변화를 받아들이게 할 수 있는 기반이 되기 때문이다. 종업원들은 회사가 주도하는 변화에 회의적이지만, 영향력이 있는 동료나 믿을 수 있는 리더가 지지하는 변화 사안에 대해서는 기꺼이 믿고 따르려고 한다.

기존의 문화적 가치에 대한 위협

제안된 변화가 조직의 기존 가치관을 위협할 때, 변화에 대한 저항을 촉진시키는 감정을 강하게 유발한다. 변화를 제안할 때는 어떤 변화든지 변화에 의해 영향을 받는 이들의 가치관, 특히 조직의 문화로 단단히 굳어진 가치관에 대한 충격을 반드시 고려해야만 한다. 만약 가치관을 위협했다면, 조직의 문화로 굳어진 가치관에 의해 부분적이기보다는 조직 전반에 걸쳐서 저항을 일으키게 될 것이다.

속임수에 당한다는 두려움

사람들이 경영진이 자신들을 속이기 위한 시도로 변화를 인식하게 되면 저항하게 될 것이다. 그러나 사람들이 변화의 필요성을 이해하고 인정하며 변화를 어떻게 이행할 것인가에 대한 발언권을 갖고 있다고 믿을 때는 저항이 완화된다. 원래 의도에서 거짓이 없이 다른 상황에서도 적용될 수 있는 정당성을 제시함으로써 부하들이 변화계획에 따라오도록 해야 한다.

업무응용 9.2

자신이 변화에 저항했던 때의 예를 들어보자. 〈도표 9.2〉에서 제시한 일곱 가지 이유 중 하나를 사용하여 저항을 확인해보자.

개념응용 9.3 변화에 저항하는 이유

아래의 각각의 문장 내용을 〈도표 9.2〉에서 제시한 이유에 해당하는 문자(a~g)로 표기해보자. 힌트: 모든 답변은 한 번만 사용된다.

_____ 14. "나는 리더들이 우리에게 말하지 않는 이 변화 계획에 숨겨진 결과나 동기가 있는 것이 두렵다."

_____ 15. "제안된 이 변화에 대한 모든 사실이나 정보를 가지고 있지 않아서 신경이 쓰인다."

_____ 16. "나는 '고장나지 않았으면 고치지 말라'는 옛 격언을 믿는다."

_____ 17. "변화는 상관없지만 그것이 내 자리나 리더 자리를 잃는 것을 의미한다면, 나는 그것에 동조하지 않을 것이다."

_____ 18. '우리가 변화 계획을 시도할 때마다, 그것은 효과가 없었다. 이번에 효과가 있을 거라고 누가 말하겠나?"

_____ 19. "이러한 변화는 우리의 역사적 정체성과 우리 자신에 대한 핵심적인 믿음에 반하는 것이다."

_____ 20. "이 변화에 대하여 주어진 정당성이, 본래의 의도에 있는 거짓을 드러내지 않은 채 다른 상황에서도 적용될 수 있다고 생각하며, 이는 문제가 있다고 본다."

_____ 21. "영업팀은 파워포인트, 엑셀, 인포그래픽 및 시뮬레이션 등의 소프트웨어 운영법을 배울 자신이 없기 때문에 생산성을 높일 신기술을 수용하고 싶어하지 않는다."

_____ 22. "코로나19로 인해 많은 고객들이 일자리를 잃고 우리 제품을 덜 사고 있다. 우리는 지금 무엇인가를 해야 한다. 그렇지 않으면 우리의 존재 자체가 문제가 된다.

도입사례 응용

5. 본문에서 사람들이 변화를 거부하는 몇 가지 이유를 제시하고 있다. Satya Nadella가 이러한 가능성을 이해하고 명시적 또는 암시적으로 문제를 해결하려고 노력하고 있음을 보여주는 사례를 하나 들어보자.

Fortune 500대 기업을 비롯하여 길거리 구멍가게 모두에서 사용할 수 있도록 최신 기술에 대한 접근을 민주화할 것을 요구하는 그의 요청에서, Nadella는 이를 위한 방법은 10억 명의 장애인을 포함한 모든 개인에게 권한을 부여하는 해결방안을 만드는 것이라고 지적한다. Nadella가 이 접근법(엘리트뿐만 아니라 모든 사람에게 힘을 실어주는 해결책을 만드는 것)이 기술 변화의 불확실성에 대한 두려움, 리더십에 대한 사람들의 불신, 조작되는 것에 대한 두려움, 기존 문화 규범에 대한 위협, 그리고 변화가 필요하다는 확신이 부족한 것 등을 해결하기를 바라고 있다고 생각하는 것은 억지스럽거나 믿기 어려운 것이 아니다.

변화에 대한 저항을 최소화하기

유능한 리더는 저항을 가벼이 여기거나 벌이나 강압적으로 다루어야 하는 규율에 관한 문제라고 인식하지 않는다. 저항을 최선의 방안에 힘을 쏟으려는 의지로 간주함으로써 이를 긍정적인 방향으로 전환시키는 것이다. 이렇게 하기 위해서 리더는 경청을 잘해야 하고 부하들의 피드백에 개방적이어야 한다. 사람들은 자신의 감정을 피력할 때 들어주고 인정해주는 것을 원한다.[44] 이런 관점에서 보면, 변화에 대한 저항에는 인지적, 감성적, 행동적 차원이 있다.

인지적 차원

인지적인 관점에는 변화의 필요성을 추구하는 힘이 저항하는 힘보다 강하지 못하면 변화가 일어날 수 없다는 양측(지원하는 측과 지원하지 않는 측) 모두의 합리적인 계산이 있다. 지원하는 힘에 대항하여 저항하는 힘을 증가시키려는 집중된 노력이 있는 경우에는 저항이 이기게 된다. 이런 연유로 인해 리더는 저항하는 힘에 맞서기 위해 변화과정이 초기 단계에 지원자와 전문가들로 구성된 강력한 동맹세력을 형성해야만 하는 것이다. 변화를 실행하기 전부터 변화가 실행되는 기간 및 변화실행 이후의 모든 과정에서 효과적으로 의사소통이 이루어지게 하는 것은 오해와 잘못된 소문 및 갈등을 예방함으로써 변화에 대한 지원을 강화할 것이다. 변화에 의해 영향을 받게 되는 사람들이 간접적인 통로를 통해 상황을 알도록 하지 않는 것이 중요하다. 또한, 변화에 대한 저항의 원천에 대한 재고를 주장하는 대안적인 관점이 있다. Josh Rovner는 "기업의 변화 관리가 종종 실패하는 이유"에 대한 자신의 논문에서 Chip과 Dan Heath의 저서 "스위치"를 빌려, 변화가 부족할 때 "사람들의 문제처럼 보이는 것은 종종 상황의 문제"라고 주장한다. 그들이 보기에 환경이나 조직 상황이 문제이지, 사람들이 문제가 아니다. Robner가 가장 좋아하는 또 다른 인용구는 "성과 제고: 조직도의 빈 공간을 관리하는 방법"의 저자인 Geary Rummler의 말로서, "부서진 시스템에 맞서 좋은 사람들을 내세우면, 부서진 시스템이 거의 매번 승리합니다"라는 것이다.[45] 이 두 관점은 변화 계획의 실패에 대한 대부분의 책임을 사람들이 아닌 시스템이나 관료적 인프라에 돌리는 것처럼 보인다. 변화에 대한 저항을 최소화하기 위해 사람과 환경/시스템 문제를 모두 해결해야 하는 경우가 더 많이 있다.[46]

감성적 차원

감성적인 관점에서는, 상실에 대한 두려움(지위, 직위, 직무, 임금 등)과 엄청난 좌절감과 분노의 원인을 알지 못하는 것에 대한 두려움이 있다. 이러한 분노가 쌓이게 되면 실제로 저항을 키울 수 있다.[47] 종업원들이 변하는 것이 무엇이고, 왜 변해야 하는지, 누가 영향을 받으며, 개인적으로는 변화가 어떻게 영향을 미칠 것이며, 변화가 언제 시작해서 끝날 것인지 등에 대해 알게 해야만 한다. 변화담당자들이 주의를 기울여야 할 것을 또 다르게는 목적(purpose), 우선순위(priorities), 사람(people), 프로세스(process), 증명(proof)의 5P로 나타낸다. 즉 목적은 변화의 구체적인 목표에 대한 정의와 우선순위를 나타내는 것이며, 변화에 의해 잠재적으로 영향을 받게 되는 사람, 적절한 수준의 참여와 상담을 활용하는 프로세스, 변화로 통해 표명한 목표를 달성할 것을 보여주는 증명 등이 내포되어 있다. 이런 접근을 활용함으로써 변화에 반대하는 모든 시도를 위축시킬 수 있다.

행동적 차원

행동에서의 변화에 대한 저항은 변화에 반대하는 구성원들의 행동에 초점을 둔다. 그러한 행동의 예로는 파업과 의도적인 업무 지연이 있다.[48] 유능한 리더는 이러한 행동들을 간파하고 더 큰 문제가 되기 이전에 무마시킬 방안을 찾아야 한다. 비록 시간을 많이 소비하지만, 변화 활동을 설계하는데 종업원들을 참여하게 하는 것은 그들에게 통제 및 주인의식을 갖게 하는 효과가 있다. 변화를 이행할 때 책임을 갖는 사람은 변화실행 과정에서 자신이 존중받고 있는 파트너라는 감정을 느끼게 될 것이다.[49]

궁극적으로 모든 것은 변화를 지원하고 변화에 반대하는 사람들의 두려움에 주의를 기울이는 조직분위기를 조성하는 문제로 귀결된다. 리더가 조직에서의 프로세스, 정책, 구조 등을 변화시키는 것이 여기에 해당된다. 예를 들어, 조직구조를 보다 수평적이고 신속하도록 하며 권한위양을 통해 팀이나 개인이 주어진 지침 내에서

도표 9.3 변화에 대한 저항을 최소화하기 위한 방안

리더는 변화에 대한 저항을 최소화하기 위하여

- 변화과정에서 끊임없이 지원하고 확실하게 몰입하는 것을 보여주어라.
- 변화의 필요성과 긴급성을 모두에게 소통하라.
- 변화가 진행되는 내용에 관해 지속적으로 소통되게 하라.
- 변화실행에 사소한 사항까지 통제하는 것을 피하고, 사람들에게 권한을 부여하라.
- 변화를 위한 노력에 사람과 자금이 적절히 지원되고 있다는 확신을 시켜라.
- 변화로 인해 촉발될 필요한 조정에 사람들이 예측하고 준비하도록 경력 상담 또는 재교육과 같은 프로그램을 제공하라.
- 변화를 지원하는 조직 분위기를 조성하라.

의사결정을 하도록 하는 것이 변화에 대한 저항을 최소화하기에 더 나은 방법이 된다. 리더는 변화에 대한 자신의 비전이 조직을 지속시키기 위한 비전이라는 것을 부하들과 소통해야만 한다.[50] 도표 9.3에서 저항을 최소화하기 위해 리더가 취할 수 있는 방안들을 제시하였다.

도입사례 응용

6. Satya Nadella는 Fortune지 선정 500대 기업과 동네 구멍가게 모두에서 최신 기술에 대해 누구든지 접근할 수 있도록 의식적으로 노력해야 한다고 주장한다. 이 주장은 변화에 저항하는 것과 관련된 세 가지 차원 중 어느 것을 의미하는가?

Nadella는 오늘날과 미래에 조직이 직면한 많은 변화가 기술적으로 주도되거나 관련될 것이라는 것을 알고 있다. 이와 같이 그는 월스트리트에 있는 대기업 및 길거리의 작은 가게 모두를 위한 광범위한 기술 접근을 옹호하고 있다. 변화 저항성의 인지적 차원에서 언급되었듯이, '사람의 문제'처럼 보일 수 있는 것은 종종 상황의 문제이다. 즉, 변화에 대한 저항이 사람이 아닌 환경이나 조직 환경에 기인할 가능성이 높다는 이야기다. Nadella는 기술 자원에 대한 접근의 부족이 일반인들이 변화를 수용하고 채택하거나 거부하는 방식에 큰 역할을 할 것이라고 믿는다. 접근을 민주화하는 것은 미래의 직업을 위한 기술과 능력을 향상시키는 수단의 공정성이다.

7. Satya Nadella는 사례 전반에 걸쳐서 변화에 대한 저항을 최소화하기 위한 예로 해석될 수 있는 아이디어를 제시한다. 저항을 최소화하기 위한 권고 사항을 제시한 〈도표 9.3〉을 검토해 보고 그 중 어느 사항에 해당하는지 제시해보자.

그는 경영자들에게 오늘날의 능력뿐만 아니라 미래의 직업에 필요한 기술까지도 고려하여 인적 자본에 투자할 것을 간청한다. 그는 조직이 직원들에게 권한을 부여해야 하는 필요성과 하이브리드 작업의 새로운 문화를 육성해야 하는 점에서, '권한 부여'라는 단어를 두 번 언급했다. 이 두 가지 예는, 효과적인 리더가 〈도표 9.3〉에서 보는 바와 같이 변화에 대한 저항을 최소화할 수 있는 다양한 방법 중 많은 것을 활용할 수 있도록 해준다.

위기리더십

학습목표 9.3
리더를 새로 채용할 때 위기리더십 역량을 중요하게 고려해야 하는 이유를 설명한다.

기업이나 다른 유형의 조직들도 격동적이고 끊임없이 변화하는 환경에 직면해 있다. 불안정한 상황은 위기를 발생시킬 가능성이 더 높으며, 따라서 위기리더십 훈련과 대비의 필요성이 당연시된다.[51] 위기리더십은 위기에 대비하고, 위기 때 관리하며, 위기에서 적응하고 배우는 데 근저가 되는 것이다.[52, 53]

위기가 무엇인지에 대한 많은 정의들이 있지만, 대부분이 예상치 못한, 예측할 수 없는, 심각한 영향, 원인의 모호성, 시간에 민감한, 취약성, 그리고 발생 결과에 대한 결정의 필요성 등의 주제들을 중심으로 다루고 있다.[54, 55] 위기는 본질적으로 그것이 발생하기 전에 예측하거나 예상할 수 없는 사건이다. 일반적으로 받아들여지는 정의는, **위기**(crisis)가 "중요한 이해관계자들에 의해 인식되는 확률은 적지만, 그 영향력은 지대한, 조직의 생존 가능성을 위협하는 상황"이라는 것이다.[56] 따라서 이를 피하는 것은 거의 불가능하다. 위기리더십 역량은 이제 효과적인 조직 리더십의 필수적인 부분이다.[57, 58]

위기는 중요한 이해관계자들에 의해 인식되는 확률은 적지만, 그 영향력은 지대한, 조직의 생존 가능성을 위협하는 상황이다.

위기리더십의 정의 및 중요성

위기는 적절하게 관리하지 않으면 참으로 조직에 손실을 입히게 된다. 위기관리를 잘못하게 되면 조직의 명성과 개인적인 경력에 타격을 주고, 조직에 대한 소비자의 신뢰를 잃게 만들거나 어떤 경우에는 조직을 완전히 멸망시킬 수도 있다. 대표적인 예가 2001년 Enron 사태다. 회사의 붕괴는 수천 명의 직원들에게 영향을 미쳤고 월가를 뒤흔들었다.[59] 2001년 12월 2일 회사가 파산을 선언하면서 주가는 위기가 닥치기 전의 90.75달러에서 불과 0.26달러로 떨어졌다. 이것은 제조업의 위기였다. Enron의 경영진은 유령회사 설립 및 분식 회계 관행으로 규제 당국을 속였다. 이는 삶을 바꾸는 결과를 초래하는 법적, 도덕적, 윤리적 실패였다.

조직에서 위기에 준비하기 위해 중요한 자원들에 투자하는 추세가 증가하고 있다.[60] 위기는 자연재해(2020년 캘리포니아 산불),[61] 총기 난사(2019년 버지니아비치 총기 난사로 12명 사망), 제품 고장(2014년 GM 리콜 사태), 사람의 실수로 인한 참사(2014년 방글라데시 공장 붕괴로 노동자 1,100명 사망), 그리고 정부의 실패(2020년 코로나19 위기에 대한 미국의 대처) 등의 여러 형태로 찾아온다.[62, 63] 또한 성희롱, 임원의 위법행위, 파업, 경영자 승계 위기 등과 같이 많은 위기들이 항상 신문 1면에 실리는 것은 아니며, TV 뉴스에 나오지 않는 경우도 있다.

위에서 언급한 우리 모두가 현재 겪고 있는 코로나19 팬데믹은 2차 세계대전 이후 가장 큰 글로벌 위기로 묘사되어 왔다.[64] 처음에 낮은 등급의 공중 보건 문제로 여겨졌던 것이 엄청난 규모의 정치, 경제, 사회적 위기로 빠르게 변모했다.[65] 여러 정부의 봉쇄와 사회적 거리두기 정책의 경제적 영향은 기업과 비영리단체 모두에게 파괴적이었다.[66] 이 위기는 전 세계 조직에 주요 리더십 및 거버넌스 과제와 기회를 계속해서 제시하고 있다. 모든 분야(기업, 정치, 종교, 사회)의 리더들이 그들의 위기 대처에 대해 평가받고 비판받거나 칭찬을 받고 있다.[67, 68, 69] 특별하게 나타난 이 위기에 대한 최종 결론은 아직 나오지 않았지만, 이 과정에서 나타난 실수와 배운 점 등에 대한 내용들이 앞으로 많이 출간되어 나올 것이다.

사진 9.2 뉴욕 항구에 정박한 미 해군 병원선 컴포트함은 코로나19 위기가 발생한 초기에 치료를 지원하는 임무를 맡았다. 하지만 그 당시에는 충분히 활용되지 않았다.

©iStockphoto.com/nycshooter

위기의 특성이나 조직의 유형에 관계없이 그들이 공통적으로 갖고 있는 특징은 조직의 자원과 시스템에 긴장과 압력을 행사하는 것이다. 위기가 닥치기 전 현재의 시스템이 갖고 있는 취약점은 어떤 것이든지 노출된다. 따라서 조직에서 리더에게 위기를 관리하도록 대비하게 하는 것은 당연한 것이다.[70] 그것은 위기가 발생할 것인가의 문제가 아니라 언제 발생할 것인가의 문제이다. 조직 계층에 최고 위기 책임자(CCO: Chief Crises Officer)를 둘 때라고 생각하는 사람들도 있다.[71] 따라서, 위기관리에 있어 최고경영진의 역할에 대해 검토하기로 한다.

최고경영진의 역할

위기리더십이란 위기가 발생할 때 대응하기 위한 계획을 준비하는 것과 관련된다. 위기 상황에서 어려운 결정을 내릴 수 있는 용기, 전문 지식, 능력을 갖추는 것에 관한 것이다.[72] 수년 동안 학자들과 실무자들은 효율적인 리더십이 위기 관리의 중요한 구성 요소라는 것을 인정해왔다. 불행히도, 위기가 닥칠 때까지 많은 리더들이 이러한 일들을 자신의 업무 중의 일부라는 생각을 전혀 하지 않고 있다. 따라서 이러한 리더들은 사건에 놀라서 대단히 수세적인 반응으로 접근하게 된다. 그저 피하려 들거나 되는대로 해결방안을 내놓기에 급급하게 된다. 최고경영진은 위기 발생 이전, 위기 발생 시 및 위기 이후의 모든 문제에 관심을 집중해야 한다. 즉, 현장에서 주도하고, 몇 가지 기본 원칙이나 관행을 준수하며, 전사적인 초점을 유지하고, 부하들이 행동할 수 있도록 권한을 부여하며, 위기대응 팀과 위기관리 리더에 대한 지속적인 교육 및 개발을 의무적으로 해야 한다.[73] 각 영역에 해당하는 내용을 더 살펴보기로 한다.

현장에서 주도하기

위기 발생 시에는 최고 의사결정자의 효과적인 리더십이 가장 중요한 것이다. 위기가 발생한 동안에 직원들은 상황에 어떻게 대처할 것인지에 대해 CEO나 다른 최고경영자들을 바라보게 될 것이다. 유감스럽게도 상위계층에 있는 리더들 중에서 위기가 닥쳤을 때 상황을 피해서 문을 닫고서 뒤에 숨어버리는 사람들도 있다. 그들은 위기에 대처하는 것을 위기대응 팀의 리더나 다른 하위 직급의 관리자에게 전적으로 맡긴다. 미디어와 관련한 모든 측면에서도 CEO나 다른 최고경영자가 아닌 위기대응 팀의 리더가 조직의 얼굴이 되게 한다. 이런 접근방법은 아무리 잘해도 문제가 있는 것이다. 위기가 진행되는 동안에 몸을 숨길 구멍을 더 깊숙이 파고 나타나지 않으려는 의식을 지닌 CEO나 최고경영층은 로마가 불타고 있을 때 바이올린을 연주한 네로황제의 유명한 이야기를 떠올리게 한다. 최고 책임자가 모습을 보이는 것이 즉각적으로 현실적인 가치를 부여할 수 없을지라도 도덕적으로 중요한 의미를 가진다. 그 자리에 있음으로 인해서 피해자들에게 리더가 공감대를 갖고서, 도덕적인 유대감, 몰입, 관심을 보여주는 것이 된다. 참호 안에서, 결단력 있고, 민첩하고, 자신감 있게 이끌며, 팀원들을 고무시켜야 한다.[74] 코로나19 위기는 Best Buy의 Corie Barry에게 우선적인 의사결정이 필요한 것을 깨닫게 했다. 즉 이러한 우선 순위는 직원과 고객의 안전을 유지하고, 직원들의 일자리를 지키며, 위기가 지난 후에도 회사의 활력을 유지하는 것이었다. Best Buy는 이러한 우선순위를 설정함으로써 팬데믹에 대응하여 요구사항과 상황이 변화하는 것에 맞추어서 행동을 집중하고 또 민첩하게 반복적으로 대응할 수 있었다.[75]

기본 원칙 준수

모든 점을 통틀어서 볼 때, 위기에 대응하는 리더십의 세 가지 핵심 원칙은 (1) 일선에서 머물면서 지휘하고, (2) 큰 그림에 초점을 두고 비전을 전달하며, (3) 위기대응 팀과 함께 일하는 것이다.[76] 위기관리 리더는 위기에 대비하고, 신속히 대응하며, 성실하게 행동하며, 모든 것을 공개해야 한다. 이를 다른 표현으로 하자면, 위기관리 리더는 '세 가지 A'를 염두에 두어야 하는데, 상황을 인정(Acknowledge)하거나 시인하고, 피해상황을 회복하기 위해 취할 행동(Action)을 구체화하며, 그리고 미래에는 이런 일이 반복되는 것을 피할 수 있도록(Avoid) 어떻게 하겠다는 것을 대중에게 말하는 것이다. 사전 예방적 조직에서는 내부 및 외부 환경에서 잠재적인 위협이나 위기의 경고 징후를 검색하고 모니터링하는 작업을 수행하는 특정 개인 또는 부서를 지정하는 것이 사려 깊은 일이라는 것을 알게 되었다.

전사적인 초점

위기가 발생할 경우 최고경영진은 계획 실행의 모든 측면을 파악하고 통제하며 감독해야 한다. 위기를 계획할 때 리더는 다음의 다섯 가지 통합 개념에 의사결정을 집중해야 한다.

1. 위기를 인식하고 준비하는 조직문화를 조성한다.[77]
2. 위기계획 및 실행의 포괄적인 비전과 목표를 수립한다.[78]
3. 조직 전체에 걸쳐서 위기대응팀과 리더를 조직한다.
4. 위기대응팀과 리더에게 적절한 자원과 지원을 제공한다.
5. 주기적인 사전 대응 시뮬레이션 모델을 표준화하고, 전사적인 대응 훈련을 실시한다.

이러한 작업을 수행하는 데 능숙한 리더는 기업 전체에 대해 강력하고 공유된 의미를 창출하며, 따라서 위기 해결에 성공할 가능성이 더 높다.[79, 80] 그러므로 이 다섯 가지 과제는 12장에서 논의하는 전략 수립과 집행 과제와 완전히 통합되어야 한다. 이것은 위기계획이 무작위적인 임시 프로세스가 아니라 지속적으로 연습해야 하는 것이라는 것을 확실하게 해 주는 것이다.[81]

권한 부여

위기관리에 효과적이기 위해서 리더는 위기가 임박했을 때 사건에 영향력을 행사할 수 있는 권력, 자원, 지위 및 능력을 가져야만 한다. 권한은 최고경영진에게서만 나올 수 있다. 따라서, 최고경영진은 하위 관리자들에게 권한을 부여하기 위해 권력을 아래로 위임할 수 있어야 한다. 예를 들어, 최고경영진은 (명확한 지침으로) 결함이 의심되는 경우 생산라인을 폐쇄하거나, 다수의 부상이나 오작동이 발생한 경우 조립라인의 작동을 중단하는 것과 같은 중요한 결정을 내릴 수 있도록 위기 관리자와 기타 영향을 받는 일선 관리자에게 권한을 부여해야 한다. 위기대응 팀장과 일선 관리자가 개발 초기에 사건의 영향을 파악하고 즉시 행동할 수 있는 능력은 일부 조직이 위기를 모면하는 데 도움이 되었고 심지어 다른 조직이 위기를 기회로 바꾸는 데도 도움이 되었다.[82]

리더십 연구 분야의 저명한 학자인 Warren Bennis에 의하면, 위기가 닥치게 되면 순식간에 무언가 변혁적인 사건이나 경험을 하게 되는데, 거기에서 리더는 자신의 주장을 찾게 되고, 의미를 공유하게 됨으로써 다른 사람들의 참여를 이끌어내는 방법을 배우게 되며, 리더십에 필요한 또 다른 기술들을 습득하게 된다는 점에서 위기는 항상 리더십에 가혹한 시련을 주는 상황이 된다고 했다.[83]

훈련 및 개발

오늘날 각계각층의 리더들이 위기 때 주도할 수 있는 기술과 역량을 보유하고 있다는 것을 보여주고 그렇지 않다면 훈련과 교육을 통해 기술을 발전시켜야 할 필요성이 그 어느 때보다 크다. 부하들에게 훈련과 개발 기회를 제공하는 것은 최고경영진의 책임이다. 특히 중요한 것은 의사결정 능력과 감성지능이다.[84] 이러한 역량을 개발하는 리더는 미래의 위기를 해결할 수 있는 자신의 능력에 더 자신감을 갖는다. Deborah Lee James 전 공군 장관이 말했듯이, "위기에 처하면 훈련이 시작되므로, 기술을 가다듬고 계속해서 배워야 합니다."[85] 이 장에서는 위기리더십 역량을 개발하기 위한 몇 가지 도구를 제공한다. 예를 들어, 3단계 위기관리 계획(도표 9.4)과 효과적인 위기 커뮤니케이션 '해야 할 것'과 '하지 말아야 할 것'(도표 9.6)은 이 장의 뒷부분에서 논의되는 두 가지 구체적인 예에 불과하다. 다음 절에서는 위기 계획수립 및 실행을 위한 3단계 위기 대응계획을 제안한다.

도표 9.4 3단계 위기 계획수립 및 실행 모델
위기대응 사전계획
• 위기대응팀 구성 • 사전 위험평가 및 완화 계획 • 자원 배분
위기 발생 시의 리더십
• 최고경영진의 역할 • 위기 시의 효과적인 의사소통 • 위기 해결
위기 발생 이후의 분석 및 학습
• 위기대응에 대한 평가 • 학습하게 된 교훈 • 미래의 위기 예방

도표 9.5 5단계 사전 위험평가 및 위험 완화 모델

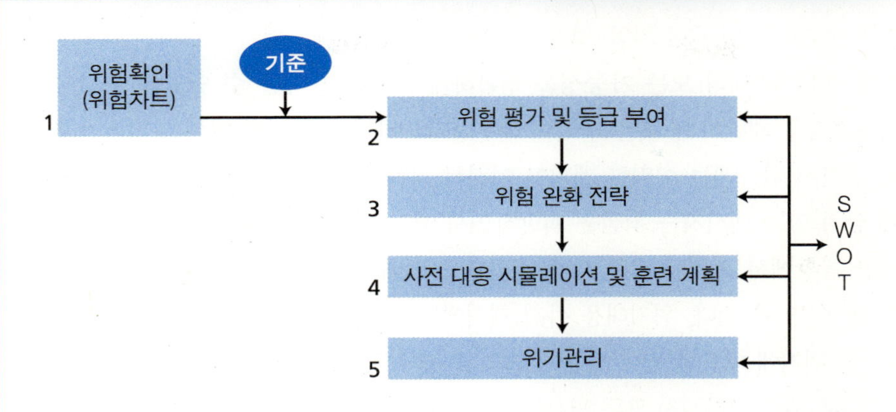

위기 계획수립 및 실행

학습목표 9.4

위기 계획수립 및 실행 3단계를 간략하게 설명한다.

많은 전문가들은 다음 위기가 언제 일어날지 예측하는 것은 거의 불가능하며, 단지 위기가 발생할 뿐이라고 한다.[86] 오직 할 수 있는 모든 것은 위기가 발생했을 때 대응하는 계획을 더 잘 세우는 것이다. 말 그대로 수천 개의 사건이나 사건이 위기로 변하여 재무 및 전략적 목표를 달성하려는 조직의 시도를 어렵게 만든다. 문제는 위기가 닥치기 전에 위기를 경고하는 신호를 감지하는 것이다. 많은 조직이 임박한 위기에 대한 조기 경고 신호를 받고 있지만 이를 인식하고 주의를 기울이지 못하고 있다. 따라서 성장과 수익성을 위한 전략 수립에 투자하는 노력과 마찬가지로 위기 사전 계획수립에 대한 노력도 해야만 한다. 어떤 리더들은 위기에 직면한 후에야 위기 사전 계획에 관심을 갖기 시작한다. 위기가 닥칠 때까지, 위기 사전 계획은 대부분의 조직에서 종종 무시되는 리더십의 부분이다. 이러한 접근법은 실수로부터 배울 수 있는 두 번째 기회가 항상 있을 수 없기 때문에 위험한 것이다.

위기 계획수립 및 실행은 위기관리의 고도화된 종합적인 준비에 기반을 둔 모델이다. 일부는 신호 감지, 예방, 피해 억제, 복구 및 학습을 포함하는 **위기 계획수립 및 실행 5단계 라이프 사이클 모델**(five-stage life cycle of crisis planning and implementation model)을 제안했다.[87] 또 다른 잘 알려진 모델은 3단계 위기 계획수립 및 실행 모델이다. 이름 그대로, 5단계 모델의 특징을 세 가지로 통합한 것이다. **3단계 위기 계획수립 및 실행 모델**(three-stage crisis planning and implementation model)은 위기 사전 계획(신호 감지 및 예방), 위기 발생 상황에서 주도(피해 억제 및 복구), 위기 이후 분석 및 평가(학습)로 구성된다.[88, 89] 도표 9.4를 참조하라.

위기 계획수립 및 실행 5단계 라이프 사이클 모델은 신호 감지, 예방, 피해 억제, 복구 및 학습을 포함한다.

3단계 위기 계획수립 및 실행 모델은 위기 사전 계획(신호 감지 및 예방), 위기 발생 상황에서 주도(피해 억제 및 복구), 위기 이후 분석 및 평가(학습)로 구성된다.

위기대응 사전계획

모든 조직(대기업, 중소기업, 영리 법인, 비영리 법인)에서 위기대응 사전 계획이 있어야만 한다. 미래의 모든 가능성을 정확하게 예측하고 다룰 수 있도록 위기에 대한 사전계획을 개발하는 것은 누구에게나 불가능하지만, 위기에 대한 부정적인 결과들을 완화시키는 데는 이러한 계획이 여전히 최선의 방책이다. 위기에 대한 사전 계획에 담겨 있는 메시지는 최선을 희망하면서 최악을 계획하는 것이다. 가장 어렵고 불쾌한 상황에서 위기에 대한 사전 계획으로 인해 리더와 부하들은 의사결정을 제대로 할 수 있게 된다. 위기대응 사전 계획에는 다음의 몇 가지 중요한 질문을 내포한다. (1) 위기에 대응할 팀이 있는지 그리고 누가 담당하는가? (2) 위기에 대응하는 행동계획은 무엇인가? (3) 모든 필요한 자원들이 갖추어져 있는가? (4) 사전 커뮤니케이션 계획과 외부/미디어 접촉 전략은 무엇인가? 아래에서는 이 질문들에 대해 각각 논의하고자 한다.

위기대응팀

적재적소의 원칙은 위기 발생 시와 위기 발생 후에 비즈니스 및 조직의 연속성을 향상시키는 핵심 요소이다.[90] 보완적인 기술과 재능의 균형을 갖춘 팀은 신속하고 효과적으로 움직일 수 있다.[91, 92, 93] 위기대응팀을 다양하게 구성함으로써 더 나은 의사결정을 위한 다양한 투입이 확대될 수 있다. 위기가 발생했을 때, 리더의 입장에서는 훈련이 되어 있고 함께 일할 수 있는 팀을 원한다. 불행히도, 위기가 발생하는 동안 함께 대처해야만 하는 사람들은 실제로 계획을 실행했거나 예행연습을 해본 적이 없었기 때문에 경험이 없는 경우가 흔하므로, 서로의 역할이나 책임에 대해 이해하지 못하고 있다. 위기에 대한 사전계획을 수립하는 동안에 정보의 흐름과 명령 체계에 대한 질문들이 언급되어야 한다.

행동계획

위기발생 사전 행동계획을 개발하는 것은 조직에서 발생할 수 있으며 종업원과 고객을 비롯하여 다른 이해관계자들에게 영향을 미칠 수 있는 가능한 최악의 시나리오를 감안하는 것이다. 위기대응 계획이 제대로 준비되려면 가능한 한 수많이 예상되는 위급상황을 다루도록 해야 한다. 그런 다음에 위기관리 리더와 대응 팀에서는 이러한 예상되는 사건들의 위험을 평가하고 발생가능한 결과들에 대해 검토해야 한다. 또한 각각의 위기 시나리오에 대해 위기대응 팀에서는 주주, 고객, 종업원, 활동가 집단, 미디어, 지역사회 등 서로 다른 이해관계자 집단들의 예상되는 반응을 검토해야 한다. 각각의 이해관계자 집단들이 위기발생 시에 조직에 어떤 것을 원하는 지를 예측함으로써, 준비를 철저히 하며 위기로 인해 종종 잇따라 발생하는 혼란, 걱정, 좌절 등의 강도를 줄여줄 수 있다. 위기 사전 위험평가 및 완화 모델에 대해 이 장 뒷부분에서 논의할 때, 위기 시나리오 및 위험 평가분석에 대해 더 자세히 논의할 것이다.

위기 시 자원배분

양과 질에 있어서 합당한 자원을 미리 사전에 갖추어 두는 것이 성공에 필수적이다. 자원은 재무적인 자원과 비재무적인 자원 모두 필요하다.[94] 위기 발생기간 중에는 자원(인력, 기술 및 장비)을 즉시 사용할 수 없거나, 사용할 수는 있지만 잘 작동하는지를 보기 위해 통합적으로 활용해봐야 한다. 이는 위기 사전 계획의 일환으로 실제 위기 상황이나 시나리오를 시뮬레이션하는 정기적인 훈련과 반복적인 연습이 중요하다는 것을 강조하고 있다.

사전 커뮤니케이션 계획

위기 사전 계획이 갖는 또 다른 측면은 위기가 닥쳤을 때 적절한 커뮤니케이션 전략에 대해 결정하는 것이다. 회사 관계자들은 위기 상황이 존재할 수 있다는 사실을 알게 된 후 몇 분 이내에 언론 및 기타 주요 이해 관계자 그룹에 대한 최초의 성명을 발표할 준비가 되어 있어야 한다. 이 성명은 알려진 사실과 함께 언제 추가 세부사항이 제공될 것인지를 알려주는 것이다. 지역, 지방정부 및 중앙정부 수준에서 정부기관은 현장 대응 노력을 구조화하기 위해 사고 명령 시스템(ICS)을 활용해야 한다.[95] 영향을 받는 조직이 즉각적으로 대응하는 목적은 정보 공백을 두지 않고, 사실과 의견을 제시하는 것이다. 이러한 신속한 조치는 위기 발생 기간에 조직과 리더의 신뢰와 명성을 유지하는 데 도움이 될 수 있다. 경험에 따르면 기업들이 더 오래 시간을 끌수록, 그 공백은 부정확한 진술과 진실로 받아들여지는 노골적인 잘못된 정보로 채워질 가능성이 더 높아진다.

외부/미디어 접촉

사전 계획수립의 이 부분은 미디어에 뉴스를 발표하는 것은 누가 맡을 곳이며, 다른 외부 집단과의 매일 지속되는 커뮤니케이션은 누가 담당할 것인지가에 대한 결정을 마무리 짓는 것이다. 예를 들어, CEO나 최고경영자 중의 다른 사람이 주요 발표사항을 담당하면, 홍보담당 직원이 다른 이해관계자 집단들에 대한 현장 질문을 맡을 수 있으며, 법무담당 직원은 법적인 요구사항에 대응하는 것이다. 위기에 대한 커뮤니케이션 계획이 제대로 정비되어 있으면 여러 가지 정보원들로부터 혼재된 메시지를 발표하게 되는 실수뿐만 아니라 누구의 소관인가에 대한 권력 충돌의 가능성도 방지하게 해준다.[96] 이러한 문제들은 위기를 효과적으로 대응하는데 영향을 미치게 된다. 효과적인 위기 커뮤니케이션을 위해 '해야 할 것' 및 '하지 말아야 할 것'에 대한 자세한 내용은 이 장의 뒷부분에서 확인할 수 있다.

사전 위험평가 및 완화 모형

위기 사전 계획수립의 일부는 위험평가 및 완화 모델을 만드는 것이다. 위기 위험평가 5단계 모형은 서로 다른 제약조건에 맞추어서 분석하는 시나리오 계획수립 방법이다. 즉 발생 가능한 일을 다루는 것이다. 일부에서는 이 프로세스를 안전지향적 전사관리 접근방식으로 설명하고 있다.[97] 위기 위험평가 및 완화 계획을 수립하여, 모니터링과 정기적으로 업데이트하는 것이 조직을 사후 대응적인 전략 자세에서 사전 예방적인 전략 자세로 전환하고 적어도 부분적으로는 미래 위기의 영향으로부터 조직을 보호하는 도구가 될 수 있다.[98] 예를 들면, 팀원들은 "어떤 일이 발생할 수 있는가? 우리의 취약점은 무엇인가? 최악의 시나리오는 무엇인가? 장·단기적 전망은 어떠한가?"라는 질문을 생각할 수 있다. 따라서 **위험평가 및 완화모델**(crisis risk assessment and reduction model)의 5단계는 (1) 위험 확인, (2) 위험평가 및 등급 부여, (3) 위험완화 전략, (4) 사전 대응 시뮬레이션 및 훈련 계획, (5) 위기관리이다(도표 9.5 참조).

위험평가 및 완화모델의 5단계는
(1) 위험 확인,
(2) 위험평가 및 등급 부여,
(3) 위험완화 전략,
(4) 사전 대응 시뮬레이션 및 훈련 계획,
(5) 위기관리이다.

1단계. 위험확인

위기대응 팀원들은 제일 먼저 사람들과 조직의 재무 상태 혹은 조직의 이미지에 심각한 결과를 초래할 수 있는 최악인 상황의 사건을 정의하는 사전 계획수립부터 시작한다. 이것은 다양한 위기상황에서 일어나는 실제 사건들을 확인하는데 초점을 맞춘 시나리오 분석이다.[99] 첫 번째 단계는 조직의 비즈니스 모델에 영향을 줄 수 있는 조직의 잠재적인 약점과 강점 및 산업 동향(위협과 기회를 파악하기 위한)을 파악하기 위해 조직의 내부 운영방식과 핵심 사업을 추적하는 분석과정과 유사하다. 전략담당자에게는 이러한 분석이 일종의 위기회피의 형태를 의미한다. 첫 번째 단계의 결과물은 조직에 실제로 일어날 수 있으며 부정적으로 영향을 줄 수 있는 모든 잠재적인 위기 사건들이 나타나는 위험 차트를 만드는 것으로 제시된다.

2단계. 위험평가 및 등급 부여

그 다음으로, 인명 손실, 상해, 정서적 장애 현상, 혹은 각 사건들이 사람들에게 미치는 최소한의 불편함 등과 같은 기준들을 사용하여 이런 사건들을 분석하고 사건들에 대해 등급을 매긴다. 재무적 측면과 이미지 측면에서는, 극심한 충격(예: 조직이 파산할 것이다), 심각하지만 극복될 수 있는(예: 처리할 수 있는), 혹은 미세한 충격(예: 아무런 걱정할 필요 없는) 등과 같은 등급 기준을 적용할 수도 있다. 그런 다음에 이런 정보는 3번째 단계인 최고 등급의 시나리오에 대한 위험 완화 단계에 착수하는 근거로써 사용된다.

3단계. 위험 완화

위험 완화 단계에서 위기관리 리더는 많은 사람들(내부 및 외부 이해관계자들의 대표)과 위험 차트를 공유하고, 잠재적으로 최고 등급의 위기나 위협에 맞서기 위한 전략을 수립할 것을 논의하기 시작한다. 각각의 위기별로 관리를 더 잘하기 위해서 사용이 가능하거나 필요한 자원과 능력이 무엇인지를 결정할 때 SWOT 분석을 도구로써 쓸 수 있다. 예를 들어 조직이 화학 공장이라고 하였을 때, '유독가스 누출'이 발생 가능한 위기로서 위험 차트에 제시될 수 있을 것이다. 유독가스 누출이라는 특정한 위험에 대해 SWOT 분석은 다음과 같이 진행된다. 위기관리팀은 사건이 발생했을 때 조직이 보유하고 있는 강점(유독가스 처리 경험이 있는 과학자 등), 약점(유독가스 누출에 대응하는 계획이 현재는 없는 것 등), 기회(지역사회에 끼치는 경제적 이유 때문에 공장에 대한 지역사회의 지지 등), 그리고 위협(공장을 폐쇄하도록 항의하고 요구할 것 같은 환경론자 등)을 파악한다. 이런 분석에 기초해서 위기대응팀은 위험 완화 계획으로써 조직에 안전인식 프로그램을 가동하고 병원이나 소방서와 같은 지역사회의 긴급대응팀들과 합동 회합을 갖기를 권고할 수 있을 것이다. 이런 과정은 차트에 확인된 다른 위기 시나리오들에 대해서도 반복된다.

4단계. 사전 대응 시뮬레이션 및 훈련 계획

위기에 대한 사전 모의 훈련은 위기대응팀의 대응 및 준비태세를 점검하기 위해 실시된다. 다시 한번 SWOT분석 정보가 이 단계를 조정하는 데 사용된다. 이 단계는 어떤 잠재적인 위기에 대해서도 조직이 민감할 수 있게 해준다. 사전의 모의훈련을 거쳐 이에 대한 결과를 토의하고 평가하며, 조직의 전 계층의 관리자들로부터 피드백을 받고 나면, 위기대응팀은 조직이 위기에 더 잘 대처할 준비가 되어 있다는 확신을 갖고서 안심할 수 있게 된다.

5단계. 위기관리

위기 사전 계획을 지속적으로 재검토하고 수정 보완하는 것이 조직의 경영에 있어서 일상적인 부분이 되어야 한다.

조직이 겪는 모든 위기 전 예방 계획에도 불구하고 조만간 실제 위기가 발생하고 조직이 이에 대처해야 하는 것은 현실이다. 궁극적으로 조직이 위기에 대응할 준비가 되어 있는지를 판단하는 가장 좋은 척도는 다음과 같은 성과 지표로써 평가하는 것이다.

1. 위기 사전 계획의 품질
2. 위기 사전관리 정보에 대한 인식 및 접근
3. 효과적이고 시기적절한 대응을 위한 준비
4. 효과적인 커뮤니케이션 계획수립
5. 효과적인 위기리더십

업무응용 9.3

자신의 대학이나 대학교를 참고로 삼아, 지금 아무것도 하지 않으면 위기를 초래할 수 있는 다섯 가지 위험 영역을 파악해보자. 이러한 위험 영역 중 하나를 선택하고, 이 위기를 피하거나 대처하는 데 도움이 될 수 있는 위험 완화 계획이나 전략을 제시해보자.

이러한 성과 지표에 대한 지속적인 모니터링은 매우 중요하다. 위기 사전 위험 계획수립 및 완화 모델의 4단계와 5단계에서 언급했듯이, 위기 대응 계획을 예행연습하고 업데이트하고 정기적으로 실천하지 않는 한, 그것은 책장에서 먼지를 쌓고 있는 또 하나의 문서가 될 뿐이다.

도입사례 응용

8. 이 사례에서는 Microsoft의 구체적인 위기나 위기리더십 문제를 다루지는 않지만, Microsoft가 위기를 경험한다면 Satya Nadella가 효과적인 위기관리 리더가 될 것이라고 생각하는가?

Microsoft에서 다양한 리더십을 발휘한 경험과 최고경영자(CEO)로서의 유효한 임기를 감안할 때, 위기가 발생했을 경우 그의 대처 능력은 믿을 만 하다. Nadella는 관리자들에게 "고객과 직원들을 편안하고 안전하게 유지하기 위해 운영을 최적화하라"고 요구하고, "기업들이 증가하는 사이버 위협으로부터 고객들, 특히 가장 취약한 사람들을 보호하라"고 요구하는 것에서, 그가 위기를 사전에 대비하는 계획적인 사고방식을 가진 증거를 보여주고 있다. 그의 권고 사항은 위에서 설명한 위험확인 및 위험 완화 전략의 예가 된다(도표 9.5 참조).

위기대응 계획의 이점

일부 손실을 입는 것은 거의 피할 수 없지만, 실제 위기 발생 시 위기 사전 계획을 갖는 것은 다음과 같은 여러 가지 이점을 갖게 된다.

- 위기 지속 기간을 줄인다.
- 기업의 이미지와 명성을 높이거나 유지한다.

- 신속하고 효과적인 대응을 할 수 있다.
- 커뮤니케이션을 개선한다.
- 조정과 협력을 강화한다.
- 준비되고 사용 가능한 자원을 보장한다.
- 비용이 많이 드는 실수를 줄일 수 있다.
- 공황 상황을 최소화한다.
- 재정적 손실을 줄이거나 막을 수 있다.

조직의 위기 이전 계획이 아무리 훌륭해도 위기는 여전히 발생할 수 있다. 다음 절에서는 위기발생 상황에서 대응해야 하는 과제에 대해 제시하고자 한다.

위기발생 상황에서의 리더십

위기가 닥치면 빠른 대응만이 살길이다. 신속하고 대범한 리더십이 요구된다. 기업의 CEO를 비롯하여 기타 고위 경영자와 위기관리 리더는 위기에 대응하도록 몸소 이끌어나가야만 한다. 실제 위기 시 대응은 다음과 같은 주제에 초점을 맞춰야 한다. 위기에 대한 정의; 목표, 인력 및 자원에 집중; 지나치게 세세하게 관리하는 것과 전혀 관리하지 않는 것 사이의 적절한 균형 잡기; 효과적으로 의사소통하고, 조직의 다른 구성원을 참여시키기; 피해자 및 기타 영향을 받는 당사자들을 극도로 조심스럽게 다루어야 하는 것이다.

위기 및 근본 원인 정의

이 부분은 (1) 무슨 일이 일어났는가, (2) 어떻게 일어났는가, (3) 위기를 해결하기 위해 무엇을 하고 있는가하는 질문에 답을 하는 것이다.

목표, 인력 및 자원에 집중

실제 위기를 관리할 때 주의해야 할 변수는 많지만 상위 3개는 목표, 인력, 자원이다. 목표는 '무엇' 즉, 위기 개입의 구체적인 결과와 목표를 정의한다. 사람들은 '누구'를 정의한다. 즉, 적절한 기술을 가진 적절한 사람들을 적절한 위치에 배치하는 것이다. 자원은 '어떻게'를 정의한다. 즉, 적절한 인력에게 자원을 할당하고 이러한 자원을 어떻게 사용할지를 결정하는 것이다.[100] 이것들은 위기 사전 계획에서 이미 정리되어 있어야 할 문제들이다.

지나치게 세세한 관리와 총체적인 무대응 사이의 균형 잡기

리더들(특히 최고경영진)은 위기의 모든 측면을 세세하게 관리하려는 유혹을 피해야 한다. 실제로 실패가 발생할 것 같다는 생각으로 일부 리더들은 극단적인 리더중심의 접근방식으로 되돌아가서, 위기에 대응하는 모든 행동들을 조목조목 관리하려고 한다. 예를 들어, 더 엄격한 일정, 더 엄격한 예산, 과장된 목표 및 과장된 약속을 제시하는 것 등이 있다.[101] 이는 대응 시간을 지연시킬 수 있다. 반면에, 일부 리더들은 위기의 긴급성과 심각성에 대해 부분적으로 부정한다. 최악의 범주는 심지어 위기가 존재하는 것을 완전히 부정하기 때문에 이에 대응할 필요가 없다는 리더들이다. 이렇게 '위기를 부정하는' 집단은 희생양을 내세우거나 자기 정당성만 주장할 가능성이 높다.[102] 과도한 관리나 총체적인 무대응은 피해야 한다. 이러한 전술이나 행동은 역효과를 낳으며 위기에 대한 즉각적이고 효과적인 대응을 방해하는 것이다.

효과적인 커뮤니케이션

주요 이해관계자 그룹과 소통하는 것은 실제 위기를 관리하는 데 중요한 요소이다. 피해자, 피해자 가족, 언론, 정부기관, 주주, 고객, 활동가 단체, 종업원 및 커뮤니티 전반의 다양한 요구와 기대를 이해하고 처리하려면 높은 수준의 위기리더십 역량이 필요하다. 지금은 리더에게 매우 중요한 의사결정의 시기이다.[103] 이러한 위기리더십 역량을 언급하기 위해, 다음 절에서 시기적절하고 효과적인 위기 커뮤니케이션과 위기 커뮤니케이션 시에 '해야 할 것'과 '하지 말아야 할 것'에 대해 설명할 것이다.

다른 구성원들 참여시키기

직원들, 특히 조직 계층의 하위 단계에 있는 직원들이 핵심 구성 요소이다. 이 그룹의 헌신, 재능, 지식을 활용하는 것은 매우 중요하다.[104] 그들은 위기 동안 방치되거나 소외되어서는 안된다. 그룹 토론을 통해 직원들이 서로의 감정, 생각, 느낌을 공유할 수 있도록 함으로써 모든 직원들에게 '함께'라는 의식을 고취시키는 것이 신중하고 책임있는 리더십이다.[105] 분열과 원한의 시간이 되어서는 안 된다. 대신에 위기 해결을 위한 아이디어가 광범위하게 표현될 수 있도록 이들을 참여시키는 데 중점을 두어야 한다.[106] Ken Chernault(전 American Express의 CEO)는 2020년 Forbes Just 100 가상 정상회의에서 9·11 당시의 리더십 전략과 금융위기를 상기시켰다. "우리의 관심사가 우리 국민의 평안과 안전이라는 것을 보여주고, 사랑하는 사람들을 잃은 가족들을 돌보는 것이 매우 중요했습니다."[107]

피해자 및 기타 영향을 받는 당사자들에 대한 대우

사려 깊은 리더들은 위기의 영향을 받은 모든 사람들, 특히 희생자들과 그들의 가족들에게 연민, 인내, 그리고 공감을 보여줄 필요성을 이해한다. 이번에도 효과적인 위기 커뮤니케이션 '해야 할 것'과 '하지 말아야 할 것'에 대한 논의에서 이 문제를 다룰 것이다.

위기 계획수립과 실행의 세 번째 단계는 위기 이후 분석과 학습이다. 이는 위기 관리에서 학습된 교훈과 변화에 대한 권고에 이르기까지 중추적인 역할을 한다. 즉 다음 위기가 닥쳤을 때 조직이 배우고 적응할 수 있는 기회가 되는 것이다.

> **업무응용 9.4**
>
> 위기 예방 및 관리팀에 속해 있거나 참여한 적이 있는 사람, 특히 자신이 다니는 대학에 있는 사람을 선택해보자. 위기대응 계획과 위기대응팀에서의 그 사람의 역할에 대해 알아보자. 그 내용 중 어떤 부분이 위기 계획수립 및 실행에 대한 논의와 일치하는가?

위기발생 이후의 분석 및 학습

위기에 대해 사후에 효과적으로 평가함으로써 부정적인 사건을 성장과 학습경험으로 전환시킬 수 있다.[108] 앞을 내다보고 있는 조직들은 대부분이 사후 검토를 한다. 즉, 위기가 끝난 후 최고경영층에서 조직이 위기해결에 얼마나 효과적이었는지를 평가(객관적인 제3자가 수행하는 것이 더 좋음)하게끔 하고 있다. 평가의 전반적인 목적은 위기대응 계획이 작동한 부분과 작동하지 못한 부분을 가려내는 것이다.[109]

평가 시에는 다음과 같은 성과지표가 포함되어야 한다.

- 주요 이해관계자 집단과의 커뮤니케이션에서의 효과성
- 위기의 근본적인 원인을 언급함에서의 효과성
- 위기대응 팀의 효과성
- 리더십의 효과성
- 희생자들과 가족들에 대한 대처에서의 효과성

평가는 현재의 위기를 뛰어넘어 미래를 바라보려는 것이다. 위기 이후의 평가에서 제시된 정보는 미래의 위기를 방지하거나 미래의 위기에 효과적으로 대처할 수 있게 해준다.[110] 사후 평가정보를 주요 이해관계자 집단과 활발하게 소통하는 것이 아무런 메시지를 주지 않거나 정당화시키기 전략을 쓰는 것보다 회사의 긍정적인 명성을 지키는 데 훨씬 효과적일 수 있다.

앞에서 제시한 것 같은 위기대응 계획을 개발하는 것은 여러 부서들과 심지어는 외부 집단에까지 영향을 미치는 활동이기에 모든 부문과 기능을 아우르게 된다.

윤리적 결정: 사업수행에서의 진실

9.2 Toyota 리콜 사태

2010년 발생한 Toyota 리콜 사태는 언론기관과 국가 차원의 비즈니스 포럼 및 자동차 무역관련 발행물 등에서 비난을 점점 더 불러 일으키게 되었다. 원래는 어떤 고객이 제기한 브레이크 오작동으로 인한 사고발생이 문제였다. 고속도로에서 한 운전자가 911에 전화를 해서 자기의 Toyota 차를 세우려고 했지만 말을 듣지 않아서 발생한 사고에 대해 신고를 한 것이다. Toyota는 자체 테스트 결과를 내세워서 브레이크에는 전혀 문제가 없다는 주장을 되풀이했다. 언론의 관심이 커지게 되는 어떤 시점에 이르러서 Toyota는 문제를 일으킨 원인이 운전석 매트 때문이라고 발표했다. Toyota에 대한 수많은 소송이 제기되었다. 시간이 지난 뒤에 고속도로에서 신고한 사고는 운전자가 지어낸 것으로 보도되었다. 사람들은 Toyota가 문제를 심각하게 다루는데 너무 시간을 지연시켰다고 생각하기도 하고, 사실 확인을 기다리지 않고 Toyota를 겨냥한 미국의 언론이 불공정하다고 생각하기도 했다. 공교롭게도 이 모든 것이 미국의 자동차 산업이 최악의 위기에 처한 상황에서 벌어진 것이었다. 이 사태로 많은 사람들이 Toyota 차를 미국회사의 차로 바꾸었기 때문에 Toyota 사태가 미국의 자동차 회사들을 도와준 것이 되었다고 추측하는 사람들도 있다.

최근에 여기에 대한 조사에서 다음과 같은 결과가 제시되었다. 72명의 경영대학 학생들과 37명의 지역주민들이 대상인 총 109명의 응답에서, Toyota 경영층의 리콜 대처방식이 실망스러웠거나 잘못된 것이라는 대답이 다수(57%)를 차지하였다. 더구나, 일부 응답자(18%)는 Toyota의 공식 발표에 대한 진실성을 믿지 못하겠다고 하였다. 윤리적인 측면에서는, 응답자의 50%가 Toyota의 결정이 어느 정도 비윤리적인 것으로 보았다. 심지어 리콜 사태 기간 중에 보여준 Toyota의 투명성에 신뢰를 거의 가질 수가 없다는 응답이 다수(56%)를 차지하였다. Toyota가 자동차 부문에서 명성을 되찾지 못할 것이라는 질문에 단지 13%만이 그렇다고 생각하는 것은 주의를 끄는 항목이다.[111]

1. 언론이 위기를 다루는 면에서 공정하고 윤리적이었는가?
2. 조사 결과와 자료 수집 방법론에 대해 어떻게 비평할 수 있는가?
3. 응답자의 50%가 Toyota의 결정이 어느 정도 비윤리적인 것이라고 하면서, Toyota가 자동차 부문에서 명성을 되찾지 못할 것이라고 생각하는 사람은 단지 13%뿐인 이유는 무엇인가?

따라서 시스템적 사고가 요구되는 다면적인 활동이다. 위기 사전 단계에서 제시된 것과 같은 위험 평가 및 완화 모델은 능동적인 위기리더십 자세를 위한 최상의 도구를 제공한다. 조직이 의사소통의 관점에서 위기에 대처하는 방법은 위기의 성패를 좌우할 수 있다. 다음 절에서는 위기 발생 시와 위기 발생 후 효과적인 의사소통의 중요성에 초점을 두고자 한다.

위기 시 의사소통

학습목표 9.5

위기발생 시 적기의 효과적인 의사소통의 중요성을 설명한다.

이제 통신 기술의 발전으로 수백만 명이 업무상 폭력 행위, 대형 사고 또는 제품 리콜과 같은 위기에 대응하는 조직의 거의 모든 측면을 분석하고 비판할 수 있게 되었다. 이메일, 웹사이트, 케이블 뉴스, 소셜 네트워킹 사이트(예: Facebook, Twitter, YouTube, 또는 Snapchat)와 같은 기술은 위기 상황에서 영향을 받는 조직과 외부 세계가 사용할 수 있는 무기이다. 소셜 네트워크는 영향을 받는 모든 당사자가 일관성 있고 일관된 메시지를 수신하도록 보장하기 위해 조직의 통합 커뮤니케이션 전략의 일부가 되어야 한다.[112]

영향을 받는 조직에 최종적인 피해를 입힐 가능성이 있는 위기가 즉각적으로 가시화되고 전파된다. 이러한 기술은 다른 사람들이 자신의 견해를 전파하고 지원을 구축하기 위해 사용할 수 있는 대체 채널을 열어 위기 커뮤니케이션을 통제하는 조직의 능력을 약화시켰다. 인터넷과 케이블 TV가 월가의 투자 포트폴리오와 연동되면서 투자자, 고객, 분석가 등이 위기의 재정적 함의를 분 단위로 실시간 분석하는 경우가 많다. 외부 이해관계자는 현재 진행 중인 위기에 대해 회사보다 더 많은 정보를 손끝에 쥐고 있을 수 있다. 앞서 나가기 위해 선제적인 리더는 위기관리를 전략 및 운영 계획에 통합하고 위기리더십 기술을 업데이트하고 있다.

위기 시 적시에 효과적인 의사소통

리더는 위기 상황에서 빠르고 효과적으로 의사소통할 수 있어야 한다. 위기가 닥쳤을 때, 주요 이해관계자인 직원, 고객, 이사회 구성원, 뉴스 미디어 및 규제 기관들과 소통 라인을 개설하는 것이 필수적이라는 것이 점점 더 명확해지고 있다. 적시에 효과적인 커뮤니케이션은 중요한 여러 주요 문제를 해결하는 것을 목표로 해야 한다. 첫째, 위기가 시작될 때 조직이 즉시 해결해야 하는 핵심 질문이 자주 등장한다. 둘째, 조직이 누구를 '조직의 얼굴'로 내세우는지가 중요하다. 셋째, 조직의 나머지 직원들, 특히 위기 대응에 직접적으로 관여하지 않은 직원들을 어떻게 다루거나 대처하도록 하는가이다. 넷째, 외부 이해관계자와의 커뮤니케이션에 어떤 미디어 및 공개 형식/도구를 사용할지가 중요하다. 이 네 가지 영역을 아래에서 논의한다.

주요 질문

위기발생 이후에는 자주 대두하는 네 가지 질문은 다음과 같다. (1) 어떤 일이 발생했던 것인가? (2) 어떻게 발생했는가? (3) 위기를 해결하기 무엇을 하고 있었던가? (4)

이런 일이 다시는 생기지 않을 것이라는 확신을 주기 위해 무엇을 했던가? 이 질문들에 대해 정직하게, 확실하게, 적시에, 답을 마련하는 것이 위기대응 시에 의사소통을 효과적으로 하기 위한 핵심적인 사항이 되는 것이다. 부정확하고 혼란스럽고 일관성이 없는 메시지는 청중이 적절한 위기대응 행동에 참여하는 것을 단념시키고 조직의 명성과 브랜드를 손상시킬 수 있다. 메시지가 일관성을 갖도록 하는 것이 위기대응 리더들이 가장 중요하게 지켜야 하는 문제이다.[113] 위기대응팀에서는 정보를 너무 늦게 공개하거나 루머와 괴담에 실시간으로 대응하지 못하는 것을 경계해야만 한다.

대중의 반응을 주도하는 사람

위기 시의 커뮤니케이션에서 잠재적으로 나타나는 또 다른 문제는 주요 미디어 현장에 모습을 드러내는 조직의 대표자의 공식적인 지위에 있다. 앞에서 언급한대로, CEO나 최고경영층이 뒤로 사라지는 것이 아니라 정면에 나타나는 것이 중요하다. 공식적인 지위가 나타내는 것은 사건에 대한 심각성을 대중에게 보여주는 것이다. 조직이 위기에 대한 관심이 없다든지 혹은 위기를 심각하게 다루고 있지 않다는 메시지를 보내고 싶지는 않을 것이다. 현장에 나타나서 모습을 드러내는 존재하고 눈에 보이는 이 독특한 행동은 조직의 리더십에 대한 믿음과 신뢰성을 증진시킬 것이다. 위기가 닥쳤을 때 자신들의 구멍으로 후퇴하는 리더들은 다른 누군가에게 책임을 전가시킴으로써 자기 보호에 몰두하는 가능성이 있다. 그들은 보통 위기의 원인이나 처리에 대해 다른 사람들을 비난함으로써 마무리를 짓는 경우가 많다.

내부적으로는, 모든 사람들(특히 리더의 역할을 담당하는 사람들)이 위기가 발생할 때 어떤 역할을 해야 하고 부서 내에서와 부서 간에 커뮤니케이션이 어떻게 다루어져야 하는지 알고 있어야만 한다. 담당 영역으로 인한 권한 충돌이 없어야만 한다. 모든 사람들이 통일된 메시지로서 커뮤니케이션이 이루어지도록 동일한 정보망을 공유하는 것이 중요하다. 따라서, 앞에서 위기발생 사전 계획수립에서 설명한대로, 위기에 대한 철두철미한 커뮤니케이션 시스템을 개발하는데 시간과 여타 자원들을 투자하는 것은 필수 불가결하다.[114]

다른 직원을 무시하지 않음

다른 사람들, 특히 위기대응 팀에 속하지 않는 종업원들도 위기 발생 시에 아주 중요한 역할을 할 수도 있다. 위기에 대처하는 감정적인 면으로 인해 지역사회의 대중들은 공식적으로 알려진 메시지보다 더 많은 것을 원할 수도 있다. 그들은 종업원을 통해 정보를 얻고자 한다. 그러므로, 종업원들이 제대로 정보를 갖고 있으면 현재의 위기에 대해 외부에 정확한 사실을 알리는 데 있어서 조직에 도움이 될 것이다. 종업원들이 이렇게 할 수 있기 위해서는 그들에게 실상을 제대로 전달해야만 한다. 또한 사건에 대한 뛰어난 통찰력을 갖고 해결을 위한 가치 있는 방안을 제시할 수 있는 사람도 있을 것이다. 따라서 즉각적으로 정보를 제공해주는 것이 위기를 빨리 회복하는 길을 제공하게 될 것이다. 장기적으로는 이러한 팀 접근방법에 의해 위기상황에서 함께 참여하고 상황을 파악할 수 있었던 것에 대해 감사해 하는 종업원들은 조직에 대한 자신감과 충성심 및 몰입을 보여줄 것이다.[115] 아울러 종업원들의 소속감과 자긍심이 높아지고, 팀워크 문화와 응집력이 형성된다. 위기 후에 느끼는 "우리가 함께 해냈다"라는 감정이 다른 분야에도 옮겨가게 함으로써 조직이 발전할 수 있게 해준다.[116]

미디어 및 입장표명 수단

조직이 사건의 정보와 사실, 사건이 몰고 올 파장을 대중에게 전달하거나 자신의 입장에서 설명하기 위해 수많은 미디어와 보도 메카니즘들을 활용할 수 있다. 여기에는 성명서, 보도자료, 기자회견, 다양한 미디어와의 일대일 인터뷰 등이 포함된다.[117] **성명서**(press release)는 조직이 어떻게 위기에 대응하고 누가 이 일을 책임지고 있는지에 대해 설명하는 인쇄물이다. **보도자료**(press kit)는 회사에 대한 정보를 담고 있는 자료로서 임원진의 이름과 얼굴, 정보 보고서, 회사 역사에서의 획기적인 사건 등을 담고 있다. 위기발생 시에는 보도자료에 마지막 항목으로 포함된 것이 현재 사건과 관련된 구체적인 성명서가 된다. 이 자료는 위기가 발생했을 시 언론매체에 배포할 용도로 준비된다. 위기에 대응하기 위한 효과적인 커뮤니케이션에 관하여 '해야 할 것'과 '하지 말아야 할 것'에 대한 것을 제시하는 문헌들은 상당히 많이 있다. 위기 시의 효과적인 커뮤니케이션의 지침에 대한 논의의 일부로서 이러한 '해야 할 것'과 '하지 말아야 할 것' 몇 가지를 다음에서 알아보고자 한다.

성명서는 조직이 어떻게 위기에 대응하고 누가 이 일을 책임지고 있는지에 대해 설명하는 인쇄물이다.

보도자료는 회사에 대한 정보를 담고 있는 자료로서 임원진의 이름과 얼굴, 정보 보고서, 회사 역사에 있어서 획기적인 사건 등을 담고 있다.

위기 시 의사소통에서 '해야 할 것'과 '하지 말아야 할 것'

일반적으로 위기 발생 직후 첫 24시간이 매우 중요하다고 한다. 그 이유는 언론에서는 청취자에게 알려주기 위해서 무슨 일이 발생하였는지를 알 필요가 있기 때문이다. 관련된 사실이 알려지지 않는다면, 다른 사람들에 의해서 그 사실이 채워지는 정보의 공백이 생긴다. 시간을 끌수록 잘못된 정보가 사실처럼 받아들여질 가능성이 많아진다. 핵심은 공개하고, 사실대로, 투명하게 하는 것이다. 사실을 말하고 신속하게 말해야 한다. 사건이 얼마나 나쁜 것인지 여부에 관계없이 솔직하게 진실을 말하는 것이 일반 대중의 적개심을 완화시키는 가장 단순하고도 효과적인 방법이

도표 9.6 위기 시 효과적인 의사소통 — '해야 할 것'과 '하지 말아야 할 것'

a. 현장에 모습을 나타내어라.
b. 돌려서 말하지 마라. 그대로 이야기하라.
c. 위기를 해결하기 위한 행동계획에 대해 소통한다.
d. 어려움을 당한 당사자들의 심정을 이해하라.
e. 메시지가 상충되지 않도록 한다.
f. 앞으로 재발을 방지하는 계획을 제시한다.
g. 자신이나 리더를 위한 변명을 하지 마라.
h. 좀 더 나아가라. 현 상황에서 요구하는 것 이상으로 나아가라.
I. 상황이 호전되면 스스로 도취되지 말고 그대로 평가하라.
j. 언론은 친구이며 일반대중들과 연계시켜주는 것이다. 언론에 대해 솔직하고 정직해야 한다.

다. 부담감 때문에 스스로를 보호해야 한다는 선입감에 빠지기보다는 성실성과 책임감 그리고 열정을 강하게 드러내 보여야만 한다. 사실을 정직하게 받아들이고 책임을 감수하면서 위기에 정면으로 다가감으로써 모든 이해관계자들로부터 신뢰와 믿음을 얻게 될 것이다.

일반대중들은 빠르고 정확한 정보를 원하는데, 그것이 위기의 충격에 대처하기 위해 가능한 최선의 위치에 있다고 생각하기 때문이다. 특히 조직이 실수한 결과로 발생한 위기에 대해서 조직이 어떻게 대응하고 있는지를 알리는 것은, 특히 사건 피해자의 가족과 가까운 친척들에게 매우 중요하다. 그들을 대할 때는 최대한 감정적으로 주의를 기울여야 한다. 리더가 공감, 친절함, 이해심, 몰입 및 역량으 보여주는 것이 중요하다.[118] 리더는 희생자나 일반대중들이 무지하거나 잘 모르고 있다고 생각하고 가부장적인 태도로 처신하지 않도록 해야만 한다. 진지한 배려심과 공감이 없으면 거만하다고 인식될 수 있다. **도표 9.6**에서 위기발생 시 기억해야 할, '해야 할 것'과 '하지 말아야 할 것'의 10가지 간략한 의사소통 규칙을 제시한다.

업무응용 9.5

자신이 직접 또는 TV에서 위기 상황에서 관찰한 리더를 생각해보자. 책의 내용을 지침으로 삼아 그 리더의 위기 대처방식을 비판해보자.

개념응용 9.4 위기 시 효과적인 의사소통 — '해야 할 것'과 '하지 말아야 할 것'

위의 〈도표 9.6〉에서 제시한 지침의 문자 a부터 j까지를 사용하여 아래의 각 서술에 해당되는 문자를 적어보자. 힌트: 모든 답변에 한 문자는 한 번만 사용된다.

_____23. 홍보 담당자가 언론에 발표한 것을 나중에 CEO가 자신의 기자회견에서 반박하는 말을 한다.

______24. 사고 이후 소비자제품안전위원회(CPSC)는 사고를 유발한 기술적 문제를 다시는 발생하지 않도록 시정하기 위한 구체적인 계획을 제출하라고 지시했다.

______25. 부품을 설계한 하청업체의 결함 있는 장비에 의존했기 때문에 사고는 우리의 잘못이 아니다.

______26. 지금은 이 위기의 영향을 받은 사람들에게 어려운 시기이기 때문에 우리는 그들에게 접근하고 소통하는 방법에 대해 매우 조심해야 한다.

______27. 우리의 입장을 유리하게 하거나 변호하기 위해 사실을 왜곡하려고 하지 말고 사실을 제시한다.

______28. 한 기업의 최고경영자는 위기가 발생하면 휴가 중이지만 휴가를 취소하고 귀국해서 사태를 수습한다.

______29. 총기 난사 사건이 발생한 지 얼마 안 된 고등학교 교장이 학부모들 앞에 모습을 드러냈지만 무슨 일이 있었는지, 위기 대처 방안 등에 대한 구체적인 답변이나 정보를 내놓지 못했다.

______30. 우리 캠퍼스를 방문하고자 하는 희생자의 가족들과 다른 피해자들을 위해, 우리는 교통, 식사, 숙박, 상담, 식사제공, 사후관리 전화, 그리고 그들이 필요로 하는 다른 지원을 제공했다.

______31. 나는 언론이 우리가 이 지역 사회에서 좋은 일을 한 적이 없는 것처럼 부정적인 것을 지나치게 강조하는 경향이 있기 때문에 좋아하지 않는다. 이제부터, 나는 그들이 알아야 할 것만 말할 것이다.

______32. 우리의 위기 이후 분석 후, 나는 우리가 초기에 몇몇 그룹으로부터 받은 비판에도 불구하고 위기를 해결하기 위해 모든 것을 제대로 했다는 것을 깨달았다. 우리가 그들의 말을 듣지 않은 것은 잘한 일이다. 결국 그들은 위기관리에 대해 무엇을 알고 있는가?

윤리적 결정: 진실, 정직 및 성실

9.3 GM 리콜 사태

먼저 이 사태에 대한 정보를 Google에서 제목을 검색하여 조사해보자.

의회에서 청문회가 진행되는 동안, 공화당과 민주당 의원들은 GM의 CEO인 Mary Barra가 점화 문제에 대해 얼마나 알았고, 언제 알았으며, 피해자들의 요구를 수용하기 위해 지금까지 무엇을 하고 있었는지, 차후에 그러한 문제를 방지할 수 있는 방안은 무엇인지에 대해 질문했다. 많은 피해자 가족들은 그녀가 진실함을 보여준다고 생각하지 않았다. 몇몇 분석가들은 그녀의 사과가 너무 지나쳤으며 결국에는 GM의 법적인 변론을 위태롭게 해서 엄청난 부담을 지게 만들었다고 생각하고 있다.

1. GM 사례에서 윤리적인 시사점이 있다고 생각하는가? 그러면 어떤 윤리적인 이슈가 있는가?
2. CEO인 Barra의 현재까지의 공식적인 의견 표명에 대해 희생자의 가족들과 업계의 분석가들 사이에 나타나는 상반적인 입장에 대해 어떻게 생각하는가?
3. 언론매체에 발표된 위기에 대한 기사에 의거하면, 현재까지 위기에 대한 CEO Barra의 커뮤니케이션 전략을 어떻게 평가할 수 있는가?
4. 리콜 문제가 투자자들이 GM의 주식을 매입하는 결정에 영향을 미치는 주요한 요인이 된다고 생각하는가?

요약

9.1 Kurt Lewin의 세력-장 변화 모델을 활용하여 변화관리 과정과 의의를 설명한다.

세력-장 변화모델은 변화과정을 해빙, 변화 및 재결빙의 세 단계로 나눌 수 있다고 제안한다. 해빙 단계에서 리더는 현재 상황과 관련된 문제들을 전달하고 더 나은 미래에 대한 비전을 제시함으로써 변화의 필요성을 확립한다. 변화의 필요성에 대한 인식과 새로운 방향의 수용은 변화하는 단계를 위한 발판을 마련한다. 제안된 변화사항이 구현되는 것은 두 번째 단계이다. 그것은 행동지향적이다. 리더는 부하들에게 자원, 정보, 결정을 내릴 수 있는 재량권을 줌으로써 변화에 따라 행동할 수 있는 권한을 부여해야 한다. 리더는 정책, 절차 및 변화 노력에 역효과를 너는 구조를 포함할 수 있는 변화에 대한 장애물을 제거한다. 세 번째 단계인 재결빙은 시행 직후에 변화된 것이 번복되지 않도록 제도화하는 것을 의미한다. 재결빙로 인해 오래된 습관, 가치관, 관습, 태도가 영구적으로 대체된다. Kurt Lewin의 세력-장 모델은 변화관리 이론에서 중요하다. 왜냐하면, 사람들은 변화가 필요하다는 것을 확신할 필요가 있고, 그렇지 않으면 강한 저항에 부딪힐 수 있기 때문이다.

9.2 인지적, 감성적, 행동적 차원의 변화에 대한 저항을 각각 설명한다.

인지적 관점에서는 변화의 필요성을 추진하는 힘이 그것에 저항하는 힘보다 강하지 않으면 변화가 일어날 수 없다는 양측(지지자와 비지지자)의 합리적인 계산이 있다. 지지 세력에 대항하여 저항 세력을 증가시키기 위한 공동의 노력이 있을 때, 저항이 승리한다. 감정적 관점에서 보면 상실에 대한 두려움(신분, 지위, 직업, 급여 등)과 미지에 대한 두려움은 많은 좌절과 분노를 야기한다. 그러한 분노를 이용하는 것은 정말로 저항력을 높일 수 있다. 행동으로서의 변화에 대한 저항은 변화에 반대하는 구성원들의 행동에 초점을 맞춘다. 그러한 행동의 예로는 파업과 의도적인 작업 지연이 있다. 효과적인 리더들은 이러한 행동들을 감지하고, 더 큰 문제가 되기 전에 그것들을 무력화시킬 방법을 찾아야 한다.

9.3 새로운 리더를 채용할 때 위기리더십 역량을 중요하게 고려해야 하는 이유를 설명한다.

위기는 피할 수 없다. 위기가 발생할지 여부가 아니라 언제 발생할지가 문제다. 위기는 제대로 관리하지 않으면 조직에 심각한 피해를 줄 수 있다. 위기 상황에서는 주가가 급락하고 비용이 상승해 장단기 금융손실이 모두 발생한다. 위기관리에 실패하면, 조직의 평판을 손상시키고 조직의 사명에 대한 소비자 신뢰를 떨어뜨리거나 경우에 따라 조직의 몰락을 초래할 수도 있다. 이러한 이유로, 리더들은 위기 대응 리더십과 관리에 어느 정도의 역량을 보여주어야 한다.

9.4 위기계획 및 실행의 3단계를 간략하게 설명한다.

3단계 위기계획 및 실행 모델은 위기 사전 계획, 위기 발생 시 주도, 위기 사후 적응으로 구성된다. 위기 사전 계획은 두 가지 핵심 질문을 다룬다. (1) 위기대응 팀이 있으며, 어떻게 구성되어 있는가? (2) 위기 발생 시 비상행동 계획은 무엇인가? 상설 위기대응 팀을 두는 것은 조직이 위기에 적시에 효과적으로 대응할 수 있는 능력을 향상시킨다. 두 번째 질문에서, 비상조치 계획을 개발하는 것은 조직에 일어날 수 있는 최악의 시나리오와 직원, 고객 또는 운영 시스템에 미치는 영향을 상상하는 것을 포함한다. 실제 위기 상황에서 주도하려면 신속한 대응이 필요하다. 위기관리 리더가 나서서 이끌어야 한다. 리더의 임무는 위기 전 관리 계획에 명시된 대로 모든 사람이 자신의 역할을 수행하도록 하는 것이다. 위기 이후의 평가와 학습은 위기로 인해 습득한 교훈에 관한 것이다. 대부분의 미래지향적인 조직들은 사후 분석을 한다. 즉, 위기 발생 이후에 최고경영진은 위기관리에 있어 조직의 효율성에 대한 점검을 실시하도록 한다.

9.5 위기 발생 시 적기의 효과적인 의사소통의 중요성을 설명한다.

위기 이후에 종종 나타나는 네 가지 질문은 다음과 같다. (1) 어떤 일이 일어났는가? (2) 어떻게 일어났는가? (3) 위기를 해결하기 위해 무엇을 하고 있었는가? 그리고 (4) 다시는 그런 일이 일어나지 않도록 하기 위해 무엇을 했는가? 이러한 질문에 정직하고 정확하며 시기적절한 답변을 제공하는 것이 효과적인 위기 커뮤니케이션의 핵심이다. 위기 커뮤니케이션의 또 다른 잠재적인 문제는 조직을 대표하는 사람의 공식적인 지위 수준이다. 최고경영자(CEO)를 비롯한 최고경영진이 뒤로 물러나기보다는 모습을 드러내는 것이 중요하다. 대중에게 모습을 드러낸 책임자의 공식적인 지위 수준은 그 사건을 바라보는 심각성을 보여주는 것이다. 또한 위기 해결 단계에서 직원들을 관여시키거나 참여시키는 것도 매우 중요하다. 그들의 의견, 충성심, 그리고 지원은 매우 귀중할 수 있다. 마지막으로, 기자 회견, 보도 자료 및 언론 관계자와의 대면 인터뷰를 언제 하게 될 것인지를 개략적으로 설명하는 미디어 아웃리치 전략을 수립해야 한다. 위기대응 의사소통 시에 '해야 할 것'과 '하지 말아야 할 것'에는 다음과 같은 사항들이 포함된다. 현장에 나타난다, 돌려서 말하지 마라, 진실을 말하고, 영향을 받는 당사자들과 공감하라, 자신이나 리더를 위해 변명하지 마라, 상충하는 메시지를 내는 것을 피하라, 그리고 피해자들과 다른 영향을 받는 당사자들을 전폭적으로 배려하라.

핵심용어

보도자료
생존불안
성명서
세력-장 변화모델
위기
위기 계획수립 및 실행 5단계 라이프 사이클 모델
위험평가 및 완화모델
학습불안
3단계 위기 계획수립 및 실행 모델

연습문제

1. 변화에 저항하는 주요 이유를 파악해보자.
2. 성공적인 변화 실행을 위한 리더십의 역할을 설명해보자.
3. 왜 조직의 변화가 종종 리더와 팔로워 사이에서 승자와 패자의 명제로 인식되는가?
4. 새로운 리더를 채용할 때 위기리더십 역량이 중요하게 고려되는 이유를 설명해보자.
5. 위기 발생에 앞서 위기 사전 계획 및 실행 계획을 수립할 경우의 이점을 설명해보자.
6. 위기 사전 계획 수립 및 위기관리 실행 계획의 3단계를 간략하게 설명해보자.
7. 위기 발생 시 최고경영진의 역할을 설명해보자.
8. 위기 발생 사전 위험 평가 5단계 및 위험 감소 모델의 프로세스를 설명해보자.
9. 위기가 발생할 때 자주 묻는 일반적인 질문과 이를 조기에 해결하는 것이 중요한 이유를 설명해보자.
10. 변화에 저항하는 힘이 변화의 필요성을 추진하는 힘보다 강하면, 저항이 성공할 가능성이 높다. 저항자들이 변화 노력을 좌절시키기 위해 사용할 수 있는 몇 가지 구체적인 전술을 설명해보자.

비판적 사고 문제

다음과 같은 비판적 사고 문제는 수업 토론 및 의사소통 기술을 개발하기 위한 서면 과제로 사용될 수 있다. 모든 질문에 대해 완벽하게 설명해야 한다.

1. 위기 상황에서 최고경영진이 몸소 나타나는 것이 중요한 이유를 설명해보자.
2. 위기가 발생하기 전에 종합적인 위기 대응계획을 수립하면 어떤 이점이 있는가?
3. 위기 상황에서 조직의 커뮤니케이션 기능을 개선하여 조직이 더 효과적으로 운영되기를 원하는 리더에게 어떤 조언을 하겠는가?
4. 위기 상황에서 조직의 내부(직원) 의사소통은 얼마나 중요한가?
5. 변화에 대한 저항을 최소화하기 위해 권장되는 전략과 그것이 효과적일 수 있는 이유를 간략하게 설명해보자.

사례연구: Joey Wat — Yum China에서의 변화에 대한 대응

2021년이 시작되면서 Yum China와 유명한 CEO인 Joey Wat는 정상적인 사업 활동으로 복귀하는 데 심각한 장애물에 직면했다. 코로나19 팬데믹에 힘입어 2020년도의 같은 매장 매출이 9% 감소했다. 이에 Wat는 "2020년은 우리의 인력, 시스템, 능력을 시험한 전례 없는 해였습니다"라고 말했다. 상황을 더욱 복잡하게 만든 것은 2020년 동안 어렵게 얻은 국내 경기 회복을 위협하는 새로운 질병의 발생이었다. 그러나 Yum China의 CEO에게 도전은 새로운 것이 아니었고 Wat는 동요하지 않았다. "중국의 장기적인 잠재력에 대한 우리의 자신감은 흔들리지 않습니다. 우리는 매장 공간을 늘리고 신흥 브랜드를 개발하는 데 주력하고 있습니다."[119]

회사

Yum China Holdings, Inc.는 87억 달러 규모의 회사로 중국에서 가장 큰 레스토랑 운영업체 중 하나이다. 이 회사는 2016년 Yum! 브랜드에서 분사하여 KFC, PizzaHut, TacoBell 브랜드를 관리하고 있으며,[120,121] 현재 40만 명 이상의 직원을 고용하고 있으며, 전국적으로 10,000개 이상의 레스토랑을 운영하고 있어 경쟁사인 McDonald와 Starbucks를 훨씬 앞서고 있다.[122]

Wat는 회사를 확장하기 위해 일련의 혁신적인 노력을 기울였다. 디지털화에 대한 광범위한 추진은 Yum China 성장에 대한 Wat의 접근방식의 중심이 되었다. 이러한 조치는 보편적인 주문 카운터[123]가 아닌 얼굴 인식 키오스크를 사용하는 일반적인 KFC 스토어 방식의 적용, 로봇 팔[124]을 사용하는 아이스크림 제공, 중국 전역의 수억 명의 고객을 포함하는 고객 충성도 프로그램 등으로 나타났다. 또한 모바일 결제 시스템 및 앱 기반 제공 서비스와 같은 보다 일상적인 프로젝트에도 도전했다.[125] Yum China는 새로운 기술을 통해 많은 고객 데이터를 활용함으로써, 점점 더 기술에 정통한 소비자 시장에 대한 관심을 높여가면서 엄청난 성장을 실현하는 동시에 공급망을 간소화하고 수요 예측을 개선하여 효율성을 달성했다. 2019년까지 이 회사의 확장 계획은 하루에 2개의 매장을 열 수 있도록 하는 것이었다.[126]

Wat의 비즈니스 접근방식

중국에서 가장 인지도가 높고 성공적인 사업 중 하나를 이끄는 그녀의 위치는 그녀의 초라한 어린 시절 환경과 대조적이다. 젊은 시절에 Wat은 푸저우에서 자랐고, 그녀의 아버지는 건설 현장에서 일했고, 어머니는 공장에서 일했다. 가족을 부양하는 것을 돕기 위해, 그녀는 9살 때부터 다양한 공장 일을 시작했다. 그녀는 15살이 되었을 때 공장보다 더 높은 임금을 벌 수 있는 식당에서 일을 시작했다.[127] 그녀는 "어렸을 때 나는 자신의 배경이 무엇이든, 직업을 가지고,

제대로 된 직업을 가지고 있다면, 그것은 자신에게 자부심을 준다는 것을 배웠습니다"라고 말했다.[128]

후에, 그녀의 가족은 홍콩으로 이주했고, 거기에서 그녀는 교육을 받기 시작해서, 궁극적으로 명문 홍콩대학교와 노스웨스턴대학교에 다녔다. 그녀의 학업적인 성공은 그녀가 컨설팅 회사인 McKinsey & Company에 자리를 잡는 데 도움이 되었다.[129] 그러나 그녀는 스스로 일하고 결정을 내리려는 강한 열망이 있었다. 그녀는 "어떤 사람들은 조언을 매우 잘하고, 어떤 사람들은 스스로 하는 것을 훨씬 더 잘합니다. 사실 저는 두 번째에 해당됩니다."[130] 그녀는 A.S. Watson Group에서 소매업체 Superdrug 및 Savers를 관리하는 동안 어려움을 겪고 있는 운영 환경을 개선할 수 있는 능력을 보여주었다. 2014년 Wat은 KFC China의 CEO가 되었고, 2018년 Yum China의 CEO로 올라섰고, KFC뿐만 아니라 PizzaHut과 TacoBell을 감독했다.[131, 132]

Yum China에서 Wat의 사업에 대한 접근방식은 '좋은 음식, 좋은 재미, 내적 아름다움, 외적 아름다움'이다.[133, 134] 첫 번째 '좋은 음식'은 꽤 간단하다. 맛있는 음식을 저렴한 가격에 제공하는 것이다. '좋은 재미'는 조금 더 신비로울 수 있지만, 단순히 회사의 제품과 서비스를 소비자들에게 제공하는 기쁨을 의미한다. "마케팅을 할 수 있는 방법은 매우 다양합니다. 그것은 매우 재미있을 수 있습니다. 때때로 그것은 심지어 돈을 벌지도 못합니다. 괜찮아요. 때로는 재미도 있고, 때로는 이익도 있어요."[135] '내적 아름다움'은 Yum China가 어떻게 운영되고 있는지를 반영하는 것이며 회사의 성공적인 실적으로 입증된다.

Wat이 Yum China에서 사업을 하는 방식의 마지막 부분은 '외적 아름다움'이다. 그녀 철학의 이러한 측면은 회사가 직원들을 대하는 모든 방법을 포함하며, 직원 유니폼 및 작업장 개조와 같은 것들을 포함한다. Wat는 "우리 직원들을 날카롭고 똑똑하고 아름답게 보이게 하는 것은 환상적입니다"라고 설명했다. 일터를 재설계하는 것에 대해 Wat는 "가게를 개조할 때 가장 행복한 사람들은 고객이 아니라 직원들입니다. 그들은 매일 그곳에서 일하고, 새로 단장한 가게에서 일하는 것이 자랑스럽기 때문입니다"라고 판단한다.[136] Yum China의 평사원들에 대한 이러한 태도는 다른 면에서도 드러난다. 신입사원을 채용할 때는 후보자들이 회사가 원하는 것을 이룰 수 있는 잠재력에 초점이 맞춰진다. 기존 직원들과 함께 일할 때는 업무에 대한 타인의 감정을 파악하고, 서로 긴밀하게 일하고 보살필 수 있는 능력에 중점을 둔다. Wat는 그녀가 회사와 Yum China의 노동자들 사이에 '우정'을 형성하게 만들고 있다고 믿는다.[137] Wat가 회사를 관리하기 위해 취한 접근방식과 그녀를 위해 일하는 사람들에게 보여주는 보살핌으로 인해 그녀가 Fortune 500대 기업에서 몇 안되는 여성 CEO 중 한 명이 되는데 큰 도움이 되었다.[138]

코로나19 도전

Yum China에서 Wat의 가장 큰 도전은 세계적인 코로나19(COVID-19) 팬데믹의 출현에 대처하는 것이었다. 코로나19는 2019년 12월 중국 우한에서 처음 나타난 신종 감염증이다. 일반적인 감기에서 훨씬 더 심각한 질병에 이르는 감염병의 일부로서, 코로나19는 발열과 피로, 기침, 호흡 곤란 등과 같은 다양한 증상을 유발했다. 이 새로운 질병에 대한 지식이 없기 때문에, 의료 전문가들은 바이러스에 걸린 사람들을 어떻게 치료해야 하는지, 또는 바이러스에 걸린 사람들에게 어떤 예후가 있는지에 대해 잘 알지 못했다. 감염을 치료할 방법이 거의 없었고, 애초에 감염을 예방할 백신도 없었고, 사람들 사이에 면역력도 없었다. 바이러스를 둘러싼 미스터리와 심각성을 설명하자면, 중국에서 발생한 첫 두 달 동안 코로나19에 감염된 대부분의 사람들이 경미한 사례를 보였으나, 치명적인 사례를 가진 사람들의 49%가 사망했다.[139] 감염은 전 인구에 걸쳐 확산되면서, 신속하게 의료 자원를 압도하고 상황을 더욱 복잡하게 만들었다.[140]

Wat는 이 새로운 위협의 출현에 빠르게 반응했다. 2020년 1월 11일, Wat는 질병의 확산 초기에 위기관리위원회를 만들어 국내 상황에 대한 기업의 대응을 계획하고 조정했다. 그 팀은 주말이나 휴일에 상관없이 매일 회의를 했고, 전염병과 회사의 대응에 대한 정보를 조직의 모든 계층에서 알 수 있도록 했다. 매일 아침 일련의 전화를 통해 Yum China의 기업 본사, 지역 관리자, 그리고 마침내 각 매장에서 정보가 공유되었다.[141] 1월 23일 Wat이 해외에서 회의를 하는 동안 중국 내에서 봉쇄가 시작되자 그녀는 책임을 지기 위해 상하이로 즉시 돌아왔다. 그녀는 "우리는 침착하고 민첩하게 행동했습니다… 우리는 필요한 모든 것을 하고 결정을 내렸습니다. 왜냐하면 결정을 내리지 않는 것은 그 자체로 결정이기 때문입니다"라고 설명했다.[142]

Wat의 결단력은 회사에 도움이 되었다. 중국 전역으로 확산된 코로나19는 중국에 상당한 영향을 미쳤다. 여행이 지연되거나 중단되었으며, 전 세계적으로 방문객들을 끌어들이는 주요 무역 박람회가 취소되었다. 중국 정부의 지침에 따라, 많은 회사들이 직원들의 휴가를 연장하고 그들에게 집에 머무르며 추가적인 확산을 피할 수 있도록 하였다. 소매업체들도 팬데믹의 영향으로 어려움을 겪었고, 자동차 생산마저 주춤해졌다. Yum China는 우한의 모든 소매점뿐만 아니라 모든 매장의 30%를 폐쇄했다. 하지만 Wat는 전염병이 유행하는 동안에도 회사가 더 많은 일을 해야 할 필요가 있다는 것을 발견했다. 그녀는 "우리는 일부 병원과 지역사회, 특히 의사와 간호사가 너무 많이 몰려들 때 일부 병원들이 간호사들을 위한 음식으로 어려움을 겪고 있다는 것을 깨달았습니다. 그래서 우리는 오로지 의사와 간호사들을 위한 음식을 무료로 제공하기 위해 7군데의 가게를 열었습니다."[143]

Wat는 코로나19 문제를 성공적으로 해결하기 위해 회사가 한 일을 간단히 요약한다. 첫째로, 그녀는 그 나라의 시민들뿐만 아니라 그녀의 사업체의 구성원들 모두의 경계심을 믿고 있다. 사람들은 비록 그것이 다른 사람들과 약간의 희생과 협력을 필요로 하지만 그 병의 확산을 심각하게 받아들였다. "우리가 마스크를 쓰고 온도를 확인해야 할 때, 모든 사람들은 매우 협조적입니다. 집단의 선함을 위해 무언가 좋은 일을 하려는 집단의 의지를 보는 것은 놀라운 일입니다"라고 그녀는 관찰했다.[144]

둘째, 그녀는 정부의 일을 칭찬한다. "나는 정부가 그들이 필요할 때마다 매우 신속하게 대응하는 훌륭한 일을 했다고 생각합니다."[145] 세계보건기구는 다음과 같이 언급했다. 우한에서는 감염 및 노출된 개인의 접촉 추적을 위해 1,800개 팀의 역학자가 고용되었는데, 이는 감염 확산을 늦추는 동시에 사람들에게 그들이 어떻게 질병에 영향을 받고 있는지를 알려주는 중요한 단계이다. 2020년 2월까지, 접촉자 추적을 통해 감염되었을 수 있는 사람들이 수만 명 정도라는 것을 확인했다.[146, 147]

끝으로, Wat는 접촉 추적 프로그램을 통해 노출이 확인되자 회사의 신속하고 철저한 대응에 주의를 집중했다. Wat는 "이 시점에서 우리는 가게 전체를 문닫고, 소독에 전념할 것입니다. 검사 결과가 나올 때까지 그곳이나 근처에 있는 모든 사람들은 격리될 것입니다"라고 선언했다. 이같은 세심한 대응은 분명히 효과가 있었다. 2020년 12월까지 회사는 10건의 감염 사례만 있었고, 그 중 8건은 중국에서 가장 심각한 영향을 받은 지역인 우한에서 나왔다.[148] 또한 이 회사는 전염병에도 불구하고 인력 해고를 크게 피할 수 있었다.[149]

결론

Yum China와 CEO인 Wat는 글로벌 코로나19 팬데믹의 도전을 낙관적으로 헤쳐나가고 있다. 매장 폐쇄와 소비자 수요 감소가 회사의 실적에 상당한 부정적 영향을 미쳤지만, Wat의 도전에 대한 신속한 대응과 직원에 대한 집중은 미래의 장기적인 실적을 위한 최상의 기반을 구축했다. "코로나19 팬데믹은 직원들을 돌보고 책임감 있는 기업 시민이 되기 위해 노력하겠다는 우리의 의지를 강화했고, 이는 우리 업계에서 인정받고 있는 노력입니다."[150]

출처: Steve Jennings/Getty Images

CHAPTER 10

카리스마, 변혁적, 그리고 서번트 리더십

학습목표

이 장을 학습한 후에는 다음을 할 수 있어야 한다.

10.1 Max Weber가 리더십에 카리스마를 적용한 것과 카리스마의 위치에 대한 지배적인 견해를 설명한다.

10.2 사회화된 카리스마 리더와 개인화된 카리스마 리더의 형태를 구분한다.

10.3 변혁적 리더십과 거래적 리더십 모델을 설명한다.

10.4 카리스마 리더십과 변혁적 리더십의 특징을 비교하고 대조한다.

10.5 효과적인 서번트 리더의 네 가지 주요 특성을 확인한다.

OWN의 CEO이자 Weight Watchers International의 전략적 파트너인 Oprah Winfrey

어린 시절의 빈곤과 성적학대 그리고 그녀의 체중과의 전쟁으로부터 얻은 Oprah Winfrey의 추진력과 카리스마는 그녀의 추종자들 영혼 속에서 그녀를 '영원한 낙천주의에 대한 거의 완벽에 가까운 대변인'으로 만들었다. 그녀의 영향력은 전대미문이다. 그녀의 감성지능은 매우 높다. 그녀는 공감적이고, 친절하고, 정직하며, 사려 깊고, 베풀며, 친근한 것 이상의 인간적인 사람이다. Oprah Winfrey 쇼는 TV 역사상 가장 성공한 낮 시간대 프로그램 중 하나로 묘사된다. 2011년에 종영되기 전에 25년 동안 방송되었다. 그녀는 TV에서 오늘날 유명해진 Dr. Oz, Dr. Phil, Rachael Ray, 그리고 디자이너 Nate Berkus 등의 TV 경력을 시작하였다. 우호적인 견해로 그녀가 위임하거나 언급한 책, 장난감, 의류, 기술 등과 같은 모든 것이 상업적으로 커다란 성공을 거두었다. 그녀는 많은 상표들이 'Oprah 효과'라고 불리는 인상적인 성공을 거두는 것을 도와주었다.

2008년 1월, Oprah와 Discovery Channel은 OWN(Oprah Winfrey Network)의 시작을 발표했다. 이것은 Oprah 기도의 주문—최고의 생을 살아라—에 초점을 맞춘 새로운 네트워크에 Discovery가 1억 달러를 투자한 50:50의 동업이었다. 오늘날도 OWN의 최대 소유자(95% 이상)인 Discovery와의 동업은 강하게 유지되고 있으며, Oprah는 합작회사의 CEO로 남아 있다.[1] 2008년으로 돌아가서, 전문가들은 미디어 시장에 Oprah가 진출하는 것이 성공할지에 대해 의심했었다. 사실, 많은 사람들은 현대의 조각난 미디어 시장에서 새로운 사업을 시작하는 것은 "무굴인의 몽상"이 되는 경향이 있다고 지적했다. 그들은 Rupert Murdock과 Martha Stewart의 고전을 예로 들었다. 25년 동안 낮 시간대 TV를 지배한 후에, Oprah는 최고의 위험을 감수하며 전문가 인생의 도박을 위해 왜 모든 것을 포기하는지를 많은 사람들은 물었다. 그녀의 답은 간단했다. 그녀는 나는 전 세계에 미국 사람이 사람을 보는 견해를 확대하길 원한다고 말했다. 그녀는 OWN을 그녀의 비전을 실현시켜줄 완벽한 플랫폼이라 생각했다. 그녀는 자신의 목표는 전 세계 수백만의 사람들에게 다가가 삶을 변화시키는 것이라 말했다. 험난한 초반의 출발과 Oprah의 많은 변화 끝에, OWN은 꾸준한 인기와 콘텐츠 면에서 지속적인 성장을 거듭하고 있다. 이런 이유 때문에 Discovery는 OWN 상표에 대한 소유지분을 지속적으로 확대하였다. Oprah는 그녀가 성공하지 못할 것이라 생각했던 산업 전문가들을 놀라게 했다. Oprah는 죽어가는 네트워크를 변혁시킬 리더십 기술을 갖고 있다는 것을 보여주었다. 따라서 그녀는 카리스마가 있을 뿐만 아니라 변혁적 리더로서의 지위를 확고히 했다.[2]

최근에 Oprah는 또 다른 도전적인 일을 했다. Oprah는 Weight Watchers(WW) International의 투자자이자 대변인이 되었다. 이제 Oprah는 WW의 2대 투자자이며 이 회사와의 협력관계를 2025년까지 연장하였다. 다시 한 번, 분석가들은 WW와 같이 실패한 회사를 회생시키는 그녀의 변혁적 힘에 대해 의문을 제기했다. 한 전문가는 다음과 같이 말했다, "Winfrey는 많은 회사가 성층권 수준에 도달하도록 도와주었지만, 실패한 체중 감량 브랜드를 구원하는 것은 훨씬 더 어려운 '무게'로 판명될 수 있습니다. 브랜드 변경에 실패한 후 미디어 거물은 WW 투자자의 식욕을 돕고 그들에게 더 많은 '빵'을 줄 수 있을까요?" 그녀에 대한 비판과 의심에 대해 Oprah는 다음과 같이 말했다, "나는 WW의 사명과 더 강하고 더 건강한 삶의 추구를 지원하는 것을 돕기 위한 파트너가 되길 원하는 모든 사람들에게 긍정적이며 지속적인 변화를 창조하는 이 회사 프로그램의 힘을 믿습니다." 이제까지의 결과는 Oprah가 진정으로 카리스마 리더이며 변혁적 리더임을 증명했다. Oprah가 WW에 합류했던 2015년에는 주가가 한 주당 7달러 이하로 거래되었지만, 현재는 46달러가 넘게 거래된다. Oprah가 WW와 한 팀이 된다고 발표한 첫날에,

다시 감소하며 정착하기 전에 한 주당 가격은 105% 상승했다. 이것이 Oprah의 힘이다! WW에 '통찰력'을 제공할뿐만 아니라, Oprah는 2023년 4월까지 이사회 구성원, 전략적 파트너, 자문위원으로 남아 있었다. 또한 그녀는 2025년 5월까지 중요한 자문위원 역할을 지속할 것이다.[3]

Oprah가 2007년에 남아프리카 공화국에 Oprah Winfrey Leadership Academy for Girls를 개관한 것을 잊지 말자. 그녀는 이 프로젝트에 4천만 달러가 넘는 자금을 개인적으로 지원했다. 그녀의 재단인 Oprah Winfrey Leadership Academy Foundation(OWLAF)은 지속적으로 학교 및 기숙사 시설을 위해 자금을 지원한다. 이 학교에는 8~12학년 사이의 약 290명의 여학생들이 재학하고 있다.[4]

어떤 객관적인 척도를 사용하더라도, Oprah는 아직도 세계에서 가장 영향력이 있는 여성 중 한 명이다. 그녀는 자신 소유의 프로덕션 회사를 갖고 있는 첫 번째 흑인 여성이다. 그녀의 첫 번째 영화에서 아카데미상 수상후보에 지명된 재능 있는 배우이며, 한때 자신의 TV 스페셜에서 출연자 중 최고의 출연료를 받는 엔터테이너이자, 프로듀서이자, 배우이며, 1,500만 명 이상의 시청자에게 도달하는 신디케이트 TV 토크쇼의 성공적인 호스트이다. 2013년에 그녀는 Barack Obama 대통령으로부터 Presidential Medal of Freedom을 받았다. 같은 해에, 또한 그녀는 하버드 대학에서 명예 박사학위를 받았다. Oprah는 20세기의 가장 부유한 흑인 미국인의 위치에 올랐다. Winfrey은 TIME지가 선정한 가장 영향력이 있는 100인에 10번이나 선정되었다. Forbes지는 Oprah의 순 자산가치를 약 26억 달러로 평가한다.[5]

도입사례에 관한 질문들

1. Oprah의 카리스마는 자연적인(타고난) 특성인가? 아니면 후천적으로 획득한 특성인가?
2. Oprah의 카리스마는 그녀의 추종자들에게 어떤 영향을 미쳤는가?
3. Oprah는 사회화된 카리스마 리더를 실현한 예인가? 아니면 개인화된 카리스마 리더의 예인가?
4. Oprah는 카리스마 리더십의 어떤 자질을 갖고 있는가?
5. Oprah는 변혁적 리더인가, 카리스마 리더인가? 아니면 둘 다 인가?
6. Oprah는 인생의 분명한 개인적 의미나 목적을 갖고 있는 것처럼 보인다. 어떤 요인들이 그녀의 개인적 의미나 목적을 이해하는 데 기여했다고 생각하는가?

위의 질문들 중 어떤 질문에 답할 수 있는가? 이번 장을 통해서 질문들에 대한 답을 찾고, Oprah Winfrey의 사업과 그녀의 리더십에 대해 더 배우게 될 것이다. Oprah Winfrey에 대해 더 알고 싶으면 그녀의 웹사이트(http://www.oprah.com)를 방문해 보자.

들어가는 글

카리스마, 변혁적, 그리고 서번트 리더십 이론은 우리의 관심을 조직의 리더십으로 돌리게 한다. 이러한 이론들은 전체 사회, 문화, 경제, 그리고 정치 시스템에 영향을 미치는 모범적인 리더에게 관심을 갖는다. 카리스마 리더, 변혁적 리더, 서번트 리더들은 추종자들이 공유된 목표를 향해 결집하도록 영향을 줄 수 있다. 그들은 추종자들이 조직과 리더의 이익을 위하여 중요한 개인적 희생을 감수하게 만드는 감정, 에너지, 흥분을 만들어낸다. 이 장에서는 카리스마와 카리스마 리더십에 대한 토론으로 시작한다. 두 번째로 변혁적 리더십에 대해 토론한다. 세 번째는 카리스마 리더십과 변혁적 리더십 모두에 두드러진 특징을 설명하는 데 통합적인 접근법을 사용할 것이다. 그리고 마지막으로는 서번트 리더십과 관련된 주제로서 이것의 특성, 추종자에 대한 영향 등을 탐색할 것이다.

카리스마 리더십

학습목표 10.1

Max Weber가 리더십에 카리스마를 적용한 것과 카리스마의 위치에 대한 지배적인 견해를 설명한다.

카리스마 리더십에 대한 관심은 개념을 이해하는 것뿐만 아니라 이것이 어떻게 추종자에게 영향을 미치는가에 있다. 이 절에서는 Max Weber가 리더십에 카리스마를 응용한 것을 검토하며, 카리스마의 위치에 대해 탐색하며, 추종자에 대한 카리스마의 영향에 대해 논의하며, 어떻게 카리스마적 자질을 개발할 수 있는지 탐색한다.

Weber의 카리스마를 리더십에 응용하기

카리스마는 '한 사람의 특출한 자질'이다.

그리스어로 charisma는 '신성하게 영감을 받은 선물'을 의미한다. 리더십이란 용어 그 자체와 같이, 카리스마는 정치학, 경제학, 사회적 운동, 그리고 종교 등과 같이 다양한 전공에 뿌리를 두고 있다. 초기의 카리스마이론 중, 사회학자인 Max Weber가 아마도 독보적으로 가장 중요한 기여를 하였다. Weber는 전통적 또는 법적, 이성적 권위체계가 아니라 리더가 신성한 영감 또는 초자연적인 자질을 부여받았다는 추종자의 지각에 기초한 리더십 영향력의 한 형태를 설명하기 위하여 '카리스마'라는 개념을 사용하였다.[6] Weber는 **카리스마(charisma)**를 '한 사람의 특출한 자질'이라 정의했다.[7] Weber는 카리스마 리더를 잠재적인 추종자에게 매혹적일 뿐만 아니라 리더가 특출하게 비범하다고 믿기 때문에 실천하지 않을 수 없는 초월적인 사명 또는 일련의 행동을 홀로 시각화하는 사람으로 보았다.[8] 추종자들을 사랑하고 끌어들이는 것은 카리스마 리더가 보여주는 비전과 그것을 뒷받침하는 가치와 신념에 대한 역할 모델이다. **비전(vision)**은 그것들을 달성하기 위한 다르고 더 좋은 조건들과 방법을 상상하는 리더의 능력으로 정의된다. 정치학과 사회학에서 발견된 카리스마의 또 다른 특성에는 영웅주의적 행동, 자신감을 불어넣고 증진시키는 능력, 혁명적인 이상에 대한 지지, 연설가적인 능력, 설득, 그리고 '강력한 기운' 등이 포함된다.[9]

비전은 그것들을 달성하기 위한 다르고 더 좋은 조건들과 방법을 상상하는 리더의 능력으로 정의된다.

카리스마는 "평범함을 뛰어 넘는 결과를 낳도록 추종자들의 에너지와 몰입에 불을 붙이는 불씨"라고 불리었다.[10] 카리스마는 유일하게 리더에게서만 발견되는 심리적 현상이 아니며, 완전히 상황에 의해서 결정되는 것도 아니다. 대신에, 카리스마는 리더(자신의 특성과 행동)와 추종자(그들의 가치관, 욕구, 지각, 그리고 믿음) 사이의 상호작용에서 명백해진다. 특히 위기에 처했을 때 리더가 자석과 같은 자질이나 특별한 힘을 갖고 있다는 추종자들의 귀인에 기초한 관계적 개념이다.[11] Webster는 카리스마를 다른 사람에 대한 헌신을 고취시킬 수 있는 강압적인 매력 또는 아름다움이라고 정의한다. 이것을 고려하여, 우리는 **카리스마 리더십(charismatic leadership)**을 리더와 추종자 사이의 영향을 미치는 과정으로 정의하며, 이 과정에서 리더는 현재의 상황보다 더 좋은 변혁적인 비전 또는 이상을 제시하며, 성공 가능성에 대한 확신 때문이 아니라 리더의 비범한 자질에 대한 묵시적인 믿음 때문에 이런 일련의 행동을 받아들일 수 있도록 추종자들을 확신시킨다.[12]

카리스마 리더십은 리더와 추종자 사이의 영향을 미치는 과정으로, 이 과정에서 리더는 현재의 상황보다 더 좋은 변혁적인 비전 또는 이상을 제시하며, 성공 가능성에 대한 확신 때문이 아니라 리더의 비범한 자질에 대한 묵시적인 믿음 때문에 이런 일련의 행동을 받아들일 수 있도록 추종자들을 확신시킨다.

업무응용 10.1

직장이나 학교에서 함께 일했던 카리스마를 가진 리더를 골라 왜 그렇게 생각하는지 설명해보자.

카리스마의 위치

리더는 타고 나는가 또는 만들어지는가에 대한 오래된 질문과 같이 카리스마 리더에 대해 같은 질문을 할 수 있다. 카리스마는 타고난 (선천적인) 특성인가 아니면 사회의 영향을 받은 (습득된) 현상인가? 고려해야 할 세 가지의 견해는 다음과 같다. 카리스마는 (a) 일부 사람들이 갖고 태어난 타고난 특성이다, (b) 환경으로부터 습득한 속성/특성이다, 그리고 (c) 타고난 그리고 습득한 영향의 조합이다.

자연적 특성으로서 카리스마

이것은 카리스마가 일차적으로 리더의 선천적인 또는 타고난 속성의 결과라는 관점이다. 그들이 타고난 것들이다. 이러한 속성들에는 다른 사람들이 보거나 기대하지 못하는 미래를 '보는' 능력, 탁월한 의사소통과 대인관계 기술, 개인적 목적에 대한 강한 내적 확신, 높은 자신감, 뛰어난 지성, 더 많은 에너지, 그리고 더 높은 위험성향 등이 포함된다. 이런 시각을 갖고 있는 사람들은 위기 때문이 아니라 위기에도

사진 10.1 카리스마 리더이자 Virgin Group의 창시자인 Richard Branson이 어린이 삶의 번영을 돕기 위해 Sam과 Holly Branson이 공동 설립한 조직인 Big Change를 위한 기금모금을 위해 Virgin Strive Challenge의 마지막 단계를 걷고 있다.

출처: Joe Giddens/PA Images via Getty Images

불구하고 카리스마를 소유하고 발휘한다고 주장한다. 단지 위기는 카리스마가 빛날 기회를 제공할 뿐이다. 이런 사람은 은유, 이야기, 감정적 호소를 사용하여 추종자의 영혼을 사로잡는 웅변적 설득력의 형태로 사람들에게 영감을 주는 타고난 능력을 가진 사람이다.

습득된 특성으로서 카리스마

이것은 과거의 경험으로부터 학습 또는 습득될 수 있는 기술 세트라고 카리스마를 보는 시각이다. 카리스마 리더는 순간을 포착할 수 있는 사람으로 여겨진다. 그들은 웅변적인 설득력, 감수성, 친절, 공감, 판단 및 문제 해결 등과 같은 학습된 카리스마적 행동을 모델링하는 것으로 위기 상황을 활용한다. 즉, 상황과 환경은 카리스마의 특성을 배운 사람에게 그러한 특성을 발휘하며 그들을 카리스마 리더로 인식하는 추종자의 존경을 받을 수 있는 기회를 제공한다. 따라서 큰 위기나 문제가 없었다면 카리스마를 소유한 것으로 결코 알려지지 않았을 것이다.

타고난 특성과 습득한 특성으로서의 카리스마

이것은 카리스마는 타고난 특성이자 습득된 특성이 될 수 있다는 시각이다. 위기는 일부 사람들이 소유하고 있었으나 결코 행사하지 않았던 카리스마적 자질을 촉발할 수 있다. 상황적 요인들은 한 개인이 타고난 카리스마적 자질의 출현과 계시로 이어진다. 환경(우호적이든 비우호적이든)은 양육과 상호작용하여 그들의 타고난 카리스마적 잠재력을 드러낸다. 그런 사람들은 위기를 처리하는 방식 때문에 위기로부터 영웅으로 출현한다. Weber는 카리스마를 리더가 신성한 영감 또는 초자연적인 자질을 부여받았다는 추종자들의 지각이라 생각했다. 또한 그는 카리스마 리더십은 스트레스를 주는 상황에서 탄생되며, 스트레스를 주는 상황에서 유지되며, 카리스마 리더는 기존 질서와 다른 생각을 표현할 수 있으며, 그리고 또한 더 좋은 미래에 대한 비전을 수용하도록 다른 사람을 고취시킬 수 있다고 지적하였다. Weber는 카리스마에 대한 이러한 시각을 선천적 개념과 후천적 개념 모두를 포함하는 것으로 요약했다. Martin Luther King Jr., Nelson Mandela, Adolf Hitler, Ronald Reagan, or Mahatma Gandhi 등과 같은 카리스마 리더들은 타고난 카리스마적 특성을 보유했으며 시대의 지배적인 상황 또는 위기는—미국 내 흑인에 대한 차별과 인종적 폭력, 남아프리카 공화국의 인종차별정책, 세계 1차 대전 후 독일의 경제적 어려움, 이란의 인질 위기와 Jimmy Carter 대통령 재임기간과 그 이후 미국의 나쁜 경제 상황, 그리고 영국의 인도 점령 및 식민지화—이러한 리더들에게 자신들의 카리스마적 기술을 준비하고 활용할 기회를 제공하였다. 각 국가의 위기를 해결하기 위한 변화를 주도하는 그들의 행동은 그들을 영원히 전설과 영웅으로 만들었다. 그렇다 해도 그들의 가치관과 믿음은 정반대이다. Hitler는 Winston Churchill처럼 세계 2차 대전 중에 매혹적인 수사학과 열정적인 기도로 추종자들을 매료시켰다. 한 사람은 세계를 정복하고 지배하려는 계산적이며 독재자인 악마였으며, 다른 사람은 그것을 저지하기 위해 민주적으로 선발된 자유국가의 리더이다. 그래도 이 둘은 자신의 카리스마와 자기 사람들에 대한 강력한 영향력을 공통적으로 소유하고 있었다. 카리스마는 그런 고위급의 악명 높거나 또는 매우 유명한 리더에게만 국한되지 않는다. 이것은 조직의 모든 계층의 모든 사람에게서 보일 수 있다.

도입사례 응용

1. Oprah의 카리스마는 선천적인가 또는 후천적인 것인가?

Oprah의 카리스마의 위치는 타고난 것이며 습득된 것이다. "아는 것이 힘입니다! 지식과 함께 당신은 솟아올라 꿈이 갈 수 있는 만큼의 높은 곳에 이를 수 있습니다"라고 Oprah는 말했다. 이러한 믿음은 문제 청소년에서 국제적인 유명인사로 Oprah의 빛나는 여행을 가이드했다. 이것은 그녀의 환경—교육과 경험—이 담당했던 효과에 대한 설명이다. 또한 그녀의 카리스마는 그녀의 초기 유치원 시절의 예에서 설명했듯이 선천적인 것이다. "소녀였을 때 Winfrey는 관객인 농장의 동물들 앞에서 연기를 함으로 자신을 즐겁게 했다. 그녀 할머니의 엄격한 가이드 하에, 그녀는 두 살 반에 글을 배웠다. 그녀가 두 살 되었을 때, 그녀는 교회의 신도들 앞에서 '예수님이 부활절에 부활하셨을 때'에 대해 연설했다. 그리고 Winfrey는 유치원 등교 첫날에 1학년에 속한다는 메모를 유치원 선생님에게 남긴 후 유치원을 건너뛰었다. 그녀는 1학년을 마친 후 3학년으로 월반하였다."[13] 따라서 카리스마적이며 변혁적인 리더로서 그녀의 성공은 어려서부터 그녀를 알았던 사람들에게는 놀라운 것이 아니다. 그녀는 효과적인 전달자이며 열정적인 사람이다. 그녀는 신뢰와 충성을 고취시키는 능력을 갖고 있다. 그녀의 개인적인 이야기는 영감을 주며 그녀와 강한 감정적 유대감을 형성하도록 사람들을 유인한다.

추종자에 대한 카리스마 리더의 영향

카리스마를 연구하는 많은 학자들의 흥미 분야는 카리스마 리더십이 추종자의 동기부여, 사고 과정, 사고방식, 가치관, 몰입, 충성, 만족 등에 미치는 영향에 관심을 보이고 있다. 이러한 영향에 대해 간단히 검토해보기로 하자.[14]

강한 신뢰와 결속력

카리스마 리더의 추종자들은 종종 다른 리더-추종자 관계에서는 찾아보기 힘든 리더와의 강한 신뢰감과 결속력을 발전시킨다. 카리스마 리더와 추종자들 사이의 관계는 스승과 제자 사이의 관계와 필적한다. 이러한 강한 감정적 유착은 추종자들이 리더의 성실성과 정직함에 대한 강한 믿음을 갖고 있기 때문에 가능한 것이다. 리더에 대한 완벽한 신뢰와 몰입이 있다.

리더의 초월적 비전에 대한 수용

리더는 자신의 초월적 비전으로 급진적 변화를 일으킬 수 있는 힘이 있다고 믿어진다. 초월적 비전은 기존의 질서와 다르고 더 큰 힘에 의해 정해지거나 고취된 것과는 다른 것이다.[15] 추종자들은 두려움 또는 금전적인 유혹 때문이 아니라, 사랑, 비전/주장에 대한 열정적 헌신, 신념의 힘 때문에 카리스마 리더와 함께 머문다. 우리는 이것이 모든 카리스마 리더들에게 항상 해당되는 것은 아니라는 점에 유의해야 한다. 나중에 논의하겠지만, 카리스마는 긍정적인 카리스마 리더와 부정적인 카리스마 리더를 모두 만들어 낼 수 있는 양날의 검이다.

무조건적 충성

다른 리더십 형태에서 볼 수 없는 카리스마 리더에 대한 추종자들의 무조건적인 수용의 효과가 있다. 리더에 대한 변함없는 충성심과 복종이 있다. 추종자들은 리더에 대해 외부로부터 들어오는 부정적이거나 또는 호의적이지 않은 어떤 정보도 받아들이지 않는 경향이 있다. 그들은 자신의 리더에 대한 비윤리적 행동과 관련된 어떤 제안에 대해서 그것들을 즐기기보다는 도덕적 합리화(2장)—더 높은 목적, 감정전위, 책임의 분산—를 사용한다. 그들은 카리스마 리더에게 충성심을 보인다.

증가된 자신감과 자기효능감

추종자들은 리더의 비전을 실현하기 위해 노력해감에 따라 강한 자신감과 자기효능감을 발전시킨다. 리더가 자신감을 보이는 것을 관찰함에 따라 추종자들 또한 자신

감을 발전시킨다. 이런 모든 영향은 궁극적으로 다양한 방법으로 개인의 업무성과에 영향을 준다.[16]

강화된 조직시민행동

조직시민행동(organizational citizenship behavior, OCB)은 업무의 기본적인 요구사항을 넘어서며 상당부분 임의적이며 조직에 이익이 되는 행동이라 정의된다. 카리스마 리더의 추종자들은 역할 외 행동을 하며 리더를 위해 요구되는 이상의 노력을 기꺼이 한다. 그들은 리더뿐만 아니라 조직에 대해서 높은 수준의 몰입을 보여준다. 이런 일이 벌어지면, 긍정적 분위기가 조직에 스며들며 리더의 주장에 대한 흥분과 에너지를 불러일으킨다.

조직시민행동(OCB)은 업무의 기본적인 요구사항을 넘어서며 상당부분 임의적이며 조직에 이익이 되는 개인의 행동이다.

더 큰 위험을 감수하는 경향

카리스마 리더의 추종자들은 혼자 있을 때보다 더 큰 위험을 감수하는 경향이 있다. 추종자들은 카리스마 리더가 현상유지를 변화시키기 위해 싸우는 동안 어떤 운명의 고통이든 기꺼이 감수할 것이다. 그들은 기꺼이 감옥에 갈 것이며, 폭력의 고통을 당하며, 심지어 리더를 위해 사망할 것이다. 우리는 1967년 앨라배마주의 셀마에서 일어난 "피의 일요일"에 대한 비디오를 시청했다. 고인이 된 상원의원 John Lewin(당시 25세였던)를 포함한 Martin Luther King Jr.의 지지자들은 인종분리와 인종차별을 항의하기 위해 행진하던 중에 Edmonds Pettus Bridge에서 경찰에 의해 폭행당했다.

리더에 대한 완벽한 종속

리더에 대한 무조건적인 충성심과 완전한 신뢰는 리더에게 완전히 종속될 가능성이 높다. Hitler의 경우가 그랬다. 그의 추종자들은 세계 지배에 대한 그의 비전을 완전히 받아들였다. 추종자는 카리스마 리더의 지시나 가르침을 따르고 주저하지 않고 행동한다. 리더는 모든 추종자에 대해 최고 권위를 가지며 전혀 도전받지 않는다.

더 높은(확장된) 목표와 이상의 수용

추종자에 대한 카리스마 리더십의 또 다른 영향은 더욱 더 높은 목표 또는 이상을 설정하거나 지향하도록 동기부여 시키며, 그러한 목표달성을 위한 그들의 능력에 더욱 더 큰 자신감을 갖게 하는 것이다. 카리스마 리더는 조직의 목표달성과 이상실현을 위해 더 열심히 노력하여 리더에게 사랑받고 싶어 하는 추종자들에게 동일시의 대상으로 간주된다. 추종자는 리더가 설정한 목표를 달성하기 위해 필요한 모든 일을 할 것이다.

추종자의 특성을 리더의 특성과 정렬하고자 하는 강한 욕망

리더의 성격이 성실, 근면, 책임, 존중, 책임 등과 같은 핵심 가치에 기반을 둘 때, 이미 자신의 신념, 자아 개념, 인식 및 가치를 자신의 리더와 일치시키려는 추종자에게 영향을 미친다. 우리 모두는 Oprah(OWN), Mandela(남아프리카 공화국의 전 대통령), Regan과 Barack Obama(미국의 전 대통령), 그리고 추종자들이 자신의 신념과 가치체계를 리더와 일치시켰던 많은 다른 리더들을 잘 알고 있다. 다음과 같은 캐치프레이즈를 내세운 Nike 광고가 생각난다. "나는 Mike처럼 되고 싶어요"(그는 농구의 전설 Michael Jordan이다). 리더의 카리스마는 일부 사람들에게 리더가 소유하고 있는 다른 어떤 리더십 자질보다 더 중요하다고 생각된다. 도표 10.1은 이런 영향력/효과를 요약한다.

개념응용 10.1 추종자에 대한 카리스마 리더의 영향

〈도표 10.1〉을 사용하여 카리스마 리더의 추종자에 대한 영향력 또는 효과를 설명하는 a~i를 아래 각각의 설명과 연결시켜보자. 힌트: 모든 답은 한 번만 사용된다.

______ 1. 한 작가에 의하면, 몇 년에 걸쳐 Oprah는 자신의 삶에서 그녀가 말하고 행동한 모든 것을 모방하거나 흉내 내길 원하는 추종자들에게 이런 영향을 미쳐왔다. 이는 어떤 효과를 설명하는가?

도표 10.1 추종자에 대한 카리스마 리더의 영향

a. 신뢰와 결속력에 대한 강한 인식
b. 리더의 초월적 비전 수용
c. 무조건적인 충성
d. 자신감과 자기효능감의 증가
e. 조직시민행동(OCB)에 대한 강화된 인식
f. 더 큰 위험을 감수하는 경향
g. 리더에 대한 완전한 종속
h. 더 높은 (확장된) 목표 및 이상의 포용
i. 추종자의 특성을 리더의 특성과 일치시키고 싶은 강한 열망

출처: R. J. House and M. L. Baetx, "Leadership: Some Empirical Generalizations and New Research Directions," in *Research in Organizational Behavior*, vol. 1, ed. B. M. Staw (Greenwich, CT: JAI Press, 1979), 399–401.

_____ 2. 한 교회의 목회자가 그의 신도들에게 아주 강한 영향력을 갖고 있어 신도들은 선거에서 다른 사람들이 그들에게 무슨 말을 하든 상관없이 그가 위임한 모든 후보에게 투표를 한다. 이것은 이 목회자가 추종자에게 미치는 어떤 영향력 또는 효과에 대한 설명인가?

_____ 3. 최근에 어떤 목사가 여성에 대해 매우 경멸하는 말을 했다—여성은 남편을 위해 체중을 감량해야만 한다—그럼에도 아직도 여성을 포함한 그의 신도들은 여전히 그를 지지한다. 그들은 그의 말이 편견을 가진 미디어 또는 그를 파괴시키려는 적들에 의해 잘못 인용되었다고 말한다. 이것은 어떤 효과를 설명하는가?

_____ 4. 우리는 우리당의 리더가 신성한 신의 대표자라고 생각하며 이 국가를 위한 그의 꿈을 실현하기 위해 무엇이든 기꺼이 한다. 이것은 카리스마 리더가 추종자들에게 어떤 영향을 미치는지를 설명하는가?

_____ 5. 위 4번에서 언급된 정당의 구성원들은 자신들의 리더를 지지하는 불법적 행동 때문에 감옥에 기꺼이 갈 준비가 되어 있다. 이 예는 어떤 영향력을 설명하는가?

_____ 6. 미 육군에서 실패한 여단의 리더가 추종자들을 많이 희생시킬 수 있어서 이제 그들은 앞에 놓인 모든 것을 달성할 수 있는 자신뿐만 아니라 부대의 능력을 믿게 되었다. 자기 자신과 부대의 사명에 대한 이러한 새로운 믿음이 추종자들에게 미치는 리더의 영향력에 대해 말하는 것은 무엇인가?

_____ 7. 당신의 친구는 교회의 이데올로기에 완전히 빠져 있어서 그녀의 모든 결정은 교회 리더의 승인을 받아야 한다. 그녀는 그가 하나님의 선지자이며 결코 틀림이 없다고 믿는다(실수할 수 없음). 그녀의 모든 결정을 교회 지도자의 승인 또는 인가를 받는 이 행동은 카리스마 리더의 어떤 영향력 설명하는 것인가?

_____ 8. 몇 개월마다 한 번씩, 실리콘밸리의 Tech Company사의 소프트웨어 엔지니어들은 밤새도록 "브레인해커톤(brainhackathon)"이라고 하는 작업 축제를 연다. 이것은 그들의 패기에 대한 시험이다. 한 엔지니어는 다음과 같이 설명했다. "당신의 몸은 '나는 배고프다. 피곤해요; 나 집에 가고 싶어.' 반면에 당신의 두뇌는 '아니, 아니, 아니, 이것이 현실이다.'" 이 예는 리더의 어떤 효과를 나타내나?

_____ 9. 일부 구성원들은 자신이 일하는 조직에 너무 헌신하여 조직의 성공을 위하여 기꺼이 많은 자신의 개인적 시간과 에너지를 사용한다. 추종자가 조직에 대하여 높은 수준의 몰입을 보이는 이런 경향은 카리스마 리더가 추종자에게 미치는 어떤 형태의 영향력을 설명하는가?

도입사례 응용

2. Oprah의 카리스마는 추종자들에게 어떤 영향을 주었나?

〈도표 10.1〉에 요약 제시된 카리스마 리더의 영향력은 Oprah와 그의 추종자들에게 응용될 수 있다. Oprah의 추종자와 지지자들은 그녀와 그녀가 주장하는 것에 대한 무조건적인 충성심을 갖고 있는 것처럼 보인다. 거기에는 그녀에 대한 강한 애정 및 무조건적인 수용과 그녀가 옹호하는 이유가 무엇이든 '정당함'을 기꺼이 신뢰하려는 의지가 있다. 그녀의 추종자들은 모든 면에서 자신을 그녀와 일치시키려는 강한 욕망이 있다.

카리스마적 자질을 습득하는 방법

청중을 고취시키고 매혹시키는 능력인 카리스마는 훈련될 수 없는 타고난 자질이라고 믿는 사람들이 있다. 그러나 또한 카리스마적 자질은 획득될 수 있다고 믿는 사람들이 있다. 모든 사람들이 카리스마적 자질들을 개발할 잠재력이 있다.[17] 훈련을 통해 의사소통 기술을 증진하고, 자신감을 향상하고, 그리고 다른 사람에게 영감을 불어넣는 기술을 학습하는 것이 가능하다. 카라스마적 자질을 인생의 늦은 시기까지 보여주지 않았던 굉장한 카리스마 리더들이 있다. Hitler는 분명히 카리스마적 자질을 갖고 태어나지 않았다. 그는 사회의 언저리에서 삶을 살았으며 대부분의 초기 노력은 실패하였다. 그러나 같은 생각을 가진 다른 사람들에게 영향을 미칠 수 있는 기회가 있을 때 그는 점진적으로 그의 연설능력과 대인관계능력을 발전시켰다. Richard Branson(Virgin Group의 CEO이자 창시자)과 Jack Welch(전 GE의 CEO)는 카리스마적이며 변혁적이라고 설명되는 2명의 매우 효과적인 리더이다. 이 둘 모두는 다른 많은 사람들이 대중연설을 피하게 만드는 연설의 말더듬을 극복했다. 2011년 Academy Awards의 최고 작품상을 수상한 영화 "The King's Speech"에서는 아주 심한 언어장애를 갖고 있는 영국의 왕이 오직 연설코치의 도움을 통해 이런 약점을 극복하는 내용을 담고 있다. 그는 효과적인 연설가가 되었으며 제2차 세계 대전 중에 매우 영감을 불어넣는 연설을 하였다. 반면에 Nelson Mandela, John F. Kennedy, 그리고 Martin Luther king Jr. 등은 청년시절부터 보유했던 카리스마적 자질을 리더로 성장한 시기까지 지속적으로 유지했던 것처럼 보인다. 카리스마적 자질을 획득하거나 강화하는 데 추천하는 전략은 다음과 같다.

- **훈련과 연습.** 리더십 개발 워크숍과 세미나를 통해 의사소통 기술과 대인관계 기술을 증진시킬 수 있다. 영화는 인간의 마음에 중요한 영향을 주며 대리학습을 제공할 수 있다. 실제 행동으로 옮겨지는 카리스마 리더십의 특성들을 설명하기 위해 리더십 훈련 과정 내에 특정한 영화를 편성할 수 있다. 예를 들어, 많은 전쟁 영화들이 카리스마 및 변혁적, 거래적, 그리고 권위주의적 리더십 스타일을 묘사한다.[18] 나는 많은 리더십 과정에서 이러한 리더십 스타일을 효과적으로 설명하기 위하여 1994년에 상영된 고전적 영화인 "쇼생크 탈출"을 사용하였다.
- **공식적 교육.** 와이즈(Wise)에 있는 UVA-College와 같은 대학 과정에서 교육을 통해 비전 생성, 효과적인 의사소통 전략 학습, 목표설정, 동기부여, 코칭, 네트워킹 등의 연습과 같은 카리스마적인 특성, 기술 및 능력을 개발할 수 있다. 이 장의 마지막 부분의 역할연기 연습은 이 문제에 관한 것이다.

- **개인적 행동 수정.** 다른 사람들과 솔직하고 정직하게 매일매일 상호작용하는 연습을 할 수 있다. 둔감하지는 않을지라도, 카리스마 있는 사람은 일반적으로 평가가 긍정적이든 부정적이든 상황에 대한 평가를 솔직하게 제공한다. 카리스마 리더는 접근 방식이 직접적이므로 문제에 대한 자신의 입장이 모호하지 않다. 그들은 사람들이 자신을 신뢰하기를 원하므로 사람들과의 일상적인 만남에서 신뢰를 구축한다.
- **일대일 훈련.** 대인관계/사회적 기술에 대한 리더십 코치 또는 전문가는 당신이 매력적이고 열정적이며 낙관적이며 활기찬 사람으로 발전하도록 도울 수 있다. 카리스마 리더의 중요한 성격적 윤곽은 비전, 열정, 낙관주의 및 상황에 가져오는 높은 에너지 수준의 조합이다. 일반적으로 추종자들은 이러한 특성과 관련되어 있으며, 카리스마 리더의 주장을 수용하는 개종자가 된다.

한 개인이 팀 동료와 스스로에 의해 카리스마적이라고 지각되는 과정을 검토하는 연구에서, 저자들은 자기 검증에 참여한 개인들은 스스로를 인식하는 것과 같이 팀원들이 인식하게 하는 반면, 집단적으로 팀은 평가에 참여하며 개별 팀원이 팀처럼 자신을 인식하도록 영향을 미친다는 사실을 발견했다.[19] 더 나아가, 이것은 훈련과 연습, 공식적 교육, 개인 행동수정 및 일대일 교육을 통해 개인은 카리스마적 자질을 습득할 수 있을 뿐만 아니라 친구 및 동료에게 설득력 있게 보여줄 수 있다는 제안을 지지했다.

카리스마는 어떻게 양날의 검인가?

학습목표 10.2

사회화된 카리스마 리더와 개인화된 카리스마 리더의 형태를 구분한다.

카리스마 리더의 개인적 매력, 자신감, 전문적인 수사적 기술, 영감을 주는 호소력, 임파워먼트시키는 스타일에 대해 읽으면 다른 사람들이 본받아야만 하는 훌륭한 도덕적 리더라는 결론을 내리는 것이 가능하다. 카리스마 리더십은 관계적이며 감정에 기초하고 있다. 그들은 추종자들의 존경의 대상이며 신뢰, 공감, 사랑, 희망, 용기, 그리고 변화 등이 포함된 많은 긍정적 속성들을 갖고 있기 때문에 본받아야 하는 사람이다. 그러나 일부 카리스마 리더들은 또한 그들의 학대행위, 자기도취 및 기타 비윤리적 성향으로 가장 잘 알려져 있다. 따라서 카리스마는 추종자에게 건설적이며 파괴적인 영향 모두를 미친다. 이런 이유 때문에 카리스마는 긍정적 효과 및 부정적 효과 모두를 생산할 능력이 있는 '양날의 검'이라 묘사되어 왔다. 이것은 항상 더 큰 선행을 위해서만 사용되지 않았다.[20]

카리스마 리더의 동기

우리는 영웅 숭배가 보통 행동인 사회에 살고 있다. 추종자들은 카리스마 리더의 영향력에 매료되며 이는 자신에 대한 리더의 힘만 증가시킨다. 리더가 카리스마를 갖고 있다는 이유만으로 따르는 것은 위태로우며 심지어 위험하다. Mandela, Gandhi, King, Kennedy, 그리고 Churchill 등과 같은 리더들은 엄청난 카리스마를 보여주었다.[21] Osama bin Laden, Charles Manson, Saddam Hussein, David Koresh(예언자라고 주장했던 Branch Davidians 교회의 수장), 그리고 인민들의 사원의 Reverend Jim Jones 등 많은 다른 사람들도 마찬가지다. 후자의 카리스마 리더 집단은 카리스마의 어두운 면을 대표한다.[22] Google을 이용한 이러한 이름에 대해 간단한 검색은 그들이 왜 '카리스마의 어두운 면'을 대표하는지 알 수 있을 것이다. 이러한 리더들과 그들과 같은 많은 다른 사람들은 매우 이기적이며 거창한 비전을 촉진하게 만드는 극도의 자기도취적 성향이 있다.

리더의 가치관과 동기 특면을 고려하는 것이 긍정적 카리스마와 부정적 카리스마를 차별화하는 의미 있는 접근법이다. 가치관과 관련된 연구들은 자기칭송과 자기초월이라는 2개의 상반되지만 상호보완적인 동기가 카리스마 리더의 행동을 추진한다고 제안한다.[23, 24]

자기초월 동기

이 동기는 공동의 이익 또는 더 큰 사회의 이익에 관한 것이다. 이것은 추종자들과 상호 간의 지지적인 관계를 형성하려 하며 긍정적이고 건설적인 카리스마의 이타적이며 임파워먼트시키는 성향과 일치한다.

자기칭송 동기

이 동기는 리더의 자기유지와 자기강화에 관한 것이다. 이것은 리더의 자신감을 보호하고, 유지하고, 그리고 강화하려 하며 부정적 또는 파괴적인 카리스마와 일치한다.

사회화된 그리고 개인화된 카리스마 리더

이러한 '자기초월'과 '자기칭송' 동기의 개념에 기초하여, 두 가지 형태의 카리스마 리더가 있다. 사회화된 또는 긍정적인 카리스마 리더와 개인화된 또는 부정적인 카리스마 리더이다.[25, 26]

사회화된 카리스마 리더

사회화된 카리스마 리더(socialized charismatic leader, SCL)는 평등하며, 자기초월적이며, 그리고 임파워먼트시키는 성격을 소유한 사람이며, 카리스마를 다른 사람의 이익을 위해 사용한다. SCL는 조직이 강조하는 목표를 추구하며, 구성원 임파워먼트, 개인적 성장 그리고 추종자의 리더십 역할참여를 촉진한다. 사회화된 카리스마 리더들은 보상을 조직의 비전 및 사명과 일치하는 행동을 강화하기 위해 사용한다. 사회화된 카리스마 리더들은 응집력이 강한 팀의 구성원들을 추종자로 보유하는 경향이 있다. 그들은 조직의 사명 및 목표와 일치하는 가치관에 기초한 메시지를 전달한다. 그들은 자기자신을 위한 공헌보다는 이데올로기에 대한 공헌을 주입시키려 노력한다. Oprah은 사회화된 카리스마 리더의 분명한 예이다.

사회화된 카리스마 리더(SCL)는 평등하며, 자기초월적이며, 그리고 임파워먼트시키는 성격을 소유한 사람이며, 카리스마를 다른 사람의 이익을 위해 사용하는 사람이다.

개인화된 카리스마 리더

개인화된 카리스마 리더(personalized charismatic leader, PCL)는 지배적이며, 자기중심적이며, 자기과장적이며 그리고 자기도취적인 성격의 소유자이며, 카리스마를 자기칭송을 위해 사용한다. PCL은 리더가 강조하는 목표를 추구하며 복종, 의존, 굴복을 요구한다. PCL은 권위주의적이며 착취하는 경향이 있다. 개인화된 카리스마 리더들은 보상과 벌을 추종자들을 조정하고 통제하기 위해 사용하며, 정보는 제한되거나 또는 조직에 대한 외부 위협을 과장하기 위하여 사용된다. 개인화된 또는 부정적인 카리스마 리더들은 이상보다는 자기 자신에 대한 공헌을 강조한다. 개인화된 카리스마 리더들은 이상보다는 자기 자신에 대한 공헌을 강조한다. 이러한 리더들의 의사결정은 종종 이기적이다. 집단의 성과달성은 자기칭송을 위해 사용된다. 이데올로기적인 호소는 오직 권력을 얻기 위한 책략이며, 권력을 얻은 후 이상은 무시되거나 자기 이익에 맞게 임의로 변경된다. 궁극적으로, 그들은 추종자들을 통제하기 위하여 권력을 사용한다. 세계의 많은 독재자들이 이 집단에 속한다.[27]

개인화된 카리스마 리더(PCL)는 지배적이며, 자기중심적이며, 자기과장적이며 그리고 자기도취적인 성격의 소유자이며, 카리스마를 자기칭송을 위해 사용한다.

개념응용 10.2 사회화된 對 개인화된 카리스마 리더

아래 설명을 두 형태 중 하나의 카리스마 리더십으로 분류해보자.

a. 사회화된 카리스마 리더
b. 개인화된 카리스마 리더

_____ 10. 27년간 그를 감옥에 가두었던 백인이 지배하는 인종차별적인 정부를 향하여 평화와 용서를 옹호하였던 Nelson Mandela와 같은 리더는 어떤 형태의 카리스마 리더의 예인가?

_____ 11. 정보가 제한되어 있으며 정보를 오직 리더의 이미지 관리를 위하거나 또는 조직에 대한 외부 위협을 과장하기 위하여 사용하는 조직은 어떤 형태의 카리스마 리더가 이끌고 있는가?

_____12. 일차적인 동기가 자기영광과 자기확장인 리더는 어떤 형태의 카리스마 리더의 예인가?

_____13. 모든 추종자들과 친밀하며 지지적인 관계형성을 통해 조직의 집단적 이익 위한 목표달성이 일차적 동기인 리더는 어떤 형태의 카리스마 리더의 예인가?

_____14. 자신의 이미지를 보호하고 유지하고 강화하는 것에 더 많은 흥미를 갖고 있는 리더는 어떤 형태의 카리스마 리더인가?

_____15. 추종자들로부터 복종, 의존, 굴복을 원하는 리더는 어떤 형태의 카리스마 리더인가?

업무응용 10.2

직장에서 경험한 리더 중에서 긍정적이거나 부정적인 카리스마 자질을 보여주었던 리더를 설명해보자. 이것이 리더와의 관계에 어떤 영향을 미쳤는가?

도입사례 응용

3. Oprah는 사회화된 카리스마 리더의 예인가? 아니면 개인화된 카리스마 리더의 예인가?

Oprah의 자선 활동과 그녀 자신의 행동 방식은 분명히 사회화된 카리스마 리더를 가리킨다. Oprah Winfrey Foundation은 세계의 여성, 어린이, 가족들의 영감, 임파워먼트, 교육, 복지를 지원하기 위해 설립되었다. 이 개인적인 자선 단체를 통해 Oprah는 기회가 부족한 사람들의 욕구에 직접적으로 기여했으며 이 사명을 수행하는 조직들에게 수백 건의 보조금을 주었다. 그녀는 장점은 있지만 돈이 없는 소외된 학생들에게 더 나은 교육을 제공하기 위해 수백만 달러를 기부했다. 그녀는 미국 및 해외에서 지역 사회에 환원하기 위해 교육을 사용하기로 결정한 학생들에게 장학금을 제공한 Oprah Winfrey 장학 프로그램을 만들었다. 사례에서 밝힌 것과 같이, Oprah는 2007년에 남아프리카 공화국에 여학생들을 위한 Oprah Winfrey Leadership Academy를 열었다.

조직과 개인의 결과에 미치는 카리스마 리더의 효과

카리스마 리더십은 다음과 같은 조직 및 개인의 결과와 관련되어 있다.

- 더 많은 구성원의 노력, 만족, 그리고 성과[31]
- 더 향상된 추종자 모집 및 개발[32]
- 향상된 회사의 성과
- 리더의 효과성
- 팀 잠재력을 통해 팀의 혁신행동에 미치는 중요한 간접영향[33]
- 학교장의 카리스마 리더십과 성공적 문화 사이의 유의한 긍정적 관계[34]
- 카리스마 리더의 자질을 가진 공무원은 카리스마적 특성이 없는 사람들보다 낮은 이직률을 달성할 가능성이 높다.[35]

윤리적 결정: 사회적 책임

10.1 비만과 카리스마 광고

연방정부는 미국에서 비만이 담배를 제치고 사망원인의 1등 자리를 차지했다고 보고하였다.[28] 어떤 사회 활동가들은 비만 문제의 일부는 어린이들에게 패스트푸드를 마케팅 하는 것 때문이라고 비난하였으며,[29] 식품업체와 광고 대행사들이 어린이에게 광고하는 것을 옹호하고 있다.[30] 어떤 회사들은 사람들이 패스트푸드를 더 많이 먹도록 판촉하기 위하여 카리스마적인 스타들과 운동선수들을 사용한다. 동시에, 미국의 보건 관리들은 체중을 줄이도록 사람들을 설득하고 있다. 정부는 공익 광고를 통해 사람들이 체형을 유지하고 올바른 식사를 하도록 설득한다. 광고의 성공 여부는 사람들이 자신의 건강과 몸무게에 대한 개인적인 책임을 지느냐에 달려 있다.

1. 미국에서 비만이 증가한 이유는 무엇인가? 정크 푸드의 판촉을 위하여 카리스마적 스타를 이용한 패스트푸드 광고가 비만 문제에 기여하고 있는가?
2. 정크 푸드의 판매자가 그들 제품의 판촉을 위해 카리스마적 스타를 이용하는 것이 윤리적인 것인가?
3. 정부가 광고 및 다른 방법을 통해서 사람들이 체중을 줄이도록 노력하는 것이 윤리적이며 사회적 책임을 지는 것인가?

변혁적 리더십

학습목표 10.3
변혁적 리더십과 거래적 리더십 모델을 설명한다.

변혁적 리더는 추종자들이 새로운 비전과 가능성을 수용하도록 영향을 주어 망해가는 조직을 변혁시키는 것으로 유명하다. 그들은 미래에 대한 영감적인 비전을 전달할 수 있는 능력이 있으며 카리스마 리더처럼 추종자의 동기, 몰입, 열망 및 변화에 대한 욕구를 활용한다. 효과적인 변혁적 리더는 추종자들과 함께 성공하기 위해서는 먼저 그들의 신뢰, 몰입 및 존경을 얻어야 한다는 것을 알고 있다. 이러한 일이 발생하면 변혁적 리더는 자신의 비전에 대한 집단적 '수용'을 달성할 가능성이 더 커진다. 추종자들은 조직의 목표를 달성하기 위해 기꺼이 더 높은 수준의 노력과 에너지를 소비한다. 이 절에서는 변혁적 리더십과 거래적 리더십 모델의 차이점에 초점을 맞추며, 변혁적 리더십과 거래적 리더십의 두드러진 특징에 대해 논의하고, 변혁과정의 단계를 설명하고, 그리고 변혁적 리더십이 조직 및 개인의 결과에 미치는 영향에 대한 분석으로 끝맺는다.

변혁적 그리고 거래적 리더십 모델

J. M. Burns는 1978년에 변혁적 리더십 개념을 처음으로 분명히 하였으며 Bernard Bass는 거의 10년 후에 이 이론을 확장하였다. Burns는 변혁적 그리고 거래적이라는 2개의 리더십 모델을 제안했다.[36] Bass는 조직의 사명과 비전에 주의를 집중하며,

조직이 직면한 문제/위협에 대한 추종자의 인식을 높일 수 있으며, 행동에 대한 지지를 얻고, 추종자들이 조직의 더 큰 이익을 위해 자신의 이익 너머를 보도록 고취시킬 수 있는 능력이 있는 사람으로 보았다.[37] 이에 반해, 거래적 리더십은 리더가 추종자의 욕구를 인식하고 추종자의 욕구와 리더의 기대를 모두 충족시킬 수 있는 적절한 교환과정을 정의하는 7장에서 논의된 리더-구성원 교환과정과 매우 유사한 교환과정으로 간주된다. 거래적 리더십은 업무완수, 보상, 그리고 벌에 초점을 맞춘다. 제목의 암시와 같이, 이것은 리더-추종자 거래 또는 운영에 더 좁게 초점을 맞춘다. 따라서, **변혁적 리더십**(transformational leadership)은 현존하는 체계의 문제점과 그리고 가능한 새로운 조직의 모습에 대한 강력한 비전을 추종자들에게 자세히 설명하며 현 상태의 변화를 시도한다고 정의한다. 반면에 **거래적 리더십**(transactional leadership)은 리더가 추종자의 욕구를 인식하고 추종자의 욕구와 리더의 기대를 모두 충족시키기 위한 적절한 교환과정을 정의하는 교환과정으로 정의한다.

변혁적 리더십은 현존하는 체계의 문제점과 그리고 가능한 새로운 조직의 모습에 대한 강력한 비전을 추종자들에게 자세히 설명하며 현 상태의 변화 시도이다.

거래적 리더십은 리더가 추종자의 욕구를 인식하고 추종자의 욕구와 리더의 기대를 모두 충족시키기 위한 적절한 교환과정을 정의하는 교환과정이다.

변혁적 리더와 거래적 리더의 현저한 특징들

거래적 리더십보다는 변혁적 리더십과 그것이 조직의 성과와 심지어 생존에 미치는 영향에 대해서 더 많이 출판되었다. 이것이 한 개념이 다른 개념보다 더 적절하다는 것을 의미하는가? 물론 2개 모두 다른 맥락과 상황에서 중요하고 효과적인 리더십 모델이다. 되살아나기 위한 전략이 필요한 실적이 저조한 조직은 변혁적 리더가 필요한 상황인 반면에, 안정적인 성장의 궤적을 가진 매력적인 시장 환경을 가진 다른 조직은 현재 상태를 잠시 관리하고 싶어 할 수 있다. 이것은 안정적이고 효과적이고 효율적인 시스템을 관리한 경험과 지식을 갖춘 거래적 리더를 필요로 할 것이다. 대다수의 경우, 일반적으로 회사는 지속적으로 변화하는 환경에서 운영되기 때문에 두 리더십 접근법 모두가 필요하다. 경쟁적으로 존재하기 위해서는 조만간 새로운 비전과 전략이 필요하다. 변혁적 리더십과 거래적 리더십 모델을 구분하는데 사용할 수 있는 수많은 개념/요소들이 있다. 우리의 목적을 위해, 이 두 리더십 형태의 추진력, 가치, 관계, 사고방식, 그리고 영향력 개념의 비교에 초점을 맞춘다(도표 10.2).

추진력

변혁적 리더들은 비전지향적이라고 설명되는 반면에, 거래적 리더들은 일과 보상지향적이라고 설명된다. 변혁적 리더십은 조직의 장기적 미래를 강조한다. 따라서 좀 더 지속적이다. 거래적 리더들은 궁극적으로 리더의 장기적 비전을 발전시키는 데

도표 10.2 변혁적 리더와 거래적 리더의 특징적인 모습들		
	변혁적 리더	**거래적 리더**
추진력	비전	업무와 보상
가치관	변화와 혁신	안정성과 효과성
관계	장기적 & 지속성	단기적 & 일시성
마음가짐	회생하는 전략가	운영의 효율성 유지하기
추종자에 대한 영향력	새로운 미래를 보도록 고취시킴	가치 있는 보상의 교환을 위한 계약 관계

도움을 주는 매일 진행되는 거래를 관리한다. 거래적 리더십은 일단 거래가 완성되면 리더와 추종자 사이의 관계가 종료되거나 재정의될 수 있다는 점에서 일시적인 경향이 있다.

가치관

변혁적 리더는 변화, 특히 현상을 개선하는 변화를 중요하게 생각한다. 변혁적 리더는 현 체계의 문제점과 새로운 조직이 될 수 있는 흥미로운 비전을 구성원에게 자세히 설명하며 현재의 상태를 변화시키길 원한다. 그들은 조직에게 획기적인 혁신과 막대한 이익을 가져다주는 새롭게 출현하는 기회를 찾는 데 탁월하다. 그들은 어려움을 겪고 있는 기업을 회생시키는 데 능숙하다. 그들은 전략 수립과 집행 과정을 관리하는 데 있어 1순위 전략가이다. 거래적 리더들은 안정성, 특히 기업의 효율성과 효과성 측면에서 안정성을 중시한다.

사고방식

변혁적 리더의 사고방식은 상황을 역전시키는 것(현상을 변화시키는 것)이며, 반면에 거래적 리더의 사고방식은 지속적인 운영에서 효율성을 유지하는 것이다.

관계

거래적 리더십 과정은 리더의 정의된 기대와 동기와 추종자의 순응에 기초한 가치 있는 이익의 교환을 포함한다. 거래적 리더는 추종자들과 구체적인 계약을 체결한다. 구체적인 목표 달성 또는 특정 임무수행에 대한 대가로, 리더는 추종자의 욕구와 기대를 만족시키는 이익을 제공한다. 이것은 리더가 기대를 충족시키는 추종자의 특정한 행동과 성과에 보상을 주며 기대를 충족시키지 못하는 행동 또는 성과에 벌을 주는 리더-구성원 교환(LMX) 과정과 유사하다. 그러한 교환은 리더/조직의 당면한 요구에 이익이 되는 성과에 대한 대가로 추종자의 자기이익을 충족시키는 결정되어 있는 상황적인 보상과 행동을 의미한다. 변혁적 리더들은 추종자들이 조직에 남아서 모두를 위해 더 좋은 약속과 보상을 주는 더 좋은 미래를 향해 일할 수 있도록 고취시키며 추종자들과 장기적 관계를 맺는 것을 목표로 한다. 관계는 더 큰 선을 위한 신뢰와 몰입 위에 형성된다.

카리스마 리더와 변혁적 리더 모두에 대한 관심 때문에, 일부는 거래적 리더가 조직의 성공에 기여한 중요성을 감소시키는 경향을 보였다. Bass는 변혁적 리더십과 거래적 리더십이 리더십의 단일 연속성의 양 극단에 있다는 Burns의 주장과 달리 두 접근 방식은 실제로 상호 의존적이고 서로 보완적이라고 주장했다. 변혁적 리더십 스타일과 거래적 리더십 스타일에 대한 메타분석을 통한 상대적 타당도에 대한 연구는 Bass의 주장을 확인하였다. 이 연구는 조직의 목적 달성에 두 스타일 모두 타당하다는 것을 밝혀내었다. 변혁적 리더십 스타일이 전반적으로 가장 높은 결과를 보였으며 거래적 또는 조건부 보상을 통한 리더십은 근소한 2등을 보여주었다.[38]

개념응용 10.3 변혁적 또는 거래적 리더십

아래 설명이 변혁적 리더십 또는 거래적 리더십 중 어느 것에 해당하는지 결정해보자.

a. 변혁적 리더십
b. 거래적 리더십

_____ 16. Oprah가 추종자들에게 최고의 삶을 살며 항상 미래를 보도록 고취시키기로 결심정한 것은 어떤 리더십 형태의 예인가?

_____ 17. 부서장인 나의 최우선적인 책임은 미래를 향한 갑작스런 도약보다는 현재의 전략의 만들어 왔던 안정적인 발전을 유지하는 것이다.

_____ 18. Facebook에는 “hacker way”라는 가이드 해주는 철학이 있다. 이 철학은 지속적인 개선과 반복에 관한 것이다. Mark Zuckerber (Facebook의 CEO)에 따르면, 이 철학에 하나의 적이 있다면, 그것은 현상을 유지하는 것이다. 이 예는 어떤 형태의 리더십을 설명하는가?

_____ 19. 리더로서 추종자들이 개인의 이익보다는 더 높은 이상과 조직의 성과에 초점을 맞추게 고취시킨다고 생각하는 것을 좋아한다.

_____ 20. 나의 업무는 한 번에 한 구성원 또는 한 프로젝트씩 구체적인 계약 내용을 충족시키는 것이다.

_____ 21. 나의 비전은 이 조직의 현 상태를 더 크고 좋은 것으로 변화시키는 것이다.

_____ 22. 나의 직무는 팀 구성원 동기부여를 위하여 보상과 인센티브를 적절히 혼합 사용하여 팀이 효율적이며 효과적으로 매일 요구되는 업무를 충족시키게 만드는 것이다.

_____ 23. 리더로서 나의 직무는 실현되지 않을 수도 있는 새로운 기회를 좇기보다는 현재에 초점을 맞추는 것이라 믿는다.

업무응용 10.3

함께 일했거나, 현재 함께 일하고 있는 리더를 선택해보자. 당신 의견에 이 리더는 변혁적 리더인가 아니면 거래적 리더인가? 예를 포함시켜 이유를 설명해보자.

변혁과정

앞에서 언급했듯이, 변혁적 리더들은 보통 하강세를 경험하거나 또는 방향의 중대한 변화가 필요한 조직에 영입된다. 변혁적 리더들은 조직을 변혁시켜 소생과 번영의 길에 들어서게 만드는 소생 전략을 실시하기 위하여 영입된다. 종종 조직의 비전, 사명, 전략, 문화, 시스템, 그리고 정책 등의 근본적인 변화가 여기 포함된다. 변혁적 리더들은 추종적의 행동과 근무 윤리에 영향을 미치기 위하여 보통 자신의 카리스마 또는 힘을 사용한다. 성공적인 변혁과정은 조직 구성원들의 광범위한 참여를 포함한다. 또한 효적인 변혁적 리더는 몇 개의 우선순위에 초점을 맞출 수 있다. 공유된 목적을 향하도록 구성원을 고취시키기, 전략적 재무적 목표를 협상하고 소통하기, 위험을 관리하기, 실행과정을 이끌기, 적절한 장소에 적절한 분량의 자원을 배치하기 등이 포함된다.[39] 이것은 임시적이거나 뜻밖에 발견한 과정이 아니다. (1) 현 상태에

윤리적 결정: 신뢰와 정직한 거래

10.2 사생활 침해

iPhone과 iPad와 같은 스마트기기들이 개인의 위치정보를 기록해서 보유한다는 최근의 뉴스는 고객, 사생활 옹호자들, 그리고 정부 공무원 등을 매우 화나게 했다. 사용자의 지리적 위치에 대한 자세한 기록을 동의 없이 보유한다는 것은 그들의 사생활을 침해한다는 많은 우려가 있다. 이런 기기의 제조사인 Apple은 종합적인 위치 데이터베이스를 유지하는 목적은 iPhone과 iPad 사용 고객들에게 보다 빨리 그리고 보다 정확하게 위치 서비스를 제공하기 위한 것이라고 주장하였다.[40, 41]

Apple의 딜레마는 일부 고객들은 개인 사생활이 다른 모든 고려사항들을 소용없게 만드는 반면에 다른 사람들에게는 위치 데이터가 그들이 기대하고 원하는 서비스를 제공한다는 것이다. 약속장소의 위치, 도시의 낯선 지역의 식당을 찾고 또는 친구와 네트워킹 하는 이런 사용자들에게 지리적 위치정보는 꼭 갖고 있어야 할 기능이다. 사생활을 걱정하는 다른 사람들에게는 이런 기능은 문제가 될 수 있다. 예를 들어, 학대하는 배우자가 관련되었을 때 또는 지나치게 열심인 정부 요원이 수색영장 같은 법적 허락 없이 개인정보를 수집할 수 있을 때 문제가 될 수 있다. 양쪽은 모두 정부와 Apple이 이런 걱정들에 대한 해결책 제시를 원한다.[42]

1. Apple이 고객의 동의 없이 고객의 위치 데이터를 수집 저장하는 것이 윤리적인 것인가?
2. 이런 위치 기능을 원하는 사람들의 권리는 무엇인가? 위치 기능 제거가 이런 고객들이 전화기 제조사를 바꾸게 만든다면 어떻게 되는가? 이것은 Apple에 공정한 것인가?
3. 당신 의견으로 Apple은 윤리적인 무엇을 해야 하는가?

도표 10.3 변혁과정	
단계	**제안된 행동**
1. 변화를 위한 강력한 주장	• 환경적 변화와 위협에 대한 민감도와 이해도를 증가시킨다. • 현 상태유지에 대해 도전한다. • 매력적인 새로운 동향을 찾는다.
2. 공유 비전의 제시	• 모든 사람들에게 새롭고 더 밝은 미래를 생각하도록 격려한다. • 비전을 찾고 비전을 향해 움직이는데 다른 사람들을 포함시킨다. • 경제 용어가 아니라 이상적인 용어로 새로운 비전을 표현한다. • 추종자들을 고취시킨다.
3. 전환을 이끌기	• 목표설정 전략 형성과정을 이끈다. • 변화의 시급성을 주입한다. • 추종자를 임파워먼트시키고, 지지하고, 협업하고, 강화시킨다. • 변화 필요성에 대한 추종자 이해를 돕는다. • 추종자의 자신감과 낙관주의를 증가시킨다. • 우선순위를 설정한다. • 위험을 최소화시킨다. • '순간적 처방'의 유혹을 피한다. • 갈등과 저항을 이해하고 공개적으로 처리한다.
4. 변화를 제도화하기	• 전략 실행과 평가 과정을 이끈다. • 추종자들에게 '위대함의 태도'를 갖도록 하고 강화한다. 예를 들어, 성과달성을 인정하고 축하한다. • 새로운 비전에서 추종자들의 자기성취를 돕는다. • 추종자들이 자기이익을 넘어서 집단의 이익을 볼 수 있게 돕는다. • 평가절차와 보상체계를 변화시킨다. • 팀 빌딩 개입과 인적 변화를 실시한다. • 과정을 감시하기 위한 특별한 태스크포스를 임명한다. • 최고 리더들과 관리자들에게 본보기를 보이도록 격려한다.

출처: C. Hines and W. Hines Jr., "Seminar on the Essence of Transformational Leadership (Leadership Training Institute)," *Nation's Cities Weekly* 25, no. 9 (March 4, 2002): 8.

도전하고 수긍 가는 변화 사례를 만드는, (2) 미래를 위한 고무적인 비전을 제시하는, (3) 변혁 또는 변화 시기에 효과적인 리더십을 제공하는, 그리고 (4) 지속적 효과를 위해 변화를 제도화시키는 변혁적 리더 능력의 4단계이다. 도표 10.3은 각 단계별로 제안된 행동이 포함된 변혁과정 4단계를 제시하고 있다.

조직과 개인의 결과에 대한 변혁적 리더의 영향

변혁적 리더십은 조직과 개인을 변화시키고 변혁시키는 대담한 비전생성 및 정교화의 과정을 설명한다. 많은 연구들은 다양한 조직과 구성원의 결과에 미치는 변혁적 리더십의 효과/영향을 강조하였다.

조직수준의 효과

일반적으로, 변혁적 리더의 행동은 리더의 높은 효과성과 연관된다.[43] 특히, 변혁적 리더십은 조직의 성과, 강한 문화, 그리고 더욱 높은 수준의 학습에 긍정적인 영향을 주는 것으로 밝혀졌다. 변혁적 리더들은 팀워크, 협업, 그리고 혁신의 강한 옹호자일 가능성이 크다. 이들은 신제품 개발과정에서 R&D 성과에 긍정적 영향을 준다.[44] 변혁적 리더들은 학습하는 조직문화와 조직의 혁신성을 깊게 믿는 사람들이다.[45]

개인수준의 효과

변혁적 리더들은 다음 사항들에 긍정적으로 관련된 것으로 밝혀졌다.

- 개인의 변화에 대한 감정적 몰입에 영향을 주며, 이는 차례로 조직 변화에 영향을 준다.[46, 47]
- 구성원의 감정적 조직몰입과 조직시민행동에 영향을 준다.[48, 49, 50]
- 구성원의 지시창조 및 공유에 영향을 준다.[51, 52]
- 구성원들의 더 높은 수준의 직무만족[53] 및 임파워먼트와 더 낮은 수준의 이직[54] 및 스트레스에 영향을 준다.
- 구성원의 심리적 웰빙과 후속적인 조직의 성과에 영향을 준다.[55, 56, 57]
- 자기이익의 초점에서 집단이익의 초점으로 변화하도록 구성원들에게 영향을 준다.
- 구성원의 혁신 행동에 영향을 준다.[58, 59]

카리스마 리더십과 변혁적 리더십

학습목표 10.4

카리스마 리더십과 변혁적 리더십의 특징을 비교하고 대조한다.

어떤 경우에는, 카리스마 리더십 유형과 변혁적 리더십 유형이 상호 보완적인 리십 모델로 간주된다.[60] 두 리더십 유형은 각각을 설명하는 속성, 각각이 추종자에게 미치는 영향, 그리고 자신과 추종자 사이에 존재하는 관계(행동에 영향을 미치는)의 특성 측면에서 유사성을 공유한다. 어떤 사람들은 Barack Obama 대통령의 선출은 그가 2008년 대통령 선거에서 유권자에게 영향을 주어 그러한 문화적 변화를 만들기 위해 어떻게 변혁적이며 카리스마적인 자질을 사용했는가를 설명해 준다고 주장한다.[61] 따라서 이 절은 카리스마 리더와 변혁적 리더가 공유하고 있는 속성, 그들이 공유하는 리더의 행동, 그리고 그들을 분리시키는 것이 무엇인가를 검토한다.

효과적인 카리스마 리더와 변혁적 리더의 자질들

여러 해에 걸쳐, 학자들은 효과적인 카리스마 리더와 변혁적 리더들이 일반적으로 공유하는 자질들을 문서화하였다.[62] 모든 학자들이 동의하는 보편적인 자질은 없을지라도, 사람 또는 전공에 관계없이 토론을 지배하는 몇 개의 자질이 있다. 따라서 우리는 반복하는 것을 피하기 위해 결합된 접근법을 결정하였다. 이러한 자질들 중 일부는 다른 유형보다 한 리더십 유형에 더 큰 충격/영향을 줄 수 있으나 여전히 두 유형 모두와 관련이 있다. 각각의 자질과 관련된 토론에서 공통점과 차이점 부분을 지적했다. 도표 10.4는 이런 속성들을 나열한다.

비전

연구자들은 카리스마 리더십과 변혁적 리더십에서 비전의 역할을 지속적으로 강조해왔다. 두 리더십 형태 모두 한 운동 또는 대의를 결집시키는 외침이 되어버린 초월적 비전을 분명히 한다. 카리스마 리더들과 변혁적 리더들은 현재보다 현저하게 좋은 미래에 대한 이상적인 비전을 분명히 말하는 능력을 갖고 있다. 그들은 현상유지와 할 수 있는 (해야만 하는) 방식 사이의 기본적인 불일치를 이해하고 분명히 말할 수 있다. 효과적인 비전은 추종자들을 고양시키며 공유된 목적을 향해 결집시켜야 한다. 이것이 카리스마 리더와 변혁적 리더들이 매우 잘하는 것이다.

도표 10.4 카리스마 리더와 변혁적 리더의 자질들
a. 비전
b. 탁월한 의사소통 기술
c. 자신감과 낙관주의
d. 신뢰를 고취시키는 능력
e. 높은 위험감수 성향
f. 높은 에너지와 행동지향성
g. 관계적 권력 기반
h. 명분의 '정당성'에 대한 강한 확신
i. 추종자들을 임파워먼트시키는 능력
j. 자기 촉진적인 성격

탁월한 의사소통 기술

비전을 갖고 있는 것에 더하여, 카리스마 리더들과 변혁적 리더들은 효과적으로 의사소통하는 능력으로 유명하다.[63] 사실, 이것이 카리스마 리더들을 구분하는 한 특성이다. 그들은 효과적인 의사소통자일뿐만 아니라 자신의 메시지를 전할 때는 탁월한 웅변가이다. 카리마적 리더들른 유창하고, 상상력이 풍부하며, 열정적인 발표는 변화에 대한 추종자의 열망을 깨우며, 리더의 비전을 수용하도록 그들에게 영감을 준다. 카리스마 리더들은 현 상태에 대한 불만족을 불러일으키기 위하여 그들의 탁월한 웅변술을 사용하는 반면에, 그들은 새로운 미래 비전에 대한 지지를 형성한다. 그들은 은유, 유추, 직유와 같은 수사학적 기법; 이야기와 일화; 대조; 수사학적 질문; 그리고 그들의 메시지가 추종자들에게 깊은 영향을 미치고 그들의 비전과 목표가 달성될 수 있다는 확신을 전달할 수 있도록 그들의 견해를 좀 더 분명하게 해주는 도덕적 확신의 표현 등을 사용한다.[64] Martin Luther King, Jr.의 "나는 꿈을 갖고 있다", Hitler의 "천년제국" 또는 1961년도 John F. Kennedy의 취임연설 등이 여기 포함되는 예이다.[65] 변혁적 리더들도 변화를 위한 자기주장을 할 수 있으나, 카리스마 리더들이 사용하는 것과 같은 웅변가적 유창함과 스타일을 항상 사용하지는 않는다. 두 리더십 유형 모두 무엇을 추종자들이 알아야 하는가(사실), 언제 그들이 알아야 하는가(타이밍), 누가 알아야 하는가(적절한 청중), 어디서 정보에 접근할 필요가 있는가(미디어 선택)를 아는 데 능숙하다. 종종 두 리더십 유형의 구분은 어떻게 정보가 전달되는가(웅변적 능력)에 달려 있다. 매우 카리스마적이지 않은 변혁적 리더들은 자신의 아이디어를 전달하기 위해 다른 수단(문서 또는 대변인)을 사용할 수 있다.

자신감과 낙관주의

카리스마 리더들과 변혁적 리더들은 인격의 일부로 흔들리지 않는 자신감과 낙관주의를 보여준다. 카리스마 리더들은 종교적 또는 정치적 함의를 갖고 있어 그들의 강한 믿음과 도덕적 신념을 강조하는 변화의 메시지를 신봉하는 것으로 알려져 있다.[66] 이러한 자질은 매일매일 추종자들과의 상호작용에 매우 중요하며, 더욱이 다른 사람들을 자신의 대의에 동참하도록 확신시켜야만 하는 리더에게는 더욱 더 중요하다. 리더의 자신감과 대의에 대한 낙관주의는 리더에 대한 추종자들의 믿음을 고취시킨다. King의 "나는 꿈을 갖고 있다"는 연설은 어떻게 리더의 자신감, 믿음, 낙관주의 그리고 강한 도덕적 신념이 더 좋은 미래에 대한 희망과 신념을 불어넣으며, 전국가를 감동시킬 수 있는가를 보여주는 한 예이다.

신뢰를 불어넣는 능력

신뢰는 어떤 관계에서도 중요하나, 종종 추종자들에게 제시되는 변화의 크기 때문에 변혁적 리더와 카리스마 리더에게는 더욱 더 중요하다. 지지자들은 경력을 위험하게 하며 심지어 어떤 경우는 자신의 목숨을 걸면서 카리스마 리더와 변혁적 리더의 성실성(integrity)을 매우 강하게 믿어 주어야 한다. 카리스마 리더들과 변혁적 리더들은 추종자들에게 정직함으로 지지와 신뢰를 형성한다. 또한 이런 리더들은 "할 말을 하고" 그리고 "갈 길을 간다." 다시 말해 그들은 추종자들이 원하는 것의 모델이 된다. 효과적인 카리스마 리더들과 변혁적 리더들은 자신들의 주장과 일치하는 새로운 가치체계의 역할 모델이 되기를 원한다. Gandhi는 그러한 체계적이며 의도적인 역할 모델의 탁월한 예를 제공한다. 그는 자기희생, 형제의 사랑, 그리고 영국의 지배에 대한 비폭력적인 저항에 대해 설교하였다. 그는 촌사람의 삶을 살기 위하여 돈 잘 버는 변호사를 포기하였으며, 시민 불복종 운동을 하였으며, 단식을 하였고, 다른 사람들이 그에게 제공한 일상의 편리함을 거절하는 것과 같이 반복적으로 자기희생적인 행동을 하였다. 보다 최근 예는 Dr. Anthony Fauci(미국 국립보건원(National Institutes of Health)의 국립 알레르기 및 전염병 연구소(National Institute of Allergy and Infectious Diseases) 소장)이다. 그는 코로나19 팬데믹에 대한 그의 리더십 때문에 대중의 신뢰에서 지속적으로 높은 순위에 올랐다. 그는 미국의 대통령을 만나도 "권력에 진실을" 말하는 것으로 알려져 있다. 그는 항상 과학을 따랐으며 대통령에게조차 틀리거나 편리한 것을 말하도록 압력을 받는 것을 결코 허용하지 않았다.

높은 위험 성향

카리스마 리더들과 변혁적 리더들은 보통 사람들 보다 더 높은 위험을 기꺼이 감수한다. 사업의 관점에서 볼 때, 변혁적 리더들은 위험과 수익 사이의 관계를 이해한다. 그들은 높은 수익을 얻기 위해서 더 높은 그러나 계산된 위험을 감수해야 한다는 것을 안다. 카리스마 리더들 자신들의 비전을 실현하기 위하여 커다란 개인적 위험을 기꺼이 감수한다. 카리스마 리더의 두려움 없는 태도는 그들이 죽음을 영광스러운 결과라고 낭만적으로 표현하는 방식에 나타난다. 사람들은 높은 위험을 감수하는 사람들의 용기를 존경한다. 자신을 위험에 처하게 하는 것은 카리스마 리더가 자신의 비전에 대한 자기옹호를 확고히 하여 추종자들의 칭찬과 존경을 얻는 한 방법이다. King은 민권운동 기간 중에 거의 매일 자신과 가족에 대한 살해 위협을 받았다. 그래도 그는 암살될 때까지 자신의 사명을 지속하였다. 커다란 위험을 감수하는 것과 더불어, 변혁적 리더들과 카리스마 리더들은 성공하기 위하여 비전통적인 수단을 사용한다. 화난 폭력적인 반대자들에 대한 King과 그의 비폭력적인 캠페인은 그가 시작할 당시의 미국에서는 참신한 아이디어였다. Megan Rapinoe(USWNT)는 여성 스포츠에서 미래의 변혁적이고 카리스마적인 리더로 부각될 가능성이 있는 현 시대의 예이다. 많은 사람들이 그녀의 신념, 자신감, 낙관주의 및 높은 위험성향에 대한 그녀의 신념을 칭찬했다. 그녀는 비판의 대상이 FIFA 회장이나 미국 회장이 되더라도 거침없이 비판했다. 그녀는 스포츠에서 여성에 대한 보상의 불평등에 대해 이야기하기 위해 기꺼이 위험을 감수했으며 Donald Trump 대통령의 여성 및 인종 문제에 대한 화법 때문에 미국이 여자 월드컵 대회에서 우승 한 후 백악관 행사에 참석하지 않기로 결정했다. 그녀는 팀에서 자신의 위치를 위험에 빠뜨리고 있었으나 물러서기를 거부했으며 그녀의 팀원들은 그녀와 함께 했다. 그것이 리더십이다.

높은 에너지와 행동지향성

카리스마 리더들과 변혁적 리더들은 시간이 그들의 편이라고 믿지 않기 때문에 항상 움직인다. 그들의 비전에 대한 용기와 신념을 표현하는 방식에는 급박함이 있다. 이러한 리더들의 매일 매일의 일상적인 반복을 따라할 수 있는 사람은 거의 없다. 그들 대부분은 오랜 시간 동안 일을 한다.

관계적 힘의 기초

일반적으로 효과적인 리더들은 추종자들과 긴밀한 업무관계를 맺고 있다. 그러나 앞에서 언급한 것과 같이, 카리스마 리더십의 핵심적인 부분은 리더가 추종자와 맺고 있는 긴밀한 감정적 유대감이다. 과업중심의 리더와 달리 카리스마 리더십은 추종자중심이다. 심지어 리더가 공식적인 조직의 위치를 차지하고 있을 때도 이것은 매우 관계적이며 거의 전적으로 소프트한 힘에 기반한다. 추종자들을 종종 카리스마 리더를 경외한다. 그러한 자기장적 성격에 대한 강력한 동일시와 모방 그리고 그들에 대한 수용과 애정이 있다. 변혁적 리더의 힘의 원천은 전형적인 직위권력이다. 그들은 보상권력과 처벌권력을 갖고 있다. 그러나 효과적인 변혁적 리더는 추종자에게 영향을 미치기 위하여 그들의 직위권력에만 의존하지 않는다. 그들은 카리스마 리더들처럼 추종자들과 친밀한 관계를 형성하기 위해 노력한다.

대의의 '올바름'에 대한 강한 확신

전형적으로, 카리스마 리더들과 변혁적 리더들은 대의의 '올바름'에 대한 강한 믿음을 갖고 있다. 이것이 왜 그들이 비록 좌절할지라도 집착하고 버티는가를 설명해 준다. 이런 신념 때문에, 저항과 자신 및 가족에 대한 위협에 직면했을 때에도 그들은 내적 갈등과 불편함을 덜 경험한다. 이것은 자신의 믿음을 위해 자신의 삶 또는 자유를 포기한 카리스마 리더에게 더욱 더 그렇다. 그들은 역사가 자신의 대의를 우호적으로 판단할 것이란 믿음을 갖고 있기 때문에 일을 계속한다.

추종자들을 임파워먼트시키는 능력

변혁적 리더들과 카리스마 리더들은 혼자서 비전을 실현할 수 없다는 것을 이해한다. 그들은 추종자들의 도움과 지지가 필요하다. 효과적인 카리스마 리더들과 변혁적 리더들은 조직의 목표달성을 위해 해야 할 일을 하도록 추종자들을 임파워먼트시킨다. 그들은 함께 할 때 더 위대한 일을 완성할 수 있다는 메시지와 함께 추종자들을 매우 효과적인 팀 플레이어로 변혁시키는 데 능숙하다. 그들은 외적보상이 아니라 위대한 일을 완성함으로 갖는 프라이드와 같은 내적보상을 사용한다.

업무응용 10.4

일반 교육과정의 필수코스의 일부로서, 당신은 자연과학, 역사, 그리고 문학에 대한 과목을 수강하였다. 이런 과정을 가르친 교수 중에서 강의하는 방식에 있어서 변혁적이거나 또는 카리스마 리더라고 생각하는 교수를 찾아보자. 효과적인 카리스마 리더와 변혁적 리더의 자질 중 몇 개가 이 교수와 관련되어 있는가(도표 10.4 참조)? 이유는 무엇인가?

자기촉진적인 성격

아무도 자신의 대의를 받아들이지 않을지라도, 변혁적 리더들과 카리스마 리더들은 자신의 비전을 촉진하며 자주 미디어 앞에 나선다. Branson과 Trump는 자신의 비즈니스 제국을 설립하기 위해 자기촉진에 의존하였다. 이 리더들은 "자화자찬하는 것을 두려워"하지 않는다.

도입사례 응용

4. Oprah는 카리스마 리더십의 어떤 자질을 갖고 있는가?

한 저술가가 언급했듯이, Oprah는 "가차 없는 거의 완벽한 낙관주의의 행상인"이다. 그녀의 메시지는 자기개선, 선행하기, 그리고 자신의 운명을 통제하기 중 하나이다. 그녀의 진언은 "최고의 삶을 살아라"이다. Oprah는 비전에 의해 움직이는 리더이다. 그녀는 뛰어난 소통가이다. 그녀는 자신감과 그녀가 하는 모든 것에 강한 도덕적 신념을 갖고 있다. 그녀는 자신의 쇼와 잡지를 통해서 수백만의 사람들을 고취시키고 임파워먼트시켰다. 그녀는 높은 에너지를 갖고 있다. Oprah의 친지들을 그녀를 영감적이다, 머리가 뛰어나다, 그리고 품위가 있다고 설명한다. Oprah는 〈도표 10.4〉에 나열된 카리스마 리더와 변혁적 리더의 자질 전부 또는 대부분의 예를 보여준다.

개념응용 10.4 효과적인 카리스마 리더와 변혁적 리더의 자질들

〈도표 10.4〉에 제시된 효과적인 변혁적 리더와 카리스마 리더의 자질을 참고하여 아래 설명이 강조하는 자질을 찾아서 a~j로 표시해보자. 힌트: 모든 답은 한 번만 사용된다.

_____ 24. Oprah가 자신의 경력에서 보여준 과감한 움직임 중 자신의 케이블 방송 OWN을 시작하기로 한 결정보다 과감하고 위험한 것은 없었다. 이런 행동에서 Oprah는 어떤 자질을 보여주는가?

_____ 25. 이 회사의 CEO로서 나는 현재보다 훨씬 좋은 미래를 본다. 너무 늦기 전에 기회를 잡기로 하자.

_____ 26. 부서를 이끈 첫 번째 흑인 여성으로서 Jordan의 정직함, 진실함, 그리고 성실성은 추종자들이 그녀의 지시를 따를 때 태도변화를 보인 것과 같이 그들에게 중요한 영향을 미쳤다. 이것은 리더로서 Jordan에 대해 무엇을 말해주는가?

_____ 27. 모두 백인인 동아리의 첫 번째 흑인 리더로서 Justin은 유창하고, 상상력이 풍부하며, 열정적인 발표를 통해 동아리 구성원들에게 더 큰 다양성과 포용성을 채택하도록 영감을 준다.

_____ 28. Brooke은 금지약물—도핑—사용에 의존하지 않고 Tour de France를 우승하는데 필요한 것을 모두 갖고 있다고 싸이클 팀의 모든 구성원들을 확신시켰다. 이것이 Brooke의 추종자들에게 어떤 영향을 미치는가?

_____ 29. 동료 관리자들과는 다르게, Mrs. Smith는 추종자들에게 직무에 영향을 미치는 의사결정에서 더 큰 허용오차와 자유를 주었다.

_____ 30. Apple의 CEO인 Tim Cook은 2014년에 자신이 동성애자라고 공개적으로 선언했을 때 일부 미디어에서 자신의 사생활을 대가로 지불해야 하는 부정적인 보도를 받을 수 있다는 사실을 알고 있었다. 그러나 자신의 결정이 성정체성으로 고군분투하는 젊은이의 삶에 영향을 미칠 수 있기 때문에 그렇게 하는 것이 옳은 일이라고 믿었다고 말했다.

변혁적 리더와 카리스마 리더의 행동

리더의 행동은 조직의 목표와 장기 비전을 달성하기 위해 취하는 행동에서 명확해진다. 여기에는 올바른 전략을 세우고 실행하는 것이 포함된다. 전략을 실행하는 것은 변화를 주도하는 데 있어 가장 어렵고 시간이 많이 걸리는 부분이다. 이 단계는 조직 변화를 지시하고, 조직 자원을 구축하고 강화하며, 지원적인 업무 환경을 조성하고 육성하며, 무엇보다도 추종자들에게 동기를 부여하는 모든 리더의 능력을 테스트할 것이다.[67] 이러한 이유로 Bass와 Avilio, 그리고 나중에 Judge와 Piccolo 같은 저명한 학자들은 변혁적이고 카리스마적인 리더가 변화 과정을 효과적으로 이끌기 위해 사용할 수 있는 네 가지 리더십 행동 차원을 제안했다. 새로운 전략을 수립하고 실행하는 것은 변화에 대해 효과적이다. 즉, 변혁적이고 카리스마적인 리더가 무엇인지에 대한 것이다. 일반적으로 '4I'라고 하는 네 가지 리더십 행동 차원은 다음과 같다. 이상화된 영향력, 영감적 동기부여, 개별적 배려, 지적 자극(도표 10.5)이다.[68, 69] 변혁적 리더와 카리스마 리더 모두 이러한 행동 차원을 사용하여 추종자에게 영향을 미치고 그들의 대의를 발전시키는 것으로 잘 알려져 있다. 4개의 행동 차원은 아래에서 논의된다.

이상화된 영향력

이것이 카리스마이며, 변혁적이고 카리스마적인 리더가 추종자들에게 영향을 미치기 위해 사용하는 강력한 특성이다. 카리스마적이며 변혁적인 리더는 이러한 행동을 통하여 추종자들에게 강한 이상주의를 주입한다. 그들은 매우 설득적이다. 이상주의자는 냉소주의자와 비관주의자가 보는 것과 반대로 더 밝고 희망적인 미래를 본다. 추종자들은 사람들에게 그러한 긍정적이고 고양된 정신을 가져올 수 있는 리더를 사랑하고 존경한다. 리더의 이상주의를 받아들인 추종자들은 리더의 대의나 비전에 대한 강한 정서적 애착을 발전시킬 가능성이 더 크다.

영감적 동기부여

이것은 추종자들이 공감하는 미래의 비전을 분명히 하는 리더의 능력이다. 변혁적이고 카리스마 리더는 현상 유지에 대한 훨씬 더 좋은 대안으로 미래의 이상주의적인 비전을 열정적으로 전달할 수 있는 능력을 가지고 있다. 이것은 새롭고 더 나은 미래가 어떤 모습일지 묘사하는 능력이다. 이 비전을 달성하는 것이 추종자와 조직에 의미하는 것이 무엇인가. 따라서 흥분한 추종자들은 이러한 미래의 상태에 도달하기 위해 도전적인 조직의 목표달성을 위한 동기가 부여되고 영감을 받는다.

도표 10.5 변혁적이며 카리스마적인 리더의 행동들

행위의 차원	설명
이상화된 영향력	현재보다 훨씬 더 좋은 이상적인 미래를 전달하는 행동. 리더의 카리스마는 추종자들이 리더의 비전을 수용하도록 추종자를 고취시킨다.
영감적 동기부여	더 좋은 앞날에 대한 열정적이며 설득적인 의사소통을 통해 추종자들이 리더의 비전을 수용하도록 동기부여 시킨다.
개별적 배려	추종자의 욕구와 관심을 충족시키기는 멘토십과 코칭을 통해 개별적인 발전모델을 활용하는 행동이다.
지적 자극	'상자 밖에서' 생각하도록 추종자에게 도전하며 사물을 새로운 시각으로 보는 행동이다.

출처: B. M. Bass and B. J. Avilio, *Improving Organizational Effectiveness Through Transformational Leadership* (Thousand Oaks, CA: SAGE, 1994); and P. M. Podsakoff, S. B. Mackenzie, R. H. Moorman, and R. Fetter, "Transformational Leader Behaviors and Their Effects on Followers' Trust in Leader, Satisfaction, and Organizational Citizenship Behavior," *Leadership Quarterly* 1, no. 2 (1990): 107–142.

개별적 배려

이것은 추종자 개발에 중점을 둔다. 그것은 카리스마적이며 변혁적인 리더들이 종종 담당하는 멘토링 역할에 관한 것이다. 그들은 추종자들에게 멘토 역할을 한다. 효과적인 카리스마적이며 변혁적인 리더들은 추종자의 요구와 우려에 대응하는 개별적인 개발 모델을 사용한다. 이러한 추종자중심적 접근법은 추종자의 자긍심과 자신감을 구축한다.

지적 자극

이것은 가정에 의문을 제기하며 현 상태에 도전하는 것에 관한 것이다. 이 행동은 카리스마적이며 변혁적인 리더의 창의적이며 상자 밖의 사고방식을 설명한다. 그들은 오래되고 친숙한 문제들에 대해 새로운 방식으로 접근하도록 격려한다. 참신하게 생각하도록 자극함으로써, 카리스마적이며 변혁적인 리더는 추종자들이 그들의 오래된 가정에 의문을 제기하고 문제를 창의적으로 해결하는 법을 학습도록 영감을 준다. 오늘날과 같이 빠르게 변화하는 세상에서 혁신은 조직의 생존을 위한 전략적 필수요소로 인식되었다. 따라서 리더의 행동의 추종자의 지적 자극에 초점을 맞춰야 한다. 리더는 조직의 혁신적 능력을 구축하고 강화하는 데 주도적인 역할을 해야만 한다. 여기에는 창의성, 위험 감수 및 실험적 시도 대한 강조가 포함된다. 조직 문화는 변화를 수용하고 지속적으로 현상유지에 도전해야 한다. 카리스마적이며 변혁적인 리더들이 이 분야에서 무리를 이끌고 있다.

Mandela와 King은 이러한 4개의 행동차원의 예를 보여준 2명의 리더이다. Mandela는 '인종 격리 정책' 형태의 정부로 수십 년 동안 인종적으로 양극화된 국가를 탈양극화 하는 변화를 주도했다. Mandela의 변혁적이고 카리스마적인 리더십은 남아프리카 공화국의 인종 차별 정책을 인간화했으며 세계적으로 인정받을 만한 국가를 탄생시켰다. 남아프리카 공화국 국민들에게 행한 강력하고 영감적인 연설에서 그는 네 가지 행동 차원을 모두 사용하여 '가진 사람'과 '갖지 않은 사람'의 강경한 입장을 완화하고 공동의 목적을 추구하기 위하여 모든 인종 집단(특히 차별받고, 권리를 박탈당하고, 그리고 잔인하게 학대받은 흑인)을 통합하였다. King의 유산을 조사하는 데 초점을 맞춘 한 연구는 King이 미국에서 인종 평등을 추구하는 과정에서 네 가지 행동 차원을 개인화했다고 결론지었다. 이 연구는 추종자의 자신감 구축하기(개별적 배려), 당연하게 여겨지는 가정에 도전하기(지적 자극), 추종자의 요구를 개발하기(영감적 동기부여), 높은 도덕적 가치를 유지하기(이상화된 영향력)를 위한 King의 노력을 강조했다.[70]

도입사례 응용

5. Oprah는 변혁적 리더인가, 카리스마 리더인가? 아니면 둘 다 인가?

OWN의 개국과 함께 케이블 TV 방송 사업의 진출과 네트워크를 변혁시키는 데 보여 준 이제까지의 성공은 Oprah의 변혁적 리더로서의 자질을 보여주는 예이다. Oprah는 카리스마적 자질을 가진 변혁적 리더이다. 그녀는 많은 사람들에게 영감을 주는 호소력 때문에 가장 많이 찾는 연설가이다. 그녀가 두 가지 리더십 스타일을 모두 구현한다는 데 의심의 여지가 없다.

카리스마 리더십과 변혁적 리더십을 비교하고 대조하기

일부 저자들은 카리스마 리더와 변혁적 리더를 구분하지 않으며, 이것들을 하나의 리더십 모델로 결합하는 것을 선호한다. 이런 견해 뒤의 생각은 카리스마 리더들이 본질적으로 변혁적이라는 것이다. 그들의 비전은 거의 항상 현 상태를 새롭고 더 좋은 것으로 변혁 또는 변화시키는 것이다. 또한 결합된 접근 방식을 옹호하는 사람들은 변혁적 리더가 앞에서 논의한 카리스마 리더와 관련된 속성들과 동일한 속성을 많이 공유한다고 주장한다. 이 절에서는 둘 사이의 유사점과 차이점에 대한 몇 가지 구체적 영역을 검토한다. 우리는 다음 영역의 분석에 중점을 둔다. 변화 및 카리스마의 속성, 카리스마 또는 변혁적 명칭의 획득, 행동주의 대 비행동주의의 마음가짐, 직업적 여정, 개인적 의미 또는 삶의 목적, 적에 대한 위험 노출과 협박의 강도이다.

변화 및 카리스마의 속성

첫 번째 현저한 차이점은 비록 카리스마 리더십과 변혁적 리더십 이론이 모두 변화에 관한 것일지라도, 모든 변혁적 리더들이 카리스마적이 아니라는 것이다. 카리스마적 성격의 효과가 아닐지라도 커다란 변혁의 성과를 낸 매우 성공적인 변혁적 리더들의 많은 예가 있다. 이런 리더들은 카리스마가 결여되어 있지만 매우 효과적인 변혁적 리더들이다. 많은 사람들은 Abraham Lincoln, 또는 故 Jack Welch는 변혁적 리더이나 그들을 카리스마 리더라 칭하는 사람들은 거의 없다는 것에 동의할 것이다. 이와 대조되는 일부 현대적인 예는 Jack Ma(Alibaba의 설립자), Reed Hastings(Netflix의 공동 설립자이자 CEO), Ruth Bader Ginsburg(후기 대법원 판사) 등이다. 이들 각자는 자신이 종사하는 영역 또는 분야에서 거물이며 아무도 그들의 변혁적인 '수혜자(benofedis)'에 의문을 제기하지 않을 것이지만, 그들을 카리스마적이라고 부르는 것은 무리가 될 것이다. 그들은 서로 관계를 맺고, 서로 의사소통하고, 여행하고, 상업적 거래를 하거나, 또는 엔터테인먼트에 접근하는 방식에서 변혁을 주도하고 있다. 그러나 그들은 일반적으로 수줍음이 많고, 은둔적이며, 매우 사적이며, 대중과 함께하는 것이 그다지 편안하지 않은 것으로 묘사된다. 반면에, Oprah, King, Kennedy, Hitler, Gandhi, Mandela, Reagan, Branson, Barack and Michelle Obama와 다른 많은 사람들은 성공적인 변혁의 결과가 그들의 카리스마적 속성에 귀인되는 리더들이다. 또한 변혁적 리더와 카리스마 리더의 특성을 모두 보여주는 이 후자 집단의 리더들은 강압과 지배를 피하면서 협의, 팀워크, 설득 및 협력을 수용했다.

카리스마 또는 변혁적 명칭의 획득

두 번째 차이점은 어떻게 해야 카리스마 리더 또는 변혁적 리더라는 명칭으로 불리게 되는지이다. 귀인이론은 추종자들이 그들의 리더의 특정한 행동을 관찰하고 리더가 영웅적이거나 뛰어난 리더십의 자질을 가지고 있다고 귀인한다. 이러한 귀인은 리더가 카리스마를 지니고 있거나 지니고 있지않은 것으로 보이는 근거를 형성한다.[71] 반면에, 변혁적 리더들은 추종자의 귀인에 의해 그들의 명칭을 얻지 않는다. 그들은 자신들이 이끄는 조직을 진정으로 변혁시켰기 때문에 변혁적 리더의 명칭을 얻는다. 이것은 추종자의 귀인이 아니라 개인의 과거 성과와 훈련 기록에 기초한 명성 또는 명칭이다.[72]

행동주의 대 비행동주의의 마음가짐

세 번째 차이점은 카리스마 리더와 변혁적 리더의 마음가짐에 있다. 카리스마 리더들은 좀 더 행동주의자적 마음자세를 갖는 경향이 있다. 그들은 정치적·사회적 주장이 변화에 영향을 주며 추종자들에게 더 좋은 삶을 제공하기 위한 기회라 여긴다. 이러한 주장을 추구하는 것은 카리스마 리더들에게 존재 목적의 의미 또는 느낌을 제공한다. 카리스마 리더들은 변화가 무르익은 정치적, 문화적, 그리고 사회적 조건들에 더욱 더 민감하다. 추종자들이 현 상태를 기꺼이 변화시킬 의사가 있음을 강조하는 행동주의를 격려하며 그들은 불만족한 분위기를 과장한다. 추종자들이 혼란과 집단적 스트레스를 경험할 때, 그들은 새로운 사회적 정치적 질서 측면에서 그들 경험에 의미를 줄 수 있는 리더에게 반응한다. 1960년대 King과 민권운동, 영국 점령하의 인도의 Ghandi, 1930년대 서방이 부과한 1차 세계대전 조약으로 인한 경제적 어려움에 대한 불만을 품은 독일의 Hitler가 그러했다. 좀 더 개인적 차원에서 Oprah는 아동들에 대한 몰입으로 그녀가 미국 상원 Judiciary Committee 앞에서 아동 학대범에 대한 국가적 데이터베이스를 만들 것을 증언하였고 1991년에 National Child Protection Act의 입법을 주도하게 했다. 1993년 12월 20일 Clinton 대통령은 "Oprah Bill"을 법으로 서명했다. 변혁적 리더들은 좀 더 전략적인 접근을 한다. 그들은 실패하는 조직의 문제를 진단하고 더 나은 조직으로 변혁시키기 위한 전략을 세울 수 있는 통찰력을 가지고 있다. 그들은 이익을 극대화하고 위협을 피하는 기회를 찾아서 활용한다. 사실, 그들은 정치적 논쟁에서 멀리 떨어지려 한다. 그들은 대부분 경제적 요소들에 의해 움직인다. 더 큰 기업의 사회적 책임에 대한 요구는 이 비활동적인 사고 방식에 도전한다.

직업적 여정

네 번째 차이점은 두 리더십 유형이 추구하게 되는 경력 경로이다. 변혁적 리더들은 궁극적으로 그들의 변혁적 자질을 보여줄 수 있는 최고경영자의 지위에 앉게 하는 유기적인 승진과 성장의 경력 경로를 따른다. 대조적으로, 카리스마 리더는 위기나 스트레스가 많은 사건의 진통에서 나타날 가능성이 더 크다. 예를 들어, 오랜 기간 미국에서 인종차별과 Jim Crow 법과 같은 상반된 가치관이나 신념 체계로 인해 조직이나 사회가 혼란에 빠졌을 때, King과 같은 카리스마 넘치는 리더가 개입하여 대안적 비전을 제시했다. 또한 리더는 단순히 자신의 타고난 카리스마적 자질 때문에 위기와 함께, 또는 위기 없이 무명에서 두각을 나타낼 수도 있다. 그런 리더는 이전의 이력 없이 대중연설에서 경력을 계속 추구할 수 있다. 소셜 미디어 문화는 오늘날 사회에서 많은 카리스마 넘치는 인물을 만들어 냈지만, 그들이 존재한다는 것 이외에 그렇게 인기 있고 영향력 있는 이유가 무엇인지 정확히 지적할 수 있는 사람은 거의 없다. 좀 더 무기질적인 경력 경로이다.

개인적 의미 또는 삶의 목적

카리스마 리더와 변혁적 리더의 다섯 번째 차이점은 자신들의 개인적 의미 또는 삶의 목적을 지각하는 방식이다. 카리스마 리더들은 아주 이른 단계에 자신의 개인적 의미 또는 삶의 목적을 표현하는 경향이 있으며 이것을 자기 행동의 추진력으로 사용한다. **개인적 의미(personal meaning)**는 사람의 삶이 감정적으로 이해되는 정도와 그들이 직면한 요구들이 자신의 에너지, 몰입, 심지어 그들의 삶에 가치 있는 것으로 지각되는 정도로 정의한다. 개인적 의미는 특히나 도전에 직면해 있는 개인들의 행동에 영향을 준다. Jodi Berg는 거의 100년 전에 설립된 가족 소유 기업인 Vitamix에서 여성 최초로 CEO 자리에 올랐다. 그녀는 자신의 성공이 부분적으로 직원들이 개인적인 목적을 찾고 따르도록 도움을 준 것에 있다고 생각한다.[73] 개인적인 의미나 목적을 갖고 있는 개인은 종종 자신의 직업에 대한 몰입, 임파워먼트, 만족 및 성취감이 증가했다고 보고한다.

개인적 의미는 사람의 삶이 감정적으로 이해되는 정도와 그들이 직면한 요구들이 자신의 에너지, 몰입, 심지어 그들의 삶에 가치 있는 것으로 지각되는 정도이다.

카리스마 리더들은 자신의 삶의 목적에 대한 확고한 신념을 가지고 있다. 자기

이익을 넘어 더 큰 선을 위해 봉사하는 목적. 목적은 그들의 삶에 의미를 부여한다. 그것은 변혁적 리더 행동보다 카리스마 리더 행동 뒤에 있는 동기부여 요인으로 더 자주 인용된다. 당신은 변혁적인 리더가 인생의 목적이 항상 Ford사의 CEO가 되어 Ford사를 되살리는 것이라 말하는 것을 듣지 못했다. 그러나 Mandela와 같은 카리스마 리더는 남아프리카의 평화와 자유가 항상 자기 삶의 목적이었다고 말하는 것을 들었을 것이다. 기꺼이 죽을 수도 있는 대의라고 말했다. 비폭력을 통해 인종적 정의와 평등을 추구하는 것은 King이 삶의 의미나 목적으로 본 대의였다. 암살 되기 하루 전날인 1968년 4월 3일, King은 테네시주의 멤피스에 있는 Mason Temple에서 위생 노동장의 파업을 지지하는 연설을 했다. 그는 일부 사람들이 자신의 죽음에 대한 예측이나 예언이라고 말하는 "산꼭대기에 다녀왔다"라고 불리는 연설을 했다.

적에 대한 위험 노출과 협박의 강도

카리스마 리더와 변혁적 리더의 여섯 번째 차이점은 각각이 자신들의 비전에 대한 적과 마주하게 되는 위험의 정도이다. 종종 카리스마 리더들을 향한 저항과 갈등의 감정적 수준은 변혁적 리더들을 향한 것보다 훨씬 더 극단적이다. 카리스마 리더들의 비전/대의에 대한 지지자와 반대자 사이는 더욱 더 양극화가 된다. 그들은 카리스마 리더들의 주장을 사랑하거나 또는 증오한다. 중간적 입장은 거의 없다. 이것이 카리스마 리더들이 변혁적 리더들보다 폭력적인 죽음(예를 들어, King, Kennedy, Mussolini, Hitler, 그리고 Gandhi)을 더 많이 맞이하는 이유를 설명한다. 변혁적 리

도표 10.6 카리스마 리더십과 변혁적 리더십의 비교 및 대조

	카리스마 리더	변혁적 리더
a. 카리스마적 성격	항상	항상 아님
b. 현 상태 변화시키기	항상	항상
c. 명칭의 획득	추종자의 귀인	성과에 기초함
d. 마음가짐	행동주의자적 마음가짐	전략과 재무적 목적에 초점을 맞춤
e. 경력 경로	위기/사건 통해 출현	사내 승진 사다리를 타고 전진
f. 개인적 의미 또는 삶의 목적	조직 식별 및 알고 있음	일상적 논의가 아님
g. 위험 노출	더 큰 양극화 및 강한 위협 위해 및 살해 위협	낮은 성과로 인한 사업적 위기 사임 또는 해고

더의 비전에 대한 저항은 덜 감정적이다. 대부분의 경우, 변혁적 리더는 자신의 비전에 대한 끊임없는 저항이나 갈등에 직면하거나 또는 성과가 좋지 않은 경우 직장을 잃거나 사임한다. 도표 10.6은 변혁적 리더와 카리스마 리더의 특성을 비교한다.

도입사례 응용

6. Oprah는 인생의 분명한 개인적 의미나 목적을 갖고 있는 것처럼 보인다. 어떤 요인들이 그녀의 이해에 기여했다고 생각하는가?

Oprah 자신의 목적 또는 개인적 의미는 다른 사람들이 자기 인생 최고의 잠재력을 달성하도록 돕는 것이라 믿는다. Oprah의 평생 경험, 가치관, 믿음은 그녀의 개인적 의미를 형성하는 데 도움이 되었다. Oprah는 공개적으로 자신의 강한 믿음과 영성에 대해 이야기한다.

서번트 리더십

학습목표 10.5

효과적인 서번트 리더의 네 가지 주요 특성을 확인한다.

이 절에서는 Robert Greenleaf의 서번트 리더십 개념화에 대해 논의하고, 효과적인 서번트 리더의 핵심 특성을 식별하고 설명하며, 서번트 리더가 추종자와 조직 결과에 미치는 영향에 대한 몇 가지 연구결과를 제시한다.

Greeenleaf의 서번트 리더십 개념화

Robert Greenleaf는 30여 년에 전에 서번트로서의 리더의 개념을 처음 소개했다. 오늘날, 전 세계에 11개 지사를 포함하는 글로벌한 연구범위를 가진 Greenleaf 서번트 리더십 센터가 있다.[74] Greenleaf에 따르면, 서번트 리더십은 섬기려는 열망에서 시작된다. Greenleaf 이전에는 리더로서 서번트가 된다는 개념은 리더십의 반대 개념이었다. 이것은 '종'이라는 호칭은 주로 리더가 있는 부하 위치의 사람에게 적용된다는 인식이 지배적이기 때문이다. 조직의 상황에서, 서번트는 CEO, VP 및 조직의 계층을 따라 존재하는 다른 리더와 같은 고위 경영진을 돌보는 사람으로 간주된다. Greenleaf의 서번트 리더십 이론의 개념화는 조직의 리더가 자기 아래에 있는 사람들에게 봉사하도록 조직의 "피라미드를 뒤집었다".[75] 이것은 먼저 '봉사'하고 두 번째로 '이끄는' 상향식 리더십 이론이다.[76] 서번트 리더십은 조직 목표달성을 위해 다른 사람을 이끄는 동기로 시작하는 다른 리더십 모델과 달리 다른 사람에게 봉사하려는 동기에서 시작한다. 서번트 리더의 이념은 타인의 삶에 긍정적인 변화를 만들고자 하는 열망에 뿌리를 두고 있다. 그들의 추종자들도 똑같이 하도록 요구받는다.[77]

서번트 리더십의 핵심에는 신뢰, 신용, 그리고 긍정적인 관계를 구축하는 데 기반이 되는 연민과 봉사의 태도가 있다.[78]

전통적인 리더십 이론은 조직의 사명, 비전 및 목표가 실현되도록 전면에서 리더와 리더의 역할을 부각시킨다. 리더는 추종자들이 명령을 받는 권위자이다. 서번트 리더십의 옹호자들은 리더십은 다른 사람에게 지시하는 것과 관련이 적으며 다른 사람들의 욕구를 리더의 욕구보다 우선하는 것과 더 관련이 있다고 주장한다.[79] 서번트 리더십은 리더는 권력이 아니라 도덕적 영향력의 위치에서 이끌며 매우 추종자중심적인 사람이라고 묘사한다. 이것은 공감, 친절, 정직, 겸손, 평등, 도덕적 청렴, 임파워먼트, 유연성, 그리도 특히 권력 또는 영향력이 더 적은 다른 사람에 대한 존경을 요구하는 리더십 이론이다.[80] 이러한 속성들은 일부 사람들이 서번트 리더십을 설명하기 위하여 가치에 기초한 리더십이란 용어를 사용했는지를 설명해 준다. 서번트 리더의 결정과 행동에 영향을 미치는 것은 바로 이러한 가치이기 때문이다.[81] 서번트 리더십은 공공 정책에서 빈곤과 경제적 착취를 해결하는 것과 같은 도덕적 규범을 옹호한다.[82] 서번트 리더는 높은 수준의 감성지능을 보이는 경향이 있으며 다른 유형의 리더들보다 추종자와 관계를 맺는데 더 효과적이다.[83] 이런 배경으로부터, **서번트 리더십(servant leadership)**을 전문가적으로 그리고 개인적으로 성장할 수 있도록 다른 사람들을 도우며 그들의 욕구에 봉사하기 위하여 자기이익을 초월하는 리더십이라 정의한다. 여기에서 논의된 많은 특성은 Veronica Juarez가 Lyft에서 사회적 기업의 지역 부사장으로 한 일에 예시되어 있다. Lyft는 그녀의 작업을 통해 소외된 사람들이 의료 약속, 직업 교육 및 새로운 직업에 가기 위한 교통편을 이용할 수 있도록 돕는 파트너십을 구축했다.

서번트 리더십은 전문가적으로 그리고 개인적으로 성장할 수 있도록 다른 사람들을 도우며 그들의 욕구에 봉사하기 위하여 자기이익을 초월하는 리더십이다.

효과적인 서번트 리더들의 특성

다른 리더십 유형과 마찬가지로 서번트 리더들도 비전을 가지고 있다. 그들은 현재보다 더 나은 미래에 대한 비전을 공식화한 다음 이해하고 흥분할 수 있는 방식으로 추종자들과 비전을 공유할 수 있다. 다른 리더십 이론과 서번트 리더의 차이점은 비전을 향한 여정의 본질이다. 서번트 리더는 우리 모두가 서로에 대한 도덕적 의무가 있으며 리더로서 섬기고 이끌어야 한다는 관점에서 운영한다. 리더십은 최상층에서 지시를 내리는 것이 아니라 지상층에서 봉사할 수 있는 기회로 간주된다. 이것은 강력한 서비스 성향과 도덕적·영적 기반에 중점을 둔 리더십 접근 방식이다. 따라서 서번트 리더십의 핵심은 남을 위한 봉사이다. 이것은 섬기라는 부르심이다. 이것은 추종자를 먼저 생각한다. 더 많은 사람들이 그 아이디어에 대해 냉소적이거나

사진 10.2 LyftUp Access Alliance는 전국의 소외된 지역 사회에 있는 사람들을 지원하는 자전거 공유 프로그램이다.

Photographer: David 'Dee' Delgado/Bloomberg via Getty Images

회의적인 경향이 있기 때문에 이것은 결코 쉬운 제안이 아니다. 서번트 리더십 중 가장 어려운 부분은 냉소주의와 비관주의를 줄이고 이상주의와 낙관주의를 키우는 것이다.

기독교의 지속적인 이미지는 예수 그리스도가 최후의 만찬에서 제자들의 발을 씻어 준다고 제안하고 '선한 목자'로 묘사하는 모습이다. 이 두 가지의 예는 이끌기 전에 섬기는 것을 강조하는 서번트 리더십에 대한 은유이다.[84] 이것은 다른 교회나 종교 지도자들이 채택한 표준이다. 프란치스코 교황은 로마 가톨릭 교회의 수장으로 등장한 첫 순간부터 행동과 말을 통해 겸손함을 보였다. 새 교황으로 대중과 맞이하는 첫 공개석상에 모습을 드러낸 후 그는 기다리는 리무진을 타는 대신에 마지막 버스를 타고 주교의 숙소로 돌아갔다고 보도되었다. 그는 분명히 사람들의 종으로 자신을 표현하고 있다. 성목요일에 여자들의 발을 씻어주기로 한 그의 결정은 그가 추종자들의 종이 되고자 하는 분명한 신호였다. 많은 관찰자들은 사도의 궁전에서 살기를 선택하지 않은 그의 겸손, 군주제의 상징 착용 거부, 일반 식당에서 식사하고 일반 사람들과 함께 미사를 거행하고자 하는 그의 열망에 감탄한다.[85]

불행한 사람들을 돕는 것에 헌신하는 수녀들의 가톨릭 단체인 Missionaries of Charity를 설립한 故 Mother Teresa가 또 다른 서번트 리더십의 예이다. 인도의 콜카타(Kolkata, 이전의 Calcutta)에서 시작한 Missionaries of Charity는 100개가 넘는 국가에서 가난한 사람, 죽어가는 사람, 고아, 나병 환자, 에이즈 환자를 도울 정도로 성장하였다. 필요한 사람들을 돕기 위한 Mother Teresa의 사심 없는 노력은 서번트 리더십의 진정한 모델이며 그녀의 추종자도 같은 일을 하도록 교육받았다.

서번트 리더십은 권력과 통제에 관한 것이 아니다. 이것은 다른 사람에 대한 효율적인 서비스와 이와 관련하여 추종자를 성과의 동인으로 보는 것이다. 도표 10.7은 효과적인 서번트 리더의 네 가지 핵심 특성을 강조한다. 이것은 완전한 목록이 아니라는 점에 유의해야 한다. 일찍이, Greenleaf는 10가지 특징 또는 특성을 제안했으며, 수년에 걸쳐 그 수는 44가지 특징으로 증가했다.[86] 이름의 중복과 변형이 있어 여기서 나열하고 논의하는 네 가지로 요약할 수 있다.

도표 10.7 효과적인 서번트 리더의 속성들

다른 사람들의 내적 영성 찾기를 돕기

서번트 리더의 역할은 추종자들이 차이를 만들기 위한 내적 영성의 강점과 잠재력을 발견하도록 돕는 것이다.[87] 이것은 서번트 리더들이 다른 사람들의 환경에 감정이입을 하는 것을 요구한다.[88] 그들은 자신들의 영향권 내에 있는 사람들을 전적으로 수용하고 공감한다.[89] 그들은 자신이 지지하는 가치와 기대를 모델로 만들고 추종자들은 이를 모방한다. Mother Teresa는 수백 명의 추종자들이 그녀의 수도회에 합류하여 다른 사람들을 섬기도록 영감을 줄 수 있었다.

다른 사람의 신뢰를 받고 유지하기

서번트 리더들은 정직함과 자신의 말에 대한 진실함으로 추종자의 신뢰를 얻는다. 그들은 자신의 청렴성을 보존하기 위해 열심히 일한다. 그들은 숨겨놓은 문제 같은 것이 없으며, 조직을 전진시키는 데 도움이 될 수 있다면 권력, 보상, 인정, 그리고 구성원 통제 등의 포기를 두려워하지 않는다. 이것이 서번트 리더들이 추종자들과 강한 관계를 형성하는 방법이다. 서번트 리더십은 권력이 아닌 신뢰, 겸손, 교만이 아닌 진정성에 기초한 영향력에 관한 것이다.[90]

자기이익 보다 봉사

서번트 리더십의 특징은 다른 사람에 대한 힘과 통제를 얻기 위한 욕망이기보다는 다른 사람을 돕고자 하는 욕망이다. 다른 사람에게 올바른 것을 하는 것은 자신의 자리를 보호하는 것보다 우선한다.[91]

효과적 경청

종종 리더들은 자신의 비전과 메시지를 다른 사람에게 전달하는 데 너무 열중하여 그들이 이끄는 사람들의 말을 듣지 않는다.[92] 서번트 리더는 추종자들에게 자신의 의지를 강요하지 않고 그들의 문제, 요구, 도전에 주의 깊게 귀를 기울인다. 그들은 자신의 추종자들에게 사랑, 수용, 격려를 보여준다.[93] UPS의 Carol Tomé는 이를 신봉한다. 그녀는 회사의 낮은 수준의 사람들과 만나고 그들의 마음의 최전선에 귀를 기울이는 'Skip Level Meetings'이라고 명명한 것을 개최한다. 이것은 회사의 리더로서 그녀의 행동과 의사결정을 알리는 데 도움이 되었다.[94]

서번트 리더의 추종자 결과에 대한 효과

수년에 걸쳐 학자들은 서번트 리더십과 관련된 많은 긍정적인 추종자 결과를 발견했다. 과거 연구는 서번트 리더가 추종자에게 미치는 영향을 다음과 같이 밝혀냈다.

- 서번트 리더는 추종자의 정서적 몰입과 규범적 몰입 그리고 직무만족을 높인다.[95]
- 서번트 리더십이 증가된 감독 신뢰와 연결된다.[96]
- 서번트 리더십은 낮은 구성원 이직의도와 관련된다.
- 서번트 리더는 7장에서 논의한 리더-추종자 교환관계를 강화한다.[97]
- 추종자들은 서번트 리더와 더 좋은 일-삶 균형을 갖는다고 보고한다.

다른 형태의 리더십이 이러한 결과와 유사한 상관관계를 갖고 있는 것으로 발견된 반면에, 최근 연구에 따르면 서번트 리더십은 다른 형태의 리더십—변혁적, 카리스마적, 거래적—의 긍정적인 이점을 더욱 향상시킬 수 있다고 보고했다. 예를 들어, 이 연구는 위기와 불확실성의 시기에 변혁적, 거래적, 카리스마 리더의 서번트 리더십 자질은 위기관리의 효과성을 향상시킬 수 있다.[99, 100]

이 장의 논의는 변화하는 환경에서 현상을 유지하는 것이 조직의 쇠퇴와 궁극적인 무의미함의 비결이라는 명제 아래 작동하는 세 가지 리더십 유형(카리스마 리더십, 변혁적 리더십, 서번트 리더십)을 강조했다. 이러한 리더십 이론은 추종자들이 더 나은 미래를 상상하고 그것을 실현하기 위해 노력할 것을 요구한다. 이것은 이러한 리더십 이론을 이해하고 모든 장소와 수준에서 조직적 리더십의 실천에 응용하는 것이 중요하다는 것을 절대적으로 확증하는 것이다.

업무응용 10.5

대학이나 직장에서 만난 리더 중 서번트 리더에게 적합하다고 말할 수 있는 리더를 1명 찾아보자. 이유를 설명해보자.

요약

10.1 Max Weber가 리더십에 카리스마를 적용한 것과 카리스마의 위치에 대한 지배적인 견해를 설명해보자.

Weber는 '카리스마'라는 용어를 사용하여 전통적이거나 법적-합리적인 권위 체계가 아니라 리더가 신성한 영감이나 초자연적인 자질을 부여받았다는 추종자들의 인식에 기반한 리더십 영향력의 한 형태를 설명했다. 이것은 추종자의 귀인에 기초한 관계적인 개념이다. Weber는 카리스마 리더를 잠재적인 추종자들에게 호소력이 있을 뿐만 아니라 리더가 비범한 재능을 가지고 있다고 믿기 때문에 그것에 따라 행동하도록 강요하는 초월적인 비전이나 행동 과정을 혼자서 시각화하는 사람으로 보았다. 추종자는 리더의 비전을 받아들인다.

카리스마 위치에 대한 지배적인 견해는 그것이 타고난(선천적) 특성(타고난 카리스마)인지 또는 후천적 특성(만들어진 카리스마)인지이다. 카리스마는 타고난 동시에 후천적이라는 데 의견이 일치된다. 어떤 사람들은 타고난 카리스마를 가지고 있는 반면, 다른 사람들은 스트레스를 받거나 위기 상황에서 그들이 행동한 방식 때문에 사회로부터 그들의 카리스마적 자질을 얻는다.

10.2 사회화된 카리스마 리더와 개인화된 카리스마 리더의 형태를 구분한다.

사회화된 카리스마 리더(SCL)는 조직중심의 목표를 추구하며 추종자 임파워먼트, 개인 성장 및 리더십 역할 참여를 촉진한다. 사회화된 카리스마 리더에게 보상은 조직의 비전 및 사명과 일치하는 행동을 강화하는 데 사용된다. 사회화된 카리스마 리더들은 응집력이 있는 팀의 일부인 추종자를 갖는 경향이 있다. 그들은 조직의 사명과 목표와 일치하는 가치에 기초한 메시지를 전달한다. 그들은 자신에 대한 헌신보다는 이상에 대한 헌신을 불어 넣기 위해 노력한다.

개인화된 카리스마 리더(PCL)는 리더중심의 목표를 추구하며 순종, 의존, 복종을 요구한다. PCL은 권위주의적이고 착취적인 경향이 있다. 그들은 보상과 처벌을 이용하여 추종자를 조종하고 통제하며, 정보를 제한하거나 또는 리더의 이미지를 보존하거나 조직에 대한 외부 위협을 과장하기 위해 사용한다. 개인화되거나 부정적인 카리스마 리더들은 이상보다 자신에 대한 헌신을 강조한다. 이러한 리더들의 의사결정은 종종 이기적인 것이다. 집단의 성과는 자기 영광의 용도로 사용된다. 이념적 호소는 권력을 잡기 위한 책략일 뿐이고, 권력을 잡은 후에는 이념을 무시하거나 자의적으로 리더의 사익을 위해 바꾼다.

10.3 변혁적 리더십과 거래적 리더십 모델을 설명한다.

이 두 가지 리더십 모델은 유명한 학자 J. M. Burns와 Bernard Bass에 의해 개척되었다. 거의 10년 뒤 Bass가 개념을 확장하기 이전에 Burns는 1978년에 처음으로 변혁적 리더십에 대한 개념을 명확히 하였다. Burns는 변혁적 리더십과 거래적 리더십이라는 2개의 리더십 모델을 제안했다. Bass는 변혁적 리더를 조직의 사명과 비전에 관심의 초점을 맞추고, 조직이 직면한 문제/위협에 대한 추종자들의 인지도를 증가시키며, 행동에 대한 지지를 얻고, 그리고 좀 더 큰 조직의 이익을 위하여 자기이익 너머를 보도록 추종자를 확신시키는 능력을 갖고 있는 사람으로 보았다. 본질적으로 어려움을 겪고 있는 조직을 회생시키는 데 필요한 단계를 분명히 한다. Bass의 관점에서 거래적 리더십은 리더가 추종자의 요구를 인식한 다음 추종자의 요구와 리더의 기대를 모두 충족시키기 위해 적절한 교환과정를 정의하는 교환과정으로 간주된다. 거래적 리더십은 지속적인 운영 또는 전략 실행의 효율성에 관한 것이므로 작업 완료, 보상 및 처벌에 중점을 둔다. 따라서 변혁적 모델은 현재 상태를 변화시키는 것에 관한 것인 반면에 거래적 모델은 리더가 추종자의 요구를 이해하고 추종자의 요구와 리더의 기대를 모두 충족시킬 수 있는 적절한 교환과정을 정의하는 교환과정에 관한 것이다.

10.4 카리스마 리더십과 변혁적 리더십의 특징을 비교하고 대조한다.

두 리더십 유형은 카리스마와 비전이 중심 개념이라는 점에서 유사하다. 또한 두 리더십 유형 모두 자신들의 비전을 믿도록 추종자에게 영향을 미치는 능력을 공유한다. 이들은 여러 면에서 다르다.

효과적인 카리스마 리더와 변혁적인 리더가 공유하는 자질은, 약간의 변형은 있지만, 비전, 탁월한 의사소통 기술, 자신감 및 낙관주의, 신뢰를 고취시키는 능력, 높은 위험성향, 높은 에너지 및 행동지향성, 관계적 권력 기반, 강한 신념, 다른 사람을 임파워먼트시키는 능력, 자기 촉진적 성격, 이타심, 행동주의적 사고방식 등이다.

카리스마 리더는 본질적으로 변혁적이다(그들이 추구하는 변혁의 종류에 관계없이), 그러나 모든 변혁적 리더가 카리스마가 있는 것은 아니다. 이 둘은 카리스마적이다 또는 변혁적이다라는 꼬리표를 얻는 방법이 다르다. 카리스마는 개인이 카리스마적 자질을 가지고 있다고 믿는 추종자들의 귀인에 의해 부여된다. 변혁적은 과거의 성과에 기초하여 획득하는 칭호이다.

카리스마 리더는 변혁적 리더보다 행동주의적 사고방식을 갖는 경향이 있다. 그들은 변화에 영향을 미치고 추종자들에게 더 나은 삶을 제공하기 위한 기회로 정치적, 사회적 대의를 사용한다. 변혁적 리더는 접근 방식에서 보다 전략적이다.

카리스마 리더들은 변혁적 리더들보다 훨씬 더 어린 나이에 자신의 목적이나 개인적인 의미를 형성하는 경향이 있다. 변혁적 리더들은 자신의 변혁적 능력을 발휘할 수 있는 리더십 위치로 이끄는 경력 경로를 따른다.

변혁적 리더들보다 카리스마 리더들을 향한 저항과 갈등의 정도가 훨씬 더 극단적이다. 이것이은 왜 카리스마 리더가 변혁적인 리더보다 폭력적인 죽음을 맞는지 설명할 수 있다.

10.5 효과적인 서번트 리더의 네 가지 주요 특성을 확인한다.

Robert K. Greenleaf는 30여 년 전에 서번트로서의 리더의 개념을 처음 소개했다. 오늘날, 글로벌한 연구를 위하여 전 세계에 11개의 지사를 갖고 있는 Greenleaf Center for Servant Leadership이 있다. Greenleaf에 따르면 서번트 리더십은 섬기려는 열망에서 시작된다. Greenleaf 이전에는 리더가 서번트라는 개념은 리더십의 정반대되는 것이었다. 이것은 일반적으로 서번트는 리더가 주도권을 잡고 있는 부하직원의 지위에 있는 사람에게 적용되기 때문이다. 조직적 맥락에서, 서번트는 CEO, VP 및 조직 계층에 따른 다른 리더 등의 고위 간부들을 돌보는 사람으로 간주된다. Greenleaf의 서번트 리더십 이론의 개념화는 조직의 리더가 조직의 다른 구성원에게 봉사하도록 조직의 '피라미드 뒤집기'이다.

핵심용어

개인적 의미	거래적 리더십	사회화된 카리스마 리더	조직시민행동
개인화된 카리스마 리더	변혁적 리더십	서번트 리더십	카리스마
	비전		카리스마 리더십

연습문제

1. 카리스마적 자질을 얻는 방법을 설명해보자.
2. 변혁적 과정의 4단계를 설명해보자.
3. 카리스마 리더가 어떻게 탁월한 의사소통 기술을 사용하여 자신의 변화를 주장할 수 있는지 구체적으로 설명해보자.
4. 왜 카리스마 이론이 양날의 검이라고 묘사되는가?
5. 변혁적이며 카리스마적인 리더와 관련되어 있는 4개의 행동차원에 대해 설명해보자.
6. 효과적인 카리스마적이며 변혁적인 리더의 주요 특징을 찾아보자.
7. 카리스마 리더와 변혁적 리더를 대조하여 설명해보자.
8. 서번트 리더의 핵심적인 특성을 설명해보자.
9. 카리스마 리더십이 추종자에게 미치는 영향에 대해 논의해보자.

비판적 사고 문제

아래에서 제시한 질문들은 의사소통 기술을 개발하기 위해서 강의시간에 토론하거나 과제로도 활용할 수 있다. 모든 질문에 완벽하게 답해보자.

1. 카리스마 리더에 대한 강한 감정적인 애착과 충성심은 추종자에게 이익과 손해를 동시에 줄 수 있다. 이 두 형태가 추종자에게 줄 수 있는 영향에 대해 설명해보자.
2. 카리스마는 타고난 특성일 수도 있고 또는 후천적인 특성일 수도 있다. 타고난 카리스마를 가진 리더가 후천적인 카리스마를 가진 리더보다 영향력이 더 크거나 효과적이라고 생각하는가?
3. 5장에서, 다른 종류의 힘 — 합법적, 보상, 강제적, 준거, 전문가, 연결, 그리고 정보의 힘 — 과 영향력을 행사하는 전술에 대해 토론하였다. 어떤 종류의 힘이 카리스마 리더와 가장 관련이 있으며, 그 이유는 무엇인가?
4. 카리스마 리더와 변혁적 리더를 위한 효과적인 의사소통 기술의 중요성을 설명해보자.
5. 서번트 리더십은 섬기며 이끌 수 있는 것을 강조한다. 이것이 모순이라고 생각하는가 아니면 실천할 수 있다고 생각하는가?
6. 모든 사람들이 서번트 리더가 될 수 있는 동일한 능력을 갖고 있다고 믿는가, 아니면 일부 사람들이 선천적으로 서번트 리더로서의 성향을 더 많이 갖고 있다고 생각하는가?

사례: Beto Perez — 열정으로 이끌기

Beto Perez는 모두에게 친숙한 이름은 아니지만 댄스 및 피트니스 분야에서 그는 잘 알려진 상품이다. 그는 전 세계 180개 이상의 국가에서 100,000명 이상의 강사가 1,400만에서 1,500만 사이의 참가자를 대상으로 가르치는 인기 있는 댄스 피트니스 프로그램인 Zumba의 창시자이다. 우연히 시작되었다는 점을 감안하면 매우 놀랄 일이다.

Perez는 14세에 미혼모 밑에서 성장하며 가족을 부양하기 위해 일하기 시작했다. 그가 16살이 되었을 때, 그의 엄마는 미국으로 (혼자) 이사했고, 그는 에어로빅 수업을 가르치는 조건으로 댄스학교에 입학했다. 수업용으로 정해진 음악 메뉴가 있었으나 어느 날 Beto Perez는 갑자기 테이프를 가져오는 것을 잊어버려서 즉흥적으로 연주를 해야 했고 살사와 메렝게 음악이 혼합되어 담긴 테이프를 집어 들며 그의 댄스 운동 열풍이 시작되었다. 그는 계속해서 학급의 크기를 늘려 갔으며, 13년 동안 보고타로 이사해 살았으며 결국 1999년에는 마이애미로 이사했다. 초기에 약간의 투쟁을 한 후에 그는 강력한 청중과 추종자들과 함께 자신을 확립했다. 그의 고객 중 1명이 그를 그의 최종 파트너에게 소개했으며 Zumba는 날개를 달고 날아올랐다.

그의 이야기는 끈기, 스스로 할 것, 무에서 유를 창조하는 것에 관한 것이다. 미국에 도착하자, 그와 그의 파트너는 DVD를 개발하여 정보 광고를 통해 판매하기 시작했다. 그들은 전국에서 트레이너가 되고 싶어 하는 강력한 추종자들을 발견하였다. 이 현상은 계속해서 인기를 얻었으며 곧 수백 명의 트레이너가 인증받기를 원했으며 월 사용료를 내고 콘텐츠 도서관에 접근 허가를 받기를 원했다. 이러한 트레이너들은 매년 수억 달러로 추산되는 전 세계적인 성장의 발판을 마련했다. 그들은 의류, 비디오 게임, 훈련 세션 등을 포함한 다양한 제품 라인을 개발했다.

아무 것도 없이 시작하여 세계적인 제국으로 성장시킨 사람의 이야기를 따라가는 것은 대단한 일이다. 블루오션과 같은 주제를 고려해 볼 때, 그는 진정으로 하나의 블루오션을 찾아서 아무도 예측하지 못한 것을 이루었다. 그는 접하는 공간(운동)을 찾아 자신이 좋아하는 것(댄스)과 혼합하여 새로운 제품으로 만들어 그의 수업을 전 세계로 가져갔고, 모든 세대의 사람들이 재미있고 칼로리를 소모하는 활동에 참여할 수 있도록 했다. 리더십 접근 방식으로서, 그것은 주로 존중을 통한 리더십에 기초하고 있다. 그것은 (그의 공동 설립자 중 한 명인 Alberto Perlman에 따르면) Zumba Fitness 문화의 일부이며, 그는 "자아는 당신의 친구가 아니다"라고 말하며 계속해서 회사와 함께 한다.

성공적인 사업의 소유자지만, Perez가 춤과 음악에 대한 사랑 때문에 여전히 일주일에 5개의 수업을 가르치는 것을 보게 될 것이다. 그의 추종자들은 그가 좋아하는 일을 하면서 나누는 에너지와 열정을 즐긴다. 또한 그는 지역 사회에 환원하는 방법과 매우 정기적으로 원인을 찾는다. Florida International University에서 암 투병 중인 학생을 돕기 위한 장학 프로그램을 위한 기금 마련과 같은 자선 행사에 무료 수업을 제공하는 것은 그의 자선적 리더십의 한 예이다. 전체적으로 볼 때, Zumba Fitness는 중앙 아메리카에서 암에 걸린 어린이들을 위한 여름 캠프를 지원하는 것을 포함하여 미국과 해외에서 사회 및 의료 활동을 위해 수백만 달러를 모금했다.

그가 말했듯이 그의 성공에 원동력이 된 것은 음악이었다. 그는 상황을 바꾼다. 그는 마치 파티처럼 느껴질 정도로 음악을 믹싱한다(노래가 한 트랙에서 다른 트랙으로 바뀌는 것처럼).

물건을 신선하게 유지하고 같은 것에 결코 만족하지 말라는 것이 다른 사람들에게 주는 교훈이다. 그것은 콜롬비아에서 경력 초기에 그가 함께 일했던 사람들(예: Shakira 등)로부터 배운 것과 관련이 있다. 그 교훈은 지속 가능성에 관한 것이었다. 장기적으로 성공하려면 지속 가능한 비즈니스와 지속 가능한 고객 기반을 만들어야 한다. 그는 봉사에 대한 열정과 헌신을 통해 20년 동안 이 일을 해왔다.

50대가 된 지금 그가 다른 사람들에게 전하려고 하는 한 가지 교훈은 사람들이 열심히 일해야 한다는 사실이다. 당신은 서두르지 말고 시간을 투자해야 하며, 당신의 프로그램이나 서비스에 참여하고 당신을 믿는 진정한 추종자들을 만들어야 한다. 그런 사람들이 당신이 성장하고 유지하는데 도움이 될 추종자들이다.

Perez는 커다란 성공을 거뒀음에도 불구하고 여전히 그 열정을 수행하고 있다. 1년 전이나 10년 전 그의 인터뷰들 모두가 Zumba에 대한 같은 수준의 흥분과 열정으로 반향을 일으키고 있다. 브랜딩 관점에서는 이해할 수 있지만 정상적인 상황에서 다른 사람들은 약간 뒤로 물러나기 시작할 것이다. Perez는 아니다. 그는 직업윤리, 인내, 그리고 그가 하는 일에 대한 일반적인 열정과 사랑을 통해 리더십을 보여준다. 그는 어렸을 때부터 항상 열심히 일해야 한다는 것을 배우면서 직업윤리를 확립했다. 그의 끈기는 춤과 음악에 대한 그의 꿈과 사랑을 따르는 것에 관한 것이다. 그것은 8살 때부터 지금까지 그가 되고 싶은 사람의 중심이 되어 왔다. 춤을 추고, 음악을 공유하고, 다른 사람들에게 행복을 가져다주고자 하는 그의 열정과 연결되어 그것은 당신에게 무엇이든 가능한 것에 대한 완전한 그림을 제공한다. 이 시점에서 순전한 추종자의 수는 거의 사후 고려 사항이지만 잊어버린 이슈는 아니다. 만일 당신이 적절한 타이밍, 열정 및 계획이 있다면 성공을 가로막는 거대한 장애물을 통해 사람들을 이끌 수 있다는 것을 이것은 상기시켜 준다.

사례실습과 역할연기

준비: 당신이 변화하는 시장상황에서 방향의 재조정이 요구되는 조직 또는 조직 단위 리더 중 하나라고 가정한다. 당신의 업무는 조직을 변혁시킬 새로운 비전과 사명 선언문을 만드는 것이다.

교실 내 집단 또는 가상공간에서의 분류: 4~6명으로 구성된 그룹으로 나누고 15 단어 이하의 영감을 주는 비전과 100 단어 이하의 사명 선언문을 개발한다.

역할연기: 한 학생(그룹을 대표하는)이 팀의 비전과 사명 선언문을 다른 학생들 앞에서 발표한다. 발표가 끝나면, 교수는 가장 영감적이며 감탄하게 만드는 비전과 사명을 발표한 사람에게 투표할 것을 요구한다.

다음 가이드라인을 참조한다.

1. 집단의 비전에 영향을 주었던 핵심적인 환경적 트렌드 또는 변화를 찾아낸다.
2. 조직이 갖고 있거나 또는 조직이 갖길 원하는 핵심가치의 목록을 만들고, 이것들을 사명 선언문에 포함시킨다.

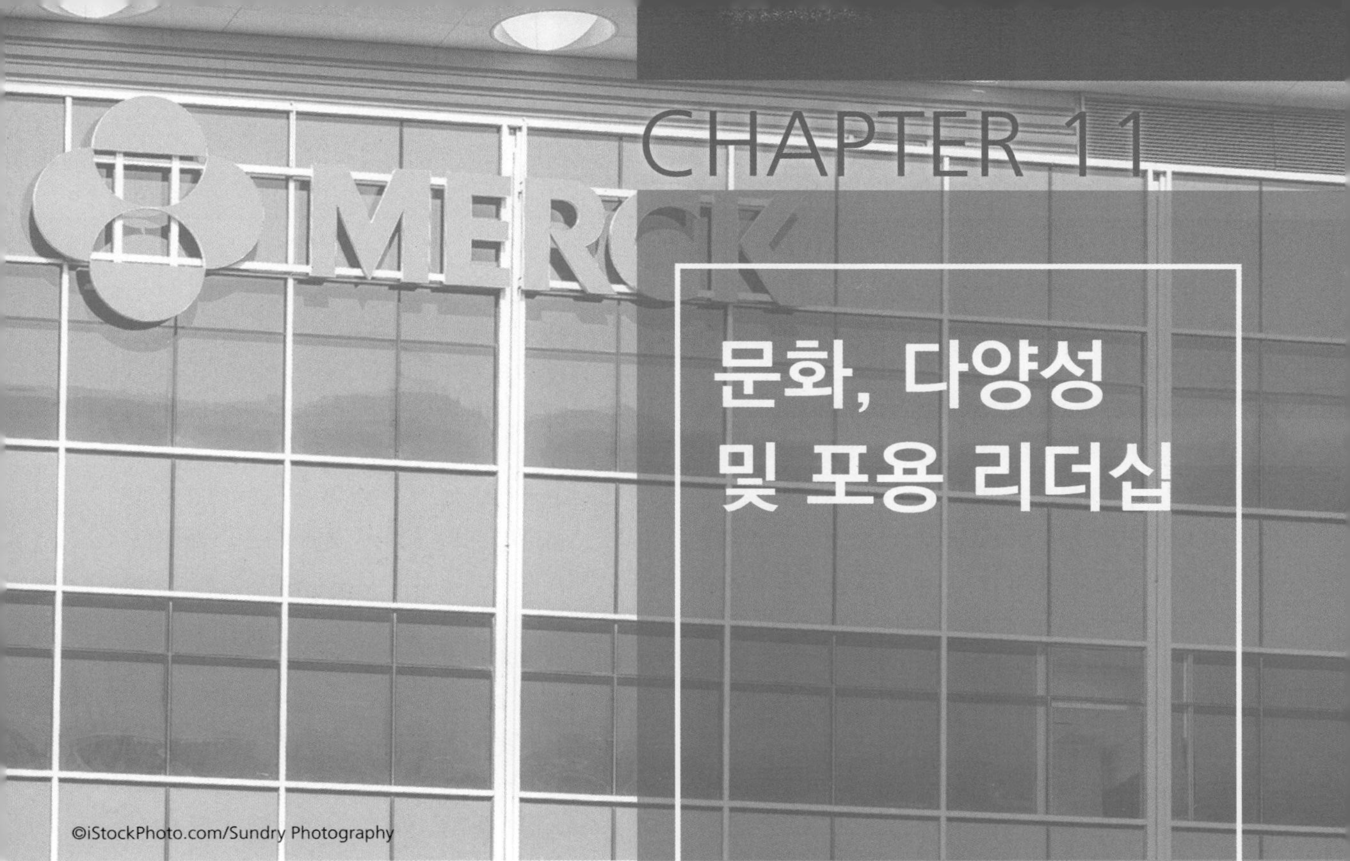

©iStockPhoto.com/Sundry Photography

CHAPTER 11

문화, 다양성 및 포용 리더십

학습목표

이 장을 학습한 후에는 다음을 할 수 있어야 한다.

11.1 조직문화 및 조직의 관행에 영향을 미치는 영향력을 설명한다.

11.2 의도적인 설계에 의한 문화창조와 우발적인 문화창조를 설명한다.

11.3 강한 문화를 조성하고 유지하기 위해 리더가 취할 수 있는 중요한 행동들을 파악한다.

11.4 강한 고성과 문화와 약한 저성과 문화의 특징을 설명한다.

11.5 조직에서 일반적으로 발견되는 네 가지 유형의 문화를 식별한다.

11.6 진정성 리더가 되는 것과 진정성 리더가 팔로워 행동에 미치는 영향 및 비즈니스의 윤리적 가치를 설명한다.

11.7 점점 더 글로벌화되는 사회에서 문화적 차이를 이해하는 것의 중요성을 설명한다.

11.8 다양성, 공정성 및 포용성이 오늘날의 비즈니스 환경에서 리더십과 조직의 필수 요소로 간주되는 이유를 설명한다.

11.9 다양성, 공정성 및 포용성을 수용하기 위한 도덕적, 법적, 비즈니스 사례를 설명한다.

11.10 강한 다양성, 공정성 및 포용성 문화 조성에 기여하는 요인들을 파악한다.

Kenneth Frazier, Merck의 이사회 의장이자 전 CEO

2021년 2월, Kenneth Frazier는 2021년 6월 30일에 30년 가까이 함께 한 Merck의 CEO 자리에서 물러날 것이라고 발표했다. 그는 이사회 의장직은 계속 맡기로 했다.

과학자이거나 판매원이거나 백인 남성이 지배하는 이 산업에서 Frazier가 Merck의 최고 직책에 오른 것은 이례적이었다. 변호사 교육을 받은 그는 필라델피아 시내에서 별로 교육을 받지 못했던 잡역부 아버지 밑에서 자랐다. Frazier는 그가 존경하고 숭배하는 아버지를 "그가 만난 가장 지적인 사람 중 한 명"이라고 묘사한다. 시작은 초라했지만, Frazier는 글로벌 비즈니스에서 가장 주목받는 직책 중 하나로 승진했다. 퇴진하기 전, 그는 오늘날 Fortune 500대 기업을 이끄는 4명의 흑인 CEO 중 1명이었다. 정말 대단한 여정이었다!

Frazier는 1992년에 Merck의 제약 사업 중 한 곳의 법률 고문으로 합류했고, 2012년에 CEO로 임명되었다. 임명 당시 Frazier는 미국에서 Fortune지 선정 500대 기업을 이끈 최초의 흑인이었다. 많은 분석가들은 Merck를 회생이 필요한 회사로 보았고 Frazier는 그것을 할 적임자로 여겨졌다. Merck의 사명은 전 세계의 생명을 구하고 개선하는 것이며, 최고 수준의 윤리와 청렴을 유지하는 것이다. 모든 징후는 Merck가 이 임무를 수행하는 데 어려움을 겪고 있다는 것이었고, 따라서 이사회는 리더십의 변화가 필요하다고 보았다. Frazier는 Merck의 연구개발에 있어서의 강점과 그 **문화(culture)**에 초점을 맞추는 사고방식을 가지고 회사에 들어왔다. 그는 Merck의 경쟁우위가 연구의 질에 있다고 그때도 믿었고 지금도 여전히 믿고 있다. 그는 신약 하나를 개발하는 데 15년 이상을 소비할 수 있는 연구자들을 경외한다. 그는 그들의 헌신, 인내, 몰입, 그리고 끈기에 감탄한다. 그는 "내가 할 수 있는 일은 정말 재능 있고 똑똑하고 헌신적인 사람들이 재능을 드러내는(신약을 발견하는) 환경을 만드는 것"이라고 말했다.[1] 이 정서를 반영하듯, 한 작가는 Frazier에 대해 "그는 그의 과학자들이 그들의 일을 하도록 하는 것에 대한 거의 종교적인 믿음을 공언합니다"라고 말했다.[2]

> 문화는 조직구성원들이 공유하고 새로운 구성원들에게 가르치는 신념, 규범, 태도, 가치, 가정 및 일하는 방식의 집합이다.

Frazier의 리더십에 의해, Merck는 적응문화로 알려진 학습과 혁신의 문화로 돌아왔다. 그는 혁신적이고 생산적인 R&D가 Merck의 모든 이해관계자들에게 진실하고 지속적인 가치를 창출할 수 있는 유일한 지속 가능한 방법이라는 믿음을 일관되게 유지해 왔으며 Merck의 R&D 예산을 늘림으로써 그의 약속을 뒷받침해 왔다. Frazier는 세계가 변하고 있지만 최고의 과학을 추구하며 지속 가능한 사업을 구축하려는 Merck의 초점은 확고하다고 말했다. Merck는 학습조직으로서 회사의 전략적 우선순위에 직원들의 경력 포부를 맞추면서 직원들의 성장을 지원하는 전문 개발 문화를 촉진하는 것을 목표로 한다. Frazier는 학습과 혁신에 대한 인센티브를 제공하고, 창의적인 아이디어를 전달하고 육성하며, 부하들의 학습 및 적응 능력에 대한 신뢰를 쌓는 개인 및 팀 학습에 도움이 되는 문화를 창조할 수 있다고 믿고 있다.

Frazier는 Merck의 직원들이 Merck를 더 강하고 혁신적인 회사로 바꾸는 데 도움을 줄 수 있는 매우 귀중한 아이디어의 원천이라는 것을 인식하고 있다. Merck는 이러한 자원을 활용하기 위해 전 세계 수천 명의 직원들 간의 협업 기회를 창출했다. 3일 동안 직원들은 온라인 브레인스토밍 포럼에 참여하여 Merck의 가장 큰 혁신 과제 중 일부를 해결한다. 이 3일 간의 포럼은 기능적, 부서적, 지리적 장벽을 허물고 조직의 모든 수준에서 참가자들을 참여시키고 영감을 주기 위해 고안되었다. 현재 Merck 문화에서 유지되고 있는 부분인 이 활동은 창의적인 사고를 장려하고, 시스템 사고를 촉진하며, 직원들의 사고 프레임을 넓히고, 사람들이 아이디어를 공유하고 서로 배울 수 있는 환경을 조성하며, 창의적인 아이디어를 전달하고 육성하는 훌륭한 메커니즘이다. 그것은 최고 수준의 과학적 우수성에 대한 Merck의 헌신을 보여준다.

Frazier가 거의 30년 동안 지휘봉을 잡은 후, Merck는 오늘날 훨씬 더 나은 위치에 있다. Frazier의 유산을 반추하면서, Merck의 이사인 Les Brun은 Frazier가 "강력하고 고도의 원칙적인 리더십"을 보여줬다고 말했다. Brun은 또한 Frazier가 Merck의 "과학적인 우수성, 비즈니스 무결성, 환자에 대한 집중, 모든 사람들에 대한 존중의 핵심 가치"에 대한 헌신을 유지했다고 언급했다. Frazier의 비전 리더십 덕분에 Merck는 지속적으로 R&D에 투자하고 국내외 신제품 개발에서 더 큰 혁신을 추진해 왔다. 이러한 조치들로 인해 Merck가 지속 가능한 미래 성장을 위해 좋은 위치를 차지하게 만들었다. Brun에 따르면, Frazier의 리더십에서 Merck는 Keytruda, Gardasil 9, Bridion 등 많은 혁신적인 생명구조 의약품과 백신을 성공적으로 출시했으며, 동물 건강과 같은 다른 핵심 성장 동력에 초점을 맞춰 Merck의 주주들과 다른 이해관계자들을 위한 장기적인 가치를 창출했다.[3] Merck는 모든 개발 단계에 걸쳐 광범위한 제품 후보와 함께 잠재적인 신약의 강력한 파이프라인을 보유하고 있다. Frazier가 Merck를 재정적으로나 전략적으로나 훨씬 더 좋게 만들었다고 말하는 것은 충분하지 못한 표현이다.

Frazier에 대한 또 다른 잘 알려진 사실은 다양성, 공정성 및 포용성을 위한 그의 변함없는 헌신이다. 앞서 언급했듯이, 그는 매우 미천한 배경을 가지고 있으며, 그의 개인적인 이야기는 다양성, 공정성, 그리고 포용성에 대한 그의 견해에 큰 영향을 미쳤다. Frazier는 미국의 직장에서 더 많은 다양성과 포용을 위한 선도적인 옹호자이자 지지자이다. Merck의 CEO로 재임하는 동안, Frazier는 역사적으로 최고경영진 직책에서 소외된 비주류 출신 리더들을 영입하고, 훈련시키고, 승진시켰다. 그는 체계적인 인종차별이 현재의 불공정과 소외를 구축하는 기반이라는 것을 알았다. 예를 들어, 체계적인 인종차별주의의 유산 중의 하나는 산전 및 산후 건강관리 시스템에 있다. 미국 질병통제예방센터(CDC)의 자료에 따르면, 다른 인종 집단보다 더 많은 흑인 여성들이 출산 중에 죽는다. Frazier가 지적하는 것은 Merck가 이런 점을 해결하고 다양성, 공정성 및 포용의 다른 주제들을 다루는 데 있어서 리더가 되도록 하는 것이다. 그러므로, Merck의 '더 안전한 출산 도시' 계획은 미국 도시들이 더 안전하고, 더 공정한 출산 장소가 되도록 돕는 해결책을 육성하는 것을 목표로 한다. 'Merck for Mothers'와 'Black Mamas Matter Alliance'와 같은 프로그램들은 모두 흑인 산모 건강 결과를 개선하기 위한 지역사회 주도의 해결책들이다. 이 불행한 추세에 대한 Merck의 입장은 분명하다. "어떤 여성도 생명을 주고 죽을 필요는 없다."

Frazier는 최근 투표권에 대한 공격을 포함하여 흑인들에게 영향을 미치는 다른 사회 정의 문제에 대한 활동가이다. 그는 미국의 다른 기업의 경영자들에게 향후 흑인들의 투표 능력에 불균형적으로 영향을 미칠 조지아주의 제한적인 투표법에 대해 강력한 입장을 취해 줄 것을 간청하는 흑인 기업 임원 그룹의 일원이다. Frazier와 그룹의 공동 설립자인 American Express의 전 CEO인 Ken Chenault는 2021년 3월 CNBC의 'Squawk Box'에 출연해 흑인 유권자들이 직면한 오랜 불의에 직면하여 이러한 노력을 도덕적 의무라고 표현했다. Fortune 500대 기업의 첫 흑인 CEO 중 한 명인 Chenault는 "기업들이 일어서야 합니다. 중도는 없습니다"라고 말했다. 그는 "이것은 모든 미국인이 투표권을 갖는 것에 관한 것이지만, 우리는 흑인에 대한 투표권을 부정하는 특별한 역사를 인식할 필요가 있으며, 우리는 침묵하지 않을 것"이라고 덧붙였다.

Frazier는 대부분의 흑인들이 받지 못한 혜택인 시민권에 관한 한, 현 상황과 권력자들에게 도전하는 것을 두려워하지 않는다. Frazier는 2017년 Donald Trump 전 대통령이 버지니아주 샬러츠빌 폭력 사태 이후에 백인 우월주의자들을 노골적으로 비난하지 않자 Donald Trump 전 대통령의 미국제조업평의회(American Manufacturing Council)에서 사임해 화제가 됐다.[4] Merck의 웹사이트의 사임 성명 전문은 다음과 같다: "나는 대통령의 미국 제조 위원회에서 사임할 것입니다. 우리나라의 강점은 다양성과 다양한 신앙, 인종, 성적성향, 정치적 신념을 가진 남녀가 기여한 것에서 비롯됩니다. 미국의 리더들은 증오, 편협함, 집단 우월주의의 표현을 분명히 거부함으로써 우리의 근본적인 가치를 존중해야 하는데, 이는 모든 사람이 평등하게 창조된다는 미국의 이상과 배치됩니다. Merck의 CEO로서 그리고 개인적인 양심의 문제로서, 저는 편협함과 극단주의에 맞서야 할 책임을 느낍니다."[5]

Frazier는 사업과 사회 정의에서 그의 리더십으로 여러 개의 상과 인정을 받았다. 2018년, Frazier는 Fortune지에 세계에서 가장 위대한 리더 중 한 명으로 선정되었고, 타임지의 가장 영향력 있는 인물 100인 목록에 또한 선정되었다. 2019년, 그는 의료 부문 Forbes 평생 공로상의 첫 수상자가 되었다. Frazier는 CEO로서 일상적인 운영에서 물러나지만, "Merck가 훨씬 더 높은 수준의 성공을 달성할 수 있도록 돕기 위해 Rob Davis(그의 후임) 및 이사회와 협력할 것입니다"라고 말했다.

도입사례에 관한 질문들

1. 문화의 힘은 내부 작업장 역학과 외부 적응에 영향을 미치는 능력의 렌즈를 통해 보여진다. Ken Frazier는 어떻게 이 힘을 활용하여 Merck에서 물려받은 것보다 회사를 더 성공적으로 만들었는가?
2. Ken Frazier는 2011년 CEO가 되었을 때 새로운 문화를 창조하려고 하였는가? 아니면 기존 문화를 수정하여 유지하려고 했는가? 사례에 나타난 증거로써 답변을 뒷받침해보자.
3. 강한 고성과 문화를 유지하기 위한 부분은 역할 모델링이다. Ken Frazier가 그의 추종자들이 따라야 하는 가치, 규범, 신념, 원칙에 대한 효과적인 롤 모델을 제시했다고 생각하는가? 만약 그렇다면, 자신의 답변을 뒷받침하는 예를 사례에서 제시해보자. 그렇지 않다면 그 이유를 설명해보자.
4. Ken Frazier가 Merck에서 약한 저성과 문화가 아닌 강한 고성과 문화를 만들었다는 증거는 무엇인가?
5. 당신이 보기에, Ken Frazier는 진정성 리더의 기준에 부합하는가? 대답에 대한 근거를 제시해보자.
6. Ken Frazier가 자신의 회사(Merck)를 비롯하여 전 사회적으로 다양성, 공정성, 포용성을 강력하게 옹호한다고 생각하는가? 대답에 대한 근거를 제시해보자.
7. 강력한 다양성, 공정성, 포용성 문화를 조성하고 유지하기 위한 도덕적, 법적, 비즈니스 사례가 있다. 이 중에서 Ken Frazier가 가장 중점을 두고 있는 것은 무엇이라고 생각하는가?
8. 강한 다양성, 공정성 및 포용성 문화를 조성하는 데 중요한 요인은 다양성, 공정성 및 포용성 문화에 대한 규정을 준수하는 것을 넘어서 다양성, 공정성 및 포용성 문화를 제도화하는 데 이르러야 한다. Ken Frazier가 Merck에서 이 일을 해냈다고 생각하는가? 대답에 대한 근거를 제시해보자.

위의 질문들 중 어떤 질문에 답할 수 있는가? 이번 장을 통해서 질문들에 대한 해답을 찾고, Merck와 그 기업의 리더십에 대해 더 배우게 될 것이다. Ken Frzier와 Merck에 대해 더 알고 싶으면 www.merck.com을 방문해보자.

들어가는 글

이 장에서는 조직문화와 다양성 이슈 및 이들을 형성하는 리더의 역할에 대해 검토하고자 한다. 업종이나 규모에 상관없이, 업계의 평균 이상으로 성장하고 이익을 내고 있는 조직은 강한 문화 혹은 고성과 문화를 갖는다.[6] 강한 문화를 가진 조직은 보통의 조직들에 비해 확연히 구별되는 특징적인 측면들이 있는데, 즉 공유가치 체계, 윤리적 리더십에 대한 명성, 유능하고 열심히 일하는 다양한 노동력을 갖추고 있는 두드러지는 특징이 있다.[7]

리더십과 조직문화

학습목표 11.1

조직문화 및 조직의 관행에 영향을 미치는 그 영향력을 설명한다.

문화와 리더십이 불가분의 관계에 있다는 증거는 분명하다. 리더는 의식적인 행동과 무의식적인 행동을 통해 문화를 형성할 수 있다. 최고의 리더들은 문화 변화가 필요할 때 감지할 수 있고 그 과정에 능숙하게 영향을 미친다.[8] 문화는 전략 실행에서 중요한 역할을 하므로 조직성과에 기여하는 효과가 있다. 구성원들이 서로 관계를 맺고 함께 일하는 방식(내부 역학), 그리고 조직이 외부환경의 변화에 대응하는 방식(외부 적응)에도 영향을 미친다.

조직문화란 무엇인가

조직문화는 조직의 근본적인 핵심가치에 의미를 불어넣는 작동시스템이다.[9] 핵심가치는 집단 구성원의 행동에 영향을 미치고 한 세대에서 다음 세대로 전해지는 의식적으로 보유된 신념이다. 저명한 작가이자 학자인 Edgar H. Schein 교수는 그의 고전적인 조직문화와 리더십 연구에서 조직문화를 조직을 하나로 묶는 '공유 정신 모델' 또는 '사회적 접착제'로 묘사했다.[10] 그러므로 질문에 답을 한다면, **조직문화(organizational culture)**는 조직구성원들이 공유하고 새로운 구성원들에게 가르치는 신념, 규범, 태도, 가치, 가정 및 일하는 방식의 집합이다.[11]

조직문화는 조직구성원들이 공유하고 새로운 구성원들에게 가르치는 신념, 규범, 태도, 가치, 가정 및 일하는 방식의 집합이다.

조직문화는 신념, 규범, 태도, 가치관, 가정뿐만 아니라 '우리가 여기에서 일을 어떻게 하는가'라는 불문율의 영향을 받는다. 문화는 기준과 규범을 강화함으로써 행동을 지도하고 구속할 수 있다. 그것은 조직에서 일을 하는 독특한 방법을 설명하고 조직의 독특한 정체성을 나타내는 것이다.

문화의 힘

문화의 힘은 두 가지 조직 결과에 미치는 영향의 맥락을 통해 인식된다. (1) 내부 역학 — 사람들이 내부적으로 상호작용하고 어떻게 일하는지, 그리고 (2) 외부 적응 — 조직이 외부환경의 변화에 어떻게 대응하는지를 설명한다.[12]

내부 작업장 역학에 영향을 미치는 문화의 힘

작업장 역학은 조직의 직원들 사이의 통합 수준을 결정한다. 문화는 사람, 상호작용, 그리고 조정에 대한 조직의 방향을 결정할 수 있다. 문화가 어떻게 행동해야 하는지에 대한 지침, 기대, 규칙(대인관계)을 확립하는 정도까지, 그것은 사회적 통제 메커니즘이다. 조직의 문화적 방향에 따라, 직장 상호작용은 일을 완수하기 위해 개인적인 (나 먼저) 접근법이나 협력적인 상호의존적인 팀 (우리) 접근법을 선호할 것이다. 개인 또는 독립적 접근을 선호하는 문화는 자율성, 개인행동 및 경쟁에 더 큰 가치를 둔다. 팀워크와 상호의존성을 선호하는 문화는 통합, 관계 관리, 집단노력 조정을 강조한다.

후자를 강조하는 조직에서는 사람들은 개인이 아닌 집단의 관점을 통해 협력하고 성공을 보는 경향이 있다.[13] 문화적으로 승인된 행동은 활발하게 전개되며 보상을 받는다. 반면에 문화적으로 인정받지 못하는 행동은 움추려들고 심지어 처벌을 받는다. 올바른 문화는 조직의 노동력을 창의성과 혁신적인 해결책의 원천으로 바꿀 수 있다.[14]

외부적응에 영향을 미치는 문화의 힘

문화는 변화를 수용하거나 저항하는 조직의 능력에 영향을 미친다. 또한 조직이 외부환경의 변화에 어떻게 대응할 것인지를 결정한다. 조직에 따라, 어떤 문화는 안정성을 강조하여 일관성, 예측 가능성, 현상 유지를 강조하는 반면, 다른 문화는 유연성, 적응성 및 변화에 대한 수용성을 강조한다.

변동성이 크고 격동적인 비즈니스 환경에서 운영하는 조직은 유연성, 적응성 및 변화에 대한 수용성을 강조하는 문화적 특성을 채택할 가능성이 높다.[15] 격동의 비즈니스 환경에서 일부 변화는 조직의 경쟁력과 장기 생존까지 위협할 정도로 중대하기 때문이다. 덜 불안정하거나 격동적인 환경에서 운영하는 조직은 운영의 일관성과 효율성을 보장하기 때문에 규칙, 정책 및 절차를 준수하도록 강제하는 안정성과 조직문화를 선호한다.

이는 조직문화 유형에 따라 추후 논의할 관료문화와 유사하다. 이것이 나타내는 것은 환경, 전략, 문화 사이의 필요한 정렬 또는 일치이다. 환경은 전략 선택에 영향을 미치고 문화는 전략 실행에 영향을 미친다. 최고의 전략은 조직의 강점(내부)과 매력적인 기회(외부)를 일치시킨다. 전략실행은 올바른 문화를 갖는 것으로부터 이익을 얻는다. 이러한 개념들 사이의 정렬이 없는 것이 차선의 성과를 야기하거나 완전한 실패를 가져오는 처방이 된다.

도입사례 응용

1. 문화의 힘은 내부 작업장 역학과 외부 적응에 영향을 미치는 능력의 렌즈를 통해 보여진다. Ken Frazier는 어떻게 이 힘을 활용하여 Merck에서 물려받은 것보다 회사를 더 성공적으로 만들었는가?

문화의 힘은 구성원들이 서로 관계를 맺고 일하는 방식과 조직이 외부환경의 변화에 대응하는 방식에 영향을 미치는 것으로 나타난다. Frazier는 Merck의 R&D 강점과 문화를 활용하려는 마음가짐으로 들어왔기 때문에 이 힘을 분명히 이해했다. 그의 전략은 개인과 팀 학습에 도움이 되는 문화를 만들고, 학습과 혁신을 위한 인센티브를 제공하며, 창의적인 아이디어를 전달하고 육성하기 위한 메커니즘을 확립하고, 팔로워의 학습과 적응능력에 대한 신뢰를 구축하는 데 초점을 맞췄다. Frazier는 한 가지 새로운 약을 개발하는데 15년 이상을 쓸 수 있는 그의 연구원들을 경외한다. 그는 자신의 역할이 Merck의 학습과 혁신적인 문화를 시행함으로써 이러한 창조적인 과정을 촉진하는 것이라고 본다.

문화창조

학습목표 11.2

의도적인 설계에 의한 문화창조와 우발적인 문화창조를 설명한다.

강한 고성과 문화를 만들기 위해서는 최고경영진이 중심적인 역할을 해야 한다. 문화창조는 기존의 문화를 바꾸거나 적응하려는 새로운 리더의 의도의 결과로 일어날 수 있으며, 이는 리더의 전략과 일치한다. 시대에 뒤떨어진 시스템, 과정, 구조, 가치관, 태도 또는 신념과 같은 다른 내부환경은 새로운 문화의 원동력이 될 수 있다. 심각한 경기 침체와 그에 따른 사업 성과의 하락, 경쟁사들의 위협, 두 문화를 하나로 혼합해야 하는 결과를 초래하는 인수 또는 합병, 또는 생존에 영향을 미치는 예기치 않은 재앙적 사건과 같은 외부 요인들은 모두 문화를 수정하거나 의도적으로 새로운 문화를 창조해야 하는 타당한 이유가 된다.

이러한 변화는 내부적으로 또는 외부적으로 동기부여가 되었든 간에 기업의 경쟁력을 회복하기 위한 다른 사업 방식을 요구한다. 이러한 요소들은 문화창조를 명확하고 의도적인 리더십 행동으로 만든다.[16] 최고의 리더는 문화 변화가 필요할 때 감지하는 능력을 가지고 있으며 그 과정에 능숙하게 영향을 미친다.[17] 리더가 문화창

도표 11.1 의도적인 설계에 의한 문화창조와 우발적인 문화창조
의도적인 설계에 의한 문화창조 – 문화 적합성 이론
a. 인사-문화 적합성
b. 전략-문화 적합성
c. 보상/인센티브-문화 적합성
d. 작업 공간 디자인-문화 적합성
우발적인 문화창조 – 6단계 과정
a. 1단계: 행운의 우연성(우연한 사건 또는 발생)
b. 2단계: 우연한 사건으로 인한 의도하지 않은 가치의 발현(예: 충성, 정직, 인내, 신뢰성, 충직한 몰입 및 희생)
c. 3단계: 가치가 미래의 행동으로 이끄는 역할 – 기대의 토대로 작용함(수용된 방식으로 간주됨)
d. 4단계: 가치가 조직구성원의 기억으로 내장됨
e. 5단계: 리더와 부하들이 공유하는 가치는 새로운 구성원들이 받아들이도록 장려될 때 지속됨
f. 6단계: 가치가 문화에 깊이 뿌리박히고 조직구성원들은 더 이상 의식하지 못함

조를 위해 사용하는 기술은 의도적인 설계 또는 우발적인 방식이라는 두 가지 접근법 중 하나를 취할 수 있다(도표 11.1). 세 번째 접근법은 둘 다일 수 있다.

의도적인 설계에 의한 문화창조

설계에 의한 문화창조는 리더가 원하는 문화의 유형을 명확히 하는 것이다. 새로운 문화의 사례를 만드는 것은 현재의 문화에 대한 분석에서 시작되어야 한다. 가장 좋은 접근법은 현재 문화의 약점과 현재 및 예상되는 시장 및 비즈니스 상황과 어떻게 일치하지 않는지에 대한 전사적인 공개 토론을 허용하는 것이다.

본질적으로, 의도적인 설계에 의한 문화창조는 기존의 문화를 재구성하거나 완전히 새로운 문화를 주입하는 것에 관한 것일 수 있다. 조직의 핵심가치, 신념, 규범, 관행 및 태도에 대한 공통된 이해 또는 공유된 사고방식이 부족하면 갈등/오해를 초래할 수 있으며, 해결되지 않은 갈등은 직원 간의 업무 관계를 악화시킬 수 있다. 기존 문화를 재구성하거나 새로운 문화를 이식하는 리더의 결정적인 행동과 전문가의 기술은 갈등과 오해의 근원을 제거하는 데 도움이 될 수 있다.

문화를 재구성하거나 이식하는 것은 쉬운 제안이 아니라는 점에 유의해야 한다. 새로운 문화가 뿌리내리거나 기존 문화(특히 뿌리 깊게 박힌 문화)가 바뀌려면 수년이 걸릴 수 있다. 한 저자에 따르면, 기존의 문화를 재구성하거나 새로운 문화를 이식하는 것은 퇴행, 정체 또는 변형의 세 가지 길 중 하나를 택할 수 있다. 분명히 세 번째 길, 더 나은 문화적 이해로의 전환은 퇴행이나 정체보다 선호된다.[18]

새로운 리더가 제안한 문화적 변화가 조직구성원들의 가치, 규범, 관행, 신념과 일치하지 않을 때 설계에 의한 문화창조는 실패할 수 있다. 이것은 문화 변화 방정식의 '사람 쪽' 도전이며 의도하지 않은 결과를 초래할 수 있다.[19] 예를 들어, 뿌리 깊은 문화에 대한 환영받지 못하는 변화는 종종 강한 성격의 부정적인 감정적 반응을 유발할 수 있으며, 특히 변화에 대한 타당한 이유가 없다고 인식될 때 그렇다. 리더는 자신의 사리사욕이나 자아를 위해 수십 년이 걸려 형성된 강하고 성과가 높은 문화를 허물거나 훼손하는 것으로 인식되지 않도록 주의해야 한다. 이것은 조직구성원들 사이에 갈등, 양면성, 저항, 또는 이 세 가지 모두를 분명히 만들어 낼 것이다. 즉, 새로운 문화에 동의하지 않는 사람들의 갈등과 저항, 그리고 애초에 문화가 왜 재도구화되거나 새로운 문화가 필요한지에 대한 이해가 부족한 사람들의 양면성이다.

그러나 부하들의 가치가 리더의 가치와 일치할 때, 그들은 리더의 진정성을 믿고 그들을 포용하면서 문화 변화에 더 긍정적으로 반응하는 경향이 있다. 새로운 문화에 대해 퇴보하거나 침체하기보다는 새로운 문화(새로운 가치, 규범, 태도, 관행 등)로 변화한다.[20] 조직의 전략, 구조, 시스템, 능력, 과정을 새로운 문화에 맞추는 과감하고 노골적인 움직임은 의도적인 리더십 행동이다. 이러한 조치는 가시성이 높고 최고경영진이 새로운 작업 방식에 대한 의지를 나타내기 때문에 실질적인 것으로 설명된다. 리더가 기존 문화를 재구성하거나 새로운 문화를 이식하기 위해 취할 수 있는 의도적인 행동 중 일부는 '문화 적합성'의 개념 또는 인사, 전략, 보상/인센티브 및 작업장 설계와 같은 핵심 요소와의 일치를 중심으로 이루어진다.

인사-문화 적합성: 근무할 사람과 떠날 사람, 채용될 사람과 채용될 수 없는 사람

인사와 문화의 적합성을 맞춘다는 것은 마음이 맞는 사람들을 모아 변화의 촉매제로 만드는 것이다. 조직의 충원, 채용, 승진 관행을 바꾸어서 새로운 문화와 일치시켜야 한다. 제안된 문화 변화에 완전히 동참하지 않는 현재 직원(리더 및 비리더)은 잔류 또는 탈퇴의 두 가지 선택 중 하나를 택해야 한다. 설득력 있는 사람들은 개인과 조직을 위해 새로운 문화의 이점을 보도록 훈련되고 격려받을 수 있다.

회사의 이러한 추가적인 참여 수준은 새로운 문화적 특성에 맞춰 행동, 태도, 신념 및 관행에 변화를 가져올 수 있다. 종종, 이 설득력 있는 집단은 오래된 문화의 문제점을 이해하고 새로운 문화의 기대되는 이익을 본 후에 새로운 문화를 지지할 개인들이다.

그러나, 훈련, 교육, 그리고 참여가 모든 사람에게 효과가 있는 것은 아닐 수도 있다. 어떤 사람들은 그들이 더 이상 조직에 적합하지 않다고 느끼기 때문에 떠나기를 선택할 수도 있고, 변화를 원하지 않지만 여전히 남고 싶어하는 사람들의 경우라도 다른 사람들에게 해를 끼칠 가능성이 있다면(1개의 썩은 사과 효과) 떠나라고 요청받을 수도 있다. 매력, 선택 및 퇴출의 조합을 활용하여 문화와 일치하는 성격과 행동의 집합을 형성하고 조직의 통일성을 제고한다.[21]

전략-문화 적합성

전략-문화적 적합성을 만드는 것은 리더가 취할 수 있는 또 다른 실질적인 행동이다. 이것은 이전에 논의했던 외부 적응성에 영향을 미치는 문화의 힘을 강조하는 것이다. 효과적인 리더는 전략과 문화 사이의 이러한 관계를 이해하고 인정한다. 기존 문화에 역행하는 전략을 수립하고 실행하려는 것은 실패의 비결이다. 급변하는 비즈니스 환경으로 인한 전략적 민첩성을 위해서는 변화에 저항하는 문화가 아닌 변화를 수용하는 적응형 문화가 필요하다.

보상/인센티브-문화 적합성

보상과 인센티브를 새로운 성과 지표에 직결시키는 것은 리더가 전략과 문화에 합당한 성과에 대해서만 보상을 하는 효과를 주기 때문에 문화를 형성하는 또 하나의 실질적인 행동이 된다. 많은 조직들에서 전략이 변하는 경우에도 보상구조가 변하기까지에는 시간이 걸리는 것이 자주 일어나는 사례이다. CEO가 조직의 모든 리더들이 부서중심의 사고를 벗어나서 전체 기업의 관점에서 생각하고 행동하기를 원하는 통합 위주의 전략을 발표했다고 해보자. 그런데 조직의 보상제도는 부서 성과를 달성한 경우에만 인센티브를 주고 있다면, 이러한 보상 및 인센티브의 불일치로 인해 조직문화를 약화시키게 된다.

작업공간 설계-문화 적합성

끝으로, 리더는 조직 내에서 촉진시키기를 원하는 가치를 반영시키기 위해서 물리적인 업무환경을 정비할 수 있다. 예를 들면, 모든 종업원들이 공동의 식당을 사용하는 것, 특정인을 위한 주차구역을 배정하지 않는 것, 사무실을 같은 형태로 꾸미는 것 등은 평등성을 추구하는 가치와 일치하는 것이 된다. 사무실에 분리벽을 별도로 설치하지 않고 공개적으로 자리를 배치하는 것은 개방적인 의사소통을 추구하는 것과 일치하는 것이다. 본사 건물을 설계하면서, Google은 동료들 간의 접촉과 상호작용을 촉진시키는 업무 공간과 환경을 제공하고자 하였다. 즉, 건물에 문화적인 요소와 미적인 요소를 가미하여 공간구조와 편안함을 갖춘 설계를 함으로써 종업원에 친화적인 문화를 전달하는 데 성공했다.[22] Facebook도 업무 공간과 문화가 비슷한 것으로 알려져 있다.

사진 11.1 Google은 독특한 업무 공간을 창조하는 혁신적인 사무실 설계를 하는 것으로 알려져 있다.

©iStockphoto.com/bennymarty

우발적인 문화창조

문화는 또한 점진적으로 진화하는 과정에서 우연히 창조되는 경우도 있다. 기본적으로 우발적인 문화창조는 조직의 핵심가치와 신념이 우연히 또는 우연한 사건에 의해 일어난다. 기업 문화의 뿌리는 조직과 구성원의 삶에서 계획되지 않았거나 우연한 사건 동안 얻은 경험이나 교훈에서 찾을 수 있다. 그것은 더 깊이 생각해 보면, 다른 사람들이 본받아야 할 가치 있는 교훈들을 드러내는 자발적인 사건일 수 있다.

이러한 자발적 사건에서 얻은 교훈은 미래의 행동을 인도하고 조직구성원들의 기억 저장소에 내장되는 역할 기대의 기반이 될 수 있다. 리더와 부하들이 공유하는 이러한 가치는 새로운 구성원들이 그 가치를 포용하도록 장려될 때 지속된다. 이러한 조직의 문화에 대한 공유된 기억에는 근면, 헌신, 충성, 정직, 인내, 신뢰, 추가적인 노력, 희생 등과 같은 가치들이 포함될 수 있다.

결국, 이러한 가치들은 문화에 너무 깊이 뿌리박혀 조직원들은 그것들이 일을 하는 데 있어서 받아들여지는 방식이라는 것을 제외하고는 더 이상 의식하지 못한다. 이러한 유기적인 과정은 문화가 특정 조직의 맥락에서 개인과 집단의 역사와 경험에서 나온다는 오랜 관점과 일치한다.

도입사례 응용

2. Ken Frazier는 2011년 CEO가 되었을 때 새로운 문화를 창조하려고 하였는가? 아니면 기존 문화를 수정하여 유지하려고 했는가? 사례에 나타난 증거로써 답변을 뒷받침해보자.

Frazier의 리더십하에서, Merck는 적응문화라고도 알려진 학습과 혁신의 문화로 되돌아왔다. 그는 혁신적이고 생산적인 연구개발이 Merck의 모든 이해관계자들에게 진정하고 영구적인 가치를 창출할 수 있는 유일한 지속 가능한 방법이라는 신념을 일관되게 유지해 왔으며, Merck의 연구개발 예산을 늘림으로써 그의 약속을 지켜 왔다. 그는 그것을 바꾸고 싶지 않았다. 그는 미래 세대의 Merck 리더들과 직원들을 위해 이러한 문화를 강화하고 유지하려고 노력했다.

강한 문화의 관리 및 유지

학습목표 11.3

강한 문화를 조성하고 유지하기 위해 리더가 취할 수 있는 중요한 행동들을 파악한다.

문화는 각 세대의 리더와 부하들이 이야기, 인공물, 의식, 슬로건, 상징 및 특별한 의식들과 같은 메커니즘을 통해 그것을 받아들이고 다음 세대에게 전달할 때 유지된다.[23] 이러한 메커니즘은 수용된 문화를 강화할 뿐만 아니라 재생산한다. 새로운 문화를 제도화하는 것은 낡은 방식으로의 퇴행을 방지한다. 그러나, 이러한 일들 중 어느 것도 강력하고 효과적인 리더가 키를 잡고 있지 않으면 일어나지 않는다. 강한 고성과 문화가 지속되고 다음 세대의 리더와 부하들에게 계승되도록 하는 것은 리더의 책임이다. 리더가 새로운 문화를 유지하기 위해 취할 수 있는 행동 중 일부는 문화를 소통(즉, 판매)하고, 문화의 좋은 역할 모델이 되고, 성취를 인정하고 축하하고, 사회화 또는 관계강화 활동을 하고, 모습을 드러내어 관심을 표명하고, 그리고 문화 목표를 성과 지표로 삼는 것 등이 있다(도표 11.2). 비록 이러한 행동들 중 일부는 실질적이기보다는 상징적이기는 하지만, 여전히 리더들이 격려하고 홍보하고자 하는 행동과 원하는 것이 무엇인지에 대해 신호를 보내는 것들이라는 데서 그 가치가 있다.

커뮤니케이션 — 문화를 '설득'

새로운 문화(특히 긍정적인 결과를 낳는 문화)를 수용하거나 체화시키는 데 있어서 중요한 점이 무엇인가에 대해 리더십의 참여가 필요하다는 것이 지속적으로 주장되고 있다. 모든 사람이 조직 내에서 새로운 규범, 신념, 규칙 및 관행에 동참할 수 있도록 경험을 공유하도록 해야 한다. 간담회와 구조화된 그룹 토론 및 오리엔테이션과 같은 다양한 종류의 조직적인 대화를 통해 구성원들은 문화에 대해 서로에게 '설득'할 수 있다. 이 과정은 조직이 성장하고 새로운 구성원이 추가됨에 따라 새로운 문화를 강화한다. 변화 프로세스 자체를 공유 경험으로 만들어야 한다.

도표 11.2 강한 고성과 문화를 유지하기 위한 리더십 행동

- 커뮤니케이션(문화를 '설득')
- 리더의 역할 모델링 행동
- 성취를 인정하고 축하하는 것
- 사회화(서로를 알게 하는 것)
- 관심을 보이고 모습을 드러냄
- 리더평가의 성과지표로 문화목표를 추가함

리더의 역할 모델링 행동

최고경영진들은 역할 모델이며, 그들이 하는 이야기, 그들이 내리는 결정, 그리고 그들이 취하는 행동은 부하들에게 문화적으로 기대하는 것을 전달하게 된다. 직원들은 리더가 어떤 태도와 행동에 주의를 기울이고 보상하는지, 리더 자신의 행동이 제시된 가치와 일치하는지를 보면서 조직에서 가장 중요하게 여기는 것이 무엇인지를 배운다.[24] 직원들은 그들의 리더들이 '실천하는' 모습을 보고 싶어한다. 그들이 취하는 행동, 그들이 예시하는 가치와 신념, 그리고 그들이 기꺼이 하는 개인적인 희생을 통해 보여주는 최고경영진들의 역할 모델 행동은 다른 사람들이 따르도록 동기를 부여할 것이다.

리더의 행동이 리더의 말을 비롯하여 공개적으로 선언한 것과 일치하도록 하는 것은 부하들에 대한 리더의 신뢰를 쌓게 된다. 예를 들어, 최고경영진이 경영진 특권을 축소하여 비용절감 노력을 주도하거나, 경영진 구성원이 매주 일정 시간을 고객과 대화하고 고객의 요구를 이해하도록 함으로써 고객의 요구에 대응하는 것의 중요성을 강조할 때, 이러한 조치는 좋은 본보기가 된다. 리더가 정책을 도입해놓고 이를 행동으로 옮기지 않으면 직원들이 받는 메시지는 정책이 정말 중요하지 않거나 필요하지 않다는 것이다.

성취를 인정하고 축하하는 것

리더들은 새로운 문화에서 요구되는 것을 보여주는 행동과 성과를 가진 사람들을 축하하고 기리기 위해 기념식을 계획할 수 있다. 의식은 직원들이 중요한 순간을 공유할 수 있도록 함으로써 구체적인 가치를 강화하고 감정적인 유대감을 형성한다. 성취를 축하하는 문화는 소중한 직원들을 유지하는 데 도움이 된다.

사회화

사회화는 서로를 하나로 묶고, 팀으로서 더 결속력을 가질 수 있는 기회(회사 야유회, 연례 파티, 특별 행사 등)를 갖는 경험을 제공하기 위해 사람들을(현직 직원과 신입 직원 모두) 모으는 것이다. 더 많은 사람들이 상호작용하고 서로에 대해 알아갈수록, 문화적 가치는 공유되고 강화되고 지속될 가능성이 높다.

관심을 보이고 모습을 드러냄

새로운 문화의 가치와 실천을 보여주는 부하들을 칭찬하기 위해 의식 행사에 등장하는 리더는 상징적이면서도 교육적인 제스처를 취하는 것이다. 효과적인 리더는 또한 중요한 우선순위, 가치, 규범 및 윤리 원칙을 강조하기 위해, 직원 교육 워크숍과 같은 격식 없는 행사에 특별 출연한다. 그들은 가끔 직원 사무실을 방문하여 일대일 대화를 나눈다. 가끔은 인사를 하고 직원의 안부를 묻기도 한다. 만약 그 문화가 모든 사람들에게 친절하고, 존경하고, 배려하고, 지원하는 업무 환경을 만드는 문화 중 하나였다면, 이러한 유형의 리더 제스처는 큰 도움이 될 것이다. 부하들에게는 최고경영진이 모습을 드러내는 것만으로도 새로운 문화에 대한 경영진의 의지가 분명하게 전달이 된다.[25]

리더평가의 성과지표로 문화목표를 추가함

새로운 문화 속성을 리더의 성과 지표와 통합하고 결과에 대한 책임을 묻는 것도 새로운 문화를 유지하는 한 가지 방법이다. 이것은 새로운 문화나 변형된 문화가 조직과 구성원들에게 얼마나 중요한지를 분명히 한다. 모든 리더들은 그것을 널리 공유된 경험으로 만들기 위해 열심히 노력해야 한다.

Sam Walton은 초기부터 Walmart 문화에 대한 개념을 정립하고 그의 역할 모델링 행동을 통해 제도화했다. Walmart 문화의 본질은 고객 만족에 대한 헌신, 낮은 비용에 대한 열정적인 추구, 그리고 강한 직업 윤리이다. 이러한 문화적 가치를 유지하기 위한 그의 헌신을 보여주기 위해, Walton은 아이디어를 교환하고 문제를 검토하기 위해 본사에서 토요일 아침 간부 회의를 하는 것을 의례적인 것으로 삼았다. 또한, 그는 회사 임원들에게 매장을 방문하여, 고객들과 이야기하고, 직원들로부터 제안을 요청받도록 요구했다. 이 전통은 Walton이 죽은 후에도 오래 지속되었다. 고성과 문화를 창조하고 유지한 것이 Walmart의 성공에 결정적이었다.

업무응용 11.1

리더가 강한 고성과 문화를 유지하기 위해 이 절에서 논의한 행동 중 하나를 활용하는 것을 목격한 경우를 제시해보자. 리더는 어떤 행동을 보여주었는가?

도입사례 응용

3. 강한 고성과 문화를 유지하기 위한 부분은 역할 모델링이다. Ken Frazier가 그의 추종자들이 따라야 하는 가치, 규범, 신념, 원칙에 대한 효과적인 역할 모델을 제시했다고 생각하는가? 만약 그렇다면, 당신의 답변을 뒷받침하는 예를 사례에서 제시해보자. 그렇지 않다면 그 이유를 설명해보자.

Frazier는 학습조직으로서 직원들의 성장을 지원하는 동시에 그들의 경력에 대한 열망을 회사의 전략적 우선순위에 맞추는 전문적인 개발문화를 촉진하는 것을 목표로 했다. Frazier는 Merck의 문화가 그의 전략적 로드맵과 일치하도록 했다. 전략과 문화를 적절히 연계시킴으로써 주요 이해관계자들에게 조직문화를 정기적으로 전달하고 동조할 수 있도록 만들었다.

Merck의 이사인 Les Brun은, Frazier가 강하고 매우 원칙적인 리더십을 발휘했다고 말했다. Brun은 또한 Frazier가 과학적 우수성, 비즈니스 무결성, 환자에 대한 집중 및 모든 사람에 대한 존중이라는 Merck의 핵심가치에 대한 헌신을 유지했다고 언급했다. 즉, Frazier는 Merck 문화의 훌륭한 역할 모델이었다. Frazier는 사회화 또는 유대감을 허용하는 Merck 과학자들이 번창할 수 있는 좋은 작업 환경을 제공하기 위해 헌신했다. 이 사례에서 드러났듯이, 그는 한 가지 새로운 약을 개발하는데 15년 이상을 연구할 수 있는 Merck의 연구원들을 숭배한다. 그는 정말 재능있고 똑똑하고 헌신적인 사람들이 나타나 신약을 발견하기 위해 일하고 싶어하는 환경을 만드는 것이 그의 역할이라고 말했다. 이것은 Frazier가 그의 과학자들과 회사의 다른 사람들이 오늘날 회사를 성공시키기 위해 무엇을 하고 있는지 눈에 보이게 주의를 기울였다는 것을 보여준다.

강한 고성과 문화와 약한 저성과 문화

학습목표 11.4
강한 고성과 문화와 약한 저성과 문화의 특징을 설명한다.

독특한 문화는 복제하거나 모방하기 어렵기 때문에 기업의 경쟁우위의 원천이 될 수 있다. 모든 문화의 힘은 행동규범과 관행이 조직 전체에 널리 공유되고 강하게 유지되는 정도에 달려 있다. 그러므로 **강한 문화(strong culture)**는 조직의 모든 구성원에게 잘 알려진 핵심가치와 관행에 대한 완전한 합의 또는 공유된 사고방식을 나타낸다. 문화가 무엇을 대표하는지에 대한 혼란이나 불일치는 없다. 강한 문화는 독특하고 매우 응집력 있는 것으로 묘사된다. 그래서 자신의 가치가 조직의 가치와 일치하지 않는 구성원들은 강제로 그만두거나 자발적으로 그만두기 때문에 근속기간이 짧아질 가능성이 더 높다.[26] **약한 문화(weak culture)**는 핵심가치와 관행에 대한 합의나 공유된 사고방식의 부족을 나타낸다. 조직의 핵심가치와 관행이 잘 알려지지 않았거나, 강화되지 않았거나, 혼란스럽거나, 일관성이 없기 때문일 수 있다.

강한 문화는 조직의 모든 구성원에게 잘 알려진 핵심가치와 관행에 대한 완전한 합의 또는 공유된 사고방식을 나타낸다.

약한 문화는 핵심가치와 관행에 대한 합의나 공유된 사고방식의 부족을 나타낸다.

수년에 걸쳐, 전략과 리더십과 일치할 때, 강한 문화는 더 높은 고객만족, 혁신, 종업원 생산성, 사기, 직무만족, 헌신, 창의성 및 학습과 같은 조직 결과에 상당한 영향을 미친다는 것이 실증 연구로 뒷받침되고 있다.[27] 문화는 또한 재능 있는 근로자들을 모집하고, 동기를 부여하고, 근속하게 하는 조직의 능력에 영향을 미칠 수도 있다.[28] 이러한 긍정적인 결과는 매출 및 이익 성장, 비용 절감, 주가 상승, 고객 유지 등에서 측정되는 전반적인 조직성과에 파생적인 영향을 미친다고 한다.[29] 반면, 강한 문화의 부재 또는 해악적인 문화의 존재는 직원들의 소진, 이직, 이탈, 낮은 사기 등의 부정적인 결과를 초래하며, 조직성과에 부정적인 파생적 영향을 미치는 것으로 나타났다.

"최고의 직장 문화를 가진 25개의 글로벌 기업"이라는 제목의 최근 출판물에서, 직원들에 의해 Google이 1위를 차지했고 회사에 대한 한 직원의 말이 주목을 받았다. "문화와 환경에 대해 가장 긍정적인 것은 서로 다른 문화에서 온 많은 다른 유형의 사람들이 함께 일하며 그들의 생각을 공유하는 것입니다." 목록에 올라있는 다른 기업들이 이름들을 보면, 이 상위 25개의 글로벌 기업들이 문화가 강한 것 외에 해당 산업에서도 높은 성과를 내고 있는 것은 놀라운 일이 아니다. Google의 주식은 2021년 4월 6일 주당 2,209.26달러에 마감되었다. 25위를 차지한 PepsiCo는 이날 52주 만에 최고치인 148.77달러에 근접한 주당 143.67달러로 마감했다. 이 회사들은 대차대조표가 튼튼하고 수입과 수익이 증가하고 있다. 강한 고성과 문화와 약한 저성과 문화라는 꼬리표를 붙일 수 있게 해주는 것이 바로 강한 문화와 성과의 상관관계다. 강한 문화와 약한 문화의 특징을 살펴보자.

강한 고성과 문화의 특성

강한 문화는 모든 사람의 행동을 지배하는 주요 원칙, 가치, 규범에 대한 공유된 이해뿐만 아니라 구성원의 성과와도 더 높은 상관관계를 갖는 것으로 알려져 있다. 강한 문화 혹은 고성과 문화에서 경영진은 문화의 기반이 되는 가치, 규범, 관행 및 원칙을 전달하는 데 상당한 시간을 할애한다. 강한 고성과 문화의 구체적인 특성은 다음과 같다.

- **정보와 영감을 주기 위해 이야기, 의례, 의식, 상징을 활용.** 강한 문화에서 리더들은 회사의 가치, 규범, 원칙, 기준의 성공적인 전시를 강조하기 위해 의식, 보상, 의례, 상징, 이야기, 그리고 다른 사회적 사건들을 사용한다. 의식은 높은 성과를 낸 직원들을 인정하고 축하한다. 리더들은 신입사원들에게 회사의 핵심가치를 설명하기 위해 고무적인 이야기를 들려주고, 이는 직원들 사이에 공유된 이해를 만들어낸다. 또한 그들은 의미와 가치를 전달하기 위해 상징, 의례, 그리고 특별한 언어를 사용한다.
- **결과지향 및 목표 추구.** 강한 문화는 규율의 문화라고 밖에 설명할 수 없는 것을 가지고 있다. 모든 사람들은 회사의 사명을 달성하는 것에 책임을 진다. 조직의 모든 직원들 사이에는 "할 수 있다"는 정신이 있다. 그것은 매우 결과지향적인 문화이다. 모든 사람은 자신의 목표에 대한 주인의식을 가지며, 이는 목표를 달성하기 위한 더 높은 헌신과 동기를 보여준다. 리더들은 그러한 높은 성과에 상응하는 보상을 제공한다. 목표는 리더-팔로워 성과 평가 및 피드백의 기초를 형성한다. 그 과정을 가능한 한 투명하고 객관적으로 유지하는 것을 대단히

강조한다. 리더는 성과가 뛰어난 사람들에게 핀, 단추, 배지, 상장, 메달 등을 수여하여 성과를 인정하고 칭찬할 기회를 만든다.

- **탁월성 강조.** 강한 문화에서는 탁월함에 대한 강조가 있다. 경영진은 업계의 베스트 프랙티스를 벤치마킹하는 정책을 추구한다.[30] 업적 성취에 대한 열정이 있으며, 직원들은 위험을 추구하도록 권장된다. 실수는 처벌의 이유가 아니라 배울 수 있는 기회로 여겨진다.
- **"할 수 있다"는 정신으로 사람중심 강조.** 고성과 문화는 매우 사람중심적이다. 그들은 직원들을 최고의 자산으로 여긴다. 그들은 직원들을 존엄성과 존중으로 대하고, 그들에게 더 큰 자율성을 부여하며, 그들을 의사결정에 참여시키고, 그들의 성과를 축하하며, 높은 성과 달성을 위해 모든 범위의 인센티브를 사용한다. 직원들이 조직의 성공을 돕는 방식으로 행동할 가능성이 더 높은 상호관계를 발전시킨다. 이러한 성공의 사이클은 상호관계 패턴을 거듭 강화해 나가는 '선순환'을 야기한다.
- **신뢰, 개방성, 책임감, 의무감 및 성실성이 만연함.** 이러한 특성들은 직원들이 갖추기를 기대하는 것들로, 고성과 문화에서는 리더와 부하들 사이의 관계를 설정하는 원칙으로 작용한다. 이러한 문화적 특성은 고유한 가치를 제공하는 기업 고유의 이점을 제공하며, 경쟁업체가 모방하거나 그대로 따라하기 어렵기 때문에 경쟁우위를 구축하고 유지하기 위한 최상의 수단이 되는 것이다.
- **집단적인 몰입감 및 팀 정신.** 강한 문화는 직원들의 업적에 대해 보상하고 축하하는 것을 관행으로 만들기 때문에, 의무를 넘어서고 싶은 동기가 있다. 목표는 리더와 추종자 사이에 협력적으로 설정되기 때문에 주인의식을 갖게 한다. 목표는 경영진의 우선순위가 아니라 모든 사람의 우선순위로 간주된다. 업무 분위기는 팀지향적이고 활기차며 매우 매력적이다. 모든 사람은 동일한 목표에 집중하고 조직의 최선의 이익이 되는 일을 하도록 동기를 부여한다.

강한 문화는 일반적으로 높은 고객 만족도, 낮은 직원 이직률 및 결근률, 높은 직원 생산성, 높은 직원 직무만족 및 행복, 높은 수준의 창의성 및 혁신, 강한 헌신 및 풍부한 학습 기회의 파생물인 더 높은 성과와 관련이 있다.[31, 32, 33] 또한 조직문화는 비용, 품질, 제공 및 유연성으로 측정되는 지속 가능한 경쟁우위를 주도하는 린 생산방식도 추구한다.[34] 이러한 특성들이 제각기 언급되지만 상호배타적이지는 않다는 점에 유의해야 한다. 그들은 서로를 보완하거나 상생하는 역할을 한다.

예를 들어, 결과지향적이고 목표지향적인 문화는 또한 과제 완료의 우수성을 강조할 가능성이 더 높다. 또한 "할 수 있다"는 정신을 가진 강한 사람중심의 문화에서

도표 11.3 강한 고성과 문화의 특성

- 정보와 영감을 주기 위해 이야기, 의례, 의식, 상징을 활용
- 결과지향 및 목표 추구
- 탁월성 강조
- "할 수 있다"는 정신으로 사람중심 강조
- 신뢰, 개방성, 책임감, 의무감 및 성실성이 만연함
- 집단적인 몰입감 및 팀 정신

는 모든 사람들이 신뢰성, 개방성, 책임감, 의무감 및 진실성 같은 특성을 갖게 될 가능성이 상당히 높다. 이야기, 의식, 의례 및 상징을 정기적으로 사용하여 부하들에게 알리고 영감을 주는 문화 또한 집단적인 참여와 팀 정신을 가진 문화일 가능성이 높다. 도표 11.3에서 강한 문화에서 나타나는 특성들을 참조하라.

약한 저성과 문화의 특성

조직의 문화는 구성원의 행동을 지배하는 가치, 신념, 규범, 원칙에 대한 합의가 거의 또는 전혀 없을 때 약하다. 다음은 약한 저성과 문화의 몇 가지 특징들이다.

- **공유된 가치/규범 결여.** 기대가 불분명하고 조직 전체의 관행, 규범, 신념, 태도 등에서 일관성이 거의 없기 때문에 성과가 낮은 문화를 가진 조직에서 일하기 어렵다. 험담, 조작, 편애, 의사소통 부족, 내부 갈등과 같은 부정적인 행동이 약한 문화에서 지배적이다.
- **정치화된 의사결정 과정.** 약한 문화권에서는 내부 환경이 고도로 정치화된다. 권력 비선을 통해 많은 문제가 해결된다. 특정 결과에 기득권을 가진 주요한 사람이나 단체의 사적인 로비뿐만 아니라 권력을 가진 사람들의 공공연한 반대는 중요한 변화를 억누를 수 있다. 상호 이익을 위한 거래가 많이 발생함으로써, 자원 배분, 채용 및 승진 관행에 문제가 발생하고, 부당한 인센티브 제도가 나타나게 된다. "무엇을 할 줄 아느냐 보다는 누구를 아느냐가 관건이다"라는 말이 약한 조직문화에서는 살아 숨쉬고 있다.
- **편애나 족벌주의 팽배.** 정치화된 내부 환경 때문에, 승진과 다른 인사 관행들이 공정하지 못하게 일어나는 일이 많다. 예를 들어, 지원자의 기술과 능력을 새로운 직책의 업무 요건에 맞추려는 노력이 전혀 이루어지지 않고, 대신 승진과 채용 결정은 사적인 관계(우정, 가족 관계, 편애 등)에 기초한다. 개인이나 집단

의 사리사욕이 우선시 되고 조직에 가장 좋은 것은 부차적인 것이 된다.

- **편협한 사고.** 약한 문화는 편협하거나 내면적인 사고로 고통받는다. 실적 부진이 문화 탓이라고 해도 기존 방식을 고수하려는 경향이 있다. 새로운 아이디어와 새로운 운영 방식을 즐기기보다는 현상 유지에 의존하는 경향이 있다. "이건 우리 방식이 아니다"라는 말이 많이 들린다. 새로운 아이디어는 충분한 고려 없이 전면적으로 거부된다.
- **변화에 저항.** 약한 문화에서, 조직의 구성원들은 일반적으로 새로운 리더의 비전, 목표, 전략에 대해 깊이 느끼는 정체성을 보여주지 않는다. 모든 사람들은 그들의 사리사욕을 보호하는 데 관심이 있고 이 자세를 위협하는 어떠한 변화도 강하게 저항받는다. 열정과 목표지향적인 행동이 전반적으로 결여되어 있다. 현상 유지를 위협하는 모든 변화 계획안에 대한 강력하고 본능적인 저항이 있다.
- **낮은 기대치와 성취에 대한 열정 결여.** 책임감이 없다. 신뢰의 부족, 폐쇄성, 낮은 기대, 그리고 책임감과 성실성의 부재는 약하거나 낮은 성과를 내는 문화에서 리더와 부하들 사이의 관계의 특징을 정의한다. 그럭저럭 살아가기 위해 최소한의 일만이라도 하고 싶어하는 경향이 있다. 목표는 경영진의 우선순위로 간주될 뿐이며, 목표 달성에 책임을 지는 사람들에게는 적용되지 않는다. 업무 분위기가 따분하고 지루하며 영감을 주지 못한다. 모든 사람들은 자기중심적이고 자신에게 가장 이익이 되는 일을 하도록 동기부여를 할 뿐이다. 좋은 행동에 대한 보상도 없고 나쁜 행동에 대한 문책도 없다.

약한 문화는 일반적으로 직원 이직률과 결근률, 낮은 노동력 생산성, 낮은 직원 동기와 직무 만족도, 창의성과 혁신성의 부족, 낮은 헌신, 그리고 학습의 부재의 파생물인 저조한 성과와 관련이 있다. 이러한 특성들이 개별적으로 각각 언급되기는 하지만, 상호 연관되거나 미치는 결과가 비슷하다는 느낌이 있다면, 문제가 확실하게 나타나는 상황인 것이다. 그들은 서로 배타적이지 않다. 예를 들어, 정치화된 의사결정 과정은 편애와 족벌주의로 이어질 수 있다. 편협한 사고는 변화에 대한 저항으로 이어질 수 있다. 공유된 가치/규범이 부족하면 기대치가 낮아지고 성취에 대한 열정이 부족해질 수 있다. 도표 11.4의 약한 문화의 특성을 요약한 목록을 참조하라.

> **업무응용 11.2**
>
> 현재 일하는 조직이나 일했던 조직이 저성과 문화라 할 수 있는가? 아니면 고성과 문화라고 할 수 있는가? 대답을 뒷받침하기 위해 〈도표 11.3〉 또는 〈도표 11.4〉에서 하나 이상의 특성을 가지고 설명해보자.

도표 11.4 약한 저성과 문화의 특성

- 공유된 가치/규범 결여
- 정치화된 의사결정 과정
- 편애나 족벌주의 팽배
- 편협한 사고
- 변화에 저항
- 낮은 기대치와 성취에 대한 열정 결여

도입사례 응용

4. Ken Frazier가 Merck에서 약한 저성과 문화가 아닌 강한 고성과 문화를 만들었다는 증거는 무엇인가?

Merck는 직원들이 회사를 더 강하고 혁신적인 회사로 변화시키는 데 도움을 줄 수 있는 귀중한 아이디어의 원천이라는 것을 인식하고 있었다. 따라서 Merck는 이 자원을 활용하기 위해 전 세계 수천 명의 직원들이 협업할 수 있는 기회를 마련했다. 사례에서 밝혔듯이, 3일 동안 직원들은 온라인 브레인스토밍 포럼(의식)에 참여하여 Merck의 가장 큰 변화 과제를 해결한다. 이 3일간의 형식은 전통적인 부문 간 및 지리적 장벽을 허물고 조직의 모든 수준의 참가자('할 수 있는' 정신을 가진 사람들)를 참여시키고 영감을 주기 위해 고안되었다. 이 프로그램은 창의적인 문제해결(결과지향)을 장려하고, 시스템 사고를 용이하게 하며, 직원들의 사고 프레임을 넓히고, 사람들이 아이디어를 공유하고 서로 배울 수 있는 환경(신뢰, 개방, 무결성)을 조성하며, 창의적인 아이디어를 전달하고 육성하기 위한 훌륭한 메커니즘(집단적인 '소통')이다. Merck는 최고 수준의 과학적 우수성(우수성에 중점을 두고 있음)에 전념하고 있다. Frazier의 리더십하에서, Merck는 생명을 구하는 많은 혁신적인 약과 백신을 성공적으로 출시했고, 490억 달러의 수익을 올린 회사가 되었다. 2021년 3월 31일 현재 회사의 주식은 사상 최고치(결과지향 및 목표추구)로 거래되고 있다. 그것은 강한 고성과 문화의 한 예임이 분명하다. 〈도표 11.3〉에 제시된 모든 특성이 이 사례에서 나타나고 있다.

개념응용 11.1 강한 고성과 문화와 약한 저성과 문화의 특성

아래의 각 문장에 대해 어떤 특징을 나타내고 있는지 표시해보자.

a. 강한 고성과 문화
b. 약한 저성과 문화

_____ 1. 우리 조직에서는 경영진이 직원들을 대할 때 말한대로 솔선수범하고 있다.

_____ 2. 나는 여기 있는 최고경영자들 중 얼마나 많은 사람들이 공적보다는 족벌주의 덕분에 그 자리에 오를 수 있었는지 궁금하다.

_____ 3. 우리는 항상 일정한 방식으로 이곳에서 일을 해 왔다. 나는 이제 아무것도 바꿀 필요가 없다고 생각한다.

_____ 4. 여기서, 당신은 자신의 목표를 설정하는 데 큰 역할을 하지만, 일단 목표가 정해지면, 그것들에 매달리게 된다.

_____ 5. 우리 조직에서는 업계의 베스트 프랙티스를 벤치마크하는 정책을 추구한다.

_____ 6. 이 조직에서 1년을 보낸 후에도 나는 여전히 우리의 핵심가치를 이해하기 위해 고군분투하고 있다.

_____ 7. 우리는 주변에서 험담, 조작 및 편애에 관여하고 있지만, 그렇지 않은 사람이 있겠는가? 완벽한 사람은 없다!

_____ 8. 우리 회사에서는 부서 간의 건전한 경쟁을 통해 '할 수 있다'는 정신을 갖추고 있다. 회사 내의 모든 부서에서 벽면 어디엔가 사명기술서와 가치기술서를 붙여두고 있다고 생각한다.

_____ 9. 우리 조직에서는, 리더들이 업적이 뛰어난 사람들을 보상해 주기 위해 분기별로 회의를 한다.

_____ 10. 우리 회사에서는 모든 사업부서가 해당 분야에서 1, 2위를 하기 위해 애쓴다. 그것 때문에 대단히 힘들지만 한편으로는 동기부여가 된다.

조직문화의 유형

학습목표 11.5

조직에서 일반적으로 발견되는 네 가지 유형의 문화를 식별한다.

조직문화로 한 가지가 최선인 것은 없다. 이상적인 문화는 조직의 사명과 비전 및 전략 수립과 집행 과정을 지원하는 것이다. 학술적으로는 학습, 혁신적, 팀, 혈연적 집단, 시장, 애드호크라시 등등으로 문화를 명명하고 있다. 이러한 각각의 이름들은 핵심 가치, 원칙, 조직이 기대하는 것 등에 관한 무언가를 소통하려는 의도를 갖고 있다. 조직문화 유형은 리더십 스타일과 직원 성과에 모두 중요한 역할을 한다.[35] 우리는 클랜, 마켓, 팀, 학습 문화의 특징을 통합한 네 가지 문화 유형에 초점을 맞출 것이다. 그것은 협력적, 적응적, 경쟁적, 관료주의적인 문화이다. 이러한 문화 유형들은 상호배타적인 것은 아니며, 조직문화는 이러한 유형 중 하나 이상과 일치하는 구성원의 행동, 태도 및 신념을 드러낼 수 있다. 그러나 응집력이 강한 문화를 가진 고성과 조직은 하나의 특정 문화 유형, 즉 공유된 사고방식을 더 강조하거나 거기에 쏠리는 경향이 있다.[36]

협력문화

협력문화(cooperative culture)는 종업원들과 부서들 간의 상호유대를 강하게 유지하는 것을 중시한다. 이런 유형의 문화에서는 운영 정책, 신념, 규범 및 관행 등은 모두가 종업원들 간의 협력, 팀워크, 권한 배분, 동지애 등을 장려하기 위한 한 가지 목표를 염두에 두고 설계된다. 리더의 생각은 조직의 성공이 외부 관계보다는 내부의 효과적인 협력관계에 의해 더 영향을 받는 것이라는 신념에 기반을 두고 있다. 즉 내부에 초점을 둔 문화이다. 협력문화를 지지하는 사람들은 끊임없는 변화와 변동적인 과제를 수행해야 하는 특징을 지닌 근간의 동태적인 작업환경에서는 근로자들이 서로 협력하며, 고도로 효과적인 팀으로 일하는 작업환경을 조성하는 것이 시너지를 창출하며 생산성을 높인다는 것을 주장한다. 협력문화는 종업원들이 하수인이 아니

협력문화는 종업원들과 부서들 간의 상호유대를 강하게 유지하는 것을 중시한다.

라 주인처럼 행동하고 생각하도록 임파워먼트시켜주는 문화이다. Microsoft는 종업원들 간의 협력과 팀워크에 최고의 가치를 두며 조직문화가 협력문화에 해당된다.

적응문화

적응문화는 외부환경에 나타나는 기회와 위협을 적극적으로 살펴서 거기에 적응하는 것을 중시한다.

적응문화(adaptive culture)는 외부환경에 나타나는 기회와 위협을 적극적으로 살펴서 거기에 적응하는 것을 중시한다. 이 유형의 문화에서는 기존의 정책, 신념, 규범, 관행들이 변화하는 환경여건에 종업원들이 신속하게 대응하는 능력을 갖추게 하는데 목적을 두도록 설정되어 있다. 적응문화에서는 구성원들에게 위험감수, 실험, 혁신, 경험을 통한 학습 등을 장려한다. 종업원들의 권한 강화가 우선시 된다. 그렇기 때문에 학습문화 또는 혁신적 문화라고도 불린다.[37]

경영자는 조직의 성공이 조직 내부 요인보다는 조직의 외부에서 발생하는 일에 더 영향을 받는다고 생각한다. 그러므로 새로운 기회를 포착하거나 위협에서 벗어나기 위해서 종업원들에게 의사결정과 행동을 신속히 할 수 있는 권한을 부여한다. 개별적인 자율권을 더 많이 부여하며 실패에 대해서도 더 관대하다. 업무 과정에서 핵심가치와 사업원칙이 유지된다면, 단기적인 성과와 장기적인 성과를 함께 확보하는데 필요한 것은 실행해야 한다는 생각이 깔려있다.

일반적으로 적응문화는 유연성과 혁신을 추구하는 것이다. 적응문화의 핵심 원칙은 학습 문화라고 설명되는 것과 상당히 흡사하다.[38] Merck, Google, Facebook, 3M, Apple, Nike, Tesla를 비롯한 많은 회사들이 적응문화 혹은 혁신적 문화로 알려져 있다. 이런 회사들은 혁신과 차별화 전략을 추구한다.

경쟁문화

경쟁문화는 내부적으로 서로에 대해(내부 경쟁) 그리고 외부적으로 경쟁자에 대해(외부 경쟁) 고도로 경쟁적인 작업 환경을 장려하고 가치 있게 여기는 사고방식을 나타낸다.

경쟁문화(competitive culture)는 내부적으로 서로에 대해(내부 경쟁) 그리고 외부적으로 경쟁자에 대해(외부 경쟁) 고도로 경쟁적인 작업 환경을 장려하고 가치 있게 여기는 사고방식을 나타낸다. 조직의 정책, 신념, 규범, 업무관행 등은 내부경쟁(종업원 대 종업원, 부서 대 부서, 혹은 사업부문 대 사업부문)과 외부경쟁(자사 대 경쟁사) 모두를 조장하도록 설계된다. 경쟁문화를 가진 조직은 고객에 대한 경쟁이 극심한 성숙한 시장 환경에서 적용된다. 간혹 시장지향성 문화 혹은 애드호크라시로 설명되는 유형의 문화이다. 조직 내부에서 혹은 외부 경쟁자에 대해 승리를 쟁취하려는 동기가 조직을 함께 유지시키는 것이 된다.

PepsiCo와 Coca-Cola가 경쟁문화를 예시하는 두 회사이다. '콜라 전쟁'을 모두가 기억할 것이다. 양사 모두 다른 회사의 종업원들을 적으로 간주하고 시장에서 그들을 물리치는 데 필요한 것은 무엇이든지 하도록 분위기를 형성하고 있다. 고성과 기준과 철저한 평가를 활용하여 약점은 제거하고 강점은 보상한다. 예를 들면, PepsiCo의 전임 CEO였던 Wayne Calloway는 성과기준을 혹독하게 설정하고 해마다 그 기준을 높인 것으로 유명했다. 그가 제시한 기준을 달성한 임원들은 스톡옵션, 보너스, 특별승진 등의 후한 보상을 받았으나, 그렇지 못한 임원들은 업무에 압박감을 느끼거나 좌천, 전직, 퇴직 등의 불리한 처분을 감수해야 했다.[39]

관료문화

관료문화(bureaucratic culture)는 질서, 안정성, 지위, 효율성 등을 중시한다. 관료문화에서는 정형적으로 사업을 운영하게 만들어주는 규칙, 정책, 절차 등을 철저하게 지킬 것을 강조한다. 관료문화 조직은 고도로 구조화되어 있으며 효율성을 추구한다.[40] 저원가 주도 전략을 추구하는 조직(Walmart를 비롯한 할인점)에서는 관료문화가 잘 맞겠지만, 차별화 전략을 추구하는 조직(Nordstrom을 비롯한 고가의 백화점 매장들)에서는 잘 맞지 않을 것이다. 하지만 저원가를 추구하는 조직에서조차도 관료문화는 점점 매력이 떨어지고 있다. 국내를 비롯하여 글로벌 경쟁자들로부터의 위협이 증가하는 것에 직면함으로써, 조직의 많은 리더들은 조직의 유연성과 환경적응성을 높여야 하는 욕구가 증가하기 때문에 관료적인 문화에서 벗어나기를 강요받고 있다.

관료문화는 질서, 안정성, 지위, 효율성 등을 중시한다.

업무응용 11.3

현재 일하는 곳이나 일한 적이 있는 곳의 문화가 네 가지 유형의 조직문화 중에서 어떤 것에 해당하는지 설명해보자. 조직문화가 한 가지 유형으로 나타나는지, 아니면 네 가지 유형이 복합적으로 나타나는지 설명해보자.

개념응용 11.2 조직문화의 유형

아래의 각 문장이 조직문화의 어떤 유형의 특징에 해당하는지를 표시해보자. 힌트: 각 정답 선택은 한 번만 사용된다.

a. 경쟁문화
b. 적응문화
c. 관료문화
d. 협력문화

_____ 11. Apple은 직원들이 많은 유연성을 가지고 고객 문제에 대한 창의적인 해결책을 추구할 수 있는 권한을 가진 회사로 묘사되고 있다.

_____ 12. 우리 회사에는 정해진 방식이 있는데, 관리자들은 이러한 관행이 생산성을 향상시키고 비용을 절감하기 때문에 이러한 관행을 확고히 고수하고 있다.

_____ 13. 우리 업계에서는 모든 행동에 대해서 경쟁사들의 대응 행동을 유발하고 있기 때문에, 우리는 경쟁사들이 우리의 고객들을 훔치지 않도록 주의 깊게 감시하고 있다.

_____ 14. 소규모 가족 기업인 우리는 직원들이 서로 협력하여 아이디어/정보를 공유하기를 원한다.

윤리적 조직문화와 진정성 리더십

학습목표 11.6

진정성 리더가 되는 것과 진정성 리더가 팔로워 행동에 미치는 영향 및 비즈니스의 윤리적 가치를 설명한다.

2장에서는 윤리에 대한 범위를 확대하였다. 여기서는 윤리가 조직문화에 미치는 영향에 초점을 맞춘다. 조직문화는 사람들이 직장에서 서로에 대해 행동하는 방식, 할당된 작업을 완료하는 방법, 그리고 그들이 행동과 의사결정을 통해 보여주는 가치를 설명한다. 모든 조직문화가 윤리에 기반을 두고 있다는 것을 당연하게 여겨서는 안 된다. 두 개념을 통합하려면 효과적인 리더십이 필요하다. 이러한 문화와 윤리의 통합을 윤리적 조직문화라고 한다. 이러한 윤리적 조직문화의 구성은 윤리가 행동에 영향을 미치고 핵심가치와 윤리의 조합이 조직의 문화를 설명한다는 것을 인정하는 것이다. 그러므로, 리더들은 윤리적인 조직문화를 만들기 위해 노력해야 한다.

윤리적 조직문화를 조성하고 유지하려면 조직의 윤리적 가치에 대한 지속적인 의사소통과 모든 조직구성원(리더 및 비리더)의 행동이 이러한 윤리적 가치와 일치하도록 보장해야 한다. 윤리적인 조직문화를 갖는 것의 중요성은 아무도 우리의 행동을 면밀히 검토하지 않을 때, 예상치 못한 딜레마를 해결할 수 있는 규칙이 마련되어 있지 않을 때, 어려운 상황에 대한 정직하고 열린 토론이 일어날 때, 그리고 정보가 불분명하거나 사실이 모호할 때 의사결정을 안내하는 역할이다.[41] 윤리적 조직문화는 좋은 때나 나쁜 때나 조직을 올바른 길로 가게 하는 자동 조종 장치이다.

2장에서 윤리에 대한 논의는 개인의 관점에서 이루어진다. 개인의 성격 특성과 태도, 도덕적 발달 수준, 상황적 맥락이 그들의 윤리적 행동에 어떻게 영향을 미치는지에 중점을 둔다. 여기 11장에서는 기업 전체의 윤리적 조직문화를 조성하는 데 있어 최고경영진의 역할에 초점을 맞추어 조직의 관점에서 윤리를 검토한다. 윤리적 조직문화의 부재는 일부 조직에 심각한 결과를 초래했다. Google에서 Enron, Tyco, WorldCom과 같은 이름을 검색해보면 이들 조직에서 행한 비윤리적인 행동이 금방 확인될 것이다.

2008년에는 은행과 금융 산업과 미국 경제를 거의 무너뜨릴 뻔한 부동산 서브프라임 시장의 실패가 있었다. 최근 2020년, 정부의 코로나19 대처 부실은 미국 시민들(지금까지 50만 명 이상의 사망자)과 헤아릴 수 없는 경제적 비용이라는 질병의 결과를 악화시킬 뿐이었다. 이러한 위기들은 윤리와 리더십에 있어서 엄청난, 어떤 경우에는 범죄적인 실패를 드러냈다. 이러한 윤리적, 법적 파괴가 발생하는 것은 도덕적으로 타락한 한 두 사람만으로는 단순하게 설명될 수 없다. 이들 기업, 조직, 기관에서 발생한 윤리적 파탄은 일정 기간에 걸쳐 발생했고, 조직 안팎의 수많은 개인들이 참여했으며, 이들 기업의 내부 붕괴와 정부기관에 대한 불신을 초래했다. 대기업뿐 아니라 중소기업에도 조직윤리가 적용된다는 점에 주목해야 한다.

윤리적 결정: 사업 수행상의 비용인가 뇌물인가?

11.1 Avon사의 뇌물수수 조사

2011년 5월 5일자 월 스트리트 기사에서, Avon사의 내부조사가 외국관리들에 대한 뇌물공여 가능성에 대한 조사로 확대되고 있다고 보도되었다. 이 사건을 잘 알고 있는 어떤 사람은 화장품 방문 판매원들이 브라질, 멕시코, 아르헨티나, 인도 및 일본 등지에서 적은 금액이라고 볼 수 없는 수 백만 달러의 뇌물성 자금을 공무원들에게 주었다는 사실을 내부조사관들이 밝혀냈다고 말했다.[42]

이것은 사업 상의 이득을 위해서 미국 기업의 임직원이 외국 정부의 관리들에게 뇌물을 주는 것이 위법이고 범죄에 해당한다고 규정한 해외 부패업무 금지법에 저촉되는 것이다. 지난 몇 년간, 다른 국가들에서 이러한 관행에 죄를 묻거나 금지하지 않고 있는 상황에서 이 법이 지켜져야 하는지에 대해 많은 사람들이 의문을 제기하고 있다. 다른 국가에서 그런 일이 있다면 이 법을 준수하도록 하는 것이 타당할 것이다. 이 법에 대해 반대하는 사람들의 주장은 특히 개발도상 국가를 비롯한 많은 문화권에서 뇌물수수가 사업을 해나가는 일종의 방법이기 때문에 이 법이 미국 기업들에게 불리하게 작용한다는 것이다.

1. 이 법이 미국 기업들에게 공정한 것으로 생각하는가?
2. Avon사의 직원이 이미 혐의가 입증되었다. Avon사는 올바르게 하고 있는 것인가?
3. 다른 국가들에서 이러한 관행이 허용되거나 장려되는 것이 윤리적인가?

경영학교육인증협의회는 윤리적 이해와 추론을 중요한 리더십 역량으로 나열한다. 이것은 꽤 많은 대학들이 윤리 과목을 교과 과정에 추가하는 이유를 설명할 수 있다.

진정성 리더십

부패, 기만, 거짓말, 부정행위, 도덕적 실패 등에 대한 뉴스 기사로 인해 많은 사람들이 현재의 비즈니스 환경에서 다른 종류의 리더를 요구하게 되었다. 이해관계자들은 리더들이 더 투명하고 진실하며 진정성과 성실성을 갖출 것을 요구하고 있다. 이러한 리더는 목표를 깊이 있게 이해하고 자신이 추구하는 가치에 충실한 사람이다. 부하들이 듣고 싶어 하지 않는 것일지라도 엄연한 진실에 대해 말할 수 있는 용기를 가진 리더를 원하게 되었다. 진정성 리더십은 가치에 바탕을 두고 있는 개념이다. 부하들로부터 신뢰와 충성심을 얻는 것이 고성과를 달성하고 업무 의욕을 고취하며 참여를 이끌어내는 기반이 된다.[43] 이러한 리더십을 완벽하게 이해하려면, 진정성 리더의 성격 프로파일과 부하들의 행동과 태도 및 성과에 그들이 미치는 영향력에 대해 알아봐야 할 것이다.

진정성 리더의 성격 프로파일

진정성은 거짓이 없음이다. 그것은 자신의 핵심가치, 신념, 원칙에 따라 알고 행동하는 것에 초점을 맞추는 리더십 접근법이다. 진정성 리더들은 더 높은 수준의 성실성과 책임감을 유지한다. 또한 '진정한 자아'라는 개념에 뿌리를 둔 리더십이다.[44] 진정성 리더십은 리더들이 자신의 행동이 자신과 일치하는지 여부를 반성할 수 있는 내성적인 자질을 가지고 있으며, 그들의 가치와 윤리가 외부의 압력보다 우선시되도록 보장한다. 진정성 리더들은 부하들에게 희망, 낙관, 개방, 그리고 회복력의 메시지를 전달하려고 노력한다. 진정성 리더는 타인에게 진실하고 자신에게 충실하며, 윤리적이거나 옳은 일에 초점을 맞추고, 개인적인 위험을 감수하면서도 진로를 유지하고, 타인의 권한 부여를 우선시하며, 모든 부하들과 열린 소통을 유지하는 것을 요구하는 가치 체계에 의해 추진된다. 그것은 카리스마적, 변혁적, 서번트 리더십과 같은 다른 긍정적인 리더십 모델과 밀접하게 연관되어 있다. 이는 조직의 목적보다는 리더의 목표에, 원칙이 아닌 자기중심적 의제에, 장기적 관계가 아닌 단기적 거래에, 설득이 아닌 권력과 권위에, 겸손이 아닌 자아에 초점을 맞추는 전통적인 지시, 통제형 리더십 모델과는 상반되는 것이다.[45]

진정성 리더십은 또한 용기, 성격, 그리고 목적에 관한 것이다. 성격은 특히 어려운 결정에 대한 의사결정을 위한 도덕적 나침반을 제공한다. 어려운 결정에 직면했을 때, 진정한 리더들은 그들이 무엇을 지지하는지 알고 있고, 그 결정이 인기가 없더라도 그들의 원칙에 따라 행동할 용기가 있다. 용기 있는 리더들은 잘못을 바로잡고, 개인적인 약점을 인정하고, 실수를 인정할 수 있다. 그들은 좋아하는 것에 대한 열망이 아니라 그들의 가치와 목적에 의해 동기부여가 되기 때문에 어려운 결정을 내리는 것을 피하지 않는다. 그들은 어려운 결정이 내려져야 할 때 조직 내에서 사회적 영향이나 압력이 윤리에 영향을 미치는 것을 허용하지 않는다.[46]

진정성 리더십은 부하들과의 정직한 관계를 통해 리더의 정통성을 구축하는 데 의존하고 윤리적 기반 위에 구축되는 리더십에 대한 접근법으로 정의된다.

진정성 리더십(authentic leadership)은 부하들과의 정직한 관계를 통해 리더의 정통성을 구축하는 데 의존하고 윤리적 기반 위에 구축되는 리더십에 대한 접근법으로 정의된다.[47] Merck의 전 CEO인 Frazier는 진정성 리더의 특성과 모습을 구현해주고 있다. 그는 원칙에 입각한 리더다. 다양성, 공정성 및 포용성에 대한 정책은 그의 도덕적, 윤리적 신념에 의해 이끌어진다. 그는 자신이 동의할 수 없는 사람이 비록 미국 대통령일지라도, 인종적 평등과 공정성의 문제에 대해 목소리를 내는 것을 두려워하지 않는다.

진정성 리더가 부하의 행동과 태도에 영향을 미치는 방법

리더의 진정성이 부하의 행동과 태도에 어떻게 영향을 미치는가 하는 점은 중요한 사항이며 논의할 가치가 있는 것이다. 부하들은 리더에게서 행동을 본받기 때문에 윤리적인 작업환경을 조성하는 데 있어서 리더의 역할이 결정적으로 작용하는 이유가 있다. 진정성 리더십과 부하의 태도 및 행동을 연계시키는 가장 중요한 중개 변수는 신뢰이다.[48] 신뢰는 스스로 얻어야만 된다는 것을 진정성 리더는 알고 있다. 그러므로, 진정성 리더십에서는 리더와 부하 간의 투명하고 고품질의 교환관계를 강조한다. 이로 인해 리더와 부하 간의 긍정적인 교환관계가 형성되며, 부하의 조직시민 행동과 직무만족 및 근속성이 증가하게 된다. 이러한 결과는 종업원들 간의 팀 정신과 생산성을 끌어 올리는 역할을 하게 되며 조직의 경쟁우위를 지속시키는 근간이 된다. 진정성 리더는 행동의 일관성이 있기 때문에 부하들이 리더가 기대하는 것과 자신들이 기대하는 것에 대해 알고 있다. 리더의 진정성이 부하와 리더 간의 정체성을 더 높은 수준으로 이끄는 것이다.

도입사례 응용

5. 당신이 보기에, Ken Frazier는 진정성 리더의 기준에 부합하는가? 대답에 대한 근거를 제시해보자.

그는 그렇다. 진정성 리더십은 또한 용기, 성격, 그리고 목적에 관한 것이다. 성격은 특히 어려운 결정에 대한 의사결정을 위한 도덕적 나침반을 제공한다. 어려운 결정에 직면했을 때, 진정성 리더들은 그들이 무엇을 지지하는지 알고 있고, 그 결정이 인기가 없더라도 그들의 원칙에 따라 행동할 용기가 있다. 용기 있는 리더들은 잘못을 바로잡고, 개인적인 약점을 인정하고, 실수를 인정할 수 있다. 그들은 좋아하는 것에 대한 열망이 아니라 그들의 가치와 목적에 의해 동기부여가 되기 때문에 어려운 결정을 내리는 것을 피하지 않는다. Frazier는 진정성 리더의 특성과 모습을 구현해주고 있다. 그는 원칙에 입각한 리더이다. 다양성, 공정성 및 포용성에 대한 그의 정책은 그의 도덕적, 윤리적 신념에 의해 이끌어진다. 그는 동의할 수 없는 사람이 비록 미국 대통령일지라도, 인종적 평등과 공정성의 문제에 대해 목소리를 내는 것을 두려워하지 않는다. 그가 Trump 전 대통령의 제조업평의회에서 사임할 때 말했듯이, "Merck의 CEO로서, 그리고 개인적 양심의 문제로서, 나는 편협함과 극단주의에 맞서야 할 책임을 느낍니다"라고 말했다. 그는 자신의 행동이 가져올 수도 있는 잠재적인 부정적인 결과에도 불구하고 자신의 원칙에 따라 행동하는 용기를 보여주었다.

글로벌 리더십

학습목표 11.7

점점 더 글로벌화되는 사회에서 문화적 차이를 이해하는 것의 중요성을 설명한다.

우리가 글로벌 공동체에 속해 있다는 것을 파악하는 순간, 문화적 차이를 이해하고 다른 문화권의 파트너들을 효과적으로 다루는 법을 배우는 것은 매우 중요할 것이다. 따라서 왜 외국 태생의 리더들이 미국 기업들을 이끌도록 임명되는지 부분적으로 설명될 수 있다.[49] 기업들은 점점 더 글로벌화되고 있고 따라서 인종적으로 더 다양해지고 있다. 그들은 다문화 인력을 이끌고 세계 시장에서 경쟁할 국제적 경험을 가진 리더를 찾고 있다. 글로벌화는 기업들이 전 세계적으로 제품과 서비스를 발굴하고, 생산하며, 마케팅하도록 이끌었다.

글로벌 노동시장이 부상되고 있으며, 중국과 인도가 주도하고 있다. PepsiCo, Coca-Cola, Procter & Gamble과 같은 미국기업들과 그 외의 많은 기업들이 중국과 인도에서 값싼 노동력과 소비시장 규모에 일부분 매력을 갖고서 현저히 등장하게 되었다. 이들 기업들은 독일의 Daimler-Benz, 스위스의 Nestle, 캐나다의 Northern Telecom과 같은 유럽기업들을 비롯하여 그 외에도 미국시장에 등장한 많은 기업과 경쟁에 직면하고 있다. 이러한 기업들은 문화적으로 다양한 노동자, 고객, 경쟁사, 공급자와 금융기관 등과 관계를 맺어야 한다.

Arnold Donald(Carnival의 최고경영자)는 Carnival Cruise Line과 같은 글로벌 브랜드를 이끌었던 자신의 경험에서 이러한 현실을 경영에 반영할 수 있는 사람들이 중요하다고 말했다. 그는 "우리 사업의 많은 부분이 미국 밖에서 이루어지고 있고, 공산주의 동독에서 태어난 경영자를 비롯하여 많은 외국계 경영자들과 일하면서, 그들이 완전히 다른 사고방식을 갖고 있다는 것을 확인했습니다. 경영진을 다양하게 구성하도록 의도적으로 노력해야 하며, 최고경영진에서부터 이렇게 해야만 합니다"라고 말했다.[50] 우리는 Donald가 인종차별의 역사를 가진 남부에서 자랐다는 것에 주목해야 한다. 그는 흑인 미국인들과 다른 소수자 그룹들이 기업에서 최고의 지위로 올라갈 수 있도록 기회 파이프라인을 구축하는 것이 중요하다고 믿고 있다.

예를 들어, 세계에서 가장 큰 기술 회사들 중 일부를 경영하고 있는 인도계 미국인들의 수를 생각해 보자. Google의 Sundar Pichai와 Microsoft의 Satya Nadella와 같은 잘 알려진 경영진 외에도, 미국의 첨단 기술 산업에서 헤드라인을 장식하고 있는 인도의 설립자들의 꽤 인상적인 목록이 있다. Baiju Bhatt는 그의 스탠퍼드대학 친구인 Vladimir Tenev와 함께 현재 미국에서 유행하고 있는 주식 거래 앱 Robinhood를 설립했다. 2013년에 설립된 Robinhood는 1,300만 명 이상의 사용자를 보유하고 있으며 400억 달러 이상의 가치가 있다. Bhatt는 버지니아에서 구자라트 출신의 인도 이민자들 사이에서 태어났다. Forbes에 따르면 Bhatt의 순자산은 10억 달러이다. Paul Davison과 함께 스탠퍼드대 졸업생인 Seth Rohan은 2020년 Clubhouse를 설립했고 이미 10억 달러 규모의 회사로 성장했다. 점점 더 많은 기술 리더들과 CEO들이 토론과 대화를 하기 위해 플랫폼에 뛰어들면서 오디오가 주도하는 소셜 미디어 앱은 전 세계적으로 뉴스가 되었다. Rohan은 뉴델리에서 자랐고 2012년까지 Google에서 일했다. Apoorva Mehta는 코로나19 팬데믹 기간 동안 여러 배로 성장한 미국의 식료품 스타트업 Instacart의 설립자이다. 인도에서 태어나 캐나다에서 자란 Mehta는 2012년에 식료품 회사를 시작했다. 그는 또한 이전에 Qualcomm 및 Amazon에서도 근무했다.[51] 이러한 리더/창업자들의 배경을 고려할 때 이전 세대의 리더나 이전 세대의 리더들과는 다른 방식으로 문화 및 다양성 리더십에 접근하고 있다는 것에 의심의 여지가 없다.

리더십에 대한 시사점

노동력의 다양성 및 세계화가 증가하는 추세로 인하여 다문화적 배경과 경험을 가진 리더들이 필요해지고 있다.[52] 다른 나라들의 문화적 정체성을 고려하는 것은 국내 경계를 넘어 사업을 하는 조직들의 성공을 위해 점점 더 중요해지고 있다. 자신의 문화적 가치와 관행을 다른 사람들에게 강요하는 것은 국제적인 사업을 수행하는 데 성공적인 접근법이 아닐 수 있다. 효과적인 리더는 그들이 상대하는 파트너의 문화에 대해 배우는 시간을 갖는 사람들이다. 예를 들어, 문화 간 연구 및 국제 합작(IJV) 연구에서는 인수 합병 이후의 갈등 및 저조한 성과를 포함하여 많은 대인관계 어려움의 원인으로 종종 문화적 차이를 제시한다.

미래지향적인 조직들은 다른 나라/문화에서 온 사람들을 다루는 데 지식과 경험이 있는 다문화 배경의 리더들을 모집하고 있다. 미래의 리더들이 다양한 인력을 효과적으로 활용하기 위해서는 다양성 역량이 필요하다는 인식이 커지고 있다. 예를 들어, 리더들은 미국에서는 개인의 성취를 중요시하고 장려할 수 있지만, 팀의 인정과 보상이 가장 중요한 일본에서는 다른 규범이 적용될 수 있다는 것을 인식해야 한다. 또한 미국에서는 직업군 간의 경력 향상 경쟁이 바람직하지만, 다른 문화권에

윤리적 결정: 외국제품보다 국산품 선호

11.2 미국산 제품 구매

조직문화는 국가의 문화에 의해 형성되기도 한다. 사람들은 자기 나라나 자기 회사가 최고라고 믿는 경향이 있다. "국산품을 애용하자"는 구호를 수없이 많이 들었을 것이다. 노동조합에서는 자신들의 일자리를 지키기 위해 미국인들에게 미국에서 생산된 제품을 사도록 요구하곤 한다. 반면에 외국에서 생산된 제품에 비해 더 비싸거나 품질이나 스타일이 못한 경우에 미국산 제품을 사야만 하는지 의문을 제기하는 사람들도 있다. 거의 대부분의 미국인들은 자기가 산 수많은 제품의 생산국을 모르며, 또한 부품의 절반 이상이 다른 나라에서 들여와서 생산된 제품들도 있는데 이런 제품을 진정한 미국산이라고 할 수 있는가?

1. 사람들에게 자국 제품을 사라고 요구하는 것이 윤리적이고 사회적으로 책임있는 것인가?
2. 외국 제품을 사는 것이 윤리적이고 사회적으로 책임있는 것인가?

서는 집단의 조화를 방해하거나 자기중심적으로 보이지 않기 위해, 그리고 보상이나 승진을 위해 동료들과 경쟁하는 것을 거부할 수 있다.[53] 이러한 경향은 경영학교육인증협의회가 세계 경제의 역동성과 다문화 다양성 이해를 필수 지식과 기술 영역에 나열하는 이유를 설명한다.[54]

다양성, 공정성 및 포용성

학습목표 11.8
다양성, 공정성 및 포용성이 오늘날의 비즈니스 환경에서 리더십과 조직의 필수 요소로 간주되는 이유를 설명한다.

이 절에서는 미국 주류 문화에서 '다양성, 공정성 및 포용성'이 무엇을 의미하는지 설명하고, 변화하는 미국 노동력의 본질을 살펴보고, 다양성, 공정성 및 포용성이 리더십과 조직의 필수 요소인 이유를 설명하며, Marriott International과 Boston Scientific의 다양성, 공정성 및 포용성 관행을 살펴보고, 다양성, 공정성 및 포용성의 도덕적, 법적, 비즈니스 사례를 제시하고, 강력한 다양성, 공정성 및 포용성 문화에 영향을 미칠 수 있는 요소들에 대해 논의할 것이다.

'다양성, 공정성 및 포용성'의 의의

오늘날, 미국 경제와 사회의 대부분에서 다양성, 공정성 및 포용성의 부족한 점이 지속적으로 많은 관심을 얻고 있다. 다양성, 공정성 및 포용성이 새로운 것은 아니지만 2020년은 기업과 기관들이 다양성, 공정성 및 포용성에 대한 약속을 재검토해야 한다는 경종이 울렸다. 이 세 단어들은 더 이상 그저 내놓아야 할 유행어가 아니다. 조직들이 다양성, 공정성 및 포용성에 대해 입에 발린 말만 하고 빠져나갔던 시대는 아마도 끝났을 것이다. 책임에 대한 대중의 요구가 더 크다. 다양성, 공정성 및 포용성은 도덕적이고 사업적인 의무가 되었다. Pew Research Center의 연구에 따르면, '밀레니엄 이후' 세대는 역사상 가장 다양한 노동력일 것이다. 월스트리트의 다국적 기업부터 소도시 중심가 구멍가게에 이르기까지 기업들은 고용 관행, 고용 정책, 채용 및 고용 과정의 다른 측면들을 재검토하여 각계각층의 사람들에게 기회를 확대하려고 하고 있다.[55]

다양성은 한 조직에 모든 수준의 모든 집단을 수용하는 것이다.

공정성은 모든 사람들을 위한 공정한 대우, 접근, 기회 및 진보이며, 동시에 일부 집단의 완전한 참여를 방해하는 체계적 장벽을 파악하여 제거하기 위해 노력한다.

다양성(diversity)은 한 조직에 모든 수준의 모든 집단을 수용하는 것이다.[56] **공정성**(equity)은 모든 사람들을 위한 공정한 대우, 접근, 기회 및 진보이며, 동시에 일부 집단의 완전한 참여를 방해하는 체계적 장벽을 파악하여 제거하기 위해 노력한다. 공정성과 평등이 동의어가 아니라는 점을 지적하는 것이 중요하다. 둘 다 공평성과 정의와 관련이 있지만, 어떻게 성취되고 궁극적으로 어떻게 보이는지는 다르다. **평등**

(equality)은 기회에 대한 접근 및 자원/혜택에 대한 분배가 집단에 속한 모든 개인에게 균등하게 이루어지는 것이다. 그러나 공정성은 일부(특히 소외된 사람들)에게는 이용 가능한 자원/기회에 접근하는 것을 막는 체계적인 장벽을 고려하는 것이다. 평등은 모든 사람이 같고 모든 사람의 요구가 같다고 가정한다. 그러나 일부 사람들은 더 적은 것으로 시작했기 때문에 더 많은 것이 필요하다.[57] 예를 들어, 지역 병원이나 진료소가 백신을 보유하고 있기 때문에 모든 사람들이 코로나19(COVID-19) 백신을 맞을 동등한 기회를 가질 수 있다고 가정하면 평등 목표는 충족시킬 수 있지만, 일부 사람들(특히 경제적으로 불리한 배경을 가진 사람들)은 병원이나 진료소로 갈 수 있는 교통수단이 없을 수 있기 때문에 공정성 목표는 충족시킬 수 없다. 또한 일부는 신뢰할 수 있는 인터넷 기능이나 휴대폰 서비스의 부족으로 인해 백신의 가용성에 대해 듣지 못했을 수도 있다. 그뿐만이 아니라, 또 다른 사람들은 나중에 유색인종에 대한 비인간적이고 비윤리적인 것으로 밝혀진 과거 정부의 조치로 인해 백신에 대한 신뢰 문제를 가지고 있을지도 모른다. 예를 들어, 1932년에서 1972년 사이에 미국 공중 보건국과 CDC에 의해 수행된 흑인 남성의 치료되지 않은 매독에 대한 터스키기 연구는 윤리적으로 악용된 연구였다. 이런 것들이 사회의 불공정성이 만들어낸 체계적인 장벽들이다. 따라서 평등이 있다고 주장하는 것이 공정성이 있다는 것을 의미하지 않는다. **포용성(inclusion)**은 모든 개인이 말과 행동에서 존중받고, 인정받고, 가치 있다고 느끼는 일터를 제공하는 것이다.[58] 소비자들은 다양성, 공정성 및 포용성에 대한 가치가 입증된 기업에 관심과 사업을 가져가고 있다.

평등은 기회에 대한 접근 및 자원/혜택에 대한 분배가 집단에 속한 모든 개인에게 균등하게 이루어지는 것이다.

포용성은 모든 개인이 말과 행동에 있어서 존중받고, 인정받고, 가치 있다고 느끼는 일터를 제공하는 것이다.

자본 시장이 오랫동안 미국의 번영 뒤에 있는 엔진이었다는 사례가 있다. 그러나 자본 시장은 필연적으로 그들이 운영하는 사회를 반영하며, 이는 사회의 모든 구성원이 항상 동등한 이익을 얻는 것은 아니라는 것을 의미한다. 이것은 나스닥이 50년 전에 설립된 이래로 해결하려고 노력해온 문제이다. 나스닥 거래소와 같은 전자 주식 거래 플랫폼을 출시한 원동력은 시장을 민주화하려는 노력이었기 때문에 기술을 통해 모든 사람이 접근할 수 있었다. 그 목적을 위한 나스닥의 최근 움직임은 역사적으로 서비스가 부족한 지역 사회가 주식 시장 참여의 혜택을 완전히 누릴 수 있도록 하기 위한 야심찬 노력이다. Purpose Initiative로 알려진 나스닥의 계획은 지속적이고 체계적인 변화에 영향을 미치도록 돕기 위해 회사의 방대한 자선 활동, 지역사회 봉사 활동, 기업의 사회적 책임, 지속 가능성 및 종업원 자원봉사 프로그램 등을 동원할 것이다.

나스닥의 부사장이자 Purpose Initiative의 책임자인 Jailan Griffiths에 따르면, "자본 시장은 번영과 일자리 창출을 위한 훌륭한 엔진이지만, 점점 더 여성과 소수자 집단이 자본에 더 평등하게 접근하는 것이 훨씬 더 어렵다는 것을 알아차렸습니다." 그 자료는 Griffiths의 입장을 뒷받침한다. American Express의 조사에 따르면 유색인종 여성들이 다른 어떤 계층보다 빠른 속도로 새로운 사업을 시작하고 있지만, 미국의 벤처 캐피털 중 3% 미만이 여성 주도 팀에 투자하고 있으며, 흑인과 히스패닉 창업자들에게 투자하는 비율은 1%에 불과한 것으로 나타났다. Griffiths는 "우리는 공정한 경쟁의 장을 만들 수 있는 좋은 기회가 있다고 믿습니다. 그리고 그것을 우리의 우선순위로 삼게 되어 흥분됩니다"라고 말했다.[59] 나스닥이 추진하는 이 계획안은 다양성뿐만 아니라 우리 사회의 불공정성과 포용성이라는 체계적인 문제를 해결하는 것에 대한 새로운 관심을 강조한다. 학자, 재계 리더, 시민 리더, 정치인들 사이에서 다양성, 공정성 및 포용성은 단순한 조직적 의무가 아니라 사회적 의무라는 인식이 확산되고 있다.

변화하는 미국의 작업장 특성

전통적으로 서비스를 충분히 받지 못하던 사람들의 노동력이 훨씬 더 많이 증가하고 있다는 것이 인구통계학적인 변화의 주류가 되고 있다. 2010년 인구 조사는 미국 인구에서 히스패닉, 아프리카계 미국인, 아시아인의 수가 전체 인구보다 더 빠른 속도로 증가하고 있다는 것을 보여주었고, 따라서 노동력의 문화적 다양성을 가속화시켰다. 미국을 포함하여 전 세계적으로 백인들이 태어나는 것보다 더 많이 죽으면서 백인 인구가 감소하고 있다. 2020년 인구 조사는 이러한 추세를 확인시켜 준다.[60] 장기적으로, 인구 통계학자들은 2050년까지 백인이 미국 인구의 50% 미만이 될 것이라고 예측한다. 2010년 인구 조사에 따르면, 4개 주(캘리포니아, 하와이, 뉴멕시코, 텍사스)는 현재 백인 인구보다 더 많은 유색인종 인구가 있는 것으로 나타났으며, 백인 인구는 5.7% 증가하는 데 그쳤다.

미국에서 또 하나의 인구통계적인 추세는 나이와 성별 혼합에 있다. 최근의 그 어느 때보다도 오늘날 여성인력의 유입이 많아지고 있다. 이러한 추세는 젊은 여성들의 대졸자 수가 남성들에 비해 더 많은 데 비추어 지속될 뿐이다. 국가인구통계에 대한 2019년 보고서에 따르면, 여성은 대학 교육을 받은 노동력의 과반수를 차지하는 궤도에 올라 성 평등의 역사적 전환점을 기록했다.[61] 이는 지난 40년 동안 여성이 대학 교육을 받은 성인의 과반수를 구성해 왔지만, 남성이 전통적으로 지배해 왔던 노동력에 항상 그 힘이 반영된 것은 아니기 때문에 중요하다.[62]

노동력에서 여성의 대표성이 증가하고 있음에도 불구하고, 여성은 여전히 리더십 역할에서 과소 대표되고 있다. 2019년 Deloitte 조사에 따르면 금융에서 여성이 차지하는 리더십 역할은 22%에 불과하다. 2030년까지 리더십 역할을 하는 여성의 수가 32%로 증가할 것으로 예상되지만, 이는 여전히 동등성을 훨씬 밑도는 것으로 여성이 최고경영진이나 CEO에 임명된다는 헤드라인이 여전히 주요 언론의 주목을 받는 이유이다.[63] Jane Fraser는 2020년 여성 최초로 거대 글로벌 금융기업인 Citigroup의 CEO로 임명되면서 역사를 만들었다. 2021년 3월 15일, Rosalind Brewer(아프리카계 미국인 여성)가 Walgreens의 CEO로 임명되었고, 2020년 12월 9일 Starbucks는 Mellody Hobson(이전의 공동 CEO이자 Ariel Investments의 사장)이 이사회 의장을 맡을 것이라고 발표했는데, Fortune 500대 기업에서 그 자리에 오르게 된 최초의 흑인 여성이 되었다. 이 여성들은 전통적으로 남성의 영역이었던 리더의 자리인 피라미드의 정상에 오른 힘 있는 여성들이다.

고령화 추세는 또한 일부 사람들이 직장에서 세대 또는 연령 다양성이라고 부르는 것을 만들어냈다. 처음으로, 4개의 뚜렷한 세대가 오늘날의 노동력을 구성한다. 전통주의자들(1900~1945), 베이비붐 세대(1946~1964), X세대(1965~1980), 그리고 밀레니얼 세대(1981~2000)이다. 세대마다 태도와 가치관이 달라 혼성 세대로 구성된 팀을 관리하는 일은 아무리 말해도 어려운 일이다.[64]

1990년 미국 장애인법(American with Disabilities Act, ADA)이 통과되면서 직장 내 다양성의 범위가 더욱 넓어졌다. 최근의 한 사설은 해결해야 할 불안한 추세를 지적했다. 이 기사에 따르면, 미국 인구 중 가장 실업률이 높고 실업자가 많은 부분은 장애인들이다. CDC의 자료를 인용하여, 이 신문은 미국에서 6,100만 명의 성인이 장애를 가지고 살고 있다고 지적했는데, 이는 성인 4명 중 약 1명에 해당하는 26%에 해당한다.[65] 이것은 무시할 수 없는 대규모 노동력이다. 만약 다른 이유가 없다면, 정부, 기관, 그리고 기업이 이 취약한 인구를 보호하고 지원하는 것은 도덕적이고 윤리적인 의무이다. 그러나, 오늘날 노동력에 장애가 있는 사람들이 역사상 그 어느 때보다 더 많은 것은 여전히 사실이다.

사람들이 자신들과 인구통계학적으로 다른 누군가의 리더십을 따라야 하는 현상이 점점 더 많아질 것이다. 미국의 노동력 다양성이 지속적으로 증가함에 따라, 다양한 배경을 가진 노동자들이 성공할 수 있는 직장 문화를 만들 수 있는 사람이 리더로 성공하게 될 것이다.[66] 리더십 개발 프로그램의 일환으로 다양성 관리 역량을 추가하는 것에 대한 관심이 높아지고 있다. 다양성 역량 훈련은 리더가 다양한 리더십 스타일이 리더와 다른 배경의 부하들과 어떻게 작용하는지 또는 작용하지 않는지를 이해할 수 있게 할 것이다. 다양성 관리 능력의 부족은 일부 직원들이 그들의 리더로부터 가치가 없거나 인정받지 못한다고 느끼는 직장으로 만들 것이다. 이렇게 되면 감정을 상하게 하거나 저항, 이탈, 분노 또는 불복종과 같은 부정적인 행동으로 이어질 수 있다.[67]

다양성, 공정성 및 포용성 — 리더십 및 조직의 필수 요소

최고경영진의 지원과 리더십 없이는 다양성, 공정성 및 포용성은 성공할 수 없다.[68] 다양성, 공정성 및 포용성 리더십은 리더, 특히 최고경영층이 다양성, 공정성 및 조직 내 포용성을 육성하는 데 있어 수행하는 역할에 초점을 맞추고 있다. 강력한 리더십의 영향력이 없으면 다양성, 공정성 및 포용성 추진계획은 종종 실패하거나 단순히 전시용으로 간주된다. 앞서 논의한 바와 같이, 주요 인구 통계학적 변화(연령, 성별, 인종/인종 혼합 등)와 소수자 집단의 노동력 증가로 인해 세대 간의 노동력 다양성이 크게 증가했다. 새로운 업무환경에서 근로자들이 업무와 공간을 동료들과 공유하거나 자신과 다른 리더들이 주도할 가능성이 커졌다. 다양한 배경을 가진 노동자들이 성공할 수 있는 직장 문화를 만드는 것이 리더들에게 절실하다. Code2040의 Karla Monterroso는 특히 기술 분야에서 다양성, 공정성 및 포용성을 성공적으로 통합하기 위해 경영자들에게, 소외된 직원들에 대한 신뢰 구축, 역량 집중 및 학벌주의 포기, 징벌이라기보다는 인센티브가 되는 행동적 피드백 제공 및 조직구조와 하향식 통제 모델에 대한 재검토 등을 제안하고 있다.[69, 70]

조직이 다양성, 공정성 및 포용성을 지지한다는 성명서를 발표하는 것은 인종, 신조, 나이, 성적성향, 성별 등에 관계없이 모든 직원이 조직의 일원이 되는 것을 환영받는다고 느끼는 방식으로 조직 생활에 스며들어 있지 않는 한 성공을 보장하지 못한다. 이를 위해서는 강력하고 효과적인 리더십이 필요하다. 다양성에 대한 CEO와 경영진의 몰입을 통해 이러한 의지가 조직 전 계층에 전달될 것이고, 따라서 다양성, 공정성 및 포용성을 제도화된 개념으로 만들 것이다. 다양성을 이야기하는 리더들은 솔선수범해야 한다. 최고 경영진의 지원과 몰입은 모든 다양성 추진계획의 성공의 초석인 것으로 간주된다. 다양성은 이사회에서부터 시작되어야 한다.

사진 11.2 기술 분야에서 흑인과 히스패닉인에게도 공정한 역할을 하도록 길을 열어 주는 것을 사명으로 하는 조직인 Code2040의 Karla Monterroso가 TechCrunch Justice 행사에서 다양성과 포용에 대해 말하고 있다.

출처: Steve Jennings/Getty Images for TechCrunch

Intel의 CEO인 Bob Swan은 2020년 Fast Company Innovation Festival 참석자들에게 연설하면서, 매달 열리는 다양성 집행위원회 회의에 자신이 참석하는 것이 11만 명의 칩 제조사 직원들에게 중요한 메시지를 전달한다고 지적했다. "저에게는 매우 간단합니다. 우리의 성과를 극적으로 향상시키기 위한 노력으로, 저는 가장 중요한 것들에 참여하려고 노력합니다"라고 말했다.[71] Carnival Cruise Line의 CEO인 Donald는 CNBC's Inclusion Action Forum에 출연해 "혁신이란, 정의에 따르면, 사고의 다양성입니다. 혁신은 틀에 박힌 생각이 아니기 때문에 조직에서 다양한 생각을 설계했다면 지속적인 혁신을 설계할 가능성이 훨씬 높습니다"라고 말했다. Donald는 생각의 다양성이 종종 사람들의 다양성에 의해 반영된다고 계속해서 말했다. 그리고, "그것은 절대적으로 비즈니스에 필수적입니다"라고 덧붙였다.[72]

프로 스포츠 경기장은 다양성, 공정성 및 포용성이라는 이 주제에 대한 변화의 증거를 보여주고 있다. 최근, 샌프란시스코 49ers는 Christina Jefferson을 최초로 팀의 다양성, 공정성 및 포용성 감독으로 고용하는 것을 발표했다. 49ers에서의 새로운 역할에서, Jefferson은 조직 전반에 걸쳐 포용과 다양성 노력을 이끌 것이며, 현장 사무실 내에서 몇 가지 새로운 다양성, 공정성 및 포용성 교육 프로그램을 시행할 것이다. 그녀는 49ers에 오기 전에, Sephora에서 6년 간을 대부분 회사 전반에 걸쳐 다양성과 포용성을 정착시키려고 노력하였다. 49ers의 Al Guido 회장은 "Christina Jefferson은 모든 사람들이 활기차게 일할 수 있고 기여할 수 있도록 권한을 부여하는 포용적인 환경을 만드는 데 있어서 더 성공적인 조직이 되도록 도울 수 있는 베스트 프랙티스를 실행하기 위한 광범위한 지식과 경험을 가지고 왔습니다"라고 말했다.[73]

다양성, 공정성 및 포용성의 운용 실제에 대한 조명

다양성, 공정성 및 포용성이 조직의 필수 요소라는 주장을 뒷받침하기 위해, Marriott International과 Boston Scientific이라는 두 글로벌 기업과 그들이 최근 다양성, 공정성 및 포용성을 추진하고 있는 프로그램에 대해 집중적으로 알아보고자 한다. 이는 이 두 회사만이 다양성, 공정성 및 포용성에서 유일하게 인정받는 리더라고 말하는 것이 아니라, 외부 사람들이 종종 이용할 수 없는 그들의 프로그램에 대한 세부적인 사항을 알리기 위한 것이다. 이 두 회사에 대한 정보는 HR 및 다양성 관리자들이 참여하는 Workplace Intelligence의 패널에서 가져왔다. Oracle이 후원한 포럼의 주제는 "다양성과 포용성에 대한 논의: Benchmark를 뛰어 넘어서"이다.[74] 이렇게 이름과 주제를 거론하는 이유는 사람들은 자주 바뀌지만 프로그램은 남아있기 때문이다. 이 두 회사의 리더들은 성공적인 다양성, 공정성 및 포용성 문화를 만들기 위해 무엇이 필요한지에 대한 구체적인 설명을 제공했으며, 이는 이 책에서 제시하는 대부분의 내용들과 일치한다.[75]

Marriott International

Marriott International에서는 다양성, 공정성 및 포용성을 최고 글로벌 인사책임자와 최고 다양성 책임자가 담당하고 있다. 또한 Marriott는 글로벌 다양성, 공정성 및 포용성 심의회라고 불리는 이사회를 보완하는 임원진이 있다. 글로벌 다양성, 공정성 및 포용성 심의회의 의장은 Marriott의 CEO이며, 미국뿐만 아니라 전 세계의 Marriott의 최고경영진 중 약 15명으로 구성되어 있다. 매우 미국중심적인 다른 다양성, 공정성 및 포용성 프로그램들과는 달리, Marriott International은 세계적인 관점을 취하고 있는데, 이것은 더 큰 그림을 보고 계급주의, 문화 규범, 문화적 뉘앙스와 같은 문제들이 40만 명 이상의 직원을 비롯하여 30만 명 이상의 프랜차이즈 직원을 가진 Marriott와 같은 거대 다국적 기업에 어떻게 영향을 미칠지, 그리고 또한 다양성, 공정성 및 포용성 문제에 대한 진전을 유지할 수 있는 방법도 이해하는 것을 의미한다. Marriott의 최고 다양성 책임자는 이러한 도전에 대해 "전 세계적으로 생각하고 나서 지역적으로 행동하는 것이 정말 중요합니다"라고 말했다. 이사회의 명령에 따라 다양성, 공정성 및 포용성 심의회는 회사가 다양성, 공정성 및 포용성에 대한 글로벌 접근 방식을 계속 취할 것을 명령했다.

2020년에 발생한 많은 인종 관련 비극을 계기로, Marriott는 직원들이 다양성, 공정성 및 포용성 개선을 더욱 추진하기 위해 그들의 의견을 제시하고, 그들의 관심사항을 표명하고, 행동에 참여할 수 있는 메커니즘을 증가시키기 위한 확실한 조치를 취하고 있다. 이러한 메커니즘 중 하나가 글로벌 휴먼 웰빙 프로그램의 일부인, Marriott의 "TakeCare Community" 프로그램이다. TakeCare Community 프로그램은 신체적, 정신적 건강을 넘어 직장에서의 관계와 사회에서의 목적을 포함하는 데 초점을 맞추고 있다. 풀뿌리 차원에서 계획하고 실행하는 직원 권한 부여 프로그램이라는 점이 독특하다. TakeCare Community라는 이름으로 다양한 프로그램이 시작된다. 예를 들어, 그 중 하나로 "Take Care Community Talks"라고 불리는 인터넷의 프로그램이 있다.

첫 번째 강연은 Marriott의 CEO와 몇몇 다른 임원들이 주도했다. 전 세계 수천 명의 동료들이 참여한 공개 토론회였다. George Floyd 살인 사건의 여파로, 동료들이 사건에 대해 어떻게 느꼈는지, 그리고 지도층이 인종차별을 근절하고 사회가 앞으로 나아갈 수 있도록 돕기 위해 내부적으로뿐만 아니라 외부적으로 느낀 책임감에 대한 대화였다. 직원의 관점을 더 잘 이해하기 위한 두 가지 동반 프로그램인 "ExecConnect"와 "Talent Network Teams"도 있다. ExecConnect 및 Talent Network Teams는 리더십 개발과 고위직에 유색인종을 더 많이 두는 것과 관련이 있다. 이를 통해 모든 사람, 특히 유색인종에게 기회를 제한없이 제공하고, 일부 사람들이 공정하고 평등한 기준으로 경쟁할 수 없게 인위적으로 막고 있는 장벽을 제거하려는 것이다. 경영진의 리더십에서 가장 중요한 목표는 회사의 브랜드가 다양성, 공정성 및 포용성의 우수성과 동의어가 되어 사람들이 Marriott의 동료 또는 고객이 되도록 영감을 주는 것이다. 2020년, Marriott는 DiversityInc.에서 선정한 상위 50대 기업 중 1위에 오르게 되었다.[76]

Boston Scientific

Boston Scientific에서는 다양성, 공정성 및 포용성을 인사 담당 부사장과 글로벌 최고 다양성 책임자가 담당하고 있다. Boston Scientific은 다양성, 공정성 및 포용성에 대해 독특한 견해를 가지고 있다. 그들은 그들의 다양성, 공정성 및 포용성 철학의 본질인 다음과 같은 성명서를 만들었다. "다양성은 주어진 것이고, 포용성은 선택이며, 공정성은 목표이다." 인사 담당 부사장 겸 글로벌 최고 다양성 책임자에 따르면 Boston Scientific의 다양성, 공정성 및 포용성 문화는 2013년 Mike Mahoney가 신임 CEO로 영입되면서 뿌리를 내렸다. 그는 다양성, 공정성 및 포용성이 자신과 기업에 전략적으로 중요하다는 점을 분명히 했다. Boston Scientific의 글로벌 최고 다양성 책임자에 따르면 다양성, 공정성 및 포용성을 비즈니스 필수 요소로 설명하는 것은 단순한 진부한 표현이 아니라 회사의 문화였다. Mahoney와 그의 경영진은 다양성, 공정성 및 포용성이 비즈니스 결과를 주도할 수 있도록 모든 사람이 이를 수용하게 하는 설득력 있는 사례를 제시했다. 내부 보고서에 따르면, 그 결과는 매우 인상적이었다. 회사에 더 나은 성과(ROI 또는 투자 수익률)를 가져왔을 뿐만 아니라 ROE(Return on Engagement: 고용계약수익률)도 제고시켰다. 전통적인 ROE(Return on Equity: 자기자본이익률)를 변형해서 사용한 것은 Boston Scientific의 다양성, 공정성 및 포용성 문화가 인간관계에 미치는 이점을 강조한다.

Boston Scientific의 최고경영진은 전 세계적인 유행병과 인종 차별이 난무했던 지난 한 해 동안 다양성, 공정성 및 포용성의 관행에 대한 회사의 전략이 이 같은 전례 없는 시기에 그들이 성공할 수 있었던 기반이 되었다고 믿고 있다. Boston Scientific의 모든 사람들은 다양성, 공정성 및 포용성에 대한 그들의 명성을 자랑스럽게 여기고 있으며, 많은 사람들은 그의 비전과 리더십이 중요한 역할을 해온 CEO에게 공을 돌리고 있다. 지난 2018년, Mahoney는 도전적인 목표를 만들기로 하고, 2020년까지 "10/20/40"이라 불리는 목표를 달성하는 계획을 수립하게 되었다.

세부적으로 설명하면, '10'은 상위 10%의 포용적 일터로 인정받고, '20'은 부장·감독급 유색인종이 20%, '40'은 부장·감독급 여성이 40%가 되도록 하는 것이다. 2020년까지 Boston Scientific은 상위 10%의 포용적인 직장으로 인정받았다. 관리자 및 감독자 수준에서 20%의 유색인종을 보유한다는 목표를 초과 달성했지만, 세 번째 목표에는 약간 미치지 못했다. 목표는 관리자 및 감독자 수준에서 40%의 여성을 확보하는 것이었지만, 38.1%에 머물렀다. 그들의 명성에 안주하지 않기 위해 CEO는 이미 "2023년까지 3up"이라고 불리는 다양성, 공정성 및 포용성의 그 다음 목표를 분명히 했다. 이는 (1) 2023년에 상위 10% 포용적인 직장으로 인정받는 것, (2) 관리자 및 감독자 수준에서 23%의 유색인종을 갖는 것, (3) 관리자 및 감독자 수준에서 43%의 여성을 갖는 것을 의미한다. 따라서 각 목표 항목에서 2020년 목표보다 3 포인트 높인 "3up"이다.

CEO인 Mahoney에게서 힌트를 받아, Boston Scientific의 모든 사람들은 다양성, 공정성 및 포용성이 지속되기 위해서는 회사 문화에 내재되어 있어야 한다는 것을 인식하고 있다. 그래서, 리더들은 장단기적인 관점에 집중하고 일을 해가 거듭될수록 항상 배우고, 개선하고, 적응하고, 앞으로 나아가라는 지시를 받는다. 장애자를 포용하는 LGBTQ+ 포용을 비롯하여, 흑인에 대한 포용, 여성에 대한 포용 또는 히스패닉에 대한 포용 등에 관해서, Boston Scientific의 모든 사람들은 방해물이 생겼을 때 낙담하지 않고 장기적인 관점을 가져야 한다는 것을 알고 있다. 그리고 그들의 공통된 몰입과 목적에 대한 일치감 덕분에 하나의 통합된 가족으로서 행동하는 Boston Scientific은 Floyd가 죽은 주에 그 순간에 일어설 수 있었고, 그들이 수년 동안 무엇을 했는지와 그들이 앞으로 계속 무엇을 할 것인지에 기초하여 입장을 취할 수 있었다. 인사 담당 부사장과 글로벌 최고 다양성 책임자를 포함한 최고경영진들은 회사의 대응을 칭찬했고 모두가 서로에 대한 인간성과 믿음을 보여준 것에 자부심을 가졌다.

Boston Scientific은 더 많은 흑인 학생들을 공학 분야에 끌어들일 뿐만 아니라 Boston Scientific에서 일하게 하기 위해 고안한 역사적인 흑인 대학들(Historically Black Colleges and Universities, HBCUs)과 관계를 맺고 있다. HBCUs와의 이러한 파트너십은 "thread through" 전략으로 묘사된다. 이 "thread through" 전략의 일부는 Boston Scientific을 AMIE(Advancing Minor Interests in Engineering)라는 이사회와 연결한다. AMIE는 HBCU의 학장들과 공대의 학장들로 구성된다. 여기에 참여하는 HBCU들은 Boston Scientific을 그들의 이사회에 초대했다. AMIE에 참여함으로써 Boston Scientific은 학장들로부터 HBCU에서 직면한 과제에 대한 통찰력을 얻고, 학장들은 회사가 인재와 관련하여 무엇을 필요로 하는지에 대한 통찰력을 얻게 된다.

"thread through" 전략의 또 다른 부분은 "Being Everything You Are" 컨퍼런스라는 이름으로도 통하는 올해의 흑인 엔지니어상(Black Engineer of the Year Awards, BEYA)이다. 회의 때가 되면, Boston Scientific의 임원들은 학장들과 만날 수 있고, 가

장 우수한 학생들과도 접근할 수 있게 된다. 이 "thread through" 전략에 큰 성과가 있었다. BEYA의 첫 번째 회의에서 Boston Scientific은 처음으로 5명의 엔지니어를 현장에서 채용할 수 있었다. 2020년 컨퍼런스에서, Boston Scientific은 흑인 엔지니어 40명을 현장에서 채용하기로 했다. Boston Scientific의 최고 다양성 책임자가 언급했듯이, "이러한 계획안은 장기적인 관점을 취하고 관계가 중요하다는 것을 아는 완벽한 예입니다. 그들은 우리가 단기적인 이익을 위해서가 아니라 장기적인 이익을 위해 노력하고 있다는 것을 알고 있습니다."[77]

업무응용 11.4

현재 직장이나 과거 근무했던 직장에서의 다양성에 대해 설명해보자. 예를 들어, 남성 대 여성, 백인 대 유색인종, 노년층 대 젊은 층 등은 대략 몇 퍼센트인가? 결과에 대해 어떻게 생각하는가? 다양성, 공정성 및 포용성에 대한 논의와 관련하여 조직이 잘 하는지 잘못하는지에 대해 의견을 제시해보자.

도입사례 응용

6. Ken Frazier가 자신의 회사(Merck)를 비롯하여 전 사회적으로 다양성, 공정성 및 포용성을 강력하게 옹호한다고 생각하는가? 대답에 대한 근거를 제시해보자.

이 질문에 대한 명백한 대답은 '그렇다'이다. 최근 인터뷰에서 Frazier는 Merck에서 다양성, 공정성 및 포용성을 어떻게 구현했느냐는 질문을 받았다. 그의 대답은 다양성, 공정성 및 포용성에 대해 강력히 옹호한다는 것을 분명히 보여주었다. 그는 모든 사람들이 Merck의 문화를 가능한 한 포용적으로 만들기 위해 열심히 노력하여 모든 근로자들이 생명을 구하고 개선하는 Merck의 임무를 수행할 수 있는 권한을 부여받았다고 느낀다고 말했다. "우리는 채용, 평가, 승계 계획 등 인사 프로세스에서 무의식적인 편견이 없도록 하고 있습니다… 우리는 일상적인 비즈니스 활동에 다양성과 포용성 노력을 쏟고 있습니다"라고 말했다. Frazier는 임상시험 중에도 다양한 환자들이 포함되는 것을 기준으로 삼는다고 말했다. Merck는 공급망 운영을 통해 공급업체 간의 다양성을 우선시한다. Frazier는 다양한 직원이 전 세계의 다양한 고객에게 서비스를 제공하는 것이 모든 회사의 주요 자산이라고 확신한다. Frazier는 특히 Merck를 언급하며 "우리는 직원들이 환자들에게 더 잘 서비스하는 방법을 가르칠 수 있도록 그들의 지식과 경험을 직장에 가져오도록 해야 합니다"라고 말했다.

다양성, 공정성 및 포용성의 사례

학습목표 11.9

다양성, 공정성 및 포용성을 수용하기 위한 도덕적, 법적, 비즈니스 사례를 설명한다.

다양성, 공정성 및 포용성에 대한 강한 문화를 만들고 유지하기 위한 도덕적, 법적, 비즈니스 사례가 있다. 이 절에서는 각각의 사례에 대해 알아보고자 한다.

다양성, 공정성 및 포용성의 도덕적 사례

순수하게 도덕적이거나 인도주의적인 관점에서, 많은 사람들이 배제보다는 포용의 정책을 추구해야 하는 윤리적이고 도덕적인 의무가 있다고 믿는다. 이러한 관점을 지지하는 사람들은 그것이 공평성의 문제이며 포용적인 정책은 상황에 상관없이 모든 사람의 존엄성을 유지하겠다는 회사의 약속을 의미하는 것이라고 믿는다. 간단히 말하자면 "그것은 옳은 일이다." 오늘날 사회적, 정치적 문제들을 고려할 때, 진보적인 리더들은 강력한 다양성, 공정성 및 포용성 프로그램이 우리 사회의 문제를 해결하는 데 중요한 요소라는 것을 인정한다. 이러한 리더들은 기업이 판매하는 재화/서비스에 대한 이익을 얻으려고 할 때 사회가 기업에게 해당 사회의 법률과 일관된 방식으로 운영할 권리를 부여한다는 점에서 기업과 사회 사이에 암묵적인 사회적 계약이 있다는 것을 이해한다.

이 '운영 면허'에 대한 대가로, 기업들은 일반적인 복지를 증진하고 해를 끼치지 않기 위해 공정한 몫을 함으로써 책임 있는 시민으로서 행동할 의무가 있다. 따라서 암묵적 사회계약에 의해 기업이나 조직은 존경받도록 운영하고, 직원들에게 좋은 근무환경을 제공하며, 훌륭한 환경관리자가 되고, 연령, 성별, 민족성, 성적성향 또는 종교에 관계없이 모든 사람에게 동등한 고용기회를 보장해야 하는 도덕적 부담을 갖게 된다.[78] 이것이 다양성, 공정성 및 포용성에 대한 도덕적 사례의 본질이다. 인권운동 단체들은 다양성, 공정성 및 포용성 문제에 대한 행동이 부적절하거나 존재하지 않는 것으로 간주되는 기업이나 조직들을 신속하게 지목하고 있다. 이 활동가들은 자신들의 메시지를 소셜 미디어 플랫폼과 인터넷을 통해 전달하는 데 능숙하다. 극도로 터무니없는 행동을 하는 조직의 제품/서비스에 대한 불매 운동을 초래할 수 있다.

다양성, 공정성 및 포용성의 법적 사례

다양성을 포용하는 것은 선례와 역사적 기반을 가진 법을 준수하는 것이다. 민권법은 인종, 민족성, 종교, 성별, 성적성향에 따른 대부분의 고용 차별을 법으로 금지하고 있다. 장애인 보호법은 장애인에 대한 차별을 금지하고 있다. 기업들은 이러한 법을 위배하거나 비양심적인 기업들에 의한 취약하고 불리한 위치에 있는 새로운 이민자들의 권리를 침해하는 경우에 고소당할 수 있다. 이러한 법을 위반하는 사람들은 상당한 벌금을 내거나 감옥에 갈 수 있다. 시민권법과 장애인법 위반이 공표됨으로써 조직 브랜드의 명성을 훼손시킬 수 있다는 점을 잊어서는 안 된다.

다양성, 공정성 및 포용성을 위한 비즈니스 사례

다양성, 공정성 및 포용성의 도덕적 또는 법적 의무와 상관없이, 사업에도 유리하다. 비즈니스 세계의 많은 사람들이 이미 알고 있는, 다양성, 공정성 및 포용성이 비즈니스에 많은 이점을 제공한다는 사실이 수십 년에 걸친 조사 연구를 통해 확인되었다. 다양성, 공정성 및 포용성 실적이 우수한 기업에는 마케팅, 인재 채용, 문제 해결, 비용 절감, 높은 수익성 등의 이점이 있다. 각 이점에 대한 간략한 설명은 다음과 같다.

- **마케팅의 이점.** 다양성을 수용하는 것은 구매자의 후원을 증가시킬 수 있다는 점에서 회사에 마케팅 이점을 제공한다. 미국처럼 성숙한 소비자 시장에서는 더 줄어든 고객을 두고서 많은 조직들이 경쟁하고 있다. 또한, 다양한 문화적, 사회적, 경제적 및 정치적 배경을 가진 사람들이 인구에 더 많이 유입되면서, 인구통계학적 변화로 인해 미국 소비시장의 모습은 극적으로 바뀌고 있다. 다양화된 노동력은 다양한 고객의 요구를 충족시키는 방법을 더 잘 알 수 있다. 고객과 유사한 문화적 특성을 공유하는 직원들이 더 나은, 더 오래 지속되는 고객 관계를 개발할 수 있기 때문에 다양한 노동력이 다양한 시장에 적합하다. 따라서, 다양성은 다른 회사들이 침투하기 쉽지 않을 수도 있는 시장에서 자신의 회사가 접근할 수 있도록 해줄 수 있다.
- **인재 채용의 이점.** 경직된 노동시장에서 우수한 인재를 얻기 위해 경쟁하는 기업들은 그들이 끌어오던 인재 풀(즉, 대다수 백인 풀)이 감소하고 있다는 것을 인식하고 있다. 다양성을 수용하는 기업은 더 큰 규모의 인력 풀에서 인력을 모집하고, 우수한 성과자를 교육시켜 보존하며, 다양한 노동력의 이점을 극대화할 수 있다. 다양성을 중요시하는 것으로 명성을 얻게 되면, 그로 인해 여성들과 다른 문화적으로 다양한 집단들에서 최고의 구직자들을 끌어 올 수 있다. 예를 들어, 많은 인사담당자들은 채용 광고에 다양성에 초점을 맞추는 것이 다양한 배경을 가진 더 많은 지원자들을 끌어들이는 데 도움이 된다는 것을 발견했다. 소수자 집단 구직자들은 다양성이 입증된 기업에 입사 지원하는 것이 더 편할 수 있다.
- **문제 해결의 이점.** 다양성을 수용하는 것은 조직의 문제해결 및 의사결정에 더 넓고 깊은 기반을 가진 창의적인 직원들을 갖게 된다. 문제에 대한 창의적인 해결책은 동종 그룹보다 다양한 작업 그룹에서 제시될 가능성이 높다. 다양한 그룹에서 사람들은 다양한 관점, 지식, 정보, 전문 지식 및 기술을 문제에 적용하여 더 나은 솔루션과 더 큰 혁신을 가져온다. 혁신 기업에서 리더는 창의적 사고와 다양한 관점의 공유를 육성하고 지원하는 조직 환경을 조성해야 하는 과제를 안고 있다.[79]

- **비용 절감의 이점.** 다양성을 수용하는 것은 비용 면에서도 의미가 있다. 다양성을 진심으로 수용하고 그들의 기여에 대해 모든 사람들이 가치 있다고 느끼게 하는 조직은 다양한 그룹의 직무만족도를 높일 수 있으며, 따라서 이직률과 결근률 및 관련 비용을 줄일 수 있다. 비용 절감은 조직의 수익 전망을 개선한다. 다양성, 공정성 및 포용성을 관리하는 것뿐만 아니라 진정으로 가치를 중요시하는 노력을 하게 되면, 직원들의 몰입과 성과에 긍정적인 영향을 미칠 수 있다.[80]
- **이익 증가의 이점.** 다양성을 가진 팀들이 다양하지 못한 팀들보다 성과가 뛰어나는 것으로 밝혀졌다. 앞서 언급한 이점 때문에 강력한 다양성, 공정성 및 포용성 프로그램을 보유한 조직은 더 나은 경제적 결과를 얻을 수 있다.

Stefanie Johnson은 "포용성: 혁신적인 팀을 구축하기 위한 고유성과 소속감의 힘"이라는 책에서 다양성, 공정성 및 포용성의 비즈니스 사례를 뒷받침하는 여러 가지 주요 통계를 지적한다. 예를 들어, 팀원 중 한 사람만 새로운 목표 시장에 몰두하는 경우에 해당 목표시장을 포착할 가능성이 158% 더 높아진다. 성별과 인종 다양성이 1% 증가할 때마다 각각 3%와 9%의 매출 증가를 얻을 수 있다. 이것이 위에서 설명한 '마케팅의 이점'이다. 또한 Johnson은 우리가 우리와 비슷한 사람들과 일할 때, 정보를 공유할 가능성이 적은 '공유된 정보 편향'을 가지고 있다고 지적한다. 왜냐하면 모든 사람들이 이미 그것을 알고 있다고 가정하기 때문이다. 하지만 다른 사람들과 일할 때, 우리는 그런 가정을 하지 않고, 따라서 대화에 새로운 정보를 담을 가능성이 더 높다. 궁극적으로, 다양한 팀들은 집단 사고로 고통받을 가능성이 적고, 더 나은 결정을 내리고, 일반적으로 더 나은 혁신과 성과를 갖는다. 이는 위에서 언급한 '인재 채용' 및 '문제 해결' 이점이다.[81] 궁극적으로, 강력한 다양성, 공정성 및 포용성 문화는 모든 사람이 더 참여하고, 더 행복하고, 더 건강하고, 생산적인 노동력이 되는 것으로 귀결된다. 다음 절에서는 강력한 다양성, 공정성 및 포용 문화에 기여하는 조직 관행을 알아보고자 한다.

도입사례 응용

7. 강력한 다양성, 공정성, 포용성 문화를 조성하고 유지하기 위한 도덕적, 법적, 비즈니스 사례가 있다. 이 중에서 Ken Frazier가 가장 중점을 두고 있는 것은 무엇이라고 생각하는가?

Frazier는 도덕적 사례(그것이 옳은 일), 법적 사례(차별에 반대하는 사회의 법이 시행되어야 함), 비즈니스 사례(다양성, 공정성 및 포용성이 사업에 좋다)의 세 가지 모두에 초점을 맞추고 있다. Frazier는 Merck와 같은 회사에서 강한 다양성, 공정성 및 포용성 문화를 가지게 되면, 마케팅,

인재 채용, 문제 해결, 저비용, 고수익과 같은 이점을 갖게 될 것이라고 주장할 것이다. 그가 Trump 전 대통령의 제조업평의회에서 물러난 행동과 보도자료에서 밝힌 내용은 이 문제에 대한 도덕적 소신을 보여주는 증거이다. Frazier는 미국 기업의 리더들에게 방금 통과된 조지아의 투표 금지법에 대해 강력한 입장을 취할 것을 간청하는 흑인 기업 그룹의 일원이다. 이 그룹의 공동 설립자(American Express의 전 CEO인 Ken Chenault)와 함께 그 노력을 흑인 유권자들이 직면한 오랜 부당함에 직면한 도덕적 의무라고 묘사했다. Frazier는 Merck가 향후 몇 년 동안 회사의 주주와 다른 이해관계자들에게 장기적인 가치를 창출할 지속 가능한 미래 성장을 위해 좋은 위치를 차지하도록 한 그의 행동으로 찬사를 받았다. 오늘날, Merck는 490억 달러의 수익을 올리는 회사이다. 전 세계적으로 약 74,000명의 사람들을 고용하고 있다. 2021년 3월 31일 기준으로 이 주식은 사상 최고치로 거래되고 있다.

강한 다양성, 공정성 및 포용성 문화 조성에 기여하는 요인들

학습목표 11.10

강한 다양성, 공정성 및 포용성 문화 조성에 기여하는 요인들을 파악한다.

다양성, 공정성 및 포용성 문화가 강한 조직은 소수자 그룹 출신 직원들을 채용하고, 보유하고, 승진시키기 위해 노력하고 있으며, 조직전체에 걸쳐서 다양성 추진계획에 보상하는 시스템을 갖고 있다. 최고의 기업들은 다양성 준수(단순히 숫자 관리에 초점을 두고)를 넘어 다양성 제도화(결과에 초점을 두고)를 바라본다. 다양성, 공정성 및 포용성에 친화적인 문화를 가지고 있다고 말하는 것과 그런 문화가 형성된 것과는 별개의 것이다. 공공연히 다양성을 선언하는 것과 실제 관행이 된 것과의 사이에 존재하는 격차는 '실행하는 자'와 '위선자'를 구분하는 것이 된다.

시늉만 하는 사람들은 그들의 관행을 실질적으로 바꾸지는 않고, 규제와 대중의 기대를 만족시키기 위해 고안된 상징적인 제스처인 전시용에 불과한 이행 프로그램을 홍보한다. 그렇기 때문에 다양성 지지자들은 최고경영진의 지원과 조직의 전체적인 참여의 중요성을 강조한다. 정량적 데이터(유지, 승진, 신입사원 등)를 통해 다양성, 공정성 및 포용성 격차가 드러날 수 있지만, 전문가들은 다양성, 공정성 및 포용성 수용 및 실행에 격차가 있는지 확인하기 위해 직원들의 실제 경험을 더 자세히 살펴볼 것을 권장한다. 그것은 우리가 다양성, 공정성 및 포용성이 조직 내의 삶의 방식인지 아니면 비평가들과 활동가들을 달래기 위한 표면적인 상징적인 제스처인지 알 수 있는 방법이다. 광범위한 기관의 지원과 몰입을 추구하는 리더는 정기적인 정성 조사를 실시하고 직원들이 조직의 다양성, 공정성 및 포용성 문화에 대한 기대에 부응하기 위해 직면할 수 있는 장벽과 도전을 파악하기 위해 의견을 청취하는 현장 방문에 나설 가능성이 높다.[82]

최근 로이터통신 보도에서 American Express는 인종과 성 평등을 진전시키기 위해 10억 달러를 투자하고 있다고 밝혔는데, 이는 2020년 일련의 인종 관련 시위 이후 사회 정의 증진을 다짐하는 미국 기업들의 행렬 중에서 가장 최근에 일어난 일이다. American Express는 직원들의 급여 공정성 100%를 달성했으며 앞으로도 그렇게 할 것이며, 흑인, 히스패닉, 여성 직원 등 소수자 집단 동료들을 고용하고 유지하는 관행을 촉진할 것이라고 밝혔다. 또한, 미국 내 다양하고 소수자 집단이 소유한 공급업체에 대한 지출을 연간 7억 5,000만 달러로 2배 늘리고 2024년 말까지 비영리 단체에 보조금을 지원할 계획이라고 밝혔다.[83]

아시아계 미국인들에 대한 인종 차별적인 공격에 대한 경각심을 불러일으키기 위해, Bank of America는 다양성, 공정성 및 포용성 계획에 대한 중대한 변화를 발표했다. 유색인종 공동체를 위한 옹호와 평등을 위해 더 많은 자금을 투입할 것이라고 했다. Bank of America의 회장 겸 최고경영자(CEO)인 Brian Moynihan는 "지난 1년간 아시아인들을 향한 공격과 혐오 발언 이후 포용과 인종 불평등의 오랜 문제를 해결해야 한다는 절박감이 커졌습니다"라고 말했다.

이 은행은 2020년 6월 Floyd와 Breonna Taylor의 살해와 함께 전염병이 유색인종 공동체에 미치는 영향에 대응하여 10억 달러를 지원하는 4년간의 약속을 발표했으며, "이 프로그램들은 건강 위기로부터 더 큰 영향을 경험한 유색인종 사회를 돕는 데 초점을 맞출 것입니다"라고 말했다. 이제, 자금은 12억 5천만 달러로 늘었고 기간은 1년 연장되었다. 이러한 변화에 정통한 은행 관계자들에 따르면, 추가 기금은 "아시아계를 포함한 유색인종과 지역 사회의 인종 정의, 옹호 및 평등을 다루기 위한 투자를 추가로 지원할 것"이라고 한다.[84]

Floyd가 살해된 후 인종 평등을 증진하기 위해 수십억 달러를 약속한 미국 기업은 American Express와 Bank of America만이 아니다. JPMorgan Chase는 향후 5년간 인종 불평등을 해결하기 위해 300억 달러를 투입하겠다고 밝혀, Floyd 사망 이후 인종과 관련된 최대 기업 공약 중 하나가 됐다. 비슷한 입장을 취한 다른 회사들로는 Home Depot, Procter & Gamble, Coca-Cola 등이 있다.[85]

완전한 다양성, 공정성 및 포용성을 달성하기 위해, 이것들은 말뿐인 서비스보다는 변화를 가져올 수 있는 구체적인 몰입을 보여주는 것이다. 리더들은 여성, 흑인, 히스패닉 및 기타 소수자 집단의 사람들에게 기업의 사다리를 타고 리더 자리로 올라갈 수 있는 동등한 기회를 제공하는 정책을 시행해야 한다. 최고경영진의 지원과 몰입 없이는 제도적 지원과 몰입이 이뤄질 수 없다. 그들은 손을 잡고 간다.

최고경영층의 역할 모델 행동

조직에서 다양성을 지원한다는 문서상의 발표만으로 성공을 확신하기는 어려우며, 조직의 모든 구성원이, 인종, 종파, 연령, 성별에 관계없이 조직의 일원으로서 환영받고 있다는 느낌을 조직의 일상생활에서 가질 수 있도록 이러한 문화가 배어 있어야 한다.

여기에서 최고경영층의 역할 모델 행동이 크나큰 차이를 보이게 된다. 리더의 역할 모델링 행동은 다양성, 공정성 및 포용성의 중요성에 대한 메시지를 조직 계층에 전달하고 전사적 채택을 장려하여 다양성, 공정성 및 포용성을 제도화된 개념으로 만들게 한다. 다양성을 언급하는 리더는 말을 행동으로 보여주어야만 한다. 최고경영층의 지원 및 몰입정도가 모든 다양성 추진방안의 성공 여부를 판가름하는 것이다. 다양성은 이사회에서부터 시작되어야만 한다. 이사회와 최고경영진은 그들이 이 주제에 대해 어떤 입장에 서 있는지에 대해 말과 행동으로 명확하고 틀림없는 메시지를 보내야 한다. 이러한 상부의 명확한 요청과 역할 모델 행동은 다른 모든 사람들에게 모범이 될 것이다.

다양성, 공정성 및 포용성에 대한 장애물 제거

강한 다양성, 공정성 및 포용성 문화를 지닌 조직에서는 다양성을 막는 장애물을 제거하기 위해 전력을 다한다. 다양성에 대한 장애물은 소외계층 직원들이 직장에서 불쾌한 경험을 겪게 하는 등 의도하지 않은 결과를 초래하는 회사 관행이다. 소외계층이 직장에 동화되기 위해 노력하면서 불편함, 소외감, 좌절감을 경험하는 사례는 여전히 보고되고 있다.[86]

조직이 다양성을 포용하고 가치 있게 여기기 위해서, 리더들은 여성들과 다른 소수자 집단들이 기회의 사다리에 올라가지 못하게 하는 장벽이나 장애물을 제거하기 위해 모든 노력을 기울여야 한다. 기업들은 다양성, 공정성 및 포용성을 투명하고 민주적인 과정으로 만들어 시스템에 대한 신뢰를 창출해야 한다. 또한 다양성의 장애물을 제거하는 것은 노동자들에게 옳고 그른 행동과 태도에 대한 교육을 포함한다. 다양성, 공정성 및 포용성에 대한 장애물은 상동적 태도, 선입견, 민족중심주의, 그리고 소수자 집단 사람들과 여성들에 대한 많은 여러 가지 불건전한 태도나 믿음 등을 포함하지만, 여기에 국한되는 것은 아니다.

상동적 태도(stereotype)는 주류문화에 속하지 못하는 사람들은 원래 열등하고, 직무수행 능력이 모자라며, 리더로서는 적합하지 못하다는 근거 없는 가정을 설정하는 것이다. 별 생각없는 상동적 태도는 편견과 차별을 유발시키게 된다.

상동적 태도는 주류문화에 속하지 못하는 사람들은 원래 열등하고, 직무수행 능력이 모자라며, 리더로서는 적합하지 못하다는 근거 없는 가정을 설정하는 것이다.

민족중심주의(ethnocentrism)란 자신의 집단이나 하위문화가 타 집단과 문화에 비해 원래부터 우월하다는 믿음이다. 이러한 유형의 마음가짐이 어떻게 다양성에 장애물이 되며, 최악의 경우에는 차별을 유도하게 되는지는 쉽게 알 수 있다. 궁극적으로 다양성, 공정성 및 포용성에 대한 장애물을 제거하는 것은 모든 사람이 동료와 상급자로부터 받아들여지고, 가치를 인정받고 있다고 느끼게 하는 심리적으로 안전한 공간(작업장)을 만드는 것이다.

민족중심주의란 자신의 집단이나 하위문화가 타 집단과 문화에 비해 원래부터 우월하다는 믿음이다.

성적 낙인은 다양성을 차단한다. 성적성향 때문에 사람들을 차별하는 것은 흑인, 히스패닉, 아시아인, 그리고 다른 소수자 집단들이 대대로 겪었던 차별과 다르지 않다. 기업 세계에는 일말의 희망이 있다. 더 많은 LGBTQ+ 임원들의 부상은 현상 유지에 도전하고 있다.

공개적으로 LGBTQ+ Fortune 500대 CEO들은 창업이나 기업경영을 통해서, 포용을 옹호하고, 평등과 더 많은 대표성을 추구하고 있다. OutLeadership 설립자인 Todd Sears는 "LGBT 평등은 비즈니스를 통해 가속화될 수 있으며, 최고경영진과 이사진에서 '커밍아웃'한 리더의 수를 늘리는 것이 이를 증폭시킵니다"라고 언급한다. 사실, 3명의 유명한 LGBTQ+ Fortune 500대 CEO들이 장벽을 깨고 있다. Tim Cook(Apple의 CEO), Jim Fitterling(Dow Chemical Company의 CEO), Beth Ford(Land O'Lakes의 CEO)가 그들이다. 그들은 포용성을 옹호하며, 천천히 그러나 꾸준히 변화하는 기업문화를 변화시키고 있다. 그들의 여정은 공개적으로 게이임을 밝힌 다른 사업가들이 그들의 경력을 향상시키는 데 고무적이 되고 있다.[87]

유리천장은 여성이 최고 리더 자리에 오르지 못하게 하는 보이지 않는 장벽이다.

제거해야 할 또 다른 장애물은 소위 유리천장 효과이다. **유리천장**(glass ceiling)은 여성이 최고 리더 자리에 오르지 못하게 하는 보이지 않는 장벽으로 정의된다. 유리천장 효과를 만드는 장벽의 예로는 여성을 리더 자리에서 발목을 잡는 편견, 차별, 성차별, 지원 및 멘토링 결여, '올드 보이즈 네트워크' 등이 있다.[88] 대부분의 조직에서 리더의 상위층은 여성이 드물거나 보이지 않는 '보이 클럽'이나 남성 요새와 같다.[89]

업무응용 11.5

자신이 동료나 상사로부터 받았던 대우 때문에 자신을 불편하게 만들었던 업무 경험과 다양성에 대한 장애물이라고 판단할 수 있는 예를 설명해보자.

다양성, 공정성 및 포용성을 지원하는 정책 및 관행

정책은 조직의 의도를 나타내며 행동에 대한 준칙을 제시하는 것이다. 따라서 다양성에 대한 지침이 정책에 표시되어 있으면 실무적인 관행에서 다양성이 실행될 것이라고 주장할 수도 있다. 불행히도, 실제로 이 두 가지가 항상 함께 가는 것은 아니다. '말하기는 쉽다'는 말을 모르는 사람은 없을 것이다. 조직에서 말한 것이 확실하게 실행이 되려고 하면, 최고경영층에서 다양성, 공정성 및 포용성을 추구하는 정책과 관행이 자리잡도록 해야만 한다.

Johnson의 책, "포용성: 독특함과 소속감이 혁신적인 팀 구축에 미치는 힘"을 다시 인용하면, 조직이 다양성, 공정성 및 포용성 목표를 설정하기 위한 출발점은 조직의 다양성과 포용성의 가장 큰 격차가 어디에 있는지 파악하기 위한 데이터를 살펴보는 것이라고 지적한다. 다음과 같은 관점에서 올바른 질문을 해야 한다. 직원이 조직에 들어오면 채용, 선발, 승진에서 격차가 있는지? 이직률을 살펴보고, 여성과 유색인종이 더 많이 떠나고 있는지? 멘토링, 후원, 리더십 개발과 같은 측면에서, 남성과 여성 간, 유색인종과 백인 간 비교해서 비슷한 기회를 가지고 있는지?

대부분의 조직들은 이러한 어려운 질문들을 하지 않지만, Johnson은 이러한 단점들이 모두 해결될 수 있다고 믿는다. 그녀는 "단순히 행동, 의도 및 책임이 필요합니다"라고 말한다.[90] 조직에서 강력한 다양성, 공정성 및 포용성 문화를 강화하고 촉진하기 위한 요소로 제안된 정책 및 관행은 얼마든지 있다. 여기서는 리더를 평가할 때 성과 지표로 다양성, 공정성 및 포용성 기준을 추가하고, 무의식적 편견과 미세한 공격을 적극적으로 해결하며, 다양성, 공정성 및 포용성 성공을 축하하고 보상하고, 책임성을 부과하고, 노동력의 훈련/교육에 우선 순위를 지정하는 등의 다섯 가지 정책 및 관행을 제시한다.

다양성, 공정성 및 포용성을 리더 성과의 측정기준으로서 포함시킴

다양성, 공정성 및 포용성이 성공적인지를 측정할 때는 명확하고 구체적인 측정 기준을 갖는 것이 중요하다. 다양성, 공정성 및 포용성 지표를 사업 성과와 연계하는 것이 최선의 방법이다. 소수자 집단을 관리직으로 더 많이 충원하여 승진시키고, 정기적인 다양성 인식 워크샵을 개발 및 시행하거나, 다양성 문제를 적시에 해결하는 것과 같은 조직 또는 부서 목표는 리더의 성과 기대치의 일부가 되어야 하고 경영진의 보상과 연결되어야 한다. 경영자 보상 중의 일정 비율은 이러한 다양성 목표달성 여부에 의해 결정되도록 해야 한다. 다양성 목표달성에 대한 보상이 없는 것은 다양성이 경영의 최우선 순위가 아니라는 메시지를 전하는 것이 될 수 있다.

무의식적 편견과 미세한 공격에 적극 대처

다양성, 공정성 및 포용성 친화적인 문화를 만들기 위한 많은 조직들의 최선의 노력에도 불구하고, 소수자 집단의 작업 환경은 여전히 외롭고, 비우호적이며, 스트레스를 받는 장소가 되어 있다. 기업들은 문제의 배후에 있는 이유를 이해하려고 노력해야 한다. 그렇게 하기 위해서는, 숨겨진 미세한 공격, 유색인종 후보자들에 대한 승진이나 임금 인상에 대한 비정상적인 거절, 유색인종 직원들에 대한 멘토/지원의 부족, 그리고 그들을 위한 명확한 경력진로가 없다는 것을 밝히는 데 도움을 줄 수 있는 일종의 목적을 내포한 경청, 참여, 공감 및 지원 행동을 리더가 하는 것이다.

이러한 종류의 드러나지 않고 은밀한 문제들은 소수자 집단들의 괴리, 동기부여 결여 및 불만으로 이어진다. 이러한 문제들이 방치되면, 궁극적으로 더 높은 갈등 수준(이직)으로 이어진다.[91] 유색인종과 여성은 누구도 그들과 눈을 마주치지 않거나, 그들의 이름을 부르지 않거나, 그들의 일의 가치를 인정하지 않기 때문에 그들이 보이지 않는다고 느끼게 하는 사무실 안팎의 사회적 활동이나 대면 회의에서 배제될 수 있다.

이러한 것들이 무의식적인 편견이나 미세한 공격의 형태라 할 수 있다. 협박, 왕따, 사회적 거부와 같은 공공연한 형태의 미세한 공격도 있다. 차별이나 편견과 같은 다른 명백한 행위들처럼, 미세한 공격과 무의식적인 편견은 직장을 유색인종들에게 매우 환영받지 못하게 만들 수 있다. 무의식적 편견과 미세한 공격을 파악하고 해결하기 위해 모든 것을 하는 것이 시급한 리더십의 책무가 되어야 한다.

Lisa McGeough는 Wells Fargo의 국제 은행 업무 책임자인데, 그녀 이전에는 이 회사에서 거의 여성들이 도달하지 못한 직책이다. McGeough는 리더들이 미세한 공격을 보았을 때 그것에 대해 외치는 것을 두려워해서는 안 된다고 강조한다. 그녀는 "미세한 공격을 그대로 두거나 실시간에 해결하지 않으면 엄청나게 부정적인 직장 환경과 문화를 만들 수 있습니다"라고 설명한다.[92] McGeough는 '미세한 공격'은 여성과 유색인종이 직장에서 당하는 미묘한 형태의 차별과 편견이라고 설명한다. 미세한 공격의 예로 그녀는 여성과 유색인종에게 반말, 방해, 무시, 폄하, 또는 지배하려는 태도 등을 제시한다. 여성과 소수자 집단에 대한 미세한 공격과 무의식적인 편견은 스트레스, 분노, 우울, 소외감, 낮은 생산성, 더 높은 이직을 초래할 수 있다.

다양성, 공정성 및 포용성에 대한 또 다른 강력한 목소리를 가진 Facebook의 최고경영자 Sheryl Sandberg는 최근 Insider에서 보다 포용적인 환경을 만드는 열쇠는 무의식적 편견과 미세한 공격에 대한 대화와 같은 불편한 대화를 두려워하지 않는 것이라고 말했다. 그것은 드러내서 처리되어야만 한다.[93]

개인적이고 휴머니즘적인 관점에서, 우리 각자는 모든 동료들이 공평하게 보이고 대우받도록 하기 위해 우리가 가진 개인적인 힘이나 영향력을 사용하는 사고방식과 신념을 길러야 한다. 우

업무응용 11.6

현재의 직장이나 이전의 직장에서 경험하거나 관찰한 미세한 공격 또는 무의식적 편견의 예를 들어보자. 어떻게 그것이 나타났는지 그리고 리더가 거기에 대해 어떻게 대처했는지 간단히 설명해보자.

리는 다른 배경을 가진 사람들과 함께할 수 있고 그들의 경험에 공감할 수 있다. 우리는 서로에게 미소짓고, 고개를 끄덕이고, 눈을 마주치는 것과 같이 우리가 아는 사람들에게 종종 하는 것을 똑같이 할 수 있다.[94]

성공적인 다양성, 공정성 및 포용성 문화에 대한 인정, 축하 및 보상하기

조직은 다양성, 공정성 및 포용성 추진계획이 성공한 사례를 뉴스레터에 게시하고, 포스터, 달력, 티셔츠 또는 커피 머그컵 등을 제공함으로써 다양성, 공정성 및 포용성 달성을 축하하도록 해야 한다. 다양성, 공정성 및 포용성 주제에 대한 반복적인 노출은 다양성, 공정성 및 포용성이 조직 내 삶의 방식이라는 메시지를 촉진하는 데 도움이 될 것이다. 이것은 사람들이 회사가 어떤 조치를 취하고 있고 어떤 결과를 얻고 있는지 볼 수 있게 해주는 일종의 투명성이다. 다양성, 공정성 및 포용성 추진계획이 성공한 것을 축하하고 보상하는 것은 긍정적인 강화이다. 강화 이론가들에 따르면 바람직한 성과에 대해 매력적인 보상(즉, 다양성, 공정성 및 포용성 성공 사례를 축하하는 것)을 제공하는 것은 직원들이 이러한 행동을 계속하도록 동기를 부여하게 된다(3장).

책임성 부과

다양성, 공정성 및 포용성의 열렬한 옹호자인 Merck의 CEO는 그와 같은 CEO가 다양성, 공정성 및 포용성의 진행 상황을 모니터링하고 CEO의 리더십이 모든 직원들의 변화에 대한 모델이 되도록 해야 한다고 주장한다. 사람들은 특히 그들의 행동이 다양성, 공정성 및 포용성에 대한 조직의 명시된 정책과 관행을 위반할 때 그들의 행동에 대해 책임을 져야 한다. 성희롱·폭행 등 범죄행위는 기소의견으로 송치하고 관련자들은 파면 또는 좌천시켜야 한다. 보다 전략적으로, 정기적인 채용, 유지, 보상, 성과 평가, 직원 개발 및 승진 등에 대한 정기적인 감사와 같은 조직 관행은 임금 인상, 승진 및 기타 보상에 대한 결정에 정보를 제공해야 한다. 또한, 기준에 맞지 않는 경우에는 이에 상응하는 결과가 따라야 한다. 이것이 조직이 다양성, 공정성 및 포용성으로 얻는 이득이 역전되지 않도록 보장할 수 있는 방법이다. 이것은 강화 이론가들이 부정적인 강화라고 설명하는 것으로, 바람직하지 않은 행동에 대해서는 이에 상응하는 바람직하지 않은 결과물을 제공하는 것이다(3장).

훈련과 교육

끝으로, 다양성, 공정성 및 포용성 문화를 유지하기 위해서는 끊임없는 훈련과 교육이 있어야 한다. 신입 직원들은 조직의 다양성, 공정성 및 포용성 문화에 따르도록 하며 기존 직원들은 이전의 관습으로 되돌아가는 것을 막기 위해 재활성화하는 교육을 받아야 한다. 수많은 다양성 훈련 프로그램들이 있으나, 그 중의 일부로 아래와 같은 내용을 제시한다.

- 참가자들이 다양한 종업원들을 적절하게 다루는 방법과 부적절하게 다루는 방법을 해보게 하는 역할연기
- 참가자들이 자신들의 잠재적인 편견과 가시적인 편견이 특정한 사람이나 집단에 대한 생각에 어떻게 영향을 미치는지를 발견하게 하는 자기인식 활동
- 참가자들이 인종, 성별, 문화 등에 있어서 자신과 다른 사람들에 대해 배우도록 하는 감수성 훈련

다양성 훈련이 성공할 가능성을 높이기 위해서는 그것을 일회성의 행사가 아니라 지속적인 활동이 되게 해야 하며, 그리고 훈련 목적이 달성되었는지의 여부를 사후에 점검하는 활동이 뒤따라야 한다.

경영학교육인증협의회에서는 모든 대학에서 다문화와 다양성을 이해시키는 교과목을 포함시키도록 권고한다. 교육을 통해 학생들이 다른 문화와 민족성에 대한 지식을 쌓을 수 있다. 다양성이 약점이 아니라 강점인 것을 배우게 된다. 교육을 통해 차별을 유발시키는 상동적 태도, 편견, 민족중심주의 및 기타 부정적인 태도 등 다양성을 가로막는 장애물이 제거될 수 있다.

단순히 입법 명령에 대응한다고 해서 행동과 태도에 의미 있고 실질적인 변화가 자동으로 발생하는 것은 아니다. 오히려 다양성, 공정성 및 포용성 추진 계획은 최고경영진의 지원과 헌신이 있어야 하며, 권한 부여를 통해 전 직원이 광범위하게 참여해야 하며, 지속적인 강화가 필요하다. 그것은 삶의 방식으로서의 다양성, 공정성 및 포용성과 명령에 따르는 실행이나 또는 상징적인 제스처로서의 다양성, 공정성 및 포용성을 구별하는 것이다.

업무응용 11.7

일하고 있거나 일한 적이 있는 조직이 다양성 인식 훈련과 교육을 제공하는가? 확실하지 않은 경우 인사부에 문의하여 확인해보자. 그 프로그램에 대해 간략하게 설명해보자.

도입사례 응용

8. 강한 다양성, 공정성 및 포용성 문화를 조성하는 데 중요한 요인은 다양성, 공정성 및 포용성 문화에 대한 규정을 준수하는 것을 넘어서 다양성, 공정성 및 포용성 문화를 제도화하는 데 이르러야 한다. Ken Frazier가 Merck에서 이 일을 해냈다고 생각하는가? 당신의 대답에 대한 근거를 제시해보자.

최고의 기업들은 다양성 준수(단순히 숫자 관리에 초점을 두고)를 넘어 다양성 제도화(결과에 초점을 두고)를 바라본다. 다양성, 공정성 및 포용성 친화적인 문화를 가지고 있다고 말하는 것과

그런 문화가 형성된 것과는 별개의 것이다. 공공연히 다양성을 선언하는 것과 실제 관행이 된 것의 격차는 '실행하는 자'와 '위선자'를 구분하는 것이다. Frazier는 전자인 '실행자'에 속해 있다. Merck의 이사인 Les Brun은 Frazier가 "강하고 매우 원칙적인 리더십"을 보여주었다고 말했다. Brun은 또한 Frazier가 Merck의 "과학적 우수성, 비즈니스 성실성, 환자에 대한 집중 및 모든 사람에 대한 존중이라는 핵심가치"에 대한 헌신을 유지하고 있다고 언급했다. Frazier의 비전 리더십 덕분에 Merck는 연구개발에 지속적으로 투자하고 대내외적으로 신제품 개발에 더 큰 혁신을 추진해 왔다. Frazier는 2017년 버지니아주 샬러츠빌에서 발생한 폭력사태의 여파로 Trump 대통령이 백인 우월주의자들을 명백하게 비난하지 않자 Trump 대통령의 제조업위원회에서 사임하면서 화제가 됐다. 그는 사임을 선언하면서 "우리나라의 강점은 다양성과 다양한 신앙, 인종, 성적성향, 정치적 신념을 가진 남녀가 기여한 것에서 비롯됩니다. 미국의 리더들은 증오, 편협함, 집단 우월주의의 표현을 분명히 거부함으로써 우리의 근본적인 가치를 존중해야 하는데, 이는 모든 사람이 평등하게 창조된다는 미국의 이상과 배치됩니다"라고 말했다. 그렇다, Frazier는 그의 정책과 행동을 통해 다양성, 공정성 및 포용성 준수를 넘어 제도화에 이르렀다.

윤리적 결정: 차별

11.3 성차별

2011년 6월 20일 대법원은 Walmart에 대한 집단소송을 기각하는 판결을 내렸다. 각 소송 건은 서로 다른 사안이며 여성을 차별하기 위한 의도적인 회사의 정책이라는 주장은 받아들일 수 없다는 것이 다수 의견이었다.[95] 따라서, 집단소송의 기준에 해당되지 않았다. 여전히 원고 측은 개별 소송으로 다툴 수 있는 여지는 남아 있다. Walmart는 여성근로자에 대해 동등한 임금과 승진기회를 주지 않았다고 제소되었다. Walmart가 정책에서 뚜렷하게 차별을 명시한 것은 아닐지라도 조직문화에서 남녀 간의 임금과 승진에 차별을 유도하게 하는 성적인 편견이 배어 있다는 이유로 제소된 것이다. 집단소송에 포함되는 여성은 160만 명 가량으로 추산된다. Walmart는 하급법원이 집단소송을 심의하기로 결정한 것에 강력히 반발하며 대법원에 상고하였다. 소송이 제기되자 CEO인 Lee Scott는 작업장에서 다양성 문제를 완전히 해결하기 위한 정책을 시행하고 있다. Walmart는 다양성관리 담당 임원을 임명하고 다양성 목표를 설정했으며, 회사가 이 목표를 달성하지 못하면 임원의 보너스를 삭감하기로 했다. Walmart는 현재 전사적인 컴퓨터 네트워크에 이를 공시하고 있다.

1. 조직문화가 차별을 유도할 수 있다고 믿는가? 그 이유는 무엇인가?
2. 대법원의 판결에 동의하는가?
3. 소송이 일단락된 이후의 Walmart의 다양성과 관련한 조치들을 어떻게 생각하는가? 소송이 없었더라도 Walmart에서 이러한 변화조치들이 시행되었을 거라고 생각하는가?

개념응용 11.3 다양성, 공정성 및 포용성을 지원하는 정책과 관행

다음은 다양성, 공정성 및 포용성을 지원하는 조직의 관행들이다. 다음에 제시된 문장의 내용에 적합한 알파벳을 표시해보자.

a. 다양성, 공정성 및 포용성을 리더 성과의 측정기준으로 포함시킴
b. 무의식적 편견과 미세한 공격도 적극적으로 언급함

c. 성공적인 다양성, 공정성 및 포용성 문화에 대한 인정, 축하 및 보상하기
d. 책임성 부과
e. 훈련과 교육 제공

_____ 15. 뉴스레터, 포스터, 캘린더에 다양성, 공정성 및 포용성 스토리와 이벤트를 게재하고, 다양성, 공정성 및 포용성 문제에 대한 직원들의 태도와 의견을 정기적으로 조사하는 것은 어떤 요인에 속하는가?

_____ 16. 저는 유색인종과 저와 같은 여성들이 정기적으로 사무실 안팎의 사회 활동에서 배제되는 조직에서 일한다. 또한, 회의 중에, 다른 사람들은 우리와 눈을 마주치거나, 우리의 이름을 부르거나, 우리의 일을 인정하지 않는다.

_____ 17. 참가자들이 인종, 성별, 문화 또는 종교에서 자신과 다른 사람들에 대해 배우는 민감성 훈련은 어떤 요인의 예인가?

_____ 18. 구체적인 다양성, 공정성 및 포용성 결과에 대한 책임을 리더가 평가받도록 하는 것이 어떤 요인을 나타내는가?

_____ 19. 성희롱과 같은 노골적인 범죄행위와 협박, 따돌림, 사회적 거부와 같은 미세한 공격은 즉각적으로 처리되어야 한다.

도표 11.5는 강력한 다양성, 공정성 및 포용성 문화에 기여하는 네 가지 요인을 제시한다. (1) 전사적/제도적 지원 및 몰입, (2) 최고경영진의 역할 모델 행동, (3) 다양성, 공정성 및 포용성에 대한 장애물 제거, (4) 다양성, 공정성 및 포용성을 지원하는 정책 및 관행이다. 다양성, 공정성 및 포용성을 지원하는 정책 및 관행의 예로는 (4a) 리더 성과 평가에 다양성, 공정성 및 포용성 측정지표 추가, (4b) 무의식적 편견과 미세한 공격에 적극 대처, (4c) 다양성, 공정성 및 포용성 성공을 축하하고 보상하기, (4d) 책임성 부여, (4e) 인력에 대한 훈련/교육 우선순위 부여 등이 있다. 이러한 것은 행동에 영향을 미치기 위한 긍정적, 부정적, 그리고 회피 강화 전술의 조합이다.

도표 11.5 강한 다양성, 공정성 및 포용성 문화 조성에 기여하는 요인들

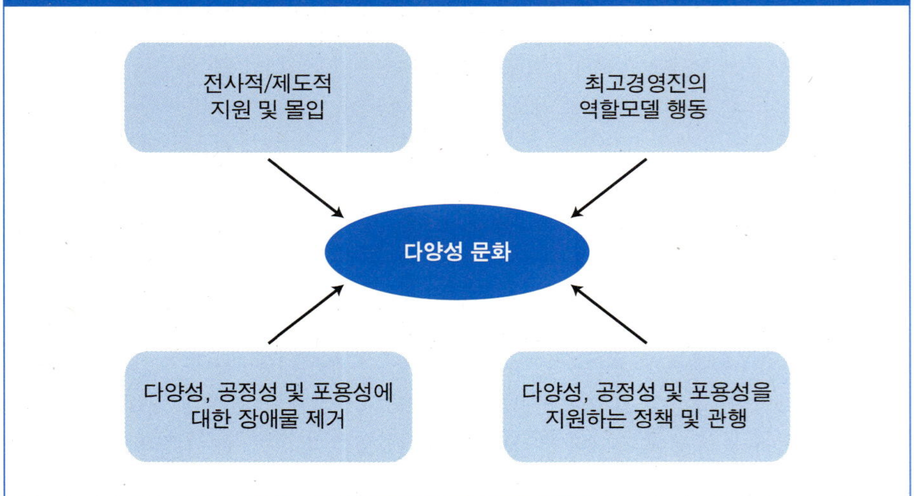

요약

11.1 조직문화 및 조직 관행에 영향을 미치는 조직문화의 힘을 설명한다.

조직문화는 신념, 규범, 태도, 가치관, 가정, 그리고 조직구성원들이 공유하고 새로운 구성원들에게 가르치는 방법들의 집합체이다. 문화의 힘은 구성원들이 서로 관계를 맺고 일하는 방식과 조직이 외부환경의 변화에 대응하는 방식에 영향을 미치는 것으로 나타난다. 따라서 문화의 힘은 두 가지 결과에 영향을 미치는 능력을 통해 인식된다. (1) 내부 역학, 즉 사람들이 내부적으로 상호작용하는 방식과 (2) 외부 적응성, 즉 조직이 현재 상태를 선호하거나 변화를 수용하는 범위이다.

11.2 의도적인 설계에 의한 문화창조와 우발적인 문화창조를 설명한다.

설계에 의한 문화창조는 리더가 원하는 문화의 유형을 명확히 하는 것이다. 새로운 문화에 대한 주장을 펴는 것은 현재의 문화에 대한 분석으로부터 시작해야 한다. 최고의 접근 방식은 리더가 현재 문화의 약점과 현재 및 예상되는 시장 및 비즈니스 상황과 어떻게 일치하는지에 대한 전사적인 공개 토론을 허용하는 것이다. 본질적으로, 의도적인 설계에 의한 문화창조는 기존의 문화를 재구성하거나 완전히 새로운 문화를 주입하는 것에 관한 것일 수 있다. 우발적인 문화창조는 조직의 핵심가치와 신념이 우연히 또는 우연한 사건에 의해 일어날 때이다. 기업 문화의 뿌리는 조직과 구성원의 삶에서 계획되지 않았거나 우연한 사건에서 얻은 경험이나 교훈에서 찾을 수 있다. 그것은 더 깊이 생각해 보면, 다른 사람들이 본받아야 할 가치 있는 교훈을 드러내는 자발적인 사건이 될 수 있다. 이러한 자발적 사건에서 얻은 교훈은 미래의 행동을 인도하고 조직구성원들의 기억 창고에 내장되는 역할 기대의 기초가 될 수 있다. 리더와 부하들이 공유하는 이러한 가치는 새로운 구성원들이 그들을 포용하도록 장려될 때 지속된다. 이 조직의 문화에 대한 공유된 기억은 근면, 헌신, 충성, 정직, 인내, 신뢰, 추가적인 노력, 희생과 같은 가치를 포함할 수 있다. 결국, 이러한 가치들은 문화에 너무 깊이 뿌리박혀 조직구성원들은 일하는 데 있어서 받아들여지는 방식이라는 것을 제외하고는 더 이상 의식하지 못한다.

11.3 강한 문화를 달성하고 유지하기 위해 리더가 취할 수 있는 중요한 행동을 파악한다.

문화는 각 세대의 리더와 부하들이 이야기, 인공물, 의례, 슬로건, 상징, 그리고 특별한 의식과 같은 메커니즘을 통해 그것을 받아들이고 다음 세대에게 전달할 때 유지된다. 이러한 메커니즘은 수용된 문화를 강화할 뿐만 아니라 재생산한다. 새로운 문화를 제도화하는 것은 낡은 방식으로의 퇴행을 방지한다. 그러나, 이러한 일들 중 어느 것도 강력하고 효과적인 리더가 키를 잡고 있지 않으면 일어나지 않는다. 강력하고 성과가 높은 문화가 지속되고 다음 세대의 리더들에게 계승될 수 있도록 하는 것은 리더의 책임이다. 이는 정규적인 의사소통 채널(문화 전파), 기대 행동 모델링, 성과 인식 및 축하, 사회화, 모습을 드러내고 관심을 보이는 것과 같은 프로그램을 통해 이루어진다.

11.4 강한 고성과 문화와 약한 저성과 문화의 특징을 설명한다.

강한 문화는 최고경영진부터 평사원에 이르기까지 조직 전반에 걸쳐 핵심가치, 신념, 규범이 폭넓게 공유되는 문화다. 반면에, 구성원의 행동을 지배하는 핵심가치, 신념, 규범에 대한 합의가 거의 없거나 전혀 없을 때를 저성과 또는 약한 문화라고 묘사한다.

강한 고성과 문화의 특징은 다음과 같다.

- 정보 및 영감을 주기 위한 이야기, 의식, 의례, 상징의 사용
- 결과지향 및 목표 추구
- 탁월성 강조
- '할 수 있다'는 정신으로 사람지향성 강조
- 신뢰, 개방성, 책임감, 의무감 및 성실성이 풍부함
- 집단적인 협력 및 팀 정신

약한 저성과 문화의 특징은 다음과 같다.

- 공유된 가치/규범의 결여
- 정치화된 의사결정 과정
- 편애나 족벌주의 팽배
- 편협한 사고
- 변화에 저항
- 낮은 기대치와 성취에 대한 열정 결여

11.5 조직에서 일반적으로 발견되는 네 가지 유형의 문화를 파악한다.

협력문화는 직원들 간의 팀워크를 강조한다. 협업은 조직 목표를 달성하는 데 매우 중요한 것으로 간주된다. 직원들에게 권한을 부여하고, 존중하고, 보상하고, 신뢰하는 것이 외부 기회를 활용하는데 핵심적이라는 믿음이다. 적응문화와 협력문화는 종종 환경변화에 대응하는 유연성과 창의성 때문에 혁신문화로 언급된다. 경쟁문화는 특정 목표(예: 시장 점유율, 수익 성장 및 수익성)의 달성에 중점을 두는 성숙한 시장에서 일반적이다. 관료문화는 정해진 규칙, 절차, 권한 등을 엄격히 준수하는 것을 강조한다. 관료문화를 가진 조직은 고도로 구조화되고 효율성을 추구한다. 관료문화에서는 변화가 더디다.

11.6 진정성 리더십과 그것이 부하 행동에 미치는 영향 및 비즈니스의 윤리적 가치 사이의 관계를 설명한다.

진정성 리더십은 자신의 행동이 자신과 일치하는지 여부를 반성할 수 있는 내성적인 자질을 가지고 있으며, 자신의 가치와 윤리가 외부의 압력보다 우선시되도록 확고히 한다. 진정성 리더는 다른 사람들에게 진실하고, 윤리적이거나 옳은 일에 집중하고, 개인적인 위험을 감수하면서도 그 과정을 유지하는 것을 요구하는 가치 체계에 의해 움직인다. 진정성 리더십은 또한 용기, 성격, 그리고 목적에 관한 것이다. 성격은 특히 어려운 결정에 대한 의사결정을 위한 도덕적 나침반을 제공한다. 어려운 결정에 직면했을 때, 진정성 리더들은 그들이 무엇을 지지하는지 알고 있고, 그 결정이 인기가 없더라도 그들의 원칙에 따라 행동할 용기가 있다. 진정성 리더들은 잘못을 바로잡고, 개인적인 약점을 인정하고, 실수를 인정하는 용기를 가지고 있다. 그들은 좋아하는 것에 대한 열망이 아니라 그들의 가치와 목적에 의해 동기부여가 되기 때문에 어려운 결정을 내리는 것을 피하지 않는다.

부하들은 리더로부터 실마리를 찾는다. 신뢰는 진정성 리더십을 부하의 태도와 행동에 연결시키는 주요 개입 변수로 간주된다. 진정성 리더들은 신뢰를 얻어야 한다는 것을 알고 있다. 진정성 리더들은 그들의 행동에 일관성이 있기 때문에, 부하들은 그들의 리더에게 무엇을 기대해야 하고 리더가 그들에게 무엇을 기대하는지를 알고 있다. 리더의 진정성은 부하들이 리더와 더 높은 수준의 일치감을 갖게 한다.

11.7 점점 더 글로벌화되는 사회에서 문화적 차이를 이해하는 것의 중요성을 설명한다.

문화는 가치, 신념, 실천, 규범의 산물로, 사람들이 서로 어떻게 관계하고 상호작용하는지(개인이나 집단의 우선순위), 그들이 무엇을 중요시하는지(물질적인 것이나 사람들과의 관계), 또는 그들이 권력을 어떻게 보고 행사하는지(공유 권력이나 계층적 권력)에 영향을 미친다. 리더와 조직의 구성원들 사이의 관계는 공유된 가치와 신념에 기초한다. 점점 더 세계화되는 사회

에서, 함께 일하는 다양한 문화와 관점에 대한 이해를 얻는 것은 리더로서의 성공에 중요하다.

11.8 다양성, 공정성 및 포용성이 오늘날의 비즈니스 환경에서 리더십과 조직의 필수 요소로 간주되는 이유를 설명한다.

다양성은 조직의 모든 수준에 있는 모든 그룹을 포함하는 것이다. 공정성은 모든 사람들에게 공평한 대우, 접근, 기회, 발전을 허용하는 동시에, 일부 집단의 완전한 참여를 방해하는 장벽을 파악하고 제거하기 위해 노력하는 것이다. 포용성은 모든 개인이 말과 행동에서 존중받고, 수용되고, 가치 있게 느끼게 하는 것을 의미한다.

다양성, 공정성 및 포용성에서 리더십은 필수적이다. 최고경영진의 지원과 리더십이 없이는 성공할 수 없다. 다양성, 공정성 및 포용성 리더십은 조직 내의 다양성, 공정성 및 포용성을 육성하는 데 있어서 리더, 특히 최고경영층이 수행하는 역할에 초점을 맞추고 있다. 강력한 리더십의 영향력이 없으면 다양성, 공정성 및 포용성 추진계획은 종종 실패하거나 단순히 전시용으로 간주된다. 다양성에 대해 CEO와 경영진이 몰입함으로써 직접적으로 다양성, 공정성 및 포용성을 제도화된 개념으로 만들 수 있다. 다양성을 이야기하는 리더들은 '솔선수범'을 해야 한다. 최고경영진의 지원과 몰입은 다양성 추진계획이 성공하는 데 초석으로 간주된다. 다양성은 이사회에서 출발하여 조직의 하층부로 흘러가야 한다.

다양성, 공정성 및 포용성은 조직의 필수 요소이다. 노동력의 다양성이 계속해서 증가함에 따라, 리더들은 다양한 배경을 가진 노동자들이 성공할 수 있는 직장 문화를 만들어야 한다. 조직이 다양성, 공정성 및 포용성을 지지한다는 성명서를 발표하는 것은 인종, 신조, 나이, 성별에 관계없이 모든 종업원들이 조직의 일원이 되는 것을 환영받는다고 느끼는 방식으로 조직의 활동 전반에 스며들지 못하는 한 성공을 보장하지 못한다. 다양성, 공정성 및 포용성은 조직 전체에 걸쳐 제도화되어야 한다. 이것이 최고경영진의 지원과 몰입에 따라 큰 차이가 나는 부분이다.

11.9 다양성, 공정성 및 포용성을 수용하기 위한 도덕적, 법적, 비즈니스 사례를 설명한다.

순수하게 도덕적이거나 인도주의적인 관점에서, 많은 사람들은 배제보다는 포용의 정책을 추구해야 하는 윤리적이고 도덕적인 의무가 있다고 믿는다. 이러한 관점의 지지자들은 그것이 상황에 상관없이 모든 사람의 존엄성을 지키려는 회사의 몰입을 의미하는 공정성 및 포용적인 정책의 문제라고 믿는다. 이것은 '그것이 옳은 일'이라는 단순한 사실로 요약된다.

법적 관점에서 다양성을 수용하는 것은 선례와 역사적 토대를 가진 법을 따르는 것이다. 민권법은 인종, 민족, 종교, 성별, 성적성향에 따른 대부분의 고용 차별을 법으로 금지하고 있다. ADA는 장애인에 대한 차별을 금지하고 있다. 기업들은 이러한 법이나 비양심적인 기업들에 의해 취약하고 이용될 가능성이 더 높은 새로운 이민자들의 권리를 침해한 것으로 고소될 수 있다. 이러한 법을 위반하는 사람들은 상당한 벌금을 내거나 감옥에 갈 수 있다. 이러한 사례로 인한 홍보가 조직의 브랜드에 가져올 수 있는 평판 손상은 말할 것도 없다.

다양성의 도덕적 또는 법적 의무와 상관없이, 다양성, 공정성 및 포용성은 사업에도 유리하다. 수십 년에 걸친 조사 연구를 통해 다양성, 공정성 및 포용성이 마케팅, 인재 채용, 문제해결, 비용 절감, 높은 수익성 등 비즈니스에 많은 이점을 제공한다는 사실은 이미 비즈니스 세계의 많은 사람들에게 알려져 있다는 것이 확인되었다.

11.10 강한 다양성, 공정성 및 포용성 문화에 기여하는 요인을 파악한다.

다양성, 공정성 및 포용성 문화가 강한 조직은 소수 집단의 직원들을 채용하고, 보존하며, 승진시키기 위해 노력하고 있으며, 조직 전체에 걸쳐 다양성 추진계획을 보상하는 시스템을 갖추고 있다. 최고의 기업들은 다양성 준수(단순히 숫자 관리에 초점을 두고)를 넘어 다양성 제도화(결과에 초점을 두고)를 바라본다. 다양성, 공정성 및 포용성 문화에 친화적이라고 말하는 것과 문화가 정착된 것은 별개의 것이다. 공개적으로 다양성을 선언하는 것과 실제 관행 사이에 존재하는 격차는 '실행하는 자'와 '위선자'를 구분하는 것이다.

- 다양성은 이사회에서 출발하여 조직의 하위층으로 흘러가야 한다. 이사회와 최고경영진은 이 주제에 대해 어떤 입장에 서 있는지를 말과 행동으로 명확하고 틀림없는 메시지를 보내야 한다. 그러한 명확한 요구와 역할 모델링 행동은 다른 모든 사람들에게 모범이 될 것이다.
- 다양성, 공정성 및 포용성 문화가 강한 조직은 다양성을 가로 막는 장애물을 제거하기 의해 모든 노력을 기울인다. 다양성에 대한 장애물은 소수 집단의 직원들에게 직장이 불쾌한 경험이 되게 하는 것과 같은 의도하지 않은 결과를 초래하는 회사 정책 및 관행이다. 직장에 동화되려다 불편함, 소외감, 좌절감을 경험하는 사례가 여전히 보고되고 있다. 다양성에 대한 장애물을 제거하는 방법으로 상동적 태도, 선입관, 민족중심주의 및 소수 집단이 직면하는 다른 많은 편견 등과 같은 일반적으로 직원들이 갖고 있는 옳고 그른 믿음과 태도를 교육하는 것도 포함한다. 제거해야 할 또 다른 장애물은 소위 '유리천장 효과'이다. 이것은 주로 남성들에 의해 여성들이 승진하는 것을 막는 관행들이다. 대부분의 조직에서 리더십의 고위층은 여성이 거의 또는 전혀 보이지 않는 '보이 클럽'과 유사하다.
- 다양성, 공정성 및 포용성이 강한 문화에 기여할 수 있는 행동의 예로는 리더 성과를 평가하는 데 있어 다양성, 공정성 및 포용성 기준을 추가하고, 무의식적 편견과 미세한 공격에 적극적으로 대처하고, 다양성, 공정성 및 포용성 성공을 축하하고 보상하며, 책임감을 부과하고, 직원들의 훈련과 교육에 우선순위를 두는 것 등이 있다.

핵심용어

강한 문화	다양성	약한 문화	진정성 리더십
경쟁문화	문화	유리천장	평등
공정성	민족중심주의	적응문화	포용성
관료문화	상동적 태도	조직문화	협력문화

연습문제

1. 조직의 문화를 설명하기 위한 작업장 설계의 예로는 어떤 것이 있는가?
2. 협동문화와 적응문화의 유사점과 차이점은 무엇인가?
3. 세계화가 글로벌 리더십의 사례를 어떻게 강조하거나 지원하는지 설명해보자.
4. 다양성, 공정성 및 포용성 실적이 우수한 기업에는 이점이 있다. 그러한 이점이 어떻게 발생하는지 간략하게 설명해보자.
5. 다양성, 공정성 및 포용성을 달성하기 위해 자주 부딪히는 주요 장애물은 무엇인가?
6. 다양성, 공정성 및 포용성 정책과 관행을 지원하기 위해 정기적인 훈련과 교육이 필요하다. 조직이 직원들에게 다양성, 공정성 및 포용성 문제를 소개하는 데 사용할 수 있는 교육 실습의 예를 제시해보자.

비판적 사고 문제

다음과 같은 비판적 사고 문제는 수업 토론 및 의사소통 기술을 개발하기 위한 서면 과제로 사용될 수 있다. 모든 질문에 대해 완벽한 설명을 해야 한다.

1. Enron 사례(Google에서 검색해보자)에 대한 지식을 바탕으로, 문화의 어떤 부분이 그 조직의 행동과 궁극적인 종말에 역할을 했는가?
2. 존중과 신뢰의 문화를 구축하는 것을 자랑스럽게 여기는 조직에서 찾을 수 있을 것으로 예상되는 관행, 정책 및 규범에 대해 설명해보자.
3. 일부 사람들이 현재 '세대 다양성'이라고 부르는 것을 구성하는 다양한 세대를 묘사하고, 그들의 고유한 특성을 제시해보자. 세대 다양성이 효과적인 리더십에 미치는 영향은 무엇인가?
4. 다양성 준수와 다양성 제도화의 차이점은 무엇인가?
5. 무의식적 편견은 무의식적이기 때문에 용서되어야 하는가?
6. 직장에서 무의식적 편견과 미세한 공격에 대처하기 위한 전략이나 접근법은 무엇인가?

사례연구: Alicia Garza — 변화를 이끄는 다양성

Alicia Garza는 미국의 인권 운동가, 작가, Black Futures Lab의 설립자, Black Lives Matter 운동의 공동 창시자이다. 2013년 이 운동이 시작됐을 때 집안에서 논의하는 수준이 아니라, 사회적인 주요 논제로 발전된 지 8년이 지난 시점이었다. 그리고 사람들 사이에 퍼져나갔다. 운동을 통해 더 많은 사람들이 권력을 쥐게 되고, 그것이 변화가 일어나기 시작하는 방법이다. 그녀는 "해시태그를 움직임으로 바꿀 수는 없습니다. 그렇게 할 수 있는 유일한 것은 사람들입니다"라고 말한다.

Garza는 종종 변화를 만들고 실행하는 데 있어 다양성의 필요성과 변화를 일으키는 열쇠로서의 힘의 필요성을 강조한다. 그 힘은 권리를 가장 많이 박탈당한 사람들과 공유되어야 한다. 그들은 자신들의 목소리, 아이디어, 의견을 표현할 수 있는 자리가 필요하다. 예를 들어, 의회는 제도적이고 체계적인 수준에서 변화를 만들 수 있는 권한을 가지고 있으며 현재 의회 내의 대부분의 권력은 백인 기독교인 남성 한 부류에게만 있다. 여성들과 유색인종들이 의회 테이블에 앉는 것이 중요하다. 변화를 만들기 위해서, 서로 엄청 다른 기술, 재능, 배경을 가진 사람들이 함께 모여서 공통의 목표를 향해 일할 필요가 있다. 그녀는, "그것은 또한 있을 수 없는 종류의 연합을 만드는 것을 의미합니다. 그러한 연합을 상당히 강력하게 만들기 위해서는 광범위한 견해를 가져야 합니다"라고 말한다. 차이는 여러분에게 힘을 줄 수 있다. 그것은 더 많은 범위와 통찰력을 지닌 견해를 갖게 해준다.

그녀는 공정한 변화가 일어나게 하기 위해 진실을 인정하는 것에 중점을 둔다. "과거에 일이 잘 안 풀렸던 곳을 정말로 살펴보고 그 지식을 활용하여 더 나은 공정한 미래를 만들어야 합니다. 체계적인 부정을 해결하기 위해서는 우리의 생활 방식의 문화와 사고방식을 바꾸는 데 초점을 맞출 필요가 있습니다." 규칙과 기준은 바뀔 필요가 있다. 하지만 신속하게 일어날 수 있는 그런 일이 아니다. 그 여세는 계속해서 장기적으로 구축되고 지속되어야 한다. 그녀는 더 나은 그리고 더 공정한 사회를 이루기 위한 변화를 일으키기 위해서는 세상이 어떻게 보일 수 있는지에 대한 비전이 필요하다고 강조한다. 자신이 가장 소중히 여기는 것을 결정하고 그 비전을 달성하기 위해 노력해야 한다. 그녀가 말했듯이, "나의 가장 큰 강점은 '안돼'라는 대답을 무시하는 능력입니다. 사람들이 할 수 없다고, 해서는 안된다고, 이루어진 적인 없다고 저한테 말할 때, 제 안에서 일어나는 무언가가 소리지릅니다. '좋아, 내가 하는 것을 잘 봐.'"[96]

CHAPTER 12

전략적 리더십과 고성과 조직

출처: Paul Morigi/WireImage for Tommy Hilfiger

학습목표

이 장을 학습한 후에는 다음을 할 수 있어야 한다.

12.1 리더가 글로벌화와 환경의 지속가능성에 관심을 가져야 하는 이유를 설명한다.

12.2 리더십과 전략 그리고 전략적 리더의 사고방식 사이의 연관성을 설명한다.

12.3 전략 수립과 전략 집행 프로세스 5단계와 각 단계의 핵심 질문을 설명한다.

12.4 고성과 조직의 주요 특성을 설명한다.

12.5 고성과 조직의 다섯 가지 핵심 성공 요인을 설명한다.

12.6 학습 및 지식경영이 조직에서의 필수 요소인 이유와 학습 조직 환경을 조성하기 위한 리더의 역할을 설명한다.

Rosalind Brewer, New CEO of Walgreens Boots Alliance Inc.

2020년 3월 15일, Rosalind Brewer는 Walgreens 라고도 알려진 Walgreens Boots Alliance Inc. (WBA)의 CEO가 되었다. Brewer는 Walgreens와 Alliance Boots가 합병한 후 2014년 CEO로 임명된 Stefano Pessina를 대체했으며, 현재는 WBA 이사회 집행위원장을 맡고 있다. 현재 Brewer는 Fortune지 선정 500대 기업의 유일한 흑인 여성 CEO이자, 현대 역사상 세 번째에 해당된다. 이에 대해 어떻게 생각하느냐는 질문에 Brewer는 "매우 외롭습니다"라고 말했다.[1] Brewer는 현재 Fortune지 선정 가장 영향력 있는 여성 50인 중 27위에 올랐다.

Brewer는 스펠만 칼리지에서 화학 학사 학위를 받았고 와튼의 고급 경영 프로그램과 스탠퍼드대학교의 디렉터스 칼리지에 다녔다. 젊은 화학자로 대학을 나온 Brewer는 소비자용 포장재 대기업 Kimberly Clark에 입사했다. 그녀는 그곳에서 22년을 보냈고 다른 회사로 옮기기 전에 사장 직급으로 승진했다. Walgreens에 입사하기 전, Brewer는 Starbucks의 COO였으며, 그 이전에는 Walmart에 있는 사업부문 샘스 클럽의 CEO를 맡았다. 그녀는 또한 2019년부터 Amazon의 이사회에서 일해왔다. 한 작가가 말했듯이, 정상으로 오르는 그녀의 길은 "기업 미국을 관통하는 눈부신 길"이었다.[2] 그녀는 분명히 풍부한 임원 업무의 경험을 바탕으로 그 자리에 이르렀다.

'Roz'로 불리는 Brewer는 또한 다양성, 형평성, 그리고 포용성에서 뛰어난 옹호자이다. 2018년, 2명의 23세 흑인 남성이 필라델피아 Starbucks에 앉아 있다가 체포되었다.

그들은 사업 동료가 오기를 기다리고 있었는데 백인 여성 바리스타가 경찰을 불렀다. 그들의 체포 영상은 빠르게 입소문이 나면서 커피 체인점과 경찰에 대한 항의와 인종차별에 대한 비난을 불러일으켰다. 당시 Brewer는 Starbucks의 COO였다.[3] Brewer와 상사들(CEO 및 이사회 의장)의 신속하고 강력한 위기 대응으로 인해 그녀의 리더십 강점과 효과가 드러났다. 이 세 사람은 두 젊은이에게 개인적으로 사과했고, 이 사건을 언급하고 명백히 잘못을 질타하기 위해 국내 언론에 적극적인 홍보 캠페인을 시작했다. 이 과정은 위기 대응 리더십의 최고의 교본이 되었고, Brewer는 전략 수립과 집행에서 선도적 역할을 수행했다. Brewer는 이 상황을 어떻게 다루었는지 뿐만 아니라 한 달 후에 발효된 전사적이고 전국적으로 제시한 행동 계획에서도 널리 찬사를 받았다. 그녀는 겸손, 공감, 연민을 보여주는 특성을 지닌 리더라고 한다.

Brewer는 전략 개발, 마케팅, 디지털 전환, 혁신 및 기술, 공급망, 매장 개발 등의 풍부한 경험과 함께 다국적 기업에서의 리더십과 운영 전문성에 대한 검증된 실적을 갖고서 Walgreens으로 오게 되었다. Starbucks에서 그녀는 회사가 성장 전략을 가속화하고, 글로벌 사업범위를 확장하며, Starbucks의 모든 다양한 이해 관계자들에게 가치를 창출하도록 돕는 데 중요한 역할을 했다. 퇴임하는 CEO인 Pessina는 "고객, 인재 개발 및 운영 효율성에 대한 그녀의 끊임없는 집중이 바로 WBA가 더 발전적인 단계에 들어갈 때 필요한 것입니다"라고 말했다. CEO직을 수락하면서, Brewer는 WBA가 세계적인 수준의 신뢰할 수 있는 조직이며 회사의 사명을 진정으로 존경한다고 말했다. "헬스케어 산업은 끊임없이 발전하고 있으며, 매일 전 세계 수백만 명의 사람들의 삶에 긍정적인 영향을 미치고 더 많은 혁신을 제공하고 있는 전체 WBA 팀과 함께 일하게 되어 기쁩니다"라고 그녀는 말했다.[4] 이 말은 회사의 사명과 비전을 반영한 것이었다.

Walgreens는 웹사이트에서 회사의 비전이 "제약, 웰빙, 미용에 있어서 첫 번째로 선택이 되게 하는 것 — 전 세계 사람들과 공동체를 돌보는 것"이라고 설명한다. 핵심 가치는 신뢰, 돌봄, 포용, 혁신, 파트너십, 헌신의 여섯 가지 주제에 초점을 맞추고 있다. 아울러 기업의 사회적 책임에 대한 강력한 옹호자이다.

"건강과 웰빙 기업으로서, 우리의 목적은 건강한 지역사회, 건강한 지구, 지속 가능한 시장, 그리고 포용적인 일터에 대한 우리의 기여를 통해 전 세계 사람들이 더 건강하고 행복한 삶을 영위할 수 있도록 돕는 것입니다"라는 사명이 나타내듯이, 이 주제에 대한 회사의 입장은 명확하다.[5]

이 세 가지 기둥, 즉 미션, 비전 및 핵심 가치는 기업의 전략 수립, 전략 실행 프로세스의 기반이다. 이것은 모든 전략적 리더의 업무에서 중심적인 과정이며, 그 업무 수행 방식에 따라 기업의 미래 성패가 결정된다. Brewer는 이제 이 과정의 리더이며 그녀가 앞으로 어떻게 그것을 지지하는지 지켜봐야 한다. 그녀는 그것의 모든 측면을 있는 그대로 받아들일 것인가, 아니면 자신의 목표, 비전, 그리고 현재의 현실을 반영하기 위해 변화시킬 것인가?

Walgreens에서 Brewer는 비즈니스를 전환하고 새로운 수입원을 창출하기 위해 수많은 과제에 직면해 있다. 회사는 CVS와 Amazon을 포함한 더 강력한 경쟁사들의 위협에 직면해 있다. 코로나19 팬더믹과 같은 다른 외부 환경들은 Walgreens를 더 어렵게 만들었을 뿐이며, Brewer는 정상 궤도에 오르기 위한 올바른 전략을 마련하는 것은 그녀에게 달려 있다는 것을 알고 있다.

도입사례에 관한 질문들

1. 세계화와 환경의 지속가능성에 대해 Walgreens는 어떤 견해를 표방하는가? 지지하는가 아니면 방관적인가?
2. Walgreens에서는 Roz Brewer를 회사의 전략 수립, 전략 실행 프로세스에 질적 수준을 향상시켜 줄 수 있는 전략적 사고를 갖춘 리더라고 보고 있다. 그녀의 어떤 배경이 이러한 견해를 뒷받침하는가?
3. Walgreens의 비전과 사명기술서를 비판해보자. 각각에 대해 좋은 점과 개선이 필요한 점을 말해보자.
4. Roz Brewer와 Starbucks의 그녀의 상관들이 두 흑인 남성에 대한 필라델피아 위기를 다루는 방식에서 회사의 핵심 가치와 더 광범위한 문화에 대해 무언가를 말하고 있는지를 설명해보자.
5. 업계에서 Walgreens의 현재 경쟁력에 대해 설명해보자. Roz Brewer는 현재 방식을 유지해야 하는가? 아니면 약간의 변화를 만들어야 하는가?
6. Walgreens가 계획을 실행하는 좋은 전략을 가지고 있다고 생각하는가? 회사의 웹사이트를 방문해서 2021년 1분기 재무 결과를 검토하여 그 증거를 제시해보자.
7. Roz Brewer가 Walgreens를 고성과 조직으로 변화시키는 데 필요한 것을 가지고 있다고 생각하는가? 그 이유를 제시해보자.
8. Walgreens은 학습조직인가, 아니면 학습조직이 되어야 하는 조직인가? 그 이유를 제시해보자.

위의 질문들 중 어떤 질문에 답할 수 있는가? 이번 장을 통해서 이 질문들에 대한 해답을 찾고, Walgreens사와 그 회사의 리더십에 대해 더 배우게 될 것이다. Rosalind Brewer와 Walgreens에 대해 더 알고 싶으면, www.walgreens.com을 방문해보자.

들어가는 글

저명한 학자이자 작가인 Peter Drucker는 "병든 사회에서 건강한 기업은 존재할 수 없습니다"라고 말했다. 이처럼 모든 기업의 건강은 근본적으로 건강한 사회에 달려 있다. 오늘날 우리는 연약한 행성의 글로벌 사회에 살고 있다. 21세기는 지구의 생물들과 인간 문명이 공존할 수 있는가가 실존적인 질문이다. 이러한 질문에 대한 근거는 글로벌화와 각 국가들이 직면한 다양한 위기에서 찾아볼 수 있다. 예를 들어, 우리는 현재 진행 중인 코로나19 팬데믹, 바이러스로 악화된 경제 위기, 불평등의 위기, 경찰관에 의해 희생된 George Floyd와 다른 흑인의 죽음에 따른 인종적 긴장, 기후 위기 등에 직면해 있다. 이러한 도전적인 시기에 우리를 이끌어가는 전략적 리더십의 역할은 더욱 중요해질 것이다.[6]

앞서 예를 들은 것과 같은 매우 어려운 문제로 가득 찬, 빠르게 변화하고 모호한 환경에서 조직을 운영하기 위해서는 전략적 리더십이 필요하다. 전략적 리더는 조직이 직면한 문제를 해결하기 위한 전략적 행동 계획을 명확히 하고, 이를 바탕으로 조직이 앞으로 나아갈 수 있도록 비전을 발전시킨다. 또한, 추종자들은 조직이 직면한 위기를 딛고 훨씬 더 훌륭하고 강력한 조직으로 발돋움할 것이라는 희망을 갖고 전략적 리더가 제시하는 비전을 받아들인다. 따라서 이 장의 전반부에서는 전략적 리더십과 전략 수립과 집행 과정에 대해 중점적으로 논의할 것이다. 다음으로 이 장의 후반부에서는 고성과 조직과 학습 조직의 개념을 살펴 볼 것이다. 하지만, 먼저 글로벌화와 환경의 지속가능성이라는 두 가지 동향을 먼저 살펴볼 것이다.

글로벌화의 영향력과 환경의 지속가능성

학습목표 12.1

리더가 글로벌화와 환경의 지속가능성에 관심을 가져야 하는 이유를 설명한다.

글로벌 경쟁시장이 점점 강화되고 있다는 전망이 변화에 대해 의심할 여지가 없는 하나의 영역이 되고 있다.[7] 실질적으로 대기업이든 소기업이든, 모든 기업은 내수시장에서의 경쟁자뿐만이 아니라 전 세계적으로 훨씬 떨어져 있는 곳이나 경우에 따라서는 전혀 알지 못하는 지역 간에도 필수 자원이나 시장기회를 확보하기 위해 경쟁에 직면하는 상황이 종종 발생한다. Thomas Friedman은 그의 저서 "세계는 평평하다"에서 노동, 직업, 정보, 지식 및 자본 등이 세계화 이전에 비해서 거의 제한을 받지 않으면서 훨씬 빠른 속도로 경계를 가로질러 이동하고 있는 상황을 설파하고 있다.[8] 그리고 이러한 경향은 더욱더 가속화되고 있다.

글로벌화 시대의 리더십

기업의 성공 여부는 새로이 나타나는 기회를 활용하는 것에 달려 있으며 이러한 위협적인 과정에 제대로 대응하는 방안은 관리자와 부하 직원들에게 글로벌 사고방식을 배양하는 리더십의 역량에 전적으로 달려있다. 많은 조직에서 최고경영자가 되기를 꿈꾸는 모든 사람들에게는 국제적인 경험이 이제는 필수적인 것으로 여겨지고 있다.[9] 11장에서 논의한대로, 글로벌 리더십과 문화 간의 관리역량을 개발하는 것이 다시 새로운 관심사가 되고 있다.[10] 글로벌 비즈니스를 수행하는 조직이 성공하기 위해서는 자신의 문화적 가치와 관행을 다른 국가 및 문화의 사람에게 강요하는 것보다 다른 국가의 문화적, 정치적, 경제적 차이를 고려하는 것이 중요하다.[11] 따라서 급변하는 글로벌 정치경제 내에서 상대적 자율성을 확보하는 것은 리더들의 과제가 되고 있다. 이로 인해 문화지능(Cultural Intelligence, CQ)이 등장하게 되었고,[12] 이러한 글로벌 경제 상화에서는 문화지능이 효율적인 리더십을 위한 중요한 요인 중 하나로 제시되고 있다.[13]

글로벌화는 효익이 불균등한 양날의 검이다. 글로벌화의 세계 경제에 기여하는 여러 이점에도 불구하고, 일부 지역에서는 글로벌화가 경제성장과 소득 불평등에 부정적인 영향을 미칠 수 있다는 것이다. "1% vs. 99%"에 대한 최근의 헤드라인은 CEO 보상, 최저 임금, 소득 불평등 확대 등 노동에 대한 경제적 이득의 불평등한 분배를 시사한다.[14] 글로벌화가 이러한 부정적인 영향을 가져온다는 인식을 완화하기 위해 지역 내 무역 협정들이 정치적 지지를 얻고 있다. 예를 들어, NAFTA로 잘 알려진 미국-멕시코-캐나다 협정(USMCA)과 유럽연합(EU)이 있으며,[15] 최근에는 15개 아시아 태평양 국가들로 구성된 지역 포괄적 경제 파트너십(RCEP)이 체결되었다. 세계화로 인해 중국은 세계에서 두 번째로 큰 경제 대국이 되었으며, 글로벌 리더십을 구축할 것으로 예상된다.[16]

리더십과 환경의 지속가능성에 대한 요구

리더십과 환경의 지속가능성 간의 관계는 매우 중요하다. 환경의 지속가능성에 대한 요구는 천연자원과 생태 지원 시스템을 보호하고, 궁극적으로 미래 세대를 위해 지구를 위험에 빠뜨리는 사업 운영 관행을 방지하기 위한 리더들의 신중하고 단합된 행동을 의미한다. 환경의 지속가능성이란 이를 뜻하는 것이다. 인간의 행동이 변하지 않으면 자연환경(물리적 자원, 야생 및 기후)이 자체적으로 유지될 수 없다는 것을 뒷받침하는 증거들이 넘쳐나고 있다.[17]

오늘날 리더는 기업에 이익을 가져다 줄 기회를 추구하는 동시에, 환경오염, 산

사진 12.1 토지에 숲을 되살리는 것은 자원의 지속가능성을 촉진하는 한 가지 방법이다.

©iStockphoto.com/siur

림 황폐화, 동식물 멸종 및 온실가스 배출 등과 같은 지구에 부정적인 영향을 끼치는 행동들을 줄이기 위해 확실히 노력해야 한다는 책임도 지고 있다. 지속가능성이란 천연자원을 보존하고 폐기물을 최소화하는 것이다. 환경 보호 활동가들은 재활용, 재조립, 탄소 기반 에너지에 대한 의존도 감소 등과 같은 더 큰 조치를 추구하고 있으며, 이해관계자 집단(고객, 주주, 활동가, 정책 결정자)은 기업들이 전 세계적으로 환경 측면에서 성과를 개선할 것을 점점 더 요구하고 있다.[18] 따라서 자신들의 사업 활동이 환경에 미치는 영향에 대해 조직이 갖는 관심이 커지고 있다. 이로 인해 전략적 리더는 환경을 유지하는 데 도움이 되는 전략을 수립해야 하는 요구에 따라야 한다.

환경의 지속가능성 이니셔티브가 성공적이 되기 위해서는 최고경영층의 적극적인 참여와 지원이 필요하다. 기업이 보다 더 큰 사회적인 가치를 위해 단기적인 이익 극대화를 얼마만큼 기꺼이 포기할 수 있는지 여부는 최고경영층의 비전과 참여 의지에 직접적으로 연결되어 있다. 최고경영층의 리더십과 지지를 통해 환경의 지속가능성은 이제는 넓은 의미의 기업의 사회적 책임 개념의 일부분이다.[19] 기업의 사회적 책임은 조직이 이해관계자들에게 빚지고 있는 윤리적이고 자유재량적인 책무에 관한 것이다.[20] Microsoft의 CEO인 Satya Nadella는 2020년 1월 직원들에게 다음과 같이 말했다. "어느 회사도 환경과 관련된 거시적인 문제를 혼자 해결할 수 없지만, 글로벌 기술 회사로서 우리는 우리의 역할을 수행할 책임이 있습니다. 그렇기 때문에 우리는 지구의 지속가능성 문제를 해결하는 데 도움이 되는 야심찬 계획을 발표합니다. 오늘 우리는 2030년을 목표로 Microsoft가 탄소를 배출하지 않을 것을 약속합니다."[21]

환경 친화적이 되는 것은 기업에게 재무적으로도 역시 유익하다. 이는 '그린 마케팅'으로 불리며, 자동차(Telsa, GM, Ford와 Toyota), 소비재 포장(Procter & Gamble과 General Mills) 및 신발(Nike)과 같은 환경친화적인 제품 판매로 더 많은 기업들이 실적을 올리고 있다. 환경의 지속가능성에 대한 중요성은 지속가능성에 초점을 둔 고등교육 프로그램의 수가 증가하고 있는 점에서도 찾을 수 있다. 실제로 지금은 지속가능성 향상을 위한 고등교육협회가 결성되어 있다.[22] 사업을 발전시키고 성장시키는 것이 여전히 전략적 리더의 목표가 되는 것이겠지만, 이제는 지속가능한 개발에 대해 이야기 하고 있다. 지속가능한 개발이란 미래 세대의 욕구를 충족시키기 위한 능력을 제한하지 않으면서 현 세대의 욕구를 채워주도록 개발하는 것을 의미한다.

도입사례 응용

1. 세계화와 환경의 지속가능성에 대해 Walgreens는 어떤 견해를 표방하는가? 지지하는가 아니면 방관적인가?

Walgreens는 세계화와 환경의 지속가능성에 있어서 절대로 방관자가 아니다. 회사의 사명이 "전 세계의 사람을 돕는다"는 것이다. 회사의 비전은 "제약, 웰빙, 미용에 있어서 첫 번째로 선택이 되게 하는 것 — 전 세계 사람들과 공동체를 돌보는 것"이다. Walgreens는 글로벌 시장에서 그 기회를 인식하고 적극적으로 몰두하고 있다. 2014년 영국의 약품 소매상으로 거대 기업인 Alliance Boots를 끈질기게 합병한 이유가 여기에 있다. 이 합병을 통해 Walgreens는 유럽, 중동 및 아시아 시장에서 약품 도소매업에 진입하였다. 환경의 지속가능성 면에서 Walgreens는 강력한 지지자이다. 회사의 사회적 책임 기술서에서 언급한대로, Walgreens의 목적은 건강한 지역사회, 건강한 지구, 지속 가능한 시장, 그리고 포용적인 일터에 대한 우리의 기여를 통해 전 세계 사람들이 더 건강하고 행복한 삶을 영위할 수 있도록 돕는 것으로 제시되어 있다. 회사의 웹사이트에서 환경 및 사회적 관심에 대한 독특하고 세부적인 계획과 추진 프로그램들을 보다 구체적으로 찾아볼 수 있다.

전략적 리더십

학습목표 12.2

리더십과 전략 그리고 전략적 리더의 사고방식 사이의 연관성을 설명한다.

1장에서 우리는 리더십을 "변화를 통해 조직의 목표를 달성하기 위한 리더와 추종자 간의 영향을 미치는 과정"으로 정의했다. 이는 곧 리더십이 공동의 비전을 달성하기 위해 추종자들에게 영향을 미치는 과정이라는 것을 의미한다.[23] David Rubenstein은 자신의 저서인 "리드하는 방법"에서 리더를 일어나지 않았을 일을 일어나게 하는 사람으로 정의했다. 즉, 변화를 통해 공동의 목표(조직의 목표)를 달성하는 것은 다른 방법으로는 일어나지 않을 일을 만드는 것이며, 영향력을 미치는 것은 변화를 통해 공동의 목표를 달성할 수 있도록 추종자들이 리더와 협력하게 만드는 리더의 기술을 의미한다. 따라서 리더십에 대한 위의 두 정의는 상호 보완적인 것이다. Rubenstein은 유명한 저자이자 학자이며, 변호사, 리더, 사업가 및 자선가이다. Forbes에서는 그를 재산 가치 39억 달러를 보유한 억만장자로 구분한다. 그는 워싱턴 D.C.에 있는 글로벌 사모 투자 회사인 Carlyle Group의 공동 창립자이자 공동 회장이다.[24] 리더에 대한 그의 단순하지만 강력한 정의는 깊은 지식과 다양한 경험에서 비롯되며 매우 중요한 의미를 갖는다.

전략에 대해서는 보편적인 정의가 없기 때문에 전략이 무엇인지에 대해 간단히 대답하기는 쉽지 않지만, 전략을 구성하는 핵심 요소에 대해서는 어느 정도의 합의가 이루어지고 있다. Thompson과 공저자들의 저서 "전략 수립과 집행"에서 기업의 **전략(strategy)**을 "기업의 관리자가 기업의 경쟁자를 뛰어넘고, 우수한 수익성을 달성

전략은 기업의 관리자가 기업의 경쟁자를 뛰어넘고, 우수한 수익성을 달성하기 위해 취하는 일련의 조정된 활동들이다.

하기 위해 취하는 일련의 조정된 활동들"로 정의하였다. 또한, Michael Potter는 1996년에 발간된 그의 고전적인 논문인 "전략이란 무엇인가?"에서 전략을 다양한 활동들을 통해 독특하고 가치 있는 지위를 창출하는 것이라고 정의하였으며, 전략을 경쟁에서 절충점을 만드는 것이자, 기업의 활동들 사이에서 적합성을 창출하는 것으로 제시하였다.[25] 이러한 정의들에는 전략이 어떠한 핵심 요소들을 수반해야 하는지를 명확하게 나타낸다. 즉, 전략에는 (1) 조직 단위 전반에 걸친 활동을 조정하고, (2) 고유한 지위를 개척하여 경쟁적인 시장에서 경쟁하고, (3) 장기적으로 우수한 성과를 달성하는 것이 포함된다.

리더십과 전략의 통합

전략은 복잡하고, 상호 연결된, 다차원적인 역동적인 맥락 내에서 발생하기 때문에, 리더가 역동적으로 구성원들에게 영향력을 행사하지 못한다면 전략 수행은 실패한다.[26] 이는 리더십과 전략 사이에 중요한 관계가 있음을 의미한다. 결국 리더의 영향력을 행사하는 능력은 조직 단위 전반에 걸쳐 효과적인 조정을 만드는 것이다. 리더는 경쟁자가 따라올 수 없는 독특하고 가치 있는 경쟁적 위치를 창출함으로써, 일어나지 않았을 어떤 일이 발생하게 만드는 것이다. 리더는 조직의 사명, 비전, 핵심가치, 목표 및 전략을 정렬함으로써 조직 활동 간에 강력한 '적합'을 만들고, 이러한 전략을 효과적으로 실행하여 우수한 수익을 창출한다.[27, 28] 따라서 리더십이 없는 전략은 종이에 적힌 아이디어일 뿐이며, 전략이 없는 리더는 조직이 앞으로 나아가기 위한 로드맵을 제시하지 못한다.[29] 한쪽은 다른 한쪽 없이는 작동하지 못한다. 리더십과 전략은 동전의 양면으로서, 다른 면이 없이 한 면만으로는 쓸모가 없는 것이다.

전략적으로 생각하기

전략적 사고는 기업의 리더가 현상 유지를 타파하고, 조직의 내부 자원을 활용하여 새로운 비전을 향해 나아가도록 만드는 미래지향적인 전략 수립 프로세스이다. 전략적 사고는 나무뿐만 아니라 숲을 볼 수 있게 한다. 이는 조직의 장기적인 요구에 초점을 맞추고, 조직의 비즈니스 환경을 발전시켜 미래 트렌드에 더 잘 부합하도록 하고, 조직이 현재 어디에 있고 어디로 가야 하는지를 알려주는 사고 프로세스를 의미한다.[30] 전략적 사고는 전사적인 관점을 견지하는 것이다. 전략적 리더의 사고는 기업의 생존과 경쟁우위를 넘어 더 큰 사회적 도전으로 향한다.[31] 고위 경영진은 일반적으로 조직의 사명, 비전, 목표 및 전략에 초점을 맞춰 이를 유지하면서 조직을 이끌어 나가지만, 조직이 궤도를 이탈하거나 상황에 따른 새로운 요구가 존재할 때 이를 조정 또는 변경한다.[32, 33] 전략적 사고는 전략 수립과 집행 과정에 정보를 제공하는 질문 또는 중요한 질문의 답을 찾는 것을 요구한다(도표 12.1 참조).[34]

도표 12.1 전략 수립과 집행 과정

1단계: 전략적 사명, 비전, 핵심가치 기술서 만들기

- 현재 우리의 사업과 목적은 무엇인가? (우리는 누구이고 무엇을 하고 있는가?)
- 우리가 장기적으로 지향하는 방향은 어디인가? (어디로 가고 있으며 그 이유는?)
- 우리의 고객은 누구이고 그들의 요구는 무엇인가?
- 고객에게 가치를 전달하기 위한 강력하고 경쟁적인 우리의 비즈니스 모델이 있는가?
- 어떤 가치와 원칙이 우리의 행동을 지배하게 해야 하는가?

2단계: 조직목표 설정

- 우리의 장단기 전략적 목표와 재무 목표는 무엇인가? 우리의 목표가 전사적으로 명확히 알려져 있는가?
- 모든 부서와 관리자들은 자기들이 맡아서 책임져야 할 목표가 무엇인지를 알고 있는가?

3단계: 적합한 전략 대안 선택

- 우리의 핵심 전략은 무엇인가? 혁신적이고 내세울 수 있는 것인가?
- 우리의 핵심 전략은 유망한 기회를 포착하고, 고객의 요구를 충족시켜 주며, 경쟁자에 맞서서 방어할 수 있는 올바른 전략인가? 적절한 위험을 감수하는가?
- 우리가 속한 산업을 비롯하여 전반적인 경영환경의 변화나 추세가 어떠하며, 그 이유는 무엇인가?
- 이러한 변화가 시장(및 우리 조직)의 어느 부분에서 일어날 것인지를 알고 있는가?
- 우리의 경쟁자들은(직접적이든 간접적이든) 누구이며 서로의 순위는 어떠한가?
- 경쟁자들의 전략을 알고 있는가? 그들과 경쟁에서 이길 방도를 찾을 수 있는가?

4단계: 전략 집행

- 전략을 집행하기에 적절한 사람들이 있는가? 전략을 집행하는데 필요한 자원의 종류와 수준이 제대로 갖추어졌는가? 보상구조는 어떠한가? 전략-자원 간의 연계관계는 적합한가? 성공을 측정하기 위한 성과목표는 무엇인가?
- 포지셔닝 면에서 우리가 다른 점은 무엇인가? 우리의 문화는 어떠하며 강하게 나타나는가 혹은 약하게 나타나는가? 전략-문화 간의 연계관계는 적합한가? 전략을 집행하는데 조직구조는 적절한가? 전략-조직구조 간의 연계관계는 적합한가?

5단계: 전략평가 및 통제

- 우리의 전반적인 전략 로드맵은 어떤 것인가? 모든 부분들이 적절하게 연계되어 있는가? 이해관계자들은 만족시키는 것인가? 우리의 비전을 실현하기 위한 올바른 방향으로 가고 있는 것인가?
- 이번 분기에 전략이 제대로 성과를 보였는가? 분기 목표는 달성하였는가?
- 전략의 약점을 보완하기 위해 수정해야 할 필요한 조치는 무엇인가?

출처: Adapted from R. Kumar, "Strategy Mind-Map: How to Use and Practical Implications," *IUP Journal of Business Strategy* 17, no. 1 (2020): 46–58.

이러한 모든 결정이 본질적으로 전략적이며, CEO의 직접적인 관심을 요구하는 것은 아니지만, 조직의 어떤 상위 계층에서 해결해야 하는 질문들이다. 따라서 질문에 대한 답을 통해 전략 수립과 집행 과정을 원활하게 하는 데 도움이 될 것이다(도표 12.1 참조).[35, 36]

도입사례 응용

2. Walgreens에서는 Roz Brewer를 회사의 전략 수립, 전략 실행 프로세스에 질적 수준을 향상시켜 줄 수 있는 전략적 사고를 갖춘 리더라고 보고 있다. 그녀의 어떤 배경이 이러한 견해를 뒷받침하는가?

Brewer는 경영자로서의 풍부한 경험과 뛰어나 업적을 갖고서 Walgreens에 들어왔다. 젊은 화학자로 대학을 나온 Brewer는 소비자용 포장재 대기업 Kimberly Clark에 입사했다. 그녀는 그곳에서 22년을 보냈고 다른 회사로 옮기기 전에 사장 직급으로 승진했다. Walgreens에 입사하기 전, Brewer는 Starbucks의 COO였으며, 그 이전에는 Walmart에 있는 사업부문 샘스 클럽의 CEO를 맡았다. 그녀는 또한 2019년부터 Amazon의 이사회에서 일해왔다. 한 작가가 말했듯이, 정상으로 오르는 그녀의 길은 "기업 미국을 관통하는 눈부신 길"이었다. Walgreens에서 그녀를 받아들이는데 중요하게 고려한 점은 그녀의 풍부한 지식과 경험이었다.

개념응용 12.1 전략적 리더십, 글로벌화 및 환경의 지속가능성

아래의 각 문장들이 이 장에서 제시한 어느 주제(a, b, c)에 해당하는지를 표시해보자.

a. 전략적 사고
b. 글로벌 시대의 리더십 발휘
c. 리더십과 환경의 지속가능성 요구

_____ 1. 대기업이든 중소기업이든 핵심 자원과 시장기회를 차지하기 위해 국내와 해외의 경쟁자들과의 경쟁에 직면해 있다.

_____ 2. 경영환경이 급진적으로 변하고 있어서 새로운 사업기회나 위협에 대비하기 위해 끊임없이 모니터링해야 한다.

_____ 3. 리더는 회사에 이익을 가져다 줄 사업기회를 추구하는 동시에, 그 활동으로 인해 지구에 미치는 부정적인 영향을 감소시키기 위해서도 노력해야 하는 확실한 책임이 있다.

_____ 4. 우리의 기술이 최근의 기술 추세를 따라잡지 못하고, 우리의 문화가 전략과 정렬되지 않는 점을 우려하고 있다.

_____ 5. 다른 나라들의 문화적, 정치적 및 경제적 차이를 고려하는 것이 해외 사업을 하는 조직의 성공을 위해 점점 중요해지고 있다.

_____ 6. 오늘날 세계는 심각한 탄소 위기에 직면하고 있다. 탄소 배출과 기온 상승 추세를 막지 못하면, 그 결과는 폐허를 낳게 될 것이라고 과학적으로 예측된다.

_____ 7. 나는 우리의 전략이 경쟁자들에 비해 도전적이고 혁신적인 것인지 고민한다.

전략 수립과 집행 과정

학습목표 12.3

전략 수립과 전략 집행 프로세스 5단계와 각 단계의 핵심 질문을 설명한다.

학술 및 실무 문헌에서 전략은 조직의 성공에 강력한 긍정적인 영향을 미치는 것으로 나타났다. 따라서 기업이 전략을 수립하고 구현하는 방법은 학계와 비즈니스 커뮤니티에서 항상 중요한 논제가 되고 있다. 역사적으로 전략 수립과 집행은 구분되어져 왔다.[37] 1960년대 해당 분야가 대중화되기 시작하면서 전략계획으로 불렸다. 별다른 의도 없이 붙여진 이 명칭으로 인하여 전략 수립에 더 많은 관심을 두게 되었고, 실행에는 초점을 두지 않게 되었다고 믿고 있는 사람들도 있다. 전략 수립은 주로 최고 경영진의 영역으로 간주되고, 구현/집행은 중간 및 하위 관리자의 책임으로 간주되었으며, 두 영역은 서로 조정되거나 통합되지 않았다.[38] 30여 년 이후에 이르러 이러한 인식을 바로잡고 전략 수립과 집행을 동등하게 강조하기 위해 학자와 실무자들은 1990년대에 이르러 전략계획보다는 전략 관리라는 용어를 사용하기 시작했다. 이 책에서 "전략 수립가 전략 실행 과정"이라는 제목을 사용한 것도 이와 같은 맥락에서이다. 이는 아무리 좋은 전략이 수립된다 하더라도 제대로 집행되지 않거나 평가되지 않으면 기업이 이익을 얻을 수 없기 때문이다.[39] 어설픈 전략이라고 실행이 되면 어떤 결과라도 가져오지만 아무리 뛰어난 전략이라도 실행되지 않으면 아무 것도 얻을 수 없게 된다.

전략 수립과 집행 과정: 전략 수립과 집행 과정은 조직 목표를 달성하기 위해 구체적인 전략을 수립하고 실행하기 위한 일련의 의사결정 및 활동들로 구성된다.

전략 수립과 집행 과정(strategy-making, strategy-execution process)은 조직 목표를 달성하기 위해 구체적인 전략을 수립하고 실행하기 위한 일련의 의사결정 및 활동들로 구성된다. 전략 수집과 집행 과정을 이끄는 것은 최고경영진의 중심 역할이며, 최고경영진의 참여는 더 나은 전략 수립과 집행으로 이어진다.[40] 효과적인 전략 수립과 집행 과정에 대한 진정한 검증결과는 조직의 성과로 나타난다.[41] 효과적인 전략가는 조직이 지속적으로 경쟁자를 능가하게 만드는 리더이다. 전략 수립과 집행 과정은 다섯 단계로 구성된다(도표 12.1 참조). 각 단계에서 관련된 이해관계자들 모두에게 피드백과 세부적인 사항을 제공하는 전략 리더의 역할에 초점을 맞추어서 각 단계를 검토하고자 한다.[42] 조직은 조직 내부 및 외부 이해관계자들을 전략 수립 과정에 포함시킴으로써 이점을 취할 수 있다.[43] 그 과정이 완료되어 제시되는 제품이 전체 조직을 위한 완벽한 전략 로드맵인 것이다.[44]

1단계 — 사명, 비전 및 핵심가치 기술서 만들기

1단계는 조직의 사명을 표명하는 것에서부터 시작된다. 사명은 조직의 현재 목적 또는 존재 이유를 나타낸다. 비전은 리더가 조직을 앞으로 나아가게 하려는 방향을 분

윤리적 결정: 미심쩍은 사명

12.1 마이애미대학 부속 온라인 고등학교

전략적 리더십과 경영의 중요한 부분은 사업에 있어서 경쟁하는 방식에 관한 비즈니스 모델을 창출하는 것이다. 마이애미 대학 부속 온라인 고등학교는 마이애미 대학과 협력관계를 맺고 있다. 마이애미대학 부속 온라인 고등학교는 너무 바빠서 전통적인 교실수업에 참여하기 어려운 8학년에서 12학년의 젊은 운동선수나 공연예술자들을 위한 학교로서, 학생들에게 훈련이나 공연활동에 더 많은 시간을 투자할 수 있도록 해준다. 마이애미 대학 두속 온라인 고등학교는 스포츠와 공연예술 분야에서 정규로 승인받는 학교가 되기를 원한다. 마이애미 대학 두속 온라인 고등학교는 또한 미국에서 졸업장을 받기를 원하는 외국학생들도 받아들이고 있다. 어떤 사람들은 온라인 고등학교는 아이들이 전통적인 교육을 받지 못하게 하며 아이들답게 그 시기를 즐기지도 못하게 만들고 있다고 주장한다.

1. 고등학생들이 온라인 학교에 등록함으로써 전통적인 교실 수업을 경험할 수 없는 것에 대해 어떻게 생각하는가? 마이애미대학 부속 온라인 고등학교의 설립목적에 동의하는가?
2. 운동선수나 공연예술자들을 위해 온라인 고등학교를 운영하는 것은 윤리적으로나 사회적으로도 책임이 있는 것인가?

명히 한다. 비전은 미래에 관한 것이다. 다양한 근로자들을 공동의 목적(사명)과 미래의 길(비전)을 중심으로 뭉치게 하는 것이 최고경영진의 주요한 과제이다.[45] 따라서 핵심가치는 사람들을 한데 묶어서 효과적으로 성과를 내도록 만드는 강력한 힘이 된다.[46] 전략 수립과 집행 과정의 토대를 형성하는 것은 이 세 기둥(사명, 비전, 핵심가치)에 충실한 것이다.[47] 이제 이 세 기둥들에 대해 좀 더 알아보자.

사명기술서 만들기

사명기술서는 한 조직을 다른 유사한 기업들과 구별하게 하는 조직의 목적을 기술하는 영구적인 문서이다.

사명기술서(mission statement)는 한 조직을 다른 유사한 기업들과 구별하게 하는 조직의 목적을 기술하는 영구적인 문서이다. 이것은 조직의 핵심목표와 조직의 존재의 이유를 나타내는 것이다.[48] 또한 "우리는 어떤 사업을 하고 있는가?"에 대한 대답이다. 사명은 모든 구성원의 관심을 비즈니스에 집중시키므로 조직을 하나로 묶어 주는 '접착제'가 된다.[49] 효과적인 사명기술서는 회사의 고객에게 제공하려는 가치가 무엇인가를 보여준다. 회사가 고객에게 제공하려는 것이 무엇이며 그 과정에서 합당한 이익을 낼 수가 있는가에 관한 것이다. 고객 가치 명제에는 상품과 서비스에 대한 설명만 있는 것이 아니라, 조직이 제공하는 상품과 서비스를 받는 사람들의 폭 넓은 요구(당면한 것과 기대하는 것)를 표현한다. 이는 바로 조직의 목적을 나타내는 것이다. 전략적 리더의 업무는 회사가 효과적인 사명기술서를 확실하게 갖도록 하는 것이다.

잘못된 사명기술서로 인해 역효과가 나타나는 조직의 예도 많이 있다. 철도 산업에서는 운송사업이 아니라 철도사업으로서 사명을 정의한 것이 스스로 몰락을 불러오게 하였다. The March of Dimes의 원래 사명은 "소아마비를 치료하는 것"이었으나, 이에 대한 치료법이 발견되고 나서는 조직 자체의 목표가 없는 것이 되고 말았다. 현재는 사명을 인간의 건강 증진에 두고 있다.

사명은 폭넓게 설정되어야 하지만, 경쟁자들의 사명과 구별되지 않을 정도로 너무 광범위해서는 안 된다. 또한 사명은 구체적이어야 하지만, 성장에 대한 대안을 제한할 정도로 너무 구체적이어서는 안 된다. 사명에 의해서 움직이는 조직은 그렇지 못한 조직에 비해 성공할 가능성이 더 높으며 따라서 장기적으로 주주들을 위한 가치를 창출할 것이라고 일반적으로 믿고 있다. 잘 만들어진 사명기술서는 앞으로 가야 할 방향과 초점을 제시하고, 조직의 목표와 전략에 대한 근거를 형성하고, 조직에 대해 긍정적인 감정을 불어넣고, 조직목표에 대한 의견이 일치되도록 하며, 관리자들 간의 각기 다른 견해를 해소하는 데 도움을 주는 것 등 그 외에도 조직에 많은 이점을 가져올 수 있다.[50]

전략적 비전 만들기

전략적 비전(strategic vision)은 조직의 모든 구성원들이 믿을 수 있지만 아직은 쉽사리 달성할 수 없는 미래에 대한 야심찬 전망이나, 현재보다는 더 나은 미래를 제시하는 것이다.[51] 또한 "우리는 어디로 가고 있는가?"에 대한 대답이다. 조직의 미래에 대한 비전을 전달하고 종업원들이 자신들의 비전으로서 받아들이도록 하는 일은 CEO에게는 중요한 것이다. 리더는 조직을 어디로 끌고 가야 하는지에 대한 명확한 아이디어에 대한 난관과 실패에 봉착하는 경우에라도 그것을 지속해서 추진하기 위한 강건함을 가져야만 한다.[52] 동기를 부여하기 위해서 비전은 단지 경제적인 용어로 뿐만 아니라 이념적인 용어로 표현되어야만 하며, 그래야만 사람들이 조직과의 개인적인 연결 관계를 발전시키게 해준다. 효과적인 비전은 추종자들에게 시각화할 수 있는 정신적 이미지를 제공한다. 이는 구성원들로 하여금 비전이 달성가능한 목표로 인식되게 만들며, 조직이 향하고 있는 '진정한' 방향을 알 수 있게 해준다.[53]

전략적 비전은 조직의 모든 구성원들이 믿을 수 있지만 아직은 쉽사리 달성할 수 없는 미래에 대한 야심찬 전망이나, 현재보다는 더 나은 미래를 제시하는 것이다.

John F. Kennedy가 미국인이 1960년대 내에 달에 착륙할 수 있을 것이라고 약속한 것은 비전을 표명한 것인데, 이러한 발표를 할 당시에는 NASA가 설립된지 얼마 되지 않은 상태였고 우주탐험에 대한 최첨단기술이 스푸트니크(구 소련의 1호 인공위성)에 이른 정도였기 때문이다. 하지만 NASA는 도전을 계속하였고 1969년 7월 20일에 우주인 Neil Armstrong이 달 표면을 왼발로 밟으면서, "한 사람으로서는 작은 한 발자국이지만, 인류에게는 위대한 도약입니다"라는 유명한 말을 선언하였다.

비전이 폭넓게 수용되기 위해서는 비전 창출에 경험이 공유되어야만 한다. 리더가 비전설정 과정에서 모든 핵심 당사자들을 함께 묶도록 하는 역할은 매우 중요한 것이다. 비전에서 차이가 있으려면, 비전은 모든 기능 및 사업부서와 모든 직위를 대표하는 종업원들의 투입물에 근거를 두고 만들어져야만 한다.[54] 주주, 고객, 공급자, 이사회와 같은 다른 이해관계자 집단들의 견해도 역시 수용되어야만 한다. 잘 만들어진 비전은 광범위하게 동의를 얻은 결과물이다. 따라서 충분히 이해할 수 있도록 간결한 것이고, 몰입을 불러일으킬 만큼 호소력이 있으며, 현실적이고 달성가능한 것으로 수용될 만큼 확실한 것이어야 한다. 위기가 닥치거나 변혁이 요구되는 시기에 고무적인 비전기술서는 부하들에게 지대한 영향을 미칠 수 있는 것이다.

업무응용 12.1

현재 일하고 있는 조직이나 혹은 일했던 조직에 대해 고무적인 사명기술서와 비전기술서를 작성해보자. 기존의 기술서가 있다면, 그것을 사용하거나 수정해보자. 그리고 그것이 왜 고무적인 호소력을 가진 것이라고 생각하는지에 대해 설명해보자.

도입사례 응용

3. Walgreens의 비전과 사명기술서를 비판해보자. 각각에 대해 좋은 점과 개선이 필요한 점을 말해보자.

'우리의 목적'에서 드러나는 Walgreens의 사명은 "전 세계 사람들이 더 건강하고 행복한 삶을 살 수 있도록 돕는 것"이다. Walgreens의 비전은 "전 세계 사람들과 지역 사회를 돌보는 의약품, 웰빙, 미용을 위한 첫 번째 선택이 되는 것"이다. 사명은 항상 현재와 미래에 대한 비전에 관한 것이어야 한다. 두 기술서 모두에서 이러한 측면을 잘 반영하고 있다. 효과적인 사명기술서는 회사의 제품/서비스를 통해 제공하고자 하는 목표 고객의 요구를 구체화해야 한다. Walgreens의 사명은 전 세계 사람들의 건강과 행복에 관한 욕구를 충족하도록 도와주는 것이다. 어떤 사람들은 이것이 너무 광범위하다고 주장할지도 모른다. 비전은 회사의 미래 포부이다. 미래의 방향과 현재 위치보다 더 나은 위치를 제시하는 것이다. Walgreens의 비전은 미용뿐만 아니라 의약품에 있어서 첫 번째 선택이 되게 하는 것이다. '첫 번째 선택'이 되는 것은 효과적인 비전으로 만족할 수 있지만, 어떤 사람들은 그것이 모호하고 별로 영감을 주지 않는다고 믿을 수 있다. 좋은 비전은 추종자들에게 영감을 주고 동기를 부여해야 한다. Walgreens의 비전이 이런 역할을 할 수 있을지가 의심스럽다.

가치기술서 만들기

가치기술서는 비전과 사명을 추구하는데 지침이 되어야 할 일련의 신념, 특성, 경영자가 정한 행동규범이다.

가치기술서(values statement)는 비전과 사명을 추구하는데 지침이 되어야 할 일련의 신념, 특성, 경영자가 정한 행동규범이다.[55] 핵심가치라고도 하는데 직원들이 비즈니스를 수행하는데 있어서 지침이 되는 원칙이나 윤리적 기준을 제시한 것이다. 가치는 행동방식을 정의하며, 모든 구성원들이 따라야 할 원칙을 제시한다. 따라서 핵심가치의 진정한 강점은 현 상황에 따라 이를 수정하거나 변경하지 않고 원칙적으로 적용할 수 있다는 것이다.[56] 핵심가치가 단지 장식용으로 존재하는 것이 아니라 실제로 운용되는 것이라고 진심으로 믿는 전략적 리더는 핵심가치를 조직문화에 융합시켜야 한다. 핵심가치가 체화된 원칙을 제정하고 누구든지 이에 따르도록 해나가야 한다. 즉 가치가 제도화되면서 조직에서의 생활방식으로 자리잡게 되는 것이다.[57]

도입사례 응용

4. Roz Brewer와 Starbucks의 그녀의 상관들이 두 흑인 남성에 대한 필라델피아 위기를 다루는 방식에서 회사의 핵심가치와 더 광범위한 문화에 대해 무언가를 말하고 있는지를 설명해보자.

Starbucks는 웹사이트에 다음과 같은 핵심가치를 발표했다.

- 소속감을 갖는 문화를 만드는 것: 모든 사람이 환영받음
- 결과에 대한 책임을 지면서 최고의 결과를 제공
- 용기를 가지고 행동하고, 현상에 도전하고, 새로운 성장 방법을 모색함
- 투명성, 존엄성, 존중심을 표방함
- 인간성을 지키면서 성과를 추구함

사건이 일어났을 때, Brewer와 그녀의 상관들은 그 위기를 해결하기 위해 투명하고, 진실하고, 단호한 계획을 세웠다. 그들은 Starbucks의 핵심가치가 단지 벽에 붙어 있는 문서나 진부한 이야기가 아니라는 것을 보여주고 싶었다. 예를 들어, 사건 발생 한 달 후, 그 회사는 직원들을 대상으로 4시간 동안 인종 편견 교육을 실시하기 위해 미국 매장을 폐쇄했다. 그런 다음 회사는 공감, 팀 빌딩 및 포용성을 포함한 주제에 대한 12개 이상의 교육을 그 다음 달에 추가로 실시했다. 이 커피 체인점은 또한 주문을 하지 않는 손님들이 매장에 앉아 있거나 화장실을 사용하는 것을 허용하도록 매장 정책을 수정했다.

2단계 — 조직목표 설정

목표는 핵심 성과지표들(KPIs)로 구성된다. 핵심 성과지표로써 성과를 측정함으로써 계획한 목표와 실제 업적결과들에 대한 차이를 알 수 있게 된다.[58] **조직목표(organizational objectives)**는 다양한 이해관계자들을 위해 조직이 달성하려고 원하는 결과라고 정의한다.

조직목표는 다양한 이해관계자들을 위해 조직이 달성하려고 원하는 결과라고 정의한다.

기업들은 재무적 목표와 전략적 목표 모두를 개발한다. 재무적 목표는 투자 수익률, 자산 수익률, 주당 배당액, 자본 수익률 등과 같은 측정치로 나타낼 수 있다. 전략적 목표는 새로운 고객 확보, 새로운 시장 개척, 혹은 신제품 창출 등이 포함된다. 회사의 재무적, 전략적 목표를 달성하는 것이 효과적인 리더십을 나타내는 것이 된다.[59]

목표설정에 폭넓은 참여가 이루어지고, 목표달성과 보상이 연계될 때 조직목표에 대한 몰입이 더 강화될 것이다.[60] 목표설정이론에서는 구체적이고(specific), 측정가능하고(measurable), 달성가능하고(achievable), 적절하며(relevant), 시한을 설정하는(time-specific)

목표를 가진 사람이 막연한 목표('최선을 다한다'와 같은)나 쉽게 달성할 수 있는 목표를 가진 사람보다 더 나은 성과를 올린다고 주장한다. 유능한 전략적 리더는 'SMART'(좋은 목표의 특성을 나타내는 첫 글자들의 조합)한 특성을 갖춘 목표를 설정한다. 훌륭한 목표를 작성하는 방법에 대한 세부적인 내용은 3장을 참조하라(3장의 모델 3.1 참조).

목표는 모든 사람을 같은 방향으로 초점을 잡게 해주고, 전략이 제대로 작동이지를 검토하는 기준이 되고, 시너지 효과를 창출하고, 조직의 우선순위를 밝혀내는 수단이 되며, 잘못된 것을 바로 잡아주는 기반이 되기 때문에 필수적인 것이다.[61]

3단계 — 적합한 전략 대안 선택

전략 수립은 조직의 목표달성을 위해 적절한 전략을 선택하는 것에 관한 것이다. 앞에서 언급한 것처럼, 전략은 기업의 관리자가 기업의 경쟁자를 뛰어넘고, 우수한 수익성을 달성하기 위해 취하는 일련의 조정된 활동들이다. 핵심 전략을 선택하기 이전에 조직에서는 먼저 상황 분석이라고 불리는 내부 및 외부 환경 분석을 마쳐야 한다. 조직에 영향을 미치는 내부 및 외부 요인들이 전략 선택 과정에 투입되는 요소가 된다.[62] 예를 들면, 최선의 전략은 조직의 강점(내부 분석)과 유리한 기회(외부 분석)를 맞추는 것이라는 주장이 연구를 통해 강하게 지지받고 있다. 상황 분석의 개념을 간략히 살펴보기로 하자.

상황 분석

상황 분석은 조직의 내부 환경(조직의 강점과 약점)과 외부 환경(기회와 위협)을 검토하는 것이다. 내부 분석은 조직의 강점 및 약점을 밝히는 것이고, 외부 분석은 조직이 속한 산업(직접적) 및 광범위한 외부 환경(간접적)에서 발생하는 위기 및 기회를 밝히는 것이다.[63] 외부 분석은 회사가 활동하고 있는 산업의 매력도 여부 및 앞으로 계속 추진해야 할 필요가 있는 전략을 알려준다. 효과적인 외부 분석을 통해 매력적인 기회나 위협을 조기에 파악할 수 있다. 새로운 돌파구의 초기 신호를 놓친 사람들은 경쟁에 뒤지게 된다. 일단 기회가 나타나면, 뒤진 사람들에게는 너무 늦은 경우가 많다. 개척자와 빠른 추종자들은 새로운 제품 및 서비스를 통해 이미 시장에 발판을 마련해 두었다.

효과적인 내부 분석을 수행하지 않는 것은 기업이 최고의 자산이나 능력이 무엇인지 모른다는 것을 의미한다. 또한 자신의 약점을 알지 못한다. 이러한 자기 인식 부족은 최고의 전략을 선택하는 회사의 능력을 방해할 수 있다. Daniel Goleman

은 "집중적인 리더"라는 제목의 논문에서 내부에 대한 집중에 실패하면 방향을 잃게 되고, 다른 사람들에 대한 집중에 실패하면 무지한 상태가 되며, 외부에 대한 집중에 실패하면 불시에 공격을 받을 수 있기 때문에 모든 리더들은 이 세 가지에 대해 적절하게 균형을 맞추어서 인식하는 역량이 필요하다고 주장하고 있다.[64] 유능한 전략가는 조직이 가야 할 방향(비전)과 경쟁자들의 행동과 계획(경쟁자 지능)을 알고, 경쟁자보다 먼저 새로이 부상하는 기회와 위협을 인식한다.

외부환경과 내부환경을 복합적으로 분석하는 것을 일반적으로 SWOT(Strength, Weakness, Opportunities, Threats) 분석이라 한다.[65] 전략 수립은 궁극적으로 조직의 최고 역량/자원과 조직의 산업 및 광범위한 시장 환경에서 가장 매력적인 기회 간의 적합성을 찾는 것이다.[66] 환경 분석의 결과를 통해 전략, 비전 및 조직의 장기적 목표를 재조정 할 수도 있다.

도입사례 응용

5. 업계에서의 Walgreens의 현재 경쟁력에 대해 설명해보자. Roz Brewer는 현재 방식을 유지해야 하는가? 아니면 약간의 변화를 만들어야 하는가?

Walgreens가 사업을 전환하고 새로운 수익원을 창출하고자 함에 따라 Brewer는 수많은 도전에 직면하게 될 것이다. 또한 CVS와 Amazon과 같은 더 강력한 경쟁자들의 위협에 직면해 있다. 코로나19(COVID-19) 팬데믹과 같은 다른 외부 요인들은 Walgreens를 더 어렵게 만들었을 뿐이며, Brewer는 상황을 반전시키는 올바른 전략을 고안하는 것이 그녀에게 달려있다는 것을 알고 있다. Walgreens의 경쟁력이 현재 업계 최고가 아니라는 증거다. 그녀는 상황을 반전시키기 위해 고용되었기 때문에 상황을 동일하게 유지하는 것은 선택 사항이 아니다. 그녀는 회사의 장기적인 비전, 재무 및 전략 목표, 현재의 전략 옵션 및 전략 실행에 영향을 미치는 요인을 재검토할 가능성이 높다. 그녀는 회사의 강점과 약점이 무엇이고 외부 환경에서 어떤 기회를 추구하고 어떤 위협을 피해야 하는지를 결정해야 할 것이다.

전략적 대안의 선택

조직의 핵심 전략은 경쟁우위의 근원이 되며 경쟁자와 차이를 나타내는 방법이 된다. Michael Porter의 '5개 일반적인 전략'에 의하면, 전략적 리더가 선택할 수 있는 일반적인 핵심 전략의 유형은 세 가지가 있다.[67]

- **차별화 전략:** 모방하거나 모방하기 어려운 혁신적인 제품이나 예외적인 서비스를 경쟁사보다 먼저 개발한다(Apple, Google, Facebook, 3M, Nike, BMW 등). 이 전략을 추구하는 기업은 고품질의 제품/서비스를 개발하여, 고객의 품질 기대치를 충족시켜 프리미엄 가격을 지불하는 시장을 창출하는 것이다.[68] 고객은 가격에 민감하지 않고 품질에 민감하다. 따라서 **차별화(differentiation)**는 구매자들

차별화는 구매자들이 매력적이라고 생각하는 고품질의 제품 및 서비스를 제공하고 해당 제품에 대해 프리미엄 가격을 지불할 의향을 갖게 하는 전략이다.

이 매력적이라고 생각하는 고품질의 제품 및 서비스를 제공하고 해당 제품에 대해 프리미엄 가격을 지불할 의향을 갖게 하는 전략이다.

- **저원가 전략(운영 효율화):** 이 전략의 목표는 생산성 제고와 원가관리에 빈틈없이 주의를 기울임으로써 원가에서 경쟁우위를 확보하는 것이다(WalMart, Southwest Airline, Costco, Dollar General 등). 이 전략을 추구하는 기업은 저렴한 가격에 수용 가능한 품질을 원하는 시장에 상품/서비스를 제공하는 것이다. 고객들은 가격에 민감하지만 허접한 제품에 무감각하지는 않다. 경쟁사들의 품질을 더 낮은 가격에 맞출 수 있는 사람이 전투에서 승리한다. 시장은 무엇이 허용 가능한 품질인지 아닌지를 결정한다. **저원가 리더십**(low-cost leadership)은 표준 품질 제품을 원하는 구매자에게 경쟁 브랜드보다 낮은 가격으로 제품 및 서비스를 제공하는 전략이다.

저원가 리더십은 표준 품질 제품을 원하는 구매자에게 경쟁 브랜드보다 낮은 가격으로 제품 및 서비스를 제공하는 전략이다.

- **최적가 혹은 가치 기반 전략:** 이 전략은 차별화 전략만큼 고가는 아니지만 저원가 제품보다는 더 많은 가격을 지불하려고 하는, 고급 제품과 서비스를 원하는 고객을 만족시키는 것을 목표로 한다. 차별화 전략과 저원가 전략 사이에 위치하기 때문에 하이브리드 전략이라고 불린다. 두 가지의 이점을 한꺼번에 취하려는 것의 문제는 한 가지에만 집중한 경쟁자들이 더 낫고 양쪽으로부터의 경쟁 압력에 직면하게 된다는 것이다. **최적가 전략**(best-cost strategy)은 저원가 전략과 차별화 전략을 혼합한 것으로, 두 가지 특징을 동시에 통합한다.

최적가 전략은 저원가 전략과 차별화 전략을 혼합한 것으로, 두 가지 특징을 동시에 통합한다.

우리는 또한 Porter가 차별화 또는 저비용 중 하나에 대해 광범위하거나 틈새적인 입장을 취할 수 있는 것들을 구별함으로써 범위의 문제를 제시했다는 점에 주목해야 한다. 신발만 파는 고급 남성 구두 매장은 틈새 차별화 전략을 사용하는 반면에, 남성 신발을 포함한 많은 아이템을 판매하는 Nordstrom과 같은 상점은 광범위한 차별화 전략을 사용한다. 다양한 품목을 판매하는 Dollar General이나 Dollar Tree와 같은 소매업체는 광범위한 저원가 전략을 추구하는 반면, 같은 품질의 신발만 판매하는 소매업체는 틈새 저원가 공급업체이다.

고객에게 가치를 전달하는 것이 어떤 전략에서든지 중심이 되는 전제가 되어야 한다. **고객 가치**(customer value)는 고객이 인식하는 지출 비용에 대해 받았다고 인식하는 혜택의 대가이다. 마지막에 가서는 모든 전략은 회사의 고객이 요구하는 것이나 기대하는 것을 충족시키도록 설계되어야 한다. 고객의 기대수준을 충족시키거나 능가시키는 기업은 시장에서 경쟁자들을 주도하게 될 것이다.

고객 가치는 고객이 인식하는 지출 비용에 대해 받았다고 인식하는 혜택의 대가이다.

4단계 — 전략 집행

전략의 집행은 조직의 전략을 결과로 바꾸는 것이다. 우수한 전략이라도 제대로 실행되거나 평가되지 못하면 좋지 못한 결과를 낳게 될 것이다.[69] 전략적 목표 달성에 직접적인 영향을 미칠 수 있는 전략 실행 장벽이 있다. 장벽을 식별하고 제거하면 전략 실행의 성공이 제고된다.[70]

우수한 전략이라도 제대로 실행되지 않으면 나쁜 전략과 같은 초라한 결과를 낳는다. 따라서 전략 수립뿐만 아니라 실행도 신중하게 고려해야 한다. 전략 실행은 일이 되도록 하는 기본적인 조직의 제도적인 틀(조직구조, 문화, 정책, 절차, 시스템, 인센티브 및 통제)을 통해서 이루어진다. 전략 실행 과정을 성공적으로 만드는 것은 이러한 무형의 요소들의 효과적인 통합과 배치이다. 전략 실행은 전략 수립, 전략 실행 과정에서 가장 중요하고 어려운 단계로 설명되어 왔다. 그것은 지금까지 분석적인 과정이었던 것을 행동으로 옮기는 단계이다.

말한 바와 같이, 성공적인 전략 실행을 방해할 수 있는 장벽들이 있다. 그러나 어떤 장벽에도 대항하는 여러 가지 지지 요인들이 있다. 즉 전략을 실행할 올바른 일선의 리더와 종업원들을 갖추고, 전략을 지원하는 조직구조를 설정하고, 적절한 자원과 능력을 공급하고, 올바른 정책과 절차를 제정하고, 적절한 보상과 인센티브를 마련하고, 베스트 프랙티스를 도입하고, 전략을 지원하는 문화를 구축하는 것이다. 이 중에서 다섯 가지를 아래에서 살펴보기로 한다.

강력한 리더십과 역량을 갖춘 관리자들

전략을 성공적으로 실행하기 위해서는 강력한 리더십이 매우 중요하다. 강력한 리더십을 가진 팀과 숙련되고 잘 훈련된 리더나 관리자가 많이 있음으로써 차이가 발생한다. Google의 사내 연구에서 전략을 성공적으로 집행하는데 영향을 주는 리더와 관리자들의 특질을 다음과 같이 여덟 가지(중요도 순)로 정의했다.[71]

1. 좋은 코치되기
2. 팀원들을 임파워시키고 사소한 일은 챙기기 않기
3. 팀원들의 성공과 안락함에 관심을 표하기
4. 생산적이며 결과지향
5. 능숙한 의사소통과 팀원들에 경청하기
6. 부하들의 경력개발을 지원하기
7. 팀에 대한 명확한 비전과 전략을 가지기
8. 팀원들에게 조언을 할 수 있는 기술적 능력 갖추기

이러한 특질들은 Google에만 독특한 것은 아니다. 효과적으로 전략을 집행하려는 조직에서는 모두 적용 가능한 것이다. 전략을 성공적으로 수행하기 위해서는 수립된 전략을 행동으로 옮기도록 전 계층의 종업원과 관리자들을 자극시켜야 한다.

적절한 정책과 절차

정책은 작업장에서 종업원들에게 지침을 제공하는 것이다. 조직의 정책과 절차에 의해 행동을 규제하고 업무 분위기 형성에 영향을 미친다. 또한 '이곳에서 일하는 방식'에 대한 자세를 이해하도록 해준다. 정책과 절차는 구체적인 전략 집행업무들을 수행하는 방식을 표준화시켜주기 때문에 종업원들이 일을 하는 방식에 일관성을 확보해 준다. 이로 인해 전략집행 과정에서 효율성과 효과성이 확보된다.[72] 새로운 전략을 집행할 때는 기존의 정책과 절차가 전략을 지지하는지를 확실히 하기 위해 이들을 검토해야 할 필요가 있는 경우가 자주 있다.

적절한 조직의 능력

일선 관리자는 성공적인 전략 실행의 초석이 된다. 기술적 지식과 전문성 및 명확한 의사소통, 팀 빌딩, 갈등해결 등의 조직관리 스킬이 일선 관리자의 역할 수행에 필요한 역량이다. 하버드 경영대학원 Linda A. Hill 교수는 자신의 저서에서 어떻게 관리자가 품질, 서비스, 혁신 및 재무 성과를 유지하는 초석이 되는지를 잘 설명하고 있다.[73] 마케팅, 생산, 재고, 품질, 운송 및 물류, 고객 서비스 관리 등 기능부서의 일선 관리자들은 매일 일선 직원들과 함께 전략 집행을 수행한다.

성공적인 전략 집행의 최종 결과는 고객의 요구를 충족시키기 위해 만들어진 제품 또는 서비스이며, 고객이 더 나은 제품 또는 서비스를 제공한다고 믿는 기업은 경쟁사보다 높은 수익성을 달성할 수 있다. 그것이 성공적인 전략의 궁극적인 시험인 것이다. 이는 회사가 제안하는 고객 가치(고객 욕구를 충족시키기 위해 제공하는 것)가 작동하고 있음을 의미한다. 일선 직원들과 함께 일하는 일선 관리자들은 하루하루 그것을 가능하게 한다.

능력은 직원들이 부여된 과업과 책무를 훌륭하게 수행할 수 있는 가능성이다.

차별적 핵심 역량은 조직의 직원이 경쟁사에 비해 핵심 업무를 매우 잘 수행할 수 있는 능력이며 경쟁우위의 기반이 된다.

전략 집행을 잘하는 조직에는 전략에 맞는 능력을 가진 일선관리자와 직원이 있으며, 이는 전략-능력의 정렬을 의미한다.[74] **능력(capability)**은 직원들이 부여된 과업과 책무를 훌륭하게 수행할 수 있는 가능성이다. 회사의 독특하거나 차별적인 핵심 역량을 토대로 수립된 전략은 모방하기 어렵고, 쉽게 대체될 수 없기에 회사의 경쟁우위를 지속적으로 유지할 수 있는 기회를 만들기에 더 유리하다.[75] **차별적 핵심 역량(distinctive core competence)**은 조직의 직원이 경쟁사에 비해 핵심 업무를 매우 잘 수행할 수 있는 능력이며 경쟁우위의 기반이 된다. **경쟁우위**(competitive advantage)는 경쟁사가 보유하지 못한 자원이나 자산을 보유하거나 경쟁사가 따라잡을 수 없는 수준에서 핵심 기능을 수행할 수 있다는 것이다.

경쟁우위는 경쟁사가 보유하지 못한 자원이나 자산을 보유하거나 경쟁사가 따라잡을 수 없는 수준에서 핵심 기능을 수행할 수 있다는 것이다.

논란의 여지는 있지만 기업에서 가용할 수 있는 가장 차별화되고 모방하기 어렵게 하는 자원은 지식, 특히 사람에 기반을 둔 지식이다. 사용함에 따라 고갈이 되는 물질적 자산과는 달리, 핵심역량은 효율적으로 활용하면 사용할수록 더욱 증가된다. 이 같은 종업원에 기반을 둔 역량은 **인적 자본**(human capital)이라고 지칭된다. 조직의 중요한 자원들 중에서 인적 자본은 모방이 어렵기 때문에, 그것을 유지하고 개발하게 되면 경쟁에서 유리한 고지를 점하는 데 필수적인 것이 된다.[76]

인적 자본은 종업원에 기반을 둔 역량이다.

적절한 역량과 역량을 갖춘 일선 관리자들은 고위 리더십 역할을 수행할 인재의 파이프라인 역할을 한다. 일선관리자로서의 성공은 팀의 생산성을 증가시키고, 더 높은 고객 만족을 창출하며, 더 좋은 재무성과를 창출하는 데서 나타난다. 이러한 결과는 일선관리자로서의 능력을 보여주는 것으로서, 중간 또는 상위 경영진으로 성장할 수 있는 경력이 되는 것이다.

조직문화는 조직구성원들이 공유하면서 새로운 구성원에게 가르치는, 신념, 규범, 태도, 가치, 가정, 일하는 방식 등을 총체적으로 아우르는 것이다.

올바른 기업문화 갖기

조직문화(organization's culture)는 조직구성원들이 공유하면서 새로운 구성원에게 가르치는, 신념, 규범, 태도, 가치, 가정, 일하는 방식 등을 총체적으로 아우르는 것이다.[77] 기능별 경계를 가로질러 서로의 활동들을 공유하게 되면 직원들 간의 유대를 강화시키는 조직정체성을 창출하게 해준다.[78] 지원적인 조직문화는 전략 집행의 성공도를 높여준다. **조직정체성**(organizational identity)은 '조직으로서 우리는 누구인가'에 대해 구성원들이 공통적으로 인식하고 있는 것이며, 그것은 전체로서의 조직에 중추적이고, 특징적이며, 지속되고 있는 것에서 부각된다. Southwest Airlines, Nike, Walmart, Google, Facebook을 비롯한 많은 회사들은 경쟁사들과 구분되는 정체성과 문화를 활성화하는 것으로 유명하다.

조직정체성은 '조직으로서 우리는 누구인가'에 대해 구성원들이 공통적으로 인식하고 있는 것이며, 그것은 전체로서의 조직에 중추적이고, 특징적이며, 지속되고 있는 것에서 부각된다.

사진 12.2 Zappos는 고객과 직원들을 놀라게 하기 위해 약간 기이하면서도 재미있는 문화를 육성한다.

출처: James Leynse/Corbis via Getty Images

적절한 보상과 인센티브

적절한 보상구조가 새로운 전략과 함께 보조를 맞추어야 한다. 보상과 인센티브는 전략이 제대로 집행될 수 있게 하는 강력한 동기부여 수단이 된다. 여러 가지의 보상들은 종업원이 달성하고

자 하는 목표와 일치하도록 연계되어야만 한다. 금전적인 인센티브와 비금전적인 인센티브를 올바르게 제공함으로써 종업원들의 몰입, 업무열성, 신속함, 품질 및 만족 등을 유발시켜 더 나은 산출과 이익을 창출할 수 있다.

도입사례 응용

6. Walgreens가 계획을 실행하는 좋은 전략을 가지고 있다고 생각하는가? 회사의 웹사이트를 방문해서 2021년 1분기 재무 결과를 검토하여 그 증거를 제시해보자.

검토 결과로 나온 증거는 확실하게 그렇다고 할 수 있다. 1분기 결과에는 "전략적 우선순위의 진전에서 가장 중요한 점"이라는 항목이 있다. 진행 중이거나 완료된 전략 실행의 몇 가지 예로써, 더 현대적인 의약품을 중심으로 주변 사람들의 건강을 보장하고, 디지털과 물리적인 소비자중심의 의료 제공을 통합한 모델을 개발하는 것을 목표로 하는 기술 지원 의료 스타트업을 내부적으로 설립하고, 그리고 2021년 여름 말까지 Walgreens에 40개의 빌리지 메디칼을 개장할 것을 계획하고 있다. 또한, 디지털화를 가속화하고 있다. 디지털로 주도하는 소매 매출은 2020년 2분기에 전년 동기 대비 78% 증가했다. Walgreens는 의약품 제조의 효율성을 향상시키고 약사들의 여유시간을 높이는 것을 목표로, 의약품 제조 자동화 솔루션 회사인 iA를 확장하고 발전시키는 데 막대한 투자를 했다. 이는 Walgreens가 전략 실행을 모니터링하고, 결과를 평가하고, 피드백을 통해 전략을 조정하고 있다는 증거이다.

5단계 — 전략평가 및 통제

전략평가 및 통제는 전략경영 과정의 마지막 단계에 해당된다. 이 단계는 실제 결과들을 기대했던 결과들(표방된 목표)과 비교하는 것이며, 전략적으로 연계된 구체적인 성과 지표를 활용하여 적시에 전략을 평가할 수 있다. 이 과정을 통해 전략을 실패하게 하는 전략 수립, 실행 및 적합성과 같은 잠재적인 문제의 근원을 지적할 수 있으며, 주어진 전략의 전체적인 효과 또는 성공을 결정짓는 주요 수단이 된다. 효과적인 전략평가 및 통제에는 세 단계의 과정이 있다.

1. 현재 전략에 기초가 되는 조직 내부 및 외부 요인을 재검토한다.
2. 공표한 목표에 대비된 실제 성과를 측정한다.
3. 잘못을 바로잡는 행동을 취한다.[79] 두 번째 단계에서 실제 성과가 기대 성과나 설정한 목표에 미치지 못했을 때, 올바른 시정 조치를 취하는 것이 전략적 리더와 운영을 담당하는 리더들의 책무이다.

실행된 전략의 효과성을 측정하는 데 활용되는 또 다른 도구가 균형점수표(BSC)이다. 균형점수표는 회사의 재무 목표와 전략적 목표, 단기목표와 장기목표 등을 고려하는 보다 통합적인 도구이다.[80]

전략 수립과 집행의 핵심은 '정렬' 혹은 '적합'의 개념에 있다. 학자들과 실무자들은 오랫동안 전략-환경 적합성, 전략-역량 적합성, 전략-문화 적합성, 전략-구조 적합성 등과 같은 다양한 요소들 간의 강력한 일치성이나 적합한 관계를 보여주는 것이 최선의 전략이라고 믿어왔다. 이러한 일치성이 기업 성과를 향상시킬 수 있다는 가설은 검증되고 있다.[81] 예로써,. 혁신을 통한 차별화 전략을 추구하는 기업이 관료적이고 수직 계층적인 조직구조를 갖는 것이 전략과 조직구조와의 불일치 혹은 부적합 관계를 보여주는 예가 된다. 차별화 전략은 적응적 혹은 유연한 조직구조와 가장 효과적으로 실행된다. 그러나 운용 효율성과 안정성을 추구하여 경쟁사보다 더 낮은 가격을 고객에게 제공하려는 목표(원가주도 전략)를 추구하는 기업은 이러한 집권적인 수직 계층적 조직구조가 원가억제를 위한 엄격한 통제를 할 수 있기 때문에 더 성공적일 수 있다.

이제 전략적 리더십을 배웠으므로, 전략적 계획과 변화능력에 자신의 성격이 어떻게 영향을 주는지를 판단하기 위해 자기평가 12.1을 작성해보자.

자기평가 12.1 성격, 리더십 및 변화

전략적 리더십은 카리스마 리더십이나 변혁적 리더십보다 성격에 영향을 적게 받는 편이다. 전략적인 계획과 전략적 리더십은 주로 최고경영층에서 담당하는 기능이기 때문에 이는 관리자의 직급수준과도 연관이 된다. 자신은 장기적인 계획에 초점을 맞추려는 전략적인 사고를 하는가? 사업상으로나 개인적으로나 지금부터 3년에서 5년 사이의 어떤 계획이라도 갖고 있는가? 아니면 미래에 대한 계획 없이 그때가 되면 일을 처리하는가?

____

____

____

____

변화 리더십은 Big Five 성격차원의 경험에 대한 개방성이 기반이 된다. 카리스마 리더십, 변혁적 리더십, 전략적 리더십은 모두가 변화를 수용하고 다른 사람들을 변화시킬 것을 필요로 한다. 새로운 것을 시도하고 변화하는 것에 개방적인가? 또는 현 상태에 머물러 있기를 좋아하거나 변화에 저항하는 경향이 있는가? 다른 사람들이 새로운 것을 시도하도록 영향을 주려고 하는가?

____

____

____

____

개념응용 12.2 전략 수립, 전략 실행 과정

각 문장을 아래의 전략 수립, 전략 실행 프로세스와 관련된 개념(a~o) 중 하나와 일치시켜보자. 힌트: 각 정답 선택 항목은 한 번만 사용된다.

a. 사명 기술서
b. 비전 기술서
c. 핵심가치 기술서
d. 조직 목표

e. 상황분석
f. 강점
g. 약점
h. 기회
i. 위협
j. 차별화 전략
k. 저원가 주도 전략
l. 최적가 전략
m. 틈새 차별화 전략
n. 틈새 저원가 주도 전략
o. 경쟁우위

_____ 8. GM은 2021년부터 2022년까지 매출을 10% 늘리려고 한다.

_____ 9. YMCA에서, 우리는 고객들이 운동하는 동안 무료로 아이들을 돌봐주는 유일한 피트니스 헬스 클럽이다.

_____ 10. 회사의 현재 목적이나 존재 이유를 설명하는 기술서.

_____ 11. 우리의 전략은 우리의 제품이 그들의 높은 기대에 부합하는 한 프리미엄 가격을 지불하는 것을 꺼리지 않는 고객들을 위해 최고 품질의 제품을 만드는 것이다.

_____ 12. 조직으로서 우리가 미래에 가고 싶은 곳(우리의 미래 포부)을 설명하는 기술서.

_____ 13. 우리의 시장 정보에 따르면 우리의 가장 가까운 경쟁사가 곧 우리의 제품과 경쟁할 신제품을 출시하여 우리의 판매를 빼앗을 것이라고 한다.

_____ 14. 파트너와 협력하고 이해관계자와 상호작용하는 방식으로 우리가 어떤 회사가 되고 싶은지를 설명하는 진술서.

_____ 15. 우리는 우리가 선택한 어떤 전략이든 추구할 수 있는 자원을 가지고 있기 때문에 경쟁사들을 상대로 잘 해낼 것이라고 확신한다.

_____ 16. 회사로서 우리의 단점은 회사의 인지도가 낮다는 것이다.

_____ 17. 우리의 강점과 약점을 알려주고 기회와 위협을 식별할 수 있기 때문에 우리는 내부 및 외부 환경을 분석하는 데 초점을 맞추고 있다.

_____ 18. 우리의 전략은 가격에 민감하고 할인되거나 낮은 가격을 선호하는 시장에 적합한 품질의 제품을 만드는 것이다.

_____ 19. Jiffy Lube의 전략은 자동차 정비 분야의 대부분 정비소/서비스점보다 낮은 가격으로 오일 교환만 하는 것이다.

_____ 20. 우리는 버지니아 남서부의 산에서 독특한 포도로 만든 고품질의 고급 가격의 레드 와인을 전문으로 하는 지역 와이너리이다.

_____ 21. 우리 지역에서 증가하는 이민자 인구로 인해 현재 인기가 좋은 멕시코와 중국 식당들이 혜택을 받고 있다.

_____ 22. 우리의 전략은 더 좋은 품질에 초점을 맞추는 동시에 원가도 절감함으로써, 차별화와 저원가 공급업체 사이에 위치하려고 한다.

고성과 조직

학습목표 12.4

고성과 조직의 주요 특성을 설명한다.

고성과 문화란 탁월한 운영과 성과의 핵심 가치가 모든 조직구성원의 삶의 방식이 되고 이것이 한세대에서 다음 세대로 전해지는 문화이다. 고성과 조직의 구성원들은 "할 수 있다"라는 성취지향적인 마인드 공유를 통해 하루하루 최선을 다할 수 있는 에너지를 얻는다. 구성원들은 항상 이런 식으로 행동하도록 사회화되어 왔다. 고성

도표 12.2 Characteristics of a High-Performing Organization Culture

1. 최고의 성과 기대치를 달성할 수 있다는 강한 믿음
2. 전사적으로 최고의 성과 기준을 설정함
3. "할 수 있다", 성취지향과 회사에 대한 자부심
4. 고성과자에 대한 보상과 인센티브 지급
5. 강력한 리더-구성원 교환관계
6. 위험 감수, 혁신 및 실수로부터의 학습
7. 엄격한 규율과 미래지향
8. 현재의 영광에 안주하지 않는 사고방식

과 조직이 갖는 독특한 특성에는 고성과자에 대한 보상과 인센티브의 시행, 위험 감수, 혁신 및 실수로부터의 학습이 포함된다(도표 12.2 참조).

이 절에서는 고성과 조직이 무엇인지 정의하고, 고성과 조직문화의 특성을 알아본다.

고성과 조직이란 무엇인가?

고성과 조직은 치열한 글로벌 경쟁 환경 속에서 높은 성과를 달성하기 위해 자원을 집중하고 활용하는 방법을 알아낸 조직이다.[82] 고성과 조직은 다른 조직들과 구별되는 뚜렷한 특징을 가지고 있으며,[83] 최고 수준의 성과와 경쟁력을 유지하기 위해 요구되는 일에 예리하게 초점을 맞추고 있다.[84] 따라서 **고성과 조직(high-performing organization, HPO)**은 전략 및 실행 계획에 대한 엄격한 규율을 바탕으로 경쟁사보다 우수한 재무 및 비재무적 성과를 지속적으로 달성하는 조직으로 정의된다. 이 정의에서 세 가지 핵심적인 것은 탁월한 결과, 규율 및 집중이다. 정의에서 볼 수 있듯이 고성과 조직은 단순한 재무적 성과보다 광범위한 시스템 방식으로 성과를 정의한다. 고성과 조직은 환경 및 사회적 영향력 또한 성과로 간주한다. 고성과 조직은 다른 조직들로부터의 벤치마킹 대상이 되는데, 그 이유는 업계에서 선두주자이기 때문이다. 고성과 조직의 가장 성공적인 사례는 조직을 전체적으로 변혁시킨 경험일 것이다.[85]

고성과 조직(HPO)은 전략 및 실행 계획에 대한 엄격한 규율을 바탕으로 경쟁사보다 우수한 재무 및 비재무적 성과를 지속적으로 달성하는 조직으로 정의된다.

고성과 조직은 (1) 성과지향, (2) 탁월한 운영, (3) 책임부여, (4) 지속적인 참여 및 동기부여, (5) 지속적인 개선 및 혁신에 대한 몰입이라는 다섯 가지 핵심 원칙에 대한 공유된 사고방식을 가지고 있다. 또한 고성과 조직에서는 최고경영진에서 일선 직원에 이르는 모든 조직 구성원이 다섯 가지 핵심 원칙에 전념할 것이라는 믿음을 가지고 있다.[86]

고성과 조직 문화

11장에서 강한 문화를 조직의 모든 구성원에게 잘 알려진 핵심가치와 원칙에 대한 완전한 동의 또는 공유된 사고방식을 나타내는 문화로 정의했다. 고성과 조직 문화는 앞서 제시한 다섯 가지 핵심 원칙이 모든 구성원의 삶의 방식이며, 세대를 걸쳐 전승되는 문화를 의미한다.[87] 고성과 조직 문화에서는 "할 수 있다"는 성취지향적인 사고방식과 조직에 대한 자부심이 모든 구성원들에게 공유되어 있으며, 문화가 나타내는 것에 대한 혼란이나 불일치가 없다.[88] 이러한 문화에서는 조직 계층 전반에 걸쳐 측정 가능하고, 도전적이지만 달성 가능한 목표가 제시된다.

고성과 조직 문화는 항상 최고 수준으로 제공하겠다는 명확하고 굳건한 몰입을 요구한다. 따라서 모든 조직 구성원들이 매일 최선의 노력을 다할 수 있도록 높은 수준의 지속적인 동기부여를 하는 것이 관건이다.[89] 고성과 조직 문화에서, 사람들은 도전적인 목표를 달성하거나 능가하기 위해 추가적인 노력을 하고, 모든 리더들은 최고의 성과자들에게 인센티브를 주고 높은 생산성과 뛰어난 결과를 방해하는 습관과 행동을 제거하기 위해 수준 높은 지원을 하려고 노력한다.[90]

고성과 조직 문화에는 리더가 부하직원의 강점과 약점을 확인하는 데 도움이 되는 강력한 리더-구성원 교환관계(7장)가 존재하며, 리더는 특정 작업에 가장 적합한 재능/기술/능력을 가진 부하직원을 배치시켜 높은 성과를 창출할 수 있다. 또한 리더는 위험 감수, 혁신, 실수로부터의 학습을 장려하고, 원활한 협업과 지식 공유가 이루어질 수 있도록 장애물을 제거한다. 계속 앞으로 나아가려는 끊임없는 추진력이 있다. 본질적으로 고성과 조직 문화의 리더는 작업과 근로자 관리에 대해 엄격한 규율과 성과중심적인 접근 방식을 가지고 있다.[91] 조직의 경쟁력을 빼앗고 싶어하는 똑같이 야심차고 공격적인 경쟁자들에게만 기회가 생기기 때문에 리더는 현재의 성과에 안주하지 않도록 가르침을 받아왔다.[92] 이러한 고성과 조직 문화의 특성은 11장에서 설명한 강한 문화의 특성과 유사하다(도표 11.3 참조).

성취의 정신 및 뛰어난 성과를 달성하기 위한 건설적인 압박감이 배여 있는 고성과 조직 문화는 앞서 전략 수립과 집행 과정에서 보았듯이 우수한 전략 집행 및 운영에 기여하는 것으로 나타난다.[93]

고성과 조직의 핵심 성공 요소

학습목표 12.5
고성과 조직의 다섯 가지 핵심 성공 요인을 설명한다.

고성과 조직의 핵심 성공 요소는 다음과 같다.

1. 다른 조직의 리더들과 다른 방식으로 조직을 이끄는 리더를 선발하고 훈련한다.
2. 일선 관리자의 역할이 다른 사람들의 역할들과는 다른 것으로 본다.
3. 작업 조직을 팀 기반으로 조직하며, 높은 성과를 내는 팀이 높은 성과를 내는 조직으로 이어진다는 믿음을 갖는다(공생적 관계).
4. 일선 직원을 슈퍼스타로 대우한다.
5. 업무 수행에 있어 조직 전체가 탁월한 운영 방식을 수용한다.[94]

고성과 문화를 달성하고 유지하는 것은 하루아침에 이루어지지 않는다. 지속적인 수준에서 고성과를 달성하는 데 성공한 사람들은 여러 가지 중요한 일을 올바르게 수행한다. 이는 지속적인 고성과를 달성하기 위한 '핵심 성공요인'으로 간주된다.

고성과 조직은 대개 Forbes의 연간 최고 일하기 좋은 대기업 순위에서 상위를 차지하고 있다. 올해는 Hilton, Target, Marriott International, Comcast, Bank of America가 상위 5개로 선정되었다.[95] Forbes가 선정한 세계에서 가장 존경받는 기업 후보로는 Apple, Amazon, Microsoft가 이름을 올렸다. 스트리밍 거대 기업 Netflix가 10위권에 복귀했다. 또한, Walmart가 11위, Target은 17위로 2011년과 2008년 이후 가장 높은 순위를 기록했으며, 반도체 제조업체 Nvidia, 의료 공급업체 Abbott Laboratories, 핀테크 개척자 PayPal이 각각 상위 50위 안에 진입했다.[96] 이 기업들은 일하기 좋은 직장을 만들었을 뿐만 아니라 각 분야에서 거대 기업으로 성장했다. 이들은 우리가 제시하려는 주요 성공 요인의 전부 또는 대부분을 주도적으로 나타내고 있다. 다음에서는 이러한 핵심 성공 요인을 살펴보고자 한다.

올바른 유형의 리더

고성과 조직에서는 최고경영진에서 중간 및 일선 관리자에 이르기까지 조직 계층 전반에 걸쳐 다른 종류의 리더십 접근 방식을 가지고 있다. 고성과 조직의 리더는 명령을 내리기보다는 코칭하고 멘토링하기를 원한다. 이러한 리더들은 공감을 나타내고, 경청하고, 새로운 아이디어를 수용하고, 유머 감각이 있으며, 피드백을 활용하는 방법을 알고 있다.[97] 고성과 조직은 리더가 성과와 성과 뒤에 숨겨진 이유를 설명하도록 훈련한다. 그것은 '내가 그렇게 말했기 때문에 하라'는 접근법이 아니라 각 구성원이 하는 일을 하는 '이유'를 찾는 것이다. 고성과 조직에서 훌륭한 리더와 관리자의 역할은 매우 중요하다.[98]

고성과 조직은 직원이 기계가 아닌 인간이며, 오늘날 작업장에서는 연민, 공감, 친절, 보살핌, 이해 등이 필요하다는 것을 인식한다. 높은 성과를 추구하지만, 리더가 직원을 신뢰하고 존중하며, 관심을 가질 때 직원들이 일을 더 잘 한다는 것도 인식하고 있다. 따라서 고성과 조직은 생산과 사람 모두에 높은 관심을 가지고 있는 "9,9" 팀형 리더 스타일(3장 참조)의 리더십을 채택하고 있다. 3장에서 제시한 바와 같이, 팀장은 생산과 사람 모두에 대한 관심이 높다. 이 유형의 리더는 최고의 성과와 직원 만족을 위해 노력한다. 고성과 조직에서는 리더들이 이러한 스타일의 리더십을 갖기를 진심으로 원한다.

고성과 조직에서는 사람들이 그들을 진정으로 배려하고, 그들을 지지하고 격려하며, 어려운 시기에 그들을 도와주는 리더가 없다면, 최선의 노력과 아이디어를 제공하지 않을 것을 알고 있다. 따라서 리더는 이러한 유형의 리더십 훈련을 받게 된다. 고성과 조직의 리더는 유능한 코치와 마찬가지로 직원의 강점을 활용하고 상호간의 의사소통 채널을 활용할 수 있다. 또한, 고성과 조직의 리더는 작업장에 긍정적인 영향을 미치기 때문에 구성원들이 최선을 다할 수 있는 환경을 조성한다.[99] 이러한 사람중심의 접근법을 '전인적' 리더십이라고 부른다. 인간적인 리더십 스타일에는 높은 감성지능과 적응지능이 요구된다.[100]

나아가 고성과 조직의 리더는 구성원들의 성과를 축하하고, 구성원들의 스트레스를 관리하며, 구성원들의 말을 적극적으로 경청하고 신뢰를 구축한다. 이러한 리더십은 직원들의 낙관론을 형성하고 전사적으로 공유된 사명, 비전, 핵심 가치 및 목표를 창출하게 된다.[101]

구성원들에게 동기를 부여하고 영감을 주는 것과 관련하여 고성과 조직의 리더는 다른 리더들과 완전히 다르다. 고성과 조직의 리더들이 직원들에게 원하는 것은 다음과 같다.

- **목표의 렌즈를 통해 업무를 파악하기.** 구성원들이 자신의 일이 다른 사람의 목표 및 조직의 목표에 어떠한 영향을 미치는 지, 자신의 업무에 문제점은 없는지 살펴보길 원하고, 조직의 전략을 형성하는 근거를 이해하기를 원한다.[102]
- **높은 수준의 역량과 자부심을 개발하기.** 고성과 조직의 리더는 사람들의 기를 꺾지 않고 키워준다. 부하들에게 의심의 씨앗이 아닌 성장의 씨앗을 심는 데 100% 초점을 맞춘 피드백에 의도적이다. 또한 직원들이 정기적으로 새로운 기술을 배우고 역량을 확장할 때 몇 가지 이점을 얻을 수 있다는 것을 알고 있으

며, 즉 인재 풀이 심화되고 직원 참여가 증가한다. 그 파생효과로 구성원들이 퇴직할 가능성이 낮아 지고, 정서적 건강이 나아질 수 있다.[103]

- **강한 자율성과 영향력을 가지고 임파워된 것을 느끼기.** 고성과 조직의 리더는 세세한 관리를 하지 않는다. 고성과 조직의 리더는 구성원의 삶에 자율성, 영향력, 통제감이 부여하는 힘을 이해하며, 자신의 임무는 높은 성과 창출에 방해되는 장애물을 제거하는 것이라 생각한다.[104]
- **신뢰, 정직, 배려, 팀워크, 성실성 및 진정성에 가치를 부여하기.** 고성과 조직의 리더는 이러한 가치가 조직 전체와 각 부서 및 각 개인들에 미치는 영향을 이해하고 있다.[105]

올바른 유형의 일선 관리자

고성과 조직은 일선 관리자 없이는 성공할 수 없다는 것을 알고 있다. 그것은 재고의 여지가 없는 것이다. 일선 관리자는 아이디어나 제품에 요구되는 기능을 실제 제품 또는 서비스로 구현하는 작업자들을 직접 맞대고 있다. 일선 관리자는 마케팅, 생산, 재고, 품질, 배송 및 물류, 고객 서비스 관리 분야의 감독자나 현장 관리자로서 매일, 매주 반복하여 직원들이 최선을 하도록 동기를 부여하고 영감을 주고 격려함으로써 지속적인 고성과를 창출하게 만든다.

일선 관리자의 성공 여부는 팀 생산성, 고객만족 및 비즈니스 재무성과를 향상시키는 데서 나타난다. 따라서 고성과 조직의 리더는 일선 관리자에 대한 의미 있는 투자가 전체 조직에 대한 투자라고 인식한다. 일선 관리자에게는 인간관계를 강화하고, 리더십 역량을 개발하며, 의사결정 능력을 강화하기 위한 리더십중심 교육 프로그램이 필요하다.[106]

탁월한 일선 관리자는 구성원들이 매일 최선을 다하도록 영감을 준다. 최근 한 출판물의 저자는 "누군가가 훌륭한 관리 기술을 가지고 있다는 것을 당신은 어떻게 이야기할 수 있습니까?"라고 질문했다. 저자에 따르면 대답은 관리자의 부하직원을 보는 것이다. 즉 부하직원이 성장하고, 변화할 준비가 되어 있으며, 전략적으로 일치하고, 생산적이라면 그 관리자가 유능할 가능성이 높다는 것이다.[107] 이것을 고성과 조직에서는 인식하고 있으며, 조직의 경쟁력으로 활용하고 있는 일선 관리자들의 가치이다.

활력과 의욕이 넘치는 일선 직원

고성과 조직은 모든 사람이 와서 일하기를 원하기 때문에, 지속적으로 구성원들을 동기부여할 수 있는 방법에 대해 끊임없이 탐색한다. 3장에서 제시한 Herzberg는 2요인 동기 모델을 통해 위생(외재적)요인과 동기(내재적)요인을 설명하였다(도표 3.9 참조). Herzberg는 다른 연구자들과 마찬가지로 내재적 동기요인이 외재적 동기요인보다 지속가능성이 높다고 보았으며, 이러한 관점에서 고성과 조직의 리더는 구성원들의 내재적 동기를 부여할 수 있도록 훈련받는다. 자신의 일에 의미를 부여하는 것은 외재적 동기인 돈보다 더 큰 동기부여를 제공한다. 일에 의미를 부여한다는 것은 개인적으로 일을 중요하게 여기게 만드는 것이고, 이는 구성원 개인의 직업에 대한 인식을 바꿈으로써 모든 것을 변화시킬 수 있다는 것을 의미한다.[108] 또한, 고성과 조직의 일선 관리자는 감사, 칭찬, 업무수행에 대한 인정 등 종업원의 심리에 작용하는 간단한 동기부여 수단의 힘을 잘 이해하고 활용한다.

이는 우수한 일선 관리자를 보유하고 있다는 핵심 성공요인과 직결된다. 직원/팔로워가 없는 리더 또는 관리자는 없다. 일반적으로 대다수의 조직들은 상위의 리더들의 중요성을 강조하는 반면, 실제 매장이나 공장에서 손에 먼지를 묻히는 일을 하는 일선 직원에 대한 관심이 거의 없다. 일선 직원들은 가장 적은 보상을 받는 노동자 집단이자 가장 인정을 받지 못하는 집단이다. 그러나 고성과 조직에서는 일선 직원이 슈퍼히어로라는 것을 알고 있고 그들을 인정한다.

Target의 직원이 말한 일화를 살펴보면 그들이 왜 2021년 가장 일하기 좋은 회사 2위로 선정되었는지 알 수 있다. 그 직원에 의하면, "Target에 입사한 지 6주 만에 최대 두 달 동안 일을 쉬어야 하는 긴급 수술이 필요한 것을 알게 되었습니다. 놀랍게도 나는 아무런 문제없이 휴가를 받았을 뿐만 아니라, 휴가 기간 동안의 급여 전액을 지급받았습니다. 또한 나의 상사는 휴가 전후에 안부를 묻는 전화를 하는 등 이전의 직장에서는 경험해보지 못했던 세심한 지원을 제공하였습니다. 나는 매우 스트레스 받는 그 시간 동안 회사가 나를 어떻게 대해주었는지에 대해 정말로 감사하게 생각합니다."[109] 이것이 고성과 조직이 일선 직원의 활기와 동기를 부여하는 비법인 것이다.

고성과 조직은 업계 표준보다 일선 직원에게 높은 보상을 제공하며, 직원의 성과를 열성적으로 축하하는 것으로 유명하다. 이는 일선 직원의 성과를 축하하기 위해 복잡한 보상 시스템이 필요하지 않다는 것을 깨닫게 한다. 손으로 직접 쓴 감사 카드를 전달하거나, 다른 사람을 돕는 사람들을 인정하기 위해 라이브 Zoom 이벤트를 주최하거나, CEO와 저녁 식사를 하는 특전을 제공하는 것처럼 간단할 수 있다. 한 기관에서는 근속 5년마다 CEO의 감사 메시지와 직원들의 감사 인사를 담은 기념 스토리보드를 맞춤 제작하여 직원 개개인의 근속을 인정해 주고 있다. 이처럼 일선 직원과 관리자가 인정받고 있다고 느끼게 만드는 창의적인 방법은 셀 수 없이 많다. 이는

그 자체로 비용을 지불하는 것 이상의 투자이며, 고성과 조직은 이를 잘 활용한다.[110]

고성과 조직의 직원들은 일반적으로 성과가 낮은 조직의 직원들보다 심리적 안전감이 더 높다. '**심리적 안전**(psychological safety)'이라는 용어는 하버드 대학의 조직행동 과학자인 Amy Edmonson에 의해 만들어졌고, 자신의 아이디어, 질문, 관심, 또는 잘못을 말하는 것에 대해 그룹으로부터 처벌되거나 굴욕당하지 않을 것이라는 믿음으로 정의된다. 인간은 공공장소에서 조롱받거나 바보 취급당하지 않고 안전함을 느끼고 싶어 하는 본성을 가지고 있다. Edmonson은 이러한 감정이 직장에서 팽배하고 조직이 협업, 팀워크, 아이디어 공유를 중요시한다면, 직원들의 심리적 안전 부족으로 인해 그들이 말하거나 공유하려는 것 때문에 공개적인 검사를 받게 되는 것을 마다하지 않을 것이고 믿는다. Google은 팀에 심리적 안전감을 주는 것이 팀 성공의 핵심 요소임을 발견했다. 훌륭한 리더는 직원들 최선을 다하도록 동기를 부여하는 문화를 구축하기 위해서 심리적으로 안전한 환경을 조성하는 것이 중요하다는 것을 알고 있다.[111]

심리적 안전은 자신의 아이디어, 질문, 관심, 또는 잘못을 말하는 것에 대해 그룹으로부터 처벌되거나 굴욕당하지 않을 것이라는 믿음으로 정의된다.

고성과 팀

고성과 조직에는 고성과 팀과 고성과 조직 간의 공생 관계에 대한 강한 믿음이 있다.[112] Forbes Human Resource Council의 전문가 패널에 따르면 효율적인 팀은 업계를 선도하는 기업이 가진 전형적인 특징이다.[113] Hilton이 일하기 좋은 대기업 1위라는 보도가 나왔을 때, 이 회사의 한 직원은 "Hilton은 진정한 소속감을 조성하고 팀원들에게 먼저 집중합니다"라고 말했다.[114]

팀을 기반으로 하는 업무 추세는 꾸준히 증가하고 있다. 변화하는 시장, 고객 요구, 기술, 경쟁자 및 노동력은 업무 수행 방식에 지대한 영향을 미쳤다. 업무의 성격이 복잡해지면서 개인 만으로는 스스로 많은 것을 성취하기 어렵게 되었으며, 결과적으로 조직은 업무를 잘 수행하기 위해 개인보다 팀을 점점 더 선호하고 있다.[115] 오늘날 관리직/비관리직에 상관없이 고성과 팀의 구성원이 되기 위해서는 지식 경제에 대한 기술을 숙달하고, 팀워크 마인드를 배양하며, 학습 민첩성을 갖춰야 한다.[116]

모든 팀 전문가의 오래된 관심사 중 하나는 효과적이고 혁신적인 팀을 만드는 방법이다. 어떤 팀은 최고 수준의 성과로 발전하여 기업의 성장을 주도하는 반면, 또 다른 팀은 여전히 저조한 성과를 거두고 있다. 고성과 팀은 목표지향적이고, 명확하고 뛰어난 성과를 달성하는 데 전문적인 지식과 기술을 갖춘 개인으로 구성된다.[117] 고성과 팀의 구성원은 '회사에 대한 자부심'으로 묘사되는 조직시민행동이 높게 나타난다. 그들은 좌절/갈등을 다루는 데 매우 건설적이며, 유연하고, 적응력이 뛰어나며, 높은 심리적 안전성과 개인의 탁월함을 유지하기 위해 지속적으로 노력한다.[118] 고성과 조직은 응집력 있고 성과가 좋은 팀을 통해 비즈니스를 차별화할 수 있고, 장기적인 조직의 성공을 거둘 수 있다고 확신한다.[119]

탁월한 운영을 위한 노력

탁월한 운영은 고성과 조직의 생존 방식이자 DNA의 일부이다. 탁월한 운영은 비용 절감, 결함 없는 제품 및 서비스, 최고 품질의 뛰어난 고객 서비스, 높은 고객 만족 등을 달성하기 위한 방법을 항상 찾기 위한 조직 차원의 몰입이다. 이는 모든 조직에서 강력한 성과를 창출하는 동일한 지표이지만, 고성과 조직에서 이를 실행하는 방식에는 차이가 있다. 다른 조직과 달리 고성과 조직에서는 일관되게 말하고, 말한 것을 실천한다.

Thompson과 공동 저자들의 저서, "전략 수립과 집행"에서 탁월한 운영을 달성하기 위한 도구로 식스 시그마, 전사적 품질 관리, 리엔지니어링을 제시했으며,[120] 그 이유는 다음과 같다.

- **식스 시그마.** 식스 시그마는 통계적 모델링을 사용하여 운영활동이나 비즈니스 프로세스를 수행할 때 결함 또는 오류 및 바람직하지 않은 변이성의 원인을 식별하고 제거하는 것이다. 식스 시그마 품질을 달성한다는 것은 구성원의 업무 성과가 99.9997%의 정확도에 도달했음을 의미한다. 즉 어떤 업무를 수행하더라도 종업원이 100만 번의 작업을 수행할 때 실수나 결함은 3.5번을 넘지 않는다.
- **전사적 품질 관리.** 전사적 품질 관리(total quality management)는 경영진 주도하에 모든 수준의 모든 직원이 완료된 모든 작업에서 100% 품질을 목표로 하는 관리 기법이다. 전사적 품질 관리라는 용어에서 '전체(Total)'가 그 의의와 적용에 있어서 핵심이다. 전사적 품질 관리는 경영진에서 운영의 기본 수준에 이르기까지 조직 전체에서 지속적인 개선을 강조하는 비즈니스 철학이자 삶의 방식으로 품질을 강조하는 업무 준칙이다.

도표 12.3 고성과 조직의 다섯 가지 핵심 성공 요인
1. 올바른 유형의 리더
2. 올바른 유형의 일선 관리자
3. 고성과 팀
4. 활력과 의욕이 넘치는 일선 직원
5. 탁월한 운영을 위한 노력

- **비즈니스 리엔지니어링.** 비즈니스 리엔지니어링은 특정 작업이나 프로세스를 개선하고 실현할 수 있는 방법을 다시 모색하는 것이다. 일반적으로 최고의 실천사례를 벤치마킹하는 것으로 시작하며, 조직의 특정 상황에 이를 적용하여 재설계함으로써 성과를 크게 향상시킬 수 있도록 하는 것이다.

고성과 조직의 다섯 가지 핵심 성공 요인을 **도표 12.3**에 요약하여 제시한다.

도입사례 응용

7. Roz Brewer가 Walgreens를 고성과 조직으로 변화시키는 데 필요한 것을 가지고 있다고 생각하는가? 그 이유를 제시해보자.

Brewer는 고객, 인재 개발, 운영 효율성에 끊임없이 집중하는 사람으로 묘사되어 왔다. 이러한 특성은 고성과 조직의 주요 성공요인과 일치한다. 또한 2021년 3월 31일 Walgreens의 1분기 실적을 보고하면서 주주들과 언론 앞에 처음으로 모습을 드러낸 Brewer는 "전반적으로 코로나19의 상당한 영향에도 불구하고 기대치를 능가하는 재무성과를 1분기에 달성했고, 연간 EPS 지침을 상향 조정했습니다"라고 말했다. "저는 사업기반을 안정화시키기 위해 아직 해야 할 일이 있다는 것을 인정하면서도 주주들을 위해 지속 가능하고 장기적인 가치를 창출할 수 있는 우리의 능력에 대해 낙관적입니다." 또한, "나는 우리 앞에 있는 놀라운 잠재력을 충분히 활용하기 위해 우리의 모든 계획, 전략, 기회를 계속 면밀히 검토할 것입니다. 우리 팀은 이 중요한 시기와 그 이후에 전 세계의 환자, 고객 및 커뮤니티의 요구에 가장 잘 부응할 수 있도록 신속하고 단호하게 움직일 것입니다"라고 부언했다. 이것들은 그녀가 Walgreens를 고성과 조직으로 변화시키기 원하는 지표들이다.

개념응용 12.3 고성과 조직의 핵심 성공요인들

아래의 각 문장을 고성과 조직의 핵심 성공요인 중 하나와 일치시켜보자. 힌트: 각 정답 선택 항목은 한 번만 사용된다.

a. 리더십의 질
b. 일선 관리자의 질
c. 고성과 팀
d. 활기차고 의욕적인 일선 직원
e. 탁월한 운영

_____23. 마케팅, 생산, 창고, 품질 관리, 운송 및 물류 및 고객 서비스 분야의 감독자 또는 현장 관리자는 직원들에게 동기를 부여하고 영감을 주며 직원들이 하루종일 최고의 업무를 수행하도록 유도한다.

_____24. Six Sigma, 전사적 품질관리(TQM), 리엔지니어링을 활용해 최고 수준의 성능을 지속적으로 확보하는 것이다.

_____25. 공감, 경청, 새로운 아이디어에 대한 수용성, 유머 감각 및 피드백을 활용하는 능력을 요구하는 타인과의 상호작용을 위한 사람중심의 접근 방식이다. 또한 단순히 명령을 내리는 것이 아니라 코칭 및 멘토링 기술에 크게 의존한다.

_____26. 이들은 매장이나 공장 바닥에서 원자재를 최고 품질의 완제품과 서비스로 전환해 목표 시장에 판매하여 회사가 큰 이익을 얻게 하는 숨은 영웅들이다.

_____27. 시장, 고객 요구, 기술, 경쟁업체 및 노동력 등의 변화로 인해 조직이 일을 잘 수행하기 위해서는 개인보다는 고성과를 내는 집단을 점점 더 선호하도록 큰 영향을 받게 되었다.

학습조직과 지식경영

학습목표 12.6

학습 및 지식경영이 조직에서의 필수 요소인 이유와 학습 조직 환경을 조성하기 위한 리더의 역할을 설명한다.

대규모 조직이나 소규모 조직이나, 오늘날의 조직은 증가하는 세계화, 치열한 경쟁, 지속적인 인구 통계적인 변이와 기술 변동 및 종업원들의 기술이 급격히 진부화되고 쓸모없이 되는 비즈니스 환경에 직면해 있다. 이러한 환경에서는 모든 사람이 자신의 기술, 능력 및 지식을 지속적으로 개발해야 한다는 압력이 점점 증가하고 있다.

학습 및 지식의 필수성

학습조직 사고방식을 채택하는 것은 필수적이다. 학습조직은 학습과정 자체가 경쟁우위로 간주될 정도로 끊임없이 스스로를 재창조하고 있다. 이러한 학습조직에게 변화는 생존의 방식이다. 학습조직은 점점 더 빠른 속도로 새로운 지식을 만들고, 공유하며, 새로운 방식으로 경쟁하는 것을 학습하는 기술과 과학적 방법을 통달하고 있다.

학습 및 지식 관리 역량은 신제품 개발, 프로세스 리엔지니어링 및 기타 유형의 문제 해결에 매우 중요하다. 결국 개선이라는 개념 자체가 새로운 것을 배우는 것이기 때문에, 문제해결을 위한 새롭고 창의적인 방법을 배우지 못한 사람들은 특히 끊임없이 변화하는 환경에서는 항상 최선의 방법이 될 수 없는 오래된 방식에 의존하게 된다.[121]

Microsoft의 CEO인 Nadella는 직원회의에서 앞으로 나아가기 위해서는 일의 흐름 속에서 학습하는 것이 점점 더 중요해질 것이라 지적했다. 연구에 의하면, 오늘날 관리자로부터 학습을 권장받고 있는 직원은 단지 3분의 1에 지나지 않는다고 Nadella는 말한다. Nadella는 사람들은 일자리를 갖게 되면 새로운 기술을 습득하는 것을 중단하지 않는다고 믿는다. "매일 매일 학습을 통해 자신의 지식 자본을 구축할 필요가 있습니다"라고 그는 말했다.[122]

환경의 복잡성 때문에 조직은 고객을 위한 가치 창출을 위해 혁신에 의존하는 정도가 점점 높아지게 된다. 따라서 지식기반 경제에서는 학습과 창의성이 경쟁력 유지에 가장 핵심이 된다.[123] 이를 위해 리더는 조직구성원들이 지닌 지식을 동태적으로 조정하고 전환하여 더 나은 성과를 이끌어낼 수 있는 지식 통합능력을 개발해야만 한다.[124] 대다수의 리더들이 갖는 의문은 조직의 성장과 생존을 위해서 이러한 인적자원능력을 어떻게 지속적으로 활용할 수 있는가에 있다.

Peter Senge는 저서 "제5의 원칙"에서 조직의 생존이 조직의 학습 및 적응능력에 달려있다는 강력한 사례를 보여주었다. 그는 학습조직이란 새로운 능력을 개발할 수 있을 뿐만 아니라 근본적인 사고의 틀을 전환할 수 있는 조직이라고 설명한다.[125] 경쟁력을 유지하기 위해서는 조직은 지속적으로 혁신을 해야만 한다. 급속하게 변하고 있는 환경 속에서 변화와 혁신을 원하는 모든 조직에서는 리더가 종업원들을 학습활동에 참여시켜서 새로운 지식, 기능 및 능력을 숙달할 수 있는 학습문화를 구축하고 유지하는 것을 최우선시 하는 책임을 갖도록 해야만 한다.

이 절에서는 학습과 고성과 조직 간의 연계, 학습조직의 정책과 관행, 학습조직 문화를 조성하기 위한 리더십의 역할을 알아본다.

학습과 고성과 조직 간의 연계

학습조직(learning organization)이란 행동을 수정하고 탁월한 결과나 성과를 달성하는 지식을 창출하고, 습득하고, 전달하는 데 숙련된 조직으로 정의된다.[126] 새로운 것을 배움으로써 유발되는 행동의 변화 없이도 개선의 가능성만 존재한다.

학습조직이란 행동을 수정하고 탁월한 결과나 성과를 달성하는 지식을 창출하고, 습득하고, 전달하는 데 숙련된 조직으로 정의된다.

고성과 조직은 규율과 집중을 통해 지속적으로 경쟁자보다 우수한 재무 및 비재무적 결과를 창출하는 조직으로 학습조직과 고성과 조직은 서로 높은 관련성을 갖는다. 학습은 지식을 생성하고 지식은 행동을 수정하며, 행동은 결과에 영향을 미친다. 즉 학습을 통해 수정된 행동은 개선 가능성을 실제 결과로 바꾼다.

학습조직 문화는 다음과 같은 다섯 가지의 원칙이 실현되는 작업환경을 의미한다: (1) 작업 패턴, 구조 및 방식 등은 지속적으로 응용하고 개선되기 위해서 공개된다, (2) 모두가 지속적인 학습에 참여한다, (3) 조직문화는 실험, 창의성, 혁신을 지원한다, (4) 지식 창출과 적용은 반드시 이루어져야 한다, (5) 의사결정은 객관적인 사실과 분석에 의해 이루어진다.

앞에서 고성과 조직이 (1) 성과지향, (2) 탁월한 운영, (3) 책임부여, (4) 지속적인 참여 및 동기부여, (5) 지속적인 개선 및 혁신에 대한 몰입이라는 다섯 가지 원칙에 의해 관리된다고 제시하였다.

이처럼 학습조직은 새로운 지식을 배우고 습득하는 것을 목적으로 운영되는 반면, 고성과 조직은 지속적으로 높은 결과물을 창출하는 것을 목적으로 운영된다. 결국 지속적인 개선에는 학습에 대한 몰입이 필요하고, 지속적인 학습은 지속적인 성과 창출을 가능하게 한다. 조직은 새로운 것을 먼저 배우지 않고서는 발전할 수 없다. 문제 해결, 신제품 출시, 프로세스 재설계와 같은 활동은 모두 새로운 시각을 필요로 하지만 학습 없이는 기업과 개인은 단순히 오래된 관행만을 반복하게 된다. 학습은 지식을 만들고 지식은 성과를 향상시키고 더 많은 학습을 위한 다른 기회를 열어준다.[127]

학습조직의 정책과 관행

학습조직은 (1) 경험적 학습, (2) 지원적인 작업 환경, (3) 지식 공유, (4) 다양한 학습 원천, (5) 체계적인 학습이라는 다섯 가지 두드러진 특징을 보인다. 많은 조직들이 이러한 특징들을 공공연하게 표명하고 있지만, 대부분 우연하고 고립된 학습의 예에 의존하기 때문에 실제로 학습을 삶의 방식으로 만드는 것으로 알려진 조직은 거의 없다. 조직은 이러한 다섯 가지 특징을 지원하는 시스템과 프로세스를 만들고, 일상적인 운영 구조에 통합함으로써 학습을 보다 효과적으로 관리할 수 있다.

경험적 학습

과거에는 조직에서의 학습은 연간 특정 기간에 시행하는 공식적인 훈련 프로그램으로 간주하는 것이 일반적이었다. 그러나 요즈음은 많은 사람들이 학습은 모든 종업원에게 지속적으로 발생하는 활동이 되어야만 하는 것으로 인식하고 있다. 업무와 직무를 포함하여 일시적이거나 영구적인 프로젝트 및 기타 일상적인 과업들 모두가 학습을 위한 기회가 된다.[128]

학습을 위한 지원적 환경

최고경영층에 있는 리더는 총체적인 학습(조직학습으로도 알려져 있는)을 지원하고 배양하는 형태의 환경을 조성해야만 한다. 학습을 통해서 만이 조직구성원들은 새로운 제품이나 서비스를 만들어내는 새로운 지식을 획득하고 능력을 개발하게 된다. 조직의 지식은 지적 또는 인적 자본이라고 하며, 오늘날과 같은 불안정한 시장에서 경쟁우위를 유지하기 위한 강력한 자산으로 간주된다. 인적 자본은 모방하기 어려운 조직의 주요 자원 중 하나이기 때문에, 조직이 경쟁력을 유지하려면 이를 유지하고 개발하는 것이 중요하다.[129]

지식공유에 높은 가치 부여

새로이 획득된 지식을 퍼트려서 기존의 지식과 통합하여 문제해결에 응용될 때 조직의 탁월한 성과가 성취된다. 그러므로, 누군가가 새로운 지식을 동료들로부터 숨기려는 성향은 반생산적이며 또 다른 문제를 야기한다. 어떤 연구에서는 종업원들이 지식을 숨기게 되면 이로 인해 서로 간의 불신을 주고받는 연계 고리가 형성됨으로써 동료들 간에 지식을 공유하기를 꺼려하게 되어 모두가 어려움을 겪게 된다는 사실을 밝히고 있다.[130] 조직에서는 지식 창출과 응용을 유발하는 인적 자본개발에 투자를 아끼지 말아야 한다.

학습의 다양한 원천들

조직학습은 조직 내부적으로나 외부적으로 발생하는 상호작용에서 유발될 수 있다. 외부적으로는, 조직은 고객, 공급자, 경쟁자, 업계와 학계의 출판물, 비즈니스 파트너, 컨설턴트 등으로부터 배울 수 있다. 내부적으로는, 조직은 자기 조직의 종업원들로부터 배울 수 있다. 특히 고객들과 직접 접촉하는 종업원들은 모두가 새로운 아이디어의 훌륭한 원천이 된다.[131]

체계적 학습

학습조직 문화에서는 전방(하부에서 상부로)과 후방(상부에서 하부로)으로 모두 흘러가도록 체계적이어야 한다는 것을 인식하고 있다. 즉 학습은 조직의 전 계층과 전체 프로세스에서 이루어진다. 학습이 가장 잘 이루어지는 조직에서는 정보를 감추어두기보다는 모든 계층의 종업원들이 모든 부문에 걸쳐서 정보를 수집하고 공유하도록 격려함으로써 학습의 이점을 혼합해서 만들어 낸다.[132] 이러한 형태의 교환이 이루어지도록 체계가 구축되는 것이 정보의 흐름과 교환을 촉진시키는 커뮤니케이션과 정보의 중심이 된다.

업무응용 12.2

현재 일하는 곳이나 일한 적이 있는 조직이 전통적인 조직인지 아니면 학습조직인지 설명하고, 거기에 합당한 몇 가지 특성을 제시해보자.

도입사례 응용

8. Walgreens은 학습조직인가? 아니면 학습조직이 되어야 하는 조직인가? 그 이유를 제시해보자.

Walgreens는 학습조직이다. Walgreens의 핵심 가치 중 하나는 혁신이다. 혁신을 추구하는 조직은 학습 환경을 조성할 가능성이 높다. 또한 이 사례에서 Brewer는 의료 산업이 지속적으로 발전하고 있으며, WBA 팀 전체와 함께 더 많은 혁신을 제공하고 전 세계 수백만 명의 삶에 긍정적인 영향을 미칠 수 있다는 사실에 흥분한다고 말했다. 그녀가 말한 것처럼 진화하는 산업에서 성공하기 위해서는 적응력이 있어야 하고 학습자가 되어야 한다.

학습조직 환경 조성

학습에 도움이 되는 환경을 조성한다는 것은 학습을 우선시한다는 것을 의미한다. 여기에는 명상과 분석을 위한 여유시간 설정, 고객의 요구에 대한 분석, 현재 업무관행에 대한 평가, 신제품 개발 등을 위한 시간을 확보하는 것이 포함된다. 직원들에게 시간의 압박이 존재할 때 학습이 일어나기 어려우며, 최고 경영진이 직원들에게 자유로운 시간을 제공할 때 학습이 빈번하게 일어날 수 있다. 따라서 리더는 새

도표 12.4 학습조직 문화의 촉진

- 창의적 사고를 고취시킨다.
- 위험감수와 실패를 용인하는 분위기를 조성한다.
- 학습과 혁신에 대한 인센티브를 제공한다.
- 부하들의 학습과 적응능력에 자신감을 심어준다.
- 시스템 사고를 고취시킨다
- 혁신을 위한 창의적인 아이디어를 배양하고 전달하는 제도적인 장치를 마련한다.
- 학습을 위한 공유 비전을 창출한다.
- 종업원의 준거체계를 넓힌다.

로운 지식을 산출하는 학습활동에 종업원이 참여하도록 뒤에서 영감을 주는 힘을 발휘해야 한다. 다른 자산들에 비해서 인적 자본이 대체가능성이 적고, 복제하기 어렵기 때문에 학습조직이 지속가능한 경쟁우위를 갖는다는 것을 보여주는 연구결과들에서 학습조직 문화를 창조하는데 초점을 두려는 노력이 이 점점 많이 나타나고 있다.[133]

도표 12.4에서는 리더가 학습 및 지식 창출에 도움이 되는 문화를 촉진하는데 사용할 수 있는 방법들을 제시하였다.

- **창의적 사고 고취.** 창의적인 사고는 개인수준, 집단수준 및 조직수준에서 발생한다. 개인수준에서는, 리더가 구성원들을 '상자 안에서 빠져나오는 사고'를 하도록 고취시킴으로써 학습을 제고할 수 있다. 즉 이미 존재하는 것에서 탈피하는 사고를 하도록 하는 것이다. 종업원들에게 알고 있는 과제를 다루도록 하는 것이 아니라 미래를 창조하도록 고취하는 것이다.
- **위험감수와 실패를 용인하는 분위기 조성.** 가장 중요한 발명이나 과학적인 발전은 간혹 실패한 결과를 조사함으로써 나타나는 경우가 있다. 불행히도, 많은 조직에서는 실험이나 끝까지 투자했던 벤처가 실패하는 경우에 체면을 세우거나 부정적인 결과에서 회피하기 위해 그것들을 즉시에 중단시키는 경향이 있다. 일이 잘 되는 경우보다는 잘못 되는 경우에 더 많은 학습이 일어나기 때문에 이러한 관행은 종종 좋지 못한 방식이 된다. 학습조직에서는 사람들이 성공보다 실수에서 더 많이 배운다는 것을 인정한다. 따라서 실패를 하더라도 전통적 조직에서처럼 거기에 상응하는 부정적인 반응이 유발되지 않는다.
- **학습과 혁신에 대한 인센티브 제공.** 학습과 혁신을 장려하기 위해 리더가 사용할 수 있는 강력한 도구는 인센티브와 보상을 활용하는 것이다. 스스로가 학

습과 혁신에서 최고라고 공언하는 조직들이 자주 비난을 듣게 되는 것은 거기에 상응하는 인센티브를 줄 수 없기 때문이다. 지속적인 학습을 통해 자신의 지식과 기술을 향상시키는 직원은 오래된 지식과 기술을 고수하는 직원보다 고용 가능성이 더 높다.

- **부하들의 학습과 적응능력에 자신감을 심어줌.** 종업원들에게 문제를 해결하도록 기회를 마련해주면 특히 성공에 대한 보상과 축하를 받는 경우에, 그 과정에서 자신감과 자존심을 더 갖게 될 것이다. 각각의 성공에 대해 축하를 받게 되면 새로운 과제를 다루는 데 있어서 더욱 자신감이 생길 것이다. 시간이 지나면서, 창의성과 이에 따른 혁신의 습관이 제도화되면서 생활 방식으로 자리잡게 된다.
- **시스템 사고 고취.** 광범위한 관점에서 학습을 제고하기 위해서 리더는 구성원들이 조직을 모든 사람의 업무가 다른 모든 사람들에게 영향을 미치고 있는 시스템으로 간주하도록 해주어야만 한다. 전체적인 시스템을 강조함으로써 조직 내부에서 뿐만 아니라 다른 외부 관계사들과의 경계를 없애게 되며, 이를 통해 협력과 지속적인 학습이 이루어지게 된다. 최선의 사례를 벤치마킹하는 것이 장려된다. 벤치마킹은 다른 기업들로부터 최선의 업무방식들을 들여오게 하는 과정이다. 업계 최고가 되려는 조직은 경쟁조직의 최선의 업무방식을 개선해서라도 그보다 앞서는 혁신을 이루어내려고 하는 것이다.
- **혁신을 위한 창의적인 아이디어를 배양하고 전달하는 제도적인 장치 마련.** 새로운 아이디어나 지식의 탄생은 개인으로부터 시작된다. 지식을 공유함으로써 승수 효과가 발생한다. 조직 내부 및 외부에서 생성된 아이디어는 신제품이나 혁신의 원천이 될 수도 있다. 지식을 확산시키고 창의적인 아이디어를 적절한 곳에서 평가가 이루어지고 응용되게 연결시키기 위해서 벤처팀, 태스크 포스, 정보시스템 네트워크, 세미나 및 워크숍 등이 활용될 수 있다.[134]
- **학습을 위한 공유 비전 창출.** 공유 비전을 창출하는 것은 조직구성원들이 공통의 목표를 개발하고 학습을 조직의 지속적인 부분으로 만드는 데 몰입하게 함으로써 학습을 고양한다. 모든 종업원들이 조직이 대단히 좋은 방향으로 나아가기로 했다는 것을 종업원들 모두가 믿게 된다면, 그들은 기꺼이 동참하기 위해서 학습에 노력하고 최선의 아이디어와 해결안으로 조직에 기여하려 할 것이다.
- **종업원의 준거체계 확대.** 사람들은 자신의 준거체계로써 세상을 보는 방식을 결정한다. 정보를 수집하고, 분석하고, 해석하는 방식과 그러한 정보에 입각하여 의사결정을 하는 방식은 개인적인 준거체계에 의해 영향을 받는다. 준거체계는 사람들이 지닌 가정에 영향을 미치며, 의식적이든 무의식적이든 간에 이러한

가정은 그들이 주변에 발생하는 상황들을 해석하는 방식에 영향을 미치게 된다. 종업원들의 학습능력을 제고시키기 위해서는 리더가 종업원들이 조직과 외부환경을 보는 렌즈를 확대하도록 하는 것이 중요하다. 종업원들이 색다른 경험을 하며 일상적인 환경에서 벗어난 업무를 하도록 하는 것이 그들의 준거체계를 넓혀주는 방안이 된다. 예를 들면, 제조업의 경우에 종업원들을 자동차 경주장으로 데려가 정비원들이 경주 중에 급유와 정비를 어떻게 하는지를 관찰하게 하는 것이다. 혹은 소매업종의 경우에 직원들을 라스베이거스로 데려가 카지노와 호텔 종사원들이 어떻게 업무를 수행하는지를 관찰하게 하는 것이다.

학습은 끝이 없는 활동이다. 리더는 오늘날의 고도로 동태적인 환경에서는 학습과 지속적인 개선이 필수불가결하다는 메시지를 전달하도록 해야 한다. 현재의 상황에 도전하고, 학습과 끊임없는 혁신을 유인하도록 조직의 여건을 조성하기 위해 리더는 주도적인 역할을 해야만 한다.

업무응용 12.3

직장은 배움의 장소가 되어야 하지만 일부 비평가들은 그들 모두가 배움을 장려하는 문화를 가지고 있는 것은 아니라고 주장한다. 〈도표 12.4〉의 학습 조직 문화 육성을 위한 여덟 가지 권장사항 중 현재 또는 과거의 직장에 해당하는 것은 몇 가지인가?

개념응용 12.4 학습조직 환경 조성

각 문장이 학습조직 환경의 특성인지 여부를 결정해보자. 각 항목 앞의 빈칸에 올바른 것을 표기해보자.

a. 학습조직 환경의 특성이 아님
b. 학습조직 환경의 특성

_____ 28. 우리 조직에서는 직원들이 실패했을 때 처벌을 두려워하지 않고 실험하고 위험을 감수하도록 장려하고 있다.

_____ 29. 우리 조직에서는 '상자 밖의 생각'이라고도 하는 창의적 사고가 팀이나 부서의 조화를 방해하는 것으로 간주된다.

_____ 30. 우리 조직에서는 한 사람의 실수가 모든 사람에게 영향을 미친다는 것을 의미하기 때문에 시스템 사고와 학습을 믿지 않는다.

_____ 31. 우리 조직에서는 자신의 지식을 공유하는 것(특히 새로운 발견)을 당신의 장점을 주는 것으로 간주하기 때문에 눈살을 찌푸리게 한다.

_____ 32. 우리나 산업에서 하는 일에 우리 자신을 제한하기보다는 우리의 준거 체계를 확대하도록 장려된다.

윤리적 결정: 학생중심 대 부서중심

12.2 부서화

대학에서는 경제, 경영, 마케팅, 회계, 재무 등과 같이 학과가 엄격하게 나누어져 있다는 것은 알려진 사실이다. 어떤 학교에서는, 이러한 학과들이 학생들을 위하거나 다른 학과들과 협력하기보다는 자신들에게만(예산이나 교수의 수 및 개설과목의 수와 관련하여) 더 관심을 갖는다. 예를 들어, 어떤 경재학과 교수들은 자신들은 이론에만 관심이 있으며 실무적인 것은 하나도 가르칠 필요가 없다고 말한다. 경영전략 과목이 조직관리와 마케팅에서 가르치는 것처럼 서로 다른 학과에서 같은 과목을 중복으로 개설하기도 한다. 비즈니스 세계에서는 학과 간의 장벽을 무너뜨리고 더 많이 협력하는 것이 추세이다. 그러나 학문분야에서는 이러한 추세를 따르지 않는 것 같다.

1. 교수들의 최우선 관심사는 학생, 자신들의 학과, 다른 학과와의 협력 중에서 어디에 있어야 하는가?
2. 교수들이 이론에 초점을 두는 것에서 비즈니스에 실무적으로 응용하는 문제에 더 집중하도록 변해야만 하는가?
3. 학과의 구분을 무너뜨리고 보다 협력하는 것이 업계의 추세인 것을 대학들이 이를 따라야만 하는가? 아니면 대학은 업계와는 다르기 때문에, 세부 전공별로 학과를 명확하게 구분하는 것이 필요한가?

요약

12.1 리더가 세계화와 환경 지속가능성에 관심을 가져야 하는 이유를 설명한다.

사실상 모든 기업은 규모에 관계없이 중요한 자원과 시장 기회를 놓고 경쟁하고 있으며, 국내 시장의 경쟁업체뿐만 아니라 멀리 떨어져 있고 종종 잘 알지 못하는 지역에서도 점점 더 많은 경쟁에 직면해 있다. 기업이 새로운 글로벌 기회를 활용하고 관련 글로벌 위협에 대처하는 데 얼마나 성공적인지는 글로벌 마인드를 배양하는 리더십의 능력에 결정적으로 달려 있다. 리더들에게 환경을 보호하는 방식으로 사업을 운영하기 위한 의도적이고 일치된 행동을 취하라는 압력이 증가하고 있다. 리더들은 회사에 이익을 가져다 주는 사업 기회를 추구하는 동시에 지구에 미치는 자신들의 행동의 부정적인 영향, 즉 오염, 삼림 벌채, 온실 가스 배출을 줄이기 위해 노력해야 할 책임이 있다. 이러한 추세를 언급할 때 흔히 사용되는 문구는 '녹색 경영'이다. 기업들은 환경 친화적인 제품을 개발하고 판매하기 위해 점점 더 노력하고 있다. 이해관계자 그룹(고객, 주주, 활동가, 직원 및 정책 입안자)은 전 세계적으로 기업들에게 환경 성과를 개선하도록 요구하고 있다.

12.2 리더십과 전략, 그리고 전략적 리더의 사고방식 사이의 연관성을 설명한다.

리더십은 변화를 통해 조직 목표를 달성하기 위한 리더와 추종자 사이의 영향력 행사 과정으로 정의되거나 David Rubenstein이 정의한 대로 "그렇지 않았다면 일어나지 않았을 일을 일어나게 하는 사람"이다. 리더의 영향력은 조직 단위에 걸친 활동들을 효과적으로 조정하는 것이다. 리더는 경쟁자들이 따라올 수 없는 독특하고 가치 있는 경쟁적 지위를 만들어냄으로써 일어나지 않을 일을 만들어낸다. 리더는 조직 간에 강력한 '적합성'을 창출한다. 미션, 비전, 핵심 가치, 목표 및 전략을 조정하여 활동을 수행한다. 이는 탁월한 수익성을 달성하기 위한 완벽한 방법이다. 따라서 리더가 없으면 전략은 서류상의 아이디어일 뿐이며, 전략이 없으면 리더는 맹목적으로 날아가는 것처럼 전진하기 위한 로드맵이 없게 된다. 하나는 다른 하나 없이는 작동하지 않는다. 전략적으로 생각하는 것은 나무뿐만 아니라 숲도 볼 수 있다는 것이다. 그렇게 함으로써 조직의 단기적, 장기적 요구에 부응하며, 조직이 어디에 있고 어디로 향해야 하는지 이해하게 된다. 전략적 사고는 전략 수립, 전략 실행 과정을 알려주는 질문을 하거나 혹은 중요한 질문에 대한 답을 찾기를 요구한다.

12.3 전략 수립, 전략 실행 프로세스의 다섯 가지 단계와 각 단계에 대한 핵심 질문을 파악한다.

전략 수립, 전략 실행 프로세스의 다섯 가지 단계는 (1) 전략적 사명, 비전 및 핵심 가치를 제정하고, (2) 전략 목표를 설정하며, (3) 적절한 전략 대안을 선택하고, (4) 전략을 실행하고, (5) 전략을 평가하고 통제한다. 1단계에서 핵심 질문은 우리의 현재 목적이나 존재 이유, 우리의 미래 방향, 그리고 회사로서 우리는 누구인가? 2단계에서 핵심 질문은 어떻게 미션과 비전을 구체적인 성과 목표로 전환하여 우리의 포부를 반영할 수 있는가 하는 것이다. 3단계에서는 목표를 달성하는 방법에 대한 질문에 초점을 맞춘다. 4단계에서는 전략 계획을 실행 및 결과로 전환하는 방법에 중점을 둔다. 마지막으로 5단계에서는 명시된 목표가 달성되었는지 여부와 달성되지 않은 경우 무엇을 변경해야 하는지에 대한 질문을 다룬다.

12.4 고성과 조직의 주요 특징 중 일부를 파악한다.

고성과 조직(HPO)은 전략과 실행 계획을 규율하고 집중함으로써 지속적인 기간 동안 경쟁사보다 월등히 우수한 재무 및 비재무적 성과를 지속적으로 달성하는 조직이다. 고성과 문화는 운영 우수성과 탁월한 성능이라는 핵심가치가 조직의 모든 구성원들의 삶의 방식이고 한 세대에서 다음 세대로 전해지는 것이다. 조직원들은 매일 그들의 최선의 노력을 기울이기 위해 에너지를 얻는다. 그것은 모두가 공유하는 '할 수 있는, 성취지향적인' 사고방식이다. 조직구성원들은 항상 이런 식으로 행동하도록 사회화되어 왔다. HPO의 다른 몇 가지 특성에는 높은 성과를 내는 사람들에 대한 보상과 인센티브의 시행, 위험 감수, 혁신 및 실수로부터 배우는 것 등이 포함된다(도표 12.2 참조).

12.5 고성과 조직의 다섯 가지 주요 성공 요인을 설명한다.

(1) 대부분의 다른 조직의 리더들과는 다른 방식으로 리더들을 모집하고 훈련시킨다. (2) 일선 관리자들의 역할을 다른 조직들에서와는 달리 보고 있다. (3) 팀 기반의 업무 조직이며, 성과가 높은 팀이 성과가 높은 조직(공생 관계)을 이끈다고 충실히 믿는다. (4) 일선 직원들은 슈퍼스타로 간주되고 대우받으며, (5) 업무를 수행하는 데 있어 조직 전체적으로 탁월한 운영 능력을 수용하고 있다.

12.6 학습과 지식이 조직에 필수적인 이유와 학습조직 환경을 조성하는 데 있어 리더가 할 수 있는 역할을 설명한다.

급변하는 오늘날의 비즈니스 환경에서 조직은 능동적인 학습 환경으로 전환하지 않으면 뒤처질 위험이 있다. 학습과 지식은 지식 창출의 길이며 지식은 성공적인 리더를 위한 전략적 자원이기 때문에 조직적으로 필수적인 것으로 간주된다. 성공하기 위해서는 조직이 사전에 대비하고 준비하고 있어야 하며, 이를 위해서는 지속적인 적응과 혁신이 필요하다. 리더는 이러한 변화에 영향을 미치는 데 중요한 역할을 한다. 상부의 효과적인 리더십 없이, 학습조직이 어떻게 성공할 수 있을지 상상하기 어렵다. 학습문화에 대한 공유된 비전을 명확히 하는 것은 학습조직의 성공에 매우 중요하며, 이것은 고위 리더들의 영역이다. 리더는 창의적 사고를 장려하고, 실험과 위험 감수가 장려되는 환경을 지원하며, 학습과 혁신에 대한 인센티브를 제공하고, 팔로워의 학습과 적응 능력에 대한 신뢰를 구축하고, 시스템 사고와 지식 공유를 체계화해야 한다.

핵심용어

가치기술서	문화	전략	차별적 핵심 역량
경쟁우위	사명기술서	전략 수립과 집행 과정	차별화
고객 가치	심리적 안전	전략적 비전	최적가 전략
고성과 조직	인적 자본	조직목표	학습조직
능력	저원가 리더십	조직정체성	

연습문제

1. 목표와 전략의 관계를 설명해보자.
2. 전략 수립의 일환으로 조직의 내부 및 외부 환경을 분석하는 것의 관련성을 설명해보자.
3. 전략경영 과정에서 전략평가의 중요성을 설명해보자.
4. 학습조직 문화를 조성하는 데 있어 리더의 역할을 설명해보자.
5. 리더는 어떻게 하면 위험 감수와 실패가 용인되는 학습조직 문화를 육성할 수 있는가?
6. 학습조직 문화의 특징 중 하나는 학습이 조직 전체에 걸친 다단계 과정이라는 것이다. 이 진술은 정확히 무엇을 의미하는가?
7. 리더가 실수를 비난하거나 관련자들을 처벌하는 것이 아니라 개선을 위한 기회로 간주한다는 것은 어떤 메시지를 전해 주는가?

비판적 사고 문제

다음과 같은 비판적 사고 문제는 수업에서 토론이나 혹은 의사소통 기술을 개발하기 위한 과제로 사용될 수 있다. 모든 질문에 대해 완벽하게 설명을 해야 한다.

1. 리더는 전략적 결정을 내릴 때 직원, 고객, 주주, 공급업체, 노조/활동가, 지역사회 등 다양한 이해관계자의 이익이 균형을 유지하도록 해야 한다. 이를 성공적으로 수행할 수 있는 방법을 제안해보자.
2. 여러분이 윤리적으로 문제의식을 갖도록 만드는 리더의 구체적인 행동의 예를 제시해보자. 생각하는데 도움이 되기 위해 다음과 같은 폭넓은 행동범주들을 활용해보자.
   - 법을 어기거나 규정을 회피하는 행위
   - 합법적이지만 비윤리적인 행동
   - 실행하거나 관여하기보다는 모른체하거나 관여하지 않는 행위
3. CEO를 비롯한 많은 최고 경영진에게 전략적 리더십은 그들이 잘 수행해야 하는 중요한 역할이다. CEO와 최고 경영진이 전략 수립-실행 프로세스를 이끌 때 일반적으로 다루어야 하는 구체적인 질문이나 주제 중 일부를 간략하게 설명해보자.

4. 차별화 전략과 저원가 주도 전략을 구별해 설명해보자.
5. 광범위한 차별화 전략과 틈새 차별화 전략의 차이점은 무엇인가?
6. 광범위한 저원가 주도전략과 틈새 저원가 주도 전략의 예를 들어보자.
7. 조직에서 학습에 도움이 되는 조건을 만들기 위해 리더가 취할 수 있는 몇 가지 행동들을 파악해보자.

사례연구: Jane Fraser — Citigroup의 전략적 리더십

2020년 컨설팅 회사 Oliver Wyman은 2019년 세계적으로 주요 금융 회사의 CEO 역할 중 여성이 차지하는 비율이 6%에 불과하다고 보고했다.[135] 이 보고서가 발표된 지 불과 몇 달 만에 Jane Fraser는 2021년 3월 1일 Citigroup의 CEO로 재직하기 시작했다. 그렇게 함으로써 Fraser는 월스트리트의 주요 은행장을 맡은 최초의 여성이 되었다. 이 역할에 대한 그녀의 선택은 Fraser가 은행에서 여성의 유리 천장을 깼다고 전 세계의 업계 관계자들과 구경꾼들이 선언하게 만들었고, 이 변화는 일부 사람들이 심지어 "혁명적인 것"이라고 묘사하기도 했다.[136]

이 역할에 Fraser를 선정한 것과 관련하여 Citi 회장 John C. Dugan은 "우리는 Jane이 Mike의(Fraser의 전임자) 기록을 바탕으로 Citi를 한 단계 끌어올릴 적임자라고 생각합니다. 그녀는 당사의 사업 분야와 지역에 걸쳐 깊은 경험을 가지고 있으며, 우리는 그녀를 매우 신뢰하고 있습니다. 전략적으로 사고하고 사업을 운영하는 Jane의 능력은 우리 회사에 좋은 서비스를 제공할 수 있는 독특한 조합입니다."[137]

전략적 리더십이란?

리더십 이론의 측면에서 보면 전략적 리더십은 의외로 광범위하다. 전략적 리더의 개인적 특성과 속성은 경영과 리더십 연구에서 풍부하지만, 엄밀하게 전략적 리더십 이론은 리더십 분야에서 별로 다루어지지 않고 있다.[138] 그러나 전략적 리더십에 대한 논의에는 한 가지 주제가 지속적으로 다루어진다: 전략적 리더는 전략적 비전을 배양하고 전략적 결정을 내릴 뿐만 아니라 조직 전체에 전략적 비전을 전달하고 연합구축을 촉진하며 실수로부터 배우고 가정에 도전하는 능력을 사용하는 리더이다.[139]

와튼 경영대학원 소속 연구원들은 20,000명 이상의 임원들을 대상으로 설문조사를 통해 얻은 흥미로운 통찰력을 제시했다. 이 연구원들은 전략적 지도자들이 보여주는 여섯 가지 능력을 정의했다: 예측하는 능력, 도전하는 능력, 해석하는 능력, 결정하는 능력, 정렬하는 능력, 학습하는 능력. 이 연구에 따르면, 이러한 기술들을 복합적으로 활용함으로써 전략적 리더들이 변화하는 비즈니스 환경에 적응하고, 사업을 지속하며, 전략적으로 대응할 수 있도록 해준다.[140]

전략적 리더인 Jane Fraser

2019년 10월, Fraser는 거대 글로벌 소비자 은행인 Citi의 회장 겸 CEO 역할을 맡았다. Citigroup 전체의 CEO가 되면서 Fraser는, 37년간 근무하면서 8년간 CEO를 맡고서 은퇴하는 Michael Corbat로부터 그 자리를 물려받았다. 160개국에서 200,000명 이상의 직원이 근무하고 있는 Citigroup은 2억 명 이상의 고객을 보유하고 있으며,[141] 메가뱅크에 속해 있다. 확실히 이 정도 규모의 조직을 이끌고 이 정도의 범위 내에서 활동하려면 상당한 전략적 리더십 기술과 능력이 필요하다. Fraser는 "Citi의 주요 사업부문들을 거치면서 우수한 실적을 보여줌으로써 '탄탄한 실적'과 '해결사'라는 평판을 얻어서 이 역할을 맡게 되었다.[142]

교육

Fraser는 스코틀랜드에서 태어나 그곳에서 초등교육을 마쳤다. 1988년 케임브리지대학교에서 경제학 석사 학위를 받았다. 후에, 그녀는 하버드 경영대학원에서 경영학 석사 학위도 받았다.

전문성 개발

케임브리지 대학에서 공부를 마친 후, Fraser는 세계적인 투자 은행인 Goldman Sachs에서 인수합병 분석가로 얼마간 시간을 보냈다. 이 역할을 한 후, 그녀는 스페인의 증권 회사에 들어갔고 그 후에 하버드 대학교에서 공부하기 위해 돌아왔다. 하버드에서 MBA를 마친 후, Fraser는 그녀가 10년 동안 일했던 세계적인 컨설팅 회사 McKinsey Consulting에 입사했다. Fraser는 McKinsey의 파트너로 임명되었지만, 그녀는 대신 Citigroup에 합류하기 위해 이 회사를 떠나기로 결정했다. Citigroup에서 16년을 일하는 동안, 그녀는 여러 사업부문에서 일했다. Fraser는 은행의 4개 중요 사업부문에서 CEO로 재직했다. 2007년부터 2009년까지 금융 위기를 포함한 기업 전략 및 M&A 그룹의 책임자였다. 그녀는 또한 런던에 있는 Citi Private Banking의 CEO와 Citi Mortgage의 CEO를 역임했다. Fraser는 Citigroup 라틴아메리카 사업부의 최고경영자(CEO)이기도 했는데, Citi가 1,400개 이상의 소매점과 2,900만 명의 소매 고객을 보유한 멕시코를 포함한 중남미 22개국에서 Citi의 사업을 감독했다.[143] Fraser는 Citi 소비자 및 상업 부문의 CEO를 역임하기도 했다. 은행 및 글로벌 모기지 Fraser는 2021년 3월에 전체 조직의 CEO가 되기 전에 이 모든 역할을 맡았다.[144] 따라서 Fraser는 전 세계의 조직 환경에서 금융 및 은행 분야에 걸쳐 방대하고 다양한 경험을 쌓은 후에 그녀의 새로운 역할을 맡게 되었다. 게다가 Citigroup의 여러 사업부문에 걸친 그녀의 광범위한 경험은 이 글로벌 조직을 운영하고, 강점 및 주의가 필요한 영역에 대한 비판적 통찰력을 갖는데 큰 힘이 되었다.

Fraser의 전략적 리더십

Fraser는 2021년 3월 1일 Citi의 CEO로 재직하기 시작한 이후 전략적 리더십을 발휘하는 데 시간을 낭비하지 않았다. 그녀는 이미 Citi의 프라이빗 뱅킹 기능(초부유층을 위해 설계된 제도적 은행 서비스)과 Citi의 자산 관리 기능, 역사적으로 Citi의 프라이빗 뱅킹보다 덜 부유한 고객을 대상으로 하는 리테일 뱅킹 서비스를 결합하려는 의도를 밝힌 바 있다. 이러한 매우 다른 서비스를 결합하기 위해 Citi는 고객이 부의 연속체를 따라 이동함에 따라 단일 플랫폼에서 은행의 다양한 범위의 고객에게 서비스를 제공하도록 설계된 Citi 글로벌 자산 비즈니스를 시작하고 있었다. 이를 통해 Citi의 고객은 부유한 여정의 초기에 Citi의 서비스를 이용할 수 있으며, Citi의 수수료 기반 수익 잠재력을 강화할 수 있었다.[145] 전략적 리더십 연구(앞에서 언급한)에 따르면, 이 결정은 회사 운영에 대한 가정에 도전하고, 새로운 통찰력으로 이용 가능한 정보를 해석하고, 모든 것을 조정하거나 연합을 구축할 수 있는 전략적 리더가 보유한 능력들을 Fraser가 보유하고 있다는 것을 나타내는 것이다.[146]

CEO로 취임한 지 한 달 만에 Fraser는 Citi의 글로벌 전략을 재편하고 방향을 전환하기 위해 인도를 포함한 13개 국가에서 소매 은행 서비스를 중단하고 자산 관리에 더 집중할 의사를 밝혔다.[147] 이 결정에서도 Fraser는 앞서 언급한 변화하는 비즈니스 환경에 전략적으로 대응할 수 있는 능력을 포함한 전략적 리더십과 관련이 있는 자질과 능력을 보여준다. Fraser에 따르면, "자산관리를 Citi의 주요 차별화 요소이자 향상된 수익의 원천으로 만드는 것이 향후 전략의 핵심 요소가 될 것입니다. 이러한 방식으로 우리 회사의 모든 역량을 우리가 제공하는 서비스에 집결하는 것이 우리가 은행을 혁신하기 위해 취하고 있는 접근 방식을 반영하는 것입니다."[148]

Fraser의 전략적 리더십 자질과 능력은 그녀의 첫 TV 인터뷰에서도 드러났다. CNBC의 "Closing Bell" 프로그램에서 Wilfred Frost와 대화에서 Fraser는 "우리가 향후 10년 이상의 비즈니스를 전망할 때, 우리는 승자가 되기를 원합니다. 우리는 타 기업들과의 수익 격차를 좁히기를 원합니다. 그러기 위해서는 여러분은 여러분이 성공할 수 있는 위치에 있는 사업 중 어떤 것이 다른 은행과 더 잘 협력할 수 있는지에 대한 솔직한 평가를 받아야 합니다"라고 설명했다.[149] 여기서 Fraser는 학습 및 예측과 관련된 전략적 리더십 능력을 보여준다.

Fraser는 글로벌 뱅킹의 동향과 아시아에서 발생하는 중요한 발전에 대한 이해와 함께 Citi의 라틴 아메리카 사업부에 대한 광범위한 경험으로 인해, 그녀의 팀이 전 세계 지역에서 Citi의 존재를 변화시키는데 필요한 단계를 계획하고 비전을 갖도록 하였으며, 이를 통해 전 세계적으로 금융 서비스를 변화시키도록 하였다.

시티의 환경, 사회, 기업 지배구조(ESG)에 대한 Fraser의 전략적 비전에 관한 한, Fraser는 Citi의 궤적을 명확히 하는 데 시간을 낭비하지 않았다. Fraser가 CEO가 된 첫날, 그녀는 Citigroup이 2050년까지 온실가스 순 배출 제로를 달성할 것이라고 공개적으로 발표하면서, 그녀의 명확한 결정 능력과 Citi를 앞으로 나아가려는 의도를 재계에 보여 주었다.[150]

사회적 형평성과 사회적 발전에 대한 자신의 견해에 대해 Fraser는 스스로를 공감적인 리더라고 밝히고, 따라서 Fraser에게 제기되는 주요 질문은 "오늘날 회사에 필요한 것은 무엇인가?"라는 것이다.[151] Fraser는 ESG에 대한 그녀의 생각에서 이러한 공감을 표현한다. 예를 들어, 2020년에 Fraser는 "우리 은행가들은 재무성과를 측정하는 숫자로서 자본 수익에 초점을 맞추는 것을 좋아합니다. 그러나 오늘날 사회에서 '평등'이라는 단어는 대차대조표에 나타나지 않습니다. 형평성은 사회 정의를 실현하기 위해 우리가 해야 할 변화에 관한 것입니다."[152] Fraser는 전문적으로 요구되는 역할을 수행하면서 어린 자녀를 양육하는 과정을 거쳤으며 경영진의 리더십 역할 및 이사회에서 유일한 여성으로 활동하면서 사회적 평등의 문제에 대한 이해를 알리는 개인적인 경험을 할 수 있었다. 2021년 3월, Fraser는 "전 세계의 동료들의 말을 들은 후, 우리가 많은 사람들이 느끼는 'Zoom 피로'를 극복해야 한다는 것이 명백해졌기 때문에, 저는 이 아이디어에 대해 처음에 가졌던 거부감을 떨치고, 'Zoom 없는 금요일'을 시행합니다"라고 전 세계의 Citi 직원들에게 공표하였다. "우리는 여러 시간대에 걸쳐 운영되는 글로벌 기업이지만, 업무가 야간, 매우 이른 아침 및 주말에 정기적으로 쏟아질 경우 완전히 재충전하는 것을 방해할 수 있습니다. 이는 Citi에게도 궁극적으로 좋지 않습니다."[153]

주요 글로벌 금융회사의 리더로서 Fraser가 이 정책을 시행하기로 한 결정은 '최고 수준'의 고용 관행이 어떠한 것인지를 모든 고용주들에게 본보기로 보여주는 것이 되었다. 이 결정은 또한 Fraser가 지지할 뿐만 아니라 제정하는 조직 가치의 유형에 대해서 Citi 직원들과 함께 전례를 만든 것이다. Fraser는 CEO의 역할을 맡으면서 '철저한 직업 윤리'를 지킬 뿐만 아니라 "정상에 오르기 위해 개인적인 삶을 희생하는 것"도 받아들이지 않는 것으로 알려지게 되었다.[154] 여기에서 Fraser의 행동이 전략적 리더십을 반영하고 있으며, 또한 새로운 관점에 도전하고, 다양한 그룹들의 이해관계를 조정하며, 학습하고자 하는, 전략적 리더들이 보여주는 모든 자질을 드러내고 있는 것이다.

미주

1장

1. B. Benjamin and C. O'Reilly, "Becoming a Leader: Early Career Challenges Faced by MBA Graduates," *Academy of Management Learning & Education* 10, no. 3 (2011): 452–472.
2. D. L. Gamache and G. McNamara, "Responding to Bad Press: How CEO Temporal Focus Influences the Sensitivity to Negative Media Coverage of Acquisitions," *Academy of Management Journal* 62, no. 3 (2019): 918–943.
3. K. Blanchard, *Leading at a Higher Level* (Upper Saddle River, NJ: Pearson, 2019).
4. S. Shinn, "People at the Core," *BizEd*, October 2, 2020, https://bized.aacsb.edu/articles/2020/october/people-at-the-core?_cldee=cmx1c3NpZXJAc3-ByaW5nZmllbGRjb2xsZWdlLmVkdQ%3d%3d&recipientid=contact-23ddcfa37094e91180f5000d3a01cfd3-f73c644555464937ac493293afa927a6&utm_source=ClickDimensions&utm_medium=email&utm_campaign=LINK&esid=31e335f4-0007-eb11-8108-000d3a03faaf, accessed November 13, 2020.
5. S. Zaar, P. Van Den Bossche, and W. Gijselaers, "How Business Students Think About Leadership: A Qualitative Study on Leader Identity and Meaning-Making," *Academy of Management Learning & Education* 19, no. 3 (2020): 168–191.
6. Blanchard, *Leading at a Higher Level.*
7. Zaar, Van Den Bossche, and Gijselaers, "How Business Students Think About Leadership."
8. Blanchard, *Leading at a Higher Level.*
9. Cengage, "Employers Want Business School Grads With These Skills," *Your Higher Ed Must Read*, November 14, 2019, received via email.
10. S. Thomas, "Today's Learner: Career Readiness: What's Working and What's Not," *Cengage Newsletter*, September 2019.
11. National Association of Colleges and Employers, "What Is Career Readiness?" https://www.naceweb.org/career-readiness/competencies/career-readinessdefined/, accessed January 3, 2021.
12. Cengage, "Are Colleges Preparing Students for the Workforce?," Source Code: M180000761264, Report received via email February 18, 2019.
13. Zaar, Van Den Bossche, and Gijselaers, "How Business Students Think About Leadership."
14. Ibid.
15. National Association of Colleges and Employers, "What Is Career Readiness?"
16. A. Cohen, "Don't Jump!," *BusinessWeek*, February 17, 2020, 35.
17. F. Gino, "The Surprising Strategy for Nailing a Job Interview," *The Wall Street Journal*, June 15, 2020, R3.
18. A. Pressman, "Amazon's Ace Engineer," *Fortune*, November 2020.
19. M. Meckler and K. Boal, "Decision Errors Organizational Iatrogenesis, and Errors of the Seventh Kind," *Academy of Management Perspectives* 34, no. 2 (2020): 266–184.
20. A. Bourgoin, N. Bencherki, and S. Faraj, "And Who Are You: A Performative Perspective on Authority in Organizations," *Academy of Management Journal* 63, no. 4 (2020): 1134–1165.
21. V. Fuhrmans and Y. Koh, "The Most Effectively Managed U.S. Companies—and How They Got That Way," *The Wall Street Journal*, December 6, 2017: R1–R6.
22. F. H. Gerpott, N. L. Willenbrock, S. C. Voelpel, and M. Van Vugt, "It's Not Just What Is Said, but When It's Said: A Temporal Account of Verbal Behaviors and Emergent Leadership in Self-Managed Teams," *Academy of Management Journal* 62, no. 3 (2019): 717–738.
23. Blanchard, *Leading at a Higher Level.*
24. QED: The Accreditation Experts, "Thursday Thoughts" (email received May 14, 2020).
25. D. Wakabayshi, "Tim Cook's Vision for His Apple Emerges," *The Wall Street Journal*, July 8, 2014: B1, B5.
26. A. Lashinsky, "Being Tim Cook," *Fortune*, April 1, 2015: 60–63.
27. Blanchard, *Leading at a Higher Level.*
28. F. H. Gerpott, N. L. Willenbrock, S. C. Voelpel, and M. Van Vugt, "It's Not Just What Is Said, but When It's Said: A Temporal Account of Verbal Behaviors and Emergent Leadership in Self-Managed Teams," *Academy of Management Journal* 62, no. 3 (2019): 717–738.
29. Shinn, "People at the Core."
30. N. Wellman, J. M. Applegate, J. Harlow, and E. W. Johnston, "Beyond the Pyramid: Alternative Formal Hierarchical Structures and Team Performance," *Academy of Management Journal* 63, no. 4 (2020): 997–1027.
31. F. H. Gerpott, N. L. Willenbrock, S. C. Voelpel, and M. Van Vugt, "It's Not Just What Is Said, but When It's Said: A Temporal Account of Verbal Behaviors and Emergent Leadership in Self-Managed Teams," *Academy of Management Journal* 62, no. 3 (2019): 717–738.
32. M. S. Mitchell, R. L. Greenbaum, R. M. Vogel, M. B. Mawritz, and D. J. Keating, "Can You Handle the Pressure? The Effect of Performance Pressure on Stress Appraisal, Self-Regulation, and Behavior," *Academy of Management Journal* 62, no. 2 (2019): 531–552.
33. Blanchard, *Leading at a Higher Level.*
34. Wellman, Applegate, Harlow, and Johnston, "Beyond the Pyramid."
35. Blanchard, *Leading at a Higher Level.*
36. Shinn, "People at the Core."
37. A. Schildkrout, "Empower All," *Entrepreneur*, March 2017, 36.
38. Blanchard, *Leading at a Higher Level.*
39. R.L. Sutton, "Bosses, Get Out of Your Employees' Way," *The Wall Street Journal*, October 28, 2019, R3.
40. E. McGirt, "Building a Community of Leaders," *Fortune*, October 2020, 44.
41. D. Benoit, "Top CEOs See a Duty Beyond Shareholders," *The Wall Street Journal*, August 20, 2019, A1, A7.
42. Ibid.

43. J. D. Stoll, "Airbnb Social Goals to Test Wall Street," *The Wall Street Journal*, January 21, 2020, B1.
44. Ibid., B5.
45. Gamache and McNamara, "Responding to Bad Press."
46. T. J. Quigley, T. D. Hubbard, A. Ward, and S. D. Graffin, "United Consequences: Information Releases and CEO Stock Option Grants," *Academy of Management Journal* 63, no. 1 (2020): 155–180.
47. Blanchard, *Leading at a Higher Level.*
48. M. M. Luciano, J. D. Nahrgang, and C. Shropshire, "Strategic Leadership Systems: Viewing Top Management Teams and Boards of Directors From a Multiteam System Perspective," *Academy of Management Review* 45, no. 3 (2020): 675–701.
49. Blanchard, *Leading at a Higher Level.*
50. K. Safdar, "Tech Veteran Takes Nike Challenge," *The Wall Street Journal*, February 10, 2020, B3.
51. Blanchard, *Leading at a Higher Level.*
52. G. Williams, "Comic Belief: Is Leadership Really a Crock?" *Entrepreneur*, April 2003, 28.
53. O. N. Solinger, P. G. W. Jansen, and J. P. Cornelissen, "The Emergence of Moral Leadership," *Academy of Management Review* 45, no. 3 (2020): 504–527.
54. Blanchard, *Leading at a Higher Level.*
55. B. Schyns, B. Wisse, and S. Sanders, "Shady Strategic Behavior: Recognizing Strategic Followership of Dark Triad Followers," *Academy of Management Perspectives* 33, no. 2 (2019): 234–249.
56. C. I. C. Farh, et al., "Token Female Voice Enactment in Traditionally Male-Dominated Teams: Facilitating Conditions and Consequences for Performance," *Academy of Management Journal* 63, no. 3 (2020): 832–856.
57. Blanchard, *Leading at a Higher Level.*
58. M. Kelly, video received via email link December 1, 2020.
59. Farh et al., "Token Female Voice Enactment in Traditionally."
60. Blanchard, *Leading at a Higher Level.*
61. QED: The Accreditation Experts, "Thursday Thoughts."
62. P. Drucker, quoted in "Advice From the Top," *Inc.*, May/June 2020: 55–57.
63. Blanchard, *Leading at a Higher Level.*
64. E. P. Piening, T. O. Salge, D. Antons, and G. E. Kreiner, "Standing Together or Falling Apart? Understanding Employees" Reponses to Organizational Identity Threats," *Academy of Management Review* 45, no. 2 (2020): 325–351.
65. C. Cloutier and D. Ravasi, "Identity Trajectories: Explaining Long-Term Patters of Continuity and Change in Organizational Identities," *Academy of Management Journal* 63, no. 4 (2020): 1196–1235.
66. Blanchard, *Leading at a Higher Level.*
67. Cloutier and Ravasi, "Identity Trajectories: Explaining Long-Term."
68. Reiss, R. (2018). "12 CEOs Describe Their Leadership Style." *Forbes*, https://www.forbes.com/sites/robertreiss/2018/10/08/12-quotes-from-amazingleaders/?sh=6ec7196d15b8.
69. Blanchard, *Leading at a Higher Level.*
70. V. Harnish, "5 Crucial Performance Metrics," *Fortune*, August 1, 2016, 32.
71. C. Fuchs, F. J. Sting, M. Schlickel, and O. Alexy, "The Ideator's Bias: How Identity-Induced Self-Efficacy Drives Overestimation in Employee-Driven Process Innovation," *Academy of Management Journal* 62, no. 5 (2019): 1498–1522.
72. A. Murray, "2019 CEO Survey: The Results Are In," *Fortune*, June 1, 2019, 29.
73. K. D. Elsbach and L. Stigliani, "New Information Technology and Implicit Bias," *Academy of Management Perspectives* 33, no. 2 (2019): 185–206.
74. P. Davidsson, J. Recker, and F. Von Briel, "External Enablement of New Venture Creation: A Framework," *Academy of Management Perspectives* 34, no. 3 (2020): 311–332.
75. Fuchs, Sting, Schlickel, and Alexy, "The Ideator's Bias: How Identity-Induced."
76. Piening, Salge, Antons, and Kreiner, "Standing Together or Falling Apart?"
77. J. Bargmann, "Lead With Purpose," *INC*, May/June 2020, 54–58.
78. I. Filatotchev, R. V. Aguilera, and M. Wright, "From Governance of Innovation to Innovations in Governance," *Academy of Management Perspectives* 34, no. 2 (2020): 173–181.
79. Blanchard, *Leading at a Higher Level.*
80. R. Mashayekhi, "The Best in the Business," *Fortune*, March 2020, 116–120.
81. Harnish, "5 Crucial Performance Metrics."
82. Mutual of America, "Relationships Are Built on Trust, Not Screens," *The Wall Street Journal*, October 21, 2019, B5.
83. M.Y. Lee, M. Mazmanian, and L. Perlow, "Fostering Positive Relational Dynamics: The Power of Spaces and Interaction Scripts," *Academy of Management Journal* 63, 1 (2020): 96–123.
84. R. A. Brands and A. Mehra, "Gender, Brokerage, and Performance: A Construal Approach," *Academy of Management Journal* 62, 1 (2019): 196–219.
85. G. Colvin, "Showing Up Will Matter," *Fortune*, January 2020: 49.
86. A. Samuel, "How Parenting Books Taught Me to Be a Better Leader," *The Wall Street Journal*, October 28, 2018, R3.
87. J. Skowronski, "Tips for Better Team Building," *INC*, March/April 2020, 40.
88. S. Shellenbarger, "Why Perks No Longer Cut It for Workers," *The Wall Street Journal*, December 4, 2018, R9.
89. Adapted from L. Bock, Marin note, *INC*, May/June 2020, 58.
90. R. McVey, adapted from a Margin Quote," *Fortune*, October 2020, 117.
91. K. Stickles, "An Employee-First Philosophy for a Family Company," *Fortune*, March 2020: 120.
92. Bargmann, "Lead With Purpose."
93. Blanchard, *Leading at a Higher Level.*
94. Adapted from L. Bock, Marin note, *INC*.
95. QED: The Accreditation Experts, "Thursday Thoughts."
96. P. G. Northouse, *Leadership: Theory and Practice* (Thousand Oaks, CA: SAGE, 2019).
97. Ibid.
98. R. Katz, "Skills of an Effective Administrator," *Harvard Business Review* 33, no. 1 (1995): 33–42.
99. A. Moyer, "Diane Von Furstenberg on her Influences and Leadership," *Her Agenda*, 2015, https://heragenda.com/diane-von-furstenberg-on-her-influences-and-leadership, accessed April 29, 2021.
100. Northouse, *Leadership: Theory and Practice.*
101. Zaar, Van Den Bossche, and Gijselaers, "How Business Students Think About Leadership."
102. Northouse, *Leadership: Theory and Practice.*
103. M. Verbruggen and A. De Vos, "When People Don't Realize Their Career Desires: Toward a Theory of Career Inaction," *Academy of*

Management Review 45, no. 3 (2020): 376–394.

104. Morning Consult on behalf of Cengage, *Uniquely Human Side in the Era of Automation* (Cengage, 2018).

105. Cengage, *The People Factor: Uniquely Human Skills Tech Can't Replace at Work* (Cengage, 2019).

106. Cengage, "Employers Want Business School Grads."

107. National Association of Colleges and Employers, "What Is Career Readiness?"

108. Morning Consult on behalf of Cengage, *Uniquely Human Side in the Era.*

109. Wellman, Applegate, Harlow, and Johnston, "Beyond the Pyramid."

110. National Association of Colleges and Employers, "What Is Career Readiness?"

111. K. Ehrhardt and B. R. Ragins, "Relational Attachment at Work: A Complementary Fit Perspective on the Role of Relationships in Organizational life," *Academy of Management Journal* 62, no. 1 (2019): 248–282.

112. K. M. Robertson, J. O'Reilly, and D. R. Hannah, "Finding Meaning in Relationships: The Impact of Network Ties and Structure on the Meaningfulness of Work," *Academy of Management Review* 45, no. 3 (2020): 596–619.

113. C. Troster, A. Parker, D. Van Knippensberg, and B. Sahlmuller, "The Coevolution of Social Networks and Thoughts of Quitting," *Academy of Management Journal* 62, no. 1 (2019): 22–43.

114. Wellman, Applegate, Harlow, and Johnston, "Beyond the Pyramid."

115. Cengage, "Employers Want Business School Grads."

116. Cengage, *The People Factor.*

117. Cengage, *Trends Analysis: 5-Key Changes in Higher Education* (Cengage e-book, 2019).

118. L. Weber and C. Cutter, "Into the Fray," *The Wall Street Journal,* May 11–12, 2019, B1.

119. National Association of Colleges and Employers, "What Is Career Readiness?"

120. J. Billsberry, Book and Resource Review, *Academy of Management Learning & Education* 19, no. 3 (2020): 114–116.

121. Blanchard, *Leading at a Higher Level.*

122. Verbruggen and De Vos, "When People Don't Realize Their Career Desires."

123. Zaar, Van Den Bossche, and Gijselaers, "How Business Students Think About Leadership."

124. Blanchard, *Leading at a Higher Level.*

125. Ibid.

126. Ibid.

127. H. Mintzberg, *The Nature of Managerial Work* (New York: Harper & Row, 1973).

128. C. T. Shea and O. V. Hawn, "Microfoundations of Corporate Social Responsibility and Irresponsibility," *Academy of Management Journal* 62, no. 5 (2019): 1609–1642.

129. Ibid.

130. S. Park, J. E. Mathieu, and T. J. Grosser, "A Network Conceptualization of Team Conflict," *Academy of Management Review* 45, no. 2 (2020): 352–375.

131. Ibid.

132. E. Grijalva, T. D. Maynew, K. L. Badura, and S. W. Whiting," Examining the I in Team: A Longitudinal Investigation of the Influence of Team Narcissism Composition on Team Outcomes in the NBA," *Academy of Management Journal* 63, no. 1 (2020): 7–33.

133. AFL-CIO, "American Paywatch," accessed November 13, 2020, https://aflcio.org/paywatch.

134. Ibid.

135. Luciano, Nahrgang, and Shropshire, "Strategic Leadership Systems."

136. Blanchard, *Leading at a Higher Level.*

137. S. Lin, B. A. Scott, and F. K. Matta, "The Dark Side of Transformational Leaders Behaviors for Leaders Themselves: A Conservation of Resources Perspective," *Academy of Management Journal* 62, no. 5 (2019): 1556–1582.

138. Blanchard, *Leading at a Higher Level.*

139. Cengage, "Employers Want Business School Grads."

140. National Association of Colleges and Employers, "What Is Career Readiness?"

141. Cengage, "Are Colleges Preparing Students for the Workforce?"

142. Zaar, Van Den Bossche, and Gijselaers, "How Business Students Think About Leadership."

143. L. Hill, Book Review, "Mentimeter: A Tool for Actively Engaging Large Lecture Cohorts," *Academy of Management Learning & Education* 19, no. 2 (2020): 256–258.

144. Thomas, "Today's Learner: Career Readiness."

145. Blanchard, *Leading at a Higher Level.*

146. G. Sharma and P. Bansal, "Cocreating Rigorous and Relevant Knowledge," *Academy of Management Journal* 63, no. 2 (2020): 386–410.

147. J. M. Bartunek, "Theory (What IS IT Good For?)," *Academy of Management Learning & Education* 19, no. 2 (2020): 223–258.

148. AACSB, "2020 Guiding Principles and Standards for AACSB Business Accreditation," accessed November 19, 2020, https://www.aacsb.edu/accreditation/standards/business.

149. M. T. Claes, "*Learning Other Cultures,*" *BizEd,* March/April 2020, 47–50.

150. C. Leaf, "Great Ideas Are Global," *Fortune,* August/September 2020, 8.

151. AACSB, "2020 Guiding Principles and Standards for AACSB."

152. Morning Consult on behalf of Cengage, *Uniquely Human Side in the Era.*

153. Cengage, *The People Factor.*

154. Staff, Broader Impact for Research," *BizEd,* May/June 2020, 15.

155. Cengage, "Employers Want Business School Grads."

156. T. Kepner and J. Wagner, "Kim Ng Has Been Ready for Years," *New York Times,* November 18, 2020, https://www.nytimes.com/2020/11/18/sports/baseball/kimng-miami-marlins.html.

157. J. Belzer, "The Most Influential Minorities in Sports," *Forbes,* February 24, 2016, https://www.forbes.com/sites/jasonbelzer/2016/02/24/the-most-influentialminorities-in-sports/?sh=542f36822e7b.

158. "The Most Powerful Women in U.S. Sports," *Forbes,* https://www.forbes.com/pictures/5a319c2531358e6e1b1d5f f0/10-k imng/?sh=5c72ae045f67.

159. U. Vincent, "From Intern to General Manager, Wu Peiqin Is the Most Suitable Candidate," *Sports Vision,* November 15, 2020, https://www.sportsv.net/articles/79036?page=2#article_top.

160. S. Apstein, "Kim Ng Made History. Now Comes the Hard Part," *Sports Illustrated,* April 2021, 40–47.

161. Ibid.

162. Kepner and Wagner, "Kim Ng Has Been Ready for Years."

163. S. Eng, "Dodgers Assistant General Manager Kim Ng Ready to Make the Jump to Top Job," *SABR,* 2011, https://sabr.org/journal/

article/dodgers-assistantgeneral-manager-kim-ng-ready-to-make-the-jumpto-top-job/.

164. Apstein, "Kim Ng Made History."

2장

1. P. G. Northouse, *Leadership: Theory and Practice* (Thousand Oaks, CA: SAGE, 2019).
2. J. S. Harrison, G. R. Thurgood, S. Boivie, and M. D. Pearrer, "Perception Is Reality: How CEO's Observed Personality Influences Market Perceptions of Firm Risk and Shareholder Returns," *Academy of Management Journal 63, no.* 4 (2020): 1166–1195.
3. Northouse, *Theory and Practice.*
4. A.A. Gumusay, "Embracing Religion in Moral Theories of Leadership," *Academy of Management Perspectives 33*, no. 3 (2019): 292–306.
5. A. Cohen, "New Research Takes a Deeper Look at the Role Emotions Play on the Job," *BusinessWeek*, March 9, 2020, 38.
6. Harrison, Thurgood, Boivie, and Pearrer, "Perception Is Reality."
7. E. N. Sherf, V. Venkataramani, and R.S. Gajendran, "Too Busy to Be Fair? The Effect of Workload and Rewards on Manager's Justice Rule Adherence," *Academy of Management Journal* 62, no. 2 (2019): 469–502.
8. Harrison, Thurgood, Boivie, and Pearrer, "Perception Is Reality."
9. R. Mashayekhi, "The Best in the Business," *Fortune*, March 2020, 116–120.
10. D. Kessenides, "Play It Low-Key," *BusinessWeek*, January 27, 2020, 41.
11. A. Cohen, "Want to Change Jobs? Let Your Personality, Not Your Skills, Guide Your Search," *BusinessWeek*, February 17, 2020, 34.
12. A. Cohen, "Don't Jump!" *BusinessWeek*, February 17, 2020, 35.
13. T. A. Judge, R. Ilies, J. E. Bono, and M. W. Gerhardt, "Personality and Leadership: A Qualitative and Quantitative Review," *Journal of Applied Psychology* 87, no. 4 (2002): 765–768.
14. M. W. Morgan and M. M. Lombardo, *Off the Track: Why and How Successful Executives Get Derailed* (Greensboro, NC: Center for Creative Leadership, January 1988), Technical Report Nos. 21 & 34.
15. Zig Ziglar, www.ziglar.com, accessed January 3, 2021.
16. Northouse, *Theory and Practice.*
17. A. Dizik, "Everybody Loves an Extroverted CEO. Except Maybe Investors," *The Wall Street Journal*, April 12, 2019, R3.
18. Northouse, *Leadership: Theory and Practice.*
19. Ibid.
20. M. M. Frank and M. Morse, "Training the Tri-Sector Athlete," *BizEd*, July/August 2020, 50–51.
21. Harrison, Thurgood, Boivie, and Pearrer, "Perception Is Reality."
22. Northouse, *Theory and Practice.*
23. Harrison, Thurgood, Boivie, and Pearrer, "Perception Is Reality."
24. Northouse, *Theory and Practice.*
25. Dizik, "Everybody Loves an Extroverted CEO."
26. Ibid.
27. L. Weber and C. Cutter, "Into the Fray," *The Wall Street Journal*, May 11–12, 2019, B1.
28. Northouse, *Theory and Practice.*
29. Sherf, Venkataramani, and Gajendran, "Too Business to Be Fair?"
30. Staff, "Dialogue," *Academy of Management Review* 42, no. 3 (2017): 548–60.
31. S. A. Conroy, W. J. Becker, and J. I. Menges, "The Meaning of My Feelings Depends on Who I Am: Work-Related Identifications Shape Emotion Effects in Organizations," *Academy of Management Journal* 60, no. 3 (2017): 1071–1093.
32. C. W. Headley, 12 Leadership Styles of the Most Successful CEOs Ever, *Ladders*, 2020, https://www.theladders.com/career-advice/12-leadership-stylesof-the-most-successful-ceos-ever, accessed April 29, 2021.
33. R. E. Boytzis and D. Goleman, *The Emotional Competence Inventory* (Boston: Hay Group, 2001).
34. Global Management Academy, "Emotional Intelligence and Leadership," https://globalmanagementacademy.com/blog/emotionally-intelligent-leaders/, accessed March 25, 2021.
35. Kessenides, "Play It Low-Key."
36. B. Schyns, B. Wisse, and S. Sanders, "Shady Strategic Behavior: Recognizing Strategic Followership of Dark Triad Followers," *Academy of Management Perspectives* 33, no. 2 (2019), 234–249.
37. S. Reilly, "Elizabeth Holmes May Use Psychopathic Narcissist Defense in Theranos Case," *Business Outsider*, October 18, 2020, https://business-outsider.com/2020/10/18/elizabeth-holmes-may-use-psychopathic-narcissist-defense-in-theranos-case-justlook-into-her-eyes/.
38. K. Blanchard, *Leading at a Higher Level* (Pearson, 2019).
39. Northouse, *Theory and Practice.*
40. D. Roberts, "The Rock," *Fortune*, November 17, 2014, 146.
41. D. Brady, "Dave Goldberg," *BusinessWeek*, April 23–29, 2012, 96.
42. Gumusay, "Embracing Religion in Moral Theories."
43. Bargmann, "Lead With Purpose," *INC.*, May/June 2020, 54–56.
44. Schyns, Wisse, and Sanders, "Shady Strategic Behavior."
45. Snapchat ad, *BusinessWeek*, October 5, 2020, 12.
46. F. Gino, "The Surprising Strategy for Nailing a Job Interview," *The Wall Street Journal*, June 15, 2020, R3.
47. Weber and Cutter, "Into the Fray."
48. Northouse, *Theory and Practice.*
49. M. T. Claes, "Learning Other Cultures," *BizEd*, March/April 2020, 47–50.
50. D. McClelland, *The Achieving Society* (New York: Van Nostrand Reinhold, 1961); and D. McClelland and D. H. Burnham, "Power Is the Great Motivator," *Harvard Business Review*, March/April 1978, 103.
51. QED: The Accreditation Experts, "Thursday Thoughts," email received May 14, 2020.
52. Harrison, Thurgood, Boivie, and Pearrer, "Perception Is Reality."
53. D. C. McClelland and R. E. Boyatzis, "Leadership Motive Pattern and Long-Term Success in Management," *Journal of Applied Psychology* 6 (1982): 737–43.
54. D. C. McClelland, *Human Motivation* (Glenview, IL: Scott Foresman, 1985).
55. Reshma Suajani, "About," https://reshmasaujani.com/about/.
56. Schyns, Wisse, and Sanders, "Shady Strategic Behavior."
57. D. McGregor, *Leadership and Motivation* (Cambridge, MA: MIT Press, 1966).
58. Mind Tools, "Comparing Theory X and Theory Y," www.mindtools.com, accessed January 3, 2021.
59. S. Nurmohamed, "The Underdog Effect: When Low Expectations Increase Performance," *Academy of Management Journal* 63, no. 4 (2020): 1106–1133.
60. J. Depeters, "An Employee-First Philosophy for a Family Company," *Fortune*, March 2020, 120.

61. Blanchard, *Leading at a Higher Level.*
62. J. Billsberry, Book and Resource Review, *Academy of Management Learning & Education* 19, no. 3 (2020): 114–116.
63. Schyns, Wisse, and Sanders, "Shady Strategic Behavior."
64. M. Kelly, *Perfectly Yourself* (Beacon, 2017).
65. Zig Ziglar, www.zigziglar.com.
66. Northouse, *Theory and Practice.*
67. Ibid.
68. Gumusay, "Embracing Religion in Moral Theories."
69. O. N. Solinger, P. G. W. Jansen, and J. P. Cornelissen, "The Emergence of Moral Leadership," *Academy of Management Review* 45, no. 3 (2020): 504–527.
70. Northouse, *Theory and Practice.*
71. Blanchard, *Leading at a Higher Level.*
72. Northouse, *Theory and Practice.*
73. Staff, "Ethics at Work," *BizEd*, May/June 2020, 11.
74. Crisp survey results, "Ethics Is Priority No. 1," reported in *BizEd*, May/June 2020, 15.
75. Bargmann, "Lead With Purpose."
76. S. Bing, "Does the Truth Matter?" *Fortune*, May 1, 2016, 136.
77. A. C. Cosper, "Meeting Fear's Antidote: Hope," *Entrepreneur*, January 2016, 10.
78. D. Paul, "Weinstein Sentenced to 23 Years in Prison for Sexual Assaults," *The Wall Street Journal*, March 12, 2020, A1, A2.
79. D. Chandler, F. Polidoro, and W. Yang, "When Is It Good to Be Bad? Contrasting Effects of Multiple Reputations for Bad Behavior on Media Coverage of Serious Organizational Errors," *Academy of Management Journal* 63, no. 5 (2020): 1652–1678.
80. Y. Dewan and M. Jensen, "Catching the Big Fish: The Role of Scandals in Making Status Liability," *Academy of Management Journal* 63, no. 2 (2020): 386–410.
81. E. Henning and B. Kammel, "Wanted: The Man Who Made $2 Billion Disappear," *BusinessWeek*, November 16, 2020, 32–35.
82. Public Media, "Playing by the Rules: Ethics at Work," www.wliw.org/ethics, accessed January 3, 2021.
83. Sherf, Venkataramani, and Gajendran, "Too Business to Be Fair?"
84. Staff, "Trust From the Boss Works Best When It Matches Expectations," *Academy of Management Insights Newsletter*, September 2020, https://journals.aom.org/doi/full/10.5465/amj.2018.0334.summary.
85. Editors, "From That's Interesting to That's Important," *Academy of Management Journal* 63, no. 2 (2020): 329–331.
86. T. J. Quigley, T. D. Hubbard, A. Ward, and S. D. Graffin, "United Consequences: Information Releases and CEO Stock Option Grants," *Academy of Management Journal* 63, no. 1 (2020): 155–180.
87. Ethisphere Institute, https://www.worldsmostethicalcompanies.com/, accessed December 14, 2020.
88. Staff, "The Global Challenge of Corporate Corruption," *Academy of Management Insights Newsletter*, September 2020, https://journals.aom.org/doi/full/10.5465/annals.2018.0156.summary, accessed December 8, 2020.
89. GE website, www.ge.com, accessed December 8, 2020.
90. D. Ariely, "Why We Lie," *Wall Street Journal*, May 26–27, 2012, C1–C2.
91. S. D. Levitt and S. J. Dubner, "Super Freakonomics: Global Cooling, Patriotic Prostitutes, and Why Suicide Bombers Should Buy Life Insurance." *Academy of Management Perspectives* 25, no. 2 (2011): 86–87.
92. S. G. Lazzarini, "The Nature of the Social Firm: Alternative Organizational Forms for Social Value Creation and Appropriation," *Academy of Management Review* 45, no. 3 (2020): 620–645.
93. Quigley, Hubbard, Ward, and Graffin, "United Consequences: Information Releases."
94. Gumusay, "Embracing Religion in Moral Theories."
95. Schyns, Wisse, and Sanders, "Shady Strategic Behavior."
96. Gumusay, "Embracing Religion in Moral Theories."
97. R. L. Dufresne and E. H. Offstein, "Holistic and Intentional Student Character Development Process: Learning from West Point," *Academy of Management Learning & Education* 11, no. 4 (2012): 570–590.
98. Gumusay, "Embracing Religion in Moral Theories."
99. Staff, "The Global Challenge of Corporate Corruption."
100. Ibid.
101. J. Baum, "Counting on Dishonesty," *Academy of Management Perspectives* 32, no. 4 (2018): 423–425.
102. G. D. L. Reyes, T. W. Kim, and G. R. Weaver, "Teaching Ethics in Business Schools: A Conversation on Disciplinary Differences, Academic Provincialism, and the Case for Integrated Pedagogy," *Academy of Management Learning & Education* 16, no. 2 (2017): 314–336.
103. Staff, "The Global Challenge of Corporate Corruption."
104. G. Racko, K. Strauss, and B. Burchell, "Economic Education and Value Change: The Role of Program-Normative Homogeneity and Peer Influence," *Academy of Management Learning & Education* 16, no. 3 (2017): 373–392.
105. W. H. Hanson, et al., "Theory of Moral Development of Business Students: Case Studies in Brazil, North American, and Morocco," *Academy of Management Learning & Education* 16, no. 3 (2017): 393–414.
106. News story, *NPR*, aired March 28, 2017.
107. New story, *NPR*, aired September 7, 2016.
108. P. Hibbert, N. Beech, and F. Siedlok, "Leadership Formation: Interpreting Experience," *Academy of Management Learning & Education* 16, no. 4 (2017): 603–622.
109. T. Zhang, F. Gino, and J. D. Margolis, "Does Could Lead to Good? On the Road to Moral Insight," *Academy of Management Journal* 61, no. 3 (2018): 857–895.
110. D. A. Waldman, D. Wang, S. T. Hannah, and P. A. Balthazard, "A Neurological and Ideological Perspective of Ethical Leadership," *Academy of Management Journal* 60, no. 4 (2017): 1285–1306.
111. Solinger, Jansen, and Cornelissen, "The Emergence of Moral Leadership."
112. Reyes, Kim, and Weaver, "Teaching Ethics in Business Schools."
113. Rotary International, https://www.rotary.org/en/about-rotary, accessed December 14, 2020.
114. Gumusay, "Embracing Religion in Moral Theories."
115. Blanchard, *Leading at a Higher Level.*
116. M. M. Luciano, J. D. Nahrgang, and C. Shropshire, "Strategic Leadership Systems: Viewing Top Management Teams and Boards of Directors from a Multiteam System Perspective," *Academy of Management Review* 45, no. 3 (2020): 675–701.
117. Quigley, Hubbard, Ward, and Graffin, "United Consequences: Information Releases."
118. Zhang, Gino, and Margolis, "Does Could Lead to Good?"
119. B. C. Gunia, L. Wang, L. Huang, J. Wang, and J. K. Murnighan, "Contemplation and Conversation: Subtle Influences on Moral Decision Making." *Academy of Management Journal* 55, no. 1 (2012): 13–33.

120. “World’s Most Ethical Companies,” http://ethisphere.com, accessed December 14, 2020.

121. M. G. Grimes, T. A. Williams, and E. Y. Zhao, “Anchors Aweigh: The Sources, Variety, and Challenges of Mission Drift,” *Academy of Management Review* 44, no. 4 (2019): 819–845.

122. Schyns, Wisse, and Sanders, “Shady Strategic Behavior.”

123. Dewan and Jensen, “The Role of Scandals in Making Status Liability.”

124. Staff, “Ethics at Work.”

125. A. Gupta, F. Briscoe, and D. C. Hambrick, “Evenhandedness in Resource Allocation: Its Relationship With CEO Ideology, Organizational Discretion, and Firm Performance,” *Academy of Management Journal* 61, no. 5 (2018): 1848–1868.

126. Waldman, Wang, Hannah, and Balthazard, “A Neurological and Ideological Perspective.”

127. Blanchard, *Leading at a Higher Level.*

128. S. D. Desai and M. Kouchaki, “Moral Symbols: A Necklace of Garlic Against Unethical Requests,” *Academy of Management Journal* 60, no. 1 (2017): 7–28.

129. Staff, “Ethics at Work.”

130. Waldman, Wang, Hannah, and Balthazard, “A Neurological and Ideological Perspective.”

131. Public Media, “Playing by the Rules: Ethics at Work.”

132. S. Bryant and K. Wong, “Gravity Payments: Setting the World or Itself on Fire?” *Journal of Case Research and Inquiry* 3 (2017): 3–27.

133. Ibid.

134. Ibid.

135. J. Hahn, “CEO Dan Price, Who Gave Employees $70K Salary, Reveals ‘Aggressive’ Advice to Raise Your Income,” *People*, February 4, 2020, https://www.yahoo.com/entertainment/ceo-dan-price-gave-employees-153417523.html.

136. D. Kahneman and A. Deaton, “High Income Improves Evaluation of Life but Not Emotional Well-Being,” *Proceedings of the National Academy of Sciences of the United States of America* 107, no. 38 (September 21, 2010): 16489–16493, https://doi.org/10.1073/pnas.1011492107.

137. Highlights Blog, “News From Gravity, Dan Price,” *Gravity Payments*, Gravitypayments.com, accessed April 13, 2020.

138. Hahn, “CEO Dan Price, Who Gave Employees $70K Salary.”

139. Ibid.

140. K. Weise, “The CEO Paying Everyone $70,000 Salaries Has Something to Hide: Inside the Viral Story of Gravity CEO Dan Price,” *Bloomberg Businessweek*, December 1, 2015, https://www.bloomberg.com/features/2015-gravity-ceo-dan-price/.

141. S. Rodrick, “The Prophet Motive: Is Dan Price a Sinner or a Savior?” *Esquire*, August 3, 2016, https://www.esquire.com/lifestyle/a46922/dan-price-the-prophet-motive-esq-2016/.

142. P. Keegan, “Is Dan Price Being Unfairly Accused? A Widely Cited Story Claims That Price Had an Ulterior Motive for Raising His Company’s Minimum Wage to $70,000. But the Claim Doesn’t Add Up,” *Inc.*, December 5, 2015, https://www.inc.com/paul-keegan/dan-pricefollowup.html.

143. Ibid.

144. For more information on Zig Ziglar training, go to www.ziglar.com.

3장

1. S. Lin, B. A. Scott, and F. K. Matta, “The Dark Side of Transformational Leaders Behaviors for Leaders Themselves: A Conservation of Resources Perspective,” *Academy of Management Journal* 62, no. 5 (2019): 1556–1582.

2. J. Bargmann, “Lead With Purpose,” *Inc.*, May/June 2020, 54–56.

3. Cengage, “Employers Want Business School Grads With these Skills,” *Your Higher Ed Must Read*, November 14, 2019, received via email.

4. National Association of Colleges and Employers. “What Is Career Readiness?” https://www.naceweb.org/career-readiness/competencies/career-readinessdefined/, accessed January 4, 2021.

5. Lin, Scott, and Matta, “The Dark Side of Transformational Leaders.”

6. B. Schyns, B. Wisse, and S. Sanders, “Shady Strategic Behavior: Recognizing Strategic Followership of Dark Triad Followers,” *Academy of Management Perspectives* 33, no. 2 (2019): 234–249.

7. Schyns, Wisse, and Sanders, “Shady Strategic Behavior.”

8. P. G. Northouse, *Leadership: Theory and Practice* (Thousand Oaks, CA: SAGE, 2019).

9. M. M. Frank and M. Morse, “Training the Tri-Sector Athlete,” *BizEd*, July/August 2020, 50–51.

10. M. T. Claes, “*Learning Other Cultures*,” *BizEd*, March/April 2020, 47–50.

11. Will Durant (attributed to Aristotle).

12. K. Lewin, R. Lippitt, and R. K. White, “Patterns of Aggressive Behavior in Experimentally Created Social Climates,” *Journal of Social Psychology* 10 (1939): 271–301.

13. E. Fata, *5 Examples of Autocratic Leadership in Action, Starting Business*, November 24, 2019, https://www.startingbusiness.com/blog/autocratic-examples.

14. G. Yukl, “Effective Leadership Behavior: What We Know and What Questions Need More Attention,” *Academy of Management Perspectives* 26, no. 4 (2012): 66–85.

15. Northouse, *Leadership: Theory and Practice.*

16. R. Likert, *New Patterns of Management* (New York: McGraw-Hill, 1961).

17. R. M. Stogdill and A. E. Coons, eds., *Leader Behavior: Its Description and Measurement* (Columbus: Ohio State University Bureau of Business Research, 1957).

18. C. Cutter and R. Feintzeig, “Smile, Your Boss Is Tracking Your Happiness,” *The Wall Street Journal* (March 7–8, 2020): B1, B6.

19. K. Blanchard, *Leading at a Higher Level* (Pearson, 2019).

20. Northouse, *Leadership: Theory and Practice.*

21. R. Blake and J. Mouton, *The Managerial Grid* (Houston, TX: Gulf Publishing, 1964); R. Blake and J. Mouton, *The New Managerial Grid* (Houston, TX: Gulf Publishing, 1978); R. Blake and J. Mouton, *The Managerial Grid III: The Key to Leadership Excellence* (Houston, TX: Gulf Publishing, 1985); and R. Blake and A. A. McCanse, *Leadership Dilemmas—Grid Solutions* (Houston, TX: Gulf Publishing, 1991); R. Blake and J. Mouton, “The Managerial Grid,” *Thinkers*, March 2002.

22. E. Grijalva, T. D. Maynew, K. L. Badura, and S. W. Whiting,” Examining the I in Team: A Longitudinal Investigation of the Influence of Team Narcissism Composition on Team Outcomes in the NBA,” *Academy of Management Journal* 63, no. 1 (2020): 7–33.

23. B. M. Fisher and J. E. Edwards, “Consideration and Initiating Structure and Their Relationship With Leader Effectiveness: A Meta-Analysis,” *Proceeding of the Academy of Management* (August 1988): 201–205.

24. National Association of Colleges and Employers. "What Is Career Readiness?" https://www.naceweb.org/career-readiness/competencies/career-readinessdefined/, accessed January 4, 2021.

25. Bargmann, "Lead With Purpose," 54–58.

26. P. Lencioni, "Margin Note," *Inc.*, May/June 2020, 57.

27. Staff, "Solitude," *Forbes*, November 2020, 156.

28. Lin, Scott, and Matta, "The Dark Side of Transformational Leaders."

29. S. Walker, "How Drained Bosses Can Find New Energy," *The Wall Street Journal* (January 9–10, 2021): B1, B4.

30. Lin, Scott, and Matta, "The Dark Side of Transformational Leaders."

31. M. Aspan, "How the Star of Netflix's Smash Hit 'Salt Fat Acid Heat' Learned to Tame Her Temper—and Become a Better Boss, Inc." (July/August 2019), https://www.inc.com/magazine/201908/maria-aspan/saminnosrat-salt-fat-acid-heat-netflix-chef-better-boss.html.

32. Ibid.

33. A. Dizik, "The Problem With Very Engaged Employees," *The Wall Street Journal*, August 12, 2019, 7.

34. Schyns, Wisse, and Sanders, "Shady Strategic Behavior."

35. Blanchard, *Leading at a Higher Level.*

36. S. Shellenbarger, "Why Perks No Longer Cut It for Workers," *The Wall Street Journal*, December 4, 2018, R9.

37. Lin, Scott, and Matta, "The Dark Side of Transformational Leaders Behaviors for Leaders."

38. Akinola, Kapadia, Lu, and Mason, "Incorporating Physiology Into Creativity Research and Practice." *Academy of Management Perspectives* 33, no. 2 (2019): 163–184.

39. K. Ehrhardt and B. R. Ragins, "Relational Attachment at Work: A Complementary Fit Perspective on the Role of Relationships in Organizational Life," *Academy of Management Journal* 62, no. 1 (2019): 248–282.

40. Cutter and Feintzeig, "Smile, Your Boss Is Tracking Your Happiness."

41. Ehrhardt and Ragins, "Relational Attachment at Work."

42. S. Brammer, L. Branicki, and M. K. Linnenluecke, "COVID-19, Socialization, and the Future of Business in Society," *The Academy of Management Perspectives* 34, no. 4 (2020): 493–507.

43. B. Bendell, D. M. Sullivan, and S. Ornstein, "How Fear of Looming Megacatastrophes Alters Entrepreneurial Activity Rates Through Psychological Distance," *The Academy of Management Perspectives* 34, no. 4 (2020): 585–602.

44. S. Walker, "How Drained Bosses Can Find New Energy."

45. Staff, "Dialogue," *The Academy of Management Review* 4, no. 2 (2019): 450–460.

46. E. N. Williams, "How Nike Started a Sneaker Arms Race," *BusinessWeek*, November 18, 2019, 16–17.

47. T. Bridgman, S. Cummings, and J. Ballard, "Who Built Maslow's Pyramid? A History of the Creation of Management Studies' Most Famous Symbol and Its Implications for Management Education," *Academy of Management Learning & Education* 18, no. 1 (2019): 81–98.

48. Ehrhardt and Ragins, "Relational Attachment at Work."

49. A. Maslow, "A Theory of Human Motivation," *Psychological Review* 50 (1943): 370–396.

50. Bridgman, Cummings, and Ballard, "Who Built Maslow's Pyramid?"

51. Ibid.

52. Ibid.

53. T. A. Foulk et al., "Heavy Is the Head That Wears the Crown: An Actor-Centeric Approach to Daily Psychological Power, Abusive Leader Behavior, and Perceived Incivility," *Academy of Management Journal* 61, no. 2 (2018): 661–684.

54. "Using the Maslow Hierarchy of Needs Theory," *Mind Tools*, www.mindtools.com, accessed January 5, 2021.

55. Ehrhardt and Ragins, "Relational Attachment at Work."

56. F. Herzberg, "The Motivation-Hygiene Concept and Problems of Manpower," *Personnel Administrator* (1964): 3–7; and F. Herzberg, "One More Time: How Do You Motivate Employees?" *Harvard Business Review*, January–February 1968, 53–62.

57. J. Shin and A. M. Grant, "Bored by Interests: How Intrinsic Motivation in One Task Can Reduce Performance on Other Tasks," *Academy of Management Journal* 62, no. 2 (2019): 415–436.

58. Ibid.

59. A. A. Gumusay, "Embracing Religion in Moral Theories of Leadership," *Academy of Management Perspectives* 33, no. 3 (2019): 292–306.

60. L. Belanger, "Happy Workers Help These Chains Thrive," *Fortune*, December 2020/January 2021, 34.

61. Cutter and Feintzeig, "Smile, Your Boss Is Tracking Your Happiness."

62. J. Depeters, "An Employee-First Philosophy for a Family Company," *Fortune*, March 2020, 120.

63. Staff, "Dialogue."

64. K. C. Yam, A. C. Klotz, W. He, and S. J. Reynolds, "From Good Soldiers to Psychologically Entitled: Examining When and Why Citizenship Behavior Leads to Deviance," *Academy of Management Journal* 60, no. 1 (2017): 373–396.

65. L. Ramarajan, N. P. Rothbard, and S. L. Wilk, "Discordant vs. Harmonious Selves: The Effects of Identity Conflict and Enhancement on Sales Performance in Employee-Customer Interactions," *Academy of Management Journal* 60, 6 (2017): 2208–2238.

66. Gumusay, "Embracing Religion in Moral Theories."

67. Blanchard, *Leading at a Higher Level.*

68. Staff, "Dialogue."

69. P. Cappelli, "The Mistakes Firms Make With Hiring," *The Wall Street Journal*, February 25, 2019, R5.

70. Cutter and Feintzeig, "Smile, Your Boss Is Tracking Your Happiness."

71. Ehrhardt and Ragins, "Relational Attachment at Work."

72. R. Wartzman and L. Crosby, "The Link between Pay and Job Satisfaction Comes With a Twist," *The Wall Street Journal*, April 12, 2019, R6.

73. L. L. Zhang, E. George, and P. Chattopadhyay, "Not in My Pay Grade: The Relational Benefits of Pay Grade Dissimilarity," *Academy of Management Journal* 63, no. 3 (2020): 779–801.

74. R. D. Rozin and M. Pitesa, "Motivation Purity Bias: Expression of Extrinsic Motivation Undermines Perceived Intrinsic Motivation and Engenders Bias in Selection Decisions," *Academy of Management Journal* 63, no. 6 (2020): 1840–1864.

75. Bridgman, Cummings, and Ballard, "Who Built Maslow's Pyramid?"

76. Shin and Grant, "Bored by Interests."

77. J. I. Menges, D. V. Tussing, A. Wihler, and A. M. Grant, "When Job Performance Is All Relative: How Family Motivation Energizes Effort and Compensates for Intrinsic Motivation," *Academy of Management Journal* 60, no. 2 (2017): 695–719.

78. D. McClelland, *The Achieving Society* (New York: Van Nostrand Reinhold, 1961); D. McClelland and D. H. Burnham, "Power Is

the Great Motivator," *Harvard Business Review*, March/April 1978, 103.

79. A. Hirschi, K. M. Shockley, and H. Zacher, "Achieving Work-Family Balance: An Action Regulation Model," *Academy of Management Review* 44, no. 1 (2019): 150–171.

80. T. L. Duman and J. E. P. Smith, "The Paradox of Family Structure and Plans After Work: Why Single Childless Employees May Be the Least Absorbed at Work," *Academy of Management Journal* 61, no. 4 (2018): 1231–1252.

81. L. M. Leslie, E. B. King, and J. A. Clair, "Work-Life Ideologies: The Contextual Basis and Consequences of Beliefs about Work and Life," *Academy of Management Review* 44, no. 1 (2019): 72–98.

82. Cappelli, "The Mistakes Firms Make With Hiring."

83. Cengage, "Employers Want Business School Grads With These Skills."

84. K. R. Gisbon, "Can I Tell You Something? How Disruptive Self-Disclosure Changes Who We Are," *Academy of Management Review* 43, no. 4 (2018): 570–589.

85. L. Weber, "Overtime Pay for Answering Late-Night Emails," *The Wall Street Journal*, May 21, 2015, B1, B6.

86. Staff, "In Brief, Jack Ma," *BusinessWeek*, April 22, 2019, 9.

87. K. Schaefer, "Feel the Burnout," *BusinessWeek*, March 27–April 2, 2017, 68–69.

88. Staff, "Dialogue."

89. Staff, "Trust From the Boss Works Best When It Matches Expectations," *Academy of Management Insights Newsletter*, September 2020, https://journals.aom.org/doi/full/10.5465/amj.2018.0334.summary.

90. J. S. Adams, "Toward an Understanding of Inequity," *Journal of Abnormal and Social Psychology* 67 (1963): 422–436.

91. J. Koopman et al., "My Coworkers Are Treated More Fairly Than Me! A Self-Regulatory Perspective on Justice Social Comparisons," *Academy of Management Journal* 63, no. 3 (2020): 857–80.

92. E. N. Sherf, V. Venkataramani, and R. S. Gajendran, "Too Business to Be Fair? The Effect of Workload and Rewards on Managers' Justice Rule Adherence," *Academy of Management Journal* 62, no. 2 (2019): 469–502.

93. M. D. Baer, "Pacification or Aggravation? The Effects of Talking About Supervisor Unfairness," *Academy of Management Journal* 61, no. 5 (2018): 1764–1788.

94. Zhang, George, and Chattopadhyay, "Not in My Pay Grade."

95. Koopman et al., "My Coworkers Are Treated More Fairly Than Me!"

96. V. Vroom, *Work and Motivation* (New York: John Wiley & Sons, 1964).

97. M. S. Mitchell, R. L. Greenbaum, R. M. Vogel, M. B. Mawritz, and D. J. Keating, "Can You Handle the Pressure? The Effect of Performance Pressure on Stress Appraisal, Self-Regulation, and Behavior," *Academy of Management Journal* 62, no. 2 (2019): 531–552.

98. J. Calabrese, "Margin Note," *Inc.*, May/June, 56.

99. ConantLeadership, "26 Tough-Minded Leadership Quotes for Better Performance" (January 23, 2017), https://conantleadership.com/26-tough-minded-leadershipquotes-performance/.

100. Ehrhardt and Ragins, "Relational Attachment at Work."

101. D. White, "Margin Note," *Inc.*, May/June, 58.

102. Cengage, *The People Factor: Uniquely Human Skills Tech Can't Replace at Work* (Cengage, 2019).

103. S. Nurmohamed, "The Underdog Effect: When Low Expectations Increase Performance," *Academy of Management Journal* 63(4) (2020): 1106–1133.

104. Blanchard, *Leading at a Higher Level.*

105. Nurmohamed, "The Underdog Effect."

106. S. D. Charlier, "Incorporating Evidence-Based Management Into Management Curricula: A Conversation With Gary Latham," *Academy of Management Learning & Education* 13, no. 3 (2014): 467–475.

107. A. Gupta, F. Briscoe, and D. C. Hambrick, "Evenhandedness in Resource Allocation: Its Relationship With CEO Ideology, Organizational Discretion, and Firm Performance," *Academy of Management Journal* 61, no. 5 (2018): 1848–1868.

108. H. R. Greve and C. M. Zhang, "Institutional Logics and Power Sources: Merger and Acquisition Decisions," *Academy of Management Journal* 60, no. 2 (2017): 671–694.

109. K. Lanaj, T. A. Foulk, and J. R. Hollenbeck, "The Benefits of Not Seeing Eye to Eye With Leadership: Divergence in Risk Preferences Impacts Multiteam System Behavior and Performance," *Academy of Management Journal* 61, no. 4 (2018): 1554–1582.

110. Walker, "How Drained Bosses Can Find New Energy."

111. Blanchard, *Leading at a Higher Level.*

112. Ibid.

113. E. Canal, "Rising and Grinding With Daymond John," *Inc.*, March/April 2018.

114. Z. Turner, "Aldi Bets Limited Choice Will Lure U.S. Shopper," *The Wall Street Journal*, September 22, 2017, A1, A9.

115. B. Foldy, "Investors Push Auto Makers on Electric Cars," *The Wall Street Journal*, July 20, 2020, B1.

116. J. Chaussee, "Briefs," *BusinessWeek*, August 3–9, 2015, 25.

117. Blanchard, *Leading at a Higher Level.*

118. Harnish, "5 Crucial Performance Metrics," *Fortune*, August 1, 2016, 32.

119. A. Samuel, "The Power of Personal Metrics," *The Wall Street Journal*, March 6, 2020, R11.

120. Blanchard, *Leading at a Higher Level.*

121. B. F. Skinner, *Beyond Freedom and Dignity* (New York: Alfred A. Knopf, 1971).

122. Mitchell et al., "Can You Handle the Pressure?"

123. S. G. Lazzarini, "The Nature of the Social Firm: Alternative Organizational Forms for Social Value Creation and Appropriation," *Academy of Management Review* 45, no. 3 (2020): 620–645.

124. T. J. Quigley, T. D. Hubbard, A. Ward, and S. D. Graffin, "United Consequences: Information Releases and CEO Stock Option Grants," *Academy of Management Journal* 63, no. 1 (2020): 155–180.

125. Staff, "The Global Challenge of Corporate Corruption," *Academy of Management Insights Newsletter,* September 2020, https://journals.aom.org/doi/full/10.5465/annals.2018.0156.summary.

126. E. N. Sherf, V. Venkataramani, and R. S. Gajendran, "Too Business to Be Fair? The Effect of Workload and Rewards on Managers' Justice Rule Adherence," *Academy of Management Journal* 62, no. 2 (2019): 469–502.

127. O. Woodward, "Marin Quote," *Inc.*, May/June 2020, 58.

128. Mitchell et al., "Can You Handle the Pressure?"

129. White, "Margin Note."

130. Shellenbarger, "Why Perks No Longer Cut It for Workers."

4장

1. G. Ertug, R. Kotha, and P. Hedstrom, "Kin Ties and the Performance of New Firms: A Structural Approach," *Academy of Management Journal* 63, no. 6 (2020): 1893–1922.
2. E. G. Helzer and S. H. Kim, "Creativity for Workplace Well-Being," *The Academy of Management Perspectives* 33, no. 2 (2019): 134–147.
3. R. McBride and M. D. Packard, "On the Ontology of Action: Actors and Not Abstractions," *Academy of Management Review* 46, no. 1 (2021): 211–214.
4. B. Schyns, B. Wisse, and S. Sanders, "Shady Strategic Behavior: Recognizing Strategic Followership of Dark Triad Followers," *Academy of Management Perspectives* 33, no. 2 (2019): 234–249.
5. S. Lin, B. A. Scott, and F. K. Matta, "The Dark Side of Transformational Leaders Behaviors for Leaders Themselves: A Conservation of Resources Perspective," *Academy of Management Journal* 62, no. 5 (2019): 1556–1582.
6. R. L. Sutton, "Bosses, Get Out of Your Employees' Way," *The Wall Street Journal*, October 28, 2019, R3.
7. A. Tangel and D. Cameron, "Boeing Ousts CEO Amid Crisis," *The Wall Street Journal*, December 24, 2019, A1, A7.
8. D. Seetharaman and E. Glazer, "Zuckerberg Asserts Power at Facebook," *The Wall Street Journal*, April 19, 2020, A1, A12.
9. K. Grind and G. Wells, "Twitter CEO's Hands-Off Style Comes Under Pressure," *The Wall Street Journal*, October 28, 2020, A1, A10.
10. "Kendra Scott Steps Down as CEO of Billion-Dollar Austin Jewelry Company," *ABC13*, February 3, 2021, https://abc13.com/kendra-scott-steps-down-as-ceoboss-of-jewelry-local-business/10255737/.
11. Staff, "Under Armour's Plank," *The Wall Street Journal*, October 23, 2019, A1.
12. C. I. C. Farh, K. Lanaj, and R. Ilies, "Resource-Based Contingencies of When Team-Member Exchange Helps Member Performance in Teams," *Academy of Management Journal* 60, no. 3 (2017): 1117–1137.
13. Helzer and Kim, "Creativity for Workplace Well-Being."
14. McBride and Packard, "On the Ontology of Action."
15. Ertug, Kotha, and Hedstrom, "Kin Ties and the Performance of New Firms."
16. S. P. Shapiro, "Standing in Another's Shoes: How Agents Make Life-and-Death Decisions for Their Principals," *Academy of Management Perspectives* 4, no. 4 (2016): 404–427.
17. Staff, "BrandVoice with ADP," *Forbes*, April 25, 2017, 76–77.
18. P. Hibbert, N. Beech, and F. Siedlok, "Leadership Formation: Interpreting Experience," *Academy of Management Learning & Education* 16, no. 4 (2017): 603–622.
19. G. Soenen, T. Melkonian, and M. L. Ambrose, "To Shift or Not to Shift? Determinants and Consequences of Phase Shifting on Justice Judgments," *Academy of Management Journal* 60, no. 2 (2017): 798–817.
20. J. Bussey, "Leadership Lessons From the Generals," *The Wall Street Journal*, December 12, 2014, R10.
21. S. M. B. Thatcher, "Editor's Comments: Intentional Inclusion of Divers Voices and Global Perspectives at AMR," *Academy of Management Review* 46, no. 1 (2021): 1–5.
22. D. Collinson and D. Tourish, "Teaching Leadership Critically: New Directions for Leadership Pedagogy," *Academy of Management Learning & Education* 14, no. 4 (2015): 576–594.
23. R. J. Reichard, S. A. Serrano, M. Condren, N. Wilder, M. Dollwet, and W. Wang, "Engaging in Cultural Trigger Events in the Development of Cultural Competence," *Academy of Management Learning & Education* 14, no. 4 (2015): 461–481.
24. D. Gebert, C. Buengeler, and K. Heinitz, "Tolerance: A Neglected Dimension in Diversity Training?" *Academy of Management Learning & Education* 16, no. 3 (2017): 415–438.
25. M. Whitman, "Most Powerful Women Advice," *Fortune*, November 17, 2014, 149.
26. A. Wolfe, "Jack and Suzy Welch," *The Wall Street Journal*, February 21–22, 2015, C11.
27. M. T. Claes, "*Learning Other Cultures*," *BizEd*, March/April 2020, 47–50.
28. V. Pereira, Y. Temouri, S. Patnaik, and K. Mellahi, "Managing and Preparing for Emerging Infectious Diseases: Avoiding a Catastrophe," *The Academy of Management Perspectives* 34, no. 4 (2020): 480–492.
29. S. Brammer, L. Branicki, and M. K. Linnenluecke, "COVID-19, Socialization, and the Future of Business in Society," *The Academy of Management Perspectives* 34, no. 4 (2020): 493–507.
30. B. Bendell, D. M. Sullivan, and S. Ornstein, "How Fear of Looming Megacatastrophes Alters Entrepreneurial Activity Rates Through Psychological Distance," *The Academy of Management Perspectives* 34, no. 4 (2020): 585–602.
31. S. L. Jarvenpaa and L. Valikangas, "Advanced Technology and End-Time in Organizations: A Doomsday for Collaborative Creativity?" *The Academy of Management Perspectives* 34, no. 4 (2020): 566–584.
32. F. Ciabuschi, E. Baraldi, and O. Lindahl, "Joining Forces to Prevent the Antibiotic Resistance Doomsday Scenario: The Rise of International Multisectoral Partnerships as a New Governance Model," *The Academy of Management Perspectives* 34, no. 4 (2020): 458–479.
33. I. Hideg, K. A. DeCelles, and L. Tihanyi, "Publishing Practical and Responsible Research in AMJ," *Academy of Management Journal* 63, no. 6 (2020): 1681–1686.
34. Worldometer, https://www.worldometers.info/worldpopulation/, accessed January 22, 2021.
35. F. E. Fiedler, *A Theory of Leadership Effectiveness* (New York: McGraw-Hill, 1967); F. E. Fiedler and M. M. Chemers, *Improving Leadership Effectiveness: The Leader Match Concept*, 2nd ed. (New York: Wiley, 1982).
36. M. J. Strube and J. E. Garcia, "A Meta-Analytical Investigation of Fiedler's Contingency Model of Leadership Effectiveness," *Psychology Bulletin* 90 (1981): 307–321; L. H. Peters, D. D. Hartke, and J. T. Pohlmann, "Fiedler's Contingency Theory of Leadership: An Application of the Meta-Analysis Procedure of Schmidt and Hunter," *Psychological Bulletin* 97 (1985): 274–285.
37. F. E. Fiedler, "A Rejoinder to Schriesheim and Kerr's Pre-mature Obituary of the Contingency Model," in *Leadership: The Cutting Edge*, eds. J. G. Hunt and L. L. Larson (Carbondale: Southern Illinois University Press, 1977), 45–50; and F. E. Fiedler, "The Contingency Model: A Reply to Ashour," *Organizational Performance and Human Behavior* 9 (1973): 356–368.
38. R. Tannenbaum and W. H. Schmidt, "How to Choose a Leadership Pattern," *Harvard Business Review*, March–April 1958, 95–101; R. Tannenbaum and W. H. Schmidt, "How to Choose a Leadership Pattern," *Harvard Business Review*, May–June 1973, 166; R. Tannenbaum and W. H. Schmidt, excerpts from "How to Choose a Leadership Pattern," *Harvard Business Review*, July–August 1986, 129.
39. R. J. House, "A Path-Goal Theory of Leader Effectiveness," *Administrative Science Quarterly* 16, no. 2 (1971): 321–329; M. G. Evans, "The Effects of Supervisory Behavior on the Path-Goal Relationship," *Organizational Behavior and Human Performance*

5 (1970): 277–298; and R. N. House and R. J. Aditya, "The Social Scientific Study of Leadership: Quo Vadis?" *Journal of Management* 23, May–June 1997, 409–474.

40. Sensis, "5 Leadership Lessons From Gail Kelly," https://www.sensis.com.au/learn/5-leadership-lessons-from-gail-kelly, accessed May 12, 2021.

41. J. C. Wofford and L. Z. Liska, "Path-Goal Theories of Leadership: A Meta-Analysis," *Journal of Management* 19 (1993): 858–876; P. M. Podsakoff, S. B. MacKenzie, M. Ahearne, and W. H. Bommer, "Searching for a Needle in a Haystack: Trying to Identify the Illusive Moderators of Leadership Behavior," *Journal of Management* 21 (1995): 423–470.

42. V. H. Vroom and P. W. Yetton, *Leadership and Decision Making* (Pittsburgh: University of Pittsburgh Press, 1973).

43. V. H. Vroom and A. G. Jago, *The New Leadership: Managing Participation in Organizations* (Englewood Cliffs, NJ: Prentice Hall, 1988).

44. V. H. Vroom, "Leadership and the Decision-Making Process," *Organizational Dynamics* 28 (Spring 2000): 82–94.

45. Ibid.

46. J. B. Miner, "The Uncertain Future of the Leadership Concept: An Overview," in J. G. Hunt and L. L. Larson, eds., *Leadership Frontiers* (Kent, OH: Kent State University, 1975); R. H. G. Field, "A Critique of the Vroom-Yetton Contingency Model of Leadership Behavior," *Academy of Management Review* 4 (1979): 249–257; R. H. G. Field, "A Test of the Vroom-Yetton Normative Model of Leadership," *Journal of Applied Psychology* (October 1982): 523–532; R. H. G. Field, P. C. Read, and J. J. Louviere, "The Effect of Situation Attributes on Decision Method Choice in the Vroom-Jago Model of Participation in Decision Making," *Leadership Quarterly* 1 (1990): 165–176.

47. N. M. Lorinkova, M. J. Pearsall, and H. P. Sims, "Examining the Differential Longitudinal Performance of Directive versus Empowering Leadership in Teams," *Academy of Management Journal* 56, no. 2 (2013): 573–596.

48. S. Kerr and J. Jermier, "Substitutes for Leadership: Their Meaning and Measurement," *Organizational Behavior and Human Performance* 22 (1978): 375–403.

49. P. M. Podsakoff, S. B. MacKenzie, and W. H. Bommer, "Meta-Analysis of the Relationships Between Kerr and Jermier's Substitutes for Leadership and Employee Job Attitudes, Role Perceptions, and Performance," *Journal of Applied Psychology* 81 (August 1996): 380–400.

5장

1. M. Thaning, "Introduction to Exemplary Contributions," *Academy of Management Learning & Education* 19, no. 3 (2020), 406–407.

2. N. Van Quaquebeke and W. Felps, "Respectful Inquiry: A Motivational Account of Leading Through Asking Questions and Listening," *Academy of Management Review* 43, no. 1 (2018): 5–27.

3. Y. J. Kim and J. Kim, "Does Negative Feedback Benefit (or Harm) Recipient Creativity? The Role of the Direction of Feedback Flow," *Academy of Management Journal* 63, no. 2 (2020): 584–612.

4. Slack Communication Company, "8 Ways: To Avoid Misunderstandings, Communication Better, and Get More Done at Work," *Inc.*, Winter 2017/2018, 84–85.

5. A. L. Steinbach, D. L. Gamache, and R. E. Johnson," Don't Get it Misconstrued: Executive Construal-Level Shifts and Flexibility in the Upper Echelons," *Academy of Management Review* 44, no. 4 (2019): 871–895.

6. F. H. Gerpott et al., "It's not just what is Said, but when it's Said: A Temporal Account of Verbal Behaviors and Emergent Leadership in Self-Managed Teams," *Academy of Management Journal* 62, no. 3 (2019): 717–738.

7. Cengage, "Employers Want Business School Grads With These Skills," *Your Higher Ed Must Read*, November 14, 2019, received via email.

8. Cengage, *The People Factor: Uniquely Human Skills Tech Can't Replace at Work* (Cengage, 2019).

9. Staff, "Career Readiness," https://www.naceweb.org/career-readiness/competencies/career-readinessdefined/, accessed January 26, 2021.

10. Cengage, "Are Colleges Preparing Students for the Workforce?" Source Code: M180000761264, report received via email February 18, 2019.

11. B. Shimoni, "What is Resistance to Change? A Habitus-Oriented Approach," *Academy of Management Perspectives* 31, no. 4 (2017): 257–270.

12. S. Lin, B. A. Scott, and F. K. Matta, "The Dark Side of Transformational Leaders Behaviors for Leaders Themselves: A Conservation of Resources Perspective," *Academy of Management Journal* 62, no. 5 (2019): 1556–1582.

13. P. Chattopadhyay, J. Li, and V. Gupta, "Geographical Dissimilarity and Team Member Influence: Do Emotions Experienced in the Initial Team Meeting Matter?," *Academy of Management Journal* 63, no. 6 (2020): 1807–1839.

14. S. Shellenbarger, "Why Perks No Longer Cut it for Workers," *The Wall Street Journal*, December 4, 2018, R9.

15. J. Bargmann, "Lead With Purpose," *Inc.*, May/June 2020, 54–56.

16. I. Hussain et al., "The Voice Bystander Effect: How Information Redundancy Inhibits Employee Voice," *Academy of Management Journal* 62, no. 3 (2019): 828–849.

17. Morning Consult on Behalf of Cengage: Uniquely Human Side in the Era of Automation (Cengage, 2018).

18. J. Johnson, "Seven Career Lessons From Abigail Johnson," https://www.forbes.com/sites/moiraforbes/2013/11/01/seven-career-lessons-from-billionaire-abigail-johnson/?sh=6f95438f76a1.

19. M. S. Thaning et al., "From the Editors: Why Reason, Why Now," *Academy of Management Learning & Education* 19, no. 3 (2020): 259–268.

20. M. T. Claes, "*Learning Other Cultures*," *BizEd*, March/April 2020, 47–50.

21. S. M. B. Thatcher, "Editor's Comments: Intentional Inclusion of Diverse Voices and Global Perspectives at AMR," *Academy of Management Review* 46, no. 1 (2020): 1–5.

22. M. M. Frank and M. Morse, "Training the Tri-Sector Athlete," *BizEd*, July/August 2020, 50–51.

23. M. Graso, T. Reynolds, and S. L. Grover, "Allegations of Mistreatment in an Era of Harm Avoidance: Taboos, Challenges, and Implications for Management," *Academy of Management Perspectives* 34, no. 1 (2020): 1–27.

24. A. Pressman, "The Conversation: Carol Tome," *Fortune*, November 2020, 9–12.

25. M. Greenberg, "What I Learned in the Pandemic," *BusinessWeek*, December 14, 2020, 43.

26. J. Matthews and M. Astoria, "May I Ask Who's Calling," *Inc.*, May/June 2020, 10.

27. R. L. Sutton, "Bosses, Get Out of Your Employees' Way," *The Wall Street Journal*, October 28, 2019, R3.

28. W. Guo, T. Yu, and J. Gimeno, "Language and Competition: Communication Vagueness, Interpretation Difficulties, and Market Entry," *Academy of Management Journal* 60, no. 6 (2017): 2073–2098.

29. R. I. Sutton, "How Bosses Often Waste Their Employees' Time," *The Wall Street Journal*, August 13, 2018, R2.

30. Staff, "Career Readiness," https://www.naceweb.org/career-readiness/competencies/career-readinessdefined/, accessed January 28, 2021.

31. Slack Communication Company, "8 Ways: To Avoid Misunderstandings."

32. Matthews and Astoria, "May I Ask Who's Calling."

33. Slack Communication Company, "8 Ways: To Avoid Misunderstandings."

34. J. S. Clarke, J. P. Cornelissen, and M. P. Healey, "Actions Speak Louder Than Words: How Figurative Language and Gesturing in Entrepreneurial Pitches Influences Investment Judgment," *Academy of Management Journal* 62, no. 2 (2019): 335–360.

35. Greenberg, "What I Learned in the Pandemic."

36. Clarke, Cornelissen, and Healey, "Actions Speak Louder Than Words."

37. Y. Li, "A Semiotic Theory of Institutionalization," *Academy of Management Review* 42, no. 3 (2017): 520–547.

38. J. Prosek, "How Do You Elicit Feedback From Your Team About Your Performance," *Inc.*, July/August 2018, 54.

39. J. Keohane, "Can We Talk," *Entrepreneur*, June 2017, 13–14.

40. A. McConnon, "To Be a Leader, Watch Your Body Language," *The Wall Street Journal*, October 3, 2016, R8.

41. J. K. Oh and C. L. C. Farh, "An Emotional Process Theory of How Subordinates Appraise, Experience, and Respond to Abusive Supervision Over Time," *Academy of Management Review* 42, no. 2 (2017): 207–232.

42. J. Fried, "The New Company Clock," *Inc.*, March 2017, 92.

43. NPR, news report aired January 25, 2018.

44. L. Buchanan, "Get Stuff Done," *Inc.*, Winter 2017/2018, 79–82.

45. F. Felberbaum, "Forget-Me-Nots," *Costco Connection*, June 2016, 37.

46. G.A. Fowler, "Free Your Brain from Social Media," *The Wall Street Journal*, February 2, 2017, B1, B5.

47. N. Carr, "How Smart-Phones Hijack Our Minds," *The Wall Street Journal*, October 7–8, 2017, C1, C2.

48. H. Piezunka and L. Dahlander, "Idea Rejected, Tie Formed: Organizations' Feedback on Crowdsourced Ideas," *Academy of Management Journal* 62, no. 2 (2019): 503–30.

49. S. Finkelstein, "Confident or Over Confident," *The Wall Street Journal*, February 25, 2019, R1, R2.

50. Kim and Kim, "Does Negative Feedback Benefit."

51. P. Lencioni, Margin Note, *Inc.*, May/June 2020, 57.

52. K. Blanchard, *Leading at a Higher Level* (Pearson, 2019).

53. J. P. Eggers and J. H. Suh, "Experience and Behavior: How Negative Feedback in New Versus Experienced Domains Affects Firm Action and Subsequent Performance," *Academy of Management Journal* 62, no. 2 (2019): 309–334.

54. Blanchard, *Leading at a Higher Level.*

55. Shellenbarger, "Why Perks No Longer Cut It for Workers."

56. Blanchard, *Leading at a Higher Level.*

57. F. Fontana, "Tell It Like It Is," *The Wall Street Journal*, October 15, 2019, R10.

58. A. Von Tobel, "Margin Quote," *Inc.*, Winter 2020/2021, 135.

59. Sutton, "How Bosses Often Waste Their Employees' Time."

60. G. Gottfried, "How to Handle Bad Reviews," *Entrepreneur*, January/February 2018, 46.

61. Sutton, "How Bosses Often Waste Their Employees' Time."

62. B. Schyns, B. Wisse, and S. Sanders, "Shady Strategic Behavior: Recognizing Strategic Followership of Dark Triad Followers," *Academy of Management Perspectives* 33, no. 2 (2019): 234–249.

63. S. Walker, "The Art of Getting a Rebuke Right," *The Wall Street Journal*, June 6–7, 2020, B5.

64. Fontana, "Tell It Like It Is."

65. Sutton, "How Bosses Often Waste Their Employees' Time."

66. Fontana, "Tell It Like It Is."

67. Keohane, "Can We Talk."

68. Fontana, "Tell It Like It Is."

69. Finkelstein, "Confident or Over Confident."

70. Fontana, "Tell It Like It Is."

71. Blanchard, *Leading at a Higher Level.*

72. Walker, "The Art of Getting a Rebuke Right."

73. Schyns, Wisse, and Sanders, "Shady Strategic Behavior."

74. Blanchard, *Leading at a Higher Level.*

75. Ibid.

76. T. Bachkirova and S. Borrington, "Old Wine in New Bottles: Exploring Pragmatism as a Philosophical Framework for the Discipline of Coaching," *Academy of Management Learning & Education* 18, no. 3 (2019): 337–60.

77. Blanchard, *Leading at a Higher Level.*

78. J.A. Byrne, "The Real Jack Welch," *BusinessWeek*, March 9, 2020, 16–17.

79. R. Venkatrarnan, "4 Simple Ways to Improve Your Team's Communication," *Inc.*, July/August 2017, 12.

80. A. Samuel, "How Parenting Books Taught Me to Be a Better Leader," *The Wall Street Journal*, October 28, 2018, R3.

81. C. Cutter and R. Feintzeig, "Smile Your Boss Is Tracking Your Happiness," *The Wall Street Journal*, March 7–8, 2020, B1, B6.

82. Sutton, "How Bosses Often Waste Their Employees' Time."

83. Blanchard, *Leading at a Higher Level.*

84. Ibid.

85. Fontana, "Tell It Like It Is."

86. Ibid.

87. Ibid.

88. Ibid.

89. Ibid.

90. Samuel, "How Parenting Books Taught Me to Be a Better Leader."

91. J. Rice, "Making Contact: Will You Be My Mentor?" *Inc.*, May/June 2020, 76.

92. Fontana, "Tell It Like It Is."

93. M. Hibdon, "Dawn Stanley: Full-Court Leadership," https://odk.org/get-involved/dawn-staley/, accessed September 1, 2021.

94. L. Schnell, "It's Her Time to Take Over: Dawn Staley Determined to Lift Black Women Coaches, Win Another Title at South Carolina," *USA Today*, March 21, 2021, https://www.usatoday.com/story/sports/ncaaw/2021/03/21/dawn-staley-determinedlift-black-women-coaches/4762223001/.

95. M. J. Anderson, "Voice of Experience: Licenia Rojas, Vice President and Global Leader for Risk and Payments, Technology, American Express," *The Glass Hammer*, October 8, 2012, https://theglasshammer.com/2012/10/voice-of-experience-licenia-rojas-vicepresident-and-global-leader-for-risk-and-paymentstechnology-american-express/.

96. Rice, "Making Contact."

97. H. H. Hanchey, "Lessons on Revolutionary Leadership From Kat Cole, COO of Focus Brands," *Yelp Blog*, October 20, 2020, https://blog.yelp.com/2020/10/lessons-on-revolutionary-leadershipfrom-kat-cole-coo-of-focus-brands#:~:text=Kat%20Cole%20worked%20her%20way,like%20Schlotzsky's%20and%20Jamba%20Juice.

98. L. Ramarajan, N. P. Rothbard, and S. L. Wilk," Discordant vs. Harmonious Selves: The Effects of Identity Conflict and Enhancement on Sales Performance in Employee-Customer Interactions," *Academy of Management Journal* 60, no. 6 (2017): 2208–2238.

99. A. F. S. Shantz, G. M. Kistruck, D. F. Pacheco, and J. W. Webb, "How Formal and Informal Hierarchies Shape Conflict within Cooperatives: A Field Experiment in Ghana," *Academy of Management Journal* 63, no. 2 (2020): 503–529.

100. A. C. Stoverink, B. L. Kirkman, S. Mistry, and B. Rosen, "Bouncing Back Together: Toward a Theoretical Model of Work Team Resilience," *Academy of Management Review* 45, no. 2 (2020): 395–422.

101. NACE, "What Is Career Readiness?" https://www.naceweb.org/career-readiness/competencies/careerreadiness-defined/, accessed September 1, 2021.

102. L. Weber and C. W. Bauman, "The Cognitive and Behavioral Impact of Promotion and Prevention Contracts on Trust in Repeated Exchanges." *Academy of Management Journal* 62, no. 2 (2019): 361–382.

103. J. Shin and A. M. Grant, "Bored by Interests: How Intrinsic Motivation in One Task Can Reduce Performance on Other Tasks," *Academy of Management Journal* 62, no. 2 (2019): 415–436.

104. Weber and Bauman, "The Cognitive and Behavioral Impact of Promotion."

105. Samuel, "How Parenting Books Taught Me to Be a Better Leader."

106. S. Park, J. E. Mathieu, T. J. Grosser, "A Network Conceptualization of Team Conflict," *Academy of Management Review* 45, no. 2 (2020): 352–375.

107. M. Verbruggen and A. De Vos, "When People Don't Realize Their Career Desires."

108. Thatcher, "Editor's Comments: Intentional Inclusion."

109. R. Chua and M. Jin, "Across the Great Divides."

110. Y. C. Charash and D. E. Gibson, "Social Functions of Emotion and Talking About Emotion at Work," *Academy of Management Learning & Education* 19, no. 1 (2020): 112–114.

111. Frank and Morse, "Training the Tri-Sector Athlete."

112. Claes, "Learning Other Cultures."

113. Clarke, Cornelissen, and Healey, "Actions Speak Louder Than Words."

114. M. Kipness, "Reading Eyes," *BusinessWeek*, December 14, 2020, 43.

115. Park, Mathieu, and Grosser, "A Network Conceptualization of Team Conflict."

116. Walker, "The Art of Getting a Rebuke Right."

117. A. Samuel, "The Tech Habits of Co-Workers that Drive Us Crazy," *The Wall Street Journal*, March 6, 2020, R1, R3.

118. One of the authors uses this technique at work.

119. Samuel, "The Tech Habits of Co-Workers That Drive Us Crazy."

6장

1. T. West, "The Best Way to Get a Raise or Promotion," *The Wall Street Journal*, June 15, 2020, R1, R2.

2. Cengage, "Employers Want Business School Grads With These Skills," *Your Higher Ed Must Read*, November 14, 2019, received via email.

3. S. Zaar, P. Van Den Bossche, and W. Gijselaers, "How Business Students Think About Leadership: A Qualitative Study on Leader Identity and Meaning-Making," *Academy of Management Learning & Education* 19, no. 3 (2020), 168–191.

4. P. Chattopadhyay, J. Li, and V. Gupta, "Geographical Dissimilarity and Team Member Influence: Do Emotions Experienced in the Initial Team Meeting Matter? *Academy of Management Journal* 63, no. 6 (2020): 1807–1839.

5. National Association of Colleges and Employers, "What Is Career Readiness?," https://www.naceweb.org/career-readiness/competencies/career-readinessdefined/, accessed February 4, 2021.

6. S. Lin, B. A. Scott, and F. K. Matta, "The Dark Side of Transformational Leaders Behaviors for Leaders Themselves: A Conservation of Resources Perspective," *Academy of Management Journal* 62, no. 5 (2019): 1556–1582.

7. West, "The Best Way to Get a Raise or Promotion."

8. R. Youngblood, "Overcoming Lies, Preserving Liberties," *afaJournal*, October 2020, 24.

9. K. Blanchard, *Leading at a Higher Level* (Pearson, 2019).

10. K. Ehrhardt and B. R. Ragins, "Relational Attachment at Work: A Complementary Fit Perspective on the Role of Relationships in Organizational Life," *Academy of Management Journal* 62, no. 1 (2019): 248–282.

11. West, "The Best Way to Get a Raise or Promotion."

12. P. H. Kim, S. S. Wiltermuth, and D. T. Newman, "A Theory of Ethical Accounting and Its Implications for Hupocrisk in Organizations," *Academy of Management Review* 46, no. 1 (2021): 172–191.

13. J. Bargmann, "Lead With Purpose," *Inc.*, May/June 2020, 54–56.

14. B. Schyns, B. Wisse, and S. Sanders, "Shady Strategic Behavior: Recognizing Strategic Followership of Dark Triad Followers," *Academy of Management Perspectives* 33, no. 2 (2019): 234–249.

15. G. A. Fowler and A. Efati, "Facebook Hired Firm to Target Google," *Wall Street Journal*, May 13, 2011, B1, B2.

16. A. F. S. Shantz et al., "How Formal and Informal Hierarchies Shape Conflict Within Cooperatives: A Field Experiment in Ghana," *Academy of Management Journal* 63, no. 2 (2020): 503–529.

17. Blanchard, *Leading at a Higher Level.*

18. P. Dashtipour and B. Vidaillet, "Introducing the French Psychodynamics of Work Perspective to Critical Management Education: Why Do the Work Tasks and the Organization of Work Matter?" *Academy of Management Learning & Education* 19, no. 2 (2020), 131–146.

19. Blanchard, *Leading at a Higher Level.*

20. F. H. Gerpott et al., "It's Not Just What Is Said, but When It's Said: A Temporal Account of Verbal Behaviors and Emergent Leadership in Self-Managed Teams," *Academy of Management Journal* 62, no. 3 (2019): 717–738.

21. Blanchard, *Leading at a Higher Level.*

22. R. L. Sutton, "Bosses, Get Out of Your Employees' Way," *The Wall Street Journal*, October 28, 2019, R3.

23. Chattopadhyay, Li, and Gupta, "Geographical Dissimilarity and Team Member Influence."

24. Sutton, "Bosses, Get Out of Your Employees' Way."

25. Morning Consult on behalf of Cengage, *Uniquely Human Side in the Era of Automation* (Cengage, 2018).

26. National Association of Colleges and Employers, "What Is Career Readiness?"

27. E. N. Sherf, V. Venkataramani, and R. S. Gajendran, "Too Business to Be Fair? The Effect of Workload and Rewards on Managers' Justice Rule Adherence," *Academy of Management Journal* 62, no. 2 (2019): 469–502.

28. L. Tong, H. Wang, and J. Xia, "Stakeholder Preservation or Appropriation? The Influence of Target CSR on Market Reactions to Acquisition Announcements, *Academy of Management Journal* 63, no. 5 (2020): 1535–1560.

29. M. Nalick et al., "Too Hot to Handle and Too Valuable to Drop: An Expanded Conceptualization of Firms' Reactions to Exchange Partner Misconduct," *Academy of Management Journal* 63, no. 6 (2020): 1976–2003.

30. Lin, Scott, and Matta, "The Dark Side of Transformational Leaders."

31. Morning Consult on behalf of Cengage, *Uniquely Human Side in the Era of Automation.*

32. R. R. Blagoeva et al., "Problem-Solving or Self-Enhancement? A Power Perspective on How CEOs Affect R&D Search in the Face of Inconsistent Feedback," *Academy of Management Journal* 63, no. 2 (2020): 332–355.

33. R. Mashayekhi, "The Best in the Business," *Fortune*, March 2020, 116–120.

34. Lin, Scott, and Matta, "The Dark Side of Transformational Leaders."

35. Y. C. Charash and D. E. Gibson, "Social Functions of Emotion and Talking About Emotion at Work," *Academy of Management Learning & Education* 19, no. 1 (2020): 112–114.

36. L. J. Sadeh and T. B. Zilber, "Bringing Together: Emotions and Power in Organizational Responses to Institutional Complexity," *Academy of Management Journal* 62, no. 5 (2019): 1413–1443.

37. M. Luca and M. H. Bazerman, "The Power of Experiments," *BizEd*, March/April 2020, 62.

38. Schyns, Wisse, and Sanders, "Shady Strategic Behavior."

39. Blanchard, *Leading at a Higher Level.*

40. B. Fisher-Yoshida, "5 Times in Recent History Powerful Women Gave Valuable Negotiating Lessons. *Inc.*, 2018, https://www.inc.com/beth-fisher-yoshida/5-times-inrecent-history-powerful-women-gave-valuable-negotiating-lessons.html.

41. M. Thaning, "Introduction to Exemplary Contributions," *Academy of Management Learning & Education* 19, no. 3 (2020): 406–407.

42. Nalick et al., "Too Hot to Handle and Too Valuable to Drop."

43. Sadeh and Zilber, "Bringing Together: Emotions."

44. J. Pfeffer, "Don't Dismiss Office Politics—Teach It," *The Wall Street Journal*, October 24, 2011, R6.

45. Ibid.

46. M. Verbruggen and A. De Vos, "When People Don't Realize Their Career Desires: Toward a Theory of Career Inaction," *Academy of Management Review* 45, no. 3 (2020): 376–394.

47. S. Thomas, "Today's Learner: Career Readiness: What's Working and What's Not," *Cengage Newsletter*, September 2019.

48. Nalick et al., "Too Hot to Handle and Too Valuable to Drop."

49. C. Cutter, "Finding the Hidden Stars: Holding the Company Together," *The Wall Street Journal*, July 20–21, 2019, B5.

50. I. Hussain et al., "The Voice Bystander Effect: How Information Redundancy Inhibits Employee Voice," *Academy of Management Journal* 62, no. 3 (2019): 828–849.

51. Blanchard, *Leading at a Higher Level.*

52. West, "The Best Way to Get a Raise or Promotion."

53. Cutter, "Finding the Hidden Stars: Holding the Company Together."

54. R. Avalos, "Lost Leader in History: The Transforming and Empowering Partnership of Dolores Huerta & Cesar Chavez," 2012, https://csulb-dspace.calstate.edu/bitstream/handle/10211.14/3/Rebecca%20Avalos.pdf?sequence=1#:~:text=Dolores%20Huerta%20was%20lobbying%2C%20organizing,community%20in%20the%20United%20States, accessed May 21, 2021.

55. W. Baker, "All You Have to Do Is Ask," *BizEd*, March/April 2020, 64.

56. Blanchard, *Leading at a Higher Level.*

57. Chattopadhyay, Li, and Gupta, "Geographical Dissimilarity and Team Member Influence."

58. Sherf, Venkataramani, and Gajendran, "Too Business to Be Fair?"

59. Tong, Wang, and Xia, "Stakeholder Preservation or Appropriation?"

60. Sherf, Venkataramani, and Gajendran, "Too Business to Be Fair?"

61. W. Baker, "All You Have to Do Is Ask," *BizEd*, March/April 2020, 64.

62. C. M. Zhang and H. R. Greve, "Dominant Coalitions Directing Acquisitions: Different Decision Makers, Different Decisions," *Academy of Management Journal* 62, no. 1 (2019): 44–65.

63. J. Bruneel et al., "Breaking With the Past: The Need for Innovation in the Governance of Nonprofit Social Enterprises," *Academy of Management Perspectives* 34, no. 2 (2020): 209–225.

64. S. Park, J. E. Mathieu, and T. J. Grosser, "A Network Conceptualization of Team Conflict," *Academy of Management Review* 45, no. 2 (2020): 352–375.

65. C. M. Zhang and H. R. Greve, "Dominant Coalitions Directing Acquisitions: Different Decision Makers, Different Decisions," *Academy of Management Journal* 62, no. 1 (2019): 44–65.

66. West, "The Best Way to Get a Raise or Promotion."

67. Chattopadhyay, Li, and Gupta, "Geographical Dissimilarity and Team Member Influence."

68. J. Rice, "Making Contact: Will You Be My Mentor?" *Inc.*, May/June 2020, 76.

69. M. Kelly, "Video Presentation," received via email November 30, 2020.

70. L. Weber and C. W. Bauman, "The Cognitive and Behavioral Impact of Promotion and Prevention Contracts on Trust in Repeated Exchanges," *Academy of Management Journal* 62, no. 2 (2019): 361–382.

71. S. Shellenbarger, "Why Perks No Longer Cut It for Workers," *The Wall Street Journal*, December 4, 2018, R9.

72. Blanchard, *Leading at a Higher Level.*

73. H. Mitchell, "The Potentially High Cost of Being Good Friends With the Boss," *The Wall Street Journal*, April 12, 2019, R2.

74. S. Finkelstein, "Confident or Over Confident," *The Wall Street Journal*, February 25, 2019, R1, R2.

75. National Association of Colleges and Employers, "What Is Career Readiness?"

76. Cutter, "Finding the Hidden Stars: Holding the Company Together."

77. Finkelstein, "Confident or Over Confident."

78. Pfeffer, "Don't Dismiss Office Politics—Teach It."

79. Dan Ariely, "Dear Dan," *The Wall Street Journal*, February 6–7, 2021, C5.

80. Finkelstein, "Confident or Over Confident."
81. Nalick et al., "Too Hot to Handle and Too Valuable to Drop."
82. Kim, Wiltermuth, and Newman, "A Theory of Ethical Accounting and Its Implications."
83. Finkelstein, "Confident or Over Confident."
84. L. Weber and C. W. Bauman, "The Cognitive and Behavioral Impact of Promotion and Prevention Contracts on Trust in Repeated Exchanges," *Academy of Management Journal* 62, no. 2 (2019): 361–382.
85. S. Park, J. E. Mathieu, and T. J. Grosser, "A Network Conceptualization of Team Conflict," *Academy of Management Review* 45, no. 2 (2020): 352–375.
86. D. Cooper et al., "Integrator or Gremlin? Identity Partnerships and Team Newcomer Socialization," *Academy of Management Review* 46, no. 1 (2021): 128–146.
87. K. Blanchard, D. Hutson, and E. Wills, *The One Minute Entrepreneur* (New York: Currency/Doubleday, 2008).
88. Pfeffer, "Don't Dismiss Office Politics—Teach It."
89. NACE, "What Is Career Readiness?,". https://www.naceweb.org/career-readiness/competencies/career-readiness-defined/, accessed September 1, 2021.
90. West, "The Best Way to Get a Raise or Promotion."
91. K. M. Robertson, J. O'Reilly, and D. R. Hannah, "Finding Meaning in Relationships: The Impact of Network Ties and Structure on the Meaningfulness of Work," *Academy of Management Review* 45, no. 3 (2020): 596–619.
92. C. Troster et al., The Coevolution of Social Networks and Thoughts of Quitting," *Academy of Management Journal* 62, no. 1 (2019): 22–43.
93. A. Samuel, "A New Era of Networking," *The Wall Street Journal*, June 15, 2020, R7.
94. J. Brennecke, "Dissonant Ties in Intraorganizational Networks: Why Individuals Seek Problem-Solving Assistance From Difficult Colleagues," *Academy of Management Journal* 63, no. 3 (2020): 743–778.
95. A. Gumbus and R. N. Lussier, "Career Development: Enhancing Your Networking Skill," *Clinical Leadership & Management Review* 17, no. 1 (January–February 2003): 16–20.
96. Verbruggen and De Vos, "When People Don't Realize Their Career Desires."
97. M. Sharapova, "Margin Note," *Inc.*, Winter 2020–2021, 100.
98. Verbruggen and De Vos, "When People Don't Realize Their Career Desires."
99. Blanchard, *Leading at a Higher Level.*
100. This section is adapted from Gumbus and Lussier, "Career Development."
101. Samuel, "A New Era of Networking."
102. National Association of Colleges and Employers, "What Is Career Readiness?"
103. Ibid.
104. F. McKinney, "Power Networking," *BusinessWeek*, December 14, 2020, 43.
105. Samuel, "A New Era of Networking."
106. Robertson, O'Reilly, and Hannah, "Finding Meaning in Relationships."
107. S. Krawckeck, "Making Contact: Will You Be My Mentor?" *Inc.* (May/June 2020): 76.
108. Samuel, "A New Era of Networking."
109. Krawckeck, "Making Contact."
110. Ibid.
111. Ibid.
112. Ibid.
113. Blanchard, *Leading at a Higher Level.*
114. Zaar, Van Den Bossche, and Gijselaers, "How Business Students Think About Leadership."
115. National Association of Colleges and Employers, "What Is Career Readiness?"
116. Zaar, Van Den Bossche, and Gijselaers, "How Business Students Think About Leadership."
117. K. J. Ryan, "Let's Make a Deal," *Inc.*, May 2017, 31–38.
118. J. Notini, "Let's Negotiate," *Costco Connection*, October 2018, 24.
119. E. Byron, "Facts + Passion," *The Wall Street Journal*, September 27, 2016, R9.
120. W. Smith, "Woman's Work," *BizEd*, March/April 2020, 52.
121. Notini, "Let's Negotiate."
122. J. Mazei, A. Zerres, and J. Huffmeier, "Masculinity at the Negotiation Table: A Theory of Men's Negotiation Behaviors and Outcomes," *Academy of Management Review* 46, no. 1 (2021): 108–127.
123. Notini, "Let's Negotiate."
124. Mazei, Zerres, and Huffmeier, "Masculinity at the Negotiation Table."
125. Smith, "Woman's Work."
126. Mazei, Zerres, and Huffmeier, "Masculinity at the Negotiation Table."
127. H. Olen, "Mind the Gender Gap," *Inc.*, June 2018, 56.
128. R. Feintzig, "On Negotiating," *The Wall Street Journal*, September 27, 2016, R7.
129. C. A. Harris, "Moving Up With Help," *Costco Connection*, January 2018, 29.
130. Zaar, Van Den Bossche, and Gijselaers, "How Business Students Think About Leadership."
131. Ryan, "Let's Make a Deal."
132. E. Canal, "Rising and Grinding With Daymond John," *INC.*, March/April 2018.
133. J. Fried, "The Illusion of Agreement," *INC.*, September 2018, 46.
134. K. O'Leary, "No. 1 Know Your BATNA," *INC.*, May 2017, 35.
135. West, "The Best Way to Get a Raise or Promotion."
136. Notini, "Let's Negotiate."
137. K. Shonk, "Great Women Leaders Negotiate," *Harvard Law School Daily Blog*, 2021, https://www.pon.harvard.edu/daily/leadership-skills-daily/great-women-leaders-negotiate/, accessed May 12, 2021.
138. O'Leary, "No. 1 Know Your BATNA."
139. Staff, "How to Ask for Your Next Big Raise," *Fortune*, February 1, 2018, 50.
140. O'Leary, "No. 1 Know Your BATNA."
141. Staff, "How to Ask for Your Next Big Raise."
142. West, "The Best Way to Get a Raise or Promotion."
143. Ibid.
144. Byron, "Facts + Passion."
145. Notini, "Let's Negotiate."
146. West, "The Best Way to Get a Raise or Promotion."
147. R. Dennis, "No. 3 Make a Connection," *Inc.*, May 2017, 37.
148. Notini, "Let's Negotiate."

149. T. Thomas, "No. 2 Change the Metrics," *Inc.*, May 2017, 36.

150. Staff, "No. 4 Focus on a Common Goal," *Inc.*, May 2017, 38.

151. Shonk,"Great Women Leaders Negotiate."

152. O'Leary, "No. 1 Know Your BATNA."

153. Staff, "How to Ask for Your Next Big Raise."

154. West, "The Best Way to Get a Raise or Promotion."

155. M. T. Claes, "Learning Other Cultures," *BizEd*, March/April 2020, 47–50.

156. A. A. Gumusay, "Embracing Religion in Moral Theories of Leadership," *Academy of Management Perspectives* 33, no. 3 (2019): 292–306.

157. M. Hallgren and D. A. Buchanan, "The Dark Side of Group Behavior: Zombie Apocalypse Lessons," *Academy of Management Perspectives* 34, no. 4 (2020): 434–457.

158. S. M. B. Thatcher, "Editor's Comments: Intentional Inclusion of Diverse Voices and Global Perspectives at AMR," *Academy of Management Review* 46, no. 1 (2020): 1–5.

159. V. Alexandra, "Predicting CQ Development in the Context of Experiential Cross-Cultural Training: The Role of Social Dominance Orientation and the Propensity to Change Stereotypes," *Academy of Management Learning & Education* 17, no. 1 (2018): 62–78.

160. GLOBE website, https://globeproject.com, accessed February 18, 2021.

161. J. M. Brett, B. C. Gunia, and B. M. Teucher, "Culture and Negotiation Strategy: A Framework for Future Research, *Academy of Management Perspectives* 31, no. 4 (2017): 288–308.

162. D. Gebert, C. Buengeler, and K. Heinitz, "Tolerance: A Neglected Dimension in Diversity Training?" *Academy of Management Learning & Education* 16, no. 3 (2017): 415–438.

163. Brett, Gunia, and Teucher, "Culture and Negotiation Strategy."

164. Ibid.

165. World Trade Organization website, www.wto.org, accessed February 19, 2021.

166. M. Schman, "Xi Insists," *BusinessWeek*, February 1, 2021, 16–17.

167. D. Friedell, "Cavaliers Give Cleveland First Championship in 52 Years," *VOA News*, June 20, 2016, https://learningenglish.voanews.com/a/clevelandcavaliers-championship/3384272.html.

168. S. Quinn, "LeBron James Wins Fourth NBA Finals MVP Award, Becomes First Player to Earn Honor With Three Different Teams," *CBS Sports*, October 12, 2020, https://www.cbssports.com/nba/news/lebron-james-winsfourth-nba-finals-mvp-award-becomes-first-playerto-earn-honor-with-three-different-teams/.

169. K. Helin, "LeBron James Has Scored at Least 10 Points in 1,000 Consecutive Games," *NBC Sports*, December 30, 2020, https://nba.nbcsports.com/2020/12/30/lebron-james-has-scored-at-least-10-points-in-1000-consecutive-games/.

170. K. Honaker, "4 Reasons LeBron James Is the Greatest of All Time," *Clutch Points*, May 19, 2021, https://clutchpoints.com/reasons-lebron-james-is-the-greatest-of-all-time/.

171. R. Magana, "LeBron James: Heart of a Champion," *Talon Marks*, October 16, 2020, https://www.talonmarks.com/sports/2020/10/16/lebron-james-heart-of-a-champion/.

172. G. Wahl, "Ahead of His Class," *Vault*, February 18, 2002, https://vault.si.com/vault/2002/02/18/ahead-of-his-class-ohio-high-school-junior-lebron-james-is-so-good-that-hes-already-being-mentioned-as-the-heir-to-air-jordan.

173. A. Lynch, "The History of NBA Superteams, From Wilt Chamberlain to the 2017 Warriors," *Fox Sports*, June 16, 2017, https://www.foxsports.com/nba/gallery/nbasuperteams-history-lebron-james-heat-cavalierswarriors-061617.

174. S. Cacciola, "The Decision Is Reversed, and Cleveland Is in a Forgiving Mood," *New York Times*, July 12, 2014, https://www.nytimes.com/2014/07/12/sports/basketball/lebron-james-to-return-to-cleveland-cavaliersleaving-miami-heat.html.

175. P. Vince, "Report: Rich Paul Says LeBron James Going to Lakers Was 'About Doing What He Wants to Do,'" *NEO Sports Insiders*, July 11, 2018, https://www.neosportsinsiders.com/report-rich-paul-says-lebron-james-going-to-lakers-was-about-doing-whathe-wants-to-do/.

176. B. Knight, "The World's 10 Highest-Paid Athletes," *Forbes*, May 12, 2021, https://www.forbes.com/sites/brettknight/2021/05/12/the-worlds-10-highest-paidathletes-conor-mcgregor-leads-a-group-of-sportsstars-unfazed-by-the-pandemic/?sh=2f34bb9126f4.

177. Z. Lowe, "LeBron James vs. Michael Jordan: Why the GOAT Debate Is Different Now," *ESPN*, October 12, 2020, https://www.espn.com/nba/story/_/id/30070633/lebron-james-vs-michael-jordan-why-goat-debatedifferent-now.

178. B. Anderson, "Michael Jordan's Ascent From UNC Basketball to Global Icon," *Tar Heel Blog*, June 11, 2018, https://www.tarheelblog.com/2018/6/11/17447926/unc-tar-heels-basketball-chicago-bulls-nba-michaeljordan-global-icon-dean-smith-nike-lebron-james.

179. J. Zhu, "Michael Jordan. A Good Leader or Just a Good Basketball Player?" *Centre for Leadership Advantage*, October 21, 2020, https://www.centreforleadershipadvantage.com/2020/10/21/michael-jordan-a-goodleader-or-just-a-good-basketball-player/.

180. T. J. Allan, "How Michael Jordan's Mindset Made Him a Great Competitor," *USA Basketball*, November 24, 2015, https://www.usab.com/youth/news/2012/08/howmichael-jordans-mindset-made-him-great.aspx.

181. M. Rohlin, "Old School vs. New School: How Jordan's and Lebron's Leadership Styles Differ," *Fox Sports*, February 5, 2021, https://www.foxsports.com/stories/nba/michael-jordan-lebron-james-leadershipanthony-davis-lakers-bulls.

182. Z. Colick, "3 Leadership Lessons From LeBron James," *TTI Success Insights*, June 4, 2015, https://blog.ttisi.com/3-leadership-lessons-lebron-james.

183. G. Llopis, "4 Transformational Things LeBron James Teaches Us About Leadership and Teamwork," *Forbes*, May 29, 2018, https://www.forbes.com/sites/glennllopis/2018/05/29/4-transformational-thingslebron-james-teaches-us-about-leadership-andteamwork/?sh=7addfc7631fb.

184. E. Walker, "LeBron James Proving to Be a Winner in Business, Too," *Miami Herald*, September 8, 2014, https://www.miamiherald.com/spor ts/nba/article1944185.html.

185. W. Ricks, "LeBron James Ends 18 Year Endorsement Deal to Sign With Their Rival," *Sportscasting*, 2021, https://www.sportscasting.com/lebron-james-ends-18-year-endorsement-deal-to-sign-with-their-rival/.

186. S. Quinn, "LeBron James Will Surpass $1 Billion in Career Earnings in 2021, per Report," *CBS Sports*, January 16, 2021, https://www.cbssports.com/nba/news/lebron-james-will-surpass-1-billion-in-careerearnings-in-2021-per-report/.

187. D. Rovell, "LeBron's Stake in Blaze Pizza Chain Now Worth at Least $35 Million," *ESPN*, July 25, 2017, https://www.espn.com/nba/story/_/id/20149593/lebronjames-stake-blaze-pizza-chain-now-worth-least-35-million.

188. J. Young, "LeBron James Ups Stake in Red Sox Parent Company Fenway Sports Group, His First Steps Toward Owning a Pro Team," *CNBC*, March 16, 2021, https://www.cnbc.com/2021/03/16/lebron-james-takes-partownership-in-boston-red-sox-owner-fenway-sportsgroup.html.

189. R. Marvi, "LeBron James Wants to Own an NBA Team: 'I've Got So Much to Give to the Game,'" *Lakers Daily*, March 18, 2021,

https://lakersdaily.com/lakers-lebronjames-wants-to-own-an-nba-team-ive-got-so-muchto-give-to-the-game/.

190. J. Donne, "No Man Is an Island," *Meditation XVII, Devotions Upon Emergent Occasions*, 1623, https://web.cs.dal.ca/~johnston/poetry/island.html.

191. G. Parker, "Lebron James: Five Humongous Charitable Donations," *Money Inc.*, 2016, https://moneyinc.com/lebron-james-five-humongous-charitable-donations/.

192. Lebron James Family Foundation website, https://www.lebronjamesfamily foundation.org/about/, accessed September 1, 2021.

193. "UA Announces Zips Promise Scholarship to Support I PROMISE Graduates," University of Akron, University Communications and Marketing, January 25, 2021, https://www.uakron.edu/im/news/ua-announceszips-promise-scholarship-to-support-i-promisegraduates.

194. A. Wong, "5 Reasons LeBron James's School Really Is Unique," *Atlantic*, August 24, 2018, https://www.theat lant ic.com/educat ion/archi ve/2018/08/lebron-james-school-unique/568243/.

195. SpringHill Company website, https://www.springhillcompany.com/, accessed Septermber 1, 2021.

196. A. D'Alessandro, "Universal Enters Into First-Look Deal With LeBron James & Maverick Carter's The SpringHill Company," *Deadline*, September 29, 2020, https://deadline.com/2020/09/universal-enters-into-firstlook-deal-with-lebron-james-maverick-carters-thespringhill-company-1234587047/.

197. D.-R. Ramos, "UCLA Hollywood Diversity Report Finds Glaring Absence of Women and People of Color in Top Studio Positions," *Deadline*, February 6, 2020, https://deadline.com/2020/02/ucla-hollywood-diversityreport-film-inclusion-representation-1202852919/.

198. A. Wells, "Lakers' LeBron James 'Incredibly Proud' of SpringHill Co. Raising $100 Million," *Bleacher Report*, June 26, 2020, https://bleacherreport.com/articles/2897676-lakers-lebron-james-incrediblyproud-of-springhill-co-raising-100-million.

199. S. Hunter, "LeBron: The New Face of the NBA," *Bleacher Report*, May 25, 2009, https://bleacherreport.com/articles/182812-lebron-not-kobe-is-the-new-face-ofthe-league.

200. J. Bembry, "LeBron James Is the Most Powerful Voice in His Profession," *Undefeated*, February 18, 2018, https://theundefeated.com/features/lebron-james-totake-floor-for-nba-all-star-game-as-the-most-powerful-voice-in-his-profession/.

201. C. Brito, "LeBron James Launches Multimillion-Dollar Effort to Recruit Poll Workers for 2020 Elections," *CBS News*, August 26, 2020, https://www.cbsnews.com/news/lebron-james-recruit-poll-workers-campaignnovember-2020-elections-more-than-a-vote/.

202. S. Farooqi, "LeBron James' SpringHill Company Continues to Shatter the Ceiling for Black Athletes in Media," *Forbes*, October 1, 2020, https://www.forbes.com/sites/sherazfarooqi/2020/10/01/lebron-jamesspringhill-company-continues-to-shatter-the-ceilingfor-black-athletes-in-media/?sh=7faf4e4c366f.

203. S. Farooqi, "LeBron James' SpringHill Company Continues to Shatter the Ceiling for Black Athletes in Media," *Forbes*, October 1, 2020, https://www.forbes.com/sites/sherazfarooqi/2020/10/01/lebron-jamesspringhill-company-continues-to-shatter-the-ceilingfor-black-athletes-in-media/?sh=7faf4e4c366f.

204. E. Vlessing, "Tom Brady's Religion of Sports Launches Scripted Film, TV Division," *Hollywood Reporter*, January 21, 2021, https://www.hollywoodreporter.com/tv/tv-news/tom-bradys-religion-of-sports-launchesscripted-film-tv-division-4119676/.

205. J. Martin, "LeBron James and Other Stars Form a Voting Rights Group," *New York Times*, June 10, 2020, https://www.nytimes.com/2020/06/10/us/politics/lebron-james-voting-rights.html.

7장

1. D. Pietraszewski, "The Evolution of Leadership: Leadership and Followership as a Solution to the Problem of Creating and Executing Successful Coordination and Cooperation Enterprises," *Leadership Quarterly* 31, no. 2 (2020), https://doi.org/10.1016/j.leaqua.2019.05.006.

2. C. N. Thoroughgood et al., "Destructive Leadership: A Critique of Leader-Centric Perspectives and Toward a More Holistic Definition," *Journal of Business Ethics* 151, no. 3 (2018): 627–649.

3. T. M. Valiga, "Leaders, Managers, and Followers: Working in Harmony," *Nursing* 49, no. 1 (2019): 45–48.

4. J. Hofmans et al., "Capturing the Dynamics of Leader–Follower Interactions: Stalemates and Future Theoretical Progress," *Journal of Organizational Behavior* 40, no. 3 (2019): 382–385.

5. G. B. Graen and M. Uhl-Bien, "Relationship-based Approach to Leadership: Development of Leader–Member Exchange (LMX) Theory of Leadership Over 25 Years: Applying a Multi-Level Multi-Domain Perspective," *Leadership Quarterly* 6 (1995): 219–247; G. B. Graen and T. A. Scandura, "Toward a Psychology of Dyadic Organizing: Research in Organizational Behavior," in *Research in Organizational Behavior*, eds. L. L. Cummings and B. Staw, Vol. 9 (Greenwich, CT: JAI Press, Inc., 1987), 175–208.

6. J. Muldoon, S. M. Keough, and S. Lovett, "The Mediating Role of Workplace Attitudes on the Leader-Member Exchange—Turnover Intention Relationship," *Psychologist-Manager Journal (American Psychological Association)* 21, no. 4 (November 2018): 229–248.

7. D. Broom, "What Drives Job Satisfaction? Researchers Think This is the Answer," *World Economic Forum*, December 4, 2020.

8. Graen and Uhl-Bien, "Relationship-Based Approach to Leadership," 219–247.

9. Ibid.

10. J. Kim et al., "State-of-the-Science Review of Leader-Follower Dyads Research," *Leadership Quarterly* 31, no. 1 (2020): 101306.

11. Ibid.

12. F. Dansereau, G. B. Graen, and W. J. Haga, "A Vertical Dyad Linkage Approach to Leadership Within Formal Organizations," *Organizational Behavior and Human Performance* 13 (1975): 46–78.

13. G. B. Graen, M. A. Novak, and P. Sommerkamp, "The Effects of Leader–Member Exchange and Job Design on Productivity and Satisfaction: Testing the Dual Attachment Model," *Organizational Behavior and Human Performance* 30 (1982): 109–131.

14. R. C. Liden, and G. B. Graen, "Generalizability of the Vertical Dyad Linkage Model of Leadership," *Academy of Management Journal* 23, no. 3 (n.d.): 451–465.

15. Kim et al., "State-of-the-Science," 101306.

16. F. K. Matta and L. Van Dyne, "Understanding the Disparate Behavioral Consequences of LMX Differentiation: The Role of Social Comparison Emotions," *Academy of Management Review* 45, no. 1 (2020): 154–180.

17. Kim et al., "State-of-the-Science," 101306.

18. Ibid.

19. Ibid.

20. D. Kim, D. Choi, and C. Vandenberghe, "Goal-Focused Leadership, Leader-Member Exchange, and Task Performance: The Moderating Effects of Goal Orientations and Emotional Exhaustion," *Journal of Business & Psychology* 33, no. 5 (2018): 645–660.

21. Matta and Van Dyne, "Understanding the Disparate Behavioral Consequences," 154–180.

22. J. T. Vullinghs et al., "Inside the Leader-Member "Double-Interact":

A Temporal Theory of Leader-Member Exchange (LMX)," *Academy of Management Annual Meeting Proceedings* 2020, no. 1 (2020): 19822.

23. Kim et al., "Goal-Focused Leadership," 645–660.
24. Matta and Van Dyne, "Understanding the Disparate Behavioral Consequences," 154–180.
25. Kim et al., "Goal-Focused Leadership," 645–660.
26. L. Zhenyu et al., "Give and Take: An Episodic Perspective on Leader–Member Exchange," *Journal of Applied Psychology* 104, no. 1 (2019): 34–51.
27. W. M. Bowler et al., "Understanding Trust Transference Between Leaders, Followers and Coworkers: Testing Two Three-Way Interactions," *Journal of Managerial Issues* 30, no. 4 (2018): 444–462.
28. N. K. Steffens et al., "Our Followers are Lions, Theirs are Sheep: How Social Identity Shapes Theories About Followership and Social Influence," *Political Psychology* 39, no. 1 (2018): 23–42.
29. Ibid.
30. J. L. Bunin, H. S. Meyer, and S. J. Durning, "Could Application of Leader-Member Exchange Theory Have Saved a Residency Mentorship Program?," *Perspectives on Medical Education* 9, no. 4 (2020): 264–267.
31. Graen and Uhl-Bien, "Relationship-based Approach to Leadership," 219–247.
32. R. Martin et al., "Leader–Member Exchange (LMX) Differentiation and Work Outcomes: Conceptual Clarification and Critical Review," *Journal of Organizational Behavior* 39, no. 2 (2018): 151–168.
33. J. J. Haynie et al., "When Caring Leaders are Constrained: The Impact of LMX Differentiation on Leader Empathic Concern in Predicting Discretionary Work Behaviors," *Journal of Leadership & Organizational Studies* 26, no. 1 (2019): 5–17.
34. Kim et al., "State-of-the-Science," 101306.
35. Ibid.
36. B. Manata, "The Effects of LMX Differentiation on Team Performance: Investigating the Mediating Properties of Cohesion," *Journal of Leadership & Organizational Studies* 27, no. 2 (2020): 180–188.
37. Bowler et al., "Understanding Trust Transference Between Leaders," 444–462.
38. P. M. Sias and K. L. Duncan, "'I Know it's Not Your Job but...': Extra-role Tasks, Communication, and Leader-Member Exchange Relationships," *Communication Quarterly* 67, no. 4 (2019): 355–382.
39. F. Hua and H. Bing, "How Does Leader-Follower Fit or Misfit in Communication Style Matter for Work Outcomes? Social Behavior & Personality," *An International Journal* 46, no. 7 (2018): 1083–1100.
40. R. Buch, B. Kuvaas, and A. Dysvik, "The Role of Other Orientation in Reactions to Social and Economic Leader–Member Exchange Relationships," *Journal of Organizational Behavior* 40, no. 3 (2019): 296–310.
41. R. T. Sparrowe, "LMX and Welfare Trade-Off Ratios: An Evolutionary Perspective on Leader-Member Relations," *Leadership Quarterly* 31, no. 2 (2020), https://doi.org/10.1016/j.leaqua.2018.11.001.
42. S. M. Mushonga, "Why Trust Matters: The Moderation of Affective Trust in the Relationship Between LMX and Work Outcomes," *SAM Advanced Management Journal* (07497075) 83, no. 3 (2018): 30–44.
43. Haynie et al., "When Caring Leaders are Constrained," 5–17.
44. Manata, "The Effects of LMX Differentiation," 180–188.
45. J. Lee and A. L. Varon, "Employee Exit, Voice, Loyalty, and Neglect in Response to Dissatisfying Organizational Situations: It Depends on Supervisory Relationship Quality," *International Journal of Business Communication* 57, no. 1 (2020): 30–51.
46. J. Y. Seong and J. N. Choi, "Is Person–Organization Fit Beneficial for Employee Creativity? Moderating Roles of Leader–Member and Team–Member Exchange Quality," *Human Performance* 32, no. 3/4 (2019): 129–144, https://doi.org/uvawise.idm.oclc.org/10.1080/08959285.2019.1639711.
47. Buch, Kuvaas, and Dysvik, "The Role of Other Orientation," 296–310.
48. Haynie et al., "When Caring Leaders are Constrained," 5–17.
49. Matta and Van Dyne, "Understanding the Disparate Behavioral Consequences," 154–180.
50. Zhenyu et al., "Give and Take," 34–51.
51. Haynie et al., "When Caring Leaders are Constrained," 5–17.
52. B. Raza and A. Ahmed, "Linking Managerial Coaching and Workplace Deviance: The Mediating Role of Thriving at Work," *Iranian Journal of Management Studies* 13, no. 3 (2020): 467–494.
53. Lee and Varon, "Employee Exit, Voice, Loyalty, and Neglect," 30–51.
54. M. A. A. Sandhu, G. Dastgeer, and H. Anwar-ul-Hag, "The Impact of Authentic Leadership Behaviour on Employee Level Outcomes: The Role of Psychological Empowerment and Structural Distance," *Journal of Organisational Studies & Innovation* 6, no. 2 (2019): 16–29.
55. W. M. Bowler, J. B. Paul, and J. R. Halbesleben, "LMX and Attributions of Organizational Citizenship Behavior Motives: When is Citizenship Perceived as Brownnosing?," *Journal of Business & Psychology* 34, no. 2 (2019): 139–152.
56. N. Barua, "Beyond Barriers Podcast: Dream First, Details Later with Hedley & Bennett CEO, Ellen Bennett," n.d., https://www.iambeyondbarriers.com/blog/dream-first-details-later-with-hedley-bennettceo-ellen-bennett.
57. C. Emery et al., "The Importance of Being Psychologically Empowered: Buffering the Negative Effects of Employee Perceptions of Leader–Member Exchange Differentiation," *Journal of Occupational & Organizational Psychology* 92, no. 3 (2019): 566–592.
58. Sandhu, Dastgeer, and Anwar-ul-Hag, "The Impact of Authentic Leadership Behaviour on Employee Level Outcomes," 16–29.
59. J. DeConinck, "The Effects of Leader-Member Exchange and Organizational Identification on Performance and Turnover Among Salespeople," *Journal of Personal Selling & Sales Management* 31, no. 1 (Winter 2011): 21–34.
60. S. Ren, F. Yang, and R. Wood, "How Work-Related Capabilities Influence Job Performance: A Relational Perspective," *International Journal of Human Resource Management* 30, no. 7 (2019): 1157–1180.
61. G. Rifkin, "Tony Hsieh, Longtime Chief of Zappos, is Dead at 46," *The New York Times*, November 28, 2020.
62. A. J. Xu et al., "Reversing the Lens: How Followers Influence Leader–Member Exchange Quality," *Journal of Occupational & Organizational Psychology* 92, no. 3 (2019): 475–497.
63. Sparrowe, "LMX and Welfare Trade-Off Ratios."
64. M. M. Metwally, W. M. Khedr, and A. A. Messallam, "The Effect of Follower's Characteristics on the Social Influence Exerted Over the Leader: The Moderator Role of Follower's Immediacy," *SAM Advanced Management Journal* (07497075) 83, no. 2 (2018): 4–16.
65. S. E. Moss et al., "The Duty to Improve Oneself: How Duty Orientation Mediates the Relationship Between Ethical Leadership and Followers' Feedback-Seeking and Feedback-Avoiding

Behavior," *Journal of Business Ethics* 165, no. 4 (2020): 615–631.

66. Xu et al., "Reversing the Lens," 475–497.

67. Sparrowe, "LMX and Welfare Trade-Off Ratios," 1.

68. Bowler, Paul, and Halbesleben, "LMX and Attributions of Organizational Citizenship Behavior Motives," 139–152.

69. Ibid.

70. L. C. Wang and J. R. Hollenbeck, "LMX in Team-Based Contexts: TMX, Authority Differentiation, and Skill Differentiation as Boundary Conditions for Leader Reciprocation," *Personnel Psychology* 72, no. 2 (2019): 271–290.

71. Manata, "The Effects of LMX Differentiation," 180–188.

72. Seong and Choi, "Is Person-Organization," 129–144.

73. Zhenyu et al., "Give and Take," 34–51.

74. Haynie et al., "When Caring Leaders are Constrained," 5–17.

75. Ibid.

76. H. Oh, M. H. Chung, and G. Labianca, "Group Social Capital and Group Effectiveness: The Role of Informal Socializing Ties," *Academy of Management Review* 4 (2004): 860–875.

77. Emery et al., The Importance of Being Psychologically Empowered," 566–592.

78. X. Yang et al., "A Relational Model of Career Adaptability and Career Prospects: The Roles of Leader-Member Exchange and Agreeableness," *Journal of Occupational & Organizational Psychology* 93, no. 2 (2020): 405–430.

79. Raza and Ahmed, "Linking Managerial Coaching and Workplace Deviance," 467–494.

80. Matta and Van Dyne, "Understanding the Disparate Behavioral Consequences," 154–180.

81. C. Chekwa, "Don't be Left Out—Fostering Networking Opportunities to Reduce Workplace Isolation Among Ethnic Employees in Remote Settings," *Journal of Competitiveness Studies* 26, no. 3/4 (2018): 217–235.

82. Manata, "The Effects of LMX Differentiation," 180–188.

83. G. Bufalino, "Followership Under the Spotlight: Implications for Followership Development," *Industrial & Commercial Training* 50, no. 2 (2018): 55–60.

84. N. W. Harter and S. M. Heuvel, "New Perspectives on Heroic/Post-Heroic Leadership and on Heroic Followership," *International Leadership Journal* 12, no. 1 (2020): 8–25.

85. D. Collinson, J. O. Smolović, and K. Grint, "'No More Heroes': Critical Perspectives on Leadership Romanticism," *Organization Studies* 39, no. 11 (2018): 1625–1647.

86. T. Smith and B. Kirkman, "Understanding Leadership: The Followers' Influence on Leader Effectiveness," *Academy of Management Annual Meeting Proceedings* 2012, no. 1 (January 2012), https://doi.org/10.5465/AMBPP.2012.303.

87. B. A. Blair and M. C. Bligh, "Looking for Leadership in All the Wrong Places: The Impact of Culture on Proactive Followership and Follower Dissent," *Journal of Social Issues* 74, no. 1 (2018): 129–143.

88. R. E. Kelley, *The Power of Followership* (New York: Doubleday, 1992).

89. I. Chaleff, "Courageous Followers," *Leadership Excellence* 28, no. 4 (April 2011): 19.

90. I. Chaleff, "The Courageous Follower: Standing Up to and for Our Leaders 3rd Edition," *T+D* 64, no. 2 (February 2010): 75.

91. R. Kelley, "In Praise of Followers," *Harvard Business Review* (November–December 1988): 142–148.

92. Blair and Bligh, "Looking for Leadership in All the Wrong Places," 129–143.

93. Leadership & Success: Top Questions and Answers, "Leadership Journey: Sophia Amoruso," https://topquestionsandanswers.com/home/2017/8/3/leadership-journey-sophia-amoruso.

94. N. Bastardoz and M. Van Vugt, "The Nature of Followership: Evolutionary Analysis and Review," *Leadership Quarterly* 30, no. 1 (2019): 81–95.

95. Blair and Bligh, "Looking for Leadership in All the Wrong Places," 129–143.

96. A. Averin, "Followers' Commitment to Leadership: An Exploratory Study of the Cultures in the United States and China," *International Leadership Journal* 11, no. 2 (2019): 116–133.

97. B. Kellerman, "What Every Leader Needs to Know about Followers," *Harvard Business Review* 85 (December 2007): 84–91.

98. Kelley, "In Praise of Followers," 142–148.

99. Valiga, "Leaders, Managers, and Followers," 45–48.

100. M. Carsten et al., "Exploring Social Constructions of Followership: A Qualitative Study," *Leadership Quarterly* 21, no. 3 (June 2010): 543–562.

101. B. Kaufman, "Speak Truth to Power," *Leadership Excellence* 28, no. 6 (June 2011): 6.

102. E. S. Barry and N. E. Grunberg, "A Conceptual Framework to Guide Leader and Follower Education, Development, and Assessment," *Journal of Leadership, Accountability & Ethics* 17, no. 1 (2020): 127–134.

103. A. Bandura, "Self-Efficacy," In *Encyclopedia of Human Behavior*, ed. V. S. Ramachaudran, Vol. 4 (New York: Academic Press, n.d.), 71–81; repr. in *Encyclopedia of Mental Health*, ed. H. Friedman (New York: Academic Press, 1998).

104. Valiga, "Leaders, Managers, and Followers," 45–48.

105. Moss et al., "The Duty to Improve Oneself," 615–631.

106. J. Zhang, J. Li, and J. Huang, "How Self-Sacrificial Leadership Influences Employee Voice: Psychological Safety as a Mediato," *Social Behavior & Personality: An International Journal* 48, no. 12 (2020): 1–8.

107. E. S. Barry and N. E. Grunberg, "A Conceptual Framework to Guide Leader and Follower Education, Development, and Assessment," *Journal of Leadership, Accountability & Ethics* 17, no. 1 (2020): 127–134.

108. S. Mesdaghinia, A. Rawat, and S. Nadavulakere, "Why Moral Followers Quit: Examining the Role of Leader Bottom-Line Mentality and Unethical Pro-Leader Behavior," *Journal of Business Ethics* 159, no. 2 (2019): 491–505.

109. Metwally, Khedr, and Messallam, "The Effect of Follower's Characteristics," 4–16.

110. Ibid.

111. B. Schyns, B. Wisse, and S. Sanders, "Shady Strategic Behavior: Recognizing Strategic Followership of Dark Triad Followers," *Academy of Management Perspectives* 33, no. 2 (2019): 234–249.

112. Metwally, Khedr, and Messallam, "The Effect of Follower's Characteristics," 4–16.

113. K. April, B. Dharani, and K. Peters, "Impact of Locus of Control Expectancy on Level of Well-Being," *Review of European Studies* 4, no. 2 (June 2012): 124–137.

114. R. Karlgaard, "Innovation Rules: 'Let There Be Change,' Says Accenture's Trail-blazing Chief Executive, Julie Sweet," 2020, https://www.forbes.com/video/6203161541001/let-there-be-changesays-accentures-trailblazing-chief-executive-juliesweet/?sh=61b6c2b64eb0.

115. R. van Loon and A. Buster, "The Future of Leadership: The Courage to be both Leader and Follower," *Journal of Leadership Studies* 13, no. 1 (2019): 73–74.

116. C. Geiger, "The Art of Delegation," *Training Industry*, n.d., https://trainingindustry.com/articles/leadership/the-art-of-delegation/.

117. P. M. Buhler, "Managing in the New Millennium: The Top Ten Managerial Mistakes," *Supervision* 65 (August 2004): 15–18.

118. "Delegating Tasks: An Introduction for Managers," *Indeed: For Employers*, December 2020, https://www.indeed.com/hire/c/info/delegating-task?aceid=&gclid=EAIaIQobChMI jaerzr3h7QIVAo-GCh3d2gZaEAAYASAAEgKru_D_BwE.

119. Chief Executives Club, Boston College, "A Conversation with Phebe N. Novakovic, Chairman and Chief Executive Officer, General Dynamics," 2019, https://www.bc.edu/bc-web/schools/carroll-school/sites/ceo-club/ceoclub-newsletter/phebe-novakovic/phebe-novakovic.html.

120. D. Grayson Riegel, "How to Figure Out If You Have a Problem Delegating – and What to Do About It," *Fast Company*, November 17, 2020.

121. Ibid.

122. Geiger, "The Art of Delegation."

123. Grayson Riegel, "How to Figure Out."

124. Geiger, "The Art of Delegation."

125. Grayson Riegel, "How to Figure Out."

126. Geiger, "The Art of Delegation."

127. Elise Foley, "Tom Coburn Helped Cover Up John Ensign Affair: Senate Ethics Report," *Huffington Post*, May 12, 2011, www.huffingtonpost.com/.../tomcoburn-john-ensign_n_861287.html.

128. "Delegating Tasks: An Introduction for Managers."

129. S. Hodgin, "Reflects on Evaluating Employee Performance," *Thrive Global Community*, December 2020, https://thriveglobal.com/stories/sonia-hodginreflects-on-evaluating-employee-performance/?utm_source=Flipboard%3DThrive.

130. A. L. Levi, "How Are You Judging Your Staff's Performance? Evaluate Your Employees on Objective Standards," *Plumbing & Mechanical* 38, no. 11 (2020): 10–14.

131. J. Porter, "How to Give Feedback People Can Actually Use," *Harvard Business Review*, October 27, 2017, https://www.hbr.org/2017/10/how-to-give-feedback-people-can-actualluy-use.

132. "Avoiding Performance Problems on the Job," *Landscape Management* 59, no. 2 (2020): 61.

133. S. Hodgin, "Reflects on Evaluating Employee Performance"

134. TIAA, "Thasunda Brown Duckett," https://www.tiaa.org/public/about-tiaa/leadership-team/thasundabrown-duckett, accessed September 9, 2021.

135. T. B. Dockett, "Lessons in Life and Leadership," *Forbes*, May 13, 2016.

136. C. Connley, "Why Thasunda Brown Duckett, TIAA's Next CEO, Accepted Her Lowest Job Offer After College," *CNBC*, n.d., https://www.cnbc.com/2021/03/01/tiaaceo-thasunda-brown-duckett-on-accepting-lowestjob-offer-after-college.html.

137. Dockett, "Lessons in Life and Leadership."

138. T. Duckett, "Lean In," n.d., https://leanin.org/stories/thasunda-duckett.

139. Dockett, "Lessons in Life and Leadership."

140. Connley, "Why Thasunda Brown Duckett."

141. TIAA, "Thasunda Brown Duckett."

8장

1. Biography.com, "Stacey Abrams," https://www.biography.com/political-figure/stacey-abrams, accessed May 16, 2021.

2. B. Barrow and K. Stafford, "Stacey Abrams Credited for Boosting Democrats in Georgia," *AP*, November 8, 2020, https://apnews.com/article/election-2020-joe-bidenstacey-abrams-georgia-atlanta-1d265f35303be-8ca59836a1a95018d82.

3. R. Fausset, "Georgia's Governor Condemns the Pro-Trump Mob That Invaded the Capitol as Un-American," *New York Times*, January 6, 2021, https://www.nytimes.com/live/2021/01/06/us/georgia-election-results.

4. R. Lizza, "How Stacey Abrams and her Band of Believers Turned Georgia Blue," *POLITICO*, n.d., 2020 Elections.

5. P. Sangeetha and S. Kumaran, "Impact of Shared Leadership on Cross Functional Team Effectiveness and Performance With Respect to Manufacturing Companies," *Journal of Management Research* 18, no. 1 (2018): 44–55.

6. J. R. Hackman and G. R. Oldham, *Work Redesign* (Reading, MA: Addison-Wesley), 1980; G. R. Oldham and J. R. Hackman, "Work Design in Organizational Context," in *Research in Organizational Behavior*, eds. B. M. Staw and L. L. Cummings, Vol. 2 (Greenwich, CT: JAI Press, 1980); J. Hackman, "Work Redesign and Motivation," *Professional Psychology* 11 (1980): 445–455.

7. J. F. Super, "Building Innovative Teams: Leadership Strategies Across the Various Stages of Team Development," *Business Horizons* 63, no. 4 (July 2020): 553–563.

8. E. Volini et al., "Organizational Performance: It's a Team Sport," *Deloitte Insights*, n.d., https://www2.deloitte.com/us/en/insights/focus/human-capitaltrends/2019/team-based-organization.html.

9. D. Price, "10 Emerging Workplace Trends to Watch for in 2020," *Teamwork*, November 8, 2019.

10. K. N. Klasmeier and J. Rowold, "A Multilevel Investigation of Predictors and Outcomes of Shared Leadership," *Journal of Organizational Behavior* 41, no. 9 (November 2020): 915–930.

11. Super, "Building Innovative Teams," 553–563.

12. C. van Geffen, "Optimizing Team Effectiveness and Performance by Using the Cycle of Team Development," *Transactional Analysis Journal* 50, no. 4 (October 2020): 298–314.

13. K. A. Cowie, "Book Review—Reinventing Work," *Global Business & Organizational Excellence* 39, no. 1 (November 2019): 65–68.

14. Super, "Building Innovative Teams," 553–563.

15. Volini et al., "Organizational Performance."

16. Klasmeier and Rowold, "A Multilevel Investigation of Predictors," 915–930.

17. M. Renee, "The Use of Teams in an Orgnization," n.d., https://smallbusiness.chron.com/use-teamworkorganization-21816.html.

18. M. E. Burbach et al., "The Impact of Preparing Faculty in the Effective Use of Student Teams," *College Student Journal* 44, no. 3 (2010): 752–761.

19. C. Hymowitz, "Gail Boudreaux's Got Game," *Forbes*, February 23, 2010, https://www.forbes.com/2010/02/23/gail-boudreaux-united-healthcareleadership-forbes-woman-power-women-basketball.html?sh=2b7e3594eb16.

20. J. Allen, "Building a Group into a Team," *Internet Journal of Healthcare Administration* 6, no. 1 (2009): 3.

21. A. Ellis, "System Breakdown: The Role of Mental Models and Transactive Memory in the Relationship Between Acute Stress and Team Performance," *Academy of Management Review* 49, no. 3 (2006): 576–589.

22. S. W. J. Kozlowski and B. S. Bell, "Work Groups and Teams in Organizations," in *Handbook of Psychology: Industrial and*

Organizational Psychology, eds. W. C. Borman, D. R. Ilgen, and R. J. Klimoski, Vol. 12 (John Wiley & Sons, 2003), 333–375.

23. "Define Teamwork," *The Happy Manager: A Better Way to Manage*, https://the-happy-manager.com/articles/define-teamwork/.

24. T. Budianto, E. Susanto, S. Sitalaksmi, and G. Kismono, "Team Monitoring, Does It Matter for Team Performance? Moderating Role of Team Monitoring on Team Psychological Safety and Team Learning," *Journal of Indonesian Economy & Business* 35, no. 2 (May 2020): 81–96.

25. J. Donohoo and S. Katz, "What Drives Collective Efficacy? Effective Teams That Believe They Can Make a Difference Create the Conditions to Get Better in Four Key Ways," *Educational Leadership* 76, no. 9 (August 2019): 24–29.

26. Hackman and Oldham, *Work Redesign*; J. R. Hackman, G. R. Oldham, and L. P. Stepina, "Norms for the Job Diagnostic Survey," Technical Report No. 16 (New Haven, CT: School of Organization and Management, Yale University, July 1978).

27. Budianto et al., "Team Monitoring," 81–96.

28. A. Mladen, "Taking a Deeper Look Inside Autonomous and Interdependent Teams: Why, How, and When does Informational Dissimilarity Elicit Dysfunctional Versus Beneficial Effects," *European Journal of Work & Organizational Psychology* 29, no. 5 (October 2020): 650–663.

29. H. Bang and T. Nesset Midelfart, "What Characterizes Effective Management Teams? A Research-Based Approach," *Consulting Psychology Journal: Practice & Research* 69, no. 4 (December 2017): 334–359.

30. Mladen, "Taking a Deeper Look Inside Autonomous," 650–663.

31. S. S. Webber et al., "Team Challenges: Is Artificial Intelligence the Solution?," *Business Horizons* 62, no. 6 (November 2019): 741–750.

32. Bang and Nesset Midelfart, "What Characterizes Effective Management Teams," 334–359.

33. van Geffen, "Optimizing Team Effectiveness," 298–314.

34. D. Brady, "The Emerging Trend of Collaboration in the Workplace," n.d., http://www.totalteambuilding.com.au/trend-of-collaboration-in-the-workplace.

35. N. Sivasubramaniam, S. Liebowitz, and C. Lackman, "Determinants of New Product Development Team Performance: A Meta-Analytic Review," *Journal of Product Innovation Management* 29, no. 5 (September 2012): 803–820.

36. Budianto et al., "Team Monitoring," 81–96.

37. J. Yuan and C. C. Chen, "Integrating Knowledge Activities for Team Innovation: Effects of Transformational Leadership," *Journal of Management* 44, no. 5 (May 2018): 1819–1847.

38. Ibid.

39. V. Yakubovich and R. Burg, "Friendship by Assignment? From Formal Interdependence to Informal Relations in Organizations," *Human Relations* 72, no. 6 (June 2019): 1013–1038.

40. A. Blanche, "Introducing the Balanced Teams Diversity Assessment Tool," *Work Life*, 2019, https://www.atlassian.com/blog/teamwork/introducing-the-balancedteams-diversity-assessment-tool.

41. "Balanced Teams Diversity Assessment, Atlassian, Team Playbook," May 13, 2021, https://www.atlassian.com/team-playbook/plays/balanced-teams.

42. R. Hollister and C. Mejia, "Navigating Team Whirlpools," *Journal of the Quality Assurance Institute* 23, no. 2 (2009): 16–19.

43. M. Boyraz, "Faultlines as the 'Earth's Crust': The Role of Team Identification, Communication Climate, and Subjective Perceptions of Subgroups for Global Team Satisfaction and Innovation," *Management Communication Quarterly* 33, no. 4 (November 2019): 581–615.

44. Klasmeier and Rowold, "A Multilevel Investigation of Predictors," 915–930.

45. Ibid.

46. G. Tang et al., "Antecedents and Consequences of Empowering Leadership: Leader Power Distance, Leader Perception of Team Capability, and Team Innovation," *Journal of Organizational Behavior* 41, no. 6 (July 2020): 551–566.

47. Budianto et al., "Team Monitoring," 81–96.

48. C. P. Lin et al., "Modeling Leadership and Team Performance," *Personnel Review* 48, no. 2 (March 2019): 471–491.

49. S. Lyndon and A. Pandey, "Emotional Intelligence & Shared Leadership: Moderating Role of Task Interdependence," *Indian Journal of Industrial Relations* 55, no. 3 (January 2020): 519–528.

50. S. Sarin and G. O'Connor, "First Among Equals: The Effect of Team Leader Characteristics on the Internal Dynamics of Cross-Functional Product Development Teams," *Journal of Product Innovation Management* 26, no. 2 (2009): 188–205.

51. L. Paul and A. Whyte, "What Do Experienced Team Coaches Do? Current Practice in Australia and New Zealand," *International Journal of Evidence Based Coaching & Mentoring* 15, no. 1 (February 2017): 94–113.

52. M. C. Annosi et al., "Learning in an Agile Setting: A Multilevel Research Study on the Evolution of Organizational Routines," *Journal of Business Research* 110 (March 22, 2020): 554–566.

53. Klasmeier and Rowold, "A Multilevel Investigation of Predictors," 915–930.

54. J. J. Oedzes et al., "Informal Hierarchy and Team Creativity: The Moderating Role of Empowering Leadership," *Applied Psychology: An International Review* 68, no. 1 (January 2019): 3–25.

55. Annosi et al., "Learning in an Agile Setting," 554–566.

56. S. Mo, C. D. Ling, and X. Y. Xie, "The Curvilinear Relationship between Ethical Leadership and Team Creativity: The Moderating Role of Team Faultlines," *Journal of Business Ethics* 154, no. 1 (January 2019): 229–242.

57. Klasmeier and Rowold, "A Multilevel Investigation of Predictors," 915–930.

58. A. Ali, H. Wang, and A. N. Khan, "Mechanism to Enhance Team Creative Performance Through Social Media: A Transactive Memory System Approach," *Computers in Human Behavior* 91 (February 2019): 115–126.

59. X. Cao and A. Ali, "Enhancing Team Creative Performance Through Social Media and Transactive Memory System," *International Journal of Information Management* 39 (April 2018): 69–79.

60. K. Anamarija, M. J. Burtscher, and K. Jonas, "Fostering Team Innovation and Learning by Means of Team-Centric Transformational Leadership: The Role of Teamwork Quality," *Journal of Occupational & Organizational Psychology* 93, no. 4 (December 2020): 942–966.

61. Ibid.

62. Klasmeier and Rowold, "A Multilevel Investigation of Predictors," 915–930.

63. Renee, "The Use of Teams in an Organization."

64. Anamarija, Burtscher, and Jonas, "Fostering Team Innovation and Learning," 942–966.

65. K. Lanaj et al., "The Double-Edged Sword of Decentralized Planning in Multiteam Systems," *Academy of Management Journal* 56, no. 3 (June 2013): 735–757.

66. Renee, "The Use of Teams in an Organization."

67. Brady, "The Emerging Trend of Collaboration in the Workplace."

68. Renee, "The Use of Teams in an Organization."

69. M. M. Maloney et al., "The Lasting Benefits of Teams: Tie Vitality After Teams Disband," *Organization Science* 30, no. 2 (March 2019): 260–279.

70. R. Kidwell and S. Valentine, "Positive Group Context, Work Attitudes, and Organizational Misbehavior: The Case of Withholding Job Effort," *Journal of Business Ethics* 86, no. 1 (2009): 15–28.

71. Boyraz, "Faultlines as the 'Earth's Crust,'" 581–615.

72. S. Nawaz, "Cross-team Meetings Don't Have to Be a Waste of Time," *Harvard Business Review Digital Articles*, January 7, 2021, 1–4.

73. Renee, "The Use of Teams in an Organization."

74. G. R. Butler, "Frederick Winslow Taylor: The Father of Scientific Management and his Philosophy Revisited," *Industrial Management* 33, no. 3 (May 1991): 23.

75. C. Hofmann and R. J. Indjejikian, "Authority and Accountability in Hierarchies," *Foundations & Trends in Accounting* 12, no. 4 (October 2018): 298.

76. Sangeetha and Kumaran, "Impact of Shared Leadership," 44–55.

77. Mladen, "Taking a Deeper Look Inside Autonomous," 650–663.

78. K. Le Meunier-Fitzhugh and G. R. Massey, "Improving Relationships Between Sales and Marketing: The Relative Effectiveness of Cross-Functional Coordination Mechanisms," *Journal of Marketing Management* 35, no. 13/14 (October 2019): 1267–1290.

79. S. L. Johnson et al., "The Role of Identity in Supporting a Shared Reality on Cross-Functional Project Teams," *Academy of Management Annual Meeting Proceedings* 2020, no. 1 (January 2020): 1.

80. L. Zhang and H. Guo, "Enabling Knowledge Diversity to Benefit Cross-Functional Project Teams: Joint Roles of Knowledge Leadership and Transactive Memory System," *Information & Management* 56, no. 8 (December 2019).

81. T. F. Poberschnigg, M. L. Pimenta, and P. Hilletofth, "How Can Cross-Functional Integration Support the Development of Resilience Capabilities? The Case of Collaboration in the Automotive Industry," *Supply Chain Management* 25, no. 6 (October 2020): 789–801.

82. E. Hadjielias et al., "How do Digital Innovation Teams Function? Understanding the Team Cognition-process Nexus Within the Context of Digital Transformation," *Journal of Business Research* 122 (January 2021): 373–386.

83. J. D. Maes and T. G. Weldy, "Building Effective Virtual Teams: Expanding OD Research and Practice," *Organization Development Journal* 36, no. 3 (Fall 2018): 83–90.

84. S. I. Wong and M. N. Berntzen, "Transformational Leadership and Leader–Member Exchange in Distributed Teams: The Roles of Electronic Dependence and Team Task Interdependence," *Computers in Human Behavior* 92 (March 2019): 381–392.

85. M. D. Hassell and M. Limayem, "Media Impacts and Performance in Dispersed Teams," *Journal of Computer Information Systems* 60, no. 1 (January 2020): 18–25.

86. Ibid.

87. G. Raushan, "Connecting the Links Between Leadership Styles and Virtual Team Effectiveness," *Journal of Enterprising Culture* 26, no. 2 (June 2018): 185–205.

88. D. Owens and D. Khazanchi, "Exploring the Impact of Technology Capabilities on Trust in Virtual Teams," *American Journal of Business (Emerald Group Publishing Limited)* 33, no. 4 (October 2018): 157–178.

89. Wong and Berntzen, "Transformational Leadership," 381–392.

90. M. C. Annosi, A. Monti, and A. Martini, "Individual Learning Goal Orientations in Self-Managed Team-Based Organizations: A Study on Individual and Contextual Variables," *Creativity & Innovation Management* 29, no. 3 (September 2020): 528–545.

91. Y. Y. Wong et al., "Benefits of Team Participative Decision Making and Its Potential to Affect Individual Creativity," *Journal of Applied Social Psychology* 48, no. 7 (July 2018): 369–376.

92. Nawaz, "Cross-Team Meetings," 1–4.

93. R. Fuller et al., "If You Multitask During Meetings, Your Team Will Too," *Harvard Business Review Digital Articles*, January 25, 2018, 2–7.

94. Z. Ilgaz, "The 5 Personality Types You Don't Want on Your Team," *Elevate*, n.d., https://www.ellevatenetwork.com/articles/7396.

95. M. O. Poe, L. L. Zamora, and K. T. Quinain, "Team Performance in Hierarchical Versus Self-Managed Work Teams in Selected Electronics Manufacturing Company in Cebu," *DLSU Business & Economics Review* 29, no. 1 (July 2019): 106–114.

96. C. Gill et al., "The Combined Role of Conscientiousness, Social Networks, and Gender Diversity in Explaining Individual Performance in Self-Managed Teams," *Journal of Business Research* 106 (January 2020): 250–260.

97. D. Coates, P. Parshakov, and S. Paklina, "Do Managers Matter: Evidence from E-sports," *Contemporary Economic Policy* 38, no. 2 (April 2020): 304–312.

98. Renee, "The Use of Teams in an Organization."

99. A. N. Pieterse et al., "Hierarchical Leadership Versus Self-Management in Teams: Goal Orientation Diversity as Moderator of Their Relative Effectiveness," *Leadership Quarterly* 30, no. 6 (December 2019): 101343.

100. Gill et al., "The Combined Role," 250–260.

101. Y. Badir, B. Büchel, and C. Tucci, "A Conceptual Framework of the Impact of NPD Project Team and Leader Empowerment on Communication and Performance: An Alliance Case Context," *International Journal of Project Management* 30, no. 8 (November 2012): 914–926.

102. N. Gahlawat and S. C. Kundu, "Participatory HRM and Firm Performance: Unlocking the Box Through Organizational Climate and Employee Outcomes," *Employee Relations* 41, no. 5 (August 2019): 1098–1119.

103. C. Longenecker and G. S. Insch, "Senior Leaders' Strategic Role in Leadership Development," *Strategic HR Review* 17, no. 3 (May 2018): 143–149.

104. J. Zhu et al., "Shared Leadership: A State-of-the-Art Review and Future Research Agenda," *Journal of Organizational Behavior* 39, no. 7 (September 2018): 834–852.

105. F. H. Gerpott et al., "It's Not Just What Is Said, But When It's Said: A Temporal Account of Verbal Behaviors and Emergent Leadership in Self-Managed Teams," *Academy of Management Journal* 62, no. 3 (June 2019): 717–738.

106. M. Berntzen and S. I. Wong, "Autonomous but Interdependent: The Roles of Initiated and Received Task Interdependence in Distributed Team Coordination," *International Journal of Electronic Commerce* 25, no. 1 (January 2021): 7–28.

107. Annosi, Monti, and Martini, "Individual Learning Goal Orientations," 528–545.

108. "Jess Kutch—Job Quality Fellow, Class of 2017–18," The Aspen Institute, February 20, 2018, https://www.aspeninstitute.org/longform/job-quality-fellows-profile-series/jess-kutch/.

109. "Tech Workers are Organizing. Meet the Labor Vets Whispering in Their Ears," *Protocol—The People, Power and Politics of Tech*, February 26, 2020, https://www.protocol.com/nonprofit-helps-tech-workers-organize.

110. "Jess Kutch."

111. "Our Team," *Coworker*, n.d., https://home.coworker.org/our-team/, accessed.

112. "Power of the Petition: Nonprofit Helps Front-Line Workers Fight for Their Rights," *NPR*, October 14, 2020, https://www.npr.org/2020/10/14/923476974/power-ofthe-petition-nonprofit-helps-front-line-workers-fightfor-their-rights.

113. "Tech Workers are Organizing."

114. J. Kutch, "What Productive Conflict Can Offer a Workplace," April 2019, https://www.ted.com/talks/jess_kutch_what_productive_conflict_can_offer_a_workplace.

115. "Jess Kutch."

116. Kutch, "What Productive."

117. Ibid.

9장

1. Microsoft website, www.microsoft.com, accessed July 18, 2021.

2. J. Bariso, "Microsoft's CEO Just Taught a Mini Master Class in Leadership: Here Are 4 Takeaways," *Inc.*, n.d., https://www.inc.com/justin-bariso/microsofts-ceojust-taught-a-master-class-in-leadership-here-are-4-takeaways.html, accessed October 26, 2020.

3. Microsoft, "Satya Nadella: Microsoft Ignite 2020," September 22, 2020, https://news.microsoft.com/speeches/satya-nadella-microsoft-ignite-2020/.

4. Microsoft, "Satya Nadella, Brad Smith, Amy Hood, Lucas Joppa: Microsoft's Commitment to Sustainability," January 16, 2020, https://news.microsoft.com/speeches/satya-nadella-bradsmith-amy-hood-lucas-joppa-microsofts-commitment-to-sustainability/.

5. A. Shepherd, "8 Soft Skills That Make You an Even Better Leader," *Entrepreneurship*, December 1, 2020.

6. M. Heffernan, "How the Best Leaders Answer, What Are We Here For," *Harvard Business Review*, October 27, 2020.

7. N. Havlovska et al., "Strategic Adaptation as a Way of Managing Organizational Changes in the Context of Implementing a Safety Oriented Enterprise Management Approach," *TEM Journal* 9, no. 3 (August 2020): 1053–1061.

8. A. A. Thompson et al., *Crafting and Executing Strategy: The Quest for Competitive Advantage*, 23rd ed. (New York: McGraw-Hill Education, 2022).

9. R. Reiss, "12 CEOs Describe Their Leadership Style," *Forbes*, October 8, 2018, https://www.forbes.com/sites/robertreiss/2018/10/08/12-quotes-from-amazingleaders/?sh=6ec7196d15b8.

10. D. Meinert, "Why Change Efforts Fail: Are You Making These Common Mistakes?," *HR Magazine* 63, no. 1 (February 2018): 16–17.

11. J. Younger et al., "Accelerating Strategic Change Through Action Learning," *Strategic HR Review* 12, no. 4 (July 2013): 177–184.

12. M. Germain, P. Robertson, and S. Minnis, "Protests, Rallies, Marches, and Social Movements as Organizational Change Agents," *Advances in Developing Human Resources* 21, no. 2 (May 2019): 150–174.

13. P. Yeoh, "Internationalization and Performance Outcomes of Entrepreneurial Family SMEs: The Role of Outside CEOs, Technology Sourcing, and Innovation," *Thunderbird International Business Review* 56, no. 1 (January 2014): 77–96.

14. T. Kretschmer and P. Khashabi, "Digital Transformation and Organization Design: An Integrated Approach," *California Management Review* 62, no. 4 (August 2020): 86–104.

15. D. Dings, "Visionary Women in Business: Ruth Porat, CFO, Google," 2018, https://www.visiontemenos.com/blog/visionary-women-in-business-ruth-porat-cfogoogle, accessed May 13, 2021.

16. Meinert, "Why Change Efforts Fail," 16–17.

17. C. A. Coruzzi, "Leading Change With Intelligence: The Power of Diagnosis in Creating Organizational Renewal," *Journal of Applied Behavioral Science* 56, no. 4 (December 2020): 420–436.

18. H. Arazmjoo and H. Rahmanseresht, "A Multidimensional Meta-heuristic Model for Managing Organizational Change," *Management Decision* 58, no. 3 (March 2020): 526–543.

19. E. Kasper, T. Pratorius, and A. P. Nielsen, "A Model of Cascading Change: Orchestrating Planned and Emergent Change to Ensure Employee Participation," *Journal of Change Management* 20, no. 4 (December 2020): 342–368.

20. A. Adriano, "Design Thinking Plus Adaptive Leadership: Leading Organizational Change With the Change Canvas," *Organization Development Journal* 37, no. 3 (Fall 2019): 45–58.

21. B. Burnes, "The Origins of Lewin's Three-step Model of Change," *Journal of Applied Behavioral Science* 56, no. 1 (March 2020): 32–59.

22. E. H. Schein, "Kurt Lewin's Change Theory in the Field and in the Classroom: Notes Toward a Model of Managed Learning," *Systems Practice* 9 (1996): 27–47, https://doi.org/10.1007/BF02173417.

23. J. Desmond and F. Wilson, "Democracy and Worker Representation in the Management of Change: Lessons from Kurt Lewin and the Harwood Studies," *Human Relations* 72, no. 11 (November 2019): 1805–1830.

24. R. Hicks, "Recognition Is the First Step to Change," *Physician Leadership Journal* 6, no. 3 (May 2019): 66–68.

25. "Purpose-Driven: An Interview With Karen S. Lynch, President, Aetna," *Leaders Magazine, Inc.* 39, no. 1 (2016): 24–25, http://www.leadersmag.com/issues/2016.1_Jan/Women%20Leaders/LEADERSKaren-Lynch-Aetna.html.

26. J. Stouten, D. M. Rousseau, and D. De Cremer, "Successful Organizational Change: Integrating the Management Practice and Scholarly Literatures," *Academy of Management Annals* 12, no. 2 (June 2018): 752–788.

27. V. Merlijn, D. Stam, and D. van Knippenberg, "Visions of Change as Visions of Continuity," *Academy of Management Journal* 62, no. 3 (June 2019): 667–690.

28. Havlovska et al., "Strategic Adaptation," 1053–1061.

29. J. Michelson, "9 Ways to Manage Crisis and Lead Change—From Former Air Force Secretary," *Forbes*, October 31, 2020.

30. M. Wrede, V. K. Velamuri, and T. Dauth, "Top Managers in the Digital Age: Exploring the Role and Practices of Top Managers in Firms' Digital Transformation," *Managerial & Decision Economics* 41, no. 8 (December 2020): 1549–1567.

31. Adriano, "Design Thinking Plus Adaptive Leadership," 45–58.

32. Meinert, "Why Change Efforts Fail," 16–17.

33. B. Magrum and J. R. Weber, "Restructuring a Pharmacy Department: Leadership Strategies for Managing Organizational Change," *Hospital Pharmacy* 53, no. 4 (July 2018): 225–229.

34. R. Palumbo and R. Manna, "For Better or for Worse? Handling the Side Effects of Organizational Change on Workplace Discrimination," *Journal of Organizational Change Management* 33, no. 6 (November 2020): 1181–1200.

35. H. Zepp-LaRouche, "Gandhi's Vision for a New Paradigm in International Relations, a World Health System, and Direct Non-violent Action in Times of Social Breakdown," *Executive Intelligence Review* 47, no. 48 (November 27, 2020): 20–29.

36. Michelson, "9 Ways to Manage Crisis and Lead Change."

37. D. McCabe, S. Ciuk, and M. Gilbert, "There Is a Crack in Everything: An Ethnographic Study of Pragmatic Resistance in a Manufacturing Organization," *Human Relations* 73, no. 7 (July 2020): 953–980.

38. M. B. Deline, "Framing Resistance: Identifying Frames That Guide Resistance Interpretations at Work," *Management Communication Quarterly* 33, no. 1 (February 2019): 39–67.

39. Palumbo and Manna, "For Better or for Worse?," 1181–1200.

40. Desmond and Wilson, "Democracy and Worker Representation," 1805–1830.

41. D. L. Caruth and G. D. Caruth, "Managing Workplace Resistance to Change," *Industrial Management* 60, no. 4 (July 2018): 21–23.

42. D. Coghlan, "Edgar Schein on Change: Insights Into the Creation of a Model," *Journal of Applied Behavioral Science* 57, no. 1 (March 2021): 11–19.

43. R. Hicks, "Dealing With Rebellious Resistance," *Physician Leadership Journal* 7, no. 3 (May 2020): 70–71.

44. McCabe, Ciuk, and Gilbert, "There Is a Crack in Everything," 953–980.

45. J. Rovner, "Why Corporate Change Management Often Fails (Hint: It's Not the People)," *Entrepreneur*, n.d., https://www.entrepreneur.com/article/354333?utm_source=flipboard&utm_medium=related&utm_campaign=syndication, accessed August 27, 2020.

46. Deline, "Framing Resistance," 39–67.

47. Hicks, "Dealing With Rebellious Resistance," 70–71.

48. Meinert, "Why Change Efforts Fail," 16–17.

49. R. Hicks, "Addressing Uninformed Resistance to Change," *Physician Leadership Journal* 6, no. 5 (September 2019): 72–73.

50. Merlijn, Stam, and van Knippenberg, "Visions of Change as Visions of Continuity," 667–690.

51. J. L. Caulfield, "Using Case Work as a Pretest to Measure Crisis Leadership Preparedness," *Journal of Management Education* 42, no. 6 (December 2018): 704–730.

52. B. Kellerman, "The Leadership Standards Crisis," *Strategy & Leadership* 47, no. 1 (January 2019): 26–29.

53. B. F. Liu, I. A. Iles, and E. Herovic, "Leadership Under Fire: How Governments Manage Crisis Communication," *Communication Studies* 71, no. 1 (January 2020): 128–147.

54. T. Oroszi, "A Preliminary Analysis of High-Stakes Decision-Making for Crisis Leadership," *Journal of Business Continuity & Emergency Planning* 11, no. 4 (Summer 2018): 335–359.

55. S. Kukreja, "What Is a Crisis," *Management Study HQ*, 2020, https://www.managementstudyhq.com/what-iscrisis-and-different-types-of-crisis.html.

56. C. M. Pearson and J. A. Clair, "Reframing Crisis Management," *Academy of Management Review* 23, no. 1 (1998): 59–76.

57. K. M. Dirani et al., "Leadership Competencies and the Essential Role of Human Resource Development in Times of Crisis: A Response to COVID-19 Pandemic," *Human Resource Development International* 23, no. 4 (August 2020): 380–394.

58. N. Richardson, "Book Review: Crisis Leadership: How to Lead in Times of Crisis, Threat and Uncertainty," *Management Learning* 50, no. 5 (November 2019): 629–632.

59. T. Segal, "Enron Scandal: The Fall of a Wall Street Darling," *Investopedia*, n.d., https://www.investopedia.com/updates/enron-scandal-summary/, accessed January 19, 2021.

60. F. Frandsen and W. Johansen, "Advice on Communicating During Crisis: A Study of Popular Crisis Management Books," *International Journal of Business Communication* 57, no. 2 (April 2020): 260–276.

61. C. Thomas, "Decision-making During VUCA Crises: Insights From the 2017 Northern California Firestorm," *Journal of Business Continuity & Emergency Planning* 14, no. 1 (Autumn–Fall 2020): 82–94.

62. T. Trachsler and W. Jong, "Crisis Management in Times of COVID-19: Game, Set or Match?," *Journal of Contingencies & Crisis Management* 28, no. 4 (December 2020): 485–486.

63. P. E. Rutledge, "Trump, COVID-19, and the War on Expertise," *American Review of Public Administration* 50, no. 6/7 (August 2020): 505–511.

64. M. Casale, "COVID-19: Can This Crisis Be Transformative for Global Health?," *Global Public Health* 15, no. 11 (November 2020): 1740–1752.

65. Z. Van der Wal, "Being a Public Manager in Times of Crisis: The Art of Managing Stakeholders, Political Masters, and Collaborative Networks," *Public Administration Review* 80, no. 5 (September 2020): 759–764.

66. J. Sheth, "Business of Business Is More Than Business: Managing During the COVID Crisis," *Industrial Marketing Management* 88 (July 2020): 261–264.

67. D. McGuire et al., "Beating the Virus: An Examination of the Crisis Communication Approach Taken by New Zealand Prime Minister Jacinda Ardern during the COVID-19 Pandemic," *Human Resource Development International* 23, no. 4 (August 2020): 361–379.

68. S. Schismenos et al., "Failure to Lead on COVID-19: What Went Wrong With the United States?," *International Journal of Public Leadership* 17, no. 1 (January 2021): 39–53.

69. P. Mather, "Leadership and Governance in a Crisis: Some Reflections on COVID-19," *Journal of Accounting & Organizational Change* 16, no. 4 (October 2020): 579–585.

70. A. Shufutinsky et al., "Shock Leadership Development for the Modern Era of Pandemic Management and Preparedness," *International Journal of Organizational Innovation* 13, no. 1 (July 2020): 20–42.

71. J. Pena-Hevia, "Chief Crisis Officer: Structure and Leadership for Effective Communications Response," *Business & Professional Communication Quarterly* 81, no. 4 (December 2018): 509–512.

72. J. Marshall, D. Roache, and R. Moody-Marshall, "Crisis Leadership: A Critical Examination of Educational Leadership in Higher Education in the Midst of the COVID-19 Pandemic," *International Studies in Educational Administration (Commonwealth Council for Educational Administration & Management [CCEAM])* 48, no. 3 (July 2020): 30–37.

73. M. Feigen, B. Wallach, and A. Warendh, "Look to Military History for Lessons in Crisis Leadership," *Harvard Business Review Digital Articles*, July 2020, 2–4.

74. Ibid.

75. Consumer Technology Association, "Masters of Leadership: Corie Barry," July 31, 2020, https://www.cta.tech/Resources/Articles/2020/Masters-of-Leadership-Corie-Barry.

76. Michelson, "9 Ways to Manage Crisis and Lead Change."

77. R. M. Bhaduri, "Leveraging Culture and Leadership in Crisis Management," *European Journal of Training & Development* 43, no. 5 (June 2019): 554–569.

78. Heffernan, "How the Best Leaders Answer."

79. T. Jaques, "Crisis Leadership: A View From the Executive Suite," *Journal of Public Affairs* (14723891) 12, no. 4 (November 2012): 366–372.

80. Heffernan, "How the Best Leaders Answer."

81. Havlovska et al., "Strategic Adaptation," 1053–1061.

82. "Turning Crisis into Opportunity: The Key Role of Leadership," *Strategic Direction* [serial online] 29, no. 4 (April 2013): 29–32.

83. W. Bennis, "Crises Reveal the Quality of Leadership," *Leader to Leader* 2009, no. 154 (2009): 27–31.

84. J. A. Heulwen and C. L. Bennett, "Effective Nurse Leadership in

Times of Crisis," *Nursing Management—UK* 27, no. 4 (July 30, 2020): 32–40.

85. Michelson, "9 Ways to Manage Crisis and Lead Change."

86. W. Tarken, "Agile Leadership in Action during a Crisis—Top 7 Practices to Build Organizational Resilience and Develop HR Leaders," *Workforce Solutions Review* 11, no. 3 (September 2020): 19–22.

87. Bhaduri, "Leveraging Culture and Leadership in Crisis Management," 554–569.

88. J. A. Zelaya, "The Response Leadership Sequence: Empowering and Improving Your Leadership Before, During, and After a Crisis," *The Journal of Applied Christian Leadership* 13, no. 2 (Fall 2019): 115–116.

89. V. Tokakis, P. Polychroniou, and G. Boustras, "Crisis Management in Public Administration: The Three Phases Model for Safety Incidents," *Safety Science* 113 (March 2019): 37–43.

90. D. Fatol and A. Draghici, "Managing Talent in the Times of Crisis," *Review of General Management* 31, no. 1 (January 2020): 78–91.

91. Trachsler and Jong, "Crisis Management in Times of COVID-19," 485–486.

92. S. Kuknor and S. Bhattacharya, "Organizational Inclusion and Leadership in Times of Global Crisis," *Australasian Accounting Business & Finance Journal* 15 (January 2, 2021): 93–112.

93. M. Heimer, "To Lead in the Post-COVID-19 Crisis Tomorrow, Put the Right Leadership and Capabilities in Place Today," *Fortune*, July 29, 2020.

94. Shufutinsky et al., "Shock Leadership Development," 20–42.

95. J. Jensen and W. Waugh, "The United States' Experience with the Incident Command System: What We Think We Know and What We Need to Know More About," *Journal of Contingencies & Crisis Management* [serial online] 22, no. 1 (March 2014): 5–17.

96. W. Kahn, M. Barton, and S. Fellows, "Organizational Crises and the Disturbance of Relational Systems," *Academy of Management Review* [serial online] 38, no. 3 (July 2013): 377–396.

97. Havlovska et al., "Strategic Adaptation," 1053–1061.

98. M. Bogdanova, "University Business Models in Crisis Management," *Business Management/Biznes Upravlenie*, 4 (October 2020): 34–44.

99. L. Garcia-Lorenzo, "Organizational Remembering as a Trigger for Cultural Change: Exploring the Episodic Memories of a Financial Scandal," *Scandinavian Journal of Management* 36, no. 1 (March 2020).

100. Tarken, "Agile Leadership in Action during a Crisis," 19–22.

101. Heffernan, "How the Best Leaders Answer."

102. R. Moisio, S. Capelli, and W. Sabadie, "Managing the Aftermath: Scapegoating as Crisis Communication Strategy," *Journal of Consumer Behavior* 20, no. 1 (January 2021): 89–100.

103. Oroszi, "A Preliminary Analysis," 335–359.

104. W. E. Williams et al., "Supervisory Influence: Subordinate Development of Crisis Leader Potential in an Extreme Context," *Journal of Organizational Change Management* 32, no. 3 (May 2019): 320–339.

105. Heffernan, "How the Best Leaders Answer."

106. Kuknor and Bhattacharya, "Organizational Inclusion and Leadership," 93–112.

107. K. Stoller, "These are Former American Express CEO Ken Chenault's Tips on How to Lead Through a Crisis," *Forbes*, October 14, 2020.

108. F. Crepeau-Hobson, K. S. Sievering, and L. Bartilotta, "Effective Crisis Response and Recovery: More Lessons Learned From Colorado," *Children & Youth Services Review* 119 (December 2020): 105686.

109. R. D. Owen and J. Schimmels, "Leadership after a Crisis: The Application of Psychological First Aid," *Journal of Nursing Administration* 50, no. 10 (October 2020): 505–507.

110. J. I. Stoker, H. Garretsen, and D. Soudis, "Tightening the Leash After a Threat: A Multi-level Event Study on Leadership Behavior Following the Financial Crisis," *Leadership Quarterly* 30, no. 2 (April 2019): 199–214.

111. P. Chris and R. W. Guyette Jr., "Toyota Recall Crisis: Public Attitudes on Leadership and Ethics," *Organization Development Journal* 28, no. 2 (2010): 89–97.

112. L. Hagen et al., "Crisis Communications in the Age of Social Media," *Social Science Computer Review* 36, no. 5 (October 2018): 523–541.

113. D. D. Sellnow, T. L. Sellnow, and J. M. Martin, "Strategic Message Convergence in Communicating Biosecurity: The Case of the 2013 Porcine Epidemic Diarrhea Virus," *Communication Reports* 32, no. 3 (September 2019): 125–136.

114. C. C. Eldridge, "Communication During Crisis: The Importance of Leadership, Messaging, and Overcoming Barriers," *Nursing Management* 51, no. 8 (August 2020): 50–53.

115. Ibid.

116. Heffernan, "How the Best Leaders Answer."

117. Eldridge, "Communication During Crisis," 50–53.

118. Ibid.

119. D. Blake, "Pizza Hut, KFC Sales Shrink in China as Covid-19 Locks Restaurants Out," *Inside Retail*, February 4, 2021, https://insideretail.asia/2021/02/04/pizza-hut-kfc-sales-shrink-in-china-as-covid-19-locks-restaurants-out/.

120. "Fortune 500," *Fortune*, n.d., https://fortune.com/fortune500/2020/, accessed April 7, 2021.

121. "Yum! To Divide Into Two Companies,"*Feedstuffs* 87, no. 41 (2015): 7.

122. Yum China Holdings, Inc., "About Yum China," n.d. https://ir.yumchina.com/about-yum-china/, accessed April 21, 2021.

123. "KFC in China Spins Off a Fast Casual Chain With Face Recognition Payment Kiosk," *FastCasual.com*, 2017.

124. "Yum China Banks on Robot Servers, AI Menus to Defy Slowdown (2)," *Bloomberg*, 2019.

125. R. Flannery, "Meet the "'Force of Nature' Propelling Yum China's Sales and Shares," *Forbes*, February 6, 2019, https://www.forbes.com/sites/russellflannery/2019/02/06/meet-the-force-of-nature-behindyum-chinas-expansion/.

126. "Yum China Banks on Robot Servers."

127. "How Joey Wat Went From Child Factory Worker to Yum China CEO," *The CEO Magazine*, November 17, 2020, https://www.theceomagazine.com/business/coverstory/yum-china-joey-wat/.

128. E. Shapiro, "Joey Wat, CEO of Yum China, Shares Lessons on Controlling COVID," *Time*, December 6, 2020, https://time.com/5917542/yum-china-joey-wat-covid-19/.

129. T. J. Teng, "From Savers to KFC China, Millionaire Yum China CEO Joey Wat is an Expert in Saving Struggling Chains—No Wonder She's One of the Only Female CEOs Listed on Fortune 500 | South China Morning Post," *Style*, October 5, 2020, https://www.scmp.com/magazines/style/news-trends/article/3104112/savers-kfc-china-millionaire-yum-china-ceo-joey-wat.

130. Shapiro, "Joey Wat."

131. Flannery, "Meet the "'Force of Nature' Propelling Yum China's Sales and Shares."

132. Teng, "From Savers to KFC China."

133. Flannery, "Meet the "'Force of Nature' Propelling Yum China's Sales and Shares."

134. R. Flannery, "What would Colonel Sanders Say? Tea Eggs, Economic Rebound Help to Feed Growth at Yum China," *Forbes*, 2021.
135. Flannery, "Meet the "'Force of Nature' Propelling Yum China's Sales and Shares."
136. Ibid.
137. Flannery, "What Would Colonel Sanders Say?"
138. "Fortune 500."
139. Centers for Disease Control and Prevention, "COVID-19 Overview and Infection Prevention and Control Priorities in Non-US Healthcare Settings," February 11, 2020, https://www.cdc.gov/coronavirus/2019-ncov/hcp/non-us-settings/overview/index.html.
140. W. Ye, "China's Health Care System Under Pressure as Coronavirus Continues to Spread," *CNBC*, February 26, 2020, https://www.cnbc.com/2020/02/26/coronaviruschina-health-care-system-under-pressure-in-wuhan.html.
141. Shapiro, "Joey Wat."
142. Flannery, "What Would Colonel Sanders Say?"
143. Shapiro, "Joey Wat."
144. Ibid.
145. Ibid.
146. Ibid.
147. World Health Organization, *Report of the WHO-China Joint Mission on Coronavirus Disease 2019 (COVID-19)* (Geneva: World Health Organization, 2020).
148. Shapiro, "Joey Wat."
149. Flannery, "What Would Colonel Sanders Say?"
150. Blake, "Pizza Hut, KFC Sales Shrink."

10장

1. E. Low, "Discovery Increases Stake in Oprah Winfrey's OWN to 95%," *Variety*, December 22, 2020.
2. S. Berfield, "Marketing Lessons From Brand Oprah," *Bloomberg Businessweek*, May 23, 2011, 20–22; M. Townsend, "Riding the Oprah Wave, Ready or Not," *Bloomberg Businessweek*, May 23, 2011, 24; R. Grover and A. Fixmer, "Is Cable One Market Oprah Can't Conquer?," *Bloomberg Businessweek*, May 23, 2011, 25–26; P. Sellers, "Oprah's Next Act," *Fortune*, October 18, 2010, 116–126.
3. K. Hale, "More Bread: Oprah Extends Weight Watchers Partnership," *Forbes*, December 27, 2019.
4. Oprah Winfrey Leadership Academy for Girls website, https://www.facebook.com/OprahWinfreyLeadershipAcademyForGirlsSA?_rdc=1&_rdr, accessed May 10, 2021.
5. Oprah website, www.oprah.com, accessed May 10, 2021.
6. J. Taylor, "Max Weber Revisited: Charisma and Institution at the Origins of Christianity," *Australian E-Journal of Theology* 19, no. 3 (December 2012): 195–208.
7. M. Weber, *The Theory of Social and Economic Organizations* (New York: Free Press, 1947).
8. C. Adair-Toteff, "Max Weber's Charisma," *Journal of Classical Sociology* 5, no. 2 (2005): 189–204.
9. M. G. Scott, "Max Weber: On Charisma and Institution Building (Book)," *British Journal of Sociology* 21, no. 4 (1970): 458–460.
10. A. B. Seligman, "Charisma and the Transformation of Grace in the Early Modern Era," *Social Research* 58, no. 3 (1991): 591–620.
11. S. Kempster and K. Parry, "Charismatic Leadership Through the Eyes of Followers," *Strategic HR Review* 13, no. 1 (January 2014): 20–23.
12. T. E. Dow Jr., "The Theory of Charisma," *Sociological Quarterly* 10 (1969): 306–318.
13. Oprah website, www.oprah.com.
14. B. J. Tepper et al., "Examining Follower Responses to Transformational Leadership From a Dynamic, Person–Environment Fit Perspective," *Academy of Management Journal* 61, no. 4 (August 2018): 1343–1368.
15. L. R. Men, C. A. Yue, and Y. Liu, "'Vision, Passion, and Care:' The Impact of Charismatic Executive Leadership Communication on Employee Trust and Support for Organizational Change," *Public Relations Review* 46, no. 3 (September 2020): 101927.
16. N. Meslec et al., "Effects of Charismatic Leadership and Rewards on Individual Performance," *Leadership Quarterly* 31, no. 6 (December 2020): 101423.
17. J. Antonakis, M. Fenley, and S. Liechti, "Learning Charisma," *Harvard Business Review* 90, no. 6 (June 2012): 127–130.
18. S. K. Kuri and E. K. Kaufman, "Leadership Insights from Hollywood-Based War Movies: An Opportunity for Vicarious Learning," *Journal of Leadership Studies* 14, no. 1 (Spring 2020): 53–61.
19. A. Cohen and J. Yoon, "Who Makes Whom Charismatic? Leadership Identity Negotiation in Work Teams," *Journal of Leadership & Organizational Studies* 28, no. 1 (February 1, 2021): 5–16.
20. D. Kaur and R. Singh, "Charismatic Leadership—The Double Edged Sword," *International Journal of Research in Engineering, Science and Management* 4, no. 1 (January 2021): 165–167.
21. M. Bligh and J. Robinson, "Was Gandhi 'Charismatic'? Exploring the Rhetorical Leadership of Mahatma Gandhi," *Leadership Quarterly* 21, no. 5 (2010): 844–855.
22. A. Samnani and P. Singh, "When Leaders Victimize: The Role of Charismatic Leaders in Facilitating Group Pressures," *Leadership Quarterly* 24, no. 1 (February 2013): 189–202.
23. R. J. House and J. M. Howell, "Personality and Charismatic Leadership," *The Leadership Quarterly* 3, no. 2 (1992): 81–108.
24. J. P. Zúquete, *Routledge International Handbook of Charisma* (London: Taylor & Francis, 2020), 482.
25. House and Howell, "Personality and Charismatic Leadership," 81–108.
26. Zúquete, *Routledge international Handbook of Charisma*, 482.
27. House and Howell, "Personality and Charismatic Leadership," 81–108.
28. Centers for Disease Control and Prevention website, www.cdc.gov, accessed June 3, 2011.
29. A. R. Korn, K. D. Blake, H. D'Angelo, J. Reedy, and A. Oh, "Prevalence and Correlates of US Adult Public Opinion on Restricting Junk Food Advertising to Children on Social Media: 2020 Health Information National Trends Survey," *Public Health Nutrition* (2021): 1–5.
30. Fast Food FACTS website, www.fastfoodmarketing.org, accessed June 3, 2011.
31. O. V. Supratman, M. Entang, and M. Tukiran, "The Relationship of Charismatic Leadership, Employee Personality, and Employee Performance: Evidence From PT. Karya Abadi Luhur," *International Journal of Social and Management Studies* 2, no. 2 (2021): 17–41.
32. S. D. Hansen, D. R. Miller, and D. Noack, "The Impact of Charismatic Leadership on Recruitment, Development and Firm Performance," *Journal of Managerial Issues* 32, no. 2 (Summer 2020): 215–229.
33. P. M. Le Blanc, V. González-Romá, and H. Wang, "Charismatic Leadership and Work Team Innovative Behavior: The Role

of Team Task Interdependence and Team Potency," *Journal of Business Psychology* 36 (2021): 333–346.

34. M. Ozgenel, "The Role of Charismatic Leader in School Culture," *Eurasian Journal of Educational Research* 20 (2020): 85–114.

35. M. T. Gustavo, F. Sobral, and B. E. Wright, "Commitment to Public Values, Charismatic Leadership Attributions, and Employee Turnover in Street-Level Bureaucracies," *Journal of Public Administration Research and Theory* 20 (2021): 1–19.

36. J. M. Burns, *Leadership* (New York: Harper & Row, 1978).

37. B. M. Bass, *Leadership and Performance Beyond Expectations* (New York: Free Press, 1985).

38. B. M. Bass et al., "Predicting Unit Performance by Assessing Transformational and Transactional Leadership," *Journal of Applied Psychology* 88, no. 2 (April 2003): 207–218.

39. Tepper et al., "Examining Follower Responses," 1343–1368.

40. D. Winder, "Your iPhone Is Spying On You—Here's How to Stop It," *Forbes*, n.d., https://www.forbes.com/sites/daveywinder/2019/06/02/your-iphone-is-spyingon-you-heres-how-to-stop-it/?sh=454770fc12dd, accessed June 2, 2019.

41. A. Thierer, "Apple, The iPhone and a Locational Privacy Techno-Panic," *Forbes*, May 2011.

42. C. Linder, "How to Tell if Your Apps are Spying on You," *Popular Mechanics*, n.d., https://www.popularmechanics.com/technology/apps/a33448364/how-tell-appsspying-protect-privacy/, accessed July 29, 2020.

43. A. M. G. Hoogeboom and C. P. M. Wilderom, "Advancing the Transformational–Transactional Model of Effective Leadership: Integrating Two Classic Leadership Models With a Video-Based Method," *Journal of Leadership Studies* 13, no. 2 (September 2019): 23–46.

44. S. H. Schroeder and U. Baldegger, "Empowering Leadership in R&D—Moderating Effects of the Strategic and Cultural Context," *International Journal of Innovation Management* 24, no. 4 (May 2020): 2050040.

45. J. Maja Strugar et al., "The Effects of Environment Uncertainty and Leadership Styles on Organizational Innovativeness," *Engineering Economics* 31, no. 4 (August 2020): 472–486.

46. E. Anis, S. Ma'arif, and Muzakki, "Job Satisfaction and Organizational Commitment Effect in the Transformational Leadership Towards Employee Performance," *European Research on Management and Business Economics* 25, no. 3 (2019): 144–150.

47. S. Chaudhry and J. Chetan, "Effect of Transformational Leader Communication on Affective Commitment to Change," *International Journal on Leadership* 6, no. 1 (April 2018): 27–35.

48. M. Aboramadan and D. Khalid Abed, "Leadership Styles and Employees' Work Outcomes in Nonprofit Organizations: The Role of Work Engagement," *Journal of Management Development* 39, no. 7/8 (August 2020): 869–893.

49. S. Mohammad et al., "Effect of Nurse Managers' Leadership Styles on Predicted Nurse Turnover," *Nursing Management—UK* 27, no. 5 (September 24, 2020): 23–28.

50. Tepper et al., "Examining Follower Responses," 1343–1368.

51. L. B. Phong, L. Hui, and T. T. Son, "How Leadership and Trust in Leaders Foster Employees' Behavior Toward Knowledge Sharing," *Social Behavior & Personality: An International Journal* 46, no. 5 (June 2018): 705–720.

52. J. Yin et al., "Transformational Leadership and Employee Knowledge Sharing: Explore the Mediating Roles of Psychological Safety and Team Efficacy," *Journal of Knowledge Management* 24, no. 2 (2019): 150–171.

53. Anis, Ma'arif, and Muzakki, "Job Satisfaction and Organizational Commitment Effect," 144–150.

54. S. Pravichai and V. Ariyabuddhiphongs, "Transformational Leadership and Turnover Intention: The Mediating Effects of Right Speech (Samma Vaca) and Trust in the Leader," *Journal of Management, Spirituality & Religion* 15, no. 3 (July 2018): 253–272.

55. S. T. Hannah et al., "Bolstering Workplace Psychological Well-Being Through Transactional and Transformational Leadership," *Journal of Leadership & Organizational Studies* 27, no. 3 (August 2020): 222–240.

56. I. Buil, E. Martínez, and J. Matute, "Transformational Leadership and Employee Performance: The Role of Identification, Engagement and Proactive Personality," *International Journal of Hospitality Management* 77 (2019): 64–75.

57. K. Arnold, "A Transformational Leadership and Employee Psychological Well-Being: A Review and Directions for Future Research," *Journal of Occupational Health Psychology* 22, no. 3 (2017): 381–393.

58. X. Ma and W. Jiang, "Transformational Leadership, Transactional Leadership, and Employee Creativity in Entrepreneurial Firms," *The Journal of Applied Behavioral Science* 54, no. 3 (September 2018): 302–324.

59. T. W. H. Ng, "Transformational Leadership and Performance Outcomes: Analyses of Multiple Mediation Pathways," *The Leadership Quarterly* 28, no. 3 (2017): 385–417.

60. D. van Knippenberg and S. Sitkin, "A Critical Assessment of Charismatic–Transformational Leadership Research: Back to the Drawing Board?," *Academy of Management Annals* 7, no. 1 (June 2013): 1–60.

61. D. Green and G. Roberts, "Transformational Leadership in a Postmodern World: The Presidential Election of Barack Obama," *Academy of Strategic Management Journal* 11, no. 1 (January 2012): 9–25.

62. C. Colwell, *The Fourth Tier: Leadership and the Power of Charisma* (Lanham, MD: Rowman & Littlefield, 2020).

63. Chaudhry and Chetan, "Effect of Transformational Leader Communication," 27–35.

64. A. M. Carton and B. J. Lucas, "How Can Leaders Overcome the Blurry Vision Bias? Identifying an Antidote to the Paradox of Vision Communication," *Academy of Management Journal* 61, no. 6 (December 2018): 2106–2129.

65. J. Robinson and D. Topping, "The Rhetoric of Power: A Comparison of Hitler and Martin Luther King Jr.," *Journal of Management Inquiry* 22, no. 2 (April 2013): 194–210.

66. J. Sosik, J. Juzbasich, and J. Chun, "Effects of Moral Reasoning and Management Level on Ratings of Charismatic Leadership, In-Role and Extra-Role Performance of Managers: A Multi-Source Examination," *Leadership Quarterly* 22, no. 2 (2011): 434–450.

67. A. Thompson et al., *Crafting and Executing Strategy: The Quest for Competitive Advantage*, 23rd ed. (New York: McGraw-Hill Publishing, 2022).

68. B. M. Bass and B. J. Avilio, *Improving Organizational Effectiveness Through Transformational Leadership* (Thousand Oaks, CA: SAGE, 1994).

69. T. A. Judge and R. F. Piccolo, "Transformational and Transactional Leadership: A Meta-Analytic Test of Their Relative Validity," *Journal of Applied Psychology* 89, no. 5 (2004): 755–768.

70. D. McGuire and K. Hutchings, "Portrait of a Transformational Leader: The Legacy of Dr. Martin Luther King Jr.," *Leadership & Organization Development Journal* 28 (2007): 154–166.

71. D. Jung and J. Sosik, "Who Are the Spellbinders? Identifying Personal Attributes of Charismatic Leaders," *Journal of Leadership & Organizational Studies* 12 (2006): 12–26.

72. R. Hassan, B. Fuwad, and A. Rauf, "Pre-Training Motivation and

the Effectiveness of Transformational Leadership Training: An Experiment," *Academy of Strategic Management Journal* 9, no. 2 (June 2010): 1–8.

73. L. Donnellan, "Vitamix's Not-so-Secret Sauce for Success: Personal Purpose," *Forbes*, n.d., https://www.forbes.com/sites/laureldonnellan/2020/02/20/vitamixs-not-so-secret-sauce-for-success-personalpurpose/?sh=39da784f25a3, accessed February 20, 2020.

74. R. K. Greenleaf, *Servant Leadership: A Journey Into the Nature of Legitimate Power and Greatness* (New York: Paulist Press, 1977), 7.

75. S. G. Heyler and J. A. Martin, "Servant Leadership Theory: Opportunities for Additional Theoretical Integration," *Journal of Managerial Issues* 30, no. 2 (Summer 2018): 230–243.

76. J. L. Chi et al., "The Impact of Innovative Executive Servant Leadership on Organizational Citizenship, and Organizational Cynicism," *International Journal of Business & Public Administration* 17, no. 1 (Spring 2020): 1–31.

77. J. Wu et al., "Does Manager Servant Leadership Lead to Follower Serving Behaviors? It Depends on Follower Self-Interest," *Journal of Applied Psychology* 106, no. 1 (January 2021): 152–167.

78. S. Brown, J. Marinan, and M. A. Partridge, "The Moderating Effect of Servant Leadership on Transformational, Transactional, Authentic, and Charismatic Leadership," *Journal of International Business Disciplines* 15, no. 2 (November 2020): 67–86.

79. Wu et al., "Does Manager Servant Leadership Lead," 152–167.

80. A. Lumpkin and R. M. Achen, "Explicating the Synergies of Self-Determination Theory, Ethical Leadership, Servant Leadership, and Emotional Intelligence," *Journal of Leadership Studies* 12, no. 1 (Spring 2018): 6–20.

81. D. Parris and J. Peachey, "A Systematic Literature Review of Servant Leadership Theory in Organizational Contexts," *Journal of Business Ethics* 113, no. 3 (March 11, 2013): 377–393.

82. A. Choudhary, S. Akhtar, and A. Zaheer, "Impact of Transformational and Servant Leadership on Organizational Performance: A Comparative Analysis," *Journal of Business Ethics* [serial online] 116, no. 2 (August 5, 2013): 433–440.

83. Brown, Marinan, and Partridge, The Moderating Effect," 67–86.

84. G. Roberts, "Fostering Workplace Well-Being Through Servant Leadership," in *The Palgrave Handbook of Workplace Well-Being*, ed. S. K. Dhiman (New York: Palgrave Macmillan, 2021).

85. R. Berger, "The Pope We've Been Waiting For?," *Sojourners Magazine* [serial online], 42, no. 6 (June 2013): 31.

86. Heyler and Martin, "Servant Leadership Theory," 230–243.

87. C. Sims, A. Carter, and A. M. De Peralta, "Do Servant, Transformational, Transactional, and Passive Avoidant Leadership Styles Influence Mentoring Competencies for Faculty? A Study of a Gender Equity Leadership Development Program," *Human Resource Development Quarterly* 32, no. 1 (Spring 2021): 55–75.

88. R. Mittal and P. Dorfman, "Servant Leadership Across Cultures," *Journal of World Business* 47, no. 4 (October 2012): 555–570.

89. Heyler and Martin, "Servant Leadership Theory," 230–243.

90. Lumpkin and Achen, "Explicating the Synergies of Self-Determination Theory," 6–20.

91. Wu et al., "Does Manager Servant Leadership Lead," 152–167.

92. Heyler and Martin, "Servant Leadership Theory," 230–243.

93. Lumpkin and Achen, "Explicating the Synergies of Self-Determination Theory," 6–20.

94. Georgia Tech Scheller College of Business, "Women and Leadership: A Conversation With Carol Tomé, CEO of UPS," YouTube video, 55:51, March 5, 2021, https://www.youtube.com/watch?v=Ktx4HNSbFJA.

95. S. L. Drury, "Servant Leadership and Organizational Commitment," *Servant Leadership Research Roundtable*, 2004.

96. E. E. Joseph and B. E. Winston, "A Correlation of Servant Leadership, Leader Trust, and Organizational Trust," *Leadership & Organization Development Journal* 26, no. 1 (2005): 6–22.

97. Sims, Carter, and De Peralta, "Do Servant," 55–75.

98. H. Zhang et al., "Servant Leadership, Organizational Identification, and Work-to-Family Enrichment: The Moderating Role of Work Climate for Sharing Family Concerns," *Human Resource Management* 51, no. 5 (2012): 747–767.

99. Brown, Marinan, and Partridge, The Moderating Effect," 67–86.

100. Heyler and Martin, "Servant Leadership Theory," 230–243.

11장

1. Merck website, www.merck.com.

2. H. Matthew, "Merck Could Return to Greatness If CEO Can Leave His Own Past Behind," *Forbes*, May 6, 2013, http://www.forbes.com/sites/matthewherper/2013/04/17/merck-could-return-to-greatness-ifceo-can-leave-his-own-past-behind/.

3. A. Keown, "Merck's Longtime CEO Ken Frazier Steps Down After Nearly 30 Years," *BioSpace*, February 4, 2021.

4. D. Gelles, "The C.E.O. Who Stood Up to President Trump: Ken Frazier Speaks Out," *New York Times*, February 19, 2018.

5. Merck website, www.merck.com.

6. A. Mushtaq, F. Ahmad, and A. Tanveer, "Organizational Culture in Hotel Industry: Perceptions and Preferences Among Staff," *Advances in Management* 6, no. 5 (2013): 55–60.

7. C. Panico, "Naked Leadership: Lead to Win Hearts and Minds," *Business & Professional Ethics Journal* 32, no. 3/4 (September 2013): 259–270.

8. B. Groysberg et al., "The Leader's Guide to Corporate Culture," *Harvard Business Review*, January–February 2018.

9. H. Bourne and M. Jenkins, "Organizational Values: A Dynamic Perspective," *Organization Studies* (01708406) 34, no. 4 (April 2013): 495–514.

10. E. Schein, *Organizational Culture and Leadership: A Dynamic View*, 2nd ed. (San Francisco: Jossey-Bass, 1992).

11. E. H. Schein, *Organizational Culture and Leadership*, 4th ed. (San Francisco: Jossey-Bass, 2010).

12. Ibid.

13. Groysberg et al., "The Leader's Guide to Corporate Culture."

14. I. Choi, "Moving Beyond Mandates: Organizational Learning Culture, Empowerment, and Performance," *International Journal of Public Adminsitration* 43, no. 8 (2020): 724–735.

15. Groysberg et al., "The Leader's Guide to Corporate Culture."

16. C. O'Hara, C. Y. Chang, and A. L. Giordano, "Multicultural Competence in Counseling Research: The Cornerstone of Scholarship," *Journal of Counseling & Development* 99, no. 2 (April 2021): 200–209.

17. Groysberg et al., "The Leader's Guide to Corporate Culture."

18. A. Molinsky, "The Psychological Processes of Cultural Retooling," *Academy of Management Journal* [serial online] 56, no. 3 (June 2013): 683–710.

19. M. Sokol, "Why Is It So Hard to Change Organizational Culture?," *Organization Development Review* 53, no. 1 (Winter/Spring, 2021): 40.

20. Molinsky, "The Psychological Processes of Cultural Retooling," 683–710.

21. B. Schneider, "People Management in Work Organizations: Fifty Years of Learnings," *Organizational Dynamics* (September 2020), https://doi.org/10.1016/j.orgdyn.2020.100789.

22. M. Maślikowska and M. Gibbert, "The Relationship Between Working Spaces and Organizational Cultures," *Facilities* 37, no. 13/14 (October 2019): 1153–1165.

23. S. Dolan and Y. Bao, "Sharing the Culture: Embedding Storytelling and Ethics in the Culture Change Management Process," *Journal of Management & Change* 29, no. 1 (June 2012): 10–23.

24. J. Gehman, L. Trevino, and R. Garud, "Values Work: A Process Study of the Emergence and Performance of Organizational Values Practices," *Academy of Management Journal* 56, no. 1 (February 2013): 84–112.

25. J. Kottke and K. Pelletier, "Measuring and Differentiating Perceptions of Supervisor and Top Leader Ethics," *Journal of Business Ethics* 113, no. 3 (March 11, 2013): 415–428.

26. P. Ruiz-Palomino and R. Martínez-Canas, "Ethical Culture, Ethical Intent, and Organizational Citizenship Behavior: The Moderating and Mediating Role of Person-Organization Fit," *Journal of Business Ethics* 120, no. 1 (March 2014): 95–108.

27. L. Donhee, "Impact of Organizational Culture and Capabilities on Employee Commitment to Ethical Behavior in the Healthcare Sector," *Springer Link*, November 7, 2019, https://link.springer.com/article/10.1007/s11628-019-00410-8.

28. J. P. Kotter and J. L. Heskett, *Corporate Culture and Performance* (New York: Free Press, 1992).

29. S. O. Ugheoke, "Does Organizational Culture Matter in Managerial Role and High-Performance Achievement? Lessons From Nigeria SMEs," *Business Perspectives and Research*, February 2021.

30. M. V. Davis et al., "Creating Quality Improvement Culture in Public Health Agencies," *American Journal of Public Health* 104, no. 1 (January 2014): e98–e104.

31. S. Savović, J. Nikolić, and D. Zlatanović, "Acquisitions, Organizational Culture and Performance: Empirical Evidence from Acquired Company in Serbia," *Journal of Sustainable Business and Management Solutions in Emerging Economies* (February 25, 2021), https://doi.org/10.7595/management.fon.2021.0007.

32. A. Zeb et al., "The Competing Value Framework Model of Organizational Culture, Innovation and Performance," *Business Process Management Journal* 27, no. 2 (February 17, 2021): 658–683.

33. L. Donhee, "Impact of Organizational Culture and Capabilities on Employee Commitment to Ethical Behavior in the Healthcare Sector," *Springer Link*, November 7, 2019, https://link.springer.com/article/10.1007/s11628-019-00410-8.

34. R. Hardcopf, G. (Jason) Liu, and R. Shah, "Lean Production and Operational Performance: The Influence of Organizational Culture," *International Journal of Production Economics* 235 (May 2021): 108060.

35. Ugheoke, "Does Organizational Culture Matter."

36. O. Ozcan and I. Ozturk, "Impact of Organizational Culture and Leadership Styles on Employee Performance: A Research Study on the Banking Industry," *Research Journal of Business and Management* 7, no. 1 (March 2020): 45–55.

37. Choi, "Moving Beyond Mandates," 724–735.

38. Ibid.

39. P. Yu-Shu, D. Altan-Uya, and C. Hsiang Lin, "National Culture and Firm's CSR Engagement: A Cross-Nation Study," *Journal of Marketing & Management* 5, no. 1 (May 2014): 38–49.

40. Hardcopf, Liu, and Shah, "Lean Production and Operational Performance," 108060.

41. A. Frankson-Wallace, "Creating and Sustaining Ethical Organizational Culture. United Nations Development Program," August 12, 2014, www.undp.org, accessed April 14, 2021.

42. E. Byron, "Avon Bribe Investigation Widens," *The Wall Street Journal*, May 5, 2011.

43. J. Schaubroeck, A. Chunyan Peng, and S. Hannah, "Developing Trust With Peers and Leaders: Impacts on Organizational Identification and Performance During Entry," *Academy of Management Journal* 56, no. 4 (August 2013): 1148–1168.

44. C. Peus et al., "Authentic Leadership: An Empirical Test of Its Antecedents, Consequences, and Mediating Mechanisms," *Journal of Business Ethics* 107, no. 3 (May 15, 2012): 331–348.

45. "The 5-Step Process to Defining Authentic Leadership," *The Leadership Institute/Authenticity*, January 7, 2020, https://www.theleadershipinstitute.com.au/2020/01/5-steps-to-defining-your-authentic-leadership/.

46. M. Pitesa and S. Thau, "Compliant Sinners, Obstinate Saints: How Power and Self-Focus Determine the Effectiveness of Social Influences in Ethical Decision Making," *Academy of Management Journal* [serial online] 56, no. 3 (June 2013): 635–658.

47. S. Robinson and V. O'Dea, "What Is Authentic Leadership? (Definition and Characteristics)," March 24, 2021, https://www.insights.com/media/1107/authentic-leadership.pdf.

48. Schaubroeck, Chunyan Peng, and Hannah, "Developing Trust With Peers and Leaders," 1148–1168.

49. B. Nielsen and S. Nielsen, "Top Management Team Nationality Diversity and Firm Performance: A Multilevel Study," *Strategic Management Journal* 34, no. 3 (March 2013): 373–382.

50. K. Stankiewicz, "Workforce Diversity Is Key to Business Innovation, Says Carnival CEO Arnold Donald," *CNBC*, September 20, 2020.

51. S. Dash, "Meet This Successful Bunch of Indian-Americans Behind Some of the Most Popular Startups and Technology Firms in the US," *Business Insider*, April 3, 2021, https://www.businessinsider.in/business/startups/news/indian-americans-behind-some-ofthe-most-popular-startups-and-technology-firms-inthe-us/slidelist/81884255.cms.

52. J. Ji et al., "Board Tenure Diversity, Culture and Firm Risk: Cross-Country Evidence," *Journal of International Financial Markets, Institutions & Money* 70 (January 2021): 101276.

53. X. Fu et al., "The Effect of Target's Power on Prosocial Behavior: A Cross-Cultural Study," *Journal of Psychology* 155, no. 1 (2021): 115–128.

54. AACSB, "Standards Overview," https://www.aacsb.edu/accreditation/standards.

55. S. H. Weir and N. Wymamn, "Op-Ed: Employers' Diversity and Equity Efforts Often Overlook People With Disabilities," *CNBC*, April 6, 2021, https://www.cnbc.com/2021/04/06/op-ed-diversity-equity-efforts-oftenoverlook-those-with-disabilities-.html.

56. M. Coleman, "Leadership and Diversity," *Educational Management Administration & Leadership* 40, no. 5 (September 2012): 592–609.

57. C. Murphy, "Equity vs. Equality: What's the Difference? Here's How Experts Explain It," *Health*, June 9, 2021, https://www.health.com/mind-body/health-diversity-inclusion/equity-vs-equality.

58. Revolve Consulting website, www.revolveconsulting.com.

59. "Nasdaq Deepens Its Commitment to Inclusive Prosperity Through the Purpose Initiative," *CNBC*, April 13, 2021, https://www.cnbc.com/advertorial/2020/12/18/nasdaq-deepens-its-commitment-toinclusive-prosperity-through-the-purpose-initiative-.html?mvt=i&mvn=6ada729c9fc8418ca76928662a041569&mvp=NA-CNBC-11239420&mvl=CNBC%20ROS_Polar%20-%20Polar%20Engine%20Backfill.

60. U.S. Census Bureau, "2020 Census Statistics Highlight Local

Population Changes and Nation's Racial and Ethnic Diversity," August 12, 2021, https://www.census.gov/newsroom/press-releases/2021/populationchanges-nations-diversity.html.

61. D. Matias, "New Report Says Women Will Soon Be Majority of College-Educated U.S. Workers," *NPR*, June 20, 2019.

62. E. Duffin, "Percentage of the U.S. Population With a College Degree, by Gender 1940–2019," Statista.com, March 15, 2021, https://www.statista.com/statistics/184272/educational-attainment-of-collegediploma-or-higher-by-gender/.

63. M. Ward, "A Top Wells Fargo Exec Shares a Strategy Any Leader Can Use to Create an Inclusive Workplace Culture," *Insider*, March 10, 2021.

64. L. Davey, "The Key to Preventing Generational Tension Is Remembering That Everyone Wants to Feel Valued," *Harvard Business Review*, July 16, 2018.

65. Weir and Wymamn, "Op-Ed."

66. M. McDonald and J. Westphal, "Access Denied: Low Mentoring of Women and Minority First-Time Directors and Its Negative Effects on Appointments to Additional Boards," *Academy of Management Journal* 56, no. 4 (August 2013): 1169–1198.

67. Davey, "The Key to Preventing Generational Tension."

68. R. Kelley, "Byrdy. Versed in Diversity: Tips to Start the Inclusivity Conversation at Your Workplace," *Journal of Property Management* 84, no. 5 (September 2019): 10–11.

69. E. Birnbaum, "How to Rebuild Companies for the Next Generation of Black and Latinx Technologists," *Protocol*, 2020, https://www.protocol.com/code2040-tech-industry-diversity.

70. Code2040, "Karla Monterroso," http://www.code2040.org/karla-monterroso.

71. S. Mehta, "Why Intel's CEO Attends a Monthly Diversity Committee Meeting," *Fast Company Innovation Festival*, October 6, 2020.

72. Stankiewicz, "Workforce Diversity Is Key."

73. D. Felix, "49ers Hire Team's First Director of Diversity, Equity and Inclusion," *Bay City News Foundation*, April 3, 2021, https://localnewsmatters.org/2021/04/03/49ershire-teams-first-director-of-diversity-equity-andinclusion/.

74. Oracle, "Addressing Diversity and Inclusion: Going Beyond the Benchmark Insights From Workplace Intelligence's Panel of HR and Diversity Leaders," February 2021, https://www.oracle.com/a/ocom/docs/addressing-diversity-and-inclusionchapter-1.pdf?source=:ad:pas:go:dg:hcm:RC_WWMK160606P00037C0001:Main_Ad.

75. F. Starrling, "How to Support ERGs and Create Inclusive Leadership in Your Workplace," *Forbes*, October 29, 2020.

76. Oracle, "Addressing Diversity and Inclusion."

77. Ibid.

78. A. A. Thompson et al., *Crafting and Executing Strategy: The Quest for Competitive Advantage*, 23rd ed. (New York: McGraw-Hill Publishing, 2022).

79. Stankiewicz, "Workforce Diversity Is Key."

80. Thompson et al., *Crafting and Executing Strategy*

81. S. K. Johnson, "Inclusivity: The Power of Uniqueness and Belonging to Build Innovative Teams," *The Next Big Idea*, October 12, 2020, https://nextbigideaclub.com/inclusify-power-uniqueness-belonging-build-innovative-teams-bookbite/24682/.

82. E. Cospy, "Beyond Policies and Practices: For DEI Success, Focus on People," *Forbes*, April 9, 2021.

83. Reuters Staff (A. Warrick), "American Express to Invest $1 Billion in Diversity Push," *Reuters*, October 29, 2020.

84. R. Mendez, "Bank of America Announces Expansion of Racial Justice Initiatives," *CNBC*, March 30, 2021, https://www.cnbc.com/2021/03/30/bank-of-americaannounces-expansion-of-racial-justice-initiatives.html.

85. Reuters Staff, "American Express to Invest $1 Billion."

86. McDonald and Westphal, "Access Denied," 1169–1198.

87. H. Fairbanks, "How Openly LGBTQ+ Fortune 500 CEOs are Changing the Corporate Game," *The Riveter*, March 10, 2021, https://theriveter.co/voice/openly-lgbtq-fortune-500-ceos-who-will-be-next/.

88. A. Cook and C. Glass, "Women and Top Leadership Positions: Towards an Institutional Analysis," *Gender, Work & Organization* 21, no. 1 (January 2014): 91–103.

89. L. Clevenger and N. Singh, "Exploring Barriers That Lead to the Glass Ceiling Effect for Women in the U.S. Hospitality Industry," *Journal of Human Resources in Hospitality & Tourism* 12, no. 4 (October 2013): 376–399.

90. Johnson, "Inclusivity."

91. Cospy, "Beyond Policies and Practices."

92. Ward, "A Top Wells Fargo Exec Shares."

93. Ibid.

94. Johnson, "Inclusivity."

95. J. Bravin and A. Zimmerman, "Wal-Mart Ruling to Have Wide Reach," *The Wall Street Journal*, June 21, 2011.

96. https://www.youtube.com/watch?v=IU_SQS1OtwU; https://www.forbes.com/sites/marianneschnall/2021/01/15/interview-with-blacklivesmatter-cofounder-alicia-garza-fight-against-despairand-keep-doing-the-work-needed-to-changethe-world/?sh=11c156a7362c; https://www.npr.org/2020/10/18/924701747/black-lives-matter-cofounder-on-her-new-book-the-purpose-of-power; https://www.nationalgeographic.com/history/article/archival-black-lives-matter-co-founder-reflects-life-activism; https://www.theguardian.com/world/2020/oct/17/black-lives-matter-aliciagarza-leadership-today-doesnt-look-like-martinluther-king.

12장

1. J. Capehart, "Opinion: Starbucks COO Rosalind Brewer on Race and Leadership," *Washington Post*, December 3, 2019.

2. C. Connley, "Walgreens' New CEO Roz Brewer on Bias in the C-Suite: 'When You're a Black Woman, You Get Mistaken a Lot,'" *CNBC*, January 27, 2021.

3. M. Ward, "Roz Brewer Is Showing Corporate America What It Means to Be Anti-Racist," *Insider*, January 31, 2021.

4. "Walgreens Appoints First Black Woman as Chief Executive Officer," *The Skanner News*, January 29, 2021, www.theskannernews.com.

5. Walgreens website, www.walgreens.com.

6. M. Heffernan, "How the Best Leaders Answer 'What Are We Here For?,'" *Harvard Business Review*, October 27, 2020.

7. H. Huh and C. Park, "A New Index of Globalization: Measuring Impacts of Integration on Economic Growth and Income Inequality," *World Economy* 44, no. 2 (2021): 409–443.

8. T. L. Friedman, *The World Is Flat* (New York: Farrar, Strauss & Giroux, 2005).

9. Y. Zhang et al., "Challenges in Internationalization of R&D Teams: Impact of Foreign Technocrats in Top Management Teams on Firm Innovations," *Journal of Business Research* 128 (2021): 728–741.

10. J. Ji et al., "Board Tenure Diversity, Culture and Firm Risk: Cross-Country Evidence," *Journal of International Financial Markets, Institutions & Money* 70 (January 2021), 101276.

11. M. A. Geil and J. Greenwald, "An Investigation of Characteristics of Effective Global Leaders," *Journal of Business & Industrial Marketing* 35, no. 10 (2020): 1505–1515.

12. S. Lavery and D. Schmid, "European Integration and the New Global Disorder," *Journal of Common Market Studies* (February 12, 2021), https://doi.org/10.1111/jcms.13184.

13. D. Paiuc, "The Impact of Cultural Intelligence on Multinational Leadership: A Semantic Review," *Management Dynamics in the Knowledge Economy* 9, no. 1 (2021): 81–93.

14. R. Sung, E. Owen, and Q. Li, "How Do Capital and Labor Split Economic Gains in an Age of Globalization?," *Review of International Political Economy* 28, no. 1 (2021): 232–257.

15. Lavery and Schmid, "European Integration and the New Global Disorder," 1.

16. E. C. Teo, "Singapore–China Economic Collaboration 2.0," *Singapore Economic Review* 66, no. 1 (2021): 207–217.

17. W. J. Silvestre and A. Fonseca, "Integrative Sustainable Intelligence: A Holistic Model to Integrate Corporate Sustainability Strategies," *Corporate Social Responsibility & Environmental Management* 27, no. 4 (2020): 1578–1590.

18. A. A. Thompson et al., *Crafting & Executing Strategy: The Quest for Competitive Advantage*, 23rd ed. (New York: McGraw-Hill, 2022).

19. Silvestre and Fonseca, "Integrative Sustainable Intelligence," 1578–1590.

20. A. A. Thompson et al., *Crafting & Executing Strategy: The Quest for Competitive Advantage*, 22nd ed. (McGraw-Hill, 2020).

21. Microsoft, "Satya Nadella, Brad Smith, Amy Hood, Lucas Joppa: Microsoft's Commitment to Sustainability," January 16, 2020, https://news.microsoft.com/speeches/satya-nadel la-bradsmith-amy-hood-lucas-joppa-microsofts-commitment-to-sustainability/.

22. S. Benn and A. Martin, "Learning and Change for Sustainability Reconsidered: A Role for Boundary Objects," *Academy of Management Learning & Education* 9, no. 3 (2010): 397–412.

23. T. Middlebrooks and M. Ludorf, "Envisioning Future Leadership, Part II: Expanding Concepts of Structure," *Journal of Leadership Studies* 12, no. 4 (2019): 52–54.

24. K. A. Dolan, J. Wang, and C. Peterson-Withorn, "Forbes World's Billionaire List—The Richest in 2021," *Forbes*.

25. M. E. Potter, "What Is Strategy?," *Harvard Business Review*, November–December, 1996.

26. Middlebrooks and Ludorf, "Envisioning Future Leadership, Part II," 52–54.

27. B. Leavy, "Updating a Classic Formula for Strategic Success: Focus, Alignment, Repeatability and Leadership," *Strategy & Leadership* [serial online] 41, no. 1 (January 2013): 18–28.

28. E. Brown and K. Kasztelnik, "The Microeconomics Study of the Relationship Between Resilience and the Strategic Management With the Financial Innovation Process in the United States," *Journal of Strategic Innovation & Sustainability* 15, no. 8 (2020): 19–37.

29. A. N. Qehaja and E. Kutllovci, "Strategy Tools in Use: New Empirical Insights From the Strategy-as-Practice Perspective," *Management: Journal of Contemporary Management Issues* 25, no. 1 (2020): 145–169.

30. E. Van den Steen, "Strategy and the Strategist: How It Matters Who Develops the Strategy," *Management Science* 64, no. 10 (2018): 4533–4551.

31. S. Patvardhan and J. Ramachandran, "Shaping the Future: Strategy Making as Artificial Evolution," *Organization Science* 31, no. 3 (2020): 671–697.

32. H. Adobor, "Opening Up Strategy Formulation: Benefits, Risks, and Some Suggestions," *Business Horizons* 62, no. 3 (2019): 383–393.

33. L. Lei, X. Wu, and Z. Tan, "The Growth of Hidden Champions in China: A Cognitive Explanation From Integrated View," *Chinese Management Studies* 14, no. 3 (2020): 613–637.

34. Van den Steen, "Strategy and the Strategist," 4533–4551.

35. Adobor, "Opening Up Strategy Formulation," 383–393.

36. Qehaja and Kutllovci, "Strategy Tools in Use," 145–169.

37. Adobor, "Opening Up Strategy Formulation," 383–393.

38. Ibid.

39. S. Elbanna, B. Al Katheeri, and M. Colak, "The Harder Firms Practice Strategic Management, the Better They Are 1," *Strategic Change* 29, no. 5 (2020): 561–569.

40. Van den Steen, "Strategy and the Strategist," 4533–4551.

41. Brown and Kasztelnik, "The Microeconomics Study," 19–37.

42. Lei, Wu, and Tan, "The Growth of Hidden Champions in China," 613–637.

43. Adobor, "Opening Up Strategy Formulation," 383–393.

44. R. Kumar, "Strategy Mind-map: How to Use and Practical Implications," *IUP Journal of Business Strategy* 17, no. 1 (2020): 46–58.

45. J. Allison, "Mission Statements and Vision Statements: Examining the Relationship Toward Performance Outcomes," *Global Journal of Management & Marketing (GJMM)* 3, no. 1 (2019): 1–21.

46. M. Tourky, P. Kitchen, and A. Shaalan, "The Role of Corporate Identity in CSR Implementation: An Integrative Framework," *Journal of Business Research* 117 (2020): 694–706.

47. D. Colombo, "3 Techniques to Define Your Mission, Vision and Values for Your Team," *Entrepreneur*, November 30, 2020.

48. B. Seiler and H. Bortnowska, "Mission Statements and Values of Polish Non-profit Organizations," *Organization & Management Quarterly* 52, no. 4 (2020): 117–146.

49. Colombo, "3 Techniques to Define Your Mission."

50. Allison, "Mission Statements and Vision Statements," 1–21.

51. S. Kantabutra and G. Avery, "The Power of Vision: Statements That Resonate," *Journal of Business Strategy* 31, no. 1 (2010): 37–45.

52. Allison, "Mission Statements and Vision Statements," 1–21.

53. Colombo, "3 Techniques to Define Your Mission."

54. N. Y. Ateş et al., "The Dark Side of Visionary Leadership in Strategy Implementation: Strategic Alignment, Strategic Consensus, and Commitment," *Journal of Management* 46, no. 5 (May 2020): 637–665.

55. Thompson et al., *Crafting & Executing Strategy*, 22nd ed.

56. Colombo, "3 Techniques to Define Your Mission."

57. Tourky, Kitchen, and Shaalan, "The Role of Corporate Identity," 694–706.

58. D. Amos, C. P. Au-Yong, and Z. N. Musa, "Developing Key Performance Indicators for Hospital Facilities Management Services: A Developing Country Perspective," *Engineering Construction & Architectural Management* (09699988) 27, no. 9 (2020): 2715–2735.

59. M. Collins, "Selecting the Right KPIs for Your HR Function...and IHRIM," *Workforce Solutions Review* 10, no. 4 (2019): 4–6.

60. N. Foss and S. Lindenberg, "Micro Foundations for Strategy: A Goal-Framing Perspective on the Drivers of Value Creation," *Academy of Management Perspectives* [serial online] 27, no. 2 (May 2013): 85–102.

61. Ibid.

62. S. A. Ashutosh and M. A. Beg, "Strategic Analysis Using SWOT-AHP: A Fiber Cement Sheet Company Application," *Journal of Management Development* 39, no. 4 (2020): 543–557.

63. P. Pant, "SWOT Analysis: A Powerful Tool of Strategic Competitive Management Effectiveness," *Adhyayan: A Journal of Management Sciences* 9, no. 2 (2019): 31–37.

64. D. Goleman, "The Focused Leader," *Harvard Business Review* [serial online] 91, no. 12 (December 2013): 50–60.

65. R. Sanne, "Analyzing the Competition for Strategic Planning," *Industrial Management* 62, no. 1 (2020): 27–30.

66. Ashutosh and Beg, "Strategic Analysis Using SWOTAHP," 543–557.

67. Thompson et al., *Crafting & Executing Strategy*, 22nd ed.

68. R. Sousa and G. J. C. da Silveira, "Advanced Services and Differentiation Advantage: An Empirical Investigation," *International Journal of Operations & Production Management* 40, no. 9 (2020): 1561–1587.

69. Elbanna, Al Katheeri, and Colak, "The Harder Firms Practice Strategic Management," 561–569.

70. J. Radomska and C. Kozyra, "Awareness of Strategy Execution Barriers in Decision-Making Process: Moderated Mediation Analysis," *Decision* (0304-0941) 47, no. 1 (2020): 61–78.

71. M. Manimala and K. P. Wasdani, "Distributed Leadership at Google: Lessons From the Billion-Dollar Brand," *Ivy Business Journal*, May–June 2013, http://iveybusinessjournal.com/topics/leadership/distributed-leadershipat-google-lessons-from-the-billion-dollar-brand#.UxfFLzYo5Vc.

72. Thompson et al., *Crafting & Executing, Strategy*, 23rd ed.

73. A. Kambouris, "Leadership Basics for Frontline Managers," *Entrepreneur*, November 17, 2020, https://www.entrepreneur.com/ar t icle/358869?utm_source=flipboard&utm_medium=related&utm_campaign=syndication.

74. C. Kaufmann, A. Kock, and H. G. Gemünden, "Emerging Strategy Recognition in Agile Portfolios," *International Journal of Project Management* 38, no. 7 (2020): 429–440.

75. Thompson et al., *Crafting & Executing Strategy*, 23rd ed.

76. E. Ndinguri, L. Prieto, and K. Machtmes, "Human Capital Development Dynamics: The Knowledge Based Approach," *Academy of Strategic Management Journal* [serial online] 11, no. 2 (June 2012): 121–136.

77. E. H. Schein, *Organizational Culture and Leadership*, 3rd ed. (San Francisco: Jossey-Bass, 2004).

78. Tourky, Kitchen, and Shaalan, "The Role of Corporate Identity," 694–706.

79. Thompson et al., *Crafting & Executing Strategy*, 22nd ed.

80. Collins, "Selecting the Right KPIs," 4–6.

81. L. Pleshko and R. Heiens, "The Market Share Impact of the Fit Between Market Leadership Efforts and Overall Strategic Aggressiveness," *Business & Economics Research Journal* [serial online] 3, no. 3 (July 2012): 1–15.

82. H. Pozzo, "Creating a High Performing Organization in Today's Data Driven World," *Strategic HR Review* 17, no. 1 (2018): 11–16.

83. C. Bedgood, "Cracking the Code to High Performance," *Industrial Management* 61, no. 5 (2019): 24–28.

84. Thompson et al., *Crafting & Executing Strategy*, 22nd ed.

85. Pozzo, "Creating a High Performing Organization," 11–16.

86. N. Yadav and A. de Waal, "Comparison of Indian With Asian Organizations Using the High-Performance Organization Framework: An Empirical Approach," *Journal of Transnational Management* 25, no. 3 (2020): 176–194.

87. Ibid.

88. Bedgood, "Cracking the Code to High Performance," 24–28.

89. Yadav and de Waal, "Comparison of Indian With Asian Organizations," 176–194.

90. T. T. Do and N. K. Mai, "High-Performance Organization: A Literature Review," *Journal of Strategy and Management* 13, no. 2 (2020): 297–309, https://doi.org/10.1108/JSMA-11-2019-0198.

91. Yadav and de Waal, "Comparison of Indian With Asian Organizations," 176–194.

92. Bedgood, "Cracking the Code to High Performance," 24–28.

93. Thompson et al., *Crafting & Executing Strategy*, 22nd ed.

94. Bedgood, "Cracking the Code to High Performance," 24–28.

95. "The Best Big Companies to Work for in 2021," *Fortune*, April 29, 2021, https://fortune.com/2021/04/12/best-big-companies-2021/.

96. "World's Most Admired Companies," *Fortune*, April 29, 2021, https://fortune.com/worlds-most-admired-companies/.

97. "15 Vital Skills and Traits Every Leader Needs to Manage Tomorrow's Workplace," Forbes Human Resource Council, April 28, 2021, https://www.forbes.com/sites/forbeshumanresourcesco uncil/2021/04/28/15-vital-skills-andtraits-every-leader-needs-to-manage-tomorrowsworkplace/?sh=26dfdaa24ad0.

98. P. Davidson, "You Can't Choose Either Leadership or Management," *Industrial Management* 60, no. 5 (2018): 14–17.

99. D. D. Warrick, "The Need for Transformational Leaders That Understand Organization Development Fundamentals," *OD Practitioner* 50, no. 4 (2018): 33–40.

100. "15 Vital Skills and Traits Every Leader Needs."

101. Kambouris, "Leadership Basics for Frontline Managers."

102. M. Murphy, "Three Signs That Someone has Great Management Skills," *Forbes*, April 28, 2021, https://www.forbes.com/sites/markmurphy/2021/04/28/three-signs-that-someone-has-great-managementskills/?sh=2be755937981.

103. Ibid.

104. Ibid.

105. "15 Vital Skills and Traits Every Leader Needs."

106. Kambouris, "Leadership Basics for Frontline Managers."

107. Murphy, "Three Signs That Someone Has Great Management Skills."

108. S. Mautz, How Leaders Can Motivate Others by Creating Meaning," *Online Course*, April 26, 2021, https://www.linkedin.com/learning/how-leaders-can-motivateothers-by-creating-meaning.

109. "The Best Big Companies to Work for in 2021."

110. Kambouris, "Leadership Basics for Frontline Managers."

111. N. Eyal, "This is What Separates High-Performing Teams from All the Rest, Says Stanford Psychology Expert," *CNBC*, November 19, 2020, https://www.cnbc.com/2020/11/19/dominant-pattern-that-exists-in-allhigh-performing-teams-stanford-psychology-expert.html.

112. K. Pimpawat, P. R. M. Tayko, and V. Mullin, "The Impact of OD Intervention on High Performing Teams in a Hospital," *Organization Development Journal* 36, no. 2 (2018): 52–74.

113. "14 Characteristics of High-Performing Teams," Forbes Human Resources Council, September 16, 2020, https://www.forbes.com/sites/forbeshumanresourcescouncil/2020/09/16/14-characteristicsof-high-performing-teams/?sh=1560bfdd16c6.

114. "The Best Big Companies to Work for in 2021."

115. J. F. Super, "Building Innovative Teams: Leadership Strategies Across the Various Stages of Team Development," *Business Horizons* 63, no. 4 (2020): 553–563.

116. Pimpawat, Tayko, and Mullin, "The Impact of OD Intervention," 52–74.

117. K. Ryba, "8 Characteristics of High-Performing Teams (and How to Build One)," *Quantum Workplace*, October 8, 2020, https://www.quantumworkplace.com/future-of-work/characteristics-of-high-performingteams#:~:text=High%2Dperforming%20teams%20are%20composed,work%20at%20the%20highest%20levels.

118. "14 Characteristics of High-Performing Teams."

119. Ibid.

120. Thompson et al., *Crafting & Executing Strategy*, 22nd ed.

121. D. A. Garvin, "Building a Learning Organization," *Harvard Business Review*, July–August, 1993.

122. Microsoft, "Satya Nadella: Microsoft Ignite 2020," September 22, 2020, https://news.microsoft.com/ speeches/satya-nadella-microsoft-ignite-2020/.

123. M. Černe et al., "What Goes Around Comes Around: Knowledge Hiding, Perceived Motivational Climate, and Creativity," *Academy of Management Journal* [serial online] 57, no. 1 (February 2014): 172–192.

124. M. Andriani et al., "Knowledge Management Strategy: An Organizational Development Approach," *Business Process Management Journal* 25, no. 7 (2019): 1474–1490.

125. P. M. Senge, *The Fifth Discipline: The Art and Practice of the Learning Organization*, Rev. ed. (New York: Doubleday, 2006).

126. Ibid.

127. Garvin, "Building a Learning Organization."

128. Andriani et al., "Knowledge Management Strategy," 1474–1490.

129. Ndinguri, Prieto, and Machtmes, "Human Capital Development Dynamics," 121–136.

130. Černe et al., "What Goes Around Comes Around," 172–192.

131. R. Funk, "Making the Most of Where You Are: Geography, Networks, and Innovation in Organizations," *Academy of Management Journal* [serial online] 57, no. 1 (February 2014): 193–222.

132. Černe et al., "What Goes Around Comes Around," 172–192.

133. Ndinguri, Prieto, and Machtmes, "Human Capital Development Dynamics," 121–136.

134. K. Aoki, "The Roles of Material Artifacts in Managing the Learning–Performance Paradox: The Kaizen Case," *Academy of Management Journal* 63, no. 4 (2020): 1266–1299.

135. K. Birch, "Business Chief Legend: Jane Fraser Taking the Citi by Storm," *Businesschief.com*, April 19, 2021, https://www.businesschief.com/leadership-and-strategy/business-chief-jane-fraser-taking-citi-storm.

136. K. Stankiewicz, "Cramer Says Banking Glass Ceiling 'Finally Cracking' With Jane Fraser Named as Next Citi CEO," *CNBC*, September 10, 2020, https://www.cnbc.com/2020/09/10/cramer-banking-glass-ceilingcracking-with-jane-fraser-next-citi-ceo.html.

137. "Meet Citi's New Retail Chief: How She Climbed to the Top in Banking," *The Financial Brand*, 2019, https://thefinancialbrand.com/89756/citigroup-citibank-retailbanking-jane-fraser-ceo-succession/.

138. M. Samimi et al., "What Is Strategic Leadership? Developing a Framework for Future Research," *The Leadership Quarterly* (January 17, 2020): 101353, https://doi.org/10.1016/j.leaqua.2019.101353.

139. P. H. Schoemaker, S. Krupp, and S. Howland, "Strategic Leadership: The Essential Skills," *Harvard Business Review*, February 2013, https://hbr.org/amp/2013/01/strategic-leadership-the-esssential-skills.

140. Ibid.

141. Securities and Exchange Commission, "Citibank 10-K," n.d., https://www.sec.gov/Archives/edgar/data/831001/000120677413000852/citigroup_10k.htm.

142. Birch, "Business Chief Legend."

143. "Meet Citi's New Retail Chief."

144. Birch, "Business Chief Legend."

145. D. Benoit, "Jane Fraser Puts Mark on Citigroup With Overhaul of Wealth Businesses. A New Unit Will Combine Its High-End Private Bank for the Ultrarich With Its Wealth-Management Offerings for the Less Affluent," *The Wall Street Journal*, January 13, 2021, https://www.wsj.com/articles/jane-fraser-putsmark-on-citigroup-with-overhaul-of-wealth-businesses-11610572222.

146. Schoemaker, Krupp, and Howland, "Strategic Leadership."

147. A. Roy, "Citigroup Announces Retail Business Exit From India, 12 Other Countries," *Business Standard*, April 16, 2021, https://www.business-standard.com/article/companies/citigroup-announces-retail-business-exitfrom-india-12-other-countries-121041501272_1.html.

148. Benoit, "Jane Fraser Puts Mark."

149. H. Son, "Citigroup CEO Jane Fraser Says of Moves to Shrink Retail Banking Footprint: 'We Want to Be a Winner,'" *CNBC*, April 20, 2021, https://www.cnbc.com/2021/04/20/citigroup-ceo-jane-fraser-says-ofmoves-to-shrink-retail-banking-footprint-wewantto-be-a-winner-.html.

150. Birch, "Business Chief Legend."

151. E. Flitter, "Can She Roust Slumbering Citigroup?," *New York Times*, February 11, 2021, https://www.nytimes.com/2021/02/10/business/jane-fraser-citigroup.html.

152. "Backporch," *American Banker Magazine* 130, no. 12 (December 2020): 25–26.

153. R. Neate, "Citigroup CEO Ordains Zoom-Free Fridays to East 'Relentless' Pandemic Workday," *The Guardian*, March 23, 2021, https://theguardian.com/business/2021/mar/23/citigroup-ceo-ordains-zoom-freefridays-to-ease-relentless-pandemic-workday.

154. Birch, "Business Chief Legend."

찾아보기

사

아

자

차

카

타

역자 소개

차동옥 **dochah@skku.edu**

성균관대학교 경영대학 명예교수

미국 University of Maryland, Robert H. Smith School of Business 경영학 박사 (전공: Organizational Behavior)

현) 한국리더십연구원 원장

전) 한국인사관리학회 회장

주요 연구분야: 리더십, 리더십 개발, 조직변화 및 조직개발 등

서재현 **jhseo@kyonggi.ac.kr**

경기대학교 경영학부 교수

미국 Georgia State University, J. Mack Robinson College of Business 경영학 박사 (전공: Organizational Behavior)

현) 한국리더십연구원 연구위원

전) 한국인사관리학회 회장

주요 연구분야: 조직몰입, 조직지원인식, 긍정조직학 및 리더십 등

심원술 **wsshim@hanyang.ac.kr**

한양대학교 경상대학 경영학부 명예교수

미국 University of Oregon, Charles H. Lundquist College of Business 경영학 박사 (전공: Organizational Behavior)

현) 한국리더십연구원 연구위원

전) 한국인사관리학회 회장

주요 연구분야: 동기부여, 리더십, 성과관리 및 국제경영 등

이호선 **hosnlee@dankook.ac.kr**

단국대학교 경영대학원 인사조직 전공주임교수

KAIST 경영과학과 박사 (전공: Organization Theory)

현) 한국리더십연구원 연구위원

전) 한국인사관리학회 회장

주요 연구분야: 조직혁신, 조직활성화, 조직이론 및 리더십 등

리더십(7e)

역 자 차동옥, 심원술, 서재현, 이호선

발 행 일 2023년 3월 3일 1쇄

발 행 처 **한경사**

발 행 인 이계남

등록사항 제10-1951호 2000년 4월 14일

주 소 서울시 마포구 신수로 59-1 3층

전화번호 02_717_7264~5

팩스번호 02_717_7226

홈페이지 hankyungsa.co.kr

전자우편 hankyungsa@hanmail.net

I S B N 978-89-6844-437-1 (93320)

가 격 38,000원